KBS한국어능력시험 단기 완성을 위한

해커스자격증 200% 활용방법!

KBS한국어능력시

FREE

해커스자격증(pass.Hackers.com) 접속 후
상단 [KBS한국어/글쓰기] 클릭 ▶ [무료강의

모바일 자동 채점 + 성적 분석 서비스

FREE

해커스자격증(pass.Hackers.com) 접속 후 로그인 ▶
상단 [KBS한국어/글쓰기] 클릭 ▶
[교재정보 → 자동채점/성적분석] 클릭하여 이용하기

듣기 영역 MP3

FREE

해커스자격증(pass.Hackers.com) 접속 후 로그인 ▶
상단 [KBS한국어/글쓰기] 클릭 ▶
[교재정보 → MP3 및 부가자료] 클릭하여 이용하기

11개년 기출 어휘·어법·국어문화 총정리(PDF)
어휘·어법·국어문화 적중 모의고사(PDF)

인증화면 내 퀴즈 정답 입력

해커스자격증(pass.Hackers.com) 접속 후 로그인 ▶
상단 [KBS한국어/글쓰기] 클릭 ▶ [교재정보 → MP3 및 부가자료] 클릭 ▶
퀴즈 정답 입력 시 총정리/모의고사 제공

바로가기 ▲

KBS한국어능력시험 인강 10% 할인

BD396300K6E93000

해커스자격증(pass.Hackers.com) 접속 후 로그인 ▶ 사이트 하단 또는 우측 [쿠폰/수강권 등록] 클릭 ▶
위 쿠폰번호 입력 시 쿠폰함에 자동 발급 ▶ 강의 결제 시 할인쿠폰 적용

* 등록 후 7일 내 사용 가능
* 쿠폰은 1회에 한해 등록 및 사용이 가능하며, 추가 발급은 불가합니다.
* 이외 쿠폰 관련 문의는 해커스 고객센터(02-537-5000)로 문의하시기 바랍니다.

해커스 KBS 한국어 능력시험 한 권으로 끝

기출개념서

해커스

목차

VI. 읽기(61~90번)

VII. 국어 문화(91~100번)

기출동형 모의고사 [별권]

* PDF 자료는 해커스자격증(pass.Hackers.com)에서도 다운로드 받을 수 있습니다.

이 책의 구성과 특징

01 기출유형과 단계별 문제풀이로 빈틈없이 기출개념을 익힌다!

최근 기출 4,800문항을 분석해 뽑아낸 26개의 기출유형의 출제 포인트를 철저히 반영했습니다. 모든 출제 포인트의 풀이 전략과 대표 예제와 반드시 암기해야 하는 기출 개념을 정리했습니다. 또한, 유형 연습문제와 영역 마무리 문제까지 제공해 개념을 빈틈없이 학습하고 점검할 수 있습니다.

기출유형 & 출제 포인트

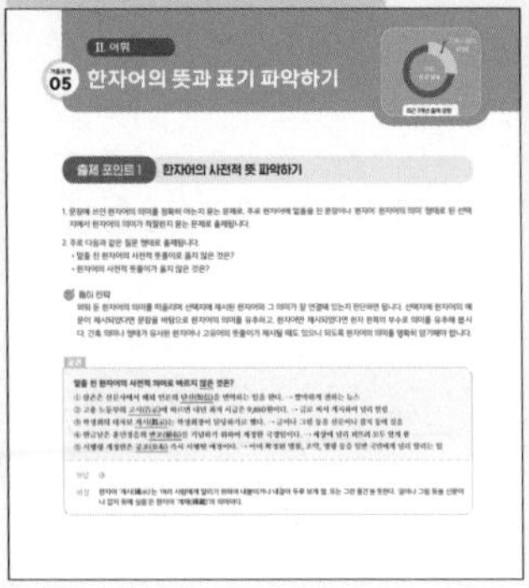

필수 암기 개념

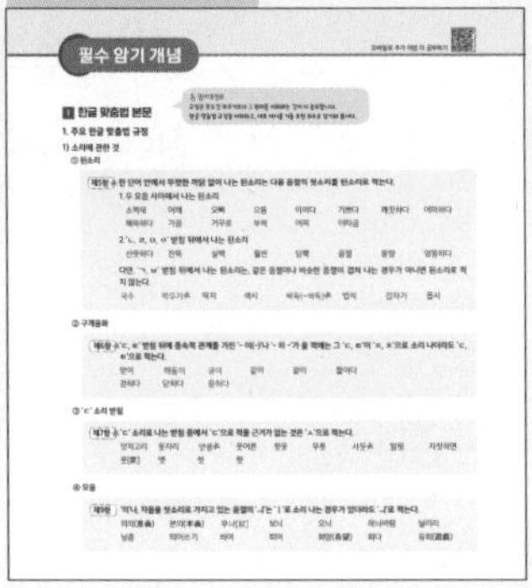

유형 연습 & 영역 마무리 문제

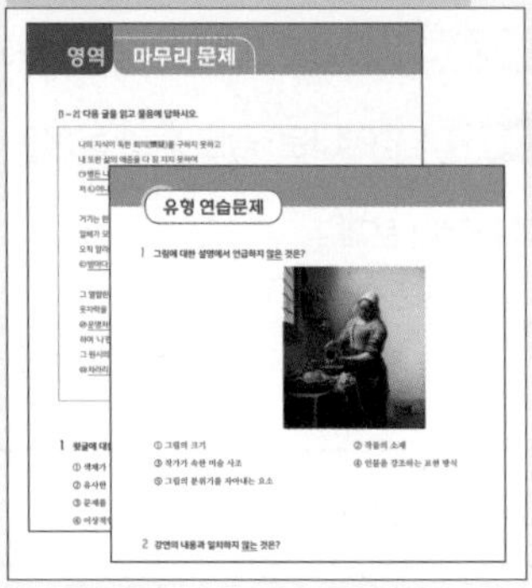

02 최신 경향을 반영한 기출동형 모의고사 3회분으로 실전 감각을 극대화한다!

시험 출제 경향을 그대로 반영한 기출동형 모의고사 3회분으로 시간 조절이 중요한 KBS한국어능력시험을 철저하게 대비하며 실전 감각을 키울 수 있습니다. 마지막 3회는 고난도 모의고사로 어렵게 출제되는 시험에도 빈틈없이 대비할 수 있습니다.

기출동형 모의고사

정답 및 해설

03 어휘·어법 암기노트로 등급을 결정짓는 어휘·어법 영역을 정복한다!

시험에 자주 출제되는 어휘와 어법만 모아 어디에서나 학습할 수 있게 암기노트로 만들었습니다. 학습 후 암기를 확인할 수 있는 퀴즈로 시험 직전까지 확실하게 암기할 수 있습니다.

빈출 어휘

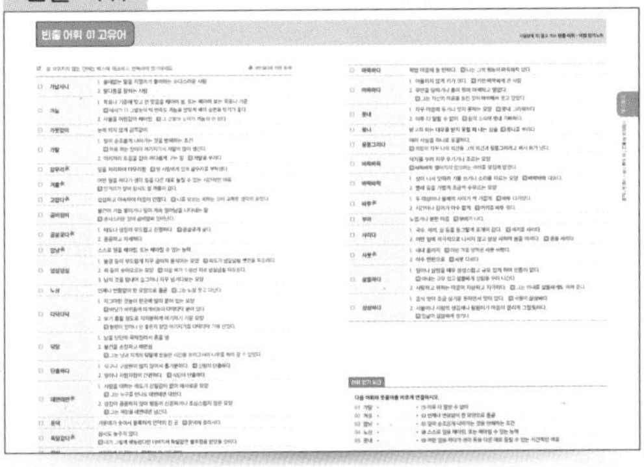

빈출 어법

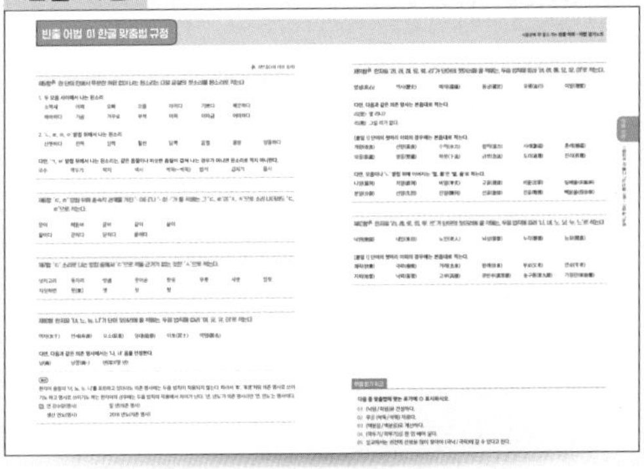

04 어휘·어법·국어 문화 총정리 자료&모의고사로 목표 등급을 달성한다!

11개년 동안 출제된 어휘와 어법, 국어 문화 개념 자료를 정리한 총정리(PDF)와 해당 영역의 문제만 모은 추가 모의고사(PDF)로 복습하며 목표 등급을 달성할 수 있습니다.

어휘·어법·국어 문화 총정리(PDF)

어휘·어법·국어 문화 적중 모의고사(PDF)

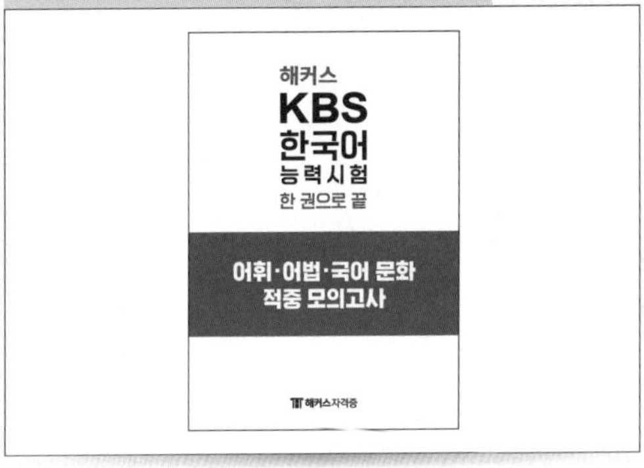

KBS한국어능력시험 가이드

KBS한국어능력시험이란?

KBS한국방송공사에서 실시하는 시험으로 우리나라를 대표하는 한국어능력 자격검정 시험입니다.
국어를 아름답게 가꾸어 국어 문화를 발전시키고, 국민의 국어 사용 능력을 높이기 위한 목적으로 시행되는 시험으로, 자격기본법 및 국어기본법에 근거한 시험입니다.

KBS한국어능력시험의 구성

- **출제 방식:** 객관식 5지 선다형, 100문항

- **출제 영역**

어휘·문법 능력		이해 능력		표현 능력		창안 능력	국어 문화 능력
어휘	어법	듣기	읽기	쓰기	말하기	창의적 언어 사용 능력	국어 관련 교양 지식

- **시험 영역과 문항 배분**

시험 영역	문항 번호	시험 시간
듣기·말하기	1~15번(15문항)	10:00~10:25(25분)
어휘	16~30번(15문항)	10:25~12:00(95분)
어법	31~45번(15문항)	
쓰기	46~50번(5문항)	
창안	51~60번(10문항)	
읽기	61~90번(30문항)	
국어 문화	91~100번(10문항)	

KBS한국어능력시험의 검정 기준

등급	점수	내용
1급	830-990	전문가 수준의 뛰어난 한국어 사용 능력을 가지고 있음
2+급	785-845	일반인으로서 매우 뛰어난 수준의 한국어 사용 능력을 가지고 있음
2-급	735-800	일반인으로서 뛰어난 수준의 한국어 사용 능력을 가지고 있음
3+급	675-750	일반인으로서 보통 수준 이상의 한국어 사용 능력을 가지고 있음
3-급	625-690	국어 교육을 정상적으로 이수한 일정 수준 이상의 한국어 사용 능력을 가지고 있음
4+급	535-640	국어 교육을 정상적으로 이수한 수준의 한국어 사용 능력을 가지고 있음
4-급	465-550	고등학교 교육을 이수한 수준의 한국어 사용 능력을 가지고 있음
무급	10-480	한국어 사용 능력을 위해 노력해야 함

KBS한국어능력시험 응시 안내

- **응시 대상**: 대한민국 국적을 가진 국민이라면 누구나 응시 가능합니다.
  (외국인의 경우 외국인 등록증, 국내거소등록증, 영주증 중 한 가지를 소지하고 있어야 함)
- **응시 지역**: 서울, 인천, 수원, 고양, 부산, 울산, 창원, 대구, 광주, 전주, 대전, 청주, 춘천, 강릉, 제주 등 15개 권역에서 주로 실시하며, 응시자는 접수 시 고사장을 선택해야 합니다.
- **응시 방법**: KBS한국어능력시험 홈페이지(www.klt.or.kr)에서 온라인/모바일 접수만 가능합니다.
  (방문 접수, 우편 접수 등 오프라인 접수는 실시하지 않음)
- **응시료**: KBS한국어능력시험의 응시료는 33,000원입니다. 자격증 발급 수수료는 응시료에 포함되지 않으며, 신청인에 한해 비용이 별도 부과됩니다.
  - 자격증 발급 수수료: 5,000원(등기 우편)
- 2025 시험 일정 안내

구분	접수일	시험 일시	성적 발표일
제83회	2025.01.06. 09:00 ~ 2025.01.31. 18:00	2025년 2월 15일(토)	2025년 2월 27일(목)
제84회	2025.03.10. 09:00 ~ 2025.04.04. 18:00	2025년 4월 20일(일)	2025년 5월 1일(목)
제85회	2025.05.05. 09:00 ~ 2025.05.30. 18:00	2025년 6월 15일(일)	2025년 6월 26일(목)
제86회	2025.07.07. 09:00 ~ 2025.08.01. 18:00	2025년 8월 17일(일)	2025년 8월 28일(목)
제87회	2025.09.01. 09:00 ~ 2025.09.26. 18:00	2025년 10월 19일(일)	2025년 10월 30일(목)
제88회	2025.11.10. 09:00 ~ 2025.12.05. 18:00	2025년 12월 21일(일)	2026년 1월 1일(목)

KBS한국어능력시험의 활용

응시 영역	대상	활용
공무 영역	공사 지원자 및 종사자	자기 점검, 임용, 승진
군인 영역	군간부 지원자 및 종사자	자기 점검, 임용, 승진
교사·강사 영역	교원 및 강사	자기 점검, 교원 및 강사 채용
청소년 영역	중·고등학교 학생	자기 점검, 특목고 진학 및 대입 면접
언론 영역	언론사 지원자 및 종사자	자기 점검, 채용 및 승진
직무 영역	일반 회사 지원자 및 종사자	자기 점검, 채용 및 승진
외국어 영역	국내 거주 외국인	자기 점검, 외국인 근로자 채용

KBS한국어능력시험 출제 유형 및 수험 대책

영역1
듣기·말하기
(15문항)

· 그림 해설, 이야기, 시, 강연, 발표, 대화, 대담 등의 다양한 음성 언어 텍스트를 듣고 문제를 해결하는 유형

문제 유형

강연의 내용과 일치하지 않는 것은?

① 영국의 국제 전화 국가 번호는 5로 시작하는 두 자리 숫자이다.
② 중앙아시아에 속하는 국가의 국제 전화 국가 번호는 9로 시작한다.
③ 뉴질랜드와 남극의 국제 전화 국가 번호는 앞자리가 6으로 동일하다.
④ 국제 전화 국가 번호는 국제전기통신연합에서 국가마다 지정한 번호이다.
⑤ 국제 전화 국가 번호가 미국은 한 자리이지만 홍콩과 나이지리아는 세 자리이다.

수험 대책

상대방의 말을 주의 깊게 경청하는 의사소통의 기본 능력을 평가하는 영역인 만큼, 음성 언어를 주의 깊게 듣는 습관을 길러야 합니다. 음성은 한 번만 들을 수 있고 생각보다 빠르게 들리기 때문에, 음성을 들으면서 동시에 문제를 풀며 틀린 선지를 가려내는 연습이 필요합니다.

영역2
어휘
(15문항)

· 고유어, 한자어, 속담, 한자 성어, 관용구, 순화어의 의미를 올바르게 알고 문제를 해결하는 유형
· 어휘의 다양한 의미 관계를 바탕으로 문제를 해결하는 유형

문제 유형

다음 중 사람의 특성을 설명할 수 있는 고유어가 아닌 것은?
① 가납사니 ② 가리사니 ③ 구년묵이 ④ 트레바리 ⑤ 허릅숭이

수험 대책

어휘 문제의 대부분은 어휘의 뜻풀이를 알아야 풀 수 있습니다. 따라서 어휘 영역에서 높은 점수를 받으려면 암기 학습이 필요합니다. 한 번 출제된 어휘가 반복되어 출제되기도 하니, 빈출 어휘부터 우선적으로 암기합시다. 목표를 정해 놓고 차근차근 외우는 방법도 좋지만, 자주 들여다보며 반복적으로 학습하는 것이 어휘를 오래 기억할 수 있는 방법입니다.

영역3
어법
(15문항)

· 한글 맞춤법, 표준어 규정, 외래어 표기법, 로마자 표기법을 이해하고 적용하여 문제를 해결하는 유형
· 국어 문법을 이해하고 올바른 문장 표현을 사용하여 문제를 해결하는 유형

문제 유형

밑줄 친 부분의 표기가 옳은 것은?
① 엇저녁에 악몽을 꾸었다.
② 얼큰한 육계장에 밥을 말아 먹었다.
③ 거리에서 주정빼기 몇몇이 고성방가 중이다.
④ 이 희곡에는 폐악을 부리는 인물이 많이 등장한다.
⑤ 건넌방 창문에서는 앞뜰에 핀 해바라기가 잘 보인다.

수험 대책

한국어의 기본적인 어문 규정을 이해하고 있어야 문제를 풀 수 있습니다. 표기나 발음의 원리를 이해하고 그에 따른 예시를 암기해 두면, 다른 단어에 그 원리를 적용하여 문제를 풀 수 있으니 빈출 어문 규정과 그에 따른 예시 서너 개는 반드시 암기해야 합니다. 또한 문장 성분의 호응이나 중의적 표현 문제는 같은 요소의 틀린 표현이 반복 출제되니 호응을 부자연스럽게 만드는 요소와 중의성 요소를 알아 둡시다.

KBS한국어능력시험 출제 유형 및 수험 대책

영역4
쓰기
(5문항)

· 글쓰기 계획, 글쓰기 개요 작성 및 수정, 글쓰기 자료 활용, 글쓰기 전략 활용, 고쳐쓰기의 글쓰기 과정에 따라 문제를 해결하는 유형

문제 유형

다음은 윗글을 작성하기 위해 수집한 글쓰기 자료이며, <보기>는 자료를 선별하는 기준이다. <보기>를 바탕으로 할 때, 글쓰기 자료를 검증한 내용으로 가장 적절한 것은?

> ㉠ 작년, 개인 SNS 계정에 올라온 '노로 바이러스 감염 경로 및 증상' 관련 글
> ㉡ 올해 1월, 식품의약품안전처에서 배포한 '노로 바이러스 식중독 예방법' 자료집
> ㉢ 1개월 전, 국내 의학 학술지에 게재된 '호흡기 감염병 유행 분석 및 양상' 연구 논문
> ㉣ 지난주, 해양수산부에서 보도한 '굴 등의 패류 인공 정화 기술 개발 추진 계획' 보도 자료
> ㉤ 작년 하반기, 질병관리청에서 발표한 '노로 바이러스 확산 방지를 위한 토사물 소독 및 처리 요령' 안내문

<보기>

> · 신뢰성: 출처가 분명한 자료인가?
> · 목적성: 글의 목적과 주제에 맞는 자료인가?
> · 시의성: 글을 전달하는 시기에 적합한 자료인가?

① ㉠은 시의성 면에서 적절하지만, 신뢰성과 목적성 면에서 적절하지 않은 자료이다.
② ㉡은 신뢰성, 목적성 면에서 적절하지만, 시의성 면에서 적절하지 않은 자료이다.
③ ㉢은 신뢰성, 시의성 면에서 적절하지만, 목적성 면에서 적절하지 않은 자료이다.
④ ㉣은 신뢰성 면에서 적절하지만, 목적성, 시의성 면에서 적절하지 않은 자료이다.
⑤ ㉤은 목적성, 시의성 면에서 적절하지만, 신뢰성 면에서 적절하지 않은 자료이다.

수험 대책

하나의 주제로 작성된 하나의 글을 바탕으로 5문제를 푸는 문제로 출제됩니다. 최근 유형이 조금씩 바뀌고 있지만 지문을 이해하고, 각 글쓰기 과정에 초점을 맞춰 선지를 이해하면 쉽게 풀 수 있으니 독해 능력을 기르는 것이 중요합니다. 또한 문제 난도가 낮은 편이고, 하나의 지문을 읽으면 5문제를 빠르게 이해하고 풀 수 있으니 쓰기 문제를 뒤로 미루지 말고 반드시 풀어 봅시다.

영역5 창안 (10문항)

· 글이나 시각 자료를 바탕으로 유비 추론을 하여 문제를 해결하는 유형
· 조건에 맞는 내용을 생성하거나 시각 자료를 분석하여 문제를 해결하는 유형

문제 유형

(가)와 (나)를 바탕으로 다음과 같이 분석할 때 적절하지 않은 것은?

그림 (가)	그림 (나)
롬곡욥눞	合

구분	(가)	(나)
현상의 본질	㉠ 의미를 알 수 없는 단어	한자 또는 한글로 보이는 문자
현상에 대한 해석	㉡ 시계 방향으로 180° 회전하면 '폭풍눈물'로 보여, 의미를 알 수 있는 단어가 됨	㉢ 한자 '合'과 한글 '숌'의 모양이 비슷하여 어떤 문자로 인식하는지에 따라 다른 문자가 됨
시사점	㉣ 새로운 대상을 마주하면 평소와 다른 관점으로 해석해야 함	㉤ 배경지식이 많을수록 대상의 본질을 다양하게 인식할 수 있음

① ㉠ ② ㉡ ③ ㉢ ④ ㉣ ⑤ ㉤

수험 대책

창안 문제는 출제 비중에 비해 기출유형이 다양하고, 지문의 난도는 낮은 편이나 문제 자체가 생소한 편이어서 기출유형에 익숙해지는 것이 무엇보다 중요합니다. 글이나 그림이 지니는 주제를 파악한다면, 어렵지 않게 그와 비슷한 다른 상황을 유추할 수 있습니다. 따라서 독해 능력을 기르고, 유형에 익숙해질 수 있도록 다양한 문제를 풀어 봐야 합니다.

KBS한국어능력시험 출제 유형 및 수험 대책

영역6

읽기
(30문항)

· 문학, 학술, 실용 텍스트를 이해하고, 추론하여 문제를 해결하는 유형

문제 유형

다음 기사에 대한 비판으로 적절하지 않은 것은?

도시숲, 폭염 식혀주고 미세먼지도 차단하고

여름철 도시의 열섬 현상을 완화하고 미세먼지 농도를 낮추는 등 기후 재난에 대한 대응 방안으로 도시숲이 주목받고 있다.

도시숲은 대기오염 물질을 흡착 · 흡수하는 기능을 한다. 나무 47그루의 미세먼지 흡수량은 경유 차 1대의 미세먼지 발생량과 맞먹는다. 또 여름 한낮 평균기온을 낮추고 습도는 높여 도시 열섬 현상도 완화할 수 있다. 나무 1그루는 공기 청정기 10대 및 에어컨 10대의 효과를 발휘한다. 이 정도면 일석이조, 아니 일석삼조의 효과라 할 수 있다.

산림청이 조성하고 있는 도시숲 유형 중 산업 단지 등의 미세먼지 발생원과 주거지역 사이에 조성해 생활권으로 미세 먼지가 유입되지 않게 하는 역할을 중점적으로 수행하는 숲을 '미세먼지 차단숲'이라고 한다.

'미세먼지 차단숲'은 미세하고 복잡한 표면을 가진 나뭇잎이 미세먼지를 '흡착' · '흡수'하고, 가지와 나무줄기가 미세먼지를 '차단'하는 과정을 거치며, 숲 내부의 상대적인 낮은 기온과 높은 습도의 효과로 미세먼지를 신속히 '침강'시킬 뿐 아니라 떨어진 잎과 나뭇가지인 '낙엽'과 '낙지'를 통한 토양 피복 등을 통해 침강된 미세먼지를 고정하고 재비산을 방지한다.

① 기사의 내용에 불필요한 기자의 개인적인 의견이 포함되어 있다.
② 도시숲의 효과를 뒷받침할 만한 명확한 수치가 제시되어 있지 않다.
③ '흩날림'과 같은 쉬운 우리말 대신 '비산'과 같은 어려운 한자어를 사용하고 있다.
④ '흡착'과 '흡수', '낙엽'과 '낙지' 같은 동일한 의미로 쓰이는 단어를 중복하여 사용하고 있다.
⑤ 미세먼지 차단숲의 역할을 설명하는 문장이 간결하지 못하여 정보 전달이 매끄럽지 못하다.

수험 대책

시, 소설을 지문으로 하는 문학 문제와 안내문, 공문 등을 지문으로 하는 실용문 문제는 난도가 상대적으로 낮은 편이라 비교적 작품이나 지문의 내용을 이해하기 쉽습니다. 하지만 학술문 문제는 최근 난도가 상승해 전문 용어나 지식이 포함된 지문이 제시되고, 지문의 길이도 긴 편이라 높은 독해력을 요구합니다. 따라서 문제 풀이를 통해 지문을 이해하고 문제에서 요구하는 내용을 빠르게 찾는 연습이 필요합니다.

영역7 국어 문화 (10문항)

· 매체 언어, 국어학, 국문학과 관련된 지식을 바탕으로 문제를 해결하는 유형

문제 유형

<보기>는 남한과 북한의 어법을 비교한 내용이다. 이를 바탕으로 할 때 적절하지 않은 것은?

<보기>

	남한	북한
사이시옷 표기	○	×
두음 법칙 표기	○	×
의존 명사 띄어쓰기	○	×
본용언과 보조 용언 띄어쓰기	○	×

① '나열(羅列)'을 북한에서는 '라렬'로 표기한다.
② '소년(少年)'을 북한에서는 '소련'으로 표기한다.
③ '고추'와 '가루'의 합성어인 '고춧가루'를 북한에서는 '고추가루'로 표기한다.
④ '힘든 줄 몰랐지'에서 '줄'을 남한에서는 앞말과 띄어 쓰고, 북한에서는 앞말과 붙여 쓴다.
⑤ '먹고 싶다'에서 보조 용언 '싶다'를 남한에서 띄어 쓰는 것이 원칙이지만, 북한에서는 본용언에 붙여 쓴다.

수험 대책

수어, 점자, 방송 언어와 같이 국어 생활에서 쓰이는 언어 문제, 중세·근대 국어 문법이나 남북한의 언어를 비교하는 어법 문제, 작가와 작품을 묻는 국문학 문제가 출제됩니다. 출제 비중에 비해 유형과 출제 포인트가 다양하므로 관련 개념을 모두 다 암기하기보다 빈출 어휘, 어법, 문학을 우선적으로 암기해 두고, 다양한 유형에 대비하여 문제 풀이 요령을 익혀 둡시다.

한 권으로 끝내는 학습 플랜

4주 플랜

기출개념서

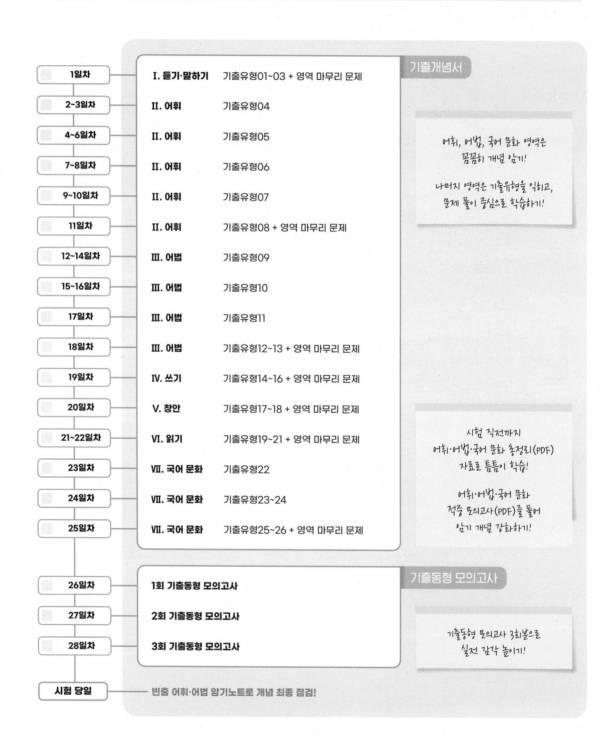

1일차	I. 듣기·말하기 기출유형01~03 + 영역 마무리 문제
2~3일차	II. 어휘 기출유형04
4~6일차	II. 어휘 기출유형05
7~8일차	II. 어휘 기출유형06
9~10일차	II. 어휘 기출유형07
11일차	II. 어휘 기출유형08 + 영역 마무리 문제
12~14일차	III. 어법 기출유형09
15~16일차	III. 어법 기출유형10
17일차	III. 어법 기출유형11
18일차	III. 어법 기출유형12~13 + 영역 마무리 문제
19일차	IV. 쓰기 기출유형14~16 + 영역 마무리 문제
20일차	V. 창안 기출유형17~18 + 영역 마무리 문제
21~22일차	VI. 읽기 기출유형19~21 + 영역 마무리 문제
23일차	VII. 국어 문화 기출유형22
24일차	VII. 국어 문화 기출유형23~24
25일차	VII. 국어 문화 기출유형25~26 + 영역 마무리 문제

어휘, 어법, 국어 문화 영역은 꼼꼼히 개념 암기!

나머지 영역은 기출유형을 익히고, 문제 풀이 중심으로 학습하기!

시험 직전까지 어휘·어법·국어 문화 총정리(PDF) 자료로 틈틈이 학습!

어휘·어법·국어 문화 적중 모의고사(PDF)를 풀어 암기 개념 강화하기!

기출동형 모의고사

26일차	1회 기출동형 모의고사
27일차	2회 기출동형 모의고사
28일차	3회 기출동형 모의고사

기출동형 모의고사 3회분으로 실전 감각 높이기!

시험 당일 — 빈출 어휘·어법 암기노트로 개념 최종 점검!

2주 플랜

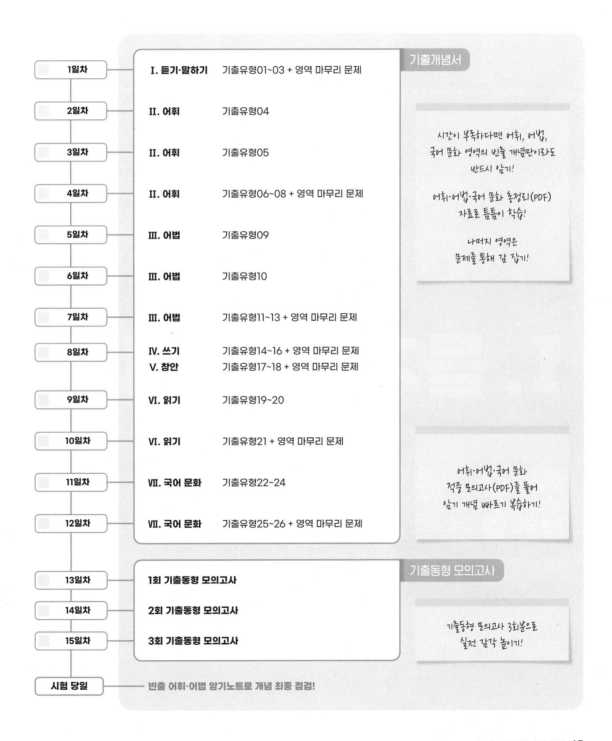

1일차	I. 듣기·말하기	기출유형01~03 + 영역 마무리 문제
2일차	II. 어휘	기출유형04
3일차	II. 어휘	기출유형05
4일차	II. 어휘	기출유형06~08 + 영역 마무리 문제
5일차	III. 어법	기출유형09
6일차	III. 어법	기출유형10
7일차	III. 어법	기출유형11~13 + 영역 마무리 문제
8일차	IV. 쓰기 V. 창안	기출유형14~16 + 영역 마무리 문제 기출유형17~18 + 영역 마무리 문제
9일차	VI. 읽기	기출유형19~20
10일차	VI. 읽기	기출유형21 + 영역 마무리 문제
11일차	VII. 국어 문화	기출유형22~24
12일차	VII. 국어 문화	기출유형25~26 + 영역 마무리 문제
13일차	1회 기출동형 모의고사	
14일차	2회 기출동형 모의고사	
15일차	3회 기출동형 모의고사	
시험 당일	빈출 어휘·어법 암기노트로 개념 최종 점검!	

기출개념서

시간이 부족하다면 어휘, 어법, 국어 문화 영역의 빈출 개념만이라도 반드시 암기!

어휘·어법·국어 문화 총정리(PDF) 자료로 틈틈이 학습!

나머지 영역은 문제를 통해 감 잡기!

어휘·어법·국어 문화 적중 모의고사(PDF)를 풀어 암기 개념 빠르기 복습하기!

기출동형 모의고사

기출동형 모의고사 3회분으로 실전 감각 높이기!

Ⅰ. 듣기·말하기

기출유형 01 그림 해설·강연·라디오를 듣고 내용 파악하기

기출유형 02 고전·우화·시를 듣고 관련 내용 추론하기

기출유형 03 대화·발표를 듣고 내용 파악하고, 말하기 방식 추론하기

듣기·말하기 영역 출제 경향

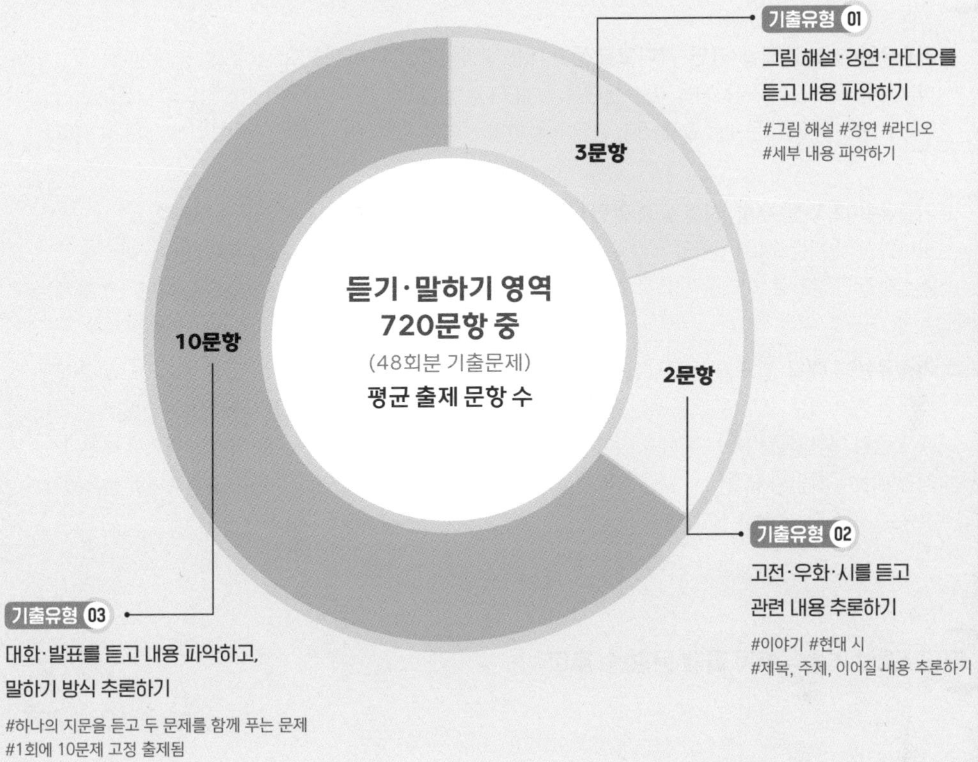

듣기·말하기 영역 학습 포인트

■ 듣기 음성을 들으면서 **정답 바로 찾기!**

세부 내용을 파악하는 문제가 가장 많이 출제되며, 그 외 출제 포인트도 지문 내용의 전반적인 이해를 기반으로 하므로 음성이 끝날 때까지 집중하며 그 내용을 파악하는 연습이 중요하다. 또한 모든 내용을 듣고 선택지를 보면 음성 내용이 기억나지 않을 수도 있으니, 들으면서 관련된 선택지의 적절성을 가려내며 문제를 해결해야 한다.

■ 문제 질문을 미리 읽고 **키워드를 확인하기!**

문제 질문에서 '내용', '말하기 전략', '두 사람의 입장', '갈등 조정'과 같은 키워드를 미리 표시해 두면, 음성 내용에서 키워드가 언급될 때 그에 집중할 수 있어 문제를 더욱 빠르게 해결할 수 있다.

고등급 달성을 위한 기출유형 분석 리포트

최근 5개년 듣기·말하기 영역 출제 이슈

1. **기출유형01 그림 해설·강연·라디오를 듣고 내용 파악하기**는 1회 3문항 고정적으로 출제된다.
하나의 듣기 지문으로 1문항을 푸는 문제로, 그림 해설, 강연, 라디오의 지문이 고정적으로 나온다.
대부분 사실적 듣기 문제로 출제되나, 강연의 말하기 전략을 파악하는 듣기 문제가 1번 출제된 적 있다.

2. **기출유형02 고전·우화·시를 듣고 관련 내용 추론하기**는 1회 2문항 고정적으로 출제된다.
하나의 듣기 지문으로 1문항을 푸는 문제로, 시나 이야기의 지문이 고정적으로 나온다.
추론적 듣기 문제로, 이어질 내용을 추론하거나, 소재나 주제를 추론하는 출제 포인트로 다양하게 출제된다.

3. **기출유형03 대화·발표를 듣고 내용 파악하고, 말하기 방식 추론하기**는 1회 10문항 고정적으로 출제된다.
하나의 듣기 지문으로 2문항을 푸는 문제로, 1문항은 듣기 문제, 1문항은 말하기 문제로 구성된다.
두 사람이 이야기를 나누는 대화와 대담, 한 사람이 말하는 발표, 강연 등의 지문이 고정적으로 나온다.
최근에는 두 사람의 대화에서 갈등을 파악하고 이를 해결하는 출제 포인트의 문제가 연속으로 출제됐다.

최근 5개년 기출유형별 출제 문항 수 추이

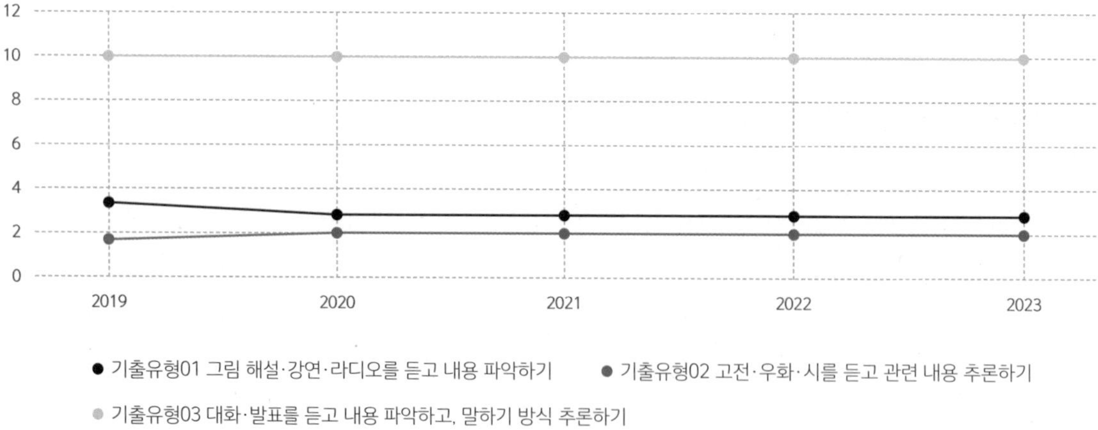

출제 경향

듣기·말하기 영역은 출제 경향에 거의 변화가 없는 편이나, 기출유형마다 출제 포인트가 조금씩 바뀌고 있다.
평균적으로 1회에 기출유형01은 3문항, 기출유형02는 2문항, 기출유형03은 10문항 출제된다.

무조건 나온다!
최다 빈출 유형 TOP3

1위 기출유형03 대화·발표를 듣고 내용 파악하고, 말하기 방식 추론하기

기출유형03은 두 사람의 대화나 한 사람의 발표 등을 듣고 세부 내용을 파악하고, 말하기 방식을 추론하는 세트 문제로 출제된다. 그중 등장인물의 생각이나 세부 내용을 파악하는 문제의 출제 비중이 가장 높다.

빈출 출제 포인트
등장인물 생각 또는 세부 내용 파악하기

빈출 지문 주제
가족 간의 대화 - 사적 공간, 재혼, 직업 문제 등
직장 내 대화 - 의사소통, 보고 자료 문제 등

2위 기출유형01 그림 해설·강연·라디오를 듣고 내용 파악하기

기출유형01은 그림 해설, 강연, 라디오를 듣고 그 세부 내용을 파악하는 단독 문제로 출제된다. 그중 강연이나 라디오를 듣고 세부 내용을 파악하는 문제의 출제 비중이 높다.

빈출 출제 포인트
세부 내용 파악하기

빈출 지문 주제
강연 - 경제(단수가격, 소비자 물가 지수, 주식 등)
건강(치매, 다이어트, 유산균 등)
라디오 - 영화 음악(싱 스트리트, 미술관 옆 동물원 등)
뮤지컬 음악

3위 기출유형02 고전·우화·시를 듣고 관련 내용 추론하기

기출유형02는 이야기나 시를 듣고 주제, 소재, 내용 등을 추론하는 단독 문제로 출제된다. 그중 시나 이야기의 주제를 추론하는 문제의 출제 비중이 가장 높다.

빈출 출제 포인트
주제 추론하기

빈출 선지 주제
시 - '이수익' 작품(조인종, 거미)
'함민복' 작품(물고기, 부부, 반성)
이야기 - 우화(당나귀, 거북이 등), 고전(박지원, 정약용 등)

맞히면 등급이 오른다!
가장 많이 틀리는 유형 TOP3

1위 기출유형03 대화·발표를 듣고 내용 파악하고, 말하기 방식 추론하기

기출유형03의 출제 포인트 중 두 사람의 갈등을 해결하는 문제, 등장인물의 생각이나 세부 내용을 파악하는 문제를 가장 많이 틀린다. 갈등의 요점을 파악하지 못하거나 주제가 생소한 경우 정답을 놓치기 쉽다.

고난도 출제 포인트
갈등 해결하기, 등장인물 생각 또는 세부 내용 파악하기

고난도 지문 주제
대화 - 직장 내 갈등 상황
발표 - 쇼트트랙 경기 원리, 포네틱 코드

2위 기출유형02 고전·우화·시를 듣고 관련 내용 추론하기

기출유형02의 출제 포인트 중 시에 등장하는 소재의 의미를 추론하는 문제를 가장 많이 틀린다. 해석하기가 난해한 시가 종종 나오기도 해 정답을 찾기 어려울 때가 있다.

고난도 출제 포인트
소재의 의미 추론하기

고난도 지문 주제
김종길 - '고고(孤高)', 장만영 - '비'

3위 기출유형01 그림 해설·강연·라디오를 듣고 내용 파악하기

기출유형01은 듣기·말하기 문제 중 난도가 가장 낮아 대부분이 정답을 맞히는 유형이다. 하지만 헷갈리기 쉬운 내용으로 함정을 두기도 하니, 듣기 지문을 끝까지 집중하여 들어야 한다.

고난도 출제 포인트
그림을 보며 해설 파악하기

고난도 지문 주제
18세기 영국의 주택 양식, 배다리 구조

기출유형 01 그림 해설·강연·라디오를 듣고 내용 파악하기

기출유형이 3문제
듣기·말하기 총 15 문제
최근 3개년 출제 경향

출제 포인트 1 그림을 보며 해설 파악하기

1. 동서양의 명화나 사물의 구조를 다룬 그림의 특징을 설명하는 내용을 듣고 그 내용을 올바르게 이해했는지 묻는 유형으로, KBS한국어능력시험 매회 1문제씩 반드시 출제됩니다. 주로 그림을 설명하는 내용과 선택지의 내용이 일치하는지 묻는 문제, 그림에서 언급한 내용을 묻는 문제가 출제됩니다.

2. 주로 다음과 같은 질문 형태로 출제됩니다.
   - 그림에 대한 설명에서 언급하지 않은 것은?
   - 그림에 대한 설명으로 적절한 것은?

풀이 전략

문제 질문에 따라 그림을 설명하는 내용과 선택지의 내용이 일치하는지, 선택지에 제시된 제재가 그림을 설명하는 내용에 모두 포함되는지를 파악하면 되므로, 집중하여 들으면서 오답을 소거하면 수월하게 정답을 찾을 수 있습니다.

MP3 바로 듣기

예제

※ 듣기 지문은 약점 보완 해설집 p.2에서 확인할 수 있습니다.

그림에 대한 설명에서 언급하지 <u>않은</u> 것은?

① 그림과 연관된 문학 작품
② 소재에 얽힌 작가의 이야기
③ 작가의 이전 작품과의 차이점
④ 그림 속 소재를 칠한 방식과 의도
⑤ 작가의 화풍이 현대 미술에 미친 영향

정답 ①

해설 '사과와 오렌지'에 그린 사과가 문학가 에밀 졸라와 연관이 있다는 점을 언급하기는 하였으나, 그림과 연관된 문학 작품을 언급하지는 않았으므로 답은 ①이다.

출제 포인트 2 세부 내용 파악하기

1. 강연, 라디오 방송 등의 세부 내용을 파악할 수 있는지 평가하는 유형으로, 음성과 선택지 내용의 일치 여부를 묻는 문제로 출제됩니다. 매회에 평균 2문제씩 출제되며, 최근에는 라디오 방송의 제재로 영화, 뮤지컬 등의 음악이 지닌 특징을 많이 다루고 있습니다.

2. 주로 다음과 같은 질문 형태로 출제됩니다.
   - 이 강연/방송의 내용에 대한 이해로 적절한/적절하지 않은 것은?

풀이 전략

강연, 라디오 방송 등에서 다루는 내용과 선택지의 내용이 일치하는지의 여부만 따지면 되므로 음성 내용을 잘 듣기만 하면 어렵지 않게 풀 수 있습니다. 일치하는 것을 고르는 문제인지, 일치하지 않는 것을 고르는 문제인지 헷갈리지 않도록 유의해야 합니다.

MP3 바로 듣기

예제

※ 듣기 지문은 약점 보완 해설집 p.2에서 확인할 수 있습니다.

강연의 내용과 일치하지 않는 것은?

① 혈액 순환과 손발의 온도는 연관되어 있다.
② 피는 동맥, 모세혈관, 글로뮈, 정맥을 따라 흐른다.
③ 스트레스는 글로뮈의 기능 저하를 유발하는 원인이다.
④ 글로뮈는 모세혈관으로 흐르는 피의 양이 줄면 열린다.
⑤ 피부 온도와 모세혈관으로 유입되는 피의 양은 비례한다.

정답 ②

해설 동맥에서 정맥으로 피가 이동하며 모세혈관은 지나지 않는다고 하였으므로 강연의 내용과 일치하지 않는 것은 ②이다.
[관련 지문 인용] 동맥에서 공급된 피가 모세혈관을 거치지 않고 글로뮈를 통해 직접 정맥으로 흐르면서,

유형 연습문제

1 그림에 대한 설명에서 언급하지 않은 것은?

① 그림의 크기
② 작품의 소재
③ 작가가 속한 미술 사조
④ 인물을 강조하는 표현 방식
⑤ 그림의 분위기를 자아내는 요소

2 강연의 내용과 일치하지 않는 것은?

① 어류보다 육상 동물이 중력의 작용을 많이 받는다.
② 곤충이 아닌 대다수의 동물은 피와 근육의 색이 동일하다.
③ 살이 붉은 어류는 근육 운동을 많이 하는 종이라고 볼 수 있다.
④ 육상 동물과 어류의 근육은 미오글로빈의 유무로 구별할 수 있다.
⑤ 육상 동물은 헤모글로빈과 미오글로빈으로 필요한 산소를 얻는다.

3 이 방송을 듣고 이해한 내용으로 적절하지 않은 것은?

① 산조 대금과 정악 대금은 크기가 같으나 지공 간 간격이 다르다.
② 가장 마지막에 오는 칠성공을 제외하고 대금에는 총 여덟 개의 구멍이 있다.
③ 대금은 재료인 대나무에 따라 달라질 수 있는 음높이를 맞추기 위한 장치가 있다.
④ 현대 국악 연주에 쓰이는 관악기를 조율할 때는 정악 대금이 반드시 있어야 한다.
⑤ 전통적으로 정악 대금으로는 궁중 음악을, 산조 대금으로는 민속 음악을 연주했다.

약점 보완 해설집 p.2

기출유형 02

고전·우화·시를 듣고 관련 내용 추론하기

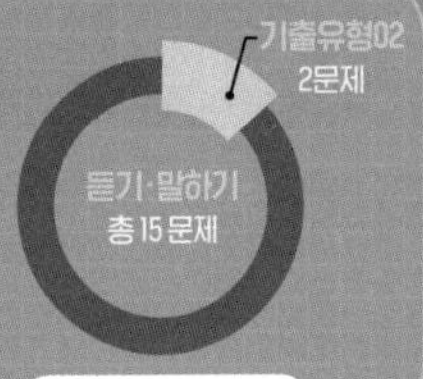

최근 3개년 출제 경향

출제 포인트 1 주제 추론하기

1. 이야기, 시를 듣고 그 주제를 파악할 수 있는지 묻는 유형입니다. 직접적으로 이야기나 시의 주제가 무엇인지 묻는 문제도 출제되지만 교훈 등으로 주제를 돌려서 묻는 문제도 있습니다.

2. 주로 다음과 같은 질문 형태로 출제됩니다.
   - 이 이야기/시의 주제로 가장 적절한 것은?

풀이 전략

이야기나 시의 주제는 그 내용을 통해 나타내고자 하는 생각이므로 주제를 파악하기 위해서는 이야기나 시의 내용을 잘 이해하는 것이 중요합니다. 따라서 음성을 들으며 이야기의 제재나 흐름, 시에서 반복적으로 언급하는 시어 등을 메모해 두면 내용을 이해하고 주제를 파악하는 데 도움이 됩니다.

MP3 바로 듣기

예제

※ 듣기 지문은 약점 보완 해설집 p.3에서 확인할 수 있습니다.

이 이야기의 주제로 가장 적절한 것은?

① 다른 사람의 업적을 시기하거나 폄하해서는 안 된다.
② 누구나 세상을 깜짝 놀라게 할 만한 발견을 할 수 있다.
③ 아무리 쉬워 보이는 일이라도 맨 처음부터 쉬운 것은 아니다.
④ 불가능해 보이는 일을 해내기 위해서는 수없이 시도해야 한다.
⑤ 새로운 생각을 내는 사람보다 기존의 생각을 뒤집는 사람이 우수하다.

정답 ③

해설 이 이야기는 '콜럼버스의 달걀'이라는 용어의 유래를 설명하는 것으로, 콜럼버스의 신대륙 발견을 누구든 할 수 있는 일이라고 폄하하는 사람들에게 콜럼버스가 탁자에 달걀을 세우는 일을 보여 주면서, 아무리 쉬운 일이라도 그 일을 처음 할 때는 쉽지 않다고 반박하는 내용이다. 따라서 적절한 것은 ③이다.

출제 포인트 2 소재의 의미 추론하기

1. 시를 듣고 시의 중심 소재나 중심 소재가 상징하는 바를 파악할 수 있는지 묻는 유형입니다. 주로 현대 시를 제재로 하며, 시의 중심 소재가 직접적으로 언급되지 않는 작품이 제재로 선정되는 편입니다.

2. 주로 다음과 같은 질문 형태로 출제됩니다.
   - 이 시에서 '(시어)'(이)가 가리키는 대상으로 가장 적절한 것은?
   - 이 시에서 묘사하고 있는 대상은?

풀이 전략

중심 소재가 시에 드러나지 않기도 하지만, 중심 소재가 시에 드러나는 경우 시어가 지시 대명사로 대체되어 낭송됩니다. 예를 들어서, 정답이 '물고기'라면 시에는 '물고기'라는 시어가 없거나 '이것' 등과 같은 단어로 대체됩니다. 따라서 시를 들을 때, 시에서 묘사하고 있는 대상이 무엇인지, 시를 들으며 떠오르는 대상이 무엇인지에 집중해야 합니다.

예제

MP3 바로 듣기

※ 듣기 지문은 약점 보완 해설집 p.3에서 확인할 수 있습니다.

이 시에서 묘사하고 있는 대상은?

① 탑
② 묘비
③ 동상
④ 기념비
⑤ 망부석

정답 ⑤

해설 이 시의 대상은 부재한 누군가를 그리워하며 슬퍼하다 끝내 '돌'이 되었다. 이를 통해 시에서 묘사하고 있는 대상이 '망부석(望夫石)'임을 알 수 있다.

출제 포인트 3 내용 추론하기

1. 주로 이야기를 듣고 마지막에 이어질 내용을 찾거나 시의 제목을 추론하는 문제가 출제됩니다.

2. 주로 다음과 같은 질문 형태로 출제됩니다.
   - (이 이야기의) 마지막에 이어질 내용/등장인물이 할 말(으)로 가장 적절한 것은?
   - 이 시의 제목으로 가장 적절한 것은?

풀이 전략

이야기에서 마지막에 들어갈 내용이나 대사는 이야기의 주제를 나타냅니다. 이야기의 경우 전달하려는 중심 내용이 무엇인지 파악하고, 시의 경우 묘사하는 특정 대상이나 화자의 태도, 감정에 집중하여 시의 제목을 유추해야 합니다.

MP3 바로 듣기

예제

※ 듣기 지문은 약점 보완 해설집 p.3에서 확인할 수 있습니다.

마지막에 노부인이 할 말로 가장 적절한 것은?

① 돌팔이 의사이면서 나를 치료해 준다고 속였는걸요.
② 이전보다 시력이 좋아지면 치료비를 주겠다고 약속했는걸요.
③ 우리 집에 있는 물건을 훔쳐 갔으니 이미 치료비는 지불한걸요.
④ 양쪽 눈을 치료해 주겠다고 해 놓고선 한쪽 눈만 치료해 주었는걸요.
⑤ 그가 치료를 시작하기 전엔 집 안의 모든 것을 볼 수 있었지만 이제 아무것도 보이지 않는걸요.

정답 ⑤

해설 노부인은 치료 후에 시력이 더 나빠졌다고 변론하고 있으며, 이야기에서 의사가 부인의 물건을 훔친 상황을 알 수 있다. 이 두 가지를 연결해 보면 의사가 자기의 물건을 훔쳐 가 집에 아무것도 남아 있지 않은 상황을 눈이 더 나빠져서 안 보인다는 말로 빗대고 있는 ⑤가 노부인의 변론으로 적절하다.

① 의사가 노부인을 속이는 내용은 확인할 수 없으며, 시력이 나빠졌다는 변론과는 관련이 없다.

②④ 노부인은 시력이 나빠졌다고 변론하고 있으나, 이는 사실이 아니라 자기의 물건을 훔쳐 간 의사의 잘못을 드러내기 위한 것이므로 적절하지 않다. 또한 한쪽 눈만 치료해 주었다는 내용은 이야기를 통해 알 수 없다.

③ 의사가 노부인의 물건을 훔쳐 가, 노부인이 치료비를 주지 않겠다는 맥락은 맞으나 노부인은 시력이 더 안 좋아졌다고 변론하고 있으므로 적절하지 않다.

유형 연습문제

MP3 바로 듣기

1 이 이야기의 주제로 가장 적절한 것은?

① 때로는 정정당당한 방법보다 기묘한 꾀가 문제를 해결하기도 한다.

② 자기가 해결하기 어려운 일이라면 남에게 도움을 구할 줄도 알아야 한다.

③ 비과학적 방법에 기대기보다는 과학적 방법으로 생각하는 습관을 길러야 한다.

④ 문제에 먼저 달려드는 사람보다 차근차근 문제를 해결할 수 있는 사람이 되어야 한다.

⑤ 다른 사람이 업적을 이룬 방식대로 자기도 업적을 이룰 수 있다는 생각은 버려야 한다.

2 이 시에서 '눈'이 가리키는 대상으로 가장 적절한 것은?

① 맑고 순수한 생명력

② 서로 교감하는 자연물

③ 삶과 죽음이 순환하는 자연

④ 겨울의 시작을 알리는 움직임

⑤ 겨우내 끈질기게 살아남은 생명체

3 이 이야기 마지막에 이어질 내용으로 가장 적절한 것은?

① 힘든 상황에 도전하기보다는 다음 단계를 위해 잠시 쉬어가도 괜찮을 것입니다.

② 원하는 바를 달성하기 위해 어려운 길이 아닌 쉬운 길을 택할 때도 있는 것입니다.

③ 어려운 시기를 현명하게 넘길 수 있는 사람은 한 단계 더 성장할 수 있을 것입니다.

④ 궁지에 몰렸을 때 원하는 바를 얻기 위한 마지막 단계라고 생각하면 도움이 될 것입니다.

⑤ 인생이 벽으로 막힌 막다른 길과 같더라도 어딘가에 사다리가 있으리라 생각해야 할 것입니다.

약점 보완 해설집 p.4

I. 듣기·말하기

기출유형 03

대화·발표를 듣고 내용 파악하고 말하기 방식 추론하기

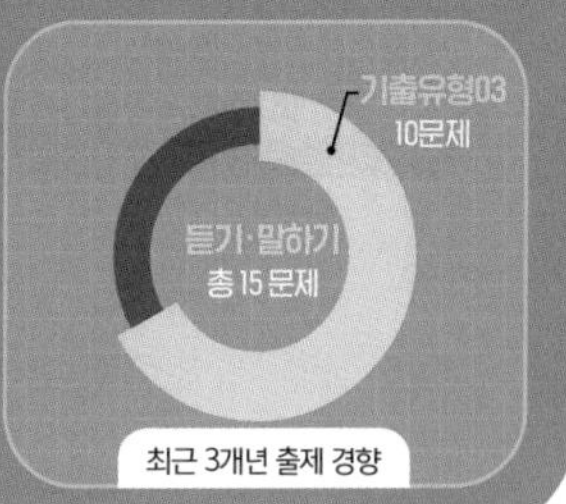

출제 포인트 1 등장인물 생각 또는 세부 내용 파악하기

1. 대화, 발표, 방송 인터뷰 등을 듣고 그 내용을 이해하고 있는지 평가하는 유형입니다. 주로 대화, 발표, 강연 내용 전반에 대한 내용을 묻는 문제와 대화에 등장하는 인물들의 생각을 묻는 문제로 출제됩니다.

2. 주로 다음과 같은 질문 형태로 출제됩니다.
   - 강연/발표의 내용과 일치하지 않는 것은?
   - 전문가의 설명과 일치하는/일치하지 않는 것은?
   - 대화를 통해 알 수 있는 등장인물의 생각으로 볼 수 없는 것은?

풀이 전략

음성을 듣고 질문에서 요구하는 바에 따라 선택지의 내용 중 음성의 내용과 일치하는 것 또는 일치하지 않는 것을 고르면 되므로 대화, 발표, 방송 인터뷰 등의 내용을 놓치지 않고 잘 듣기만 하면 쉽게 풀 수 있습니다. 음성을 다 들은 후 선택지의 내용을 보면 잘 기억나지 않을 수 있으므로 선택지 옆에 O×를 표시하거나 메모하며 문제를 푸는 편이 좋습니다.

MP3 바로 듣기

예제

※ p.28의 출제 포인트2 말하기 방식 추론하기 예제와 함께 푸는 문제입니다.
듣기 지문은 약점 보완 해설집 p.5에서 확인할 수 있습니다.

전문가가 설명한 내용과 일치하는 것은?

① 윌버 스코빌은 탄소나노튜브를 활용해 스코빌 지수를 개발했다.
② 고추 품종은 캡사이신 성분을 함유하고 있어 스코빌 지수가 1 이상이다.
③ 우유를 마시면 매운맛이 사라지는 것은 우유에 든 단백질 성분 때문이다.
④ 캡사이신을 섭취하면 스트레스 해소, 통증 완화, 신진대사 촉진에 도움이 된다.
⑤ 처음에는 스코빌 지수를 고추의 매운맛을 없애는 데 드는 물의 양으로 측정했다.

정답 ⑤

해설 전문가의 2번째 발언에서 처음 스코빌 지수를 측정했을 때는 고추 추출물을 탄 설탕물에 물을 얼마나 더해야 고추의 매운맛이 사라지는지를 기준으로 스코빌 지수를 측정했음을 알 수 있다. 따라서 답은 ⑤이다.

[관련 지문 인용] 고추 추출물을 탄 설탕물을 ~ 고추의 매운맛을 없애려면 얼마나 많은 물을 설탕물에 타야 하는지 측정하는 방식으로 스코빌 지수를 측정했습니다.

출제 포인트 2 말하기 방식 추론하기

1. 강연, 방송 인터뷰, 발표 등을 듣고 담화에 쓰인 말하기 방식을 파악할 수 있는지 평가하는 유형입니다. 주로 방송 인터뷰의 진행자, 강연의 강연자가 인터뷰와 강연을 진행하는 동안 사용한 말하기 방식을 묻는 문제, 발표자가 발표 내용을 효과적으로 전달하려고 사용한 내용 구성 전략을 묻는 문제로 출제됩니다.

2. 주로 다음과 같은 질문 형태로 출제됩니다.
   - 진행자/강연자의 말하기 방식으로 적절하지 않은 것은?
   - 발표의 내용 구성 전략으로 가장 적절한 것은?

풀이 전략

말하기 방식 추론하기 문제는 주로 등장인물 생각 파악하기, 세부 내용 파악하기 문제 뒤에 이어지기 때문에 앞에 제시된 문제를 푸는 데 집중하면 말하기 방식이나 내용 구성 전략을 기억하기 어렵습니다. 따라서 음성 내용을 듣기 전에 미리 선택지에 제시된 말하기 방식이나 내용 구성 전략을 읽고, 음성을 들으며 바로바로 해당하는 선택지를 골라 두는 것이 정답을 찾는 지름길입니다.

예제

진행자의 말하기 방식에 대한 설명으로 적절하지 않은 것은?

① 객관성이 의심되는 사항에 의문을 제기하고 있다.
② 실험에 참여한 사람에 대한 안타까움을 표시하고 있다.
③ 자신이 이해한 내용을 확인하기 위한 질문을 하고 있다.
④ 전문가의 이전 답변을 언급하며 추가 질문을 하고 있다.
⑤ 전문가의 답변 범위를 한정하려는 질문을 덧붙이고 있다.

정답 ③

해설 진행자는 이해한 바를 확인하려는 목적의 질문은 하지 않았으므로 답은 ③이다.

출제 포인트 3 갈등 파악하기

1. 두 사람 또는 세 사람의 대화를 듣고 갈등의 원인이나 갈등을 겪는 사람들의 입장을 파악하는 문제로, 직장 내 대화, 가족 간의 대화 등으로 다양하게 제시돼 하나의 대화를 듣고 2개의 문제를 한 번에 푸는 듣기 · 말하기 세트 문제에 속합니다. 보통 갈등의 원인을 파악하는 문제는 등장인물 생각 또는 세부 내용 파악하기 문제와 세트로 구성되고, 갈등을 겪는 사람들의 입장을 이해하는 문제는 갈등 해결하기 문제와 함께 구성됩니다.

2. 주로 다음과 같은 질문 형태로 출제됩니다.
   - 갈등이 촉발된 (근본적인) 원인으로 가장 적절한/적절하지 않은 것은?
   - 두/세 사람의 입장에 대한 이해로 가장 적절한 것은?

풀이 전략

한 번 들려주는 대화를 바탕으로, 2문제를 동시에 풀어야 합니다. 갈등 파악하기 문제는 대화의 세부 내용과 관련이 깊으니, 대화와 관련 있는 선택지 내용을 바로 확인하고 오답을 소거하며 풀어 봅시다.

MP3 바로 듣기

예제

※ p.30의 출제 포인트4 갈등 해결하기 예제와 함께 푸는 문제입니다.
듣기 지문은 약점 보완 해설집 p.5에서 확인할 수 있습니다.

두 사람의 입장에 대한 이해로 가장 적절한 것은?

① 김 과장은 한 주임이 미팅 일정을 조정한 점을 못마땅하게 생각한다.
② 김 과장은 화상 회의에서는 상대의 의사를 파악하기 어렵다고 생각한다.
③ 한 주임은 컴퓨터 조작법을 배우려 하지 않는 김 과장을 답답하게 생각한다.
④ 김 과장은 한 주임이 지시한 업무를 제때 하지 않아 책임감이 부족하다고 생각한다.
⑤ 한 주임은 김 과장이 해 보지도 않고 새로운 회의 방식을 무조건 반대한다고 생각한다.

정답 ②

해설 '김 과장'의 3번째 발언인 '온라인으로 회의를 진행하게 되면 상대의 표정을 읽기가 어려워 중요한 부분을 놓칠까 봐 우려됩니다'에서 알 수 있다.

① '김 과장'과 '한 주임'의 1번째 발언을 통해 미팅 일정에 관한 이야기가 오고 감을 알 수 있으나 미팅 일정을 놓고 갈등하는 상황이 아니므로 적절하지 않다.

③ '김 과장'의 4번째 발언인 '한 주임같이 젊은 사람은 전자 기기로 업무를 진행하는 것이 익숙하지만'을 통해 '김 과장'은 컴퓨터와 같은 전자 기기를 다루는 데 익숙하지 않음을 알 수 있으며, 이에 대한 '한 주임'의 답변인 '무슨 말씀인지 알겠습니다'를 통해 김 과장의 상황을 한 주임이 이해하고 있음을 알 수 있다.

④ '김 과장'의 1번째 발언인 '지난주에 ~ 혹시 일정 정해졌나요?'에서 '김 과장'이 지난주에 '한 주임'에게 일을 지시했음을 알 수 있으며, '한 주임'의 1번째 발언인 '그날 업체 담당자와 통화하였고 ~ 화상 회의 진행하기로 하였습니다'에서 지시받은 일을 바로 진행했음을 알 수 있다.

⑤ '김 과장'의 3번째 발언인 '이전에 화상 회의를 할 때 대화가 잘 안되는 느낌이었거든요'에서 '김 과장'은 화상 회의를 한 경험이 있음을 알 수 있다.

출제 포인트 4 갈등 해결하기

1. 대화에 나타난 갈등 상황을 해결하는 방안을 찾는 문제로, 갈등 파악하기 문제와 세트로 출제됩니다. 갈등을 해결하는 말하기 방식, 설득 전략을 묻는 문제로, 갈등 상황에 놓인 인물이 갈등을 어떻게 해결했는지 묻기도 하고, 제삼자의 갈등 해결 방식을 묻기도 합니다.

2. 주로 다음과 같은 질문 형태로 출제됩니다.
   - 두 사람의 갈등을 조정하기/문제 상황을 해결하기 위한 '등장인물'의 말하기 방식/설득 전략으로 가장 적절한/적절하지 않은 것은?

풀이 전략

한 번 들려주는 대화를 바탕으로, 2문제를 동시에 풀어야 합니다. 갈등 파악하기 문제를 풀다 보면, 갈등의 해결 방법을 쉽게 파악할 수 있습니다. 갈등 원인을 염두에 두고, 어느 한 사람의 입장이 아닌 갈등을 겪는 모든 사람의 입장에 적합한 해결 방안이 무엇인지 찾아봅시다.

예제

두 사람의 갈등을 조정하기 위한 부장의 설득 전략으로 가장 적절한 것은?

① 김 과장에게, 한 주임과 같은 젊은 세대의 업무 수행 방식을 설명한다.
② 김 과장에게, 한 주임과 화상 회의에 대한 지침서를 작성하라고 지시한다.
③ 한 주임에게, 업무 수행 방식을 제안할 때 서면으로 제안할 것을 권유한다.
④ 한 주임에게, 앞으로 회의 방식을 정할 때 김 과장과 먼저 상의해 보라고 권유한다.
⑤ 김 과장에게, 한 주임의 업무 효율화 방안을 칭찬하며 젊은 세대를 지지해야 함을 설명한다.

정답 ④

해설 '김 과장'과 '한 주임'은 회의 진행 방식에 대해 갈등을 겪고 있다. 이러한 갈등이 촉발된 원인은 '김 과장'과 '한 주임'이 선호하는 회의 방식 차이도 있으나, '한 주임'이 회의 방식을 '김 과장'과 논의하지 않고, 업체와 화상 회의를 진행하기로 했기 때문이다. 따라서 회의를 진행하기 전에 둘이 회의 방식을 상의하여 결정하라고 권하는 것은 갈등 조정 방식으로 가장 적절하다.

① '김 과장'의 4번째 발언인 '한 주임같이 젊은 사람은 전자 기기로 업무를 진행하는 것이 익숙하지만'에서 김 과장은 이미 젊은 세대의 업무 수행 방식을 알고 있음을 알 수 있다.

② '김 과장'은 3~4번째 발언에서 화상 회의에 대한 불편함을 강조하고 있으므로, 이에 대한 지침서를 쓰게 하면 김 과장의 불만을 증폭할 수 있으므로 갈등 조정 방식으로 적절하지 않다.
[관련 지문 인용]
- 이전에 화상 회의를 할 때 대화가 잘 안되는 느낌이었거든요.
- 우리 세대의 사람들은 직접 얼굴을 맞대고 이야기하는 것이 더 익숙합니다.

③ 대화에서 업무 수행 방식을 제안하는 형태와 관련된 내용은 확인할 수 없다.

⑤ '한 주임'의 5번째 발언인 '하지만 더 효율적인 방향으로 업무하고자 하는 제 의도를 존중해 주셨으면 좋겠습니다'에서 '한 주임'이 효율적으로 업무를 추진하려는 의도로 화상 회의를 추진했음을 알 수 있다. 하지만 '김 과장'은 '한 주임'이 이 회의 방식을 자기와 상의하지 않고 독단적으로 결정한 데에 불만을 느끼고 있으므로 '한 주임'의 의견만 지지하는 것은 갈등 조정 방식으로 적절하지 않다.

유형 연습문제

1 전문가가 설명한 내용으로 적절하지 않은 것은?

① 생추어리는 동물의 지각과 감각, 권리를 존중하기 위해 만들어졌다.
② 생추어리에는 동물원과 달리 동물을 매개로 하는 영리 활동이 없다.
③ 도축과 서커스를 위해 사육되는 동물은 생추어리에서 구조하는 대상이다.
④ 생추어리가 보호하는 동물 종류에는 야생 동물, 해양 동물, 축산 동물이 있다.
⑤ 우리나라의 생추어리는 해외의 생추어리와 달리 비정부 기구에서 운영하고 있다.

2 진행자의 말하기 방식으로 적절하지 않은 것은?

① 전문가의 답변을 듣고 떠오르는 장면을 특정한 장소와 연관 지어 언급하고 있다.
② 전문가의 답변을 자신의 말로 바꾸어 요약한 뒤 적절한지 전문가에게 확인하고 있다.
③ 인터뷰를 하며 든 생각과 그와 관련된 변화를 바라는 말로 인터뷰를 마무리하고 있다.
④ 청취자에게 질문을 해 줄 것을 요구한 뒤 그 질문을 인용해 전문가에게 답변을 요청하고 있다.
⑤ 지난 인터뷰에서 다룬 제재와 이번 인터뷰에서 다룰 제재를 언급하며 인터뷰를 시작하고 있다.

3 다음은 발표에서 사용한 그림이다. 메트로놈을 사용할 때 가장 먼저 움직여야 하는 부분은?

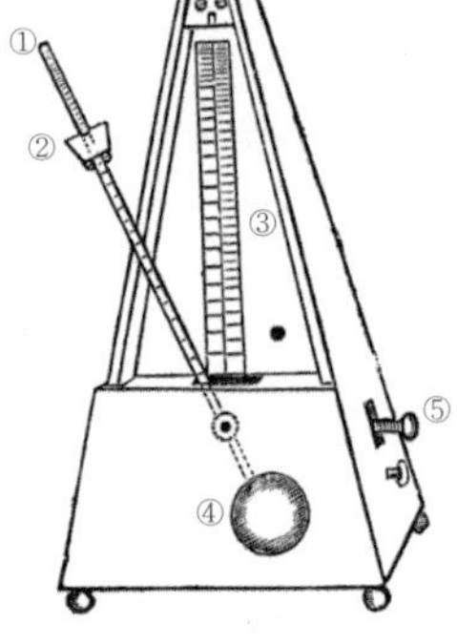

①
②
③
④
⑤

4 **이 발표의 내용 구성 전략으로 가장 적절한 것은?**

① 메트로놈을 애용한 음악가와 멸시한 음악가를 들어 설명한다.

② 메트로놈의 작동 원리를 시계가 작동하는 원리에 빗대어 설명한다.

③ 기계식 메트로놈의 구조를 메트로놈에서 중요한 순서대로 설명한다.

④ 기계식 메트로놈에서 디지털 메트로놈에 이르기까지 공헌한 발명가를 제시한다.

⑤ 기계식 메트로놈을 작동하는 데 필요한 배경지식을 구체적인 예와 함께 설명한다.

5 **두 사람의 입장을 가장 바르게 이해한 것은?**

① 최 대리는 김 팀장이 제대로 된 피드백을 준 적이 없다고 생각한다.

② 김 팀장은 최 대리가 다른 팀원에 비해 능력이 부족하다고 생각한다.

③ 최 대리는 김 팀장이 팀원 중 자기만 감시하는 상황을 불합리하게 여긴다.

④ 김 팀장은 최 대리가 이전 프로젝트에서 치명적인 실수를 하여 주시하고 있다.

⑤ 김 팀장은 팀원을 키워 주려는 자기의 노력을 알아주지 않는 최 대리를 못마땅하게 여긴다.

6 **김 팀장과 최 대리의 갈등을 지나가던 정 부장이 중재하였을 때, 정 부장이 취했을 행동으로 가장 적절한 것은?**

① 최 대리에게 일을 효율적이고 효과적으로 하는 요령을 알려 준다.

② 최 대리에게 지금 일이 적성에 맞는지 검사해 볼 수 있는 방법을 소개한다.

③ 최 대리에게 김 팀장이 아닌 다른 사람에게 피드백을 받는 것은 어떤지 권유한다.

④ 김 팀장에게 팀원에게 피드백을 줄 때 구두가 아닌 서면으로 전달하도록 지시한다.

⑤ 김 팀장에게 비난만 일삼다 해체 위기에 놓인 팀이 소통으로 개선된 사례를 들려준다.

7 **대화를 듣고 이해한 내용으로 적절하지 않은 것은?**

① 수지는 아끼는 물건이라면 잘 숨겨 놓아야 한다고 생각한다.

② 민영은 수지가 아끼는 그릇에 음식을 담아 먹은 적이 있다.

③ 민영은 수지에게 오늘 저녁에 액션 영화를 보자고 권유하고 있다.

④ 수지가 커피를 마시고 있는 컵은 민영이 해외여행을 갔다가 사 온 것이다.

⑤ 민영은 수지가 쓰고 있는 컵을 기분이 좋을 때 쓰는 컵으로 지정해 두었다.

8 **수지가 민영과의 갈등을 해소하기 위해 선택한 말하기 방식으로 가장 적절한 것은?**

① 민영의 머그잔을 함부로 쓴 것이 아니라는 점을 설명하였다.

② 앞으로는 민영의 머그잔을 쓸 때마다 허락을 받기로 약속했다.

③ 같은 공간을 공유하고 있더라도 물건은 구별해 쓰자고 제안했다.

④ 수지는 민영이 먹고 싶은 음식으로 머그잔 사용료를 대신하겠다고 제안했다.

⑤ 민영의 머그잔만큼 자기가 아끼는 물건을 쓸 수 있게 해 주겠다고 약속했다.

약점 보완 해설집 p.5

1 **그림에 대한 설명 중 언급되지 않은 것은?**

① 작품의 주제

② 작품이 받은 오해

③ 작품 속 소재의 의미

④ 주된 표현법과 구현 방법

⑤ 작품에 그려진 인물의 관계

2 **이 이야기의 주제로 가장 적절한 것은?**

① 반복되는 것처럼 보이는 고난도 언젠가 끝이 난다.

② 다른 사람이 원하지 않는 배려는 하지 말아야 한다.

③ 지배 구조를 다시 세우기보다 현재에 만족해야 한다.

④ 피지배층을 핍박하는 지배층은 끌어내려지게 되어 있다.

⑤ 지배층이 피지배층을 부려 충족하려는 욕심은 끝이 없다.

3 **강연의 내용에 대한 이해로 적절하지 않은 것은?**

① '데카르트 마케팅'이라는 명칭은 데카르트의 철학 사상과 무관하다.

② 최근 소비자는 제품으로 얻는 심미적 만족감을 중시하는 경향이 있다.

③ 기업은 데카르트 마케팅을 시도하여 고급스러운 이미지를 갖고자 한다.

④ 데카르트 마케팅으로 홍보되는 상품은 상품의 질과 예술성을 모두 갖춰야 한다.

⑤ 데카르트 마케팅은 상품과 예술 작품을 직접 결합하기보다 예술가와의 협업을 중시한다.

4 방송 내용에 대한 이해로 가장 적절한 것은?

① 노래 '사의 찬미'는 1926년 7월 말에 녹음되었다.

② 노래 '사의 찬미'는 사람들의 관심을 받지 못하였다.

③ 노래 '사의 찬미'에는 발매 당시 없었던 가사가 추가돼 있다.

④ 노래 '사의 찬미'는 영화 '사의 찬미'의 첫 부분에 삽입되었다.

⑤ 영화 '사의 찬미'는 1991년 영화 흥행 순위 1위를 기록했다.

5 이 시에서 말하는 내용으로 가장 적절한 것은?

① 이별하여 볼 수 없는 상대에 대한 그리움

② 마음을 알아줄 사람의 부재로 느끼는 안타까움

③ 사랑하는 사람에게 모두 내보이는 진실한 마음

④ 소중한 이의 죽음으로 느끼는 삶에 대한 회의감

⑤ 파악하기 어려운 자신의 내면에 대한 혼란스러움

6 전문가의 설명에 대한 이해로 적절하지 않은 것은?

① 약용 식물은 한의원뿐 아니라 일반인도 사용할 수 있다.

② 도라지의 뿌리는 기침, 가래를 멎게 하거나 열을 내리는 데 효과가 있다.

③ 도라지의 뿌리에 있는 성분의 약효를 높이려면 차로 끓여 마시는 것이 좋다.

④ 국립약용식물원과 농촌진흥청이 펴낸 식물도감에는 특용 자원 식물 575종의 사진이 수록되었다.

⑤ 일반인이 식물도감을 쉽게 확인할 수 있도록 식물 이름을 기준으로 하여 가나다순으로 정리하였다.

7 진행자의 말하는 전략에 대한 설명으로 적절하지 않은 것은?

① 전문가의 답변에서 요점만 정리해 주고 있다.

② 전문가의 의견에 동의하며 인터뷰를 마무리하고 있다.

③ 주제와 관련 있는 자신의 경험을 언급하며 인터뷰를 시작하고 있다.

④ 청취자가 알고 싶을 법한 정보를 예측하여 전문가에게 질문하고 있다.

⑤ 자신이 알고 있는 정보를 제시하고 전문가에게 이를 보충해 달라고 요청하고 있다.

8 **대화를 통해 알 수 있는 여자의 생각으로 적절하지 않은 것은?**

① 경기의 흐름을 방해하는 반칙은 정당하지 않다.

② 경기에서 패하더라도 화려한 경기를 보기를 원한다.

③ 선수들의 뛰어난 기량이 팬들을 경기장에 불러 모은다.

④ 이번 경기는 수비 위주로 진행되어 경기 결과가 마음에 들지 않는다.

⑤ 우리 팀의 새로운 감독보다 그전 감독의 경기 운영 방식이 더 마음에 든다.

9 **인물들의 말하기 방식에 대한 설명으로 가장 적절한 것은?**

① 남자: 두 의견의 공통점과 차이점을 정리하고 있다.

② 여자: 상대의 주장에서 모순된 점을 찾아 이를 비난하고 있다.

③ 남자: 상대의 의견에 공감해 준 후 자신의 의견을 전달하고 있다.

④ 여자: 우리 팀과 상대 팀의 상황을 비교하며 공감을 요구하고 있다.

⑤ 남자: 자신의 의견을 뒷받침하기 위해 다른 사람의 경험을 근거로 들고 있다.

10 **강연의 내용과 일치하지 않는 것은?**

① 골다공증 초기에는 특별한 증상이 나타나지 않는다.

② 스테로이드를 과다 복용하면 골다공증에 걸릴 수 있다.

③ 골다공증으로 척추가 골절되면 소화 불량이 나타날 수 있다.

④ 일차성 골다공증은 여러 요인이 복합적으로 연관되어 나타난다.

⑤ 확률적으로 남성의 약 30~40%, 여성의 약 75%가 골다공증에 걸린다.

11 **강연자의 말하기 방식에 대한 설명으로 가장 적절한 것은?**

① 골다공증의 치료 방법을 구체적으로 제시하고 있다.

② 골다공증의 발생하는 부위별 회복 기간을 제시하고 있다.

③ 최근 3년 동안 골다공증 발병률의 추이를 제시하고 있다.

④ 뼈조직의 생성 및 강화 과정을 순차적으로 제시하고 있다.

⑤ 골다공증을 원인 규명 여부에 따라 구분하여 제시하고 있다.

12 발표의 내용으로 적절하지 않은 것은?

① 블랙 프라이데이는 11월 넷째 주 금요일이다.

② 블랙 프라이데이의 영향으로 한국 업체의 매출이 감소하였다.

③ 블랙 프라이데이에는 다양한 국적의 사람들이 미국 쇼핑몰을 많이 이용한다.

④ 한국 정부는 미국 업체들과 협력하여 코리아 블랙 프라이데이 행사를 개최하였다.

⑤ 코리아 블랙 프라이데이에 참여한 주요 업체의 매출 실적이 지난해보다 증가하였다.

13 발표의 내용 구성 전략으로 가장 적절한 것은?

① 결론을 먼저 제시한 후 그에 대한 배경을 설명하고 있다.

② 코리아 블랙 프라이데이의 한계를 지적하며 대안을 제시하고 있다.

③ 청중을 설득하기 위해 공신력 있는 전문가의 견해를 인용하고 있다.

④ 청중이 발표 내용을 수용하고 있는지 확인하기 위해 질문을 던지고 있다.

⑤ 정부가 주도했던 행사의 다양한 사례를 들어 코리아 블랙 프라이데이의 장점을 부각하고 있다.

14 대화에 대한 이해로 가장 적절한 것은?

① 김 과장은 상사에게 보고할 자료를 혼자 다 만들었다.

② 팀에서 김 과장만 새로운 보고서 서식을 전달받지 못했다.

③ 김 과장은 작년 생산 지수 표를 취합하여 보고서를 만들었다.

④ 이 과장은 보고 시간까지 보고서를 수정할 수 없다고 생각한다.

⑤ 이 과장은 팀원에게 메일을 보낸 후 수신 여부를 구두로 확인하였다.

15 두 사람 사이에 갈등이 생긴 근본적인 원인은?

① 김 과장은 이 과장의 메일을 확인했으나 읽지 않았다.

② 김 과장은 이 과장의 업무 처리 방식을 신뢰하지 못한다.

③ 김 과장은 보고에 필요한 자료를 이 과장에게 늦게 전달하였다.

④ 이 과장은 보고 자료가 허술하다며 김 과장의 능력을 비난하였다.

⑤ 이 과장은 김 과장에게 업무와 관련된 사항을 정확히 전달하지 않았다.

약점 보완 해설집 p.9

II. 어휘

어휘 영역 출제 경향

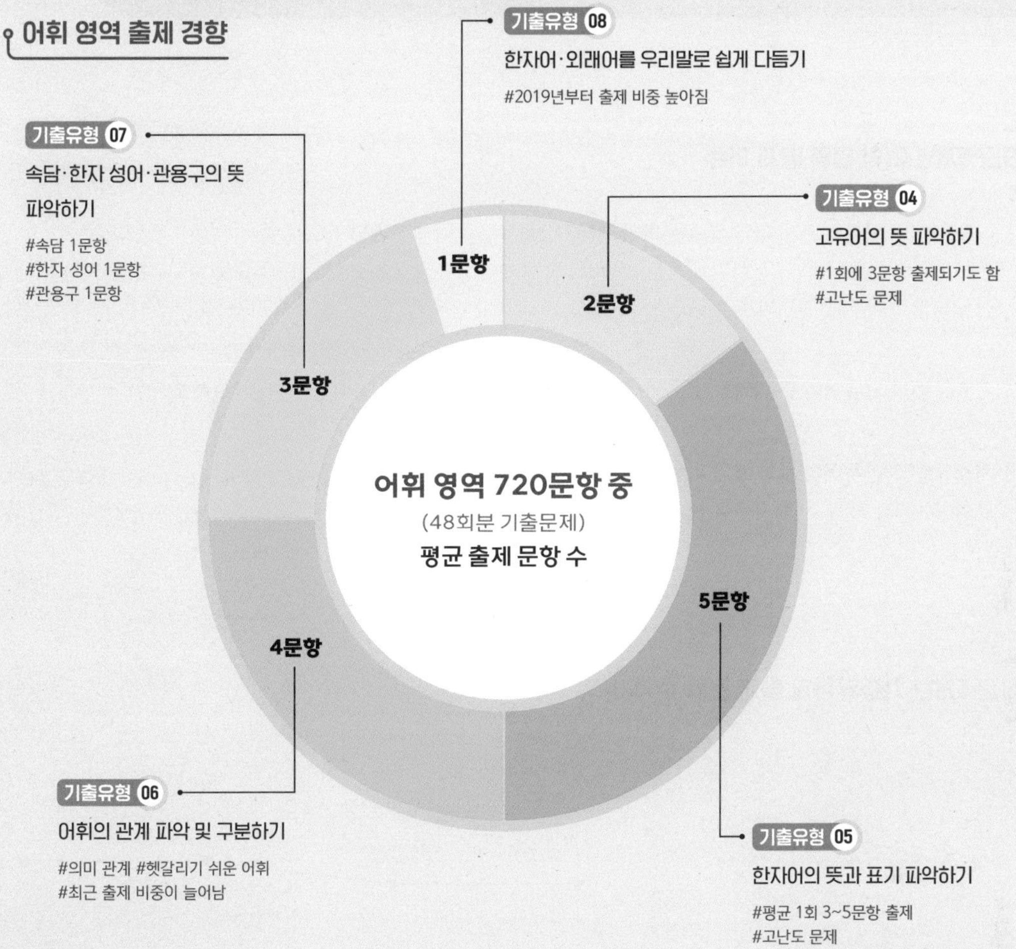

어휘 영역 학습 포인트

- **어휘 문제는 뜻을 알아야 풀 수 있으니 반드시 암기하자! 반복 출제되는 어휘도 있으니 기출 어휘부터 외우기!**

  어휘 문제의 평균 60% 정도는 어휘의 의미를 알아야 풀 수 있다. 따라서 높은 점수를 받으려면 반드시 암기 학습이 필요하다. 많은 분량의 어휘에 무너지지 말고, 빈출 어휘와 기출 어휘부터 차근차근 외우는 편이 좋다.

- **문장 속 어휘의 의미를 묻는 문제가 나오므로 어휘가 쓰이는 상황, 예문과 연관 지어 학습하기!**

  문장에 쓰인 어휘를 파악하는 문제는 반드시 출제된다. 따라서 어휘가 사용되는 상황을 떠올리면서 어휘를 외우면 문제 풀이에도 도움이 되고, 어휘를 더 쉽게 기억할 수 있어 전략적인 학습이 가능하다.

◀ **언제 어디서나 어휘 암기하기**

교재에 수록된 어휘뿐 아니라 더 많은 추가 어휘를 모바일로 학습하기!
언제 어디서나 휴대전화로 편리하게 자주 들여다보면 어휘를 더욱 빠르게 암기할 수 있습니다.

고등급 달성을 위한 기출유형 분석 리포트

최근 5개년 어휘 영역 출제 이슈

1. **기출유형06 어휘의 관계 파악 및 구분하기** 문제가 1회 4문항 이상 출제될 정도로 출제 비중이 커졌다. 특히 유의/반의/상하 관계와 다의어/동음이의어의 출제 포인트가 각각 1문항씩 고정적으로 출제되는 편이니, 어휘 영역 공략을 위해 의미 관계의 각 개념과 자주 나오는 다의어/동음이의어 뜻을 알아 두어야 한다.

2. **기출유형04 고유어의 뜻 파악하기**는 1회 3문항 출제되기도 하며, 매회 2문항 이상은 반드시 출제된다.

3. **기출유형05 한자어의 뜻과 표기 파악하기** 문제의 출제 비중은 줄었으나, 어휘 영역에서 지금까지 가장 많이 출제된 유형이며, 1회 3문항 이상 꾸준히 출제되고 있으므로 고등급을 공략하려면 한자어 학습은 필수이다.

최근 5개년 기출유형별 출제 문항 수 추이

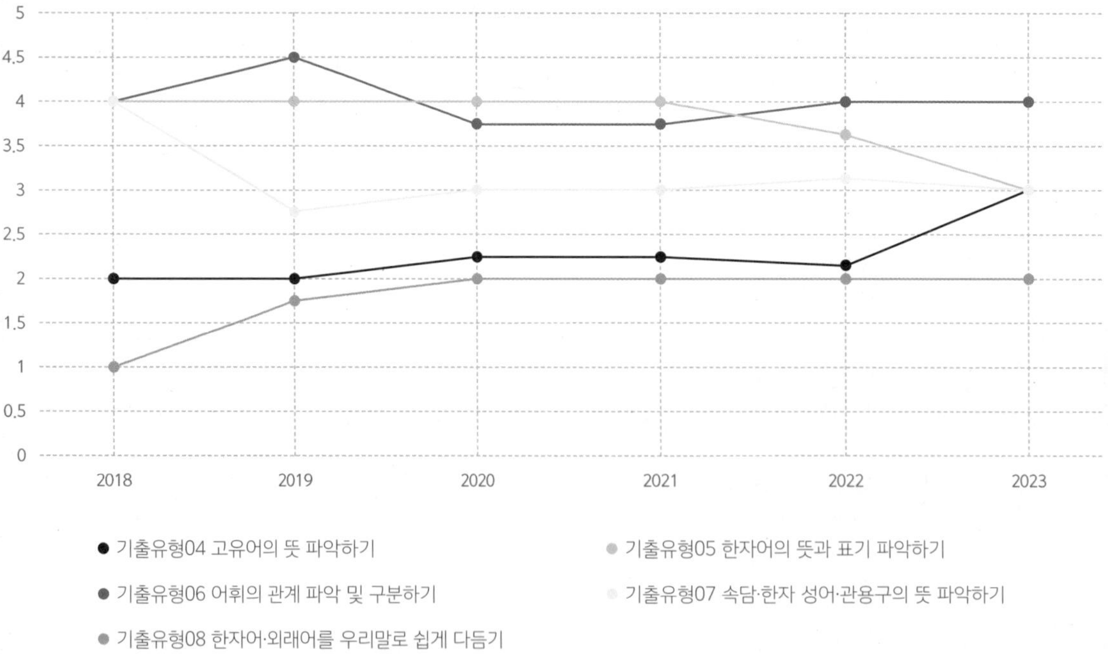

출제 경향

어휘 영역의 기출유형은 모두 1회에 2문항 이상 출제되며, 기출유형별로 2~4개 정도의 출제 포인트가 고정적으로 출제되는 편이다.
평균적으로 1회에 기출유형04는 2문항, 기출유형05는 4문항, 기출유형06은 4문항, 기출유형07은 3문항, 기출유형08은 2문항 출제된다.

무조건 나온다!

최다 빈출 유형 TOP3

1위 기출유형06 어휘의 관계 파악 및 구분하기

기출유형06은 여러 어휘를 제시하고 어휘 간의 의미 관계, 어휘의 의미를 구분하는 문제로 출제된다. 그중 다의어와 동음이의어를 구분하는 문제는 1회에 2문항씩 출제될 정도로 출제 비중이 높다.

빈출 출제 포인트
다의어와 동음이의어 구분하기

빈출 선지
나가다, 나다, 남다, 내리다, 놓다, 다리, 달다, 담다, 돌다, 되다, 두다, 들다, 뚝, 마르다, 맞다, 맨, 머리, 묻다, 빠지다, 생기다, 솟다, 쓰다, 오르다, 줄다, 짜다, 차다, 찾다, 치다, 펴다

2위 기출유형05 한자어의 뜻과 표기 파악하기

기출유형05는 한자어와 관련된 문제로, 문장에 쓰인 한자어의 쓰임이 적절한지 묻는 출제 포인트가 가장 많이 출제된다. 간혹 1회에 3문항이 출제될 때도 있다.

빈출 출제 포인트
문맥에 맞는 한자어 파악하기

빈출 선지
게재(揭載), 결부(結付), 결제(決濟), 계발(啓發), 고착(固着), 구제(救濟), 발현(發現), 보류(保留), 사사(師事), 산실(産室), 유치(誘致), 임대(賃貸), 재원(才媛), 제재(制裁), 주재(主宰), 착수(着手), 창달(暢達), 추대(推戴), 추돌(追突), 치부(恥部), 회자(膾炙)

3위 기출유형07 속담·한자 성어·관용구의 뜻 파악하기

기출유형07은 평균 3문항 출제되며, 속담, 한자 성어, 관용구의 출제 포인트가 1문항씩 출제된다. 최근 속담과 한자 성어를 연관 지어 푸는 문제가 출제된 적도 있다.

빈출 출제 포인트
한자 성어의 뜻 파악하기

빈출 선지
고장난명(孤掌難鳴), 관포지교(管鮑之交), 교각살우(矯角殺牛), 낭중지추(囊中之錐), 당랑거철(螳螂拒轍), 목불식정(目不識丁), 오비이락(烏飛梨落), 우공이산(愚公移山), 절차탁마(切磋琢磨), 주마가편(走馬加鞭), 촌철살인(寸鐵殺人), 풍수지탄(風樹之嘆), 혼정신성(昏定晨省)

맞히면 등급이 오른다!

가장 많이 틀리는 유형 TOP3

1위 기출유형05 한자어의 뜻과 표기 파악하기

기출유형05의 출제 포인트 중 한자어의 사전적 뜻 파악하기 문제를 가장 많이 틀린다. 한자어의 정확한 사전적 뜻을 알아야 풀 수 있기 때문에 난도가 매우 높다.

고난도 출제 포인트
한자어의 사전적 뜻 파악하기

고난도 선지
궤양(潰瘍), 동맥(動脈), 미증유(未曾有), 백미(白眉), 부목(副木), 사족(蛇足), 선풍(旋風), 수액(輸液), 인대(靭帶), 전거(典據), 지향(指向), 질곡(桎梏), 천착(穿鑿), 치부(恥部), 휘발성(揮發性)

2위 기출유형04 고유어의 뜻 파악하기

기출유형04의 2가지 출제 포인트 모두 많이 틀리는 문제이나, 그중에서도 고유어의 사전적 뜻 파악하기 문제를 더 많이 틀리는 편이다. 생소한 고유어가 자주 등장하는 편이어서 난도가 매우 높은 편이다.

고난도 출제 포인트
고유어의 사전적 뜻 파악하기

고난도 선지
가납사니, 갈마들다, 개평, 겨를, 고즈넉하다, 그득하다, 깨나다, 깨단하다, 깨우치다, 농투성이, 늘비하다, 막놓다, 만무방, 허릅숭이

3위 기출유형06 어휘의 관계 파악 및 구분하기

기출유형06의 출제 포인트 중 헷갈리기 쉬운 어휘를 구별하는 문제를 가장 많이 틀린다. 일상에서도 쉽게 혼동하여 쓰는 비슷한 표기들의 쓰임을 구분해야 하므로 난도가 높은 편이다.

고난도 출제 포인트
헷갈리기 쉬운 어휘 구별하기

고난도 선지
가늠/갈음, 걷잡다/겉잡다, 걸맞다, 게재/기재, 다르다, 두텁다, 모사, 바투, 받다, 벌리다/벌이다, 빌다/빌리다, 알음, 제고, 졸이다, 주요하다/주효하다, 박다

II. 어휘

기출유형 04 고유어의 뜻 파악하기

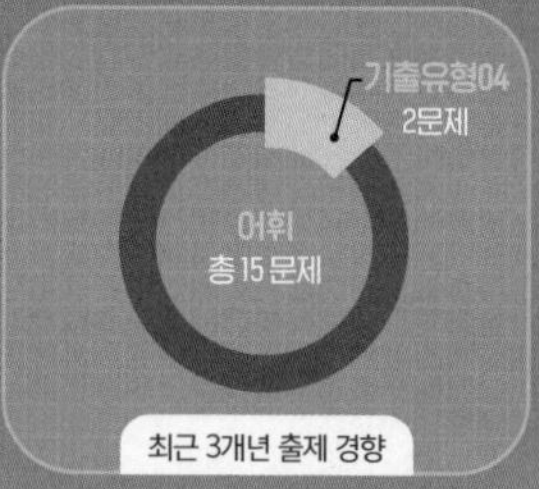

출제 포인트 1 고유어의 사전적 뜻 파악하기

1. 고유어의 의미를 정확히 아는지 묻는 문제로, 주로 선택지에 제시된 고유어의 의미가 정확한지 묻는 문제와 질문에 제시된 의미를 지닌 고유어를 찾는 문제로 출제됩니다.

2. 주로 다음과 같은 질문 형태로 출제됩니다.
   - 밑줄 친 고유어의 뜻풀이가 옳지 않은 것은?
   - "(고유어의 의미)"를 의미하는 고유어는?

풀이 전략

암기한 고유어의 의미를 바탕으로 제시된 고유어의 뜻풀이가 적절한지 판단하면 됩니다. 표기가 유사한 고유어로만 선택지가 구성되는 경우도 있으니 고유어의 표기도 의미와 함께 잘 익혀 두어야 합니다. 만약 고유어의 의미가 정확히 생각나지 않는다면 고유어의 의미를 외우며 함께 보았던 예문을 떠올려 봅시다.

예제

밑줄 친 고유어의 의미를 바르게 풀이하지 못한 것은?

① 뭇별 가운데 가장 밝게 빛나는 별은 금성이다.
→ 많은 별

② 커다란 새 한 마리가 머루 송아리를 노리고 있다.
→ 꽃, 열매, 눈 등이 따로따로 다른 꼭지에 달린 한 덩이

③ 초행길에 헤매지 않는 일은 내 깜냥엔 없는 일이다.
→ 스스로 일을 헤아림. 또는 헤아릴 수 있는 능력

④ 이 가구는 흑색과 적색이 모두 적이 도는 묘한 빛깔이다.
→ 꽤 어지간한 정도로

⑤ 그녀는 바쁜 와중에 하루의 말미를 얻어 관공서를 돌아다녔다.
→ 일정한 직업이나 일 등에 매인 사람이 다른 일로 말미암아 얻는 겨를

정답 ②

해설 고유어 '송아리'는 '꽃이나 열매 등이 잘게 모여 달려 있는 덩어리'를 뜻하며, '꽃, 열매, 눈 등이 따로따로 다른 꼭지에 달린 한 덩이'를 뜻하는 고유어는 '송이'이다.

출제 포인트 2 문맥에 맞는 고유어 파악하기

1. 고유어가 의미에 맞게 문장에 쓰였는지 묻는 문제로, 고유어가 쓰인 문장을 선택지에 제시하는 한 가지 형태의 문제만 출제됩니다.

2. 주로 다음과 같은 질문 형태로 출제됩니다.
   - 밑줄 친 고유어의 쓰임이 적절하지 않은 것은?

풀이 전략

밑줄 친 고유어가 평소에 쓰이는 상황을 떠올리고 고유어의 앞뒤로 쓰인 단어 등으로 문장의 대략적인 의미를 파악한 뒤, 그 고유어가 앞뒤 내용과 어울리는지를 파악하면 고유어의 의미를 정확히 몰라도 정답을 고를 수 있습니다. 물론 의미를 알고 있는 고유어라면 문제 풀이가 더욱 쉬워지므로 고유어의 의미 암기도 열심히 해 두어야 합니다.

예제

밑줄 친 고유어의 쓰임이 적절하지 않은 것은?

① 달팽이가 풀잎을 타고 곰틀곰틀 기어간다.
② 이삿짐을 곰비임비 쌓아서 무너질까 봐 겁이 난다.
③ 파를 어슷어슷 썰어 얼려 두면 찌개를 끓일 때 좋다.
④ 괴발개발 필기한 탓에 글자를 전혀 알아보지 못하겠다.
⑤ 부둑부둑 잘 말라 부드러워진 오징어를 숯불에 구워 먹었다.

정답 ⑤

해설 고유어 '부둑부둑'은 '물기가 있는 물건의 거죽이 거의 말라 약간 뻣뻣하게 굳어진 모양'을 뜻하므로, 부드러운 마른오징어와 함께 쓰기에는 적절하지 않다.

① 문맥상 달팽이가 풀잎에서 몸을 구부리면서 기어간다는 의미이므로 '몸의 한 부분을 고부리거나 비틀며 좀스럽게 자꾸 움직이는 모양'을 뜻하는 고유어 '곰틀곰틀'의 쓰임은 적절하다.

② 문맥상 이삿짐 위에 이삿짐이 쌓여 있다는 의미이므로 '물건이 거듭 쌓이거나 일이 계속 일어남을 나타내는 말'인 고유어 '곰비임비'의 쓰임은 적절하다.

③ 문맥상 한쪽으로 기운 모양으로 파를 썰었다는 의미이므로 '여럿이 다 한쪽으로 조금 비뚤어진 모양'인 고유어 '어슷어슷'의 쓰임은 적절하다.

④ 문맥상 필기를 아무렇게나 해 두었다는 의미이므로 '고양이의 발과 개의 발이라는 뜻으로, 글씨를 되는대로 아무렇게나 써 놓은 모양을 이르는 말'인 고유어 '괴발개발'의 쓰임은 적절하다.

필수 암기 개념

암기포인트
주제별 어휘를 비교하거나 예문과 연관 지어 암기하면 어휘의 뜻을 더 오래 기억할 수 있습니다.

1 기출 고유어

1. 의미별 고유어

1) 사람을 의미하는 고유어

가납사니 ★	1. 쓸데없는 말을 지껄이기 좋아하는 수다스러운 사람 2. 말다툼을 잘하는 사람
고명딸	아들 많은 집의 외딸 예 그 집 막내는 **고명딸**로 태어나 오빠들 틈에서 귀염을 독차지하며 자랐다.
고삭부리	1. 음식을 많이 먹지 못하는 사람 2. 몸이 약하여서 늘 병치레를 하는 사람
구나방	말이나 행동이 모질고 거칠고 사나운 사람을 이르는 말
구년묵이	어떤 일에 오래 종사한 사람을 낮잡아 이르는 말
노랑이	속이 좁고 마음 씀씀이가 아주 인색한 사람을 낮잡아 이르는 말 예 그는 설치비가 아까워 집에 전화조차 놓지 않은 지독한 **노랑이**였다.
농투성이	'농부'를 낮잡아 이르는 말 예 그는 흙 파먹고 사는 **농투성이**야.
늦깎이	1. 나이가 많이 들어서 승려가 된 사람 반의어 올깎이 나이가 어려서 승려가 된 사람 2. 나이가 많이 들어서 어떤 일을 시작한 사람 예 그는 **늦깎이** 교수로 불리었다. 3. 남보다 늦게 사리를 깨치는 일. 또는 그런 사람
두루치기	한 사람이 여러 방면에 능통함. 또는 그런 사람 예 그는 농사, 운동, 집안 살림 등 못하는 것 없는 **두루치기**다.
만무방	1. 염치가 없이 막된 사람 2. 아무렇게나 생긴 사람
트레바리	이유 없이 남의 말에 반대하기를 좋아함. 또는 그런 성격을 지닌 사람
허릅숭이	일을 실답게 하지 못하는 사람을 낮잡아 이르는 말
홀몸	배우자나 형제가 없는 사람 예 사고로 아내를 잃고 **홀몸**이 되었다. 동의어 단신(單身), 척신(隻身)

2) 신체를 의미하는 고유어

궁둥이	볼기의 아랫부분. 앉으면 바닥에 닿는, 근육이 많은 부분이다. 예 거짓말한 벌로 선생님께 **궁둥이**를 맞았다.
귓밥	귓바퀴의 아래쪽에 붙어 있는 살 동의어 귓불
꼭대기	머리 위의 숫구멍이 있는 자리 예 머리 **꼭대기**까지 화가 치밀다. 동의어 정수리
꼭뒤	뒤통수의 한가운데
넓적다리	다리에서 무릎 관절 위의 부분
엉덩이	볼기의 윗부분 예 대기하고 있던 간호사가 **엉덩이**에 주사를 놓았다. 동의어 둔부(臀部), 히프(hip)
오금	1. 무릎의 구부러지는 오목한 안쪽 부분 예 **오금**을 펴다. 동의어 곡추(曲脷), 뒷무릎 2. 아래팔과 위팔을 이어 주는 뼈마디의 안쪽 부분 동의어 팔오금
정강이	무릎 아래에서 앞 뼈가 있는 부분 예 **정강이**를 걷어차다.
종아리	무릎과 발목 사이의 뒤쪽 근육 부분 예 **종아리**가 굵다. 동의어 하퇴(下腿)
회목	손목이나 발목의 잘록한 부분 예 **회목**을 잡다.

2. 형태별 고유어

1) 한 단어가 반복 결합된 고유어

가닥가닥	여러 가닥으로 갈라진 모양 예 **가닥가닥** 꼰 새끼줄 동의어 가닥가닥이
가드락가드락	조금 거만스럽게 잘난 체하며 버릇없이 자꾸 구는 모양 예 그 사람은 자기 집이 부자라고 하도 **가드락가드락** 친구를 대하여 모두가 그를 꺼린다. 준말 가들가들
갉작갉작	1. 날카롭고 뾰족한 끝으로 자꾸 바닥이나 거죽을 문지르는 모양 예 눈가를 새끼손가락으로 **갉작갉작** 긁는다. 2. 되는대로 자꾸 글이나 그림 등을 쓰거나 그리는 모양
감실감실	1. 사람이나 물체, 빛 등이 먼 곳에서 자꾸 아렴풋이 움직이는 모양 예 줄 끊긴 방패연은 바람에 날려 저 멀리 **감실감실** 사라져 갔다. 2. 군데군데 약간 가무스름한 모양
겅중겅중	긴 다리를 모으고 계속 힘 있게 솟구쳐 뛰는 모양
고분고분	말이나 행동이 공손하고 부드러운 모양 예 그 아이는 시키는 대로 **고분고분** 말을 잘 듣는다. 동의어 고분고분히
곰실곰실	작은 벌레 등이 한데 어우러져 조금씩 자꾸 굼뜨게 움직이는 모양 예 벌레가 **곰실곰실** 움직인다.
곰작곰작	몸을 둔하고 느리게 조금씩 자꾸 움직이는 모양 예 달팽이가 나뭇잎 위를 **곰작곰작** 기어간다.
곰질곰질	'몸을 계속 천천히 좀스럽게 움직이는 모양'을 뜻하는 '곰지락곰지락'의 준말

곰틀곰틀	몸의 한 부분을 고부리거나 비틀며 좀스럽게 자꾸 움직이는 모양 예 **곰틀곰틀** 움직이는 벌레
그득그득	분량이나 수효 등이 어떤 범위나 한도에 여럿이 다 또는 몹시 꽉 찬 모양 예 항아리마다 물이 **그득그득** 담겨 있었다. 동의어 그득그득히
깔짝깔짝	1. 매우 얇고 빳빳한 물체의 바닥이 앞뒤로 되풀이하여 가볍게 자꾸 뒤집히는 소리 2. 자꾸 작은 물건이나 일을 가지고 만지작거리기만 하고 좀처럼 진전을 이루지 못하는 모양 예 밥을 **깔짝깔짝** 먹다.
꼬들꼬들	밥알 등이 물기가 적거나 말라서 속은 무르고 겉은 조금 굳은 상태. '고들고들'보다 센 느낌을 준다. 예 밥이 **꼬들꼬들** 말라 버렸다.
넘실넘실 ★	1. 물결 등이 부드럽게 자꾸 굽이쳐 움직이는 모양 예 파도가 **넘실넘실** 뱃전을 두드리다. 2. 해 등이 솟아오르는 모양 예 아침 해가 수평선 위로 **넘실넘실** 떠오른다. 3. 남의 것을 탐내어 슬그머니 자꾸 넘겨다보는 모양
노릇노릇	군데군데 노르스름한 모양 예 호박전이 **노릇노릇** 익었다. 동의어 노름노름, 노릇노릇이

개념 암기 체크

다음 뜻풀이에 해당하는 어휘를 <보기>에서 찾아 괄호 안에 쓰시오.

<보기>
가납사니 넘실넘실 그득그득 두루치기 갉작갉작

01 해 등이 솟아오르는 모양 (　　　　)
02 쓸데없는 말을 지껄이기 좋아하는 수다스러운 사람 (　　　　)
03 한 사람이 여러 방면에 능통함. 또는 그런 사람 (　　　　)
04 날카롭고 뾰족한 끝으로 자꾸 바닥이나 거죽을 문지르는 모양 (　　　　)
05 분량이나 수효 등이 어떤 범위나 한도에 여럿이 다 또는 몹시 꽉 찬 모양 (　　　　)

정답 01 넘실넘실 02 가납사니 03 두루치기 04 갉작갉작 05 그득그득

다닥다닥 ★	1. 자그마한 것들이 한곳에 많이 붙어 있는 모양 예 바닷가 바위틈에 따개비들이 **다닥다닥** 붙어 있다. 본말 다다귀다다귀 2. 보기 흉할 정도로 지저분하게 여기저기 기운 모양 예 형편이 얼마나 안 좋은지 양말 여기저기를 **다닥다닥** 기워 신었다.
다문다문	1. 시간적으로 잦지 않고 좀 드문 모양 예 서울 사는 아들도 어쩌다 한 번씩 **다문다문** 집을 찾아왔다. 2. 공간적으로 배지 않고 사이가 좀 드문 모양 예 차가 산길에 접어들자 집들이 어쩌다 하나씩 **다문다문** 보일 뿐이었다.
담상담상	드물고 성긴 모양 예 턱에 **담상담상** 수염이 돋았다.
대롱대롱	작은 물건이 매달려 가볍게 잇따라 흔들리는 모양 예 감나무에 감이 **대롱대롱** 달려 있다.
데면데면 ★	1. 사람을 대하는 태도가 친밀감이 없이 예사로운 모양 예 그는 누구를 만나도 **데면데면** 대한다. 2. 성질이 꼼꼼하지 않아 행동이 신중하거나 조심스럽지 않은 모양 예 그는 책장을 **데면데면** 넘긴다. 동의어 데면데면히
둘레둘레	1. 사방을 이리저리 살피는 모양 예 이 집 저 집 **둘레둘레** 돌아다닌다. 2. 여러 사람이나 물건이 주위에 둥그렇게 둘러 있는 모양
드문드문	1. 시간적으로 잦지 않고 드문 모양 예 **드문드문** 찾아드는 손님 유의어 이따금 얼마쯤씩 있다가 가끔 2. 공간적으로 배지 않고 사이가 드문 모양 예 **드문드문** 서 있는 나무 유의어 띄엄띄엄 붙어 있거나 가까이 있지 않고 조금 떨어져 있는 모양
듬성듬성	매우 드물고 성긴 모양 예 바위가 **듬성듬성** 박힌 산
딸각딸각	'작고 단단한 물건이 자꾸 맞부딪치는 소리'를 뜻하는 '딸가닥딸가닥'의 준말 예 부엌에서 설거지를 하는지 **딸각딸각** 소리가 난다.
문실문실	나무 등이 거침없이 잘 자라는 모양
미적미적	1. 무거운 것을 조금씩 앞으로 자꾸 내미는 모양 예 농부가 달구지를 **미적미적** 밀고 간다. 2. 해야 할 일이나 날짜 등을 미루어 자꾸 시간을 끄는 모양 동의어 미루적미루적
바득바득 ★	악지를 부려 자꾸 우기거나 조르는 모양 예 **바득바득** 떨어지지 않으려는 아이를 옆집에 맡겼다.
바락바락 ★	1. 성이 나서 잇따라 기를 쓰거나 소리를 지르는 모양 예 **바락바락** 대들다. 2. 빨래 등을 가볍게 조금씩 주무르는 모양
반짝반짝	1. 작은 빛이 잠깐 잇따라 나타났다가 사라지는 모양 예 **반짝반짝** 윤이 나다. 2. 여럿이 또는 잇따라 잠을 자지 않고 밤을 지내는 모양 예 직원들 모두 밀린 일을 하느라 며칠을 **반짝반짝** 새웠다. 3. 물건을 아주 가볍게 잇따라 들어 올리는 모양 예 무거운 짐들을 **반짝반짝** 들어서 옆으로 옮겼다.
부둑부둑	물기가 있는 물건의 거죽이 거의 말라 약간 뻣뻣하게 굳어진 모양 예 비에 젖었던 구두가 **부둑부둑** 말라 있어서 신기가 불편했다.
부슬부슬	1. 덩이진 가루 등이 물기가 적어 잘 엉기지 못하고 부스러지기 쉬운 모양 예 떡이 **부슬부슬** 부스러지다. 2. 눈이나 비가 조용히 성기게 내리는 모양 예 봄비가 **부슬부슬** 내리다.
비리비리	비틀어질 정도로 여위고 연약한 모양 예 아이가 입이 짧아서 **비리비리** 약하다.
비실비실	1. 흐느적흐느적 힘없이 자꾸 비틀거리는 모양 2. 비굴하게 눈치를 보며 행동하는 모양
새근새근	1. 고르지 않고 가쁘게 자꾸 숨 쉬는 소리. 또는 그 모양 2. 관절 등이 자꾸 조금 신 느낌
새록새록	1. 어떤 생각이나 느낌이 거듭하여 새롭게 생기는 모양 예 아프고 쓰라렸던 지난 일이 **새록새록** 떠올랐다. 2. 잠든 어린아이가 숨 쉴 때 나는 소리 예 아이가 **새록새록** 잠이 들다.
선득선득	갑자기 서늘한 느낌이 자꾸 드는 모양
성큼성큼	다리를 잇따라 높이 들어 크게 떼어 놓는 모양

쓰렁쓰렁	1. 남이 모르게 비밀리 행동하는 모양 2. 일을 건성으로 하는 모양 예 청소를 시키면 그는 늘 **쓰렁쓰렁** 눈에 보이는 곳만 치우고 만다. 3. 사귀는 정이 버성기어 서로의 사이가 소원한 모양 예 그들은 사촌간이지만, 멀리 떨어져 살다 보니 **쓰렁쓰렁** 남남 사이나 다름없게 되었다.
아귀아귀	음식을 욕심껏 입안에 넣고 마구 씹어 먹는 모양 예 그는 밥을 **아귀아귀** 먹어 대며 내심 화를 삭이고 있었다.
알랑알랑	남의 비위를 맞추거나 환심을 사려고 다랍게 자꾸 아첨을 떠는 모양
어슷어슷 ★	여럿이 다 한쪽으로 조금 비뚤어진 모양 예 **어슷어슷** 썬 풋고추
얼핏얼핏	생각이나 기억 등이 잇따라 문득문득 떠오르는 모양 동의어 언뜻언뜻
와들와들	춥거나 무서워서 몸을 잇따라 아주 심하게 떠는 모양 예 사람들은 두려움에 **와들와들** 떤다. 준말 왈왈
우럭우럭	1. 술기운이 얼굴에 나타나는 모양 예 워낙 술을 못하는지라 그는 술이 한 잔만 들어가도 술기운이 얼굴에 **우럭우럭** 나타난다. 2. 병세가 점점 더하여 가는 모양 예 방치하는 사이에 그녀의 병세가 **우럭우럭** 더해졌다. 3. 심술이나 화가 점점 치밀어 오르는 모양
우물우물	1. 큰 벌레나 물고기 등이 한군데에 많이 모여 자꾸 굼뜨게 움직이는 모양 예 벌레들이 **우물우물** 기어다니다. 2. 말을 시원스럽게 하지 않고 입안에서 자꾸 중얼거리는 모양
오들오들	춥거나 무서워서 몸을 잇따라 심하게 떠는 모양 예 **오들오들** 떨다.

일렁일렁	1. 크고 긴 물건 등이 자꾸 이리저리로 크게 흔들리는 모양 예 그녀는 배가 아래위로 **일렁일렁** 움직이자 몹시 어지럽고 멀미가 났다. 2. 촛불 등이 이리저리로 자꾸 흔들리는 모양 3. 자꾸 마음에 동요가 생기는 모양
자근자근 ★	1. 조금 성가실 정도로 자꾸 은근히 귀찮게 구는 모양 예 외판원은 **자근자근** 나를 따라다니며 책을 권했다. 2. 자꾸 가볍게 누르거나 밟는 모양 예 나는 아버지의 다리를 **자근자근** 주물러 드렸다. 3. 머리가 자꾸 가볍게 쑤시듯 아픈 모양 예 머리가 **자근자근** 쑤시다.
자글자글	1. 적은 양의 액체나 기름 등이 걸쭉하게 잦아들면서 자꾸 끓는 소리. 또는 그 모양 예 찌개가 **자글자글** 끓고 있다. 2. 햇볕이 지질 듯이 내리쪼이는 모양 3. 물체가 쪼그라들어 잔주름이 많은 모양
조곤조곤 ★	성질이나 태도가 조금 은근하고 끈덕진 모양 예 **조곤조곤** 설명하다. 동의어 조곤조곤히
질겅질겅	질긴 물건을 거칠게 자꾸 씹는 모양
찌릿찌릿 ★	뼈마디나 몸의 일부가 매우 또는 자꾸 저린 느낌 예 다친 곳이 **찌릿찌릿** 아파서 못 견디겠다.
차근차근	1. 조금 성가실 정도로 자꾸 은근히 귀찮게 구는 모양. '자근자근'보다 거센 느낌을 준다. 예 술집 골목에 들어서니 호객꾼들이 **차근차근** 사람들을 붙잡는다. 2. 말이나 행동 등을 아주 찬찬하게 순서에 따라 조리 있게 하는 모양 예 문제를 **차근차근** 풀다. 동의어 차곡차곡, 차근차근히

개념 암기 체크

밑줄 친 어휘의 뜻풀이를 바르게 연결하시오.

01 조곤조곤 설명하다.
02 어슷어슷 썬 풋고추
03 그는 누구를 만나도 데면데면 대한다.
04 외판원은 자근자근 나를 따라다니며 책을 권했다.
05 다친 곳이 찌릿찌릿 아파서 못 견디겠다.

- ㉠ 뼈마디나 몸의 일부가 매우 또는 자꾸 저린 느낌
- ㉡ 여럿이 다 한쪽으로 조금 비뚤어진 모양
- ㉢ 성질이나 태도가 조금 은근하고 끈덕진 모양
- ㉣ 조금 성가실 정도로 자꾸 은근히 귀찮게 구는 모양
- ㉤ 사람을 대하는 태도가 친밀감이 없이 예사로운 모양

정답 01 ㉢ 02 ㉡ 03 ㉤ 04 ㉣ 05 ㉠

추적추적	1. 비나 진눈깨비가 자꾸 축축하게 내리는 모양 예 창밖에는 가을비가 **추적추적** 내렸다. 2. 자꾸 물기가 축축하게 젖어 드는 모양
토닥토닥	잘 울리지 않는 물체를 잇따라 가볍게 두드리는 소리. 또는 그 모양. '도닥도닥'보다 거센 느낌을 준다. 예 선생님께서 어깨를 **토닥토닥** 두드려 주셨다.
티적티적	남의 흠이나 트집을 잡으면서 자꾸 비위를 거스르는 모양

펄럭펄럭	바람에 잇따라 빠르고 힘차게 나부끼는 소리. 또는 그 모양 예 깃발이 **펄럭펄럭** 나부끼다. 본말 펄러덕펄러덕
한들한들 ★	가볍게 자꾸 이리저리 흔들리거나 흔들리게 하는 모양 예 간이 부는 가는 바람에도 나무 끝은 **한들한들** 흔들린다.

2) 비슷한 단어가 결합한 고유어

갈팡질팡	갈피를 잡지 못하고 이리저리 헤매는 모양 유의어 가리산지리산 이야기나 일이 질서가 없어 갈피를 잡지 못하는 모양
곰비임비 ★	물건이 거듭 쌓이거나 일이 계속 일어남을 나타내는 말 예 경사스러운 일이 **곰비임비** 일어난다.
괴발개발	고양이의 발과 개의 발이라는 뜻으로, 글씨를 되는대로 아무렇게나 써 놓은 모양을 이르는 말 예 담벼락에는 **괴발개발** 아무렇게나 낙서가 되어 있었다. 유의어 개발새발 개의 발과 새의 발이라는 뜻으로, 글씨를 되는대로 아무렇게나 써 놓은 모양을 이르는 말
아등바등	무엇을 이루려고 애를 쓰거나 우겨 대는 모양
아롱다롱	여러 가지 빛깔의 작은 점이나 줄 등이 고르지 않고 촘촘하게 무늬를 이룬 모양
알록달록	'여러 가지 밝은 빛깔의 점이나 줄 등이 조금 성기고 고르지 않게 무늬를 이룬 모양'을 뜻하는 '알로록달로록'의 준말 예 꽃들이 **알록달록** 저마다의 빛깔을 뽐내고 있다.
어슷비슷	1. 큰 차이가 없이 서로 비슷비슷한 모양 예 그들은 형제도 아닌데 얼굴이 **어슷비슷** 닮았다. 2. 이리저리 쏠리어 가지런하지 않은 모양
얼키설키	가는 것이 이리저리 뒤섞이어 얽힌 모양. '얼기설기'보다 거센 느낌을 준다. 예 거미줄이 **얼키설키** 서리다.
엉기정기 ★	질서 없이 여기저기 벌여 놓은 모양 예 그는 책상 위에 책들을 **엉기정기** 벌여 놓고 나가 버렸다.

올망졸망	1. 작고 또렷한 것들이 고르지 않게 많이 벌여 있는 모양 예 예쁜 인형들이 **올망졸망** 진열되어 있다. 2. 귀엽고 엇비슷한 아이들이 많이 있는 모양 예 아이들이 **올망졸망** 모여 앉아 소꿉놀이를 한다.
허겁지겁	조급한 마음으로 몹시 허둥거리는 모양 예 **허겁지겁** 달려오다.
허둥지둥	정신을 차릴 수 없을 만큼 갈팡질팡하며 다급하게 서두르는 모양 예 **허둥지둥** 달아나다. 동의어 허방지방
헤실바실	1. 모르는 사이에 흐지부지 없어지는 모양 2. 일하는 것이 시원스럽지 못하고 흐지부지하게 되는 모양 동의어 헤실바실히
휘뚜루마뚜루	이것저것 가리지 않고 닥치는 대로 마구 해치우는 모양
흐슬부슬	차진 기가 없고 부스러져 헤어질 듯한 모양 예 마른 흙벽에서 모래가 **흐슬부슬** 흘러내렸다.

3. 기타 고유어

가년스럽다	보기에 가난하고 어려운 데가 있다. 예 그 가난한 고학생의 옷차림새는 늘 **가년스러웠다**.
가늠 ★	1. 목표나 기준에 맞고 안 맞음을 헤아려 봄. 또는 헤아려 보는 목표나 기준 예 매사가 다 그렇듯이 떡 반죽도 **가늠**을 알맞게 해야 송편을 빚기가 좋다. 2. 사물을 어림잡아 헤아림 예 그 건물의 높이가 **가늠**이 안 된다.
가르다	1. 물체가 공기나 물을 양옆으로 열며 움직이다. 예 화살이 과녁을 향하여 바람을 **가르고** 날아갔다. 2. 옳고 그름을 따져서 구분하다. 예 결투로 잘잘못을 **가르던** 때도 있었다. 3. 승부나 등수 등을 서로 겨루어 정하다. 예 경기 시작 무렵에 터진 골이 이날의 승부를 **갈랐다**.
가름	1. 쪼개거나 나누어 따로따로 되게 하는 일 예 차림새만 봐서는 여자인지 남자인지 **가름**이 되지 않는다. 2. 승부나 등수 등을 정하는 일
가리다	1. 여럿 가운데서 하나를 구별하여 고르다. 예 우승 팀을 **가리다**. 2. 머리를 대강 빗다 3. 자기 일을 알아서 스스로 처리하다. 예 그는 자기 앞도 못 **가리는** 처지라 결혼은 꿈도 못 꾼다.
가리사니	사물을 분간하여 판단할 수 있는 실마리 예 일이 복잡하게 얽히고설키어 **가리사니**를 잡을 수 없다.
가뭇없이 ★	눈에 띄지 않게 감쪽같이
가없이	끝이 없이 예 **가없이** 넓은 바다

가탈 ★	1. 일이 순조롭게 나아가는 것을 방해하는 조건 예 처음 하는 일이라 여기저기서 **가탈**이 많이 생긴다. 2. 이리저리 트집을 잡아 까다롭게 구는 일 예 **가탈**을 부리다.
간종이다	흐트러진 일이나 물건을 가닥가닥 가리고 골라서 가지런하게 하다. 동의어 간종그리다
갈다	날카롭게 날을 세우거나 표면을 매끄럽게 하기 위하여 다른 물건에 대고 문지르다. 예 기계로 칼을 **갈다**. 유의어 연마하다(硏磨하다) 주로 돌이나 쇠붙이, 보석, 유리 등의 고체를 갈고 닦아서 표면을 반질반질하게 하다. 유의어 지려하다(砥礪하다) 숫돌 등에 갈다.
갈마들다	서로 번갈아들다. 예 낮과 밤이 **갈마들다**.
갈무리 ★	일을 처리하여 마무리함 예 옆 사람에게 일의 **갈무리**를 부탁했다. 유의어 갈망 어떤 일을 감당하여 수습하고 처리함
갈피	1. 겹치거나 포갠 물건의 하나하나의 사이. 또는 그 틈 2. 일이나 사물의 갈래가 구별되는 어름 예 **갈피**를 못 잡다.
감돌다	1. 어떤 기체나 기운이 가득 차서 떠돌다. 예 온 방 안에 그윽한 차의 향기가 **감돈다**. 2. 길이나 물굽이 등이 모퉁이를 따라 돌다. 예 산기슭을 **감돌아** 흐르는 강물
감투	벼슬이나 직위를 속되게 이르는 말 예 위원장이라는 **감투**를 둘러싸고 싸움이 끊이질 않았다.

개념 암기 체크

다음 뜻풀이에 해당하는 어휘를 <보기>에서 찾아 괄호 안에 쓰시오.

<보기>
한들한들 갈무리 엉기정기 곰비임비

01 일을 처리하며 마무리함 (　　　　)
02 가볍게 자꾸 이리저리 흔들리거나 흔들리게 하는 모양 (　　　　)
03 물건이 거듭 쌓이거나 일이 계속 일어남을 나타내는 말 (　　　　)
04 질서 없이 여기저기 벌여 놓은 모양 (　　　　)

정답 01 갈무리 02 한들한들 03 곰비임비 04 엉기정기

개평	노름이나 내기 등에서 남이 가지게 된 몫에서 조금 얻어 가지는 공것 예 **개평**을 얻다.
거북하다	1. 몸이 찌뿌드드하고 괴로워 움직임이 자연스럽지 못하거나 자유롭지 못하다. 예 나는 속이 **거북해서** 점심을 걸렀다. 2. 마음이 어색하고 겸연쩍어 편하지 않다. 예 나는 지금 입장이 매우 **거북하다**.
거저	아무것도 가지지 않고 빈손으로 예 아기 돌잔치에 **거저** 갈 수야 없는 일이지.
걱세다	1. 몸이 굳고 억세다. 예 그는 **걱센** 생김새와는 달리 마음씨는 매우 여린 사람이었다. 2. 성질이 굳고 무뚝뚝하다.
건듯	1. 일 등을 빠르게 대강 하는 모양 2. 행동이나 상황 등이 갑작스럽게 일어나거나 바뀌는 모양 예 억수같이 내리던 비가 거짓말처럼 **건듯** 개었다. 3. 바람이 가볍게 슬쩍 부는 모양
걷잡다	1. 한 방향으로 치우쳐 흘러가는 형세 등을 붙들어 잡다. 예 불길이 **걷잡을** 수 없이 번져 나갔다. 2. 마음을 진정하거나 억제하다. 예 **걷잡을** 수 없이 흐르는 눈물
걸다	1. 흙이나 거름 등이 기름지고 양분이 많다. 예 밭이 **걸다**. 유의어 옥유하다(沃腴하다) 땅이 기름지고 비옥하다. 2. 음식 등이 가짓수가 많고 푸짐하다. 예 이 식당은 반찬이 **걸게** 나온다. 3. 말씨가 거칠고 험하다. 예 말이 **걸다**.
걸치다	1. 지는 해나 달이 산이나 고개 등에 얹히다. 예 해가 서산마루에 **걸쳐** 있다. 2. 어떤 물체를 다른 물체에 얹어 놓다. 예 어깨에 옷을 **걸치다**. 3. 음식을 아무렇게나 대충 먹다. 예 아침을 대충 **걸치다**.
걸터듬이다	이것저것 가리지 않고 휘몰아 들이다.
겉말하다	마음으로는 그렇지 않으면서 겉으로만 꾸며 말하다. 예 그는 나에게 아직도 젊다고 싱겁게 **겉말하곤** 한다. 반의어 속말하다 속마음에서 우러나오는 말을 하다.

게두덜거리다	굵고 거친 목소리로 자꾸 불평을 늘어놓다. 예 그는 문을 열고 들어서면서 춥다고 계속 **게두덜거렸다**. 동의어 게두덜대다 유의어 게두덜게두덜하다 굵고 거친 목소리로 자꾸 불평하다.
겨를 ★	어떤 일을 하다가 생각 등을 다른 데로 돌릴 수 있는 시간적인 여유 예 일거리가 쌓여 잠시도 쉴 **겨를**이 없다. 준말 결 동의어 틈
견주다	둘 이상의 사물을 질이나 양 등에서 어떠한 차이가 있는지 알기 위하여 서로 대어 보다. 예 나는 그와 실력을 **견주기**에는 부족함이 있다.
결딴	어떤 일이나 물건 등이 아주 망가져서 도무지 손을 쓸 수 없게 된 상태
결딴나다	1. 어떤 일이나 물건 등이 아주 망가져서 도무지 손을 쓸 수 없는 상태가 되다. 예 아이가 장난감을 집어 던져 **결딴났다**. 2. 살림이 망하여 거덜 나다. 예 사업 실패로 집안이 완전히 **결딴났어**.
고개	1. 산이나 언덕을 넘어 다니도록 길이 나 있는 비탈진 곳 예 **고개**를 넘다. 2. 일의 중요한 고비나 절정을 비유적으로 이르는 말 예 노래 중간의 그 **고개**만 잘 넘어가면 된다.
고까이	섭섭하고 야속하여 마음이 언짢게 예 너무 **고까이** 여기지 말게.
고깝다 ★	섭섭하고 야속하여 마음이 언짢다. 예 나를 모르는 체하는 것이 **고까운** 생각이 들었다. 동의어 곡하다
고루	차이가 없이 엇비슷하거나 같게 예 전국적으로 비가 **고루** 내렸다.
고즈넉하다	1. 고요하고 아늑하다. 예 **고즈넉한** 산사 2. 말없이 다소곳하거나 잠잠하다.
곰삭다	1. 옷 등이 오래되어서 올이 삭고 질이 약해지다. 예 **곰삭아** 너덜너덜해진 옷 2. 두 사람의 사이가 스스럼없이 가까워지다. 예 그는 어느덧 그녀와 매우 **곰삭은** 사이가 되어 있었다.
곰살궂다 ★	1. 태도나 성질이 부드럽고 친절하다. 예 **곰살궂게** 굴다. 2. 꼼꼼하고 자세하다.
괄괄하다	목소리 등이 굵고 거세다. 예 **괄괄한** 목소리 동의어 괄하다
괴괴하다	쓸쓸한 느낌이 들 정도로 아주 고요하다. 예 사방은 쥐 죽은 듯 **괴괴하다**.

구리다	1. 하는 짓이 더럽고 지저분하다. 예 **구리게** 놀다. 2. 행동이 떳떳하지 못하고 의심스럽다. 예 그 사람이 하는 짓이 뭔가 **구리다**. 동의어 쿠리다
구시렁거리다	못마땅하여 군소리를 듣기 싫도록 자꾸 하다. 예 뭘 그렇게 혼자 **구시렁거리고** 있나? 동의어 구시렁대다 유의어 구시렁구시렁하다 못마땅하여 군소리를 자꾸 듣기 싫도록 하다.
구질구질하다	상태나 하는 짓이 깨끗하지 못하고 구저분하다. 예 쓰레기가 쌓여 **구질구질한** 골목길
곧으로	제 생긴 그대로. 또는 자기 주제에 맞게 예 **국으로** 가만히 있어라.
굴레	1. 말이나 소 등을 부리기 위하여 머리와 목에서 고삐에 걸쳐 얽어매는 줄 예 말에 **굴레**를 씌우다. 동의어 기반 2. 부자연스럽게 얽매이는 일을 비유적으로 이르는 말 예 삶의 **굴레**
궁글다	착 달라붙어 있어야 할 물건이 들떠서 속이 비다. 예 벽지가 **궁글어** 보기 싫다.
그득하다	분량이나 수효 등이 어떤 범위나 한도에 아주 꽉 찬 상태에 있다. 예 쌀독에 쌀이 **그득하다**.
금새	물건의 값. 또는 물건값의 비싸고 싼 정도 유의어 금 시세나 흥정에 따라 결정되는 물건의 값
기리다	뛰어난 업적이나 바람직한 정신, 위대한 사람 등을 칭찬하고 기억하다. 예 선열의 뜻을 **기리다**.
기슭	산이나 처마 등에서 비탈진 곳의 아랫부분 예 소백산맥 서쪽 **기슭**에는 겨울철에 눈이 많이 내린다.

까닥	1. 고개 등을 아래위로 가볍게 한 번 움직이는 모양 예 턱을 **까닥** 쳐들다. 2. 움직이거나 변동되어서는 안 될 것이 조금이라도 움직이거나 잘못 변동되는 모양 예 **까닥** 잘못하면 큰일이다.
깜냥 ★	스스로 일을 헤아림. 또는 헤아릴 수 있는 능력
깨나다	'잠이나 술기운 등으로 잃었던 의식을 되찾아 가다'를 뜻하는 '깨어나다'의 준말 예 마취에서 **깨나다**.
깨다	1. 술기운 등이 사라지고 온전한 정신 상태로 돌아오다. 예 마취에서 **깨다**. 2. 생각이나 지혜 등이 사리를 가릴 수 있게 되다. 예 늘 의식이 **깬** 사람이 되어야 한다. 3. 잠, 꿈 등에서 벗어나다. 또는 벗어나게 하다. 예 아침에 잠이 **깨자마자** 그에게 달려갔다. 반의어 자다 생리적인 요구에 따라 눈이 감기면서 한동안 의식 활동이 쉬는 상태가 되다.
깨단하다	오랫동안 생각해 내지 못하던 일 등을 어떠한 실마리로 말미암아 깨닫거나 분명히 알다. 예 사업에 실패했던 원인을 이제야 **깨단하게** 되다니.
깨닫다	사물의 본질이나 이치 등을 생각하거나 궁리하여 알게 되다. 예 잘못을 **깨닫다**.
깨우치다	깨달아 알게 하다. 예 동생의 잘못을 **깨우쳐** 주다.

개념 암기 체크

밑줄 친 어휘의 뜻풀이를 바르게 연결하시오.

01 곰살궂게 굴다. •
02 일거리가 쌓여 잠시도 쉴 겨를이 없다. •
03 사방은 쥐 죽은 듯 괴괴하다. •
04 벽지가 궁글어 보기 싫다. •
05 나를 모르는 체하는 것이 고까운 생각이 들었다. •

• ㉠ 착 달라붙어 있어야 할 물건이 들떠서 속이 비다.
• ㉡ 섭섭하고 야속하여 마음이 언짢다.
• ㉢ 어떤 일을 하다가 생각 등을 다른 데로 돌릴 수 있는 시간적인 여유
• ㉣ 태도나 성질이 부드럽고 친절하다.
• ㉤ 쓸쓸한 느낌이 들 정도로 아주 고요하다.

정답 01 ㉣ 02 ㉢ 03 ㉤ 04 ㉠ 05 ㉡

깨지락거리다	조금 달갑지 않은 음식을 자꾸 억지로 굼뜨게 먹다. 예 밥을 앞에 놓고 **깨지락거리기만** 하다가 일어섰다. 준말 깨작거리다, 깨질거리다 동의어 깨지락대다 유의어 깨지락깨지락하다 조금 달갑지 않은 음식을 억지로 굼뜨게 자꾸 먹다.
께름칙하다	마음에 걸려서 언짢고 싫은 느낌이 꽤 있다. 동의어 께름직하다
꿈적하다	몸이 둔하고 느리게 움직이다. 또는 몸을 둔하고 느리게 움직이다. '굼적하다'보다 센 느낌을 준다. 예 어머니가 심부름을 시키시려고 동생을 불렀지만 동생은 **꿈적하지** 않았다.
낙낙하다	1. 크기, 수효, 부피 등이 조금 크거나 남음이 있다. 2. 살림살이가 모자라지 않고 조금 여유가 있다. 예 **낙낙한** 삶을 누리다. 3. 마음이 넓고 조금 여유가 있다. 예 **낙낙한** 마음
낫잡다	금액, 나이, 수량, 수효 등을 계산할 때에, 조금 넉넉하게 치다. 예 손님이 더 올지 모르니 음식을 **낫잡아** 준비해라.
내리밟다	위에서 아래로 힘주어 밟다. 예 아낙들은 디딜방아를 **내리밟으면서** 노래를 불렀다.
내밟다	밖이나 앞으로 옮겨 디디다. 예 그는 난간을 붙잡고 겨우 앞으로 한 걸음을 **내밟았다.**
내숭스럽다	겉으로는 순해 보이나 속으로는 엉큼한 데가 있다. 예 왠지 저 사람은 좀 **내숭스러워** 보인다.
내숭하다	겉으로는 순해 보이나 속으로는 엉큼하다.
내처	1. 어떤 일 끝에 더 나아가 예 가는 김에 **내처** 집까지 바래다주었다. 동의어 내쳐서 2. 줄곧 한결같이 예 같은 증세가 **내처** 계속되다.
너나들이	서로 너니 나니 하고 부르며 허물없이 말을 건넴. 또는 그런 사이 동의어 이여(爾汝)
너스레	수다스럽게 떠벌려 늘어놓는 말이나 짓 예 **너스레**를 놓다.
넌지시	드러나지 않게 가만히 예 **넌지시** 떠보다. 준말 넌짓
넌출지다	식물의 덩굴 등이 길게 치렁치렁 늘어지다.

노상 ★	언제나 변함없이 한 모양으로 줄곧 예 그는 **노상** 웃고 다닌다. 동의어 노 유의어 늘 계속하여 언제나 유의어 매상(每常) 평상시에 언제나 유의어 항상(恒常) 언제나 변함없이
눌어붙다	1. 뜨거운 바닥에 조금 타서 붙다. 예 누룽지가 밥솥 바닥에 **눌어붙어** 떨어지지 않는다. 2. 한곳에 오래 있으면서 떠나지 않다. 예 그는 책상 앞에 한번 앉으면 몇 시간은 **눌어붙어** 있다.
눙치다	1. 마음 등을 풀어 누그러지게 하다. 예 그는 상대를 **눙치는** 솜씨가 대단하다. 2. 어떤 행동이나 말 등을 문제 삼지 않고 넘기다. 예 그는 지금까지 한 말을 그냥 없었던 것으로 **눙치려고** 했다.
늘비하다	질서 없이 여기저기 많이 늘어서 있거나 놓여 있다. 예 산 위에서 바라보니 집들이 **늘비하다.**
늙수그레하다	꽤 늙어 보이다. 예 그는 머리가 하얗고 주름이 있어 나이보다 **늙수그레하다.** 동의어 늙수레하다
다그치다	1. 일이나 행동 등을 빨리 끝내려고 몰아치다. 예 일손을 **다그치다.** 2. 지친 몸을 다시 추스르다. 예 그는 지친 몸을 **다그쳐** 다시 가파른 언덕을 오르기 시작했다.
닦달 ★	1. 남을 단단히 윽박질러서 혼을 냄 2. 물건을 손질하고 매만짐 예 그는 낫과 지게의 **닦달**에 한동안 시간을 들이고서야 나무를 하러 갈 수 있었다.
단출하다 ★	1. 식구나 구성원이 많지 않아서 홀가분하다. 예 살림이 **단출하다.** 2. 일이나 차림차림이 간편하다. 예 식단이 **단출하다.**
달뜨다	마음이 가라앉지 않고 조금 흥분되다. 예 그는 마음이 **달떠서** 일이 손에 잡히지 않았다.
달이다	액체 등을 끓여서 진하게 만들다. 예 간장을 **달이다.**
달포	한 달이 조금 넘는 기간 예 그가 떠난 지 **달포**가량 지났다. 동의어 삭여(朔餘), 월경(月頃), 월여(月餘)
답삭이다	왈칵 달려들어 냉큼 물거나 움켜잡다. 예 쥐가 미끼를 **답삭이는** 순간 덫에 걸렸다.

당기다	1. 좋아하는 마음이 일어나 저절로 끌리다. 예 나는 그 얘기를 듣고 호기심이 **당겼다**. 2. 물건 등을 힘을 주어 자기 쪽이나 일정한 방향으로 가까이 오게 하다. 예 그물을 **당기다**. 유의어 다그다 물건 등을 어떤 방향으로 가까이 옮기다. 반의어 밀다 일정한 방향으로 움직이도록 반대쪽에서 힘을 가하다.
더러	전체 가운데 얼마쯤 예 방과 후 학생들이 **더러** 남아 공부하고 있다.
덤뻑	서슴지 않고 단숨에 하는 모양 예 물건을 **덤뻑** 들어 올리다.
덩이지다	한데 뭉쳐 덩이가 되다.
도드밟다	오르막길 등을 오를 때 발끝에 힘을 주어 밟다. 예 비탈길을 **도드밟아** 꼭대기에 오르니 시원한 바람이 우리를 맞는다.
도탑다	서로의 관계에 사랑이나 인정이 많고 깊다. 예 우정이 **도탑다**.
되뇌다	같은 말을 되풀이하여 말하다. 예 그는 같은 말을 버릇처럼 늘 **되뇐다**.
되바라지다	1. 그릇이 운두가 낮고 위가 벌어져 쉽사리 바닥이 드러나 보이다. 예 **되바라진** 접시 2. 사람됨이 남을 너그럽게 감싸 주지 않고 적대적으로 대하다. 예 그는 실수로 당황해하는 부하 직원을 **되바라지게** 비웃었다. 3. 어린 나이에 어수룩한 데가 없고 얄밉도록 지나치게 똑똑하다.
되통스럽다	찬찬하지 못하거나 미련하여 일을 잘 저지를 듯하다. 예 성격이 **되통스럽다**.

두르다	1. 띠나 수건, 치마 등을 몸에 휘감다. 예 머리에 흰 수건을 **두르다**. 2. 둘레를 돌다. 예 공터를 **둘러** 철조망이 쳐져 있다. 3. 어떤 방향으로 향하다. 예 이놈이 지금 어디다 주둥이를 **두르고** 하는 소리야.
둔덕 ★	가운데가 솟아서 불룩하게 언덕이 진 곳 예 **둔덕**에 올라서다.
득달같다 ★	잠시도 늦추지 않다. 예 내가 그렇게 행동했다면 아버지께 **득달같은** 불호령을 받았을 것이다. 유의어 득돌같다 조금도 지체함이 없다.
들머리	1. 들어가는 맨 첫머리 예 동네 **들머리** 동의어 들목 2. 밀물이 들기 시작할 때 동의어 초들물
들입다	세차게 마구 예 **들입다** 뛰다. 준말 딥다 동의어 들이
들치근하다	'약간 들큼한 맛이 있다'를 뜻하는 '들척지근하다'의 준말
듬뿍	넘칠 정도로 매우 가득하거나 수북한 모양 예 밥그릇에 밥을 **듬뿍** 담다. 동의어 듬뿍이
딱히 ★	정확하게 꼭 집어서 예 **딱히** 갈 곳도 없다.
뜨물	곡식을 씻어 내 부옇게 된 물 예 **뜨물**에 여물을 쑤어서 소에게 먹였다. 동의어 뜨물국
뜨악하다	마음이 선뜻 내키지 않아 꺼림칙하고 싫다. 예 **뜨악한** 기분

개념 암기 체크

다음 뜻풀이에 해당하는 어휘를 <보기>에서 찾아 괄호 안에 쓰시오.

<보기>
둔덕 닦달 노상 단출하다 득달같다

01 남을 단단히 윽박질러서 혼을 냄 (　　　　)
02 언제나 변함없이 한 모양으로 줄곧 (　　　　)
03 가운데가 솟아서 불룩하게 언덕이 진 곳 (　　　　)
04 식구나 구성원이 많지 않아서 홀가분하다. (　　　　)
05 잠시도 늦추지 않다. (　　　　)

정답 01 닦달 02 노상 03 둔덕 04 단출하다 05 득달같다

마냥	1. 언제까지나 줄곧 예 그가 올 때까지 **마냥** 기다렸다. 2. 부족함이 없이 실컷 예 **마냥** 먹어 대다. 3. 보통의 정도를 넘어 몹시 예 그 사람은 성격이 **마냥** 좋기만 하다.
마뜩하다 ★	제법 마음에 들 만하다. 예 나는 그의 행동이 **마뜩하지** 않다.
마루	1. 등성이를 이루는 지붕이나 산 등의 꼭대기 2. 어떤 사물의 첫째. 또는 어떤 일의 기준 3. 집채 안에 바닥과 사이를 띄우고 깐 널빤지. 또는 그 널빤지를 깔아 놓은 곳 동의어 말루(抹樓), 청사(廳事)
마르다	옷감이나 재목 등의 재료를 치수에 맞게 자르다. 예 감을 **말라** 버선을 짓다. 유의어 마름하다 옷감이나 재목 등을 치수에 맞도록 재거나 자르다.
마름질	옷감이나 재목 등을 치수에 맞도록 재거나 자르는 일 예 옷감을 펼쳐 놓고 **마름질**을 시작하다. 동의어 단재(斷裁), 재단(裁斷), 전재(剪裁)
막놓다	노름에서, 몇 판에 걸쳐서 잃은 돈의 액수를 합쳐서 한 번에 걸고 다시 내기를 하다.
말미	일정한 직업이나 일 등에 매인 사람이 다른 일로 말미암아 얻는 겨를 예 **말미**가 나다. 동의어 방가(放暇) 유의어 휴가(休暇) 직장·학교·군대 등의 단체에서, 일정한 기간 동안 쉬는 일. 또는 그런 겨를
맞갋다	1. 서로 우열이나 승부를 가리다. 동의어 맞겨루다 2. 거리, 시간, 분량, 키 등이 엇비슷한 상태에 이르다. 동의어 맞먹다
맞갖잖다	마음이나 입맛에 맞지 않다. 예 외출복이 마음에 **맞갖잖아서** 옷장 앞에서 한참 망설였다.
맵자하다	모양이 제격에 어울려서 맞다. 예 옷차림이 **맵자하다**.
맵짜다	1. 음식의 맛이 맵고 짜다. 예 새댁이 만든 음식은 모두 **맵짰다**. 2. 성미가 사납고 독하다. 예 여자는 사내를 **맵짠** 눈으로 흘겨보았다. 3. 성질 등이 야무지고 옹골차다.

머쓱하다 ★	1. 어울리지 않게 키가 크다. 예 키만 **머쓱하게** 큰 사람 2. 무안을 당하거나 흥이 꺾여 어색하고 열없다. 예 그는 자신의 마음을 들킨 것이 **머쓱해서** 웃고 말았다.
멀거니	정신없이 물끄러미 보고 있는 모양 예 혼자 **멀거니** 앉아 있다.
멀쑥하다	1. 지저분함이 없이 훤하고 깨끗하다. 예 **멀쑥한** 옷차림 2. 멋없이 키가 크고 물러 옹골찬 데가 없다. 예 폐허가 되어 버린 그 집 뜰에는 **멀쑥하게** 자란 소나무만이 바람에 흔들거리고 있었다.
모꼬지	놀이나 잔치 또는 그 밖의 일로 여러 사람이 모이는 일
모지락스럽다	보기에 억세고 모질다.
몰리다	1. 여럿이 한곳으로 모여들다. 예 입구로만 **몰리는** 청중들 2. 무엇이 모자라 곤란을 당하다. 예 돈에 **몰리다**.
못내 ★	1. 자꾸 마음에 두거나 잊지 못하는 모양 예 **못내** 그리워하다. 2. 이루 다 말할 수 없이 예 합격 소식에 **못내** 기뻐하다.
몽니 ★	받고자 하는 대우를 받지 못할 때 내는 심술 예 **몽니**를 부리다. 준말 몽
무람없다	예의를 지키지 않으며 삼가고 조심하는 것이 없다. 예 제 행동이 다소 버릇없고 **무람없더라도** 용서하십시오.
무릇	대체로 헤아려 생각하건대 예 **무릇** 법도란 지키기 위해 존재하는 것이다. 동의어 대범(大凡) 유의어 대저(大抵) 대체로 보아서
무지근하다	1. 뒤가 잘 안 나와서 기분이 무겁다. 예 아랫배가 **무지근하다**. 2. 머리가 띵하고 무겁거나 가슴, 팔다리 등이 무엇에 눌리는 듯이 무겁다. 준말 무직하다
묵새기다	1. 별로 하는 일 없이 한곳에서 오래 묵으며 날을 보내다. 예 그는 고향에서 **묵새기며** 요양하고 있다. 2. 마음의 고충이나 흥분 등을 애써 참으며 넘겨 버리다. 예 슬픔을 **묵새기다**.

묵직하다	1. 다소 큰 물건이 보기보다 제법 무겁다. 예 **묵직한** 바구니 2. 사람이 점잖고 무게가 있다. 예 **묵직한** 얼굴
물색없이	말이나 행동이 형편이나 조리에 맞는 데가 없이
뭇별	많은 별 예 그는 밤하늘의 **뭇별**을 바라보며 과거를 회상하였다. 동의어 중성(衆星)
뭉뚱그리다 ★	여러 사실을 하나로 포괄하다. 예 의장이 자꾸 나의 의견을 그의 의견과 **뭉뚱그리려고** 해서 화가 났다.
미처	아직 거기까지 미치도록 예 그가 오기 전에 **미처** 일을 끝내지 못했다.
바르다	1. 풀칠한 종이나 헝겊 등을 다른 물건의 표면에 고루 붙이다. 예 벽지를 벽에 **바르다**. 2. 뼈다귀에 붙은 살을 걷거나 가시 등을 추려 내다. 예 생선을 **발라** 먹다.
바투 ★	1. 두 대상이나 물체의 사이가 썩 가깝게 예 **바투** 다가앉다. 2. 시간이나 길이가 아주 짧게 예 머리를 **바투** 깎다.
박작거리다	많은 사람이 좁은 곳에 모여 매우 어수선하게 자꾸 움직이다. 예 시장에 사람들이 **박작거린다**. 동의어 박작대다 유의어 박작박작하다 많은 사람이 좁은 곳에 모여 매우 어수선하게 잇따라 움직이다.
반짝거리다	작은 빛이 잇따라 잠깐 나타났다가 사라지다. 또는 그렇게 되게 하다. 예 멀리서 불빛이 **반짝거리다**. 동의어 반짝대다 유의어 반짝반짝하다 작은 빛이 잠깐 잇따라 나타났다가 사라지다. 또는 그렇게 되게 하다.
반짝대다	작은 빛이 잇따라 잠깐 나타났다가 사라지다. 또는 그렇게 되게 하다. 예 웃을 때 금니가 **반짝댔다**. 동의어 반짝거리다
반짝반짝하다	1. 작은 빛이 잠깐 잇따라 나타났다가 사라지다. 또는 그렇게 되게 하다. 예 모래가 햇빛에 **반짝반짝하다**. 2. 무엇이 잇따라 순간적으로 분명하게 보이다. 유의어 반짝거리다 작은 빛이 잇따라 잠깐 나타났다가 사라지다. 또는 그렇게 되게 하다.
반짝이다	작은 빛이 잠깐 나타났다가 사라지다. 또는 그렇게 되게 하다. 예 구두가 **반짝이다**.
발리다	1. 물이나 풀, 약, 화장품 등이 물체의 표면에 묻다. '바르다'의 피동사 예 그녀의 뺨에는 부옇게 분이 **발려** 있었다. 2. 생각이나 태도 등이 겉으로 드러나다.
발치	사물의 꼬리나 아래쪽이 되는 끝부분 예 침대 **발치**
뱃심	염치나 두려움이 없이 제 고집대로 버티는 힘 예 **뱃심**을 부리다.
버젓이	남의 축에 빠지지 않을 정도로 번듯하게 예 **버젓이** 개업한 의사가 월급쟁이 앞에서 엄살을 떨다니.
벌써	1. 예상보다 빠르게 예 **벌써** 일어서려고? 2. 이미 오래전에 예 나는 그 일을 **벌써**부터 알고 있었다.
벼랑	낭떠러지의 험하고 가파른 언덕 예 **벼랑** 끝에 서다.

개념 암기 체크

밑줄 친 어휘의 뜻풀이를 바르게 연결하시오.

01 바투 다가앉다. •
02 키만 머쓱하게 큰 사람 •
03 몽니를 부리다. •
04 나는 그의 행동이 마뜩하지 않다. •

• ㉠ 받고자 하는 대우를 받지 못할 때 내는 심술
• ㉡ 제법 마음에 들 만하다.
• ㉢ 어울리지 않게 키가 크다
• ㉣ 두 대상이나 물체의 사이가 썩 가깝게

정답 01 ㉣ 02 ㉢ 03 ㉠ 04 ㉡

벼르다	1. 어떤 일을 이루려고 마음속으로 준비를 단단히 하고 기회를 엿보다. 예 결전을 **벼르다**. 2. 일정한 비례에 맞추어서 여러 몫으로 나누다. 예 그들은 적은 돈이지만 잘 **별러** 쓰기로 했다. 유의어 배당하다(配當하다) 일정한 기준에 따라 나누어 주다. 유의어 벼름하다 비례에 맞추어서 여러 몫으로 고르게 나누어 주다.
변죽	그릇이나 세간, 과녁 등의 가장자리 예 화살이 과녁의 **변죽**을 꿰뚫다.
부러	특별한 의도로. 또는 마음을 내어 굳이 예 선생님은 학생들의 기를 살려 주려고 **부러** 쉬운 문제를 냈다. 유의어 일부러 어떤 목적이나 생각을 가지고. 또는 마음을 내어 굳이
부산하다	급하게 서두르거나 시끄럽게 떠들어 어수선하다. 예 교실 안은 많은 아이들로 매우 **부산하다**.
부시다	1. 그릇 등을 씻어 깨끗하게 하다. 예 솥을 **부시다** 2. 빛이나 색채가 강렬하여 마주 보기가 어려운 상태에 있다. 예 햇빛에 눈이 **부시다**.
부아 ★	노엽거나 분한 마음 예 **부아**가 나다.
부추기다	감정이나 상황 등이 더 심해지도록 영향을 미치다. 예 경쟁심을 **부추기다**.
불잉걸	불이 이글이글하게 핀 숯덩이 동의어 잉걸, 잉걸불
빌미	재앙이나 탈 등이 생기는 원인 예 **빌미**가 되다.
뻐기다	얄미울 정도로 매우 우쭐거리며 자랑하다. 예 잘한 일이라고 **뻐기다**.
사그라들다	삭아서 없어져 가다.
사달	사고나 탈 예 일이 꺼림칙하게 되어 가더니만 결국 **사달**이 났다.
사르다	불에 태워 없애다. 예 성냥불을 켜서 편지를 **살랐다**. 동의어 불사르다
사리다 ★	1. 국수, 새끼, 실 등을 동그랗게 포개어 감다. 예 새끼를 **사리다**. 2. 어떤 일에 적극적으로 나서지 않고 살살 피하며 몸을 아끼다. 예 몸을 **사리다**.
사뭇 ★	1. 내내 끝까지 예 이번 겨울 방학은 **사뭇** 바빴다. 2. 아주 딴판으로 예 **사뭇** 다르다. 3. 마음에 사무치도록 매우 예 그녀의 마음에는 **사뭇** 슬픔이 밀려왔다.
사부작거리다	별로 힘들이지 않고 계속 가볍게 행동하다. 동의어 사부작대다 유의어 사부작사부작하다 별로 힘들이지 않고 가볍게 계속 행동하다.
사이	한곳에서 다른 곳까지, 또는 한 물체에서 다른 물체까지의 거리나 공간 예 서울과 인천 **사이**
산뜻하다	기분이나 느낌이 깨끗하고 시원하다. '산듯하다'보다 센 느낌을 준다. 예 기분이 **산뜻하다**.
살갑다	1. 집이나 세간 등이 겉으로 보기보다는 속이 너르다. 2. 마음씨가 부드럽고 상냥하다. 3. 물건 등에 정이 들다.
살뜰하다 ★	1. 일이나 살림을 매우 정성스럽고 규모 있게 하여 빈틈이 없다. 예 아내는 규모 있고 **살뜰하게** 살림을 꾸려 나간다. 2. 사랑하고 위하는 마음이 자상하고 지극하다. 예 그는 아내를 **살뜰하게도** 아껴 준다.
살피다	형편이나 사정 등을 자세히 알아보다. 예 민심을 **살피다**.
삼삼하다 ★	1. 음식 맛이 조금 싱거운 듯하면서 맛이 있다. 예 국물이 **삼삼하다**. 2. 사물이나 사람의 생김새나 됨됨이가 마음이 끌리게 그럴듯하다. 예 얼굴이 **삼삼하게** 생기다.
생각	어떤 일을 하고 싶어 하거나 관심을 가짐. 또는 그런 일 예 우리 수영장 갈 건데 너도 **생각**이 있으면 같이 가자.
서름하다	1. 남과 가깝지 못하고 사이가 조금 서먹하다. 예 그 여학생과는 **서름한** 사이다. 2. 사물 등에 익숙하지 못하고 서툴다. 예 나는 아직도 이 기계에 **서름하다**.
섬뜩하다	갑자기 소름이 끼치도록 무섭고 끔찍하다. 예 등골이 **섬뜩하다**.

성기다	1. 물건의 사이가 뜨다. [반의어] 배다 물건의 사이가 비좁거나 촘촘하다. 2. 반복되는 횟수나 도수가 뜨다. [예] 매일같이 만나던 두 사람이 요즘 들어서는 만남이 **성기다**. 3. 관계가 깊지 않고 서먹하다. [동의어] 성글다
손사래	어떤 말이나 사실을 부인하거나 남에게 조용히 하라고 할 때 손을 펴서 휘젓는 일 [준말] 손살
솔다	1. 물기가 있던 것이나 상처 등이 말라서 굳어지다. [예] 상처가 **솔아** 진물이 나지 않는다. 2. 공간이 좁다. [예] 살이 쪄서 저고리의 품이 **솔다**. [반의어] 너르다 공간이 두루 다 넓다. 3. 시끄러운 소리나 귀찮은 말을 자꾸 들어서 귀가 아프다. [예] 그 말은 귀가 **솔도록** 들었다.
송아리	꽃이나 열매 등이 잘게 모여 달려 있는 덩어리를 세는 단위 [예] 포도 한 **송아리**
수더분하다 ★	성질이 까다롭지 않아 순하고 무던하다. [예] **수더분해** 보이다.
숫제 ★	1. 순박하고 진실하게 [예] 그도 이제는 **숫제** 착실한 생활을 한다. 2. 처음부터 차라리. 또는 아예 전적으로 [예] 하다가 말 것이라면 **숫제** 안 하는 것이 낫다.
숱하다	아주 많다. [예] **숱한** 고난
스산하다	1. 날씨가 흐리고 으스스하다. [예] 날씨가 **스산하다**. 2. 마음이 가라앉지 않고 뒤숭숭하다.
스스럽다	수줍고 부끄러운 느낌이 있다. [예] 그녀는 **스스러운지** 눈을 아래로만 향하고 있었다.

슬기 ★	사리를 바르게 판단하고 일을 잘 처리해 내는 재능 [예] **슬기**를 모으다. [유의어] 지(知) 사물의 이치를 밝히고 그것을 올바르게 판별하고 처리하는 능력 [유의어] 지혜(智慧) 사물의 이치를 빨리 깨닫고 사물을 정확하게 처리하는 정신적 능력
시루	떡이나 쌀 등을 찌는 데 쓰는 둥근 질그릇. 모양이 자배기 같고 바닥에 구멍이 여러 개 뚫려 있다. [예] 술밥을 **시루**에 안치다. [동의어] 증(甑)
시부렁거리다	주책없이 쓸데없는 말을 함부로 자꾸 지껄이다. [예] 욕설을 **시부렁거리다**. [동의어] 시부렁대다 [유의어] 시부렁시부렁하다 주책없이 쓸데없는 말을 자꾸 함부로 지껄이다.
실랑이	서로 자기주장을 고집하며 옥신각신하는 일 [예] 나는 아이들과의 **실랑이**로 몹시 피곤하였다. [동의어] 승강이
실마리	일이나 사건을 풀어 나갈 수 있는 첫머리 [예] 해결의 **실마리**가 보이다. [동의어] 단초(端初) [유의어] 단서(端緖) 어떤 문제를 해결하는 방향으로 이끌어 가는 일의 첫 부분
실팍하다	사람이나 물건 등이 보기에 매우 실하다. [예] 그는 **실팍한** 몸집인데도 쌀 한 가마를 제대로 못 옮겼다.

개념 암기 체크

밑줄 친 어휘의 뜻풀이를 바르게 연결하시오.

01 이번 겨울 방학은 사뭇 바빴다. •
02 그도 이제는 숫제 착실한 생활을 한다. •
03 수더분해 보이다. •
04 국물이 삼삼하다. •
05 부아가 나다. •

• ㉠ 성질이 까다롭지 않아 순하고 무던하다.
• ㉡ 노엽거나 분한 마음
• ㉢ 내내 끝까지
• ㉣ 순박하고 진실하게
• ㉤ 음식 맛이 조금 싱거운 듯하면서 맛이 있다.

정답 01 ㉢ 02 ㉣ 03 ㉠ 04 ㉤ 05 ㉡

싱겁다	1. 음식의 간이 보통 정도에 이르지 못하고 약하다. 예 물을 많이 넣어 국이 **싱겁다**. 반의어 짜다 소금과 같은 맛이 있다. 2. 사람의 말이나 행동이 상황에 어울리지 않고 다소 엉뚱한 느낌을 주다. 예 그는 괜히 **싱겁게** 잘 웃는다. 3. 물건이나 그림의 배치에 빈 곳이 많아 야물지 못하고 엉성하다. 예 집 안 분위기가 **싱거운** 것 같으니 화초라도 좀 키우자.
싹수 ★	어떤 일이나 사람이 앞으로 잘될 것 같은 낌새나 징조 예 **싹수**가 있다. 동의어 싹
쏠리다	마음이나 눈길이 어떤 대상에 끌려서 한쪽으로 기울어지다. 예 마음이 다른 곳으로 **쏠린다**.
아귀	사물의 갈라진 부분 예 장식장의 문짝이 **아귀**가 잘 맞질 않는지 여닫을 때마다 덜컹거린다.
아련하다	똑똑히 분간하기 힘들게 아렴풋하다. 예 그때 그 시절의 추억이 **아련하다**.
아름	두 팔을 둥글게 모아 만든 둘레 안에 들 만한 분량을 세는 단위. 예 꽃을 한 **아름** 사 오다.
아양	귀염을 받으려고 알랑거리는 말. 또는 그런 짓 예 **아양**으로 봐주다.
아작이다	조금 단단한 물건을 깨물어 바스러지는 소리가 나다. 또는 그런 소리를 내다.
안치다	1. 어려운 일이 앞에 밀리다. 예 당장 눈앞에 **안친** 일이 많아 어찌할 바를 모르겠다. 2. 앞으로 와 닥치다. 3. 밥, 떡, 찌개 등을 만들기 위하여 그 재료를 솥이나 냄비 등에 넣고 불 위에 올리다. 예 시루에 떡을 **안치다**.
알싸하다	매운맛이나 독한 냄새 등으로 콧속이나 혀끝이 알알하다. 예 고추가 매워 혀끝이 **알싸하다**.
알찐대다	남의 비위를 맞추려고 가까이 붙어서 계속 아첨하다. 동의어 알찐거리다
야멸차다	1. 자기만 생각하고 남의 사정을 돌볼 마음이 거의 없다. 2. 태도가 차고 야무지다.
얍삽하다	(속되게) 사람이 얕은꾀를 쓰면서 자신의 이익만을 챙기려는 태도가 있다. 예 **얍삽하게** 빠져나오다.

어깃장	짐짓 어기대는 행동
어정쩡하다	분명하지 않고 모호하거나 어중간하다. 예 찬성도 반대도 아닌 **어정쩡한** 입장
어지럽히다	1. 몸을 제대로 가눌 수 없을 정도로 정신을 흐리게 하고 얼떨떨하게 하다. '어지럽다'의 사동사 2. 모든 것을 뒤섞거나 뒤얽히게 하여 갈피를 잡을 수 없게 만들다. '어지럽다'의 사동사
언저리	1. 둘레의 가 부분 유의어 주변(周邊) 어떤 대상의 둘레 2. 어떤 나이나 시간의 전후. 예 그녀의 나이는 서른 **언저리**이다.
얼뜨다	다부지지 못하여 어수룩하고 얼빠진 데가 있다. 예 솜씨가 **얼뜨다**.
얼추	어떤 기준에 거의 가깝게 예 도착할 시간이 **얼추** 다 되었다.
에다	1. 칼 등으로 도려내듯 베다. 예 가뜩이나 빈속은 칼로 **에는** 것처럼 쓰렸다. 2. 마음을 몹시 아프게 하다. 예 갑자기 가슴을 **에는** 듯한 슬픔이 몰아쳤다.
여리다	1. 의지나 감정 등이 모질지 못하고 약간 무르다. 예 **여린** 마음에 상처를 받다. 2. 빛깔이나 소리 등이 약간 흐리거나 약하다. 예 박자가 **여리다**. 3. 기준보다 약간 모자라다. 예 이번에 사 온 천은 감이 좀 **여리다**.
여미다	벌어진 옷깃이나 장막 등을 바로 합쳐 단정하게 하다. 예 옷깃을 **여미다**.
여의다	1. 부모나 사랑하는 사람이 죽어서 이별하다. 예 그는 일찍이 부모를 **여의고** 고아로 자랐다. 2. 딸을 시집보내다. 예 막내딸을 **여의다**. 3. 멀리 떠나보내다. 예 일체의 번뇌를 **여의다**.
연신	잇따라 자꾸 예 **연신** 눈을 깜박이다.
오그라들다	1. 물체가 안쪽으로 오목하게 휘어져 들어가다. 예 주전자의 한쪽이 **오그라들다**. 2. 형세나 형편 등이 전보다 못하게 되다. 예 살림이 **오그라들다**.
오지랖	웃옷이나 윗도리에 입는 겉옷의 앞자락 예 **오지랖**을 여미다.

올가미	사람이 걸려들게 만든 수단이나 술책 예 누구라도 그의 빈틈없이 계획된 **올가미**를 빠져 나가기는 어려울 것이다.
옹골지다	실속이 있게 속이 꽉 차 있다. 예 돈 버는 재미가 **옹골지다**.
왠지	왜 그런지 모르게. 또는 뚜렷한 이유도 없이 예 그 이야기를 듣자 **왠지** 불길한 예감이 들었다.
우리다	1. 더운 볕이 들다. 예 마루에 볕이 **우린다**. 2. 어떤 물건을 액체에 담가 맛이나 빛깔 등의 성질이 액체 속으로 빠져나오게 하다. 예 어머니는 멸치를 **우려** 국물을 만드셨다. 3. 꾀거나 위협하거나 하여 물품 등을 취하다. 예 사기꾼들이 건실한 회사에서 돈을 **우려** 도망갔다.
우수리	1. 물건값을 제하고 거슬러 받는 잔돈 예 **우수리**는 받지 않을 테니 물건이나 좋은 것으로 주세요. 동의어 우수 유의어 거스름돈 거슬러 주거나 받는 돈 2. 일정한 수나 수량에 차고 남는 수나 수량 예 한 사람 앞에 5개씩 주었는데도 **우수리**가 7개나 된다. 동의어 단수(端數)
으늑하다	푸근하게 감싸인 듯 편안하고 조용한 느낌이 있다. 예 **으늑한** 분위기
을러대다 ★	위협적인 언동으로 을러서 남을 억누르다. 예 그 여자가 너무 앙칼지고 영악해서 공갈을 치거나 **을러대도** 아무 소용이 없었다. 동의어 을러메다

을씨년스럽다	1. 보기에 날씨나 분위기 등이 몹시 스산하고 쓸쓸한 데가 있다. 예 새벽 가을바람은 한층 **을씨년스럽다**. 2. 보기에 살림이 매우 가난한 데가 있다. 예 **을씨년스럽던** 살림살이가 나아졌다.
음전하다	말이나 행동이 곱고 우아하다. 또는 얌전하고 점잖다. 예 **음전한** 아가씨
의뭉하다	겉으로는 어리석은 것처럼 보이면서 속으로는 엉큼하다. 예 **의뭉한** 속셈을 드러내다.
이기죽거리다	자꾸 밉살스럽게 지껄이며 짓궂게 빈정거리다. 예 계속 **이기죽거리며** 약을 올리다. 준말 이죽거리다, 익죽거리다 동의어 이기죽대다 유의어 이기죽이기죽하다 계속 밉살스럽게 지껄이며 짓궂게 빈정거리다.
이드거니 ★	충분한 분량으로 만족스러운 모양 예 바쁜 일정 때문에 부족했던 저녁 식사를 모처럼 **이드거니** 먹었다.
이랑지다	호수나 바다의 수면이 밭이랑처럼 물결이 지다.
이루다	어떤 대상이 일정한 상태나 결과를 생기게 하거나 일으키거나 만들다. 예 잠 못 **이루는** 밤
이바지	도움이 되게 함
이엉	초가집의 지붕이나 담을 이기 위하여 짚이나 새 등으로 엮은 물건 예 **이엉**을 엮다. 준말 영 동의어 개초(蓋草), 이엉초

개념 암기 체크

다음 뜻풀이에 해당하는 어휘를 <보기>에서 찾아 괄호 안에 쓰시오.

<보기>

옹골지다 얼뜨다 싹수 을러대다 어정쩡하다

01 다부지지 못하여 어수룩하고 얼빠진 데가 있다. (　　　　)
02 어떤 일이나 사람이 앞으로 잘될 것 같은 낌새나 징조 (　　　　)
03 위협적인 언동으로 을러서 남을 억누르다. (　　　　)
04 분명하지 않고 모호하거나 어중간하다. (　　　　)
05 실속이 있게 속이 꽉 차 있다. (　　　　)

정답 01 얼뜨다 02 싹수 03 을러대다 04 어정쩡하다 05 옹골지다

이울다	1. 꽃이나 잎이 시들다. 예 꽃이 **이울다**. 2. 점점 쇠약하여지다. 예 국운이 **이울다**.
일구다	1. 논밭을 만들기 위하여 땅을 파서 일으키다. 예 농토를 **일구다**. 유의어 기경하다(起耕하다) 논밭을 갈다. 2. 현상이나 일 등을 일으키다.
일껏 ★	모처럼 애써서 예 그는 **일껏** 마련한 좋은 기회를 놓쳤다.
입방아	어떤 사실을 화제로 삼아 이러쿵저러쿵 쓸데없이 입을 놀리는 일 예 **입방아**에 오르내리다.
자못 ★	생각보다 매우 예 여러분에 대한 기대가 **자못** 큽니다.
자박이다	가볍게 발소리를 내면서 가만가만 걷다.
자발없이	행동이 가볍고 참을성이 없이
자취	어떤 것이 남긴 표시나 자리 예 **자취**를 남기다.
작히	'어찌 조금만큼만', '얼마나'의 뜻으로 희망이나 추측을 나타내는 말. 주로 혼자 느끼거나 묻는 말에 쓰인다. 예 그렇게 해 주시면 **작히** 좋겠습니까?
잔챙이	여럿 가운데 가장 작고 품이 낮은 것 예 **잔챙이**는 놓아두고 알이 굵고 잘 익은 사과만 골라서 따라.
재다	1. 동작이 재빠르다. 예 손놀림이 **재다**. 2. 참을성이 모자라 입놀림이 가볍다. 예 입이 **재다**. 3. 온도에 대한 물건의 반응이 빠르다. 예 양은솥은 가마솥에 비해 무척 **재서** 물이 금방 끓는다.
재우	매우 재게 예 발걸음을 **재우** 놀리다.
재주	어떤 일에 대처하는 방도나 꾀 예 아무리 **재주**를 피워도 소용없다.
잿빛	재의 빛깔과 같이 흰빛을 띤 검은빛 예 **잿빛** 먹구름 동의어 회색빛 유의어 재색 재의 빛깔과 같이 흰빛을 띤 검정
저리다	1. 뼈마디나 몸의 일부가 쑥쑥 쑤시듯이 아프다. 2. 가슴이나 마음 등이 못 견딜 정도로 아프다.
저미다 ★	1. 여러 개의 작은 조각으로 얇게 베어 내다. 예 고기를 **저미다**. 2. 마음을 몹시 아프게 하다. 예 애간장을 **저미다**.
적이 ★	꽤 어지간한 정도로 예 **적이** 놀라다.
제치다	1. 거치적거리지 않게 처리하다. 예 그 선수는 양옆에서 달려드는 상대 선수들을 **제치고** 골을 넣었다. 2. 일정한 대상이나 범위에서 빼다. 예 어떻게 나를 **제쳐** 두고 너희들끼리 놀러 갈 수 있니? 3. 일을 미루다. 예 그는 제집 일을 **제쳐** 두고 남의 집 일에 발 벗고 나선다.
조리다	양념을 한 고기나 생선, 채소 등을 국물에 넣고 바짝 끓여서 양념이 배어들게 하다. 예 생선을 **조리다**.
좀체	여간하여서는 동의어 좀처럼
종요롭다	없어서는 안 될 정도로 매우 긴요하다. 예 이번 기술 제휴는 우리 회사를 키우는 데 **종요로운** 일이므로 모두가 성심으로 이 일에 임해 주기 바랍니다.
종종걸음	발을 가까이 자주 떼며 급히 걷는 걸음 동의어 동동걸음
주눅 ★	1. 기운을 제대로 펴지 못하고 움츠러드는 태도나 성질 예 **주눅**이 들다. 2. 부끄러움이 없이 언죽번죽한 태도나 성질 예 저 녀석은 남들이 욕을 하거나 말거나 **주눅**이 좋게 얼렁뚱땅 넘긴다.
주리다	1. 제대로 먹지 못하여 배를 곯다. 유의어 굶다 끼니를 거르다. 2. 원하는 것을 얻지 못하여 몹시 아쉬워하다.
지레 ★	어떤 일이 일어나기 전 또는 어떤 기회나 때가 무르익기 전에 미리 예 **지레** 겁을 먹다.
지르다	1. 팔다리나 막대기 등을 내뻗치어 대상물을 힘껏 건드리다. 예 한 아이가 골문을 향해 공을 힘차게 **지른다**. 2. 냄새가 갑자기 후각을 자극하다. 예 구린내가 코를 **지른다**. 3. 도박이나 내기에서, 돈이나 물건 등을 걸다. 예 판돈을 **지르다**.
지르밟다	위에서 내리눌러 밟다.

지청구	1. 아랫사람의 잘못을 꾸짖는 말 동의어 꾸지람 2. 까닭 없이 남을 탓하고 원망함 예 그는 일이 잘 풀리지 않을 때면 애꿎은 주변 사람들에게 **지청구**를 늘어놓았다.
지피다	1. 아궁이나 화덕 등에 땔나무를 넣어 불을 붙이다. 예 군불을 **지피다**. 2. 한데 엉기어 붙다.
진득하다	1. 성질이나 행동이 검질기게 끈기가 있다. 예 그렇게 조바심 내지 말고 **진득하게** 앉아서 기다려라. 2. 잘 끊어지지 않을 정도로 눅진하고 차지다. 예 **진득한** 반죽
짐짓 ★	1. 마음으로는 그렇지 않으나 일부러 그렇게 예 **짐짓** 모른 체하다. 2. 아닌 게 아니라 정말로. 주로 생각과 실제가 같음을 확인할 때에 쓴다. 예 먹어 보니, **짐짓** 기가 막힌 음식이더라. 동의어 과연
짓무르다	1. 살갗이 헐어서 문드러지다. 예 피부가 **짓무르다**. 2. 채소나 과일 등이 너무 썩거나 무르거나 하여 푹 물크러지다. 예 채소가 더운 날씨에 **짓물렀다**.
짓밟다	1. 함부로 마구 밟다. 예 담배꽁초를 구둣발로 **짓밟다**. 2. 남의 인격이나 권리 등을 침해하다. 예 인권을 **짓밟다**.
징건하다	먹은 것이 잘 소화되지 않아 더부룩하고 그득한 느낌이 있다. 예 그는 속이 **징건하여** 아무것도 먹고 싶지 않았다.
짜장	과연 정말로 예 그는 **짜장** 사실인 것처럼 이야기를 한다.

짠하다	안타깝게 뉘우쳐져 마음이 조금 언짢고 아프다. 예 마음이 **짠하다**.
짬	1. 어떤 일에서 손을 떼거나 다른 일에 손을 댈 수 있는 겨를 예 **짬**을 내다. 2. 두 물체가 마주하고 있는 틈. 또는 한 물체가 터지거나 갈라져 생긴 틈
짬짜미	남모르게 자기들끼리만 짜고 하는 약속이나 수작
짬짬이	짬이 나는 대로 그때그때
쪼개다	1. 물체나 공간 등을 둘 이상으로 나누다. 예 사과를 반으로 **쪼개다**. 유의어 뻐개다 크고 딴딴한 물건을 두 쪽으로 가르다. 2. 시간이나 돈 등을 효율적으로 쓸 수 있도록 나누다. 예 내일 갈 수 있게 시간을 좀 **쪼개** 볼게. 3. (속되게) 소리 없이 입을 벌리고 웃다. 예 그녀는 아무 말도 않고 해죽해죽 **쪼개기만** 하였다.
차리다 ★	1. 기운이나 정신 등을 가다듬어 되찾다. 예 기운을 **차리다**. 2. 어떤 조짐을 보고 짐작하여 알다. 예 낌새를 **차리다**. 3. 자기의 이익을 따져 챙기다. 예 너는 너무 실속만 **차려** 친구가 없는 거야.
차지다	1. 반죽이나 밥, 떡 등이 끈기가 많다. 예 **차진** 흙 반의어 메지다 밥이나 떡, 반죽 등이 끈기가 적다. 2. 성질이 야무지고 까다로우며 빈틈이 없다.
청승맞다	궁상스럽고 처량하여 보기에 몹시 언짢다. 예 **청승맞은** 울음소리

개념 암기 체크

다음 뜻풀이에 해당하는 어휘를 <보기>에서 찾아 괄호 안에 쓰시오.

<보기>

적이 지레 일껏 자못 저미다

01 어떤 일이 일어나기 전 또는 어떤 기회나 때가 무르익기 전에 미리 (　　　　)
02 꽤 어지간한 정도로 (　　　　)
03 여러 개의 작은 조각으로 얇게 베어 내다. (　　　　)
04 생각보다 매우 (　　　　)
05 모처럼 애써서 (　　　　)

정답 01 지레 02 적이 03 저미다 04 자못 05 일껏

초라하다	1. 겉모양이나 옷차림이 호졸근하고 궁상스럽다. 예 **초라한** 몰골 2. 보잘것없고 변변하지 못하다.
추레하다 ★	1. 겉모양이 깨끗하지 못하고 생기가 없다. 예 옷차림도 영 **추레한** 것이 부잣집 아들처럼 보이지는 않는다. 2. 태도 등이 너절하고 고상하지 못하다.
추렴	모임이나 놀이 또는 잔치 등의 비용으로 여럿이 각각 얼마씩의 돈을 내어 거둠 예 **추렴**을 내다.
추리다	섞여 있는 것에서 여럿을 뽑아내거나 골라내다. 예 버려진 것 중에서 쓸 만한 것을 **추렸다**.
치근덕거리다	성가실 정도로 끈덕지게 자꾸 귀찮게 굴다. '지근덕거리다'보다 거센 느낌을 준다. 예 싫다는데도 자꾸만 **치근덕거리는** 그가 마치 한 마리 징그러운 벌레처럼 느껴졌다. 유의어 치근덕대다 성가실 정도로 끈덕지게 자꾸 귀찮게 굴다. 유의어 치근덕치근덕하다 성가실 정도로 끈덕지게 잇따라 귀찮게 굴다.
터울	한 어머니로부터 먼저 태어난 아이와 그다음에 태어난 아이와의 나이 차이. 또는 먼저 아이를 낳은 때로부터 다음 아이를 낳은 때까지의 사이. 예 형과 나는 두 살 **터울**이다.
털다	1. 자기가 가지고 있는 것을 남김없이 내다. 예 사재를 **털다**. 2. 남이 가진 재물을 몽땅 빼앗거나 그것이 보관된 장소를 모조리 뒤지어 훔치다. 예 금품을 **털다**. 3. 일, 감정, 병 등을 완전히 극복하거나 말끔히 정리하다. 예 과거를 훌훌 **털어** 버리다.
톺다	1. 가파른 곳을 오르려고 매우 힘들여 더듬다. 2. 틈이 있는 곳마다 모조리 더듬어 뒤지면서 찾다.
틈	어떤 일을 하다가 생각 등을 다른 데로 돌릴 수 있는 시간적인 여유 예 너무 바빠서 잠시도 쉴 **틈**이 없다. 동의어 겨를
티격	서로 뜻이 맞지 않아 사이가 벌어져 이러니저러니 따지는 일 예 **티격**을 벌이다.
패대기치다	매우 짜증 나거나 못마땅하여 어떤 일이나 물건을 거칠게 내던지다. 예 갑자기 큰누이가 손에 들고 있던 호미를 마당에 **패대기쳤다**.

푸지다	매우 많아서 넉넉하다. 예 **푸지게** 먹다.
푼푼하다	1. 모자람이 없이 넉넉하다. 예 먹을 것이 **푼푼하다**. 2. 옹졸하지 않고 시원스러우며 너그럽다. 예 **푼푼한** 성품 동의어 푼하다 유의어 푼더분하다 1. 여유가 있고 넉넉하다. 2. 사람의 성품 등이 옹졸하지 않고 활달하다.
하염없이	1. 시름에 싸여 멍하니 이렇다 할 만한 아무 생각이 없이 예 어머니는 아들 잃은 설움에 **하염없이** 먼 산만 바라보고 있다. 2. 어떤 행동이나 심리 상태 등이 자신의 의지와는 상관없이 계속되는 상태로 예 **하염없이** 흐르는 눈물
한목	한꺼번에 몰아서 함을 나타내는 말 예 돈 생기면 **한목** 갚을게.
한물지다	채소, 과일, 어물 등이 한창 나오는 때가 되다.
해사하다	1. 얼굴이 희고 곱다랗다. 예 **해사한** 얼굴 2. 표정, 웃음소리 등이 맑고 깨끗하다. 예 **해사하게** 웃다.
해읍스름하다	산뜻하지 못하게 조금 하얗다. 동의어 해읍스레하다
해찰 ★	일에는 마음을 두지 않고 쓸데없이 다른 짓을 함
허섭스레기	좋은 것이 빠지고 난 뒤에 남은 허름한 물건 예 이삿짐을 싸고 남은 **허섭스레기** 동의어 허접쓰레기
허투루 ★	아무렇게나 되는대로 예 **허투루** 말하다.
헛걸음	목적을 이루지 못하고 헛수고만 하고 가거나 옴. 또는 그런 걸음 예 그 양반 집에 안 계실 거예요. **헛걸음** 말고 돌아가세요. 동의어 공걸음, 공행(空行), 허행(虛行)
헤살	1. 일을 짓궂게 훼방함. 또는 그런 짓 예 **헤살**을 놓다. 2. 물 등을 젓거나 하여 흩뜨림. 또는 그런 짓
호젓이	1. 후미져서 무서움을 느낄 만큼 고요하게 예 깊은 산속에 **호젓이** 자리 잡은 산사 2. 매우 홀가분하여 쓸쓸하고 외롭게 예 그 노인은 자식도 없이 **호젓이** 지낸다.
화수분	재물이 계속 나오는 보물단지. 그 안에 온갖 물건을 담아 두면 끝없이 새끼를 쳐 그 내용물이 줄어들지 않는다는 설화상의 단지를 이른다.

후리다	1. 휘몰아 채거나 쫓다. 예 수리가 병아리를 **후리려** 한다. 2. 남의 것을 갑자기 빼앗거나 슬쩍 가지다. 예 그 지주는 남의 재물을 **후려** 먹었다. 3. 그럴듯한 말로 속여 넘기다. 예 그는 어수룩한 사람을 **후리고** 다닌다.
후미지다	1. 물가나 산길이 휘어서 굽어 들어간 곳이 매우 깊다. 예 **후미진** 골짜기 2. 아주 구석지고 으슥하다. 예 **후미진** 골목
후줄근하다 ★	1. 옷이나 종이 등이 약간 젖거나 풀기가 빠져 아주 보기 흉하게 축 늘어져 있다. 예 옷이 비에 젖어 **후줄근하다**. 2. 몹시 지치고 고단하여 몸이 축 늘어질 정도로 아주 힘이 없다. 예 장마철에 계속되는 비로 기분이 **후줄근했다**.
훑다	1. 붙어 있는 것을 떼기 위하여 다른 물건의 틈에 끼워 죽 잡아당기다. 예 벼를 **훑다**. 2. 일정한 범위를 한쪽에서 시작하여 죽 더듬거나 살피다. 예 경찰은 범인을 찾기 위해 주변 지역을 샅샅이 **훑고** 있다.
휘둥그레지다	놀라거나 두려워서 눈이 크고 둥그렇게 되다. 예 그녀는 놀라서 눈이 **휘둥그레졌다**.
흐벅지다	1. 탐스럽게 두툼하고 부드럽다. 2. 푸지거나 만족스럽다.

개념 암기 체크

밑줄 친 어휘의 뜻풀이를 바르게 연결하시오.

01 옷차림도 영 추레한 것이 부잣집 아들처럼 보이지는 않는다. •
02 허투루 말하다. •
03 옷이 비에 젖어 후줄근하다. •
04 깊은 산속에 호젓이 자리 잡은 산사 •
05 먹을 것이 푼푼하다. •

• ㉠ 모자람이 없이 넉넉하다.
• ㉡ 겉모양이 깨끗하지 못하고 생기가 없다.
• ㉢ 아무렇게나 되는대로
• ㉣ 후미져서 무서움을 느낄 만큼 고요하게
• ㉤ 옷이나 종이 등이 약간 젖거나 풀기가 빠져 아주 보기 흉하게 축 늘어져 있다.

정답 01 ㉡ 02 ㉢ 03 ㉤ 04 ㉣ 05 ㉠

2 출제 예상 고유어

가꾸다	1. 식물이나 그것을 기르는 장소 등을 손질하고 보살피다. 예 정원을 **가꾸다**. 2. 좋은 상태로 만들려고 보살피고 꾸려 가다. 예 우리 민족은 고유문화를 잘 **가꾸고** 이를 발전시켜 왔다.
가드락대다	조금 거만스럽게 잘난 체하며 자꾸 버릇없이 굴다. 예 이장이 뭐 대단한 벼슬이라고 **가드락대는** 꼴은 정말 못 봐 주겠다. 준말 가들대다 동의어 가드락거리다
갈치잠	비좁은 방에서 여럿이 모로 끼어 자는 잠 예 좁은 방 한 칸에 열두 명이 자려니 어쩔 수 없이 모두 **갈치잠**을 잘 도리밖에 없었다.
강짜	'부부 사이나 사랑하는 이성 사이에서 상대되는 이성이 다른 이성을 좋아할 경우에 지나치게 시기함'을 뜻하는 '강샘'을 속되게 이르는 말 예 **강짜**를 부리다.
강추위	눈도 오지 않고 바람도 불지 않으면서 몹시 매운 추위
거시기	이름이 얼른 생각나지 않거나 바로 말하기 곤란한 사람 또는 사물을 가리키는 대명사 예 자네도 기억하지? 우리 동창, **거시기** 말이야, 키가 제일 크고 늘 웃던 친구.
거식하다	말하는 중에 표현하려는 동사가 얼른 생각이 나지 않거나 바로 말하기 곤란할 때에, 그 대신으로 쓰는 말 예 힘들면 앉아서 **거식해라**. 동의어 거시기하다
게걸스럽다	몹시 먹고 싶거나 하고 싶은 욕심에 사로잡힌 듯하다. 유의어 걸신스럽다(乞神스럽다) 굶주려 음식에 몹시 탐욕스럽다.
겨우내	한겨울 동안 계속해서 예 보약을 먹었더니 **겨우내** 감기 한 번 안 걸렸다.
고갱이	1. 풀이나 나무의 줄기 한가운데에 있는 연한 심 예 배추 **고갱이** 동의어 목수(木髓), 수(髓) 2. 사물의 중심이 되는 부분을 비유적으로 이르는 말 예 그의 삶 속에는 민족자존이라는 **고갱이**가 자리 잡고 있었다.
고두밥	아주 되게 지어져 고들고들한 밥 예 **고두밥**을 짓다.
곰팡스럽다	생각이나 행동이 고리타분하고 괴상한 데가 있다.
괜스레	까닭이나 실속이 없는 데가 있게 예 낙엽이 질 때면 **괜스레** 가슴이 울렁거린다. 동의어 공연스레
구실	자기가 마땅히 해야 할 맡은 바 책임 예 그 아이는 여태껏 말썽만 피우더니 이제야 사람 **구실**을 한답니다. 유의어 소임(所任) 맡은 바 직책이나 임무
굼적대다	몸이 둔하고 느리게 자꾸 움직이다. 또는 몸을 둔하고 느리게 자꾸 움직이다. 예 조금씩 **굼적대는** 것을 보니 완전히 죽은 것은 아닌 모양이었다. 동의어 굼적거리다
귀엣말	남의 귀 가까이에 입을 대고 소곤거리는 말 예 **귀엣말**로 속삭이다. 동의어 귓속말, 부이어(附耳語), 이어(耳語)
그끄러께	그러께의 바로 전 해. 올해로부터 3년 전의 해를 이른다. 동의어 삼작년(三昨年), 재재작년(再再昨年)
그러께	지난해의 바로 전 해 동의어 재작년(再昨年)
깃들다	1. 아늑하게 서려 들다. 예 어둠이 **깃든** 방 안 2. 감정, 생각, 노력 등이 어리거나 스미다. 예 노여움이 **깃든** 얼굴
까무러치다	얼마 동안 정신을 잃고 죽은 사람처럼 되다. '가무러치다'보다 센 느낌을 준다. 예 **까무러치게** 놀라다. 준말 까물치다
까발리다	1. 껍데기를 벌려 젖히고 속의 것을 드러나게 하다. 예 조개를 **까발리다**. 2. 비밀 등을 속속들이 들추어내다. 예 친구들에게 소문을 **까발리다**.
꺼리다	1. 사물이나 일 등이 자신에게 해가 될까 하여 피하거나 싫어하다. 예 남 앞에 나서서 말하는 것을 **꺼리다**. 2. 개운치 않거나 언짢은 데가 있어 마음에 걸리다. 예 양심에 **꺼릴** 만한 일은 하지 않았다.
꾸물꾸물	매우 자꾸 느리게 움직이는 모양 예 **꾸물꾸물** 기어다니다.

끄물끄물	1. 날씨가 활짝 개지 않고 몹시 흐려지는 모양. '그물그물'보다 센 느낌을 준다. 예 하늘이 갑자기 **끄물끄물** 흐려지다. 2. 불빛 등이 밝게 비치지 않고 몹시 침침해지는 모양. '그물그물'보다 센 느낌을 준다. 예 불빛이 **끄물끄물** 희미해져 가다.
나머지	1. 어떤 한도에 차고 남은 부분 예 이 돈으로 먼저 등록금을 내고 **나머지**로는 책을 사라. 동의어 서여(緖餘), 여분(餘分), 여영(餘贏), 영여(贏餘), 잔(殘) 2. 어떤 일의 결과 예 그는 너무도 어리둥절했던 **나머지** 정직하게 이야기해 버렸다.
나절	1. 하룻낮의 절반쯤 되는 동안 2. 낮의 어느 무렵이나 동안 예 오전 **나절**
낚아채다	1. 무엇을 갑자기 세차게 잡아당기다. 예 머리채를 **낚아채다.** 2. 남의 말이 끝나자마자 받아서 말하다. 예 말꼬리를 **낚아채다.**
난들	마을에서 멀리 떨어진 넓은 들
낯설다	전에 본 기억이 없어 익숙하지 않다. 예 그는 처음 보는 사람인데도 전혀 **낯설지** 않았다.
낯익다	여러 번 보아서 눈에 익거나 친숙하다. 예 얼굴은 **낯익은데** 이름이 생각나지 않는다. 유의어 면숙하다(面熟하다) 서로 얼굴이 친숙하다.
내로라하다	어떤 분야를 대표할 만하다. 예 **내로라하는** 재계의 인사들이 한곳에 모였다.
노른자위	1. 알의 흰자위에 둘러싸인 동글고 노란 부분 2. 어떤 사물의 가장 중요한 부분을 비유적으로 이르는 말 예 그는 우리 회사의 **노른자위** 업무를 담당한다. 동의어 노른자

눈엣가시	1. 몹시 밉거나 싫어 늘 눈에 거슬리는 사람 동의어 안중정(眼中釘) 예 **눈엣가시** 같은 존재 2. 남편의 첩을 이르는 말
뉘우치다	스스로 제 잘못을 깨닫고 마음속으로 가책을 느끼다. 예 잘못을 **뉘우치다.** 준말 뉘웇다
느지막하다	시간이나 기한이 매우 늦다. 예 **느지막하게** 아침을 먹었다.
늦둥이	1. 나이가 많이 들어서 낳은 자식 예 그는 **늦둥이**라 부모의 사랑을 독차지하면서 자랐다. 2. 당찬 기운이 없이 어리석은 사람
다달이	달마다 예 월간지를 **다달이** 구독하다. 동의어 과월(課月), 매달, 매삭(每朔), 매월(每月)
다디달다	1. 매우 달다. 예 **다디단** 사탕 반의어 쓰디쓰다 몹시 쓰다. 2. 베푸는 정 등이 매우 두텁다.
덤터기	1. 남에게 넘겨씌우거나 남에게서 넘겨받은 허물이나 걱정거리 예 **덤터기**를 쓰다. 2. 억울한 누명이나 오명 예 엉뚱한 사람에게 **덤터기**를 씌우지 마라.
되레	'예상이나 기대 또는 일반적인 생각과는 반대되거나 다르게'를 뜻하는 '도리어'의 준말 예 도와주려고 한 일이 **되레** 폐만 끼쳤다.
되알지다	1. 힘주는 맛이나 억짓손이 몹시 세다. 예 **되알지게** 닦달을 하다. 2. 힘에 겨워 벅차다. 예 일이 몹시 **되알져** 체력이 달린다. 3. 몹시 올차고 야무지다. 예 벼 이삭이 **되알지게** 여물었다.

개념 암기 체크

다음 뜻풀이에 해당하는 어휘를 <보기>에서 찾아 괄호 안에 쓰시오.

<보기>
거식하다 굼적대다 가드락대다 게걸스럽다 곰팡스럽다

01 생각이나 행동이 고리타분하고 괴상한 데가 있다. (　　　　)
02 조금 거만스럽게 잘난 체하며 자꾸 버릇없이 굴다. (　　　　)
03 몹시 먹고 싶거나 하고 싶은 욕심에 사로잡힌 듯하다. (　　　　)
04 몸이 둔하고 느리게 자꾸 움직이다. 또는 몸을 둔하고 느리게 자꾸 움직이다. (　　　　)
05 말하는 중에 표현하려는 동사가 얼른 생각이 나지 않거나 바로 말하기 곤란할 때에, 그 대신으로 쓰는 말 (　　　　)

정답 01 곰팡스럽다 02 가드락대다 03 게걸스럽다 04 굼적대다 05 거식하다

두레	농민들이 농번기에 농사일을 공동으로 하기 위하여 부락이나 마을 단위로 만든 조직 예 모심기 **두레**
둘러업다	번쩍 들어 올려서 업다. 예 새댁은 아이를 등에 **둘러업고** 행상을 나갔다.
뒤풀이	어떤 일이나 모임을 끝낸 뒤에 서로 모여 여흥을 즐김. 또는 그런 일
때마침	제때에 알맞게. 또는 바로 때맞춰 예 외출을 하려는데 **때마침** 비가 멎었다.
떨구다	1. 고개를 아래로 숙이다. 동의어 떨어뜨리다, 떨어트리다 2. 불길한 생각이나 명예, 욕심 등을 완강하게 버리다. 동의어 떨치다 3. 입찰이나 시험 등에 붙지 않게 하다. 예 지원한 사람 중 절반 이상을 서류 전형에서 **떨구었다**. 동의어 떨어뜨리다
떼꾼하다	눈이 쑥 들어가고 생기가 없다. 예 **떼꾼한** 눈
마침	어떤 경우나 기회에 알맞게. 또는 공교롭게 예 오늘 내가 찾아가려던 참이었는데 **마침** 잘 왔다.
매욱스럽다	어리석고 둔한 데가 있다. 예 그는 **매욱스러운** 탓에 아이들한테 늘 놀림을 받지만 마음은 착하다.
멋쩍다	1. 하는 짓이나 모양이 격에 어울리지 않다. 2. 어색하고 쑥스럽다. 예 그는 자신의 행동이 **멋쩍은지** 뒷머리를 긁적이며 웃어 보였다.
미끈거리다	미끄럽고 번드러워서 자꾸 밀리어 나가다. 동의어 미끈대다
미어지다	1. 팽팽한 가죽이나 종이 등이 해어져서 구멍이 나다. 2. 가득 차서 터질 듯하다. 예 자루가 **미어지도록** 쌀을 넣다. 3. (비유적으로) 가슴이 찢어질 듯이 심한 고통이나 슬픔을 느끼다.
밍근하다	1. 약간 미지근하다. 2. 은근히 허전하고 헛헛한 느낌이 있다. 예 아침을 굶어 속이 허한 게 **밍근하다**.
발만스럽다	두려워하거나 삼가는 태도가 없이 꽤 버릇없다.
버금가다	으뜸의 바로 아래가 되다. 예 왕에 **버금가는** 권세 동의어 버금하다 유의어 다음가다 표준으로 삼는 등급이나 차례의 바로 뒤에 가다.

버름하다	1. 물건의 틈이 꼭 맞지 않고 조금 벌어져 있다. 예 **버름한** 문틀 2. 마음이 서로 맞지 않아 사이가 뜨다. 예 요즘 들어 둘 사이가 다소 **버름하다**.
복숭아뼈	발목 부근에 안팎으로 둥글게 나온 뼈 동의어 복사뼈
복슬강아지	털이 복슬복슬하고 탐스럽게 생긴 강아지
본데	보아서 배운 범절이나 솜씨 또는 지식
볼썽	남에게 보이는 체면이나 태도
봉죽	일을 꾸려 나가는 사람을 곁에서 거들어 도와줌
부랴사랴	매우 부산하고 급하게 서두르는 모양 예 어머니는 아들이 파출소에 있다는 말을 듣고 **부랴사랴** 파출소로 달려가셨다.
부엉이셈	어리석어서 이익과 손해를 잘 분별하지 못하는 셈을 비유적으로 이르는 말
불뚝하다	1. 무뚝뚝한 성미로 갑자기 성을 내다. 예 갑자기 **불뚝하는** 심사가 일어났다. 2. 갑자기 불룩하게 솟아오르다.
붓두껍	붓촉에 끼워 두는 뚜껑. 붓대보다 조금 굵은 대나 얇은 쇠붙이로 만든다. 예 **붓두껍** 자국
비나리	남의 환심을 사려고 아첨함 예 **비나리**를 치다.
비렁뱅이	'거지'를 낮잡아 이르는 말
비비다	1. 두 물체를 맞대어 문지르다. 예 아이들이 눈을 **비비며** 일어난다. 2. 많은 사람 틈에서 부대끼며 살아가다. 예 단칸방에서 많은 식구와 **비비며** 살아간다. 3. 어려운 상황을 이겨 내기 위하여 억척스럽게 버티다. 예 막노동을 해서 그럭저럭 **비비고** 산다.
사위스럽다	마음에 불길한 느낌이 들고 꺼림칙하다. 예 **사위스러운** 소리
삯	1. 일한 데 대한 품값으로 주는 돈이나 물건 예 **삯**을 받고 일하다. 2. 어떤 물건이나 시설을 이용하고 주는 돈 예 쟁기와 소를 빌린 **삯**을 지불하다. 동의어 임료(賃料)
살천스럽다	쌀쌀하고 매섭다. 예 그렇게 **살천스러우니까** 주변에 사람이 없지.
새살거리다	샐샐 웃으면서 재미있게 자꾸 지껄이다. 예 손녀딸이 **새살거리는** 소리에 절로 웃음이 나온다. 동의어 새살대다 유의어 새살새살하다 샐샐 웃으면서 재미있게 잇따라 지껄이다.

새우잠	새우처럼 등을 구부리고 자는 잠. 주로 모로 누워 불편하게 자는 잠을 의미한다. 예 방바닥이 차서 웅크리고 **새우잠**을 잤다.
새치름하다	쌀쌀맞게 시치미를 떼는 태도가 있다.
새퉁스럽다	어처구니없이 새삼스러운 데가 있다.
샛길	1. 사이에 난 길 2. 큰길에서 갈라져 나간 작은 길. 또는 큰길로 통하는 작은 길 동의어 간도(間道)
선두리	물방갯과의 곤충을 통틀어 이르는 말 동의어 물방개
성글다	1. 물건의 사이가 뜨다. 예 돗자리의 올이 굵고 **성글게** 짜이다. 2. 반복되는 횟수나 도수가 뜨다 3. 관계가 깊지 않고 서먹하다. 동의어 성기다
소곤거리다	남이 알아듣지 못하도록 작은 목소리로 자꾸 가만가만 이야기하다. 예 나는 동서에게 가만히 집안일을 **소곤거렸다**. 동의어 소곤대다 유의어 소곤소곤하다 남이 알아듣지 못하도록 작은 목소리로 가만가만 자꾸 이야기하다.
솟구다	몸 등을 빠르고 세게 날 듯이 높이 솟게 하다.
송골송골	땀이나 소름, 물방울 등이 살갗이나 표면에 잘게 많이 돋아나 있는 모양 예 뜨거운 음식을 먹으니 코에 땀이 **송골송골** 돋는다.
숟가락총	숟가락의 자루 예 아이는 **숟가락총**을 거머쥐고 노래를 불렀다. 준말 숟갈총
숫접다	순박하고 진실하다. 예 나이도 먹을 만큼 먹고 더구나 중학교 선생님인데 어쩌면 저렇게 **숫저울까**.
슬겁다	1. 집이나 세간 등이 겉으로 보기보다는 속이 꽤 너르다. 2. 마음씨가 너그럽고 미덥다. 예 마음 씀씀이가 **슬겁다**.
시금털털하다	1. 맛이나 냄새 등이 조금 시면서도 떫다. '시금떨떨하다'보다 거센 느낌을 준다. 2. 어떤 일이나 말이 실망스럽고 못마땅하다. 예 그런 **시금털털한** 소리 하려면 여기 오지 마라.
시나브로	모르는 사이에 조금씩 조금씩
시늉	어떤 모양이나 움직임을 흉내 내어 꾸미는 짓 예 화장하는 **시늉**
시름없다	1. 근심과 걱정으로 맥이 없다. 예 그는 **시름없는** 얼굴로 힘겹게 터벅터벅 걷는다. 2. 아무 생각이 없다.
시망스럽다	몹시 짓궂은 데가 있다. 예 그는 말을 **시망스럽게** 해 다른 사람을 당황스럽게 한다.
시부저기	별로 힘들이지 않고 거의 저절로 예 **시부저기** 시작한 일이지만 결과는 참으로 좋았다.
쌀뜨물	쌀을 씻고 난 뿌연 물 예 쌀을 박박 문질러 씻었더니 **쌀뜨물**이 부옇게 일었다. 동의어 미감(米泔), 미감수(米泔水), 미즙(米汁), 백수(白水)
안간힘	1. 어떤 일을 이루기 위해서 몹시 애쓰는 힘 예 **안간힘**을 다해 혼자 책상을 옮겼다. 2. 고통이나 울화 등을 참으려고 숨 쉬는 것도 참으면서 애쓰는 힘
안다미로	담은 것이 그릇에 넘치도록 많이
알량하다	시시하고 보잘것없다. 예 **알량한** 자존심

개념 암기 체크

다음 뜻풀이에 해당하는 어휘를 <보기>에서 찾아 괄호 안에 쓰시오.

<보기>
밍근하다 떼꾼하다 버름하다 매욱스럽다 시망스럽다

01 마음이 서로 맞지 않아 사이가 뜨다. ( )
02 눈이 쑥 들어가고 생기가 없다. ( )
03 몹시 짓궂은 데가 있다. ( )
04 어리석고 둔한 데가 있다. ( )
05 은근히 허전하고 헛헛한 느낌이 있다. ( )

정답 01 버름하다 02 떼꾼하다 03 시망스럽다 04 매욱스럽다 05 밍근하다

알은체하다	1. 어떤 일에 관심을 가지는 듯한 태도를 보이다. 예 남의 일에 함부로 **알은체하지** 마라. 2. 사람을 보고 인사하는 표정을 짓다. 예 아무도 나에게 **알은체하는** 사람이 없었다. 동의어 알은척하다
알짬	여럿 가운데에 가장 중요한 내용 유의어 알짜 여럿 가운데 가장 중요하거나 훌륭한 물건
암팡지다	몸은 작아도 힘차고 다부지다. 예 꼬마는 엄마가 하는 말에 **암팡지게** 대꾸를 했다.
애먼	일의 결과가 다른 데로 돌아가 억울하게 느껴지는 예 **애먼** 사람에게 누명을 씌우다.
애잔하다	1. 몹시 가냘프고 약하다. 2. 애처롭고 애틋하다.
앳되다	애티가 있어 어려 보이다. 예 소녀의 **앳된** 목소리
약비나다	정도가 너무 지나쳐서 진저리가 날 만큼 싫증이 나다.
어안	어이없어 말을 못 하고 있는 혀 안
어정거리다	키가 큰 사람이나 짐승이 이리저리 천천히 걷다. 예 동네에서 떨어진 채소밭에서 **어정거리는** 닭을 잡아 왔다. 동의어 어정대다 유의어 어정어정하다 키가 큰 사람이나 짐승이 천천히 이리저리 걷다.
어쭙잖다	1. 비웃음을 살 만큼 언행이 분수에 넘치는 데가 있다. 2. 아주 서투르고 어설프다. 또는 아주 시시하고 보잘것없다.
얽히고설키다	1. 가는 것이 이리저리 뒤섞이다. 2. 관계, 일, 감정 등이 이리저리 복잡하게 되다. 예 일이 **얽히고설켜서** 풀기가 어렵다.
엉너리	남의 환심을 사기 위하여 어벌쩡하게 서두르는 짓 예 **엉너리**를 부리다.
에누리	1. 물건값을 받을 값보다 더 많이 부르는 일. 또는 그 물건값 예 **에누리**가 없는 정가이다. 동의어 월가(越價) 2. 값을 깎는 일 예 정가가 만 원인데 오천 원에 달라니 **에누리**가 너무 심하지 않소? 3. 용서하거나 사정을 보아주는 일

여북	'얼마나', '오죽', '작히나'의 뜻으로 정도가 매우 심하거나 상황이 좋지 않을 때 쓰는 말 예 멀쩡했던 남편이 쓰러졌다니 그 부인이 **여북** 놀랐겠느냐? 동의어 여북이나
예스럽다	옛것과 같은 맛이나 멋이 있다. 예 **예스러운** 한문 투
오롯이	모자람이 없이 온전하게 예 이 책에는 옛 성인들의 가르침이 **오롯이** 담겨 있다.
왜장질	쓸데없이 큰 소리로 마구 떠드는 짓
운두	그릇이나 신 등의 둘레나 높이 예 **운두**가 낮다.
웅숭깊다	1. 생각이나 뜻이 크고 넓다. 2. 사물이 되바라지지 않고 깊숙하다. 예 설악산의 계곡은 아주 **웅숭깊다**.
일삼다	1. 일로 생각하고 하다. 예 사냥을 **일삼아** 해 오다. 2. 주로 좋지 않은 일 등을 계속하여 하다. 예 부정부패를 **일삼아** 오던 관리를 징계했다.
자리끼	밤에 자다가 마시기 위하여 잠자리의 머리맡에 준비하여 두는 물
자부락거리다	가만히 있는 사람을 실없이 자꾸 건드려 귀찮게 하다. 예 자꾸 엄마에게 **자부락거리지** 말고 밖에 나가 놀아라. 동의어 자부락대다 유의어 자부락자부락하다 가만히 있는 사람을 자꾸 실없이 건드려 귀찮게 하다.
자분자분	성질이나 태도가 부드럽고 조용하며 찬찬한 모양 예 **자분자분** 이야기하다.
잠방이다	작은 물체가 물에 부딪치거나 잠기는 소리가 나다. 또는 그런 소리를 내다. 예 조약돌 **잠방이는** 소리가 듣기에 참 좋다.
잠투정	어린아이가 잠을 자려고 할 때나 잠이 깨었을 때 떼를 쓰며 우는 짓 예 **잠투정**을 부리다.
장사치	장사하는 사람을 낮잡아 이르는 말 동의어 상고배(商賈輩), 상로배(商路輩), 장사꾼, 흥정바치
저어하다	염려하거나 두려워하다. 예 그는 집 밖으로 나서기를 **저어하는** 것 같았다.
저지레	일이나 물건에 문제가 생기게 만들어 그르치는 일 예 녀석은 그 나이에 으레 그렇듯이 온갖 **저지레**를 다 치고 다녔다.

짜깁기	1. 직물의 찢어진 곳을 그 감의 올을 살려 본디대로 흠집 없이 짜서 깁는 일 예 바지의 해어진 부분에 **짜깁기**를 하다. 2. 기존의 글이나 영화 등을 편집하여 하나의 완성품으로 만드는 일
추스르다	1. 추어올려 다루다. 예 바지춤을 **추스르다**. 2. 몸을 가누어 움직이다. 예 어머니는 며칠째 몸도 못 **추스르고** 누워만 계신다. 3. 일이나 생각 등을 수습하여 처리하다. 예 이번 사태를 잘 **추스르지** 못하면 더 큰 문제가 생길 것이다.
칙살스럽다	하는 짓이나 말 등이 잘고 더러운 데가 있다.
칠칠맞다	'주접이 들지 않고 깨끗하고 단정하다'를 뜻하는 '칠칠하다'를 속되게 이르는 말 예 젊은 처녀가 하고 다니는 꼴이 도대체 그게 뭐니? **칠칠맞지** 못하게.
콧방울	코끝 양쪽으로 둥글게 방울처럼 나온 부분 예 **콧방울**을 벌름거리며 웃다. 동의어 콧볼
콩깍지	콩을 털어 내고 남은 껍질
투미하다	어리석고 둔하다. 예 그는 남들이 말을 붙여 보아도 돌미륵같이 **투미해서** 답답하기 짝이 없다.
함초롬하다	젖거나 서려 있는 모습이 가지런하고 차분하다. 예 풀잎이 이슬에 **함초롬하게** 젖어 있다.
핫것	솜을 두어서 만든 옷이나 이불 등을 통틀어 이르는 말
해거름	해가 서쪽으로 넘어가는 일. 또는 그런 때 예 **해거름**에 가겠다. 동의어 일모(日暮), 해름
해미	바다 위에 낀 아주 짙은 안개 동의어 분기(氛氣), 분침(氛祲), 해매(海霾)
해콩	당해에 난 콩

헤아리다	1. 수량을 세다. 예 동전을 **헤아리다**. 2. 그 수 정도에 이르다. 비교적 많은 수에 이르는 경우를 말한다. 예 천만을 **헤아리는** 병력이 집결했다. 3. 짐작하여 가늠하거나 미루어 생각하다. 예 이 일의 고충을 **헤아려** 주십시오.
호젓하다	1. 후미져서 무서움을 느낄 만큼 고요하다. 예 **호젓한** 산길 2. 매우 홀가분하여 쓸쓸하고 외롭다. 예 **호젓한** 시간
호졸근히	1. 옷이나 종이 등이 약간 젖거나 풀기가 빠져 보기 흉하게 축 늘어져 있는 상태로 예 가랑비에 옷이 **호졸근히** 젖었다. 2. 지치고 고단하여 몸이 축 늘어질 정도로 힘이 없이 예 과중한 업무에 몸이 **호졸근히** 되었다.
흔전만전	1. 매우 넉넉하고 흔한 모양 예 먹을 것이 **흔전만전**이다. 2. 돈이나 물건 등을 조금도 아끼지 않고 함부로 쓰는 듯한 모양 예 돈을 **흔전만전** 쓰다.
흰소리하다	터무니없이 자랑으로 떠벌리거나 거드럭거리며 허풍을 떨다.

개념 암기 체크

밑줄 친 어휘의 뜻풀이를 바르게 연결하시오.

01 엉너리를 부리다. •
02 운두가 낮다. •
03 설악산의 계곡은 아주 웅숭깊다. •
04 꼬마는 엄마가 하는 말에 암팡지게 대꾸를 했다. •
05 그는 집 밖으로 나서기를 저어하는 것 같았다. •

• ㉠ 그릇이나 신 등의 둘레나 높이
• ㉡ 염려하거나 두려워하다.
• ㉢ 몸은 작아도 힘차고 다부지다.
• ㉣ 남의 환심을 사기 위하여 어벌쩡하게 서두르는 짓
• ㉤ 사물이 되바라지지 않고 깊숙하다.

정답 01 ㉣ 02 ㉠ 03 ㉤ 04 ㉢ 05 ㉡

유형 연습문제

1 "한꺼번에 몰아서 함을 나타내는 말"을 의미하는 고유어는?

① 가늠
② 가탈
③ 개평
④ 한목
⑤ 해찰

2 밑줄 친 고유어의 의미가 올바르지 않은 것은?

① 일을 하겠다고 모인 다섯 중 넷이 얼뜨다.
→ 다부지지 못하여 어수룩하고 얼빠진 데가 있다.

② 모지락스러운 사람과는 가까워지기 어렵다.
→ 터무니없는 고집을 부릴 정도로 매우 어리석고 둔하다.

③ 아이들이 좋아하는 음식일수록 고루 담아 줘야 한다.
→ 차이가 없이 엇비슷하거나 같게

④ 그는 30여 년의 연구 끝에 구명하려던 바를 깨단했다.
→ 오랫동안 생각해 내지 못하던 일 등을 어떠한 실마리로 말미암아 깨닫거나 분명히 알다.

⑤ 둘이 똑같이 생겨서 누가 형이고 동생인지 갈피를 못 잡겠다.
→ 일이나 사물의 갈래가 구별되는 어름

3 <보기>의 문맥에서 사용할 수 있으며, '매우 드물고 성긴 모양'을 의미하는 고유어는?

<보기>

관중이 많지 않아 우리는 ________ 앉아 여유롭게 경기를 관람하였다.

① 다닥다닥

② 드문드문

③ 듬성듬성

④ 얼키설키

⑤ 엉기정기

4 다음 고유어 중 그 의미가 부정적인 마음 상태와 관련이 없는 것은?

① 짠하다

② 거북하다

③ 뜨악하다

④ 마뜩하다

⑤ 께름칙하다

5 밑줄 친 어휘의 사용이 바르지 않은 것은?

① 경주에서는 둔덕처럼 둥그렇게 솟은 고분을 흔하게 볼 수 있다.

② 광대는 지붕 꼭뒤를 연결한 줄 위로 가볍게 뛰어다니며 공연을 했다.

③ 포장도로가 생기기 전에는 이 고개를 넘어야만 옆 마을로 갈 수 있었다.

④ 비탈 위는 볕이 들어 눈이 녹았지만 기슭에는 해가 안 들어 눈이 남아 있다.

⑤ 이 산의 높이가 1,439미터이고 우리가 400미터 올랐으니 마루까지 1,039미터 남았다.

약점 보완 해설집 p.16

II. 어휘

기출유형 05

한자어의 뜻과 표기 파악하기

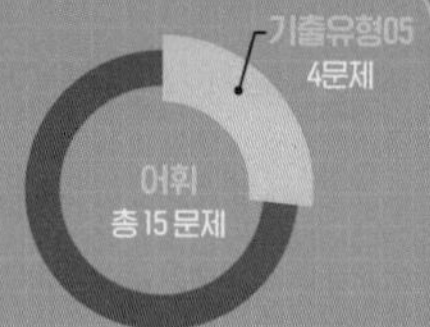

최근 3개년 출제 경향

출제 포인트 1 한자어의 사전적 뜻 파악하기

1. 문장에 쓰인 한자어의 의미를 정확히 아는지 묻는 문제로, 주로 한자어에 밑줄을 친 문장이나 '한자어: 한자어의 의미' 형태로 된 선택지에서 한자어의 의미가 적절한지 묻는 문제로 출제됩니다.

2. 주로 다음과 같은 질문 형태로 출제됩니다.
   • 밑줄 친 한자어의 사전적 뜻풀이로 옳지 않은 것은?
   • 한자어의 사전적 뜻풀이가 옳지 않은 것은?

풀이 전략

외워 둔 한자어의 의미를 떠올리며 선택지에 제시된 한자어와 그 의미가 잘 연결돼 있는지 판단하면 됩니다. 선택지에 한자어의 예문이 제시되었다면 문장을 바탕으로 한자어의 의미를 유추하고, 한자어만 제시되었다면 한자 왼쪽의 부수로 의미를 유추해 봅시다. 간혹 의미나 형태가 유사한 한자어나 고유어의 뜻풀이가 제시될 때도 있으니 되도록 한자어의 의미를 명확히 암기해야 합니다.

예제

밑줄 친 한자어의 사전적 의미로 바르지 <u>않은</u> 것은?

① 삼촌은 신문사에서 해외 언론의 <u>단신(短信)</u>을 번역하는 일을 한다. → 짤막하게 전하는 뉴스
② 고용 노동부의 <u>고시(告示)</u>에 따르면 내년 최저 시급은 9,860원이다. → 글로 써서 게시하여 널리 알림
③ 학생회의 대자보 <u>게시(揭示)</u>는 학생회장이 담당하기로 했다. → 글이나 그림 등을 신문이나 잡지 등에 실음
④ 한글날은 훈민정음의 <u>반포(頒布)</u>를 기념하기 위하여 제정한 국경일이다. → 세상에 널리 퍼뜨려 모두 알게 함
⑤ 시행령 개정안은 <u>공포(公布)</u> 즉시 시행될 예정이다. → 이미 확정된 법률, 조약, 명령 등을 일반 국민에게 널리 알리는 일

정답 ③

해설 한자어 '게시(**揭**示)'는 '여러 사람에게 알리기 위하여 내붙이거나 내걸어 두루 보게 함. 또는 그런 물건'을 뜻한다. '글이나 그림 등을 신문이나 잡지 등에 실음'은 한자어 '게재(**揭載**)'의 의미이다.

출제 포인트 2 문맥에 맞는 한자어 파악하기

1. 문장 내에서 한자어가 의미에 맞게 쓰였는지 묻는 문제로, 주로 선택지에 제시된 문장의 문맥을 고려할 때 한자어의 쓰임이 적절한지 묻는 문제와 뜻이 여러 개인 한자어가 특정한 의미로 쓰인 문장을 고르는 문제로 출제됩니다.

2. 주로 다음과 같은 질문 형태로 출제됩니다.
   - 밑줄 친 한자어의 쓰임이 적절하지 않은 것은?
   - "(한자어의 의미)"라는 의미를 가진 '(한자어)'의 용례로 가장 적절한 것은?

풀이 전략

한자어 앞뒤의 내용을 통해 전체 문장의 상황이나 맥락을 파악하고, 한자어의 의미를 떠올려 문장에 대입해 보면 한자어가 문맥에 맞게 쓰였는지 파악할 수 있습니다. 형태가 유사한 한자어는 의미를 혼동하고 있을 수 있으므로 평소에 한자어의 의미를 정확히 알아 두는 것이 좋습니다.

예제

밑줄 친 한자어의 쓰임이 적절하지 않은 것은?

① 전 직원이 강구(強求)하던 계약이 성사되어 기쁘다.
② 졸렬(拙劣)하기로 소문이 난 것과 달리 너그러운 사람이었다.
③ 이 유적에는 사람들을 가장(假葬)해 두었던 흔적이 남아 있다.
④ 마감을 30분 남기고 이번 주 분량을 편집부에 송고(送稿)했다.
⑤ 같은 숙소를 쓰는 여행객의 차에 편승(便乘)해 숙소로 돌아왔다.

정답 ①

해설 ①은 문맥상 직원들이 바라던 계약이 성사되었다는 의미이므로 한자어 '강구(強求)하다'가 아닌 '간구(懇求)하다'를 쓰는 것이 적절하다.

- 강구(強求)하다: 구하기 힘든 것을 억지로 구하다.
- 간구(懇求)하다: 간절히 바라다.

② 문맥상 그 사람이 옹졸한 사람이라 소문이 나 있었다는 의미이므로 '옹졸하고 천하여 서투르다'를 뜻하는 한자어 '졸렬(拙劣)하다'의 쓰임은 적절하다.

③ 문맥상 유적에 사람들을 묻어 둔 흔적이 있다는 의미로 '시체를 되는대로 대강 또는 임시로 묻다'를 뜻하는 한자어 '가장(假葬)하다'의 쓰임은 적절하다.

④ 문맥상 이번 주 원고를 편집부에 보냈다는 의미이므로 '원고를 편집 담당자에게 보내다'를 뜻하는 한자어 '송고(送稿)하다'의 쓰임은 적절하다.

⑤ 문맥상 숙소가 같은 여행객의 차를 얻어 탔다는 의미이므로 '남이 타고 가는 차편을 얻어 타다'를 뜻하는 한자어 '편승(便乘)하다'의 쓰임은 적절하다.

출제 포인트 3 한자어의 적절한 표기 찾기

1. 한자어의 의미나 한자어가 쓰인 문장의 문맥을 바탕으로 한자어의 표기를 묻는 문제로, 주로 동음이의 한자어 세 개나 서로 다른 음의 한자어 다섯 개의 표기를 묻는 문제로 출제됩니다.

2. 주로 다음과 같은 질문 형태로 출제됩니다.
   - <보기>의 ㉠~㉢에 해당하는 한자로 올바르게 묶인 것은?
   - 밑줄 친 말의 한자 병기가 잘못된 것은?

풀이 전략

선택지에 제시된 한자어의 의미를 정확히 알고 있다면 암기한 한자어의 의미를 떠올리고, 한자어의 의미를 모른다면 문맥을 통해 의미를 유추합니다. 표기를 정확히 알고 있다면 수월하게 해결할 수 있지만, 그렇지 않다면 한자어의 의미에 어울리지 않는 부수가 있는 선택지를 고르는 방법으로 푸는 것을 추천합니다.

예제

<보기>의 ㉠~㉢에 해당하는 한자로 올바르게 묶인 것은?

<보기>

- 원고와 동일한 배열이 되도록 교정(㉠)을 보았다.
- 오후 6시 이후에는 외부인의 교정(㉡) 출입을 금지한다.
- 올해부터 김 작가의 원고 교정(㉢)은 정 대리가 맡을 예정이다.

	㉠	㉡	㉢
①	校正	校庭	校訂
②	校正	校訂	校庭
③	校訂	校庭	校正
④	校訂	校正	校庭
⑤	校庭	校正	校訂

정답 ①

해설 ㉠~㉢에 해당하는 한자로 올바르게 묶인 것은 '校正-校庭-校訂'이므로 답은 ①이다.
- ㉠ **교정(校正: 학교 교, 바를 정)**: 교정쇄와 원고를 대조하여 오자, 오식, 배열, 색 등을 바르게 고침
- ㉡ **교정(校庭: 학교 교, 뜰 정)**: 학교의 마당이나 운동장
- ㉢ **교정(校訂: 학교 교, 평론할 정)**: 남의 문장 또는 출판물의 잘못된 글자나 글귀 등을 바르게 고침

필수 암기 개념

1 기출 동음이의 한자어

암기포인트
한자어가 쓰이는 상황 연관 지어 의미를 암기하고, 동음이의어는 표기를 구분하는 문제로 출제되니, 표기를 구분할 수 있는 특징을 염두에 두고 암기합시다.

가장(家長) 집 **가**, 길 **장**	한 가정을 이끌어 나가는 사람 예 한집안의 **가장** 노릇을 하기가 그리 쉬운 게 아니다. 유의어 호주(戶主) 한집안의 주장이 되는 사람
가장(假葬) 거짓 **가**, 장사지낼 **장**	1. 임시로 장사 지냄. 또는 그 장사 2. 시체를 되는대로 대강 또는 임시로 묻음 유의어 가매장(假埋葬) 시체를 임시로 묻음
가장(假裝) 거짓 **가**, 꾸밀 **장**	1. 태도를 거짓으로 꾸밈 유의어 가식(假飾) 말이나 행동 등을 거짓으로 꾸밈 유의어 장찬(粧撰) 허물을 숨기고 꾸밈 2. 얼굴이나 몸차림 등을 알아보지 못하게 바꾸어 꾸밈 유의어 가분(假扮) 거짓으로 꾸며 분장함
감사(瞰射) 굽어볼 **감**, 쏠 **사**	내려다보고 쏨
감상(感傷) 느낄 **감**, 상처 **상**	하찮은 일에도 쓸쓸하고 슬퍼져서 마음이 상함. 또는 그런 마음 예 **감상**에 젖다. 동의어 상감(傷感)
감상(感想) 느낄 **감**, 생각 **상**	마음속에서 일어나는 느낌이나 생각 예 그곳에서의 **감상**은 황량하다는 느낌뿐이었다. 유의어 소감(所感) 마음에 느낀 바
감상(鑑賞) 거울 **감**, 상줄 **상**	주로 예술 작품을 이해하여 즐기고 평가함 예 영화 **감상** 동의어 상감(賞鑑)
강구(強求) ★ 강할 **강**, 구할 **구**	1. 구하기 힘든 것을 억지로 구함 2. 억지로 또는 강제로 요구함 동의어 강요(強要)
강구(講究) ★ 강론할 **강**, 궁구할 **구**	좋은 대책과 방법을 궁리하여 찾아내거나 좋은 대책을 세움 예 대책 **강구**
결정(決定) 결정할 **결**, 정할 **정**	행동이나 태도를 분명하게 정함. 또는 그렇게 정해진 내용 예 **결정**을 내리다.
결정(結晶) 맺을 **결**, 밝을 **정**	1. 원자, 이온, 분자 등이 규칙적으로 일정한 법칙에 따라 배열되고, 외형도 대칭 관계에 있는 몇 개의 평면으로 둘러싸여 규칙 바른 형체를 이룸. 또는 그런 물질 2. 애써 노력하여 보람 있는 결과를 이루는 것이나 그 결과를 비유적으로 이르는 말 예 이 작품은 화가의 오랜 노력의 **결정**이다.
경기(景氣) ★ 경치 **경**, 기운 **기**	매매나 거래에 나타나는 호황·불황 등의 경제 활동 상태 예 **경기** 부진
경기(經紀) 경서 **경**, 벼리 **기**	일정한 포부를 가지고 어떤 일을 조직적으로 계획하여 처리함
경기(競技) ★ 다툴 **경**, 재주 **기**	일정한 규칙 아래 기량과 기술을 겨룸. 또는 그런 일 예 **경기**에 이기다.
경기(驚氣) ★ 놀랄 **경**, 기운 **기**	어린아이에게 나타나는 증상의 하나 예 **경기**를 일으키다. 동의어 경풍(驚風)
경주(傾注) 기울 **경**, 물댈 **주**	힘이나 정신을 한곳에만 기울임
경주(競走) ★ 다툴 **경**, 달릴 **주**	사람, 동물, 차량 등이 일정한 거리를 달려 빠르기를 겨루는 일. 또는 그런 경기 예 100미터 **경주** 유의어 달리기 달음질하는 일

개념 암기 체크

다음 어휘와 뜻풀이를 바르게 연결하시오.

01 강구(強求) • • ㉠ 구하기 힘든 것을 억지로 구함
02 강구(講究) • • ㉡ 어린아이에게 나타나는 증상의 하나
03 경기(景氣) • • ㉢ 일정한 규칙 아래 기량과 기술을 겨룸. 또는 그런 일
04 경기(驚氣) • • ㉣ 좋은 대책과 방법을 궁리하여 찾아내거나 좋은 대책을 세움
05 경기(競技) • • ㉤ 매매나 거래에 나타나는 호황·불황 등의 경제 활동 상태

정답 01 ㉠ 02 ㉣ 03 ㉤ 04 ㉡ 05 ㉢

고사(考査) 상고할 **고**, 사실할 **사**	학생들의 학업 성적을 평가하는 시험 예 학기마다 두 번씩 **고사**를 치른다.
고사(告祀) 아뢸 **고**, 제사 **사**	액운은 없어지고 풍요와 행운이 오도록 집안에서 섬기는 신에게 음식을 차려 놓고 비는 제사 예 **고사**를 지내다.
고사(姑捨) 시어미 **고**, 버릴 **사**	어떤 일이나 그에 대한 능력, 경험, 지불 등을 배제함
고사(苦辭) 괴로울 **고**, 말씀 **사**	간절히 사양함
고수(固守) ★ 굳을 **고**, 지킬 **수**	차지한 물건이나 형세 등을 굳게 지킴 예 강경 노선 **고수** 동의어 견수(堅守) 유의어 묵수(墨守) 제 의견이나 생각, 또는 옛날 습관 등을 굳게 지킴을 이르는 말
고수(高手) ★ 높을 **고**, 손 **수**	1. 바둑이나 장기 등에서 수가 높음. 또는 그런 사람 예 정석을 배우되 정석을 버리지 않고서는 진정한 바둑의 **고수**가 될 수 없다. 2. 어떤 분야나 집단에서 기술이나 능력이 매우 뛰어난 사람 유의어 상수(上手) 남보다 뛰어난 수나 솜씨. 또는 그런 수나 솜씨를 가진 사람
고수(鼓手) ★ 북 **고**, 손 **수**	북이나 장구 등을 치는 사람 예 북채를 든 **고수** 유의어 북재비 걸립패나 소리판, 악대 등에서 북 치는 일을 맡은 사람
공과(工科) 장인 **공**, 품등 **과**	대학에서, 공업 생산에 필요한 과학 기술을 전공하는 학과를 통틀어 이르는 말
공과(公課) 공변될 **공**, 시험할 **과**	국가나 공공 단체가 국민에게 부과하는 금전상의 부담이나 육체적인 일 예 현대로 올수록 **공과** 가운데서 금전적인 부담은 늘고 육체적인 노동력의 동원은 줄어드는 경향이 강하다.
공과(功過) 공 **공**, 지날 **과**	공로와 과실을 아울러 이르는 말 예 **공과**를 논하다. 유의어 공죄(功罪) 공로와 죄과를 아울러 이르는 말
공사(工事) 장인 **공**, 일 **사**	토목이나 건축 등의 일 예 사옥 신축 **공사** 동의어 공역(工役)
공사(公私) 공변될 **공**, 사사로울 **사**	공공의 일과 사사로운 일을 아울러 이르는 말 예 **공사**를 엄격히 구분하다.

공사(公社) 공변될 **공**, 모일 **사**	국가적 사업을 수행하기 위하여 설립된 공공 기업체의 하나
공지(公知) 공변될 **공**, 알 **지**	세상에 널리 알림 예 **공지** 사항을 알리다.
공지(共知) 함께 **공**, 알 **지**	여러 사람이 다 앎
공포(公布) ★ 공변될 **공**, 베 **포**	1. 일반 대중에게 널리 알림 유의어 공고(公告) 세상에 널리 알림 유의어 공발(公發) 일반에게 공개하여 발표함 유의어 공시(公示) 일정한 내용을 공개적으로 게시하여 일반에게 널리 알림. 또는 그렇게 알리는 글 유의어 반포(頒布) 세상에 널리 퍼뜨려 모두 알게 함 2. 이미 확정된 법률, 조약, 명령 등을 일반 국민에게 널리 알리는 일
공포(空砲) 빌 **공**, 돌쇠뇌 **포**	1. 실탄을 넣지 않고 소리만 나게 하는 총질 2. 대상을 위협하기 위하여 실탄을 넣고 공중이나 다른 곳을 향하여 하는 총질 유의어 헛총 1. 실탄을 재지 않은 총. 또는 그 총으로 쏘는 일 2. 실탄을 잰 총을 엉뚱한 곳에 쏘는 일
공포(恐怖) 두려울 **공**, 두려울 **포**	두렵고 무서움 예 **공포**에 떨다.
관용(官用) 벼슬 **관**, 쓸 **용**	정부 기관이나 국립 공공 기관에서 사용함 예 **관용** 차량
관용(慣用) 버릇 **관**, 쓸 **용**	오랫동안 써서 굳어진 대로 늘 씀. 또는 그렇게 쓰는 것 예 **관용** 표현
관용(寬容) 너그러울 **관**, 얼굴 **용**	남의 잘못 등을 너그럽게 받아들이거나 용서함. 또는 그런 용서 예 **관용**을 베풀다.
교사(狡詐) 간교할 **교**, 속일 **사**	교활하게 남을 속임
교사(校舍) 학교 **교**, 집 **사**	학교의 건물 예 신축 **교사**
교사(敎唆) 가르칠 **교**, 부추길 **사**	남을 꾀거나 부추겨서 나쁜 짓을 하게 함
교사(敎師) 가르칠 **교**, 스승 **사**	주로 초등학교 · 중학교 · 고등학교 등에서, 일정한 자격을 가지고 학생을 가르치는 사람 예 중등 **교사**

교정(校正) 학교 **교**, 바를 **정**	교정쇄와 원고를 대조하여 오자, 오식, 배열, 색 등을 바르게 고침 동의어 간교(刊校), 교준(校準), 준(準) 유의어 교합(校合) 원고와 대조하여 글자나 부호 등의 잘못된 것을 바로잡아 고침
교정(校訂) 학교 **교**, 평론할 **정**	남의 문장 또는 출판물의 잘못된 글자나 글귀 등을 바르게 고침
교정(校庭) 학교 **교**, 뜰 **정**	학교의 마당이나 운동장
교정(矯正) ★ 바로잡을 **교**, 바를 **정**	1. 틀어지거나 잘못된 것을 바로잡음 동의어 교구(矯捄), 교직(矯直) 유의어 광정(匡正) 잘못된 것이나 부정 등을 바로잡아 고침 유의어 확정(廓正) 잘못을 바로잡음 2. 교도소나 소년원 등에서 재소자의 잘못된 품성이나 행동을 바로잡음
구제(救濟) ★ 구원할 **구**, 건널 **제**	자연적인 재해나 사회적인 피해를 당하여 어려운 처지에 있는 사람을 도와줌 예 **구제** 사업 유의어 증제(拯濟) 불행한 처지나 어려운 형편에서 벗어나도록 도와줌
구제(舊製) ★ 옛 **구**, 지을 **제**	옛적에 만듦. 또는 그런 물건 반의어 신제(新製) 물건 등을 새로 만듦. 또는 그런 물건
구제(驅除) ★ 몰 **구**, 덜 **제**	해충 등을 몰아내어 없앰 예 송충이 **구제**
구조(久阻) 오랠 **구**, 험할 **조**	소식이 오랫동안 막힘 유의어 격조(隔阻) 오랫동안 서로 소식이 막힘 유의어 구활(久闊) 오랫동안 소식이 없거나 만나지 못함 유의어 적조(積阻) 서로 연락이 끊겨 오랫동안 소식이 막힘
구조(構造) 얽을 **구**, 지을 **조**	부분이나 요소가 어떤 전체를 짜 이룸. 또는 그렇게 이루어진 얼개 예 이야기의 **구조**
기수(旗手) 기 **기**, 손 **수**	1. 행사 때 대열의 앞에 서서 기를 드는 일을 맡은 사람 예 우리 선수단이 **기수**를 앞세우고 입장하였다. 동의어 기잡이 2. 사회 활동에서 앞장서서 이끄는 사람을 비유적으로 이르는 말 예 그는 우리나라 영화계를 이끌고 갈 차세대 **기수**로 주목받고 있다.
기수(機首) 틀 **기**, 머리 **수**	비행기의 앞부분 예 **기수**를 남으로 향하다.
기수(騎手) 말탈 **기**, 손 **수**	경마에서 말을 타는 사람 예 **기수**가 멋진 폼으로 말에 올라탔다.
단신(單身) 홑 **단**, 몸 **신**	1. 배우자나 형제가 없는 사람 예 전쟁 중에 남편과 가족을 잃은 그녀는 지금껏 **단신**으로 살고 있다. 동의어 홀몸 2. 혼자의 몸 예 그는 **단신**으로 적진에 뛰어들었다.
단신(短身) 짧을 **단**, 몸 **신**	작은 키의 몸 예 그는 **단신**이지만 장신 선수들을 제치고 올해의 최우수 선수로 뽑혔다. 동의어 단구(短軀)
단신(短信) 짧을 **단**, 믿을 **신**	1. 짧게 쓴 편지 동의어 단찰(短札) 2. 짤막하게 전하는 뉴스 예 해외 **단신**
단정(端正) 바를 **단**, 바를 **정**	옷차림새나 몸가짐 등이 얌전하고 바름
단정(端整) 바를 **단**, 가지런할 **정**	깨끗이 정리되어 가지런함
단정(斷定) 끊을 **단**, 정할 **정**	딱 잘라서 판단하고 결정함 예 **단정**을 짓다.
동기(同氣) ★ 같을 **동**, 기운 **기**	형제와 자매, 남매를 통틀어 이르는 말 예 **동기**끼리 사이좋게 지내다. 동의어 형제(兄弟)

개념 암기 체크

다음 어휘와 뜻풀이를 바르게 연결하시오.

01 공포(公布) • • ㉠ 일반 대중에게 널리 알림
02 공포(空砲) • • ㉡ 차지한 물건이나 형세 등을 굳게 지킴
03 교정(校庭) • • ㉢ 바둑이나 장기 등에서 수가 높음. 또는 그런 사람
04 교정(矯正) • • ㉣ 틀어지거나 잘못된 것을 바로잡음
05 고수(固守) • • ㉤ 학교의 마당이나 운동장
06 고수(高手) • • ㉥ 실탄을 넣지 않고 소리만 나게 하는 총질

정답 01 ㉠ 02 ㉥ 03 ㉤ 04 ㉣ 05 ㉡ 06 ㉢

동기(同期) ★ 같을 **동**, 기약할 **기**	1. 같은 시기. 또는 같은 기간 예 6월 중 수출 실적은 전년 **동기** 대비 32.5%가 증가했다. 2. 같은 시기에 같은 곳에서 교육이나 강습을 함께 받은 사람 예 대학 **동기**인 그와 나는 노년에 접어든 지금까지도 절친한 사이이다. 동의어 동기생(同期生)
동기(動機) ★ 움직일 **동**, 틀 **기**	어떤 일이나 행동을 일으키게 하는 계기 예 작품을 쓰게 된 **동기**
동화(同化) 같을 **동**, 될 **화**	성질, 양식, 사상 등이 다르던 것이 서로 같게 됨 예 자연과의 **동화** 반의어 이화(異化) 성질, 양식, 사상 등이 서로 달라짐
동화(同和) 같을 **동**, 화목할 **화**	같이 화합함
매수(枚數) 낱 **매**, 셀 **수**	종이나 유리 등의 장으로 셀 수 있는 물건의 수효 예 원고 **매수**를 세어 보아라.
매수(買收) ★ 살 **매**, 거둘 **수**	1. 물건을 사들임 예 **매수** 가격 2. 금품이나 그 밖의 수단으로 남의 마음을 사서 자기편으로 만드는 일
매수(買受) 살 **매**, 받을 **수**	물건을 사서 넘겨받음
매수(買售) 살 **매**, 팔 **수**	물건을 팔고 사는 일 동의어 매매(賣買)
방출(放出) 놓을 **방**, 날 **출**	비축하여 놓은 것을 내놓음 예 쌀의 **방출**
방출(放黜) 놓을 **방**, 물리칠 **출**	물리쳐 내쫓음 예 성적 부진으로 **방출** 위기에 몰린 선수 동의어 출방(黜放)
발발(勃勃) 우쩍 일어날 **발**, 우쩍 일어날 **발**	기운이나 기세가 끓어오를 듯이 성함
발발(勃發) 우쩍 일어날 **발**, 필 **발**	전쟁이나 큰 사건 등이 갑자기 일어남 예 6 · 25 전쟁 **발발**
병폐(病弊) ★ 병들 **병**, 폐단 **폐**	병통과 폐단을 아울러 이르는 말 예 **병폐**를 없애다. 동의어 병패(病敗)
병폐(病廢) 병들 **병**, 고질병 **폐**	병으로 인하여 몸을 제대로 쓰지 못하게 됨

보수(保守) 보전할 **보**, 지킬 **수**	1. 보전하여 지킴 2. 새로운 것이나 변화를 적극적으로 받아들이기보다는 전통적인 것을 옹호하며 유지하려 함 예 **보수**와 진보의 싸움 반의어 진보(進步) 역사 발전의 합법칙성에 따라 사회의 변화나 발전을 추구함
보수(報酬) 갚을 **보**, 술 권할 **수**	일한 대가로 주는 돈이나 물품 예 **보수**가 박하다.
보수(補修) 기울 **보**, 닦을 **수**	건물이나 시설 등의 낡거나 부서진 것을 손보아 고침 예 하수도 **보수** 유의어 수보(修補) 허름한 데를 고치고 덜 갖춘 곳을 기움
보전(保全) 보전할 **보**, 온전할 **전**	온전하게 보호하여 유지함 예 생태계 **보전**
보전(補塡) ★ 기울 **보**, 메울 **전**	부족한 부분을 보태어 채움 예 적자의 **보전**
보전(寶典) 보배 **보**, 법 **전**	귀중한 책 예 ≪훈민정음≫은 한국 문화의 **보전**이다.
부정(不正) ★ 아닌가 **부**, 바를 **정**	올바르지 않거나 옳지 못함 예 입시 **부정**
부정(父情) 아버지 **부**, 뜻 **정**	자식에 대한 아버지의 정
부정(不淨) 아닌가 **부**, 깨끗할 **정**	1. 깨끗하지 못함. 또는 더러운 것 2. 사람이 죽는 등의 불길한 일 예 **부정**이 들다.
부정(否定) ★ 아닐 **부**, 정할 **정**	그렇지 않다고 단정하거나 옳지 않다고 반대함 예 그녀는 긍정도 **부정**도 아닌 미소만 지었다. 반의어 긍정(肯定) 그러하다고 생각하여 옳다고 인정함
비상(非常) 아닐 **비**, 항상 **상**	1. 뜻밖의 긴급한 사태. 또는 이에 대응하기 위하여 신속히 내려지는 명령 예 **비상**을 해제하다. 2. 평범하지 않고 뛰어남
비상(飛上) 날 **비**, 위 **상**	높이 날아오름
비상(飛翔) 날 **비**, 빙빙 돌아 날 **상**	공중을 낢 예 바다 위로 갈매기가 **비상**을 즐기듯 선회했다.
비상(悲傷) 슬플 **비**, 상처 **상**	마음이 슬프고 쓰라림

사료(史料) 역사 **사**, 되질할 **료**	역사 연구에 필요한 문헌이나 유물 예 **사료** 수집 동의어 사재(史材)
사료(思料) 생각 **사**, 되질할 **료**	깊이 생각하여 헤아림 유의어 고량(考量) 생각하여 헤아림 유의어 사량(思量) 생각하여 헤아림
사료(飼料) 먹일 **사**, 되질할 **료**	가축에게 주는 먹을거리 예 **사료**를 주다.
사리(私利) 사사로울 **사**, 이로울 **리**	사사로운 이익 예 자기의 직함을 팔아서 **사리**를 취해서는 안 된다. 유의어 사익(私益) 개인의 이익 반의어 공리(公利) 공중이나 공공 단체의 이익
사리(事理) 일 **사**, 다스릴 **리**	일의 이치 예 **사리**에 어긋나다.
사리 (舍利/奢利) 집 **사**, 이로울 **리** / 사치할 **사**, 이로울 **리**	석가모니나 성자의 유골
사의(謝意) 사례할 **사**, 뜻 **의**	감사하게 여기는 뜻 예 심심한 **사의**를 표하다.
사의(辭意) 말씀 **사**, 뜻 **의**	맡아보던 일자리를 그만두고 물러날 뜻 예 장관은 일신상의 이유로 **사의**를 밝혔다.
사주(四柱) 넉 **사**, 기둥 **주**	사람이 태어난 연월일시의 네 간지(干支). 또는 이에 근거하여 사람의 길흉화복을 알아보는 점 예 **사주**를 보다.
사주(使嗾) 부릴 **사**, 부추길 **주**	남을 부추겨 좋지 않은 일을 시킴 예 **사주**를 받다. 동의어 사촉(唆囑)

사주(社主) 모일 **사**, 주인 **주**	회사나 결사의 주인
상가(商家) 장사 **상**, 집 **가**	이익을 얻으려고 물건을 사서 파는 집 예 집 근처에 있는 **상가**에서 반찬거리를 샀다.
상가(商街) 장사 **상**, 거리 **가**	상점들이 죽 늘어서 있는 거리 예 **상가**의 즐비한 간판들
상고(上古) 위 **상**, 옛 **고**	아주 오랜 옛날 동의어 숭석(崇昔) 유의어 수고(邃古) 아득히 먼 옛날 유의어 요석(遙昔) 아주 먼 옛날 유의어 태고(太古) 아득한 옛날
상고(尙古) 오히려 **상**, 옛 **고**	옛날의 문물이나 사상, 제도 등을 귀하게 여김
상고(相顧) 서로 **상**, 돌아볼 **고**	서로 돌아봄
상고(傷枯) 상처 **상**, 마를 **고**	몸을 다쳐 야윔
상고(詳考) 자세할 **상**, 상고할 **고**	꼼꼼하게 따져서 검토하거나 참고함 동의어 구계(句稽)
소지(所持) 바 **소**, 가질 **지**	물건을 지니고 있는 일. 또는 그런 물건 예 이 공원에 경로 우대증 **소지** 노인은 무료입장이다.
소지(素地) 흴 **소**, 땅 **지**	1. 본래의 바탕 예 그는 정치가가 될 **소지**가 다분하다. 2. 문제가 되거나 부정적인 일 등을 생기게 하는 원인. 또는 그렇게 될 가능성 예 위험의 **소지**를 제공하다.

개념 암기 체크

다음 어휘와 뜻풀이를 바르게 연결하시오.

01 부정(不正) •
02 부정(否定) •
03 동기(同氣) •
04 동기(同期) •
05 보수(保守) •
06 보수(補修) •

• ㉠ 그렇지 않다고 단정하거나 옳지 않다고 반대함
• ㉡ 같은 시기. 또는 같은 기간
• ㉢ 보전하여 지킴
• ㉣ 올바르지 않거나 옳지 못함
• ㉤ 형제와 자매, 남매를 통틀어 이르는 말
• ㉥ 건물이나 시설 등의 낡거나 부서진 것을 손보아 고침

정답 01 ㉣ 02 ㉠ 03 ㉤ 04 ㉡ 05 ㉢ 06 ㉥

속행(速行) 빠를 **속**, 다닐 **행**	1. 빨리 행함 예 검찰은 경찰에게 수사 기록 제출의 **속행**을 요청하였다. 2. 빨리 감 반의어 서행(徐行) 사람이나 차가 천천히 감
속행(續行) 이을 **속**, 다닐 **행**	계속하여 행함
수령(受領) 받을 **수**, 거느릴 **령**	돈이나 물품을 받아들임 예 반품 및 교환은 물품 **수령** 후 3일 안에만 가능합니다.
수령(首領) 머리 **수**, 거느릴 **령**	한 당파나 무리의 우두머리 예 노론의 **수령** 우암 송시열 유의어 두령(頭領) 여러 사람을 거느리는 우두머리. 또는 그를 부르는 칭호 유의어 두목(頭目) 패거리의 우두머리 유의어 두수(頭首) 여러 사람의 우두머리 유의어 주령(主領) 우두머리가 되어 일을 이끌어 감. 또는 그 사람
수령(樹齡) 나무 **수**, 나이 **령**	나무의 나이 예 마을 어귀에는 300년 **수령**의 느티나무가 있다.
수리(水利) 물 **수**, 이로울 **리**	식용, 관개용, 공업용 등으로 물을 이용하는 일 예 농업 생산을 늘리기 위하여 **수리** 시설을 확충하다.
수리(修理) ★ 닦을 **수**, 다스릴 **리**	고장 나거나 허름한 데를 손보아 고침 유의어 수선(修繕) 낡거나 헌 물건을 고침
수리(數理) 셀 **수**, 다스릴 **리**	수학의 이론이나 이치 예 그는 **수리**에 밝아서 계산이 틀리는 일이 없다.
수정(水晶) 물 **수**, 밝을 **정**	무색투명한 석영의 하나 동의어 수옥(水玉), 크리스털(crystal), 파리(玻璃)
수정(受精) 받을 **수**, 찧을 **정**	암수의 생식 세포가 하나로 합쳐져 접합자가 됨. 또는 그런 현상 동의어 정받이
수정(修正) ★ 닦을 **수**, 바를 **정**	바로잡아 고침 예 대폭적인 **수정**
순리(順利) 순할 **순**, 이로울 **리**	1. 이익을 좇음 2. 순조로운 것
순리(順理) 순할 **순**, 다스릴 **리**	순한 이치나 도리. 또는 도리나 이치에 순종함 예 **순리**를 거역하다.

시가(市街) 시장 **시**, 거리 **가**	1. 도시의 큰 길거리 예 버스는 어느새 **시가**를 빠져나와 국도를 향해 달렸다. 동의어 가방(街坊) 유의어 시가지(市街地) 도시의 큰 길거리를 이루는 지역 2. 인가나 상가가 많이 늘어선 거리 유의어 저잣거리 가게가 죽 늘어서 있는 거리
시가(市價) 시장 **시**, 값 **가**	시장에서 상품이 매매되는 가격 예 이 집은 **시가**가 1억 원 정도 된다. 동의어 시금(市金), 시치(市値)
시가(時價) 때 **시**, 값 **가**	일정한 시기의 물건값 동의어 시세(時勢), 시치(市値)
양식(糧食) 양식 **양**, 먹을 **식**	생존을 위하여 필요한 사람의 먹을거리 예 먹을 **양식**이 다 떨어졌다. 동의어 식량(食糧)
양식(良識) 어질 **양**, 알 **식**	뛰어난 식견이나 건전한 판단 예 **양식**이 있는 사람이라면 한밤중에 전화를 걸겠니?
양식(樣式) 모양 **양**, 법 **식**	일정한 모양이나 형식 예 서류를 **양식**에 맞게 꾸며라. 동의어 양(樣), 포맷(format)
연기(延期) 끌 **연**, 기약할 **기**	정해진 기한을 뒤로 물려서 늘림 예 지급 **연기** 신청 유의어 완기(緩期) 기약한 날짜를 늦춤 유의어 퇴기(退期) 기한을 물림
연기(煙氣) 연기 **연**, 기운 **기**	무엇이 불에 탈 때에 생겨나는 흐릿한 기체나 기운 예 굴뚝에서 **연기**가 나다.
연기(演技) 멀리 흐를 **연**, 재주 **기**	배우가 배역의 인물, 성격, 행동 등을 표현해 내는 일 예 **연기**의 폭을 넓히다.
유지(有志) 있을 **유**, 뜻 **지**	1. 마을이나 지역에서 명망 있고 영향력을 가진 사람 예 지역 **유지** 2. 어떤 일에 뜻이 있거나 관심이 있는 사람 동의어 유지가(有志家), 유지사(有志士), 유지인사(有志人士), 유지자(有志者), 유지지사(有志之士)
유지(維持) 바 **유**, 가질 **지**	어떤 상태나 상황을 그대로 보존하거나 변함없이 계속하여 지탱함 예 질서 **유지**
유지(遺志) 남길 **유**, 뜻 **지**	죽은 사람이 살아서 이루지 못하고 남긴 뜻 예 **유지**를 저버리다. 유의어 유의(遺意) 고인이 생전에 다 이루지 못하고 남긴 뜻

인용(引用) 끌 **인**, 쓸 **용**	남의 말이나 글을 자신의 말이나 글 속에 끌어 씀 예 대부분이 **인용**으로 이루어진 글
인용(認容) 알 **인**, 얼굴 **용**	인정하여 용납함 유의어 용인(容認) 용납하여 인정함
장기(長技) 길 **장**, 재주 **기**	가장 잘하는 재주 예 **장기**자랑
장기(長期) 길 **장**, 기약할 **기**	긴 기간 동의어 장기간(長期間)
장기(臟器) 오장 **장**, 그릇 **기**	내장의 여러 기관 예 저의 **장기**를 기증할 테니, 제가 죽고 나면 필요한 사람을 위하여 써 주시기 바랍니다.
재기(才氣) 재주 **재**, 기운 **기**	재주가 있는 기질 예 **재기** 발랄한 젊은이
재기(再起) 다시 **재**, 일어날 **기**	역량이나 능력 등을 모아서 다시 일어섬 예 **재기**의 기회를 노리다. 유의어 갱기(更起) 다시 일어남. 또는 다시 일으킴
전기(前期) 앞 **전**, 기약할 **기**	1. 일정 기간을 몇 개로 나눈 첫 시기 예 프로 야구 **전기** 리그 반의어 후기(後期) 일정 기간을 둘이나 셋으로 나누었을 때의 맨 뒤 기간 2. 앞의 시기 예 **전기** 순이익
전기(傳記) 전할 **전**, 기록할 **기**	한 사람의 일생 동안의 행적을 적은 기록 예 한국 위인 **전기**
전기(轉機) 구를 **전**, 틀 **기**	전환점이 되는 기회나 시기 예 **전기**를 맞이하다.
전도(全圖) 온전할 **전**, 그림 **도**	전체를 그린 그림이나 지도 예 대한민국 **전도**
전도(前途) 앞 **전**, 길 **도**	앞으로의 가능성이나 전망 예 **전도**가 밝다. 동의어 장래(將來)
전도(傳道) 전할 **전**, 길 **도**	도리를 세상에 널리 알림
전도(傳導) 전할 **전**, 이끌 **도**	열 또는 전기가 물체 속을 이동하는 일. 또는 그런 현상 예 **전도** 온도계
전도(顚倒) 머리 **전**, 거꾸로 **도**	차례, 위치, 이치, 가치관 등이 뒤바뀌어 원래와 달리 거꾸로 됨. 또는 그렇게 만듦
전력(全力) 온전할 **전**, 힘 **력**	모든 힘 예 **전력**을 기울이다.
전력(前歷) 앞 **전**, 지낼 **력**	과거의 경력 예 **전력**이 드러나다.
전력(戰力) 싸울 **전**, 힘 **력**	전투나 경기 등을 할 수 있는 능력 예 주전들의 부상으로 **전력**이 약화되었다.
전력(戰歷) 싸울 **전**, 지낼 **력**	전쟁이나 전투에 참가한 경력
전세(專貰) 오로지 **전**, 세낼 **세**	계약에 의하여 일정 기간 동안 그 사람에게만 빌려주어 다른 사람의 사용을 금하는 일 예 **전세** 버스
전세(傳貰) 전할 **전**, 세낼 **세**	부동산의 소유자에게 일정한 금액을 맡기고 그 부동산을 일정 기간 동안 빌려 쓰는 일 예 **전세** 보증금
정수(淨水) 깨끗할 **정**, 물 **수**	물을 깨끗하고 맑게 함. 또는 그 물 예 **정수** 과정을 거친 물
정수(渟水) 물 고일 **정**, 물 **수**	흐르지 않고 괴어 있는 물
정정(正正) 바를 **정**, 바를 **정**	1. 바르고 가지런함 2. 바르고 떳떳함

개념 암기 체크

다음 어휘와 뜻풀이를 바르게 연결하시오.

01 수리(修理) •   • ㉠ 바로잡아 고침
02 수리(數理) •   • ㉡ 수학의 이론이나 이치
03 수정(水晶) •   • ㉢ 무색투명한 석영의 하나
04 수정(修正) •   • ㉣ 고장 나거나 허름한 데를 손보아 고침
05 유지(有志) •   • ㉤ 마을이나 지역에서 명망 있고 영향력을 가진 사람

정답 01 ㉣ 02 ㉡ 03 ㉢ 04 ㉠ 05 ㉤

정정(征頂) 칠 **정**, 정수리 **정**	산의 꼭대기를 정복함
정정(亭亭) 정자 **정**, 정자 **정**	1. 나무 등이 높이 솟아 우뚝함 2. 늙은 몸이 굳세고 건강함
정정(訂正) ★ 평론할 **정**, 바를 **정**	글자나 글 등의 잘못을 고쳐서 바로잡음 유의어 수정(修訂) 글이나 글자의 잘못된 점을 고침
정체(正體) 바를 **정**, 몸 **체**	1. 참된 본디의 형체 예 **정체**가 불명한 괴한들 2. 바른 모양의 글씨
정체(政體) 정사 **정**, 몸 **체**	국가의 통치 형태. 군주제, 귀족제, 민주제, 공화제 등이 있다.
정체(停滯) 머무를 **정**, 막힐 **체**	사물이 발전하거나 나아가지 못하고 한자리에 머물러 그침 예 경제의 **정체**로 불황이 지속된다.
제재(制裁) ★ 억제할 **제**, 마를 **재**	1. 일정한 규칙이나 관습의 위반에 대하여 제한하거나 금지함. 또는 그런 조치 예 **제재**를 가하다. 2. 법이나 규정을 어겼을 때 국가가 처벌이나 금지 등을 행함. 또는 그런 일 예 유엔 안보리의 도발국 **제재** 방안
제재(題材) 제목 **제**, 재목 **재**	예술 작품이나 학술 연구의 바탕이 되는 재료
조사 **(弔詞/弔辭)** 조상할 **조**, 말씀 **사**	죽은 사람을 슬퍼하여 조문의 뜻을 표하는 글이나 말 유의어 도사(悼詞) 죽은 사람을 슬퍼하며 지은 글
조사(助詞) 도울 **조**, 말씀 **사**	체언이나 부사, 어미 등에 붙어 그 말과 다른 말과의 문법적 관계를 표시하거나 그 말의 뜻을 도와주는 품사 동의어 걸림씨, 관계사(關係詞), 관계어(關係語), 토, 토씨
조사(調査) 고를 **조**, 사실할 **사**	사물의 내용을 명확히 알기 위하여 자세히 살펴보거나 찾아봄 예 외래어 사용 실태 **조사** 동의어 취감(取勘)
조수(助手) 도울 **조**, 손 **수**	어떤 책임자 밑에서 지도를 받으면서 그 일을 도와주는 사람 예 공장에서 **조수**로 일하다.
조수(鳥獸) 새 **조**, 짐승 **수**	새와 짐승을 아울러 이르는 말 동의어 수조(獸鳥) 유의어 금수(禽獸) 날짐승과 길짐승이라는 뜻으로, 모든 짐승을 이르는 말
조수(潮水) 조수 **조**, 물 **수**	1. 아침에 밀려들었다가 나가는 바닷물 동의어 조석수(潮汐水), 해조(海潮) 반의어 석수(汐水) 저녁때에 밀려왔다가 나가는 바닷물 2. 달, 태양 등의 인력에 의하여 주기적으로 높아졌다 낮아졌다 하는 바닷물 예 **조수**가 밀려 들어오다.
준동(準同) 법도 **준**, 같을 **동**	어떤 표준과 같음
준동(蠢動) 꿈틀거릴 **준**, 움직일 **동**	'벌레 등이 꿈적거린다'라는 뜻으로, 불순한 세력이나 보잘것없는 무리가 법석을 부림을 이르는 말 동의어 연동(蠕動) 유의어 준이(蠢爾) 1. 벌레 등이 꾸물꾸물 움직임 2. 무지하고 하찮은 사람들이 수선거리며 움직임
풍조(風潮) ★ 바람 **풍**, 조수 **조**	1. 바람과 조수(潮水)를 아울러 이르는 말. 또는 바람에 따라 흐르는 조수 2. 시대에 따라 변하는 세태 예 과소비 **풍조**
풍조(風調) 바람 **풍**, 고를 **조**	1. 바람이 순조롭게 붊 2. 시가 등의 가락
지향(志向) 뜻 **지**, 향할 **향**	어떤 목표로 뜻이 쏠리어 향함. 또는 그 방향이나 그쪽으로 쏠리는 의지 예 출세 **지향**
지향(指向) 가리킬 **지**, 향할 **향**	작정하거나 지정한 방향으로 나아감. 또는 그 방향 예 길을 잃고 **지향** 없이 헤매다.
진상(眞相) 참 **진**, 서로 **상**	사물이나 현상의 거짓 없는 모습이나 내용 예 **진상**을 규명하다. 유의어 참모습 거짓이나 꾸밈이 없는 모습
진상(眞想) 참 **진**, 생각 **상**	참된 생각
추천(推薦) 옮길 **추**, 드릴 **천**	어떤 조건에 적합한 대상을 책임지고 소개함 예 **추천** 도서 동의어 추거(推擧) 유의어 천달(薦達) 천거하여 올림
추천(追薦) 쫓을 **추**, 드릴 **천**	죽은 사람의 넋의 괴로움을 덜고 명복을 축원하려고 선근 복덕(善根福德)을 닦아 그 공덕을 회향함

2 기출 한자어

가관(可觀) ★ 옳을 가, 볼 관	1. 경치 등이 꽤 볼만함 예 내장산의 단풍은 참으로 **가관**이지. 2. '꼴이 볼만하다'라는 뜻으로, 남의 언행이 나 어떤 상태를 비웃는 뜻으로 이르는 말 예 잘난 체하는 꼴이 정말 **가관**이다.
각오(覺悟) 깨달을 각, 깨달을 오	앞으로 해야 할 일이나 겪을 일에 대한 마음의 준비 예 **각오**를 단단히 하다.
각축(角逐) 뿔 각, 쫓을 축	서로 이기려고 다투며 덤벼듦 예 외세의 **각축** 동의어 추축(追逐)
각출(各出) 각각 각, 날 출	1. 각각 나옴 2. 각각 내놓음 예 재벌 기업마다 수재 의연금의 **각출**을 약속하였다.
간과(看過) ★ 볼 간, 지날 과	큰 관심 없이 대강 보아 넘김 유의어 방과(放過) 그대로 지나침
간구(懇求) 정성 간, 구할 구	간절히 바람
간극(間隙) 사이 간, 틈 극	1. 사물 사이의 틈 예 **간극**을 메우다. 동의어 극간(隙間) 2. 시간 사이의 틈 예 역사적 시간의 **간극** 3. 두 가지 사건, 두 가지 현상 사이의 틈 예 이론과 현실 사이에는 엄청난 **간극**이 있다. 유의어 간격(間隔) 1. 공간적으로 벌어진 사이 2. 시간적으로 벌어진 사이 3. 사물 사이의 관계에 생긴 틈
간발(間髮) 사이 간, 터럭 발	아주 잠시 또는 아주 적음을 이르는 말 예 벌써 그의 가슴으로 **간발**의 틈을 노린 칼끝이 닿고 있었다.

간여(干與) 간섭할 간, 더불 여	어떤 일에 간섭하여 참여함 동의어 간예(干預)
간주(看做) 볼 간, 지을 주	상태, 모양, 성질 등이 그와 같다고 봄. 또는 그렇다고 여김
간파(看破) 볼 간, 깨뜨릴 파	속내를 꿰뚫어 알아차림
갈취(喝取) 꾸짖을 갈, 취할 취	남의 것을 강제로 빼앗음 예 **갈취**를 당하다.
감수(甘受) 달 감, 받을 수	책망이나 괴로움 등을 달갑게 받아들임
감응(感應) 느낄 감, 응할 응	1. 어떤 느낌을 받아 마음이 따라 움직임 예 벽에 걸린 그림을 보다가 기묘한 **감응**을 느꼈다. 2. 믿거나 비는 정성이 신령에게 통함 예 축원이 신의 **감응**을 얻으면 신대가 떨리고 신이 내린다고 한다.
감행(敢行) 감히 감, 다닐 행	과감하게 실행함 예 공습 **감행** 유의어 감위(敢爲) 어떤 일을 과감하게 함
강등(降等) 내릴 강, 같을 등	등급이나 계급 등이 낮아짐. 또는 등급이나 계급 등을 낮춤 예 일 계급 **강등** 유의어 낙등(落等) 등급이 아래로 떨어짐 반의어 승진(昇進/陞進) 직위의 등급이나 계급이 오름
강보(襁褓) 포대기 강, 포대기 보	어린아이의 작은 이불 예 **강보**에 싸인 아기 동의어 포대기
강제(強制) 강할 강, 억제할 제	권력이나 위력으로 남의 자유의사를 억눌러 원하지 않는 일을 억지로 시킴 예 **강제** 동원

개념 암기 체크

다음 어휘와 뜻풀이를 바르게 연결하시오.

01 풍조(風潮) •
02 풍조(風調) •
03 정정(正正) •
04 정정(訂正) •
05 제재(制裁) •
06 제재(題材) •

• ㉠ 글자나 글 등의 잘못을 고쳐서 바로잡음
• ㉡ 바람이 순조롭게 붊
• ㉢ 바르고 가지런함
• ㉣ 시대에 따라 변하는 세태
• ㉤ 일정한 규칙이나 관습의 위반에 대하여 제한하거나 금지함. 또는 그런 조치
• ㉥ 예술 작품이나 학술 연구의 바탕이 되는 자료

정답 01 ㉣ 02 ㉡ 03 ㉢ 04 ㉠ 05 ㉤ 06 ㉥

개념(槪念) 대개 **개**, 생각할 **념**	어떤 사물이나 현상에 대한 일반적인 지식 예 정보화라는 **개념**을 이해하다.
개량(改良) 고칠 **개**, 어질 **량**	나쁜 점을 보완하여 더 좋게 고침 예 품종 **개량**
개발(開發) 열 **개**, 필 **발**	1. 토지나 천연자원 등을 유용하게 만듦 예 유전 **개발** 2. 지식이나 재능 등을 발달하게 함 예 자신의 능력 **개발** 유의어 계발(啓發) 슬기나 재능, 사상 등을 일깨워 줌
개선(改善) 고칠 **개**, 착할 **선**	잘못된 것이나 부족한 것, 나쁜 것 등을 고쳐 더 좋게 만듦 예 입시 제도 **개선** 반의어 개악(改惡) 고치어 도리어 나빠지게 함
개재(介在) 끼일 **개**, 있을 **재**	어떤 것들 사이에 끼여 있음 예 사적 감정의 **개재**가 이 일의 변수이다.
객기(客氣) 손님 **객**, 기운 **기**	객쩍게 부리는 혈기나 용기 예 **객기**를 부리다.
갱신(更新) ★ 다시 **갱**, 새로울 **신**	1. 이미 있던 것을 고쳐 새롭게 함 예 환경 **갱신** 동의어 경신(更新) 2. 법률관계의 존속 기간이 끝났을 때 그 기간을 연장하는 일 예 비자 **갱신**
갹출(醵出) 술 잔치 **갹**, 날 **출**	같은 목적을 위하여 여러 사람이 돈을 나누어 냄 동의어 거출(醵出)
거사(巨事) 클 **거**, 일 **사**	매우 거창한 일 예 **거사**를 앞두고 있는 사람이니 생각과 행동에 각별히 신경을 써라.
거식증(拒食症) 막을 **거**, 먹을 **식**, 증세 **증**	먹는 것을 거부하거나 두려워하는 병적 증상
거치(据置) 일할 **거**, 둘 **치**	공채, 사채 등의 상환 또는 지급을 일정 기간 하지 않는 일 예 3년 **거치** 5년 상환 조건으로 돈을 융자하다.
건재(健在) 굳셀 **건**, 있을 **재**	힘이나 능력이 줄어들지 않고 여전히 그대로 있음 예 노장의 **건재**를 기대한다.
검수(檢收) 검사할 **검**, 거둘 **수**	물건의 규격, 수량, 품질 등을 검사한 후 물건을 받음 예 **검수**를 받다.
검진(檢診) 검사할 **검**, 볼 **진**	건강 상태와 질병의 유무를 알아보기 위하여 증상이나 상태를 살피는 일 예 병원에서 **검진**을 받다.
검침(檢針) 검사할 **검**, 바늘 **침**	전기, 수도, 가스 등의 사용량을 알기 위하여 계량기의 숫자를 검사함 예 수돗물 **검침**이 잘못되어 요금이 많이 나왔다.
게시(揭示) 들 **게**, 보일 **시**	여러 사람에게 알리기 위하여 내붙이거나 내걸어 두루 보게 함. 또는 그런 물건 예 행사 일정표의 **게시**
게재(揭載) ★ 들 **게**, 실을 **재**	글이나 그림 등을 신문이나 잡지 등에 실음
격식(格式) 격식 **격**, 법 **식**	격에 맞는 일정한 방식 예 **격식**을 갖추다.
격양(激揚) 과격할 **격**, 오를 **양**	기운이나 감정 등이 세차게 일어나 들날림 예 선거 유세장에 모인 사람들의 얼굴에는 **격양**의 빛이 만연했다.
격조(隔阻) 막을 **격**, 험할 **조**	멀리 떨어져 있어 서로 통하지 못함 동의어 소조(疏阻)
견적(見積) 볼 **견**, 쌓을 **적**	어떤 일을 하는 데 필요한 비용 등을 미리 어림잡아 계산함. 또는 그런 계산 예 일단 **견적**을 뽑아 보고 이야기합시다.
결렬(決裂) 결정할 **결**, 찢을 **렬**	교섭이나 회의 등에서 의견이 합쳐지지 않아 각각 갈라서게 됨 예 회담의 **결렬**
결벽(潔癖) 깨끗할 **결**, 적취 **벽**	유난스럽게 깨끗한 것을 좋아하는 성벽 동의어 결병(潔病), 결질(潔疾)
결부(結付) ★ 맺을 **결**, 줄 **부**	일정한 사물이나 현상을 서로 연관시킴
결속(結束) 맺을 **결**, 묶을 **속**	1. 한 덩어리가 되게 묶음 2. 뜻이 같은 사람끼리 서로 단결함 예 **결속**을 다지다.
결연(結緣) 맺을 **결**, 인연 **연**	인연을 맺음. 또는 그런 관계 예 의료 기관과 양로원의 **결연**을 추진했다. 반의어 이연(離緣) 인연을 끊음
결의(決意) 결정할 **결**, 뜻 **의**	뜻을 정하여 굳게 마음을 먹음. 또는 그런 마음 동의어 결지(決志) 유의어 결심(決心) 할 일에 대하여 어떻게 하기로 마음을 굳게 정함. 또는 그런 마음
결재(決裁) ★ 결정할 **결**, 마를 **재**	결정할 권한이 있는 상관이 부하가 제출한 안건을 검토하여 허가하거나 승인함 예 **결재**를 올리다.
결제(決濟) ★ 결정할 **결**, 건널 **제**	1. 일을 처리하여 끝을 냄 2. 증권 또는 대금을 주고받아 매매 당사자 사이의 거래 관계를 끝맺는 일 예 어음의 **결제**

경계(警戒) ★ 경계할 **경**, 경계할 **계**	1. 뜻밖의 사고가 생기지 않도록 조심하여 단속함 예 **경계**를 늦추다. 2. 옳지 않은 일이나 잘못된 일들을 하지 않도록 타일러서 주의하게 함 예 실패한 사람의 이야기를 글로 적어 세상에 대한 **경계**를 삼다.
경과(經過) 경서 **경**, 지날 **과**	1. 시간이 지나감 동의어 월력(越歷) 예 시일의 **경과** 2. 일이 되어 가는 과정 예 사건 **경과**
경륜(經綸) 경서 **경**, 낚싯줄 **륜**	일정한 포부를 가지고 일을 조직적으로 계획함. 또는 그 계획이나 포부 예 **경륜**이 있는 사람 동의어 영륜(營綸)
경사(慶事) 경사 **경**, 일 **사**	축하할 만한 기쁜 일 예 **경사**가 나다. 동의어 휴경(休慶) 유의어 가사(嘉事) 즐겁고 좋은 일 유의어 상경(祥慶) 기껍고 경사스러운 일
경선(競選) 다툴 **경**, 가릴 **선**	둘 이상의 후보가 경쟁하는 선거 예 **경선**으로 회장을 뽑다.
경시(輕視) 가벼울 **경**, 볼 **시**	대수롭지 않게 보거나 업신여김 예 인명 **경시** 현상 유의어 의시(蟻視) '개미를 보듯이 하찮게 본다'라는 뜻으로, 다른 사람을 깔봄을 비유적으로 이르는 말 반의어 중시(重視) 가볍게 여길 수 없을 만큼 매우 크고 중요하게 여김
경지(境地) ★ 지경 **경**, 땅 **지**	1. 일정한 경계 안의 땅 2. 몸이나 마음, 기술 등이 어떤 단계에 도달해 있는 상태 예 그의 음악은 이미 예술적인 **경지**에 이르렀다.

경질 ★ **(更迭/更佚)** 고칠 **경**, 갈마들 **질** / 고칠 **경**, 방탕할 **질**	어떤 직위에 있는 사람을 다른 사람으로 바꿈 예 비서실장의 **경질** 사유를 밝히다.
계량(計量) 꾀할 **계**, 헤아릴 **량**	1. 수량을 헤아림 2. 부피, 무게 등을 잼 유의어 계측(計測) 시간이나 물건의 양 등을 헤아리거나 잼
계류(繫留) 맬 **계**, 머무를 **류**	어떤 사건이 해결되지 않고 걸려 있음 예 그 사건은 법원에 **계류** 중이다.
계륵(鷄肋) 닭 **계**, 갈빗대 **륵**	1. 닭의 갈비라는 뜻으로, 그다지 큰 소용은 없으나 버리기에는 아까운 것을 이르는 말 2. 몸이 몹시 약한 사람을 비유적으로 이르는 말
계발(啓發) ★ 열 **계**, 필 **발**	슬기나 재능, 사상 등을 일깨워 줌 예 외국어 능력의 **계발** 유의어 개발(開發) 지식이나 재능 등을 발달하게 함
계제(階梯) ★ 섬돌 **계**, 사다리 **제**	1. 사다리라는 뜻으로, 일이 되어 가는 순서나 절차를 비유적으로 이르는 말 예 **계제**를 밟다. 2. 어떤 일을 할 수 있게 된 형편이나 기회 예 변명할 **계제**가 없었다. 동의어 진량(津梁)
고견(高見) 높을 **고**, 볼 **견**	1. 뛰어난 의견이나 생각 예 그 사람의 정치적 판단은 당시의 **고견**이었다. 2. 남의 의견을 높여 이르는 말 예 이번 안건에 대한 선생님의 **고견**을 듣고 싶습니다. 동의어 고지(高志), 고지(高旨) 유의어 존의(尊意) 남의 뜻이나 의견을 높여 이르는 말
고려(考慮) 상고할 **고**, 생각할 **려**	생각하고 헤아려 봄 예 그 문제는 아직 **고려** 중이다. 동의어 고사(考思)

개념 암기 체크

다음 어휘와 뜻풀이를 바르게 연결하시오.

01 결재(決裁) •	• ㉠ 결정할 권한이 있는 상관이 부하가 제출한 안건을 검토하여 허가하거나 승인함
02 결제(決濟) •	• ㉡ 몸이나 마음, 기술 등이 어떤 단계에 도달해 있는 상태
03 경지(境地) •	• ㉢ 증권 또는 대금을 주고받아 매매 당사자 사이의 거래 관계를 끝맺는 일
04 갱신(更新) •	• ㉣ 이미 있던 것을 고쳐 새롭게 함
05 각출(醵出) •	• ㉤ 같은 목적을 위하여 여러 사람이 돈을 나누어 냄

정답 01 ㉠ 02 ㉢ 03 ㉡ 04 ㉣ 05 ㉤

고시(告示) 아뢸 고, 보일 시	글로 써서 게시하여 널리 알림 예 문화 관광부 **고시**
고증(考證) 상고할 고, 증거 증	예전에 있던 사물들의 시대, 가치, 내용 등을 옛 문헌이나 물건에 기초하여 증거를 세워 이론적으로 밝힘 예 왕궁이 철저한 문헌의 **고증**을 통해 복원되었다.
고착(固着) ★ 굳을 고, 붙을 착	1. 물건 같은 것이 굳게 들러붙어 있음 2. 어떤 상황이나 현상이 굳어져 변하지 않음 예 분단의 **고착**을 막고 통일을 앞당기려는 노력이 필요하다.
고찰(考察) 상고할 고, 살필 찰	어떤 것을 깊이 생각하고 연구함 예 한국 문학에 대한 새로운 **고찰** 유의어 계사(稽査) 잘 생각해서 자세히 조사함
골몰(汨沒) 다스릴 골, 잠길 몰	다른 생각을 할 여유도 없이 한 가지 일에만 파묻힘 예 젊은 시절 우리는 술 마시기에 **골몰**이었다. 유의어 몰두(沒頭) 어떤 일에 온 정신을 다 기울여 열중함
공감(共感) ★ 함께 공, 느낄 감	남의 감정, 의견, 주장 등에 대하여 자기도 그렇다고 느낌. 또는 그렇게 느끼는 기분 예 **공감**을 느끼다. 유의어 동감(同感) 어떤 견해나 의견에 같은 생각을 가짐. 또는 그 생각
공박(攻駁) 칠 공, 얼룩말 박	남의 잘못을 몹시 따지고 공격함 예 **공박**을 받다.
공상(空想) 빌 공, 생각 상	현실적이지 못하거나 실현될 가망이 없는 것을 막연히 그리어 봄. 또는 그런 생각 예 **공상**에 빠지다.
공손(恭遜) 공손할 공, 겸손할 손	말이나 행동이 겸손하고 예의 바름
공전(空前) 빌 공, 앞 전	비교할 만한 것이 이전에는 없음 예 **공전**의 대성공 동의어 광전(曠前)
공정(公正) 공변될 공, 바를 정	공평하고 올바름 예 **공정** 보도 반의어 불공정(不公正) 공평하고 올바르지 않음
과문(寡聞) 적을 과, 들을 문	보고 들은 것이 적음 예 **과문**의 소치에서 비롯된 잘못 반의어 다문(多聞) 보고 들은 것이 많음
과정(過程) 지날 과, 단위 정	일이 되어 가는 경로 예 발달 **과정**
관건(關鍵) ★ 빗장 관, 열쇠 건	1. 문빗장과 자물쇠를 아울러 이르는 말 2. 어떤 사물이나 문제 해결의 가장 중요한 부분 예 문제 해결의 **관건**을 쥐다.

관측(觀測) 볼 관, 잴 측	1. 육안이나 기계로 자연 현상 특히 천체나 기상의 상태, 추이, 변화 등을 관찰하여 측정하는 일 예 별의 움직임에 대한 **관측** 자료 2. 어떤 사정이나 형편 등을 잘 살펴보고 그 장래를 헤아림 예 적정 **관측**
광복(光復) 빛 광, 돌아올 복	빼앗긴 주권을 도로 찾음 예 **광복**을 맞이하다.
광의(廣義) 넓을 광, 뜻 의	어떤 말의 개념을 정의할 때에, 넓은 의미 예 **광의**로 해석하다. 유의어 범의(汎意/泛意) 일반적으로 쓰이는 넓은 의미 반의어 협의(狹義) 어떤 말의 개념을 정의할 때에, 좁은 의미
괘념(掛念) 걸 괘, 생각할 념	마음에 두고 걱정하거나 잊지 않음 동의어 계념(繫念), 괘심(掛心), 괘의(掛意)
교두보(橋頭堡) 다리 교, 머리 두, 작은 성 보	어떤 일을 하기 위해 마련한 발판을 비유적으로 이르는 말 예 **교두보**를 확보하다.
교시(敎示) 가르칠 교, 보일 시	가르쳐서 보임 동의어 시교(示敎)
교착(膠着) ★ 갖풀 교, 붙을 착	1. 아주 단단히 달라붙음 2. 어떤 상태가 굳어 조금도 변동이나 진전이 없이 머묾 예 회담이 **교착** 상태에 빠지다.
구가(謳歌) 노래할 구, 노래 가	1. 여러 사람이 입을 모아 칭송하여 노래함 유의어 구음(謳吟) 칭찬하여 기림 2. 행복한 처지나 기쁜 마음 등을 거리낌 없이 나타냄. 또는 그런 소리
구금(拘禁) 잡을 구, 금할 금	피고인 또는 피의자를 구치소나 교도소 등에 가두어 신체의 자유를 구속하는 강제 처분
구명(究明) ★ 궁구할 구, 밝을 명	사물의 본질, 원인 등을 깊이 연구하여 밝힘 예 고대 유물에 대한 문제의 **구명**에서 무엇보다도 긴요한 것은 객관적인 자료의 뒷받침이다. 유의어 천구(闡究) 깊이 연구하여 밝혀냄
구분(區分) 구역 구, 나눌 분	일정한 기준에 따라 전체를 몇 개로 갈라 나눔 예 서정시와 서사시의 **구분**은 상대적일 뿐이다.
구비(具備) 갖출 구, 갖출 비	있어야 할 것을 빠짐없이 다 갖춤 예 **구비** 서류 동의어 원비(圓備)

구속(拘束) ★ 잡을 **구**, 묶을 **속**	행동이나 의사의 자유를 제한하거나 속박함 예 **구속**에서 벗어나다. 유의어 기속(羈束/羇束) 남을 강제로 얽어매어 자유를 빼앗음
구축(構築) ★ 얽을 **구**, 쌓을 **축**	1. 어떤 시설물을 쌓아 올려 만듦 예 방공호 **구축** 2. 체제, 체계 등의 기초를 닦아 세움 예 안정 기반 **구축**
구현(具現/具顯) 갖출 **구**, 나타날 **현**	어떤 내용이 구체적인 사실로 나타나게 함 예 정의 **구현**
구활(久闊) 오랠 **구**, 트일 **활**	오랫동안 소식이 없거나 만나지 못함 유의어 격조(隔阻) 오랫동안 서로 소식이 막힘 유의어 구조(久阻) 소식이 오랫동안 막힘 유의어 적조(積阻) 서로 연락이 끊겨 오랫동안 소식이 막힘
국한(局限) 판 **국**, 한계 **한**	범위를 일정한 부분에 한정함 동의어 한국(限局)
굴지(屈指) 굽을 **굴**, 가리킬 **지**	1. 무엇을 셀 때, 손가락을 꼽음 유의어 누지(僂指) 손을 꼽아 셈 2. 매우 뛰어나 수많은 가운데서 손꼽힘 예 국내 **굴지**의 대학
궁리(窮理) 다할 **궁**, 다스릴 **리**	1. 사물의 이치를 깊이 연구함 2. 마음속으로 이리저리 따져 깊이 생각함. 또는 그런 생각 예 **궁리**를 짜내다. 동의어 궁량(窮量)
궐위(闕位) 대궐 **궐**, 자리 **위**	어떤 직위나 관직 등이 빔. 또는 그런 자리 예 대통령의 **궐위** 시에는 국무총리가 그 직을 대행한다.
궤양(潰瘍) 무너질 **궤**, 종기 **양**	피부 또는 점막에 상처가 생기고 헐어서 출혈하기 쉬운 상태
귀착(歸着) 돌아올 **귀**, 붙을 **착**	1. 다른 곳에서 어떤 곳으로 돌아오거나 돌아가 닿음 2. 의논이나 의견 등이 여러 경로를 거쳐 어떤 결론에 다다름
규명(糾明) ★ 꼴 **규**, 밝을 **명**	어떤 사실을 자세히 따져서 바로 밝힘 예 원인 **규명**
규탄(糾彈) 꼴 **규**, 탄알 **탄**	잘못이나 옳지 못한 일을 잡아내어 따지고 나무람 예 **규탄** 운동
균열(龜裂) 터질 **균**, 찢을 **열**	1. 거북의 등에 있는 무늬처럼 갈라져 터짐 예 벽에 **균열**이 생기다. 동의어 균탁(龜坼) 2. 친하게 지내는 사이에 틈이 남 예 돈 문제로 두 사람 간에 **균열**이 생겼다. 3. 추위 등으로 손발이 터짐
금도(襟度) 옷깃 **금**, 법도 **도**	다른 사람을 포용할 만한 도량 예 병사들은 장군의 장수다운 배포와 **금도**에 감격하였다.
금일봉(金一封) 쇠 **금**, 하나 **일**, 봉할 **봉**	금액을 밝히지 않고 종이에 싸서 봉하여 주는 상금, 격려금, 기부금 등을 이르는 말 예 **금일봉**을 받다.
기거(起居) 일어날 **기**, 살 **거**	일정한 곳에서 먹고 자고 하는 등의 일상적인 생활을 함. 또는 그 생활 예 **기거** 양식 유의어 동정(動靜) 사람이 일상적으로 하는 일체의 행위
기고(起稿) ★ 일어날 **기**, 볏짚 **고**	원고를 쓰기 시작함 반의어 탈고(脫稿) 원고 쓰기를 마침
기별(奇別) 기이할 **기**, 다를 **별**	다른 곳에 있는 사람에게 소식을 전함. 또는 소식을 적은 종이 예 추석에 내려가겠다고 집에 **기별**을 보냈다.
기상(氣像) 기운 **기**, 모양 **상**	사람이 타고난 기개나 마음씨. 또는 그것이 겉으로 드러난 모양 예 진취적인 **기상** 동의어 의기(意氣)

개념 암기 체크

다음 어휘와 뜻풀이를 바르게 연결하시오.

01 구명(究明) •	• ㉠ 아주 단단히 달라붙음
02 구활(久闊) •	• ㉡ 오랫동안 소식이 없거나 만나지 못함
03 규명(糾明) •	• ㉢ 어떤 상황이나 현상이 굳어져 변하지 않음
04 고착(固着) •	• ㉣ 어떤 사실을 자세히 따져서 바로 밝힘
05 교착(膠着) •	• ㉤ 사물의 본질, 원인 등을 깊이 연구하여 밝힘

정답 01 ㉤ 02 ㉡ 03 ㉣ 04 ㉢ 05 ㉠

기색(氣色) 기운 **기**, 빛 **색**	마음의 작용으로 얼굴에 드러나는 빛 예 두려워하는 **기색** 동의어 기상(氣相)
기선(機先) 틀 **기**, 먼저 **선**	운동 경기나 싸움 등에서 상대편의 세력이나 기세를 억누르기 위하여 먼저 행동하는 것 예 **기선**을 빼앗기다.
기술(記述) 기록할 **기**, 지을 **술**	대상이나 과정의 내용과 특징을 있는 그대로 열거하거나 기록하여 서술함. 또는 그런 기록 예 역사 **기술** 방법
기실(其實) 그 **기**, 열매 **실**	실제에 있어서 예 **기실** 알고 보면 그 사람도 나쁜 사람은 아니다.
기염(氣焰) 기운 **기**, 불꽃 **염**	불꽃처럼 대단한 기세 예 **기염**을 내뿜다.
기우(杞憂) 소태나무 **기**, 근심 **우**	앞일에 대해 쓸데없는 걱정을 함. 또는 그 걱정 예 **기우**에 그치다.
기조(基調) 터 **기**, 고를 **조**	사상, 작품, 학설 등에 일관해서 흐르는 기본적인 경향이나 방향 예 그의 초기 작품은 인간성 회복을 **기조**로 삼고 있다.
기한(期限) 기약할 **기**, 한계 **한**	미리 한정하여 놓은 시기 예 납품 **기한** 동의어 한기(限期)
난관(難關) 어려울 **난**, 빗장 **관**	일을 하여 나가면서 부딪치는 어려운 고비 예 **난관**에 봉착하다.
난삽(難澁) ★ 어려울 **난**, 깔깔할 **삽**	글이나 말이 매끄럽지 못하면서 어렵고 까다로움
난타(亂打) 어지러울 **난**, 칠 **타**	마구 때림 예 **난타**를 당하다.
난파(難破) 어려울 **난**, 깨뜨릴 **파**	배가 항해 중에 폭풍우 등을 만나 부서지거나 뒤집힘 예 **난파**를 만나다. 유의어 파선(破船) 풍파를 만나거나 암초 등의 장애물에 부딪쳐 배가 파괴됨. 또는 그 배
납량(納涼) 들일 **납**, 서늘할 **량**	여름철에 더위를 피하여 서늘한 기운을 느낌 예 **납량** 특집극
내방(來訪) 올 **내**, 찾을 **방**	만나기 위하여 찾아옴 예 손님의 **내방**을 받다. 동의어 내신(來訊)
노략(擄掠) 노략질할 **노**, 노략질할 **략**	떼를 지어 돌아다니며 사람을 해치거나 재물을 강제로 빼앗음 예 **노략**을 일삼다.
노련(老鍊) 늙을 **노**, 불릴 **련**	많은 경험으로 익숙하고 능란함
노파(老婆) 늙을 **노**, 할미 **파**	늙은 여자 예 허리가 구부러진 **노파** 동의어 노고(老姑), 노구(老嫗), 노온(老媼), 마고(麻姑)할미, 온구(媼嫗) 반의어 노옹(老翁) 늙은 남자
논고(論告) 논의할 **논**, 아뢸 **고**	자기의 주장이나 믿는 바를 논술하여 알림 예 **논고**를 펼치다.
농단(壟斷/隴斷) 받두둑 **농**, 끊을 **단** / 고개 이름 **농**, 끊을 **단**	1. 깎아 세운 듯한 높은 언덕 2. 이익이나 권리를 독차지함을 이르는 말 예 검찰은 이번 기회에 권력에 기생하는 악덕 상인의 **농단**을 뿌리 뽑겠다고 다짐하였다.
누락(漏落) 샐 **누**, 떨어질 **락**	기입되어야 할 것이 기록에서 빠짐. 또는 그렇게 되게 함 예 명부에 **누락**이 생기다. 동의어 낙루(落漏), 타루(墮漏)
누설(漏泄/漏洩) 샐 **누**, 샐 **설** / 샐 **누**, 흘러나올 **설**	1. 기체나 액체 등이 밖으로 새어 나감. 또는 그렇게 함 예 방사능의 **누설**로 일대가 크게 오염되었다. 2. 비밀이 새어 나감. 또는 그렇게 함 예 기밀 **누설** 동의어 노설(露洩), 설루(洩漏)
눌변(訥辯) 말 더듬거릴 **눌**, 말 잘할 **변**	더듬거리는 서툰 말솜씨 예 우리 선생님은 비록 **눌변**이시지만 열성적인 강의로 우리를 감동시키곤 하셨다. 반의어 능변(能辯) 말을 능숙하게 잘함. 또는 그 말
다도(茶道) 차 **다**, 길 **도**	차를 달이거나 마실 때의 방식이나 예의범절
단속(團束) 둥글 **단**, 묶을 **속**	1. 주의를 기울여 다잡거나 보살핌 예 아이들 **단속**을 어떻게 했기에 이렇게 버릇들이 없지? 2. 규칙이나 법령, 명령 등을 지키도록 통제함 예 속도위반 **단속**
단연(斷然) 끊을 **단**, 그럴 **연**	확실히 단정할 만하게 예 개인기로 보나 체력으로 보나 우리 편이 **단연** 앞선다. 동의어 단연코, 단연히
담소(談笑) 말씀 **담**, 웃을 **소**	웃고 즐기면서 이야기함. 또는 그런 이야기 예 **담소**를 즐기다. 동의어 언소(言笑)
답보(踏步) 밟을 **답**, 걸을 **보**	상태가 나아가지 못하고 한자리에 머무르는 일. 또는 그런 상태 동의어 제자리걸음

답습(踏襲) 밟을 **답**, 엄습할 **습**	예로부터 해 오던 방식이나 수법을 좇아 그대로 행함 예 전통의 계승과 **답습**을 혼동해서는 안 된다. 동의어 습답(襲踏) 유의어 도습(蹈襲) 옛 정책, 수법, 방식 등을 그대로 본받아 좇음 유의어 연습(沿襲) 전례를 따라서 함 유의어 인습(因襲) 예전의 풍습, 습관, 예절 등을 그대로 따름
당신(當身) 마땅할 **당**, 몸 **신**	'자기'를 아주 높여 이르는 말 예 할아버지께서는 생전에 **당신**의 장서를 소중히 다루셨다.
대응(對應) 대답할 **대**, 응할 **응**	1. 어떤 일이나 사태에 맞추어 태도나 행동을 취함 예 법적 **대응** 2. 어떤 두 대상이 주어진 어떤 관계에 의하여 서로 짝이 되는 일 예 **대응** 관계를 이루는 어구
도래(到來) 다다를 **도**, 올 **래**	어떤 시기나 기회가 닥쳐옴 예 민주주의의 **도래**
도탄(塗炭) 진흙 **도**, 숯 **탄**	'진구렁에 빠지고 숯불에 탄다'라는 뜻으로, 몹시 곤궁하여 고통스러운 지경을 이르는 말 예 **도탄**에 빠뜨리다.
도태(淘汰/陶汰) 일 **도**, 미끄러울 **태** / 질그릇 **도**, 미끄러울 **태**	여럿 중에서 불필요하거나 무능한 것을 줄여 없앰 예 **도태**가 일어나다.
독려(督勵) 살필 **독**, 힘쓸 **려**	감독하며 격려함 예 그의 **독려**가 이번 훈련에 도움이 되었다. 유의어 책려(策勵) 채찍질을 하듯 격려함
돈독(敦篤) 도타울 **돈**, 도타울 **독**	도탑고 성실함

돌발(突發) 부딪칠 **돌**, 필 **발**	뜻밖의 일이 갑자기 일어남 예 **돌발** 사태
돌연(突然) 부딪칠 **돌**, 그럴 **연**	예기치 못한 사이에 급히 예 그때 나는 예상 못했던 일과 **돌연** 마주치게 되었다. 동의어 돌연히 유의어 갑자기 미처 생각할 겨를도 없이 급히
동결(凍結) 얼 **동**, 맺을 **결**	1. 추위나 냉각으로 얼어붙음. 또는 그렇게 함 예 **동결** 식품 유의어 빙결(氷結) 액체 등이 얼어붙음 2. 자산이나 자금 등의 사용이나 변동이 금지됨. 또는 그렇게 함 예 임금 **동결**
동경(憧憬) 그리워할 **동**, 깨달을 **경**	1. 어떤 것을 간절히 그리워하여 그것만을 생각함 예 **동경**의 대상 2. 마음이 스스로 들떠서 안정되지 않음
동량(棟梁/棟樑) 마룻대 **동**, 들보 **량**	1. 마룻대와 들보를 아울러 이르는 말 예 **동량**이 없는 집은 없다. 2. 마룻대와 들보로 쓸 만한 재목이라는 뜻으로, 집안이나 나라를 떠받치는 중대한 일을 맡을 만한 인재를 이르는 말 예 장차 나라의 **동량**이 될 어린이들 동의어 동량지재(棟梁之材)
동맥(動脈) 움직일 **동**, 맥 **맥**	심장에서 피를 신체 각 부분에 보내는 혈관
동요(動搖) ★ 움직일 **동**, 흔들릴 **요**	1. 물체 등이 흔들리고 움직임 동의어 동탕(動蕩/動盪) 2. 어떤 체제나 상황 등이 혼란스럽고 술렁임 예 증권가의 **동요**
동정(動靜) 움직일 **동**, 고요할 **정**	1. 물질의 운동과 정지 유의어 동지(動止) 움직임과 멈춤을 아울러 이르는 말 2. 일이나 현상이 벌어지고 있는 낌새 예 적의 **동정**을 살피다.

개념 암기 체크

다음 어휘와 뜻풀이를 바르게 연결하시오.

01 단속(團束) •	• ㉠ 확실히 단정할 만하게
02 단연(斷然) •	• ㉡ 상태가 나아가지 못하고 한자리에 머무르는 일. 또는 그런 상태
03 답보(踏步) •	• ㉢ 일을 하여 나가면서 부딪치는 어려운 고비
04 답습(踏襲) •	• ㉣ 글이나 말이 매끄럽지 못하면서 어렵고 까다로움
05 난관(難關) •	• ㉤ 예로부터 해 오던 방식이나 수법을 좇아 그대로 행함
06 난삽(難澁) •	• ㉥ 주의를 기울여 다잡거나 보살핌

정답 01 ㉥ 02 ㉠ 03 ㉡ 04 ㉤ 05 ㉢ 06 ㉣

동향(動向) ★ 움직일 **동**, 향할 **향**	사람들의 사고, 사상, 활동이나 일의 형세 등이 움직여 가는 방향 예 학계의 연구 **동향** 유의어 경향(傾向) 현상이나 사상, 행동 등이 어떤 방향으로 기울어짐
두각(頭角) 머리 **두**, 뿔 **각**	1. 짐승의 머리에 있는 뿔 2. 뛰어난 학식이나 재능을 비유적으로 이르는 말 예 **두각**을 드러내다.
두둔(斗頓) 말 **두**, 둔할 **둔**	편들어 감싸 주거나 역성을 들어 줌 예 **두둔**에 힘입다.
두서(頭緖) 머리 **두**, 실마리 **서**	일의 차례나 갈피 예 일의 **두서**를 가리다. 유의어 조리(條理) 말이나 글 또는 일이나 행동에서 앞뒤가 들어맞고 체계가 서는 갈피
두찬(杜撰) 막을 **두**, 지을 **찬**	1. 전거나 출처가 확실하지 못한 저술 2. 틀린 곳이 많은 작품
둔화(鈍化) 무딜 **둔**, 될 **화**	느리고 무디어짐 예 수출의 **둔화**로 경제가 악화되었다.
등기(登記) 오를 **등**, 기록할 **기**	우편물 특수 취급의 하나 예 편지를 **등기**로 부쳤다. 동의어 등기 우편(登記郵便)
만끽(滿喫) 찰 **만**, 마실 **끽**	욕망을 마음껏 충족함
만류(挽留) 당길 **만**, 머무를 **류**	붙들고 못 하게 말림 예 **만류**를 뿌리치다. 동의어 만주(挽住), 만지(挽止), 만집(挽執)
망라(網羅) ★ 그물 **망**, 그물 **라**	물고기나 새를 잡는 그물이라는 뜻으로, 널리 받아들여 모두 포함함을 이르는 말
매도(賣渡) 팔 **매**, 건널 **도**	값을 받고 물건의 소유권을 다른 사람에게 넘김 예 **매도** 계약 동의어 매여(賣與)
매진(邁進) 멀리 갈 **매**, 나아갈 **진**	어떤 일을 전심전력을 다하여 해 나감 유의어 맥진(驀進) 좌우를 돌아볼 겨를이 없이 힘차게 나아감
모략(謀略) 꾀할 **모**, 다스릴 **략**	1. 계책이나 책략 2. 사실을 왜곡하거나 속임수를 써 남을 해롭게 함. 또는 그런 일 예 **모략**을 꾸미다.
모사(模寫) 법 **모**, 베낄 **사**	사물을 형체 그대로 그림. 또는 그런 그림 예 그는 초상화를 **모사**에 불과하다며 한사코 그리지 않았다. 동의어 사도(寫圖)

묘령(妙齡) 묘할 **묘**, 나이 **령**	스무 살 안팎의 여자 나이 예 **묘령**의 여인 동의어 묘년(妙年)
묵계(默契) 잠잠할 **묵**, 맺을 **계**	말 없는 가운데 뜻이 서로 맞음. 또는 그렇게 하여 성립된 약속 예 우리 사이에는, 나눈 이야기는 서로 발설하지 않는다는 **묵계**가 이미 성립되어 있었다. 동의어 묵약(默約)
묵인(默認) ★ 잠잠할 **묵**, 알 **인**	모르는 체하고 하려는 대로 내버려둠으로써 슬며시 인정함 예 상급자의 **묵인** 아래 부정을 저지르다. 유의어 묵낙(默諾) 잠자코 내버려둠으로써 슬그머니 허락함 유의어 묵허(默許) 모르는 체 내버려둠으로써 슬며시 허락함
문진(問診) 물을 **문**, 볼 **진**	의사가 환자에게 환자 자신과 가족의 병력 및 발병 시기, 경과 등을 묻는 일 예 **문진**만으로는 정확한 병명을 알기 어렵다.
물의(物議) 만물 **물**, 의논할 **의**	어떤 사람 또는 단체의 처사에 대하여 많은 사람이 이러쿵저러쿵 논평하는 상태 예 **물의**를 일으키다. 동의어 물론(物論)
미동(微動) 작을 **미**, 움직일 **동**	약간 움직임 반의어 극동(劇動) 심하게 움직임. 또는 극한 동작
미수(未遂) 아닐 **미**, 이룰 **수**	목적한 바를 시도하였으나 이루지 못함 예 암살 기도가 **미수**로 그치다.
미증유(未曾有) ★ 아닐 **미**, 일찍 **증**, 있을 **유**	지금까지 한 번도 있어 본 적이 없음 예 역사 이래 **미증유**의 사건
박명(薄命) 얇을 **박**, 목숨 **명**	복이 없고 팔자가 사나움
박약(薄弱) 얇을 **박**, 약할 **약**	1. 의지나 체력 등이 굳세지 못하고 여림 2. 불충분하거나 모자란 데가 있음
반감(反感) 돌이킬 **반**, 느낄 **감**	반대하거나 반항하는 감정 예 관료주의에 대한 **반감**
반려(返戾) 돌아올 **반**, 어그러질 **려**	주로 윗사람이나 상급 기관에 제출한 문서를 처리하지 않고 되돌려줌 예 사표 **반려**

반박(反駁) 돌이킬 **반**, 얼룩말 **박**	어떤 의견, 주장, 논설 등에 반대하여 말함 예 **반박**의 여지가 없는 완벽한 논리 유의어 논박(論駁) 어떤 주장이나 의견에 대하여 그 잘못된 점을 조리 있게 공격하여 말함 유의어 박론(駁論) 글이나 말의 잘못된 점을 따져 비평함. 또는 그런 이론 유의어 박설(駁說) 남의 주장을 반박하는 학설
반응(反應) 돌이킬 **반**, 응할 **응**	자극에 대응하여 어떤 현상이 일어남. 또는 그 현상 예 좋은 **반응**을 얻다.
반전(反轉) 돌이킬 **반**, 구를 **전**	1. 반대 방향으로 구르거나 돎 예 톱니바퀴의 **반전** 2. 일의 형세가 뒤바뀜 예 사태의 **반전**을 꾀하다. 유의어 역전(逆轉) 1. 형세가 뒤집힘. 또는 형세를 뒤집음 2. 거꾸로 회전함
반증(反證) 돌이킬 **반**, 증거 **증**	1. 어떤 사실이나 주장이 옳지 않음을 그에 반대되는 근거를 들어 증명함. 또는 그런 증거 예 우리에겐 그 사실을 뒤집을 만한 **반증**이 없다. 2. 어떤 사실과 모순되는 것 같지만, 거꾸로 그 사실을 증명하는 것
반추(反芻) ★ 돌이킬 **반**, 꼴 **추**	어떤 일을 되풀이하여 음미하거나 생각함. 또는 그런 일
반포(頒布) 나눌 **반**, 베 **포**	세상에 널리 퍼뜨려 모두 알게 함 예 훈민정음의 **반포** 유의어 공고(公告) 세상에 널리 알림 유의어 공발(公發) 일반에게 공개하여 발표함 유의어 공시(公示) 일정한 내용을 공개적으로 게시하여 일반에게 널리 알림. 또는 그렇게 알리는 글 유의어 공포(公布) 일반 대중에게 널리 알림

반향(反響) 돌이킬 **반**, 소리 울릴 **향**	어떤 사건이나 발표 등이 세상에 영향을 미치어 일어나는 반응 예 **반향**을 불러일으키다.
발군(拔群) ★ 뺄 **발**, 무리 **군**	여럿 가운데에서 특별히 뛰어남 예 **발군**의 실력 동의어 발류(拔類), 발췌(拔萃) 유의어 불군(不群) 어떤 무리와도 견줄 수 없을 정도로 뛰어남 유의어 일군(逸群) 재능 등이 여럿 가운데 썩 뛰어남
발굴(發掘) ★ 필 **발**, 팔 **굴**	1. 땅속이나 큰 덩치의 흙, 돌 더미 등에 묻혀 있는 것을 찾아서 파냄 예 지하자원의 **발굴** 2. 세상에 널리 알려지지 않거나 뛰어난 것을 찾아 밝혀냄 예 신인 **발굴**
발달(發達) 필 **발**, 통할 **달**	1. 신체, 정서, 지능 등이 성장하거나 성숙함 예 운동 신경의 **발달** 2. 학문, 기술, 문명, 사회 등의 현상이 보다 높은 수준에 이름 예 의학의 **발달** 3. 지리상의 어떤 지역이나 대상이 제법 크게 형성됨. 또는 기압, 태풍 등의 규모가 점차 커짐 예 고기압의 **발달**
발령(發令) 필 **발**, 명령할 **령**	1. 명령을 내림. 또는 그 명령. 흔히 직책이나 직위와 관계된 경우를 이른다. 예 인사 **발령** 2. 긴급한 상황에 대한 경보를 발표함 예 훈련 경계경보 **발령**
발부(發付) 필 **발**, 줄 **부**	증명서 등을 발행하여 줌 예 사전 구속 영장 **발부** 동의어 발급(發給)
발산(發散) 필 **발**, 흩을 **산**	냄새, 빛, 열 등이 사방으로 퍼져 나감 예 향기의 **발산**
발전(發展) 필 **발**, 펼 **전**	더 낫고 좋은 상태나 더 높은 단계로 나아감 예 과학의 **발전**에 기여하다.

개념 암기 체크

다음 어휘와 뜻풀이를 바르게 연결하시오.

01 망라(網羅) •　　• ㉠ 일의 차례나 갈피
02 묵인(默認) •　　• ㉡ 지금까지 한 번도 있어 본 적이 없음
03 두서(頭緖) •　　• ㉢ 널리 받아들여 모두 포함함을 이르는 말
04 동향(動向) •　　• ㉣ 사람들의 사고, 사상, 활동이나 일의 형세 등이 움직여 가는 방향
05 미증유(未曾有) •　　• ㉤ 모르는 체하고 하려는 대로 내버려둠으로써 슬며시 인정함

정답 01 ㉢ 02 ㉤ 03 ㉠ 04 ㉣ 05 ㉡

발진(發進) 필 **발**, 나아갈 **진**	출발하여 나아감
발현 ★ **(發現/發顯)** 필 **발**, 나타날 **현**	속에 있거나 숨은 것이 밖으로 나타나거나 그렇게 나타나게 함. 또는 그런 결과 [예] 자의식의 **발현** [동의어] 현발(現發)
발효(發效) ★ 필 **발**, 본받을 **효**	조약, 법, 공문서 등의 효력이 나타남. 또는 그 효력을 나타냄
방관(傍觀) 곁 **방**, 볼 **관**	어떤 일에 직접 나서서 관여하지 않고 곁에서 보기만 함 [동의어] 방관시(傍觀視) [유의어] 방치(放置) 돌보거나 간섭하지 않고 그대로 둠 [유의어] 좌관(坐觀) 꼼짝 않고 앉아서 보기만 함 [유의어] 좌시(坐視) 참견하지 않고 앉아서 보기만 함
방만(放漫) ★ 놓을 **방**, 질펀할 **만**	맺고 끊는 데가 없이 제멋대로 풀어져 있음
방목(放牧) 놓을 **방**, 칠 **목**	가축을 놓아기르는 일 [예] 신대륙에서는 양과 소의 기업적인 **방목**이 활발하다. [동의어] 방축(放畜)
방역(防疫) 놓을 **방**, 염병 **역**	감염병이 발생하거나 유행하는 것을 미리 막는 일 [예] **방역** 대책을 세우다.
방자(放恣) 놓을 **방**, 방자할 **자**	1. 어려워하거나 조심스러워하는 태도가 없이 무례하고 건방짐 2. 제멋대로 거리낌 없이 노는 태도가 있음
방증(傍證) ★ 곁 **방**, 증거 **증**	사실을 직접 증명할 수 있는 증거가 되지는 않지만, 주변의 상황을 밝힘으로써 간접적으로 증명에 도움을 줌. 또는 그 증거 [예] **방증** 자료
방지(防止) 막을 **방**, 그칠 **지**	어떤 일이나 현상이 일어나지 못하게 막음 [예] 병충해 **방지**
배신(背信) 등 **배**, 믿을 **신**	믿음이나 의리를 저버림 [예] **배신**을 당하다.
배알(拜謁) 절 **배**, 아뢸 **알**	지위가 높거나 존경하는 사람을 찾아가 뵘 [예] 황제께 **배알**을 청하다. [동의어] 면알(面謁), 배오(拜晤), 예알(禮謁)
배열 **(配列/排列)** 짝 **배**, 벌일 **열** / 물리칠 **배**, 벌일 **열**	일정한 차례나 간격에 따라 벌여 놓음 [예] 책의 **배열**이 정연하다.
배임(背任) 등 **배**, 맡길 **임**	주어진 임무를 저버림 [예] 그 공무원은 **배임** 및 횡령죄로 구속되었다.
배치(背馳) 등 **배**, 달릴 **치**	서로 반대로 되어 어그러지거나 어긋남 [예] 말과 행동의 **배치**
배포(配布) ★ 짝 **배**, 베 **포**	신문이나 책자 등을 널리 나누어 줌 [예] 광고 전단 **배포**를 마쳤다. [유의어] 배달(配達) 물건을 가져다가 몫몫으로 나누어 돌림
백미(白眉) ★ 흰 **백**, 눈썹 **미**	흰 눈썹이라는 뜻으로, 여럿 가운데에서 가장 뛰어난 사람이나 훌륭한 물건을 비유적으로 이르는 말 [예] 춘향전은 한국 고전 문학의 **백미**이다.
변명(辨明) 분별할 **변**, 밝을 **명**	어떤 잘못이나 실수에 대하여 구실을 대며 그 까닭을 말함 [예] **변명**의 여지가 없다. [동의어] 고호(顧護)
변질(變質) 변할 **변**, 바탕 **질**	성질이 달라지거나 물질의 질이 변함. 또는 그런 성질이나 물질 [예] 식료품의 **변질**을 막기 위해서는 냉동 보관이 필요하다.
병마(病魔) 병들 **병**, 마귀 **마**	'병'을 악마에 비유하여 이르는 말 [예] **병마**에 시달리다. [동의어] 병귀(病鬼), 이수(二豎)
병행(竝行) 아우를 **병**, 다닐 **행**	1. 둘 이상의 사물이 나란히 감 2. 둘 이상의 일을 한꺼번에 행함 [예] 투약과 식이 요법의 **병행**
보강(補強) 기울 **보**, 강할 **강**	보태거나 채워서 본디보다 더 튼튼하게 함 [예] 시설 **보강**
보결(補缺) 기울 **보**, 이지러질 **결**	결원이 생겼을 때에 그 빈자리를 채움 [예] **보결** 입학 [동의어] 보궐(補闕)
보도(報道) ★ 갚을 **보**, 길 **도**	대중 전달 매체를 통하여 일반 사람들에게 새로운 소식을 알림. 또는 그 소식 [예] 신문 **보도**를 읽다. [동의어] 보(報)
보루(堡壘) 작은 성 **보**, 진 **루**	적의 침입을 막기 위하여 돌이나 콘크리트 등으로 튼튼하게 쌓은 구축물 [예] 최후의 **보루** [동의어] 보채(堡砦), 영루(營壘)
보류(保留) ★ 보전할 **보**, 머무를 **류**	어떤 일을 당장 처리하지 않고 나중으로 미루어 둠 [예] **보류** 결정을 내리다. [동의어] 유보(留保)
보완(補完) 기울 **보**, 완전할 **완**	모자라거나 부족한 것을 보충하여 완전하게 함 [예] 단점 **보완**

보조(補助) 기울 **보**, 도울 **조**	보태어 도움 예 국가에서 **보조**를 받다. 동의어 보비(補裨)
보존(保存) 보전할 **보**, 있을 **존**	잘 보호하고 간수하여 남김 예 유물 **보존**
보충(補充) ★ 기울 **보**, 가득할 **충**	부족한 것을 보태어 채움 동의어 충보(充補)
복기 ★ **(復棋/復碁)** 돌아올 **복**, 바둑 **기**	바둑에서, 한 번 두고 난 바둑의 판국을 비평하기 위하여 두었던 대로 다시 처음부터 놓아 봄
봉변(逢變) 만날 **봉**, 변할 **변**	뜻밖의 변이나 망신스러운 일을 당함. 또는 그 변 예 가까스로 **봉변**을 면하다. 동의어 당변(當變) 유의어 봉욕(逢辱) 욕된 일을 당함
봉우(逢遇) 만날 **봉**, 만날 **우**	우연히 만남. 또는 마주침
부과(賦課) 구실 **부**, 시험할 **과**	세금이나 부담금 등을 매기어 부담하게 함 예 재산세 **부과**
부담(負擔) 짐질 **부**, 멜 **담**	어떠한 의무나 책임을 짐 예 **부담**이 없다.
부목(副木) 버금 **부**, 나무 **목**	팔다리에 골절, 염좌, 염증 등이 있을 때에 아픈 팔다리를 고정하기 위하여 일시적으로 대는 나무 동의어 덧대
부양(扶養) 도울 **부**, 기를 **양**	생활 능력이 없는 사람의 생활을 돌봄 예 **부양**을 받다.
부연 ★ **(敷衍/敷演)** 펼 **부**, 넘칠 **연**/ 펼 **부**, 멀리 흐를 **연**	이해하기 쉽도록 설명을 덧붙여 자세히 말함 예 **부연** 설명

부재(不在) 아닌가 **부**, 있을 **재**	그곳에 있지 않음 예 지도력 **부재**
부침(浮沈) 뜰 **부**, 잠길 **침**	1. 물 위에 떠올랐다 물속에 잠겼다 함 동의어 침부(沈浮) 2. 세력 등이 성하고 쇠함을 비유적으로 이르는 말 예 당쟁으로 인한 세력의 **부침** 3. 편지가 받아 볼 사람에게 이르지 못하고 도중에서 없어짐
부흥(復興) 다시 **부**, 일어날 **흥**	쇠퇴하였던 것이 다시 일어남. 또는 그렇게 되게 함 예 경제 **부흥**을 위해 노력하다. 동의어 흥복(興復)
분간(分揀) 나눌 **분**, 가릴 **간**	사물이나 사람의 옳고 그름, 좋고 나쁨 등과 그 정체를 구별하거나 가려서 앎 예 나는 그가 한 말이 장난인지 진심인지 **분간**이 안 갔다.
분탕(焚蕩) 불사를 **분**, 털어 없앨 **탕**	1. 집안의 재산을 다 없애 버림 2. 아주 야단스럽고 부산하게 소동을 일으킴 3. 남의 물건 등을 약탈하거나 노략질함을 비유적으로 이르는 말 예 이미 적군은 수도를 점령하고 도처에서 **분탕**과 약탈을 자행하고 있었다.
불명(不明) 아닐 **불**, 밝을 **명**	분명하지 않음 예 수취인 **불명**의 우편물
불식(拂拭) 떨칠 **불**, 닦을 **식**	'먼지를 떨고 훔친다'라는 뜻으로, 의심이나 부조리한 점 등을 말끔히 떨어 없앰을 이르는 말 예 불신 풍조 **불식** 동의어 식불(拭拂)
붕괴(崩壞) 무너질 **붕**, 무너질 **괴**	무너지고 깨어짐 예 **붕괴** 위험 동의어 붕궤(崩潰), 붕퇴(崩頹)
비등(沸騰) 끓을 **비**, 오를 **등**	물이 끓듯 떠들썩하게 일어남

개념 암기 체크

다음 어휘와 뜻풀이를 바르게 연결하시오.

01 보강(補強) •　　• ㉠ 결원이 생겼을 때에 그 빈자리를 채움
02 보결(補缺) •　　• ㉡ 조약, 법, 공문서 등의 효력이 나타남. 또는 그 효력을 나타냄
03 발진(發進) •　　• ㉢ 보태거나 채워서 본디보다 더 튼튼하게 함
04 발효(發效) •　　• ㉣ 출발하여 나아감
05 보류(保留) •　　• ㉤ 어떤 일을 당장 처리하지 않고 나중으로 미루어 둠

정답 01 ㉢ 02 ㉠ 03 ㉣ 04 ㉡ 05 ㉤

비루(鄙陋) 더러울 **비**, 좁을 **루**	행동이나 성질이 너절하고 더러움
비밀(祕密) 숨기다 **비**, 빽빽할 **밀**	숨기어 남에게 드러내거나 알리지 말아야 할 일 예 **비밀**이 탄로 나다.
비소(非笑) 아닐 **비**, 웃을 **소**	남을 비방하거나 비난하여 웃음. 또는 그런 미소
비치(備置) 갖출 **비**, 둘 **치**	마련하여 갖추어 둠 예 **비치** 도서
비호(庇護) ★ 덮을 **비**, 보호할 **호**	편들어서 감싸 주고 보호함 예 그와 같은 엄청난 사건은 권력의 **비호**를 받지 않고서는 일어날 수 없다. 동의어 비우(庇佑) 유의어 음비(陰庇) 잘못 등을 덮어 주거나 감싸 줌
빈사(瀕死) 임박할 **빈**, 죽을 **사**	거의 죽게 됨. 또는 그런 상태 예 **빈사** 상태에 빠지다. 동의어 반죽음
빈축(嚬蹙/顰蹙) 찡그릴 **빈**, 쭈구릴 **축**	1. 눈살을 찌푸리고 얼굴을 찡그림 2. 남을 비난하거나 미워함 예 **빈축**을 사다.
빙부(聘父) 부를 **빙**, 아버지 **부**	다른 사람의 장인을 이르는 말 동의어 빙장(聘丈)
빙자(憑藉) 기댈 **빙**, 깔개 **자**	1. 남의 힘을 빌려서 의지함 2. 말막음을 위하여 핑계로 내세움 예 범인은 사기 및 혼인 **빙자** 간음 혐의로 구속됐다.
사경(死境) 죽을 **사**, 지경 **경**	죽을 지경. 또는 죽음에 임박한 경지 예 **사경**을 헤매다. 동의어 생사경(生死境), 생사지경(生死之境)
사고(思考) 생각 **사**, 상고할 **고**	생각하고 궁리함 예 **사고**의 영역을 넓히다.
사사(師事) ★ 스승 **사**, 일 **사**	스승으로 섬김. 또는 스승으로 삼고 가르침을 받음
사신(使臣) 부릴 **사**, 신하 **신**	임금이나 국가의 명령을 받고 외국에 사절로 가는 신하 예 명나라에 **사신**으로 가다. 동의어 사개(使介)
사자후(獅子吼) 사자 **사**, 아들 **자**, 울 **후**	사자의 우렁찬 울부짖음이란 뜻으로, 크게 부르짖어 열변을 토하는 연설을 이르는 말 예 **사자후**를 토하다.
사장(死藏) 죽을 **사**, 감출 **장**	사물 등을 필요한 곳에 활용하지 않고 썩혀 둠 동의어 백장(白藏)

사족(蛇足) ★ 뱀 **사**, 발 **족**	'뱀을 다 그리고 나서 있지도 않은 발을 덧붙여 그려 넣는다'라는 뜻으로, 쓸데없는 군짓을 하여 도리어 잘못되게 함을 이르는 말 예 **사족**을 붙이다. 동의어 화사첨족(畫蛇添足)
삭제(削除) 깎을 **삭**, 덜 **제**	깎아 없애거나 지워 버림 예 회원들은 회칙에서 필요 없는 조항의 **삭제**를 요구했다. 반의어 첨가(添加) 이미 있는 것에 덧붙이거나 보탬
산실(産室) ★ 낳을 **산**, 집 **실**	어떤 일을 꾸미거나 이루어 내는 곳. 또는 그런 바탕 예 우리 연구부를 기술 개발의 **산실**로 키우겠다.
산적(山積) 메 **산**, 쌓을 **적**	물건이나 일이 산더미같이 쌓임
상기(上氣) 위 **상**, 기운 **기**	흥분이나 부끄러움으로 얼굴이 붉어짐
상념(想念) ★ 생각 **상**, 생각할 **념**	마음속에 품고 있는 여러 가지 생각 예 그는 의자에 앉아 한동안 **상념**에 잠겨 있었다.
상당(相當) 서로 **상**, 마땅할 **당**	일정한 액수나 수치 등에 해당함 예 시가 백만 원 **상당**의 시계
상도(商道) 장사 **상**, 길 **도**	상업 활동에서 지켜야 할 도덕 동의어 상도덕(商道德)
상봉(相逢) 서로 **상**, 만날 **봉**	서로 만남 예 이산가족 **상봉** 동의어 상우(相遇) 반의어 이별(離別) 서로 갈리어 떨어짐
상쇄(相殺) 서로 **상**, 감할 **쇄**	상반되는 것이 서로 영향을 주어 효과가 없어지는 일
상수(上手) 위 **상**, 손 **수**	남보다 뛰어난 수나 솜씨. 또는 그런 수나 솜씨를 가진 사람 예 바둑에서는 **상수**가 백을 잡고 두도록 되어 있다. 동의어 윗수, 일수(一手) 유의어 고수(高手) 어떤 분야나 집단에서 기술이나 능력이 매우 뛰어난 사람
상이(相異) 서로 **상**, 다를 **이**	서로 다름
상정(上程) ★ 위 **상**, 단위 **정**	토의할 안건을 회의 석상에 내어놓음
상주(常住) ★ 항상 **상**, 살 **주**	늘 일정하게 살고 있음

상충(相衝) 서로 **상**, 찌를 **충**	맞지 않고 서로 어긋남 **예** 두 나라 간의 이해관계의 **상충**으로 전쟁이 일어났다.
상치(相馳) 서로 **상**, 달릴 **치**	일이나 뜻이 서로 어긋남
상환(償還) 갚을 **상**, 돌아올 **환**	갚거나 돌려줌 **예** 원리금 **상환**
생경(生硬) 날 **생**, 굳을 **경**	1. 세상 물정에 어둡고 완고함 2. 글의 표현이 세련되지 못하고 어설픔 3. 익숙하지 않아 어색함
서광(瑞光) 상서 **서**, 빛 **광**	1. 상서로운 빛 [동의어] 상광(祥光), 서색(瑞色) 2. 좋은 일이 일어날 조짐 **예** 암울한 역사는 가고 이제 **서광**의 시대가 열릴 것이다.
서술(敍述) 줄 **서**, 지을 **술**	사건이나 생각 등을 차례대로 말하거나 적음 **예** **서술** 방식
선동(煽動) 불일 **선**, 움직일 **동**	남을 부추겨 어떤 일이나 행동에 나서도록 함 **예** 과격한 **선동** [동의어] 유동(誘動)
선수(先手) 먼저 **선**, 손 **수**	남이 하기 전에 앞질러 하는 행동 **예** **선수**를 빼앗기다. [동의어] 선손
선정성(煽情性) 불일 **선**, 뜻 **정**, 성품 **성**	어떤 감정이나 욕정을 북돋워 일으키는 성질 **예** **선정성** 시비가 오가다.
선처(善處) 착할 **선**, 곳 **처**	형편에 따라 잘 처리함 **예** **선처**를 부탁하다.
선풍(旋風) ★ 돌 **선**, 바람 **풍**	돌발적으로 일어나 세상을 뒤흔드는 사건을 비유적으로 이르는 말 **예** 그의 대하소설이 일대 **선풍**을 일으켰다.

성원(成員) 이룰 **성**, 관원 **원**	1. 모임이나 단체를 구성하는 인원 **예** 이사회의 **성원** [유의어] 구성원(構成員) 어떤 조직이나 단체를 이루고 있는 사람 2. 회의 성립에 필요한 인원 **예** 이제 **성원**이 되었으니, 회의를 시작합시다.
소개(疏開) 트일 **소**, 열 **개**	1. 땅을 파서 물이 흐르도록 함 2. 공습이나 화재 등에 대비하여 한곳에 집중되어 있는 주민이나 시설물을 분산함
소관(所管) 바 **소**, 피리 **관**	맡아 관리하는 바. 또는 그 범위 **예** **소관** 사무
소득세(所得稅) 바 **소**, 얻을 **득**, 세금 **세**	개인이 한 해 동안 벌어들인 돈에 대하여 액수별 기준에 따라 매기는 세금
소진(消盡) 꺼질 **소**, 다할 **진**	점점 줄어들어 다 없어짐. 또는 다 써서 없앰 [동의어] 소삭(消索)
소청(所請) 바 **소**, 청할 **청**	남에게 청하거나 바라는 일 **예** 부디 소녀의 **소청**을 들어주십시오.
소홀(疏忽) 트일 **소**, 소홀히 할 **홀**	대수롭지 않고 예사로움. 또는 탐탁하지 않고 데면데면함 **예** 범인이 감시 **소홀**을 틈타 도주했다.
소환(召喚) 부를 **소**, 부를 **환**	법원이 피고인, 증인, 변호인, 대리인 등의 소송 관계인에게 소환장을 발부하여, 공판 기일이나 그 밖의 일정한 일시에 법원 또는 법원이 지정한 장소에 나올 것을 명령하는 일 **예** **소환**에 불응하다. [동의어] 구환(句喚), 호출(呼出)
속환(贖還) 속 바칠 **속**, 돌아올 **환**	돈이나 물건 등으로 대갚음을 하고 어떤 것을 도로 찾아옴
송고(送稿) 보낼 **송**, 볏짚 **고**	원고를 편집 담당자에게 보냄 **예** 작가의 **송고**가 늦어 마감이 미루어졌다.
송부(送付) 보낼 **송**, 줄 **부**	편지나 물품 등을 부치어 보냄 **예** **송부**를 받다.

개념 암기 체크

다음 어휘와 뜻풀이를 바르게 연결하시오.

01 비호(庇護) •
02 상정(上程) •
03 상주(常住) •
04 산실(産室) •
05 상념(想念) •

• ㉠ 늘 일정하게 살고 있음
• ㉡ 마음속에 품고 있는 여러 가지 생각
• ㉢ 편들어서 감싸 주고 보호함
• ㉣ 어떤 일을 꾸미거나 이루어 내는 곳. 또는 그런 바탕
• ㉤ 토의할 안건을 회의 석상에 내어놓음

정답 01 ㉢ 02 ㉤ 03 ㉠ 04 ㉣ 05 ㉡

송치(送致) 보낼 **송**, 이를 **치**	1. 수사 기관에서 검찰청으로, 또는 한 검찰청에서 다른 검찰청으로 피의자와 서류를 넘겨 보내는 일 2. 서류나 물건 등을 보내어 정해진 곳에 이르게 함
수납(收納) 거둘 **수**, 들일 **납**	돈이나 물품 등을 받아 거두어들임 예 **수납** 창구
수려(秀麗) ★ 빼어날 **수**, 고울 **려**	빼어나게 아름다움
수렴(收斂) 거둘 **수**, 거둘 **렴**	의견이나 사상 등이 여럿으로 나뉘어 있는 것을 하나로 모아 정리함 예 여론 **수렴**
수뢰(受賂) 받을 **수**, 뇌물 줄 **뢰**	뇌물을 받음 예 검찰은 **수뢰** 혐의로 전직 장관을 기소했다. 동의어 수회(收賄) 반의어 증뢰(贈賂) 뇌물을 줌. 또는 그 뇌물
수료(修了) ★ 닦을 **수**, 마칠 **료**	일정한 학과를 다 배워 끝냄 예 석사 과정 **수료**
수반(隨伴) 따를 **수**, 짝 **반**	1. 붙좇아서 따름 2. 어떤 일과 더불어 생김
수발(受發) 받을 **수**, 필 **발**	받음과 보냄 예 공문서 **수발**
수습(收拾) 거둘 **수**, 주울 **습**	어수선한 사태를 거두어 바로잡음. 예 사고 **수습** 대책 본부
수액(輸液) 나를 **수**, 진 **액**	쇼크, 탈수증, 영양실조 등에, 혈액과 삼투압이 같은 다량의 액체를 주입하는 일
수여(授與) 줄 **수**, 더불 **여**	증서, 상장, 훈장 등을 줌 예 졸업장 **수여**
수임(受任) 받을 **수**, 맡길 **임**	1. 임무나 위임을 받음 반의어 수임(授任) 임무나 위임을 줌 2. 위임 계약에 의하여 상대편의 법률 행위나 사무 처리를 맡음 예 변호사 **수임** 계약서
수작(酬酌) 술 권할 **수**, 따를 **작**	1. 술잔을 서로 주고받음 예 내가 여기 나온 것은 너와 **수작**이라도 해 보자고 왔지. 2. 서로 말을 주고받음. 또는 그 말 예 **수작**을 부리다. 3. 남의 말이나 행동, 계획을 낮잡아 이르는 말 예 엉뚱한 **수작**

수주(受注) ★ 받을 **수**, 물댈 **주**	주문을 받음 예 **수주**가 줄다. 반의어 발주(發注) 물건을 보내 달라고 주문함
수지(收支) 거둘 **수**, 지탱할 **지**	1. 수입과 지출을 아울러 이르는 말 예 **수지** 균형을 맞추다. 동의어 입출(入出) 2. 거래 관계에서 얻는 이익 예 **수지**가 맞는 장사
수탁(受託) ★ 받을 **수**, 부탁할 **탁**	다른 사람의 의뢰나 부탁을 받음. 또는 그런 일. 예 이 연구소는 중소기업의 **수탁**을 받아 연구 개발 사업을 수행한다.
숙맥(菽麥) 콩 **숙**, 보리 **맥**	1. 콩과 보리를 아울러 이르는 말 2. 사리 분별을 못 하고 세상 물정을 잘 모르는 사람 예 그는 세상 물정을 모르는 **숙맥**이다.
숙연(肅然) 엄숙할 **숙**, 그럴 **연**	고요하고 엄숙함
숙환(宿患) 잠잘 **숙**, 근심 **환**	오래 묵은 병 동의어 숙증(宿症) 유의어 고질(痼疾) 오랫동안 앓고 있어 고치기 어려운 병 유의어 구질(久疾) 앓은 지 오래되어 고치기 어려운 병 유의어 숙병(宿病) 오래전부터 앓고 있는 병
순연(順延) 순할 **순**, 끌 **연**	차례로 기일을 늦춤
승복(承服) ★ 받들 **승**, 입을 **복**	1. 납득하여 따름 2. 죄를 스스로 고백함
시의(時宜) 때 **시**, 마땅할 **의**	그 당시의 사정에 알맞음. 또는 그런 요구 예 **시의**에 따르다. 동의어 시중(時中) 유의어 기의(機宜) 시기나 형편에 알맞음
신념(信念) 믿을 **신**, 생각할 **념**	굳게 믿는 마음 예 **신념**을 지키다.
신봉(信奉) 믿을 **신**, 받들 **봉**	사상이나 학설, 교리 등을 옳다고 믿고 받듦 예 **계율**의 신봉
신수(身手) ★ 몸 **신**, 손 **수**	용모와 풍채를 통틀어 이르는 말 예 **신수**가 멀끔하다.
실력(實力) 열매 **실**, 힘 **력**	1. 실제로 갖추고 있는 힘이나 능력 예 수학 **실력** 2. 강제력이나 무력 예 **실력**을 행사하다.

실토(實吐) 열매 **실**, 토할 **토**	거짓 없이 사실대로 다 말함 예 범인의 **실토**를 받아 냈다. 유의어 토설(吐說) 숨겼던 사실을 비로소 밝히어 말함 유의어 토실(吐實) 일의 경위를 숨기지 않고 사실대로 말함
심산(心算) 마음 **심**, 계산 **산**	마음속으로 하는 궁리나 계획 동의어 속셈
심의(審議) 살필 **심**, 의논할 **의**	심사하고 토의함 예 예산안 **심의**
안일(安逸) 편안할 **안**, 잃을 **일**	편안하고 한가로움. 또는 편안함만을 누리려는 태도 예 **안일**과 나태에 젖은 생활
압축(壓縮) 누를 **압**, 오그라들 **축**	1. 물질 등에 압력을 가하여 그 부피를 줄임 예 공기 **압축** 2. 문장 등을 줄여 짧게 함 예 시의 표현이 지닌 특징은 생략과 **압축**이다.
애도(哀悼) 슬플 **애**, 슬퍼할 **도**	사람의 죽음을 슬퍼함 예 **애도** 기간 동의어 애척(哀戚) 유의어 연도(憐悼) 죽은 사람을 가련하게 여겨 슬퍼함
애환(哀歡) 슬플 **애**, 기뻐할 **환**	슬픔과 기쁨을 아울러 이르는 말 예 삶의 **애환** 동의어 비환(悲歡) 유의어 희비(喜悲) 기쁨과 슬픔을 아울러 이르는 말
야기(惹起) ★ 이끌 **야**, 일어날 **기**	일이나 사건 등을 끌어 일으킴
양도세(讓渡稅) 사양할 **양**, 건널 **도**, 세금 **세**	토지, 건물 등을 유상으로 양도하여 얻은 소득에 대하여 부과하는 조세
양상(樣相) 모양 **양**, 서로 **상**	사물이나 현상의 모양이나 상태 예 다채로운 **양상**을 띠다. 동의어 양(樣)

역임(歷任) 지낼 **역**, 맡길 **임**	여러 직위를 두루 거쳐 지냄 동의어 역배(歷拜), 역양(歷敭), 역천(歷踐) 유의어 역관(歷官) 여러 관직을 두루 거침
역정(逆情) 거스를 **역**, 뜻 **정**	몹시 언짢거나 못마땅하여서 내는 성 예 **역정**을 부리다. 동의어 역증(逆症)
연군(戀君) 사모할 **연**, 임금 **군**	임금을 그리워함
연마(硏磨/練磨/鍊磨) 갈 **연**, 갈 **마** / 익힐 **연**, 갈 **마**, / 불릴 **연**, 갈 **마**	학문이나 기술 등을 힘써 배우고 닦음 예 기술 **연마**에 힘쓰다. 동의어 마연(磨硏) 유의어 단련(鍛鍊) 몸과 마음을 굳세게 함 유의어 지려(砥礪) 학문이나 품성 등을 갈고닦음
연세(年歲) 해 **연**, 해 **세**	'나이'의 높임말 예 **연세**가 많다.
연주(演奏) 멀리 흐를 **연**, 아뢸 **주**	악기를 다루어 곡을 표현하거나 들려주는 일 예 피아노 **연주**
염두(念頭) 생각할 **염**, 머리 **두**	1. 생각의 시초 2. 마음의 속 예 **염두**에 두다. 동의어 마음속
염원(念願) 생각할 **염**, 바랄 **원**	마음에 간절히 생각하고 기원함. 또는 그런 것 예 **염원**이 이루어지다. 유의어 소망(所望) 어떤 일을 바람. 또는 그 바라는 것
영수(領袖) 거느릴 **영**, 소매 **수**	여러 사람 가운데 우두머리 예 여야 **영수** 회담
영식(令息) 명령할 **영**, 숨쉴 **식**	윗사람의 아들을 높여 이르는 말 예 그 어른의 **영식**은 건강하신가? 동의어 영랑(令郞), 영윤(令胤), 영자(令子), 옥윤(玉胤), 윤군(允君/胤君), 윤옥(允玉/胤玉), 윤우(允友/胤友), 윤형(允兄) 유의어 아드님 남의 아들을 높여 이르는 말

개념 암기 체크

다음 어휘와 뜻풀이를 바르게 연결하시오.

01 수주(受注) •	• ㉠ 주문을 받음
02 승복(承服) •	• ㉡ 빼어나게 아름다움
03 수려(秀麗) •	• ㉢ 다른 사람의 의뢰나 부탁을 받음. 또는 그런 일
04 수료(修了) •	• ㉣ 일정한 학과를 다 배워 끝냄
05 수탁(受託) •	• ㉤ 납득하여 따름

정답 01 ㉠ 02 ㉤ 03 ㉡ 04 ㉣ 05 ㉢

영애(令愛) 명령할 **영**, 사랑 **애**	윗사람의 딸을 높여 이르는 말 [동의어] 규애(閨愛), 애옥(愛玉), 영교(令嬌), 영녀(令女), 영랑(令娘), 영양(令孃), 영원(令媛), 옥녀(玉女) [유의어] 따님 남의 딸을 높여 이르는 말
영유(領有) 거느릴 **영**, 있을 **유**	자기의 것으로 차지하여 가짐 [예] 이 섬의 **영유**를 위하여 여러 나라가 각축하고 있다.
영전(榮轉) 꽃 **영**, 구를 **전**	전보다 더 좋은 자리나 직위로 옮김 [동의어] 승전(升轉), 우천(優遷) [유의어] 교천(喬遷) 더 좋은 곳으로 이사하거나 높은 직위로 승진함 [유의어] 등진(登進) 관직이나 지위 등이 올라감 [유의어] 승계(昇階/陞階) 품계가 오름 [유의어] 승양(升揚) 벼슬이 오름 [유의어] 승진(昇進/陞進) 직위의 등급이나 계급이 오름 [반의어] 좌천(左遷) 낮은 관직이나 지위로 떨어지거나 외직으로 전근됨을 이르는 말
예방(禮訪) 예도 **예**, 찾을 **방**	예를 갖추는 의미로 인사차 방문함 [예] 대통령은 외국 경제 사절단의 **예방**을 받고 투자 문제에 대해 논의했다.
예속(隷屬) 종 **예**, 무리 **속**	남의 지배나 지휘 아래 매임 [예] **예속** 관계 [동의어] 속례(屬隷)
예진(豫診) 미리 **예**, 볼 **진**	환자의 병을 자세하게 진찰하기 전에 미리 간단하게 진찰하는 일. 또는 그렇게 하는 진찰 [예] **예진**으로 병의 대강을 짐작할 수 있다.
예찬(禮讚) 예도 **예**, 기릴 **찬**	무엇이 훌륭하거나 좋거나 아름답다고 찬양함 [예] 자연 **예찬**
옥석(玉石) 구슬 **옥**, 돌 **석**	1. 옥이 들어 있는 돌. 또는 가공하지 않은 천연의 옥 [동의어] 옥돌 2. 옥과 돌이라는 뜻으로, 좋은 것과 나쁜 것을 아울러 이르는 말 [예] **옥석**을 가리다.
옹색(壅塞) 막을 **옹**, 막힐 **색**	형편이 넉넉하지 못하여 생활에 필요한 것이 없거나 부족함. 또는 그런 형편
와중(渦中) 소용돌이 **와**, 가운데 **중**	1. 흐르는 물이 소용돌이치는 가운데 2. 일이나 사건 등이 시끄럽고 복잡하게 벌어지는 가운데 [예] 많은 사람이 전란의 **와중**에 가족을 잃었다.
왕진(往診) 갈 **왕**, 볼 **진**	의사가 병원 밖의 환자가 있는 곳으로 가서 진료함 [예] **왕진**을 가다.

왜곡(歪曲) 비뚤 **왜**, 굽을 **곡**	사실과 다르게 해석하거나 그릇되게 함 [예] 역사 **왜곡**
요람(搖籃) 흔들릴 **요**, 바구니 **람**	1. 젖먹이를 태우고 흔들어 놀게 하거나 잠재우는 물건 [예] **요람** 속의 아기 [동의어] 침망(寢網) [유의어] 아기그네 어린아이를 태워서 흔들게 만든 물건 2. 사물의 발생지나 근원지를 비유적으로 이르는 말 [예] 유럽 문명의 **요람**
용렬(庸劣) 떳떳할 **용**, 못할 **렬**	사람이 변변하지 못하고 졸렬함
용역(用役) 쓸 **용**, 부릴 **역**	물질적 재화의 형태를 취하지 않고 생산과 소비에 필요한 노무를 제공하는 일 [예] 경비와 청소를 **용역**으로 하다.
우수(憂愁) 근심 **우**, 근심 **수**	근심과 걱정을 아울러 이르는 말 [예] **우수**가 서린 낯빛
우활(迂闊) 멀 **우**, 트일 **활**	곧바르지 않고 에돌아서 실제와는 거리가 멂
운치(韻致) 운 **운**, 이를 **치**	고상하고 우아한 멋 [예] **운치**가 있는 풍경 [동의어] 운격(韻格)
위장(僞裝) 거짓 **위**, 꾸밀 **장**	본래의 정체나 모습이 드러나지 않도록 거짓으로 꾸밈. 또는 그런 수단이나 방법 [예] **위장** 결혼
위촉(委囑) 맡길 **위**, 부탁할 **촉**	어떤 일을 남에게 부탁하여 맡게 함 [예] 장관의 **위촉**으로 심사 위원에 선정되다.
유감(遺憾) 남길 **유**, 한할 **감**	마음에 차지 않아 섭섭하거나 불만스럽게 남아 있는 느낌 [예] **유감**의 뜻을 표하다. [동의어] 여감(餘憾)
유기(遺棄) ★ 남길 **유**, 버릴 **기**	내다 버림
유숙(留宿) 머무를 **유**, 잠잘 **숙**	남의 집에서 묵음
유예(猶豫) 원숭이 **유**, 미리 **예**	일을 결행하는 데 날짜나 시간을 미룸. 또는 그런 기간 [예] 원리금 상환 **유예** 조치
유치(誘致) ★ 꾈 **유**, 이를 **치**	행사나 사업 등을 이끌어 들임 [예] 시설 **유치**
윤색(潤色) 윤택할 **윤**, 빛 **색**	사실을 과장하거나 미화함을 비유적으로 이르는 말 [예] 번역극을 다루다 보면 우리 실정에 맞는 내용의 **윤색**도 필요하다.

융성(隆盛) 높일 **융**, 성할 **성**	기운차게 일어나거나 대단히 번성함 예 역사학의 **융성** 동의어 융창(隆昌), 흥성(興盛)
은폐(隱蔽) 숨을 **은**, 가릴 **폐**	덮어 감추거나 가리어 숨김
의결(議決) 의논할 **의**, 결정할 **결**	의논하여 결정함. 또는 그런 결정 동의어 결의(決議) 유의어 의약(議約) 협의하여 약정함 유의어 의정(議定) 의논하여 결정함. 또는 그런 결정
의혹(疑惑) 의심할 **의**, 미혹할 **혹**	의심하여 수상히 여김. 또는 그런 마음 예 남의 **의혹**을 사다. 유의어 의아(疑訝) 의심스럽고 이상함
이반 **(離叛/離反)** 떠날 **이**, 배반할 **반** / 떠날 **이**, 돌이킬 **반**	인심이 떠나서 배반함 동의어 이배(離背)
이첩(移牒) 옮길 **이**, 편지 **첩**	받은 공문이나 통첩을 다른 부서로 다시 보내어 알림. 또는 그 공문이나 통첩 동의어 이관(移關)
인계(引繼) 끌 **인**, 이을 **계**	하던 일이나 물품을 넘겨주거나 넘겨받음 예 업무 **인계**
인대(靭帶) 질길 **인**, 띠 **대**	관절의 뼈 사이와 관절 주위에 있는, 노끈이나 띠 모양의 결합 조직 예 **인대**가 늘어나다. 동의어 질긴띠
인도(引渡) 끌 **인**, 건널 **도**	사물이나 권리 등을 넘겨줌
인멸 **(湮滅/堙滅)** 빠질 **인**, 멸망할 **멸** / 막을 **인**, 멸망할 **멸**	자취도 없이 모두 없어짐. 또는 그렇게 없앰 동의어 인륜(湮淪), 인몰(湮沒), 인침(湮沈)

인지(認知) 알 **인**, 알 **지**	어떤 사실을 인정하여 앎
일절(一切) ★ 하나 **일**, 끊을 **절**	아주, 전혀, 절대로의 뜻으로, 흔히 행위를 그치게 하거나 어떤 일을 하지 않을 때에 쓰는 말 예 출입을 **일절** 금하다.
일체(一切) ★ 하나 **일**, 모두 **체**	1. 모든 것 예 도난에 대한 **일체**의 책임을 지다. 2. '전부' 또는 '완전히'의 뜻을 나타내는 말 3. 모든 것을 다 예 걱정 근심일랑 **일체** 털어 버리고 자, 즐겁게 술이나 마시자.
일축(一蹴) 하나 **일**, 찰 **축**	1. 제안이나 부탁 등을 단번에 거절하거나 물리침 예 **일축**을 당하다. 2. 소문이나 의혹, 주장 등을 단호하게 부인하거나 더 이상 거론하지 않음 3. 운동 경기 등에서 상대를 손쉽게 물리침
임대(賃貸) ★ 품팔이 **임**, 빌릴 **대**	돈을 받고 자기의 물건을 남에게 빌려줌 예 **임대** 가격이 싸다. 반의어 임차(賃借)
임종(臨終) 임할 **임**, 마칠 **종**	1. 죽음을 맞이함 예 할머니는 편안하게 **임종**을 하셨다. 동의어 임명(臨命), 임명종(臨命終) 2. 부모가 돌아가실 때 그 곁에 지키고 있음 동의어 종신(終身)
임차(賃借) 품팔이 **임**, 빌릴 **차**	돈을 내고 남의 물건을 빌려 씀 반의어 임대(賃貸)
입선(入選) 들 **입**, 가릴 **선**	출품한 작품이 심사에 합격하여 뽑힘 유의어 당선(當選) 심사나 선발에서 뽑힘
입찰(入札) 들 **입**, 패 **찰**	상품의 매매나 도급 계약을 체결할 때 여러 희망자들에게 각자의 낙찰 희망 가격을 서면으로 제출하게 하는 일 예 **입찰** 공고
자극(刺戟) 찌를 **자**, 갈래진 창 **극**	어떠한 작용을 주어 감각이나 마음에 반응이 일어나게 함. 또는 그런 작용을 하는 사물 예 어떠한 **자극**도 없는 무료한 일상

개념 암기 체크

다음 어휘와 뜻풀이를 바르게 연결하시오.

01 유예(猶豫) •	• ㉠ 제안이나 부탁 등을 단번에 거절하거나 물리침
02 유치(誘致) •	• ㉡ 일을 결행하는 데 날짜나 시간을 미룸. 또는 그런 기간
03 일축(一蹴) •	• ㉢ 전보다 더 좋은 자리나 직위로 옮김
04 영전(榮轉) •	• ㉣ 사실과 다르게 해석하거나 그릇되게 함
05 왜곡(歪曲) •	• ㉤ 행사나 사업 등을 이끌어 들임

정답 01 ㉡ 02 ㉤ 03 ㉠ 04 ㉢ 05 ㉣

자만(自慢) 스스로 **자**, 게으를 **만**	자신이나 자신과 관련 있는 것을 스스로 자랑하며 뽐냄 예 **자만**에 빠지다.
자문(諮問) 물을 **자**, 물을 **문**	어떤 일을 좀 더 효율적이고 바르게 처리하려고 그 방면의 전문가나, 전문가들로 이루어진 기구에 의견을 물음 예 **자문**에 응하다.
자웅(雌雄) 암컷 **자**, 수컷 **웅**	승부, 우열, 강약 등을 비유적으로 이르는 말 예 **자웅**을 겨루다.
자처(自處) ★ 스스로 **자**, 곳 **처**	자기를 어떤 사람으로 여겨 그렇게 처신함
자청(自請) 스스로 **자**, 청할 **청**	어떤 일에 나서기를 스스로 청함 예 그는 그 일을 맡겠다고 **자청**을 하고 나섰다.
작고(作故) 지을 **작**, 옛 **고**	'고인이 되었다'라는 뜻으로, 사람의 죽음을 높여 이르는 말
작당(作黨) 지을 **작**, 무리 **당**	떼를 지음. 또는 무리를 이룸 예 음험한 **작당**과 음모 동의어 작계(作契) 유의어 작배(作輩) 무리를 이룸 유의어 작패(作牌) 패거리를 지음. 또는 무리를 이룸
작렬(炸裂) 터질 **작**, 찢을 **렬**	1. 포탄 등이 터져서 쫙 퍼짐 2. 박수 소리나 운동 경기에서의 공격 등이 포탄이 터지듯 극렬하게 터져 나오는 것을 비유적으로 이르는 말 예 폭죽 같은 홈런의 **작렬**
작태(作態) 지을 **작**, 모양 **태**	1. 의도적으로 어떠한 태도나 표정을 지음. 또는 그 태도나 표정 예 가게 주인은 손님에게 친절한 **작태**를 해 보였다. 2. 하는 짓거리 예 비교육적 **작태**
잠적 **(潛跡/潛迹)** 자맥질할 **잠**, 자취 **적**	종적을 아주 숨김 예 공직자들에게는 **잠적**이나 도피보다 떳떳하게 나서서 사태를 감당하는 자세가 필요하다. 동의어 잠종비적(潛蹤祕跡/潛蹤祕迹), 장종비적(藏蹤祕迹)
잡기(雜技) 섞일 **잡**, 재주 **기**	잡다한 놀이의 기술이나 재주 예 그는 **잡기**에 능하다.
장계(狀啓) 문서 **장**, 열 **계**	왕명을 받고 지방에 나가 있는 신하가 자기 관하의 중요한 일을 왕에게 보고하던 일. 또는 그런 문서 동의어 계장(啓狀)
장고(長考) 길 **장**, 상고할 **고**	오랫동안 깊이 생각함

장래(將來) ★ 장수 **장**, 올 **래**	다가올 앞날 예 **장래** 계획 유의어 내두(來頭) 지금부터 다가오게 될 앞날
장악(掌握) 손바닥 **장**, 쥘 **악**	'손안에 잡아 쥔다'라는 뜻으로, 무엇을 마음대로 할 수 있게 됨을 이르는 말 예 정권 **장악**
장족(長足) 길 **장**, 발 **족**	1. 기다랗게 생긴 다리 2. 사물의 발전이나 진행이 매우 빠름 예 **장족**의 발전 유의어 거족(巨足) 큰 발걸음이라는 뜻으로, 진보나 발전의 속도나 정도가 뚜렷하게 빠름을 이르는 말
장착(裝着) 꾸밀 **장**, 붙을 **착**	의복, 기구, 장비 등에 장치를 부착함 예 안전띠 **장착**을 의무화하다. 동의어 착장(着裝) 유의어 부착(附着/付着) 떨어지지 않게 붙음. 또는 그렇게 붙이거나 닮
재고(再考) ★ 다시 **재**, 상고할 **고**	어떤 일이나 문제 등에 대하여 다시 생각함 예 그 일의 결과는 너무나 뻔하므로 **재고**의 여지도 없다. 동의어 갱고(更考)
재산세 **(財産稅)** 재물 **재**, 낳을 **산**, 세금 **세**	지방세의 하나. 일정한 재산에 대하여 부과하며 상속세, 재평가세 등이 있다. 동의어 자산세(資産稅)
재연(再燃) 다시 **재**, 사를 **연**	한동안 잠잠하던 일이 다시 문제가 되어 시끄러워짐 예 일이 이렇게 된 이상 그 문제의 **재연**은 이제 막을 수가 없다.
재원(才媛) ★ 재주 **재**, 미녀 **원**	재주가 뛰어난 젊은 여자 유의어 재녀(才女) 재주가 있는 여자
쟁탈(爭奪) 다툴 **쟁**, 빼앗을 **탈**	서로 다투어 빼앗음 예 왕위 **쟁탈**
저촉(抵觸) 거스를 **저**, 닿을 **촉**	법률이나 규칙 등에 위반되거나 어긋남 예 선거법 **저촉** 여부를 검토하다.
적령(積齡) 갈 **적**, 나이 **령**	어떤 표준이나 규정에 알맞은 나이 예 취학 **적령**
적조(積阻) 쌓을 **적**, 험할 **조**	서로 연락이 끊겨 오랫동안 소식이 막힘 유의어 격조(隔阻) 오랫동안 서로 소식이 막힘 유의어 구조(久阻) 소식이 오랫동안 막힘 유의어 구활(久闊) 오랫동안 소식이 없거나 만나지 못함
적폐(積弊) 쌓을 **적**, 폐단 **폐**	오랫동안 쌓이고 쌓인 폐단 예 관민이 함께 협심하여 **적폐**를 일소했다.

전가(轉嫁) 구를 **전**, 떠넘길 **가**	잘못이나 책임을 다른 사람에게 넘겨씌움 예 책임 **전가**
전거(典據) 법 **전**, 의거할 **거**	말이나 문장의 근거가 되는 문헌상의 출처 동의어 전증(典證)
전망(展望) ★ 펼 **전**, 바랄 **망**	1. 넓고 먼 곳을 멀리 바라봄. 또는 멀리 내다보이는 경치 예 탁 트인 **전망** 유의어 조망(眺望) 먼 곳을 바라봄. 또는 그런 경치 2. 앞날을 헤아려 내다봄. 또는 내다보이는 장래의 상황 예 **전망**이 밝은 사업
전복(顚覆) 머리 **전**, 엎어질 **복**	1. 차나 배 등이 뒤집힘 예 열차 **전복** 사고 2. 사회 체제가 무너지거나 정권 등을 뒤집어엎음. 예 정부 **전복**을 꾀하다.
전소(全燒) 온전할 **전**, 사를 **소**	남김없이 다 타 버림
전시(展示) 펼 **전**, 보일 **시**	여러 가지 물품을 한곳에 벌여 놓고 보임 예 도서 **전시**
전역(全域) 온전할 **전**, 지경 **역**	어느 지역의 전체 예 수도권 **전역**에 비가 온다.
전용(專用) 오로지 **전**, 쓸 **용**	1. 남과 공동으로 쓰지 않고 혼자서만 씀 예 **전용** 전화 2. 특정한 목적으로 일정한 부문에만 한하여 씀 예 버스 **전용** 차선
전유(專有) 오로지 **전**, 있을 **유**	혼자 독차지하여 가짐
전직(轉職) 구를 **전**, 벼슬 **직**	직업이나 직무를 바꾸어 옮김 예 김 대리는 직무와 임금을 고려한 **전직**을 생각하고 있다. 유의어 이직(移職) 직장을 옮기거나 직업을 바꿈 유의어 천직(遷職) 벼슬자리나 직업을 바꿈
전치(全治) ★ 온전할 **전**, 다스릴 **치**	병을 완전히 고침 예 **전치** 4주의 중상을 입다. 유의어 완치(完治) 병을 완전히 낫게 함
절차(節次) 마디 **절**, 버금 **차**	일을 치르는 데 거쳐야 하는 순서나 방법 예 법적 **절차**
절호(絶好) 끊을 **절**, 좋을 **호**	무엇을 하기에 기회나 시기 등이 더할 수 없이 좋음 예 **절호**의 기회
점유(占有) 차지할 **점**, 있을 **유**	물건이나 영역, 지위 등을 차지함 예 **점유** 공간 동의어 점거(占居)
정보(情報) 뜻 **정**, 갚을 **보**	관찰이나 측정을 통하여 수집한 자료를 실제 문제에 도움이 될 수 있도록 정리한 지식. 또는 그 자료 예 관광 **정보**
정비(整備) 가지런할 **정**, 갖출 **비**	흐트러진 체계를 정리하여 제대로 갖춤 예 교육 제도 **정비**
정서(情緖) ★ 뜻 **정**, 실마리 **서**	사람의 마음에 일어나는 여러 가지 감정. 또는 감정을 불러일으키는 기분이나 분위기 예 **정서** 불안
정주(定住) 정할 **정**, 살 **주**	일정한 곳에 자리를 잡고 삶
정치(精緻) 찧을 **정**, 빽빽할 **치**	정교하고 치밀함
정한(情恨) 뜻 **정**, 한할 **한**	정과 한을 아울러 이르는 말

개념 암기 체크

다음 어휘와 뜻풀이를 바르게 연결하시오.

01 자처(自處) •	• ㉠ 사물의 발전이나 진행이 매우 빠름
02 자청(自請) •	• ㉡ '고인이 되었다'라는 뜻으로, 사람의 죽음을 높여 이르는 말
03 장래(將來) •	• ㉢ 병을 완전히 고침
04 장족(長足) •	• ㉣ 어떤 일에 나서기를 스스로 청함
05 전치(全治) •	• ㉤ 자기를 어떤 사람으로 여겨 그렇게 처신함
06 작고(作故) •	• ㉥ 다가올 앞날

정답 01 ㉤ 02 ㉣ 03 ㉥ 04 ㉠ 05 ㉢ 06 ㉡

제고(提高) ★ 끌 **제**, 높을 **고**	수준이나 정도 등을 끌어올림 예 생산성의 **제고**
제반(諸般) 모든 **제**, 옮길 **반**	어떤 것과 관련된 모든 것 예 **제반**의 문제 유의어 각반(各般) 모든 범위에 걸쳐 빠짐이 없는 하나하나
제시(提示) 끌 **제**, 보일 **시**	어떠한 의사를 말이나 글로 나타내어 보임 예 근본적인 해결책 **제시**가 없이 정책이 겉돌고 있다.
제정(制定) 억제할 **제**, 정할 **정**	제도나 법률 등을 만들어서 정함 예 법 **제정** 유의어 입제(立制) 제도나 법률 등을 세움
제청(提請) 끌 **제**, 청할 **청**	어떤 안건을 제시하여 결정하여 달라고 청구함 예 국무총리의 **제청**으로 장관이 임명된다.
조망(眺望) 바라볼 **조**, 바랄 **망**	먼 곳을 바라봄. 또는 그런 경치 예 **조망**이 탁 트이다. 동의어 조람(眺覽), 조촉(眺矚) 유의어 전망(展望) 넓고 먼 곳을 멀리 바라봄. 또는 멀리 내다보이는 경치
조봉(遭逢) 만날 **조**, 만날 **봉**	우연히 서로 만남 동의어 조우(遭遇)
조성(造成) 지을 **조**, 이룰 **성**	1. 무엇을 만들어서 이룸 예 관광 단지 **조성** 2. 분위기나 정세 등을 만듦 예 면학 분위기 **조성**
조우(遭遇) 만날 **조**, 만날 **우**	1. 신하가 뜻에 맞는 임금을 만남 2. 우연히 서로 만남 예 그는 적들과의 **조우**를 피하여 적진을 멀리 돌아갔다. 동의어 조봉(遭逢) 유의어 회우(會遇) 오다가다 만나거나 마주침
조장(助長) 도울 **조**, 길 **장**	바람직하지 않은 일을 더 심해지도록 부추김 예 사행심 **조장**
조정(調停) ★ 고를 **조**, 머무를 **정**	분쟁을 중간에서 화해하게 하거나 서로 타협점을 찾아 합의하도록 함 예 의견 **조정** 동의어 조제(調劑)
졸렬(拙劣) 졸할 **졸**, 못할 **렬**	옹졸하고 천하여 서투름
종식(終熄) 마칠 **종**, 꺼질 **식**	한때 매우 성하던 현상이나 일이 끝나거나 없어짐 예 냉전의 **종식**

주연(主演) 주인 **주**, 멀리 흐를 **연**	연극이나 영화에서 주인공 역을 맡아 연기하는 일. 또는 그렇게 하는 사람 예 **주연**으로 발탁되다. 유의어 주역(主役) 연극이나 영화에서, 주연하는 배역. 또는 그 배우 유의어 주연 배우(主演俳優) 연극이나 영화에서, 주인공 역을 맡아 연기하는 배우 유의어 주연자(主演者) 연극이나 영화에서 주연하는 사람
주재(主宰) ★ 주인 **주**, 재상 **재**	어떤 일을 중심이 되어 맡아 처리함 예 국무총리 **주재**로 가뭄 대책 회의를 열었다. 동의어 주장(主張)
주지(周知) ★ 두루 **주**, 알 **지**	여러 사람이 두루 앎 예 **주지**의 사실
주창(主唱) 주인 **주**, 부를 **창**	주의나 사상을 앞장서서 주장함 예 사람들은 그의 **주창**을 보수적이라고 비판했다.
주축(主軸) 주인 **주**, 굴대 **축**	전체 가운데서 중심이 되어 영향을 미치는 존재나 세력 예 이번 모임은 청소년이 **주축**을 이루었다.
준거(準據) 법도 **준**, 의거할 **거**	사물의 정도나 성격 등을 알기 위한 근거나 기준 예 판단의 **준거**가 명확하지 않다. 동의어 표준(標準) 유의어 의준(依準) 일정한 기준에 근거함
준공(竣工) 마칠 **준**, 장인 **공**	공사를 다 마침 동의어 고준(告竣), 준역(竣役) 반의어 기공(起工) 공사를 착수함
준수(遵守) ★ 좇을 **준**, 지킬 **수**	전례나 규칙, 명령 등을 그대로 좇아서 지킴 예 안전 수칙 **준수** 동의어 순수(循守)
중개(仲介) 버금 **중**, 끼일 **개**	제삼자로서 두 당사자 사이에 서서 일을 주선함 예 **중개** 수수료 유의어 거간(居間) 사고파는 사람 사이에 들어 흥정을 붙임 유의어 거매(居媒) 중간에서 연결하여 거래를 하게 함
중건(重建) 거듭 **중**, 세울 **건**	절이나 왕궁 등을 보수하거나 고쳐 지음 예 대웅전 **중건**
중용(重用) 중요할 **중**, 쓸 **용**	중요한 자리에 임용함
중재(仲裁) 버금 **중**, 마를 **재**	분쟁에 끼어들어 쌍방을 화해시킴 예 **중재**를 맡다.

중화(中和) 가운데 **중**, 화목할 **화**	1. 서로 다른 성질을 가진 것이 섞여 각각의 성질을 잃거나 그 중간의 성질을 띠게 함. 또는 그런 상태 예 여야 주장의 **중화** 2. 서로 성질이 다른 물질이 융합하여 각각 그 특징이나 작용을 잃음. 또는 그런 일
즐비(櫛比) 빗 **즐**, 견줄 **비**	빗살처럼 줄지어 빽빽하게 늘어서 있음
증명(證明) 증거 **증**, 밝을 **명**	어떤 사항이나 판단 등에 대하여 그것이 진실인지 아닌지 증거를 들어서 밝힘
증여세(贈與稅) 줄 **증**, 더불 **여**, 세금 **세**	증여를 통하여 다른 사람의 권리나 재산을 받은 사람에게 물리는 세금
증편(增便) ★ 더할 **증**, 편할 **편**	정기적인 교통편의 횟수를 늘림 예 **증편** 운행 반의어 감편(減便) 정기적인 교통편의 횟수를 줄임
지수(指數) 가리킬 **지**, 셀 **수**	물가나 임금 등과 같이, 해마다 변화하는 사항을 알기 쉽도록 보이기 위해 어느 해의 수량을 기준으로 잡아 100으로 하고, 그것에 대한 다른 해의 수량을 비율로 나타낸 수치
지시(指示) 가리킬 **지**, 보일 **시**	1. 가리켜 보임 2. 일러서 시킴. 또는 그 내용 예 **지시**에 따르다.
지연(遲延) 더딜 **지**, 끌 **연**	무슨 일을 더디게 끌어 시간을 늦춤. 또는 시간이 늦추어짐 예 출발 시간의 **지연** 동의어 지인(遲引)
지지(支持) 지탱할 **지**, 가질 **지**	어떤 사람이나 단체 등의 주의·정책·의견 등에 찬동하여 이를 위하여 힘을 씀. 또는 그 원조 예 **지지** 세력
지축(地軸) 땅 **지**, 굴대 **축**	대지의 중심 예 **지축**을 울리다.

지탄(指彈) 가리킬 **지**, 탄알 **탄**	1. 손끝으로 튀김 2. 잘못을 지적하여 비난함 예 **지탄**의 대상
지혜(智慧/知慧) 지혜 **지**, 슬기로울 **혜** / 알 **지**, 슬기로울 **혜**	사물의 이치를 빨리 깨닫고 사물을 정확하게 처리하는 정신적 능력 예 삶의 **지혜** 유의어 슬기 사리를 바르게 판단하고 일을 잘 처리해 내는 재능 유의어 지(知/智) 사물의 이치를 밝히고 그것을 올바르게 판별하고 처리하는 능력
진단(診斷) 볼 **진**, 끊을 **단**	의사가 환자의 병 상태를 판단하는 일 예 의사의 **진단**을 받다.
진수(眞髓) ★ 참 **진**, 골수 **수**	사물이나 현상의 가장 중요하고 본질적인 부분 예 이것이 바로 문학의 **진수**이다. 동의어 신수(神髓)
진열(陳列) 늘어놓을 **진**, 벌일 **열**	여러 사람에게 보이기 위하여 물건을 죽 벌여 놓음 예 상품 **진열**
진척(進陟) ★ 나아갈 **진**, 오를 **척**	일이 목적한 방향대로 진행되어 감 예 **진척** 과정
질곡(桎梏) ★ 차꼬 **질**, 수갑 **곡**	몹시 속박하여 자유를 가질 수 없는 고통의 상태를 비유적으로 이르는 말 예 **질곡**의 세월
질박(質樸/質朴) 바탕 **질**, 통나무 **박** / 바탕 **질**, 순박할 **박**	꾸민 데가 없이 수수함
질서(秩序) 차례 **질**, 차례 **서**	혼란 없이 순조롭게 이루어지게 하는 사물의 순서나 차례 예 **질서** 의식

개념 암기 체크

다음 어휘와 뜻풀이를 바르게 연결하시오.

01 주재(主宰) •	• ㉠ 전례나 규칙, 명령 등을 그대로 좇아서 지킴
02 주지(周知) •	• ㉡ 여러 사람이 두루 앎
03 주창(主唱) •	• ㉢ 수준이나 정도 등을 끌어올림
04 준수(遵守) •	• ㉣ 어떤 일을 중심이 되어 맡아 처리함
05 진수(眞髓) •	• ㉤ 주의나 사상을 앞장서서 주장함
06 제고(提高) •	• ㉥ 사물이나 현상의 가장 중요하고 본질적인 부분

정답 01 ㉣ 02 ㉡ 03 ㉤ 04 ㉠ 05 ㉥ 06 ㉢

질의(質疑) 바탕 **질**, 의심할 **의**	의심나거나 모르는 점을 물음 예 **질의**에 답하다. 유의어 질문(質問) 알고자 하는 바를 얻기 위해 물음 반의어 응답(應答) 부름이나 물음에 응하여 답함
질책(叱責) 꾸짖을 **질**, 꾸짖을 **책**	꾸짖어 나무람 예 **질책**을 당하다. 동의어 초양(誚讓) 유의어 초책(誚責) 잘못을 꾸짖어 나무람
집약(集約) 모을 **집**, 맺을 **약**	한데 모아서 요약함
집체(集體) 모을 **집**, 몸 **체**	힘, 지혜, 동작, 개념 등을 하나로 뭉친 것 예 **집체** 훈련
징발(徵發) 부를 **징**, 필 **발**	1. 남에게 물품을 강제적으로 모아 거둠 동의어 조발(調發) 2. 국가에서 특별한 일에 필요한 사람이나 물자를 강제로 모으거나 거둠
징수(徵收) 부를 **징**, 거둘 **수**	나라, 공공 단체, 지주 등이 돈, 곡식, 물품 등을 거두어들임 예 시험료 **징수** 동의어 징봉(徵捧)
징집(徵集) 부를 **징**, 모을 **집**	1. 물건을 거두어 모음 2. 병역 의무자를 현역에 복무할 의무를 부과하여 불러 모음 예 **징집** 대상자
징후(徵候) 부를 **징**, 기후 **후**	겉으로 나타나는 낌새 예 태풍이 닥칠 **징후**
차출(差出) ★ 어그러질 **차**, 날 **출**	어떤 일을 시키기 위하여 인원을 선발하여 냄 예 대표 팀 **차출**
차치(且置) 또 **차**, 둘 **치**	내버려두고 문제 삼지 않음 동의어 차치물론(且置勿論)
착공(着工) 붙을 **착**, 장인 **공**	공사를 시작함 예 개발 사업 **착공** 유의어 기공(起工) 공사를 착수함
착상(着想) 붙을 **착**, 생각 **상**	어떤 일이나 창작의 실마리가 되는 생각이나 구상 등을 잡음. 또는 그 생각이나 구상 예 **착상**이 기발하다.
착수(着手) ★ 붙을 **착**, 손 **수**	어떤 일에 손을 댐. 또는 어떤 일을 시작함 예 작업 **착수** 동의어 하수(下手)
착종(錯綜) 섞일 **착**, 바디 **종**	이것저것이 뒤섞여 엉클어짐

찬동(贊同) 도울 **찬**, 같을 **동**	어떤 행동이나 견해 등이 옳거나 좋다고 판단하여 그에 뜻을 같이함 예 **찬동**을 구하다.
찬탈(簒奪) 빼앗을 **찬**, 빼앗을 **탈**	왕위, 국가 주권 등을 억지로 빼앗음 예 두 조직은 권력 **찬탈**을 둘러싼 암투극을 벌이고 있다. 유의어 찬립(簒立) 임금의 자리를 빼앗고 자기가 그 자리에 들어섬 유의어 찬시(簒弑) 임금을 죽이고 그 자리를 빼앗음 유의어 찬위(簒位) 임금의 자리를 빼앗음
찰나(刹那) 절 **찰**, 어찌 **나**	어떤 일이나 사물 현상이 일어나는 바로 그때 예 그녀가 물속으로 뛰어들려던 **찰나**에 그가 나타나 그녀를 말렸다. 유의어 순간(瞬間) 어떤 일이 일어난 바로 그때. 또는 두 사건이나 행동이 거의 동시에 이루어지는 바로 그때
참가(參加) 참여할 **참**, 더할 **가**	모임이나 단체 또는 일에 관계하여 들어감 예 참가 **대상**
참견(參見) 참여할 **참**, 볼 **견**	자기와 별로 관계없는 일이나 말 등에 끼어들어 쓸데없이 아는 체하거나 이래라저래라 함 예 쓸데없는 **참견** 유의어 참섭(參涉) 어떤 일에 끼어들어 간섭함
참관(參觀) 참여할 **참**, 볼 **관**	어떤 자리에 직접 나아가서 봄 예 수업 **참관** 동의어 관참(觀參), 참간,(參看), 참견(參見)
참석(參席) 참여할 **참**, 자리 **석**	모임이나 회의 등의 자리에 참여함 예 **참석** 인원
참여(參與) 참여할 **참**, 더불 **여**	어떤 일에 끼어들어 관계함 예 홍보 부족인지 사람들의 **참여**가 너무 적었다. 동의어 참예(參預)
창궐(猖獗) ★ 미쳐 날뛸 **창**, 날뛸 **궐**	못된 세력이나 전염병 등이 세차게 일어나 걷잡을 수 없이 퍼짐
창달(暢達) ★ 화창할 **창**, 통할 **달**	1. 의견, 주장, 견해 등을 거리낌이나 막힘이 없이 자유롭게 표현하고 전달함 예 언론 **창달** 2. 거침없이 쑥쑥 뻗어 나감. 또는 그렇게 되게 함 예 민족 문화의 **창달**
채근(採根) 캘 **채**, 뿌리 **근**	어떻게 행동하기를 따지어 독촉함 예 아내의 **채근**이 성화같다.
책임(責任) 꾸짖을 **책**, 맡길 **임**	1. 맡아서 해야 할 임무나 의무 예 사회적 **책임** 2. 어떤 일에 관련되어 그 결과에 대하여 지는 의무나 부담. 또는 그 결과로 받는 제재 예 이번 사태에 대한 **책임** 동의어 책(責)

처방(處方) 곳 **처**, 모 **방**	1. 병을 치료하기 위하여 증상에 따라 약을 짓는 방법 예 **처방**을 내리다. 2. 일정한 문제를 처리하는 방법
처연(悽然) 슬퍼할 **처**, 그럴 **연**	애달프고 구슬픔
척결(剔抉) 바를 **척**, 도려낼 **결**	나쁜 부분이나 요소들을 깨끗이 없애 버림 예 비리의 **척결** 동의어 결척(抉剔)
천명(闡明) 열 **천**, 밝을 **명**	진리나 사실, 입장 등을 드러내어 밝힘
천착(穿鑿) ★ 뚫을 **천**, 뚫을 **착**	어떤 원인이나 내용 등을 따지고 파고들어 알려고 하거나 연구함 예 세밀한 관찰과 **천착**을 거듭하다.
천추(千秋) 일천 **천**, 가을 **추**	오래고 긴 세월. 또는 먼 미래 예 **천추**의 한
천품(天稟) 하늘 **천**, 줄 **품**	타고난 기품 동의어 천자(天資)
첨삭(添削) 더할 **첨**, 깎을 **삭**	시문이나 답안 등의 내용 일부를 보태거나 삭제하여 고침 예 **첨삭** 지도 동의어 증삭(增削), 증산(增刪)
첩경(捷徑) 이길 **첩**, 지름길 **경**	멀리 돌지 않고 가깝게 질러 통하는 길 동의어 지름길
청탁(請託) 청할 **청**, 부탁할 **탁**	청하여 남에게 부탁함 예 원고 **청탁** 유의어 간촉(干囑) 사정하여 청을 들어주기를 부탁함. 또는 그런 부탁 유의어 청촉(請囑) 1. 청을 들어주기를 부탁함 2. 부탁하여 맡김
체계(體系) 몸 **체**, 이을 **계**	일정한 원리에 따라서 낱낱의 부분이 짜임새 있게 조직되어 통일된 전체 예 이론 **체계**

체류(滯留) 막힐 **체**, 머무를 **류**	객지에 가서 머물러 있음 예 해외 **체류** 기간 동의어 계류(稽留), 두류(逗留/逗遛), 숙류(宿留), 재류(在留), 체재(滯在)
체불(滯拂) 막힐 **체**, 떨칠 **불**	마땅히 지급하여야 할 것을 지급하지 못하고 미룸 예 **체불** 노임 유의어 체급(滯給) 지급을 기한보다 늦춤 유의어 체납(滯納) 세금 등을 기한까지 내지 못하여 밀림
체증(滯症) 막힐 **체**, 증세 **증**	교통의 흐름이 순조롭지 않아 길이 막히는 상태 예 교통 **체증**이 해소되다.
체질(體質) 몸 **체**, 바탕 **질**	날 때부터 지니고 있는 몸의 생리적 성질이나 건강상의 특질 예 강인한 **체질** 동의어 몸바탕
체형(體型) 몸 **체**, 거푸집 **형**	체격에 나타나는 특징으로 분류되는 일정한 부류 예 그녀는 키가 작고 마른 **체형**이다.
초록(抄錄) 베낄 **초**, 기록할 **록**	필요한 부분만을 뽑아서 적음. 또는 그런 기록 예 논문의 **초록**을 영문으로 작성하다. 동의어 초(抄), 초기(抄記) 유의어 초사(抄寫) 일부 필요한 부분만을 뽑아서 베낌
초연(超然) 넘을 **초**, 그럴 **연**	어떤 현실 속에서 벗어나 그 현실에 아랑곳하지 않고 의젓함
촉탁(囑託) ★ 부탁할 **촉**, 부탁할 **탁**	일을 부탁하여 맡김 예 **촉탁** 업무는 그때그때 넘겨야지.
총체(總體) 거느릴 **총**, 몸 **체**	있는 것들을 모두 하나로 합친 전부 또는 전체 예 작품은 작가의 신념과 가치관의 **총체**라 할 수 있다.
추대(推戴) ★ 옮길 **추**, 일 **대**	윗사람으로 떠받듦 예 임원들의 **추대**로 그는 회장이 되었다.

개념 암기 체크

다음 어휘와 뜻풀이를 바르게 연결하시오.

01 차치(且置) •
02 차출(差出) •
03 착공(着工) •
04 착수(着手) •
05 착종(錯綜) •

• ㉠ 이것저것이 뒤섞여 엉클어짐
• ㉡ 어떤 일을 시키기 위하여 인원을 선발하여 냄
• ㉢ 내버려두고 문제 삼지 않음
• ㉣ 공사를 시작함
• ㉤ 어떤 일에 손을 댐. 또는 어떤 일을 시작함

정답 01 ㉢ 02 ㉡ 03 ㉣ 04 ㉤ 05 ㉠

추돌(追突) ★ 쫓을 **추**, 부딪칠 **돌**	자동차나 기차 등이 뒤에서 들이받음 예 **추돌** 사고
추모(追慕) 쫓을 **추**, 사모할 **모**	죽은 사람을 그리며 생각함 예 **추모** 행렬
추방(追放) 쫓을 **추**, 놓을 **방**	일정한 지역이나 조직 밖으로 쫓아냄 예 국외 **추방** 동의어 추실(追失)
추서(追敍) ★ 쫓을 **추**, 줄 **서**	죽은 뒤에 관등을 올리거나 훈장 등을 줌 예 훈장 **추서**
추앙(推仰) 옮길 **추**, 우러를 **앙**	높이 받들어 우러러봄 예 만인의 **추앙**을 받다.
추인(追認) 쫓을 **추**, 알 **인**	지나간 사실을 소급하여 추후에 인정함
추종(追從) 쫓을 **추**, 좇을 **종**	남의 뒤를 따라서 좇음 예 그는 컴퓨터 분야에서는 타의 **추종**을 불허한다. 동의어 축종(逐從)
추징(追徵) 쫓을 **추**, 부를 **징**	부족한 것을 뒤에 추가하여 징수함
추출(抽出) ★ 뺄 **추**, 날 **출**	전체 속에서 어떤 물건, 생각, 요소 등을 뽑아냄
축수(祝壽) 빌 **축**, 목숨 **수**	오래 살기를 빎 예 산신령께 어머님의 **축수**를 기원하나이다.
축출(逐出) ★ 쫓을 **축**, 날 **출**	쫓아내거나 몰아냄 예 강제 **축출**
축하(祝賀) 빌 **축**, 하례할 **하**	'남의 좋은 일을 기뻐하고 즐거워한다'라는 뜻으로 인사함. 또는 그런 인사 예 **축하** 잔치
출시(出市) ★ 날 **출**, 시장 **시**	상품이 시중에 나옴. 또는 상품을 시중에 내보냄 예 **출시** 시기
출현(出現) ★ 날 **출**, 나타날 **현**	나타나거나 또는 나타나서 보임 예 고대 국가의 **출현**
취득세(取得稅) 취할 **취**, 얻을 **득**, 세금 **세**	지방세의 하나. 재산을 유통하는 과정에서 매기는데, 부동산·자동차·중기·입목·선박·광업권·어업권 등을 취득할 때 매긴다. 예 **취득세**를 내다.
취재(取材) 취할 **취**, 재목 **재**	작품이나 기사에 필요한 재료나 제재를 조사하여 얻음 예 **취재** 활동
치부(恥部) ★ 부끄러워할 **치**, 나눌 **부**	남에게 드러내고 싶지 않은 부끄러운 부분 예 **치부**를 폭로하다.

친소(親疏) 친할 **친**, 트일 **소**	친함과 친하지 않음
칠갑(漆甲) 옻 **칠**, 갑옷 **갑**	물건의 겉면에 다른 물질을 흠뻑 칠하여 바름 예 먹 **칠갑**
칩거(蟄居) ★ 숨을 **칩**, 살 **거**	나가서 활동하지 않고 집 안에만 틀어박혀 있음 예 **칩거** 생활을 하다. 유의어 굴칩(屈蟄) 때를 만나지 못하여 이름을 세상에 드러내지 못하고 집에 틀어박혀 있음 유의어 폐거(閉居) 집에 틀어박혀 지냄
쾌거(快擧) 쾌할 **쾌**, 들 **거**	통쾌하고 장한 행위 예 **쾌거**를 이루다.
쾌척(快擲) 쾌할 **쾌**, 던질 **척**	금품을 마땅히 쓸 자리에 시원스럽게 내놓음
타개(打開) 칠 **타**, 열 **개**	매우 어렵거나 막힌 일을 잘 처리하여 해결의 길을 엶 예 현실 **타개**
타결(妥結) 온당할 **타**, 맺을 **결**	의견이 대립된 양편에서 서로 양보하여 일을 마무름 예 **타결**의 실마리를 찾다.
터득(攄得) 펼 **터**, 얻을 **득**	깊이 생각하여 이치를 깨달아 알아냄
토로(吐露) 토할 **토**, 드러낼 **로**	마음에 있는 것을 죄다 드러내어서 말함 유의어 토파(吐破) 마음에 품고 있던 사실을 다 털어 내어 말함
통달(通達) 통할 **통**, 통할 **달**	사물의 이치나 지식, 기술 등을 훤히 알거나 아주 능란하게 함 동의어 달통(達通), 통달(洞達)
특기(特技) 특별할 **특**, 재주 **기**	남이 가지지 못한 특별한 기술이나 기능 예 **특기**를 발휘하다.
특징(特徵) 특별할 **특**, 부를 **징**	다른 것에 비하여 특별히 눈에 띄이는 점 예 **특징**을 보이다. 유의어 특색(特色) 보통의 것과 다른 점
파격(破格) 깨뜨릴 **파**, 격식 **격**	일정한 격식을 깨뜨림. 또는 그 격식 예 **파격**을 구사하다.
파견(派遣) 물갈래 **파**, 보낼 **견**	일정한 임무를 주어 사람을 보냄 예 **파견** 근무 동의어 발견(發遣), 파송(派送)

파장(波長) 물결 **파**, 길 **장**	1. 파동에서, 같은 위상을 가진 서로 이웃한 두 점 사이의 거리 동의어 결너비 2. 충격적인 일이 끼치는 영향 또는 그 영향이 미치는 정도나 동안을 비유적으로 이르는 말 예 신문 기사의 **파장**은 매우 컸다.
판명(判明) 판가름할 **판**, 밝을 **명**	어떤 사실을 판단하여 명백하게 밝힘 예 **판명**이 나다.
패기(霸氣) 으뜸 **패**, 기운 **기**	어떤 어려운 일이라도 해내려는 굳센 기상이나 정신 예 **패기**에 찬 얼굴
패륜(悖倫) 어지러울 **패**, 인륜 **륜**	인간으로서 마땅히 하여야 할 도리에 어그러짐. 또는 그런 현상 예 요즈음 부모, 형제, 자식마저도 버리는 **패륜**을 저지르는 이가 많다. 동의어 파륜(破倫) 유의어 배륜(背倫) 윤리에 어그러짐 유의어 불륜(不倫) 사람으로서 지켜야 할 도리에서 벗어난 데가 있음 유의어 상륜(傷倫) 사람이 지켜야 할 가장 기본이 되는 도리를 어기는 범죄 유의어 역륜(逆倫) 인륜에 어긋남
팽배(澎湃/彭湃) 물 소리 **팽**, 물 소리 **배** / 성 **팽**, 물 소리 **배**	어떤 기세나 사조 등이 매우 거세게 일어남 예 기대 심리의 **팽배**
편년(編年) 엮을 **편**, 해 **년**	연대순으로 역사를 편찬함
편람(便覽) 편할 **편**, 볼 **람**	보기에 편리하도록 간추린 책
편법(便法) 편할 **편**, 법도 **법**	정상적인 절차를 따르지 않은 간편하고 손쉬운 방법 예 **편법**을 동원하다.
편승(便乘) 편할 **편**, 탈 **승**	1. 남이 타고 가는 차편을 얻어 탐 2. 세태나 남의 세력을 이용하여 자신의 이익을 거둠을 비유적으로 이르는 말
편익(便益) 편할 **편**, 더할 **익**	편리하고 유익함 예 **편익**을 제공하다.
편집성(偏執性) 치우칠 **편**, 잡을 **집**, 성품 **성**	한쪽으로 치우친 생각을 고집하고 남의 말을 듣지 않는 성질
편철(編綴) 엮을 **편**, 이을 **철**	통신·문건·신문 등을 정리하여 짜서 철하거나 결음
표백(漂白) 떠다닐 **표**, 흰 **백**	종이나 피륙 등을 바래거나 화학 약품으로 탈색하여 희게 함 동의어 바래기
품평(品評) 물건 **품**, 평할 **평**	물건이나 작품의 좋고 나쁨을 평함 예 이 작품에 대한 **품평**은 그다지 좋지 않다. 유의어 품정(品定) 품질이나 우열을 가려서 판정함
피력(披瀝) ★ 헤칠 **피**, 물방울 떨어질 **력**	생각하는 것을 털어놓고 말함 예 수상 소감의 **피력**
피폐(疲弊) 피곤할 **피**, 폐단 **폐**	지치고 쇠약하여짐 예 산업화와 도시화의 그늘에서 **피폐**와 몰락을 거듭하고 있는 농촌 동의어 파폐(罷弊)
할거(割據) 나눌 **할**, 의거할 **거**	땅을 나누어 차지하고 굳게 지킴
함구(緘口) 봉할 **함**, 입 **구**	'입을 다문다'라는 뜻으로, 말하지 않음을 이르는 말 동의어 두구(杜口), 함묵(緘默) 유의어 금구(噤口) 입을 다물고 말을 하지 않음 반의어 개구(開口) 입을 열어 말을 함

개념 암기 체크

다음 어휘와 뜻풀이를 바르게 연결하시오.

01 출시(出市) •	• ㉠ 나타나거나 또는 나타나서 보임
02 출현(出現) •	• ㉡ 죽은 뒤에 관등을 올리거나 훈장 등을 줌
03 치부(恥部) •	• ㉢ 상품이 시중에 나옴. 또는 상품을 시중에 내보냄
04 추앙(推仰) •	• ㉣ 남에게 드러내고 싶지 않은 부끄러운 부분
05 추서(追敍) •	• ㉤ 높이 받들어 우러러봄

정답 01 ㉢ 02 ㉠ 03 ㉣ 04 ㉤ 05 ㉡

함양(涵養) 젖을 **함**, 기를 **양**	능력이나 품성 등을 길러 쌓거나 갖춤 예 인격 **함양** 동의어 함육(涵育)
항진(亢進) 목 **항**, 나아갈 **진**	1. 위세 좋게 뽐내고 나아감 2. 기세나 기능 등이 높아짐
해갈(解渴) 풀 **해**, 목마를 **갈**	1. 목마름을 해소함 2. 비가 내려 가뭄을 겨우 벗어남 예 비가 내렸지만 아직도 **해갈**은 멀었다.
해명(解明) 풀 **해**, 밝을 **명**	까닭이나 내용을 풀어서 밝힘 예 **해명**을 요구하다.
해촉(解囑) 풀 **해**, 부탁할 **촉**	위촉했던 직책이나 자리에서 물러나게 함 예 규정을 어겼다는 이유로 **해촉** 통보를 받다.
해후(邂逅) 만날 **해**, 만날 **후**	오랫동안 헤어졌다가 뜻밖에 다시 만남 예 극적인 **해후**
행간(行間) 다닐 **행**, 사이 **간**	1. 쓰거나 인쇄한 글의 줄과 줄 사이. 또는 행과 행 사이 예 **행간**이 넓다. 2. 글에 직접적으로 나타나 있지 않으나 그 글을 통하여 나타내려고 하는 숨은 뜻을 비유적으로 이르는 말 예 **행간**을 읽다.
향수(鄕愁) 시골 **향**, 근심 **수**	고향을 그리워하는 마음이나 시름 예 어린 시절에 대한 **향수**
호가(呼價) 부를 **호**, 값 **가**	팔거나 사려는 물건의 값을 부름
호객(呼客) 부를 **호**, 손님 **객**	물건 등을 팔기 위하여 손님을 부름 예 **호객** 행위
호기(呼氣) 부를 **호**, 기운 **기**	기운을 내뿜음
호령(號令) 부르짖을 **호**, 명령할 **령**	부하나 동물 등을 지휘하여 명령함. 또는 그 명령 예 사또의 **호령**이 떨어지자 나졸들이 죄인들을 끌고 나갔다.
호행(護行) 보호할 **호**, 다닐 **행**	보호하며 따라감
화혼(華婚) 빛날 **화**, 혼인할 **혼**	남의 결혼을 아름답게 이르는 말 예 축 **화혼**
확률(確率) 굳을 **확**, 율 **률**	일정한 조건 아래에서 어떤 사건이나 사상이 일어날 가능성의 정도. 또는 그런 수치 예 이 경기에선 우리 팀이 이길 **확률**이 크다. 동의어 개연량(蓋然量), 개연율(蓋然率)

확장(擴張) 넓힐 **확**, 베풀 **장**	범위, 규모, 세력 등을 늘려서 넓힘 예 사업 **확장**
확진(確診) 굳을 **확**, 볼 **진**	확실하게 진단을 함. 또는 그 진단 예 **확진**을 위한 검사를 하다.
환담(歡談) 기뻐할 **환**, 말씀 **담**	정답고 즐겁게 서로 이야기함. 또는 그런 이야기 예 **환담**을 나누다. 유의어 환어(歡語) 즐겨 이야기를 함
환희(歡喜) 기뻐할 **환**, 기쁠 **희**	매우 기뻐함. 또는 큰 기쁨 예 **환희**의 함성 동의어 환열(歡悅), 흔희(欣喜)
활약(活躍) 살 **활**, 뛸 **약**	1. 기운차게 뛰어다님 2. 활발히 활동함 예 눈부신 **활약**
회의(懷疑) 품을 **회**, 의심할 **의**	의심을 품음. 또는 마음속에 품고 있는 의심 예 **회의**에 빠지다.
회자(膾炙) ★ 회 **회**, 구울 **자**	회와 구운 고기라는 뜻으로, 칭찬을 받으며 사람의 입에 자주 오르내림을 이르는 말
효험(效驗) 본받을 **효**, 시험 **험**	일의 좋은 보람. 또는 어떤 작용의 결과 예 **효험**을 보다. 동의어 효(效) 유의어 효력(效力) 약 등을 사용한 후에 얻는 보람 유의어 효용(效用) 보람 있게 쓰거나 쓰임. 또는 그런 보람이나 쓸모
훈훈(薰薰) 향풀 **훈**, 향풀 **훈**	날씨나 온도가 견디기 좋을 만큼 더움
휘발성(揮發性) 휘두를 **휘**, 필 **발**, 성품 **성**	보통 온도에서 액체가 기체로 되어 날아 흩어지는 성질 예 **휘발성**이 강한 물질
흠결(欠缺) 하품 **흠**, 이지러질 **결**	일정한 수효에서 부족함이 생김. 또는 그런 부족 동의어 흠축(欠縮)
흠모(欽慕) 공경할 **흠**, 사모할 **모**	기쁜 마음으로 공경하며 사모함 동의어 염모(艷慕), 흔모(欣慕), 흠애(欽愛) 유의어 열모(悅慕) 기쁜 마음으로 사모함
힐난(詰難) 꾸짖을 **힐**, 어려울 **난**	트집을 잡아 거북할 만큼 따지고 듦

3 출제 예상 한자어

개전(改悛) 고칠 **개**, 고칠 **전**	행실이나 태도의 잘못을 뉘우치고 마음을 바르게 고쳐먹음 예 죄인에게 **개전**의 기회를 주다. 동의어 전개(悛改), 전심(悛心), 전환(悛換), 회전(悔悛) 유의어 개과(改過) 잘못이나 허물을 뉘우쳐 고침 유의어 개심(改心) 잘못된 마음을 바르게 고침
개혁(改革) 고칠 **개**, 가죽 **혁**	제도나 기구 등을 새롭게 뜯어고침 예 사법 제도 **개혁** 동의어 혁개(革改) 유의어 개변(改變) 1. 상태, 제도, 시설 등을 근본적으로 바꾸거나 발전적인 방향으로 고침 2. 생각 등을 고쳐 바꿈
견개(狷介) 성급할 **견**, 끼일 **개**	굳게 절개를 지키고 구차하게 타협하지 않음
곤혹(困惑) 괴로울 **곤**, 미혹할 **혹**	곤란한 일을 당하여 어찌할 바를 모름 예 예기치 못한 질문에 **곤혹**을 느끼다.
괴리(乖離) 어그러질 **괴**, 떠날 **리**	서로 어그러져 동떨어짐 예 현실과 이상은 언제나 **괴리**가 있기 마련이다. 유의어 괴격(乖隔) 서로 어그러지고 멀어짐
구휼(救恤) 구원할 **구**, 구휼할 **휼**	사회적 또는 국가적 차원에서 재난을 당한 사람이나 빈민에게 금품을 주어 구제함 예 **구휼** 사업 동의어 증휼(拯恤), 휼구(恤救)
권태(倦怠) 게으를 **권**, 게으를 **태**	어떤 일이나 상태에 시들해져서 생기는 게으름이나 싫증 예 단조로운 생활에서 오는 **권태**
귀감(龜鑑) 거북 **귀**, 거울 **감**	거울로 삼아 본받을 만한 모범 예 **귀감**이 되다. 동의어 귀경(龜鏡)
기탄(忌憚) 꺼릴 **기**, 꺼릴 **탄**	어렵게 여겨 꺼림 예 그는 아무런 **기탄**이 없이 말을 이었다.

기회(機會) 틀 **기**, 모일 **회**	1. 어떠한 일을 하는 데 적절한 시기나 경우 예 절호의 **기회** 2. 겨를이나 짬 예 우연한 **기회**
남용(濫用) 넘칠 **남**, 쓸 **용**	1. 일정한 기준이나 한도를 넘어서 함부로 씀 예 약물 **남용** 2. 권리나 권한 등을 본래의 목적이나 범위를 벗어나 함부로 행사함 예 공권력 **남용**
내막(內幕) 안 **내**, 막 **막**	겉으로 드러나지 않은 일의 속 내용 예 사건의 **내막**
내포(內包) 안 **내**, 쌀 **포**	어떤 성질이나 뜻 등을 속에 품음
논거(論據) 논의할 **논**, 의거할 **거**	어떤 이론이나 논리, 논설 등의 근거 예 명백한 **논거**를 제시하다. 동의어 이거(理據)
논란(論難) 논의할 **논**, 어려울 **난**	여럿이 서로 다른 주장을 내며 다툼 예 **논란**을 불러일으키다.
논술(論述) 논의할 **논**, 지을 **술**	어떤 것에 관하여 의견을 논리적으로 서술함. 또는 그런 서술 예 **논술** 시험 유의어 논진(論陳) 논하여 진술함 유의어 설술(說述) 설명하여 논술함
논의(論意) 논의할 **논**, 뜻 **의**	논하는 말이나 글의 뜻이나 의도 예 이 글은 **논의**를 알 수 없다. 유의어 논지(論旨) 논하는 말이나 글의 취지
다원(多元) 많을 **다**, 으뜸 **원**	근원이 많음. 또는 그 근원
다채(多彩) 많을 **다**, 채색 **채**	여러 가지 색채나 형태, 종류 등이 어울리어 호화스러움

개념 암기 체크

다음 어휘와 뜻풀이를 바르게 연결하시오.

01 해후(邂逅) •   • ㉠ 오랫동안 헤어졌다가 뜻밖에 다시 만남
02 호행(護行) •   • ㉡ 능력이나 품성 등을 길러 쌓거나 갖춤
03 함양(涵養) •   • ㉢ 칭찬을 받으며 사람의 입에 자주 오르내림을 이르는 말
04 회자(膾炙) •   • ㉣ 일의 좋은 보람. 또는 어떤 작용의 결과
05 효험(效驗) •   • ㉤ 보호하며 따라감

정답 01 ㉠ 02 ㉤ 03 ㉡ 04 ㉢ 05 ㉣

답지(遝至) 뒤섞일 **답**, 이를 **지**	한군데로 몰려들거나 몰려옴 동의어 지답(至遝)
대절(貸切) 빌릴 **대**, 끊을 **절**	계약에 의하여 일정 기간 동안 그 사람에게 만 빌려주어 다른 사람의 사용을 금하는 일
도저(到底) 다다를 **도**, 밑 **저**	1. 학식이나 생각, 기술 등이 아주 깊음 2. 행동이나 몸가짐이 빗나가지 않고 곧아서 훌륭함
망상(妄想) 허망할 **망**, 생각 **상**	이치에 맞지 않는 망령된 생각을 함. 또는 그 생각 예 헛된 **망상**에 사로잡히다. 동의어 망념(妄念) 유의어 낭지(浪志) 두서없고 이치에 맞지 않은 어지러운 생각
명도(明渡) 밝을 **명**, 건널 **도**	건물, 토지, 선박 등을 남에게 주거나 맡김. 또는 그런 일
모범(模範) 법 **모**, 법 **범**	본받아 배울 만한 대상 예 **모범** 답안지 동의어 모표(模表), 모해(模楷), 형범(刑範)
모순(矛盾) 창 **모**, 방패 **순**	어떤 사실의 앞뒤, 또는 두 사실이 이치상 어긋나서 서로 맞지 않음을 이르는 말 예 사회의 구조적 **모순** 유의어 배반(背反) 논리적으로 양립할 수 없음
묘사(描寫) 그릴 **묘**, 베낄 **사**	어떤 대상이나 사물, 현상 등을 언어로 서술하거나 그림을 그려서 표현함 예 심리 **묘사** 유의어 묘출(描出) 어떤 대상이나 현상 등을 표현하여 드러냄
발췌(拔萃) 뺄 **발**, 모일 **췌**	1. 책, 글 등에서 필요하거나 중요한 부분을 가려 뽑아냄. 또는 그런 내용 예 원문 **발췌**가 끝나는 대로 번역에 들어갈 예정이다. 유의어 발초(拔抄) 글 등에서 필요한 대목을 가려 뽑아서 베낌. 또는 그런 내용 유의어 발취(拔取) 물건이나 글 가운데서 뽑아냄 2. 여럿 가운데에서 특별히 뛰어남 동의어 발군(拔群)
발호(跋扈) 밟을 **발**, 뒤따를 **호**	권세나 세력을 제멋대로 부리며 함부로 날뜀 예 군벌과 외척의 **발호**
발휘(發揮) 필 **발**, 휘두를 **휘**	재능, 능력 등을 떨치어 나타냄 예 실력 **발휘**
배척(排斥) 물리칠 **배**, 물리칠 **척**	따돌리거나 거부하여 밀어 내침 예 외세 **배척** 동의어 배빈(排擯), 척빈(斥擯) 유의어 빈척(擯斥) 싫어하여 물리침

부결(否決) 아닐 **부**, 결정할 **결**	의논한 안건을 받아들이지 않기로 결정함. 또는 그런 결정 예 회사에서 제시한 임금안의 **부결**로 총파업이 결정되었다. 반의어 가결(可決) 회의에서, 제출된 의안을 합당하다고 결정함
부인(否認) 아닐 **부**, 알 **인**	어떤 내용이나 사실을 옳거나 그러하다고 인정하지 않음 반의어 시인(是認) 어떤 내용이나 사실이 옳거나 그러하다고 인정함
부패(腐敗) 썩을 **부**, 패할 **패**	1. 정치, 사상, 의식 등이 타락함 예 정치적 **부패** 2. 단백질이나 지방 등의 유기물이 미생물의 작용에 의하여 분해되는 과정. 또는 그런 현상 예 음식물의 **부패**
불후(不朽) 아닐 **불**, 썩을 **후**	썩지 않음이라는 뜻으로, 영원토록 변하거나 없어지지 않음을 비유적으로 이르는 말 예 **불후**의 명작을 남기다. 유의어 불마(不磨) 닳아 없어지지 않음
비견(比肩) 견줄 **비**, 어깨 **견**	서로 비슷한 위치에서 견줌. 또는 견주어짐 동의어 병견(竝肩)
비운(否運) 막힐 **비**, 운전할 **운**	1. 막혀서 어려운 처지에 이른 운수 반의어 태운(泰運) 걱정이 없고 평안한 운수 2. 불행한 운명
사치(奢侈) 사치할 **사**, 사치할 **치**	필요 이상의 돈이나 물건을 쓰거나 분수에 지나친 생활을 함 예 **사치**를 부리다. 동의어 사미(奢靡)
살포(撒布) 뿌릴 **살**, 베 **포**	1. 액체, 가루 등을 흩어 뿌림 예 농약의 본격적인 **살포**가 시작되었다. 유의어 살산(撒散) 뿌려 흩음 2. 금품, 전단 등을 여러 사람에게 나누어 줌 예 유인물 **살포**
선망(羨望) 부러워할 **선**, 바랄 **망**	부러워하여 바람 예 **선망**의 대상이 되다.
섭렵(涉獵) 건널 **섭**, 사냥할 **렵**	'물을 건너 찾아다닌다'라는 뜻으로, 많은 책을 널리 읽거나 여기저기 찾아다니며 경험함을 이르는 말
소고(小考) 작을 **소**, 상고할 **고**	1. 체계를 세우지 않은 단편적 고찰 예 향가 **소고** 2. 조금 생각함 3. 자기의 생각을 낮추어 이르는 말

소급(遡及) 거슬러 올라갈 **소**, 미칠 **급**	과거에까지 거슬러 올라가서 미치게 함 예 **소급** 적용 반의어 불소급(不遡及) 과거에까지 거슬러 올라가 미치게 하지 않음
소멸(消滅) 꺼질 **소**, 멸망할 **멸**	사라져 없어짐 예 미신을 타파한다고 장승을 죄 뽑아 버려 마을의 장승은 거의 **소멸** 상태에 이르고 있다. 동의어 소망(消亡), 시멸(澌滅)
쇄도(殺到) 감할 **쇄**, 다다를 **도**	1. 전화, 주문 등이 한꺼번에 세차게 몰려듦 예 문의 전화 **쇄도**로 업무가 마비될 지경이다. 2. 어떤 곳을 향하여 세차게 달려듦 예 전시회가 수많은 관객의 **쇄도**로 연일 성황을 이루었다.
순조(順調) 순할 **순**, 고를 **조**	일 등이 아무 탈이나 말썽 없이 예정대로 잘 되어 가는 상태 반의어 역조(逆調) 일의 진행이 나쁜 방향으로 되어 가는 상태
순탄(順坦) 순할 **순**, 평평할 **탄**	1. 성질이 까다롭지 않음 2. 길이 험하지 않고 평탄함 3. 삶 등이 아무 탈 없이 순조로움
십상(十常) 열 **십**, 항상 **상**	열에 여덟이나 아홉 정도로 거의 예외가 없음 예 이런 금을 가지고 다니다가는 도둑에게 빼앗기기 **십상**이다. 동의어 십상팔구(十常八九)
알력(軋轢) 삐걱거릴 **알**, 수레에 칠 **력**	'수레바퀴가 삐걱거린다'라는 뜻으로, 서로 의견이 맞지 않아 사이가 안 좋거나 충돌하는 것을 이르는 말 예 파벌 간의 **알력**이 끊일 날이 없다.
알선(斡旋) 관리할 **알**, 돌 **선**	남의 일이 잘되도록 주선하는 일 예 취업 **알선**
알현(謁見) 아뢸 **알**, 나타날 **현**	지체가 높고 귀한 사람을 찾아가 뵘 동의어 상알(上謁), 현알(見謁)
엄금(嚴禁) 엄할 **엄**, 금할 **금**	엄하게 금지함 예 출입 **엄금** 동의어 절금(切禁), 통금(痛禁)

여지(餘地) 남을 **여**, 땅 **지**	1. 남은 땅 예 집 한 채는 충분히 지을 **여지**가 있다. 2. 어떤 일을 하거나 어떤 일이 일어날 가능성이나 희망 예 개선의 **여지**가 많다. 유의어 나위 더 할 수 있는 여유나 더 해야 할 필요
연루(連累/緣累) 잇닿을 **연**, 묶을 **루** / 인연 **연**, 묶을 **루**	남이 저지른 범죄에 연관됨 예 그는 폭력 사건 **연루** 혐의를 극구 부인하였다. 동의어 연좌(連坐)
오열(嗚咽) 탄식 소리 **오**, 목멜 **열**	목메어 욺. 또는 그런 울음 예 **오열**을 토하다. 동의어 오읍(嗚泣)
유대(紐帶) 맬 **유**, 띠 **대**	끈과 띠라는 뜻으로, 둘 이상을 서로 연결하거나 결합하게 하는 것. 또는 그런 관계 예 **유대** 의식
유명(幽明) 그윽할 **유**, 밝을 **명**	1. 어둠과 밝음을 아울러 이르는 말 2. 저승과 이승을 아울러 이르는 말 동의어 유현(幽顯)
유착(癒着) 병 나을 **유**, 붙을 **착**	사물들이 서로 깊은 관계를 가지고 결합하여 있음 예 정경 **유착**
은닉(隱匿) 숨을 **은**, 숨길 **닉**	남의 물건이나 범죄인을 감춤 예 수배자의 **은닉**을 도와준 사람은 처벌 대상이 된다.
의사(擬似) 헤아릴 **의**, 같을 **사**	실제와 비슷함
자질(資質) 재물 **자**, 바탕 **질**	1. 타고난 성품이나 소질 예 아버지의 **자질**을 이어받다. 2. 어떤 분야의 일에 대한 능력이나 실력의 정도 예 과학자로서의 **자질** 3. 타고난 체질 예 허약한 **자질**

개념 암기 체크

다음 어휘와 뜻풀이를 바르게 연결하시오.

01 발휘(發揮) •
02 쇄도(殺到) •
03 유착(癒着) •
04 부결(否決) •
05 사치(奢侈) •

• ㉠ 재능, 능력 등을 떨치어 나타냄
• ㉡ 전화, 주문 등이 한꺼번에 세차게 몰려듦
• ㉢ 사물들이 서로 깊은 관계를 가지고 결합하여 있음
• ㉣ 의논한 안건을 받아들이지 않기로 결정함. 또는 그런 결정
• ㉤ 필요 이상의 돈이나 물건을 쓰거나 분수에 지나친 생활을 함

정답 01 ㉠ 02 ㉡ 03 ㉢ 04 ㉣ 05 ㉤

전게(前揭) 앞 **전**, 들 **게**	앞에서 게재함 예 더 자세한 것은 **전게** 논문을 참조하기 바란다. 유의어 전재(前載) 앞에 게재함
정황(情況) 뜻 **정**, 상황 **황**	1. 일의 사정과 상황 예 **정황**을 판단하다. 유의어 정경(情景) 사람이 처하여 있는 모습이나 형편 유의어 정상(情狀) 있는 그대로의 사정과 형편 유의어 정형(情形) 사물의 정세와 형편을 아울러 이르는 말 2. 인정상 딱한 처지에 있는 상황 유의어 정상(情狀) 딱하거나 가엾은 상태 유의어 정지(情地) 딱한 사정에 있는 처지
종용(慫慂) 권할 **종**, 권할 **용**	잘 설득하고 달래어 권함
중상(中傷) 가운데 **중**, 상처 **상**	근거 없는 말로 남을 헐뜯어 명예나 지위를 손상함 예 악의에 찬 **중상**
지양(止揚) 그칠 **지**, 오를 **양**	더 높은 단계로 오르기 위하여 어떠한 것을 하지 않음
집중(集中) 모을 **집**, 가운데 **중**	1. 한곳을 중심으로 하여 모임. 또는 그렇게 모음 예 시선 **집중** 유의어 집주(集注) 한곳으로 모아들임 2. 한 가지 일에 모든 힘을 쏟아부음 예 정신 **집중**
징구(徵求) 부를 **징**, 구할 **구**	돈, 곡식 등을 내놓으라고 요구함 동의어 책징(責徵)
체제(體制) 몸 **체**, 억제할 **제**	1. 생기거나 이루어진 틀. 또는 그런 됨됨이 동의어 체재(體裁) 2. 사회를 하나의 유기체로 볼 때에, 그 조직이나 양식, 또는 그 상태를 이르는 말 예 중앙 집권 **체제** 3. 일정한 정치 원리에 바탕을 둔 국가 질서의 전체적 경향
촌탁(忖度) 헤아릴 **촌**, 헤아릴 **탁**	남의 마음을 미루어서 헤아림 동의어 요탁(料度), 췌량(揣量), 췌마(揣摩), 췌탁(揣度)
타락(墮落) 떨어질 **타**, 떨어질 **락**	올바른 길에서 벗어나 잘못된 길로 빠지는 일 예 **타락**의 길을 걷다.
타협(妥協) 온당할 **타**, 도울 **협**	어떤 일을 서로 양보하여 협의함 예 **타협**을 보다. 유의어 사무송(使無訟) 서로 의견을 조율하여 시비가 없도록 함
탁본(拓本) 박을 **탁**, 근본 **본**	비석, 기와, 기물 등에 새겨진 글씨나 무늬를 종이에 그대로 떠냄. 또는 그렇게 떠낸 종이 예 **탁본**을 뜨다. 동의어 영본(影本), 탑본(搨本) 유의어 비첩(碑帖) 비석에 새긴 글자나 그림 등을 그대로 종이에 박아 낸 것. 또는 그것을 첩으로 만든 것
통변(通辯) 통할 **통**, 말 잘할 **변**	말이 통하지 않는 사람 사이에서 뜻이 통하도록 말을 옮겨 줌. 또는 그런 일을 하는 사람 동의어 통역(通譯)
참신(斬新/嶄新) 벨 **참**, 새로울 **신** / 가파를 **참**, 새로울 **신**	새롭고 산뜻함
통화(通貨) 통할 **통**, 재화 **화**	유통 수단이나 지불 수단으로서 기능하는 화폐 동의어 유통 화폐(流通貨幣), 통용화(通用貨)
통화(通話) 통할 **통**, 말할 **화**	1. 전화로 말을 주고받음 예 **통화**가 끝나다. 2. 통화한 횟수를 세는 말 예 전화 한 **통화**만 쓸 수 있을까요?
파탄(破綻) 깨뜨릴 **파**, 솔기 터질 **탄**	1. 찢어져 터짐 2. 일이나 계획 등이 원만하게 진행되지 못하고 중도에서 어긋나 깨짐 예 **파탄** 위기 동의어 탄파(綻破)
편향(偏向) 치우칠 **편**, 향할 **향**	한쪽으로 치우침 예 개인적인 **편향**에 치우치다.
폐단(弊端) 폐단 **폐**, 바를 **단**	어떤 일이나 행동에서 나타나는 옳지 못한 경향이나 해로운 현상 동의어 폐(弊)
포착(捕捉) 사로잡을 **포**, 잡을 **착**	1. 꼭 붙잡음 동의어 파착(把捉) 2. 요점이나 요령을 얻음 예 요점 **포착**이 날카롭고 빠르다. 3. 어떤 기회나 정세를 알아차림 예 이 레이더의 성능으로는 적기의 **포착**이 불가능하다.
포폄(褒貶) 기릴 **포**, 떨어뜨릴 **폄**	옳고 그름이나 선하고 악함을 판단하여 결정함
표지(標識) 표 **표**, 기록할 **지**	표시나 특징으로 어떤 사물을 다른 것과 구별하게 함. 또는 그 표시나 특징 예 통행금지 **표지** 동의어 표치(標幟)

풍자(諷刺) 욀 **풍**, 찌를 **자**	1. 남의 결점을 다른 것에 빗대어 비웃으면서 폭로하고 공격함 예 그들의 이야기는 나에 대한 **풍자**로 가득 차 있다. 2. 문학 작품 등에서, 현실의 부정적 현상이나 모순 등을 빗대어 비웃으면서 씀 예 그의 소설은 **풍자**와 해학으로 우리 사회의 병폐를 표출했다.
해태(懈怠) 게으를 **해**, 게으를 **태**	행동이 느리고 움직이거나 일하기를 싫어하는 태도나 버릇 동의어 게으름
행사(行使) 다닐 **행**, 부릴 **사**	1. 부려서 씀 예 권력 **행사** 2. 행동이나 하는 짓
혁명(革命) 가죽 **혁**, 목숨 **명**	1. 헌법의 범위를 벗어나 국가 기초, 사회 제도, 경제 제도, 조직 등을 근본적으로 고치는 일 예 **혁명**이 일어나다. 2. 이전의 왕통을 뒤집고 다른 왕통이 대신하여 통치하는 일 3. 이전의 관습이나 제도, 방식 등을 단번에 깨뜨리고 질적으로 새로운 것을 급격하게 세우는 일
혁신(革新) 가죽 **혁**, 새로울 **신**	묵은 풍속, 관습, 조직, 방법 등을 완전히 바꾸어서 새롭게 함 예 제도의 **혁신** 유의어 쇄신(刷新) 그릇된 것이나 묵은 것을 버리고 새롭게 함 유의어 유신(維新) 낡은 제도를 고쳐 새롭게 함 유의어 정신(鼎新) 낡은 것을 새로이 고침
협상(協商) 도울 **협**, 장사 **상**	어떤 목적에 부합되는 결정을 하기 위하여 여럿이 서로 의논함 예 임금 **협상**
협조(協助) 도울 **협**, 도울 **조**	힘을 보태어 도움 예 **협조**를 요청하다.
협찬(協贊) 도울 **협**, 도울 **찬**	1. 힘을 합하여 도움 2. 어떤 일 등에 재정적으로 도움을 줌 예 이번 공연은 세 방송사의 **협찬**으로 진행되었다.
호도(糊塗) 풀 **호**, 진흙 **도**	'풀을 바른다'라는 뜻으로, 명확하게 결말을 내지 않고 일시적으로 감추거나 흐지부지 덮어 버림을 비유적으로 이르는 말
혼돈(混沌/渾沌) 섞을 **혼**, 어두울 **돈** / 흐릴 **혼**, 어두울 **돈**	1. 마구 뒤섞여 있어 갈피를 잡을 수 없음. 또는 그런 상태 예 **혼돈**에 빠지다. 2. 하늘과 땅이 아직 나누어지기 전의 상태 동의어 혼륜(渾淪)
혼동(混同) 섞을 **혼**, 같을 **동**	1. 구별하지 못하고 뒤섞어서 생각함 예 잠이 다 깨지 않았는지 그는 현실과 꿈 사이에서 **혼동**을 일으켰다. 2. 서로 뒤섞이어 하나가 됨
혼란(混亂) 섞을 **혼**, 어지러울 **란**	뒤죽박죽이 되어 어지럽고 질서가 없음 예 사회 **혼란** 동의어 효란(淆亂) 유의어 혼잡(混雜) 여럿이 한데 뒤섞이어 어수선함

개념 암기 체크

다음 어휘와 뜻풀이를 바르게 연결하시오.

01 전게(前揭) •
02 정황(情況) •
03 혁명(革命) •
04 혁신(革新) •
05 포폄(褒貶) •

• ㉠ 일의 사정과 상황
• ㉡ 묵은 풍속, 관습, 조직, 방법 등을 완전히 바꾸어서 새롭게 함
• ㉢ 옳고 그름이나 선하고 악함을 판단하여 결정함
• ㉣ 앞에서 게재함
• ㉤ 헌법의 범위를 벗어나 국가 기초, 사회 제도, 경제 제도, 조직 등을 근본적으로 고치는 일

정답 01 ㉣ 02 ㉠ 03 ㉤ 04 ㉡ 05 ㉢

유형 연습문제

1 밑줄 친 한자어의 사전적 뜻풀이로 옳지 않은 것은?

① 상대 팀의 기염(氣焰)에 우리 팀은 맥을 못 추고 있다. → 불꽃처럼 대단한 기세

② 어획량이 좋은 날에는 어시장의 매수(買售)도 활발히 일어난다. → 물건을 팔고 사는 일

③ 서울로 검진을 받으러 가시는 이모의 호행(護行)을 내가 맡기로 했다. → 같이 길을 가는 사람

④ 그 사람은 갈취(喝取)한 금품을 팔아 수억 원의 부당 이득을 취했다. → 남의 것을 강제로 빼앗음

⑤ 할아버지께서 약 40년간 모으신 신문을 편철(編綴)하셨다. → 통신·문건·신문 등을 정리하여 짜서 철하거나 결음

2 밑줄 친 한자어의 쓰임이 가장 적절하지 않은 것은?

① 신인 발굴(發掘)에 나선 감독들은 모두 김 군에게 주목했다.

② 전투기 발진(發進) 시 발생하는 소음에 주민들은 고통을 호소했다.

③ 이 서류의 유효 기간은 발부(發付) 시점을 기준으로 일주일까지이다.

④ 빛의 발현(發現) 양상에 따라 조명 방식을 구분하여 사용할 수 있다.

⑤ 대설 주의보 발효(發效)로 한라산 출입이 통제되어 관광객들은 아쉬워했다.

3 '일정한 규칙 아래 기량과 기술을 겨루다'를 뜻하는 '경기(競技)하다'의 용례로 가장 적절한 것은?

① 지금 조카가 몸을 떨며 경기하니 얼른 병원에 연락해라.

② 하루에 한 마지기를 경기했다간 이 소는 병이 나고 말 거예요.

③ 전혀 예상하지 못한 4강전 결과에 관객석의 사람들이 모두 경기했다.

④ 배구는 경기하는 동안 공을 잡는 행위를 반칙으로 간주하는 종목이다.

⑤ 일주일 내내 밭을 경기하여 완두콩 씨를 잔뜩 뿌려 두었는데 싹이 안 난다.

4 <보기>의 ㉠~㉢에 해당하는 한자로 올바르게 묶인 것은?

<보기>

- ㉠ 공전의 예로 태양 둘레를 도는 지구, 해왕성 등의 움직임을 들었다.
- 이번 제품으로 올린 매출은 ㉡ 공전의 결과라며 임직원 모두가 기뻐했다.
- 펄에 빠져 ㉢ 공전만 하는 자동차 바퀴를 빼내기 위해 장정 몇이 달라붙었다.

	㉠	㉡	㉢
①	公轉	空前	空轉
②	公轉	空轉	空前
③	空前	公轉	空轉
④	空轉	公轉	空前
⑤	空轉	空前	公轉

5 밑줄 친 말의 한자 병기가 잘못된 것은?

① 화재 발발(發發)로 터널 통행이 전면 통제되었다.

② 장 기자는 단신(單身)의 몸으로 분쟁 지역을 취재하러 갔다.

③ 면접관은 면접자에게 회사에 지원한 동기(動機)를 물었다.

④ 처음으로 본 사주(四柱)에서 올해 대운이 들어올 거라고 했다.

⑤ 재료 소진(消盡)으로 마감 시간보다 세 시간 이르게 가게 문을 닫았다.

약점 보완 해설집 p.17

II. 어휘

기출유형 06 어휘의 관계 파악 및 구분하기

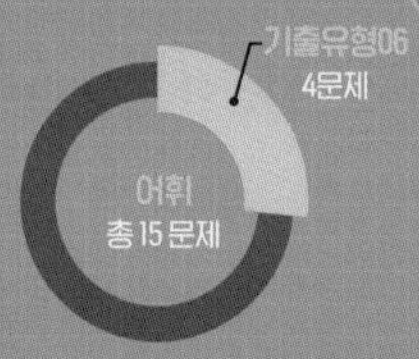

최근 3개년 출제 경향

출제 포인트 1 유의·반의·상하 관계 파악하기

1. 유의 관계, 반의 관계, 상하 관계에 놓인 단어 쌍을 찾을 수 있는지 묻는 문제입니다. 주로 <보기>에 의미 관계에 놓인 단어 쌍이나 의미 관계의 개념을 제시하고 그와 동일한 의미 관계를 지닌 단어 쌍을 찾는 문제로 출제됩니다.

2. 주로 다음과 같은 질문 형태로 출제됩니다.
   - <보기>의 (밑줄 친) ㉠과 ㉡의 의미 관계와 가장 유사한 것은?/동일하지 않은 것은?
   - <보기>의 ㉠과 ㉡에 해당하는 예를/표현을 바르게 제시한 것은?

풀이 전략

<보기>에 주어진 단어의 의미 관계나 <보기>에서 설명하는 개념에 해당하는 의미 관계를 파악하면 정답을 쉽게 찾을 수 있습니다. 상하 관계를 묻는 문제에서는 상하 관계와 헷갈리기 쉬운 전체-부분 관계의 단어가 선택지로 제시되기도 하니 두 개념의 차이를 반드시 숙지해야 합니다.

예제

<보기>의 ㉠과 ㉡의 의미 관계와 동일하지 않은 것은?

<보기>

갯과의 ㉠ 포유류인 ㉡ 늑대는 구대륙과 북아메리카에 분포하나 멸종 위기에 처한 보호 동물이다.

① 칼 - 칼날
② 과학 - 화학
③ 예술 - 문학
④ 언론사 - 방송국
⑤ 열대 저기압 - 태풍

정답 ①

해설 <보기>의 '늑대'는 '갯과의 포유류'이므로 '늑대'의 의미가 '포유류'의 의미에 포함된다. 따라서 ㉠과 ㉡의 관계는 '포유류'가 상위어, '늑대'가 하위어인 상하 관계이다. 그러나 '칼날'이 지시하는 대상은 '칼'이 지시하는 대상의 일부분으로 칼과 칼날은 부분 관계이므로 답은 ①이다.
② '화학'은 자연 과학의 한 분야이므로 '과학'이 상위어, '화학'이 하위어이다.
③ '문학'은 사상이나 감정을 언어로 표현한 예술이므로 '예술'이 상위어, '문학'이 하위어이다.
④ '방송국'은 '언론사'의 한 종류이므로 '언론사'가 상위어, '방송국'이 하위어이다.
⑤ '태풍'은 '열대 저기압'의 한 종류이므로 '열대 저기압'이 상위어, '태풍'이 하위어이다.

출제 포인트 2 다의어와 동음이의어 구분하기

1. 표기가 같은 단어가 다의어인지 동음이의어인지를 구분하는 문제로, 주로 질문에 쓰인 단어와 같은 의미로 쓰인 단어가 사용된 문장을 찾는 문제, 한 선택지에 주어진 두 문장에 쓰인 단어 중 다의어나 동음이의어에 해당하는 것을 찾는 문제가 출제됩니다.

2. 주로 다음과 같은 질문 형태로 출제됩니다.
   - "(예문)"에 사용된 "(단어)"와 같은 의미는?/거리가 가장 먼 것은?
   - 밑줄 친 두 말의 의미 관계가 '동음이의'에 해당하지 않는 것은?

풀이 전략

다의어와 동음이의어를 구분하는 문제는 <보기>나 선택지가 예문으로 구성됩니다. 따라서 각각의 예문을 읽으며 단어의 의미를 파악하고, 단어 간 의미의 연관성이 있다면 다의 관계, 연관성이 없다면 동음이의 관계로 구분하면 됩니다.

예제

"검은색 옷과 함께 빤 흰옷에 검은 물이 들었다"에 사용된 '들다'와 같은 의미는?

① 맛이 든 자두와 복숭아를 여러 개 사 왔다.
② 씻을 때마다 화장실에서 방으로 물이 든다.
③ 꽃은 남쪽부터 피고 단풍은 북쪽부터 든다.
④ 아이는 침대에 들고 한 시간 만에 잠들었다.
⑤ 잘 들지 않는 칼을 모두 새것으로 바꾸었다.

정답 ③

해설 '검은 물이 들었다'에 사용된 '들다'의 의미는 '물감, 색깔, 물기, 소금기가 스미거나 배다'이며, 이와 같은 의미로 쓰인 것은 ③의 '단풍은 북쪽부터 든다'의 '들다'이다. 참고로, ①, ②, ④의 '들다'는 '들다¹'로 다의 관계에 있으나, ⑤의 '들다'는 '들다³'으로 다른 선택지의 '들다'와 동음이의 관계에 있다.

① **맛이 든 자두와**: 이때의 '들다'는 '과일, 음식의 맛 등이 익어서 알맞게 되다'를 뜻한다.
② **화장실에서 방으로 물이 든다**: 이때의 '들다'는 '빛, 볕, 물 등이 안으로 들어오다'를 뜻한다.
④ **아이는 침대에 들고**: 이때의 '들다'는 '수면을 취하기 위한 장소에 가거나 오다'를 뜻한다.
⑤ **잘 들지 않는 칼을**: 이때의 '들다'는 '날이 날카로워 물건이 잘 베어지다'를 뜻한다.

출제 포인트 3 헷갈리기 쉬운 어휘 구별하기

1. 의미나 표기가 유사한 단어를 구별하거나 비표준어와 혼동할 만한 표준어를 구별하는 문제로, 주로 문장에 들어갈 단어의 기본형을 묻는 문제나 문장 내에서 단어의 쓰임이 옳은지 묻는 문제로 출제됩니다.

2. 주로 다음과 같은 질문 형태로 출제됩니다.
   - 밑줄 친 단어의 쓰임이 옳지 않은 것은?
   - ㉠~㉢에 들어갈 단어의 기본형으로 바르게 묶인 것은?

풀이 전략

선택지에 제시된 어휘의 기본형을 먼저 파악하고 어휘의 의미를 떠올립니다. 그 후, 어휘의 의미를 고려할 때 어떤 맥락에서 쓰여야 적절한지 생각하면 쉽게 풀 수 있습니다. 그래도 헷갈릴 때는 헷갈리는 단어들의 기본형도 옆에 써 두고 각각이 쓰인 예문을 떠올리면 혼동되는 두 단어를 구별하는 데 도움이 됩니다.

예제

밑줄 친 단어의 쓰임이 옳지 않은 것은?

① 운동 전 몸을 풀기 위해 허리를 젖혔다.
② 우리의 노력이 삶의 야생성 회복에 주효했다.
③ 그는 지도에서 탐사를 시작하는 장소를 가리켰다.
④ 바늘에 꿴 실 끝을 단단히 매야 바느질하기 편하다.
⑤ 그 집은 매일 거창한 잔치를 벌리느라 돈을 많이 썼다.

정답 ⑤

해설 **벌리느라**(×) → **벌이느라**(○): 문맥상 잔치를 여느라 돈을 많이 쓴다는 의미이므로, '벌리다'가 아닌 '벌이다'를 써야 한다.
- **벌리다**: 둘 사이를 넓히거나 멀게 하다.
- **벌이다**: 일을 계획하여 시작하거나 펼쳐 놓다.

① **젖혔다**(○): 문맥상 허리를 뒤로 기울여 몸을 풀었다는 의미이므로 '뒤로 기울게 하다'를 뜻하는 '젖히다'의 쓰임은 적절하다.
② **주효했다**(○): 문맥상 삶이 야생성을 회복하는 데 우리의 노력이 효과가 있었다는 의미이므로 '효력이 나타나다'를 뜻하는 '주효(奏效)하다'의 쓰임은 적절하다.
③ **가리켰다**(○): 문맥상 그가 지도에서 탐사 장소를 집었다는 의미이므로 '손가락 등으로 어떤 방향이나 대상을 집어서 보이거나 말하거나 알리다'를 뜻하는 '가리키다'의 쓰임은 적절하다.
④ **매야**(○): 문맥상 실이 풀어지지 않게 끝을 잡아 묶는다는 의미이므로 '끈이나 줄 등의 두 끝을 엇걸고 잡아당기어 풀어지지 않게 마디를 만들다'를 뜻하는 '매다'의 쓰임은 적절하다.

출제 포인트 4 의미가 대응하는 고유어와 한자어 찾기

1. 고유어나 한자어가 쓰인 맥락을 고려해 유사한 의미로 쓰인 한자어나 고유어를 찾는 문제입니다. 주로 한 개의 고유어가 지닌 다양한 뜻에 각각 대응하는 한자어를 찾는 문제, 선지마다 다른 고유어/한자어가 제시되고 그 대응이 적절한지 찾는 문제로 출제됩니다.

2. 주로 다음과 같은 질문 형태로 출제됩니다.
   - 밑줄 친 한자어/고유어에 대응하는 한자어/고유어로 적절한/적절하지 않은 것은?
   - 밑줄 친 고유어 '(고유어)'에 대응하여 쓸 수 있는 한자어로 적절하지 않은 것은?

풀이 전략

주로 선택지에 '한자어[고유어]', '고유어(한자어) → 한자어(고유어)' 형태가 포함되므로 실제로 단어를 바꾸어 보고, 문장의 의미가 달라지거나 어색해지지 않는지를 기준으로 정답을 고르면 됩니다.

예제

밑줄 친 한자어에 대응하는 고유어로 적절하지 않은 것은?

① 신도시가 개발되며 인구가 늘어나자 여기저기 도로를 건설(建設)하는[닦는] 중이다.
② 그들은 사건의 실마리를 수색(搜索)하기[찾기] 위해 사건 현장을 밤낮없이 드나들었다.
③ 이 소설은 모티브로 삼은 실제 사건을 핍진(逼眞)하게[뚜렷하게] 묘사해 질타를 받았다.
④ 알파벳은 차치(且置)하고[내버려두고] 한글이라도 배우고 초등학교에 입학해야 하지 않겠니?
⑤ 7시 30분에 미국으로 출발하는 비행기에 탑승(搭乘)하는[오르는] 분들은 탑승구로 오시기 바랍니다.

정답 ③

해설 문맥상 소설이 실제 사건을 매우 유사하게 묘사하였다는 의미이므로, 한자어 '핍진(逼眞)하다'는 고유어 '비슷하다'와 대응해야 한다.

- **핍진(逼眞)하다**: 실물과 아주 비슷하다.

① 문맥상 도로를 새로 만들고 있다는 의미이므로 한자어 '건설(建設)하다'와 고유어 '닦다'의 대응은 적절하다.
- **건설(建設)하다**: 건물, 설비, 시설 등을 새로 만들어 세우다.
- **닦다**: 길 등을 내다.

② 문맥상 사건의 단서를 얻으려 사건 현장을 뒤진다는 의미이므로 한자어 '수색(搜索)하다'와 고유어 '찾다'의 대응은 적절하다.
- **수색(搜索)하다**: 구석구석 뒤지어 찾다.

④ 문맥상 배워야 할 우선순위가 높은 것이 알파벳이 아닌 한글이라는 의미이므로 한자어 '차치(且置)하다'와 고유어 '내버려두다'의 대응은 적절하다.
- **차치(且置)하다**: 내버려두고 문제 삼지 않다.

⑤ 문맥상 비행기에 탄다는 의미이므로 한자어 '탑승(搭乘)하다'와 고유어 '오르다'의 대응은 적절하다.
- **탑승(搭乘)하다**: 배나 비행기, 차 등에 올라타다.
- **오르다**: 탈것에 타다.

필수 암기 개념

암기포인트
각 의미 관계의 개념을 바탕으로
어휘 간 의미의 연관성을 익히고, 기출 어휘를 확인해 봅시다.

1 의미 관계

1. 유의 관계

1) 개념

소리는 다르지만 의미가 서로 비슷한 단어의 관계로, 유의 관계에 있는 단어를 유의어 또는 비슷한말이라고 한다.

2) 특징

① 비슷한 의미의 고유어, 한자어, 외래어가 유의 관계를 이룰 수 있다.

예 • 머리가 좋다. • 두뇌가 좋다.
└── 유의 관계 ──┘
→ 문맥상 고유어 '머리'와 한자어 '두뇌(頭腦)'의 의미는 같아 보이지만,
여기서 '머리'는 '생각하고 판단하는 능력'을, '두뇌'는 '사물을 판단하는 슬기'를 의미한다.

② 같은 대상을 가리키는 예사말과 높임말이 유의 관계를 이룰 수 있다.
예 먹다 - 잡수다('먹다'의 높임말)

③ 같은 대상을 가리키는 일상어와 전문어가 유의 관계를 이룰 수 있다.
예 목구멍(식도와 기도로 통하는 입안의 깊숙한 곳) - 인후('목구멍'을 전문적으로 이르는 말)

3) 기출 유의어

개울 - 내	부치다 - 보내다	실언(失言) - 실어(失語)
걸다 - 기름지다, 배부르다, 진하다, 푸지다	붕어(崩御)하다 - 승하(昇遐)하다	은폐하다(隱蔽하다) - 가리다
고부(姑婦) - 어이며느리	생존(生存)하다 - 생식(生息)하다	임야(林野) - 숲
금침(衾枕) - 침구(寢具)	숨기다 - 감추다	전하다 - 알리다
날리다 - 잃다	승천(昇天)하다 - 비승(飛昇)하다	췌언(贅言) - 군말
뒤통수 - 후두(後頭)	실눈 - 가는눈	허언(虛言) - 공언(空言)

4) 기출 동의어

눈가 = 눈언저리	봄눈 = 춘설(春雪)	손가락 = 수지(手指)
독언(獨言) = 혼잣말	뼈마디 = 관절(關節)	염통 = 심장(心臟)
무릎뼈 = 슬개골(膝蓋骨)	세설(細說) = 잔말	허리뼈 = 요추(腰椎)

※ '동의어(同義語)'는 뜻이 같은 말이지만, 유의 관계 문제에서 동의 관계의 어휘를 선택지로 제시하기도 하니, 함께 알아 두어야 합니다.

2. 반의 관계

1) 개념

단어 간의 의미가 서로 정반대되는 관계로, 반의 관계에 있는 단어를 반의어 또는 반대말이라고 한다.

2) 종류

① 상보 반의어: 반의 관계에 있는 두 단어의 의미가 상호 배타적 영역에 속한다. 즉, 의미의 중간 항이 없는 반의 관계이다.

예 살다 ↔ 죽다
→ '살다'와 '죽다'의 중간 의미는 존재하지 않으므로
'살다'를 긍정하면, 반의어인 '죽다'를 부정하는 의미가 된다.

② 정도 반의어(등급 반의어): 반의 관계에 있는 두 단어가 정도나 등급을 나타내며, 중간 항이 있어 두 단어를 동시에 부정할 수 있다.

예 길다 ↔ 짧다
→ '길다'와 '짧다'는 물체 사이의 거리의 정도를 나타내며,
'길지도 않고 짧지도 않다'처럼 반의어를 동시에 부정해도 의미가 모순되지 않는다.

③ 방향 반의어: 반의 관계에 있는 두 단어가 서로 맞선 방향으로 대립하면서 의미상 대칭을 이룬다.

예 가다 ↔ 오다
→ '가다'와 '오다'는 이동하는 방향에서 서로 대립한다.

3) 기출 반의어

가명(假名) ↔ 실명(實名)	높다 ↔ 낮다	왼쪽 ↔ 오른쪽
가중(加重) ↔ 경감(輕減)	눌변(訥辯) ↔ 달변(達辯) ★	이륙(離陸) ↔ 착륙(着陸)
감소(減少) ↔ 증가(增加) ★	더하기 ↔ 빼기	있다 ↔ 없다 ★
강등(降等) ↔ 승진(昇進/陞進)	덥다 ↔ 춥다 ★	종강(終講) ↔ 개강(開講)
개선(改善)하다 ↔ 개악(改惡)하다	뜨겁다 ↔ 차갑다 ★	좋다 ↔ 나쁘다 ★
개전(開戰) ↔ 종전(終戰)	무겁다 ↔ 가볍다 ★	주다 ↔ 받다
격감(激減) ↔ 격증(激增)	버리다 ↔ 줍다	진보(進步)하다 ↔ 퇴보(退步)하다
공기업(公企業) ↔ 사기업(私企業)	벗다 ↔ 신다	집합(集合) ↔ 해산(解散)
광의(廣義) ↔ 협의(狹義)	벗다 ↔ 쓰다 ★	차지다 ↔ 메지다
기쁘다 ↔ 슬프다 ★	벗다 ↔ 입다 ★	참 ↔ 거짓
기혼(旣婚) ↔ 미혼(未婚)	빠르다 ↔ 느리다	축소(縮小) ↔ 확대(擴大)
깊다 ↔ 얕다	살다 ↔ 죽다 ★	크다 ↔ 작다
낙관적(樂觀的) ↔ 비관적(悲觀的)	생물 ↔ 무생물	틀리다 ↔ 맞다
남성(男性) ↔ 여성(女性)	승리(勝利) ↔ 패배(敗北)	합격 ↔ 불합격
남편(男便) ↔ 아내	싸다 ↔ 뜨다	형 ↔ 아우
넓다 ↔ 좁다 ★	오르다 ↔ 내리다	혹서(酷暑) ↔ 혹한(酷寒)

개념 암기 체크

다음 설명이 맞으면 ○, 틀리면 ×에 표시하시오.

01 '살다'와 '죽다'는 상보 반의어이다. (○, ×)
02 '벗다'와 '입다'는 반의 관계에 있다. (○, ×)
03 상보 반의어는 두 단어가 서로 맞선 방향으로 대립한다. (○, ×)
04 '길다'와 '짧다'는 두 단어를 동시에 부정할 수 있는 정도 반의어이다. (○, ×)

정답 01 ○ 02 ○ 03 ×, 방향 반의어 04 ○

3. 상하 관계

1) 개념

한 단어가 의미상 다른 단어를 포함하거나, 다른 단어에 포함되는 관계로, 다른 단어의 의미를 포함하는 단어를 상위어, 의미가 다른 단어에 포함되는 단어를 하위어라고 한다. 상위어는 일반적, 포괄적 의미를 지니고, 하위어는 개별적, 한정적 의미를 지닌다.

예 ① 나무:소나무, 대나무 vs ② 나무:가지, 뿌리

→ ①은 상위 개념인 '나무'의 의미가 하위 개념인 '소나무', '대나무'의 의미를 포함하는 상하 관계이다.

→ ②는 전체인 '나무'와 '나무'의 일부분인 '가지', '뿌리'와의 관계를 나타내는 부분 관계이다.

2) 기출 상하 관계

가구⊃장롱	무기⊃칼	웃옷⊃마고자
가옥⊃초가집	문구⊃칼	원소(元素)⊃질소(窒素)
과일⊃사과	물고기⊃피라미, 붕어 ★	윗옷⊃블라우스
과학⊃화학(化學)	발효(醱酵)식품⊃된장	음악(音樂)⊃성악(聲樂)
관악기⊃단소	보석⊃진주	자동차⊃승용차
교사(教師)⊃부장 교사	사군자(四君子)⊃대나무	자식(子息)⊃여식(女息)
구름⊃적란운 ★	사람⊃남자	자영업자⊃요식업자
국경일⊃삼일절, 한글날 ★	새⊃제비	재난⊃지진
국세(國稅)⊃소득세	생물⊃동물	절기(節氣)⊃청명(淸明)
그릇⊃방짜	수사법⊃반어법, 비유법 ★	조류(鳥類)⊃비둘기
꽃⊃맨드라미, 백합 ★	식물(植物)⊃야생식물	천재(天災)⊃지진(地震)
나물⊃냉이	실수(實數)⊃유리수	칼⊃과도, 회칼
농기구⊃쟁기	액체⊃물	포유류⊃늑대
느끼다⊃춥다	언론사⊃방송국	품사⊃관형사, 조사 ★
만들다⊃조립하다	언어학⊃음성학	학교⊃중학교
먹다⊃마시다	열대 저기압⊃태풍	현악기⊃첼로
모자⊃갓, 휘양	예술⊃무용, 문학 ★	화폐⊃지폐

4. 다의어와 동음이의어

1) 개념

① 다의어: 하나의 단어가 두 가지 이상의 의미를 가질 때, 그 의미들의 관계를 다의 관계라 하며, 다의 관계에 있는 단어를 다의어라고 한다.

② 동음이의어: 둘 이상의 단어가 소리는 같지만 전혀 다른 의미를 가질 때 이들의 관계를 동음이의 관계라 하고, 이 단어를 동음이의어라고 한다.

2) 특징

① 동음이의어는 우연히 단어의 소리가 같을 뿐이어서 단어 의미 간 관련이 없는 반면, 다의어는 중심적 의미와 하나 이상의 주변적 의미를 가진 단어이기 때문에 의미들끼리 서로 관련이 있다.

② 사전에서 소리가 같은 단어가 '1, 2 ...'와 같은 첨자로 구분되어 별개의 단어로 수록되면 동음이의어이고, 한 단어에 「1」, 「2」와 같이 둘 이상의 뜻이 제시되면 다의어이다.

예 다리[1]

첨자로 구분되면 동음이의어

「1」 사람이나 동물의 몸통 아래 붙어 있는 신체의 부분. 서고 걷고 뛰는 일 등을 맡아 한다.

「2」 물체의 아래쪽에 붙어서 그 물체를 받치거나 직접 땅에 닿지 않게 하거나 높이 있도록 버티어 놓은 부분

한 단어가 둘 이상 의미를 가지면 다의어

다리[2]

「1」 물을 건너거나 또는 한편의 높은 곳에서 다른 편의 높은 곳으로 건너다닐 수 있도록 만든 시설물

「2」 둘 사이의 관계를 이어 주는 사람이나 사물을 비유적으로 이르는 말

3) 기출 다의어

가늘다	1. 물체의 지름이 보통의 경우에 미치지 못하고 짧다. 예 실이 머리칼보다도 **가늘다**. 2. 움직이는 정도가 아주 약하다. 예 숨을 쉴 때마다 어깨가 **가늘게** 들먹인다.
깔다	1. 바닥에 펴 놓다. 예 돗자리를 잔디 위에 **깔다**. 2. 꼼짝 못 하게 남을 억누르다. 예 사람을 너무 **깔고** 뭉개면 안 되는 거야. 3. 어떤 생각이나 현상의 바탕이 되게 하다.
꾹	1. 여무지게 힘을 주어 누르거나 죄는 모양 예 모자를 **꾹** 눌러쓰다. 2. 조금도 드러나지 않게 단단히 숨거나 들어박히는 모양 예 절간에 **꾹** 박혀 지내다.
나가다 ★	1. 일정한 지역이나 공간의 범위와 관련하여 그 안에서 밖으로 이동하다. 예 조용히 있고 싶으니 모두 마당에 **나가서** 놀아라. 2. 생산되거나 만들어져 사회에 퍼지다. 예 새 제품이 시장에 **나간** 후의 시장 조사는 필수적이다. 3. 사회적인 활동을 시작하다. 예 그는 이번에 새로 문단에 **나가게** 되었다. 4. 일정한 직장이나 일터에 다니다. 예 자네 요즘은 어느 회사에 **나가나**? 5. 모임에 참여하거나, 운동 경기에 출전하거나, 선거 등에 입후보하다. 예 전쟁에 **나간** 군인
나다 ★	1. 신체 표면이나 땅 위에 솟아나다. 예 여드름이 **나다**. 2. 신문, 잡지 등에 어떤 내용이 실리다. 예 기사가 신문에 **나다**. 3. 흥미, 짜증, 용기 등의 감정이 일어나다. 예 겁이 **나다**. 4. 앞말이 뜻하는 행동이 끝났음을 나타내는 말 예 일을 마치고 **나니** 기분이 상쾌해졌다.

나오다	1. 안에서 밖으로 오다. 예 어머니는 길에 **나오셔서** 아들을 기다리셨다. 2. 책, 신문 등에 글, 그림 등이 실리다. 예 이 글은 논어에 **나온다**. 3. 어떠한 근원에서 발생하다. 예 욕심에서 **나온** 행동
남다 ★	1. 다 쓰지 않거나 정해진 수준에 이르지 않아 나머지가 있게 되다. 예 먹다 **남은** 밥 2. 잊히지 않거나 뒤에까지 전하다. 예 기억에 **남다**.
내리다 ★	1. 눈, 비, 서리, 이슬 등이 오다. 예 함박눈이 **내리다**. 2. 타고 있던 물체에서 밖으로 나와 어떤 지점에 이르다. 예 우리는 서울역에 **내려** 전철을 타고 집에 갔다. 3. 값이나 수치, 온도, 성적 등이 이전보다 떨어지거나 낮아지다. 또는 그렇게 하다. 예 열이 **내리다**. 4. 윗사람으로부터 아랫사람에게 상이나 벌 등이 주어지다. 또는 그렇게 하다. 예 선행을 한 사람에게 훈장을 **내렸다**.
넘치다	1. 가득 차서 밖으로 흘러나오거나 밀려나다. 예 개울이 홍수로 **넘치다**. 2. 어떤 기준을 벗어나 지나다. 예 그런 생활은 내 분수에 **넘친다**.
놓다 ★	1. 계속해 오던 일을 그만두고 하지 않다. 예 건강이 좋지 않아 일을 **놓고** 있다. 2. 논의의 대상으로 삼다. 예 동문회에서 학교 이전 문제를 **놓고** 의견이 분분했다. 3. 빨리 가도록 힘을 더하다. 예 동구 밖으로 줄달음을 **놓다**.
담다 ★	1. 어떤 물건을 그릇 등에 넣다. 예 쌀통에 쌀을 **담다**. 2. 어떤 내용이나 사상을 그림, 글, 말, 표정 등 속에 포함하거나 반영하다. 예 마음을 **담은** 편지

개념 암기 체크

다음 설명이 맞으면 O, 틀리면 ×에 표시하시오.

01 '나무:뿌리'는 상하 관계에 있다. (O, ×)
02 동음이의어는 소리만 같을 뿐 의미 간 관련이 없다. (O, ×)
03 '물고기:붕어'에서 상위어는 '물고기', 하위어는 '붕어'이다. (O, ×)
04 '여드름이 나다'와 '겁이 나다'의 '나다'는 하나의 단어가 여러 의미를 지닌 다의어이다. (O, ×)

정답 01 ×, 부분 관계 02 O 03 O 04 O

돌다 ★	1. 물체가 일정한 축을 중심으로 원을 그리면서 움직이다. 예 바퀴가 **돌다**. 2. 돈이나 물자 등이 유통되다. 예 불경기로 돈이 안 **돈다**.
두다 ★	1. 일정한 곳에 놓다. 예 연필을 책상 위에 **두다**. 2. 앞말이 뜻하는 행동을 끝내고 그 결과를 유지함을 나타내는 말 예 불을 켜 **두고** 잠이 들었다.
떨어지다	1. 위에서 아래로 내려지다. 예 굵은 빗방울이 머리에 한두 방울씩 **떨어지기** 시작했다. 2. 정이 없어지거나 멀어지다. 예 이미 그 일에 정이 **떨어진** 지 꽤 되었다. 3. 시험, 선거, 선발 등에 응하여 뽑히지 못하다. 예 아들이 입학시험에 **떨어졌다**. 4. 말이 입 밖으로 나오다. 예 선생님의 호령이 **떨어지다**.
머리 ★	1. 사람이나 동물의 목 위의 부분 예 **머리**를 긁다. 2. 생각하고 판단하는 능력 예 **머리**가 나쁘다. 3. 단체의 우두머리 예 그는 우리 모임의 **머리** 노릇을 하고 있다. 4. 사물의 앞이나 위를 비유적으로 이르는 말 예 장도리 **머리** 부분 5. 일의 시작이나 처음을 비유적으로 이르는 말 예 **머리**도 끝도 없이 일이 뒤죽박죽이 되었다.
버리다	1. 가지거나 지니고 있을 필요가 없는 물건을 내던지거나 쏟거나 하다. 예 휴지를 휴지통에 **버리다**. 2. 앞말이 나타내는 행동이 이미 끝났음을 나타내는 말 예 동생이 과자를 다 먹어 **버렸다**.
보다	1. 눈으로 대상의 존재나 형태적 특징을 알다. 예 잡지에서 난생처음 **보는** 단어를 발견하였다. 2. 음식상이나 잠자리 등을 채비하다. 예 어머니는 술상을 **보느라** 바쁘시다. 3. 어떤 일을 당하거나 겪거나 얻어 가지다. 예 이익을 **보다**.
부르다	1. 값이나 액수 등을 얼마라고 말하다. 예 그 가게에서는 값을 비싸게 **불렀다**. 2. 구호나 만세 등을 소리 내어 외치다. 예 만세를 **부르다**. 3. 청하여 오게 하다. 예 의사를 집에 **부르다**. 4. 무엇이라고 가리켜 말하거나 이름을 붙이다. 예 사람들은 그를 불운한 천재라고 **부른다**.

붓다	1. 액체나 가루 등을 다른 곳에 담다. 예 자루에 밀가루를 **붓다**. 2. 모종을 내기 위하여 씨앗을 많이 뿌리다. 예 모판에 볍씨를 **붓다**. 3. 불입금, 이자, 곗돈 등을 일정한 기간마다 내다. 예 은행에 적금을 **붓다**.
붙다	1. 맞닿아 떨어지지 않다. 예 전신주에 광고 쪽지가 **붙어** 있었다. 2. 바로 옆에서 돌보다. 예 위급 환자에게는 항상 간호사가 **붙어** 있다. 3. 어떤 감정이나 감각이 생겨나다. 예 아이에게 정이 **붙다**.
빌다	1. 바라는 바를 이루게 하여 달라고 신이나 사람, 사물 등에 간청하다. 예 소녀는 하늘에 소원을 **빌었다**. 2. 잘못을 용서하여 달라고 호소하다. 예 학생은 무릎을 꿇고 선생님께 용서를 **빌었다**.
살다	1. 불 등이 타거나 비치고 있는 상태에 있다. 예 화롯불이 **살다**. 2. 본래 가지고 있던 색깔이나 특징 등이 그대로 있거나 뚜렷이 나타나다. 예 개성이 **살아** 있는 글 3. 움직이던 물체가 멈추지 않고 제 기능을 하다. 예 그렇게 세게 부딪혔는데도 시계가 **살아** 있다.
생기다 ★	1. 없던 것이 새로 있게 되다. 예 제방에 구멍이 **생기다**. 2. 사람이나 사물의 생김새가 어떠한 모양으로 되다. 예 동양적으로 **생긴** 사람
세우다	1. 몸이나 몸의 일부를 곧게 펴게 하거나 일어서게 하다. 예 머리를 꼿꼿이 **세우다**. 2. 어떤 역할을 맡게 하다. 예 그를 왕으로 **세우다**.
소화하다 (消化하다)	1. 섭취한 음식물을 분해하여 영양분을 흡수하기 쉬운 형태로 변화시키다. 2. 주어진 일을 해결하거나 처리하다. 예 어려운 주제를 무리 없이 **소화해** 내다. 3. 어떤 대상을 일정한 장소에 수용하다. 예 오만 명 이상을 **소화할** 수 있는 종합 경기장 4. 상품이나 채권 등의 매매에서 요구되는 물량을 만족시키다. 예 이곳 농산물 유통 시장은 시에 반입되는 농산물의 60%를 **소화하고** 있다. 5. 배운 지식이나 기술 등을 충분히 익혀 자기 것으로 만들다. 예 이 곡을 완전히 자기 것으로 **소화하려면** 끊임없이 복습해야 한다.

솟다 ★	1. 연기와 같은 물질이나 비행기와 같은 물체가 아래에서 위로, 또는 속에서 겉으로 세차게 움직이다. 예 김이 모락모락 **솟고** 있는 주전자 2. 사람의 몸이나 마음속에 힘이나 의욕 등이 생겨나다. 예 용기가 **솟다**.
쓱	1. 슬그머니 내밀거나 들어가는 모양 예 철수가 웃는 얼굴로 **쓱** 들어섰다. 2. 빨리 지나가는 모양 예 그는 빠른 걸음으로 내 앞을 **쓱** 지나갔다.
알다	1. 교육이나 경험, 사고 행위를 통하여 사물이나 상황에 대한 정보나 지식을 갖추다. 예 이 문제는 공식을 **알면** 쉽게 풀 수 있습니다. 2. 다른 사람과 사귐이 있거나 안면이 있다. 예 나는 그녀와 **아는** 사이이다.
얇다	1. 두께가 두껍지 않다. 예 옷이 **얇다**. 2. 빤히 들여다보일 만큼 속이 좁다. 예 네 **얇은** 속으로 그걸 이해할 수 있겠니?
얼굴	1. 눈, 코, 입이 있는 머리의 앞면 예 **얼굴**을 씻다. 2. 주위에 잘 알려져서 얻은 평판이나 명예. 또는 체면 예 **얼굴**을 세우다. 3. 어떤 심리 상태가 나타난 형색 예 기쁨에 충만한 **얼굴** 4. 어떤 분야에 활동하는 사람 예 문단의 새 **얼굴** 5. 어떤 사물의 진면목을 단적으로 보여 주는 대표적 표상 예 고려청자는 고려 시대 문화재의 대표적 **얼굴**이다.

오다	1. 어떤 사람이 말하는 사람 혹은 기준이 되는 사람이 있는 쪽으로 움직여 위치를 옮기다. 예 나에게 **오너라**. 2. 비, 눈, 서리나 추위 등이 내리거나 닥치다. 예 비가 **온다**. 3. 어떤 현상이 어떤 원인에서 비롯하여 생겨나다. 예 사고는 부주의에서 **오게** 마련이다.
오르다 ★	1. 사람이나 동물 등이 아래에서 위쪽으로 움직여 가다. 예 산에 **오르다**. 2. 남의 이야깃거리가 되다. 예 구설에 **오르다**. 3. 실적이나 능률 등이 높아지다. 예 판매 실적이 **오르도록** 연구해 봅시다. 4. 병균이나 독 등이 옮다. 예 옴이 **오르면** 가려워 온몸을 긁게 된다.
울다	1. 짐승, 벌레, 바람 등이 소리를 내다. 예 늑대 **우는** 소리 2. 물체가 바람 등에 흔들리거나 움직여 소리가 나다. 예 전깃줄이 바람에 **운다**.
일다	1. 없던 현상이 생기다. 예 파문이 **일다**. 2. 희미하거나 약하던 것이 왕성하여지다. 예 불꽃같이 **일다**. 3. 겉으로 부풀거나 위로 솟아오르다. 예 보풀이 **일다**.
입다	1. 옷을 몸에 꿰거나 두르다. 예 옷을 **입다**. 2. 받거나 당하다. 예 혜택을 **입다**.

개념 암기 체크

다음 설명이 맞으면 O, 틀리면 ×에 표시하시오.

01 '산에 오르다'와 '구설에 오르다'의 '오르다'는 다의어이다. (O, ×)
02 '바퀴가 돌다'와 '불경기로 돈이 안 돈다'의 '돌다'는 동음이의어이다. (O, ×)
03 '제방에 구멍이 생기다'와 '동양적으로 생긴 사람'의 '생기다'는 다의어이다. (O, ×)
04 '김이 모락모락 솟고 있는 주전자'와 '용기가 솟다'의 '솟다'는 동음이의어이다. (O, ×)
05 '연필을 책상 위에 두다'와 '불을 켜 두고 잠이 들었다'의 '두다'는 다의어이다. (O, ×)

정답 01 O 02 ×, 다의어 03 O 04 ×, 다의어 05 O

잘다	1. 알곡이나 과일, 모래 등의 둥근 물건이나 글씨 등의 크기가 작다. 예 알약이 너무 커서 **잘게** 부순 다음 삼켰다. 2. 길이가 있는 물건의 몸피가 가늘고 작다. 예 못이 **잘다**. 3. 생각이나 성질이 대담하지 못하고 좀스럽다. 예 그는 사람 됨됨이가 **잘고** 경망스러워 보인다.
잡다	1. 손으로 움키고 놓지 않다. 예 밧줄을 **잡고** 올라가다. 2. 기세를 누그러뜨리다. 예 치솟는 물가를 **잡다**. 3. 담보로 맡다. 예 토지를 담보물로 **잡다**.
좋다	1. 대상의 성질이나 내용 등이 보통 이상의 수준이어서 만족할 만하다. 예 품질이 **좋다**. 2. 사람이 체면을 가리지 않거나 염치가 없다. 예 염치가 **좋다**. 3. 서로 잘 어울리어 친하다. 예 나는 친구들과 사이가 **좋다**.
지나가다	1. 시간이 흘러가서 그 시기에서 벗어나다. 예 하루가 후딱 **지나가** 버렸다. 2. 어디를 거치거나 통과하여 가다. 예 이 항공기는 중국 영공으로 **지나간다**. 3. 어떤 표정이나 예감, 생각 등이 머리를 스쳐 가다. 예 불길한 예감이 갑자기 머리에 **지나갔다**.
짐	1. 다른 곳으로 옮기기 위하여 챙기거나 꾸려 놓은 물건 예 **짐**을 꾸리다. 2. 맡겨진 임무나 책임 예 가장으로서의 무거운 **짐**을 지다.
찾다 ★	1. 현재 주변에 없는 것을 얻거나 사람을 만나려고 여기저기를 뒤지거나 살피다. 또는 그것을 얻거나 그 사람을 만나다. 예 길을 잃은 아이가 지금 가족을 **찾고** 있습니다. 2. 잃거나 빼앗기거나 맡기거나 빌려주었던 것을 돌려받아 가지게 되다. 예 은행에서 저금했던 돈을 **찾았다**. 3. 원상태를 회복하다. 예 제정신을 **찾다**.
척	1. 전혀 서슴지 않고 선뜻 행동하는 모양 예 돈을 지갑에서 **척** 내놓다. 2. 한눈에 얼른 보는 모양 예 **척** 보면 안다.

톡톡하다	1. 피륙 등이 단단한 올로 고르고 촘촘하게 짜여 조금 두껍다. 2. 옷에 솜을 많이 넣어 조금 두껍다. 3. 국물이 적어 묽지 않다. 예 된장찌개가 **톡톡하게** 되었다. 4. 재산이나 살림살이 등이 실속 있고 넉넉하다. 예 벌이가 **톡톡하다**. 5. 비판이나 망신, 꾸중 등의 정도가 심하다. 예 나는 한 번의 실수로 집안 망신을 **톡톡하게** 시켰다. 6. 구실이나 역할 등이 제대로 되어 충분하다. 예 아내는 맏며느리로서의 역할을 **톡톡하게** 잘 해 내고 있었다.
통하다	1. 막힘이 없이 들고 나다. 예 피가 **통하다**. 2. 어떤 과정이나 경험을 거치다. 예 실습을 **통해** 이론을 익힌다. 3. 어떤 관계를 맺다. 예 외국과 수교를 **통하다**.
퍼지다	1. 끝 쪽으로 가면서 점점 굵거나 넓적하게 벌어지다. 예 아래가 **퍼진** 스커트 2. 어떤 물질이나 현상 등이 넓은 범위에 미치다. 예 먹물이 종이에 **퍼졌다**.
펴다 ★	1. 접히거나 개킨 것을 젖히어 벌리다. 예 날개를 **펴다**. 2. 생각, 감정, 기세 등을 얽매임 없이 자유롭게 표현하거나 주장하다. 예 꿈을 **펴다**. 3. 세력이나 작전, 정책 등을 벌이거나 그 범위를 넓히다. 예 그 지역에 세력을 **펴다**.
흐르다	1. 시간이나 세월이 지나가다. 예 오랜 시간이 **흐르다**. 2. 어떤 한 방향으로 치우쳐 쏠리다. 예 이야기가 엉뚱한 방향으로 **흐르고** 있다. 3. 공중이나 물 위에 떠서 미끄러지듯이 움직이다. 예 하늘에 **흐르는** 구름

4) 기출 동음이의어

※ 동음이의어와 다의어를 함께 학습할 수 있습니다.

갈다	
갈다^{2}	1. 날카롭게 날을 세우거나 표면을 매끄럽게 하기 위하여 다른 물건에 대고 문지르다. 예 기계로 칼을 **갈다**. 2. 잘게 부수기 위하여 단단한 물건에 대고 문지르거나 단단한 물건 사이에 넣어 으깨다. 예 고기를 **갈다**. 3. 먹을 풀기 위하여 벼루에 대고 문지르다. 예 벼루에 먹을 **갈다**. 4. 윗니와 아랫니를 맞대고 문질러 소리를 내다. 예 자면서 뽀드득뽀드득 이를 **갈다**.
갈다^{3}	쟁기나 트랙터 등의 농기구나 농기계로 땅을 파서 뒤집다.

거두다	
거두다^{1}	1. 벌여 놓거나 차려 놓은 것을 정리하다. 예 이부자리를 **거두다**. 2. 관심, 시선 등을 보내기를 그치다. 예 시선을 **거두다**. 3. 남을 때리거나 공격하던 일을 멈추거나 끝내다. 예 군사를 **거두다**.
거두다^{2}	1. 흩어져 있는 물건 등을 한데 모으다. 2. 좋은 결과나 성과 등을 얻다. 예 효과를 **거두다**.

고개	
고개^{1}	사람이나 동물의, 목을 포함한 머리 부분 예 **고개**를 젓다.
고개^{2}	1. 산이나 언덕을 넘어 다니도록 길이 나 있는 비탈진 곳 예 **고개**를 넘다. 2. 중년 이후 열 단위만큼의 나이를 비유적으로 이르는 말 예 이미 오십 **고개**를 넘어섰다.

고르다	
고르다^{1}	여럿 중에서 가려내거나 뽑다. 예 물건을 **고르다**.
고르다^{2}	1. 울퉁불퉁한 것을 평평하게 하거나 들쭉날쭉한 것을 가지런하게 하다. 예 땅을 **고르다**. 2. 붓이나 악기의 줄 등이 제 기능을 발휘하도록 다듬거나 손질하다. 예 붓을 **고르다**.
고르다^{3}	1. 여럿이 다 높낮이, 크기, 양 등의 차이가 없이 한결같다. 예 치아가 **고르다**. 2. 상태가 정상적으로 순조롭다. 예 숨결이 **고르다**.

곱다	
곱다^{2}	1. 소리가 듣기에 맑고 부드럽다. 예 **고운** 목소리 2. 상냥하고 순하다. 예 마음씨 **고운** 처녀
곱다^{3}	손가락이나 발가락이 얼어서 감각이 없고 놀리기가 어렵다. 예 추위에 손가락이 **곱아** 일을 할 수가 없다.

개념 암기 체크

다음 설명이 맞으면 O, 틀리면 ×에 표시하시오.

01 '고개를 젓다'와 '고개를 넘다'의 '고개'는 다의어이다. (O, ×)

02 '날개를 펴다'와 '꿈을 펴다'의 '펴다'는 동음이의어이다. (O, ×)

03 '땅을 고르다'와 '치아가 고르다'의 '고르다'는 동음이의어이다. (O, ×)

04 '고기를 갈다'와 '벼루에 먹을 갈다'의 '갈다'는 동음이의어이다. (O, ×)

05 '제정산을 찾다'와 '은행에서 저금했던 돈을 찾았다'의 '찾다'는 다의어이다. (O, ×)

정답 01 ×, 동음이의어 02 ×, 다의어 03 O 04 ×, 다의어 05 O

깨다	
깨다[1]	1. 술기운 등이 사라지고 온전한 정신 상태로 돌아오다. 예 마취에서 **깨다**. 2. 생각이나 지혜 따위가 사리를 가릴 수 있게 되다. 예 늘 의식이 **깬** 사람이 되어야 한다. 3. 잠, 꿈 등에서 벗어나다. 또는 벗어나게 하다. 예 잠을 너무 오래 자면 잠에서 **깨는** 시간도 오래 걸린다.
깨다[2]	1. 단단한 물체를 쳐서 조각이 나게 하다. 예 그릇을 **깨다**. 2. 일이나 상태 등을 중간에서 어그러뜨리다. 예 약속을 **깨다**. 3. 어려운 장벽이나 기록 등을 넘다. 예 세계 기록을 **깨다**.
깨다[3]	알로 품었던 새끼가 껍데기를 깨고 나오다. 예 알에서 **깬** 병아리

꼭	
꼭[2]	1. 야무지게 힘을 주어 누르거나 죄는 모양 예 **꼭** 다문 입술 2. 힘들여 참거나 견디는 모양 예 눈물을 **꼭** 참다. 3. 드러나지 않게 단단히 숨거나 들어박히는 모양 예 방에 **꼭** 들어박혀 있다.
꼭[3]	1. 어떤 일이 있어도 틀림없이 예 죽기 전에 고향에 **꼭** 가고 싶다. 2. 아주 잘 예 옷이 몸에 **꼭** 맞는다.

내다	
내다[1]	연기나 불길이 아궁이로 되돌아 나오다. 예 바람이 어느 쪽에서 불든지 우리 아궁이는 불이 **내지** 않는다.
내다[2]	1. 길, 통로, 창문 등을 만들다. 예 마을에 길을 **내다**. 2. 이름이나 소문 등을 알리다. 예 동네에 소문을 **내다**. 3. 돈을 얻다. 예 은행에서 빚을 **내다**.

늘이다	
늘이다[1]	1. 본디보다 더 길어지게 하다. 예 고무줄을 **늘이다**. 2. 선 등을 연장하여 계속 긋다. 예 선분 ㄱㄴ을 **늘이면** 다른 선분과 만나게 된다.
늘이다[2]	1. 아래로 길게 처지게 하다. 예 주렴을 **늘이다**. 2. 넓게 벌여 놓다. 예 경계망을 **늘이다**.

다리 ★	
다리[1]	1. 사람이나 동물의 몸통 아래 붙어 있는 신체의 부분 예 **다리**가 굵다. 2. 물체의 아래쪽에 붙어서 그 물체를 받치거나 직접 땅에 닿지 않게 하거나 높이 있도록 버티어 놓은 부분 예 책상 **다리** 3. 안경의 테에 붙어서 귀에 걸게 된 부분 예 **다리**가 부러진 안경
다리[2]	1. 물을 건너거나 또는 한편의 높은 곳에서 다른 편의 높은 곳으로 건너다닐 수 있도록 만든 시설물 예 **다리**를 건너다. 2. 둘 사이의 관계를 이어 주는 사람이나 사물을 비유적으로 이르는 말 예 나는 그 사람을 잘 모르니 자네가 **다리**가 되어 주게나. 3. 중간에 거쳐야 할 단계나 과정 예 이 물건은 우리에게 오는 데 **다리**를 여럿 거친 것이다.

달다 ★	
달다[1]	1. 타지 않는 단단한 물체가 열로 몹시 뜨거워지다. 예 다리미가 **달다**. 2. 안타깝거나 조마조마하여 마음이 몹시 조급해지다. 예 마음이 **달다**.
달다[3]	1. 물건을 일정한 곳에 걸거나 매어 놓다. 예 배에 돛을 **달다**. 2. 물건을 일정한 곳에 붙이다. 예 옷에 단추를 **달다**. 3. 글이나 말에 설명 등을 덧붙이거나 보태다. 예 본문에 각주를 **달다**.
달다[4]	저울로 무게를 헤아리다. 예 고기를 저울에 **달다**.

되다 ★	
되다[1]	1. 다른 상태나 성질로 바뀌거나 변하다. 예 얼음이 물이 **되다**. 2. 일이 이루어지다. 예 일이 깔끔하게 **되다**.
되다[2]	말, 되, 홉 등으로 가루, 곡식, 액체 등의 분량을 헤아리다. 예 쌀을 되로 **되다**.
되다[4]	1. 반죽이나 밥 등이 물기가 적어 빡빡하다. 예 밥이 너무 **되다**. 2. 일이 힘에 벅차다. 예 일이 **되면** 쉬어 가면서 해라.

들다 ★	
들다[1]	1. 밖에서 속이나 안으로 향해 가거나 오거나 하다. 예 사랑에 **들다**. 2. 빛, 볕, 물 등이 안으로 들어오다. 예 이 방에는 볕이 잘 **든다**. 3. 수면을 취하기 위한 장소에 가거나 오다. 예 이불 속에 **들다**. 4. 물감, 색깔, 물기, 소금기가 스미거나 배다. 예 설악산에 단풍이 **들다**. 5. 어떤 범위나 기준, 또는 일정한 기간 안에 속하거나 포함되다. 예 반에서 5등 안에 **들다**. 6. 안에 담기거나 그 일부를 이루다. 예 빵 속에 **든** 단팥 7. 어떤 물건이나 사람이 좋게 받아들여지다. 예 마음에 **드는** 신랑감 8. 과일, 음식의 맛 등이 익어서 알맞게 되다. 예 김치가 맛이 **들다**.
들다[3]	날이 날카로워 물건이 잘 베어지다. 예 칼이 잘 **들다**.
들다[4]	1. 손에 가지다. 예 꽃을 손에 **든** 신부 2. 아래에 있는 것을 위로 올리다. 예 역기를 번쩍 **든** 역도 선수 3. 설명하거나 증명하기 위하여 사실을 가져다 대다. 예 보기를 **들다**.

뚝 ★	
뚝[1]	1. 큰 물체나 물방울 등이 아래로 떨어지는 소리. 또는 그 모양 예 호박이 지붕에서 **뚝** 떨어졌다. 2. 아주 거침없이 따거나 떼는 모양 예 떡을 **뚝** 떼어 주다.
뚝[2]	1. 계속되던 것이 아주 갑자기 그치는 모양 예 울음을 **뚝** 그치다. 2. 말이나 행동 등을 매우 단호하게 하는 모양 예 **뚝** 잘라 말하다. 3. 거리가 많이 떨어져 있는 모양 예 학교는 우리 집에서 **뚝** 떨어져 있다.

개념 암기 체크

다음 설명이 맞으면 O, 틀리면 ×에 표시하시오.

01 '쌀을 되로 되다'와 '밥이 너무 되다'의 '되다'는 다의어이다. (O, ×)
02 '책상 다리'와 '다리가 부러진 안경'의 '다리'는 동음이의어이다. (O, ×)
03 '마음이 달다'와 '고기를 저울에 달다'의 '달다'는 동음이의어이다. (O, ×)
04 '마음에 드는 신랑감'과 '꽃을 손에 든 신부'의 '들다'는 동음이의어이다. (O, ×)
05 '호박이 지붕에서 뚝 떨어졌다'와 '울음을 뚝 그치다'의 '뚝'은 동음이의어이다. (O, ×)

정답 01 ×, 동음이의어 02 ×, 다의어 03 O 04 O 05 O

마르다 ★	
마르다[1]	1. 물기가 다 날아가서 없어지다. 예 날씨가 맑아 빨래가 잘 **마른다**. 2. 살이 빠져 야위다. 예 공부를 하느라 몸이 많이 **말랐다**. 3. 돈이나 물건 등이 다 쓰여 없어지다.
마르다[2]	옷감이나 재목 등의 재료를 치수에 맞게 자르다. 예 감을 **말라** 버선을 짓다.

맞다 ★	
맞다[1]	1. 문제에 대한 답이 틀리지 않다. 예 네 답이 **맞는다**. 2. 말이나 생각 등이 틀리지 않다. 예 내 육감은 잘 **맞는** 편이다. 3. 어떤 대상이 누구의 소유임이 틀리지 않다. 예 이것도 네 것이 **맞느냐**? 4. 어떤 대상의 내용, 정체 등이 곧 무엇임이 틀리지 않다. 예 네가 바로 그 학생 **맞지**? 5. 모습, 분위기, 취향 등이 다른 것에 잘 어울리다. 예 그것은 나의 분위기와는 절대로 **맞지** 않는다.
맞다[2]	1. 오는 사람이나 물건을 예의로 받아들이다. 예 현관에서 방문객을 **맞다**. 2. 자연 현상에 따라 내리는 눈, 비 등의 닿음을 받다. 예 눈을 **맞다**.

맨 ★	
맨[1]	더할 수 없을 정도나 경지에 있음을 나타내는 말 예 **맨** 처음
맨[2]	다른 것은 섞이지 않고 온통 예 이 산에는 **맨** 소나무뿐이다.

먹다	
먹다[1]	귀나 코가 막혀서 제 기능을 하지 못하게 되다. 또는 그렇게 되게 하다. 예 코 **먹은** 소리를 내다.
먹다[2]	1. 음식 등을 입을 통하여 배 속에 들여보내다. 예 밥을 **먹다**. 2. 날이 있는 도구가 소재를 깎거나 자르거나 갈거나 하는 작용을 하다. 예 이 고기에는 칼이 잘 **먹지** 않는다.

묻다 ★	
묻다[1]	1. 가루, 풀, 물 등이 그보다 큰 다른 물체에 들러붙거나 흔적이 남게 되다. 예 손에 기름이 **묻다**. 2. 함께 팔리거나 섞이다. 예 가는 김에 나도 좀 **묻어** 타자.
묻다[2]	1. 물건을 흙이나 다른 물건 속에 넣어 보이지 않게 쌓아 덮다. 예 화단에 거름을 **묻어** 주다. 2. 일을 드러내지 않고 속 깊이 숨기어 감추다. 예 가슴속에 비밀을 **묻다**. 3. 얼굴을 수그려 손으로 감싸거나 다른 물체에 가리듯 기대다. 예 베개에 얼굴을 **묻다**. 4. 의자나 이불 같은 데에 몸을 깊이 기대다. 예 지친 몸을 침대에 **묻다**.
묻다[3]	1. 무엇을 밝히거나 알아내기 위하여 상대편의 대답이나 설명을 요구하는 내용으로 말하다. 예 지나가는 사람에게 길을 **묻다**. 2. 어떠한 일에 대한 책임을 따지다. 예 관계자에게 책임을 **묻다**.

바르다	
바르다[1]	1. 풀칠한 종이나 헝겊 등을 다른 물건의 표면에 고루 붙이다. 예 벽지를 벽에 **바르다**. 2. 물이나 풀, 약, 화장품 등을 물체의 표면에 문질러 묻히다. 예 상처에 약을 **바르다**.
바르다[3]	1. 말이나 행동 등이 사회적인 규범이나 사리에 어긋나지 않고 들어맞다. 예 생각이 **바른** 사람 2. 그늘이 지지 않고 햇볕이 잘 들다. 예 기르던 잉꼬가 죽자 아이들은 양지가 **바른** 곳에 묻어 주었다.

배다	
배다[1]	1. 스며들거나 스며 나오다. 예 옷에 땀이 **배다**. 2. 느낌, 생각 등이 깊이 느껴지거나 오래 남아 있다. 예 농악에는 우리 민족의 정서가 **배어** 있다.
배다[2]	1. 배 속에 아이나 새끼를 가지다. 예 아이를 **배다**. 2. 사람의 근육에 뭉친 것과 같은 것이 생기다. 예 계단을 오르락내리락했더니 다리에 알이 **뱄다**.

베다	
베다[1]	누울 때, 베개 등을 머리 아래에 받치다. 예 베개를 **베다**.
베다[2]	1. 날이 있는 연장 등으로 무엇을 끊거나 자르거나 가르다. 예 낫으로 벼를 **베다**. 2. 이로 음식 등을 끊거나 자르다.

빠지다 ★	
빠지다[1]	1. 어느 정도 이익이 남다. 예 이번 장사에서는 이잣돈 정도는 **빠질** 것 같다. 2. 원래 있어야 할 것에서 모자라다. 예 구백 원만 있다면 천 원에서 백 원이 **빠지는** 셈이구나. 3. 속에 있는 액체나 기체 또는 냄새 등이 밖으로 새어 나가거나 흘러 나가다. 예 방에 냄새가 **빠지다**. 4. 그릇이나 신발 등의 밑바닥이 떨어져 나가다. 예 구두가 밑창이 **빠지다**. 5. 남이나 다른 것에 비해 뒤떨어지거나 모자라다. 예 그의 실력은 절대로 다른 경쟁자들에게 **빠지지** 않는다.
빠지다[2]	1. 곤란한 처지에 놓이다. 예 궁지에 **빠지다**. 2. 무엇에 정신이 아주 쏠리어 헤어나지 못하다. 예 사랑에 **빠지다**.

쓰다 ★	
쓰다[1]	1. 붓, 펜, 연필과 같이 선을 그을 수 있는 도구로 종이 등에 획을 그어서 일정한 글자의 모양이 이루어지게 하다. 예 연습장에 붓글씨를 **쓰다**. 2. 머릿속의 생각을 종이 혹은 이와 유사한 대상 등에 글로 나타내다. 예 그는 조그마한 수첩에 일기를 **써** 왔다.
쓰다[3]	1. 어떤 일을 하는 데에 재료나 도구, 수단을 이용하다. 예 빨래하는 데에 합성 세제를 많이 **쓴다고** 빨래가 깨끗하게 되는 것은 아니다. 2. 어떤 말이나 언어를 사용하다. 예 그는 시골에서 온 지 얼마 안 되었는데도 서울말을 유창하게 **쓴다**.

짜다 ★	
짜다[1]	1. 실이나 끈 등을 씨와 날로 결어서 천 등을 만들다. 예 가마니를 **짜다**. 2. 계획이나 일정 등을 세우다. 예 생활 계획표를 **짜다**.
짜다[2]	1. 누르거나 비틀어서 물기나 기름 등을 빼내다. 예 여드름을 **짜다**. 2. 어떤 새로운 것을 생각해 내기 위하여 온 힘을 기울이거나, 온 정신을 기울이다. 예 생각을 **짜다**.

개념 암기 체크

다음 설명이 맞으면 ○, 틀리면 ×에 표시하시오.

01 '맨 처음'과 '이 산에는 맨 소나무뿐이다'의 '뿐'은 다의어이다. (○, ×)
02 '방에 냄새가 빠지다'와 '사랑에 빠지다'의 '빠지다'는 다의어이다. (○, ×)
03 '생활 계획표를 짜다'와 '여드름을 짜다'의 '짜다'는 동음이의어이다. (○, ×)
04 '연습장에 붓글씨를 쓰다'와 '그는 조그마한 수첩에 일기를 써 왔다'의 '쓰다'는 동음이의어이다. (○, ×)
05 '날씨가 맑아 빨래가 잘 마른다'와 '공부를 하느라 몸이 많이 말랐다'의 '마르다'는 동음이의어이다. (○, ×)

정답 01 ×, 동음이의어 02 ×, 동음이의어 03 ○ 04 ×, 다의어 05 ×, 다의어

차다 ★	
차다[1]	1. 일정한 공간에 사람, 사물, 냄새 등이 더 들어갈 수 없이 가득하게 되다. 예 독에 물이 가득 **차다.** 2. 감정이나 기운 등이 가득하게 되다. 예 실의에 **차다.**
차다[4]	1. 몸에 닿은 물체나 대기의 온도가 낮다. 예 **찬** 음식 2. 인정이 없고 쌀쌀하다. 예 성격이 **차고** 매섭다.

착착	
착착[1]	물체가 자꾸 바싹 다가붙거나 끈기 있게 달라붙는 모양 예 비가 오니 옷이 몸에 **착착** 감기어 빨리 뛸 수가 없다.
착착[3](着着)	1. 서슴지 않고 선뜻선뜻 행동하는 모양 예 그는 어떤 질문에도 **착착** 잘 대답한다. 2. 일이 거침없이 아주 잘되어 가는 모양 예 일이 **착착** 진행되다. 3. 질서가 정연하게 조화를 이루어 행동하는 모양 예 손발이 **착착** 맞다.
착착[4]	가지런히 여러 번 접거나 개키는 모양 예 마른빨래를 **착착** 잘 개켜서 장에 넣어라.

채	
채[5]	1. 팽이, 공 등의 대상을 치는 데에 쓰는 기구 2. 벌로 사람을 때리는 데에 쓰는 나뭇가지. 예 **채**로 종아리를 치다.
채[6]	야채나 과일 등을 가늘고 길쭉하게 잘게 써는 일. 또는 그 야채나 과일 예 **채**를 썰다.

치다 ★	
치다[1]	1. 바람이 세차게 불거나 비, 눈 등이 세차게 뿌리다. 예 세찬 눈보라가 **치다.** 2. 서리가 몹시 차갑게 내리다. 예 된서리가 **치는** 바람에 농작물이 다 얼어 버렸다.
치다[5]	1. 막이나 그물, 발 등을 펴서 벌이거나 늘어뜨리다. 예 천막을 **치다.** 2. 벽 등을 둘러서 세우거나 쌓다. 예 싸리나무로 담을 **치다.**
치다[7]	1. 가축이나 가금 등을 기르다. 예 양을 **치다.** 2. 주로 영업을 목적으로 남을 머물러 묵게 하다. 예 학교 주변에는 하숙을 **치는** 집이 많다.
치다[10]	1. 셈을 맞추다. 예 그는 내 땅을 평당 만 원 정도로 **쳐서** 팔라고 했지만 나는 거절했다. 2. 어떤 것을 기준으로 삼다.

켜다	
켜다[1]	1. 등잔이나 양초 등에 불을 붙이거나 성냥이나 라이터 등에 불을 일으키다. 예 촛불을 **켜다.** 2. 전기나 동력이 통하게 하여, 전기 제품 등을 작동하게 만들다. 예 형광등을 **켜다.**
켜다[2]	1. 나무를 세로로 톱질하여 쪼개다. 예 통나무를 **켜다.** 2. 현악기의 줄을 활 등으로 문질러 소리를 내다. 예 바이올린을 **켜다.**

텅	
텅[1]	큰 것이 속이 비어 아무것도 없는 모양 예 그 마을은 **텅** 비어 있었다.
텅[2]	큰 쇠붙이나 단단한 물건이 세게 부딪쳐 울리는 소리 예 그가 던진 목침은 벽을 **텅** 맞고 떨어졌다.

품	
품[1]	1. 윗옷의 겨드랑이 밑의 가슴과 등을 두르는 부분의 넓이 예 겨울옷은 **품**이 넉넉해야 다른 옷을 껴입을 수 있다. 2. 따뜻한 보호를 받는 환경을 비유적으로 이르는 말 예 조국의 **품**에 안기다.
품[2]	1. 어떤 일에 드는 힘이나 수고 예 **품**이 많이 드는 일 2. 삯을 받고 하는 일 예 어머니는 이 집 저 집에 **품**을 팔아 우리 가족의 생계를 꾸려 나가셨다.

5. 의미가 대응하는 고유어와 한자어

갈림길	
기로(岐路)	1. 여러 갈래로 갈린 길 2. 어느 한쪽을 선택해야 할 상황을 비유적으로 이르는 말 예 성공과 실패의 **기로**에 있다.

같다	
동일(同一)하다	어떤 것과 비교하여 똑같다. 예 내 생각은 당신 생각과 거의 **동일하다**.

거르다	
여과(濾過)하다	거름종이나 여과기를 써서 액체 속에 들어 있는 침전물이나 입자를 걸러 내다. 예 유해 물질을 **여과한** 물

견주다	
비(比)하다	사물 등을 다른 것에 비교하거나 견주다. 예 어머니의 사랑을 어디에다 **비하랴**.

고치다	
개량(改良)하다	나쁜 점을 보완하여 더 좋게 고치다. 예 부엌을 신식으로 **개량하다**.
개정(改定)하다 ★	이미 정하였던 것을 고쳐 다시 정하다. 예 택시 요금을 10% 인상된 요금으로 **개정하다**.
정정(訂正)하다 ★	글자나 글 등의 잘못을 고쳐서 바로잡다. 예 숫자를 **정정하다**.
치료(治療)하다	병이나 상처 등을 잘 다스려 낫게 하다. 예 부상병을 **치료하다**.

그만두다	
중지(中止)하다	하던 일을 중도에서 그만두다. 예 거래를 **중지하다**.

꾸미다	
단장(丹粧)하다	얼굴, 머리, 옷차림 등을 곱게 꾸미다. 예 얼굴을 곱게 **단장한** 부인네들

꾸지람	
질타(叱咤)	큰 소리로 꾸짖음 예 여론의 **질타**를 받다.

개념 암기 체크

다음 설명이 맞으면 ○, 틀리면 ×에 표시하시오.

01 '세찬 눈보라가 치다'와 '천막을 치다'의 '치다'는 동음이의어이다. (○, ×)
02 '독에 물이 가득 차다'와 '실의에 차다'의 '차다'는 동음이의어이다. (○, ×)
03 '여론의 질타를 받다'의 한자어 '질타(叱咤)'는 고유어 '꾸지람'과 의미가 대응한다. (○, ×)
04 '숫자를 정정하다'의 한자어 '정정(訂正)하다'는 고유어 '고치다'와 의미가 대응한다. (○, ×)

정답 01 ○ 02 ×, 다의어 03 ○ 04 ○

꿰뚫다	
관통(貫通)하다	꿰뚫어서 통하다. 예 총탄이 가슴을 **관통했다**.

끊어지다	
단절(斷切/斷截)되다	잘라지거나 베어져서 끊어지다.

나누어지다	
분할(分割)되다	나뉘어 쪼개지다. 예 한반도가 남북으로 **분할되다**.

나타나다	
발현(發現/發顯)하다	속에 있거나 숨은 것이 밖으로 나타나다. 또는 나타나게 하다. 예 누구에게나 착한 심성이 있지만 누구나 그것을 **발현하는** 것은 아니다.

나타내다	
표시(表示)하다	겉으로 드러내 보이다. 예 의사를 **표시하다**.

남의 아버지	
춘장(椿丈/春丈)	남의 아버지를 높여 이르는 말

남의 어머니	
자당(慈堂)	남의 어머니를 높여 이르는 말 예 자네 **자당**께서는 별고 없으신가?

놓이다	
처(處)하다	어떤 형편이나 처지에 놓이다. 예 멸종 위기에 **처한** 야생 동물

내버려두다	
차치(且置)하다	내버려두고 문제 삼지 않다.

다그치다	
독촉(督促)하다	일이나 행동을 빨리하도록 재촉하다. 예 세입자에게 월세를 **독촉하다**.

다다르다	
도달(到達)하다	목적한 곳이나 수준에 다다르다. 예 목적지에 **도달하다**.

닦다	
건설(建設)하다	건물, 설비, 시설 등을 새로 만들어 세우다.
수련(修鍊/修練)하다	인격, 기술, 학문 등을 닦아서 단련하다.
준비(準備)하다	미리 마련하여 갖추다.
청소(淸掃)하다	더럽거나 어지러운 것을 쓸고 닦아서 깨끗하게 하다.

더하다	
가(加)하다	보태거나 더해서 늘리다. 예 원금에 이자를 **가해서** 갚아라.

뒤돌아보다	
회고(回顧)하다	1. 뒤를 돌아다보다. 2. 지나간 일을 돌이켜 생각하다. 예 어린 시절을 **회고하다.**

떨어지다	
추락(墜落)하다	1. 높은 곳에서 떨어지다. 예 비행기가 엔진 고장으로 **추락하였다.** 2. 위신이나 가치 등이 떨어지다. 예 기성세대의 권위가 **추락하는** 시대

마지막	
결말(結末)	어떤 일이 마무리되는 끝 예 소설의 **결말** 부분
대미(大尾)	어떤 일의 맨 마지막 예 불꽃놀이가 축제의 **대미**를 장식했다.
말년(末年)	일생의 마지막 무렵 예 **말년**을 편안히 보내다.
종국(終局)	일의 마지막 예 일이 잘되다가 **종국**에 가서는 실패하고 말았다.

말미	
휴가(休暇)	직장·학교·군대 등의 단체에서, 일정한 기간 동안 쉬는 일. 또는 그런 겨를 예 **휴가**를 주다.

맡기다	
기탁(寄託)하다	어떤 일을 부탁하여 맡겨 두다. 예 모교에 장학금을 **기탁하다.**

바라다	
선망(羨望)하다	부러워하여 바라다. 예 요즘 청소년들 사이에는 연예인을 **선망하는** 경향이 많아지고 있다.

밝히다	
천명(闡明)하다	진리나 사실, 입장 등을 드러내어 밝히다. 예 개혁의 의지를 세계만방에 **천명하다.**

개념 암기 체크

밑줄 친 한자어에 대응하는 고유어가 맞으면 O, 틀리면 ×에 표시하시오.

01 총탄이 가슴을 관통(貫通)했다. → 꿰뚫었다 (O, ×)
02 세입자에게 월세를 독촉(督促)하다. → 다그치다 (O, ×)
03 자네 자당(慈堂)께서는 별고 없으신가? → 아버지 (O, ×)
04 불꽃놀이가 축제의 대미(大尾)를 장식했다. → 결말 (O, ×)

정답 01 O 02 O 03 ×, (남의) 어머니 04 ×, 마지막

오르다	
등재(登載)하다	일정한 사항을 장부나 대장에 올리다. 예 사망 사실을 호적에 **등재하다.**
상륙(上陸)하다	배에서 육지로 오르다. 예 왜구들은 서남 해안 지방에 **상륙하여** 약탈을 일삼았다.
승진(昇進/陞進)하다	직위의 등급이나 계급이 오르다. 예 그는 한꺼번에 두 계급이 **승진했다.**
즉위(卽位)하다	임금이 될 사람이 예식을 치른 뒤 임금의 자리에 오르다. 예 선왕이 돌아가시고 세자가 왕으로 **즉위하였다.**
증가(增價)하다	값이 오르다. 또는 값을 올리다. 예 양파 수확량의 감소로 양파 가격이 **증가하였다.**
탑승(搭乘)하다 ★	배나 비행기, 차 등에 올라타다. 예 비행기에 **탑승하다.**

이울다	
쇠퇴(衰退/衰頹)하다	기세나 상태가 쇠하여 전보다 못하여 가다. 예 수산 자원의 감소는 어업이 **쇠퇴하는** 결과를 낳았다.

잡다	
유지(維持)하다	어떤 상태나 상황을 그대로 보존하거나 변함없이 계속하여 지탱하다. 예 균형을 **유지하다.**
정(定)하다	여럿 가운데 선택하거나 판단하여 결정하다. 예 도읍을 서울로 **정하다.**
체포(逮捕)하다	1. 형법에서, 사람의 신체에 대하여 직접적이고 현실적인 구속을 가하여 행동의 자유를 빼앗다. 예 범인을 **체포하다.** 2. 형사 소송법에서, 검찰 수사관이나 사법 경찰관이 법관이 발부하는 영장에 따라 피의자를 잡아서 일정 기간 유치하다.
포획(捕獲)하다	짐승이나 물고기를 잡다. 예 산 채로 **포획한** 짐승

지키다	
보호(保護)하다	1. 위험이나 곤란 등이 미치지 않도록 잘 보살펴 돌보다. 예 어린이를 **보호하다.** 2. 잘 지켜 원래대로 보존되게 하다. 예 자연을 **보호하다.**
유지(維持)하다	어떤 상태나 상황을 그대로 보존하거나 변함없이 계속하여 지탱하다. 예 질서를 **유지하다.**
이행(履行)하다	실제로 행하다. 예 약속을 **이행하다.**
준수(遵守)하다	전례나 규칙, 명령 등을 그대로 좇아서 지키다. 예 국민은 헌법을 **준수해야** 할 의무를 지닌다.

차다	
착용(着用)하다	의복, 모자, 신발, 액세서리 등을 입거나, 쓰거나, 신거나 차거나 하다.

찾다	
모색(摸索)하다	일이나 사건 등을 해결할 수 있는 방법이나 실마리를 더듬어 찾다. 예 새로운 방법을 **모색하다.**
수색(搜索)하다	구석구석 뒤지어 찾다. 예 사고 비행기의 실종자를 **수색하다.**
탐색(探索)하다 ★	사라지거나 드러나지 않은 사물이나 현상 등을 자세히 살펴 찾다. 예 경찰은 비자금의 행방을 **탐색하고** 있다.

치우치다	
편재(偏在)하다	한곳에 치우쳐 있다. 예 문화 시설 대부분이 서울에 **편재해** 있다.

케케묵다	
진부(陳腐)하다	사상, 표현, 행동 등이 낡아서 새롭지 못하다. 예 **진부한** 이야기

콩팥	
신장(腎臟)	척추동물의 비뇨 기관과 관련된 장기의 하나

크게	
대강(大綱)	자세하지 않게 기본적인 부분만 들어 보이는 정도로 예 일의 자초지종은 **대강** 다음과 같다.

크다	
거대(巨大)하다	엄청나게 크다. 예 몸집이 **거대하다**.
발전(發展)하다	더 낫고 좋은 상태나 더 높은 단계로 나아가다. 예 형의 사업은 최근 눈에 띄게 **발전하고** 있다.
성장(成長)하다	1. 사람이나 동식물 등이 자라서 점점 커지다. 2. 사물의 규모나 세력 등이 점점 커지다. 예 강대국으로 **성장하다**.

털구멍	
모공(毛孔)	털이 나는 작은 구멍

포대기	
강보(襁褓)	어린아이의 작은 이불 예 **강보**에 싸인 아기

팔다	
매도(賣渡)하다	값을 받고 물건의 소유권을 다른 사람에게 넘기다. 예 토지를 **매도하다**.

헐뜯다	
훼방(毁謗)하다	남을 헐뜯어 비방하다.

흩어지다	
산개(散開)하다	여럿으로 흩어져 벌어지다.

개념 암기 체크

밑줄 친 한자어에 대응하는 고유어가 맞으면 ○, 틀리면 ×에 표시하시오.

01 비행기에 탑승(搭乘)하다. → 오르다 (○, ×)
02 그는 모공(毛孔)이 큰 편이다. → 숨구멍 (○, ×)
03 경찰은 비자금의 행방을 탐색(探索)하고 있다. → 더듬고 (○, ×)
04 형의 사업은 최근 눈에 띄게 발전(發展)하고 있다. → 크고 (○, ×)

정답 01 ○ 02 ×, 털구멍 03 ×, 찾고 04 ○

2 혼동하기 쉬운 어휘와 표기상 틀리기 쉬운 어휘

1. 혼동하기 쉬운 어휘

가늠:갈음	
가늠	1. 목표나 기준에 맞고 안 맞음을 헤아려 봄. 또는 헤아려 보는 목표나 기준 예 매사가 다 그렇듯이 떡 반죽도 **가늠**을 알맞게 해야 송편을 빚기가 좋다. 2. 사물을 어림잡아 헤아림 예 그 건물의 높이가 **가늠**이 안 된다.
갈음	1. 다른 것으로 바꾸어 대신함 2. 일한 뒤나 외출할 때 갈아입는 옷

가름하다:갈음하다	
가름하다	1. 쪼개거나 나누어 따로따로 되게 하다. 2. 승부나 등수 등을 정하다. 예 이번 경기는 선수들의 투지가 승패를 **가름했다고** 해도 과언이 아니다.
갈음하다	다른 것으로 바꾸어 대신하다. 예 여러분과 여러분 가정에 행운이 가득하기를 기원하는 것으로 치사를 **갈음합니다**.

갑절:곱절	
갑절	어떤 수나 양을 두 번 합한 만큼 예 이곳 집값은 다른 곳의 **갑절**이다.
곱절	1. 어떤 수나 양을 두 번 합한 만큼 예 생산량이 작년보다 **곱절**이나 늘었다. 2. 일정한 수나 양이 그만큼 거듭됨을 이르는 말 예 세 **곱절**

걷잡다:겉잡다 ★	
걷잡다	1. 한 방향으로 치우쳐 흘러가는 형세 등을 붙들어 잡다. 예 **걷잡을** 수 없는 사태 2. 마음을 진정하거나 억제하다. 예 **걷잡을** 수 없이 흐르는 눈물
겉잡다	겉으로 보고 대강 짐작하여 헤아리다. 예 예산을 대충 **겉잡아서** 말하지 말고 잘 뽑아 보시오.

게재(揭載):기재(記載)	
게재(揭載)	글이나 그림 등을 신문이나 잡지 등에 실음
기재(記載)	문서 등에 기록하여 올림 예 **기재** 사항을 빠짐없이 적으시오.

그끄저께:그저께	
그끄저께	그저께의 전날. 오늘로부터 사흘 전의 날을 이른다.
그저께	어제의 전날

글피:내일모레:모레	
글피	모레의 다음 날
내일모레	1. 내일의 다음 날 2. 어떤 때가 가까이 닥쳐 있음을 이르는 말 예 내 나이 서른이 **내일모레**다.
모레	내일의 다음 날

나다:낫다:낳다	
나다	인물이 배출되다. 예 어머니는 우리 집에 천재가 **났다**면서 좋아하셨다.
낫다	병이나 상처 등이 고쳐져 본래대로 되다. 예 병이 씻은 듯이 **나았다**.
낳다	어떤 결과를 이루거나 가져오다. 예 많은 이익을 **낳는** 유망 사업

늘리다:늘이다	
늘리다 ★	1. 물체의 넓이, 부피 등을 본디보다 커지게 하다. 예 주차장의 규모를 **늘리다**. 2. 수나 분량 등을 본디보다 많아지게 하거나 무게를 더 나가게 하다. '늘다'의 사동사 예 학생 수를 **늘리다**.
늘이다	본디보다 더 길어지게 하다. 예 고무줄을 **늘이다**.

다르다:달다	
다르다 ★	1. 비교가 되는 두 대상이 서로 같지 않다. 예 아들이 아버지와 얼굴이 **다르다**. 2. 보통의 것보다 두드러진 데가 있다. 예 고장 난 문을 감쪽같이 고치다니 기술자는 역시 **달라**.
달다	안타깝거나 조마조마하여 마음이 몹시 조급해지다. 예 마음이 **달다**.

대다:데다 ★	
대다	차, 배 등의 탈것을 멈추어 서게 하다. 예 항구에 배를 **대다**.
데다	불이나 뜨거운 기운으로 말미암아 살이 상하다. 또는 그렇게 하다. 예 팔이 불에 **데다**.

두껍다:두텁다	
두껍다 ★	두께가 보통의 정도보다 크다. 예 **두꺼운** 이불
두텁다	신의, 믿음, 관계, 인정 등이 굳고 깊다. 예 신앙이 **두텁다**.

들리다:들르다:들이다	
들리다 ★	병에 걸리다. 예 그는 심한 폐렴에 **들렸다**.
들르다	지나는 길에 잠깐 들어가 머무르다. 예 친구 집에 **들르다**.
들이다	밖에서 속이나 안으로 향해 가게 하거나 오게 하다. '들다'의 사동사 예 친구를 방에 **들이다**.

들이켜다:들이키다	
들이켜다	물이나 술 등의 액체를 단숨에 마구 마시다. 예 그는 목이 마르다며 물을 벌컥벌컥 **들이켰다**.
들이키다	안쪽으로 가까이 옮기다. 예 사람이 다닐 수 있도록 발을 **들이켜라**.

개념 암기 체크

다음 문장에서 문맥상 쓰이기 적절한 어휘에 ○ 표시하시오.

01 (두꺼운 / 두터운) 이불
02 항구에 배를 (대다 / 데다).
03 학생 수를 (늘리다 / 늘이다).
04 친구 집에 (들리다 / 들르다).
05 (걷잡을 / 겉잡을) 수 없이 흐르는 눈물

정답 01 두꺼운 02 대다 03 늘리다 04 들르다 05 걷잡을

때다:떼다 ★	
때다	아궁이 등에 불을 지피어 타게 하다. 예 아궁이에 장작을 **때다**.
떼다	붙어 있거나 잇닿은 것을 떨어지게 하다. 예 벽에서 벽보를 **떼다**.

띄다:띠다	
띄다	'남보다 훨씬 두드러지다'를 뜻하는 '뜨이다'의 준말 예 빨간 지붕이 눈에 **띄는** 집
띠다	1. 빛깔이나 색채 등을 가지다. 예 붉은빛을 **띤** 장미 2. 감정이나 기운 등을 나타내다. 예 얼굴에 미소를 **띠다**.

맞추다:맞히다	
맞추다	둘 이상의 일정한 대상들을 나란히 놓고 비교하여 살피다. 예 나는 가장 친한 친구와 답을 **맞추어** 보았다.
맞히다	문제에 대한 답을 틀리지 않게 하다. '맞다'의 사동사 예 수수께끼에 대한 답을 정확하게 **맞히면** 상품을 드립니다.

매다:메다 ★	
매다	1. 끈이나 줄 등의 두 끝을 엇걸고 잡아당기어 풀어지지 않게 마디를 만들다. 예 신발 끈을 **매다**. 2. (비유적으로) 어떤 데에서 떠나지 못하고 딸리어 있다. 예 형은 그 일에 목을 **매고** 있다.
메다	어떤 책임을 지거나 임무를 맡다. 예 젊은이는 나라의 장래를 **메고** 나갈 사람이다.

바치다:받치다:밭치다	
바치다 ★	무엇을 위하여 모든 것을 아낌없이 내놓거나 쓰다. 예 평생을 과학 연구에 몸을 **바치다**.
받치다 ★	비나 햇빛과 같은 것이 통하지 못하도록 우산이나 양산을 펴 들다. 예 아가씨들이 양산을 **받쳐** 들고 거리를 거닐고 있다.
밭치다	구멍이 뚫린 물건 위에 국수나 야채 등을 올려 물기를 빼다. 예 씻어 놓은 상추를 채반에 **밭쳤다**.

배다:베다	
배다	냄새가 스며들어 오래도록 남아 있다. 예 담배 냄새가 옷에 **배었다**.
베다	누울 때, 베개 등을 머리 아래에 받치다. 예 무릎을 **베다**.

벌리다:벌이다 ★	
벌리다	둘 사이를 넓히거나 멀게 하다. 예 줄 간격을 **벌리다**.
벌이다	1. 일을 계획하여 시작하거나 펼쳐 놓다. 예 잔치를 **벌이다**. 2. 놀이판이나 노름판 등을 차려 놓다. 예 장기판을 **벌이다**.

불다:붓다:붇다:붙다	
불다	유행, 풍조, 변화 등이 일어나 휩쓸다. 예 사무실에 영어 회화 바람이 **불다**.
붓다 ★	살가죽이나 어떤 기관이 부풀어 오르다. 예 얼굴이 **붓다**.
붇다 ★	1. 물에 젖어서 부피가 커지다. 예 콩이 **붇다**. 2. 분량이나 수효가 많아지다. 예 개울물이 **붇다**.
붙다	실력 등이 더 생겨 늘다. 예 자신이 **붙다**.

빌다:빌리다	
빌다	남의 물건을 공짜로 달라고 호소하여 얻다. 예 이웃에게 양식을 **빌다**.
빌리다	어떤 일을 하기 위해 기회를 이용하다. 예 이 자리를 **빌려** 감사의 말씀을 드립니다.

새다:세다	
새다	어떤 소리가 일정 범위에서 빠져나가거나 바깥으로 소리가 들리다. 예 유리가 깨어진 틈에서 두런거리는 소리가 **새었다**.
세다	머리카락이나 수염 등의 털이 희어지다. 예 머리가 허옇게 **세다**.

썩이다:썩히다	
썩이다	걱정이나 근심 등으로 마음이 몹시 괴로운 상태가 되게 만들다. '썩다'의 사동사 예 이제 부모 속 좀 작작 **썩여라**.
썩히다	물건이나 사람 또는 사람의 재능 등이 쓰여야 할 곳에 제대로 쓰이지 못하고 내버려진 상태로 있게 하다. '썩다'의 사동사 예 그는 시골구석에서 재능을 **썩히고** 있다.

여위다:여의다	
여위다	몸의 살이 빠져 파리하게 되다. 예 **여윈** 손
여의다	부모나 사랑하는 사람이 죽어서 이별하다. 예 그는 일찍이 부모를 **여의고** 고아로 자랐다.

이르다:일다	
이르다	어떤 정도나 범위에 미치다. 예 결론에 **이르다**.
일다	희미하거나 약하던 것이 왕성하여지다. 예 불꽃같이 **일다**.

정체(停滯):지체(遲滯)	
정체(停滯)	사물이 발전하거나 나아가지 못하고 한자리에 머물러 그침 예 경제의 **정체**로 불황이 지속된다.
지체(遲滯)	때를 늦추거나 질질 끎 예 잠시도 **지체** 말고 바로 집으로 돌아가시오.

개념 암기 체크

다음 문장에서 문맥상 쓰이기 적절한 어휘에 O 표시하시오.

01 무릎을 (배다 / 베다).
02 개울물이 (불다 / 붇다).
03 장기판을 (벌리다 / 벌이다).
04 머리가 허옇게 (새다 / 세다).
05 형은 그 일에 목을 (매고 / 메고) 있다.

정답 01 베다 02 붇다 03 벌이다 04 세다 05 매고

젖히다:제치다	
젖히다	뒤로 기울게 하다. '젖다'의 사동사 예 의자를 뒤로 **젖히다.**
제치다	1. 거치적거리지 않게 처리하다. 예 그 선수는 양옆에서 달려드는 상대 선수들을 **제치고** 골을 넣었다. 2. 일정한 대상이나 범위에서 빼다. 예 어떻게 나를 **제쳐** 두고 너희들끼리 놀러 갈 수 있니? 3. 경쟁 상대보다 우위에 서다. 예 신생 중소기업이 선두를 유지하던 대기업을 **제쳤다.** 4. 일을 미루다. 예 그는 제집 일을 **제쳐** 두고 남의 집 일에 발 벗고 나선다.

좇다:쫓다	
좇다 ★	남의 말이나 뜻을 따르다. 예 아버지의 유언을 **좇다.**
쫓다	어떤 대상을 잡거나 만나기 위하여 뒤를 급히 따르다. 예 **쫓고** 쫓기는 숨 막히는 추격전을 벌이다.

주요(主要)하다:주효(奏效)하다	
주요(主要)하다	주되고 중요하다. 예 이것들은 모두 제품 생산에 **주요한** 시설들이다.
주효(奏效)하다	효력이 나타나다. 예 우리의 설득이 그에게 **주효할지는** 두고 봐야 할 것이다.

2. 표기상 틀리기 쉬운 어휘

가재미(×) → **가자미(○)**	넙칫과와 붕넙칫과의 넙치가자미, 동백가자미, 참가자미, 목탁가자미, 줄가자미 등을 통틀어 이르는 말
걸맞는(×) → **걸맞은(○)**	'두 편을 견주어 볼 때 서로 어울릴 만큼 비슷하다'를 뜻하는 '걸맞다'의 활용형 예 분위기에 **걸맞은** 옷차림
계날(×) → **곗날(○)**	계의 구성원이 모여 결산을 하기로 정한 날 예 매달 첫 번째 일요일이 우리의 **곗날**입니다.
끌르다(×) → **끄르다(○)**	1. 맺은 것이나 맨 것을 풀다. 예 보따리를 **끄르다.** 2. 잠긴 것이나 채워져 있는 것을 열다. 예 단추를 **끄르다.**
대잎(×) → **댓잎(○)**	대나무의 잎
머릿말(×) → **머리말(○)**	1. 책이나 논문 등의 첫머리에 내용이나 목적 등을 간략하게 적은 글 2. 말이나 글 등에서 본격적인 논의를 하기 위한 실마리가 되는 부분
멕이다(×) → **먹이다(○)**	음식 등을 입을 통하여 배 속에 들여보내게 하다. '먹다'의 사동사 예 아기에게 밥을 **먹이다.**
아지랭이(×) → **아지랑이(○)**	주로 봄날 햇빛이 강하게 쬘 때 공기가 공중에서 아른아른 움직이는 현상 예 아물아물 **아지랑이**가 피어오르다.
애기(×) → **아기(○)**	어린 젖먹이 아이 예 **아기**를 돌보다.
으기다(×) → **이기다(○)**	1. 가루나 흙 등에 물을 부어 반죽하다. 예 진흙을 물에 **이기다.** 2. 짓찧어 다지다. 예 고기를 **이기다.**
자리세(×) → **자릿세(○)**	터나 자리를 빌려 쓰는 대가로 주는 돈이나 물품 예 **자릿세**를 받다.
치고박다(×) → **치고받다(○)**	서로 말로 다투거나 실제로 때리면서 싸우다. 예 동료와 **치고받고** 싸우다.

유형 연습문제

1 <보기>의 ㉠~㉢과 같은 관계에 있는 단어가 올바르게 짝 지어지지 않은 것은?

<보기>

단어의 의미를 고려하였을 때, 한 단어의 의미가 다른 단어의 의미에 포함되면 이 단어를 하의어라고 하며 이 단어의 의미를 포함하는 단어를 상의어라고 한다. 하의어와 상의어의 의미 관계를 상하 관계라고 부르며, 이때 상의어와 하의어의 관계는 상대적이다. 예를 들어, ㉠ '사람', ㉡ '여자', ㉢ '소녀'에서 '여자'는 '사람'의 하의어이지만 '소녀'의 상의어이다.

	㉠	㉡	㉢
①	꽃	맨드라미	꽃잎
②	수	실수	유리수
③	생물	물고기	피라미
④	악기	현악기	첼로
⑤	예술	음악	성악

2 <보기>의 ㉠에 들어갈 단어로 가장 적절한 것은?

<보기>

승희: 재주가 뛰어난 사람을 가리키는 단어를 모아 둔 카드 뉴스를 우연히 봤는데, 한자어에서만 다섯 개나 있더라. 처음 들어 보는 단어도 있었어.

두나: 그래? 어떤 것들이 있었는데?

승희: '재녀(才女), 재사(才士), 재원(才媛), 재자(才子), 재자가인(才子佳人)'이 있었어. 자, 너도 봐.

두나: 한자를 보니까 성별에 따라서 가리키는 대상이 다른가 보다.

승희: 맞아. 네가 말한 대로야. 그리고 연령에 따라서도 달라지는데, 이중에서 [㉠]은(는) 젊은 여자에게만 쓸 수 있는 단어더라.

① 재녀(才女)

② 재사(才士)

③ 재원(才媛)

④ 재자(才子)

⑤ 재자가인(才子佳人)

3 다음 중 단어의 의미 관계가 나머지 넷과 다른 하나는?

① 감소:증가　　　② 남편:아내
③ 벗다:입다　　　④ 공기업:사기업
⑤ 사망하다:타계하다

4 밑줄 친 '쓰다'가 '매장 내에서는 플라스틱 컵 대신 다회용 컵을 써야 합니다'에 사용된 '쓰다'와 같은 의미인 것은?

① 기행문에는 여행 중 보고 들은 것과 그 과정에서 든 생각을 쓴다.
② 플라스틱 티백을 써 차를 우리면 미세 플라스틱을 섭취하게 된다.
③ 요즘 상호나 제품명에 외래어 대신 고유어를 쓰자는 목소리가 많다.
④ 우리 집과 달리 사무실은 층고가 높은 탓에 사람을 써서 커튼을 달았다.
⑤ 처음 글자를 배우는 아이들은 단어를 듣고 발음대로 글자를 쓰는 연습을 한다.

5 밑줄 친 단어가 나머지 단어와 다의어 관계에 있지 않은 것은?

① 동생은 한 번 빠진 노래를 질릴 때까지 듣는다.
② 흰옷에 묻은 얼룩은 주방 세제로 금방 뺄 수 있다.
③ 페인트 냄새를 빠지게 하려고 창문을 열어 두었다.
④ 못이 열 개가 들어 있다고 했는데 몇 개가 빠진 것 같다.
⑤ 인품이 빠지지만 실력은 좋은 지원자를 고용할지 고민이다.

6 <보기>의 ㉠~㉢에 들어갈 단어를 알맞게 짝 지은 것은?

<보기>

- 경기 종료 2분 전 들어간 골이 승부를 (㉠) 말았다.
- 감독은 영화 시사회 자리를 (㉡) 차기작 소재를 공개했다.
- 사흘간 끊임없이 내린 비로 개울이 (㉢) 둑이 무너졌다.

	㉠	㉡	㉢
①	가름하고	빌려	붇고
②	가름하고	빌어	붇고
③	가름하고	빌려	붓고
④	갈음하고	빌어	붓고
⑤	갈음하고	빌려	붇고

7 밑줄 친 어휘의 사용이 바르지 않은 것은?

① 역에서 강의실까지 한걸음에 뛰었더니 숨이 찬다.

② 몇 번의 경합 끝에 우리가 상대에 먼저 한 점을 먹였다.

③ 크로켓을 만들기 위해 감자와 고기, 당근을 으긴 뒤 섞어 두었다.

④ 가자미는 납작한 몸과 오른쪽에 몰려 있는 눈이 특징인 물고기이다.

⑤ 자릿세를 많이 내더라도 상인들은 목이 좋은 곳을 차지하고 싶어 한다.

8 <보기>의 밑줄 친 한자어를 고유어로 바꾸어 쓸 때 가장 적절한 것은?

<보기>

섬에 상륙할 시간이 다가오자 승무원은 승객에게 자리를 이탈하지 말고 잘 착석해 달라고 안내하였다.

① 닿을 ② 미칠 ③ 오를 ④ 이를 ⑤ 내려갈

약점 보완 해설집 p.17

기출유형 07 속담·한자 성어·관용구의 뜻 파악하기

최근 3개년 출제 경향

출제 포인트 1 속담의 뜻 파악하기

1. 속담의 사전적, 문맥적 의미를 파악할 수 있는지 묻는 문제로, 사전적 의미를 묻는 문제는 속담과 그 의미가, 문맥적 의미를 묻는 문제는 속담이 쓰인 문장이 선택지로 제시됩니다. '말, 땅, 하루' 등 같은 단어가 들어간 속담으로만 선택지가 구성되는 것도 특징입니다.

2. 주로 다음과 같은 질문 형태로 출제됩니다.
   - 밑줄 친 속담을 사용한 표현이 적절하지 않은 것은?
   - 속담의 의미가 올바르지 않은 것은?

풀이 전략

의미를 모르는 속담은 속담이 주로 어떤 상황에서 쓰이는지, 속담을 봤을 때 어떤 느낌이 드는지 떠올려 봅시다. 예를 들어, '병풍에 그린 닭이 홰를 치거든'을 보면, '닭 그림이 움직이는 건 불가능하지 않나?'라는 생각이 들 수 있습니다. 실제로, 이 속담은 불가능한 일과 관련된 뜻으로, 이와 같이 속담을 유추하는 것도 하나의 문제 풀이 전략이 될 수 있습니다.

예제

밑줄 친 속담을 사용한 표현이 적절하지 않은 것은?

① 서로가 마음에 드는지 두 사람은 소 닭 보듯 하고 있다.
② 지금은 집에 쌀 한 톨 없다지만 설마 산 입에 거미줄 치랴.
③ 부도 위기에 처하자 궁한 뒤에 행세를 본다고 사장의 진면목을 알게 되었다.
④ 내가 세 시간 걸리는 일을 과장님은 한 시간이면 끝내시니 구관이 명관이다.
⑤ 경기가 안 좋아진다니 넘어지기 전에 지팡이 짚으려 주식을 팔아 적금을 들었다.

정답 ①

해설 속담 '소 닭 보듯 (닭 소 보듯)'은 '서로 무심하게 보는 모양을 비유적으로 이르는 말'이므로 두 사람이 서로에게 호감을 가진 상황에 쓰기에 적절하지 않은 속담이다.

② 속담 '산 (사람) 입에 거미줄 치랴'는 '거미가 사람의 입안에 거미줄을 치자면 사람이 아무것도 먹지 않아야 한다'라는 뜻으로, 아무리 살림이 어려워 식량이 떨어져도 사람은 그럭저럭 죽지 않고 먹고 살아가기 마련임을 비유적으로 이르는 말이다. 따라서 먹을 것이 전혀 없는 상황에서 쓰기 적절하다.

③ 속담 '궁한 뒤에 행세를 본다'는 어려운 일을 당하여야 비로소 그 사람의 참된 가치나 본성을 엿볼 수 있음을 비유적으로 이르는 말이다. 따라서 사장의 참모습을 부도 위기에서 알게 된 상황에서 쓰기 적절하다.

④ 속담 '구관이 명관이다'는 무슨 일이든 경험이 많거나 익숙한 이가 더 잘하는 법임을 비유적으로 이르는 말이다. 따라서 상대적으로 경력이 많은 과장의 실력이 훌륭함을 설명하는 상황에서 쓰기 적절하다.

⑤ 속담 '넘어지기 전에 지팡이 짚다'는 어떤 일에 실패하거나 화를 입기 전에 대비함을 비유적으로 이르는 말이다. 따라서 주식의 가치가 떨어져 입을 피해를 막으려 주식을 판 상황에서 쓰기 적절하다.

출제 포인트 2 한자 성어의 뜻 파악하기

1. 한자 성어의 사전적, 문맥적 의미를 파악할 수 있는지 묻는 문제로, 질문에 제시된 의미를 지닌 한자 성어를 찾는 형태와 문장에 쓰인 한자 성어의 적절성을 묻는 형태가 주를 이룹니다. 최근에는 한자 성어 의미의 유사성을 묻거나 하나의 주제를 제시하고 그와 관련된 한자 성어를 파악하는 문제가 출제됐습니다.

2. 주로 다음과 같은 질문 형태로 출제됩니다.
   - "한자 성어의 의미"를 의미하는 사자성어는?
   - '교훈/주제'가 들어 있지 않은 사자성어는?

풀이 전략

의미를 정확히 알지 못하는 한자 성어가 선택지로 제시되었다면, 그 한자 성어가 쓰이는 상황을 떠올리거나 한자 성어 중 뜻을 아는 한자나 단어를 찾아 그 의미를 유추해 봅시다. 예를 들어, '결초보은(結草報恩)'에서 은혜를 갚는다는 뜻인 '보은'과 같이 뜻을 알기 쉬운 단어를 먼저 확인하고, 선택지에 제시된 뜻이 그와 관련 있는지 확인해 봅시다.

예제

'쇠라도 자를 만큼 강한 교분이라는 뜻으로, 매우 두터운 우정을 이르는 말'을 의미하는 한자 성어는?

① 관포지교(管鮑之交)
② 금석지교(金石之交)
③ 단금지교(斷金之交)
④ 망년지교(忘年之交)
⑤ 수어지교(水魚之交)

정답 ③

해설 ① **관포지교(管鮑之交)**: 관중과 포숙의 사귐이란 뜻으로, 우정이 아주 돈독한 친구 관계를 이르는 말
② **금석지교(金石之交)**: 쇠나 돌처럼 굳고 변함없는 사귐
④ **망년지교(忘年之交)**: 나이에 거리끼지 않고 허물없이 사귄 벗
⑤ **수어지교(水魚之交)**: 1. 물이 없으면 살 수 없는 물고기와 물의 관계라는 뜻으로, 아주 친밀하여 떨어질 수 없는 사이를 비유적으로 이르는 말 2. 임금과 신하 또는 부부의 친밀함을 이르는 말

출제 포인트 3 관용구의 뜻 파악하기

1. 관용구의 사전적, 문맥적 의미를 파악할 수 있는지 묻는 문제입니다. 사전적 의미를 묻는 문제는 '관용구: 의미', '관용구가 쓰인 문장: 의미' 형태로 출제되고, 문맥적 의미를 묻는 문제는 관용구가 쓰인 문장을 선택지로 제시하고, 그 쓰임이 적절한지 묻는 문제로 출제됩니다. 가끔 관용구에 쓰인 어휘의 의미를 묻는 문제가 출제되기도 합니다.

2. 주로 다음과 같은 질문 형태로 출제됩니다.
   - 다음 관용구의 의미가 적절하지 않은 것은?
   - 밑줄 친 관용 표현의 쓰임이 적절하지 않은 것은?

풀이 전략

관용구는 생각보다 일상생활에서 많이 쓰이기 때문에, 관용구가 쓰이는 상황을 떠올리면 그 뜻을 쉽게 유추할 수 있습니다. 만약 생소한 관용구가 출제됐다면, 제시된 관용구에 쓰인 어휘가 포함된 다른 관용구를 떠올려 봅시다. 예를 들어 '발이 넓다'는 흔히 쓰이는 관용구로, 관계와 관련된 의미를 지닙니다. 이를 염두에 둔다면 '발을 빼다'도 관계와 관련된 의미를 지님을 유추할 수 있습니다.

예제

다음 관용구의 의미가 적절하지 않은 것은?

① 이 주임님은 달이 차서 출산 휴가를 가셨다.
→ 달이 차다: 아이를 배어 낳을 달이 되다.

② 그녀는 의심이 많아 여간해서는 곁을 주지 않는다.
→ 곁을 주다: 다른 사람으로 하여금 자기에게 가까이할 수 있도록 속을 터 주다.

③ 아무리 머리를 쥐어짜도 문제의 답을 알 수 없었다.
→ 머리를 쥐어짜다: 몹시 애를 써서 궁리하다.

④ 사고가 재발하지 않도록 경종을 울리기 위해 사고 영상을 공개하였다.
→ 경종을 울리다: 잘못이나 위험을 미리 경계하여 주의를 환기시키다.

⑤ 그는 케이크에 침 발라 놓았다며 아무도 먹지 못하게 으름장을 놓았다.
→ 침 발라 놓다: 자기 소유로 하고자 몹시 탐내다.

정답 ⑤

해설 관용구 '침 발라 놓다'는 '자기 소유임을 표시하다'를 뜻하므로, 관용구의 의미가 적절하지 않은 것은 ⑤이다. 참고로, '자기 소유로 하고자 몹시 탐내다'를 뜻하는 관용구는 '침(을) 삼키다[흘리다]'이다.

필수 암기 개념

암기포인트
속담과 관용구는 일상생활에서 어떻게 쓰이는지를 연상해 보며 익히고,
한자성어는 한자 중에 알고 있는 한자의 의미와 성어의 전체 뜻을 연관 지어 외워 봅시다!

1 속담

가게 기둥에 입춘[주련]	'추하고 보잘것없는 가겟집 기둥에 '입춘대길'이라 써 붙인다'라는 뜻으로, 제격에 맞지 않음을 비유적으로 이르는 말
가난이 소 아들이라	소처럼 죽도록 일해도 가난에서 벗어날 수 없음을 이르는 말
가난한 양반 씻나락 주무르듯	'가난한 양반이 털어먹자니 앞날이 걱정스럽고 그냥 두자니 당장 굶는 일이 걱정되어서 볍씨만 한없이 주무르고 있다'라는 뜻으로, 어떤 일에 닥쳐 우물쭈물하기만 하면서 선뜻 결정을 내리지 못하고 있는 모양을 이르는 말
가는 말에 채찍질	열심히 하고 있는데도 더 빨리하라고 독촉함을 비유적으로 이르는 말
가는 말에도 채찍을 치랬다	형편이나 힘이 한창 좋을 때라도 더욱 마음을 써서 힘써야 함을 비유적으로 이르는 말 동의어 가는 말에 채찍질
가는 손님은 뒤꼭지가 예쁘다	손님 대접하기가 어려운 터에 손님이 속을 알아주어 빨리 돌아가니 고맙게 여긴다는 것을 비유적으로 이르는 말
가는 토끼 잡으려다 잡은 토끼 놓친다	'다른 토끼도 잡겠다고 욕심을 부리던 나머지 잡은 토끼를 잘못 간수한 탓으로 놓친다'라는 뜻으로, 지나치게 욕심을 부리다가 이미 차지한 것까지 잃어버리게 됨을 비유적으로 이르는 말 동의어 산돼지를 잡으려다가 집돼지까지 잃는다
가는[가던] 날이 장날 ★	일을 보러 가니 공교롭게 장이 서는 날이라는 뜻으로, 어떤 일을 하려고 하는데 뜻하지 않은 일을 공교롭게 당함을 비유적으로 이르는 말 동의어 가는 날이 생일, 오는 날이 장날
가랑비에 옷 젖는 줄 모른다	'가늘게 내리는 비는 조금씩 젖어 들기 때문에 여간해서도 옷이 젖는 줄을 깨닫지 못한다'라는 뜻으로, 아무리 사소한 것이라도 그것이 거듭되면 무시하지 못할 정도로 크게 됨을 비유적으로 이르는 말
가마솥에 든 고기	꼼짝없이 죽게 된 신세를 비유적으로 이르는 말
가물에 콩(씨) 나듯	'가뭄에는 심은 콩이 제대로 싹이 트지 못하여 드문드문 난다'라는 뜻으로, 어떤 일이나 물건이 어쩌다 하나씩 드문드문 있는 경우를 비유적으로 이르는 말
간에 붙었다 쓸개[염통]에 붙었다 한다	자기에게 조금이라도 이익이 되면 지조 없이 이편에 붙었다 저편에 붙었다 함을 비유적으로 이르는 말 동의어 간에 가 붙고 쓸개[염통]에 가 붙는다, 쓸개에 가 붙고 간에 가 붙는다
갈수록 태산[수미산/심산](이라)	갈수록 더욱 어려운 지경에 처하게 되는 경우를 비유적으로 이르는 말 동의어 산 넘어 산이다, 산은 오를수록 높고 물은 건널수록 깊다, 재는 넘을수록 험하고[높고] 내는 건널수록 깊다

개념 암기 체크

다음 속담과 뜻풀이를 바르게 연결하시오.

01 가는 날이 장날 •
02 가마솥에 든 고기 •
03 가난이 소 아들이라 •

• ㉠ 꼼짝없이 죽게 된 신세를 비유적으로 이르는 말
• ㉡ 소처럼 죽도록 일해도 가난에서 벗어날 수 없음을 이르는 말
• ㉢ 어떤 일을 하려고 하는데 뜻하지 않은 일을 공교롭게 당함을 비유적으로 이르는 말

정답 01 ㉢ 02 ㉠ 03 ㉡

감기는 밥상머리에 내려앉는다	1. 감기 들어 앓고 있다가도 밥상을 받으면 앓는 사람 같지 않게 잘 먹는다는 말 2. '밥만 잘 먹으면 감기 정도는 절로 물러간다'라는 뜻으로, 밥만 잘 먹으면 병은 물러감을 이르는 말 동의어 감기는 밥상머리에서 물러간다[물러앉는다]
개 머루[약과] 먹듯	뜻도 모르면서 아는 체함을 이르는 말
개미 쳇바퀴 돌듯	앞으로 나아가거나 발전하지 못하고 제자리걸음만 함을 비유적으로 이르는 말 동의어 다람쥐 쳇바퀴 돌듯
개밥에 도토리	'개는 도토리를 먹지 않기 때문에 밥 속에 있어도 먹지 않고 남긴다'라는 뜻에서, 따돌림을 받아서 여럿의 축에 끼지 못하는 사람을 비유적으로 이르는 말
걱정이 많으면 빨리 늙는다	쓸데없는 잔걱정을 하지 말라는 말
구관이 명관이다	무슨 일이든 경험이 많거나 익숙한 이가 더 잘하는 법임을 비유적으로 이르는 말
구멍 보아 가며 말뚝[쐐기] 깎는다	무슨 일이고 간에 조건과 사정을 보아 가며 거기에 알맞게 일을 하여야 함을 비유적으로 이르는 말 동의어 구멍 보고 쐐기를 깎아라, 이불깃 봐 가며 발 편다
굳은 땅에 물이 괸다	헤프게 쓰지 않고 아끼는 사람이 재산을 모으게 됨을 비유적으로 이르는 말 동의어 단단한 땅에 물이 괸다
굴레 벗은 말[망아지/송아지]	구속이나 통제에서 벗어나 몸이 자유로움을 이르는 말 동의어 고삐 놓은[없는/풀린] 말[망아지]
궁한 뒤에 행세를 본다	어려운 일을 당하여야 비로소 그 사람의 참된 가치나 본성을 엿볼 수 있음을 비유적으로 이르는 말
귀신도 빌면 듣는다	'귀신도 빌면 소원을 들어준다'라는 뜻으로, 누구나 자기에게 비는 자는 용서함을 비유적으로 이르는 말
기침에 재채기	어려운 일이 공교롭게 계속됨을 비유적으로 이르는 말 동의어 고비에 인삼, 눈 위에 서리 친다, 마디에 옹이, 얼어 죽고 데어 죽는다, 옹이에 마디, 하품에 딸꾹질, 하품에 폐기
까마귀 날자 배 떨어진다	아무 관계 없이 한 일이 공교롭게도 때가 같아 어떤 관계가 있는 것처럼 의심을 받게 됨을 비유적으로 이르는 말
꾸어다 놓은 보릿자루[빗자루] ★	여럿이 모여 이야기하는 자리에서 아무 말도 하지 않고 한옆에 가만히 있는 사람을 비유적으로 이르는 말 동의어 전당 잡은 촛대 (갚고 꾸어 온 보릿자루 같다)
꿀 먹은 벙어리(요 침 먹은 지네)	속에 있는 생각을 나타내지 못하는 사람을 비유적으로 이르는 말
낙숫물이 댓돌을 뚫는다	작은 힘이라도 꾸준히 계속하면 큰일을 이룰 수 있음을 비유적으로 이르는 말
남의 말도 석 달	소문은 시일이 지나면 흐지부지 없어지고 만다는 말
남의 잔치[장/제사]에 감 놓아라 배 놓아라 한다	남의 일에 공연히 간섭하고 나섬을 비유적으로 이르는 말 동의어 남의 일에 흥야항야한다, 사돈네 제사에 가서 감 놓아라 배 놓아라 한다, 사돈집 잔치에 감 놓아라 배 놓아라 한다
낫 놓고 기역 자도 모른다 ★	'기역 자 모양으로 생긴 낫을 보면서도 기역 자를 모른다'라는 뜻으로, 아주 무식함을 비유적으로 이르는 말
내 손에 장을 지지겠다	손톱에 불을 달아 장을 지지게 되면 그 고통이라는 것은 이루 말할 수 없는 것인데 그런 모진 일을 담보로 하여 자기가 옳다는 것을 장담할 때 하는 말 동의어 내 손톱에 장을 지져라
내리사랑은 있어도 치사랑은 없다	윗사람이 아랫사람을 사랑하기는 하여도 아랫사람이 윗사람을 사랑하기는 좀처럼 어렵다는 말 동의어 사랑은 내리사랑
냉수 먹고 이 쑤시기	'잘 먹은 체하며 이를 쑤신다'라는 뜻으로, 실속은 없으면서 무엇이 있는 체함을 이르는 말
넘어지기 전에 지팡이 짚다	어떤 일에 실패하거나 화를 입기 전에 대비함을 비유적으로 이르는 말

누워서 떡 먹기 ★	하기가 매우 쉬운 것을 비유적으로 이르는 말 동의어 누운 소 타기
눈 가리고 아웅 ★	1. 얕은수로 남을 속이려 한다는 말 동의어 가랑잎으로 눈(을) 가리고 아웅 한다, 눈 벌리고 어비야 한다, 머리카락 뒤에서 숨바꼭질한다 2. 실제로 보람도 없을 일을 공연히 형식적으로 하는 체하며 부질없는 짓을 함을 비유적으로 이르는 말 동의어 귀 막고 아옹 한다, 눈 감고 아웅 한다, 눈 벌리고 아웅
눈 감고 따라간다	아무 생각 없이 맹목적으로 뒤따르는 것을 비유적으로 이르는 말
눈 뜨고 코 베어 갈 세상[인심]	눈을 멀쩡히 뜨고 있어도 코를 베어 갈 만큼 세상인심이 고약하다는 말 동의어 눈을 떠도 코 베어 간다
눈먼 놈이 앞장선다	못난이가 남보다 먼저 나댐을 비유적으로 이르는 말
눈에 콩깍지가 씌었다	앞이 가리어 사물을 정확하게 보지 못함을 비유적으로 이르는 말
다 된 농사에 낫 들고 덤빈다 ★	일이 다 끝난 뒤에 쓸데없이 참견하고 나섬을 비유적으로 이르는 말
다 된 죽에 코 빠졌다	거의 다 된 일을 망쳐 버리는 주책없는 행동을 비유적으로 이르는 말 동의어 다 된 죽에 코 풀기
다 된 죽에 코 풀기	거의 다 된 일을 망쳐 버리는 주책없는 행동을 비유적으로 이르는 말 동의어 다 된 죽에 코 빠졌다
다람쥐 쳇바퀴 돌듯	앞으로 나아가거나 발전하지 못하고 제자리걸음만 함을 비유적으로 이르는 말 동의어 개미 쳇바퀴 돌듯
단단한 땅에 물이 괸다	헤프게 쓰지 않고 아끼는 사람이 재산을 모으게 됨을 비유적으로 이르는 말 동의어 굳은 땅에 물이 괸다
단솥에 물 붓기	1. 형편이 이미 기울어 아무리 도와주어도 보람이 없음을 비유적으로 이르는 말 2. 조금의 여유도 없이 버쩍버쩍 없어짐을 비유적으로 이르는 말
닫는 말에도 채를 친다	기세가 한창 좋을 때 더 힘을 가한다는 말 동의어 달리는 말에 채찍질
달걀에도 뼈가 있다	늘 일이 잘 안되던 사람이 모처럼 좋은 기회를 만났건만, 그 일마저 역시 잘 안됨을 이르는 말 동의어 계란에도 뼈가 있다
달면 삼키고 쓰면 뱉는다	옳고 그름이나 신의를 돌보지 않고 자기의 이익만 꾀함을 비유적으로 이르는 말 동의어 맛이 좋으면 넘기고 쓰면 뱉는다, 쓰면 뱉고 달면 삼킨다, 추우면 다가들고 더우면 물러선다
닭 잡아먹고 오리 발 내놓기	옳지 못한 일을 저질러 놓고 엉뚱한 수작으로 속여 넘기려 하는 일을 비유적으로 이르는 말
도둑이 매를 든다	잘못한 놈이 도리어 기세를 올리고 나무람을 비유적으로 이르는 말 동의어 도둑놈이 몽둥이 들고 길 위에 오른다, 도둑이 달릴까 했더니 우뚝 선다

개념 암기 체크

다음 속담과 뜻풀이를 바르게 연결하시오.

01 기침에 재채기 •
02 굳은 땅에 물이 괸다 •
03 눈 가리고 아웅 •
04 꾸어다 놓은 보릿자루 •
05 낫 놓고 기역 자도 모른다 •

• ㉠ 헤프게 쓰지 않고 아끼는 사람이 재산을 모으게 됨을 비유적으로 이르는 말
• ㉡ 아주 무식함을 비유적으로 이르는 말
• ㉢ 어려운 일이 공교롭게 계속됨을 비유적으로 이르는 말
• ㉣ 얕은수로 남을 속이려 한다는 말
• ㉤ 여럿이 모여 이야기하는 자리에서 아무 말도 하지 않고 한옆에 가만히 있는 사람을 비유적으로 이르는 말

정답 01 ㉢ 02 ㉠ 03 ㉣ 04 ㉤ 05 ㉡

도둑질을 해도 손발[눈]이 맞아야 한다	무슨 일이든지 두 편에서 서로 뜻이 맞아야 이루어질 수 있다는 말 동의어 두 손뼉이 맞아야 소리가 난다
도토리 키재기	1. 정도가 고만고만한 사람끼리 서로 다툼을 이르는 말 2. 비슷비슷하여 견주어 볼 필요가 없음을 이르는 말 동의어 난쟁이끼리 키 자랑하기
동냥은 못 줘도 쪽박은 깨지 마라	남을 도와주지는 못할망정 방해는 하지 말라는 말
땅 넓은 줄을 모르고 하늘 높은 줄만 안다	키만 홀쭉하게 크고 마른 사람을 놀림조로 이르는 말
땅 짚고 헤엄치기 ★	일이 매우 쉽다는 말 동의어 주먹으로 물 찧기
땅내가 고소하다[구수하다]	머지않아 죽게 될 것 같다는 말 동의어 흙내가 고소하다
땅을 팔 노릇	사정이 불가능하여 할 수 없는 것을 억지로 우기며 고집을 피울 때 하는 말
떡 줄 사람은 꿈도 안 꾸는데 김칫국부터 마신다	해 줄 사람은 생각지도 않는데 미리부터 다 된 일로 알고 행동한다는 말 동의어 김칫국부터 마신다, 떡방아 소리 듣고 김칫국 찾는다, 앞집 떡 치는 소리 듣고 김칫국부터 마신다
마른논에 물 대기	일이 매우 힘들거나 힘들여 해 놓아도 성과가 없는 경우를 이르는 말 동의어 가문 논에 물 대기
말 많은 집은 장맛도 쓰다	집안에 잔말이 많으면 살림이 잘 안된다는 말
말 속에 뜻이 있고 뼈가 있다	말 뒤에 겉에 드러나지 않은 숨은 뜻이 있다는 말
말 안 하면 귀신도 모른다	마음속으로만 애태울 것이 아니라 시원스럽게 말을 하여야 한다는 말
말은 할 탓이다	같은 내용의 말이라도 하기에 달렸다는 말 동의어 말은 꾸밀 탓으로 간다
말이 많으면 쓸 말이 적다	'하지 않아도 될 말을 이것저것 많이 늘어놓으면 그만큼 쓸 말은 적어진다'라는 뜻으로, 말을 삼가라는 말 동의어 군말이 많으면 쓸 말이 적다
망건 쓰자 파장	준비를 하다가 그만 때를 놓쳐 소기의 목적을 이루지 못하게 됨을 비유적으로 이르는 말
물도 가다 구비를 친다	사람의 한평생에는 전환기가 있기 마련이라는 말
믿는 도끼에 발등 찍힌다	잘되리라고 믿고 있던 일이 어긋나거나 믿고 있던 사람이 배반하여 오히려 해를 입음을 비유적으로 이르는 말 동의어 낯익은 도끼에 발등 찍힌다, 믿던 발에 돌 찍힌다, 믿었던 돌에 발부리 채었다, 아는 도끼에 발등 찍힌다
바늘 가는 데 실 간다 ★	'바늘이 가는 데 실이 항상 뒤따른다'라는 뜻으로, 사람의 긴밀한 관계를 비유적으로 이르는 말 동의어 구름 갈 제 비가 간다, 바늘 가는 데 실 가고 바람 가는 데 구름 간다, 바늘 따라 실 간다, 바람 간 데 범 간다, 봉 가는 데 황 간다, 실 가는 데 바늘도 간다
바늘구멍으로 하늘 보기 ★	'조그만 바늘구멍으로 넓디넓은 하늘을 본다'라는 뜻으로, 전체를 포괄적으로 보지 못하는 매우 좁은 소견이나 관찰을 비꼬는 말 동의어 댓구멍으로 하늘을 본다
바람 앞의 등불	언제 꺼질지 모르는 바람 앞의 등불이란 뜻으로, 매우 위태로운 처지에 놓여 있음을 비유적으로 이르는 말 동의어 바람받이에 선 촛불
발 없는 말이 천 리 간다	'말은 비록 발이 없지만 천 리 밖까지도 순식간에 퍼진다'라는 뜻으로, 말을 삼가야 함을 비유적으로 이르는 말
백지장도 맞들면 낫다	쉬운 일이라도 협력하여 하면 훨씬 쉽다는 말 동의어 백지 한 장도 맞들면 낫다, 종잇장도 맞들면 낫다, 초지장도 맞들면 낫다

병풍에 그린 닭이 홰를 치거든	도저히 불가능한 일이어서 기약할 수 없음을 비유적으로 이르는 말 동의어 곤달걀 꼬끼오 울거든
보기 좋은 떡이 먹기도 좋다	겉모양새를 잘 꾸미는 것도 필요함을 비유적으로 이르는 말
붉고 쓴 장	'빛이 좋아서 맛있을 듯한 간장이 쓰다'라는 뜻으로, 겉모양은 그럴듯하게 좋으나 실속은 흉악하여 안팎이 서로 다름을 비유적으로 이르는 말
비 온 뒤에 땅이 굳어진다 ★	'비에 젖어 질척거리던 흙도 마르면서 단단하게 굳어진다'라는 뜻으로, 어떤 시련을 겪은 뒤에 더 강해짐을 비유적으로 이르는 말
빈대 미워 집에 불 놓는다	손해를 크게 볼 것을 생각지 않고 자기에게 마땅치 않은 것을 없애려고 그저 덤비기만 하는 경우를 비유적으로 이르는 말 동의어 빈대 잡으려고 초가삼간 태운다
빈대 잡으려고 초가삼간 태운다 ★	손해를 크게 볼 것을 생각지 않고 자기에게 마땅치 않은 것을 없애려고 그저 덤비기만 하는 경우를 비유적으로 이르는 말 동의어 빈대 미워 집에 불 놓는다
빛 좋은 개살구 ★	겉보기에는 먹음직스러운 빛깔을 띠고 있지만 맛은 없는 개살구라는 뜻으로, 겉만 그럴듯하고 실속이 없는 경우를 비유적으로 이르는 말
사공이 많으면 배가 산으로 간다 [올라간다]	'여러 사람이 저마다 제 주장대로 배를 몰려고 하면 결국에는 배가 물로 못 가고 산으로 올라간다'라는 뜻으로, 주관하는 사람 없이 여러 사람이 자기주장만 내세우면 일이 제대로 되기 어려움을 비유적으로 이르는 말
사람과 산은 멀리서 보는 게 낫다	사람을 가까이 사귀면 멀리서 볼 때 안 보이던 결점이 다 드러나 실망하게 됨을 비유적으로 이르는 말
사람의 마음은 하루에도 열두 번	사람의 마음이란 아주 변하기 쉬움을 이르는 말 동의어 사람은 조석으로 변한다
사흘 굶어 도둑질 아니 할 놈 없다	아무리 착한 사람이라도 몹시 궁하게 되면 못하는 짓이 없게 됨을 비유적으로 이르는 말 동의어 사흘(을) 굶으면 포도청의 담도 뛰어넘는다, 사흘 굶어 담 아니 넘을 놈 없다, 사흘 굶으면 못할 노릇이 없다, 세끼 굶으면 군자가 없다, 열흘 굶어 군자 없다
산 (사람) 입에 거미줄 치랴	'거미가 사람의 입안에 거미줄을 치자면 사람이 아무것도 먹지 않아야 한다'라는 뜻으로, 아무리 살림이 어려워 식량이 떨어져도 사람은 그럭저럭 죽지 않고 먹고 살아가기 마련임을 비유적으로 이르는 말 동의어 사람이 굶어 죽으란 법은 없다
산 넘어 산이다	갈수록 더욱 어려운 지경에 처하게 되는 경우를 비유적으로 이르는 말 동의어 갈수록 태산[수미산/심산](이라)
서울 (가서) 김 서방 찾는다[찾기]	'넓은 서울 장안에 가서 주소도 모르고 덮어놓고 김 서방을 찾는다'라는 뜻으로, 주소도 이름도 모르고 무턱대고 막연하게 사람을 찾아가는 경우를 비유적으로 이르는 말
석새짚신에 구슬 감기	'거칠게 만든 하찮은 물건에 고급스러운 물건을 사용한다'라는 뜻으로, 격에 어울리지 않는 모양이나 차림새를 비유적으로 이르는 말 동의어 짚신에 국화 그리기

개념 암기 체크

다음 속담과 뜻풀이를 바르게 연결하시오.

01 땅 짚고 헤엄치기 •
02 마른논에 물 대기 •
03 바늘 가는 데 실 간다 •
04 말은 할 탓이다 •
05 비 온 뒤에 땅이 굳어진다 •

• ㉠ 일이 매우 쉽다는 말
• ㉡ 일이 매우 힘들거나 힘들여 해 놓아도 성과가 없는 경우를 이르는 말
• ㉢ 같은 내용의 말이라도 하기에 달렸다는 말
• ㉣ 어떤 시련을 겪은 뒤에 더 강해짐을 비유적으로 이르는 말
• ㉤ 사람의 긴밀한 관계를 비유적으로 이르는 말

정답 01 ㉠ 02 ㉡ 03 ㉤ 04 ㉢ 05 ㉣

선무당이 사람 잡는다[죽인다]	'의술에 서투른 사람이 치료해 준다고 하다가 사람을 죽이기까지 한다'라는 뜻으로, 능력이 없어서 제구실을 못하면서 함부로 하다가 큰일을 저지르게 됨을 비유적으로 이르는 말 동의어 어설픈 약국이 사람 죽인다
소 가는 데 말도 간다	남이 할 수 있는 일이면 나도 할 수 있다는 말 동의어 말 갈 데 소 간다
소 닭 보듯 (닭 소 보듯) ★	서로 무심하게 보는 모양을 비유적으로 이르는 말 동의어 개 닭 보듯
소 잃고 외양간 고친다 ★	'소를 도둑맞은 다음에서야 빈 외양간의 허물어진 데를 고치느라 수선을 떤다'라는 뜻으로, 일이 이미 잘못된 뒤에는 손을 써도 소용이 없음을 비꼬는 말 동의어 도둑맞고 사립[빈지] 고친다, 말 잃고 외양간 고친다
소 죽은 귀신 같다	소가 고집이 세고 힘줄이 질기다는 데서, 몹시 고집 세고 질긴 사람의 성격을 비유적으로 이르는 말 동의어 쇠 멱미레 같다
손 안 대고 코 풀기 ★	'손조차 사용하지 않고 코를 푼다'라는 뜻으로, 일을 힘 안 들이고 아주 쉽게 해치움을 비유적으로 이르는 말
수박 겉 핥기	'맛있는 수박을 먹는다는 것이 딱딱한 겉만 핥고 있다'라는 뜻으로, 사물의 속 내용은 모르고 겉만 건드리는 일을 비유적으로 이르는 말 동의어 꿀단지 겉 핥기[핥는다]
숭어가 뛰니까 망둥이도 뛴다	남이 한다고 하니까 분별없이 덩달아 나섬을 비유적으로 이르는 말 동의어 망둥이가 뛰니까 전라도 빗자루도 뛴다, 망둥이가 뛰면 꼴뚜기도 뛴다, 잉어가 뛰니까 망둥이도 뛴다, 잉어 숭어가 오니 물고기라고 송사리도 온다
싸전에 가서 밥 달라고 한다	모든 일에는 질서와 차례가 있는 법인데 일의 순서도 모르고 성급하게 덤빔을 비유적으로 이르는 말 동의어 우물에 가 숭늉 찾는다
싼 것이 비지떡[갈치자반]	값이 싼 물건은 품질도 그만큼 나쁘게 마련이라는 말 동의어 값싼 비지떡
썩어도 준치	본래 좋고 훌륭한 것은 비록 상해도 그 본질에는 변함이 없음을 비유적으로 이르는 말 동의어 물어도 준치 썩어도 생치
아는 것이 병[탈]	정확하지 못하거나 분명하지 않은 지식은 오히려 걱정거리가 될 수 있음을 이르는 말
아닌 밤중에 홍두깨 (내밀듯)	별안간 엉뚱한 말이나 행동을 함을 비유적으로 이르는 말 동의어 그믐밤에 홍두깨 내민다[내밀듯], 어두운 밤에 주먹질, 어두운 밤중에 홍두깨 (내밀듯)
아랫돌 빼서 윗돌 괴고 윗돌 빼서 아랫돌 괴기	일이 몹시 급하여 임시변통으로 이리저리 둘러맞추어 일함을 비유적으로 이르는 말 동의어 윗돌 빼서 아랫돌 괴고 아랫돌 빼서 윗돌 괴기
아비만 한 자식 없다	1. 자식이 부모에게 아무리 잘해도 부모가 자식 생각하는 것만은 못함을 이르는 말 2. 자식이 아무리 훌륭하게 되더라도 부모만큼은 못함을 이르는 말
아이 말 듣고 배 딴다	어리석은 사람의 말을 곧이듣고 큰 실수를 하게 되는 경우를 비유적으로 이르는 말
앉아 주고 서서 받는다	빌려주기는 쉬우나 돌려받기는 어려움을 비유적으로 이르는 말 동의어 앉아 준 돈 서서도 못 받는다
약방에 감초	한약에 감초를 넣는 경우가 많아 한약방에 감초가 반드시 있다는 데서, 어떤 일에나 빠짐없이 끼어드는 사람 또는 꼭 있어야 할 물건을 비유적으로 이르는 말 동의어 건재 약국에 백복령
언 발에 오줌 누기 ★	'언 발을 녹이려고 오줌을 누어 봤자 효력이 별로 없다'라는 뜻으로, 임시변통은 될지 모르나 그 효력이 오래가지 못할 뿐만 아니라 결국에는 사태가 더 나빠짐을 비유적으로 이르는 말
언 손 불기	부질없는 짓을 비유적으로 이르는 말
열 번 갈아서 안 드는 도끼가 없다	무슨 일이나 꾸준히 공을 들이면 소기의 성과를 거두게 됨을 이르는 말

오뉴월에도 남의 일은 손이 시리다	남의 일을 하기 싫어서 건들건들하는 모양을 비난조로 이르는 말
오르지 못할 나무는 쳐다보지도 마라	자기의 능력 밖의 불가능한 일에 대해서는 처음부터 욕심을 내지 않는 것이 좋다는 말 동의어 못 오를 나무는 쳐다보지도 마라
우물에 가 숭늉 찾는다 ★	모든 일에는 질서와 차례가 있는 법인데 일의 순서도 모르고 성급하게 덤빔을 비유적으로 이르는 말 동의어 보리밭에 가 숭늉 찾는다, 싸전에 가서 밥 달라고 한다
우물에 든 고기	빠져나올 수 없는 곤경에 처하여서 마지막 운명만을 기다리고 있는 처지를 비유적으로 이르는 말 동의어 함정에 든 범
울며 겨자 먹기	'맵다고 울면서도 겨자를 먹는다'라는 뜻으로, 싫은 일을 억지로 마지못하여 함을 비유적으로 이르는 말 동의어 눈물 흘리면서 겨자 먹기
이도 아니 나서 콩밥을 씹는다	아직 준비가 안 되고 능력도 없으면서 또는 절차를 넘어서 어려운 일을 하려고 달려듦을 비유적으로 이르는 말 동의어 이도 아니 나서 황밤을 먹는다
자라 보고 놀란 가슴 소댕[솥뚜껑] 보고 놀란다	어떤 사물에 몹시 놀란 사람은 비슷한 사물만 보아도 겁을 냄을 이르는 말 동의어 더위 먹은 소 달만 보아도 헐떡인다, 뜨거운 물에 덴 놈 숭늉 보고도 놀란다, 불에 놀란 놈이 부지깽이[화젓가락]만 보아도 놀란다
자기 얼굴[낯]에 침 뱉기 ★	남을 해치려고 하다가 도리어 자기가 해를 입게 된다는 것을 비유적으로 이르는 말 동의어 누워서 침 뱉기
젊은이 망령은 몽둥이로 고친다	노인들은 그저 잘 위해 드려야 하고, 아이들이 잘못했을 경우에는 엄하게 다스려 교육해야 한다는 말 동의어 노인네 망령은 고기로 고치고 젊은이 망령은 몽둥이로 고친다
제 논에 물 대기 ★	자기에게만 이롭도록 일을 하는 경우를 비유적으로 이르는 말 동의어 내 논에 물 대기
주먹으로 물 찧기	일이 매우 쉽다는 말 동의어 땅 짚고 헤엄치기
차돌에 바람 들면 석돌보다 못하다	오달진 사람일수록 한번 타락하면 걷잡을 수 없게 된다는 말
책력 보아 가며 밥 먹는다	'매일 밥을 먹을 수가 없어 책력을 보아 가며 좋은 날만을 택하여 밥을 먹는다'라는 뜻으로, 가난하여 끼니를 자주 거른다는 말
처삼촌 뫼에 벌초하듯	일에 정성을 들이지 않고 마지못하여 건성으로 함을 비유적으로 이르는 말 동의어 외삼촌 산소에 벌초하듯, 의붓아비 묘의 벌초, 작은아비 제삿날 지내듯, 작은어미 제삿날 지내듯
초록은 동색	풀색과 녹색은 같은 색이라는 뜻으로, 처지가 같은 사람들끼리 한패가 되는 경우를 비유적으로 이르는 말 동의어 그 속옷이 그 속옷이다
타고난 재주 사람마다 하나씩은 있다	사람은 누구나 한 가지씩의 재주는 가지고 있어서 그것으로 먹고살아 가게 마련이라는 말

개념 암기 체크

다음 속담과 뜻풀이를 바르게 연결하시오.

01 소 닭 보듯 •		• ㉠ 서로 무심하게 보는 모양을 비유적으로 이르는 말
02 손 안 대고 코 풀기 •		• ㉡ 일을 힘 안 들이고 아주 쉽게 해치움을 비유적으로 이르는 말
03 언 손 불기 •		• ㉢ 부질없는 짓을 비유적으로 이르는 말
04 주먹으로 물 찧기 •		• ㉣ 일이 매우 쉽다는 말
05 우물에 가 숭늉 찾는다 •		• ㉤ 모든 일에는 질서와 차례가 있는 법인데 일의 순서도 모르고 성급하게 덤빔을 비유적으로 이르는 말

정답 01 ㉠ 02 ㉡ 03 ㉢ 04 ㉣ 05 ㉤

팥으로 메주를 쑨대도 곧이듣는다	지나치게 남의 말을 무조건 믿는 사람을 놀림조로 이르는 말 동의어 팥을 콩이라 해도 곧이듣는다
하나는 열을 꾸려도 열은 하나를 못 꾸린다	한 사람이 잘되면 여러 사람을 돌보아 줄 수 있으나 여러 사람이 힘을 합하여 한 사람을 돌보아 주기는 힘들다는 말
하늘 아래 첫 동네[동리]	매우 높은 지대에 있는 동네를 비유적으로 이르는 말
하늘도 끝 갈 날이 있다	무엇이나 끝이 있다는 말
하늘의 별 따기	무엇을 얻거나 성취하기가 매우 어려운 경우를 비유적으로 이르는 말
하루 굶은 것은 몰라도 헐벗은 것은 안다	가난하더라도 옷차림이나마 남에게 궁하게 보이지 말라는 말
하루 물림이 열흘 간다	'한번 뒤로 미루기 시작하면 자꾸 더 미루게 된다'라는 뜻으로, 무슨 일이나 뒤로 미루지 말라고 경계하여 이르는 말
하루 세끼 밥 먹듯	아주 예사로운 일로 생각함을 이르는 말
하루 죽을 줄은 모르고 열흘 살 줄만 안다	언제 죽을지 모르는 덧없는 세상에서 자기만은 얼마든지 오래 살 것처럼 행동하는 사람을 보고 이르는 말
하루가 여삼추(라)	'하루가 삼 년과 같다'라는 뜻으로, 짧은 시간이 매우 길게 느껴짐을 비유적으로 이르는 말 동의어 하루가 열흘 맞잡이
하룻강아지 범 무서운 줄 모른다 ★	철없이 함부로 덤비는 경우를 비유적으로 이르는 말 동의어 범 모르는 하룻강아지, 비루먹은 강아지 대호(大虎)를 건드린다
한 손으로는 손뼉을 못 친다	상대가 없이 혼자서는 싸움이 되지 않는다는 말 동의어 한 손뼉이 울지 못한다
행차 뒤에 나팔	'사또 행차가 다 지나간 뒤에야 악대를 불러다 나팔을 불리고 북을 치게 한다'라는 뜻으로, 제때 안 하다가 뒤늦게 대책을 세우며 서두름을 핀잔하는 말 동의어 사또 떠난 뒤에 나팔 분다
호랑이 굴에 가야 호랑이 새끼를 잡는다	뜻하는 성과를 얻으려면 그에 마땅한 일을 하여야 함을 비유적으로 이르는 말 동의어 범(의) 굴에 들어가야 범을 잡는다
호랑이에게 물려 가도 정신만 차리면 산다	아무리 위급한 경우를 당하더라도 정신만 똑똑히 차리면 위기를 벗어날 수가 있다는 말 동의어 범에게 물려 가도 정신만 차리면 산다, 범에게 열두 번 물려 가도 정신을 놓지 말라
황소 뒷걸음치다가 쥐 잡는다	어쩌다 우연히 이루거나 알아맞힘을 비유적으로 이르는 말 동의어 소 밭에 쥐 잡기, 황소 뒷걸음에 잡힌 개구리
황소 제 이불 뜯어 먹기	어떤 일을 한 결과가 결국 제 손해가 되었다는 말

2 한자 성어

가렴주구(苛斂誅求)	세금을 가혹하게 거두어들이고, 무리하게 재물을 빼앗음
각골난망(刻骨難忘)	남에게 입은 은혜가 뼈에 새길 만큼 커서 잊히지 않음
간담상조(肝膽相照)	서로 속마음을 털어놓고 친하게 사귐
감언이설(甘言利說) ★	귀가 솔깃하도록 남의 비위를 맞추거나 이로운 조건을 내세워 꾀는 말
갑남을녀(甲男乙女)	갑이란 남자와 을이란 여자라는 뜻으로, 평범한 사람들을 이르는 말 유의어 필부필부(匹夫匹婦) 평범한 남녀
강호지락(江湖之樂)	자연을 벗 삼아 누리는 즐거움
거두절미(去頭截尾)	1. 머리와 꼬리를 잘라 버림 2. 어떤 일의 요점만 간단히 말함

건곤일척(乾坤一擲)	'천하를 두고 한번에 모든 것을 건다'라는 뜻으로, 운명을 걸고 단판걸이로 승패를 겨룸을 이르는 말 동의어 일척건곤(一擲乾坤)
걸견폐요(桀犬吠堯)	'걸왕의 개가 요임금을 향하여 짖는다'라는 뜻으로, 각자 자기의 주인에게 충성을 다함을 비유적으로 이르는 말 유의어 척구폐요(跖狗吠堯) 중국에서 악하기로 유명한 도척이라는 사람이 기르던 개가 착한 임금으로 이름난 요임금을 보고 짖었다는 데에서, 누구나 자기 주인에게 충실한 법임을 이르는 말
격물치지(格物致知)	실제 사물의 이치를 연구하여 지식을 완전하게 함 동의어 격치(格致)
견강부회(牽強附會) ★	이치에 맞지 않는 말을 억지로 끌어 붙여 자기에게 유리하게 함 동의어 부회(附會/傅會)
견리사의(見利思義)	눈앞의 이익을 보면 의리를 먼저 생각함
견마지로(犬馬之勞) ★	개나 말 정도의 하찮은 힘이라는 뜻으로, 윗사람에게 충성을 다하는 자신의 노력을 낮추어 이르는 말 동의어 견마지역(犬馬之役)
견마지심(犬馬之心)	개나 말이 주인을 위하는 마음이라는 뜻으로, 신하나 백성이 임금이나 나라에 충성하는 마음을 낮추어 이르는 말 유의어 구마지심(狗馬之心) 개나 말이 주인에 대하여 가지는 충성심이란 뜻으로, 자기의 진심을 낮추어 이르는 말
견문발검(見蚊拔劍)	'모기를 보고 칼을 뺀다'라는 뜻으로, 사소한 일에 크게 성내어 덤빔을 이르는 말
견물생심(見物生心)	어떠한 실물을 보게 되면 그것을 가지고 싶은 욕심이 생김
견원지간(犬猿之間)	개와 원숭이의 사이라는 뜻으로, 사이가 매우 나쁜 두 관계를 비유적으로 이르는 말 유의어 견묘지간(犬猫之間) 개와 고양이 사이라는 뜻으로, 서로 좋지 못한 사이를 이르는 말
결초보은(結草報恩) ★	죽은 뒤에라도 은혜를 잊지 않고 갚음을 이르는 말 동의어 결초(結草)
경천동지(驚天動地)	'하늘을 놀라게 하고 땅을 뒤흔든다'라는 뜻으로, 세상을 몹시 놀라게 함을 비유적으로 이르는 말 동의어 경천(驚天)
계란유골(鷄卵有骨)	'달걀에도 뼈가 있다'라는 뜻으로, 운수가 나쁜 사람은 모처럼 좋은 기회를 만나도 역시 일이 잘 안됨을 이르는 말
고립무원(孤立無援)	고립되어 구원을 받을 데가 없음
고식지계(姑息之計) ★	우선 당장 편한 것만을 택하는 꾀나 방법 동의어 고식책(姑息策) 유의어 목전지계(目前之計) 눈앞에 보이는 한때만을 생각하는 꾀
고육지계(苦肉之計)	자기 몸을 상해 가면서까지 꾸며 내는 계책이라는 뜻으로, 어려운 상태를 벗어나기 위해 어쩔 수 없이 꾸며 내는 계책을 이르는 말 동의어 고육지책(苦肉之策)

개념 암기 체크

다음 한자 성어와 뜻풀이를 바르게 연결하시오.

01 감언이설(甘言利說) •	• ㉠ 우선 당장 편한 것만을 택하는 꾀나 방법
02 견강부회(牽強附會) •	• ㉡ 윗사람에게 충성을 다하는 자신의 노력을 낮추어 이르는 말
03 견마지로(犬馬之勞) •	• ㉢ 이치에 맞지 않는 말을 억지로 끌어 붙여 자기에게 유리하게 함
04 고식지계(姑息之計) •	• ㉣ 귀가 솔깃하도록 남의 비위를 맞추거나 이로운 조건을 내세워 꾀는 말
05 계란유골(鷄卵有骨) •	• ㉤ 운수가 나쁜 사람은 모처럼 좋은 기회를 만나도 역시 일이 잘 안됨을 이르는 말

정답 01 ㉣ 02 ㉢ 03 ㉡ 04 ㉠ 05 ㉤

고육지책(苦肉之策) ★	자기 몸을 상해 가면서까지 꾸며 내는 계책이라는 뜻으로, 어려운 상태를 벗어나기 위해 어쩔 수 없이 꾸며 내는 계책을 이르는 말 [동의어] 고육계(苦肉計), 고육지계(苦肉之計), 고육책(苦肉策)
고장난명(孤掌難鳴) ★	1. '외손뼉만으로는 소리가 울리지 않는다'라는 뜻으로, 혼자의 힘만으로 어떤 일을 이루기 어려움을 이르는 말 [예] 누구 한 사람 도와주는 사람이 없으니 실로 **고장난명**이라, 일을 하기가 너무 어려웠다. [동의어] 독장난명(獨掌難鳴), 척장난명(隻掌難鳴) 2. 맞서는 사람이 없으면 싸움이 일어나지 않음을 이르는 말 [동의어] 독장난명(獨掌難鳴)
곡학아세(曲學阿世) ★	바른길에서 벗어난 학문으로 세상 사람에게 아첨함
공전절후(空前絕後)	이전에도 없었고 앞으로도 없음 [동의어] 전무후무(前無後無)
과대망상(誇大妄想)	사실보다 과장하여 터무니없는 헛된 생각을 하는 증상
과유불급(過猶不及)	'정도를 지나침은 미치지 못함과 같다'라는 뜻으로, 중용이 중요함을 이르는 말
관포지교(管鮑之交) ★	관중과 포숙의 사귐이란 뜻으로, 우정이 아주 돈독한 친구 관계를 이르는 말
괄목상대(刮目相對)	'눈을 비비고 상대편을 본다'라는 뜻으로, 남의 학식이나 재주가 놀랄 만큼 부쩍 늚을 이르는 말
괴괴망측(怪怪罔測)	말할 수 없을 만큼 이상야릇함
괴담이설(怪談異說)	괴상하고 이상한 이야기 [유의어] 괴담(怪談) 괴상한 이야기
교각살우(矯角殺牛) ★	'소의 뿔을 바로잡으려다가 소를 죽인다'라는 뜻으로, 잘못된 점을 고치려다가 그 방법이나 정도가 지나쳐 오히려 일을 그르침을 이르는 말
교학상장(敎學相長)	'가르치고 배움으로써 서로 성장한다'라는 뜻으로, 스승과 제자가 가르치고 배우는 과정에서 서로 성장함을 이르는 말
구우일모(九牛一毛)	아홉 마리의 소 가운데 박힌 하나의 털이란 뜻으로, 매우 많은 것 가운데 극히 적은 수를 이르는 말
군계일학(群鷄一鶴)	닭의 무리 가운데에서 한 마리의 학이란 뜻으로, 많은 사람 가운데서 뛰어난 인물을 이르는 말 [동의어] 계군고학(鷄群孤鶴), 계군일학(鷄群一鶴)
궁여지책(窮餘之策)	궁한 나머지 생각다 못하여 짜낸 계책 [동의어] 궁여일책(窮餘一策)
권토중래(捲土重來) ★	1. '땅을 말아 일으킬 것 같은 기세로 다시 온다'라는 뜻으로, 한 번 실패하였으나 힘을 회복하여 다시 쳐들어옴을 이르는 말 2. 어떤 일에 실패한 뒤에 힘을 가다듬어 다시 그 일에 착수함을 비유하여 이르는 말
금과옥조(金科玉條)	금이나 옥처럼 귀중히 여겨 꼭 지켜야 할 법칙이나 규정
금란지교(金蘭之交)	친구 사이의 매우 두터운 정을 이르는 말 [동의어] 금란지계(金蘭之契)
금란지의(金蘭之誼) ★	친구 사이의 매우 두터운 정을 이르는 말 [동의어] 금란지계(金蘭之契)
기고만장(氣高萬丈)	1. 펄펄 뛸 만큼 대단히 성이 남 2. 일이 뜻대로 잘될 때, 우쭐하여 뽐내는 기세가 대단함 [유의어] 호기만장(豪氣萬丈) 꺼드럭거리며 뽐내는 기세가 매우 높음
난공불락(難攻不落)	공격하기가 어려워 쉽사리 함락되지 않음

난형난제(難兄難弟)	'누구를 형이라 하고 누구를 아우라 하기 어렵다'라는 뜻으로, 두 사물이 비슷하여 낫고 못함을 정하기 어려움을 이르는 말 유의어 난백난중(難伯難仲) '누가 맏형이고 누가 둘째 형인지 분간하기 어렵다'라는 뜻으로, 비교되는 대상의 우열을 가리기 어려움을 이르는 말 유의어 백중(伯仲) 재주나 실력, 기술 등이 서로 비슷하여 낫고 못함이 없음. 또는 그런 형세 유의어 백중지세(伯仲之勢) 서로 우열을 가리기 힘든 형세
낭중지추(囊中之錐) ★	주머니 속의 송곳이라는 뜻으로, 재능이 뛰어난 사람은 숨어 있어도 저절로 사람들에게 알려짐을 이르는 말 유의어 추낭(錐囊) 송곳이 든 주머니라는 뜻으로, 재능이 뛰어난 사람을 비유적으로 이르는 말 유의어 추처낭중(錐處囊中) 송곳이 주머니에 있으면 그 끝이 밖으로 뚫고 나오는 것과 같이 재능 있는 사람은 머지않아 그 재능이 알려지기 마련임을 비유적으로 이르는 말
누란지위(累卵之危) ★	층층이 쌓아 놓은 알의 위태로움이라는 뜻으로, 몹시 아슬아슬한 위기를 비유적으로 이르는 말 유의어 누란지세(累卵之勢) 층층이 쌓아 놓은 알의 형세라는 뜻으로, 몹시 위태로운 형세를 비유적으로 이르는 말
다기망양(多岐亡羊) ★	'갈림길이 많아 잃어버린 양을 찾지 못한다'라는 뜻으로, 두루 섭렵하기만 하고 전공하는 바가 없어 끝내 성취하지 못함을 이르는 말 유의어 망양지탄(亡羊之歎/亡羊之嘆) '갈림길이 매우 많아 잃어버린 양을 찾을 길이 없음을 탄식한다'라는 뜻으로, 학문의 길이 여러 갈래여서 한 갈래의 진리도 얻기 어려움을 이르는 말
다문박식(多聞博識)	보고 들은 것이 많고 아는 것이 많음
단금지교(斷金之交)	쇠라도 자를 만큼 강한 교분이라는 뜻으로, 매우 두터운 우정을 이르는 말 유의어 단금지계(斷金之契) 쇠라도 자를 만큼의 굳은 약속이라는 뜻으로, 매우 두터운 우정을 이르는 말
단기지계(斷機之戒)	학문을 중도에서 그만두면 짜던 베의 날을 끊는 것처럼 아무 쓸모 없음을 경계한 말 동의어 단기(斷機)
당구풍월(堂狗風月)	'서당에서 기르는 개가 풍월을 읊는다'라는 뜻으로, 그 분야에 대하여 경험과 지식이 전혀 없는 사람이라도 오래 있으면 얼마간의 경험과 지식을 가짐을 이르는 말
당랑거철(螳螂拒轍) ★	제 역량을 생각하지 않고, 강한 상대나 되지 않을 일에 덤벼드는 무모한 행동거지를 비유적으로 이르는 말 동의어 당랑당거철(螳螂當車轍), 당랑지부(螳螂之斧)
대기만성(大器晩成)	'큰 그릇을 만드는 데는 시간이 오래 걸린다'라는 뜻으로, 크게 될 사람은 늦게 이루어짐을 이르는 말
동량지재(棟梁之材)	마룻대와 들보로 쓸 만한 재목이라는 뜻으로, 집안이나 나라를 떠받치는 중대한 일을 맡을 만한 인재를 이르는 말 동의어 동량(棟梁/棟樑), 동량재(棟梁材)

개념 암기 체크

다음 한자 성어와 뜻풀이를 바르게 연결하시오.

01 낭중지추(囊中之錐) •
02 교각살우(矯角殺牛) •
03 권토중래(捲土重來) •
04 당랑거철(螳螂拒轍) •
05 누란지위(累卵之危) •

• ㉠ 재능이 뛰어난 사람은 숨어 있어도 저절로 사람들에게 알려짐을 이르는 말
• ㉡ 한 번 실패하였으나 힘을 회복하여 다시 쳐들어옴을 이르는 말
• ㉢ 몹시 아슬아슬한 위기를 비유적으로 이르는 말
• ㉣ 잘못된 점을 고치려다가 그 방법이나 정도가 지나쳐 오히려 일을 그르침을 이르는 말
• ㉤ 제 역량을 생각하지 않고, 강한 상대나 되지 않을 일에 덤벼드는 무모한 행동거지를 비유적으로 이르는 말

정답 01 ㉠ 02 ㉣ 03 ㉡ 04 ㉤ 05 ㉢

동온하정(冬溫夏凊)	'겨울에는 따뜻하게, 여름에는 서늘하게 한다'라는 뜻으로, 부모를 잘 섬기어 효도함을 이르는 말 동의어 동정(冬凊), 온정(溫凊) 유의어 온정정성(溫凊定省) 자식이 효성을 다하여 부모를 섬기는 도리
동족방뇨(凍足放尿)	언 발에 오줌 누기라는 뜻으로, 잠시 동안만 효력이 있을 뿐 효력이 바로 사라짐을 비유적으로 이르는 말
두문불출(杜門不出)	1. 집에만 있고 바깥출입을 않음 2. 집에서 은거하면서 관직에 나가지 않거나 사회의 일을 하지 않음을 비유적으로 이르는 말
득의지추(得意之秋)	일이 뜻대로 이루어졌거나 이루어질 좋은 기회
등화가친(燈火可親)	'등불을 가까이할 만하다'라는 뜻으로, 서늘한 가을밤은 등불을 가까이 하여 글 읽기에 좋음을 이르는 말
만경창파(萬頃蒼波)	만 이랑의 푸른 물결이라는 뜻으로, 한없이 넓고 넓은 바다를 이르는 말 동의어 만경파(萬頃波) 유의어 만리창파(萬里滄波) 만 리까지 펼쳐진 푸른 물결이라는 뜻으로, 끝없이 넓은 바다를 이르는 말
만고절색(萬古絕色)	세상에 비길 데 없이 뛰어난 미인
만원사례(滿員謝禮)	'만원을 이루게 해 주어서 고맙다'라는 뜻으로, 이미 만원이 되어 들어오려는 사람을 더 받을 수 없음을 완곡하게 이르는 말
망년지교(忘年之交)	나이에 거리끼지 않고 허물없이 사귄 벗 동의어 망년지우(忘年之友)
망양보뢰(亡羊補牢) ★	'양을 잃고 우리를 고친다'라는 뜻으로, 이미 어떤 일을 실패한 뒤에 뉘우쳐도 아무 소용이 없음을 이르는 말
망양지탄(亡羊之歎/亡羊之嘆)	'갈림길이 매우 많아 잃어버린 양을 찾을 길이 없음을 탄식한다'라는 뜻으로, 학문의 길이 여러 갈래여서 한 갈래의 진리도 얻기 어려움을 이르는 말 동의어 망양(亡羊), 망양탄(亡羊歎) 유의어 다기망양(多岐亡羊) '갈림길이 많아 잃어버린 양을 찾지 못한다'라는 뜻으로, 두루 섭렵하기만 하고 전공하는 바가 없어 끝내 성취하지 못함을 이르는 말
망운지정(望雲之情)	자식이 객지에서 고향에 계신 어버이를 생각하는 마음 동의어 망운지회(望雲之懷)
맥수지탄(麥秀之歎/麥秀之嘆)	고국의 멸망을 한탄함을 이르는 말
면종복배(面從腹背) ★	겉으로는 복종하는 체하면서 내심으로는 배반함 동의어 양봉음위(陽奉陰違) 유의어 면종후언(面從後言) 보는 앞에서는 복종하는 체하면서 뒤에서 비방과 욕설을 함
명약관화(明若觀火)	불을 보듯 분명하고 뻔함 동의어 관화(觀火)
목불식정(目不識丁) ★	'아주 간단한 글자인 '丁' 자를 보고도 그것이 '고무래'인 줄을 알지 못한다'라는 뜻으로, 아주 까막눈임을 이르는 말 유의어 일문부지(一文不知) 한 글자도 모름 유의어 일문불통(一文不通) 한 글자도 읽을 수 없음 유의어 일자무식(一字無識) 글자를 한 자도 모를 정도로 무식함. 또는 그런 사람 유의어 전무식(全無識) 아주 무식함. 또는 그런 사람

문경지교(刎頸之交) ★	서로를 위해서라면 목이 잘린다 해도 후회하지 않을 정도의 사이라는 뜻으로, 생사를 같이할 수 있는 아주 가까운 사이, 또는 그런 친구를 이르는 말 동의어 문경지우(刎頸之友)
미봉지책(彌縫之策)	눈가림만 하는 일시적인 계책 동의어 미봉책(彌縫策)
미봉책(彌縫策)	눈가림만 하는 일시적인 계책 동의어 미봉지책(彌縫之策)
박장대소(拍掌大笑)	손뼉을 치며 크게 웃음 동의어 박소(拍笑)
반포지효(反哺之孝) ★	까마귀 새끼가 자라서 늙은 어미에게 먹이를 물어다 주는 효라는 뜻으로, 자식이 자란 후에 어버이의 은혜를 갚는 효성을 이르는 말
방약무인(傍若無人) ★	곁에 사람이 없는 것처럼 아무 거리낌 없이 함부로 말하고 행동하는 태도가 있음
백가쟁명(百家爭鳴) ★	많은 학자나 문화인 등이 자기의 학설이나 주장을 자유롭게 발표하여, 논쟁하고 토론하는 일
백아절현(伯牙絕絃)	자기를 알아주는 참다운 벗의 죽음을 슬퍼함
백척간두(百尺竿頭)	'백 자나 되는 높은 장대 위에 올라섰다'라는 뜻으로, 몹시 어렵고 위태로운 지경을 이르는 말 동의어 간두(竿頭)
변화막측(變化莫測)	끊임없이 달라져서 이루 다 헤아릴 수가 없음 동의어 변화불측(變化不測)
부창부수(夫唱婦隨)	남편이 주장하고 아내가 이에 잘 따름. 또는 부부 사이의 그런 도리 동의어 창수(唱隨/倡隨)
부화뇌동(附和雷同) ★	줏대 없이 남의 의견에 따라 움직임 동의어 뇌동(雷同), 뇌동부화(雷同附和), 부동(附同) 유의어 부화수행(附和隨行) 줏대 없이 다른 사람의 주장에만 따라서 그가 하는 짓을 따라 행동함 유의어 수중축대(隨衆逐隊) '무리를 따르고 대열을 쫓는다'라는 뜻으로, 자기의 뚜렷한 주관이 없이 여러 사람의 틈에 끼어 덩달아 행동함을 이르는 말 유의어 여진여퇴(旅進旅退) '함께 나아가고 함께 물러난다'라는 뜻으로, 일정한 주견 없이 남의 의견에 따라 움직임을 이르는 말
분골쇄신(粉骨碎身)	'뼈를 가루로 만들고 몸을 부순다'라는 뜻으로, 정성으로 노력함을 이르는 말. 또는 그렇게 하여 뼈가 가루가 되고 몸이 부서짐 동의어 분골(粉骨), 분신쇄골(粉身碎骨), 쇄골분신(碎骨粉身), 쇄신(碎身), 쇄신분골(碎身粉骨)
불언가상(不言可想)	아무 말을 하지 않아도 능히 짐작할 수 있음 유의어 불문가지(不問可知) 묻지 않아도 알 수 있음 유의어 불언가지(不言可知) 아무 말을 하지 않아도 능히 알 수가 있음

개념 암기 체크

다음 한자 성어와 뜻풀이를 바르게 연결하시오.

01 면종복배(面從腹背) •
02 목불식정(目不識丁) •
03 방약무인(傍若無人) •
04 문경지교(刎頸之交) •
05 백가쟁명(百家爭鳴) •

• ㉠ 아주 까막눈임을 이르는 말
• ㉡ 생사를 같이할 수 있는 아주 가까운 사이, 또는 그런 친구를 이르는 말
• ㉢ 많은 학자나 문화인 등이 자기의 학설이나 주장을 자유롭게 발표하여, 논쟁하고 토론하는 일
• ㉣ 겉으로는 복종하는 체하면서 내심으로는 배반함
• ㉤ 곁에 사람이 없는 것처럼 아무 거리낌 없이 함부로 말하고 행동하는 태도가 있음

정답 01 ㉣ 02 ㉠ 03 ㉤ 04 ㉡ 05 ㉢

불치하문(不恥下問)	손아랫사람이나 지위나 학식이 자기만 못한 사람에게 모르는 것을 묻는 일을 부끄러워하지 않음
사리사욕(私利私慾)	사사로운 이익과 욕심 동의어 사리사복(私利私腹) 유의어 이욕(利慾) 사사로운 이익을 탐내는 욕심
사필귀정(事必歸正)	모든 일은 반드시 바른길로 돌아감
삼삼오오(三三五五)	서너 사람 또는 대여섯 사람이 떼를 지어 다니거나 무슨 일을 함. 또는 그런 모양 동의어 삼오삼오(三五三五)
삼순구식(三旬九食)	'삼십 일 동안 아홉 끼니밖에 먹지 못한다'라는 뜻으로, 몹시 가난함을 이르는 말
상전벽해(桑田碧海)	'뽕나무밭이 변하여 푸른 바다가 된다'라는 뜻으로, 세상일의 변천이 심함을 비유적으로 이르는 말 동의어 벽해상전(碧海桑田), 상벽(桑碧), 상전창해(桑田滄海), 상해(桑海), 상해지변(桑海之變), 창상(滄桑), 창해상전(滄海桑田) 유의어 동해양진(東海揚塵) '동해에서 티끌이 날린다'라는 뜻으로, 바다가 육지로 변하는 것처럼, 세상일의 변화가 큼을 이르는 말 유의어 창상지변(滄桑之變) 푸른 바다가 뽕밭으로 바뀌는 변화라는 뜻으로, 자연이나 사회에 심한 변화가 일어남. 또는 그 일어난 변화를 이르는 말
새옹지마(塞翁之馬)	인생의 길흉화복은 변화가 많아서 예측하기가 어렵다는 말 동의어 새옹마(塞翁馬)
생구불망(生口不網)	'산 입에 거미줄을 치지는 않는다'라는 뜻으로, 아무리 곤궁하여도 그럭저럭 먹고살 수 있음을 이르는 말
설상가상(雪上加霜)	'눈 위에 서리가 덮인다'라는 뜻으로, 난처한 일이나 불행한 일이 잇따라 일어남을 이르는 말 동의어 설상가설(雪上加雪) 유의어 전호후랑(前虎後狼) '앞문에서 호랑이를 막고 있으려니까 뒷문으로 이리가 들어온다'라는 뜻으로, 재앙이 끊일 사이 없이 닥침을 비유적으로 이르는 말
성동격서(聲東擊西)	'동쪽에서 소리를 내고 서쪽에서 적을 친다'라는 뜻으로, 적을 유인하여 이쪽을 공격하는 체하다가 그 반대쪽을 치는 전술을 이르는 말
소탐대실(小貪大失)	작은 것을 탐하다가 큰 것을 잃음
수구초심(首丘初心)	'여우가 죽을 때에 머리를 자기가 살던 굴 쪽으로 둔다'라는 뜻으로, 고향을 그리워하는 마음을 이르는 말 동의어 수구(首丘) 유의어 호마의북풍(胡馬依北風) '호나라의 말은 호나라 쪽에서 불어오는 북풍이 불 때마다 고향을 그리워한다'라는 뜻으로, 고향을 몹시 그리워함을 이르는 말 유의어 호사수구(狐死首丘) 고향을 그리워함을 이르는 말
수불석권(手不釋卷) ★	손에서 책을 놓지 않고 늘 글을 읽음
수어지교(水魚之交)	물이 없으면 살 수 없는 물고기와 물의 관계라는 뜻으로, 아주 친밀하여 떨어질 수 없는 사이를 비유적으로 이르는 말 동의어 수어(水魚), 수어지친(水魚之親), 어수지교(魚水之交), 어수친(魚水親)
수주대토(守株待兎) ★	한 가지 일에만 얽매여 발전을 모르는 어리석은 사람을 비유적으로 이르는 말 동의어 수주(守株), 주수(株守)
숙맥불변(菽麥不辨)	'콩인지 보리인지를 구별하지 못한다'라는 뜻으로, 사리 분별을 못 하고 세상 물정을 잘 모름을 이르는 말
악전고투(惡戰苦鬪)	매우 어려운 조건을 무릅쓰고 힘을 다하여 고생스럽게 싸움 동의어 고전악투(苦戰惡鬪)
양두구육(羊頭狗肉)	'양의 머리를 걸어 놓고 개고기를 판다'라는 뜻으로, 겉보기만 그럴듯하게 보이고 속은 변변하지 않음을 이르는 말

어로불변(魚魯不辨) ★	'어(魚) 자와 노(魯) 자를 구별하지 못한다'라는 뜻으로, 아주 무식함을 비유적으로 이르는 말
여리박빙(如履薄氷)	'살얼음을 밟는 것과 같다'라는 뜻으로, 아슬아슬하고 위험한 일을 비유적으로 이르는 말 유의어 이빙(履氷) '살얼음을 밟는 것과 같다'라는 뜻으로, 극히 위험한 짓을 함을 비유적으로 이르는 말
역지사지(易地思之)	처지를 바꾸어서 생각하여 봄
연목구어(緣木求魚)	'나무에 올라가서 물고기를 구한다'라는 뜻으로, 도저히 불가능한 일을 굳이 하려 함을 비유적으로 이르는 말
연하고질(煙霞痼疾)	자연의 아름다운 경치를 몹시 사랑하고 즐기는 성벽 동의어 연하지벽(煙霞之癖), 천석고황(泉石膏肓)
염화미소(拈華微笑)	말로 통하지 않고 마음에서 마음으로 전하는 일 동의어 염화시중(拈華示衆)
오비삼척(吾鼻三尺)	내 코가 석 자라는 뜻으로, 자기 사정이 급하여 남을 돌볼 겨를이 없음을 이르는 말
오비이락(烏飛梨落) ★	'까마귀 날자 배 떨어진다'라는 뜻으로, 아무 관계도 없이 한 일이 공교롭게도 때가 같아 억울하게 의심을 받거나 난처한 위치에 서게 됨을 이르는 말
오십보백보(五十步百步)	조금 낫고 못한 정도의 차이는 있으나 본질적으로는 차이가 없음을 이르는 말 동의어 오십소백(五十笑百)
오월동주(吳越同舟)	서로 적의를 품은 사람들이 한자리에 있게 된 경우나 서로 협력하여야 하는 상황을 비유적으로 이르는 말
와신상담(臥薪嘗膽)	'불편한 섶에 몸을 눕히고 쓸개를 맛본다'라는 뜻으로, 원수를 갚거나 마음먹은 일을 이루기 위하여 온갖 어려움과 괴로움을 참고 견딤을 비유적으로 이르는 말
용호상박(龍虎相搏)	'용과 범이 서로 싸운다'라는 뜻으로, 강자끼리 서로 싸움을 이르는 말 동의어 양웅상쟁(兩雄相爭)
우공이산(愚公移山) ★	'우공이 산을 옮긴다'라는 뜻으로, 어떤 일이든 끊임없이 노력하면 반드시 이루어짐을 이르는 말
원후취월(猿猴取月)	'원숭이가 물에 비친 달을 잡는다'라는 뜻으로, 욕심에 눈이 어두워 자기의 분수를 모르고 날뛰다가 목숨까지 잃게 됨을 비유적으로 이르는 말
위편삼절(韋編三絶)	'공자가 주역을 즐겨 읽어 책의 가죽끈이 세 번이나 끊어졌다'라는 뜻으로, 책을 열심히 읽음을 이르는 말
유만부동(類萬不同)	1. 비슷한 것이 많으나 서로 같지는 않음 2. 정도에 넘침. 또는 분수에 맞지 않음
유비무환(有備無患)	미리 준비가 되어 있으면 걱정할 것이 없음
유유상종(類類相從)	같은 무리끼리 서로 사귐
이전투구(泥田鬪狗)	1. 진흙탕에서 싸우는 개라는 뜻으로, 강인한 성격의 함경도 사람을 이르는 말 2. 자기의 이익을 위하여 비열하게 다툼을 비유적으로 이르는 말

개념 암기 체크

다음 한자 성어와 뜻풀이를 바르게 연결하시오.

01 오비이락(烏飛梨落) •
02 수불석권(手不釋卷) •
03 수주대토(守株待兎) •
04 어로불변(漁魯不辨) •

• ㉠ 손에서 책을 놓지 않고 늘 글을 읽음
• ㉡ 아주 무식함을 비유적으로 이르는 말
• ㉢ 한 가지 일에만 얽매여 발전을 모르는 어리석은 사람을 비유적으로 이르는 말
• ㉣ 아무 관계도 없이 한 일이 공교롭게도 때가 같아 억울하게 의심을 받거나 난처한 위치에 서게 됨을 이르는 말

정답 01 ㉣ 02 ㉠ 03 ㉢ 04 ㉡

이합집산(離合集散)	헤어졌다가 만나고 모였다가 흩어짐 유의어 이합(離合), 취산이합(聚散離合)
익자삼우(益者三友)	사귀어서 자기에게 도움이 되는 세 가지의 벗. 심성이 곧은 사람과 믿음직한 사람, 문견이 많은 사람을 이른다. 동의어 삼익우(三益友) 반의어 손자삼우(損者三友) 사귀면 손해가 되는 세 종류의 벗. 편벽한 벗, 착하기만 하고 줏대가 없는 벗, 말만 잘하고 성실하지 못한 벗을 이른다.
일면지교(一面之交)	한 번 만나 본 정도의 친분 동의어 일면지분(一面之分)
일모도원(日暮途遠)	'날은 저물고 갈 길은 멀다'라는 뜻으로, 늙고 쇠약한데 앞으로 해야 할 일은 많음을 이르는 말
일장춘몽(一場春夢)	한바탕의 봄꿈이라는 뜻으로, 헛된 영화나 덧없는 일을 비유적으로 이르는 말
일취월장(日就月將) ★	나날이 다달이 자라거나 발전함 동의어 일장월취(日將月就), 일취(日就) 유의어 일진월보(日進月步) 나날이 다달이 계속하여 진보·발전함
임시변통(臨時變通)	갑자기 터진 일을 우선 간단하게 둘러맞추어 처리함 동의어 임시방패(臨時防牌), 임시방편(臨時方便), 임시배포(臨時排布), 임시처변(臨時處變)
자가당착(自家撞着) ★	같은 사람의 말이나 행동이 앞뒤가 서로 맞지 않고 모순됨 동의어 모순당착(矛盾撞着)
자강불식(自強不息)	스스로 힘써 몸과 마음을 가다듬어 쉬지 않음
자신지책(資身之策)	자기 한 몸의 생활을 꾀하는 계책
작심삼일(作心三日)	'단단히 먹은 마음이 사흘을 가지 못한다'라는 뜻으로, 결심이 굳지 못함을 이르는 말
장삼이사(張三李四)	장씨의 셋째 아들과 이씨의 넷째 아들이라는 뜻으로, 이름이나 신분이 특별하지 않은 평범한 사람들을 이르는 말
적반하장(賊反荷杖)	'도둑이 도리어 매를 든다'라는 뜻으로, 잘못한 사람이 아무 잘못도 없는 사람을 나무람을 이르는 말
전대미문(前代未聞)	이제까지 들어 본 적이 없음 유의어 전고미문(前古未聞) 전에 들어 보지 못함
전도유망(前途有望)	앞으로 잘될 희망이 있음 동의어 전도유위(前途有爲)
전무후무(前無後無)	이전에도 없었고 앞으로도 없음 동의어 공전절후(空前絕後), 광전절후(曠前絕後)
전인미답(前人未踏)	1. 이제까지 그 누구도 가 보지 못함 2. 이제까지 그 누구도 손을 대어 본 일이 없음
절차탁마(切磋琢磨) ★	'옥이나 돌 등을 갈고 닦아서 빛을 낸다'라는 뜻으로, 부지런히 학문과 덕행을 닦음을 이르는 말
절치부심(切齒腐心)	몹시 분하여 이를 갈며 속을 썩임
정저지와(井底之蛙)	우물 안의 개구리라는 뜻으로, 소견이 매우 좁거나 안목이 낮음을 이르는 말
조족지혈(鳥足之血) ★	새 발의 피라는 뜻으로, 매우 적은 분량을 비유적으로 이르는 말
종두득두(種豆得豆)	'콩을 심으면 반드시 콩이 나온다'라는 뜻으로, 원인에 따라 결과가 생김을 이르는 말 유의어 인과응보(因果應報) 전생에 지은 선악에 따라 현재의 행과 불행이 있고, 현세에서의 선악의 결과에 따라 내세에서 행과 불행이 있는 일 유의어 종과득과(種瓜得瓜) '오이를 심으면 반드시 오이가 나온다'라는 뜻으로, 원인에 따라 결과가 생김을 이르는 말
좌정관천(坐井觀天) ★	'우물 속에 앉아서 하늘을 본다'라는 뜻으로, 사람의 견문이 매우 좁음을 이르는 말 동의어 정중관천(井中觀天)
주경야독(晝耕夜讀)	'낮에는 농사짓고, 밤에는 글을 읽는다'라는 뜻으로, 어려운 여건 속에서도 꿋꿋이 공부함을 이르는 말

주마가편(走馬加鞭) ★	'달리는 말에 채찍질한다'라는 뜻으로, 잘하는 사람을 더욱 장려함을 이르는 말
주마간산(走馬看山) ★	'말을 타고 달리며 산천을 구경한다'라는 뜻으로, 자세히 살피지 않고 대충대충 보고 지나감을 이르는 말
중구삭금(衆口鑠金)	'뭇사람의 말은 쇠도 녹인다'라는 뜻으로, 여론의 힘이 큼을 이르는 말
지록위마(指鹿爲馬)	모순된 것을 끝까지 우겨서 남을 속이려는 짓을 비유적으로 이르는 말
천경지위(天經地緯)	하늘이 정하고 땅이 받드는 길이라는 뜻으로, 영원히 변하지 않는 진리나 법칙을 이르는 말
천라지망(天羅地網)	하늘에 새 그물, 땅에 고기 그물이라는 뜻으로, 아무리 하여도 벗어나기 어려운 경계망이나 피할 수 없는 재액을 이르는 말
천무음우(天無淫雨)	'하늘에서 궂은비가 내리지 않는다'라는 뜻으로, 태평한 나라나 태평한 시대를 비유적으로 이르는 말
천의무봉(天衣無縫)	'천사의 옷은 꿰맨 흔적이 없다'라는 뜻으로, 일부러 꾸민 데 없이 자연스럽고 아름다우면서 완전함을 이르는 말
천재일우(千載一遇)	'천 년 동안 단 한 번 만난다'라는 뜻으로, 좀처럼 만나기 어려운 좋은 기회를 이르는 말 동의어 천세일시(千歲一時), 천재일시(千載一時)
천하무쌍(天下無雙)	세상에서 그에 비길 만한 것이 없음 동의어 천하제일(天下第一)
철중쟁쟁(鐵中錚錚)	'여러 쇠붙이 가운데서도 유난히 맑게 쟁그랑거리는 소리가 난다'라는 뜻으로, 같은 무리 가운데서도 가장 뛰어남. 또는 그런 사람을 이르는 말
청출어람(靑出於藍)	'쪽에서 뽑아낸 푸른 물감이 쪽보다 더 푸르다'라는 뜻으로, 제자나 후배가 스승이나 선배보다 나음을 비유적으로 이르는 말 동의어 출람(出藍)
초동급부(樵童汲婦)	땔나무를 하는 아이와 물을 긷는 아낙네라는 뜻으로, 평범한 사람을 이르는 말
촌철살인(寸鐵殺人) ★	'한 치의 쇠붙이로도 사람을 죽일 수 있다'라는 뜻으로, 간단한 말로도 남을 감동하게 하거나 남의 약점을 찌를 수 있음을 이르는 말
춘하지교(春夏之交)	봄과 여름이 바뀌는 때
침소봉대(針小棒大)	작은 일을 크게 불리어 떠벌림
포복절도(抱腹絶倒) ★	배를 그러안고 넘어질 정도로 몹시 웃음 동의어 봉복절도(捧腹絶倒), 절도(絶倒), 포복(抱腹)
포의지교(布衣之交)	베옷을 입고 다닐 때의 사귐이라는 뜻으로, 벼슬을 하기 전 선비 시절에 사귐. 또는 그렇게 사귄 벗을 이르는 말
풍수지탄 ★ **(風樹之歎/風樹之嘆)**	효도를 다하지 못한 채 어버이를 여읜 자식의 슬픔을 이르는 말 동의어 풍목지비(風木之悲), 풍수지감(風樹之感), 풍수지비(風樹之悲)
풍전등화(風前燈火) ★	바람 앞의 등불이라는 뜻으로, 사물이 매우 위태로운 처지에 놓여 있음을 비유적으로 이르는 말 동의어 풍등(風燈) 유의어 풍전등촉(風前燈燭) 바람 앞의 촛불이라는 뜻으로, 사물이 매우 위험한 처지에 놓여 있음을 이르는 말

개념 암기 체크

다음 한자 성어와 뜻풀이를 바르게 연결하시오.

01 촌철살인(寸鐵殺人) •　　• ㉠ 부지런히 학문과 덕행을 닦음을 이르는 말
02 자가당착(自家撞着) •　　• ㉡ 사람의 견문이 매우 좁음을 이르는 말
03 좌정관천(坐井觀天) •　　• ㉢ 간단한 말로도 남을 감동하게 하거나 남의 약점을 찌를 수 있음을 이르는 말
04 절차탁마(切磋琢磨) •　　• ㉣ 자세히 살피지 않고 대충대충 보고 지나감을 이르는 말
05 주마간산(走馬看山) •　　• ㉤ 같은 사람의 말이나 행동이 앞뒤가 서로 맞지 않고 모순됨

정답 01 ㉢ 02 ㉤ 03 ㉡ 04 ㉠ 05 ㉣

필부필부(匹夫匹婦)	평범한 남녀 유의어 갑남을녀(甲男乙女) 갑이란 남자와 을이란 여자라는 뜻으로, 평범한 사람들을 이르는 말
하석상대(下石上臺) ★	'아랫돌 빼서 윗돌 괴고 윗돌 빼서 아랫돌 괸다'라는 뜻으로, 임시변통으로 이리저리 둘러맞춤을 이르는 말 동의어 상석하대(上石下臺) 유의어 상하탱석(上下撑石) '아랫돌 빼서 윗돌 괴고 윗돌 빼서 아랫돌 괸다'라는 뜻으로, 몹시 꼬이는 일을 당하여 임시변통으로 이리저리 맞추어서 겨우 유지해 감을 이르는 말
학수고대(鶴首苦待)	학의 목처럼 목을 길게 빼고 간절히 기다림 동의어 학수(鶴首)
한우충동(汗牛充棟)	'짐으로 실으면 소가 땀을 흘리고, 쌓으면 들보에까지 찬다'라는 뜻으로, 가지고 있는 책이 매우 많음을 이르는 말
허장성세(虛張聲勢)	실속은 없으면서 큰소리치거나 허세를 부림
허허실실(虛虛實實)	허를 찌르고 실을 꾀하는 계책
형설지공(螢雪之功) ★	반딧불·눈과 함께 하는 노력이라는 뜻으로, 고생을 하면서 부지런하고 꾸준하게 공부하는 자세를 이르는 말
호가호위(狐假虎威) ★	남의 권세를 빌려 위세를 부림
호구지책(糊口之策)	가난한 살림에서 그저 겨우 먹고살아 가는 방책 동의어 호구지계(糊口之計), 호구지방(糊口之方), 호구책(糊口策)
호연지기(浩然之氣)	거침없이 넓고 큰 기개 동의어 호기(浩氣)
혼정신성(昏定晨省) ★	'밤에는 부모의 잠자리를 보아 드리고 이른 아침에는 부모의 밤새 안부를 묻는다'라는 뜻으로, 부모를 잘 섬기고 효성을 다함을 이르는 말 동의어 정성(定省), 조석정성(朝夕定省)
화룡점정(畵龍點睛)	무슨 일을 하는 데에 가장 중요한 부분을 완성함을 비유적으로 이르는 말 동의어 점정(點睛)
화중지병(畵中之餠)	그림의 떡 동의어 화병(畵餠)
환골탈태(換骨奪胎)	사람이 보다 나은 방향으로 변하여 전혀 딴사람이 됨 동의어 탈태(奪胎), 환골(換骨), 환탈(換奪)
후래삼배(後來三杯)	술자리에 뒤늦게 온 사람에게 권하는 석 잔의 술
후안무치(厚顔無恥)	뻔뻔스러워 부끄러움이 없음
흥진비래(興盡悲來)	'즐거운 일이 다하면 슬픈 일이 닥쳐온다'라는 뜻으로, 세상일은 순환되는 것임을 이르는 말

3 관용구

가방끈(이) 길다	많이 배워 학력이 높다.
가슴을 찢다	슬픔이나 분함 때문에 가슴이 째지는 듯한 고통을 주다.
가슴(을) 펴다	굽힐 것 없이 당당하다.
가슴이 뜨끔하다	자극을 받아 마음이 깜짝 놀라거나 양심의 가책을 받다.
가슴이 무겁다	슬픔이나 걱정으로 마음이 가라앉다.
간담이 서늘하다	몹시 놀라서 섬뜩하다.
간도 쓸개도 없다	용기나 줏대 없이 남에게 굽히다.

감투(를) 쓰다	벼슬자리나 높은 지위에 오름을 속되게 이르는 말
경종을 울리다 ★	잘못이나 위험을 미리 경계하여 주의를 환기시키다.
곁(을) 주다	다른 사람으로 하여금 자기에게 가까이할 수 있도록 속을 터 주다.
고택골(로) 가다	'죽다'를 속되게 이르는 말
공기가 팽팽하다	분위기가 몹시 긴장되어 있다.
교편(을) 잡다 ★	학교에서 교사 생활을 하다.
구름(을) 잡다	막연하거나 허황된 것을 좇다. 동의어 뜬구름(을) 잡다
구미가 당기다[돌다]	욕심이나 관심이 생기다.
구색(을) 맞추다	여러 가지가 고루 갖추어지게 하다.
귀(가) 아프다	너무 여러 번 들어서 듣기가 싫다. 동의어 귀(가) 따갑다.
귀(에) 익다	들은 기억이 있다.
귀가 가렵다[간지럽다] ★	남이 제 말을 한다고 느끼다.
귀가 열리다	세상 물정을 알게 되다.
귀에 딱지가 앉다	같은 말을 여러 번 듣다. 동의어 귀에 못이 박히다
귀에 못이 박히다	같은 말을 여러 번 듣다. 동의어 귀에 딱지가 앉다, 귀에 싹이 나다
근처도 못 가다	비교가 안 되다.
기(가) 차다	하도 어이가 없어 말이 나오지 않다.
기름을 끼얹다	감정이나 행동을 부추겨 정도를 심하게 만들다.
길을 열다	방도를 찾아내거나 마련하다.
김이 식다	재미나 의욕이 없어지다.
깨가 쏟아지다	몹시 아기자기하고 재미가 나다.
꼬리를 빼다	달아나거나 도망치다.
끗발(이) 좋다	(속되게) 세도나 기세가 당당하다. 동의어 끗발(이) 세다
나발(을) 불다	(속되게) 터무니없이 과장하여 말을 하다. 동의어 나팔(을) 불다
날(을) 받다	어떤 일에 대비하여 미리 날을 정하다. 동의어 날(을) 잡다

개념 암기 체크

다음 관용구와 뜻풀이를 바르게 연결하시오.

01 가슴을 펴다 •　　• ㉠ 굽힐 것 없이 당당하다.
02 교편을 잡다 •　　• ㉡ 같은 말을 여러 번 듣다.
03 귀가 가렵다 •　　• ㉢ 학교에서 교사 생활을 하다.
04 경종을 울리다 •　　• ㉣ 남이 제 말을 한다고 느끼다.
05 귀에 못이 박히다 •　　• ㉤ 잘못이나 위험을 미리 경계하여 주의를 환기시키다.

정답 01 ㉠ 02 ㉢ 03 ㉣ 04 ㉤ 05 ㉡

낯을 못 들다	창피하여 남을 떳떳이 대하지 못하다.
놓아먹인 망아지(놀 듯)	들에 풀어놓고 기른 말 새끼 또는 그 노는 모양이라는 뜻으로, 교양이 없고 막돼먹은 사람 또는 그런 행동을 비유적으로 이르는 말 동의어 놓아기른 망아지 (놀듯)
눈물이 앞서다	말을 하지 못하고 눈물을 먼저 흘리다.
눈을 거치다	글 등을 검토하거나 분별하다.
눈(을) 뒤집다	주로 좋지 않은 일에 열중하여 제정신을 잃다. 동의어 눈알을 뒤집다
눈이 곤두서다	화가 나서 눈에 독기가 오르다. 동의어 눈알이 곤두서다
눈(이) 높다	1. 정도 이상의 좋은 것만 찾는 버릇이 있다. 2. 안목이 높다.
눈총(을) 맞다	남의 미움을 받다.
느루 가다	양식이 일정한 예정보다 더 오래가다.
다리(를) 놓다	일이 잘되게 하기 위하여 둘 또는 여럿을 연결하다.
달(이) 차다 ★	아이를 배어 낳을 달이 되다.
덜미(를) 잡히다	못된 일 등을 꾸미다가 발각되다.
돌(을) 던지다 ★	남의 잘못을 비난하다.
뜸(을) 들이다	일이나 말을 할 때에, 쉬거나 여유를 갖기 위해 서둘지 않고 한동안 가만히 있는 경우를 비유적으로 이르는 말
마각을 드러내다	'말의 다리로 분장한 사람이 자기 모습을 드러낸다'라는 뜻으로, 숨기고 있던 일이나 정체를 드러냄을 이르는 말
마른침을 삼키다	몹시 긴장하거나 초조해하다.
막이 오르다	무대의 공연이나 어떤 행사가 시작되다.
막차를 타다	끝나 갈 무렵에 뒤늦게 뛰어들다.
말꼬리(를) 잡다	남의 말 가운데서 잘못 표현된 부분의 약점을 잡다. 동의어 말끝(을) 잡다
말끝(을) 잡다	남의 말 가운데서 잘못 표현된 부분의 약점을 잡다. 동의어 말꼬리(를) 잡다
말(이)[말(도)] 아니다	사정·형편 등이 몹시 어렵거나 딱하다.
머리(가) 굵다	어른처럼 생각하거나 판단하게 되다. 동의어 머리(가) 크다
머리(를) 들다	눌려 있거나 숨겨 온 생각·세력 등이 겉으로 나타나다. 동의어 머리를 쳐들다
머리를 쥐어짜다 ★	몹시 애를 써서 궁리하다.
모골이 송연하다	끔찍스러워서 몸이 으쓱하고 털끝이 쭈뼛해지다.
무대에 서다	공연에 참가하다. 동의어 무대에 오르다
물로 보다	사람을 하찮게 보거나 쉽게 생각하다.
밑이 드러나다	사건이나 일의 내막이 밝혀지다.
바닥을 기다	정도나 수준이 형편없다.
바람을 일으키다	사회적으로 많은 사람에게 영향을 미치다.

바람(을) 잡다	허황된 짓을 꾀하거나 그것을 부추기다.
발꿈치를 물리다	은혜를 베풀어 준 상대로부터 뜻밖에 해를 입다. 동의어 발뒤축을 물리다
발(을) 구르다	매우 안타까워하거나 다급해하다.
발(이) 짧다	먹는 자리에 남들이 다 먹은 뒤에 나타나다.
발등(을) 찍히다	남에게 배신을 당하다.
발이 닳다	매우 분주하게 많이 다니다.
배알이 꼴리다 [뒤틀리다]	비위에 거슬려 아니꼽다. 동의어 밸이 꼴리다[뒤틀리다]
뱃심(이) 좋다	염치나 두려움이 없이 제 고집대로 하는 비위가 좋다.
벗바리(가) 좋다	뒷배를 보아 주는 사람이 많다.
벽(을) 쌓다	서로 사귀던 관계를 끊다.
별이 보이다	충격을 받아서 갑자기 정신이 아득하고 어지럽다.
복장(이) 터지다	몹시 마음에 답답함을 느끼다.
볼꼴 좋다	(놀림조로) 꼴이 보기에 흉하다.
봉(을) 잡다	'상상 속에서만 존재하는 진귀한 봉황을 잡는다'라는 뜻으로, 매우 귀하고 훌륭한 사람이나 일을 얻음을 비유적으로 이르는 말
비행기(를) 태우다	남을 지나치게 칭찬하거나 높이 추어올려 주다.
사람 죽이다	너무 힘겨운 경우를 당하여 매우 힘들고 고달프다.
사람(을) 잡다	사람을 극심한 곤경에 몰아넣다.
산통(을) 깨다 ★	다 잘되어 가던 일을 이루지 못하게 뒤틀다.
살(을) 붙이다	바탕에 여러 가지를 덧붙여 보태다.
살이 끼다	사람이나 물건 등을 해치는 불길한 기운이 들러붙다. 동의어 살(이) 붙다, 살(이) 오르다, 살이 뻗치다, 살이 서다
상투(를) 잡다 ★	(속되게) 가장 높은 시세에 주식을 매입하다.
상투(를) 틀다 ★	총각이 장가들어 어른이 되다.
생사람(을) 잡다	아무 잘못이나 관계가 없는 사람을 헐뜯거나 죄인으로 몰다.
서릿발 맞다	권력 등 외부의 힘에 의하여 피해나 손해를 입다.
서릿발(을) 이다	머리카락이 하얗게 세다. 동의어 서리(를) 이다
서릿발이 서다	땅거죽에 가늘고 긴 얼음 줄기의 묶음이 생기다.
서릿발이 치다	기세가 매우 매섭고 준엄하다.

개념 암기 체크

다음 관용구와 뜻풀이를 바르게 연결하시오.

01 달이 차다 •
02 산통을 깨다 •
03 상투를 틀다 •
04 돌을 던지다 •
05 머리를 쥐어짜다 •

• ㉠ 남의 잘못을 비난하다.
• ㉡ 몹시 애를 써서 궁리하다.
• ㉢ 아이를 배어 낳을 달이 되다.
• ㉣ 총각이 장가들어 어른이 되다.
• ㉤ 다 잘되어 가던 일을 이루지 못하게 뒤틀다.

정답 01 ㉢ 02 ㉤ 03 ㉣ 04 ㉠ 05 ㉡

서막을 올리다	어떤 일이 시작되다.
소매(를) 걷어붙이다	어떤 일에 아주 적극적인 태도를 취하다. [동의어] 소매를 걷다
속(을) 긁다	남의 속이 뒤집히게 비위를 살살 건드리다.
속(을) 차리다	지각 있게 처신하다.
손(을) 거치다	어떤 사람의 노력으로 손질되다.
손(을) 끊다	교제나 거래 등을 중단하다.
손(을) 맺다 ★	할 일이 있는데도 아무 일도 안 하고 그냥 있다.
손(을) 씻다[털다]	부정적인 일이나 찜찜한 일에 대하여 관계를 청산하다.
손(이) 거칠다	도둑질 같은 나쁜 손버릇이 있다.
손(이) 떨어지다	일이 끝나다.
손(이) 뜨다 ★	일하는 동작이 매우 굼뜨다.
손이 나다	어떤 일에서 조금 쉬거나 다른 것을 할 틈이 생기다.
수(가) 좋다	수단이 매우 뛰어나다.
시색(이) 좋다	당대에 행세하는 것이 버젓하다.
심사(가) 꿰지다	잘 대하려는 마음이 틀어져서 심술궂게 나가다.
심사를 털어놓다	마음에 품은 생각을 다 내놓고 말하다.
아귀(가) 맞다	앞뒤가 빈틈없이 들어맞다.
아귀(를) 맞추다	일정한 기준에 들어맞게 하다.
연막(을) 치다	어떤 수단을 써서 교묘하게 진의를 숨기다.
오금이 저리다	저지른 잘못이 들통이 나거나 그 때문에 나쁜 결과가 있지 않을까 마음을 졸이다.
오지랖(이) 넓다	쓸데없이 지나치게 아무 일에나 참견하는 면이 있다.
울고 가다	도저히 감당할 수 없다고 느끼고 몹시 한탄하며 물러서다.
입이 밭다[짧다]	음식을 심하게 가리거나 적게 먹다.
입이 천 근 같다	매우 입이 무겁다.
자라목(이) 되다	사물이나 기세 등이 움츠러들다.
장단(을) 맞추다	남의 기분이나 비위를 맞추기 위하여 말이나 행동을 하다.
장단(이) 맞다	같이 일하는 데에 있어 서로 잘 조화되다.
주머니가 가볍다	가지고 있는 돈이 적다. [동의어] 호주머니(가) 가볍다
주판(을) 놓다	어떤 일에 대하여 이해득실을 계산하다. [동의어] 수판(을) 놓다
죽을 쑤다	어떤 일을 망치거나 실패하다.
죽지(가) 처지다	기세가 꺾이거나 의기가 없어지다.
줄(을) 타다	힘이 될 만한 사람과 관계를 맺어 그 힘을 이용하다.
침 발라 놓다 ★	자기 소유임을 표시하다.
침(을) 놓다[주다]	강하게 알리거나 요구를 나타내면서 꼼짝 못 하게 하다.
침이 마르다	다른 사람이나 물건에 대하여 거듭해서 말하다. [동의어] 입에 침이 마르다, 입이 닳다, 입이 마르다, 혀가 닳다
코(를) 빠뜨리다	못 쓰게 만들거나 일을 망치다.

코가 꿰이다	약점이 잡히다.
코가 높다	잘난 체하고 뽐내는 기세가 있다.
코가 비뚤어지게 [비뚤어지도록]	몹시 취할 정도로
큰물이 가다	큰비가 내려 강이나 개울의 물이 넘쳐 논밭을 휩쓸고 지나가다.
태깔(이) 나다	맵시 있는 태도가 보이다.
토(를) 달다	어떤 말 끝에 그 말에 대하여 덧붙여 말하다.
파리(를) 날리다	영업이나 사업 등이 잘 안되어 한가하다.
판에 박히다	말과 행동을 정해진 격식대로 반복하여 진부하다.
피(를) 토하다	격렬한 의분을 터뜨리다.
피가 마르다	몹시 괴롭거나 애가 타다.
허리를 잡다	웃음을 참을 수 없어 고꾸라질 듯이 마구 웃다. 동의어 허리가 끊어지다, 허리를 쥐고 웃다
혀(가) 굳다	놀라거나 당황하여 말을 잘하지 못하다. 동의어 혀끝(이) 굳다
혀(가) 꼬부라지다	병이 들거나 술에 취하여 발음이 똑똑하지 않다.
회가 동하다	구미가 당기거나 무엇을 하고 싶은 마음이 생기다.

개념 암기 체크

다음 관용구와 뜻풀이를 바르게 연결하시오.

01 손을 맺다 •	• ㉠ 일하는 동작이 매우 굼뜨다.
02 손이 뜨다 •	• ㉡ 마음에 품은 생각을 다 내놓고 말하다.
03 침 발라 놓다 •	• ㉢ 자기 소유임을 표시하다.
04 주머니가 가볍다 •	• ㉣ 가지고 있는 돈이 적다.
05 심사를 털어놓다 •	• ㉤ 할 일이 있는데도 아무 일도 안 하고 그냥 있다.

정답 01 ㉤ 02 ㉠ 03 ㉢ 04 ㉣ 05 ㉡

유형 연습문제

1 밑줄 친 속담을 사용한 표현이 적절하지 않은 것은?

① 우리 집은 하늘 아래 첫 동네에 있어 진입하는 길이 매우 가파르다.

② 이 프로젝트를 마무리할 수 있을지 막막하지만, 하늘도 끝 갈 날이 있다고 했으니 힘을 냅시다.

③ '땅 넓은 줄은 모르고 하늘 높은 줄만 안다'더니, 너는 항상 네가 좋아하는 과목만 공부하는구나.

④ 세 번이나 응시했는데 원하던 급수를 따지 못하다니, 내가 그 급수를 취득하는 건 하늘의 별 따기인 걸까?

⑤ 현장의 전체적인 모습을 파악하지 못하고 몇몇 장소에만 집중하는 것은 바늘구멍으로 하늘 보기일 따름이다.

2 속담의 의미가 올바르지 않은 것은?

① 남의 말도 석 달: 소문은 시일이 지나면 흐지부지 없어지고 만다는 말

② 썩어도 준치: 본래 좋고 훌륭한 것은 비록 상해도 그 본질에는 변함이 없음을 비유적으로 이르는 말

③ 아이 말 듣고 배 딴다: 어리석은 사람의 말을 곧이듣고 큰 실수를 하게 되는 경우를 비유적으로 이르는 말

④ 열 번 갈아서 안 드는 도끼가 없다: 무슨 일이나 꾸준히 공을 들이면 소기의 성과를 거두게 됨을 이르는 말

⑤ 개 머루 먹듯: 실제로 보람도 없을 일을 공연히 형식적으로 하는 체하며 부질없는 짓을 함을 비유적으로 이르는 말

3 '여우가 죽을 때에 머리를 자기가 살던 굴 쪽으로 둔다'라는 뜻으로, 고향을 그리워하는 마음을 이르는 말은?

① 견마지심(犬馬之心)

② 견물생심(見物生心)

③ 수구초심(首丘初心)

④ 작심삼일(作心三日)

⑤ 절치부심(切齒腐心)

4 **한자 성어와 속담의 의미를 고려할 때, 그 의미가 유사한 것끼리 짝 지어지지 않은 것은?**

① 견문발검(見蚊拔劍) - 모기 보고 칼 빼기

② 삼순구식(三旬九食) - 하루 세끼 밥 먹듯

③ 망양보뢰(亡羊補牢) - 소 잃고 외양간 고친다

④ 감탄고토(甘呑苦吐) - 달면 삼키고 쓰면 뱉는다

⑤ 어로불변(魚魯不辨) - 낫 놓고 기역 자도 모른다

5 **밑줄 친 관용 표현의 쓰임이 가장 적절하지 않은 것은?**

① 내 가슴을 찢으려고 일부러 내 마음속 상처를 들추는 거니?

② 충신이라 믿고 신임하던 신하에게 발등을 찍혀 죽은 왕이 많다.

③ 그는 상금이 걸린 보물을 찾겠다며 눈이 곤두선 채 온 산을 뒤지고 다녔다.

④ 외국인이 갑자기 영어로 말을 거는 바람에 혀가 굳어 아는 말도 하지 못했다.

⑤ 함께 식사하는 자리에서 편식이 심하다는 말을 귀가 아프게 들어 혼자 식사하는 것이 편하다.

6 **다음 관용구의 의미가 적절하지 않은 것은?**

① 가방끈이 길다고 일하는 능력이 뛰어난 것도 아니다.
→ 많이 배워 학력이 높다.

② 지속된 호우로 큰물이 간 마을에 수해를 복구할 인력을 지원했다.
→ 큰비가 내려 강이나 개울의 물이 넘쳐 논밭을 휩쓸고 지나가다.

③ 워낙 친구들과 벽을 쌓고 지낸 지 오래되어 동창회에 참석하기가 어색하다.
→ 서로 친밀하지 않고 데면데면한 관계를 유지하다.

④ 모든 돈이 은행에 묶인 상황에서 주변의 도움으로 보증금을 구할 길을 열었다.
→ 방도를 찾아내거나 마련하다.

⑤ 남들이 나서기를 망설이는 상황에서도 소매를 걷어붙이는 그는 지도자가 될 자질이 충분하다.
→ 어떤 일에 아주 적극적인 태도를 취하다.

약점 보완 해설집 p.19

II. 어휘

기출유형 08

한자어·외래어를 우리말로 쉽게 다듬기

최근 3개년 출제 경향

출제 포인트 1 한자어를 우리말로 다듬기

1. 한자어의 순화어를 찾는 문제로, 한 회에 평균 1문제 출제됩니다. 일상생활에서 자주 사용되는 한자어, 공문서에 쓰이는 한자어, 일본식 한자어 표현이 선택지로 출제되는 편입니다.

2. 주로 다음과 같은 질문 형태가 출제됩니다.
   - 밑줄 친 말을 순화한 것으로 적절한/적절하지 않은 것은?

풀이 전략

법률 용어로 사용되는 한자어는 그 뜻을 정확히 알지 못해 순화어를 파악하기 어려울 수 있습니다. 낯선 한자어가 출제된다면, 문맥으로 뜻을 대강 파악한 뒤 한자어가 뜻하는 의미를 쉬운 표현으로 바꾸었는지에 중점을 두고 문제를 풀어야 합니다. 그리고 순화어로 제시된 표현을 한자어가 쓰인 자리에 넣고 문장이 자연스러운지 확인해 봅시다.

예제

밑줄 친 말을 순화한 것으로 적절하지 않은 것은?

① 사내 규정을 개정하는 안건을 부의(附議)하였다. → 토의에 부쳤다
② 접수가 완료된 우편물에는 반드시 소인(消印)을 찍어야 한다. → 날인
③ 가게에서 판매하는 모든 과일을 음용수(飮用水)로 세척하였다. → 먹는 물
④ 매표원은 신청 매수를 확인한 후 입장권 3장을 절취(切取)하였다. → 잘랐다
⑤ 이번 주 내로 계리(計理)가 필요한 금액에 대한 결의서 작성을 요청하였다. → 회계 처리

정답 ②

해설 '우체국에서 접수된 우편물의 우표 등에 도장을 찍음. 또는 그 도장'을 뜻하는 '소인(消印)'은 '날짜 도장'으로 순화할 수 있다. 참고로, '날인(捺印)'은 '도장을 찍음'을 뜻한다.

출제 포인트 2 외래어를 우리말로 다듬기

1. 외래어의 순화어를 찾는 문제로, 한 회에 평균 1문제 출제됩니다. 주로 일상생활에서 자주 사용되는 외래어가 선택지로 출제되는 편이지만, 최근 사회에서 논의되는 화제와 관련된 낯선 외래어가 출제되기도 합니다.

2. 주로 다음과 같은 질문 형태가 출제됩니다.
   - 밑줄 친 말을 순화한 것으로 적절한/적절하지 않은 것은?

풀이 전략

주로 영어 단어를 우리말로 순화하는 문제가 출제되니, 영어 단어에 대응하는 우리말이 무엇인지 유추해야 합니다. 간혹 사회에서 뜨고 있는 현상과 관련된 외래어가 출제되기도 하니, 국립국어원 보도 자료에서 제시하는 새로운 다음은 말을 검색하여 익혀 두면 도움이 됩니다.

예제

밑줄 친 말을 순화한 것으로 적절한 것은?

① 서류 제출 데드라인(→ 기간)이 지나 보조금은 신청하지 못했다.
② 디스카운트(→ 재고 정리) 행사가 시작되자 백화점에 사람들이 몰렸다.
③ 그녀는 유명한 요리사가 레시피(→ 비법)를 공유하는 영상을 자주 보곤 한다.
④ 그가 출연한 영화는 예전에 인기가 많았던 작품을 리메이크(→ 재연)한 것이다.
⑤ 이번 공모전에서 대상을 받은 사람은 인센티브(→ 특전)로 해외여행을 갈 수 있다.

정답 ⑤

해설 '인센티브(incentive)'는 '성과급, 유인책, 특전'으로 순화할 수 있으며, 문맥에 따라 '보상, 보상책, 장려, 장려책' 등으로도 순화할 수 있다.
① '데드라인(deadline)'은 '한계선, 최종 한계, 마감, 기한'으로 순화할 수 있으며, ①에서는 문맥상 '기한'으로 순화하는 것이 적절하다.
② '디스카운트(discount)'는 '에누리, 할인'으로 순화할 수 있다.
③ '레시피(recipe)'는 '조리법'으로 순화할 수 있다.
④ '리메이크(remake)'는 '재구성, 원작 재구성'으로 순화할 수 있다.

필수 암기 개념

암기포인트
한자어와 외래어가 가리키는 의미를 우리말로 풀어 쓴다고 생각하면 순화어 암기가 더 용이합니다.

1 기출 순화어

1. 한자어 순화어

순화 대상어	순화어	순화 대상어	순화어
~함을 요(要)한다, 요하다(要하다)	~하기 바랍니다, ~하시기 바랍니다	사술(詐術)	속임수
가검물(可檢物)	검사물	산입하다(算入하다)	포함하다, 셈에 넣다
가불(假拂)	임시 지급	상오(上午)	오전
간선도로(幹線道路)	주요 도로	상위하다(相違하다)	다르다, 서로 다르다
감안(勘案)	생각, 고려, 참작	수범 사례(垂範事例)	모범 사례, 잘된 사례
개전의 정(改悛-情)	뉘우치는 빛	수수하다(授受하다)	주거나 받다
거개(擧皆)	거의, 대개	수순(手順) ★	순서, 절차, 차례
경구용(經口用)	먹는	수피(樹皮)	나무 껍질
계리(計理)하다	회계처리하다, 처리하다	수하물(手荷物)	손짐
고수부지(高水敷地) ★	둔치	시건장치(施鍵裝置)	잠금장치, 자물쇠 장치
고참(古參)	선임, 선임자, 선참, 선참자	시말서(始末書) ★	경위서
곤색(紺色)	감청색, 감색	식대(食代)	밥값
공사다망(公私多忙)	바쁘신	유기하다(遺棄하다)	내버리다
과당 경쟁(過當競爭)	지나친 경쟁	음용수(飮用水)	먹는 물, 마시는 물
관장하다(管掌하다)	담당하다, 맡다, 맡아 보다, 처리하다	익월(翌月) ★	다음 달
괄목하다(刮目하다)	놀랄 만하다	익일(翌日)	다음 날, 이튿날
금번(今番)	이번	일부인(日附印)	날짜 도장
기왕(旣往)	이미, 벌써, 그전, 이전	일실치(逸失치)	잃지, 놓치지
기일(期日)	날짜	임석(臨席)	현장 참석
나포하다(拿捕하다)	붙잡다	입회(立會)	참여, 참관
납득하다(納得하다) ★	이해하다	잔반(殘飯) ★	남은 밥, 음식 찌꺼기
노견(路肩)	갓길	재삼(再三)	여러 번, 거듭
노변(路邊)	길가	전횡(專橫)	독선적 행위, 마음대로 함
노정하다(露呈하다)	드러내다, 드러나다, 나타내다, 나타나다	절취(切取)	자름, 자르기
대체하다(代替하다)	바꾸다	제반(諸般)	여러, 여러 가지, 모든
도래하다(到來하다)	이르다, 오다, 닥치다	제척(除斥)	제외, 뺌
등재하다(登載하다)	기록하여 올리다	주말하다(朱抹하다)	붉은 줄로 지우다, 붉은 선으로 지우다
만개하다(滿開하다)	활짝 피다	지득하다(知得하다) ★	알게 되다, 알다
망년회(忘年會) ★	송년 모임, 송년회	지참하다(持參하다)	지니고 오다
매점(買占) ★	사재기	징구하다(徵求하다)	받다, 요청하다
명기(明記)	분명히 기록함	차년도(次年度)	다음 해, 다음 연도
모포(毛布)	담요	착수하다(着手하다) ★	시작하다
목도하다(目睹하다)	보다	참작하다(參酌하다)	고려하다
무주(無主)의	주인 없는	청탁(請託)	부탁
미연(未然)에 ★	미리	체납하다(滯納하다)	제때에 못 내다, 제때에 안 내다
방화(邦畫)	국산영화	체차(遞次)로	차례차례로

별첨(別添) ★	따로 붙임	사계(斯界)	그 방면, 이 방면, 그 분야, 이 분야
부심하다(腐心하다)	애쓰다, 힘쓰다	최고하다(催告하다)	독촉하다
부의하다(附議하다)	토의에 부치다	최촉하다(催促하다)	재촉하다, 독촉하다
분기하다(分岐하다)	갈라지다, 나누어지다	취부하다(取付하다)	붙이다, 덧붙이다, 부착하다
불입하다(拂入하다) ★	내다, 납입하다	파종(播種)	씨뿌림
불철주야(不撤晝夜)	밤낮없이	해태하다(懈怠하다) ★	게을리하다, 제때 하지 않다
불하하다(拂下하다) ★	매각하다	호창하다(呼唱하다)	외치다
빈사(瀕死)	다 죽은, 반죽음	흑태(黑太)	검정콩

2. 외래어 순화어

순화 대상어	순화어	순화 대상어	순화어
가스라이팅(gaslighting)	심리(적) 지배	쇼부(しょうぶ)	흥정, 결판
OTT(Over The Top)	인터넷 동영상 서비스	스크린 도어(screen door) ★	안전문
가료(かりょう) ★	치료, 고침, 병 고침	스타일리스트(stylist)	맵시가꿈이
가오(かお)	얼굴, 체면	스포티하다(sporty)	날렵하다, 경쾌하다, 활동적이다
갤러리(gallery)	그림방, 화랑	신드롬(syndrome)	증후군
갭(gap)	틈, 차이, 간격	싱크로율(synchro 率)	일치율
고로케(コロッケ)	크로켓	아나고(あなご)	붕장어
구루마(くるま)	수레, 달구지	안티에이징(anti-aging)	노화 방지
굿즈(goods)	팬 상품	앙꼬(あんこ)	팥소
그랑프리(grand prix)	대상(大賞), 최우수상	앰뷸런스(ambulance)	구급차
기스(きず)	흠, 흠집	언론 플레이(言論 play)	여론몰이
꼬붕(こぶん)	부하	언택트(untact)	비대면
네임 밸류(name value)	지명도	에티켓(tiquette)	예절, 예의, 품위
노가다(どかた)	(공사판) 노동자	오션 뷰(ocean view)	바다 전망
노하우(knowhow)	비법, 기술, 비결, 방법	오픈 런(open run)	상시 공연
뉘앙스(nuance) ★	어감, 말맛, 느낌	오픈 마켓(Open Market)	열린 시장, 열린 장터
다대기(たたき) ★	다짐, 다진 양념	오픈하다(open)	열다, 개장하다, 개업하다, 개관하다, 개막하다
다라이(たらい)	(큰) 대야, 함지(박)	옵서버(observer)	참관인
다크서클(dark circle)	눈그늘	와일드하다(wild)	거칠다
닭도리탕(-とり)	닭볶음탕	워킹 그룹(working group)	실무단
데드라인(deadline) ★	한계선, 최종 한계, 마감, 기한	위트(wit)	재치, 기지
데뷔(début) ★	등단, 등장, 첫등장, 첫무대, 첫 등단	유니콘 기업(unicorn 企業)	거대 신생 기업
데생(dessin)	소묘	유도리(ゆとり)	여유, 여유분, 융통, 늘품
도비라(とびら)	속표지	이북(e-book)	전자책
드라이브스루(drive-through)	승차 구매, 승차 구매점	인센티브(incentive) ★	성과급, 유인책, 특전
디스카운트(discount) ★	에누리, 할인	인저리 타임(injury time)	추가 시간

개념 암기 체크

다음 '순화 대상어:순화어'의 대응이 적절하면 O, 적절하지 않으면 ×에 표시하시오.

01 고수부지:둔치 (O, ×)
02 납득하다:이해하다 (O, ×)
03 망년회:송별회 (O, ×)
04 가료:치료 (O, ×)
05 다대기:고추 양념 (O, ×)
06 디스카운트:에누리 (O, ×)

정답 01 O 02 O 03 ×, 망년회:송년회 04 O 05 ×, 다대기:다진 양념 06 O

땡땡이(てんてん)	물방울, 물방울무늬	인터체인지(interchange)	나들목
라운지(lounge)	휴게실	장르(genre)	분야, 갈래
램프(ramp) ★	연결로	저널(journal)	언론, 시보
레시피(recipe) ★	조리법	제로 베이스(zero base)	백지상태, 원점
레트로(retro)	복고풍	지라시(ちらし) ★	선전지, 낱장 광고
로드 맵(road map)	이행안, 단계별 이행안	체크 리스트(check list)	점검표
로드숍(road shop)	거리 매장	추리닝(チュレーング)	운동복
로컬 푸드(local food)	지역 먹을거리, 향토 먹을거리	카메오(cameo)	깜짝출연, 깜짝출연자
론칭(launching)	사업 개시, 신규 사업 개시	카파라치(carparazzi)	교통 신고꾼
론칭쇼(launching show)	신제품 발표회	캐릭터(character)	개성, 특성
르포(reportage)	현지 보고, 보고 기사, 현장 보고	캐스팅 보트(casting vote)	결정권, 결정표
리메이크(remake) ★	재구성, 원작 재구성	커리어 하이(career high)	최고 기록
리빙 랩(living lab)	생활 실험실	컨벤션 효과(convention 效果)	행사 효과
리클라이너(recliner)	각도 조절 의자	컨트롤 타워(control tower) ★	통제탑, 지휘 본부, 사령탑
리퍼브(refurbished)	손질 상품	케어 팜(care farm)	치유 농장
리플(reply)	댓글	케어 푸드(care food)	돌봄식, 돌봄 음식
마블링(marbling)	결지방	케이스(case)	경우, 상자
머스트 해브(must have)	필수품	콜키지(corkage)	주류 반입비
모찌(もち)	떡	콤비(combination)	짝
몸뻬(もんぺ)	일 바지, 왜바지	콤플렉스(complex)	열등감, 욕구 불만, 강박 관념
무데뽀(むてっぽう) ★	무모(無謀), 막무가내	콩쿠르(competition)	경연대회
무라벨(無label)	무상표	쿠사리(くさり) ★	면박, 핀잔
무빙워크(moving sidewalk)	자동길	크레인(crane)	기중기
미디어(media)	매체	클러스터(cluster)	산학 협력 지구, 연합 지구, 협력 지구
바께쓰(バケツ) ★	양동이, 들통	타입(type)	모양, 유형
바이어(buyer)	구매자, 수입상	테이크 아웃(takeout)	포장 구매, 포장 판매, 사 가기
바캉스(vacance)	휴가, 여름휴가	트레이드(trade)	선수 교환
발레파킹(valet parking) ★	대리주차	트렌드(trend)	유행, 경향
버킷 리스트(bucket list)	소망 목록	팁(tip) ★	도움말, 봉사료
번아웃(burnout)	탈진	파운드리(foundry)	조립, 조립 생산
벌크 업(bulk up)	근육 키우기	파일럿 프로그램(pilot program)	맛보기프로그램, 시험 프로그램
베스트(best)	최선, 최고	파트너사(partner 社)	협력사
베테랑(vétéran)	숙련자, 노련자	팝업창(pop-up 窓) ★	알림창
벤치 클리어링(bench clearing)	몸싸움, 집단 몸싸움, 선수단 몸싸움	팩트 체크(fact check)	사실 확인
뷰파인더(viewfinder)	보기창	팸 투어(Familiarization Tour)	사전 답사 여행, 홍보 여행, 초청 홍보 여행
블라인드(blind)	가리개, 정보 가림	페이백(pay back)	보상 환급
블랙 컨슈머(black consumer)	악덕소비자	페이퍼 컴퍼니(paper company)	서류상 회사, 유령 회사
블랙아웃(blackout)	대정전	포토존(photo zone)	사진 촬영 구역, 촬영 구역, 사진 찍는 곳
사시미(さしみ) ★	생선회	플래카드(placard) ★	펼침막, 현수막
샘플(sample)	보기, 본보기, 표본	핀트(pint)	초점
센티하다(sentimental) ★	감상적이다	필터(filter)	거르개, 여과기, 여과지
소보로빵(そぼろパン)	곰보빵	하드 파워(hard power)	물리적 영향력
소셜 커머스(social commerce)	공동 할인 구매	히든카드(hidden card)	숨긴 패, 비책

2 출제 예상 순화어

1. 한자어 순화어

순화 대상어	순화어	순화 대상어	순화어
가미하다(加味하다)	덧붙이다, (맛을) 더하다, 추가하다	모피(毛皮)	털가죽
가수금(假受金)	임시 수령금	목탄(木炭)	숯
가접수(假接受)	임시 접수	몽리자(蒙利者)	수혜자
개산하다(概算하다)	어림잡아 계산하다	발군(拔群)의	뛰어난, 빼어난
개호비(介護費)	가정 간병비	부기하다(附記하다)	덧붙여 기재하다
객담(喀痰)	가래	부종(浮腫)	붓는 병
검체(檢體)	검사 대상물	산정하다(算定하다)	셈하다, 계산하다
견습(見習)	수습	선착장(船着場)	나루, 나루터
공복(空腹)	빈속, 빈 속	선택사양(選擇仕様)	선택항목, 선택품목
구좌(口座)	계좌	수진자(受診者)	진료받는 사람
낙뢰(落雷)	벼락	악천후(惡天候)	거친 날씨
누수(漏水)	새는 물, 물이 샘	애로(隘路)	어려움, 곤란
도포하다(塗布하다)	바르다	예후(豫後)	처치 후 상태, 병세 진행
말단(末端)	끝	정제(錠劑)	알약
말소(抹消)	지움, 지워 없앰	지장(指章)	손도장

2. 외래어 순화어

순화 대상어	순화어	순화 대상어	순화어
간지(かんじ)	느낌	에듀 테크(edu tech)	교육 정보 기술
그린 모빌리티(green mobility)	친환경 이동 수단, 친환경 교통수단	오리지널 콘텐츠(original contents)	자체 제작물
나가리(ながれ)	유찰, 깨짐	오픈 스페이스(open space)	열린 쉼터
다크 스토어(dark store)	배송 전용 매장	컬러(color)	색, 색채, 색상, 빛깔
단도리(だんどり)	채비, 단속	코워킹 스페이스(coworking space)	공유 업무 공간
듀얼 라이프(dual life)	두 지역살이	클린 뷰티(clean beauty)	친환경 화장품
디지털 트윈(digital twin)	가상 모형	텔레 케어(tele care)	원격 돌봄
러시아워(rush hour)	몰릴 때, 붐빌 때, 혼잡 시간	팝업 가든(pop-up garden)	반짝 정원
로드킬(road kill)	동물 찻길 사고, 동물 교통사고	페이스 리프트(face lift)	외관 개선
로컬 소싱(local sourcing)	현지 조달	페티켓(Petiquette)	반려동물 공공 예절
리유저블 컵(reusable cup)	다회용 컵	펫 로스 증후군(pet loss 症候群)	반려동물 상실 증후군
마이크로투어리즘(microtourism)	근거리 여행	펫코노미(petconomy)	반려동물 산업
소라색(そらいろ)	하늘색, 하늘 빛깔	푸드테크(food tech)	첨단 식품 기술
싱크홀(sinkhole)	함몰 구멍, 땅꺼짐	하이퍼 로컬(hyper local)	동네 생활권
아우라(Aura)	기품	헤드라이너(headliner)	대표 출연자

개념 암기 체크

다음 '순화 대상어:순화어'의 대응이 적절하면 ○, 적절하지 않으면 ×에 표시하시오.

01 무데뽀:막무가내 (○, ×)
02 발레파킹:지정주차 (○, ×)
03 팝업창:광고창 (○, ×)
04 플래카드:현수막 (○, ×)
05 산정하다:계산하다 (○, ×)
06 도포하다:뿌리다 (○, ×)

정답 01 ○ 02 ×, 발레파킹:대리주차 03 ×, 팝업창:알림창 04 ○ 05 ○ 06 ×, 도포하다:바르다

유형 연습문제

1 밑줄 친 부분을 쉬운 말로 바꾼 것으로 적절하지 않은 것은?

① 입사 6년 차에 처음으로 시말서(始末書)(→ 경위서)를 작성했다.

② 기온이 영하인 날이 지속되면 사람들은 거개(擧皆)(→ 대개) 바깥 활동을 줄인다.

③ 열두 시가 되면 줄 맨 앞에 계신 분부터 체차(遞次)로(→ 먼저) 입장할 예정입니다.

④ 지금이 두 회사가 협업할 가장 좋은 기회라며 재삼(再三)(→ 거듭) 협업을 권유했다.

⑤ 수입산 소고기를 국내산 소고기처럼 포장하는 사술(詐術)(→ 속임수)을 써 온 판매업자가 체포되었다.

2 밑줄 친 표현의 순화어로 올바르지 않은 것은?

① 신규 사업을 개발하려면 파트너사(→ 딴 회사)의 도움이 필요하다.

② 내 동생은 피아노 콩쿠르(→ 경연대회)에서 여러 번 수상한 경력이 있다.

③ 기사문을 작성할 때 반드시 사건의 팩트 체크(→ 사실 확인)를 해야 한다.

④ 의장의 캐스팅 보트(→ 결정권)는 찬성과 반대 수가 동일한 상황을 전제한다.

⑤ 승기를 잡았다고 판단한 감독은 경기가 끝날 때까지 히든카드(→ 비책)를 사용하지 않았다.

3 <보기>에 제시된 외래어의 순화어가 적절한 것끼리 바르게 묶은 것은?

<보기>

ㄱ. 벌크 업(bulk up) → 근육 키우기
ㄴ. 인저리 타임(injury time) → 부상 회복 시간
ㄷ. 팸투어(Familiarization Tour) → 친목 여행
ㄹ. 벤치 클리어링(bench clearing) → 선수단 몸싸움
ㅁ. 소셜 커머스(social commerce) → 공동 할인 구매

① ㄱ, ㄴ, ㄷ
② ㄱ, ㄴ, ㄹ
③ ㄱ, ㄹ, ㅁ
④ ㄴ, ㄷ, ㅁ
⑤ ㄷ, ㄹ, ㅁ

4 다음 표현을 순화한 것으로 적절하지 않은 것은?

① 고참[古參(こさん)] → 선임
② 노견[路肩(ろかた)] → 갓길
③ 노가다[土方(どかた)] → 일용직
④ 사시미[刺身(さしみ)] → 생선회
⑤ 대합실[待合室(まちあいしつ)] → 맞이방

약점 보완 해설집 p.20

1 "사방을 이리저리 살피는 모양"을 의미하는 말로, <보기>의 ㉠에 들어갈 말은?

<보기>

그는 주먹으로 눈물을 쓱 비비고 머리에 번쩍 떠오르는 것이 있으니 [㉠] 한 황소의 눈깔.

-김유정, 「만무방」

① 갈팡질팡
② 곰작곰작
③ 둘레둘레
④ 문실문실
⑤ 올망졸망

2 밑줄 친 한자어의 사전적 뜻풀이로 바르지 않은 것은?

① 불명(不明)의 질병: 분명하지 않음
② 지탄(指彈)을 받다: 꾸짖어 나무람
③ 호객(呼客) 행위: 물건 등을 팔기 위하여 손님을 부름
④ 미증유(未曾有)의 사건: 지금까지 한 번도 있어 본 적이 없음
⑤ 흠결(欠缺)이 없다: 일정한 수효에서 부족함이 생김. 또는 그런 부족

3 **밑줄 친 고유어의 뜻풀이가 적절하지 않은 것은?**

① 그는 출퇴근길에 짬짬이 독서하곤 한다. → 짬이 나는 대로 그때그때

② 그녀는 노상 울상으로 회의에 참석한다. → 언제나 변함없이 한 모양으로 줄곧

③ 괜히 나서지 말고 국으로 있는 편이 낫겠다. → 제 생긴 그대로. 또는 자기 주제에 맞게

④ 낯선 이들을 보자 겁이 났는지 고양이의 눈동자가 마냥 커졌다. → 보통의 정도를 넘어 몹시

⑤ 까딱 일이 엎어지기라도 한다면 큰 피해를 볼 수도 있다. → 깊은 생각이 없이 무턱대고 행동하는 모양

4 **<보기>의 ㉠과 바꾸어 쓰기에 적절하지 않은 것은?**

<보기>

㉠ 거짓으로 꾸민 네 모습을 말고, 참된 모습을 보여 주어라.

① 가장(假裝)한
② 가식(假飾)한
③ 위식(僞飾)한
④ 위장(僞裝)한
⑤ 윤색(潤色)한

5 **'일의 형세가 뒤바뀜'을 뜻하는 한자어 '반전(反轉)'의 용례로 가장 적절한 것은?**

① 이 작품의 묘미는 하늘과 바다 위치의 반전에 있다.

② 그 팀은 연속 10점을 득점하며 경기 상황의 반전을 이루었다.

③ 무기 판매로 많은 이익을 챙긴 국가에서마저 반전 운동이 활발하다.

④ 누군가에게는 반전에 불과하겠지만 누군가에게는 천금과 다를 바 없다.

⑤ 할머니께서는 서울에서 부산까지 온 형에게 반전이라며 5만 원을 주셨다.

6 밑줄 친 고유어의 쓰임이 적절하지 않은 것끼리 묶인 것은?

① • 약을 거르니 감기가 잘 낫지 않는다.
  • 지난 분기에 기대 이상의 성과를 낳았다.

② • 그는 가끔 퇴근하면서 서점에 들려 책을 산다.
  • 어머니는 동생에게 반찬을 한가득 들러 보냈다.

③ • 아이는 주스를 들이켜고 과자를 먹기 시작했다.
  • 점원이 진열대 바깥으로 튀어나온 책들을 들이켰다.

④ • 할머니께서는 아궁이에 장작을 때어 밥을 지으신다.
  • 그녀는 새 옷의 상표를 떼지 않고 입는 버릇이 있다.

⑤ • 남편과 아내는 서로 휴무일을 맞추어 여행을 가기로 했다.
  • 언니는 방송에서 나오는 수수께끼를 모두 맞혀 경품을 받았다.

7 짝 지은 문장의 밑줄 친 단어들의 관계가 나머지와 다른 하나는?

① • 분에 넘치는 선물은 부담스럽다.
  • 신입 사원의 얼굴에 열정이 넘쳤다.

② • 여름에는 모기장을 꼭 치고 잔다.
  • 책상에 칸막이를 치니 집중이 잘된다.

③ • 먹다 남은 음식은 쉽게 상할 수 있다.
  • 중간 이윤이 별로 남지 않는 장사이다.

④ • 잦은 야근 탓에 그는 점점 말라 갔다.
  • 허리둘레에 맞게 천을 마르기 시작했다.

⑤ • 선생님께서는 사탕을 고르게 나누어 주셨다.
  • 청력이 고르지 못해 상대의 말을 알아듣기 어렵다.

8 "남편의 허리를 꾹 찔렀다"에 사용된 '꾹'과 같은 의미는?

① 아이는 책상 밑에 꾹 숨어 있었다.

② 그는 신음 없이 고통을 꾹 견뎌 냈다.

③ 동생은 하루 종일 방에 꾹 박혀 있다.

④ 그녀는 분통이 터지는 것을 꾹 참았다.

⑤ 모자를 꾹 눌러써서 얼굴을 식별할 수 없었다.

9 밑줄 친 말에 해당하는 한자어가 옳게 제시된 것은?

① 그는 방송을 보며 혼잣말로 중얼거렸다. → 췌언(贅言)

② 고향은 모든 이에게 그리움의 대상이다. → 선망(羨望)

③ 저는 저의 어머니와 함께 대전에 살고 있습니다. → 가친(家親)

④ 초청 가수의 공연으로 행사는 마지막으로 향했다. → 대미(大尾)

⑤ 강아지의 오줌통에 염증이 생겨 약을 먹이고 있다. → 신장(腎臟)

10 ㉠~㉤의 의미 관계가 바르게 짝 지어진 것은?

<보기>

㉠ 가명(假名) - 실명(實名)
㉡ 낙천(樂天) - 염세(厭世)
㉢ 달변(達辯) - 능변(能辯)
㉣ 사군자(四君子) - 대나무
㉤ 국세(國稅) - 소득세(所得稅)

	상하 관계	반의 관계
①	㉠, ㉡	㉢, ㉣
②	㉠, ㉢	㉡, ㉤
③	㉠, ㉤	㉢, ㉣
④	㉢, ㉤	㉡, ㉣
⑤	㉣, ㉤	㉠, ㉡

11 밑줄 친 속담이 문맥상 적절하지 않은 것은?

① 땅내가 고소한 걸 보니 살날이 얼마 남지 않았나 보다.

② 형은 사람이 많은 자리에서 꾸어다 놓은 보릿자루처럼 조용하다.

③ 어머니께서는 싼 것이 비지떡이라고 생각하셔서 값비싼 옷만 사신다.

④ 폭풍우가 휘몰아치는데 통신까지 끊겼으니, 이제 우리는 가마솥에 든 고기이다.

⑤ 이도 아니 나서 콩밥을 씹는다더니, 이번 신입 사원은 업무 처리 능력이 출중한 편이다.

12 한자 성어의 풀이가 바르지 않은 것은?

① 풍전등화(風前燈火): 바람 앞의 등불이라는 뜻으로, 몹시 위태로운 일을 모험적으로 행함을 비유적으로 이르는 말

② 생구불망(生口不網): '산 입에 거미줄을 치지는 않는다'라는 뜻으로, 아무리 곤궁하여도 그럭저럭 먹고살 수 있음을 이르는 말

③ 혼정신성(昏定晨省): '밤에는 부모의 잠자리를 보아 드리고 이른 아침에는 부모의 밤새 안부를 묻는다'라는 뜻으로, 부모를 잘 섬기고 효성을 다함을 이르는 말

④ 고식지계(姑息之計): 우선 당장 편한 것만을 택하는 꾀나 방법. 한때의 안정을 얻기 위하여 임시로 둘러맞추어 처리하거나 이리저리 주선하여 꾸며 내는 계책을 이른다.

⑤ 문경지교(刎頸之交): 서로를 위해서라면 목이 잘린다 해도 후회하지 않을 정도의 사이라는 뜻으로, 생사를 같이할 수 있는 아주 가까운 사이, 또는 그런 친구를 이르는 말

13 뜻풀이가 '먹다'와 거리가 먼 관용구는?

① 발이 짧다

② 입이 짧다

③ 밥알을 세다

④ 침이 마르다

⑤ 목구멍이 크다

14 밑줄 친 부분을 순화한 것으로 적절하지 않은 것은?

① 잔반(殘飯)(→ 음식 찌꺼기)을 처리하는 일이 여간 수월치가 않다.

② 말벌의 집은 수피(樹皮)(→ 나뭇가지)와 말벌의 침을 재료로 한다.

③ 행사에 초대한 인원에 비해 임석(臨席)(→ 현장 참석) 인원은 턱없이 적었다.

④ 새집 증후군을 미연(未然)에(→ 미리) 막고자 공기 정화용 숯을 집 여기저기 놓아두었다.

⑤ 자주 지각하던 그 아이는 개전(改悛)의 정(情)(→ 뉘우치는 빛)을 보인 뒤 등교 시간보다 일찍 학교에 왔다.

15 밑줄 친 표현을 순화한 내용으로 적절하지 않은 것은?

① 그는 공연장에 앉아 그의 데뷔(→ 첫무대)를 추억하였다.

② 주말에 갤러리(→ 화랑)에 방문하여 다양한 그림을 감상하였다.

③ 그녀는 로드숍(→ 탐색 매장)에서 다양한 제품을 자주 구경한다.

④ 상품을 수출하기 위해 중개인에게 바이어(→ 수입상) 소개를 부탁하였다.

⑤ 감독은 실제 인물과 비슷한 외형의 배우를 주연으로 선정하여 싱크로율(→ 일치율)을 높였다.

약점 보완 해설집 p.21

III. 어법

어법 영역 출제 경향

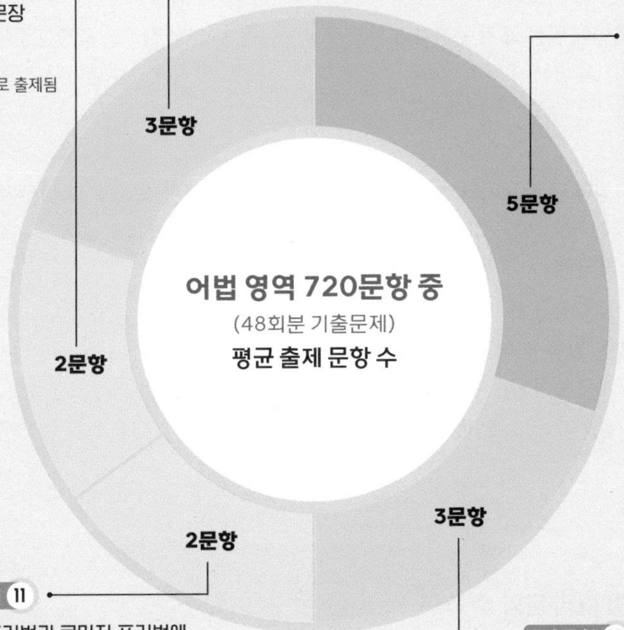

기출유형 09
한글 맞춤법에 맞는 표기 구분하기
#맞춤법 #띄어쓰기 #문장 부호
#빈출 규정 출제 확률이 높음

기출유형 10
표준어 규정에 맞는 표기와 발음 구분하기
#표준어 #표준 발음법
#빈출 규정 출제 확률 높음

기출유형 11
외래어 표기법과 로마자 표기법에 맞는 표기 구분하기
#외래어, 로마자 각각 1문제 고정 출제

기출유형 12
문법에 맞는 발음·단어·문장 구분하기
#2020년부터 높임 표현 위주로 출제됨

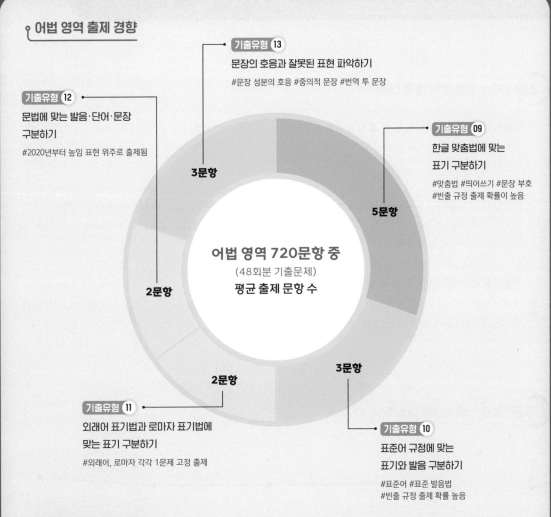

기출유형 13
문장의 호응과 잘못된 표현 파악하기
#문장 성분의 호응 #중의적 문장 #번역 투 문장

어법 영역 학습 포인트

■ **한 번 나온 규정이 반복적으로 출제되는 경향이 강하니 기출 어문 규정과 예시를 익혀 두기!**

한글 맞춤법, 표준어 규정, 외래어와 로마자 표기법은 출제되었던 규정이 다시 출제되는 경향이 강하며, 한 규정의 예시가 여러 회차에 출제되기도 한다. 따라서 기출 어문 규정을 이해하고 규정에 속한 예시를 함께 알아 두어야 한다.

■ **국어 말소리, 단어, 문장과 관련된 문법 개념과 예시도 놓치지 말기!**

국어 기본 문법과 관련된 문제는 2020년부터 주로 높임 표현 위주로 출제되지만, 국어 문화 영역에서 문법 문제가 출제되고 있다. 따라서 개념을 익히고, 예시에 적용해 보며 꼼꼼히 학습하면 어법 영역과 국어 문화 영역의 점수를 모두 확보할 수 있다.

◀ **언제 어디서나 어법 암기하기**

교재에 수록된 어법뿐 아니라 더 많은 추가 어법을 모바일로 학습하기!
언제 어디서나 휴대전화로 편리하게 자주 들여다보면 어법을 더욱 빠르게 암기할 수 있습니다.

고등급 달성을 위한 기출유형 분석 리포트

최근 5개년 어법 영역 출제 이슈

1. **기출유형09 한글 맞춤법에 맞는 표기 구분하기** 문제가 1회 6문항 출제될 정도로 출제 비중이 커졌다. 규정에 따른 올바른 표기를 묻는 출제 포인트가 3문항 이상 고정적으로 출제되는 편이니, 자주 나오는 규정의 원리를 이해하고 그에 따른 예시를 암기해 두어야 한다.

2. **기출유형10 표준어 규정에 맞는 표기와 발음 구분하기**와 **기출유형13 문장의 호응과 잘못된 표현 파악하기**는 출제 비중 약간 줄어들었으나, 1회에 평균 3문항 출제되는 편이다. 특히 **기출유형13**은 출제 포인트 3개가 고정적으로 꾸준히 출제되는 경향을 보인다.

3. **기출유형12 문법에 맞는 발음·단어·문장 구분하기**는 출제되지 않는 회차가 있을 정도로 출제 비중 줄어들었다. 하지만 국어 문화 영역에서 문법 관련 문제가 계속 출제되고 있고, 높임 표현을 출제 포인트로 한 문제가 최근 연속 출제되는 경향을 보이므로 주요 문법 원리와 예시의 학습이 필요하다.

최근 5개년 기출유형별 출제 문항 수 추이

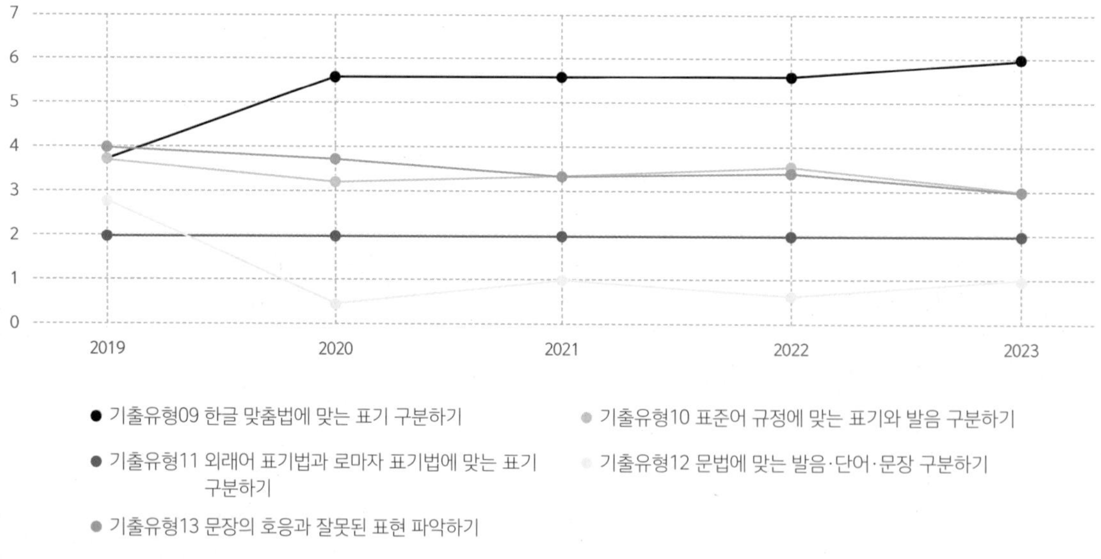

출제 경향

어법 영역은 기출유형12를 제외하고 모든 기출유형의 출제 포인트가 고정적으로 출제되는 편이다.
평균적으로 1회에 기출유형09는 5문항, 기출유형10은 3문항, 기출유형11은 2문항, 기출유형12는 1문항, 기출유형13은 4문항 출제된다.

무조건 나온다!
최다 빈출 유형 TOP3

1위 기출유형09 한글 맞춤법에 맞는 표기 구분하기

기출유형09는 한글 맞춤법에 제시된 단어의 표기의 원리, 띄어쓰기, 문장 부호 등의 출제 포인트로 출제된다. 그중 한글 맞춤법 규정을 이해하고 맞춤법에 맞는 단어를 찾는 문제가 1회에 3문항 이상 출제된다.

빈출 출제 포인트
한글 맞춤법 규정 이해하기

빈출 선지
깍두기, 백분율, 냉랭하다, 녹록하다, 적나라하다, 머물다, 빨갛다, 싣다, 굵직하다, 널찍하다, 넓적하다, 높다랗다, 덮개, 얄따랗다, 짤막하다, 뻐꾸기, 곰곰이, 깨끗이, 꾸준히, 뚜렷이, 반짇고리, 사흗날, 섣달, 뒤풀이, 만둣국, 머리말, 백지장, 베갯잇, 부싯돌, 해님

2위 기출유형13 문장의 호응과 잘못된 표현 파악하기

기출유형13은 문장 성분의 호응, 중의적 표현, 번역 투 표현 등의 출제 포인트로 출제된다. 그중 문장 성분의 호응이 적절한지 묻는 문제의 출제 비중이 가장 높다.

빈출 출제 포인트
문장 성분의 호응 및 완결성 파악하기

빈출 선지 주제
주어와 서술어의 호응, 목적어와 서술어의 호응, 부사어와 서술어의 호응, 잘못된 접속 부사 사용, 서술어의 생략, 부사어의 생략, 문맥의 흐름 고려, 부사어 사용의 적절성

3위 기출유형10 표준어 규정에 맞는 표기와 발음 구분하기

기출유형10은 표준어 사정 원칙에 따라 표준어와 비표준어 구분하거나 표준 발음법에 따른 표준 발음을 묻는 출제 포인트로 출제된다. 보통 표준어와 비표준어 문제가 2문항, 표준 발음법 문제가 1문항 출제된다.

빈출 출제 포인트
표준어와 비표준어 구분하기

빈출 선지
강팍하다, 거슴츠레하다, 거의, 귀밑머리, 갑갑하다, 깡충깡충, 나부랭이, 나팔꽃, 딴지, 똬리, 마파람, 버러지, 벌레, 부엌, 사족, 살쾡이, 샛별, 수꿩, 수캉아지, 수탉, 수퇘지, 수평아리, 아지랑이, 여느, 우레, 으레, 허우대

맞히면 등급이 오른다!
가장 많이 틀리는 유형 TOP3

1위 기출유형09 한글 맞춤법에 맞는 표기 구분하기

기출유형09의 출제 포인트 중 띄어쓰기 문제를 가장 많이 틀린다. 띄어쓰기는 기본 원칙을 알고 있더라도 예외적인 사항도 알아야 풀 수 있기 때문에 난도가 매우 높다.

고난도 출제 포인트
올바른 띄어쓰기 파악하기

고난도 선지
사회∨문제(원칙)/사회문제(허용), 윤리의식, 역사의식, 주의∨사항, 중간고사, 학교생활, 좋은∨척하다(원칙)/좋은척하다(허용), 추운가∨보다

2위 기출유형10 표준어 규정에 맞는 표기와 발음 구분하기

기출유형10의 출제 포인트 중 표준어와 비표준어를 구분하는 문제를 가장 많이 틀린다. 일상생활에서 흔히 쓰이는 방언 등의 비표준어가 선지로 제시되어 헷갈리기 쉽다.

고난도 출제 포인트
표준어와 비표준어 구분하기

고난도 선지
*갑북/빨리, *깝깝하다/갑갑하다, *배냇옷/배내옷, *붓기/부기, *여시/여우, *옥시기/옥수수, *주초/주추, *주구장창/주야장천, 버러지/벌레(복수 표준어)

*비표준어

3위 기출유형11 외래어 표기법과 로마자 표기법에 맞는 표기 구분하기

기출유형11의 출제 포인트 중 올바른 로마자 표기를 구분하는 문제를 가장 많이 틀린다. 우리가 생각하는 일반적인 영어 발음과 로마자 표기법에서 규정한 표기 방식이 다를 수 있으며, 표준 발음에 근거하여 로마자를 표기하기 때문에 난도가 있는 편이다.

고난도 출제 포인트
올바른 로마자 표기 구분하기

고난도 선지
로마자 표기법 제3장 제1항 - 묵호(Mukho), 죽변(Jukbyeon)
로마자 표기법 제3장 제6항 - 촉석루(Chokseongnu)
로마자 표기법 제3장 제8항 - 없었습니다(eobs-eoss-seubnida)

기출유형 09 한글 맞춤법에 맞는 표기 구분하기

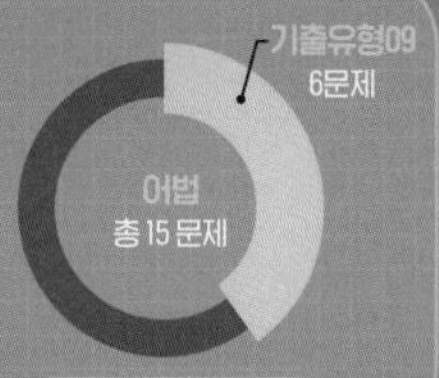

최근 3개년 출제 경향

출제 포인트 1 한글 맞춤법 규정 이해하기

1. 한글 맞춤법에 맞는 표기나 특정 한글 맞춤법 규정에 해당하는 예를 찾을 수 있는지 묻는 문제로, 질문이나 <보기>에 한글 맞춤법 규정이 직접 제시되는 문제와 한글 맞춤법 규정이 제시되지 않고 표기의 적절성만 묻는 문제 등으로 출제됩니다.

2. 주로 다음과 같은 질문 형태로 출제됩니다.
   - 밑줄 친 부분의 표기가 옳은/옳지 않은 것은?
   - <보기>에 제시된 한글 맞춤법 규정의 예에 해당하지 않는 것은?

풀이 전략

질문이나 <보기>에 한글 맞춤법 규정이 제시되는 문제는 한글 맞춤법 규정을 선택지에 제시된 단어에 적용하여 쉽게 풀 수 있지만, 한글 맞춤법 규정 없이 예시로만 선택지가 구성되는 문제에 대비하려면 자주 출제되는 한글 맞춤법 규정 위주로 학습해 두어야 합니다.

예제

밑줄 친 부분의 표기가 옳지 않은 것은?

① 복도에서 뛰지 말라고 누누(屢屢)이 주의를 주었다.
② 연년생(年年生) 남매라 그런지 안 싸우는 날이 없다.
③ 날씨가 냉랭(冷冷)하여 서랍장에 있는 내복을 꺼내 입었다.
④ 연주 중간중간에 들리는 트라이앵글 소리가 낭낭(朗朗)하다.
⑤ 상을 받으러 연단에 올라가는 아들의 모습이 늠름(凜凜)하다.

정답 ④

해설 **낭낭(朗朗)하다**(×) → **낭랑(朗朗)하다**(○): 한글 맞춤법 제13항에 따라 한 단어 안에서 같은 음절이 겹쳐 나는 부분은 같은 글자로 적어야 하지만, 한글 맞춤법 제12항 두음 법칙에 따라 한자어 '**朗朗**'의 두 번째 음절은 본음으로 적으므로 '낭랑'으로 표기해야 한다.

① **누누(屢屢)이**(○): 한글 맞춤법 제13항에 따라 한 단어 안에서 같은 음절이 겹쳐 나는 부분은 같은 글자로 적는다.
참고로, 단어의 첫머리만 두음 법칙이 적용되므로 '누누(**屢屢**)이'를 '누루이'로 적어야 한다고 볼 수 있지만 발음이 [누ː누이]이고, 같은 음절이 반복되는 구조로 인식한다는 점을 고려해 '**屢屢**'를 '누누'로 표기한다.

②③⑤ **연년생(年年生), 냉랭(冷冷)하여, 늠름(凜凜)하다**(○): 한글 맞춤법 제13항에 따라 한 단어 안에서 같은 음절이 겹쳐 나는 부분은 같은 글자로 적어야 하지만, 두음 법칙에 따라 한자어 '**年年**', '**冷冷**', '**凜凜**'의 두 번째 음절은 본음대로 적으므로 각각 '연년', '냉랭', '늠름'으로 표기한다.

출제 포인트 2 올바른 띄어쓰기 파악하기

1. 한글 맞춤법에 따라 조사, 의존 명사, 본용언과 보조 용언 등을 올바르게 띄어 쓸 수 있는지 평가하는 문제입니다. 제시된 단어의 띄어쓰기가 옳은지 묻는 한 가지 형태의 문제로만 출제됩니다.

2. 주로 다음과 같은 질문 형태로 출제됩니다.
   - 밑줄 친 부분의 띄어쓰기가 올바른/잘못된 것은?

풀이 전략

기본적으로 모든 단어는 띄어 쓰되, 조사는 앞말에 붙여 쓴다는 띄어쓰기 원칙에 따라 적절성을 판단할 수 있습니다. 하지만 '대로, 만, 만큼' 등 형태가 같으나 품사가 달라 띄어쓰기도 달라지는 단어나 본용언과 보조 용언의 띄어쓰기처럼 고려해야 할 요소가 많은 단어도 있으니 이런 단어는 띄어쓰기 형태를 예문으로 익혀 두는 것이 중요합니다.

예제

밑줄 친 부분의 띄어쓰기가 올바른 것은?

① 원칙대로 하면 문제가 생기지 않는다.
② 운동을 시작하고 하루만에 그만두었다.
③ 우리 집 고양이는 쥐를 잡을줄 모른다.
④ 서울에서∨부터 여기는 거리가 꽤 멀다.
⑤ 내가 너에게 줄 수 있는 건 이것∨밖에 없다.

정답 ①

해설 **원칙대로(○)**: 이때의 '대로'는 앞에 오는 말에 근거하거나 달라짐이 없음을 나타내는 보조사이며, 한글 맞춤법 제41항에 따라 조사는 그 앞말에 붙여 쓰므로 띄어쓰기가 올바른 것은 ①이다.

② **하루만에(×) → 하루∨만에(○)**: 이때의 '만'은 '앞말이 가리키는 동안이나 거리'를 나타내는 말로, 의존 명사이다. 한글 맞춤법 제42항에 따라 의존 명사는 앞말과 띄어 써야 한다.

③ **잡을줄(×) → 잡을∨줄(○)**: 이때의 '줄'은 어떤 방법, 셈속 등을 나타내는 말로, 의존 명사이다. 한글 맞춤법 제42항에 따라 의존 명사는 앞말과 띄어 써야 한다.

④ **서울에서∨부터(×) → 서울에서부터(○)**: 이때의 '에서부터'는 범위의 시작 지점이나 어떤 행동의 출발점, 비롯되는 대상임을 나타내는 격 조사이므로 '에서'와 '부터'는 붙여 써야 한다.

⑤ **이것∨밖에(×) → 이것밖에(○)**: 이때의 '밖에'는 '그것 말고는', '그것 이외에는'의 뜻을 나타내는 보조사이다. 한글 맞춤법 제41항에 따라 조사는 그 앞말에 붙여 써야 한다.

출제 포인트 3 문장 부호의 쓰임 파악하기

1. 한글 맞춤법 규정 [부록]에 제시된 24개 문장 부호가 적절하게 쓰였는지 묻는 문제로, 문장 부호 규정과 그 예시를 함께 제시하거나 문장 부호가 쓰인 예시만 제시하는 형태로 출제됩니다.

2. 주로 다음과 같은 질문 형태로 출제됩니다.
   - 문장 부호의 사용이 올바르지 않은 것은?
   - 문장 부호 규정으로/규정에 대한 설명으로 잘못된 것은?

풀이 전략

문장 부호 문제를 풀기 위해서는 문장 부호의 쓰임을 대략적으로라도 파악해 두어야 합니다. 문장 부호의 쓰임뿐 아니라 문장 부호 간 바꾸어 쓸 수 있는 예나 문장 부호의 띄어쓰기도 함께 물어보기도 하므로 여유가 된다면 이 부분도 익혀 둡시다.

예제

문장 부호 규정에 대한 설명으로 잘못된 것은?

① 줄임표: 말이 없음을 나타낼 때 쓴다. 예 "지금이 몇 시야!" / "……."
② 마침표: 아라비아 숫자만으로 연월일을 표시할 때 쓴다. 예 2023. 8. 29.
③ 붙임표: 기간이나 거리 또는 범위를 나타낼 때 쓴다. 예 세종(1397-1450)
④ 홑낫표: 글자가 들어가야 할 자리를 나타낼 때 쓴다. 예 국어의 파찰음은 「　」이다.
⑤ 빗금: 대비되는 두 개 이상의 어구를 묶어 나타낼 때 그 사이에 쓴다. 예 뜨겁다/차갑다

정답 ④

해설 **국어의 파찰음은 「　」이다**(×) → **국어의 파찰음은 □□□이다**(○): 글자가 들어가야 할 자리를 나타낼 때 쓰는 문장 부호는 홑낫표(「 」)가 아닌 빠짐표(□)이다.

③ 기간이나 거리 또는 범위를 나타낼 때 물결표(~)를 쓰는 것이 원칙이나, 붙임표를 쓰는 것도 허용된다.

출제 포인트 4 혼동하기 쉬운 표기 구별하기

1. 'Ⅱ. 어휘- 기출유형06 어휘의 관계 파악 및 구분하기'의 '출제 포인트3 헷갈리기 쉬운 어휘 구별하기'와 유사한 출제 포인트로, 한글 맞춤법 규정을 바탕으로 문장에 쓰인 표기가 올바른지 구별하는 문제입니다. 주로 표기가 비슷하여 헷갈리는 단어나 표기상 틀리기 쉬운 단어가 출제됩니다.

2. 주로 다음과 같은 질문 형태로 출제됩니다.
   - 밑줄 친 부분의 표기가 어법에 맞는/맞지 않는 것은?
   - 밑줄 친 단어를 문맥에 맞게 수정하지 못한 것은?

풀이 전략

주로 소리 나는 것과 표기가 다른 단어, 형태나 발음이 유사한 단어, 사이시옷 표기, 용언의 활용형 등에서 혼동하기 쉬운 단어가 출제됩니다. 공부한 한글 맞춤법 규정을 토대로 선택지에 제시된 표기가 적절한지 확인하며 풀면 됩니다.

예제

밑줄 친 부분의 표기가 어법에 맞지 않는 것은?

① 쌀뜨물 활용법
② 3년 묵은 장아찌
③ 갯펄에서 열리는 축제
④ 우유갑으로 만든 장난감
⑤ 귀신 씻나락 까먹는 소리

정답 ③

해설 갯펄(×) → 개펄(○): '밀물 때는 물에 잠기고 썰물 때는 물 밖으로 드러나는 모래 점토질의 평탄한 땅'을 의미하는 단어는 '개펄'로 표기해야 한다. 참고로, '갯벌'도 올바른 표기이다.

필수 암기 개념

암기 포인트
규정은 무조건 외우기보다 그 원리를 이해하는 것이 더 중요합니다.
한글 맞춤법 규정을 이해하고, 대표 예시를 기출 표현 위주로 암기해 봅시다.

1 한글 맞춤법 본문

1. 주요 한글 맞춤법 규정

1) 소리에 관한 것

① 된소리

제5항★ 한 단어 안에서 뚜렷한 까닭 없이 나는 된소리는 다음 음절의 첫소리를 된소리로 적는다.

1. 두 모음 사이에서 나는 된소리

소쩍새 어깨 오빠 으뜸 아끼다 기쁘다 깨끗하다 어떠하다
해쓱하다 가끔 거꾸로 부썩 어찌 이따금

2. 'ㄴ, ㄹ, ㅁ, ㅇ' 받침 뒤에서 나는 된소리

산뜻하다 잔뜩 살짝 훨씬 담뿍 움찔 몽땅 엉뚱하다

다만, 'ㄱ, ㅂ' 받침 뒤에서 나는 된소리는, 같은 음절이나 비슷한 음절이 겹쳐 나는 경우가 아니면 된소리로 적지 않는다.

국수 깍두기★ 딱지 색시 싹둑(~싹둑)★ 법석 갑자기 몹시

② 구개음화

제6항★ 'ㄷ, ㅌ' 받침 뒤에 종속적 관계를 가진 '- 이(-)'나 '- 히 -'가 올 적에는 그 'ㄷ, ㅌ'이 'ㅈ, ㅊ'으로 소리 나더라도 'ㄷ, ㅌ'으로 적는다.

맏이 해돋이 굳이 같이 끝이 핥이다
걷히다 닫히다 묻히다

③ 'ㄷ' 소리 받침

제7항★ 'ㄷ' 소리로 나는 받침 중에서 'ㄷ'으로 적을 근거가 없는 것은 'ㅅ'으로 적는다.

덧저고리 돗자리 엇셈★ 웃어른 핫옷 무릇 사뭇★ 얼핏 자칫하면
뭇[衆] 옛 첫 헛

④ 모음

제9항 '의'나, 자음을 첫소리로 가지고 있는 음절의 'ㅢ'는 'ㅣ'로 소리 나는 경우가 있더라도 'ㅢ'로 적는다.

의의(意義) 본의(本義) 무늬[紋] 보늬 오늬 하늬바람 늴리리
닁큼 띄어쓰기 씌어 틔어 희망(希望) 희다 유희(遊戲)

⑤ 두음 법칙

제10항 **한자음 '녀, 뇨, 뉴, 니'가 단어 첫머리에 올 적에는, 두음 법칙에 따라 '여, 요, 유, 이'로 적는다.**

여자(女子) 연세(年歲) 요소(尿素) 유대(紐帶) 이토(泥土) 익명(匿名)

다만, 다음과 같은 의존 명사에서는 '냐, 녀' 음을 인정한다.

냥(兩) 냥쭝(兩-) 년(年)(몇 년)

[붙임 1] 단어의 첫머리 이외의 경우에는 본음대로 적는다.

남녀(男女) 당뇨(糖尿) 결뉴(結紐) 은닉(隱匿)

[붙임 2] 접두사처럼 쓰이는 한자가 붙어서 된 말이나 합성어에서, 뒷말의 첫소리가 'ㄴ' 소리로 나더라도 두음 법칙에 따라 적는다.

신여성(新女性) 공염불(空念佛) 남존여비(男尊女卑)

[붙임 3] 둘 이상의 단어로 이루어진 고유 명사를 붙여 쓰는 경우에도 붙임 2에 준하여 적는다.

한국여자대학 대한요소비료회사

제11항 **한자음 '랴, 려, 례, 료, 류, 리'가 단어의 첫머리에 올 적에는, 두음 법칙에 따라 '야, 여, 예, 요, 유, 이'로 적는다.**

양심(良心) 역사(歷史) 예의(禮儀) 용궁(龍宮) 유행(流行) 이발(理髮)

다만, 다음과 같은 의존 명사는 본음대로 적는다.

리(里): 몇 리냐?
리(理): 그럴 리가 없다.

[붙임 1] 단어의 첫머리 이외의 경우에는 본음대로 적는다.

개량(改良) 선량(善良) 수력(水力) 협력(協力) 사례(謝禮) 혼례(婚禮) 와룡(臥龍)
쌍룡(雙龍) 하류(下流) 급류(急流) 도리(道理) 진리(眞理)

다만, 모음이나 'ㄴ'받침 뒤에 이어지는 '렬, 률'은 '열, 율'로 적는다.

나열(羅列) 치열(齒列) 비열(卑劣) 규율(規律) 비율(比率) 실패율(失敗率)
분열(分裂) 선열(先烈) 진열(陳列) 선율(旋律) 전율(戰慄) 백분율(百分率)

개념 암기 체크

다음 중 맞춤법에 맞는 표기에 ○ 표시하시오.

01 무를 (싹둑/싹뚝) 자르다.
02 (백분률/백분율)로 환산하다.
03 (깍두기/깍뚜기)를 한 입 베어 물다.
04 외상값 대신에 고구마 (얻셈/엇셈)을 했다.
05 한 쌍의 (남녀/남여)가 다정히 손을 잡고 걷고 있다.

정답 01 싹둑 02 백분율 03 깍두기 04 엇셈 05 남녀

제12항★ 한자음 '라, 래, 로, 뢰, 루, 르'가 단어의 첫머리에 올 적에는, 두음 법칙에 따라 '나, 내, 노, 뇌, 누, 느'로 적는다.

낙원(樂園) 내일(來日) 노인(老人) 뇌성(雷聲) 누각(樓閣) 능묘(陵墓)

[붙임 1] 단어의 첫머리 이외의 경우에는 본음대로 적는다.

쾌락(快樂) 극락(極樂) 거래(去來) 왕래(往來) 부로(父老) 연로(年老)
지뢰(地雷) 낙뢰(落雷) 고루(高樓) 광한루(廣寒樓) 동구릉(東九陵) 가정란(家庭欄)

[붙임 2] 접두사처럼 쓰이는 한자가 붙어서 된 단어는 뒷말을 두음 법칙에 따라 적는다.

내내월(來來月) 상노인(上老人) 중노동(重勞動) 비논리적(非論理的)

⑥ 겹쳐 나는 소리

제13항★ 한 단어 안에서 같은 음절이나 비슷한 음절이 겹쳐 나는 부분은 같은 글자로 적는다.

딱딱 쌕쌕 씩씩 똑딱똑딱 쓱싹쓱싹
연연불망(戀戀不忘) 유유상종(類類相從) 누누이(屢屢-) 꼿꼿하다 놀놀하다
눅눅하다 밋밋하다 싹싹하다 쌉쌀하다 씁쓸하다
짭짤하다

2) 형태에 관한 것

① 어간과 어미

제15항 용언의 어간과 어미는 구별하여 적는다.

먹다 먹고 먹어 먹으니 울다 울고 울어 (우니)

[붙임 1] 두 개의 용언이 어울려 한 개의 용언이 될 적에, 앞말의 본뜻이 유지되고 있는 것은 그 원형을 밝히어 적고, 그 본뜻에서 멀어진 것은 밝히어 적지 않는다.

(1) 앞말의 본뜻이 유지되고 있는 것

넘어지다 늘어나다 늘어지다 돌아가다 되짚어가다 들어가다 떨어지다
벌어지다 엎어지다 접어들다 틀어지다 흩어지다

(2) 본뜻에서 멀어진 것

드러나다 사라지다 쓰러지다

[붙임 2] 종결형에서 사용되는 어미 '-오'는 '요'로 소리 나는 경우가 있더라도 그 원형을 밝혀 '오'로 적는다.

이것은 책이오. 이리로 오시오. 이것은 책이 아니오.

[붙임 3] 연결형에서 사용되는 '이요'는 '이요'로 적는다.

이것은 책이요, 저것은 붓이요, 또 저것은 먹이다.

제17항 어미 뒤에 덧붙는 조사 '요'는 '요'로 적는다.

읽어-읽어요 참으리-참으리요 좋지-좋지요

② 접미사가 붙어서 된 말

제20항★ 명사 뒤에 '-이'가 붙어서 된 말은 그 명사의 원형을 밝히어 적는다.

1. 부사로 된 것

곳곳이 낱낱이 몫몫이 샅샅이 앞앞이 집집이

2. 명사로 된 것

곰배팔이 바둑이 삼발이 애꾸눈이 육손이 절뚝발이/절름발이

[붙임] '-이' 이외의 모음으로 시작된 접미사가 붙어서 된 말은 그 명사의 원형을 밝히어 적지 않는다.

꼬락서니 끄트머리 모가치 바가지 바깥 사타구니 싸라기
이파리 지붕 지푸라기 짜개

제21항★ 명사나 혹은 용언의 어간 뒤에 자음으로 시작된 접미사가 붙어서 된 말은 그 명사나 어간의 원형을 밝히어 적는다.

1. 명사 뒤에 자음으로 시작된 접미사가 붙어서 된 것

값지다 홑지다 넋두리 빛깔 옆댕이 잎사귀

2. 어간 뒤에 자음으로 시작된 접미사가 붙어서 된 것

낚시 늙정이 덮개★ 뜯게질 갉작갉작하다 갉작거리다 뜯적거리다
뜯적뜯적하다 굵다랗다 굵직하다★ 깊숙하다 넓적하다★ 높다랗다★ 늙수그레하다
얽죽얽죽하다

다만, 다음과 같은 말은 소리대로 적는다.

(1) 겹받침의 끝소리가 드러나지 않는 것

할짝거리다 널따랗다 널찍하다★ 말끔하다 말쑥하다 말짱하다 실쭉하다
실큼하다 얄따랗다★ 얄팍하다 짤따랗다★ 짤막하다★ 실컷

(2) 어원이 분명하지 않거나 본뜻에서 멀어진 것

넙치 올무 골막하다 납작하다

개념 암기 체크

다음 중 맞춤법에 맞는 표기에 O 표시하시오.

01 죽어서 (극낙/극락)에 가다.
02 (누누이/누누히) 당부하다.
03 이것은 책이 (아니오/아니요).
04 이 집은 마루가 (널직해서/널찍해서) 시원해 보인다.
05 그는 톱으로 나무 밑동을 (쓱삭쓱삭/쓱싹쓱싹) 자르고 있었다.

정답 01 극락 02 누누이 03 아니오 04 널찍해서 05 쓱싹쓱싹

제23항 ★ '-하다'나 '-거리다'가 붙는 어근에 '-이'가 붙어서 명사가 된 것은 그 원형을 밝히어 적는다.

| 깔쭉이 | 꿀꿀이 | 눈깜짝이 | 더펄이 | 배불뚝이 | 삐죽이 | 살살이 |
| 쌕쌕이 | 오뚝이 | 코납작이 | 푸석이 | 홀쭉이 | | |

[붙임] '-하다'나 '-거리다'가 붙을 수 없는 어근에 '-이'나 또는 다른 모음으로 시작되는 접미사가 붙어서 명사가 된 것은 그 원형을 밝히어 적지 않는다.

개구리	귀뚜라미	기러기	깍두기	꽹과리	날라리	누더기
동그라미	두드러기	딱따구리	매미	부스러기	뻐꾸기★	얼루기
칼싹두기						

제25항 ★ '-하다'가 붙는 어근에 '-히'나 '-이'가 붙어서 부사가 되거나, 부사에 '-이'가 붙어서 뜻을 더하는 경우에는 그 어근이나 부사의 원형을 밝히어 적는다.

1. '-하다'가 붙는 어근에 '-히'나 '-이'가 붙는 경우

| 급히 | 꾸준히★ | 도저히 | 딱히 | 어렴풋이 | 깨끗이★ |

[붙임] '-하다'가 붙지 않는 경우에는 소리대로 적는다.

| 갑자기 | 반드시(꼭) | 슬며시 |

2. 부사에 '-이'가 붙어서 역시 부사가 되는 경우

| 곰곰이★ | 더욱이 | 생긋이 | 오뚝이 | 일찍이 | 해죽이 |

③ 합성어 및 접두사가 붙은 말

제27항 ★ 둘 이상의 단어가 어울리거나 접두사가 붙어서 이루어진 말은 각각 그 원형을 밝히어 적는다.

국말이	꺾꽂이	꽃잎	끝장	물난리	밑천	부엌일	싫증	옷안
웃옷	젖몸살	첫아들	칼날	팥알	헛웃음	홀아비	홑몸	흙내
값없다	겉늙다	굶주리다	낮잡다	맞먹다	받내다	벋놓다	빗나가다	빛나다
새파랗다	샛노랗다	시꺼멓다	싯누렇다	엇나가다	엎누르다	엿듣다	옻오르다	짓이기다
헛되다								

[붙임 1] 어원은 분명하나 소리만 특이하게 변한 것은 변한 대로 적는다.

| 할아버지 | 할아범 |

[붙임 2] 어원이 분명하지 않은 것은 원형을 밝히어 적지 않는다.

| 골병 | 골탕 | 끌탕 | 며칠 | 아재비 | 오라비 | 업신여기다 | 부리나케 |

[붙임 3] '이[齒, 虱]'가 합성어나 이에 준하는 말에서 '니' 또는 '리'로 소리 날 때에는 '니'로 적는다.

| 간니 | 덧니 | 사랑니 | 송곳니 | 앞니 | 어금니 | 윗니 | 젖니 | 톱니 |
| 틀니 | 가랑니 | 머릿니 | | | | | | |

제28항 끝소리가 'ㄹ'인 말과 딴 말이 어울릴 적에 'ㄹ' 소리가 나지 않는 것은 안 나는 대로 적는다.

다달이(달-달-이)	따님(딸-님)	마되(말-되)	마소(말-소)	무자위(물-자위)
바느질(바늘-질)	부삽(불-삽)	부손(불-손)	싸전(쌀-전)	여닫이(열-닫이)
우짖다(울-짖다)	화살(활-살)			

제29항 ★ 끝소리가 'ㄹ'인 말과 딴 말이 어울릴 적에 'ㄹ' 소리가 'ㄷ' 소리로 나는 것은 'ㄷ'으로 적는다.

반짇고리(바느질~)★	사흗날(사흘~)★	삼짇날(삼질~)	섣달(설~)★	숟가락(술~)★
이튿날(이틀~)	잗주름(잘~)★	푿소(풀~)	섣부르다(설~)★	잗다듬다(잘~)
잗다랗다(잘~)★				

제30항★ 사이시옷은 다음과 같은 경우에 받치어 적는다.

1. 순우리말로 된 합성어로서 앞말이 모음으로 끝난 경우

(1) 뒷말의 첫소리가 된소리로 나는 것

고랫재 귓밥 나룻배 나뭇가지 냇가 댓가지 뒷갈망 맷돌
머릿기름 모깃불 못자리 바닷가 뱃길 볏가리 부싯돌★ 선짓국★
쇳조각 아랫집 우렁잇속 잇자국 잿더미 조갯살 찻집 쳇바퀴
킷값 핏대 햇볕 혓바늘

(2) 뒷말의 첫소리 'ㄴ, ㅁ' 앞에서 'ㄴ' 소리가 덧나는 것

멧나물 아랫니★ 텃마당 아랫마을 뒷머리 잇몸 깻묵
냇물 빗물

(3) 뒷말의 첫소리 모음 앞에서 'ㄴㄴ' 소리가 덧나는 것

도리깻열 뒷윷 두렛일 뒷일 뒷입맛 베갯잇 욧잇 깻잎
나뭇잎 댓잎

2. 순우리말과 한자어로 된 합성어로서 앞말이 모음으로 끝난 경우

(1) 뒷말의 첫소리가 된소리로 나는 것

귓병 머릿방 뱃병 봇둑 사잣밥 샛강 아랫방 자릿세
전셋집★ 찻잔 찻종 촛국 콧병 탯줄 텃세 핏기
햇수 횟가루 횟배

(2) 뒷말의 첫소리 'ㄴ, ㅁ' 앞에서 'ㄴ' 소리가 덧나는 것

곗날 제삿날 훗날 툇마루 양칫물

(3) 뒷말의 첫소리 모음 앞에서 'ㄴㄴ' 소리가 덧나는 것

가욋일★ 사삿일 예삿일 훗일

3. 두 음절로 된 다음 한자어

곳간(庫間) 셋방(貰房) 숫자(數字) 찻간(車間) 툇간(退間) 횟수(回數)

개념 암기 체크

다음 중 맞춤법에 맞는 표기에 O 표시하시오.

01 몸을 (깨끗이/깨끗히) 씻다.
02 그의 눈썹은 유독 (시꺼멓다/싯꺼멓다).
03 (오뚜기/오뚝이)가 쓰러졌다가 다시 벌떡 일어난다.
04 일이 하도 많아 밤샘 작업이 (예사일/예삿일)로 되어 버렸다.
05 흰 점이 듬성듬성 박힌 (얼루기/얼룩이)는 형이 좋아하는 말이다.

정답 01 깨끗이 02 시꺼멓다 03 오뚝이 04 예삿일 05 얼루기

④ 준말

제32항 단어의 끝모음이 줄어지고 자음만 남은 것은 그 앞의 음절에 받침으로 적는다.

본말	준말	본말	준말
기러기야	기럭아	가지고, 가지지	갖고, 갖지
어제그저께	엊그저께	디디고, 디디지	딛고, 딛지
어제저녁	엊저녁	-	

제33항 체언과 조사가 어울려 줄어지는 경우에는 준 대로 적는다.

본말	준말	본말	준말
그것은	그건	너는	넌
그것이	그게	너를	널
그것으로	그걸로	무엇을	뭣을/무얼/뭘
나는	난	무엇이	뭣이/무에
나를	날	-	

제34항★ 모음 'ㅏ, ㅓ'로 끝난 어간에 '-아/-어, -았-/-었-'이 어울릴 적에는 준 대로 적는다.

본말	준말	본말	준말	본말	준말
가아	가	켜어	켜	타았다	탔다
나아	나	펴어	펴	서었다	섰다
타아	타	가았다	갔다	켜었다	켰다
서어	서	나았다	났다	펴었다	폈다

[붙임 1] 'ㅐ, ㅔ' 뒤에 '-어, -었-'이 어울려 줄 적에는 준 대로 적는다.

본말	준말	본말	준말
개어	개	개었다	갰다
내어	내	내었다	냈다
베어	베	베었다	벴다
세어	세	세었다	셌다

제35항★ 'ㅗ, ㅜ'로 끝난 어간에 '-아/-어, -았-/-었-'이 어울려 'ㅘ/ㅝ, 놨/눴'으로 될 적에는 준 대로 적는다.

본말	준말	본말	준말	본말	준말
꼬아	꽈	쑤어	쒀	쏘았다	쐈다
보아	봐	주어	줘	두었다	뒀다
쏘아	쏴	꼬았다	꽜다	쑤었다	쒔다★
두어	둬	보았다	봤다	주었다	줬다

제37항 'ㅏ, ㅕ, ㅗ, ㅜ, ㅡ'로 끝난 어간에 '-이-'가 와서 각각 'ㅐ, ㅖ, ㅚ, ㅟ, ㅢ'로 줄 적에는 준 대로 적는다.

본말	준말	본말	준말	본말	준말
싸이다	쌔다	보이다	뵈다	뜨이다	띄다
펴이다	폐다	누이다	뉘다	쓰이다	씌다

제38항 'ㅏ, ㅗ, ㅜ, ㅡ' 뒤에 '-이어'가 어울려 줄어질 적에는 준 대로 적는다.

본말	준말	본말	준말
싸이어	쌔어, 싸여	뜨이어	띄어
보이어	뵈어, 보여	쓰이어	씌어, 쓰여
쏘이어	쐬어, 쏘여	트이어	틔어, 트여
누이어	뉘어, 누여	-	

제39항 어미 '-지' 뒤에 '않 -'이 어울려 '-잖-'이 될 적과 '-하지' 뒤에 '않 -'이 어울려 '-찮-'이 될 적에는 준 대로 적는다.

본말	준말	본말	준말
그렇지 않은	그렇잖은	만만하지 않다★	만만찮다★
적지 않은	적잖은	변변하지 않다	변변찮다

제40항 어간의 끝음절 '하'의 'ㅏ'가 줄고 'ㅎ'이 다음 음절의 첫소리와 어울려 거센소리로 될 적에는 거센소리로 적는다.

본말	준말	본말	준말
간편하게★	간편케	다정하다	다정타
연구하도록	연구토록	정결하다	정결타
가하다	가타	흔하다	흔타

[붙임 2] 다음과 같은 부사는 소리대로 적는다.

결단코 결코 기필코 무심코 아무튼 요컨대 정녕코
필연코 하마터면 하여튼 한사코

▶ '하'가 줄어드는 기준은 '하' 앞에 오는 받침의 소리이다. '하' 앞의 받침의 소리가 [ㄱ, ㄷ, ㅂ]이면 '하'가 통째로 줄고 그 외의 경우에는 'ㅎ'이 남는다.

1. '하'가 통째로 주는 경우
   - [ㄱ] 넉넉하지 않다 → 넉넉지 않다 → 넉넉잖다
   - [ㄷ] 깨끗하지 않다 → 깨끗지 않다 → 깨끗잖다
   - [ㅂ] 답답하지 않다 → 답답지 않다 → 답답잖다

2. 'ㅎ'이 남는 경우
   - [ㄴ] 결근하고자 → 결근코자
   - [ㄹ] 분발하도록 → 분발토록
   - [ㅁ] 무심하지 → 무심치
   - [ㅇ] 회상하건대 → 회상컨대
   - [모음] 개의하지 → 개의치

개념 암기 체크

다음 중 맞춤법에 맞는 표기에 O 표시하시오.

01 (엇저녁/엊저녁)에 잠을 잘 못 잤다.
02 생각보다 (만만잖은/만만찮은) 일이다.
03 그 제품은 사용하기 (간편게/간편케) 만들었다.
04 사람이 영 (변변잖아서/변변찮아서) 일을 맡기기가 어렵다.

정답 01 엊저녁 02 만만찮은 03 간편케 04 변변찮아서

3) 띄어쓰기

① 조사

제41항★ 조사는 그 앞말에 붙여 쓴다.

꽃이　꽃마저　꽃밖에　꽃에서부터　꽃으로만　꽃이나마　꽃이다
꽃입니다　꽃처럼　어디까지나　거기도　멀리는　웃고만

② 의존 명사, 단위를 나타내는 명사 및 열거하는 말 등

제42항★ 의존 명사는 띄어 쓴다.

아는 것이 힘이다.　나도 할 수 있다.　먹을 만큼 먹어라.　아는 **이**를 만났다.
네가 뜻한 **바**를 알겠다.　그가 떠난 지가 오래다.

제43항★ 단위를 나타내는 명사는 띄어 쓴다.

한 **개**　차 한 **대**　금 서 **돈**　소 한 **마리**　옷 한 **벌**
열 **살**　조기 한 **손**　연필 한 **자루**　버선 한 **죽**　집 한 **채**
신 두 **켤레**　북어 한 쾌

다만, 순서를 나타내는 경우나 숫자와 어울리어 쓰이는 경우에는 붙여 쓸 수 있다.

두시 삼십분 오초　제일과　삼학년　육층　1446년 10월 9일
2대대　16동 502호　제1실습실　80원　10개　7미터

제45항★ 두 말을 이어 주거나 열거할 적에 쓰이는 다음의 말들은 띄어 쓴다.

국장 **겸** 과장　열 **내지** 스물　청군 **대** 백군　책상, 걸상 **등**이 있다
이사장 **및** 이사들　사과, 배, 귤 **등등**　사과, 배 **등속**　부산, 광주 **등지**

제46항 단음절로 된 단어가 연이어 나타날 적에는 붙여 쓸 수 있다.

좀더 큰것　이말 저말　한잎 두잎

③ 보조 용언

제47항★ 보조 용언은 띄어 씀을 원칙으로 하되, 경우에 따라 붙여 씀도 허용한다.

원칙	허용
불이 꺼져 **간다**.	불이 꺼져**간다**.
내 힘으로 막아 **낸다**.	내 힘으로 막아**낸다**.
비가 올 **듯하다**.	비가 올**듯하다**.
그 일은 할 **만하다**.	그 일은 할**만하다**.
일이 될 **법하다**.	일이 될**법하다**.
비가 올 **성싶다**.	비가 올**성싶다**.
잘 아는 척한다.	잘 아는척한다.

다만, 앞말에 조사가 붙거나 앞말이 합성 용언인 경우, 그리고 중간에 조사가 들어갈 적에는 그 뒤에 오는 보조 용언은 띄어 쓴다.

잘도 놀아만 **나는구나**!　책을 읽어도 **보고**…….　네가 덤벼들어 **보아라**.
이런 기회는 다시없을 **듯하다**.　그가 올 듯도 **하다**.　잘난 체를 **한다**.

▶ 보조 용언 앞에 '-(으)ㄴ가, -나, -는가, -(으)ㄹ까, -지' 등의 종결 어미가 있는 경우에는 보조 용언을 그 앞말에 붙여 쓸 수 없다.
예 추운가∨**보다**

▶ 본용언이 합성어인 경우에는 '덤벼들어보아라, 떠내려가버렸다'처럼 본용언과 보조 용언이 결합한 형태가 너무 길어질 수 있으므로 본용언과 보조 용언을 붙여 쓰지 않는다. 본용언이 파생어인 경우도 마찬가지이다. 다만, 본용언이 합성어나 파생어라도 그 활용형이 2음절인 경우에는 붙여 쓴 말이 너무 긴 것은 아니므로 본용언과 보조 용언을 붙여 쓸 수 있다.
예 시도해∨**볼**, 시작해∨**버렸다**, 황량했던∨**듯하다**

④ 고유 명사 및 전문 용어

제48항 성과 이름, 성과 호 등은 붙여 쓰고, 이에 덧붙는 호칭어, 관직명 등은 띄어 쓴다.

김양수(金良洙) 서화담(徐花潭) 채영신 씨 최치원 선생 박동식 박사 충무공 이순신 장군

다만, 성과 이름, 성과 호를 분명히 구분할 필요가 있을 경우에는 띄어 쓸 수 있다.

남궁억/남궁 억 독고준/독고 준 황보지봉(皇甫芝峰)/황보 지봉

4) 그 밖의 것

제51항★ 부사의 끝음절이 분명히 '이'로만 나는 것은 '-이'로 적고, '히'로만 나거나 '이'나 '히'로 나는 것은 '-히'로 적는다.

1. '이'로만 나는 것

가붓이 깨끗이 나붓이 느긋이 둥긋이 따뜻이 반듯이 버젓이
산뜻이 의젓이 가까이 고이 날카로이 대수로이 번거로이 많이
적이 헛되이 겹겹이 번번이 일일이 집집이 틈틈이

2. '히'로만 나는 것

극히 급히 딱히 속히 작히 족히 특히 엄격히 정확히

3. '이, 히'로 나는 것

솔직히 가만히 간편히 나른히 무단히 각별히 소홀히 쓸쓸히
정결히 과감히 꼼꼼히 심히 열심히 급급히 답답히 섭섭히
공평히 능히 당당히 분명히 상당히 조용히 간소히 고요히
도저히

제52항★ 한자어에서 본음으로도 나고 속음으로도 나는 것은 각각 그 소리에 따라 적는다.

본음으로 나는 것	속음으로 나는 것
승낙(承諾)	수락(受諾), 쾌락(快諾), 허락(許諾)
만난(萬難)	곤란(困難)★, 논란(論難)
안녕(安寧)	의령(宜寧), 회령(會寧)
분노(忿怒)	대로(大怒), 희로애락(喜怒哀樂)
토론(討論)	의논(議論)
오륙십(五六十)	오뉴월, 유월(六月)
목재(木材)	모과(木瓜)
십일(十日)	시방정토(十方淨土), 시왕(十王), 시월(十月)
팔일(八日)	초파일(初八日)

개념 암기 체크

밑줄 친 부분의 띄어쓰기가 올바르면 ○, 틀리면 ×에 표시하시오.

01 청군 대 백군 (○, ×)

02 잘 아는 척한다. (○, ×)

03 먹을만큼 먹어라. (○, ×)

04 다 먹어버렸구나. (○, ×)

05 네가 덤벼들어보아라. (○, ×)

정답 01 ○ 02 ○ 03 ×, 먹을∨만큼 04 ○ 05 ×, 덤벼들어∨보아라

제53항 다음과 같은 어미는 예사소리로 적는다.

-(으)ㄹ거나　-(으)ㄹ걸　-(으)ㄹ게　-(으)ㄹ세　-(으)ㄹ세라
-(으)ㄹ수록　-(으)ㄹ시　-(으)ㄹ지　-(으)ㄹ지니라　-(으)ㄹ지라도
-(으)ㄹ지어다　-(으)ㄹ지언정　-(으)ㄹ진대　-(으)ㄹ진저　-올시다

다만, 의문을 나타내는 다음 어미들은 된소리로 적는다.

-(으)ㄹ까?　-(으)ㄹ꼬?　-(스)ㅂ니까?　-(으)리까?　-(으)ㄹ쏘냐?

제54항 다음과 같은 접미사는 된소리로 적는다.

-꾼	심부름꾼, 익살꾼, 일꾼, 장꾼, 장난꾼, 지게꾼	-꿈치	뒤꿈치, 팔꿈치
-깔	때깔, 빛깔, 성깔	-빼기	이마빼기, 코빼기
-때기	볼때기, 판자때기	-쩍다	객쩍다, 겸연쩍다

제56항 '-더라, -던'과 '-든지'는 다음과 같이 적는다.

1. 지난 일을 나타내는 어미는 '-더라, -던'으로 적는다.
   지난겨울은 몹시 춥더라.　깊던 물이 얕아졌다.　그렇게 좋던가?
   그 사람 말 잘하던데!　얼마나 놀랐던지 몰라.
2. 물건이나 일의 내용을 가리지 않는 뜻을 나타내는 조사와 어미는 '(-)든지'로 적는다.
   배든지 사과든지 마음대로 먹어라.　가든지 오든지 마음대로 해라.

2. 규정에 따라 주의해야 할 표기

1) 혼동하기 쉬운 표기

어휘	의미	예
갈다	이미 있는 사물을 다른 것으로 바꾸다.	컴퓨터의 부속품을 좋은 것으로 **갈았다**.
가리다[2]	보이거나 통하지 못하도록 막다.	커튼으로 창문을 **가리다**.
가리다[3]	잘잘못이나 좋은 것과 나쁜 것 등을 따져서 분간하다.	시비를 **가리다**.
갈리다	승부나 등수 등이 서로 겨루어져 정해지다.	7회에 선두 타자가 친 안타로 오늘 경기의 승패가 **갈렸다**.
금세	지금 바로. '금시에'가 줄어든 말로 구어체에서 많이 사용된다.	약을 먹은 효과가 **금세** 나타났다.
금새	물건의 값. 또는 물건값의 비싸고 싼 정도	
깨이다	잠, 꿈 등에서 벗어나게 되다.	와장창 하는 소리에 잠이 **깨였다**.
깨치다	일의 이치 등을 깨달아 알다.	한글을 **깨치다**.
꾸물꾸물	1. 매우 자꾸 느리게 움직이는 모양 2. 굼뜨고 게으르게 행동하는 모양	1. **꾸물꾸물** 기어다니다.
끄물끄물	날씨가 활짝 개지 않고 몹시 흐려지는 모양	하늘이 갑자기 **끄물끄물** 흐려지다.
난도	어려움의 정도	**난도**가 높다.
난이도	어려움과 쉬움의 정도	**난이도**에 따라 단계적으로 교육하다.
느리다	어떤 일이 이루어지거나 지나는 데 걸리는 시간이 길다.	그 환자는 회복이 **느린** 편이다.
늘리다	1. 수나 분량 등을 본디보다 많아지게 하거나 무게를 더 나가게 하다. 2. 시간이나 기간을 길게 하다.	1. 학생 수를 **늘리다**. 2. 시험 시간을 30분 **늘리다**.
늘이다	본디보다 더 길어지게 하다.	바짓단을 **늘이다**.

달리다	재물이나 기술, 힘 등이 모자라다.	다른 사람들에 비해 실력이 **달린다.**
딸리다	어떤 것에 매이거나 붙어 있다.	그 집에는 비교적 넓은 앞마당이 **딸려** 있다.
두껍다	두께가 보통의 정도보다 크다.	추워서 옷을 **두껍게** 입었다.
두텁다	신의, 믿음, 관계, 인정 등이 굳고 깊다.	친분이 **두텁다.**
뒤처지다	어떤 수준이나 대열에 들지 못하고 뒤로 처지거나 남게 되다.	성적이 남들보다 **뒤처지다.**
뒤쳐지다	물건이 뒤집혀서 젖혀지다.	바람에 현수막이 **뒤쳐지다.**
들르다	지나는 길에 잠깐 들어가 머무르다.	친구 집에 **들르다.**
들리다	귀신이나 넋 등이 덮치다.	귀신에 **들린** 사람
들이켜다	1. 물이나 술 등의 액체를 단숨에 마구 마시다. 2. 공기나 숨 등을 몹시 세차게 들이마시다.	1. 그는 목이 마르다며 물을 벌컥벌컥 **들이켰다.** 2. 가끔 도시가 답답하면 시골로 가 가슴을 열고 맑고 시원한 공기를 **들이켜기도** 한다.
들이키다	안쪽으로 가까이 옮기다.	사람이 다닐 수 있도록 발을 **들이켜라.**
들추다	숨은 일, 지난 일, 잊은 일 등을 끄집어내어 드러나게 하다.	남의 결점을 **들추다.**
들치다	물건의 한쪽 끝을 쳐들다.	
떠벌리다	이야기를 과장하여 늘어놓다.	자신의 이력을 **떠벌리다.**
떠벌이다	굉장한 규모로 차리다.	그는 사업을 **떠벌여** 놓고 곤욕을 치르고 있다.
맞추다	서로 떨어져 있는 부분을 제자리에 맞게 대어 붙이다.	문짝을 문틀에 **맞추다.**
맞히다	어떤 좋지 않은 일을 당하게 하다.	그렇게 착한 여자에게 바람을 **맞히다니** 용서할 수 없다.
무난하다	별로 어려움이 없다.	예심을 **무난하게** 통과하다.
문안하다	웃어른께 안부를 여쭈다.	아버지께 **문안하다.**
물다	갚아야 할 것을 치르다.	주인에게 외상값을 **물다.**
물리다	사거나 바꾼 물건을 원래 임자에게 도로 주고 돈이나 물건을 되찾게 하다.	친구는 새로 구입한 책을 모두 **물렸다.**
부수다	1. 단단한 물체를 여러 조각이 나게 두드려 깨뜨리다. 2. 만들어진 물건을 두드리거나 깨뜨려 못 쓰게 만들다.	1. 돌을 잘게 **부수다.** 2. 자물쇠를 **부수다.**
부시다	빛이나 색채가 강렬하여 마주 보기가 어려운 상태에 있다.	햇빛에 눈이 **부시다.**
부조	잔칫집이나 상가 등에 돈이나 물건을 보내어 도와줌. 또는 돈이나 물건	결혼식 **부조**
부주	태어날 때부터 자손에게 전해져 내려오는 소질이나 성질	

개념 암기 체크

다음 중 맞춤법에 맞는 표기에 O 표시하시오.

01 (객적은/객쩍은) 공상
02 옷감의 (때깔/땟갈)이 곱다.
03 (깊던/깊든) 물이 얕아졌다.
04 약을 먹던 효과가 (금새/금세) 나타났다.
05 와장창 하는 소리에 잠이 (깨였다/깨쳤다).

정답 01 객쩍은 02 때깔 03 깊던 04 금세 05 깨였다

부치다	1. 편지나 물건 등을 일정한 수단이나 방법을 써서 상대에게로 보내다. 2. 어떤 문제를 다른 곳이나 다른 기회로 넘기어 맡기다. 3. 어떤 일을 거론하거나 문제 삼지 않는 상태에 있게 하다.	1. 편지를 집으로 **부치다**. 2. 안건을 회의에 **부치다**. 3. 회의 내용을 극비에 **부치다**.
붙이다	1. 맞닿아 떨어지지 않게 하다. 2. 조건, 이유, 구실 등을 딸리게 하다. 3. 어떤 감정이나 감각을 생기게 하다.	1. 봉투에 우표를 **붙이다**. 2. 계약에 조건을 **붙이다**. 3. 공부에 흥미를 **붙이다**.
불고	돌아보지 않음	체면 **불고**
불구	얽매여 거리끼지 않음	
비추다	1. 빛을 내는 대상이 다른 대상에 빛을 보내어 밝게 하다. 2. 빛을 받게 하거나 빛이 통하게 하다. 3. 빛을 반사하는 물체에 어떤 물체의 모습이 나타나게 하다.	1. 손전등을 방 안에 **비추다**. 2. 햇빛에 필름을 **비추어** 보았다. 3. 거울에 얼굴을 **비추다**.
비치다	얼굴이나 눈치 등을 잠시 또는 약간 나타내다.	너무 바빠서 집에 얼굴을 **비칠** 시간도 없다.
빌다	바라는 바를 이루게 하여 달라고 신이나 사람, 사물 등에 간청하다.	소녀는 하늘에 소원을 **빌었다**.
빌리다	1. 일정한 형식이나 이론, 또는 남의 말이나 글 등을 취하여 따르다. 2. 어떤 일을 하기 위해 기회를 이용하다.	1. 어부의 말을 **빌리면** 토종 어종은 거의 씨가 말랐다고 한다. 2. 이 자리를 **빌려** 감사의 말씀을 드립니다.
빗다	머리털을 빗 등으로 가지런히 고르다.	빗으로 머리를 **빗다**.
빗기다	1. 머리털을 빗 등으로 가지런히 고르게 하다. 2. 남의 머리털을 빗 등으로 가지런히 골라 주다.	1. 여왕은 시녀에게 머리를 **빗겼다**. 2. 어머니가 딸의 머리를 **빗기다**.
사단	사건의 단서. 또는 일의 실마리	
사달	사고나 탈	일이 꺼림칙하게 되어 가더니만 결국 **사달**이 났다.
삭다	1. 김치나 젓갈 등의 음식물이 발효되어 맛이 들다. 2. 기침이나 가래 등이 잠잠해지거나 가라앉다.	1. 젓갈이 **삭다**. 2. 약을 먹었는데도 기침이 **삭질** 않는다.
삭이다 ★	기침이나 가래 등을 잠잠하게 하거나 가라앉히다.	생강차는 기침을 **삭이는** 데 좋다.
삭히다 ★	김치나 젓갈 등의 음식물을 발효시켜 맛이 들게 하다.	김치를 **삭히다**.
삼키다	웃음, 눈물, 소리 등을 억지로 참다.	입술을 깨물며 울음을 **삼켰다**.
산모	아기를 갓 낳은 여자	다행히 순산을 하여 아이도 **산모**도 건강했다.
임산부	임부와 산부를 아울러 이르는 말	**임산부**로 북적이는 산부인과
임부	아이를 밴 여자	이 약품을 **임부**에게 함부로 투여하면 유산 또는 기형아를 출산할 우려가 있다.
썩이다	걱정이나 근심 등으로 마음이 몹시 괴로운 상태가 되게 만들다.	이제 부모 속 좀 작작 **썩여라**.
썩히다	유기물이 부패 세균에 의하여 분해됨으로써 원래의 성질을 잃어 나쁜 냄새가 나고 형체가 뭉개지는 상태가 되게 하다.	음식을 **썩혀** 거름을 만들다.
운명	사람의 목숨이 끊어짐	형은 오랜 객지 생활로 아버지의 **운명**을 보지 못했다.
유명	저승과 이승을 아울러 이르는 말	
임대	돈을 받고 자기의 물건을 남에게 빌려줌	**임대** 가격이 싸다.
임차	돈을 내고 남의 물건을 빌려 씀	
재원	재주가 뛰어난 젊은 여자	
인재	재주가 아주 뛰어난 사람	

젓다	1. 액체나 가루 등이 고르게 섞이도록 손이나 기구 등을 내용물에 넣고 이리저리 돌리다. 2. 짐승이 꼬리를 흔들다.	1. 설탕을 넣고 커피를 **저어** 마시다. 2. 소가 꼬리를 **저어** 파리를 쫓았다.
젖다	1. 물이 배어 축축하게 되다. 2. 어떤 영향을 받아 몸에 배다.	1. 옷이 땀에 **젖다**. 2. 낡은 관습에 **젖어** 있는 사람
제재	일정한 규칙이나 관습의 위반에 대하여 제한하거나 금지함. 또는 그런 조치	
제제	논증하여야 할 명제	
조르다	다른 사람에게 차지고 끈덕지게 무엇을 자꾸 요구하다.	과장님에게 출장을 보내 줄 것을 **졸라** 보았지만 헛수고였다.
조리다 ★	양념을 한 고기나 생선, 채소 등을 국물에 넣고 바짝 끓여서 양념이 배어들게 하다.	생선을 **조리다**.
졸이다 ★	1. 찌개, 국, 한약 등의 물을 증발시켜 분량을 적어지게 하다. 2. 속을 태우다시피 초조해하다.	1. 찌개를 **졸이다**. 2. 가슴을 **졸이다**.
지그시	1. 슬며시 힘을 주는 모양 2. 조용히 참고 견디는 모양	1. **지그시** 밟다. 2. 아픔을 **지그시** 참다.
지긋이	1. 나이가 비교적 많아 듬직하게 2. 참을성 있게 끈지게	1. 그는 나이가 **지긋이** 들어 보인다. 2. 아이는 나이답지 않게 어른들 옆에 **지긋이** 앉아서 이야기가 끝나길 기다렸다.
천상	하늘 위	
천생	타고난 것처럼 아주	학생의 이름과 특징을 하나하나 다 기억하고 있는 걸 보면 그는 **천생** 선생님이다.
축적	지식, 경험, 자금 등을 모아서 쌓음. 또는 모아서 쌓은 것	자본의 **축적**
축척	지도에서의 거리와 지표에서의 실제 거리와의 비율	**축척** 오만분의 일 지도
펴다	굽은 것을 곧게 하다. 또는 움츠리거나 구부리거나 오므라든 것을 벌리다.	구부러진 못을 바르게 **펴다**.
피다	꽃봉오리 등이 벌어지다.	봄이 되었는지 개나리가 활짝 **피었다**.
한참	시간이 상당히 지나는 동안	**한참** 동안 기다리다.
한창	어떤 일이 가장 활기 있고 왕성하게 일어나는 때. 또는 어떤 상태가 가장 무르익은 때	요즘 앞산에는 진달래가 **한창**이다.
햇빛	해의 빛	**햇빛**을 가리다.
햇볕	해가 내리쬐는 기운	따사로운 **햇볕**
확정	일을 확실하게 정함	대학 입시 요강 **확정**
획정	경계 등을 명확히 구별하여 정함	경계 **획정**

개념 암기 체크

다음 중 맞춤법에 맞는 표기에 O 표시하시오.

01 음식을 (썩여/썩혀) 거름을 만들다.
02 그는 나이가 (지그시/지긋이) 들어 보인다.
03 생강차는 기침을 (삭이는/삭히는) 데 좋다.
04 이 자리를 (빌려/빌어) 감사의 말씀을 드립니다.
05 일이 꺼림칙하게 되어 가더니만 결국 (사단/사달)이 났다.

정답 01 썩혀 02 지긋이 03 삭이는 04 빌려 05 사달

2) 틀리기 쉬운 표기

맞는 표기(○)	틀린 표기(×)	맞는 표기(○)	틀린 표기(×)
가르마	가리마	별의별	별에별
같잖다	같찮다	부기	붓기
개펄	갯펄	부항	부황
건넌방	건너방	뻘게지다	뻘개지다
걷어붙이다	걷어부치다	사그라들다	사그러들다
게거품	개거품	설렁탕	설농탕
괜스레	괜시리	성대모사	성대묘사
구슬리다	구스르다	소맷귀	소매깃
귀띔	귀뜸	숙맥	쑥맥
귓불	귓볼	쉰	쉬흔
끄떡없다, 끄떡없이	끄덕없다, 끄덕없이	시답잖다	시덥잖다
내로라하다	내노라하다	싫증	실증
널빤지	널판지	십상	쉽상
넙데데하다	넓데데하다	쌀뜨물	쌀뜻물
노노 갈등(勞勞葛藤)	노로 갈등	쓰잘머리	쓰잘데기
뇌졸중	뇌졸증	씻나락	씨나락
누누이(屢屢-)	누루이	아등바등	아둥바둥
눈곱	눈꼽	앳되다	애띠다
눌은밥	누른밥	야반도주	야밤도주
닦달/닦달하다	닥달/닥달하다	어물쩍	어물쩡, 어물적
단출하다	단촐하다	어이없다	어의없다
대갚음하다	대갚다	어저께	어저깨
덤터기	덤테기	어쭙잖다	어줍짢다
돌부리	돌뿌리	언질	언지
동고동락	동거동락	얻다	어따
두루마리	두루말이	에계	에게, 애게
뒤치다꺼리	뒤치닥거리	엔간하다	왠간하다
마뜩잖다	마뜩찮다	연연불망(戀戀不忘)	연련불망
막냇동생	막내동생	열어젖히다	열어제치다
멀찌감치	멀치감치	올려붙이다	올려부치다
몰아붙이다	몰아부치다	우려먹다	울궈먹다
밀어붙이다	밀어부치다	우유갑	우유곽
밑동	밑둥	욱여넣다	우겨넣다
밥심	밥힘	움큼	웅큼
방방곡곡	방방곳곳	웬만히	웬간히
벗어부치다	벗어붙이다	유유상종(類類相從)	유류상종

육개장	육게장	통째	통채
일부러	일부로	튕기다	팅기다
장아찌	짱아찌	패악	폐악
적나라(赤裸裸)	적나나	하마터면	하마트면
절체절명	절대절명	해이하다	헤이하다
죔죔	잼잼	해코지	해꼬지
중구난방	중구남방	핼쑥하다	핼쓱하다
창난, 창난젓	창란, 창란젓	황당무계	황당무개
초승달	초생달	횡격막	횡경막
추스르다	추스리다	흉측하다	흉칙하다
켕기다	캥기다	흐리멍덩	흐리멍텅
퀴퀴하다	퀘퀘하다	희한하다	희안하다

3) 띄어쓰기에 유의해 적어야 하는 경우

① 띄어쓰기에 유의해야 할 어미

어미	예	어미	예
-(으)ㄴ데, -는데	지났는데 ★	**-던지**	힘들**던지**
-듯	말했**듯**	**-(으)ㄹ밖에**	늙으**실밖에**, 떠날**밖에**
-(으)ㄹ망정	못할**망정**	**-(으)걸**	후회할**걸**
-(으)ㄹ뿐더러	나쁠**뿐더러**, 높을**뿐더러**, 늦을**뿐더러**	**-도록**	이루어지**도록**
-(으)ㄹ지	갈**지**, 먹을**지**, 할**지**를 ★	**-(으)ㄹ수록**	갈**수록**
-(으)ㄴ지, -는지	먹었**는지**, 오**는지**	-	

② 표기가 같아 띄어쓰기에 유의해야 할 단어

표기	구분	의미	예
가량	명사	어떤 일에 대하여 확실한 계산은 아니나 대강 얼마쯤이 되리라고 짐작하여 봄	이익을 남길 **가량**
	접미사	'정도'의 뜻을 더하는 접미사	시간**가량**
님	의존 명사	그 사람을 높여 이르는 말	홍길동 **님**
	접미사	'높임'의 뜻을 더하는 접미사	고객**님**

개념 암기 체크

다음 중 맞춤법에 맞는 표기에 O 표시하시오.

01 얼굴에 (부기/붓기)가 있다.
02 세수하면서 (눈곱/눈꼽)을 닦다.
03 엉뚱한 사람에게 (덤터기/덤테기)를 씌우지 마라.
04 낙엽이 질 때면 (괜스레/괜스리) 가슴이 울렁거린다.
05 사범이 (널빤지/널판지) 다섯 장을 겹쳐 놓고 격파하였다.

정답 01 부기 02 눈곱 03 덤터기 04 괜스레 05 널빤지

대	명사	지위나 시대가 이어지고 있는 동안	명∨**대**에
	의존 명사	1. 사람의 나이를 십 년 단위로 끊어 나타내는 말 2. 가계나 지위를 이어받은 순서를 나타내는 단위	1. 십 **대**, 70**대** 2. 4**대** 임금, 오 **대** 할아버지
맨	관형사	더할 수 없을 정도나 경지에 있음을 나타내는 말	**맨** 먼저 ★
	부사	다른 것은 섞이지 않고 온통	**맨** 소나무뿐이다
	접두사	'다른 것이 없는'의 뜻을 더하는 접두사	**맨**눈
씨	의존 명사	그 사람을 높이거나 대접하여 부르거나 이르는 말	정일호 **씨**
	접미사	'그 성씨 자체', '그 성씨의 가문이나 문중'의 뜻을 더하는 접미사	김**씨**
차	명사	둘 이상의 사물을 견주었을 때에, 서로 다르게 나타나는 수준이나 정도	실력 **차**
	접미사	'목적'의 뜻을 더하는 접미사	사업**차**
한	명사	어떤 일을 위하여 희생하거나 무릅써야 할 극단적 상황을 나타내는 말	사표를 쓰는 **한**
	관형사	'같은'의 뜻을 나타내는 말	**한** 이불

③ 복합어와 복합어로 혼동하기 쉬운 구 (*: 띄어 쓰는 것이 원칙이나 붙여 쓰는 것도 허용되는 단어)

1	경기∨부양	24	반죽음	47	정치권력
2	경기∨침체	25	백과사전	48	주식회사
3	경쟁∨관계	26	부부간	49	주의∨사항
4	*공공∨기관	27	*사회∨문제	50	중간고사
5	공공질서	28	사후∨관리	51	중간보고
6	과민∨반응	29	*산업∨혁명	52	중소기업
7	관계∨당국	30	상생∨협력	53	증강∨현실
8	관심∨사병	31	상황∨설정	54	*진학∨지도
9	교통사고	32	속도위반	55	질병∨관리
10	*구속∨영장 ★	33	수학여행 ★	56	*초과∨근무
11	국가대표	34	안전사고 ★	57	최고∨회의
12	*국가∨고시	35	안전지대 ★	58	출근∨시간
13	*국회∨의원	36	어학연수	59	취미∨생활
14	궂은일	37	역사의식	60	*평화∨통일
15	급회전	38	우선순위	61	폭력∨행위
16	꿈결	39	위기관리	62	학교생활 ★
17	대거리	40	윤리의식 ★	63	한가득
18	대리∨만족	41	잃어버리다	64	한동안
19	돌발∨상황	42	*장마∨전선	65	한바탕
20	*동기∨부여	43	*절대∨평가	66	협력∨업체
21	마감∨시간	44	정략결혼	67	*환경∨오염
22	문화유산	45	*정상∨회담	68	후속∨조치
23	반사∨신경	46	정신세계	69	흘려버리다

2 한글 맞춤법 부록

1. 문장 부호

1) 마침표(.) ★

(1) 서술, 명령, 청유 등을 나타내는 문장의 끝에 쓴다. 예 젊은이는 나라의 기둥입니다. / 제 손을 꼭 잡으세요. / 집으로 돌아갑시다.

(2) 아라비아 숫자만으로 연월일을 표시할 때 쓴다. 예 1919. 3. 1.

(3) 특정한 의미가 있는 날을 표시할 때 월과 일을 나타내는 아라비아 숫자 사이에 쓴다.(이때는 마침표 대신 가운뎃점을 쓸 수 있다.)
예 3.1 운동

(4) 장, 절, 항 등을 표시하는 문자나 숫자 다음에 쓴다. 예 가. 인명 / ㄱ. 머리말 / Ⅰ. 서론 / 1. 연구 목적

[붙임] '마침표' 대신 '온점'이라는 용어를 쓸 수 있다.

2) 물음표(?) ★

(1) 의문문이나 의문을 나타내는 어구의 끝에 쓴다. 예 점심 먹었어? / 뭐라고?

(2) 특정한 어구의 내용에 대하여 의심, 빈정거림 등을 표시할 때, 또는 적절한 말을 쓰기 어려울 때 소괄호 안에 쓴다.
예 우리와 의견을 같이할 사람은 최 선생(?) 정도인 것 같다.

(3) 모르거나 불확실한 내용임을 나타낼 때 쓴다. 예 최치원(857~?)은 통일 신라 말기에 이름을 떨쳤던 학자이자 문장가이다.

3) 느낌표(!) ★

(1) 감탄문이나 감탄사의 끝에 쓴다. 예 이거 정말 큰일이 났구나!

(2) 특별히 강한 느낌을 나타내는 어구, 평서문, 명령문, 청유문에 쓴다. 예 지금 즉시 대답해!

(3) 물음의 말로 놀람이나 항의의 뜻을 나타내는 경우에 쓴다. 예 이게 누구야!

(4) 감정을 넣어 대답하거나 다른 사람을 부를 때 쓴다. 예 네, 선생님!

개념 암기 체크

띄어쓰기가 올바르면 ○, 틀리면 ×에 표시하시오.

01 공공∨질서 (○, ×)
02 공공∨기관 (○, ×)
03 교통∨사고 (○, ×)
04 국가∨고시 (○, ×)
05 수학∨여행 (○, ×)
06 학교∨생활 (○, ×)

정답 01 ×, 공공질서 02 ○ 03 ×, 교통사고 04 ○ 05 ×, 수학여행 06 ×, 학교생활

4) 쉼표(,) ★

(1) 같은 자격의 어구를 열거할 때 그 사이에 쓴다.
예 충청도의 계룡산, 전라도의 내장산, 강원도의 설악산은 모두 국립 공원이다.

(2) 짝을 지어 구별할 때 쓴다. 예 닭과 지네, 개와 고양이는 상극이다.

(3) 이웃하는 수를 개략적으로 나타낼 때 쓴다. 예 5, 6세기

(4) 열거의 순서를 나타내는 어구 다음에 쓴다. 예 첫째, 몸이 튼튼해야 한다.

(5) 문장의 연결 관계를 분명히 하고자 할 때 절과 절 사이에 쓴다. 예 콩 심은 데 콩 나고, 팥 심은 데 팥 난다.

(6) 같은 말이 되풀이되는 것을 피하기 위하여 일정한 부분을 줄여서 열거할 때 쓴다.
예 여름에는 바다에서, 겨울에는 산에서 휴가를 즐겼다.

(7) 부르거나 대답하는 말 뒤에 쓴다. 예 지은아, 이리 좀 와 봐.

(8) 한 문장 안에서 앞말을 '곧', '다시 말해' 등과 같은 어구로 다시 설명할 때 앞말 다음에 쓴다.
예 책의 서문, 곧 머리말에는 책을 지은 목적이 드러나 있다.

(9) 문장 앞부분에서 조사 없이 쓰인 제시어나 주제어의 뒤에 쓴다. 예 그 사실, 넌 알고 있었지?

(10) 한 문장에 같은 의미의 어구가 반복될 때 앞에 오는 어구 다음에 쓴다.
예 그의 애국심, 몸을 사리지 않고 국가를 위해 헌신한 정신을 우리는 본받아야 한다.

(11) 도치문에서 도치된 어구들 사이에 쓴다. 예 이리 오세요, 어머님.

(12) 바로 다음 말과 직접적인 관계에 있지 않음을 나타낼 때 쓴다.
예 철원과, 대관령을 중심으로 한 강원도 산간 지대에 예년보다 일찍 첫눈이 내렸습니다.

(13) 문장 중간에 끼어든 어구의 앞뒤에 쓴다. 예 나는, 솔직히 말하면, 그 말이 별로 탐탁지 않아.

(14) 특별한 효과를 위해 끊어 읽는 곳을 나타낼 때 쓴다. 예 내가, 정말 그 일을 오늘 안에 해낼 수 있을까?

(15) 짧게 더듬는 말을 표시할 때 쓴다. 예 선생님, 부, 부정행위라니요? 그런 건 새, 생각조차 하지 않았습니다.

[붙임] '쉼표' 대신 '반점'이라는 용어를 쓸 수 있다.

5) 가운뎃점(·) ★

(1) 열거할 어구들을 일정한 기준으로 묶어서 나타낼 때 쓴다.
예 지금의 경상남도·경상북도, 전라남도·전라북도, 충청남도·충청북도 지역을 예부터 삼남이라 일러 왔다.

(2) 짝을 이루는 어구들 사이에 쓴다.(이때는 가운뎃점을 쓰지 않거나 쉼표를 쓸 수도 있다.)
예 한(韓)·이(伊) 양국 간의 무역량이 늘고 있다.

(3) 공통 성분을 줄여서 하나의 어구로 묶을 때 쓴다.(이때는 가운뎃점 대신 쉼표를 쓸 수 있다.)
예 상·중·하위권 / 금·은·동메달 / 통권 제54·55·56호

6) 쌍점(:)

(1) 표제 다음에 해당 항목을 들거나 설명을 붙일 때 쓴다. 예 문방사우: 종이, 붓, 먹, 벼루

(2) 희곡 등에서 대화 내용을 제시할 때 말하는 이와 말한 내용 사이에 쓴다. 예 김 과장: 난 못 참겠다.

(3) 시와 분, 장과 절 등을 구별할 때 쓴다. 예 오전 10:20(오전 10시 20분)

(4) 의존 명사 '대'가 쓰일 자리에 쓴다. 예 65:60(65 대 60)

[붙임] 쌍점의 앞은 붙여 쓰고 뒤는 띄어 쓴다. 다만, (3)과 (4)에서는 쌍점의 앞뒤를 붙여 쓴다.

7) 빗금(/) ★

(1) 대비되는 두 개 이상의 어구를 묶어 나타낼 때 그 사이에 쓴다. 예 금메달/은메달/동메달

(2) 기준 단위당 수량을 표시할 때 해당 수량과 기준 단위 사이에 쓴다. 예 100미터/초

(3) 시의 행이 바뀌는 부분임을 나타낼 때 쓴다. 다만, 연이 바뀜을 나타낼 때는 두 번 겹쳐 쓴다.
예 산에는 꽃 피네 / 꽃이 피네 / 갈 봄 여름 없이 / 꽃이 피네 // 산에 / 산에 / 피는 꽃은 / 저만치 혼자서 피어 있네

[붙임] 빗금의 앞뒤는 (1)과 (2)에서는 붙여 쓰며, (3)에서는 띄어 쓰는 것을 원칙으로 하되 붙여 쓰는 것을 허용한다. 단, (1)에서 대비되는 어구가 두 어절 이상인 경우에는 빗금의 앞뒤를 띄어 쓸 수 있다.

개념 암기 체크

문장 부호의 쓰임이 올바르면 O, 틀리면 ×에 표시하시오.

01 65 : 60(65 대 60) (O, ×)
02 닭과 지네, 개와 고양이는 상극이다. (O, ×)
03 나는 "어, 광훈이 아니냐?" 하는 소리에 깜짝 놀랐다. (O, ×)
04 그런 건 새. 생각조차 하지 않았습니다. (O, ×)

정답 01 ×, 65:60 02 O 03 O 04 ×, 새, 생각조차

8) 큰따옴표(“ ”) ★

(1) 글 가운데에서 직접 대화를 표시할 때 쓴다. 예 “어머니, 제가 가겠어요.”

(2) 말이나 글을 직접 인용할 때 쓴다. 예 나는 “어, 광훈이 아니냐?” 하는 소리에 깜짝 놀랐다.

9) 작은따옴표(‘ ’) ★

(1) 인용한 말 안에 있는 인용한 말을 나타낼 때 쓴다.
예 그는 “여러분! ‘시작이 반이다.’라는 말 들어 보셨죠?”라고 말하며 강연을 시작했다.

(2) 마음속으로 한 말을 적을 때 쓴다. 예 나는 ‘일이 다 틀렸나 보군.’ 하고 생각하였다.

10) 소괄호(( )) ★

(1) 주석이나 보충적인 내용을 덧붙일 때 쓴다. 예 니체(독일의 철학자)의 말을 빌리면 다음과 같다.

(2) 우리말 표기와 원어 표기를 아울러 보일 때 쓴다. 예 기호(嗜好), 자세(姿勢)

(3) 생략할 수 있는 요소임을 나타낼 때 쓴다.
예 학교에서 동료 교사를 부를 때는 이름 뒤에 ‘선생(님)’이라는 말을 덧붙인다.

(4) 희곡 등 대화를 적은 글에서 동작이나 분위기, 상태를 드러낼 때 쓴다. 예 현우: (가쁜 숨을 내쉬며) 왜 이렇게 빨리 뛰어?

(5) 내용이 들어갈 자리임을 나타낼 때 쓴다. 예 우리나라의 수도는 (   )이다.

(6) 항목의 순서나 종류를 나타내는 숫자나 문자 등에 쓴다. 예 (가) 동해, (나) 서해, (다) 남해

11) 중괄호({ }) ★

(1) 같은 범주에 속하는 여러 요소를 세로로 묶어서 보일 때 쓴다. 예 주격 조사 {이 / 가}

(2) 열거된 항목 중 어느 하나가 자유롭게 선택될 수 있음을 보일 때 쓴다.
예 아이들이 모두 학교{에, 로, 까지} 갔어요.

12) 대괄호([ ]) ★

(1) 괄호 안에 또 괄호를 쓸 필요가 있을 때 바깥쪽의 괄호로 쓴다.
예 이번 회의에는 두 명[이혜정(실장), 박철용(과장)]만 빼고 모두 참석했습니다.

(2) 고유어에 대응하는 한자어를 함께 보일 때 쓴다. 예 나이[年歲]

(3) 원문에 대한 이해를 돕기 위해 설명이나 논평 등을 덧붙일 때 쓴다. 예 그런 일은 결코 있을 수 없다.[원문에는 ‘업다’임.]

13) 겹낫표(『』)와 겹화살괄호(《》)

책의 제목이나 신문 이름 등을 나타낼 때 쓴다.

예 • 우리나라 최초의 민간 신문은 1896년에 창간된 『독립신문』이다.
• 윤동주의 유고 시집인 ≪하늘과 바람과 별과 시≫에는 31편의 시가 실려 있다.

[붙임] 겹낫표나 겹화살괄호 대신 큰따옴표를 쓸 수 있다.

예 윤동주의 유고 시집인 "하늘과 바람과 별과 시"에는 31편의 시가 실려 있다.

14) 홑낫표(「」)와 홑화살괄호(〈〉) ★

소제목, 그림이나 노래와 같은 예술 작품의 제목, 상호, 법률, 규정 등을 나타낼 때 쓴다.(홑낫표나 홑화살괄호 대신 작은따옴표를 쓸 수 있다.)

예 이 곡은 베르디가 작곡한 「축배의 노래」이다. / <한강>은 사진집 ≪아름다운 땅≫에 실린 작품이다.

15) 줄표(—) ★

제목 다음에 표시하는 부제의 앞뒤에 쓴다.(다만, 뒤에 오는 줄표는 생략할 수 있다.)

예 '환경 보호 — 숲 가꾸기 —'라는 제목으로 글짓기를 했다.

[붙임] 줄표의 앞뒤는 띄어 쓰는 것을 원칙으로 하되, 붙여 쓰는 것을 허용한다.

16) 붙임표(-) ★

(1) 차례대로 이어지는 내용을 하나로 묶어 열거할 때 각 어구 사이에 쓴다.

예 멀리뛰기는 도움닫기-도약-공중 자세-착지의 순서로 이루어진다.

(2) 두 개 이상의 어구가 밀접한 관련이 있음을 나타내고자 할 때 쓴다. 예 드디어 서울-북경의 항로가 열렸다.

17) 물결표(~) ★

기간이나 거리 또는 범위를 나타낼 때 쓴다.(물결표 대신 붙임표를 쓸 수 있다.)

예 9월 15일~9월 25일

Ⅲ. 어법

개념 암기 체크

다음 문장에서 문장 부호의 쓰임이 올바르면 O, 틀리면 ×에 표시하시오.

01 니체(독일의 철학자)의 말을 빌리면 다음과 같다. (O, ×)
02 그런 일은 결코 있을 수 없다.[원문에는 '업다'임.] (O, ×)
03 드디어 서울~북경의 항로가 열렸다. (O, ×)

정답 01 ○ 02 ○ 03 ×, 서울-북경

18) 드러냄표(˙)와 밑줄(_) ★

문장 내용 중에서 주의가 미쳐야 할 곳이나 중요한 부분을 특별히 드러내 보일 때 쓴다.(드러냄표나 밑줄 대신 작은따옴표를 쓸 수 있다.)

예 한글의 본디 이름은 훈민정음이다. / 다음 보기에서 명사가 아닌 것은?

19) 숨김표(○, ×) ★

(1) 금기어나 공공연히 쓰기 어려운 비속어임을 나타낼 때, 그 글자의 수효만큼 쓴다.

예 배운 사람 입에서 어찌 ○○○/×××란 말이 나올 수 있느냐?

(2) 비밀을 유지해야 하거나 밝힐 수 없는 사항임을 나타낼 때 쓴다.

예 그 모임의 참석자는 김×× 씨, 정×× 씨/김○○ 씨, 정○○ 씨 등 5명이었다.

20) 빠짐표(□) ★

(1) 옛 비문이나 문헌 등에서 글자가 분명하지 않을 때 그 글자의 수효만큼 쓴다. 예 大師爲法主□□賴之大□薦

(2) 글자가 들어가야 할 자리를 나타낼 때 쓴다. 예 훈민정음의 초성 중에서 아음(牙音)은 □□□의 석 자다.

21) 줄임표(…) ★

(1) 할 말을 줄였을 때 쓴다. 예 "어디 나하고 한번……." 하고 민수가 나섰다.

(2) 말이 없음을 나타낼 때 쓴다. 예 "빨리 말해!" / "……."

(3) 문장이나 글의 일부를 생략할 때 쓴다. 예 육십갑자: 갑자, 을축, 병인, 정묘, 무진, 기사, 경오, 신미 …… 신유, 임술, 계해

(4) 머뭇거림을 보일 때 쓴다. 예 "우리는 모두…… 그러니까…… 예외 없이 눈물만…… 흘렸다."

[붙임 1] 점은 가운데에 찍는 대신 아래쪽에 찍을 수도 있다.

예 "어디 나하고 한번......" 하고 민수가 나섰다.

[붙임 2] 점은 여섯 점을 찍는 대신 세 점을 찍을 수도 있다.

예 "어디 나하고 한번…." 하고 민수가 나섰다.

[붙임 3] 줄임표는 앞말에 붙여 쓴다. 다만, (3)에서는 줄임표의 앞뒤를 띄어 쓴다.

2. 서로 바꾸어 쓸 수 있는 문장 부호

쓰임	원칙	허용
특정한 의미가 있는 날을 표시할 때	마침표	가운뎃점
의문문이나 의문을 나타내는 어구의 의문의 정도가 약할 때	물음표	마침표
감탄문이나 감탄사의 감탄의 정도가 약할 때	느낌표	마침표(감탄문, 감탄사), 쉼표(감탄사)
문장 중간에 끼어든 어구의 앞뒤에 쓸 때	쉼표	줄표
• 짝을 이루는 어구들 사이에 쓸 때 • 공통 성분을 줄여서 하나의 어구로 묶을 때	가운뎃점	쉼표
책의 제목이나 신문 이름 등을 나타낼 때	겹낫표, 겹화살괄호	큰따옴표
소제목, 그림이나 노래와 같은 예술 작품의 제목, 상호, 법률, 규정 등을 나타낼 때	홑낫표, 홑화살괄호	작은따옴표
두 개 이상의 어구가 밀접한 관련이 있음을 나타내고자 할 때	붙임표	쉼표, 가운뎃점
기간이나 거리 또는 범위를 나타낼 때	물결표	붙임표
문장 내용 중에서 주의가 미쳐야 할 곳이나 중요한 부분을 특별히 드러내 보일 때	드러냄표, 밑줄	작은따옴표

개념 암기 체크

다음 설명이 올바르면 ○, 틀리면 ×에 표시하시오.

01 특정한 의미가 있는 날을 표시할 때 마침표를 쓰는 것이 원칙이다. (○, ×)
02 감탄문이나 감탄사의 감탄의 정도가 약할 때 느낌표 대신 마침표를 쓸 수 있다. (○, ×)
03 책의 제목이나 신문 이름 등을 나타낼 때 겹낫표 대신 작은따옴표를 쓸 수 있다. (○, ×)
04 두 개 이상의 어구가 밀접한 관련이 있음을 나타내고자 할 때 빗금을 쓸 수 있다. (○, ×)

정답 01 ○ 02 ○ 03 ×, 큰따옴표 04 ×, 붙임표, 쉼표, 가운뎃점

유형 연습문제

1 다음 한자에 대한 한글 표기가 올바르지 않은 것은?

① 公布: 공포 ② 承諾: 승락 ③ 危難: 위난 ④ 自宅: 자택 ⑤ 洞察: 통찰

2 <보기>에 따라 표기한 사례로 적절하지 않은 것은?

<보기>

[한글 맞춤법 제40항]

어간의 끝음절 '하'의 'ㅏ'가 줄고 'ㅎ'이 다음 음절의 첫소리와 어울려 거센소리로 될 적에는 거센소리로 적는다.

[붙임 1] 'ㅎ'이 어간의 끝소리로 굳어진 것은 받침으로 적는다.

[붙임 2] 어간의 끝음절 '하'가 아주 줄 적에는 준 대로 적는다.

	본말	준말
①	깨끗하지	깨끗지
②	익숙하지	익숙치
③	청하건대	청컨대
④	단언하건대	단언컨대
⑤	사임하고자	사임코자

3 밑줄 친 부분의 표기가 올바르지 않은 것은?

① 점원은 커피 열 잔을 금세 준비해 손님에게 내주었다.

② 유명 영화제에서 호평을 받은 영화가 어저께 개봉했다.

③ 그와 함께 일하면 덤테기를 쓰기 십상이니 주의해야 한다.

④ 지휘자에게 찬사를 받은 연주자는 빨개진 얼굴로 감사를 전했다.

⑤ 주차 문제로 게거품을 물고 싸우는 주민 둘을 다른 주민이 말렸다.

4 밑줄 친 부분의 띄어쓰기가 옳지 않은 것은?

① 단지 내 전체 세대 중 1인 가구는 총∨백 세대입니다.

② 공항에 도착하는대로 뛰어야 겨우 탑승 시각을 맞추겠다.

③ 텃밭에 심은 방울토마토에 열매가 다섯 개∨남짓 달렸다.

④ 거북이가 토끼를 이기듯 상식과 다른 결과가 나오기도 하지.

⑤ 어느 요리에 넣어도 좋은 맛을 낼∨수 있는 조미료를 개발했다.

5 다음과 같은 의미로 쓰이는 말의 띄어쓰기가 올바르지 않은 것은?

	띄어쓰기	의미
①	기업간	기업과 기업 사이
②	남매간	오빠와 누이 사이
③	부부간	남편과 아내 사이
④	부자간	아버지와 아들 사이
⑤	사제간	스승과 제자 사이

6 소괄호의 쓰임에 대한 설명과 그 예를 짝 지은 것으로 옳지 않은 것은?

① 내용이 들어갈 자리임을 나타낼 때 쓴다.
예 (　　　)는 14~16세기에 일어난 문화 혁신 운동이다.

② 생략할 수 있는 요소임을 나타낼 때 쓴다.
예 동(관왕)묘는 선조 때 건립한 사당이다.

③ 주석이나 보충적인 내용을 덧붙일 때 쓴다.
예 그린 오션(green ocean)의 순화어는 친환경 시장이다.

④ 항목의 순서나 종류를 나타내는 숫자나 문자 등에 쓴다.
예 사칙 연산은 (1) 덧셈 (2) 뺄셈 (3) 곱셈 (4) 나눗셈을 가리킨다.

⑤ 희곡 등 대화를 적은 글에서 동작이나 분위기, 상태를 드러낼 때 쓴다.
예 남자 1: (머리 위로 팔을 흔들며) 여기야, 여기!

약점 보완 해설집 p.25

기출유형 10 표준어 규정에 맞는 표기와 발음 구분하기

최근 3개년 출제 경향

출제 포인트 1 표준어와 비표준어 구분하기

1. 어떤 단어가 표준어인지, 방언 등의 비표준어인지를 구분하는 문제로, 표준어 사정 원칙과 그 예를 함께 묻는 문제, 문장에 쓰인 단어가 표준어인지를 묻는 문제로 출제됩니다.

2. 주로 다음과 같은 질문 형태로 출제됩니다.
   - 밑줄 친 말이 표준어가 아닌 것은?/표준어에 해당하는 것은?
   - "(표준어 사정 원칙)"이라는 조항이 있다. 여기에 해당하지 않는 것은?

풀이 전략

표준어 사정 원칙과 함께 출제되는 문제는 선택지에 제시된 단어가 모두 표준어라고 하더라도 주어진 표준어 사정 원칙에 적합한 단어가 아닐 수 있으니 학습한 표준어 규정과 대표 예시를 떠올리며 그 조항에 대입되는 단어일지 확인하며 문제를 풀어 봅시다.

예제

"다음 단어는 모음이 단순화한 형태를 표준어로 삼는다.(ㄱ을 표준어로 삼고, ㄴ을 버림.)"라는 조항이 있다. 여기에 해당하지 <u>않는</u> 것은?

	ㄱ	ㄴ
①	미륵	미력
②	온달	왼달
③	담장이	담쟁이
④	괴팍하다	괴퍅하다
⑤	케케묵다	켸켸묵다

정답 ③

해설 질문에서 설명하는 규정은 표준어 사정 원칙 제10항이다. 그러나 '담쟁이'는 표준어 사정 원칙 제9항 [붙임 2]에 따라 표준어로 인정되는 단어이며, '담장이'가 비표준어이다.

출제 포인트 2 표준 발음법 파악하기

1. 표준 발음법 규정에 맞는 발음을 묻는 문제로, <보기>로 표준 발음법 규정을 제시하고 적용하는 문제와 된소리되기의 조건, 겹받침의 발음 등 특정 발음에 대한 것을 물어보는 문제가 출제됩니다.

2. 주로 다음과 같은 질문 형태로 출제됩니다.
   - <보기>에 따라 발음한 것으로 볼 수 없는 것은?
   - 다음 중 (특정 발음)이 나머지 넷과 다른 하나는?

풀이 전략

표준 발음법은 'Ⅲ. 어법-기출유형12 문법에 맞는 발음·단어·문장 구분하기'의 '출제 포인트1 올바른 발음 구분하기'에서 다루는 음운 변동과 밀접히 관련됩니다. 따라서 '홑이불[홑이불(음절의 끝소리 규칙) → 혼니불('ㄴ' 첨가, 비음화)]'처럼 주어진 단어에 일어나는 음운 변동과 그 결과를 적어 보면 표준 발음법에 어긋나는 발음을 쉽게 찾을 수 있습니다.

예제

<보기>에 따라 발음한 것으로 볼 수 없는 것은?

<보기>

[표준 발음법 제15항] 받침 뒤에 모음 'ㅏ, ㅓ, ㅗ, ㅜ, ㅟ'들로 시작되는 실질 형태소가 연결되는 경우에는, 대표음으로 바꾸어서 뒤 음절 첫소리로 옮겨 발음한다.
[붙임] 겹받침의 경우에는, 그중 하나만을 옮겨 발음한다.

① 늪 앞[느밥]
② 값어치[가버치]
③ 헛웃음[허두슴]
④ 넋 없다[너겁따]
⑤ 닭 앞에[달가페]

정답 ⑤

해설 **닭 앞에[달가페]**(×) → **닭 앞에[다가페]**(○): '앞'은 모음 'ㅏ'로 시작되는 명사로 실질 형태소이며, '닭'의 겹받침 'ㄺ'의 대표음은 [ㄱ]이다. 따라서 [ㄱ]이 '앞'의 첫소리로 옮겨 가므로 [다가페]로 발음해야 한다.

① **늪 앞[느밥]**(○): '앞'은 모음 'ㅏ'로 시작되는 명사로 실질 형태소이며, '늪'의 받침 'ㅍ'의 대표음은 [ㅂ]이다. 따라서 [ㅂ]이 '앞'의 첫소리로 옮겨 가므로 [느밥]으로 발음한다.

② **값어치[가버치]**(○): '값어치'는 표준 발음법 제15항 [붙임]에 따라 '값'의 겹받침 'ㅄ'의 대표음 [ㅂ]을 '어'의 첫소리로 옮겨 [가버치]로 발음한다. 참고로, 접미사 '어치'는 접미사로 형식 형태소이나 역사적으로 실질 형태소로 쓰였을 가능성이 높아 예외적으로 실질 형태소로 취급한다.

③ **헛웃음[허두슴]**(○): '웃음'은 모음 'ㅜ'로 시작하는 명사로 실질 형태소이며, '헛'의 받침 'ㅅ'의 대표음은 [ㄷ]이다. 따라서 [ㄷ]이 '웃'의 첫소리로 옮겨 가므로 [허두슴]으로 발음한다.

④ **넋 없다[너겁따]**(○): '없-'은 모음 'ㅓ'로 시작하는 형용사의 어간으로 실질 형태소이며, '넋'의 겹받침 'ㄳ'의 대표음은 [ㄱ]이다. 따라서 [ㄱ]이 '없'의 첫소리로 옮겨 가므로 [너겁따]로 발음한다.

필수 암기 개념

1 표준어 사정 원칙

1. 발음 변화에 따른 표준어 규정

암기포인트
제시된 어휘가 표준어인지 비표준어인지 구별하는 문제가 출제되므로, 규정의 내용을 이해하고 표준어의 정확한 표기를 암기해 두세요!

1) 자음

제3항★ 다음 단어들은 거센소리를 가진 형태를 표준어로 삼는다.(ㄱ을 표준어로 삼고, ㄴ을 버림.)

ㄱ	ㄴ	ㄱ	ㄴ
끄나풀	끄나불	살-쾡이 ★	삵-괭이
나팔-꽃 ★	나발-꽃	칸	간
부엌	부억	털어-먹다	떨어-먹다

제5항★ 어원에서 멀어진 형태로 굳어져서 널리 쓰이는 것은, 그것을 표준어로 삼는다.(ㄱ을 표준어로 삼고, ㄴ을 버림.)

ㄱ	ㄴ	ㄱ	ㄴ
강낭-콩	강남-콩	사글-세	삭월-세
고삿	고샅	울력-성당	위력-성당

다만, 어원적으로 원형에 더 가까운 형태가 아직 쓰이고 있는 경우에는, 그것을 표준어로 삼는다.(ㄱ을 표준어로 삼고, ㄴ을 버림.)

ㄱ	ㄴ	ㄱ	ㄴ
갈비	가리	물-수란	물-수랄
갓모	갈모	밀-뜨리다	미-뜨리다
굴-젓	구-젓	적-이	저으기
말-곁	말-겻	휴지	수지

제6항★ 다음 단어들은 의미를 구별함이 없이, 한 가지 형태만을 표준어로 삼는다.(ㄱ을 표준어로 삼고, ㄴ을 버림.)

ㄱ	ㄴ	ㄱ	ㄴ
돌	돐	넷-째	네-째
둘-째	두-째	빌리다	빌다

제7항★ 수컷을 이르는 접두사는 '수-'로 통일한다.(ㄱ을 표준어로 삼고, ㄴ을 버림.)

ㄱ	ㄴ	ㄱ	ㄴ
수-꿩 ★	수-퀑/숫-꿩	수-사돈	숫-사돈
수-나사	숫-나사	수-소	숫-소
수-놈	숫-놈	수-은행나무	숫-은행나무

다만 1. 다음 단어에서는 접두사 다음에서 나는 거센소리를 인정한다. 접두사 '암-'이 결합되는 경우에도 이에 준한다. (ㄱ을 표준어로 삼고, ㄴ을 버림.)

ㄱ	ㄴ	ㄱ	ㄴ
수-캉아지 ★	숫-강아지	수-탕나귀	숫-당나귀
수-캐	숫-개	수-톨쩌귀	숫-돌쩌귀
수-컷	숫-것	수-퇘지 ★	숫-돼지
수-키와	숫-기와	수-평아리 ★	숫-병아리
수-탉 ★	숫-닭	-	

다만 2. 다음 단어의 접두사는 '숫-'으로 한다.(ㄱ을 표준어로 삼고, ㄴ을 버림.)

ㄱ	ㄴ	ㄱ	ㄴ
숫-양	수-양	숫-쥐	수-쥐
숫-염소	수-염소	-	

2) 모음

제8항★ **양성 모음이 음성 모음으로 바뀌어 굳어진 다음 단어는 음성 모음 형태를 표준어로 삼는다.**(ㄱ을 표준어로 삼고, ㄴ을 버림.)

ㄱ	ㄴ	ㄱ	ㄴ
깡충-깡충 ★	깡총-깡총	뻗정-다리	뻗장-다리
-둥이	-동이	아서, 아서라	앗아, 앗아라
발가-숭이	발가-송이	오뚝-이 ★	오똑-이
보퉁이	보통이	주추 ★	주초

다만, 어원 의식이 강하게 작용하는 다음 단어에서는 양성 모음 형태를 그대로 표준어로 삼는다.(ㄱ을 표준어로 삼고, ㄴ을 버림.)

ㄱ	ㄴ	ㄱ	ㄴ
부조(扶助) ★	부주	사돈(査頓)	사둔

개념 암기 체크

다음 중 표준어에 ○ 표시하시오.

01 부억 / 부엌
02 사글세 / 삭월세
03 두째 / 둘째
04 수놈 / 숫놈
05 나발꽃 / 나팔꽃
06 수평아리 / 숫병아리

정답 01 부엌 02 사글세 03 둘째 04 수놈 05 나팔꽃 06 수평아리

제9항 **'ㅣ' 역행 동화 현상에 의한 발음은 원칙적으로 표준 발음으로 인정하지 않되, 다만 다음 단어들은 그러한 동화가 적용된 형태를 표준어로 삼는다.**(ㄱ을 표준어로 삼고, ㄴ을 버림.)

ㄱ	ㄴ	ㄱ	ㄴ
-내기 ★	-나기	동댕이-치다	동당이-치다
냄비	남비	-	

[붙임 1] 다음 단어는 'ㅣ' 역행 동화가 일어나지 아니한 형태를 표준어로 삼는다.(ㄱ을 표준어로 삼고, ㄴ을 버림.)

ㄱ	ㄴ
아지랑이 ★	아지랭이

[붙임 2] 기술자에게는 '-장이', 그 외에는 '-쟁이'가 붙는 형태를 표준어로 삼는다.(ㄱ을 표준어로 삼고, ㄴ을 버림.)

ㄱ	ㄴ	ㄱ	ㄴ
미장이	미쟁이	담쟁이-덩굴 ★	담장이-덩굴
유기장이	유기쟁이	골목쟁이	골목장이
멋쟁이	멋장이	소금쟁이	소금장이

▶ '-장이'는 기술자에 붙는 접미사이고 '-쟁이'는 기타 어휘에 붙는 접미사이다. 그리고 여기서의 '기술자'는 '수공업적인 기술자'로 한정한다. 점을 치는 사람은 '**점쟁이**'가 되고 그림을 그리는 사람을 낮추어 가리키는 말은 '**환쟁이**'가 된다.

제10항 ★ **다음 단어는 모음이 단순화한 형태를 표준어로 삼는다.**(ㄱ을 표준어로 삼고, ㄴ을 버림.)

ㄱ	ㄴ	ㄱ	ㄴ
괴팍-하다	괴퍅-하다/괴팩-하다	온-달	왼-달
-구먼	-구면	으레 ★	으례
미루-나무	미류-나무	케케-묵다	켸켸-묵다
미륵	미력	허우대 ★	허위대
여느 ★	여늬	허우적-허우적	허위적-허위적

▶ 사용 빈도가 높은 '괴퍅하다'는 '괴팍하다'로 발음이 바뀌었으므로 바뀐 발음 '팍'을 인정하였다. 그러나 사용 빈도가 낮은 '**강퍅하다**★, 퍅하다, 퍅성' 등에서의 '퍅'은 '팍'으로 발음되지 않으므로 '퍅'이 아직도 표준어형이다.

제12항 **'웃-' 및 '윗-'은 명사 '위'에 맞추어 '윗-'으로 통일한다.**(ㄱ을 표준어로 삼고, ㄴ을 버림.)

ㄱ	ㄴ	ㄱ	ㄴ
윗-눈썹	웃-눈썹	윗-몸	웃-몸
윗-니	웃-니	윗-배	웃-배
윗-도리	웃-도리	윗-벌	웃-벌
윗-동아리	웃-동아리	윗-수염	웃-수염
윗-머리	웃-머리	윗-입술	웃-입술
윗-목	웃-목	윗-잇몸	웃-잇몸

다만 1. 된소리나 거센소리 앞에서는 '위-'로 한다.(ㄱ을 표준어로 삼고, ㄴ을 버림.)

ㄱ	ㄴ	ㄱ	ㄴ
위-짝	웃-짝	위-채	웃-채
위-쪽	웃-쪽	위-층	웃-층

다만 2. '아래, 위'의 대립이 없는 단어는 '웃-'으로 발음되는 형태를 표준어로 삼는다.(ㄱ을 표준어로 삼고, ㄴ을 버림.)

ㄱ	ㄴ	ㄱ	ㄴ
웃-어른	윗-어른	웃-옷	윗-옷

제13항 **한자 '구(句)'가 붙어서 이루어진 단어는 '귀'로 읽는 것을 인정하지 않고, '구'로 통일한다.**(ㄱ을 표준어로 삼고, ㄴ을 버림.)

ㄱ	ㄴ	ㄱ	ㄴ
구절(句節)	귀절	시구(詩句)	시귀
대구(對句)	대귀	어구(語句)	어귀
문구(文句)	문귀	인용구(引用句)	인용귀
성구(成句)	성귀	절구(絶句)	절귀

3) 준말

제14항 **준말이 널리 쓰이고 본말이 잘 쓰이지 않는 경우에는, 준말만을 표준어로 삼는다.**(ㄱ을 표준어로 삼고, ㄴ을 버림.)

ㄱ	ㄴ	ㄱ	ㄴ
귀찮다	귀치 않다	빔	비음
김	기음	샘	새암
똬리 ★	또아리	생-쥐	새앙-쥐
무	무우	솔개	소리개
미다	무이다	온-갖	온-가지
뱀	배암	장사-치	장사-아치

제16항 **준말과 본말이 다 같이 널리 쓰이면서 준말의 효용이 뚜렷이 인정되는 것은, 두 가지를 다 표준어로 삼는다.**(ㄱ은 본말이며, ㄴ은 준말임.)

ㄱ	ㄴ	ㄱ	ㄴ
거짓-부리	거짓-불	서투르다	서툴다
노을	놀	시-누이	시-뉘/시-누
막대기	막대	오-누이	오-뉘/오-누
망태기	망태	외우다	외다
머무르다	머물다	이기죽-거리다	이죽-거리다
서두르다	서둘다	찌꺼기	찌끼

개념 암기 체크

다음 중 표준어에 O 표시하시오.

01 여느 / 여늬
02 윗니 / 웃니
03 소금장이 / 소금쟁이
04 동당이치다 / 동댕이치다
05 아지랑이 / 아지랭이
06 담장이 덩굴 / 담쟁이 덩굴

정답 01 여느 02 윗니 03 소금쟁이 04 동댕이치다 05 아지랑이 06 담쟁이 덩굴

4) 단수 표준어

제17항 **비슷한 발음의 몇 형태가 쓰일 경우, 그 의미에 아무런 차이가 없고, 그중 하나가 더 널리 쓰이면, 그 한 형태만을 표준어로 삼는다.**(ㄱ을 표준어로 삼고, ㄴ을 버림.)

ㄱ	ㄴ	ㄱ	ㄴ
거든-그리다	거둥-그리다	봉숭아	봉숭화
구어-박다	구워-박다	뺨-따귀	뺌-따귀/뺨-따구니
귀-고리	귀엣-고리	뻐개다[斫]	뻐기다
귀-띔	귀-틤	뻐기다[誇]	뻐개다
귀-지	귀에-지	사자-탈	사지-탈
까딱-하면	까땍-하면	상-판대기	쌍-판대기
꼭두-각시	꼭둑-각시	서[三]	세/석
내색	나색	석[三]	세
내숭-스럽다	내흉-스럽다	설령(設令)	서령
냠냠-거리다	얌냠-거리다	-습니다	-읍니다
냠냠-이	얌냠-이	시름-시름	시늠-시늠
너[四]	네	씀벅-씀벅	썸벅-썸벅
넉[四]	너/네	아궁이	아궁지
다다르다	다닫다	아내	안해
댑-싸리	대-싸리	어-중간	어지-중간
더부룩-하다	더뿌룩-하다/듬뿌룩-하다	오금-팽이	오금-탱이
-던	-든	오래-오래	도래-도래
-던가	-든가	-올시다	-올습니다
-던걸	-든걸	옹골-차다	공골-차다
-던고	-든고	우두커니	우두머니
-던데	-든데	잠-투정	잠-투세/잠-주정
-던지	-든지	재봉-틀	자봉-틀
-(으)려고	-(으)ㄹ려고/-(으)ㄹ라고	짓-무르다	짓-물다
-(으)려야	-(으)ㄹ려야/-(으)ㄹ래야	짚-북데기	짚-북세기
망가-뜨리다	망그-뜨리다	쪽	짝
멸치	며루치/메리치	천장(天障)	천정
반빗-아치	반비-아치	코-맹맹이	코-맹녕이
보습	보십/보섭	흉-업다	흉-헙다
본새	뽄새	-	

5) 복수 표준어

제18항 **다음 단어는 ㄱ을 원칙으로 하고, ㄴ도 허용한다.**

ㄱ	ㄴ	ㄱ	ㄴ
쇠-	소-	쐬다	쏘이다
괴다	고이다	죄다	조이다
꾀다	꼬이다	쬐다	쪼이다

제19항★ **어감의 차이를 나타내는 단어 또는 발음이 비슷한 단어들이 다 같이 널리 쓰이는 경우에는, 그 모두를 표준어로 삼는다.** (ㄱ, ㄴ을 모두 표준어로 삼음.)

ㄱ	ㄴ	ㄱ	ㄴ
거슴츠레-하다 ★	게슴츠레-하다	구린-내	쿠린-내
고까	꼬까	꺼림-하다	께름-하다
고린-내	코린-내	나부랭이 ★	너부렁이

2. 어휘 선택의 변화에 따른 표준어 규정

1) 고어

제20항 **사어(死語)가 되어 쓰이지 않게 된 단어는 고어로 처리하고, 현재 널리 사용되는 단어를 표준어로 삼는다.**(ㄱ을 표준어로 삼고, ㄴ을 버림.)

ㄱ	ㄴ	ㄱ	ㄴ
난봉	봉	애달프다	애닯다
낭떠러지	낭	오동-나무	머귀-나무
설거지-하다	설겆다	자두	오얏

2) 한자어

제22항 **고유어 계열의 단어가 생명력을 잃고 그에 대응되는 한자어 계열의 단어가 널리 쓰이면, 한자어 계열의 단어를 표준어로 삼는다.**(ㄱ을 표준어로 삼고, ㄴ을 버림.)

ㄱ	ㄴ	ㄱ	ㄴ
개다리-소반	개다리-밥상	수-삼	무-삼
겸-상	맞-상	심-돋우개	불-돋우개
고봉-밥	높은-밥	양-파	둥근-파
단-벌	홑-벌	어질-병	어질-머리
마방-집	마바리-집	윤-달	군-달
민망-스럽다/면구-스럽다	민주-스럽다	장력-세다	장성-세다
부항-단지	뜸-단지	총각-무	알-무/알타리-무

3) 방언

제24항 **방언이던 단어가 널리 쓰이게 됨에 따라 표준어이던 단어가 안 쓰이게 된 것은, 방언이던 단어를 표준어로 삼는다.**
(ㄱ을 표준어로 삼고, ㄴ을 버림.)

ㄱ	ㄴ	ㄱ	ㄴ
귀밑-머리 ★	귓-머리	빈대-떡	빈자-떡

개념 암기 체크

다음 중 표준어에 O 표시하시오.

01 나색 / 내색
02 귀띔 / 귀틤
03 봉숭아 / 봉숭화
04 꼭두각시 / 꼭둑각시
05 상판대기 / 쌍판대기
06 짓물다 / 짓무르다

정답 01 내색 02 귀띔 03 봉숭아 04 꼭두각시 05 상판대기 06 짓무르다

4) 단수 표준어

제25항★ 의미가 똑같은 형태가 몇 가지 있을 경우, 그중 어느 하나가 압도적으로 널리 쓰이면, 그 단어만을 표준어로 삼는다.
(ㄱ을 표준어로 삼고, ㄴ을 버림.)

ㄱ	ㄴ	ㄱ	ㄴ
-게끔	-게시리	빠-뜨리다	빠-치다
겸사-겸사	겸지-겸지/겸두-겸두	새앙-손이	생강-손이
고구마	참-감자	샛-별 ★	새벽-별
고치다	낫우다	선-머슴	풋-머슴
광주리	광우리	섭섭-하다	애운-하다
국-물	멀-국/말-국	손목-시계	팔목-시계/팔뚝-시계
길-잡이	길-앞잡이	손-수레	손-구루마
나룻-배	나루	쇠-고랑	고랑-쇠
다사-스럽다	다사-하다	술-고래	술-꾸러기/술-부대/술-보/술-푸대
담배-꽁초	담배-꼬투리/담배-꽁치/담배-꽁추	신기-롭다	신기-스럽다
뒤져-내다	뒤어-내다	쌍동-밤	쪽-밤
뒤통수-치다	뒤꼭지-치다	아주	영판
등-나무	등-칡	안쓰럽다	안-슬프다
떡-보	떡-충이	안절부절-못하다	안절부절-하다
똑딱-단추	딸꼭-단추	앉은뱅이-저울	앉은-저울
매-만지다	우미다	알-사탕	구슬-사탕
며느리-발톱	뒷-발톱	암-내	곁땀-내
목-메다	목-맺히다	앞-지르다	따라-먹다
밀짚-모자	보릿짚-모자	애-벌레	어린-벌레
바가지	열-바가지/열-박	얕은-꾀	물탄-꾀
반-나절	나절-가웃	언뜻	펀뜻
반두	독대	언제나	노다지
버젓-이	뉘연-히	얼룩-말	워라-말
부각	다시마-자반	열심-히	열심-으로
부끄러워-하다	부끄리다	전봇-대	전선-대
부스러기	부스럭지	쥐락-펴락	펴락-쥐락
부지깽이	부지팽이	짓고-땡	지어-땡/짓고-땡이
부항-단지	부항-항아리	찹-쌀	이-찹쌀
붉으락-푸르락	푸르락-붉으락	청대-콩	푸른-콩
빙충-이	빙충-맞이	칡-범	갈-범

5) 복수 표준어

제26항★ 한 가지 의미를 나타내는 형태 몇 가지가 널리 쓰이며 표준어 규정에 맞으면, 그 모두를 표준어로 삼는다.

복수 표준어		
가는-허리/잔-허리	개숫-물/설거지-물	귀퉁-머리/귀퉁-배기
가락-엿/가래-엿	-거리다/-대다	극성-떨다/극성-부리다
가뭄/가물 ★	게을러-빠지다/게을러-터지다	기세-부리다/기세-피우다
가엾다/가엽다	고깃-간/푸줏-간	기승-떨다/기승-부리다
감감-무소식/감감-소식	곰곰/곰곰-이	깃-저고리/배내-옷/배냇-저고리
개수-통/설거지-통	관계-없다/상관-없다	꼬까/때때/고까

나귀/당-나귀	발-모가지/발-목쟁이	여태-껏/이제-껏/입때-껏
내리-글씨/세로-글씨	버들-강아지/버들-개지	역성-들다/역성-하다
넝쿨/덩굴	벌레/버러지 ★	연-달다/잇-달다
녘/쪽	변덕-스럽다/변덕-맞다	엿-가락/엿-가래
눈-대중/눈-어림/눈-짐작	보-조개/볼-우물	엿-기름/엿-길금
느리-광이/느림-보/늘-보	보통-내기/여간-내기/예사-내기	엿-반대기/엿-자박
다달-이/매-달	볼-따구니/볼-퉁이/볼-때기	옥수수/강냉이
다박-나룻/다박-수염	부침개-질/부침-질/지짐-질	외겹-실/외올-실/홑-실
닭의-장/닭-장	불똥-앉다/등화-지다/등화-앉다	외손-잡이/한손-잡이
댓-돌/툇-돌	뾰두라지/뾰루지	욕심-꾸러기/욕심-쟁이
덧-창/겉-창	살-쾡이/삵 ★	우레/천둥 ★
돼지-감자/뚱딴지	삽살-개/삽사리	우지/울-보
되우/된통/되게	생/새앙/생강	을러-대다/을러-메다
뒷-갈망/뒷-감당	생-뿔/새앙-뿔/생강-뿔	의심-스럽다/의심-쩍다
뒷-말/뒷-소리	서럽다/섧다	-이에요/-이어요
들락-거리다/들랑-거리다	서방-질/화냥-질	일일-이/하나-하나
들락-날락/들랑-날랑	성글다/성기다	일찌감치/일찌거니
딴-전/딴-청	-(으)세요/-(으)셔요	입찬-말/입찬-소리
땅-콩/호-콩	송이/송이-버섯	자리-옷/잠-옷
땔-감/땔-거리	수수-깡/수숫-대	자물-쇠/자물-통
-뜨리다/-트리다	술-안주/안주	장가-가다/장가-들다
마-파람/앞-바람 ★	-스레하다/-스름하다	재롱-떨다/재롱-부리다
만장-판/만장-중(滿場中)	시늉-말/흉내-말	제-가끔/제-각기
만큼/만치	심술-꾸러기/심술-쟁이	좀-처럼/좀-체
말-동무/말-벗	씁쓰레-하다/씁쓰름-하다	중신/중매
먹-새/먹음-새	아래-위/위-아래	짚-단/짚-뭇
멀찌감치/멀찌가니/멀찍-이	아무튼/어떻든/어쨌든/하여튼/여하튼	쪽/편
면-치레/외면-치레	앉음-새/앉음-앉음	차차/차츰
모-내다/모-심다	알은-척/알은-체	책-씻이/책-거리
모쪼록/아무쪼록	애꾸눈-이/외눈-박이	척/체
목화-씨/면화-씨	양념-감/양념-거리	천연덕-스럽다/천연-스럽다
무심-결/무심-중	어기여차/어여차	철-따구니/철-딱서니/철-딱지
물-봉숭아/물-봉선화	어림-잡다/어림-치다	추어-올리다/추어-주다
물-부리/빨-부리	어이-없다/어처구니-없다	축-가다/축-나다
물-심부름/물-시중	어저께/어제	침-놓다/침-주다
물-타작/진-타작	언덕-바지/언덕-배기	통-꼭지/통-젖
민둥-산/벌거숭이-산	얼렁-뚱땅/엄벙-뗑	한턱-내다/한턱-하다
밑-층/아래-층	여왕-벌/장수-벌	해웃-값/해웃-돈
바깥-벽/밭-벽	여쭈다/여쭙다	혼자-되다/홀로-되다
바른/오른[右]	여태/입때	흠-가다/흠-나다/흠-지다

개념 암기 체크

다음 중 표준어에 O 표시하시오.

01 광우리 / 광주리
02 샛별 / 새벽별
03 밀짚모자 / 보릿짚모자
04 부지깽이 / 부지팽이
05 알사탕 / 구슬사탕
06 붉으락푸르락 / 푸르락붉으락

정답 01 광주리 02 샛별 03 밀짚모자 04 부지깽이 05 알사탕 06 붉으락푸르락

3 표준 발음법

1. 자음과 모음

제5항★ 'ㅑ ㅒ ㅕ ㅖ ㅘ ㅙ ㅛ ㅝ ㅞ ㅠ ㅢ'는 이중 모음으로 발음한다.

다만 1. 용언의 활용형에 나타나는 '져, 쪄, 쳐'는 [저, 쩌, 처]로 발음한다.

가지어 → 가져[가저]　찌어 → 쪄[쩌]　다치어 → 다쳐[다처]

다만 2. '예, 례' 이외의 'ㅖ'는 [ㅔ]로도 발음한다.

계집[계:집/게:집]　계시다[계:시다/게:시다]　시계[시계/시게](時計)　연계[연계/연게](連繫)
메별[메별/메별](袂別)　개폐[개폐/개페](開閉)　혜택[혜:택/헤:택](惠澤)　지혜[지혜/지헤](智慧)

다만 3. 자음을 첫소리로 가지고 있는 음절의 'ㅢ'는 [ㅣ]로 발음한다.

늴리리　닁큼　무늬　띄어쓰기　씌어
틔어　희어　희떱다　희망　유희

다만 4. 단어의 첫음절 이외의 '의'는 [ㅣ]로, 조사 '의'는 [ㅔ]로 발음함도 허용한다.

주의[주의/주이] ★　협의[혀븨/혀비]　우리의[우리의/우리에]　강의의[강:의의/강:이에]

2. 음의 길이

제7항 긴소리를 가진 음절이라도, 다음과 같은 경우에는 짧게 발음한다.

1. 단음절인 용언 어간에 모음으로 시작된 어미가 결합되는 경우

감다[감:따] — 감으니[가므니]　밟다[밥:따] — 밟으면[발브면]
신다[신:따] — 신어[시너]　알다[알:다] — 알아[아라]

다만, 다음과 같은 경우에는 예외적이다.

끌다[끌:다] — 끌어[끄:러]　떫다[떨:따] — 떫은[떨:븐]　벌다[벌:다] — 벌어[버:러]
썰다[썰:다] — 썰어[써:러]　없다[업:따] — 없으니[업:쓰니]

2. 용언 어간에 피동, 사동의 접미사가 결합되는 경우

감다[감:따] — 감기다[감기다]　꼬다[꼬:다] — 꼬이다[꼬이다]　밟다[밥:따] — 밟히다[발피다]

다만, 다음과 같은 경우에는 예외적이다.

끌리다[끌:리다]　벌리다[벌:리다]　없애다[업:쌔다]

[붙임] 다음과 같은 복합어에서는 본디의 길이에 관계없이 짧게 발음한다.

밀-물　썰-물　쏜-살-같이　작은-아버지

3. 받침의 발음

제10항★ 겹받침 'ㄳ', 'ㄵ', 'ㄼ, ㄽ, ㄾ', 'ㅄ'은 어말 또는 자음 앞에서 각각 [ㄱ, ㄴ, ㄹ, ㅂ]으로 발음한다.

넋[넉]　넋과[넉꽈]　앉다[안따] ★　여덟[여덜]　넓다[널따] ★
외곬[외골]　핥다[할따] ★　값[갑]　없다[업:따]

다만, '밟-'은 자음 앞에서 [밥]으로 발음하고, '넓-'은 다음과 같은 경우에 [넙]으로 발음한다.

밟다[밥:따] ★ 밟소[밥:쏘] 밟지[밥:찌] 밟는[밥:는 → 밤:는]
밟게[밥:께] 밟고[밥:꼬] 넓-죽하다[넙쭈카다] ★ 넓-둥글다[넙뚱글다]

제11항★ 겹받침 'ㄺ, ㄻ, ㄿ'은 어말 또는 자음 앞에서 각각 [ㄱ, ㅁ, ㅂ]으로 발음한다.

닭[닥] 흙과[흑꽈] 맑다[막따] 늙지[늑찌]
삶[삼:] 젊다[점:따] 읊고[읍꼬] 읊다[읍따]

다만, 용언의 어간 말음 'ㄺ'은 'ㄱ' 앞에서 [ㄹ]로 발음한다.

맑게[말께] 묽고[물꼬] 얽거나[얼꺼나]

제12항★ 받침 'ㅎ'의 발음은 다음과 같다.

1. 'ㅎ(ㄶ, ㅀ)' 뒤에 'ㄱ, ㄷ, ㅈ'이 결합되는 경우에는, 뒤 음절 첫소리와 합쳐서 [ㅋ, ㅌ, ㅊ]으로 발음한다.

놓고[노코] 좋던[조:턴] 쌓지[싸치] 많고[만:코] 않던[안턴] 닳지[달치]

[붙임 1] 받침 'ㄱ(ㄺ), ㄷ, ㅂ(ㄼ), ㅈ(ㄵ)'이 뒤 음절 첫소리 'ㅎ'과 결합되는 경우에도, 역시 두 음을 합쳐서 [ㅋ, ㅌ, ㅍ, ㅊ]으로 발음한다.

각하[가카] 먹히다[머키다] 밝히다[발키다] 맏형[마텽]
좁히다[조피다] 넓히다[널피다] 꽂히다[꼬치다] 앉히다[안치다]

[붙임 2] 규정에 따라 'ㄷ'으로 발음되는 'ㅅ, ㅈ, ㅊ, ㅌ'의 경우에도 이에 준한다.

옷 한 벌[오탄벌] 낮 한때[나탄때] 꽃 한 송이[꼬탄송이] 숱하다[수타다]

2. 'ㅎ(ㄶ, ㅀ)' 뒤에 'ㅅ'이 결합되는 경우에는, 'ㅅ'을 [ㅆ]으로 발음한다.

닿소[다:쏘] 많소[만:쏘] 싫소[실쏘]

3. 'ㅎ' 뒤에 'ㄴ'이 결합되는 경우에는, [ㄴ]으로 발음한다.

놓는[논는] 쌓네[싼네]

[붙임] 'ㄶ, ㅀ' 뒤에 'ㄴ'이 결합되는 경우에는, 'ㅎ'을 발음하지 않는다.

않네[안네] 않는[안는] 뚫네[뚤네 → 뚤레] 뚫는[뚤는 → 뚤른]

4. 'ㅎ(ㄶ, ㅀ)' 뒤에 모음으로 시작된 어미나 접미사가 결합되는 경우에는, 'ㅎ'을 발음하지 않는다.

낳은[나은] 놓아[노아] 쌓이다[싸이다] 많아[마:나]
않은[아는] 닳아[다라] 싫어도[시러도]

개념 암기 체크

제시된 발음이 올바르면 ○, 틀리면 ×에 표시하시오.

01 주의[주의] (○, ×) 02 앉다[안다] (○, ×) 03 넓다[넙따] (○, ×)
04 읊다[읍따] (○, ×) 05 낮 한때[나탄때] (○, ×) 06 넓죽하다[널쭈카다] (○, ×)

정답 01 ○ 02 ×, [안따] 03 ×, [널따] 04 ○ 05 ○ 06 ×, [넙쭈카다]

제14항★ 겹받침이 모음으로 시작된 조사나 어미, 접미사와 결합되는 경우에는, 뒤엣것만을 뒤 음절 첫소리로 옮겨 발음한다. (이 경우, 'ㅅ'은 된소리로 발음함.)

넋이[넉씨] 앉아[안자] 닭을[달글] 젊어[절머] 곬이[골씨]
핥아[할타] 읊어[을퍼] 값을[갑쓸] 없어[업:써]

제15항★ 받침 뒤에 모음 'ㅏ, ㅓ, ㅗ, ㅜ, ㅟ' 들로 시작되는 실질 형태소가 연결되는 경우에는, 대표음으로 바꾸어서 뒤 음절 첫소리로 옮겨 발음한다.

밭 아래[바다래] 늪 앞[느밥] 젖어미[저더미] 맛없다[마덥따]*
겉옷[거돋] ★ 헛웃음[허두슴] 꽃 위[꼬뒤]

*다만, '맛있다, 멋있다'는 [마싣따], [머싣따]로도 발음할 수 있다.

[붙임] 겹받침의 경우에는, 그중 하나만을 옮겨 발음한다.

넋 없다[너겁따] 닭 앞에[다가페] 값어치[가버치] 값있는[가빈는] ★

4. 음의 동화

제17항 받침 'ㄷ, ㅌ(ㄾ)'이 조사나 접미사의 모음 'ㅣ'와 결합되는 경우에는, [ㅈ, ㅊ]으로 바꾸어서 뒤 음절 첫소리로 옮겨 발음한다.

곧이듣다[고지듣따] 굳이[구지] 미닫이[미:다지] 땀받이[땀바지]
밭이[바치] 벼훑이[벼훌치]

제18항★ 받침 'ㄱ(ㄲ, ㅋ, ㄳ, ㄺ), ㄷ(ㅅ, ㅆ, ㅈ, ㅊ, ㅌ, ㅎ), ㅂ(ㅍ, ㄼ, ㄿ, ㅄ)'은 'ㄴ, ㅁ' 앞에서 [ㅇ, ㄴ, ㅁ]으로 발음한다.

먹는[멍는] 국물[궁물] 깎는[깡는] 키읔만[키응만] 몫몫이[몽목씨]
긁는[긍는] 흙만[흥만] 닫는[단는] 짓는[진:는] 옷맵시[온맵씨]
있는[인는] 맞는[만는] 젖멍울[전멍울] 쫓는[쫀는] 꽃망울[꼰망울]
붙는[분는] 놓는[논는] 잡는[잠는] 밥물[밤물] 앞마당[암마당]
밟는[밤:는] 읊는[음는] 없는[엄: 는]

[붙임] 두 단어를 이어서 한 마디로 발음하는 경우에도 이와 같다.

책 넣는다[챙넌는다] 흙 말리다[흥말리다] 옷 맞추다[온맏추다] 밥 먹는다[밤멍는다] 값 매기다[감매기다]

제20항★ 'ㄴ'은 'ㄹ'의 앞이나 뒤에서 [ㄹ]로 발음한다.

난로[날:로] 신라[실라] 천리[철리] 광한루[광:할루] 대관령[대:괄령]
칼날[칼랄] 물난리[물랄리] 줄넘기[줄럼끼] 할는지[할른지]

[붙임] 첫소리 'ㄴ'이 'ㅀ', 'ㄾ' 뒤에 연결되는 경우에도 이에 준한다.

닳는[달른] 뚫는[뚤른] 핥네[할레]

다만, 다음과 같은 단어들은 'ㄹ'을 [ㄴ]으로 발음한다.

의견란[의:견난] 임진란[임:진난] 생산량[생산냥] 결단력[결딴녁] 공권력[공꿘녁] ★
동원령[동:원녕] 상견례[상견녜] 횡단로[횡단노] 이원론[이:원논] 입원료[이붠뇨]
구근류[구근뉴]

5. 경음화

제23항★ 받침 'ㄱ(ㄲ, ㅋ, ㄳ, ㄺ), ㄷ(ㅅ, ㅆ, ㅈ, ㅊ, ㅌ), ㅂ(ㅍ, ㄼ, ㄿ, ㅄ)' 뒤에 연결되는 'ㄱ, ㄷ, ㅂ, ㅅ, ㅈ'은 된소리로 발음한다.

국밥[국빱]	깎다[깍따]	넋받이[넉빠지]	삯돈[삭똔]	닭장[닥짱]
칡범[칙뻠]	뻗대다[뻗때다]	옷고름[옫꼬름]	있던[읻떤]	꽂고[꼳꼬]
꽃다발[꼳따발]	낯설다[낟썰다]	밭갈이[받까리]	솥전[솓쩐]	곱돌[곱똘]
덮개[덥깨]	옆집[엽찝]	넓죽하다[넙쭈카다]	읊조리다[읍쪼리다]	값지다[갑찌다]

제24항★ 어간 받침 'ㄴ(ㄵ), ㅁ(ㄻ)' 뒤에 결합되는 어미의 첫소리 'ㄱ, ㄷ, ㅅ, ㅈ'은 된소리로 발음한다.

신고[신ː꼬]	껴안다[껴안따] ★	앉고[안꼬] ★	얹다[언따] ★
삼고[삼ː꼬]	더듬지[더듬찌]	닮고[담ː꼬] ★	젊지[점ː찌]

다만, 피동, 사동의 접미사 '-기-'는 된소리로 발음하지 않는다.

안기다 ★	감기다	굶기다	옮기다

제26항 한자어에서, 'ㄹ' 받침 뒤에 연결되는 'ㄷ, ㅅ, ㅈ'은 된소리로 발음한다.

갈등[갈뜽]	발동[발똥]	절도[절또]	말살[말쌀]
불소[불쏘](弗素)	일시[일씨]	갈증[갈쯩]	물질[물찔]
발전[발쩐]	몰상식[몰쌍식]	불세출[불쎄출]	

다만, 같은 한자가 겹쳐진 단어의 경우에는 된소리로 발음하지 않는다.

허허실실[허허실실](虛虛實實)　　절절-하다[절절하다](切切-)

제28항★ 표기상으로는 사이시옷이 없더라도, 관형격 기능을 지니는 사이시옷이 있어야 할(휴지가 성립되는) 합성어의 경우에는, 뒤 단어의 첫소리 'ㄱ, ㄷ, ㅂ, ㅅ, ㅈ'을 된소리로 발음한다.

문-고리[문꼬리] ★	눈-동자[눈똥자] ★	신-바람[신빠람]	산-새[산쌔]
손-재주[손째주]	길-가[길까]	물-동이[물똥이]	발-바닥[발빠닥]
굴-속[굴ː쏙]	술-잔[술짠]	바람-결[바람껼]	그믐-달[그믐딸] ★
아침-밥[아침빱]	잠-자리[잠짜리]	강-가[강까]	초승-달[초승딸]
등-불[등뿔]	창-살[창쌀]	강-줄기[강쭐기]	

개념 암기 체크

제시된 발음이 올바르면 O, 틀리면 ×에 표시하시오.

01 겉옷[거돋] (O, ×)
02 천리[천니] (O, ×)
03 줄넘기[줄럼끼] (O, ×)
04 벼훑이[벼훌치] (O, ×)
05 공권력[공꿜력] (O, ×)
06 뻗대다[뻗대다] (O, ×)

정답 01 O　02 ×, [철리]　03 O　04 O　05 ×, [공꿘녁]　06 ×, [뻗때다]

6. 음의 첨가

제29항★ 합성어 및 파생어에서, 앞 단어나 접두사의 끝이 자음이고 뒤 단어나 접미사의 첫음절이 '이, 야, 여, 요, 유'인 경우에는, 'ㄴ' 음을 첨가하여 [니, 냐, 녀, 뇨, 뉴]로 발음한다.

솜-이불[솜:니불] ★ 홑-이불[혼니불] 막-일[망닐] 삯-일[상닐] ★
맨-입[맨닙] 꽃-잎[꼰닙] 내복-약[내:봉냑] 한-여름[한녀름]
남존-여비[남존녀비] 신-여성[신녀성] 색-연필[생년필] 직행-열차[지캥녈차]
늑막-염[능망념] 콩-엿[콩녇] 담-요[담:뇨] 눈-요기[눈뇨기]
영업-용[영엄뇽] 식용-유[시공뉴] ★ 백분-율[백뿐뉼] 밤-윷[밤:뉻]

다만, 다음과 같은 말들은 'ㄴ' 음을 첨가하여 발음하되, 표기대로 발음할 수 있다.

이죽-이죽[이중니죽/이주기죽] 야금-야금[야금냐금/야그먀금] 검열[검:녈/거:멸]
욜랑-욜랑[욜랑뇰랑/욜랑욜랑] 금융[금늉/그뮹]

[붙임 1] 'ㄹ' 받침 뒤에 첨가되는 'ㄴ' 음은 [ㄹ]로 발음한다.

들-일[들:릴] 솔-잎[솔립] 설-익다[설릭따] ★ 물-약[물략] 불-여우[불려우]
서울-역[서울력] 물-엿[물렫] ★ 휘발-유[휘발류] 유들-유들[유들류들]

[붙임 2] 두 단어를 이어서 한 마디로 발음하는 경우에도 이에 준한다.

한 일[한닐] 옷 입다[온닙따] 서른여섯[서른녀섣] 3 연대[삼년대] 먹은 엿[머근녇]
할 일[할릴] 잘 입다[잘립따] 스물여섯[스물려섣] 1 연대[일련대] 먹을 엿[머글렫]

다만, 다음과 같은 단어에서는 'ㄴ(ㄹ)' 음을 첨가하여 발음하지 않는다.

6·25[유기오] 3·1절[사밀쩔] 송별-연[송:벼련] 등-용문[등용문] ★

제30항 사이시옷이 붙은 단어는 다음과 같이 발음한다.

1. 'ㄱ, ㄷ, ㅂ, ㅅ, ㅈ'으로 시작하는 단어 앞에 사이시옷이 올 때는 이들 자음만을 된소리로 발음하는 것을 원칙으로 하되, 사이시옷을 [ㄷ]으로 발음하는 것도 허용한다.

냇가[내:까/낻:까] 샛길[새:낄/샏:낄] 빨랫돌[빨래똘/빨랟똘] 콧등[코뜽/콛뜽]
깃발[기빨/긷빨] 대팻밥[대:패빱/대:팯빱] 햇살[해쌀/핻쌀] 뱃속[배쏙/밷쏙]
뱃전[배쩐/밷쩐] 고갯짓[고개찓/고갣찓]

2. 사이시옷 뒤에 'ㄴ, ㅁ'이 결합되는 경우에는 [ㄴ]으로 발음한다.

콧날[콛날 → 콘날] 아랫니[아랟니 → 아랜니] 툇마루[퇻:마루 → 퇸:마루]
뱃머리[밷머리 → 밴머리]

3. 사이시옷 뒤에 '이' 음이 결합되는 경우에는 [ㄴㄴ]으로 발음한다.

베갯잇[베갣닏 → 베갠닏] 깻잎[깯닙 → 깬닙] 나뭇잎[나묻닙 → 나문닙]
도리깻열[도리깯녈 → 도리깬녈] 뒷윷[뒫:뉻 → 뒨:뉻]

유형 연습문제

1 <보기>의 ㄱ과 ㄴ에 해당하는 예로 올바르게 짝 지어지지 않은 것은?

<보기>

어감의 차이를 나타내는 단어 또는 발음이 비슷한 단어들이 다 같이 널리 쓰이는 경우에는, 그 모두를 표준어로 삼는다.
(ㄱ, ㄴ을 모두 표준어로 삼음)

	ㄱ	ㄴ
①	고까	꼬까
②	구린내	쿠린내
③	봉숭아	봉숭화
④	꺼림하다	께름하다
⑤	거슴츠레하다	게슴츠레하다

2 <보기>의 ㉠에 들어갈 표준어로 가장 적절한 것은?

<보기>

• 전남 방언: 여그서 집까지 가는 것이 생각보담은 솔찮을 것이요.
• 표준어: 여기서 집까지 가는 것이 생각보다는 [㉠] 것이에요.

① 귀찮을

② 마땅찮을

③ 수월찮을

④ 시원찮을

⑤ 여의찮을

3 밑줄 친 말이 어문 규범에 맞는 것은?

① 층간 소음으로 윗층을 경찰에 신고했다.

② 올해 태어난 새끼 염소는 모두 숫염소이다.

③ 아무리 돈을 많이 번대도 장삿치에 불과하다.

④ 그는 이 배역을 위해 구렛나루를 길렀다고 말했다.

⑤ 시집을 읽으며 마음에 든 싯구는 따로 적어 두었다.

4 <보기>의 ㉠ ~ ㉤에 대한 설명으로 적절하지 않은 것은?

<보기>

- 아는 가게에서 ㉠짠지 세 쪽을 얻어다 김치냉장고에 넣었다.
- 오늘만 식중독 증상을 보이는 환자가 ㉡건줌 열 명은 되는 것 같다.
- 할머니의 ㉢자리끼로 맹물과 보리차 중 무엇을 준비해 둘지 생각하고 있다.
- 책을 그렇게 읽는데 어휘력이 ㉣젬병이라니 책을 정말 읽긴 하는지 의문이다.
- 아이는 한 손에 갓 만들어진 ㉤강냉이를 쥐고 한 손으로는 엄마의 손을 잡았다.

① ㉠: '무를 통째로 소금에 짜게 절여서 묵혀 두고 먹는 김치'를 뜻하는 표준어이다.

② ㉡: '어느 한도에 매우 가까운 정도로'를 뜻하는 방언이다.

③ ㉢: '밤에 자다가 마시기 위하여 잠자리의 머리맡에 준비하여 두는 물'을 뜻하는 표준어이다.

④ ㉣: '형편없는 것을 속되게 이르는 말'로 표준어이다.

⑤ ㉤: ''옥수수'를 튀긴 것'을 뜻하는 방언이다.

5 <보기>에 따라 발음한 것으로 볼 수 없는 것은?

<보기>

두 개의 자음으로 이루어진 겹받침의 연음에 대해 다룬 표준 발음법 14항에 따르면 겹받침을 가진 말 뒤에 모음으로 시작하는 형식 형태소(조사, 어미, 접미사)가 결합하면 겹받침의 앞 자음은 음절의 종성에서 발음되고 겹받침의 뒤 자음은 다음 음절 초성으로 이동하여 발음된다. 다만, 겹받침의 두 번째 자음이 'ㅅ'인 경우 연음이 될 때 'ㅅ' 대신 [ㅆ]으로 발음된다는 점은 주의할 필요가 있다.

① 얇으니[얄브니]
② 읽으니[일그니]
③ 훑으니[훌트니]
④ 값있으니[갑씨쓰니]
⑤ 맛없으니[마덥쓰니]

6 표준 발음법에 따라 발음할 때, 밑줄 친 '이'가 [니]로 소리 나는 것을 <보기>에서 모두 고른 것은? (단, ㉠~㉢은 명사, ㉣은 부사이다.)

<보기>

㉠ 밭이랑　　㉡ 순이익　　㉢ 홑이불　　㉣ 이글이글

① ㉠, ㉣
② ㉡, ㉢
③ ㉠, ㉡, ㉢
④ ㉡, ㉢, ㉣
⑤ ㉠, ㉡, ㉢, ㉣

약점 보완 해설집 p.26

III. 어법

기출유형 11

외래어 표기법과 로마자 표기법에 맞는 표기 구분하기

출제 포인트 1 올바른 외래어 표기 구분하기

1. 외래어 표기법에 따라 외래어를 한글로 올바르게 표기할 수 있는지를 묻는 문제로, 주로 선택지 5개에 다른 외래어 표기를 제시하고 그중에서 바른 표기나 틀린 표기를 찾는 문제로 출제됩니다. 도시, 인명, 음식과 같이 한 주제와 관련된 외래어의 표기로만 선택지가 구성되기도 합니다.

2. 주로 다음과 같은 질문 형태로 출제됩니다.
   - 외래어 표기가 맞는/틀린 것은?
   - '주제'의 외래어 표기가 맞는/맞지 않은 것은?

풀이 전략

외래어 표기법의 기본 원칙과 영어 표기의 세칙을 알아 두면 이를 선택지에 적용해 옳고 그른 표기를 가려낼 수 있습니다. 이미 굳어진 외래어는 외래어 표기법의 세칙과 달리 관용에 따라 표기하기도 하니, 이러한 외래어는 별도로 암기해 둡시다.

예제

외래어 표기가 맞는 것은?

① 비전(vision)
② 코메디(comedy)
③ 리더쉽(leadership)
④ 크리스탈(crystal)
⑤ 전자렌지(電子range)

정답 ①

해설 외래어 표기법 제2장에 따라 'vision[viʒən]'에서 모음 [ə]는 'ㅓ'로 적고, 제3장 제1절 제3항에 따라 모음 앞의 자음 [ʒ]는 'ㅈ'으로 적으므로, '비전'은 올바른 외래어 표기이다.

② **코메디**(×) → **코미디**(○): 'comedy[kɒmədi]'는 관용에 따라 '코미디'로 표기한다.

③ **리더쉽**(×) → **리더십**(○): 외래어 표기법 제3장 제1절 제3항에 따라 'leadership[liːdəʃɪp]'에서 모음 [ɪ]와 결합하는 [ʃ]는 '시'로 적으므로 '리더십'이 올바른 표기이다.

④ **크리스탈**(×) → **크리스털**(○): 'crystal[krɪstl]'은 관용에 따라 '크리스털'로 표기한다.

⑤ **전자렌지**(×) → **전자레인지**(○): 외래어 표기법 제3장 제1절 제8항에 따라 'range[reɪndʒ]'에서 중모음 [eɪ]는 각 단모음의 음가를 살려 적으므로 '레인지'가 올바른 표기이다.

출제 포인트 2 올바른 로마자 표기 구분하기

1. 로마자 표기법에 따라 국어를 로마자로 올바르게 표기할 수 있는지를 묻는 문제로, 주로 선택지 5개에 다른 로마자 표기를 제시하고 그중에서 바른 표기나 틀린 표기를 찾는 문제로 출제됩니다. 지명, 문화재 등과 같이 주제가 같은 단어의 로마자 표기로만 선택지가 구성되기도 합니다.

2. 주로 다음과 같은 질문 형태로 출제됩니다.
   - 로마자 표기가 맞는/틀린 것은?
   - '주제'의 로마자 표기가 올바르지 않은 것은?

풀이 전략

국어의 로마자 표기는 표준 발음법에 따라 적는 것이 원칙입니다. 따라서 표준어의 자·모음을 로마자로 그대로 적는 것이 아니라 음운 변동의 결과에 따른 표준 발음을 로마자로 표기해야 하므로, 이 부분에 유의하며 올바른 로마자 표기를 구분해야 합니다.

예제

로마자 표기가 틀린 것은?

① 경포대(Gyeongpodae)
② 낙성대(Naksungdae)
③ 낙화암(Nakhwaam)
④ 무등산(Mudeungsan)
⑤ 백련사(Baengnyeonsa)

정답 ②

해설 **낙성대(Naksungdae)(×) → 낙성대(Nakseongdae)(○)**: 로마자 표기법 제2장 제1항에 따라 'ㅓ'는 'eo'로 적어야 하므로 '낙성대[낙썽대]'는 'Nakseongdae'로 표기해야 한다. 참고로, 된소리되기는 표기에 반영하지 않는다.

① **경포대(Gyeongpodae)(○)**: 로마자 표기법 제2장 제2항에 따라 'ㄱ'은 모음 앞에서 'g'로 적으므로, '경포대[경:포대]'는 'Gyeongpodae'로 적는다.

③ **낙화암(Nakhwaam)(○)**: 로마자 표기법 제3장 제1항에 따라 체언에서 'ㄱ' 뒤에 'ㅎ'이 따를 때에는 'ㅎ(h)'을 밝혀 적으므로, '낙화암[나콰암]'은 'Nakhwaam'으로 적는다.

④ **무등산(Mudeungsan)(○)**: 로마자 표기법 제2장 제1항에 따라 'ㅡ'는 'eu'로 적으므로, '무등산[무등산]'은 'Mudeungsan'으로 적는다.

⑤ **백련사(Baengnyeonsa)(○)**: 로마자 표기법 제3장 제1항에 따라 자음 사이에서 동화 작용이 일어나는 경우 이를 표기에 반영하므로 '백년사[뱅년사]'는 'Baengnyeonsa'로 적는다.

필수 암기 개념

모바일로 추가 어법 더 공부하기

1 올바른 외래어 표기

1. 외래어 표기법

암기 포인트
외래어/로마자 표기법에 따른 표기가 올바른지 파악하는 문제가 출제되므로, 각 표기법의 주요 원칙과 대표 예시를 함께 외워 두세요. 원칙을 예시로 이해하면 다른 표기에 적용하는 것이 더 수월해요.

1) 표기의 기본 원칙

제1항 외래어는 국어의 현용 24 자모만으로 적는다.

제2항 외래어의 1 음운은 원칙적으로 1 기호로 적는다.

제3항 받침에는 'ㄱ, ㄴ, ㄹ, ㅁ, ㅂ, ㅅ, ㅇ'만을 쓴다.

제4항 파열음 표기에는 된소리를 쓰지 않는 것을 원칙으로 한다.

제5항 이미 굳어진 외래어는 관용을 존중하되, 그 범위와 용례는 따로 정한다.

2) 표기 일람표-국제 음성 기호와 한글 대조표

자음			반모음		모음	
국제 음성 기호	한글		국제 음성 기호	한글	국제 음성 기호	한글
	모음 앞	자음 앞 또는 어말				
p	ㅍ	ㅂ, 프	j	이*	i	이
b	ㅂ	브	ɥ	위	y	위
t	ㅌ	ㅅ, 트	w	오, 우*	e	에
d	ㄷ	드			ø	외
k	ㅋ	ㄱ, 크			ɛ	에
g	ㄱ	그			ɛ̃	앵
f	ㅍ	프			œ	외
v	ㅂ	브			œ̃	욍
θ	ㅅ	스			æ	애
ð	ㄷ	드			a	아
s	ㅅ	스			ɑ	아
z	ㅈ	즈			ɑ̃	앙
ʃ	시	슈, 시			ʌ	어
ʒ	ㅈ	지			ɔ	오
ʦ	ㅊ	츠			ɔ̃	옹
ʣ	ㅈ	즈			o	오
ʧ	ㅊ	치			u	우
ʤ	ㅈ	지			ə**	어
m	ㅁ	ㅁ			ɚ	어

n	ㄴ	ㄴ				
ɲ	니*	뉴				
ŋ	ㅇ	ㅇ				
l	ㄹ, ㄹㄹ	ㄹ				
r	ㄹ	르				
h	ㅎ	흐				
ç	ㅎ	히				
x	ㅎ	흐				

* [j], [w]의 '이'와 '오, 우', 그리고 [ɲ]의 '니'는 모음과 결합할 때 제3장 표기 세칙에 따른다.
** 독일어의 경우에는 '에', 프랑스어의 경우에는 '으'로 적는다.

3) 표기 세칙-영어의 표기

제1항 무성 파열음 ([p], [t], [k])

1. 짧은 모음 다음의 어말 무성 파열음([p], [t], [k])은 받침으로 적는다.

gap[gæp] 갭　cat[kæt] 캣　book[buk] 북

2. 짧은 모음과 유음·비음([l], [r], [m], [n]) 이외의 자음 사이에 오는 무성 파열음([p], [t], [k])은 받침으로 적는다.

apt[æpt] 앱트　setback[setbæk] 셋백　act[ækt] 액트

3. 위 경우 이외의 어말과 자음 앞의 [p], [t], [k]는 '으'를 붙여 적는다.

stamp[stæmp] 스탬프　cape[keip] 케이프　nest[nest] 네스트　part[pɑːt] 파트
desk[desk] 데스크　make[meik] 메이크　apple[æpl] 애플

제2항 유성 파열음([b], [d], [g])

어말과 모든 자음 앞에 오는 유성 파열음은 '으'를 붙여 적는다.

bulb[bʌlb] 벌브　land[lænd] 랜드　zigzag[zigzæg] 지그재그
lobster[lɔbstə] 로브스터　kidnap[kidnæp] 키드냅　signal[signəl] 시그널

개념 암기 체크

제시된 외래어 표기가 올바르면 O, 틀리면 ×에 표시하시오.

01 cat 캣 (O, ×)
02 land 랜드 (O, ×)
03 act 액트 (O, ×)
04 stamp 스템프 (O, ×)
05 zigzag 지그재그 (O, ×)
06 lobster 랍스터 (O, ×)

정답 01 O　02 O　03 O　04 ×, 스탬프　05 O　06 ×, 로브스터

제3항 마찰음([s], [z], [f], [v], [θ], [ð], [ʃ], [ʒ])

1. 어말 또는 자음 앞의 [s], [z], [f], [v], [θ], [ð]는 '으'를 붙여 적는다.

mask[mɑːsk] 마스크 jazz[dʒæz] 재즈 graph[græf] 그래프
olive[ɔliv] 올리브 thrill[θril] 스릴 bathe[beið] 베이드

2. 어말의 [ʃ]는 '시'로 적고, 자음 앞의 [ʃ]는 '슈'로, 모음 앞의 [ʃ]는 뒤따르는 모음에 따라 '샤', '섀', '셔', '셰', '쇼', '슈', '시'로 적는다.

flash[flæʃ] 플래시 shrub[ʃrʌb] 슈러브 shark[ʃɑːk] 샤크
shank[ʃæŋk] 섕크 fashion[fæʃən] 패션 sheriff[ʃerif] 셰리프
shopping[ʃɔpiŋ] 쇼핑 shoe[ʃuː] 슈 shim[ʃim] 심

3. 어말 또는 자음 앞의 [ʒ]는 '지'로 적고, 모음 앞의 [ʒ]는 'ㅈ'으로 적는다.

mirage[mirɑːʒ] 미라지 vision[viʒən] 비전

제4항 파찰음([ʦ], [ʣ], [ʧ], [ʤ])

1. 어말 또는 자음 앞의 [ʦ], [ʣ]는 '츠', '즈'로 적고, [ʧ], [ʤ]는 '치', '지'로 적는다.

Keats[kiːʦ] 키츠 odds[ɔʣ] 오즈 switch[swiʧ] 스위치
bridge[briʤ] 브리지 Pittsburgh[piʦbəːg] 피츠버그 hitchhike[hiʧhaik] 히치하이크

2. 모음 앞의 [ʧ], [ʤ]는 'ㅊ', 'ㅈ'으로 적는다.

chart[ʧɑːt] 차트 virgin[vəːʤin] 버진

제5항 비음([m], [n], [ŋ])

1. 어말 또는 자음 앞의 비음은 모두 받침으로 적는다.

steam[stiːm] 스팀 corn[kɔːn] 콘 ring[riŋ] 링
lamp[læmp] 램프 hint[hint] 힌트 ink[iŋk] 잉크

2. 모음과 모음 사이의 [ŋ]은 앞 음절의 받침 'ㅇ'으로 적는다.

hanging[hæŋiŋ] 행잉 longing[lɔŋiŋ] 롱잉

제6항 유음([l])

1. 어말 또는 자음 앞의 [l]은 받침으로 적는다.

hotel[houtel] 호텔 pulp[pʌlp] 펄프

2. 어중의 [l]이 모음 앞에 오거나, 모음이 따르지 않는 비음([m], [n]) 앞에 올 때에는 'ㄹㄹ'로 적는다. 다만 비음([m], [n]) 뒤의 [l]은 모음 앞에 오더라도 'ㄹ'로 적는다.

slide[slaid] 슬라이드 film[film] 필름 helm[helm] 헬름
swoln[swouln] 스월른 Hamlet[hæmlit] 햄릿 Henley[henli] 헨리

제7항 장모음

장모음의 장음은 따로 표기하지 않는다.

team[tiːm] 팀 route[ruːt] 루트

제8항 중모음([ai], [au], [ei], [ɔi], [ou], [auə])

중모음은 각 단모음의 음가를 살려서 적되, [ou]는 '오'로, [auə]는 '아워'로 적는다.

time[taim] 타임 | house[haus] 하우스 | skate[skeit] 스케이트
oil[ɔil] 오일 | boat[bout] 보트 | tower[tauə] 타워

제9항 반모음([w], [j])

1. [w]는 뒤따르는 모음에 따라 [wə], [wɔ], [wou]는 '워', [wɑ]는 '와', [wæ]는 '왜', [we]는 '웨', [wi]는 '위', [wu]는 '우'로 적는다.

word[wəːd] 워드 | want[wɔnt] 원트 | woe[wou] 워 | wander[wɑndə] 완더
wag[wæg] 왜그 | west[west] 웨스트 | witch[witʃ] 위치 | wool[wul] 울

2. 자음 뒤에 [w]가 올 때에는 두 음절로 갈라 적되, [gw], [hw], [kw]는 한 음절로 붙여 적는다.

swing[swiŋ] 스윙 | twist[twist] 트위스트 | penguin[peŋgwin] 펭귄
whistle[hwisl] 휘슬 | quarter[kwɔːtə] 쿼터

3. 반모음 [j]는 뒤따르는 모음과 합쳐 '야', '얘', '여', '예', '요', '유', '이'로 적는다. 다만, [d], [l], [n] 다음에 [jə]가 올 때에는 각각 '디어', '리어', '니어'로 적는다.

yard[jɑːd] 야드 | yank[jæŋk] 얭크 | yearn[jəːn] 연
yellow[jelou] 옐로 ★ | yawn[jɔːn] 욘 | you[juː] 유
year[jiə] 이어 | Indian[indjən] 인디언 | battalion[bətæljən] 버탤리언
union[juːnjən] 유니언

제10항 복합어

1. 따로 설 수 있는 말의 합성으로 이루어진 복합어는 그것을 구성하고 있는 말이 단독으로 쓰일 때의 표기대로 적는다.

cuplike[kʌplaik] 컵라이크 | bookend[bukend] 북엔드 | headlight[hedlait] 헤드라이트
touchwood[tʌtʃwud] 터치우드 | sit-in[sitin] 싯인 | bookmaker[bukmeikə] 북메이커
flashgun[flæʃgʌn] 플래시건 | topknot[tɔpnɔt] 톱놋

2. 원어에서 띄어 쓴 말은 띄어 쓴 대로 한글 표기를 하되, 붙여 쓸 수도 있다.

Los Alamos[lɔsæləmous] 로스 앨러모스/로스앨러모스 | top class[tɔpklæs] 톱 클래스/톱클래스

개념 암기 체크

제시된 외래어 표기가 올바르면 ○, 틀리면 ×에 표시하시오.

01 jazz 재즈 (○, ×)
02 thrill 쓰릴 (○, ×)
03 flash 플래쉬 (○, ×)
04 vision 비젼 (○, ×)
05 yellow 옐로 (○, ×)
06 union 유니언 (○, ×)

정답 01 ○ 02 ×, 스릴 03 ×, 플래시 04 ×, 비전 05 ○ 06 ○

4) 인명, 지명 표기의 원칙

① 표기 원칙

제1항 외국의 인명, 지명의 표기는 제1장(표기의 기본 원칙), 제2장(표기 일람표), 제3장(표기 세칙)의 규정을 따르는 것을 원칙으로 한다.

제2항 제3장에 포함되어 있지 않은 언어권의 인명, 지명은 원지음을 따르는 것을 원칙으로 한다.

Ankara 앙카라　　Gandhi 간디

제3항 원지음이 아닌 제3국의 발음으로 통용되고 있는 것은 관용을 따른다.

Hague 헤이그　　Caesar 시저

제4항 고유 명사의 번역명이 통용되는 경우 관용을 따른다.

Pacific Ocean 태평양　　Black Sea 흑해

② 동양의 인명, 지명 표기

제1항 중국 인명은 과거인과 현대인을 구분하여 과거인은 종전의 한자음대로 표기하고, 현대인은 원칙적으로 중국어 표기법에 따라 표기하되, 필요한 경우 한자를 병기한다.

제2항 중국의 역사 지명으로서 현재 쓰이지 않는 것은 우리 한자음대로 하고, 현재 지명과 동일한 것은 중국어 표기법에 따라 표기하되, 필요한 경우 한자를 병기한다.

제3항 일본의 인명과 지명은 과거와 현대의 구분 없이 일본어 표기법에 따라 표기하는 것을 원칙으로 하되, 필요한 경우 한자를 병기한다.

제4항 중국 및 일본의 지명 가운데 한국 한자음으로 읽는 관용이 있는 것은 이를 허용한다.

東京 도쿄, 동경　　京都 교토, 경도　　上海 상하이, 상해
臺灣 타이완, 대만　　黃河 황허, 황하

③ 바다, 섬, 강, 산 등의 표기 세칙

제1항 바다는 '해(海)'로 통일한다.

홍해　　발트해　　아라비아해

제2항 우리나라를 제외하고 섬은 모두 '섬'으로 통일한다.

타이완섬　　코르시카섬　　(우리나라: 제주도, 울릉도)

제3항 한자 사용 지역(일본, 중국)의 지명이 하나의 한자로 되어 있을 경우, '강', '산', '호', '섬' 등은 겹쳐 적는다.

온타케산(御岳)　　주장강(珠江)　　도시마섬(利島)　　하야카와강(早川)　　위산산(玉山)

제4항 지명이 산맥, 산, 강 등의 뜻이 들어 있는 것은 '산맥', '산', '강' 등을 겹쳐 적는다

Rio Grande 리오그란데강　　Monte Rosa 몬테로사산
Mont Blanc 몽블랑산　　Sierra Madre 시에라마드레산맥

2. 기출 외래어 표기

바른 표기	틀린 표기	바른 표기	틀린 표기
가톨릭(Catholic)	카톨릭, 카돌릭, 캐돌릭	**앰뷸런스**(ambulance) ★	앰뷰런스, 앰블런스
거즈(gauze)	가우즈, 거제	**양곤**(Yangon)	양건, 앙곤
규슈/구주(Kyûshû[九州]) ★	큐슈	**에이미**(Amy)	어마이, 애미
내레이터(narrator)	나레이터	**에인절**(angel)	앤젤, 엔젤
내비게이션(navigation)	네비게이션	**에티오피아**(Ethiopia) ★	이디오피아
냅킨(napkin)	내프킨	**엘리자베스**(Elizabeth)	일리자베스, 에리자베스
노즐(nozzle)	노쯜	**엘보**(elbow)	엘보우
데님(denim)	디님	**옌볜/연변**(Yánbiān) ★	옌벤
데이비드(David)	데이빗	**오뎅**(oden[御田])	오덴
뎅기(dengue)	덴귀, 덴그	**오리지널**(original)	오리지날
디지털(digital)	디지탈	**오일펜스**(oil fence)	오일휀스
라이선스(license)	라이썬스, 라이센스	**옥스퍼드**(Oxford) **대학**	옥스포드 대학
랑데부(rendez-vous)	랑데뷰, 레덴쯔보우스	**우즈베키스탄**(Uzbekistan)	우즈베끼스딴
레모네이드(lemonade)	레몬에이드, 레먼레이드	**전자레인지**(電子range)	전자레인쥐, 전자렌지
레퍼토리(repertory)	레파토리, 리퍼토리	**조지아**(Georgia)	지오르지아
렌터카(rent-a-car)	렌타카, 랜터카	**카디건**(cardigan)	캐어디건, 가디건
리더십(leadership)	리더쉽, 리이더십	**카레**(karê<curry)	커리
리처드(Richard)	리차드, 리챠드	**카스텔라**(castela)	캐스텔라
링거(Ringer) ★	닝겔, 링겔	**카탈로그**(catalog)	카달로그
마네킹(mannequin)	마네킨, 마네퀸	**카페라테**(caffè latte)	카페라떼, 까페라테
마요네즈(mayonnaise)	마요네스	**캐러멜**(caramel)	카라멜
말레이시아(Malaysia) ★	말레이시야, 말레이지아	**커트**(cut)[2)] ★	컽
매머드(mammoth)	맘모스, 맴머드	**컨테이너**(container)	콘테이너
매사추세츠(Massachusetts)	메사추세츠	**컷**(cut)[3)] ★	컽
메커니즘(mechanism)	매커니즘, 메카니즘	**케이크**(cake)	케잌
무함마드(Muhammad)	무하마드	**케임브리지**(Cambridge)	케임브릿지, 캠브리지
바비큐(barbecue)	바베큐	**케첩**(ketchup)	케찹
바지선(barge船)	베어지선	**코미디**(comedy)	커메디, 코메디
백파이프(bagpipe)	빽파이프	**콘플레이크**(cornflakes)	콘후레이크

개념 암기 체크

제시된 외래어 표기가 올바르면 O, 틀리면 ×에 표시하시오.

01 license 라이센스 (O, ×)
02 repertory 레퍼토리 (O, ×)
03 original 오리지널 (O, ×)
04 lemonade 레몬에이드 (O, ×)
05 oil fence 오일휀스 (O, ×)
06 Uzbekistan 우즈베키스탄 (O, ×)

정답 01 ×, 라이선스 02 O 03 O 04 ×, 레모네이드 05 ×, 오일펜스 06 O

밴디지(bandage)	반디지, 밴다지	**콜롬비아**(Colombia)	컬롬비아
버밍엄(Birmingham, 영국)[1]	버밍햄	**콤마**(comma)	코마, 컴마
베네수엘라(Venezuela) ★	베네주엘라, 베너수엘라	**쿠알라룸푸르** (Kuala Lumpur) ★	콸라룸푸르
볼(bowl)	보울, 바울	**크로켓**(croquette)	크로케, 크로케트
불도그(bulldog)	불독, 벌도그	**크리스털**(crystal)	크리스탈
블록체인(block chain)	블럭체인, 블락체인	**클라리넷**(clarinet)	클레리넷, 클라리네트
비타민 시(vitamin C)	바이타민 시, 비타민 씨	**타깃**(target)	타겟, 타기트
샐러드(salad)	쌜러드, 사라다	**타이베이**(Táiběi)	타이페이
샤머니즘(shamanism)	샤마니즘, 섀머니즘	**타이프**(type)[4]	타입
소시지(sausage)	소세지, 쏘시지	**타입**(type)[5]	타잎
스태프(staff) ★	스탭, 스탶	**톈진**(Tiānjīn[天津])	천진
스탠퍼드(Stanford) **대학**	스탠포드	**트럼펫**(trumpet)	트럼페트
심벌(Symbol)	씸벌	**트롬본**(trombone)	트롬보운
심포지엄(symposium) ★	심포지움, 씸포지엄	**펄 벅**(Pearl Buck)	펄 북, 펄 버크
싱가포르(Singapore) ★	싱가폴, 씽가포르	**페미니즘**(feminism)	피미니즘
아랍에미리트 (Arab Emirates)	아랍에미레이트	**포르투갈**(Portugal) ★	포르추갈, 폴투갈
아이티(Haïti)	하이티	**푸껫**(Phuket) ★	푸케트, 푸켓
아케이드(arcade)	아르케이드, 아케이데	**프라이**(fry)	후라이
악센트(accent)	액센트	**플루트**(flute)	프루트
알고리즘(algorism)	앨고리즘, 알고리슴	**피에로**(pierrot)	삐에로
알코올(alcohol)	알코홀, 알콜	**하버드**(Harvard)	하바드
앙케트(enquête)	앙케이트, 앙케에트	**헤이룽장**(Hēilóngjiāng)	헤이륭장
앙코르(encore)	앵코르, 앵콜	**호찌민**(Ho Chi Minh) ★	호치민, 오치민
액셀러레이터(accelerator)	악셀러레이트	**휴머니즘**(humanism)	휴매니즘, 후머니즘

[1] 'Birmingham'은 영국 잉글랜드 중앙부에 있는 공업 도시를 뜻하면 '버밍엄'으로, '미국 앨라배마주에 있는 공업 도시'를 뜻하면 '버밍햄'으로 표기한다.

[2] ① 전체에서 일부를 잘라 내는 일. 또는 진행되던 일을 중간에서 차단하는 일 ② 미용을 목적으로 머리를 자르는 일. 또는 그 머리 모양

[3] 한 번의 연속 촬영으로 찍은 장면을 이르는 말

[4] 손가락으로 글자판의 키를 눌러 종이에 글자를 찍는 기계

[5] 어떤 부류의 형식이나 형태

2 올바른 로마자 표기

1. 국어의 로마자 표기법

1) 표기의 기본 원칙

제1항 국어의 로마자 표기는 국어의 표준 발음법에 따라 적는 것을 원칙으로 한다.

제2항 로마자 이외의 부호는 되도록 사용하지 않는다.

2) 표기 일람

제1항 모음은 다음 각호와 같이 적는다.

1. 단모음

ㅏ	ㅓ	ㅗ	ㅜ	ㅡ	ㅣ	ㅐ	ㅔ	ㅚ	ㅟ
a	eo	o	u	eu	i	ae	e	oe	wi

2. 이중 모음

ㅑ	ㅕ	ㅛ	ㅠ	ㅒ	ㅖ	ㅘ	ㅙ	ㅝ	ㅞ	ㅢ
ya	yeo	yo	yu	yae	ye	wa	wae	wo	we	ui

[붙임 1] 'ㅢ'는 'ㅣ'로 소리 나더라도 ui로 적는다.

광희문 Gwanghuimun

[붙임 2] 장모음의 표기는 따로 하지 않는다.

제2항 자음은 다음 각호와 같이 적는다.

1. 파열음

ㄱ	ㄲ	ㅋ	ㄷ	ㄸ	ㅌ	ㅂ	ㅃ	ㅍ
g, k	kk	k	d, t	tt	t	b, p	pp	p

2. 파찰음

ㅈ	ㅉ	ㅊ
j	jj	ch

3. 마찰음

ㅅ	ㅆ	ㅎ
s	ss	h

4. 비음

ㄴ	ㅁ	ㅇ
n	m	ng

5. 유음

ㄹ
r, l

[붙임 1] 'ㄱ, ㄷ, ㅂ'은 모음 앞에서는 'g, d, b'로, 자음 앞이나 어말에서는 'k, t, p'로 적는다.([ ] 안의 발음에 따라 표기함.)

구미	Gumi	영동	Yeongdong	백암	Baegam
옥천	Okcheon	합덕	Hapdeok	호법	Hobeop
월곶[월곧]	Wolgot	벚꽃[벋꼳]	beotkkot	한밭[한받]	Hanbat

[붙임 2] 'ㄹ'은 모음 앞에서는 'r'로, 자음 앞이나 어말에서는 'l'로 적는다. 단, 'ㄹㄹ'은 'll'로 적는다.

구리	Guri	설악	Seorak	칠곡	Chilgok
임실	Imsil	울릉	Ulleung	대관령[대괄령]	Daegwallyeong

개념 암기 체크

제시된 외래어 표기가 올바르면 O, 틀리면 ×에 표시하시오.

01 Phuket 푸켓 (O, ×)
02 flute 프루트 (O, ×)
03 Portugal 포르투칼 (O, ×)
04 symposium 심포지엄 (O, ×)
05 Singapore 싱가포르 (O, ×)
06 Ho Chi Minh 호찌민 (O, ×)

정답 01 ×, 푸껫 02 ×, 플루트 03 ×, 포르투갈 04 O 05 O 06 O

3) 표기상의 유의점

제1항 음운 변화가 일어날 때에는 변화의 결과에 따라 다음 각호와 같이 적는다.

1. 자음 사이에서 동화 작용이 일어나는 경우

백마[뱅마]	Baengma	신문로[신문노]	Sinmunno	종로[종노] ★	Jongno
왕십리[왕심니]	Wangsimni	별내[별래]	Byeollae	신라[실라]	Silla

2. 'ㄴ, ㄹ'이 덧나는 경우

학여울[항녀울]	Hangnyeoul	알약[알략]	allyak

3. 구개음화가 되는 경우

해돋이[해도지]	haedoji	같이[가치]	gachi	굳히다[구치다]	guchida

4. 'ㄱ, ㄷ, ㅂ, ㅈ'이 'ㅎ'과 합하여 거센소리로 소리 나는 경우

좋고[조코]	joko	놓다[노타]	nota
잡혀[자펴]	japyeo	낳지[나치]	nachi

다만, 체언에서 'ㄱ, ㄷ, ㅂ' 뒤에 'ㅎ'이 따를 때에는 'ㅎ'을 밝혀 적는다.

묵호 ★	Mukho	집현전	Jiphyeonjeon

[붙임] 된소리되기는 표기에 반영하지 않는다.

압구정	Apgujeong	낙동강 ★	Nakdonggang	죽변	Jukbyeon
낙성대 ★	Nakseongdae	합정	Hapjeong	팔당	Paldang

제2항 발음상 혼동의 우려가 있을 때에는 음절 사이에 붙임표(-)를 쓸 수 있다.

중앙	Jung-ang	반구대 ★	Ban-gudae
세운	Se-un	해운대 ★	Hae-undae

제3항 고유 명사는 첫 글자를 대문자로 적는다.

부산	Busan	세종	Sejong

제4항 인명은 성과 이름의 순서로 띄어 쓴다. 이름은 붙여 쓰는 것을 원칙으로 하되 음절 사이에 붙임표(-)를 쓰는 것을 허용한다.(( ) 안의 표기를 허용함.)

민용하 Min Yongha (Min Yong-ha)　　송나리 Song Nari (Song Na-ri)

1. 이름에서 일어나는 음운 변화는 표기에 반영하지 않는다.

한복남	Han Boknam (Han Bok-nam)	홍빛나	Hong Bitna (Hong Bit-na)

2. 성의 표기는 따로 정한다.

제5항 '도, 시, 군, 구, 읍, 면, 리, 동'의 행정 구역 단위와 '가'는 각각 'do, si, gun, gu, eup, myeon, ri, dong, ga'로 적고, 그 앞에는 붙임표(-)를 넣는다. 붙임표(-) 앞뒤에서 일어나는 음운 변화는 표기에 반영하지 않는다.

충청북도	Chungcheongbuk-do	제주도	Jeju-do
의정부시	Uijeongbu-si	양주군	Yangju-gun
도봉구	Dobong-gu	신창읍	Sinchang-eup
삼죽면	Samjuk-myeon	인왕리	Inwang-ri
당산동	Dangsan-dong	봉천 1동	Bongcheon 1(il)-dong
종로 2가	Jongno 2(i)-ga	퇴계로 3가 ★	Toegyero 3(sam)-ga

[붙임] '시, 군, 읍'의 행정 구역 단위는 생략할 수 있다.

청주시	Cheongju	함평군	Hampyeong	순창읍	Sunchang

제7항 자연 지물명, 문화재명, 인공 축조물명은 붙임표(-) 없이 붙여 쓴다.

남산 ★	Namsan	속리산 ★	Songnisan
금강	Geumgang	독도	Dokdo
경복궁 ★	Gyeongbokgung	무량수전	Muryangsujeon
연화교	Yeonhwagyo	극락전	Geungnakjeon
안압지	Anapji	남한산성	Namhansanseong
화랑대 ★	Hwarangdae	불국사	Bulguksa
현충사	Hyeonchungsa	독립문	Dongnimmun
오죽헌	Ojukheon	촉석루 ★	Chokseongnu
종묘	Jongmyo	다보탑 ★	Dabotap

제8항 인명, 회사명, 단체명 등은 그동안 써 온 표기를 쓸 수 있다.

제8항 학술 연구 논문 등 특수 분야에서 한글 복원을 전제로 표기할 경우에는 한글 표기를 대상으로 적는다. 이때 글자 대응은 제2장을 따르되 'ㄱ, ㄷ, ㅂ, ㄹ'은 'g, d, b, l'로만 적는다. 음가 없는 'ㅇ'은 붙임표(-)로 표기하되 어두에서는 생략하는 것을 원칙으로 한다. 기타 분절의 필요가 있을 때에도 붙임표(-)를 쓴다.

집	jib	짚	jip
밖	bakk	값	gabs
붓꽃	buskkoch	먹는	meogneun
독립	doglib	문리	munli
물엿	mul-yeos	굳이	gud-i
좋다	johda	가곡	gagog
조랑말	jolangmal	없었습니다	eobs-eoss-seubnida

개념 암기 체크

제시된 로마자 표기가 올바르면 ○, 틀리면 ×에 표시하시오.

01 종로 Jongno (○, ×)
02 알약 alnyak (○, ×)
03 묵호 Mukho (○, ×)
04 집현전 Jipyeonjeon (○, ×)
05 낙동강 Nakddonggang (○, ×)
06 반구대 Ban-gudae (○, ×)

정답 01 ○ 02 ×, allyak 03 ○ 04 ×, Jiphyeonjeon 05 ×, Nakdonggang 06 ○

2. 기출 로마자 표기

가로수길	Garosugil	세종로(도로명 주소)	Sejong-ro
가야곡면	Gayagok-myeon	속초	Sokcho
가좌3동	Gajwa 3(sam)-dong	송편	songpyeon
갈비찜	galbi-jjim	숙정문 ★	Sukjeongmun
강강술래 ★	Ganggangsullae	숭례문 ★	Sungnyemun
강남대로(도로명 주소)	Gangnam-daero	식혜	sikhye
경국사	Gyeongguksa	신선로 ★	sinseollo
경포대	Gyeongpodae	신안	Sinan
계룡산	Gyeryongsan	여의도	Yeouido
광안리(해수욕장) ★	Gwangalli	연날리기	Yeonnalligi
광장시장	Gwangjang Market	영일대	Yeongildae
김말이	kimmari	영천시	Yeongcheon-si
꽃게장	kkotgejang	영화교	Yeonghwagyo
낙산	Naksan	오륙도	Oryukdo
낙지전골	nakjijeongol	욕지도	Yokjido
낙화암 ★	Nakhwaam	윷놀이	Yunnori
널뛰기	neolttwigi	을밀대	Eulmildae
덕룡산	Deongnyongsan	을지로2가	Euljiro 2(i)-ga
덕유산	Deogyusan	의상대	Uisangdae
돈의문	Donuimun	익산쌍릉	Iksan Ssangneung
돌솥비빔밥	dolsotbibimbap	잡채	japchae
동묘	Dongmyo	창덕궁	Changdeokgung
동성로1가	Dongseongno 1(il)-ga	철판구이	cheolpan-gui
떡국	tteokguk	첨성대 ★	Cheomseongdae
떡볶이 ★	tteokbokki	청량리	Cheongnyangni
만덕사지	Mandeoksaji	초지진	Chojijin
멧나물	Mennamul	축령산	Chungnyeongsan
명동	Myeong-dong	칼국수	kalguksu
몽촌토성	Mongchontoseong	탕수육	tangsuyuk
무등산	Mudeungsan	태종대	Taejongdae
무영탑	Muyeongtap	평창군	Pyeongchang-gun
백련사	Baengnyeonsa	한강	Hangang, Hangang River
보신각	Bosingak	한강공원	Hangang Park
북한산	Bukhansan	협재	Hyeopjae
비빔밥 ★	bibimbap	훈민정음 ★	Hunminjeongeum
사직단	Sajikdan	흥례문	Heungnyemun
석굴암	Seokguram	흥인지문 ★	Heunginjimun
석빙고	Seokbinggo	희망	huimang

유형 연습문제

1 다음 중 외래어 표기가 올바른 것은?

① 보울(bowl) ② 카페라떼(caffè latte) ③ 비타민 씨(vitamin C)
④ 레몬에이드(lemonade) ⑤ 콘플레이크(cornflakes)

2 '바다 위에 유출된 기름이 퍼지는 것을 막기 위하여 수면에 설치하는 울타리 모양의 부체'를 의미하는 외래어의 표기로 옳은 것은?

① 오일팬스 ② 오일펀스 ③ 오일펜스
④ 오일핀스 ⑤ 오일휀스

3 조선 시대 문화재를 로마자 표기법에 따라 표기하려고 한다. 다음 중 올바르지 <u>않은</u> 것은?

① 동묘: Dongmyo ② 사직단: Sajikdan ③ 숭례문: Sungryemun
④ 동의보감: Donguibogam ⑤ 훈민정음: Hunminjeongeum

4 다음 중 로마자 표기가 옳지 <u>않은</u> 것은?

① 알약 alyak ② 여의도 Yeouido ③ 떡볶이 tteokbokki
④ 북한산 Bukhansan ⑤ 극락전 Geungnakjeon

약점 보완 해설집 p.27

기출유형 12 문법에 맞는 발음·단어·문장 구분하기

출제 포인트 1 올바른 발음 구분하기

1. 국어의 말소리, 즉 발음에 적용되는 기본적인 문법을 이해하고 있는지 묻는 문제입니다. 최근 어법 영역보다는 국어 문화 영역에서 출제되는 경향을 보이며, 주로 음운 변동에 대한 주제가 다양한 형태로 출제됩니다.

2. 주로 다음과 같은 질문 형태로 출제됩니다.
   - <보기>의 사례로 적절한/적절하지 않은 것은?

     ※ <보기>에 말소리와 관련 있는 설명이 제시되고, 그와 관련 있는 예를 찾는 문제

풀이 전략

표준어 규정의 표준 발음법에서 다룬 내용을 이해하고 있다면 더욱 수월하게 문제를 풀 수 있습니다. 음운 변동의 개념과 원리를 알아야 풀 수 있으니 주요 개념과 대표적 사례를 반드시 암기해야 합니다.

예제

<보기>의 사례로 적절하지 않은 것은?

<보기>

'ㄹ'과 'ㄴ'이 인접하면, 'ㄴ'이 'ㄹ'에 동화되어 'ㄹ'로 바뀌게 되는데, 이러한 음운 현상을 '유음화'라고 한다.

① 칼날
② 신라
③ 천리
④ 광한루
⑤ 상견례

정답 ⑤

해설 '상견례'는 'ㄴ' 뒤에 있는 'ㄹ'이 'ㄴ'으로 바뀌어 [상견녜]로 발음하므로, 유음화의 사례로 적절하지 않다. 참고로, 'ㄴ'이 'ㄹ'의 앞에 올 때, 앞의 'ㄴ'이 'ㄹ'로 바뀌기도 하고 뒤의 'ㄹ'이 'ㄴ'으로 바뀌기도 한다.

①②③④ '칼날[칼랄]', '신라[실라]', '천리[철리]', '광한루[광:할루]'는 'ㄹ'의 앞이나 뒤에 있는 'ㄴ'이 [ㄹ]로 발음되므로 모두 유음화 사례로 적절하다.

출제 포인트 2 단어의 품사·형성법·활용법 구분하기

1. 국어의 단어에 적용되는 기본적인 문법을 이해하고 있는지 묻는 문제로, 최근 어법 영역보다는 국어 문화 영역에서 출제되는 경향을 보입니다. 주로 단어 형성 방식(파생어, 합성어), 활용 형태에 대한 주제로 출제됩니다.

2. 주로 다음과 같은 질문 형태로 출제됩니다.
   - <보기>의 사례로 적절한/적절하지 않은 것은?

풀이 전략

단어의 품사, 형성법, 활용법 문제를 해결하려면, 반드시 해당 개념을 숙지해야 하니 자주 나오는 단어의 품사, 접두사, 불규칙 용언은 꼭 암기해 둡시다. 만약 어떤 단어의 의미와 용례를 구분하는 문제가 나온다면, 제시된 문장에서 그 단어가 어떤 역할을 하고 있는지의 관점에서 문제를 풀면 됩니다.

예제

<보기>의 용례로 적절한 것은?

<보기>

로: 「조사」 어떤 일의 수단·도구를 나타내는 격 조사

① 낮 기온이 영하로 떨어졌다.
② 이 가게는 대추차로 유명하다.
③ 그녀는 기업의 대표 이사로 있다.
④ 그는 추석에 기차로 본가에 내려갔다.
⑤ 바람이 열린 문틈 사이로 빠져나갔다.

정답 ④

해설 문맥상 그가 기차를 이용하여 본가로 이동한다는 뜻으로, 조사 '로'는 그가 이동하는 수단이 기차임을 나타내고 있다. 따라서 답은 ④이다.
① 변화의 결과를 나타내는 격 조사 '로'가 쓰였다.
② 어떤 일의 원인이나 이유를 나타내는 격 조사 '로'가 쓰였다.
③ 지위나 신분 또는 자격을 나타내는 격 조사 '로'가 쓰였다.
⑤ 움직임의 경로를 나타내는 격 조사 '로'가 쓰였다.

출제 포인트 3 문장의 높임법과 구조 구분하기

1. 국어의 문장에 적용되는 기본적인 문법을 이해하고 있는지 묻는 문제로, 최근 어법 영역보다는 국어 문화 영역에서 출제되는 경향을 보입니다. 문장에 쓰인 높임법이 어떤 대상을 높이고 있는지, 문장이 홑문장과 겹문장 중 어떠한 구조로 이루어졌는지 등을 물으며, 보기에 겹문장의 개념을 제시하고 그에 해당하는 예문을 찾거나 문장에 쓰인 높임법 표현의 설명이 적절한지를 묻는 형태로 출제됩니다. '기출유형12 문법에 맞는 발음·단어·문장 구분하기'에서 최근 가장 많이 나오는 출제 포인트입니다.

2. 주로 다음과 같은 질문 형태로 출제됩니다.
   - <보기>의 사례로 적절한/적절하지 않은 것은?
   - 높임에 대한 설명으로 적절하지 않은 것은?

풀이 전략

높임법 문제에는 우리가 흔히 쓰는 높임 표현이 나오므로 따로 외우지 않아도 됩니다. 문장에서 높이는 대상만 파악한다면 문제를 쉽게 풀 수 있습니다. 단, 상대 높임법의 높임 표현은 종결 어미에 따라 다르고, 사용되는 어미가 헷갈릴 수 있으니 상대 높임법에 따른 종결 어미는 암기해 둡시다.

예제

높임법의 설명으로 적절하지 않은 것은?

① 부장님, 점심 식사는 하셨습니까?
→ 종결 어미 '-습니까'를 사용하여, 청자인 '부장님'을 높이고 있다.

② 친구는 선생님께 모르는 문제를 여쭈었다.
→ '여쭈다'를 사용하여, 객체인 선생님을 높이고 있다.

③ 큰아버지께서는 아버지와 함께 약주를 잡수셨다.
→ '잡수다'의 높임말인 '잡수시다'를 사용하여, 객체인 큰아버지를 높이고 있다.

④ 할아버지께서는 팔순이 넘으셨는데도 뼈가 튼튼하시다.
→ 높임 대상인 할아버지의 신체 일부를 '-시-'로 높여, 주체인 할아버지를 높이고 있다.

⑤ 어머니께서 만드신 갈치조림은 언제 먹어도 맛있습니다.
→ 조사 '께서'를 사용하여, 주체인 어머니를 높이고 있다.

정답 ③

해설 '잡수시다'는 '잡수다'의 높임말로, 문장의 주체인 '큰아버지'를 높이고 있다.

필수 암기 개념

1 말소리

암기포인트
국어 문화 영역에서도 현대 문법 이론이 적용된 문제가 출제되니 문법 원리 중에서 자주 출제되는 음운 변동 현상, 단어 형성 방식, 높임 표현을 중심으로 주요 이론을 외워 두세요.

1. 음운

1) 개념

말의 뜻을 구별하여 주는 소리의 가장 작은 단위

2) 종류

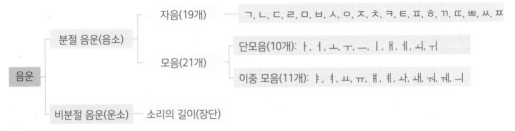

- 음운
  - 분절 음운(음소)
    - 자음(19개) — ㄱ, ㄴ, ㄷ, ㄹ, ㅁ, ㅂ, ㅅ, ㅇ, ㅈ, ㅊ, ㅋ, ㅌ, ㅍ, ㅎ, ㄲ, ㄸ, ㅃ, ㅆ, ㅉ
    - 모음(21개)
      - 단모음(10개): ㅏ, ㅓ, ㅗ, ㅜ, ㅡ, ㅣ, ㅐ, ㅔ, ㅚ, ㅟ
      - 이중 모음(11개): ㅑ, ㅕ, ㅛ, ㅠ, ㅒ, ㅖ, ㅘ, ㅙ, ㅝ, ㅞ, ㅢ
  - 비분절 음운(운소) — 소리의 길이(장단)

2. 국어 음운 체계

1) 자음 체계

조음 방법 \ 조음 위치			입술소리(양순음)	잇몸소리(치조음)	센입천장소리(경구개음)	여린입천장소리(연구개음)	목청소리(후음)
안울림소리	파열음	예사소리	ㅂ	ㄷ		ㄱ	
		된소리	ㅃ	ㄸ		ㄲ	
		거센소리	ㅍ	ㅌ		ㅋ	
	파찰음	예사소리			ㅈ		
		된소리			ㅉ		
		거센소리			ㅊ		
	마찰음	예사소리		ㅅ			ㅎ
		된소리		ㅆ			
울림소리	비음		ㅁ	ㄴ		ㅇ	
	유음			ㄹ			

개념 암기 체크

다음 조건에 해당하는 자음을 쓰시오.

01 여린입천장소리, 비음 (　　　　)
02 입술소리, 파열음, 예사소리 (　　　　)
03 센입천장소리, 파찰음, 된소리 (　　　　)

정답 01 ㅇ 02 ㅂ 03 ㅉ

2) 모음 체계

① **단모음**: 소리를 내는 도중에 입술 모양이나 혀의 위치가 달라지지 않는 모음

혀의 위치 / 혀의 높이 / 입술의 모양	전설 모음		후설 모음	
	평순 모음	원순 모음	평순 모음	원순 모음
고모음	ㅣ	ㅟ	ㅡ	ㅜ
중모음	ㅔ	ㅚ	ㅓ	ㅗ
저모음	ㅐ		ㅏ	

② **이중 모음**: 단모음과 반모음이 결합한 것으로, 소리를 내는 도중에 입술 모양이나 혀의 위치가 달라지는 모음

상향 이중 모음	ㅣ[j] + 단모음	ㅑ, ㅕ, ㅛ, ㅠ, ㅒ, ㅖ
	ㅗ/ㅜ[w] + 단모음	ㅘ, ㅙ, ㅝ, ㅞ
하향 이중 모음	단모음 + ㅣ[j]	ㅢ

③ **반모음**: 이중 모음을 만드는 'j', 'w'로, 모음과 같이 발음하지만 독립적으로 하나의 음절을 이루지 못하고 다른 모음에 붙어야 발음될 수 있는 모음

3. 국어의 음운 변동

교체(대치)	원래의 음운이 다른 음운으로 바뀌는 현상	음절의 끝소리 규칙, 비음화, 유음화, 구개음화, 된소리되기
축약	두 음운이 합쳐져 하나의 음운으로 줄어드는 현상	자음 축약, 모음 축약
탈락	원래 있던 음운이 없어지는 현상	자음군 단순화, 'ㅎ' 탈락, 'ㄹ' 탈락, 'ㅡ' 탈락
첨가	원래 없던 새로운 음운이 덧붙는 현상	'ㄴ' 첨가

1) 교체(대치)

① **음절의 끝소리 규칙★**: 음절의 끝에서 발음되는 자음은 'ㄱ, ㄴ, ㄷ, ㄹ, ㅁ, ㅂ, ㅇ' 7가지로 제한되며, 그 외의 자음이 오면 이 중 하나로 변하여 발음되는 현상

받침(끝소리)	발음	예	받침(끝소리)	발음	예
ㄱ,ㄲ,ㅋ	[ㄱ]	박[박], 밖[박], 부엌[부억]	ㄹ	[ㄹ]	말[말]
ㄴ	[ㄴ]	간[간]	ㅁ	[ㅁ]	밤[밤]
ㄷ, ㅌ, ㅅ, ㅆ, ㅈ, ㅊ, ㅎ	[ㄷ]	낟[낟], 낱[낟], 낫[낟], 났[낟], 낮[낟], 낯[낟], 히읗[히읃]	ㅂ, ㅍ	[ㅂ]	법[법], 무릎[무릅]
			ㅇ	[ㅇ]	방[방]

② **비음화★**: 비음이 아닌 자음이 비음(ㄴ, ㅁ, ㅇ)을 만나 비음으로 발음되는 현상

'ㄱ, ㄷ, ㅂ' + 'ㄴ, ㅁ' → [ㅇ, ㄴ, ㅁ]	예 국민[궁민]★, 맏물[만물], 밥물[밤물]★, 집념[짐념]
'ㅁ, ㅇ' + 'ㄹ' → [ㅁ, ㅇ] + [ㄴ]	예 담력[담:녁], 강릉[강능]

③ **유음화★**: 'ㄴ'이 'ㄹ'의 앞이나 뒤에서 'ㄹ'로 변하는 현상

순행적 유음화 'ㄹ' + 'ㄴ' → [ㄹㄹ]	예 실내[실래], 칼날[칼랄]
역행적 유음화 'ㄴ' + 'ㄹ' → [ㄹㄹ]	예 신라[실라]★, 진리[질리]

④ **구개음화** ★: 끝소리 'ㄷ, ㅌ'이 모음 'ㅣ'나 반모음 'ㅣ[j]'로 시작하는 형식 형태소와 만나 구개음 'ㅈ, ㅊ'으로 바뀌거나, 'ㄷ' 뒤에 형식 형태소 '히'가 올 때 'ㅎ'과 결합하여 이루어진 'ㅌ'이 'ㅊ'이 되는 현상

'ㄷ' + 'ㅣ' → [지]	예 미닫이[미:다지], 해돋이[해도지]
'ㅌ' + 'ㅣ' → [치]	예 같이[가치], 쇠붙이[쇠부치/쉐부치]
'ㄷ' + '히' → [티] → [치]	예 닫히다[다치다], 묻히다[무치다]

⑤ **된소리되기(경음화)** ★: 예사소리(ㄱ, ㄷ, ㅂ, ㅅ, ㅈ)였던 것이 된소리(ㄲ, ㄸ, ㅃ, ㅆ, ㅉ)로 바뀌는 현상

안울림소리가 안울림소리와 만날 때	예 돋보기[돋뽀기], 딛개[딛깨], 역도[역또]
용언 어간의 끝소리가 [ㄴ, ㅁ]일 때	예 신다[신:따], 앉고[안꼬], 닮고[담:꼬], 삼고[삼:꼬]
관형사형 어미 '-ㄹ' 뒤에 올 때	예 할 바[할 빠]
한자어의 받침 'ㄹ' 뒤에 'ㄷ, ㅅ, ㅈ'이 올 때	예 갈등(葛藤)[갈뜽], 일시(日時)[일씨], 물질(物質)[물찔]

⑥ **모음 조화** ★: 양성 모음(ㅏ, ㅗ)은 양성 모음끼리, 음성 모음(ㅓ, ㅜ)은 음성 모음끼리 어울리는 현상
예 알록달록, 얼룩덜룩, 퐁당퐁당, 풍덩풍덩

2) 축약

① **자음 축약(거센소리되기, 격음화)** ★: 'ㄱ, ㄷ, ㅂ, ㅈ'과 'ㅎ'이 만나면 이 두 자음이 하나로 줄어들어 거센소리(격음)인 [ㅋ, ㅌ, ㅍ, ㅊ]으로 발음되는 현상
예 끊기어[끈키어/끈키여], 맏형[마텽], 입학[이팍], 젖히다[저치다]

② **모음 축약**: 두 모음이 줄어들어 한 음절이 되는 현상
예 되 + 어 → 돼, 먹이 + 어 → 먹여, 보 + 아라 → 봐라

3) 탈락

① **자음군 단순화** ★: 음절 끝의 겹받침 중 한 자음이 탈락하는 현상

받침		발음	예
ㄳ, ㄵ, ㄶ, ㄽ, ㄾ, ㅀ, ㅄ		앞 자음으로 발음(뒤 자음 탈락)	넋[넉], 앉다[안따], 않는[안는], 곬[골], 핥지[할찌], 끓는[끌른], 없다[업:따]
ㄻ, ㄿ		뒤 자음으로 발음(앞 자음 탈락)	삶[삼:], 읊다[읍따]
ㄺ	원칙	뒤 자음 [ㄱ]으로 발음	맑다[막따], 흙담[흑땀]
	예외	용언의 어간 말음인 경우, 'ㄱ' 앞에서 [ㄹ]로 발음	맑고[말꼬]
ㄼ	원칙	앞 자음 [ㄹ]로 발음	넓다[널따], 여덟[여덜]
	예외	• '밟-'은 자음 앞에서 [밥]으로 발음 • '넓-'은 복합어 중 '넓죽하다', '넓둥글다' 등에서 [넙]으로 발음	• 밟다[밥:따], 밟는[밥:는 → 밤:는] • 넓죽하다[넙쭈카다], 넓둥글다[넙뚱글다]

개념 암기 체크

다음 단어의 발음이 맞으면 O, 틀리면 × 표시하시오.

01 밖[박] (O, ×)
02 국민[국민] (O, ×)
03 맏물[맘물] (O, ×)
04 해돋이[해도지] (O, ×)
05 돋보기[돋보기] (O, ×)

정답 01 O 02 ×, [궁민] 03 ×, [만물] 04 O 05 ×, [돋뽀기]

② **자음 · 모음 탈락**

종류	원리	예
'ㄹ' 탈락	• 용언의 어간 끝소리 'ㄹ'이 'ㄴ, ㅂ, ㅅ' 등을 첫소리로 가지는 어미 앞에서 탈락 • 단어가 형성될 때, 'ㄴ, ㄷ, ㅅ, ㅈ' 앞에서 'ㄹ'이 탈락	• 살 + 는 → [사:는], 알 + ㅂ시다 → [압:시다] • 솔 + 나무 → [소나무], 바늘 + 질 → [바느질]
'ㅎ' 탈락	용언 어간의 끝소리인 'ㅎ'이 모음으로 시작하는 형식 형태소와 결합할 때 탈락	끓어[끄러], 쌓아[싸아]
'ㅡ' 탈락	용언 어간 끝소리의 모음 'ㅡ'가 모음으로 시작하는 어미 앞에서 탈락	크 + 어 → [커], 모으 + 아도 → [모아도]

4) 첨가

① **'ㄴ' 첨가** ★: 앞말이 자음으로 끝나고 뒷말이 '이, 야, 여, 요, 유'로 시작할 때 'ㄴ'이 그사이에 덧붙는 현상

조건	예
파생어(접두 파생어)	맨입[맨닙]★, 막일[막닐 → 망닐]
합성어	눈약[눈냑], 색연필[색년필 → 생년필]
단어 경계 사이	한 일[한닐], 한국 요리[한:국뇨리 → 한:궁뇨리]

2 단어

1. 품사(단어의 갈래)

단어의 문법적 성질이 같은 것끼리 묶은 갈래

단어의 형태 변화 유무	단어의 기능	단어의 의미
불변어	체언	명사
		대명사
		수사
	수식언	관형사
		부사
	독립언	감탄사
	관계언	조사
가변어		서술격 조사('이다')
	용언	동사
		형용사

1) 체언 - 명사, 대명사, 수사

① **명사**: 사람이나 사물의 이름을 나타내는 품사

구분	종류	개념	예
사용 범위	**보통 명사**	같은 종류의 모든 사물에 두루 쓰이는 명사	나라, 사람, 바다
	고유 명사	낱낱의 특정한 사물이나 사람을 다른 것들과 구별하여 부르기 위하여 고유의 기호를 붙인 이름	경주, 서울, 한강

자립성 유무	자립 명사	다른 말의 도움을 받지 않고 단독으로 쓰일 수 있는 명사	물건, 장소, 학교
	의존 명사	의미가 형식적이어서 다른 말 아래에 기대어 쓰이는 명사	것, 바, 수
감정 표현 능력 유무	유정 명사	감정을 나타내는, 사람이나 동물을 가리키는 명사	사람, 말, 소
	무정 명사	감정을 나타내지 못하는, 식물이나 무생물을 가리키는 명사	돌, 산, 바다
손으로 만질 수 있는지 여부	구체 명사	구체적인 모습을 갖춘 물건을 나타내는 명사	구리, 나무, 돌
	추상 명사	추상적 개념을 나타내는 명사	사랑, 삶, 희망

② **대명사:** 사람이나 사물의 이름을 대신 나타내는 말. 또는 그런 말들을 지칭하는 품사

㉠ **인칭 대명사:** 사람을 가리키는 대명사

종류	개념	예
1인칭	말하는 사람이 자기를 이르는 인칭	나, 우리, 저, 저희
2인칭	듣는 사람을 이르는 인칭	너, 너희, 자네, 당신, 댁, 그대
3인칭	화자와 청자 이외의 사람을 가리키는 말	그, 그녀, 이이, 그이, 저이, 이분, 그분, 저분
미지칭	모르는 사람을 가리키는 대명사	누구
부정칭	정해지지 않은 사람을 가리키는 대명사	아무, 아무개
재귀칭	앞에 나온 체언을 도로 나타내는 삼인칭 대명사	자기, 당신

㉡ **지시 대명사:** 어떤 사물이나 처소 등을 이르는 대명사

종류	개념	예
사물	사물을 가리키는 지시 대명사	이것, 그것, 저것, 무엇
장소	처소를 가리키는 지시 대명사	여기, 거기, 저기, 어디
미지칭	모르는 사물을 가리키는 대명사	어디, 무엇
부정칭	정해지지 않은 물건, 방향, 장소 등을 가리키는 대명사	어디, 무엇

③ **수사:** 사물의 수량이나 순서를 나타내는 품사

종류	개념	예
양수사	수량을 셀 때 쓰는 수사	하나, 둘, 셋
서수사	순서를 나타내는 수사	첫째, 둘째, 셋째, 제일, 제이, 제삼

개념 암기 체크

다음 단어의 발음이 맞으면 ○, 틀리면 × 표시하시오.

01 맨입[맨닙] (○, ×)

02 눈약[누냑] (○, ×)

03 색연필[색년필] (○, ×)

정답 01 ○ 02 ×, [눈냑] 03 ×, [생년필]

2) 관계언 - 조사

① **조사:** 체언이나 부사, 어미 등에 붙어 그 말과 다른 말과의 문법적 관계를 표시하거나 그 말의 뜻을 도와주는 품사

㉠ **격 조사:** 체언이나 체언 구실을 하는 말 뒤에 붙어 앞말이 다른 말에 대하여 갖는 일정한 자격을 나타내는 조사

종류	개념	예
주격 조사	문장 안에서, 체언이나 체언 구실을 하는 말 뒤에 붙어 주어의 자격을 가지게 하는 격 조사	• 제**가** 반장입니다. • 아버님**께서** 신문을 보신다. • 정부**에서** 실시한 조사 결과가 발표되었다.
목적격 조사	문장 안에서, 체언이나 체언 구실을 하는 말 뒤에 붙어 목적어 자격을 가지게 하는 격 조사	• 꽃**을** 가꾸다. • 이 시계는 친구**를** 주려고 산 것이다.
서술격 조사	문장 안에서, 체언이나 체언 구실을 하는 말 또는 일부 부사나 연결 어미 뒤에 붙어 서술어 자격을 가지게 하는 격 조사	• 이것은 책**이다**. • 너는 어떻게 입만 열면 불평**이니**?
보격 조사	문장 안에서, 체언이나 체언 구실을 하는 말 뒤에 붙어 보어 자격을 가지게 하는 격 조사	• 고래는 물고기**가** 아니다. • 드디어 동생이 학생회장**이** 되었다.
관형격 조사	문장 안에서, 앞에 오는 체언이나 체언 구실을 하는 말이 뒤에 오는 체언이나 체언 구실을 하는 말의 관형어임을 보이는 조사	우리**의** 학교
부사격 조사	문장 안에서, 체언이나 체언 구실을 하는 말 뒤에 붙어 부사어 자격을 가지게 하는 격 조사	• 이 물건은 시장**에서** 사 왔다. • 갑작스러운 폭우**로** 농작물이 떠내려갔다.
호격 조사	문장 안에서, 체언이나 체언 구실을 하는 말 뒤에 붙어 독립어 자격을 가지게 하는 격 조사	영숙**아**, 이리 와 봐.

㉡ **접속 조사:** 둘 이상의 단어나 구 등을 같은 자격으로 이어 주는 구실을 하는 조사

예 • 개**와** 고양이　• 붓**하고** 먹을 가져오너라.　• 오늘 나는 영희**랑** 철수**랑** 영수를 우리 집에 초대했다.

㉢ **보조사:** 체언, 부사, 활용 어미 등에 붙어서 어떤 특별한 의미를 더해 주는 조사

종류	의미	예
은/는	대조	인생**은** 짧고 예술**은** 길다.
만	한정	모임에 그 사람**만** 참석했다.
도	역시	밥만 먹지 말고 반찬**도** 먹어라.
까지	극단	우리가 할 수 있는 데**까지** 해 봅시다.
마는	반전	사고 싶다**마는** 돈이 없군.
그려/그래	감탄	• 꽃이 폈네**그려**. • 자네 오늘은 기분이 좋아 보이는구먼**그래**.
요	높임	잠이 안 오는걸**요**.

3) 용언 - 동사, 형용사

① **동사:** 사물의 동작이나 작용을 나타내는 품사

종류	개념	예
자동사	동사가 나타내는 동작이나 작용이 주어에만 미치는 동사	꽃이 **피다**.
타동사	동작의 대상인 목적어를 필요로 하는 동사	밥을 **먹다**.

② **형용사:** 사물의 성질이나 상태를 나타내는 품사

종류	개념	예
성상 형용사	사물의 성질이나 상태를 나타내는 형용사	초콜릿이 **달다**.
지시 형용사	사물의 성질, 시간, 수량 등이 어떠하다는 것을 형식적으로 나타내는 형용사	이야기의 전모는 **이러하다**.

③ **동사와 형용사의 구별**

㉠ **의미로 구별하기**

품사	구별 방법	예
동사	주어의 동작을 나타내는 말	불이 나자 사람들이 비상구 쪽으로 **뛰었다**.
형용사	주어의 상태나 성질을 나타내는 말	방 안이 깨끗하다.

㉡ **명령형 어미 '-아라/-어라', 청유형 어미 '-자' 사용 여부로 구별하기**

품사	구별 방법	예
동사	명령형/청유형 어미 사용 가능 (사람의 움직임을 나타내는 동사에만 적용 가능)	• 어서 **일어나라**. • 다 같이 **일어나자**.
형용사	명령형/청유형 어미 사용 불가	• 아름다워라.(×) • 귀엽자.(×)

㉢ **현재 시제 선어말 어미 '-ㄴ-/-는-' 사용 여부로 구별하기**

품사	구별 방법	예
동사	현재 시제 선어말 어미 사용이 가능	달리- + -ㄴ + -다 → 달린다
형용사	현재 시제 선어말 어미 사용 불가	예쁘- + -ㄴ + -다 → 예쁜다(×)

④ **용언의 활용**

㉠ **규칙 활용:** 어간에 어미가 결합할 때 어간과 어미 모두 형태 변화가 없거나 보편적 음운 규칙으로 형태 변화가 설명되는 활용

종류	변화의 양상	예
'ㅡ' 탈락	용언의 어간 'ㅡ'가 모음 어미 앞에서 탈락	담그- + -아 → 담가
'ㄹ' 탈락	어간의 끝소리 'ㄹ'이 'ㄴ, ㅂ, ㅅ'로 시작하는 어미와 어미 '-(으)오, -(으)ㄹ' 앞에서 탈락	날- + -는 → 나는

개념 암기 체크

다음 설명이 맞으면 ○, 틀리면 × 표시하시오.

01 형용사에는 명령형/청유형 어미를 사용할 수 없다. (○, ×)

02 조사는 체언, 부사, 어미 등에 붙을 수 있다. (○, ×)

03 조사는 수식언으로 다른 말의 뜻을 도와준다. (○, ×)

정답 01 ○ 02 ○ 03 ×, 관계언

ⓒ **불규칙 활용**: 어간에 어미가 결합할 때 어간이나 어미의 형태가 달라지는 경우로, 보편적 음운 규칙으로 설명할 수 없는 활용

구분	종류	변화의 양상	불규칙 활용 예	규칙 활용 예
어간이 바뀌는 경우	'ㅅ' 불규칙	어간 끝소리 'ㅅ'이 모음 어미 앞에 탈락	짓- + -어 → 지어	벗- + -어 → 벗어
	'ㄷ' 불규칙	어간 끝소리 'ㄷ'이 모음 어미 앞에서 'ㄹ'로 교체	싣- + -은 → 실은	얻- + -은 → 얻은
	'ㅂ' 불규칙	어간 끝소리 'ㅂ'이 모음 어미 앞에서 '오/우'로 교체	곱- + -아 → 고와	잡- + -아 → 잡아
	'르' 불규칙	어간 끝소리 '르'가 모음 어미 앞에서 'ㄹㄹ'로 교체	흐르- + -어 → 흘러	따르- + -아 → 따라
	'우' 불규칙	어간 끝소리 '우'가 모음 어미 앞에서 탈락	푸- + -어 → 퍼	주- + -어 → 줘
어미가 바뀌는 경우	'여' 불규칙	'하'로 끝나는 어간에 결합한 어미 '-아'가 '여'로 교체	하- + -어 → 하여	사- + -아 → 사
	'러' 불규칙	'르'로 끝나는 어간에 결합한 어미 '-어'가 '-러'로 교체	푸르- + -어 → 푸르러	치르- + -어 → 치러
	'오' 불규칙	'달-/다-'와 결합한 명령형 어미가 '-오'로 교체	달- + -아라 → 다오	주- + -어라 → 주어라
어간과 어미가 모두 바뀌는 경우	'ㅎ' 불규칙	'ㅎ'으로 끝나는 어간에 모음 어미 '-아/-어'가 결합하면 어간 끝소리 'ㅎ'이 탈락하고 어미가 '-애/-에'로 교체	파랗- + -아 → 파래	좋- + -아 → 좋아

4) 수식언 - 관형사, 부사

① **관형사**: 체언(명사, 대명사, 수사) 앞에 놓여서, 그 체언의 내용을 자세히 꾸며 주는 품사

종류	개념	예
성상 관형사	사람이나 사물의 모양, 상태, 성질을 나타내는 관형사	갖은 고생, 새 건물, 순 살코기, 옛 추억, 헌 돈
지시 관형사	특정한 대상을 지시하여 가리키는 관형사	그 이야기, 다른 일, 이 아이, 저 거리
수 관형사	사물의 수나 양을 나타내는 관형사	한 마리, 두 개

② **부사**: 용언(동사, 형용사) 또는 다른 말 앞에 놓여 그 뜻을 분명하게 하는 품사

㉠ **성분 부사**: 문장의 한 성분을 꾸며 주는 부사

종류	개념	예
성상 부사	사람이나 사물의 모양, 상태, 성질을 한정하여 꾸미는 부사	매우, 바로, 잘
지시 부사	처소나 시간을 가리켜 한정하거나 앞의 이야기에 나온 사실을 가리키는 부사	이리, 그리, 어제, 내일
부정 부사	용언의 앞에 놓여 그 내용을 부정하는 부사	못, 안

㉡ **문장 부사**: 문장 전체를 꾸미는 부사

종류	개념	예
양태 부사	화자의 태도를 나타내는 문장 부사	과연, 설마, 제발
접속 부사	앞의 체언이나 문장의 뜻을 뒤의 체언이나 문장에 이어 주면서 뒤의 말을 꾸며 주는 부사	그러나, 그런데, 그리고

5) 독립언 - 감탄사

① **감탄사:** 말하는 이의 본능적인 놀람이나 느낌, 부름, 응답 등을 나타내는 말

종류	개념	예
감정 감탄사	상대를 의식하지 않고 감정을 표출하는 감탄사	• **아**! 차가워라. (놀람) • **후유**! (한숨)
의지 감탄사	상대를 의식하고 생각·의지를 표출하는 감탄사	• **그래**, 알아들었으니까 그만 가 봐. • **글쎄**, 잘 모르겠는데요.
입버릇 감탄사	특별한 의미 없이 입버릇으로 내는 감탄사	• **에**, 그게 누구였지? • 그게 누구더라, **거시기** 말이야.

2. 단어의 형성 ★

1) 단일어

하나의 실질 형태소(어근)로 된 단어

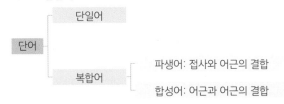

- 단어
  - 단일어
  - 복합어
    - 파생어: 접사와 어근의 결합
    - 합성어: 어근과 어근의 결합

2) 복합어

① **파생어**

㉠ **접두 파생어(접두사 + 어근)**

접두사	의미	예
강-	• '다른 것이 섞이지 않고 그것만으로 이루어진'의 뜻을 더하는 접두사 • '마른' 또는 '물기가 없는'의 뜻을 더하는 접두사 • '억지스러운'의 뜻을 더하는 접두사 • '몹시'의 뜻을 더하는 접두사	• **강**굴, **강**술 • **강**기침, **강**더위 • **강**울음, **강**호령 • **강**마르다, **강**받다
개-	'야생 상태의' 또는 '질이 떨어지는', '흡사하지만 다른'의 뜻을 더하는 접두사	**개**떡, **개**꿀
군-	• '쓸데없는'의 뜻을 더하는 접두사 • '가외로 더한', '덧붙은'의 뜻을 더하는 접두사	• **군**것, **군**기침 • **군**사람, **군**식구
덧-	• '거듭된' 또는 '겹쳐 신거나 입는'의 뜻을 더하는 접두사 • '거듭' 또는 '겹쳐'의 뜻을 더하는 접두사	• **덧**니, **덧**신 • **덧**대다, **덧**붙이다

개념 암기 체크

밑줄 친 용언의 활용이 맞으면 ○, 틀리면 × 표시하시오.

01 앞산이 한결 더 푸르러 보인다. (○, ×)
02 빨리 물건을 배에 싣어 보내라. (○, ×)
03 카페에는 조용한 음악이 흘렀다. (○, ×)
04 몸이 허한 것 같아서 보약을 짖어 먹었다. (○, ×)
05 얼굴이 파래서 묻는 말에 대답도 안 한다. (○, ×)

정답 01 ○ 02 ×, 실어 03 ○ 04 ×, 지어 05 ○

되-	'도로'의 뜻을 더하는 접두사	되찾다, **되**팔다
맨-	'다른 것이 없는'의 뜻을 더하는 접두사	**맨**눈, 맨손
엇-	'어긋나게' 또는 '삐뚜로'의 뜻을 더하는 접두사	**엇**걸리다, 엇나가다
올-	'생육 일수가 짧아 빨리 여무는'의 뜻을 더하는 접두사	**올**콩, 올벼
짓-	'마구', '함부로', '몹시'의 뜻을 더하는 접두사	**짓**누르다, 짓밟다
풋-	'처음 나온', 또는 '덜 익은'의 뜻을 더하는 접두사	**풋**고추, **풋**김치
헛-	'이유 없는', '보람 없는'의 뜻을 더하는 접두사	**헛**걸음, 헛수고
호-	'중국에서 들여온'의 뜻을 더하는 접두사	호떡, **호**주머니
홀-	'짝이 없이 혼자뿐인'의 뜻을 더하는 접두사	홀몸, **홀**시아버지

Ⓛ 접미 파생어

■ 어근 + 한정적 접미사(어근의 뜻만 한정)

접미사	의미	예
-남	'남자'의 뜻을 더하는 접미사	유부**남**, 이혼남
-발	'기세' 또는 '힘'의 뜻을 더하는 접미사	끗**발**, 말발
-배기	'그 나이를 먹은 아이'의 뜻을 더하는 접미사	두 살**배기**
-유	'식용 기름'의 뜻을 더하는 접미사	감람**유**, 올리브유
-족	'민족'의 뜻을 더하는 접미사	게르만**족**, 만주족
-주	'술'의 뜻을 더하는 접미사	과실주, 인삼**주**
-쯤	'알맞은 한도, 그만큼가량'을 더하는 접미사	내일**쯤**, 이**쯤**
-기-	'사동'의 뜻을 더하는 접미사	신기다
-우-		돋우다
-이-		붙이다
-히-		묻히다

■ 어근 + 지배적 접미사(어근의 품사를 바꿈)

접미사	의미	예
-껏	'그것이 닿는 데까지'의 뜻을 더하고 부사를 만드는 접미사	마음**껏**, 힘**껏**
-롭다	'그러함' 또는 '그럴 만함'의 뜻을 더하고 형용사를 만드는 접미사	신비**롭다**, 흥미롭다
-ㅁ/-음	명사를 만드는 접미사	웃**음**, 젊음
-이		길**이**, 높**이**
-이	부사를 만드는 접미사	나날**이**, 낱낱이
-히		대단히, 조용**히**
-보	'그러한 행위를 특성으로 지닌 사람'의 뜻을 더하고 명사를 만드는 접미사	먹**보**, 울보
-하다	동사를 만드는 접미사	공부하다, 사랑하다

② 합성어

㉠ 의미 범주에 따른 분류

종류	개념	예
대등 합성어	어근이 대등하게 결합하여 본래의 뜻을 유지하는 합성어	논밭, 앞뒤
종속 합성어	한쪽의 어근이 다른 한쪽의 어근을 수식하는 합성어	찹쌀떡, 쇠망치
융합 합성어	어근과 어근이 만나 새로운 의미를 나타내는 합성어	연세(年歲)

㉡ 형성 절차에 따른 분류

종류	개념 및 형성 방법	예
통사적 합성어	우리말의 일반적인 단어 배열법과 일치하는 합성어 • 명사 + 명사 • 어간 + 연결 어미 + 어간 • 관형어(관형사, 용언의 관형사형 등) + 명사 • 주어/목적어/부사어 + 서술어(조사 생략 인정) • 부사 + 용언 • 부사 + 부사 • 감탄사 + 감탄사	밤낮(명사 + 명사), 새해(관형어 + 명사)
비통사적 합성어	우리말의 일반적인 단어 배열법과 일치하지 않는 합성어 • 어간 + 명사 • 어간 + 연결 어미 + 명사 • 어간 + 어간(연결 어미 생략) • 부사 + 명사	늦더위(어간 + 명사), 검붉다(어간 + 어간)

개념 암기 체크

다음 설명이 맞으면 ○, 틀리면 × 표시하시오.

01 파생어는 어근과 어근의 결합으로 이루어졌다. (○, ×)

02 '덧대다'의 '덧-'은 '거듭' 또는 '겹쳐'의 뜻을 더하는 접두사이다. (○, ×)

03 '강마르다'의 '강-'은 '마른' 또는 '물기가 없는'의 뜻을 더하는 접두사이다. (○, ×)

정답 01 ×, 접사와 어근의 결합 02 ○ 03 ×, '몹시'의 뜻을 더하는 접두사

3 문장

1. 문장과 문장 성분

1) 문장의 개념

단위	개념	예
문장	• 생각이나 감정을 말과 글로 표현할 때 완결된 내용을 나타내는 최소의 단위 • 주어와 서술어를 갖추고 있는 것이 원칙이나 때로 생략될 수 있음	**우리 언니는 머리가 길다.**
절	주어와 서술어를 갖추었으나 독립하여 쓰이지 못하고 다른 문장의 한 성분으로 쓰이는 단위	우리 언니는 **머리가 길다.**
구	• 둘 이상의 단어가 모여 절이나 문장의 일부분을 이루는 토막 • 한 단어 또는 품사로 쓰이는 것처럼 보임	**우리 언니는** 머리가 길다.
어절	• 문장을 구성하고 있는 각각의 마디 • 문장 성분의 최소 단위, 띄어쓰기의 단위	**우리∨언니는∨머리가∨길다.** (4어절)

2) 문장 성분

구분	개념	문장 성분
주성분	문장의 골격을 이루는 필수적인 성분	주어, 서술어, 목적어, 보어
부속 성분	주성분의 내용을 꾸며 뜻을 더하여 주는 문장 성분	관형어, 부사어
독립 성분	문장의 주성분이나 부속 성분과 직접적인 관련을 맺지 않고 따로 떨어져 있는 성분	독립어

① **주어:** 주요 문장 성분의 하나로, 서술어가 나타내는 동작이나 상태의 주체가 되는 말

㉠ **주어의 성립**

구분	예
체언 또는 체언 구실을 하는 말 + 주격 조사	• **맑은 하늘이** 좋다. • **할머니께서** 편찮으시다. • **우리나라에서** 올림픽을 주최한다.
체언 + 보조사	**지수는** 민지를 좋아한다.
사람의 수를 나타내는 체언 + 주격 조사 '서'	**혼자서** 집을 지키고 있다.

② **서술어:** 한 문장에서 주어의 움직임, 상태, 성질 등을 서술하는 말

㉠ **서술어의 성립**

구분	예
용언(동사, 형용사)	• 나는 신문을 **본다.** • 우리 강아지는 정말 **귀엽다.**
체언 또는 체언 구실을 하는 말 + 서술격 조사	• 이것은 **책이다.** • 그는 매사에 **적극적이다.**
본용언 + 보조 용언(하나의 서술어)	동생이 과자를 **다 먹어 버렸다.**

ⓛ **서술어의 자릿수**: 서술어인 용언의 종류에 따라 필수적으로 요구하는 문장 성분의 개수

구분	필수 성분	예
한 자리 서술어	주어	첫닭이(주어) 울었다(서술어).
두 자리 서술어	주어, 목적어	나는(주어) 불우 이웃을(목적어) 도왔다(서술어).
	주어, 보어	물이(주어) 얼음이(보어) 되다(서술어).
	주어, 부사어	아이는(주어) 옷장에(부사어) 숨었다(서술어).
세 자리 서술어	주어, 목적어, 부사어	그녀는(주어) 가방에(부사어) 거울을(목적어) 넣었다(서술어).

③ **목적어**: 주요 문장 성분의 하나로, 타동사가 쓰인 문장에서 동작의 대상이 되는 말

㉠ **목적어의 성립**

구분	예
체언 또는 체언 구실을 하는 말 + 목적격 조사	• **그림을** 그리다. • 그는 **그녀가 오기를** 기다렸다.
체언 + 보조사	나는 **노래도** 잘 부른다.
체언 + 보조사 + 목적격 조사	동생은 새로운 **컴퓨터만을** 바라고 있다.

④ **보어**: 서술어 '되다', '아니다'의 필수 성분으로, 주어와 서술어만으로는 뜻이 완전하지 못한 문장에서 그 불완전한 곳을 보충하여 뜻을 완전하게 하는 수식어

㉠ **보어의 성립**

구분	예
체언 + 보격 조사	• 드디어 동생이 **학생회장이** 되었다. • 그것은 **쉬운 일이** 아니다.

개념 암기 체크

다음 설명이 맞으면 O, 틀리면 × 표시하시오.

01 보어는 서술어 '되다', '아니다'의 필수 성분이다. (O, ×)

02 '아이는 옷장에 숨었다'는 세 자리 서술어에 해당한다. (O, ×)

03 주어는 서술어가 나타내는 동작이나 상태의 주체가 되는 문장 성분이다. (O, ×)

정답 01 O 02 ×, 두 자리 서술어 03 O

⑤ **관형어**: 체언 앞에서 체언의 뜻을 꾸며 주는 구실을 하는 문장 성분

㉠ **관형어의 성립**

구분	예
관형사	**한** 가지만 더 물어보자.
용언의 관형사형	옆에서 **자는** 사람을 깨웠다.
체언	**고향** 친구를 만났다.
체언 또는 체언 구실을 하는 말 + 관형격 조사	가을은 **독서의** 계절이다.

⑥ **부사어**: 용언, 관형어, 부사어, 문장 전체를 수식하는 문장 성분

㉠ **부사어의 성립**

구분	예
부사	이 과자는 **매우** 달다.
체언 + 부사격 조사	동생은 **나보다** 키가 크다.
용언의 부사형	오늘은 **이상하게** 기분이 좋다.
부사절	비행기는 **눈이 많이 와서** 이륙하지 못했다.
부사어 + 보조사	시간이 **빨리도** 간다.

㉡ **부사어의 종류**

구분	개념	예
성분 부사어	다른 문장 성분을 수식	배가 **너무** 아프다.
문장 부사어	문장 전체를 수식	**과연** 듣던 대로 재미있는 공연이구나.

㉢ **필수적 부사어**: 문장의 서술어가 되는 용언에 따라 필수적으로 요구되는 부사어

예 그녀는 성실을 **신조로** 삼는다. → '삼다'는 세 자리 서술어로, 부사어가 필수적으로 요구된다.

⑦ **독립어**: 문장의 다른 성분과 밀접한 관계가 없이 독립적으로 쓰는 말

㉠ **독립어의 성립**

구분	예
감탄사	**아이고**, 간 떨어질 뻔했다.
체언 + 호격 조사	**규성아**, 이리 와 봐.
제시어(보임말)	**청춘**, 이것은 듣기만 해도 가슴 설레는 말이다.

2. 문장의 유형

구분	개념	종결 어미	예
평서문	화자가 진술 내용을 평범하고 단순하게 진술하는 문장 유형	-(는/ㄴ)다, -네, -오, -아/-어	밥을 먹는다.
의문문	화자가 청자에게 질문하여 대답을 요구하는 문장 유형	-(으)니, -(으)ㄴ가, -(으)ㄹ까, -(으)냐	밥을 먹니?
명령문	화자가 청자에게 무엇을 시키거나 행동을 요구하는 문장 유형	-아라/-어라, -게, -오, -(으)려무나	밥을 먹어라.
청유문	화자가 청자에게 같이 행동할 것을 요청하는 문장 유형	-자, -(으)ㅂ시다	밥을 먹자.
감탄문	화자가 청자를 별로 의식하지 않거나 거의 독백 상태에서 자기의 느낌을 표현하는 문장 유형	-(는)구나, -(는)군	밥을 먹는구나!

3. 문장의 짜임 ★

- 문장
  - 홑문장
  - 겹문장
    - 안은문장
    - 이어진문장

1) 홑문장

주어와 서술어가 각각 하나씩 있어서 둘 사이의 관계가 한 번만 이루어지는 문장

예 삼촌은 지렁이를 미끼로 사용했다. → 주어(삼촌은)와 서술어(사용했다)의 관계가 한 번 나타남

2) 겹문장

한 문장에 주어와 서술어의 관계가 두 번 이상 성립하는 문장

① 안은문장

한 개의 홑문장이 다른 문장 속에 한 성분으로 들어가 있는 겹문장

㉠ **명사절을 안은 문장:** 한 문장의 서술어가 명사형 어미 '-(으)ㅁ', '-기'나 의존 명사 '것'과 결합한 명사절을 내포하는 문장

예 • **경서는 머리가 좋음**이 분명하다.
• 그는 **모두가 자기를 반길 것**을 기대했다.

㉡ **관형절을 안은 문장:** 관형사형 어미 '-(으)ㄴ', '-는', '-(으)ㄹ' 등이 결합한 관형절을 내포하는 문장

구분	개념	예
동격 관형절	• 관형절의 내용과 관형절의 수식을 받는 체언이 동격 관계인 관형절 • 한 문장의 모든 성분을 완벽하게 갖추고 있음	나는 **내가 주방을 정리한** 기억이 없다. → 관형절 '내가 주방을 정리한'과 관형절의 수식을 받는 '기억'이 동격 관계
관계 관형절	• 관형절의 수식을 받는 체언이 관형절의 한 성분이 되는 관형절 • 관형절의 수식을 받는 체언과 동일한 성분이 관형절에서 생략됨	**동생이 찍은** 사진이 멋지다. → 관형절 '동생이 찍은'의 본 문장은 '동생이 사진을 찍다'이며, 수식하는 체언과 동일한 요소인 '사진'은 관형절에서 생략되어 있음

㉢ **부사절을 안은 문장:** 부사 파생 접사 '-이'나 부사형 어미 '-어서', '-게' 등이 결합한 부사절을 내포하는 문장

예 • 그는 **말도 없이** 나를 바라보았다.
• 그는 **솜씨 있게** 생겼다.

㉣ **서술절을 안은 문장:** 절 전체가 서술어의 기능을 하는 서술절을 내포하는 문장

예 토끼는 **앞발이 짧다.**

㉤ **인용절을 안은 문장:** 다른 사람의 말을 직접 또는 간접으로 따온 절을 내포하는 문장

예 • 영희는 **"무슨 일이지?"라고** 말했다. (직접 인용절)
• 영희는 **무슨 일이냐고** 물었다. (간접 인용절)

개념 암기 체크

다음 설명이 맞으면 ○, 틀리면 × 표시하시오.

01 '영희는 무슨일이냐고 물었다.'는 서술절을 안은 문장이다. (○, ×)

02 '경서는 머리가 좋음이 분명하다.'는 명사절을 안은 문장이다. (○, ×)

03 '그는 말도 없이 나를 바라보았다.'는 관형절을 안은 문장이다. (○, ×)

정답 01 ×, 인용절을 안은 문장 02 ○ 03 ×, 부사절을 안은 문장

② **이어진문장**: 홑문장이 서로 나란히 이어져 있는 겹문장

㉠ **대등하게 이어진 문장**: 두 절이 대등한 관계로 이어진 문장

구분	연결 어미	예
나열	-고, -(으)며	여름에는 비가 내리**고** 겨울에는 눈이 내린다.
대조	-(으)나, -지마는	몸은 비록 늙었**지마는** 마음은 젊다.
선택	-거나, -든지	오늘은 어머니가 오시**거나** 아버지가 오신다.

㉡ **종속적으로 이어진 문장**: 두 절이 대등하지 않고, 하나의 절이 다른 절의 원인이나 조건 같은 종속적 관계로 이어진 문장

구분	연결 어미	예
조건, 가정	-(으)면, -거든, -더라도	비가 오**면** 논을 갈자.
이유, 원인	-(으)니까, -(으)므로, -아서/-어서	약속을 했**으니까** 만나야 한다.
의도	-(으)려고, -고자	집을 마련**하려고** 저축을 한다.
목적	-(으)러	나물을 캐**러** 산에 올랐다.
보탬	-(으)ㄹ뿐더러, -(으)ㄹ수록	라일락은 꽃이 예쁠**뿐더러** 향기도 좋다.

4. 시제와 동작상

1) 시제

구분	개념	예
과거	사건이 일어난 시점이 말한 시점보다 앞서 있는 시제	나는 **어제** 밥을 먹**었**다.
현재	사건이 일어난 시점이 말한 시점과 일치하는 시제	나는 **지금** 밥을 먹**는**다.
미래	사건이 일어난 시점이 말한 시점보다 나중인 시제	나는 **내일** 밥을 먹**겠**다.

2) 동작상 ★

동작의 양상을 나타내는 문법 범주

구분	개념	표현	예
진행상	움직임이 진행 중임을 나타내는 동사 동작상	-고 있다, -어 가다, -으면서	• 나는 의자에 앉**고 있다**. • 나는 의자에 앉**으면서** 신문을 집었다.
완료상	동작의 완료를 나타내는 동작상	-아 있다, -어 버리다, -고서	• 나는 의자에 앉**아 있다**. • 나는 의자에 앉**고서** 신문을 집었다.

5. 높임법 ★

말하는 이가 듣는 이나 대화에 등장하는 대상의 높고 낮은 정도를 언어적으로 구별하여 표현하는 방식

1) 주체 높임법

문장의 주어가 지시하는 대상을 높이는 방법

① **주체 높임 실현**

표현	예
용언 어간 + 선어말 어미 '-(으)시-'	아버님께서 오시었다.
주어가 되는 체언 + 조사 '께서'	선생님께서 숙제를 내 주셨다.

특수 어휘 **'계시다', '잡수시다', '주무시다', '편찮다(편찮으시다)', '돌아가다(돌아가시다)' 등**	• 안에 누구 안 **계시니**? • 어디가 어떻게 **편찮으신지** 말씀해 주세요.

② 간접 높임

높여야 할 대상의 신체, 성품, 소유물 등에 '-(으)시-'를 붙여 주체를 간접적으로 높이는 표현법

예 • 선생님은 **키가 크시다**.
  • 아버지의 **양복이 멋있으시다**.

2) 객체 높임법

문장의 목적어, 부사어가 가리키는 대상인 객체를 높이는 방법

① 객체 높임 실현

표현	예
조사 '께'	선생님**께** 인사를 올리고 싶습니다.
특수 어휘 '드리다', '모시다', '여쭙다' 등	• 부모님께 선물을 **드리다**. • 아버지는 할아버지를 **모시러** 갔다.

3) 상대 높임법

특정한 종결 어미를 사용하여 상대를 높이거나 낮추어 말하는 방법

① 격식체

구분		평서법	의문법	명령법	청유법	감탄법
아주높임	하십시오체	갑니다, 가십니다 (-ㅂ니다)	갑니까, 가십니까 (-ㅂ니까)	가십시오 (-ㅂ시오)	가십시다 (-십시다)	-
예사높임	하오체	가(시)오 (-오)	가(시)오? (-오)	가(시)오, 가구려 (-오, -구려)	갑시다 (-ㅂ시다)	가는구려 (-는구려)
예사낮춤	하게체	가네 (-네)	가나?, 가는가? (-나, -는가)	가게 (-게)	가세 (-세)	간다네(-ㄴ다네)
아주낮춤	해라체	간다 (-ㄴ다)	가니?, 가냐 (-니, -냐)	가라, 가렴 (-라, -렴)	가자 (-자)	가는구나 (-는구나)

개념 암기 체크

다음 설명이 맞으면 ○, 틀리면 × 표시하시오.

01 '선생님은 키가 크시다.'는 선생님을 직접 높이고 있다. (○, ×)

02 '안에 누구 안 계시니?'에서 '계시다'는 객체를 높이는 특수 어휘이다. (○, ×)

03 '집을 마련하려고 저축을 한다.'는 종속적으로 이어진 문장이다. (○, ×)

정답 01 ×, 간접적으로 높이고 있다 02 ×, 주체를 높이는 특수 어휘 03 ○

② 비격식체

구분		평서법	의문법	명령법	청유법	감탄법
두루높임	해요체	가요 (-아요)	가요? (-아요)	가요 (-아요)	가요 (-아요)	-
두루낮춤	해체	가, 가지 (-아, -지)	가?, 가지? (-아, -지)	가, 가지 (-아, -지)	가, 가지 (-아, -지)	가는군(-는군)

6. 사동과 피동

1) 주동사와 사동사

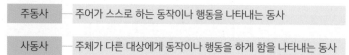

주동사 — 주어가 스스로 하는 동작이나 행동을 나타내는 동사

사동사 — 주체가 다른 대상에게 동작이나 행동을 하게 함을 나타내는 동사

① 주동문이 사동문으로 바뀔 경우

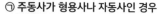

㉠ 주동사가 형용사나 자동사인 경우

주동문: 동생이(주어) 울다.(서술어)
↓
사동문: 형이(새로운 주어) 동생을(목적어) 울리다.(서술어)

㉡ 주동사가 타동사인 경우

주동문: 동생이(주어) 책을(목적어) 보다.(서술어)
↓
사동문: 형이(새로운 주어) 동생에게(부사어) 책을(목적어) 보이다.(서술어)

② 사동문의 종류

구분	개념	예
파생적 사동문	파생 접사 '-이-', '-히-', '-리-', '-기-', '-우-', '-구-', '-추-'로 파생된 사동사에 의한 사동문	• 할머니 품에 아기를 안**기**다. • 당나귀에게 짐을 지**우**다.
통사적 사동문	'-게 하다'에 의한 사동문	• 할머니 품에 아기를 안**게 하**다. • 당나귀에게 짐을 지**게 하**다.

2) 능동사와 피동사

능동사 — 주어가 제힘으로 행하는 동작을 나타내는 동사

피동사 — 남의 행동을 입어서 행하여지는 동작을 나타내는 동사

① 능동문이 피동문으로 바뀔 경우

능동문: 개가(주어) 쥐를(목적어) 물다.(서술어)
↓
피동문: 쥐가(주어) 개에게(부사어) 물리다.(서술어)

② 피동문의 종류 ★

구분	개념	예
파생적 피동문	파생 접사 '-이-', '-히-', '-리-', '-기-', '-되다'로 파생된 피동사에 의한 피동문	• 호랑이에게 먹**히**다. • 공감대가 형성**되**다.
통사적 피동문	'-어지다'에 의한 피동문	옷고름이 풀**어지다**.

유형 연습문제

1 <보기>의 밑줄 친 ㉠~㉤의 발음에 대한 이해로 적절하지 않은 것은?

<보기>

- ㉠ 눈약 구매에 이만 원을 넘게 썼다.
- ㉡ 흙담 아래에 민들레 몇 송이가 피었다.
- 박물관에서 ㉢ 인력거 체험 행사를 열었다.
- ㉣ 물난리 현장을 찾은 기자들로 북적인다.
- ㉤ 밥물 맞추는 법을 인터넷으로 찾아보았다.

① ㉠: 합성어에서의 'ㄴ' 첨가가 일어나 [눈냑]으로 발음한다.

② ㉡: 자음군 단순화와 경음화로 [흑땀]으로 발음한다.

③ ㉢: 비음화와 경음화가 일어나 [인녁꺼]로 발음한다.

④ ㉣: 유음화가 두 번 일어나 [물랄리]로 발음한다.

⑤ ㉤: 비음화의 영향만 받아 [밤물]로 발음한다.

2 <보기>의 밑줄 친 ㉠~㉤을 고친 것으로 적절하지 않은 것은?

<보기>

- 날이 ㉠ 개이면 빨래를 하자.
- 인원수에 맞게 밥을 ㉡ 푸어라.
- 오늘 네가 입은 옷이 참 ㉢ 파랗네.
- 건조기에 넣어 ㉣ 줄은 옷이 여러 개다.
- 이제 채 친 밀가루에 우유를 ㉤ 부울 차례다.

① ㉠: 개이면 → 개면

② ㉡: 푸어라 → 퍼라

③ ㉢: 파랗네 → 파라네

④ ㉣: 줄은 → 준

⑤ ㉤: 부울 → 부음

3 (가)를 바탕으로 (나)의 ㉠~㉢에 들어갈 말을 적절하게 짝 지은 것은?

<보기>

(가)

조음 방법 \ 조음 위치			양순음	치조음	경구개음	연구개음	후음
안울림소리	파열음	예사소리	ㅂ	ㄷ		ㄱ	
		된소리	ㅃ	ㄸ		ㄲ	
		거센소리	ㅍ	ㅌ		ㅋ	
	파찰음	예사소리			ㅈ		
		된소리			ㅉ		
		거센소리			ㅊ		
	마찰음	예사소리		ㅅ			ㅎ
		된소리		ㅆ			
울림소리	비음		ㅁ	ㄴ		ㅇ	
	유음			ㄹ			

(나)

'문법(文法)'과 '꽃밭'의 표준 발음은 각각 [문뻡], [꼳빧]이지만 때로는 [뭄뻡], [꼽빧]으로 잘못 발음하기도 한다. 이는 (㉠)인 앞 음절 종성이 (㉡)인 뒤 음절 초성의 영향으로 (㉢)(이)가 바뀌는 동화 현상으로, 비음화나 유음화 등의 다른 자음 동화와 달리 수의적으로 일어나며, 표준 발음으로 인정되지도 않는다.

	㉠	㉡	㉢
①	치조음	양순음	조음 방법
②	비음	파열음	조음 방법
③	치조음	양순음	조음 위치
④	비음	파열음	조음 위치
⑤	울림소리	안울림소리	조음 위치

4 <보기>의 ㉠에 들어갈 예문으로 적절하지 않은 것은?

<보기>

관형사와 부사는 뒤에 오는 말을 수식하거나 한정하며, 어미와 결합할 수 없다는 점에서 공통점이 있다. 다만, [㉠] (와)과 같은 문장에서 알 수 있듯 관형사는 체언을 수식하며, 보조사를 비롯한 조사 일체와 결합할 수 없다. 이와 달리 부사는 동사, 형용사, 문장 전체를 수식하기도 하며, 격 조사를 제외한 보조사와는 결합할 수 있다.

① 밤이니 최대한 조용히 걷도록 해라.

② 한 체육관에서 두 구단이 연습하고 있다.

③ 사진을 부지런히도 찍던데 어디 좀 보자.

④ 매 끼니 알맞은 양을 먹는 습관을 들여라.

⑤ 이 공연은 매진이니 다른 공연을 알아봐라.

5 다음 중 높임법의 설명으로 가장 적절하지 않은 것은?

① 우리 교수님은 성격이 매우 좋은 편에 속한다.
→ '좋은'을 '좋으신'으로 고쳐야 주체와 연관 있는 대상을 높일 수 있다.

② 작은아버지께서 우리가 준비한 간식을 먹는다.
→ '먹는다'를 '드신다'로 고쳐야 주체를 높일 수 있다.

③ 손님, 상품이 준비될 때까지 여기서 대기하실게요.
→ '대기하실게요'로 '대기해 주세요'로 고쳐야 청자를 높일 수 있다.

④ 어버이날에 부모님께 줄 돈을 넉넉히 찾아 두었다.
→ '줄'을 '드릴'로 고쳐야 객체를 높일 수 있다.

⑤ 아마 지금 아버님과 어머님은 포항쯤에 있을 거예요.
→ '있을'을 '있으실'로 고쳐야 객체를 높일 수 있다.

6 <보기>의 빈칸 중 A의 예에 들어갈 문장으로 적절하지 않은 것은?

<보기>

동사 '말리다'는 아래와 같이 A ~ C의 세 가지로 구분할 수 있다.

구분	유형	어근	예
A	파생어(피동사)	말-	
B	단일어	말리-	
C	파생어(사동사)	마르-	

① 뜨거운 면 위에서 가다랑어포가 말린 모습을 찍었다.

② 김에 말린 당면 사이로 보이는 당근을 모두 골라냈다.

③ 빈틈없이 돌돌 말린 도화지는 풀어도 되감기기 일쑤다.

④ 종이 여러 겹에 말린 유리컵은 절대 깨지지 않을 것이다.

⑤ 동그란 모양으로 잘라 말린 무화과를 유리그릇에 넣었다.

약점 보완 해설집 p.28

기출유형 13

문장의 호응과 잘못된 표현 파악하기

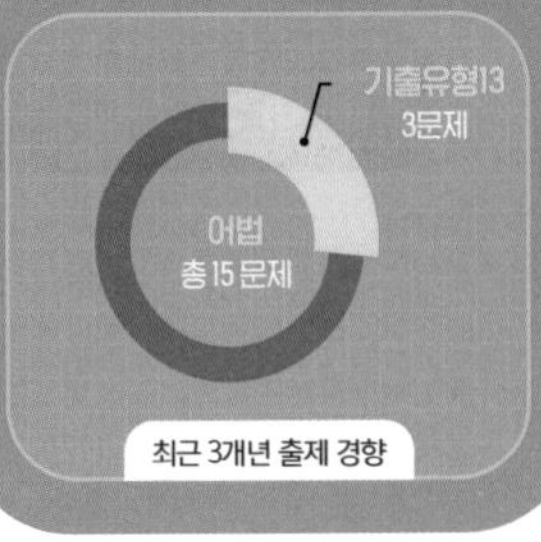

출제 포인트 1 문장 성분의 호응 및 완결성 파악하기

1. 문장을 구성하는 주어, 서술어, 목적어, 부사어 등의 문장 성분이 자연스럽게 호응하고 있는지를 파악하는 문제입니다. 짧은 지문을 이루는 문장이 선택지로 제시되기도 하고, 내용의 연관성이 없는 5개의 문장이 각각 선지로 제시되기도 합니다.

2. 주로 다음과 같은 질문 형태로 출제됩니다.
   - ㉠ ~ ㉤ 가운데 어법상 자연스러운/적절하지 않은 문장은?
   - 문장 표현/문장 성분의 호응이 가장 자연스러운/적절하지 않은 것은?

풀이 전략

문장을 구성하는 필수 성분을 갖추고 있는지, 문장 성분끼리의 호응 관계가 적절한지를 모두 확인해야 합니다. 일상생활에서는 필수 성분을 생략하여 말하기도 하지만, 시험에서는 필수 성분을 모두 갖추고 있는지를 반드시 확인해야 합니다. 또한 일부 부사어는 특정 서술어와 호응하는 특징을 지니고 있으므로, 이러한 부사어를 미리 알아 둔다면 문제를 쉽게 해결할 수 있습니다.

예제

㉠ ~ ㉤ 가운데 어법상 적절하지 않은 문장은?

<보기>

㉠ 유럽의 근대화는 300여 년의 시간이 걸려 이루어졌으며, 그 과정에는 피비린내 나는 혁명이 수반되었다. 그리고 이후 공포 정치, 독재 정부, 노동력의 잔인한 착취, 그리고 광범위한 소외와 사회적 무질서 상태가 이어졌다. ㉡ 이런 문제는 현재 근대화가 일어나는 개발 도상국에서도 목격된다. ㉢ 개발 도상국에 외부 세력이 개입되면서, 근대화가 성급하게 이루어지기 시작했다. ㉣ 이러한 근대화가 가속화되면서 개발 도상국에는 극심한 분열이 생겼다. ㉤ 오로지 일부 지식인만 새로운 현대식 제도를 이해할 수 있는 서양식 교육을 받았고, 전근대적 정신에 갇힌 채로 남아 있다.

① ㉠
② ㉡
③ ㉢
④ ㉣
⑤ ㉤

정답 ⑤

해설 '전근대적 정신에 갇힌 채로 남아 있다'에서 전근대적 정신에 갇힌 대상인 주어가 제시되지 않았으므로 적절하지 않다. 참고로, 문맥상 일부 지식인을 제외한 나머지는 근대적 사고를 이해하지 못하고 전근대적 정신에 갇혔다는 의미이므로 '그 외 다수 국민은 전근대적 정신에 갇힌 채로 남아 있다'와 같이 쓰는 것이 적절하다.

출제 포인트 2 중의적 표현 파악하기

1. 문장이 두 가지 이상의 뜻으로 해석되는지, 동일한 의미를 지닌 단어가 중복되어 사용되었는지를 파악하는 문제입니다. 중의적 표현이 있는 문장을 파악하거나 중의적 표현을 올바른 문장으로 바르게 수정할 수 있는지를 묻는 문제로 출제됩니다.

2. 주로 다음과 같은 질문 형태로 출제됩니다.
   - 중의적으로 해석되지 않는 문장은?
   - 문장의 중의성을 해소하지 못한 것은?

풀이 전략

문장이 중의성을 지니게 되는 포인트만 알아 두면, 문장의 중의성 여부를 쉽게 파악할 수 있습니다. 또한 중복 표현은 주로 같은 의미를 지닌 고유어와 한자어가 함께 쓰인 경우가 많으니, 함께 쓰인 고유어와 한자어의 뜻을 떠올리면 중복 표현을 쉽게 가려낼 수 있습니다.

예제

중의적으로 해석되지 <u>않는</u> 문장은?

① 눈이 큰 윤아의 오빠는 피부가 하얗다.
② 할머니는 손녀에게 노랑 양말을 신겼다.
③ 그저께 대여한 영화를 모두 보지 못했다.
④ 유리는 선물로 받은 원피스를 입고 학교에 왔다.
⑤ 선생님은 아쉬워하며 교문을 나서는 학생들을 바라보았다.

정답 ④

해설 ① '눈이 큰'이 어떤 대상을 수식하는지에 따라 윤아의 눈이 큰 것인지, 윤아의 오빠 눈이 큰 것인지로 해석될 수 있다.

② 할머니가 직접 손녀에게 양말을 신겨 주는 행위를 했다는 의미와 할머니가 간접적으로 손녀가 양말을 신게 하는 행위를 했다는 의미 두 가지로 해석되는 문장이다. 참고로, 이는 사동 접미사로 파생된 사동사로 실현되는 단형 사동이 직접 사동과 간접 사동의 두 가지 의미로 해석되어 발생하는 중의성이다.

③ 영화를 하나도 보지 못한 것인지, 영화의 일부만 보지 못한 것인지로 해석될 수 있다.

⑤ '아쉬워하며'가 호응하는 주체에 따라 선생님이 아쉬워하며 학생들을 바라본 것인지, 학생들이 아쉬워하며 교문을 나선 것인지로 해석될 수 있다.

출제 포인트 3 번역 투 표현 수정하기

1. 영어나 일본어 등의 외국어를 직역한 표현을 올바른 우리말 표현으로 바꿀 수 있는지 묻는 문제입니다. 주로 번역 투 표현이 쓰인 문장과 이를 올바른 우리말로 바꾼 내용이 선택지로 제시되고, 그 적절성을 묻는 문제로 출제됩니다.

2. 주로 다음과 같은 질문 형태로 출제됩니다.
   - 밑줄 친 번역 투 표현을 잘못 고친 것은?
   - 번역 투의 표현이 쓰이지 않은 것은?

풀이 전략

번역 투 표현은 출제되었던 표현이 반복적으로 출제되는 편으로, 빈출 표현을 알아 둔다면 쉽게 문제를 해결할 수 있습니다. 만약 처음 보는 표현인 경우, 그 표현을 더욱 간단하고 쉬운 표현으로 바꿀 수 있는지 생각해 봅시다.

예제

밑줄 친 번역 투 표현을 잘못 고친 것은?

① 우리에게 있어서 영웅이란 과연 어떤 존재인가? → 우리에게
② 할아버지는 신문을 보시며 국가의 안위에 대하여 걱정하셨다. → 안위를
③ 그녀는 오랜 연구를 행한 끝에 새로운 원소를 발견하였다. → 오래 연구한 끝에
④ 일회용품 사용 증가로 인해 해양 오염 문제가 불거지고 있다. → 증가로
⑤ 반려동물을 키우려면 많은 시간과 경제적 비용이 요구된다. → 경제적 비용을 필요로 한다

정답 ⑤

해설 '경제적 비용이 요구된다'의 '~이 요구되다'는 영어 'be required of ~'의 번역 투 표현으로, '경제적 비용이 필요하다'로 고쳐 쓰는 것이 적절하다. 참고로, 수정한 표현인 '~ 필요로 하다' 또한 번역 투 표현이다.

필수 암기 개념

암기포인트
앞에서 학습한 문장 성분의 개념을 떠올리며 문장 성분의 호응과 생략(완결성)을 이해하세요.
중복 표현과 중의성 요소는 반복 출제되니, 그 표현과 중의적 문장을 만드는 요소를 반드시 알아 둡시다.

1 문장 성분의 호응 및 생략★

1. 문장 성분의 호응

1) 주어와 서술어의 호응

예 **내가 말하고 싶은 것은** 원만한 인간관계를 위해서는 유머 감각이 **필요하다.** (×)
→ **내가 말하고 싶은 것은** 원만한 인간관계를 위해서는 유머 감각이 **필요하다는 것이다.** (○)

▸ 주어 '말하고 싶은 것은'과 서술어 '필요하다'의 호응이 어색하므로, 주어 '~ 것은'에 맞게 서술어를 '~ 것이다'로 수정해야 한다.

예 여기서 중요한 **문제점은** 복지보다 경제 성장에 우선순위를 **두었다.** (×)
→ 여기서 중요한 **문제점은** 복지보다 경제 성장에 우선순위를 **두었다는 점이다.** (○)

▸ 주어 '문제점은'과 서술어 '두었다'의 호응이 어색하므로, 서술어를 '~ 점이다'로 수정해야 한다.

예 내일 오후부터는 **거센 돌풍과 함박눈이 내리겠습니다.** (×)
→ 내일 오후부터는 **거센 돌풍이 불고, 함박눈이 내리겠습니다.** (○)

▸ 주어 '돌풍(이)'과 서술어 '내리겠습니다'의 호응이 어색하므로, 주어에 호응하는 서술어 '불고'를 추가해야 한다.

2) 목적어와 서술어의 호응

예 자기의 **장점과 단점을 보완하는** 사람이 성공할 수 있다. (×)
→ 자기의 **장점을 살리고 단점을 보완하는** 사람이 성공할 수 있다. (○)

▸ 목적어 '장점(을)'과 서술어 '보완하는'의 호응이 어색하므로, 목적어에 맞는 서술어 '살리고'를 추가해야 한다.

예 우리는 치밀한 작전을 세워 **상대편에** 궁지로 **몰아넣었다.** (×)
→ 우리는 치밀한 작전을 세워 **상대편을** 궁지로 **몰아넣었다.** (○)

▸ 서술어로 쓰인 동사 '몰아넣다'는 목적어 '…을'과 부사어 '…으로(…에)'를 필수로 요구하므로, 목적어와 서술어가 호응할 수 있게 목적격 조사 '을'을 붙인 형태인 '상대편을'로 수정해야 한다.

3) 부사어와 서술어의 호응

① 당위의 서술어와 호응하는 말

예 말과 행동은 **반드시 일치한다.** → 말과 행동은 **반드시 일치해야 한다.**

▸ 부사어 '반드시★, 모름지기, 마땅히, 당연히' 등은 '~해야 한다'와 같은 당위의 서술어와 호응하는 것이 더 자연스럽다.

② 부정의 서술어와 호응하는 말

예 아버지와는 **도무지** 말이 **통한다.** (×) → 아버지와는 **도무지** 말이 **안 통한다.** (○)
예 마당에 핀 꽃이 **여간 아름다웠다.** (×) → 마당에 핀 꽃이 **여간 아름답지 않았다.** (○)

▸ 부사어 '도무지★, 도대체★, 도통, 결코★, 여간★, 절대★' 등은 주로 부정의 서술어와 호응한다.

③ 의문 형태의 서술어와 호응하는 말

예 **도대체** 세상에 이런 일이 **있다.** (×) → **도대체** 세상에 이런 일이 **있을까?** (○)

▸ 부사어 '도대체, 설마' 등은 주로 '-(으)ㄹ까', '-(으)냐' 등의 어미와 결합한 의문형의 서술어와 호응한다.

④ 가정 형태의 서술어와 호응하는 말

예 우리 가족은 **비록 가난해서** 화목하다. (×) → 우리 가족은 **비록 가난하지만** 화목하다. (○)

▶ 부사어 '비록★, 아무리' 등은 주로 '-(으)ㄹ지라도', '-아도/-어도' 등의 가정의 의미를 나타내는 어미와 결합한 서술어와 호응한다.

2. 문장 성분의 생략 ★

1) 주어의 생략

예 본격적인 공사가 언제 시작되고, 언제 **개통될지** 모른다. (×)
→ 본격적인 공사가 언제 시작되고, **도로가** 언제 **개통될지** 모른다. (○)

▶ 서술어 '개통될지'에 호응하는 주어가 생략됐으므로, 주어 '도로가'를 추가해야 한다.

2) 목적어의 생략

예 그 작가는 세계적으로 유명하고, **응원하는** 사람도 많다. (×)
→ 그 작가는 세계적으로 유명하고, **그 작가를 응원하는** 사람도 많다. (○)

▶ 서술어 '응원하는'에 호응하는 목적어가 생략됐으므로, 목적어 '그 작가를'을 추가해야 한다.

3) 부사어의 생략

예 나는 벌레를 잡기 위해 약을 **놓았다**. (×)
→ 나는 벌레를 잡기 위해 **여기저기에** 약을 **놓았다**. (○)

▶ 서술어 '놓았다'는 주어, 부사어, 목적어를 필수적으로 요구하는 세 자리 서술어이므로, 부사어 '여기저기에'를 추가해야 한다.

4) 서술어의 생략

예 그녀가 백방으로 노력해도, 그 가수의 콘서트 **입장권** 가능성은 적다. (×)
→ 그녀가 백방으로 노력해도, 그 가수의 콘서트 **입장권을 구할** 가능성은 적다. (○)

▶ 목적어 '입장권(을)'에 호응하는 서술어가 생략됐으므로, 서술어 '구할'을 추가해야 한다.

개념 암기 체크

다음 문장에서 호응하지 않는 문장 성분을 쓰시오.

01 아버지와는 도무지 말이 통한다. (　　　　　　)
02 내일 오후부터는 거센 돌풍과 함박눈이 내리겠습니다. (　　　　　　)
03 자기의 장점과 단점을 보완하는 사람이 성공할 수 있다. (　　　　　　)

정답 01 부사어와 서술어 02 주어와 서술어 03 목적어와 서술어

2 중복 표현과 중의적 문장

1. 중복 표현 ★

중복 표현	의미
가까이 접근 ★	접근(接近): 가까이 다가감
가사 일 ★	가사(家事): 살림살이에 관한 일
간략히 약술 ★	약술(略述): 간략하게 논술함. 또는 그런 논술
갑자기 돌변	돌변(突變): 뜻밖에 갑자기 달라지거나 달라지게 함. 또는 그런 변화
거의 대부분 ★	대부분(大部分): 절반이 훨씬 넘어 전체량에 거의 가까운 정도의 수효나 분량
공기 환기	환기(換氣): 탁한 공기를 맑은 공기로 바꿈
과반수 이상 / 과반수를 넘는 ★	과반수(過半數): 절반이 넘는 수
꾸며 낸 조작 ★	조작(造作): 어떤 일을 사실인 듯이 꾸며 만듦
남은 여생 ★	여생(餘生): 앞으로 남은 인생
널리 보급	보급(普及): 널리 펴서 많은 사람들에게 골고루 미치게 하여 누리게 함
매주마다	• 매주(每週): 각각의 주 • 마다: '낱낱이 모두'의 뜻을 나타내는 보조사
머리카락 삭발	삭발(削髮): 머리털을 손에 잡히지 않을 정도로 아주 짧게 깎음. 또는 그 머리
먼저 선수/선취점 ★	• 선수(先手): 남이 하기 전에 앞질러 하는 행동 • 선취점(先取點): 운동 경기 등에서, 먼저 딴 점수
미리 예고/예단/예매/예측 ★	• 예고(豫告): 미리 알림 • 예단(豫斷): 미리 판단함. 또는 그 판단 • 예매(豫買): 정하여진 때가 되기 전에 미리 삼 • 예측(豫測): 미리 헤아려 짐작함
숨어 있던 복병	복병(伏兵): 적을 기습하기 위하여 적이 지날 만한 길목에 군사를 숨김. 또는 그 군사
분명히 명기/명시 ★	• 명기(明記): 분명히 밝히어 적음 • 명시(明示): 분명하게 드러내 보임
빛나는 각광 ★	각광(脚光: 다리 각, 빛 광): 사회적 관심이나 흥미
새로운 신곡	신곡(新曲): 새로 지은 곡
앞에서 이끌며 선도하다 ★	선도(先導)하다: 앞장서서 이끌거나 안내하다.
싹의 발아	발아(發芽): 씨앗에서 싹이 틈
어려운 난관	난관(難關): 일을 하여 나가면서 부딪치는 어려운 고비
여러 가지 다양한 ★	다양(多様)하다: 모양, 빛깔, 형태, 양식 등이 여러 가지로 많다.
역전 앞	역전(驛前): 역의 앞쪽
오래된(오랜) 숙원 ★	숙원(宿願): 오래전부터 품어 온 염원이나 소망
요약하고 간추리다	요약(要約)하다: 말이나 글의 요점을 잡아서 간추리다.
원고 투고	투고(投稿): 의뢰를 받지 않은 사람이 신문이나 잡지 등에 실어 달라고 원고를 써서 보냄. 또는 그 원고
이미 예고 ★	• 이미: '앞서(아예 미리)'의 뜻을 나타낸다. • 예고(豫告): 미리 알림
다리를 놓아 중매를 들다	중매(를) 들다: 혼인을 위하여 중간에서 다리를 놓다.
참된 진리	진리(眞理): 참된 이치. 또는 참된 도리

청결하고 깨끗한	**청결(淸潔)하다**: 맑고 깨끗하다.
최후 마지막	**최후(最後)**: 맨 마지막
통곡하며 울다 ★	**통곡(痛哭/慟哭)하다**: 소리를 높여 슬피 울다.
특별상 수상	**수상(受賞)**: 상을 받음
푸른 창공 ★	**창공(蒼空)**: 맑고 푸른 하늘
함께 공존	**공존(共存)**: 1. 두 가지 이상의 사물이나 현상이 함께 존재함 2. 서로 도와서 함께 존재함
지나가는 행인	**행인(行人)**: 길을 가는 사람
활짝 만개하다	**만개(滿開)하다**: 1. 꽃이 활짝 다 피다. 2. 활짝 열어 놓다.
돌이켜 회고하다 ★	**회고(懷古)하다**: 옛 자취를 돌이켜 생각하다.

2. 중의적 문장 ★

두 가지 이상의 뜻으로 해석될 수 있는 문장

1) 어휘적 중의성

① 동음이의어로 인한 중의성

예 내 동생은 어렸을 때부터 **배**를 좋아했다. (×)
→ 내 동생은 어렸을 때부터 **선박**을 좋아했다. (○)
→ 내 동생은 어렸을 때부터 **과일 중에서 배**를 좋아했다. (○)

▶ 동생이 좋아하는 '배'가 선박 '배'인지 과일 '배'인지 분명하지 않으므로 중의적 문장이다.

② 관용 표현에 따른 중의성

예 나는 **배가 아팠다**. (×)
→ 나는 상한 음식을 먹고 **배가 아팠다**. (○)
→ 나는 그가 잘되는 걸 보고 **배가 아팠다**. (○)

▶ 위장 '배'가 아픈 것인지 '남이 잘되어 심술이 나다'를 뜻하는 관용구 '배(가) 아프다'가 쓰인 것인지 분명하지 않으므로 중의적 문장이다.

2) 수식 관계에 따른 중의성

① 관형어의 수식 대상에 따른 중의성

예 어제 행사에서 **빨간색 옷을 입은 유미와 지수**를 만났다. (×)
→ 어제 행사에서 **지수와 빨간색 옷을 입은 유미**를 만났다. (○)

▶ 관형어 '(빨간색 옷을) 입은'이 수식하는 대상이 '유미'인지 '지수'인지 둘 다인지 분명하지 않으므로 중의적 문장이다.

개념 암기 체크

올바른 문장이면 ○, 중복 표현이 쓰인 문장이면 × 표시하시오.

01 남은 여생을 끝마치다.(○, ×)
02 진실에 가까이 접근하다.(○, ×)
03 여론을 유리하게 조작하다.(○, ×)
04 내 생각은 앞에서 약술한 바와 같다.(○, ×)
05 그는 참가자들을 앞에서 이끌며 선도해 교육장으로 향했다.(○, ×)

정답 01 ×, 남은 여생 02 ×, 가까이 접근 03 ○ 04 ○ 05 ×, 앞에서 이끌며 선도해

② 절 접속 구조에 따른 중의성

> 예 선생님은 웃으면서 들어오는 아이를 보았다. (×)
> → **선생님은 웃으면서**, 들어오는 아이를 보았다(웃는 사람: 선생님). (○)
> → 선생님은, **웃으면서 들어오는 아이**를 보았다(웃는 사람: 아이). (○)

▶ '-(으)면서', '-(으)며'와 같은 연결 어미와 결합한 용언의 주체가 '선생님'인지 '아이'인지 명료하지 않으므로 중의적 문장이다.

3) 조사의 의미에 의한 중의성

① 관형격 조사 '의'를 포함한 명사구의 중의성

> 예 **아버지의 사진**을 걸어 놓았다. (×)
> → **아버지가 찍은 사진**을 걸어 놓았다. (○)
> → **아버지가 찍힌 사진**을 걸어 놓았다. (○)
> → **아버지가 소유한 사진**을 걸어 놓았다. (○)

▶ '아버지의 사진'이 '아버지가 직접 찍은 사진'인지, '아버지를 찍은 사진'인지, '아버지가 가지고 있는 사진'인지 분명하지 않으므로 중의적 문장이다.

② 조사 '와/과'가 연결하는 대상에 따른 중의성

㉠ 주어 해석 범위에 따른 중의성

> 예 **하나는 지우와** 강동원을 좋아한다. (×)
> → **하나와 지우는** 강동원을 좋아한다. (○)
> → **하나는** 지우도 좋아하고, 강동원도 좋아한다. (○)

▶ 주체인 '하나와 지우'가 '강동원'을 좋아하는 것인지, 주체인 '하나'가 '지우와 강동원'을 좋아하는 것인지 분명하지 않으므로 중의적 문장이다.

㉡ 수량 표현과 '와/과'의 연결에 따른 중의성

> 예 나는 **사과와 귤 두 개**를 먹었다. (×)
> → 나는 **사과와 귤을 두 개씩** 먹었다. (○)
> → 나는 **사과 하나와 귤 하나**를 먹었다. (○)
> → 나는 **사과 하나와 귤 두 개**를 먹었다. (○)

▶ '두 개'라는 수량 표현이 의미하는 바가 '사과와 귤 각각 2개'인지, '사과 1개와 귤 1개'인지, '사과 1개와 귤 2개'인지 분명하지 않으므로 중의적 문장이다.

③ 조사 '보다'의 비교 대상에 따른 중의성

> 예 남편은 **나보다** 골프를 더 좋아한다. (×)
> → 남편은 **나를 좋아하는 것보다** 골프를 더 좋아한다. (○)
> → 남편은 **내가 골프를 좋아하는 것보다** 더 골프를 좋아한다. (○)

▶ 주체가 '남편'이고 비교 대상이 '나'와 '골프'인지, 주체가 '남편과 나'이고 비교 대상이 '골프'인지 분명하지 않으므로 중의적 문장이다.

4) 부정 표현에 따른 중의성

① 수량 표현 '모든', '다', 부정 표현 '-지 않다'가 미치는 영향에 따른 중의성

> 예 **모든** 사람들이 회사에 **출근하지 않았다**. (×)
> → 사람들이 회사에 **아무도 출근하지 않았다**(한 사람도 출근하지 않았다). (○)
> → 사람들이 회사에 **다 출근하지는 않았다**(일부는 출근하고, 일부는 출근하지 않았다). (○)

▶ 출근한 사람이 아무도 없는 것인지, 일부만 출근하지 않은 것인지 분명하지 않으므로 중의적 문장이다.

② 부정 표현으로 부정하는 대상에 따른 중의성

예 수현이는 오늘 영화관에서 영화를 보지 않았다.

▶ 부정 표현 '-지 않았다'로 부정하는 대상이 주어(수현이는), 부사어(오늘, 영화관에서), 목적어(영화를), 서술어(보다) 중 무엇인지 분명하지 않으므로 중의적 문장이다.

5) 사동 표현에 따른 중의성

① 단형 사동 표현에 따른 중의성

예 어머니가 아이에게 밥을 **먹였다**. (×)
→ 어머니가 **직접** 아이에게 밥을 **먹였다**(직접 사동). (○)
→ 어머니가 아이에게 밥을 **먹게 하였다**(간접 사동). (○)

▶ 어머니가 직접 아이의 입에 밥을 떠먹인 것인지, 어머니가 아이가 스스로 밥을 먹게 시킨 것인지 분명하지 않으므로 중의적 문장이다.

6) 동작상에 따른 중의성

① '-고 있다'의 중의성

예 아버지는 넥타이를 **매고 있다**. (×)
→ 아버지는 넥타이를 **매는 중이다**(진행상). (○)
→ 아버지는 넥타이를 **맨 상태이다**(완료상). (○)

▶ 아버지가 넥타이를 매는 행위가 진행되고 있는지 완료된 것인지 분명하지 않으므로 중의적 문장이다.

3 번역 투 표현

번역 투 표현 → 수정 표현	예
~고 있는 중이다 → ~고 있다	서울에 **살고 있는 중이다**.(×) → 서울에 **살고 있다**. (○)
~로 인해 → ~로 ★	시끄러운 **소리로 인해** 고통받고 있다. (×) → 시끄러운 **소리로** 고통받고 있다. (○)
~에 값하다 → ~할 만하다, ~할 가치가 있다	그의 발명은 **주목에 값하다**. (×) → 그의 발명은 **주목할 만하다**. (○)
~에 다름 아니다 → ~와/과 다르지 않다 ★	이 관습은 **문화유산에 다름 아니다**. (×) → 이 관습은 **문화유산과 다르지 않다**. (○)
~에 대하여/대한(about) → ~은/는, ~을/를 ★	**그 부분에 대하여** 잘 알지 못합니다. (×) → **그 부분은** 잘 알지 못합니다. (○)

개념 암기 체크

올바른 문장이면 ○, 중의적 문장이면 × 표시하시오.

01 아버지의 사진을 걸어 놓았다. (○, ×)
02 하나와 지우는 강동원을 좋아한다. (○, ×)
03 남편은 나를 좋아하는 것보다 골프를 더 좋아한다. (○, ×)

정답 01 ×, 아버지가 찍은/찍힌/소유한 사진 02 ○ 03 ○

~에 위치하다(be located in) → ~에 있다	그 상점은 골목 **입구에 위치한다**. (×) → 그 상점은 골목 **입구에 있다**. (○)
~에 의해/의한(by) → ~(으)로 ★	**폭격에 의해** 다리가 무너졌다. (×) → **폭격으로** 다리가 무너졌다. (○)
~에 있어서 → 에서	**유아기에 있어서** 자아의 변화(×) → **유아기에서** 자아의 변화(○)
~에 한하여 → ~에서만, ~에 한정하여, ~으로만	일정 **계급에 한하여** 규정을 적용하지 않는다. (×) → 일정 **계급에서만** 규정을 적용하지 않는다. (○)
~을/를 가지다(have) → ~이/가 있다, ~을/를 하다 ★	• **어린아이를 가진** 양육자는 열심히 일할 수밖에 없다. (×) → **어린아이가 있는** 양육자는 열심히 일할 수밖에 없다. (○) • 각국 정상은 오찬 **모임을 가졌다**. (×) → 각국 정상은 오찬 **모임을 했다**. (○)
~을/를 요하다 → ~이/가 필요하다	많은 이의 **참여를 요하다**. (×) → 많은 이의 **참여가 필요하다**. (○)
~을/를 통해(through) → ~에 ★	이번 **기회를 통해** 신제품을 선보였다. (×) → 이번 **기회에** 신제품을 선보였다. (○)
~을/를 행하다 → ~을/를 하다/수행하다	정부가 복지 **사업을 행하다**. (×) → 정부가 복지 **사업을 하다**. (○)
~의(of) → (생략, 어순 변경) ★	선생님은 **열 개의 문제를** 준비했다. (×) → 선생님은 **문제 열 개를** 준비했다. (○)
~이/가 요구되다(be required of) → (능동형) ★	근본적인 대책**이 요구됐다**. (×) → 근본적인 대책**을 세워야 한다**. (○)
~이다(It is) → (단순 동사문)	손 씻기는 감기 예방에 **도움이 되는 방법이다**. (×) → 손 씻기는 감기 예방에 **도움이 된다**. (○)
가능성을 배제할 수 없다(can't rule out the possibility) → 가능성도 있다, ~할 수 있다	핵무기 사용 **가능성을 배제할 수 없다**. (×) → 핵무기 사용 **가능성도 있다**. (○)
가장 ~한 ~ 중 하나(one of the most) → 가장 ~한 ~	내게 가장 중요한 **사람 중 하나는** 남편이다. (×) → 내게 가장 중요한 **사람은** 남편이다. (○)
대명사 직역 표현 → 앞에서 나온 명사 다시 반복	현대에는 **과학과 그것의 응용이** 중요하다. (×) → 현대에는 **과학과 과학의 응용이** 중요하다. (○)
무생물 주어 → 사람 주어 ★	**불꽃은 우리에게 설렘을 주었다**. (×) → **우리는 불꽃 때문에 설렜다**. (○)
아무리 ~해도 지나치지 않다(It is not too much to) → 매우/대단히 중요하다 ★	건강은 **아무리 강조해도 지나치지 않다**. (×) → 건강은 **대단히 중요한 것이다**. (○)
이중 부정 → 긍정	비극적인 **일이 아닐 수 없다**. (×) → 비극적인 **일이다**. (○)
~할 필요가 있다, ~을/를 필요로 하다(need) → ~이/가 필요하다 ★	옷을 수선하려면 **실을 필요로 하다**. (×) → 옷을 수선하려면 **실이 필요하다**. (○)

4 기타 문장의 오류

1. 불필요한 피동 표현(이중 피동) ★

피동 접사(-이-, -히-, -리-, -기-, -되다), 통사적 피동 표현(-어지다, -게 되다)을 중복 사용한 오류

예 이야기를 듣고 보니 그녀가 가엾게 **보여진다**. (×) → 이야기를 듣고 보니 그녀가 가엾게 **보인다**. (○)

▶ '보여진다'는 '보다'에 피동 접사 '-이-'를 결합한 '보이다'와 통사적 피동 표현 '-어지다'가 결합한 이중 피동 표현이다.

예 그와 공감대가 **형성되게 되었다**. (×) → 그와 공감대가 **형성되었다**. (○)

▶ '형성되게 되었다'는 '형성'과 피동 접사 '-되다'가 결합한 '형성되다'와 통사적 피동 표현 '-게 되다'가 결합한 이중 피동 표현이다.

예 발전 기금은 모두 장학금으로 **사용되어졌다**. (×) → 발전 기금은 모두 장학금으로 **사용되었다**. (○)

▶ '사용되어졌다'는 '사용'과 피동 접사 '-되다'가 결합한 '사용되다'와 통사적 피동 표현 '-어지다'가 결합한 이중 피동 표현이다.

2. 불필요한 사동 표현

주동 표현 '-하다'를 사용할 수 있는 문장에 사동 접미사 '-시키다'를 사용하는 오류

예 나는 남자 친구를 부모님께 **소개시켰다**. (×) → 나는 남자 친구를 부모님께 **소개했다**. (○)

▶ 문장에 사동의 의미가 없어 '소개하다(서로 모르는 사람들 사이에서 양편이 알고 지내도록 관계를 맺어 주다)' 그 자체로 자연스럽게 의미 전달이 가능하므로 사동 접사 '-시키다'의 사용은 불필요하다.

3. 관형화 구성의 남용

관형어를 여러 개 연결한 어구로 발생하는 문장의 부자연스러움

예 이는 **우리의 전통적인 다식 만들기** 방법이다. (×) → 이는 **우리가 전통적으로 다식을 만든** 방법이다. (○)

▶ 관형어 '우리의', '전통적인', '다식', '만들기'가 연속적으로 나열되어 '방법'을 수식하고 있어 문장이 어색하므로, 이를 풀어 서술하는 것이 자연스럽다.

4. 명사화 구성의 남용

명사(또는 명사 구실을 하는 말)를 여러 개 나열한 어구로 발생하는 문장의 부자연스러움

예 **수해 방지 대책 마련**을 철저히 해야 한다. (×) → **수해를 방지할 대책**을 철저히 **마련해야 한다**. (○)

▶ 지나친 명사화로 문장이 어색하므로, 이를 풀어 서술하는 것이 자연스럽다.

개념 암기 체크

올바른 문장이면 ○, 번역 투 문장이면 × 표시하시오.

01 폭격에 의해 다리가 무너졌다. (○, ×)
02 선생님은 문제 열 개를 준비했다. (○, ×)
03 이 관습은 문화유산과 다르지 않다. (○, ×)
04 시끄러운 소리로 인해 고통받고 있다. (○, ×)
05 이번 기회를 통해 신제품을 선보였다. (○, ×)

정답 01 ×, 폭격으로 02 ○ 03 ○ 04 ×, 소리로 05 ×, 기회에

유형 연습문제

1 <보기>의 ㉠~㉤ 가운데 어법상 적절하지 않은 것은?

<보기>

대나무는 세상에서 가장 중요한 식물이다. ㉠대나무는 다른 나무와 비교할 때 약 35퍼센트 정도 많은 산소를 만들어 내며, 이산화탄소를 많이 흡수해 대기를 깨끗하게 한다. 게다가 ㉡대나무는 한 시간에 약 5센티가 자라는 종이 있을 정도로 빠르게 자라고, 강도가 연강(軟鋼)을 능가할 정도로 튼튼한 식물이다. ㉢그래서 대나무는 건축 재료로 활용되거나 삼림이 파괴된 지역에 많이 심는다. 대나무가 그 지역의 토양을 침식 위험과 햇빛에서 보호해 주기 때문이다. 그리고 ㉣대나무는 음식, 약, 종이, 연료 등 다양한 종류의 제품을 만드는 데 쓰여 왔다. 유명한 예로, 에디슨이 만든 첫 전구의 필라멘트와 벨이 만든 첫 축음기의 바늘을 들 수 있다. ㉤더욱 놀라운 사실은 에디슨의 대나무 필라멘트 전구가 아직도 워싱턴 DC의 한 박물관에서 빛나고 있다는 것이다.

① ㉠ ② ㉡ ③ ㉢ ④ ㉣ ⑤ ㉤

2 다음 중 문장 성분의 호응이 자연스럽지 않은 문장은?

① 그 문제의 정답은 도대체 무엇이었을까?
② 그날 그곳에 왜 갔는지 도통 기억나지 않는다.
③ 혼자 공포 영화를 보는 일은 여간 무서운 일이다.
④ 반드시 정오까지 버스 정류장에 도착해야 합니다.
⑤ 결코 용납할 수 없는 일이 부지기수로 일어나고 있다.

3 ㉠~㉤에 들어갈 문장으로 적절하지 않은 것은?

중의성이 있는 문장	표현하려는 의미	수정한 문장
누나가 안경을 쓰고 있다.	누나가 안경을 쓰는 행위가 완료되었다.	㉠
벽에 건 풍경화는 어머니의 그림이다.	풍경화를 그린 사람이 어머니다.	㉡
지우가 어제 백화점에서 엄마를 만나지 않았다.	지우가 어제 엄마과 만난 곳은 백화점이 아니다.	㉢
꿈에서 네가 원하는 만큼 차를 사 주겠다고 들었다.	운송 수단으로서의 차를 산다.	㉣
유럽으로 유학을 간 민지의 동생 민아가 저 친구이다.	민아가 유럽으로 유학을 갔다.	㉤

① ㉠: 누나가 안경을 쓴 상태이다.
② ㉡: 벽에 건 풍경화는 어머니께서 그린 그림이다.
③ ㉢: 지우는 어제 백화점에서는 엄마와 만나지 않았다.
④ ㉣: 꿈에서 네가 원하는 대수만큼 차를 사 주겠다고 들었다.
⑤ ㉤: 유럽으로 유학을 간 민지의, 동생 민아가 저 친구이다.

4 문장을 자연스럽게 고친 것으로 가장 옳지 않은 것은?

① 바지락을 넣어 국수를 끓이려면 먼저 바지락을 해감해야 한다.
→ 바지락을 넣어 국수를 끓이려면 먼저 바지락을 해감시켜야 한다.

② 사원 선발 및 운용 방안 수립을 신속히 하라는 지시가 떨어졌다.
→ 사원을 선발하고 운용할 방안을 신속히 수립하라는 지시가 떨어졌다.

③ 감독은 이번에 영입한 선수들을 만족해 특별한 회식을 가졌다.
→ 감독은 이번에 영입한 선수들에게 만족해 특별한 회식을 가졌다.

④ 세척하는 동안 흠집이 난 채소는 식중독을 유발하는 균이 서식할 수 있다.
→ 세척하는 동안 흠집이 난 채소에는 식중독을 유발하는 균이 서식할 수 있다.

⑤ 천연기념물로 지정한 검은머리물떼새가 이곳에서 가까운 갯벌에 산다고 한다.
→ 천연기념물로 지정된 검은머리물떼새가 이곳에서 가까운 갯벌에 산다고 한다.

5 다음 중 중복 표현이 없는 문장은?

① 미세 먼지 농도가 짙어도 실내 공기를 환기해야 한다.

② 그는 공부에만 전념하겠다며 머리카락을 삭발해 버렸다.

③ 은퇴를 앞둔 연주자는 연주했던 곡을 하나하나 회고했다.

④ 사람들과 여러 가지의 의견을 다양하게 주고받으며 토론했다.

⑤ 총회에 참석한 인원이 정원의 과반수 이상일 때 총회를 개최한다.

6 밑줄 친 번역 투의 문장을 잘못 고친 것은?

① 이 음식은 만 7세 미만 어린이에 한하여 주문할 수 있습니다. → 어린이만

② 대중 투자를 통해 상품 개발 및 판매에 드는 금액을 마련할 예정이다. → 대중 투자로

③ 특정 대출은 만 30세 이상이며 미혼일 것이라는 자격을 필요로 한다. → 자격이 필요하다.

④ 동물원은 다음 주 야간 개장으로 인하여 이번 주는 휴장할 예정입니다. → 야간 개장에 의해

⑤ 등산로를 안내받을 수 있는 안내소는 등산로 입구에 위치합니다. → 등산로 입구에 있습니다.

약점 보완 해설집 p.29

1 **받침을 'ㅅ'으로 적는 이유가 다른 하나는?**

① 덧셈 ② 사뭇 ③ 햇살 ④ 놋그릇 ⑤ 돗자리

2 **밑줄 친 부분의 표기를 수정한 결과가 옳지 않은 것은?**

① 전셋방을 얻어 산 지도 벌써 3년이 되었다. → 전세방

② 고양이가 쥐를 구석으로 몰아부치고 있다. → 몰아붙이고

③ 무릎에 뉘어 둔 고양이가 허공을 앞발로 꾹꾹 눌렀다. → 뉘여

④ 해발 500미터에 일러서 겨우 한 번 쉴 수 있었다. → 이르러서

⑤ 오랫만에 책을 읽었더니 읽는 속도가 매우 더디다. → 오랜만에

3 **<보기>의 ㉠~㉥ 중 한자음 표기가 옳은 것을 모두 고른 것은?**

<보기>

㉠ 녹록(碌碌) ㉡ 열열(烈烈) ㉢ 취업률(就業率)
㉣ 치사률(致死率) ㉤ 연연불망(戀戀不忘) ㉥ 회계년도(會計年度)

① ㉠, ㉢, ㉤ ② ㉡, ㉢, ㉥ ③ ㉠, ㉡, ㉢, ㉤
④ ㉡, ㉣, ㉤, ㉥ ⑤ ㉠, ㉢, ㉣, ㉤, ㉥

4 **밑줄 친 부분의 띄어쓰기가 옳은 것을 <보기>에서 모두 고른 것은?**

<보기>

㉠ 맨∨마지막에 퇴근하는 사람은 사무실 문을 잠가야 한다.
㉡ 햇볕에 따끈따끈하게 데워진 백사장을 맨∨발로 걸었다.
㉢ 입맛이 없어 맨∨밥만 먹으려다가 오징어무침을 들고 왔다.
㉣ 읽고 싶은 책이 맨∨위에 꽂혀 있어 사다리를 가지고 왔다.

① ㉠, ㉣ ② ㉡, ㉢ ③ ㉡, ㉢, ㉣
④ ㉠, ㉡, ㉢ ⑤ ㉠, ㉡, ㉢, ㉣

5 **밑줄 친 부분의 표기가 옳지 않은 것은?**

① 우리 동네에는 바둑이만 여섯 마리가 있다.

② 여름이 오기 전까지 나날이 운동해야 한다.

③ 여행을 가서 돌아다닌 여행지를 낱낱이 적었다.

④ 주전자를 엎을 삼발이를 찾아 온 찬장을 뒤졌다.

⑤ 한 통에 십만 원이 넘는 벽지 두루말이를 사 왔다.

6 **다음 중 가운뎃점(·)의 사용이 적절하지 않은 것은?**

① 이 시는 4·19 혁명을 제재로 삼고 있다.

② 양·돼지·소·닭고기를 한데 넣어 끓이면 어떨까?

③ 원·달러 환율이 큰 폭으로 올랐다는 내용의 기사를 보았다.

④ 서해 5도에는 백령도·대청도·소청도·연평도·소연평도가 속한다.

⑤ 단거리의 강자인 치타는 최고 120킬로미터·시간의 속력으로 달릴 수 있다.

7 **<보기>를 참고할 때, ㉠~㉤ 중 분류가 잘못된 것은?**

<보기>

표준어 사정 원칙 제9항에 따라 'ㅣ' 모음 역행 동화로 인한 발음은 표준 발음으로 인정되지 않는다. 'ㅣ' 모음 역행 동화가 일어나지 않은 형태를 표준어로, 동화가 적용된 형태를 비표준어로 삼는 예를 표로 제시하면 다음과 같다.

표준어	비표준어
• ㉠ 나부랑이 • ㉡ 유기장이 • ㉢ 아지랑이	• ㉣ 미쟁이 • 에미 • ㉤ 애기

① ㉠ ② ㉡ ③ ㉢ ④ ㉣ ⑤ ㉤

8 **다음 중 방언과 이에 대응하는 표준어가 올바르게 짝 지어진 것은?**

① 가생이 - 가랑이 ② 가찹다 - 차갑다 ③ 남싸다 - 날쌔다

④ 눈두덕 - 눈꺼풀 ⑤ 다디미 - 다리미

9 **<보기>에 설명된 표준 발음법의 예시와 그 발음을 설명한 것으로 가장 적절한 것은?**

<보기>

제23항 받침 [ㄱ, ㄷ, ㅂ] 뒤에 연결되는 'ㄱ, ㄷ, ㅂ, ㅅ, ㅈ'은 된소리로 발음한다.

제24항 어간 받침 [ㄴ, ㅁ] 뒤에 결합되는 어미의 첫소리 'ㄱ, ㄷ, ㅅ, ㅈ'은 된소리로 발음한다.

제25항 어간 받침 'ㄼ, ㄾ' 뒤에 결합되는 어미의 첫소리 'ㄱ, ㄷ, ㅅ, ㅈ'은 된소리로 발음한다.

제26항 한자어에서, 'ㄹ' 받침 뒤에 연결되는 'ㄷ, ㅅ, ㅈ'은 된소리로 발음한다.

제27항 관형사형 '-(으)ㄹ' 뒤에 연결되는 'ㄱ, ㄷ, ㅂ, ㅅ, ㅈ'은 된소리로 발음한다.

제28항 표기상으로는 사이시옷이 없더라도, 관형격 기능을 지니는 사이시옷이 있어야 할(휴지가 성립되는) 합성어의 경우에는, 뒤 단어의 첫소리 'ㄱ, ㄷ, ㅂ, ㅅ, ㅈ'을 된소리로 발음한다.

① 제23항에 따라 '넓다'는 [넙따]로 발음한다.

② 제24항에 따라 '신겨'는 [신껴]로 발음한다.

③ 제25항에 따라 '핥고'는 [할꼬]로 발음한다.

④ 제26항에 따라 '술잔'은 [술짠]으로 발음한다.

⑤ 제28항에 따라 '그믐달'은 [그믐딸]로 발음한다.

10 **외래어의 표기가 옳은 것은?**

① 어머니는 내가 플룻(flute)을 연주하길 바라셨다.

② 모두가 마음씨 넓은 그녀를 앤젤(angel)이라 불렀다.

③ 심판이 옐로카드(yellow card)를 꺼내자 탄성이 터졌다.

④ 농약을 쓰지 않은 토마토로 유기농 케찹(ketchup)을 만들었다.

⑤ 그녀는 아침마다 빵 속에 소세지(sausage)와 구운 양파를 넣어 먹는다.

11 **로마자 표기가 옳은 것은?**

① 식혜: sikye
② 잡채: japchai
③ 떡국: tteokguk
④ 신선로: sinseonno
⑤ 탕수육: tangssuyuk

12 ㉠~㉤ 중 자연스럽지 않은 문장은?

> ㉠ 수화 체계 중 가장 광범위한 체계는 대초원 지대에 거주하던 북미 원주민 사이에서 확립되었다. ㉡ 수화로 의사소통하였기 때문인데, 특히 무역과 전쟁 분야에서 수화의 역할이 컸다. ㉢ 부족 간 언어는 조금씩 달랐지만, 삶의 방식은 매우 유사했기 때문에 부족 간의 공통된 상징에 기반하여 수화는 발전할 수 있었다. ㉣ 예를 들어, 말을 탄 사람은 한 손의 두 손가락을 다른 손의 집게손가락의 양쪽에 올리는 모양으로 나타냈다. ㉤ 또한 부정직, 불성실, 사기는 두 손가락을 갈라진 모양의 혀나 뱀처럼 만들어 묘사하였다.

① ㉠ ② ㉡ ③ ㉢ ④ ㉣ ⑤ ㉤

13 밑줄 친 부분의 높임법 중 그 성격이 나머지 넷과 다른 것은?

① 할아버지, 댁이 여기 맞으신가요?
② 부장님께 다음 사업 과제를 여쭤봐야겠다.
③ 여보, 어머님을 모시고 제주도를 다녀오는 건 어때요?
④ 제가 직접 교수님을 뵙고 이 편지를 전달해 드리겠습니다.
⑤ 백화점에 들러 팔순을 맞으신 장모님께 드릴 선물을 샀다.

14 중복 표현이 없는 문장은?

① 야생 동물 구조대는 고라니와의 거리를 좁히며 점차 다가갔다.
② 조종사는 갑자기 돌변하는 하늘 상황에 대처할 수 있는 훈련을 받는다.
③ 청산리는 길고 깊숙한 협곡으로 복병이 숨어 있기 좋은 장소였다고 한다.
④ 구단의 오래된 숙원이었던 4강 진출이 결정되자 감독과 선수들은 매우 기뻐했다.
⑤ 500쪽에 달하는 책의 내용을 단 1쪽에 간추려 요약하는 일은 불가능에 가까웠다.

15 번역 투의 문장을 수정한 결과로 적절하지 않은 것은?

① 원심의 판결이 완전히 뒤집힐 수도 있다(→ 뒤집힐 가능성을 배제할 수 없다).
② 음식의 맛과 담음새 모두를 신경 쓰지 않으면 안 된다(→ 신경 써야 한다)는 풍조가 있다.
③ 색깔이 특이한 깃털을 가진(→ 깃털 색깔이 특이한) 새를 밀렵하는 문제가 불거지고 있다.
④ 평론가는 김 작가의 작품이 올해 출품된 작품 중 가장 주목에 값한다고(→ 주목할 만하다고) 말했다.
⑤ 아시아 최초로 국제 무대에서 우승한 선수는 영웅에 다름 아닌(→ 영웅이나 다름없는) 대우를 받았다.

약점 보완 해설집 p.31

IV. 쓰기

쓰기 영역 출제 경향

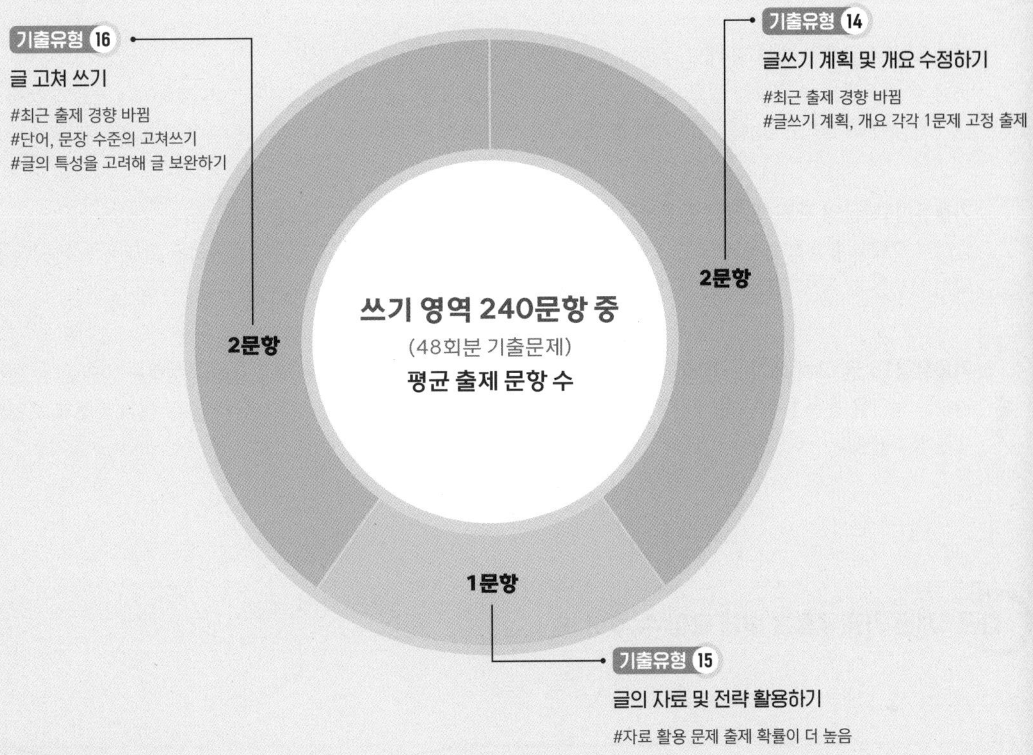

쓰기 영역 학습 포인트

■ **쓰기 영역은 100문제 중 5문제지만, 유형이 다양한 편이니 여러 유형의 문제를 자주 풀어 보며 글쓰기 과정 전반을 이해하기!**

일반적으로 '글쓰기 계획-자료의 활용 방안-개요 수정 및 상세화 방안-단어·문장 등 고쳐쓰기-글 보완하기' 단계에 맞는 문제가 1문제씩 구성되며, 총 5문제가 출제된다. 2020년부터는 문제 형태가 조금씩 바뀌어 출제되고 있다. 다음 페이지에서 안내하는 출제 경향을 염두에 두고 문제를 자주 풀어 보며 다양한 문제 유형에 익숙해지면 실전에서 문제 형태 때문에 당황하는 일을 줄일 수 있다.

최근 5개년 쓰기 영역 출제 이슈

1. **기출유형14 글쓰기 계획 및 개요 수정하기**는 1회에서 2문항 정도 고정 출제된다.
   문항 수 비중에서 큰 변화는 없으나 2022년부터 문제 형태가 달라졌다. 이전에는 글쓰기 계획이나 개요의 적절성을 묻는 형태였으나, 최근에는 글쓰기 계획과 개요가 완성된 글에 반영되었는지 여부를 묻는 형태로 출제됐다.

2. **기출유형15 글의 자료 및 전략 활용하기**는 1회에 1문항 고정 출제되며, 간혹 2문항 출제되기도 한다.
   글쓰기 자료를 활용하는 문제가 더 많이 출제되나, 최근 2022년부터 글쓰기 전략을 활용하는 문제가 비중 있게 출제되기 시작했다. 글쓰기 자료로는 통계 자료, 인터뷰, 신문 기사, 줄글 등이 제시되는 편이다.

3. **기출유형16 글 고쳐 쓰기**는 1회에 2문항 고정 출제되며, 보통 단어나 문장 단위로 글을 수정하는 방안이나 글을 보완하는 방안을 묻는 형태로 출제된다. 최근 2022년부터 문장을 고쳐 쓰고, 고친 이유를 묻는 형태의 출제 포인트가 새롭게 추가됐다.

최근 5개년 기출유형별 출제 문항 수 추이

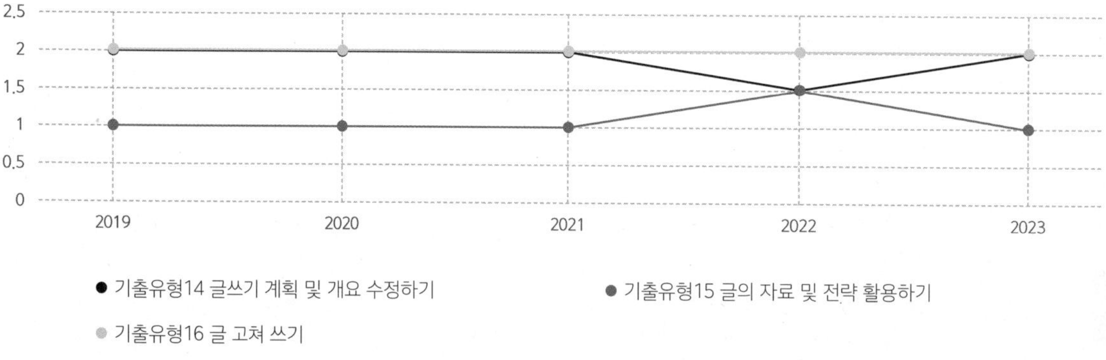

출제 경향

쓰기 영역은 100문항에서 5문항만 출제되나, 상대적으로 출제 포인트가 매우 다양한 편이다. 그리고 항상 5개의 세트 문제로 출제된다. 평균적으로 1회에 기출유형14는 2문항, 기출유형15는 1문항, 기출유형16은 2문항 출제된다.

무조건 나온다!

최다 빈출 유형 TOP3

1위 기출유형16 글 고쳐 쓰기

기출유형16은 글쓰기 과정 중 완성된 글을 고쳐 쓰는 단계와 관련된 문제이다. 단어나 문장 고쳐 쓰는 방법 찾기, 글 보완하는 방안 찾기 등의 출제 포인트로 나오는데, 그중 단어·문장 등을 고쳐 쓰는 문제의 출제 비중이 더 크다.

빈출 출제 포인트
단어나 문장 고쳐 쓰는 방법 찾기

빈출 선지
적절한 접속 부사(그리고, 그러나, 그러므로 등)로 고쳐 쓰기, 문장의 호응을 고려하여 문장 성분 삭제 및 추가하기, 문맥을 고려한 단어로 수정하기, 이중 피동 표현 수정하기, 글의 통일성을 고려하여 문장 삭제하기, 문장 위치 바꾸기

2위 기출유형14 글쓰기 계획 및 개요 수정하기

기출유형14는 글쓰기 계획하기, 글쓰기 개요 수정하기의 출제 포인트로 나오는데, 그중 글쓰기 계획하기 문제의 출제 비중이 더 크다.

빈출 출제 포인트
글쓰기 계획하기

빈출 지문 주제
사회 문제(청소년 범죄, 학교 폭력, 간접 흡연, 층간 소음 등)

3위 기출유형15 글의 자료 및 전략 활용하기

기출유형15는 글쓰기 과정 중 표현하기 단계로, 자료나 전략을 활용하는 방안을 묻는 문제이다. 글쓰기 자료 활용하기, 글쓰기 전략 활용하기 중 글쓰기 자료 활용하기 문제의 출제 비중이 더 크다.

빈출 출제 포인트
글쓰기 자료 활용하기

빈출 지문 주제
사회 문제(청소년 범죄, 학교 폭력, 간접 흡연, 층간 소음 등)

맞히면 등급이 오른다!

가장 많이 틀리는 유형 TOP3

1위 기출유형16 글 고쳐 쓰기

기출유형16의 출제 포인트 중 글 보완하는 방안 찾기 문제를 가장 많이 틀린다. 글의 요건인 신뢰성, 타당성, 공정성 등의 개념을 알고 있어야 풀 수 있는 문제로, 그 특성만 알면 쉽게 풀 수 있으나 이를 모르면 정답을 맞히기 어렵다.

고난도 출제 포인트
글 보완하는 방안 찾기

고난도 선지
신뢰성(자료, 근거 등의 출처가 구체적이고 믿을 수 있는지), 타당성(근거가 주장을 뒷받침하는지), 통일성(글이 하나의 주제로 긴밀하게 연결되었는지), 논리성(주장이나 생각을 이치에 맞게 전개했는지)

2위 기출유형15 글의 자료 및 전략 활용하기

기출유형15의 출제 포인트 중 글의 자료 활용하기를 많이 틀리곤 한다. 글의 주제와 성격에 따라 제시된 자료를 활용하는 방안, 자료를 활용해 글을 수정하는 방안을 묻는 문제이다.

고난도 출제 포인트
글의 자료 활용하기

고난도 선지
통계 자료, 인터뷰, 신문 기사를 활용해 글 보완하기

3위 기출유형14 글쓰기 계획 및 개요 수정하기

기출유형14는 비교적 많이 맞히는 유형이나 글쓰기 개요 수정하기 문제를 틀리곤 한다. 글의 내용을 간추려 놓은 개요를 수정하는 방안이나 개요의 내용이 글에 반영되었는지를 묻는 문제이다.

고난도 출제 포인트
글쓰기 개요 수정하기

고난도 선지
상위 항목과 하위 항목의 관련성 파악하기, 논리적 흐름에 따라 순서 바꾸기, 글의 주제에 따라 항목 배치 및 삭제하기, 하위 항목을 포괄할 상위 항목 제목 바꾸기

기출유형 14

글쓰기 계획 및 개요 수정하기

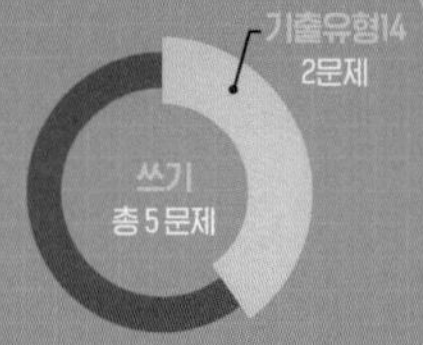

최근 3개년 출제 경향

출제 포인트 1 글쓰기 계획하기

1. 쓰기 문제는 개별 문제가 아니라, 하나의 주제로 글쓰기 과정 전반을 다루는 5개의 세트 문제로 출제됩니다. 주로 첫 번째로 제시되는 문제는 글쓰기 계획의 적절성을 파악하는 유형입니다. 글의 주제와 목적을 고려했을 때 글쓰기 계획이 적절하게 세워졌는지 파악하는 문제가 주로 출제되었으나, 최근에는 글쓰기 계획에 제시된 내용이 완성된 글에 반영되어 있는지 파악하는 문제가 출제되는 편입니다.

2. 주로 다음과 같은 질문 형태로 출제됩니다.
   - <글쓰기 계획>의 내용으로 적절하지 않은 것은?
   - 다음은 윗글을 작성하기 전에 떠올린 계획이다. 윗글에 반영되지 않은 것은?

풀이 전략

글의 주제와 목적을 고려해 글쓰기 계획의 적절성을 판단해야 하는 문제는 글의 주제나 목적에 어긋나는 내용이 계획되어 있지 않은지 확인하면 되고, 글쓰기 계획이 글에 반영됐는지 판단해야 하는 문제는 글과 글쓰기 계획의 내용을 대조하며 풀면 되므로 이 유형은 쓰기 문제 중 비교적 수월하게 풀 수 있습니다.

예제

<글쓰기 계획>의 내용으로 적절하지 <u>않은</u> 것은?

<글쓰기 계획>

- 주제: 산불의 위험성 및 산불 예방의 중요성
- 목적: 산불의 위험성과 국가 차원의 산불 대응 방식을 안내하고, 산불 재난 예방을 위한 개인 차원의 노력을 권고함
- 글의 내용
  - 산불로 입은 피해를 복구하는 데 걸리는 시간을 제시하여 산불의 위험성을 설명한다. ······ ①
  - 산불 재난에 철저히 대비하기 위해 노력하는 산림 부서의 업무 방식을 설명한다. ······ ②
  - 산불 진화 인력에 대한 처우와 근무 환경의 열악함을 설명한다. ······ ③
  - 최근 산불 발생률이 높아지고 있는 원인을 제시한다. ······ ④
  - 일상에서 산불을 예방할 수 있는 구체적인 방안과 기대 효과를 제시한다. ······ ⑤

정답 ③

해설 계획한 글은 산불의 위험성, 산불을 막기 위한 국가적 차원의 노력을 알리고 산불 예방을 위한 개인적 노력을 요구하는 내용이다. 그러나 산불 진화 인력에 대한 처우와 근무 환경의 열악함은 산불 대응을 위해 국가적 차원에서 노력하고 있다는 내용과 반대되는 내용이며, 개인적 노력과는 관련 없는 내용이므로 적절하지 않은 것은 ③이다.

출제 포인트 2 글쓰기 개요 수정하기

1. 작성할 글의 내용을 간략하게 정리한 개요를 수정하거나 보완하는 방법을 알고 있는지 평가하는 문제입니다. 개요의 수정·보완 방법이 글쓰기 계획과 글쓰기 자료를 고려했을 때 적절한지 묻는 문제와 개요의 수정·보완 방법이 글에 반영되었는지 묻는 문제로 출제됩니다.

2. 주로 다음과 같은 질문 형태로 출제됩니다.
   - 위의 계획과 자료를 바탕으로 <개요>를 작성하였다. <개요>의 수정 방안으로 적절하지 않은 것은?
   - 다음은 윗글을 쓰기 전에 세웠던 글쓰기 개요이다. 윗글을 쓰는 과정에서 필자가 점검하여 반영한 내용으로 가장 적절한 것은?

풀이 전략

선택지에 설명된 대로 개요를 수정해 보고, 수정하는 이유에 부합하는지, 글의 주제나 목적에 적합한지를 고려해야 합니다.

예제

다음은 글과 글을 쓰기 전에 세웠던 글쓰기 개요이다. 다음 글을 쓰는 과정에서 필자가 점검하여 반영한 내용으로 가장 적절한 것은?

> 나무를 심고 울창한 숲으로 가꾸는 데에는 수십 년이 걸리지만 산불로 인해 잿더미가 되는 것은 한순간이다. 산불은 일단 발생하면 되돌릴 수 없고 다시 원상태로 복원하는 데에도 수십 년의 시간이 소요된다. 따라서 무엇보다도 산불 예방이 제일 중요하다.
> 산림에 2~30㎝ 이상 쌓여 있는 낙엽들이 발화되면 순식간에 광범위한 지역에 큰 재난을 가져올 수 있다. 특히 건조한 계절에는 산불 위험이 더 크기 때문에 가을이 오면 산림 부서 공무원들은 비상근무에 돌입한다. 이 기간에는 산불 예방 및 진압을 위해 상황실에 상주하며, 언제든 출동할 수 있도록 준비한다. 산림청에서는 산불 재난으로부터 산림과 삶의 터전을 지켜내기 위해 산림 부서 공무원 외에도 산불 전문 인력을 편성하여 운영하고 있다. 특히 봄, 가을철과 같은 산불 다발 시기에는 산불 감시 인력을 집중 배치하여 산불 감시 및 초기 진압에 힘을 쓴다. 또한 군, 경, 소방서, 산림항공본부 등의 유관 기관과 협력하여 철저한 재난 대응을 위해 노력하고 있다.
> 하지만 최근 산림 주변 개발, 귀촌 인구 등의 증가로 과거에 비해 산불 발생 위험이 증가하는 경향이다. 산림청 통계에 따르면 2022년의 산불 발생 건수는 756건으로, 전년 대비 약 400건 상승하였다. 이러한 재난을 예방하기 위해서는 산에 갈 때 라이터 두고 가기, 산과 가까운 곳에서 논·밭두렁이나 농산 폐기물 등을 태우지 않기, 담뱃불 버리지 않기 등 개개인의 실천이 중요하다. 조그마한 관심과 작은 습관이더라도 국민들이 함께한다면 우리 강산을 지켜내고 후손들에게 울창한 숲, 맑은 공기를 물려줄 수 있을 것이다.

<글쓰기 개요>

Ⅰ. 산불의 위험과 그에 따른 예방의 중요성
  1. 산불로 인한 피해
  2. 산불 예방 필요성
Ⅱ. 국내 산불 대비를 위한 업무 방식
  1. 산림 부서 공무원의 산불 대응 방식
  2. 그 외 산림청의 산불 대응 방식
Ⅲ. 산불 발생 위험 증가 및 개인적 차원의 산불 예방법
  1. 산불 발생 위험이 증가하는 원인
  2. 개인적 차원의 산불 예방법
  3. 산불 예방을 위한 노력에 대한 기대 효과

① Ⅰ-2는 Ⅰ보다 Ⅱ의 하위 항목으로 적합하므로 Ⅱ의 하위 항목으로 이동해야겠다.
② Ⅱ-1과 Ⅱ-2를 비교하여 산불 대비 방식의 문제점을 부각해야겠다.
③ Ⅱ-3에 국외 산불 특수 대응단의 산불 진화 사례를 추가해야겠다.
④ Ⅲ-1에 늘어난 산불 건수를 함께 제시해 산불 위험이 커지고 있는 경향을 알려야겠다.
⑤ Ⅲ-3은 글에서 주장하려는 내용과 관련이 없으니 삭제해야겠다.

정답 ④

해설 윗글의 3문단에서 산불 위험이 증가하는 원인과 함께 전년 대비 상승한 산불 발생 건수를 구체적으로 제시하여 산불 위험이 커지고 있는 현재 상황을 설명하고 있다. 따라서 답은 ④이다.

※ 출처: 산림청, https://forest.go.kr

유형 연습문제

[1 ~ 2] 다음은 '디스토피아 작품'을 주제로 작성한 초고이다. 제시된 물음에 답하시오.

디스토피아 작품의 인기 몰이가 심상치 않다. 디스토피아를 다룬 영화와 드라마가 흥행하면서 '디스토피아 작품, 전 세계를 사로잡다'와 같은 제목의 기사가 쏟아지고 있다. 사전적 정의에 따르면 디스토피아는 부정적 측면이 극단화된 암울한 미래상이다. 유토피아와 마찬가지로 현실 어디에도 존재하지 않는 세계를 뜻하지만, 긍정적 의미를 지니는 유토피아와 반대로 디스토피아는 부정적 의미를 담고 있다.

디스토피아 작품의 인기 현상에 대해 부정적인 관점을 지닌 사람들은 작품이 주는 불편함을 이야기한다. 디스토피아 작품에서는 어떤 형태로든 일그러지거나 붕괴된 모습으로 세계가 묘사되기 때문이다. 이와 같이 충격적으로 묘사된 자극적인 장면에 반복적으로 노출되면, 불안 심리가 가중되어 현실을 부정적으로 인식하게 되고 결국 회의주의나 절망에 빠질 수 있다고 우려한다.

그러나 디스토피아 작품은 현실의 문제점이 극단화되면 나타날 수 있는 세계를 통해 현실의 문제를 경계하게 하므로 디스토피아 작품의 인기 현상은 긍정적이다. 디스토피아 작품은 과학 기술의 오남용, 핵전쟁, 환경 파괴 등을 소재로, 작가가 기발한 상상력으로 구현한 디스토피아적 세계를 제시한다. 우리는 그러한 세계에 몰입함으로써 암울한 미래상이 도래해서는 안 된다는 점을 깨닫게 된다.

물론 디스토피아 작품의 인기 현상 때문에 자극적으로 묘사된 장면이 초래하는 문제가 부각되어 보일 수 있지만, 이러한 장면은 오히려 무감각하게 받아들이고 있는 현실의 문제점을 강렬하게 자각하도록 하는 필수적인 장치로 보아야 한다. 그리고 이는 주제 의식을 드러내는 데 효과적으로 기여한다. 가령, 디스토피아 작품의 고전이라 할 수 있는 「멋진 신세계」에서는 사람들이 과학 기술을 지나치게 신뢰하다가 오히려 이에 종속당하는 충격적인 미래상을 암울하게 그리고 있다. 하지만 이를 통해 과학 기술에 대한 맹신이 현재 우리 사회가 점검해야 할 문제라는 점을 깨닫게 한다.

디스토피아 작품의 메시지는 우리가 현실의 문제를 인식하여 그 문제가 극단화되지 않도록 경계하게 한다는 점에서 큰 의미가 있다. 그리고 이러한 디스토피아 작품의 인기 현상은 사회를 개선하는 계기가 될 것이므로 이를 긍정적으로 보아야 한다. 디스토피아 작품들이 인기를 얻고 있는 요즘, 디스토피아 작품을 감상하며 현실의 문제를 성찰해 보는 것은 어떨까.

1 다음은 윗글을 쓰기 전에 떠올린 글쓰기 계획이다. 윗글에 반영된 것을 있는 대로 고른 것은?

<글쓰기 계획>

ㄱ. 글의 주제와 관련 있는 구체적인 사례를 들어야겠다.
ㄴ. 글의 제재에 대한 상반된 관점을 차례로 제시해야겠다.
ㄷ. 문제를 해결할 방안이 없다는 점을 들어 문제가 심각함을 설명해야겠다.
ㄹ. 주장하고 싶은 바를 강조하기 위해 글의 첫 부분과 마지막 부분에서 반복해야겠다.
ㅁ. 핵심 제재에 대한 전문가의 인터뷰로 글을 시작한 후 그와 관련되는 내용을 전개해야겠다.

① ㄱ, ㄴ　② ㄴ, ㄷ　③ ㄱ, ㄴ, ㅁ　④ ㄱ, ㄷ, ㄹ　⑤ ㄴ, ㄹ, ㅁ

2 **다음은 윗글을 쓰기 전에 세웠던 글쓰기 개요이다. 윗글을 쓰는 과정에서 필자가 점검하여 반영한 내용으로 가장 적절한 것은?**

<글쓰기 계획>

Ⅰ. 디스토피아의 화제성 및 정의
  1. 디스토피아 작품의 화제성
  2. 디스토피아의 정의

Ⅱ. 디스토피아 작품에 대한 부정적인 관점
  1. 디스토피아 작품이 주는 불편함
  2. 디스토피아 작품의 부정성과 우려되는 점

Ⅲ. 디스토피아 작품에 대한 긍정적인 관점
  1. 디스토피아 작품의 소재와 세계
  2. 디스토피아 작품의 긍정적인 효과

Ⅳ. 디스토피아 작품의 장치와 효과
  1. 디스토피아 작품의 장치와 효과
  2. 「멋진 신세계」의 장치와 효과

Ⅴ. 디스토피아 작품의 의의

① Ⅰ-1은 Ⅰ보다 Ⅱ의 하위 항목에 어울리므로 Ⅱ에서 제시해야겠다.
② Ⅰ-2는 이해를 높이기 위해 다른 개념과 비교하며 서술해야겠다.
③ Ⅱ-2는 더 포괄적으로 서술할 수 있게 '디스토피아 작품의 부정적 사례'로 수정해야겠다.
④ Ⅲ에서 효과 뒤에 디스토피아의 구체적 소재와 세계관이 제시되도록 Ⅲ-1과 Ⅲ-2의 순서를 바꾸어야겠다.
⑤ Ⅴ는 Ⅳ에 포함해 설명할 수 있으므로 삭제해야겠다.

약점 보완 해설집 p.35

IV. 쓰기

기출유형 15

글의 자료 및 전략 활용하기

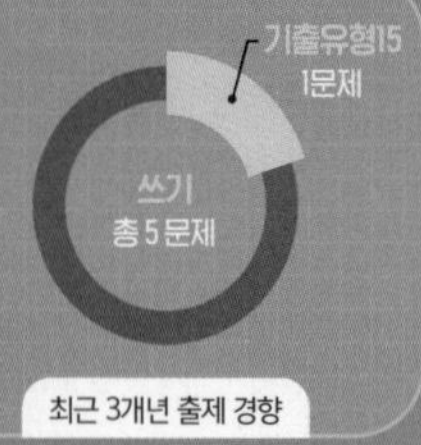

출제 포인트 1 글쓰기 자료 활용하기

1. 인터뷰 자료, 통계 자료, 신문 기사 등 다양한 글쓰기 자료로 글의 주제나 목적에 맞는 내용을 생성할 수 있는지 평가하는 문제입니다. 글쓰기 자료가 문장 하나로 단일하게 제시되는지, 짧은 글이나 이미지 등으로 제시되는지에 따라 문제 형태가 조금씩 다릅니다.

2. 주로 다음과 같은 질문 형태로 출제됩니다.
   - <글쓰기 자료>에 제시된 자료의 활용 방안으로 적절하지 않은 것은?
   - 다음은 초고를 보완하기 위해 추가로 수집한 자료이다. 자료의 활용 방안으로 적절하지 않은 것은?

풀이 전략

선택지에는 한 가지 또는 두 가지 이상의 자료를 활용한 내용이 제시됩니다. 몇 개의 자료를 토대로 쓴 내용이든 작성하려는 글의 주제나 목적, 글쓰기 자료에 부합하는 내용인지 판단하면 됩니다.

예제

<글쓰기 자료>에 제시된 자료의 활용 방안으로 가장 적절하지 않은 것은?

<글쓰기 자료>

㉠ 도서관은 사회 문제와 책을 연관 지어 소개하고 교육하는 강의, 그림책 재구성하기, 문해력 높이기 등 독서와 연관된 활동뿐 아니라 독립 영화 상영, 판소리 공연 등 다양한 여가 활동을 운영하고 있다.

㉡ 대출 도서 수와 도서관 프로그램 수가 코로나19로 급감하였으나, 비대면 방식의 도서 대출 및 프로그램을 빠르게 마련하여 1년 만에 코로나19 이전과 비슷한 수준으로 회복되었다.

㉢ 문화체육관광부에서 성인을 대상으로 실시한 공공 도서관 활성화 방안 조사에서 응답률이 높은 항목 세 가지는 '다양한 소장 자료 확보', '다양한 독서 관련 프로그램 개발', '도서관 자료 및 운영 프로그램 홍보'였다.

㉣ 도서관 세대별 이용자 분석에 따르면, 도서관의 기대 역할로 10~20대는 필요 정보 제공을, 30대 이상은 평생 교육 프로그램을 요구하였다.

㉤ 도서관 활성화 방안을 논의하는 토론회에 참여한 사람들은 토론회를 계기로 도서관에서 여러 분야에 대한 전문적인 강의를 열고 있으며 책과 관련된 전통적 역할 외에도 지역의 경제적, 문화적 가치를 높이기 위한 역할을 수행하는 기관이라고 인식하게 됐다고 말했다.

① ㉡을 활용해 도서관에 방문할 여건이 안 되는 이들도 도서관이 제공하는 서비스를 누릴 수 있음을 설명한다.
② ㉢을 활용해 도서관 활성화의 문제점으로 제공하는 서비스가 다채롭지 못함을 제시한다.
③ ㉠과 ㉢을 활용해 도서관 운영 방식과 도서관 방문객의 요구 사이에 괴리가 존재함을 설명한다.
④ ㉠과 ㉤을 활용해 도서관 소재지의 주민들에게 도서관의 행사와 프로그램을 활발히 홍보해야 한다는 내용을 뒷받침한다.
⑤ ㉣과 ㉤을 활용해 도서관 활성화를 위해 '책'과 관련된 사항이 아니더라도 세대별 이용자의 요구 사항에 맞춰 필요한 역할을 수행해야 한다고 주장한다.

정답 ③

해설 ㉠은 도서관에서 여러 행사와 프로그램을 운영하고 있다는 내용의 자료이며, ㉢은 도서관 이용객이 도서관 프로그램 개발과 이에 대한 홍보를 요구한다는 내용의 자료이다. 이를 연관 지어 도서관의 행사와 프로그램의 홍보를 활성화해야 한다는 내용을 이끌어 낼 수 있으나 도서관 운영 방식과 도서관 방문객 요구에 관련성이 없다는 내용을 이끌어 내기는 어렵다.

※ 출처: KOSIS(문화체육관광부, 국민독서실태조사, 성인의 공공도서관 활성화 방안), 2023. 09. 08.

출제 포인트 2 글쓰기 전략 활용하기

1. 글의 주제와 목적을 구현하기 위해 어떤 글쓰기 방법을 사용했는지 묻는 문제입니다. 분류, 비교, 인과와 같은 논지 전개 방식뿐 아니라 구체적인 수치 활용하기, 묻고 답하는 형식 사용하기 등 글의 내용을 효과적으로 전달하기 위해 사용할 수 있는 전략도 선택지로 구성됩니다.

2. 주로 다음과 같은 질문 형태로 출제됩니다.
   - 윗글에 제시된 글쓰기 방법으로 가장 적절한 것은?

풀이 전략

먼저 선택지를 읽으며 선택지에 제시된 글쓰기 전략을 파악합니다. 보통은 '(전략)을 사용하여 (효과)를 내고 있다', '(전략)을 사용하고 있다' 정도로 구성되므로 선택지에서 다룬 '전략'이 실제로 글에 쓰였는지, '전략'의 '효과'가 글에 나타나는지를 기준으로 정답을 찾으면 됩니다.

예제

다음 글에 사용된 글쓰기 방법으로 가장 적절한 것은?

도서관의 정의는 온갖 종류의 도서, 문서, 기록, 출판물 따위의 자료를 모아 두고 일반이 볼 수 있도록 한 시설로, 일반적으로 '책'에 관련한 일, 즉 책을 읽고 싶은 사람이 책이 모인 곳에 가서 책을 읽거나 일정 기간 빌리는 일이 일어나는 공간으로 여겨진다. 하지만 오히려 책을 읽으러 도서관에 가는 사람보다 그렇지 않은 사람이 더 많을 수도 있다. 실제로 2018년 ○○시에서 15세 이상의 ○○시민을 대상으로 한 조사에 따르면 책을 대출하기 위해 도서관을 이용하는 시민은 28% 정도에 불과했다. 나머지는 정보가 필요하거나 시간을 보낼 공간이 필요해 도서관을 찾는다고 응답하였다.

그렇다면 우리나라는 도서관을 이용하기 좋은 나라일까? 2021년을 기준으로 5년 동안 우리나라의 공공 도서관은 증가하여 총 1,208관이 되었으나 이 수치는 독일의 약 18%, 일본의 약 36% 수준에 불과하다. 도서관의 수가 적다 보니 도서관 1관에 할당되는 인구수도 많을 수밖에 없다. 보통 1관당 인구수가 적을수록 공공 도서관 환경이 양호한 것으로 평가하는데, 우리나라의 경우 2021년 기준 1관당 인구수는 42,747명이다. 이조차도 2017년에 비하면 6,945명 줄어든 수치지만, 1관당 인구수가 12,267명인 독일과 비교하면 도서관 이용 환경이 양호하다고는 볼 수 없다. 하지만 더 큰 문제는 도서관 수나 이용 환경이 개선되고 있는데도 도서관을 이용하는 사람이 많지 않다는 데 있다. 2021년 통계에 따르면 우리나라 성인 46.2%는 책을 읽지 않아 도서관을 찾지 않는다고 하였으며, 도서관을 찾고 싶어도 일이 바쁘거나 집에서 멀어 도서관에 가지 못하는 성인도 41.9%에 달했다.

공공 도서관의 약 78.6%를 지자체에서 운영하는 점을 고려할 때 도서관은 지역 시민이 이용하기 편한 시설이 되어야 한다. 도서관을 이용할 시간적 여유가 없는 시민을 위해 전자책을 대여해 주거나 지하철역의 무인 도서 대출기를 운영하는 것도 하나의 방법이다. 또한 실제 도서관 이용자의 도서관 이용 실태를 고려해 도서 제공뿐 아니라 정보 획득 등의 기능도 수행해야 한다. 이를 위해서 도서관을 운영하는 측과 도서관을 찾는 시민들이 의견을 나누며 도서관이 나아가야 할 방향에 대해 논의하는 자리를 마련해야 한다. 이렇게 차츰 도서관의 기반을 강화하다 보면 도서관은, 책을 찾지 않던 시민도 함께할 수 있는 공간으로, 도서관을 이용하는 시민의 만족도를 높일 수 있는 공간으로 재탄생하게 될 것이다.

① 낯선 약어를 풀어 설명하고 그의 개념을 정의하여 독자의 이해를 돕고 있다.
② 도서관의 운영 주체에 따라 분류하여 각각의 특성을 명확하게 드러내고 있다.
③ 문제의 해결 방안과 한계점을 함께 제시하여 향후 논의해야 할 내용을 정리하고 있다.
④ 대상에 관한 일반적인 인식과 그와 대조되는 현황을 차례로 들며 주장을 강화하고 있다.
⑤ 국내 도서관을 이용하는 내국인과 외국인의 사례를 모두 제시하여 다각도로 조명하고 있다.

정답 ④

해설 윗글은 독서가 목적인 사람과 독서 외의 일이 목적인 사람 모두 도서관을 이용할 수 있도록 도서관의 공간을 탈바꿈해야 한다고 주장하고 있다. 이를 위해 1문단에서 도서관에 대한 일반적인 시각을 제시한 후, 이와 대조되는 실제 도서관의 이용 실태를 소개하고 있다. 따라서 적절한 것은 ④이다.

※ 출처: KOSIS(문화체육관광부, 국민독서실태조사, 도서관을 이용하지 않는 이유 (성인)), 2023. 09. 08.

유형 연습문제

[1 ~ 2] 다음은 '인공 감미료를 정확히 알고 섭취하기'를 주제로 작성한 초고이다. 제시된 물음에 답하시오.

> 최근 영양 성분 함량에서 열량이 '0'인 '제로 칼로리', 설탕이 들어가지 않았다는 '제로 슈거'와 같은 '제로' 식 · 음료품이 인기를 끌고 있다. 이에 따라 식품 업계에서 기존 제품을 제로 칼로리, 제로 슈거로 바꾸는 경향이 나타나고 있다. 이러한 경향은 처음에는 탄산음료 계통에서만 나타나다가 이제는 과자류, 주류까지 번지고 있다.
>
> 우리말로 옮기면 '무열량(無熱量)', '무설탕(無雪糖)'인 제로 칼로리, 제로 슈거 식품의 영양 성분 함량에서 열량이 0이고, 원재료명에 설탕이 없을 수는 있겠으나 그 식품으로 얻는 열량과 섭취하는 당류가 0이 아닐 수도 있다. 우리나라의 경우, 열량이 5kcal 미만, 당류가 0.5g 미만이면 이를 0으로 표시할 수 있으며, 무설탕 식품에는 설탕 외의 다른 감미료가 들어가기 때문이다. 그러면 '제로 칼로리' 식품은 어떻게 '제로 슈거'로 단맛을 내는 것일까?
>
> 단맛을 내는 설탕은 감미료(甘味料)의 일종으로, 그중에서도 식물에서 유래한 천연 감미료에 속한다. 제로 칼로리 식품에 쓰이는 감미료는 이와 반대로 화학적으로 만든 인공 감미료이다. 인공 감미료로는 아스파탐, 수크랄로스 등이 있는데, 이는 제로 칼로리 식품의 포장지 뒷면에서 흔히 볼 수 있는 원재료명이다. 이들은 각각 설탕의 200배와 600배에 달하는 단맛을 내는 인공 감미료이다. 반대로 이야기하면 설탕과 동일한 단맛을 내려면 아스파탐 또는 수크랄로스를 설탕의 1/200, 1/600만 써도 된다는 의미이다.
>
> 이러한 인공 감미료는 설탕과 달리 인슐린 분비 없이도 체내에서 에너지원으로 쓰일 수 있다. 때문에 인슐린 분비에 문제가 있는 당뇨병 환자들과 설탕 섭취로 일어날 혈당 문제를 걱정하는 사람들이 설탕 대신 사용하고 있다. 설탕 대신 쓰이기도 하므로 인공 감미료를 대체 감미료라고 부르기도 한다.
>
> 그런데 여기에서 인공 감미료의 역설이 발생한다. 혈당 문제를 예방하려고 선택한 인공 감미료 때문에 당뇨가 생길 수 있기 때문이다. 인공 감미료가 포도당 흡수를 촉진해 당뇨병 발병률을 높일 수 있다는 것이다. 더욱이 인공 감미료가 포함된 음식을 계속 섭취하면 설탕을 섭취했을 때와 마찬가지로 단맛 그 자체에 중독되고, 단맛에 무뎌져 도리어 단 음식을 더 찾게 된다는 문제도 발생한다.
>
> 즉, 중요한 것은 감미료는 천연 감미료이든 인공 감미료이든 우리 몸에 악영향을 끼칠 우려가 있다는 것이다. 본인이 식생활에서 중요하게 여기는 바에 따라 무엇을 섭취할지 정할 수 있겠지만, 본인이 선택한 감미료의 장단점을 분명히 인식하고 무엇이든 과하게 섭취하지 않도록 주의해야 할 것이다.

1 윗글에 사용된 서술상의 특징으로 적절하지 않은 것은?

① 인공 감미료가 우리 몸에 미치는 영향을 그 과정과 함께 제시하고 있다.

② 인공 감미료의 단맛을 구체적인 수치로 제시하여 설탕과 비교하고 있다.

③ 글의 전체적인 내용을 글의 마지막 부분에서 요약하며 정리해 주고 있다.

④ 질문을 하고, 그에 대해 답변하는 방식으로 인공 감미료의 쓰임을 설명하고 있다.

⑤ '제로 칼로리' 및 '제로 슈거'의 의미를 표면적인 의미와 이면적인 의미까지 포함해 설명하고 있다.

2 **다음은 윗글을 보완하기 위해 추가로 수집한 자료이다. 자료에 대한 활용 방안으로 적절하지 <u>않은</u> 것은?**

<table>
<tr><th></th><th>자료의 내용</th><th>출처</th></tr>
<tr><td>(가)</td><td>
<table>
<tr><th></th><th>A</th><th>B</th></tr>
<tr><td>제품명</td><td>○○○</td><td>○○○ 제로 슈거</td></tr>
<tr><td>용량</td><td>500g</td><td>500g</td></tr>
<tr><td>열량</td><td>216kcal</td><td>0kcal</td></tr>
<tr><td>총당류</td><td>54g</td><td>0g</td></tr>
</table>
1. 질문
제품 A와 B가 열량 및 당류 함량에만 차이가 있고, 맛은 비슷하다면 무엇을 선택하시겠습니까?
2. 답변 결과(성인 1,000명 기준)
① A: 27%
② B: 73%
</td><td>설문 결과</td></tr>
<tr><td>(나)</td><td>
소비자 태도 조사
당 함량이 적은 제품을 선택한다
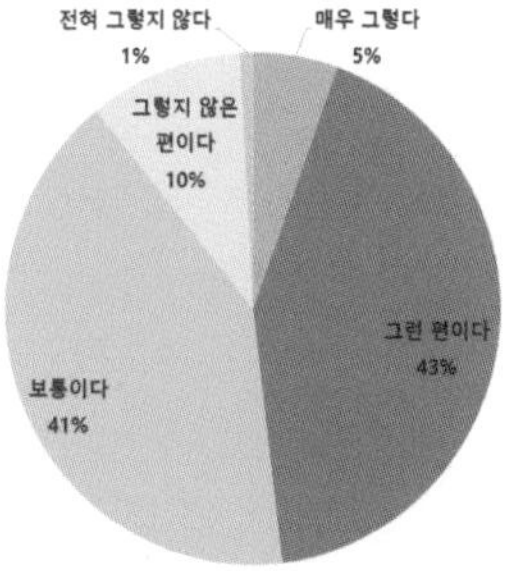

</td><td>통계 자료</td></tr>
<tr><td>(다)</td><td>인공 감미료를 대상으로 한 연구 결과를 종합해 보면 당뇨 환자가 인공 감미료를 섭취하는 것은 긍정적인 결과를 낳지만, 그렇지 않은 사람들이 인공 감미료를 섭취하게 되면 심혈관 질환, 체중 증가 등의 부작용을 겪을 수 있음을 알 수 있습니다. 게다가 인공 감미료에 속하는 감미료들이 몸에 미치는 영향이 모두 동일하지도 않으니 더욱 주의해야겠죠.</td><td>전문가 인터뷰</td></tr>
<tr><td>(라)</td><td>20××년에서 20××년에 이르는 불과 5년 사이에 '제로 슈거', '제로 칼로리' 음료 시장의 총판매액은 1,286억 원 증가하였습니다. 규모로 따진다면 약 2.4배 증가한 것입니다. 이는 건강관리에 관심이 있는 젊은 세대와 젊은 세대를 목표로 그들과 비슷한 연령대의 아이돌 가수나 배우 등을 모델로 제로 슈거 및 제로 칼로리 음료를 광고하는 시장의 흐름이 반복되며 나타난 결과로 보입니다. 이 과정에서 제품 특성상 당분을 유지해야 하는 음료군은 매출에 타격을 받지 않도록 돌파구를 찾아야 할 것입니다.</td><td>○○
경제 연구소 발표</td></tr>
</table>

① (가)를 활용해 소비자들이 '제로' 음료를 '제로'가 아닌 음료보다 더 선호한다는 내용을 뒷받침한다.

② (나)를 활용해 당 함량이 적은 상품을 선택하는 소비 경향을 들어 식품 업계의 시장 변화 원인을 추가적으로 설명한다.

③ (다)를 활용해 감미료의 특성을 염두에 두고 감미료를 섭취해야 한다는 주장을 강화한다.

④ (라)를 활용해 젊은 세대의 기호가 반영되어 무설탕, 무열량 음료가 유행하고 있음을 설명한다.

⑤ (가)와 (다)를 활용해 영양 성분 함량 중 총당류를 고려해야 한다는 점을 감미료 섭취 시 주의해야 할 사항에 추가한다.

약점 보완 해설집 p.35

기출유형 16

글 고쳐 쓰기

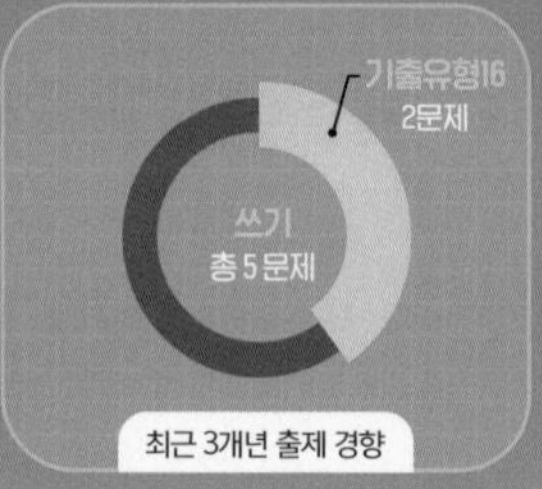

출제 포인트 1 글 보완하는 방안 찾기

1. 글의 목적이나 주제, 글의 특성을 고려했을 때 글에서 부족한 점을 개선할 방안이 무엇인지 묻는 문제입니다. 주로 통일성, 완결성, 신뢰성과 같은 글의 특성을 고려해 글을 보완하는 방안을 묻는 문제가 출제되며, 간혹 글에 대한 평가나 글을 바탕으로 고친 내용의 적절성을 묻는 문제도 출제됩니다.

2. 주로 다음과 같은 질문 형태로 출제됩니다.
   • 윗글을 보완할 수 있는 방안으로 가장 적절한 것은?

풀이 전략

이 유형에서 주로 다루어지는 글의 통일성, 타당성, 중립성, 완결성, 일관성과 같은 글쓰기 조건을 이해하고 있어야 합니다. 이를 바탕으로 출처 명확히 밝히기, 통계 자료나 전문가 인터뷰 자료 추가하기, 해외의 사례 추가하기 등과 같은 글쓰기 방안을 적용했을 때 글쓰기 조건이 충족되는지 판단하면 됩니다.

예제

다음 글을 보완할 수 있는 방안으로 가장 적절한 것은?

2018년부터 지난해까지 최근 5년 동안 전열기로 인한 화재는 총 2,390건인 것으로 나타났다. 소방청 국가화재정보시스템에 따르면 최근 5년간 전열기 화재 중 전기난로와 전기장판이 원인인 사고 건수는 각각 1,211건과 1,179건이며, 344명의 인명 피해 중 48명의 사망자와 296명의 부상자가 ㉠ 발생했다. ㉡ 매년 12월과 1월에 발생한 전열기 관련 화재는 994건으로 전체의 42%를 차지하고 있어 겨울철 전열기 사용에 주의가 필요하다. 특히 12월은 겨울철로 접어들면서 난방을 위한 전열기 사용이 많아지는 시기로 화재 예방에 각별한 주의가 필요하며, 장기간 보관했던 제품을 사용할 때는 더욱 철저한 점검과 관리가 필요하다.

전열기 안전 수칙으로 첫째, 먼저 한동안 쓰지 않고 보관 중이던 전열기를 꺼내 쓸 때는 작동 여부를 살피고, 전선과 열선 등이 헐거워지거나 벗겨진 곳은 ㉢ 없는지 꼼꼼히 확인한다. 둘째, 시간 설정 기능 등을 활용해 고온으로 장시간 사용하지 않도록 주의하고 자리를 비울 때나 사용 후에는 반드시 전원을 꺼야 한다. 셋째, 전열기 사용 시 ㉣ 플러그는 끝끼지 꽂아 써야 하며, 여러 제품을 문어발처럼 꽂아 사용하면 과열될 수 있어 위험하니 주의해야 한다. 넷째, 무엇보다 전기난로 주위에 타기 쉬운 종이 등 가연물이나 의류 등을 가까이 두지 않도록 각별한 관리가 필요하다. 마지막으로 전기장판의 경우 바닥에 깔고 쓰는 부분이 접히지 않도록 사용하고, 무거운 물체에 눌리면 내부 열선이 손상돼 위험할 수 있으니 주의해야 한다.

전열기는 특히 많은 열을 발생시키므로 화재 예방에 유의해야 한다. ㉤ 특히 여러 사람이 거주하는 곳에서는 작은 부주의도 큰 사고로 이어지기 쉬우므로 안전 관리에 더욱 각별히 주의해야 한다.

① 겨울철 에너지 절약 방안을 추가해 글의 통일성을 높인다.
② 글에서 인용한 통계 자료의 수치를 구체적으로 제시해 글의 신뢰성을 높인다.
③ 소화기 사용 방법을 설명한 소방청 전문가의 인터뷰 자료를 추가해 글의 논리성을 높인다.
④ 국내에서 생산되는 전열기와 수입 전열기의 내구성을 비교한 논문을 추가해 자료의 적절성을 높인다.
⑤ 전열기 화재 발생의 2건 중 1건이 사소한 부주의가 원인이었다는 조사 결과를 추가해 글의 타당성을 높인다.

정답 ⑤

해설　윗글은 전열기 화재를 예방하기 위한 구체적인 안전 수칙을 안내하며 전열기 사용에 주의해야 한다고 주장하고 있다. 특히 마지막 문단에서 작은 부주의가 큰 사고로 이어질 수 있으므로 더욱 안전에 유의해야 한다고 말하고 있다. 따라서 화재 원인 중 '사소한 부주의'가 원인이었다는 조사 결과는 해당 주장을 뒷받침하는 근거가 된다. 참고로, 주장을 뒷받침할 수 있는 근거를 추가하면 글의 타당성을 높일 수 있다.

① 윗글은 에너지 절약 방안과 관련 없는 내용이므로 적절하지 않다. 참고로, 글의 통일성을 높이려면 하나의 주제를 표현하면서 내용이 서로 의미상 연관되어야 한다.

② 윗글에는 통계 자료의 수치가 이미 구체적으로 제시되어 있으므로 적절하지 않다. 참고로, 글의 신뢰성을 높이려면 자료의 출처나 통계 자료의 수치를 구체적으로 밝혀야 한다.

③ 윗글은 겨울철 전열기 화재 예방법에 대한 내용이다. 따라서 화재를 진압하는 소화기 사용 방법은 윗글과 관련 없는 내용이므로 적절하지 않다. 참고로, 글의 논리성을 높이려면 주장이나 생각을 이치에 맞게 전개해야 한다.

④ 윗글은 겨울철 전열기 사용을 주의해야 한다는 취지이므로 국내 생산 전열기와 수입 전열기의 내구성을 비교한 자료를 추가하는 것은 자료의 적절성을 높이는 방안으로 볼 수 없다. 참고로, 자료의 적절성을 높이려면 글의 목표, 분량, 내용 등과 부합해야 한다.

※ 출처: 행정안전부, https://www.mois.go.kr

출제 포인트 2 단어나 문장 고쳐 쓰는 방법 찾기

1. 글에 쓰인 단어나 문장을 고쳐 쓴 이유와 수정한 표현이 올바른지 판단하는 문제입니다. 주로 문장 성분의 호응·생략, 어휘 사용, 문맥, 통일성 등을 고려해 단어나 문장을 고쳐 쓰는 선택지로 구성됩니다. 최근에는 하나의 문장을 고쳐 쓴 의도를 묻는 문제가 출제됐습니다.

2. 주로 다음과 같은 질문 형태로 출제됩니다.
   - ㉠~㉤을 수정하기 위한 방안으로 적절한/적절하지 않은 것은?
   - <보기>가 ⓐ를 고쳐 쓴 것이라 할 때, 그 이유로 가장 적절한 것은?

풀이 전략

선택지에 제시된 수정 후 표현을 글에 대입해 적절성을 따지며 문제를 풀면 더욱 쉽게 정답을 찾을 수 있습니다.

예제

※ p.308 출제 포인트1 예제와 함께 푸는 문제입니다.

㉠~㉤을 수정하기 위한 방안으로 적절한 것은?

① ㉠: 어휘의 의미를 고려할 때 '발발했다'로 수정한다.
② ㉡: 문단 내 내용이 논리적으로 이어지도록 앞 문장과 순서를 바꾼다.
③ ㉢: 의존 명사 '지'는 띄어 쓰므로 '없는 지'로 수정한다.
④ ㉣: 서술어에 호응하는 부사어가 없으므로 '플러그는 콘센트에 끝까지 꽂아'로 고친다.
⑤ ㉤: 앞뒤 문장의 의미 관계를 고려하여 '반면'으로 고친다.

정답　④

해설　'꽂다'는 '…을 …에 꽂다'와 같이 주어, 목적어, 부사어를 필수적으로 요구하는 서술어이므로 '플러그는 콘센트에 끝까지 꽂아'로 수정하는 것이 적절하다.

① ㉠: 문맥상 인명 피해 중에서 사망자가 48명, 부상자가 296명이 있었다는 뜻이므로 '발생했다'로 쓰는 것이 적절하다.
   - 발발하다: 전쟁이나 큰 사건 등이 갑자기 일어나다.
   - 발생하다: 어떤 일이나 사물이 생겨나다.

② ㉡: ㉡ 앞은 최근 5년간 발생한 전열기 화재 건수이며, ㉡은 12월과 1월에 발생한 전열기 화재 건수이다. 5년 동안 발생한 전열기 화재의 전체 건수를 제시하고 그중 특이 사항이 있는 기간의 화재 건수를 설명하는 것이 자연스러우므로 문장의 순서는 현재처럼 유지되는 것이 적절하다.

③ ㉢: 문맥상 선이 헐거워지거나 벗겨진 곳이 있을 수 있으므로 이를 확인해야 한다는 뜻으로 수정 전의 연결 어미 '-는지'를 쓴 '없는지'가 적절하다.
   - -는지: 막연한 의문이 있는 채로 그것을 뒤 절의 사실이나 판단과 관련시키는 데 쓰는 연결 어미
   - 지: 어떤 일이 있었던 때로부터 지금까지의 동안을 나타내는 말

⑤ ㉤: ㉤ 앞에서는 화재 예방에 유의해야 한다는 내용을, ㉤이 포함된 문장은 화재 예방에 더 유의해야 할 장소를 설명하고 있다. 따라서 뒤에 오는 말이 앞의 내용과 상반됨을 나타내는 말인 '반면'이 아니라 '보통과 다르게'를 뜻하는 '특히'를 쓰는 것이 적절하다.

유형 연습문제

[1 ~ 2] 다음은 '게릴라 마케팅'을 제재로 작성한 초고이다. 제시된 물음에 답하시오.

> 당신의 몸에 사이트 주소를 문신으로 새기겠습니까? 미국의 한 회사는 회사의 이름을 알리기 위해 그녀에게 1만 달러를 지불하고 그녀의 이마에 회사 사이트 주소를 문신으로 ㉠ 새겼다. 이 소식은 빠르게 뉴스로 전해졌고, 회사는 1만 ㉡ 달러보다 높은 가치의 광고 효과를 얻었다. 이러한 극단적인 광고는 게릴라 마케팅의 일종으로 사람들의 관심을 끌기 위해 다양한 방법을 이용한다.
>
> 게릴라 마케팅은 잠재적 고객이 많이 모여 있는 곳에서 예상하지 못한 방식으로 상품을 광고하는 것이다. 예를 들어, 유명한 제과 회사 A는 공원 벤치에 색을 칠하여 공원의 벤치를 거대한 초콜릿 바처럼 보이게 했다. ㉢ 이러한 창의적인 광고 전략은 긍정적인 방식으로 소비자들의 관심을 끈다. 그러나 모든 게릴라 마케팅이 효과가 있는 것은 아니다. 한 광고 회사는 프로그램을 눈에 띄게 광고하기 위해 도심 곳곳에 자석과 전구가 달린 표지판을 설치하였다. ㉣ 하지만 예상했던 것과 달리 사람들이 자석과 전구가 설치된 광고물을 폭발물로 오인하면서 도로가 통제되었고, 경찰이 투입되는 큰 소동이 벌어졌다. 결국 해당 표지판을 설치한 광고 회사 관계자는 불법 광고물을 설치한 혐의로 체포되었다.
>
> ㉤ 전통적인 광고 전략을 쓰는 사람들과 달리 다른 이에게 충격을 주는 점을 두려워하지 않는다. 물론 이러한 아이디어는 제품을 광고하고 판매를 촉진하는 데 큰 효과를 가져올 수 있다. 하지만 회사는 이 광고에 대해 고객들이 어떻게 반응할지에 대해 고민하며, 고객의 긍정적인 호응을 이끌어 내는 광고를 제작해야 한다.

1 윗글의 ㉠ ~ ㉤을 고쳐 쓰기 위한 필자의 메모 중 가장 적절한 것은?

① ㉠의 주어에 호응하는 피동 표현을 써 '새겨졌다'로 바꾸어야겠다.
② ㉡의 '보다'는 '어떤 수준에 비하여 한층 더'를 뜻하는 부사이므로 앞말과 띄어 써야겠다.
③ ㉢은 앞뒤 내용을 고려해 뒤 문장과 순서를 바꿔야겠다.
④ ㉣은 병렬적으로 연결할 때 쓰는 접속 부사 '그리고'로 수정해야겠다.
⑤ ㉤은 서술어와 호응하는 주어가 없으므로 '게릴라 마케팅을 사용하는 사람들은'을 추가해야겠다.

2 윗글을 보완하기 위한 방안으로 가장 적절한 것은?

① 다른 마케팅의 종류를 추가해 글의 정확성을 높인다.
② 게릴라 마케팅의 정의를 추가해 글의 신뢰성을 높인다.
③ 게릴라 마케팅으로 손해를 본 고객의 입장을 추가해 글의 공정성을 높인다.
④ 글의 첫 부분에 게릴라 마케팅과 관련된 화제를 추가해 논리적인 글 구조가 되게 한다.
⑤ 최근 광고로 부정적인 사회적 문제가 늘어나고 있는 현상을 추가해 글의 효용성을 높인다.

약점 보완 해설집 p.36

[1 ~ 5] 다음은 '세대 갈등'을 주제로 작성한 초고이다. 제시된 물음에 답하시오.

최근 신문이나 뉴스 같은 언론은 물론이고 사회관계망 서비스(소셜 네트워크 서비스, SNS)나 직장 등 일상적인 장소에서도 '엠제트(MZ) 세대'라는 말이 심심치 않게 등장한다. '엠제트 세대'란 1980년대 초부터 2000년 초에 출생한 밀레니얼 세대(M 세대)와 1990년대 중반부터 2000년대 초반에 출생한 제트 세대(Z 세대)를 함께 이르는 말로, 이 세대에 속하는 사람 중 가장 나이가 많은 사람과 가장 나이가 적은 사람의 나이가 약 20년 정도 차이가 날 정도로 넓은 범위의 연령층을 ㉠ 포괄한다.

이 '엠제트 세대'는 '중년의 상징으로 여겨지던 위스키, 엠제트 세대에서도 열풍', '엠제트 세대, 글로 쓰는 일기보다는 영상 일기가 좋아요'처럼 젊은 세대의 행동 양식이나 문화 등을 긍정하는 맥락에서 쓰이기도 하고, '조직의 성공보다는 개인의 만족이 우선이라는 엠제트 세대', '엠제트 세대는 예의가 없다'처럼 젊은 세대의 가치관을 부정적으로 일반화하는 맥락에서 쓰이기도 한다.

게다가 가치 판단의 기준을 자신의 경험에만 두고 권위주의적으로 행동하는 '꼰대'가 이전에는 기성세대만을 ㉡ 가리켰으면 최근에는 '젊은 꼰대'라는 말도 등장했기 때문에 특정 연령층에 속한다는 이유만으로 행동 양식이나 가치관을 일반화하기 어려워졌다. ㉢ 그러나 일기를 글보다 영상으로 남기기 좋아하는 중장년층도 있을 것이고, 개인보다 조직을 우선시하는 엠제트 세대도 있을 것이다. 꼰대의 대표적인 발언으로 간주하는 '나 때는 말이야'가 더는 기성세대의 전유물이 아니라는 말이다.

㉣ 요컨대 '연령 차별 주의[Ageism]'라는 용어를 다른 측면에서 살펴볼 수도 있다. '연령 차별 주의'란 나이를 이유로 삼아 개인이 누릴 수 있는 기회를 박탈하거나 사회에서 소외시키는 등 개인을 차별하는 사상이나 태도로, 주로 고령화 사회에서 나이가 들었다는 이유로 모든 노인을 일반화하여 차별하는 데서 기인한다. 젊은 세대는 젊은 세대라는 이유로, 중장년층은 중장년층이라는 이유로, 즉 나이로만 상대를 판단하고 개성은 무시하는 현상이 또 다른 연령 차별 주의를 빚는 것은 아닌지 생각해 보아야 한다.

사회적으로 ㉤ 일반화되어진 특정 세대의 특성으로 개인을 평가하면 결국 그 세대에 대한 부정적인 선입견이 만들어진다. 세대 간 갈등과 차별이 일어나고 심화될 여지가 생기는 것이다. 그러므로 우리 사회에는 개인을 개인이 속하는 세대의 특성과 동일시하기보다는 개인을 개인으로 존중하고 평가하는 인식 개선과 배려의 자세가 필요하다. ⓐ 그렇지 않으면 '무슨 세대'라는 이유로 개인의 개성을 무시하고, 이로 인해 갈등과 차별이 만연한 시대에 머물 것이다.

1 다음은 윗글을 쓰기 전에 떠올린 계획이다. 윗글에 반영된 것만을 있는 대로 고른 것은?

<글쓰기 계획>

ㄱ. 권위 있는 언론의 보도 자료를 인용해 글의 신뢰성을 확보해야겠다.
ㄴ. 사회적으로 통용되는 생각을 주장으로 내세워 글의 공정성을 확보해야겠다.
ㄷ. 개인과 세대 특성에 대한 일관된 주장을 펼쳐 글의 통일성을 확보해야겠다.
ㄹ. 글의 제재와 관련 있는 구체적인 일화를 제시해 독자의 흥미를 유발해야겠다.
ㅁ. 최근 사회적으로 관심을 받고 있는 제재를 선정해 글의 시의성을 확보해야겠다.

① ㄱ, ㄷ ② ㄴ, ㄹ ③ ㄷ, ㅁ ④ ㄱ, ㄷ, ㅁ ⑤ ㄴ, ㄹ, ㅁ

2 다음은 윗글을 보완하기 위해 추가로 수집한 자료이다. 자료의 활용 방안으로 적절하지 않은 것은?

	구분	자료
(가)	통계 자료	한국행정연구원이 2022년 19세 이상의 성인을 대상으로 한 조사에서 전체 연령층에서 고령층과 젊은 층에 따른 갈등이 심하다고 응답한 비율이 50%를 넘었다. 구체적으로는 19~29세 55.6%, 30~39세 61.5%, 40~49세 62.0%, 50~59세 59.7%, 60세 이상 59.3%, 65세 이상 58.2%였다.
(나)	기사	'노 키즈 존'은 영유아나 어린이의 출입을 금지하는 업소를 가리키는 말이다. 최근 조사한 설문 조사 결과에 따르면, '노 키즈 존'으로 어린이가 차별당할 수 있다는 입장보다 다른 손님을 배려하고, 업소 환경을 개선할 수 있다면 '노 키즈 존'을 지정할 수 있다는 입장이 우세하였다. 그러나 2017년 국가인권위원회는 '노 키즈 존'이 합리적인 이유 없이 유·아동을 차별하는 행위라고 평가했다. 또한 한동안 화제의 중심에 있던 '노 키즈 존'에 대항하듯 최근에는 중장년층의 출입을 금지하는 '노 시니어 존'까지 생기고 있다. 나이에 따라 입장을 금지하는 '노 ○○ 존'은 그야말로 나이에 따른 차별과 세대 간 갈등을 조장하는 중심점이라고 할 수 있다.
(다)	인터뷰	20대 직장인 A 씨는 최근 퇴근 후 60대 B 씨의 영상 일기를 즐겨 본다고 답했다. 그는 "은퇴 후 본인의 여가 시간을 즐겁고 의미 있게 보내는 모습을 보며, 자신의 은퇴 후 계획도 꿈꿔볼 뿐만 아니라 멋진 어른이란 저런 어른을 말하는 거라고 생각하게 된다"라고 말하며, 최근 2·30대 젊은 층이 많이 찾는 카페나 여행지를 가면 영상 일기를 만들기 위해 사진이나 동영상 등을 촬영하는 어르신들을 많이 본다고 덧붙였다.

① (가)를 활용하여 나이가 사회적 갈등의 원인이 될 수 있음을 들어 나이보다는 개인의 특성을 중심으로 개인을 평가해야 한다는 주장을 보완한다.

② (가)를 활용하여 모든 세대에서 나이에 따른 갈등을 심각하게 인식한다는 점을 들어 개인을 존중하는 배려의 자세가 전 사회적으로 필요하다는 내용을 강조한다.

③ (나)를 활용하여 나이를 이유로 기회를 박탈하는 경우가 있는 점을 들어 연령 차별 주의가 사회적 갈등을 조장하는 원인이 될 수 있다는 내용을 보완한다.

④ (다)를 활용하여 중장년층도 젊은 세대의 문화를 향유한다는 점을 들어 특정 세대의 가치관이나 행동 양식을 일반화할 수 없다는 주장의 예로 구체화한다.

⑤ (다)를 활용하여 젊은 세대가 중장년층이 생산한 문화 콘텐츠를 소비한다는 점을 들어 세대 갈등을 해소하기 위해 엠제트 세대의 노력이 중요하다는 주장을 강화한다.

3 윗글의 ㉠ ~ ㉤을 고쳐 쓰기 위한 방안으로 적절하지 않은 것은?

① ㉠은 주어와 호응할 수 있도록 '포괄하는 용어이다'로 수정한다.

② ㉡은 앞뒤 문장의 연결이 자연스럽도록 '가리켰지만'으로 수정한다.

③ ㉢은 문단 내 내용이 논리적으로 연결되도록 앞 문장과 순서를 바꾼다.

④ ㉣은 문맥을 고려하여 '그래서'로 수정한다.

⑤ ㉤은 이중 피동 표현이므로 '일반화된'으로 수정한다.

4 **다음은 윗글을 쓰기 전에 세웠던 글쓰기 개요이다. 윗글을 쓰는 과정에서 필자가 점검하여 반영한 내용으로 적절하지 않은 것은?**

<글쓰기 계획>

Ⅰ. 용어 '엠제트(MZ) 세대'의 정의
  1. 용어 '엠제트 세대'의 정의
  2. 특정 세대에 대한 부정적 선입견이 확립됨
Ⅱ. '엠제트 세대'의 이미지
  1. 언론에서 다루는 '엠제트 세대'의 이미지
  2. 사회관계망 서비스에서 다루는 '엠제트 세대'의 이미지
  3. '엠제트 세대'의 긍정적인 이미지와 부정적인 이미지
Ⅲ. 세대 특성으로 개인을 판단하는 현상의 문제
  1. 세대 특성으로 개인을 일반화하기 어려움
  2. '연령 차별 주의'의 한 현상으로 볼 수 있음
  3. 세대 간 갈등과 차별이 야기됨
Ⅳ. 개인을 바라보는 사회적 인식의 변화가 필요함

① Ⅰ-2는 Ⅰ보다는 Ⅲ의 하위 항목으로 적절하므로 제시하는 위치를 이동해야겠다.
② Ⅱ-1, Ⅱ-2는 Ⅱ-3의 하위 항목으로 볼 수 있으므로 Ⅱ-3으로 통합해 설명해야겠다.
③ Ⅲ-1과 Ⅲ-2는 중복되는 내용이므로 Ⅲ-1을 삭제해야겠다.
④ Ⅲ-2와 관련된 내용을 설명하기 전 '연령 차별 주의'의 정의부터 제시해야겠다.
⑤ Ⅳ는 글에서 다룬 내용이 잘 드러나도록 세대 특성과 관련된 내용을 추가해야겠다.

5 **윗글의 ⓐ를 <보기>와 같이 고쳐 썼다고 할 때, 고쳐 쓰기 과정에서 계획한 내용으로 가장 적절한 것은?**

<보기>

그렇지 않으면 우리 모두가 배려와 다양성이 존중받는 사회 대신 갈등과 차별이 만연한 사회에서 살게 되지 않을까?

① 글의 핵심어를 글의 마지막 부분에 한 번 더 제시해 독자가 글의 주제를 명확히 인식하게 해야겠다.
② 글의 마지막 부분에 글에서 다룬 지양해야 할 가치와 지향해야 할 가치를 대조해 글의 주제를 강조해야겠다.
③ 세대 갈등을 해소하는 데 필요한 개인적·사회적 노력을 글의 마지막 부분에 제시해 글의 목적을 달성해야겠다.
④ 글의 마지막 부분을 의문문으로 제시해 독자가 현 상황의 문제점을 해결할 수 있는 방법을 강구하게 해야겠다.
⑤ 현 상황을 조속히 해결해야 함을 글의 마지막 부분에 언급해서 지금 일어나고 있는 문제가 심각함을 부각해야겠다.

약점 보완 해설집 p.36

V. 창안

창안 영역 출제 경향

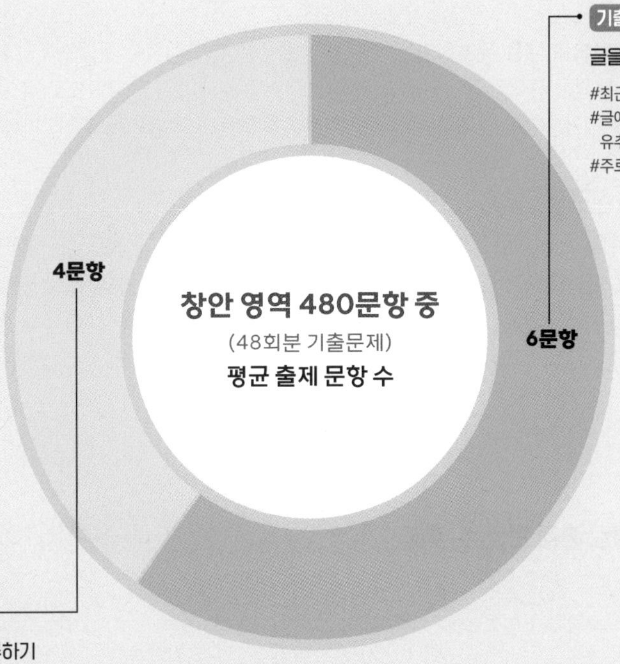

기출유형 17

글을 바탕으로 내용 유추하기

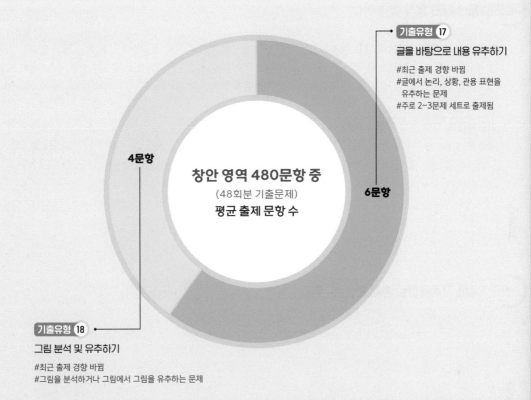

#최근 출제 경향 바뀜
#글에서 논리, 상황, 관용 표현을 유추하는 문제
#주로 2~3문제 세트로 출제됨

기출유형 18

그림 분석 및 유추하기

#최근 출제 경향 바뀜
#그림을 분석하거나 그림에서 그림을 유추하는 문제

창안 영역 학습 포인트

- **글의 중심 내용과 제재의 특징을 도출하고 일상생활에 적용하는 연습하기!**

글의 주제나 글에서 설명하는 내용을 다른 상황에 빗댔을 때 적절한지 파악해야 하는 문제가 출제되므로 무엇보다 글을 읽으며 그 중심 내용과 제재에 관련된 내용을 정확히 파악하고, 다른 상황에 빗댔을 때 논리적 비약이 없는지 판단하는 연습을 하는 것이 중요하다.

- **그림의 표현 방식과 주제를 파악하고 일반화하는 연습하기!**

그림의 주제는 그림의 표현 방식에서 이끌어 낼 수 있고, 그림과 유사한 상황을 파악하려면 그림의 주제를 파악해야 한다. 따라서 그림이 주어지는 문제는 그림이 어떤 제재를 어떻게 표현하고 있는지, 그렇게 표현해서 말하고자 하는 바는 무엇인지를 먼저 파악하는 연습이 필요하다.

고등급 달성을 위한 기출유형 분석 리포트

최근 5개년 창안 영역 출제 이슈

1. **기출유형17 글을 바탕으로 내용 유추하기**는 1회 출제 문항 수가 고정적이지 않으나, 1회 창안 영역 전체를 차지할 정도로 출제 비중이 높은 편이다. 2019~2020년부터 다양한 주제의 글을 바탕으로 비슷한 상황, 주장, 어휘 표현, 그림 등을 유추하는 문제가 출제되기 시작했다. 최근 **기출유형18** 비중이 늘면서, 5문항 이하로 출제되는 경우도 있다.

2. **기출유형18 그림 분석 및 유추하기**는 출제 비중이 일정하진 않으나, 최근 2022년에 출제 비중이 꽤 많아졌다. 이전에는 공익 광고 시각 자료를 보고 내용을 유추하는 문제가 출제되었으나, 최근에는 일반적인 시각 자료를 여럿 제시하고, 그에 대한 관계를 유추하거나 그와 유사한 시각 자료를 고르는 출제 포인트로 나온다.

최근 5개년 기출유형별 출제 문항 수 추이

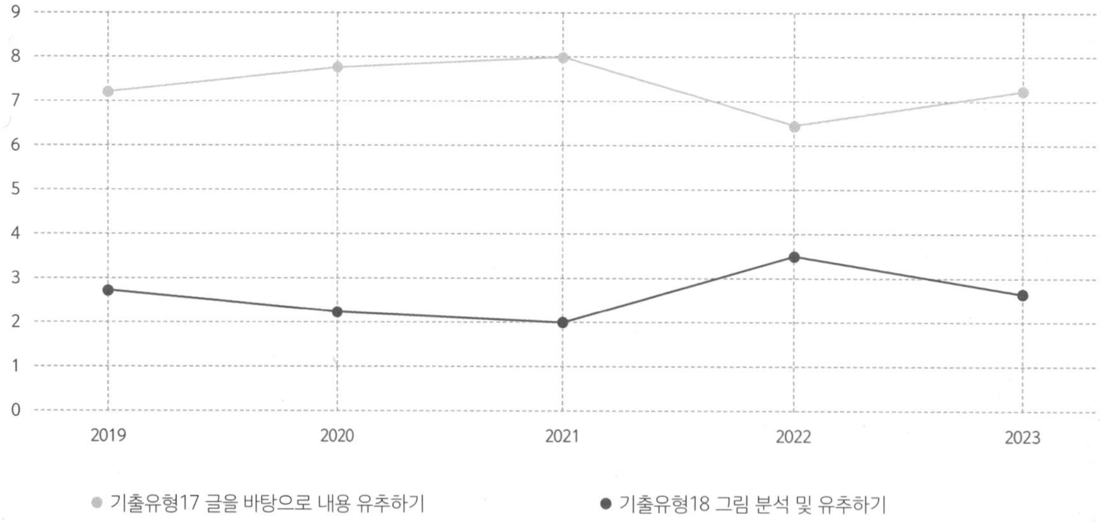

출제 경향

창안 영역은 출제 포인트가 비교적 다양하게 구성되는 편이며, 최근 새로운 경향의 출제 포인트가 출제됐다.
평균적으로 1회에 기출유형17은 7문항, 기출유형18은 3문항 출제된다.

무조건 나온다!
최다 빈출 유형 TOP2

1위 기출유형17 글을 바탕으로 내용 유추하기

기출유형17은 과학·경제 이론, 일상생활 등을 주제로 한 짧은 지문을 읽고 다양한 방식으로 내용을 유추하는 세트 문제로 출제된다. 글과 비슷한 상황 유추하기, 글을 바탕으로 주장할 수 있는 내용 찾기, 글의 주제와 유사한 표현 찾기, 주어진 조건을 충족하는 문구 찾기 등 다양한 출제 포인트로 구성되는데, 그중 글과 비슷한 상황 유추하기 문제의 출제 비중이 가장 크다.

빈출 출제 포인트
글과 비슷한 상황 유추하기

빈출 지문 주제
인간 사회와 과학(관성, 구심력과 원심력 등) 이론 유비,
인간의 삶과 일상생활 소재(커피 가공, 세탁 등) 유비

2위 기출유형18 그림 분석 및 유추하기

기출유형18은 두 가지 이상의 시각 자료 간의 관계를 분석하여 다양한 방식으로 내용을 유추하는 단독/세트 문제로 출제된다. 그림을 통해 내용 유추하기, 그림과 비슷한 주제의 그림 고르기, 조건에 따른 그림 분석하기 등 다양한 출제 포인트로 구성되는데, 그중 그림을 통해 내용 유추하기 문제의 출제 비중이 크다.

빈출 출제 포인트
그림을 통해 내용 유추하기

빈출 지문 주제
교훈(배려, 존중, 융화 등), 논지 등 도출하기

맞히면 등급이 오른다!
가장 많이 틀리는 유형 TOP2

1위 기출유형17 글을 바탕으로 내용 유추하기

기출유형17의 출제 포인트 중 글과 비슷한 상황 유추하기, 글의 주제와 유사한 표현 찾기 문제를 가장 많이 틀린다. 창안 영역은 난도가 낮아, 대다수가 많이 맞히는 편이나 유추한 내용의 적절성을 찾거나 한자성어 등을 유추하는 문제를 틀리는 편이다.

고난도 출제 포인트
글과 비슷한 상황 유추하기
글의 주제와 유사한 표현 찾기

고난도 지문 주제
비슷한 상황 유추하기 - '매듭법'을 '인간 사회'에 유비하기
'사격'을 '평가'에 유비하기
유사한 표현 찾기 - 과유불급(過猶不及), 연목구어(緣木求魚),
사필귀정(事必歸正), 타산지석(他山之石)

2위 기출유형18 그림 분석 및 유추하기

기출유형18의 출제 포인트 중 그림을 통해 내용 유추하기 문제를 틀리곤 한다. 시각 자료를 보고 내용을 연상하거나 시각 자료에서 이끌어 낼 수 있는 논지를 찾는 문제로, 쉽게 풀 수 있는 문제이나 시각 자료의 핵심을 파악하지 못하거나 이끌어 내는 내용의 주제가 생소하면 풀기 어려울 수 있다.

고난도 출제 포인트
그림을 통해 내용 유추하기

고난도 지문 주제
그림을 활용하여 사회 현상 연구법 이끌어 내기
그림(꽃다발, 화분)을 '인간 사회'에 유비하기

V. 창안

기출유형 17

글을 바탕으로 내용 유추하기

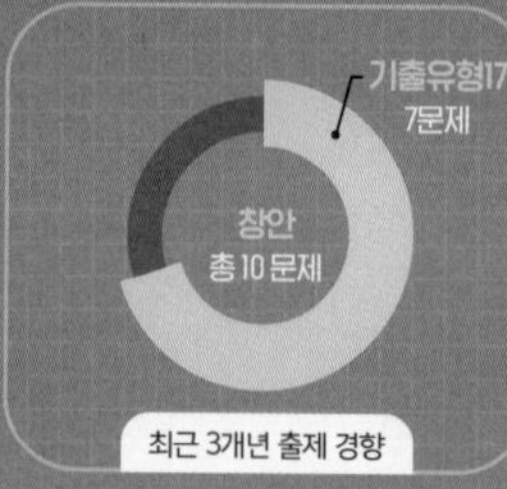

출제 포인트 1 글과 비슷한 상황 유추하기

1. 다양한 개념이나 사물의 특징 등을 다룬 글을 바탕으로 이끌어 낸 내용의 적절성을 판단하는 문제입니다. 주로 글의 제재, 밑줄이나 ㉠~㉢ 등으로 표시한 특정 부분을 통해 유추할 수 있는 내용을 포괄적으로 묻거나 특정 주제나 상황을 가정하여 유추할 수 있는 내용을 묻는 문제가 출제됩니다.

2. 주로 다음과 같은 질문 형태로 출제됩니다.
   - 윗글의 '(글의 제재)'/㉠과 관련지어 활용할 수 있는 내용으로/사례로 가장 적절한/적절하지 않은 것은?
   - 윗글의 '(글의 제재)'/㉠을 '(특정 주제)'에 비유하여 이끌어 낼 수 있는 내용으로 가장 적절한/적절하지 않은 것은?

풀이 전략

유추는 두 대상 간에 보이는 유사성이 핵심입니다. 유추의 근거가 되는 내용과 선택지에 제시된 유추 내용이 유사한지를 중심으로 정답을 골라 나가면 됩니다.

예제

다음 글의 ㉠ ~ ㉤을 '취미 만들기'에 비유하여 이끌어 낼 수 있는 내용으로 가장 적절하지 않은 것은?

> 보관이나 장식 등을 목적으로 생화를 말린 것을 건조화(乾燥花)라고 부른다. ㉠ 어떤 꽃이든 건조화로 만들 수 있다. 그러나 ㉡ 말리기 난도나 마른 후의 색 유지 정도가 꽃마다 다르므로 자기의 취향을 고려하는 것이 중요하다. 꽃을 말릴 때는 직사광선과 통풍에 유의해야 한다. 직사광선이 닿은 꽃은 꽃잎의 색이 하얗게 바래고, ㉢ 통풍이 잘되지 않으면 꽃잎의 색이 누레지거나 꽃에 곰팡이가 슬 수 있기 때문이다. ㉣ 꽃을 말릴 때 자연 건조 방식이 아닌 약품 건조 방식을 사용하면 건조 기간을 줄이거나 다양한 색을 입힐 수도 있다. 건조화는 1년 정도 보관이 가능하지만 ㉤ 진딧물이 있는 생화를 쓰거나 건조화 보관을 잘못하면 벌레가 생길 수 있다.

① ㉠: 어떤 일이든 취미가 될 수 있다.
② ㉡: 타인이 아닌 자기의 잣대로 취미를 만들어야 한다.
③ ㉢: 취미 생활을 유지하려면 일정한 관리가 필요하다.
④ ㉣: 다양한 방법을 시도하여 취미를 만들 수도 있다.
⑤ ㉤: 취미를 만들다 문제가 생기면 바로 그만두어야 한다.

정답 ⑤

해설 ㉤은 건조화의 재료나 보관법 때문에 건조화를 만들기 전후로 문제가 생기지 않게 조심해야 한다는 내용이므로, 이를 '취미 만들기'에 대입하면 취미를 찾는 과정과 취미를 만든 후에 생길 수 있는 문제에 대비해야 한다는 내용을 유추할 수 있다. 그러나 ⑤는 문제가 생기면 중단하라는 내용이므로 적절하지 않다.

출제 포인트 2 글을 바탕으로 주장할 수 있는 내용 찾기

1. 다양한 개념이나 사물의 특징 등을 제재로 한 글을 일반화한 내용을 바탕으로 주장할 수 있는 내용의 적절성을 판단하는 문제입니다. 주로 글의 특정 부분을 통해 주장할 수 있는 내용을 찾는 문제로 출제되며, 출제 포인트 1 '글과 비슷한 상황 유추하기'와 세트 문제로 구성됩니다.

2. 주로 다음과 같은 질문 형태로 출제됩니다.
   - 윗글의 밑줄 친 ㉠을 활용하여 주장할 수 있는 내용으로 가장 적절한 것은?
   - 윗글의 밑줄 친 ㉠을 '(특정 주제)'에 비유하여 주장할 수 있는 내용으로 가장 적절한 것은?

풀이 전략

이 출제 포인트는 글에서 다룬 내용과 선택지에서 주장하는 내용의 분야가 같기도 하고 다르기도 합니다. 따라서 지문의 요점을 먼저 파악하고, 주장의 적절성을 판단하는 것이 도움이 됩니다. 예를 들어, '물과 기름은 섞일 수 없다'라는 내용의 요점은 대상 간의 이질성, 융화될 수 없음 등이니, 그와 결이 같은 주장을 찾으면 됩니다.

예제

밑줄 친 ㉠을 활용하여 주장할 수 있는 내용으로 가장 적절한 것은?

> 칼슘이나 인이 뼈에 침투하는 것을 돕고 석회화를 촉진하는 비타민 D는 달걀, 버터나 연어나 고등어 같은 기름이 많은 생선 등을 충분히 섭취하거나 피부가 자외선으로 자극될 만큼 햇볕을 쬐면 얻을 수 있다. ㉠ 비타민 D는 물에 잘 녹지 않는 지용성 비타민으로 지방 조직에 흡수되고, 지방은 비타민 D를 흡수만 하고 잘 내보내지 않는다. 따라서 체내에 지방이 많을수록 비타민 D가 결핍될 확률이 높다. 비타민 D가 부족하면 골다공증, 구루병 등이 발생하기 쉬워진다. 그렇다고 해서 적정량 이상 섭취하면 신장 결석, 동맥 경화, 관절염 등의 문제점을 일으킬 수도 있으므로 적당히 섭취하는 것이 중요하다.

① 대화가 잘 통할수록 좋은 친구가 된다.
② 지위가 평등할수록 관계가 잘 유지된다.
③ 자주 만나는 사이일수록 좋은 친구가 된다.
④ 주고받는 것이 많을수록 돈독한 사이가 된다.
⑤ 유사한 성격을 지닐수록 끈끈한 사이가 된다.

정답 ⑤

해설 ㉠은 비타민 D와 지방은 '기름'과 연관된 특성이 있어 서로 잘 결합한다는 내용이다. 따라서 ㉠의 핵심은 대상 간의 비슷한 특성, 상호 결합이므로 이를 통해 주장할 수 있는 내용으로 가장 적절한 것은 ⑤이다.

출제 포인트 3 글의 주제와 유사한 표현 찾기

1. 글의 내용과 관련이 있는 속담, 한자 성어, 관용구 등을 찾을 수 있는지 평가하는 문제로, 글의 내용뿐 아니라 관용 표현의 의미도 알고 있어야 풀 수 있습니다. 주로 한자 성어가 출제되지만 속담이나 관용구도 출제될 때도 있습니다.

2. 주로 다음과 같은 질문 형태로 출제됩니다.
   - 윗글의 밑줄 친 ㉠과 관련지어 활용할 수 있는 내용/사자성어/표현으로 가장 적절한 것은?
   - 문맥상 윗글의 ㉠의 의미와 가장 가까운 사자성어는?

풀이 전략

우선 관용 표현과 연관되는 글의 전반적인 내용이나 핵심을 파악한 후 선택지에 제시된 관용 표현의 의미를 떠올립니다. 그 후에 문제 질문의 요구에 따라 의미가 가장 가깝거나 먼 표현을 고르면 됩니다. 다만, 글의 내용을 이해했다고 해도 관용 표현의 뜻을 모르면 풀 수 없기 때문에 'Ⅱ. 어휘 - 기출유형07 속담·한자 성어·관용구의 뜻 파악하기'에서 어휘의 의미를 철저히 외워 두어야 합니다.

예제

밑줄 친 ㉠과 관련지어 활용할 수 있는 사자성어로 가장 적절한 것은?

'아치(arch)'는 건물에서 열리는 부분인 개구부의 상부 하중을 지탱하기 위하여 개구부에 걸쳐 놓은 곡선형 구조물을 뜻한다. 흔히 아치형 구조라고 하면 활이나 무지개같이 한가운데는 높고 길게 굽은 형태를 떠올리는데, 이런 아치 형태 중 둘레가 반원 모양인 아치를 반원 아치라고 부른다. 반원 아치는 로마나 중세 건축물에서 흔히 보인다. 아치는 위쪽 돌의 무게를 아래쪽 돌로 이동하게 하고, 두꺼운 벽으로 아치 하단이 바깥쪽으로 벌어지려는 것을 막는 구조로 되어 있다. ㉠ 반원 아치는 이 구조에서 위쪽 돌의 무게를 아래쪽 돌이 잘 받치지 못하는 한계가 있으나 보기에는 아름다운 구조이다.

① 연목구어(緣木求魚)
② 용두사미(龍頭蛇尾)
③ 일장일단(一長一短)
④ 조삼모사(朝三暮四)
⑤ 지지부진(遲遲不進)

정답 ③

해설 ㉠은 반원 아치의 구조가 미학적 장점이 있으나 구조적 단점이 있다는 의미이므로, 한자 성어 '일장일단(一長一短)'과 관련지을 수 있다.
- **일장일단(一長一短)**: 일면의 장점과 다른 일면의 단점을 통틀어 이르는 말

① **연목구어(緣木求魚)**: '나무에 올라가서 물고기를 구한다'라는 뜻으로, 도저히 불가능한 일을 굳이 하려 함을 비유적으로 이르는 말
② **용두사미(龍頭蛇尾)**: 용의 머리와 뱀의 꼬리라는 뜻으로, 처음은 왕성하나 끝이 부진한 현상을 이르는 말
④ **조삼모사(朝三暮四)**: 간사한 꾀로 남을 속여 희롱함을 이르는 말
⑤ **지지부진(遲遲不進)**: 매우 더디어서 일 등이 잘 진척되지 않음

출제 포인트 4 주어진 조건을 충족하는 문구 찾기

1. 제시된 <조건>이 모두 반영된 문구를 찾는 문제입니다. 과거에는 주제와 <조건>만 제시하는 문제나 인쇄 공익광고, 사진 등 이미지와 <조건>을 함께 제시하는 문제가 자주 출제되었으나, 최근에는 글의 내용을 활용하는 문제가 출제됩니다.

2. 주로 다음과 같은 질문 형태로 출제됩니다.
   - 공익광고 문구를 <조건>에 맞게 창작한 것으로 가장 적절한 것은?

풀이 전략

<조건>에 제시된 사항이 선택지의 문구에 모두 반영이 되었는지 정리하며 풀어 봅시다. 예를 들어서, '주제, 비유법, 종결 어미'가 조건으로 제시되었다면 '주제 O, 비유법 ×, 종결 어미 O' 등으로 선택지 옆에 메모하여 정답을 가려내 봅시다. 이렇게 하면 눈으로만 조건과 문구를 볼 때보다 효율적으로 문제를 풀 수 있답니다.

예제

공익광고 문구를 <조건>에 맞게 창작한 것으로 가장 적절한 것은?

우리나라의 차[茶]로 가공되는 찻잎은 보통 4월에서 10월 사이에 수확된다. 이때 4월 중순에서 5월 초순까지 수확한 잎으로 만든 차를 '첫물차', 6월 중순에서 6월 하순까지 수확한 잎으로 만든 차를 '두물차', 8월 초순부터 8월 중순까지 수확한 잎으로 만든 차를 '세물차', 9월 하순 이후 수확한 잎으로 만든 차를 '네물차'라고 부른다. 수확 시기가 이를수록 찻잎이 작아 수확량이 적은 탓에 가격은 비싸지만, 쓴맛이 적고 감칠맛이 풍부하다. 또한 '첫물차'는 다른 시기에 수확한 잎으로 만든 차보다 영양분도 풍부하다. 이 때문에 5월 하순까지만 찻잎을 따는 농가도 있으나 '세물차', '네물차'도 다른 원료와 혼합하면 대중성이 높은 차를 만들 수 있다.

<조건>

- '세물차, 네물차'의 특성을 반영해 '외국어 교육'을 주제로 문구를 작성할 것
- 대조적인 단어나 대조법을 사용할 것

① 자녀의 외국어 교육, 영어 하나만으로 끝내실 건가요?
② 늦게 배우더라도 모국어를 활용해 유용한 외국어를 배울 수 있습니다.
③ 외국어를 배우는 시기가 늦을수록 배운 외국어를 잊는 속도도 빠릅니다.
④ 영어처럼 대중적인 외국어보다 아랍어처럼 희소성 있는 외국어를 가르치세요.
⑤ 어릴 때는 알파벳만 알아도 따스했던 시선이 커서는 능숙한 영어 회화에도 차갑기만 합니다.

정답 ②

해설 '세물차', '네물차'의 특성은 늦게 수확하여 맛이 '첫물차', '두물차'에 비해 떨어지지만, 다른 원료를 활용하면 두루두루 소비되는 차를 만들 수 있다는 점이다. 이를 활용하면, 외국어 교육을 늦게 시작하더라도 다른 수단을 활용해 외국어를 실용적으로 배울 수 있다는 내용의 문구를 창작할 수 있다. 따라서 이런 내용을 '모국어'와 '외국어'라는 대조적인 단어를 활용해 창작한 문구인 ②가 가장 적절하다.

유형 연습문제

[1 ~ 3] '소유 효과'를 다룬 글을 토대로 다양한 상황을 유추하려고 한다. 다음 글을 읽고 물음에 답하시오.

> 이번에 설명할 개념에 해당하는 두 가지 사례를 먼저 살펴보자. 먼저, 특정 제품을 어느 정도 기간에 무료로 체험하게 한 후 제품 구매 여부를 결정하게 할 때 제품을 일단 소유해 본 사람들은 제품 반환보다는 구매를 선택하곤 한다. 다음으로, 당신은 재학 중인 학교의 로고가 들어간 머그잔을 받고, 당신의 동문은 그 머그잔 가격의 현금을 받았다고 가정해 보자. 잠깐의 시간이 지난 뒤 둘은 '만약 학교의 로고가 들어간 머그잔을 판다면 얼마에 판매하겠습니까?'라는 질문을 받는다. 당신은 당신의 동문보다 약 2배 정도의 금액을 머그잔에 책정할 것이다.
>
> 위 두 사례는 ㉠ 사람들이 소유하거나 소유할 수 있다고 여기는 물건에 애착이 생겨 그 가치를 과대평가하는 경향에서 비롯된 것이다. 심리학에서는 이를 '소유 효과'로 설명하며, 이 개념은 물건을 구매하는 것은 이익으로, 소유물을 판매하는 것은 손실로 여기는 손실 회피성과 깊게 연관된다. 이익과 손실의 값이 동일하다면 사람들은 보통 손실을 이익보다 크게 느껴 자기 것을 계속 소유하려 한다. 이렇게 '소유 효과'를 보이는 사람들은 '소유'나 '애착'을 근거로 물건의 가치를 높게 평가하는 것이 비합리적이라는 비판을 받아도 이를 인정하지 않고 반박하는 모습을 보이기도 한다.

1 '소유 효과'의 사례로 가장 적절하지 않은 것은?

① A는 예매한 콘서트에 가지 못하게 되었지만 표 양도를 망설인다.
② 이사를 앞둔 B는 살던 집을 평균 매매가보다 높은 가격에 내놓았다.
③ 옷 가게를 하는 C는 손님에게 일단 입어보고 구매를 결정하라고 권유한다.
④ D는 오랫동안 써 낡은 지갑을 대신할 지갑을 해당 지갑과 동일한 디자인으로 구매했다.
⑤ E는 친구들과 쓸모없는 선물 주고받기를 하며 받은 쓸모없는 물건을 버리지 못하고 있다.

2 윗글의 밑줄 친 ㉠과 같은 생각을 개선하기 위해 주장할 수 있는 논리로 가장 적절한 것은?

① 모든 물건을 내 것처럼 아끼고 소중하게 사용해야 한다.

② 대상이 아무리 매력적이더라도 쉽게 현혹되어서는 안 된다.

③ 소유한 물건의 성질이 일회성인지 영구성인지 따져보아야 한다.

④ 대상의 주관적인 가치보다 객관적인 가치를 먼저 볼 줄 알아야 한다.

⑤ 물건 구매로 얻는 이익이 손실보다 큰 합리적인 소비를 지향해야 한다.

3 공익 광고 문구를 <조건>에 맞게 창작한 것으로 가장 적절한 것은?

<조건>

'소유 효과'에서 벗어난 모습이 드러나는 공익 광고 문구를 '기부 문화 확산'을 주제로 하여 작성할 것

① 자기 것을 내어놓은 빈자리에는 나눔의 기쁨이 채워집니다.

② 타인에게 베푸는 문화가 확산될수록 공동체는 하나가 됩니다.

③ 개인과 개인이 이어져 형성된 행복은 우리의 삶을 풍요롭게 합니다.

④ 모두의 내면에 살고 있는 꼬마 자선가는 작은 행동으로 키울 수 있습니다.

⑤ 크고 작음은 중요하지 않습니다. 적은 마음이라도 꾸준히 이어가는 것이 중요합니다.

[4 ~ 6] '고슴도치가 잠을 자는 방식'을 다른 상황에 비유하고자 한다. 다음을 읽고 물음에 답하시오.

고슴도치는 날이 추우면 모여서 잠을 잔다. 하지만 고슴도치에게는 뾰족한 가시가 있어 가까이 모이면 서로를 찌르고 만다. 가시를 피해 떨어지면 추위에 몸을 떨게 되고, 추워서 다시 모이면 다른 고슴도치의 가시에 찔려 아픈 상황이 반복된다. ㉠ 겉으로 보면 어리석어 보이는 이 상황을 여러 번 겪으며 결국 고슴도치는 함께 모여 잠을 잘 수 있게 되었다. 몸이 아닌 가시가 없는 머리를 모으고 잠을 자면 추위와 아픔을 모두 피할 수 있다는 사실을 깨달은 것이다. 염세주의자였던 철학자 쇼펜하우어는 고슴도치가 모일 때 서로를 찌르는 상황을 들어 서로 적당한 거리를 두는 것이 최선의 방법이라 말하며, ㉡ 다른 사람과 친밀하게 지내고자 하는 사람은 다른 사람에게서 상처를 받을 일도 각오해야 한다고 주장했다. 이와 달리 현대 사회의 젊은 세대는 고슴도치 우화를 다른고슴도치에게 다가가고 싶지만 가시에 찔려 상처받을까 봐 고민하는 모습으로 해석하기도 한다.

4 **㉠과 관련지어 활용할 수 있는 표현으로 가장 적절한 것은?**

① 견마지로(犬馬之勞)

② 당랑거철(螳螂拒轍)

③ 삼삼오오(三三五五)

④ 수주대토(守株待兎)

⑤ 우공이산(愚公移山)

5 윗글에서 설명한 ㉡의 사례를 설명한 것으로 가장 적절한 것은?

① A는 회사에서 상사 때문에 상처를 받을 때마다 인생이 참 다채롭다고 생각한다.

② B는 인간은 결국 혼자가 될 거라는 생각에 질릴 때까지 사람을 만나기로 다짐했다.

③ C는 친구의 말에 가끔 상처를 받지만 그 친구가 좋은 마음이 더 커서 인내하고 있다.

④ D는 부모님께 생활 전반을 의지하고 있지만 가끔은 오냐오냐 키워지는 것 같다고 반성한다.

⑤ E는 즐거운 일이 있을 때마다 언니에게 전화를 하고 싶지만 언니가 부담스러울까 봐 자제한다.

6 윗글을 활용하여 이끌어 낼 수 있는 논지로 적절하지 않은 것은?

① 인간관계에서는 서로를 배려하기 위해 노력하는 자세가 중요하다.

② 누군가는 다른 사람과 가까워지기보다 혼자 살아가는 것을 선호하기도 한다.

③ 타인과 친밀해지고 싶지만 친밀해졌을 때 생길 문제를 우려하는 사람들도 있다.

④ 처음부터 완벽한 인간관계는 없으며 모든 인간관계는 시행착오를 겪을수록 완벽해진다.

⑤ 서로 받아들일 수 있을 만큼만 가까워지고 그 거리를 존중해 주는 인간관계를 맺어야 한다.

[7 ~ 8] 사자와 호랑이의 특징을 다른 상황에 비유하고자 한다. 다음 글을 읽고 물음에 답하시오.

> 사자와 호랑이는 고양잇과의 맹수라는 점에서 공통점이 있다. 고양잇과는 단독 행동을 하고 물을 싫어한다는 특징이 있는데, 사자는 무리 생활을 하며 호랑이는 물과 친해 헤엄을 잘 친다는 점이 특이하다. '프라이드(pride)'로 지칭하는 사자 무리는 암사자와 새끼를 수사자가 둘러싼 형태를 띠며, 그 안에서도 작은 무리가 형성되어 있다. 암사자는 평생 프라이드 하나에서 살아가지만, 세 살을 넘긴 수사자는 태어난 프라이드에서 내쫓긴다. 또한 무리 내에서 암수의 역할이 분명한데, 수컷은 영역을 지키고 암컷은 사냥을 한다. 사자는 몇 마리가 사냥감을 쫓으면 잠복해 있던 나머지가 쫓긴 사냥감을 잡는 방식으로 사냥하며, 사냥 시 주로 발을 활용해 때리거나 질식시킨다. 반면 호랑이는 새끼를 키울 때를 제외하고는 단독 생활을 하며 잠복해 있다가 사냥감이 다가오면 덮치는 방식으로 사냥을 한다. 호랑이는 첫 번째 어금니가 없지만, 이로 인해 송곳니 주위에 공간이 생겨 송곳니로 사냥감을 깊게 물 수 있다. 다만, 사냥 성공률은 10% 정도로 낮은 편이다. 사자는 새끼 때 있던 반점이 크면서 사라지지만, 호랑이는 다 큰 후에도 새끼 때 있던 줄무늬가 남아 있는 것도 특징이다. 마지막으로, 사자와 호랑이는 아종이 다양한 편인데 사자의 아종은 다른 종과 교배한 결과이며, 호랑이의 아종은 환경이 다른 다양한 서식지에 잘 적응한 결과이다.

7 **사자의 특징을 바탕으로 독서 모임 규칙을 세운다고 할 때 가장 적절한 것은?**

① 모임의 구성원은 모임 내 활동 시 각자 분담한 역할을 수행하며 협력합니다.
② 모임의 구성원은 매달 돌아가며 리더 역할을 맡으며, 리더는 활동에서 주체적으로 모임을 이끕니다.
③ 모임 내에서 독서 외의 친목 등을 이유로 작은 모임을 만들거나 작은 모임에 가입하는 행위는 금지합니다.
④ 모임의 구성원은 모임에 참가하기 전 읽어야 할 책을 반드시 다 읽은 후 나눌 이야기를 준비해 와야 합니다.
⑤ 모임의 규칙에 어긋나는 행동을 하는 구성원은 모임 참석이 일정 기간 금지되거나 모임에서 퇴출당할 수 있습니다.

8 **다음 중 호랑이와 유사한 특징을 보이는 사람으로 적절하지 않은 것은?**

① A는 어른이 된 지금도 어릴 적 모습이 남아 있다.
② B는 여러 회사에서 일했지만 일한 회사마다 곧잘 어울렸다.
③ C는 투자하는 족족 대박을 터트리는 통에 투자계의 거물로 불린다.
④ D는 자기의 부족한 점을 오히려 장점으로 살렸다.
⑤ E는 해야 할 일을 바로 하기보다 기회를 노렸다가 가장 잘할 수 있을 때 한다.

약점 보완 해설집 p.39

V. 창안

기출유형 18

그림 분석 및 유추하기

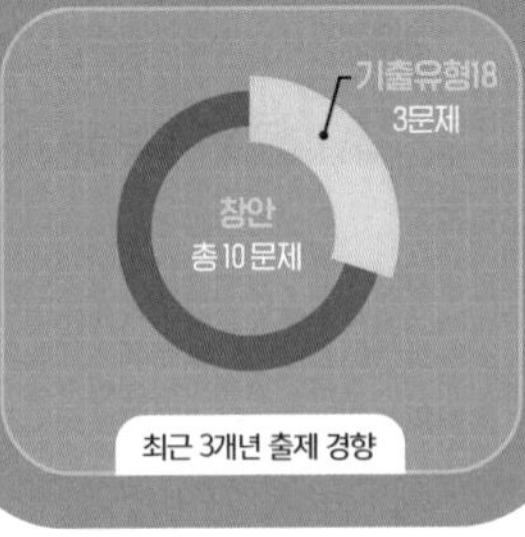

출제 포인트 1 그림을 통해 내용 유추하기

1. 제시된 그림을 분석해 이와 같은 특징을 보이는 상황이나 대상을 파악하는 문제입니다. 보통 2개의 그림이 제시되며, 그림을 설명하는 짧은 글이 함께 제시되기도 합니다. 1~2개의 그림을 동시에 활용하여 유사한 사례를 유추하는 문제가 출제되며, 보통 2~3문제가 세트로 출제됩니다. 질문에서 그림의 형태를 설명하는 경우도 있어, 질문의 형태가 문제마다 조금씩 다릅니다.

2. 주로 다음과 같은 질문 형태로 출제됩니다.
   - 그림 (가)/그림 (나)를 활용하여 '일반적 주제, 대상, 상황'을 설명할 때, 이끌어 낼 수 있는 내용으로 가장 적절한/적절하지 않은 것은?
   - 그림 (가)와 (나)를 활용하여 이끌어 낼 수 있는 내용/논지/교훈으로 가장 적절한 것은?

풀이 전략

그림이 나타내는 주제를 분석하면, 그와 유사한 사례를 쉽게 파악할 수 있습니다. 또한 적절하지 않은 선택지를 찾는 경우 나머지 4개의 선택지는 그림과 유사한 주제와 맥락으로 제시되므로 선택지 내용을 통해서도 정답을 유추할 수 있습니다.

예제

그림 (가)와 (나)를 활용하여 이끌어 낼 수 있는 교훈으로 가장 적절한 것은?

① 목표를 명확하게 세우면 업무의 효율을 높일 수 있다.
② 다양한 경험을 한 사람일수록 창의적인 사고가 가능하다.
③ 같은 분야의 전문가들이 모여 팀을 이룬다면 빠르게 문제를 해결할 수 있다.
④ 업무 생산성을 높이기 위해서 한 가지 일에 끝까지 몰두하는 태도가 필요하다.
⑤ 다른 성향의 전문가가 모여 생각을 공유한다면 혁신적인 아이디어를 얻을 수 있다.

정답 ⑤

해설 그림 (가)는 건물에 대한 지식이 있는 한 사람이 자연과 어우러진 건물을 지으려 하지만, 결과물을 예상하지 못하는 상황을 나타내며, 그림 (나)는 자연에 대한 지식이 있는 사람과 건물에 대한 지식이 있는 사람이 만나 새로운 아이디어를 창출하는 상황을 나타낸다. 따라서 이를 통해 서로 다른 분야의 전문가들이 소통하면 탁월한 결과물을 창출할 수 있다는 내용을 유추할 수 있다.

※ 출처: 과학_아이콘_031, 과학_아이콘_032, 자연_생물_아이콘_047, 자연_생물_아이콘_050 by 한국저작권위원회, 출처: 공유마당, CC BY

출제 포인트 2 그림과 비슷한 주제의 그림 고르기

1. 그림과 비슷한 주제를 나타내는 그림을 선택지에서 찾는 문제로, 그림은 주로 2개 이상 제시됩니다. 최근 출제되기 시작한 새로운 유형으로, 비슷한 주제의 그림을 고르는 문제와 그림과 연관된 상황을 유추하는 문제가 세트로 묶여 출제됩니다.
2. 주로 다음과 같은 질문 형태로 출제됩니다.
   - 그림 (가), (나), (다)가 동일한 주제를 나타낸다고 할 때, (다)의 빈칸에 들어갈 그림으로 적절한/적절하지 않은 것은?

풀이 전략

제시된 그림의 주제를 파악하고, 선택지의 5개의 그림이 주제와 연관이 있는지만 파악하면 되므로, 쉽고 빠르게 문제를 해결할 수 있습니다.

예제

그림 (가), (나), (다)가 동일한 주제를 나타낸다고 할 때, (다)의 빈칸에 들어갈 그림으로 적절한 것은?

(가)	(나)	(다)

①

②

③

④

⑤

정답 ④

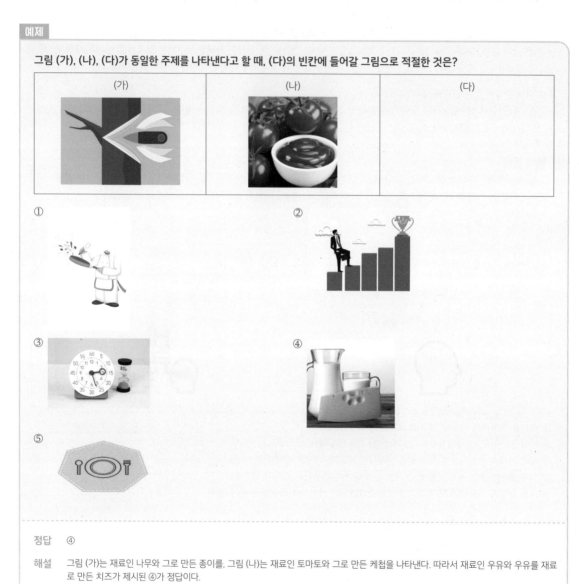

해설 그림 (가)는 재료인 나무와 그로 만든 종이를, 그림 (나)는 재료인 토마토와 그로 만든 케첩을 나타낸다. 따라서 재료인 우유와 우유를 재료로 만든 치즈가 제시된 ④가 정답이다.

출제 포인트 3 조건에 따른 그림 분석하기

1. 2개의 그림이 제시되고, 각 그림의 표현 대상과 표현 방식, 핵심과 주제가 무엇인지를 분석하는 문제입니다. 사자성어와 관련된 그림이 제시되고, 이를 사자성어와 연관 지어 분석하는 문제가 출제된 적도 있습니다.

2. 주로 다음과 같은 질문 형태로 출제됩니다.
   - 그림 (가)와 (나)를 분석한 표이다. 적절하지 않은 것은?

풀이 전략

그림을 따로 분석할 필요 없이, 선택지의 내용과 그림을 바로 연결하며 그림이 나타내는 상황, 핵심, 주제가 올바르게 제시되었는지 확인하면 됩니다. 만일 선지에 모르는 사자성어가 나왔다면 다른 선지의 내용부터 먼저 확인하는 것이 문제를 빠르게 푸는 전략입니다. 만약 다른 선지가 모두 적절한 내용이라면 사자성어가 잘못 쓰인 것으로 보면 됩니다.

예제

그림 (가)와 (나)를 분석한 표이다. 적절하지 <u>않은</u> 것은?

(가)

(나)

	(가)	(나)
표현	애완용으로 키우다 버려지는 반려동물을 일회용품에 비유	① 다양한 인종의 사람들이 투표지를 들고 있음
핵심	② 동물은 간편하게 사고, 쓰고, 버릴 수 있는 존재가 아니다.	③ 인종에 상관없이 누구나 투표할 수 있는 권리를 가진다.
주제	④ 생명을 가벼이 여기지 않고 존중하는 태도가 필요하다.	⑤ 다양한 문화를 경험할 수 있는 시설을 마련해야 한다.

정답 ⑤

해설 그림 (나)는 다양한 인종의 사람들이 투표지를 들고 있는 그림으로, 인종에 차별을 두지 말고 선거권을 인정해야 한다는 주제를 나타내고 있다.

※ 출처
- 한국방송광고진흥공사, https://www.kobaco.co.kr
- 선거_투표_일러스트_018 by 한국저작권위원회, 출처: 공유마당, CC BY

유형 연습문제

1 그림 (가) ~ (다)가 동일한 주제를 표현한 것이라고 할 때, (다)에 들어갈 그림으로 적절한 것은?

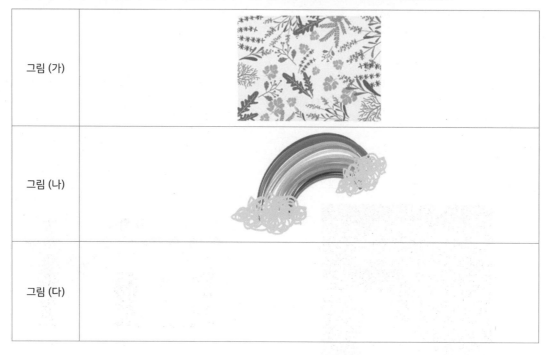

그림 (가)	
그림 (나)	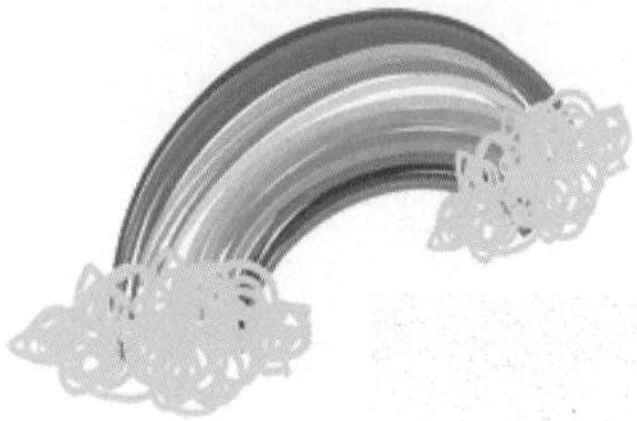
그림 (다)	

①
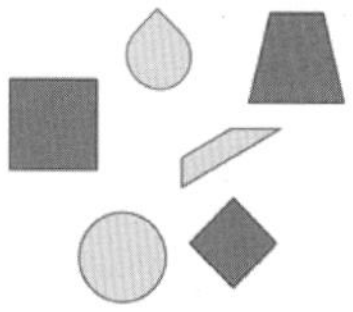

②
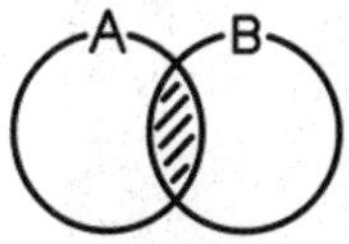

③

④
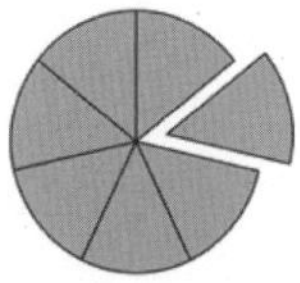

⑤
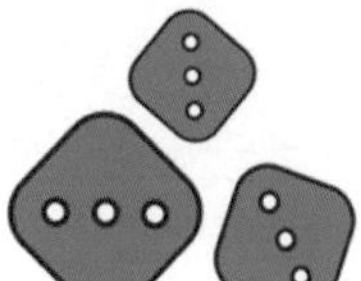

[2 ~ 3] <보기>의 그림을 보고 물음에 답하시오.

<보기>

(가)

(나)

2 **그림 (가)와 (나)를 모두 활용하여 이끌어 낼 수 있는 논지로 가장 적절한 것은?**

① 공공장소에서는 에티켓을 지켜야 한다.

② 기록하는 습관을 어릴 때부터 들이는 것이 중요하다.

③ 무엇이든지 꾸준히 연습한다면 실력을 향상시킬 수 있다.

④ 타인의 처지에서 생각한다면 알지 못했던 점을 깨달을 수 있다.

⑤ 사고가 발생한 이후 수습하기보다 사고에 대비하는 것이 더 중요하다.

3 **그림 (가)와 (나)를 분석한 내용으로 가장 적절하지 않은 것은?**

(가)	(가)는 ① 목줄 없는 강아지와 함께 있던 두 아이의 상반된 경험을 표현한 그림일기로 ② 한 아이는 목줄 없는 강아지와 산책한 것을 행복한 경험으로, 다른 아이는 목줄 없는 강아지와 마주친 것을 두려운 경험으로 기억하고 있음을 보여 준다. 이를 통해 ③ 모두가 안전하게 더불어 살기 위해 타인을 배려하는 반려동물 문화를 조성해야 한다는 주제를 이끌어 낼 수 있다.
(나)	(나)는 멋진 연주를 하는 위층 사람과 귀를 막으며 괴로워하는 아래층 사람을 표현한 그림으로 ④ 자신의 집에서 들리는 아름다운 연주가 이웃의 집에서는 소음이 될 수 있음을 보여 준다. 이를 통해 ⑤ 삶의 목표를 타인의 인정이 아닌 자신의 가치 향상에 두어야 한다는 주제를 이끌어 낼 수 있다.

약점 보완 해설집 p.40

[1 ~ 3] '전지 연결 방식'을 바탕으로 다양한 사례를 유추하려 한다. <보기>를 읽고 다음 물음에 답하시오.

<보기>

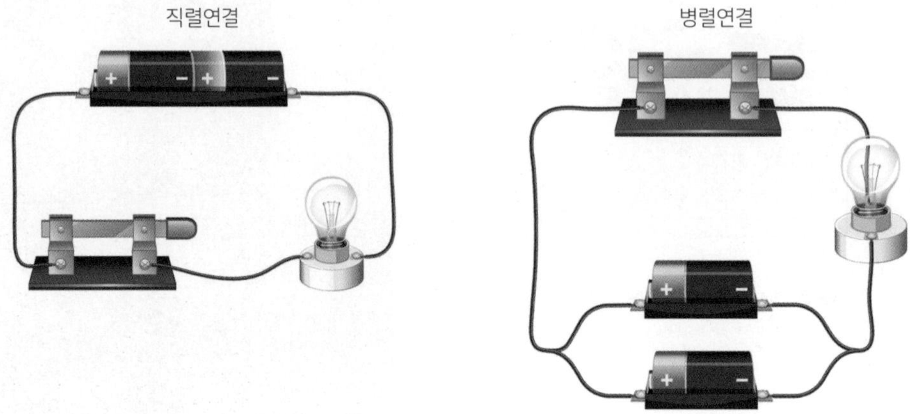

전기 회로에 전지를 연결할 때 전지를 일렬로 두고 (+)극과 (-)극을 연결하는 방식을 '직렬연결'이라고 하고, 전지를 평행한 상태로 두고 ㉠ (+)극은 (+)극끼리, (-)극은 (-)극끼리 연결하는 방식을 '병렬연결'이라고 한다. 직렬연결은 전지가 하나의 선으로 이어져 있어 전류가 한 곳으로만 흐르므로 연결된 전지가 많을수록 전구가 밝아진다. 하지만 ㉡ 한 번에 흐르는 전류가 많아 전지를 오래 쓸 수 없다. 또한 전지를 하나만 제거해도 전구에 불이 들어오지 않게 된다. 병렬연결은 여러 전지 중 전지 하나를 제거해도 계속 전류가 흐르므로 전구에 불이 나가지 않으며, 직렬연결보다 전구의 밝기는 더 어두우나 밝기를 오래 유지할 수 있다.

1 **<보기>의 ㉠은 '병렬연결은 전지의 같은 극끼리 연결하여 통하게 한다'라는 내용이다. 이를 통해 유추할 수 있는 한자 성어로 가장 적절한 것은?**

① 낭중지추(囊中之錐)
② 동기상구(同氣相求)
③ 부화뇌동(附和雷同)
④ 이합집산(離合集散)
⑤ 일면지교(一面之交)

2 **<보기>의 ㉡을 활용해 설명할 수 있는 운동 요령으로 적절한 것은?**

① 이어달리기에서 배턴을 놓치지 않고 넘겨주는 것이 중요하다.
② 핸드볼에서 여러 사람이 하나의 공을 빠르게 주고받으려면 협동이 필요하다.
③ 단거리 달리기에서 다른 사람이 주행하는 코스로 넘어가지 않도록 주의해야 한다.
④ 마라톤에서 초반에 힘을 다 쏟으면 코스를 완주하기 어려우니 페이스 조절이 필요하다.
⑤ 멀리뛰기에서 몸을 멀리 보내려면 도움닫기부터 착지까지 모든 동작이 자연스레 연결되어야 한다.

3 '전지', '전구의 밝기'를 각각 '사람'과 '업무 결과'에 비유하였을 때, '병렬연결'을 활용해 설명할 수 있는 업무 유형으로 적절한 것은?

① 팀원이 이탈하여도 흔들리지 않고 맡은 업무를 수행하는 유형

② 팀 목표에 따라 계산적으로 일에 들일 수고를 자유자재로 조정하는 유형

③ 초반에 한 가지 업무에 최선을 다해 집중하나 금세 열의가 사라지는 유형

④ 보통 수준의 안정적인 결과보다 보통 수준을 뛰어넘는 성과를 추구하는 유형

⑤ 혼자서 작업할 때보다 다른 사람과 함께 작업할 때 업무 기여도가 줄어드는 유형

[4 ~ 5] 다음 그림을 보고 물음에 답하시오.

그림 (가)	그림 (나)	그림 (다)
		?

4 위의 그림 (가), (나), (다)가 동일한 주제를 나타낸다고 할 때, (다)의 빈칸에 들어갈 그림으로 가장 적절한 것은?

①

②

③

④

⑤

5 **위의 그림을 보여 주기에 가장 적절한 사람은?**

① 늘 비관적이고 비판적인 사람

② 타인의 능력을 인정하지 않는 사람

③ 항상 자신만을 생각하며 행동하는 사람

④ 다른 사람과 어울리기를 싫어하는 사람

⑤ 혼자서는 어떤 결정도 내리지 못하는 사람

[6~7] 다음 글을 읽고 물음에 답하시오.

'어린이 식품안전보호구역'은 안전하고 위생적인 식품 판매 환경을 조성하여 초등학교, 중학교, 고등학교, 특수학교의 학생 또는 18세 미만의 어린이를 보호하기 위한 구역으로, 학교와 해당 학교의 경계선으로부터 직선거리 200미터의 범위 안으로 지정된다. 이 구역 내에서는 다음과 같은 식품의 판매 및 광고 행위가 금지된다.

1. 어린이 기호식품 중 사행심을 조장하거나 성적인 호기심을 유발하는 등 어린이의 건강한 정서를 해할 우려가 있거나, 그러한 도안이나 문구가 들어있는 식품인 정서 저해 식품의 판매가 금지된다.
   이때, 어린이 기호식품이란 어린이들이 선호하거나 자주 먹는 음식물로서 과자, 캔디류, 음료류 등의 가공식품, 제과·제빵류, 피자, 떡볶이 등 어린이 식품안전보호구역에서 조리하여 판매하는 조리 식품을 의미한다.
   1) 돈·화투·담배 모양의 도안을 용기·포장에 사용하여 만든 식품
   2) 특정 주류 업체의 상표 또는 제품명과 동일하거나 유사한 것을 사용하여 술병의 모양으로 만들거나 이러한 도안을 용기·포장에 사용하여 만든 식품
   3) 남녀의 애정 행위 모양으로 만들거나 이러한 도안을 용기·포장에 사용하여 성적 호기심을 유발하는 식품
   4) 다음에 해당하는 모양으로 혐오감을 유발하는 식품
      ① 사람의 형태(골격 모양 포함)
      ② 사람의 머리, 팔, 다리 등의 특정 부위 모양(이 부위를 나타내는 골격 모양 포함)
2. 어린이 기호식품에 대한 다음과 같은 광고가 금지된다.
   1) 장난감 등 어린이의 구매를 부추길 수 있는 물건을 무료로 제공한다는 내용이 담긴 광고
   2) 고열량·저영양 식품 광고

6 다음은 특정 식품을 광고하는 홍보지이다. 윗글을 참고했을 때 '어린이 식품안전보호구역'에 적합하지 않은 식품 및 광고 행위와 그 예가 올바르게 짝 지어진 것은?

① 1-1)

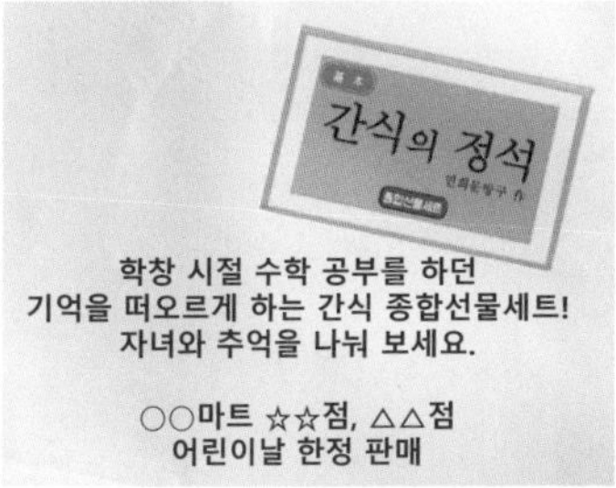

간식의 정석
학창 시절 수학 공부를 하던
기억을 떠오르게 하는 간식 종합선물세트!
자녀와 추억을 나눠 보세요.
○○마트 ☆☆점, △△점
어린이날 한정 판매

② 1-2)

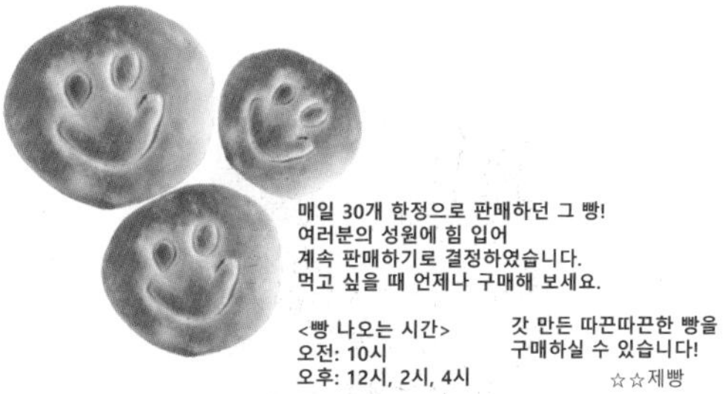

매일 30개 한정으로 판매하던 그 빵!
여러분의 성원에 힘 입어
계속 판매하기로 결정하였습니다.
먹고 싶을 때 언제나 구매해 보세요.
<빵 나오는 시간>
오전: 10시
오후: 12시, 2시, 4시
갓 만든 따끈따끈한 빵을
구매하실 수 있습니다!
☆☆제빵

③ 1-4)

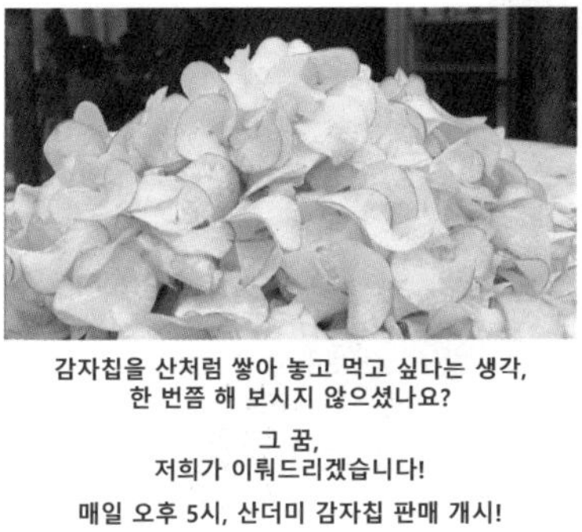
감자칩을 산처럼 쌓아 놓고 먹고 싶다는 생각,
한 번쯤 해 보시지 않으셨나요?
그 꿈,
저희가 이뤄드리겠습니다!
매일 오후 5시, 산더미 감자칩 판매 개시!

④ 2-1)

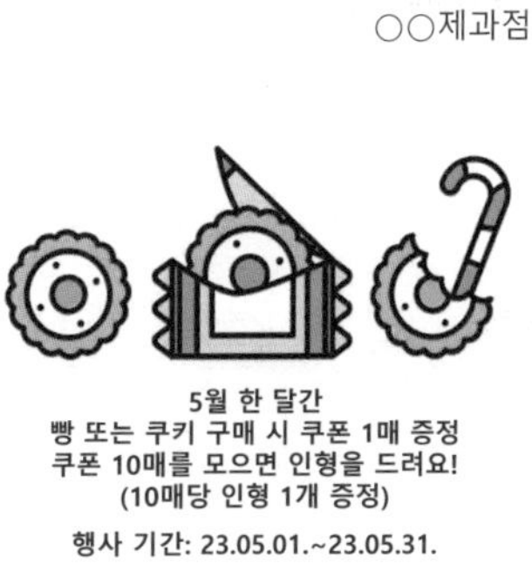

○○제과점
5월 한 달간
빵 또는 쿠키 구매 시 쿠폰 1매 증정
쿠폰 10매를 모으면 인형을 드려요!
(10매당 인형 1개 증정)
행사 기간: 23.05.01.~23.05.31.

⑤ 2-2)

유명 위스키 판매 브랜드 ○○사에서 만들었습니다!
초콜릿을 깨물면 술 대신 달콤한 과일잼이 흘러나와요.
(오렌지, 포도, 복숭아)
5,000원/개
20,000원/박스(8개)

7 윗글의 중심 내용을 바탕으로 제작한 공익 광고 문구로 가장 적절한 것은?

① 우리 아이의 건강을 위해 품질 인증을 받은 제품을 선택해 주세요.

② 어른의 기호식품을 닮은 어린이 기호식품, 우리 아이들을 해칩니다.

③ 하나를 사면 하나를 더 드려요, 이 유혹에서 어린이를 보호해 주세요.

④ 학교 근처에서는 어린이에게 맞는 어린이 기호식품을 판매하고 홍보해 주세요.

⑤ 열량은 높고 영양은 없는, 바람직하지 못한 식습관을 자녀에게 물려주실 건가요?

8 <보기>의 그림 (가), (나), (다)는 모두 같은 주제를 가지고 있다. 이때, (다)의 빈칸에 들어갈 그림으로 가장 적절한 것은?

<보기>

(가)	(나)	(다)

①

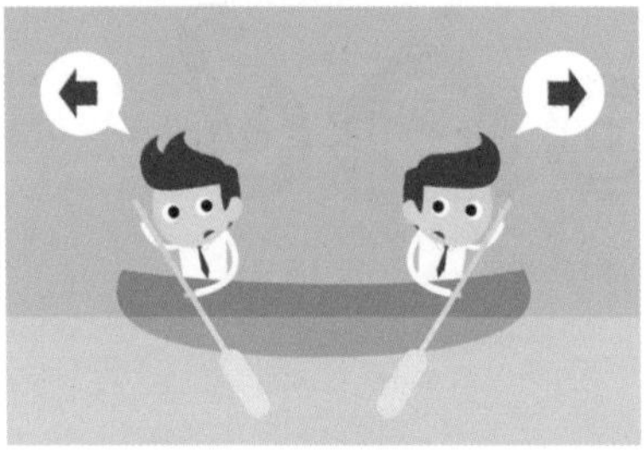

②

③

④

⑤

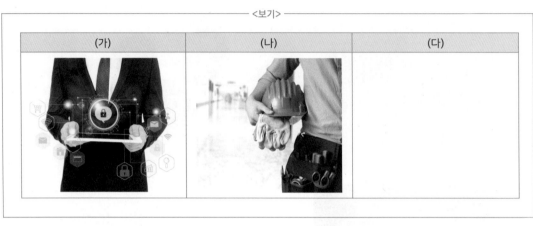

[9 ~ 10] '화석화 작용'으로 다양한 상황을 유추하고자 한다. 다음 글을 읽고 물음에 답하시오.

화석은 지질 시대에 생존한 동식물의 유해와 활동 흔적 등이 퇴적물 중에 매몰된 채 그대로 보존된 것을 말한다. ㉠생물 전체가 화석이 될 수도 있고, 일부만 남아 있을 수도 있어 화석은 생물처럼 크기가 다양하다. 생물뿐 아니라 배설물, 발자국 등도 화석이 되기도 한다. 생물은 죽으면서 땅이나 바다의 바닥에 방치되는데, ㉡생물이 훼손되지 않고 화석이 되려면 죽은 생물의 조직에 단단한 요소가 있어야 한다. 또한 이때 ㉮퇴적물이 빠르게 쌓여야 하는데, 이는 퇴적물이 외부로부터 화석을 보호해 주는 방패 역할을 하기 때문이다. 퇴적물이 쌓이면서 ㉢생물체의 구성 물질과 땅속의 광물질이 섞이고, 광물질이 생물체의 조직에 스며드는 작용을 통해 생물은 화석으로 변하게 된다. 이렇게 만들어진 ㉣화석은 햇빛, 공기, 물에 의해 깎이고 분화되어 그 모습이 드러난다. 하지만 이러한 화석화 작용이 진행되는 동안 ㉤화산 폭발 등의 압력을 받으면 화석은 녹아버리고 만다.

9 '화석'을 '장기 기억'에 비유할 때, ㉠ ~ ㉤을 '사람이 기억하는 방법'으로 유추한 내용 중 가장 적절하지 않은 것은?

① ㉠: 장기 기억 중에는 온전히 기억나는 정보도 있고, 일부가 소실되어 희미하게 기억나는 정보도 있다.
② ㉡: 단기 기억에 저장된 정보를 반복적으로 학습하여야 장기 기억에 보존할 수 있다.
③ ㉢: 받아들인 정보를 기존의 정보와 연결하고 결합하는 과정을 통해 기억을 더욱 공고화한다.
④ ㉣: 장기 기억에 저장된 정보는 외부의 자극을 통해 인출될 수 있다.
⑤ ㉤: 기억을 보관하는 뇌 영역에 손상을 입으면 기억을 상실할 수 있다.

10 <조건>에 맞는 공익 광고 문구로 가장 적절한 것은?

<조건>

'인터넷 정보 보호'와 관련된 안내문에 기재할 문구를 윗글의 ㉮에서 유추하여 표현할 것

① 정품으로 위장한 프로그램에 주의해야 합니다.
② 바이러스에 감염된 파일은 완전히 삭제해야 합니다.
③ 바이러스 검사는 한 달에 한 번 꾸준히 진행해야 합니다.
④ 반복적으로 뜨는 광고 창은 유해할 수 있으니 클릭하지 맙시다.
⑤ 소프트웨어를 구매한 즉시 백신을 설치하여 감염에 방지합시다.

약점 보완 해설집 p.41

VI. 읽기

기출유형 19 현대 문학 독해하기

기출유형 20 다양한 분야의 학술문 독해하기

기출유형 21 안내문·공문 등의 실용문 독해하기

읽기 영역 출제 경향

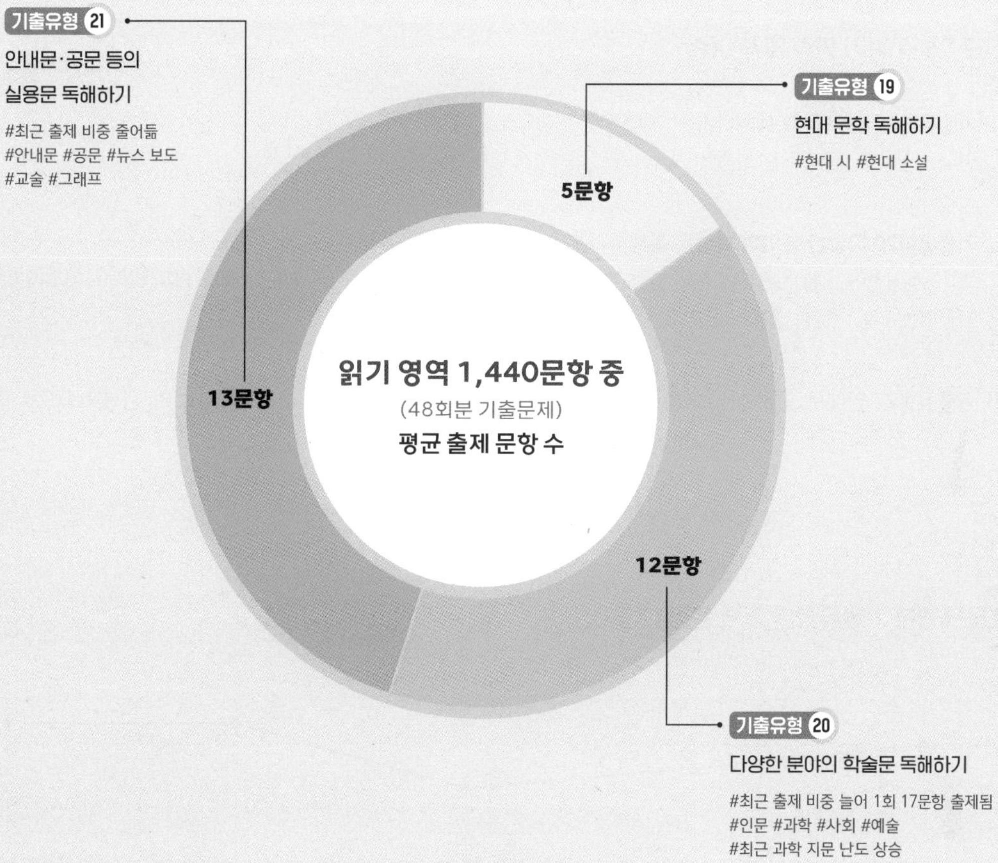

읽기 영역 학습 포인트

■ **읽기 영역은 독해력이 필수이다. 문제 풀이 연습을 통해 독해력을 높이자!**

최근 과학, 사회 영역 학술문에서 낯선 제재가 많이 등장하여 읽기 문제 난도가 매우 높아졌다. 어려운 지문을 정확하게 이해하고, 문제에서 요구하는 관련 내용을 쉽게 찾으려면 지문에서 핵심어를 찾고 단락의 중심 문장을 분석하는 연습이 필요하다.

■ **다양한 유형의 실용문에 익숙해질 수 있도록 많은 문제를 풀어 보자!**

실용문은 안내문, 공문, 뉴스 보도, 그래프 등 제시되는 지문의 유형이 매우 다양하다. 지문마다 특성은 다르지만 주로 정보를 찾는 문제이니 일반적인 글이 아니라고 당황하지 말고, 제시된 지문을 차근차근 파악하면 된다.

고등급 달성을 위한 기출유형 분석 리포트

최근 5개년 읽기 영역 출제 이슈

1. **기출유형19 현대 문학 독해하기**는 1회 5문항 고정적으로 출제된다.
   현대 시 2문항, 현대 소설 3문항이 최근 5년 동안 고정적으로 출제됐다.

2. **기출유형20 다양한 분야의 학술문 독해하기**는 출제 비중이 늘고 있다.
   2019년 이전에는 실용 지문의 문항 출제 비중이 더 컸으나, 2019년부터 학술 지문의 문항 출제 비중이 더 늘어났다.
   최근에는 1회 17문항 출제될 정도로 시험에서 매우 높은 비중을 차지한다.

3. **기출유형21 안내문·공문 등의 실용문 독해하기**는 이전보다 출제 비중이 줄어들었으나, 1회 8문항 출제되므로 비중이 높은 편이다. 지문의 유형이 매우 다양한 편인데, 최근에는 안내문, 보도 자료, 공문 등이 주로 출제됐다.

최근 5개년 기출유형별 출제 문항 수 추이

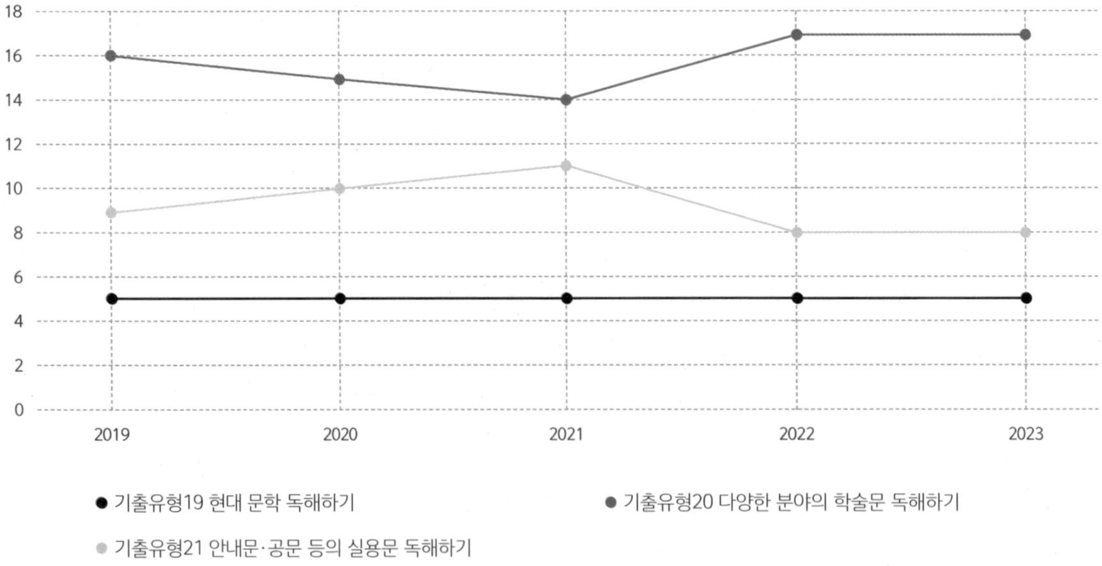

출제 경향

읽기 영역에서 기출유형19는 고정적으로 5문항으로 출제 경향에 거의 변화가 없으나, 기출유형20과 기출유형21은 문항 수 변화가 있는 편이다.
평균적으로 1회에 기출유형19는 5문항, 기출유형20은 16문항, 기출유형21은 9문항 출제된다.

무조건 나온다!
최다 빈출 유형 TOP3

1위 기출유형20 다양한 분야의 학술문 독해하기

기출유형20은 인문, 과학, 사회, 예술 분야의 학술 지문을 읽고 다양한 방식으로 글을 이해하는 세트 문제로 출제된다.

빈출 출제 포인트
세부 내용 파악하기

빈출 지문 주제
인문(도덕·철학 이론, 교육학, 역사학 등)
과학(상대성 이론, 에너지, 분자 구조 등)

2위 기출유형21 안내문·공문 등의 실용문 독해하기

기출유형21은 안내문, 공문, 기사문 등의 실용 지문을 읽고 다양한 방식으로 글을 이해하는 세트 문제로 출제된다.

빈출 출제 포인트
정보 확인하기

빈출 지문 주제
안내문 - 서류 작성 유의 사항, 지원 제도 안내, 서비스 안내 등
보도 자료 - 행정안전부(정책 관련), 질병관리본부(예방 수칙 등)

3위 기출유형19 현대 문학 독해하기

기출유형19는 시나 소설을 읽고 다양한 방식으로 문학을 독해하는 세트 문제로 출제된다.

빈출 출제 포인트
소설의 세부 내용 이해하기
시의 표현상의 특징과 효과 파악하기

빈출 선지 주제
소설 - '윤흥길' 작품(완장, 아홉 켤레의 구두로 남은 사내)
시 - '함민복' 작품(긍정적인 밥, 눈물은 왜 짠가)
'김광균' 작품(노신, 저녁에)

맞히면 등급이 오른다!
가장 많이 틀리는 유형 TOP3

1위 기출유형20 다양한 분야의 학술문 독해하기

기출유형20의 출제 포인트 중 관련 내용 및 빈칸 추론하기, 구체적 상황에 적용하기 문제를 가장 많이 틀린다. 관련 내용이나 빈칸을 추론하고, 다른 상황에 적용하는 문제는 지문의 내용을 그대로 찾는 문제가 아니므로, 난도가 꽤 높은 편이다.

고난도 출제 포인트
관련 내용 및 빈칸 추론하기
구체적 상황에 적용하기

고난도 지문 주제
인문 - 서양 중세사, 역사 수정주의
과학 - 공학, 천문학

2위 기출유형21 안내문·공문 등의 실용문 독해하기

기출유형21의 출제 포인트 중 관련 내용 및 빈칸 추론하기, 비판적 관점 파악하기 문제를 가장 많이 틀린다. 기사문, 보도 자료를 읽고 내용을 추론하거나, 글을 바라보는 비판적 관점을 찾는 문제는 추론적 독해를 요하므로 다른 실용 지문의 출제 포인트보다 정답을 찾기 어렵다.

고난도 출제 포인트
관련 내용 및 빈칸 추론하기
독자의 반응 및 비판적 관점 파악하기

고난도 지문 주제
기사문 - 문해력, 미디어 윤리 등
보도 자료 - 물놀이 안전 수칙, 학교폭력 실태조사

3위 기출유형19 현대 문학 독해하기

기출유형19는 읽기 영역에서 난도가 낮지만, 시어 및 시구의 의미 파악하기 문제를 많이 틀리는 편이다. 시어와 시구는 쓰인 대로의 의미를 지니는 경우도 있으나, 어떠한 의미를 함축하는 상징성도 지니므로, 이를 해석하기 어려울 수 있다.

고난도 출제 포인트
시의 시어 및 시구의 의미 파악하기

고난도 지문 주제
김광균 - '노신', '저녁에'
유치환 - '깃발'

VI. 읽기

기출유형 19

현대 문학 독해하기

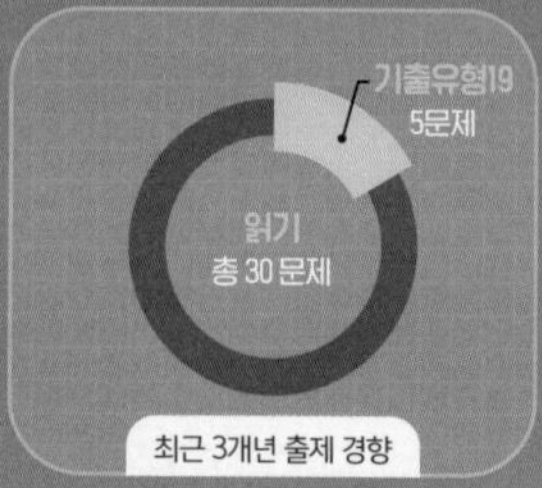

출제 포인트 1 시의 시어 및 시구의 의미 파악하기

1. 주로 하나의 시어나 시구가 어떤 의미를 지니는지 묻는 문제가 출제됩니다. 2개 이상의 시어와 시구를 함께 파악하거나 시의 창작 배경 등을 보기로 제시하고 이를 시와 연관 지어 해석하는 문제도 출제되곤 합니다. 현대 시 문제는 2문제 세트로 출제되는데, 그중 가장 많이 나오는 출제 포인트입니다.

2. 주로 다음과 같은 질문 형태로 출제됩니다.
   - ㉠(시어/시구)의 역할/기능/정서/평가로 가장 적절한/적절하지 않은 것은?
   - ㉠~㉤ 중, <보기>의 ⓐ에 해당하는 것은?

풀이 전략

시와 관련된 배경지식을 요구하는 문제보다 시의 내용을 이해하면 풀 수 있는 문제가 주로 출제되는 편이므로, 시의 분위기나 주제를 파악해야 합니다. 시의 전체적인 분위기를 토대로 각 시어나 시구가 지니는 의미나 수행하는 역할을 확인하며 풀어 봅시다.

예제

㉠에 드러난 화자의 정서로 가장 적절한 것은?

그립다
말을 할까
하니 그리워

그냥 갈까
그래도
㉠다시 더 한 번……

저 산(山)에도 까마귀, 들에 까마귀,
서산(西山)에는 해 진다고
지저귑니다.

앞 강(江)물, 뒤 강(江)물,
흐르는 물은
어서 따라오라고 따라가자고
흘러도 연달아 흐릅디다려.

-김소월, 「가는 길」

① 떠나가는 이를 잡을 수 없어 좌절함
② 사랑하는 이를 잊지 못하고 아쉬워함
③ 이별을 재촉하는 상황에 대한 안타까움
④ 임과 함께할 때 더 아껴 주지 못해 한탄함
⑤ 죽은 임을 한 번 더 보고 싶어 하는 간절함

정답 ②

해설 1~2연은 사랑하는 이와 이별을 앞둔 상황에서 임을 잊지 못해 쉽게 떠나지 못하고 망설이는 상황을 나타내고 있다. 따라서 ㉠은 화자가 임을 그리워하며 미련을 두는 모습을 나타낸 것이므로 답은 ②이다.

출제 포인트 2 시의 표현상의 특징과 효과 파악하기

1. 시의 표현 기법과 그 표현으로 나타나는 효과를 묻는 문제입니다. 예를 들어, '시에 비음인 'ㅇ'과 유음인 'ㄹ'이 많이 쓰여 음악적 효과가 나타난다'라는 선택지가 있다면, 비음과 유음이 쓰인 것이 표현 기법이고, 음악성이 그로 인한 효과입니다.

2. 주로 다음과 같은 질문 형태로 출제됩니다.
   - 윗글에 대한 설명/평가/이해로 적절한/적절하지 않은 것은?

풀이 전략

시의 표현 방식은 감각적 이미지 사용하기, 같은 시어나 시구 반복하기, 의도적으로 행과 연을 구분하기 등 매우 다양합니다. 선택지에 제시된 표현 방식을 먼저 읽고, 시에서 그러한 표현이 제시되었는지 하나씩 확인하며 풀어 보시다. 표현 방식이나 그 효과를 미리 알아 두면 시에 구현된 표현 방식이나 그 효과를 수월하게 파악할 수 있으니 주요 표현 기법과 효과는 미리 학습해 둡시다.

예제

다음 시에 대한 설명으로 적절하지 않은 것은?

님은 갔습니다. 아아 사랑하는 나의 님은 갔습니다.
푸른 산빛을 깨치고 단풍나무 숲을 향하여 난 작은 길을 걸어서 차마 떨치고 갔습니다.
황금의 꽃같이 굳고 빛나던 옛 맹세는 차디찬 티끌이 되어서 한숨의 미풍(微風)에 날아갔습니다.
날카로운 첫 키스의 추억은 나의 운명의 지침(指針)을 돌려놓고, 뒷걸음쳐서 사라졌습니다.
나는 향기로운 님의 말소리에 귀먹고, 꽃다운 님의 얼굴에 눈멀었습니다.
사랑도 사람의 일이라, 만날 때에 미리 떠날 것을 염려하고 경계하지 아니한 것은 아니지만, 이별은 뜻밖의 일이 되고 놀란 가슴은 새로운 슬픔에 터집니다.
그러나 이별을 쓸데없는 눈물의 원천을 만들고 마는 것은 스스로 사랑을 깨치는 것인 줄 아는 까닭에 걷잡을 수 없는 슬픔의 힘을 옮겨서 새 희망의 정수박이에 들어부었습니다.
우리는 만날 때에 떠날 것을 염려하는 것과 같이, 떠날 때에 다시 만날 것을 믿습니다.
아아 님은 갔지마는 나는 님을 보내지 아니하였습니다.
제 곡조를 못 이기는 사랑의 노래는 님의 침묵을 휩싸고 돕니다.

-한용운, 「님의 침묵」

① 동일한 종결 어미를 사용하여 운율을 형성하고 있다.
② 경어를 사용하여 화자의 간절한 마음과 엄숙한 분위기를 나타내고 있다.
③ 수미상관 구성을 사용하여 화자가 전달하고자 하는 주제를 강조하고 있다.
④ 대조되는 이미지를 사용하여 임이 떠난 후의 상실감을 효과적으로 드러내고 있다.
⑤ 화자의 감정을 구체적인 이미지로 형상화하여 화자의 감정을 충분히 전달하고 있다.

정답 ③

해설 수미상관은 첫 연이나 행의 내용이 마지막 연이나 행에 반복되는 것으로, 주제를 강조하는 효과가 있으나 이 시의 첫 행과 마지막 행은 동일하지 않으므로 적절하지 않다.

① 종결 어미 '-습니다'와 '-ㅂ니다'가 반복적으로 사용되어 시의 운율을 형성하고 있다.
② 공손한 말투를 사용하여 화자의 감정을 전달하고, 시 전체의 경건한 분위기를 자아내고 있다.
④ '푸른 산빛'과 '단풍나무 숲', '황금의 꽃같이 굳고 빛나던 옛 맹세'와 '차디찬 티끌'과 같이 대조적 이미지는 임이 떠난 후 절망적으로 바뀐 화자의 상황을 효과적으로 나타내고 있다.
⑤ 화자가 임과 함께한 순간의 감정을 '날카로운 첫 키스'로 형상화하여 표현하였다.

출제 포인트 3 시의 세부 내용 이해하기

1. 시의 전반적인 내용을 파악하거나 시의 표현과 전개 방식을 통해 화자의 태도를 파악하는 유형입니다. 시의 주제와 화자의 정서 등을 설명하는 보기를 주고 이를 바탕으로 시를 파악하는 문제, 화자의 태도를 직접적으로 묻는 문제, 화자의 태도가 제시된 시와 유사한 시를 찾는 문제로 출제됩니다.

2. 주로 다음과 같은 질문 형태로 출제됩니다.
   - 윗글을 이해한 내용으로 적절한/적절하지 않은 것은?

풀이 전략

시의 내용을 파악하는 문제는 선택지에서 설명하는 내용과 시를 비교하며 풀면 쉽게 해결됩니다. 시를 읽으며 파악한 제재, 주제, 표현 방식으로 화자의 태도를 쉽게 유추할 수 있습니다. 화자의 태도는 직접적인 표현으로 드러나기도 하지만, 간접적으로 제시될 때도 있습니다. 이러한 요소를 정확히 이해하려면 독해력이 필요하므로 문제 풀이를 통해 시를 이해하는 능력을 길러야 합니다.

예제

다음 시를 이해한 내용으로 적절한 것은?

모란이 피기까지는,
나는 아직 나의 봄을 기다리고 있을 테요.
모란이 뚝뚝 떨어져 버린 날,
나는 비로소 봄을 여읜 설움에 잠길 테요.
오월 어느 날, 그 하루 무덥던 날,
떨어져 누운 꽃잎마저 시들어 버리고는
천지에 모란은 자취도 없어지고,
뻗쳐 오르던 내 보람 서운케 무너졌으니,
모란이 지고 말면 그뿐, 내 한 해는 다 가고 말아,
삼백예순 날 하냥 섭섭해 우옵내다.
모란이 피기까지는,
나는 아직 기다리고 있을 테요, 찬란한 슬픔의 봄을.

-김영랑, 「모란이 피기까지는」

① 화자는 모란을 보면서 자신의 고향을 그리워한다.
② 화자는 기쁨에 들뜬 마음으로 모란이 피기를 기다린다.
③ 화자는 모란을 지게 만드는 계절의 순환을 원망하고 있다.
④ 화자는 모란이 피고 지는 모습을 보고 자연의 아름다움을 깨닫고 있다.
⑤ 화자는 모란이 질 때의 절망감을 이미 알고 있으나 꽃이 피기를 고대한다.

정답 ⑤

해설 마지막 행을 통해 화자에게 모란이 피는 봄은 찬란하면서도, 모란이 지는 것을 알기에 슬픈 계절임을 알 수 있다. 그래도 화자는 모란이 피기를 계속 기다린다고 하였으므로 답은 ⑤이다.

①③④ 화자가 고향을 그리거나, 계절의 바뀜을 원망하거나, 자연미를 깨닫는 내용은 확인할 수 없다.

② 10행 '삼백예순 날 하냥 섭섭해 우옵내다'를 통해 화자는 모란이 지고 다시 피기 전까지 슬픔에 젖어 있음을 알 수 있다.

출제 포인트 4 소설의 세부 내용 이해하기

1. 주로 제시된 소설 전체의 내용이나 소설의 일부 내용을 파악하는 문제로 출제됩니다. 소설의 창작 시기, 비평 등 소설과 관련된 내용과 소설을 연관 지어 이해하는 문제로 출제되기도 하고, 독자가 소설을 감상하는 내용으로 선택지가 구성되기도 합니다.

2. 주로 다음과 같은 질문 형태로 출제됩니다.
   - 윗글/[A](글의 일부)를 이해한 내용으로 적절한/적절하지 않은 것은?
   - <보기>를 참조하여 윗글/[A](글의 일부)를 이해한 것으로 적절한/적절하지 않은 것은?

풀이 전략

제시된 소설을 차분하게 한 번 정독하면 세부 내용을 쉽게 파악할 수 있습니다. 현대 소설 문제는 하나의 제시문에 3문제가 세트로 출제되므로, 세부 내용을 파악하면 다른 문제를 더욱 빠르게 풀 수 있습니다.

예제

다음 글을 이해한 내용으로 적절하지 않은 것은?

이튿날 전에 없이 첫새벽에 일어난 P는 서투른 솜씨로 화로 밥을 지어 놓고 정거장으로 나갔다.

그의 형에게서 온 편지에 S라는 고향 사람이 서울 올라오는 길에 따라 보낸다고 했으니까 P는 창선이보다도 더 낯이 익은 S를 찾았다.

과연 차가 식식거리고 들어서매 인간을 뱉어 내놓는 찻간에서 S가 창선이를 데리고 두리번거리며 내려왔다.

어디서 생겼는지 새까만 고구라* 양복을 입고 이화표 붙은 학생 모자를 쓰고 거기다가 보따리를 하나 지고 무엇 꾸린 것을 손에 들고 차에서 내리는 어린아이……. 저게 내 자식이라 생각하니 P는 어쩐지 속으로 얼굴이 붉어지며 한편 가엾기도 하였다.

S가 두 손에 짐을 가득 들고 두리번거리다가 가까이 온 P를 보고 반겨 소리를 지른다. 창선이가 모자를 벗고 학교 식으로 경례를 한다. 얼굴을 자세히 보니 네댓 살 적에 보던 것보다 더 한층 저희 외가를 닮았다. P는 그것이 몹시 불만이었다.

"그새 재미나 좋았나?" / S의 첫인사다.

"뭘 그저 그렇지……. 괜히 산 짐을 지고 오느라고 애썼네." / P는 이렇게 인사 겸 치하를 하였다.

"원, 천만에!…… 그 애가 나이는 어려도 어떻게 속이 찼는지……. 너, 늬 아버지 알아보겠니?"

S는 창선이를 돌아보며 웃는다. 창선이는 고개를 숙이고 수줍은지 아무 대답도 아니한다.

P는 S와 창선이를 데리고 구름다리로 올라왔다.

"저희 외할머니가 저 양복이야 떡이야 모두 해가지고 자네 댁에까지 오셨더라네……. 오셔서 어제 떠나는데 정거장까지 나오셨는데 여러 가지 신신당부를 하시데……. 자네한테 전하라고."

S는 P가 그다지 듣고 싶지도 아니한 이야기를 뒤따라오며 늘어놓는다. 그의 가슴에는 옛날의 반감이 솟구쳐 올랐다.

"별걱정 다 하는 게로군……. 내 자식 내가 어련히 할까 봐 좇아다니면서 그래!"

"그래도 노인들이야 어데 그런가……. 객지에서 혼자 있는데 데리고 있기 정 불편하거든 당신에게로 도루 보내게 하라고 그러시데……."

"그 집에 내 자식이 무슨 상관이 있어서 보내라는 거야? …… 보낼 테면 그때 데려왔을라구……."

\- 채만식, 「레디메이드 인생」

*고구라: 학생복에 쓰이는 직물을 뜻하는 일본어로, 그 당시 학생복을 의미한다.

① P는 고향을 떠나 서울에서 살고 있다.
② S는 P의 아들이 의젓하다고 생각한다.
③ 지금까지 창선은 외가에서 엄마와 살고 있었다.
④ 창선의 할머니는 '창선'이 학교 공부를 하길 바란다.
⑤ P와 S의 대화에서 P와 창선의 외가 사이의 불화를 알 수 있다.

정답 ③

해설 '그의 형에게서 온 편지에 ~ 따라 보낸다고', '저희 외할머니가 ~ 자네 댁에까지 오셨더라네', '보낼 테면 그때 데려왔을라구'를 통해 창선은 외가에서 지낸 것이 아님을 알 수 있다.

① 'S라는 고향 사람이 서울 올라오는 길에 따라 보낸다고'에서 알 수 있다.

② '그 애가 나이는 어려도 어떻게 속이 찼는지……'에서 알 수 있다.

④ '새까만 고구라 양복을 입고 이화표 붙은 학생 모자를 쓰고'와 '저희 외할머니가 저 양복이야 떡이야 모두 해가지고'에서 창선은 학생복을 입고 있고, 이는 외할머니가 챙겨 준 것임을 알 수 있다. 이를 통해 손자가 학교 공부를 하기를 바라는 외할머니의 마음을 알 수 있다.

⑤ '내 자식 내가 어련히 할까 봐 좇아다니면서 그래!', '그 집에 내 자식이 무슨 상관이 있어서 보내라는 거야?' 등을 통해 알 수 있다.

출제 포인트 5 소설의 인물 심리 및 태도 파악하기

1. 소설에 등장하는 인물의 심리적 상태, 태도(행동) 등을 파악하는 유형입니다. 한 인물에 대해서만 묻는 문제가 출제되기도 하고, 두 명 이상의 등장인물의 태도를 비교하는 문제로 출제되기도 합니다.

2. 주로 다음과 같은 질문 형태로 출제됩니다.
   - '등장인물'의 심리/태도로 적절하지 않은 것은?
   - '등장인물 1'과 '등장인물 2'에 대한 설명으로 적절한 것은?

풀이 전략

등장인물의 심리나 태도는 등장인물의 대사, 서술자가 등장인물을 묘사하는 표현 등을 통해 알 수 있습니다. 질문에서 가리키는 등장인물이 언급되는 부분에 집중하여 선택지의 적절성을 파악하면 됩니다.

예제

㉠의 태도로 적절한 것은?

> 몇 날을 건너지 못해 실은 한층 홍분된 표정으로 ㉠준보의 방문을 두드렸다. 커다란 눈이 깜박거리지 않고 조그만 입이 침묵하면서 잠시는 가제 온 신부같이 의자에 잠자코만 있었다.
> "……오늘 길에서 옛날 동무 명주를 만났더니 또 그 소리를 하겠나요. 남편에게서 들었다는데 자기들 총중에선 죄다들 알구 화젯거리가 됐대요. 그 남편은 벽도 씨에게서 들었다나요. 왜 그리 번설들일까요."
> "놀랄 것도 없잖우. 세상이 한꺼번에 발끈 뒤집힌대두 이제야 겁날 것이 없는데."
> "말이 우습잖아요. — 제가 일반에게 그런 인상을 줘 뵈는지 너무 사치하니까 가정 생활에 부적당하리라고요. 오래오래 원만하기를 기대하기가 어려우리라구요. 자기들보다두 몇 곱절 더 생각하구 각오를 가진 줄은 모르구 웬 아랑곳인지들 모르겠어요. 자기들보다 못한 사람인 줄 아나 부죠."
> "이 기회에 애매하게 남을 발가벗겨 놓구 멋대로들 난도질을 하는 모양이지."
> "외딴섬에나 가 살구 싶어요. 이렇게 시끄러운 줄 몰랐어요."
> "불유쾌한 세상이구 귀찮은 인심이야. 우리 시나 한 줄 읽을까?"
> 준보는 뒤숭숭한 잡념을 떨쳐 버리려는 듯 자리를 일어서서 실의 손을 이끌고 책장 앞으로 갔다.
> "맘이 성가실 때는 시를 읽는 게 첫째라우. 난 벌써 여러 해째 그 습관을 지켜 오는데 세상에 시인같이 정직하고 착한 종족이 있을까. 그 외엔 모두 악한이요, 도둑인 것만 같아요. 시인의 목소리만이 성경과 같이 사람을 바로 인도하구 위로해 주거든요. 뭘 읽을까, 하이네? 셸리? 예이츠?"
>
> \- 이효석, 「풀잎」 중에서

① 외국 시인의 이름을 나열하며 우쭐하고 있다.
② 자기를 둘러싼 소문 때문에 불안해하고 있다.
③ 갑작스러운 '실'의 방문에 당황한 기색을 보이고 있다.
④ 괴로워하는 '실'을 달래기 위해 대화의 주제를 바꾸고 있다.
⑤ '실'에게 들은 소문을 이미 알고 있었지만 일부러 모른 척하고 있다.

정답 ④

해설 '준보'는 자기들을 둘러싼 소문에 괴로워하는 '실'을 위로하기 위해 시를 읽자며 분위기를 전환하고 있으므로 답은 ④이다.
① '하이네? 셸리? 예이츠?'와 같이 시인의 이름을 나열하고 있지만 시인의 이름을 안다는 사실을 뽐내는 태도는 확인할 수 없다.
② '준보'는 '놀랄 것도 없잖우'라고 말하며, 소문에 반응하지 않고 덤덤한 태도를 보이고 있다.
③ '실은 ~ 준보의 방문을 두드렸다'에서 '실'이 '준보'의 집에 방문했음을 알 수 있으나 '준보'가 이에 놀랐는지는 알 수 없다.
⑤ '실'에게 소문을 듣고 덤덤하게 대답하고 있으나, '준보'가 이 소문을 이미 알고 있었는지는 알 수 없다.

출제 포인트 6 소설의 서술상 특징과 효과 파악하기

1. 소설의 세부 내용을 파악하는 문제 다음으로 많이 나오는 출제 포인트로, 이야기를 끌고 나가는 서술자의 시점이나 소설의 전개 방식 등과 이 방식이 어떤 효과를 지니는지 설명하는 문장으로 선택지가 구성됩니다.

2. 주로 다음과 같은 질문 형태로 출제됩니다.
   - 윗글/[A](글의 일부)의 서술상 특징으로 가장 적절한 것은?

풀이 전략

소설에서 대부분 '나'가 등장하면 1인칭, '나'가 등장하지 않고 '그, 그녀' 또는 등장인물의 이름만이 제시되면 3인칭 시점입니다. 소설의 구성에 따라 시점이 다른 경우도 있으니 이를 유의해야 합니다.

예제

다음 글의 서술상 특징으로 가장 적절한 것은?

좋은 눈이었다. 바다의 넓고 큼이 유감없이 그의 눈에 나타나 있다. 그는 뱃사람이라 나는 짐작하였다.
"고향이 영유요?" / "예, 머, 영유서 나기는 했디만 한 이십 년 영윤 가보디두 않았시요."
"왜, 이십 년씩 고향엘 안 가요?" / "사람의 일이라니 마음대로 됩데까?" / 그는, 왜 그러는지, 한숨을 짓는다.
"거저, 운명이 데일 힘셉디다." / 운명의 힘이 제일 세다는 그의 소리는 삭이지 못할 원한과 뉘우침이 섞여 있다.
"그래요?" / 나는 다만 그를 건너다볼 뿐이다. / 한참 잠잠하니 있다가 나는 다시 말하였다.
"자, 노형의 경험담이나 한번 들어 봅시다. 감출 일이 아니면 한번 이야기해 보소."
"머, 감출 일은……." / "그럼, 어디 들어 봅시다그려." / 그는 다시 하늘을 쳐다보았다. 그러나 좀 있다가,
"하디요." / 하면서 내가 담배를 붙이는 것을 보고 자기도 담배를 붙여 물고 이야기를 꺼낸다.
"닞히디두 않는 십구 년 전 팔월 열하룻날 일인데요." / 하면서 그가 이야기한 바는 대략 이와 같은 것이다.
그의 살던 마을은 영유 고을서 한 이십 리 떠나 있는, 바다를 향한 조고만 어촌이다. / 그의 살던 조고만 마을(서른 집쯤 되는)에서는 그는 꽤 유명한 사람이었다. 그의 부모는 모두 열댓 세 났을 때 돌아갔고, 남은 사람이라고는 곁집에 딴살림하는 그의 아우 부처와 그 자기 부처뿐이었다. 그들 형제가 그 마을에서 제일 부자이고 또 제일 고기잡이를 잘하였고 그중 글이 있었고 배따라기도 그 마을에서 빼나게 그 형제가 잘 불렀다. 말하자면 그 형제가 그 동네의 대표적 사람이었다.
팔월 보름은 추석 명절이다. 팔월 열하룻날 그는 명절에 쓸 장도 볼 겸, 그의 아내가 늘 부러워하는 거울도 하나 사올 겸, 장으로 향하였다.
"당손네 집에 있는 것보다 큰 것이요. 닞디 말구요." / 그의 아내는 길까지 따라나오면서 잊지 않도록 부탁하였다.
"안 닞어." / 하면서 그는 떠오르는 새빨간 햇빛을 앞으로 받으면서 자기 마을을 나섰다. <중 략>
말을 끝낸 그의 눈에는 저녁해에 반사하여 몇 방울의 눈물이 반득인다.

- 김동인, 「배따라기」 중에서

① 대화를 통해 인물 간의 갈등을 보여 주고 있다.
② 인물의 외관을 희화화하여 대상을 풍자하고 있다.
③ 1인칭 주인공 시점을 사용하여 자기반성을 하고 있다.
④ 액자식 구성을 통해 중심 내용에 신빙성을 더하고 있다.
⑤ 상대의 말을 직접 인용하여 인물의 경험을 생생하게 전달하고 있다.

정답 ④

해설 '그'와 '나'가 등장하는 외부 이야기와 '그'의 과거를 보여 주는 내부 이야기로 구성된 액자식 구성이다. 액자식 구성은 내부 이야기를 객관화하여 이야기에 신빙성을 부여하는 기능을 하므로, 답은 ④이다.

① '그'와 '나'의 대화에서 갈등을 확인할 수 없다.
② 1번째 줄에서 '그'의 외양을 묘사하고 있을 뿐, 인물을 우스꽝스럽게 묘사하거나 풍자하고 있지 않다.
③ 윗글의 주인공은 '그'이므로 외부 이야기는 1인칭 관찰자 시점이며, 내부 이야기에서는 '그'와 '그의 아내'의 행동 등이 외부 서술자에 의해 분석적으로 서술되므로 내부 이야기는 전지적 작가 시점이다.
⑤ 특정 등장 인물이 다른 등장인물의 대사를 그대로 인용한 부분은 없으며, 액자식 구성을 통해 '그'의 과거 경험을 전달하고 있다.

유형 연습문제

[1 ~ 2] 다음 글을 읽고 물음에 답하시오.

> 사랑한다는 것은
>
> 열매가 맺지 않는 과목은 뿌리째 뽑고
> 그 뿌리를 썩힌 ㉠ <u>흙 속의 해충</u>은 모조리 잡고
> 그리고 새 묘목을 심기 위해서
> 깊이 파헤쳐 내 ㉡ <u>두 손의 땀</u>을 섞은 흙
> 그 흙을 깨끗하게 실하게 하는 일이다.
>
> 그리고
> 아무리 ㉢ <u>모진 비바람</u>이 삼킨 ㉣ <u>어둠</u>이어도
> 바위 속보다도 ㉤ <u>어두운 밤</u>이어도
> 그 어둠 그 밤을 새워서 지키는 일이다.
> 훤한 새벽 햇살이 퍼질 때까지
> 그 햇살을 뚫고 마침내 새 과목이
> 샘물 같은 그런 빛 뿌리면서 솟을 때까지
> 지키는 일이다. 지켜보는 일이다.
>
> 사랑한다는 것은.
>
> \- 전봉건, 「사랑」

1 **윗글의 ㉠ ~ ㉤ 중, 의미하는 바가 <u>다른</u> 것은?**

① ㉠　② ㉡　③ ㉢　④ ㉣　⑤ ㉤

2 **윗글에 대한 설명으로 가장 적절한 것은?**

① 활유법을 사용해 화자를 보호해 주는 나무의 모습을 표현하고 있다.
② 단정적인 어조로 닥친 시련을 극복해 나갈 화자의 의지를 드러내고 있다.
③ 역설적인 표현을 통해 화자의 사랑에는 수많은 정성이 담겨 있음을 표현하고 있다.
④ 첫 번째 연을 마지막 연에 반복함으로써 화자가 말하고자 하는 바를 강조하고 있다.
⑤ 구체적인 대상을 추상적인 대상에 빗댐으로써 시어에 대한 다양한 해석을 가능하게 한다.

[3 ~ 5] 다음 글을 읽고 물음에 답하시오.

"현아는 집에 없는가 봐."

내가 누구를 보러 왔는지 다 안다는 투였다. 나는 내 마음을 친구한테 들킨 것만 같아 또 얼굴이 화끈거렸다. 그러든 저러든 일단 현아가 집에 없다는 게 무척 다행으로 여겨졌다. 이렇게 분위기 좋은 날 친구랑 현아가 한집에 같이 있으면 안 될 것 같은 생각이 자꾸만 들었다.

"현아 없어도 돼. 그 대신 이것 좀 전해 주라……."

내가 품에서 수제품 시집을 꺼내 친구 앞으로 내밀자 친구는 그걸 받아 물끄러미 내려다보았다. 나는 친구가 그 시집을 계속 내려다보고 있는데도 서둘러 현아 집을 뛰쳐나왔다. 괜히 친구에게 속을 보인 것 같아 너무나 어색했기 때문이었다.

눈길을 되짚어 나오며 보니 현아 집으로 이어진 발자국 위에 눈이 제법 두텁게 덮여 있었다. 발자국을 볼 때마다 웃음이 픽픽 새어 나왔다. 한순간이나마 여자 신발 발자국을 현아 것으로 생각한 것이 우스워서였다.

"오빠!"

쏟아지는 눈을 피하느라 고개를 숙인 채 혼자서 실없는 웃음을 지으며 골목길을 빠져나오는데 현아가 나타난 것이다.

"어? 현아, 어디, 갔다, 와?"

나는 뜻밖에 현아를 만나자 제대로 말을 하지 못하고 더듬거렸다. 현아는 온통 눈을 뒤집어쓴 채 두 손을 모아 어린아이가 엄마에게 반갑게 달려들 때처럼 손을 활짝 펼치며 들뜬 목소리로 말했다.

"오빠, 눈사람 만들래?"

현아는 벙어리장갑을 끼고 있었다. 나는 바지 호주머니에 두 손을 푹 찌른 채 멍하니 서 있었다. 꿈인지 생시인지 모를 일이었다. 나는 현아랑 눈사람을 만들고 싶었다. 그러나 곧 고개를 저었다. 그보다는 먼저 현아가 내 시집을 받아서 읽어 봤으면 하는 마음에서였다. 아니, 어쩌면 장갑을 끼지 않은 내 맨손을 드러내고 싶지 않았는지도 모른다. 그래서 나는 엉뚱한 말을 내뱉고 말았다.

㉠ "응, 나도, 그러고 싶은데, 바쁜 일이 있어서, 그만 가야 돼……."

아까와 마찬가지로 나는 더듬거렸다. 갑자기 내가 바보가 되어 버린 게 아닌가 싶었다. 현아랑 자연스럽게 어울려 눈사람도 만들고, 친구한테 시집을 맡겼으니 받아 읽어 보라는 말도 하면 될 텐데 끝내 하지 못하고 말았다. <중 략>

"남편의 유품을 정리하다 보니……."

나는 아직도 할 말을 찾지 못했다.

"남편이 죽고 나서야 이 시집이 나한테 전해진 거예요."

"뭐라구?"

남편이 죽고 나서라니? 그렇다면 그 친구 녀석이 현아 남편? 아, 그 녀석도 현아를 좋아했구나. 순간적으로 그때 상황이 재빠르게 재구성되었다. 내 수제품 시집이 현아에게 전달 안 된 것은 어쩌면 아주 당연한 일이었다. 그런데 그 친구는 시집을 왜 내게 다시 돌려주지도 않고 없애 버리지도 않았을까?

"미안해요. 이 세상에 단 한 권뿐인 시집을 이제야 돌려 드리게 되어서. 그때 받았으면 바로 돌려 드렸을 텐데……. 시집 속의 말들이 스무 해 동안이나 갇혀 있느라 무척 힘들었을 거예요. 그래서 이렇게 돌려 드리려고……. 오빠가 글 쓰는 작가가 된 건 알고 있었어요. 우연히 신문에서 오빠 이야기를 읽었거든요. 그래서 늦게라도 시집을 꼭 돌려 드리려고……."

현아 입에서 '오빠'라는 소리가 자연스레 두 번씩이나 나왔다. 그 말을 듣자 마른침이 목으로 넘어갔다.

아, 그런데, 나는 무엇이, 아니 누가 이십 년 동안 갇혀 있었던 것인지 알 수 없었다. 나는 공책을 다시 현아 쪽으로 슬며시 내밀었다. 그런 다음 자리에서 일어났다. 그리고 직장을 그만둔 뒤엔 처음으로 이는 어지럼증을 가까스로 참으며 말했다.

"이건 현아 아니면 누구에게도 소용없는 시야. 여기 들어 있는 시는 현아한테만 어울리게 쓰인 것이거든. 현아 남편이 된 그 친구도 그걸 알았기 때문에 나한테 다시 되돌려주지도 못하고 없애 버리지도 못한 거야. 그러니 시를 쓴 나도 주인이 아니야. 그럼 이만……."

밖에는 여전히 눈이 퍼붓고 있었다. 눈길 위에 발자국을 찍으며 발걸음을 뗄 때마다 '오빠'라는 소리가 밟히는 것만 같았다.

- 박상률, 「세상에 단 한 권뿐인 시집」

3 윗글을 이해한 내용으로 적절하지 않은 것은?

① 과거에 현아도 '나'를 이성적으로 좋아했었다.

② '나'는 현아에게 전하고 싶은 마음을 시로 썼다.

③ '나'가 현아에게 준 시집은 현아의 남편이 간직하고 있었다.

④ '나'의 친구는 '나'가 현아를 좋아한다는 사실을 알고 있었다.

⑤ 현아는 '나'가 작가가 되었다는 사실을 신문에서 알게 되었다.

4 ㉠에 대한 인물의 심리로 적절한 것은?

① 맨손으로 눈을 만지고 싶지 않음

② 현아가 얼른 시집을 봐 주었으면 함

③ 현아에게 자신의 마음이 들킬까 봐 불안함

④ 현아랑 둘이 함께 놀면 친구가 서운해할까 봐 걱정함

⑤ 현아와 놀고 싶지만 급한 일이 있어 어떻게 할지 고민함

5 윗글의 서술상의 특징에 대한 설명으로 가장 적절한 것은?

① 계절적 소재를 매개로 과거와 현재를 잇고 있다.

② 동일한 사건을 여러 인물의 시각으로 조명하고 있다.

③ 인물의 성격이 서술자의 말을 통해 직접적으로 제시되고 있다.

④ 과거 사건의 전말을 현재 시점에서 특정 인물의 말로 밝히고 있다.

⑤ 열린 결말로 여운을 남기고 또 다른 사건이 발생할 것임을 암시하고 있다.

약점 보완 해설집 p.44

기출유형 **20**

다양한 분야의 학술문 독해하기

출제 포인트 1 세부 내용 파악하기

1. 주로 인문, 과학 분야의 지문을 읽고 내용을 파악하거나, 특정 개념 또는 제재에 관한 내용을 파악하는 문제로 출제됩니다.

2. 주로 다음과 같은 질문 형태로 출제됩니다.
   - 윗글을 이해한 내용으로 적절한/적절하지 않은 것은?
   - ㉠/(글의 제재)에 대한 설명으로 적절한/적절하지 않은 것은?

풀이 전략

제시문을 꼼꼼히 읽고 선택지와 비교하기만 하면 어렵지 않게 풀 수 있습니다. 글을 읽으면서 중요한 단어나 문장에 표시해 두면 글의 내용을 기억하고 선택지에 제시된 단어가 등장하는 부분을 찾는 데 도움이 됩니다.

예제

다음 글을 이해한 내용으로 적절한 것은?

사람들은 말이나 글로 자신의 생각을 공개하면 그 생각을 끝까지 고수하려는 경향이 있는데 이를 '공개선언 효과'라고 한다. 그런데 결심을 공개적으로 선언하면 왜 번복하기가 어려울까?

첫째, 말이 우리의 행동을 결정하기 때문이다. '나는 공부를 좋아해'라는 말을 반복하다 보면 은연중에 스스로 공부를 좋아하는 사람이라고 판단하게 된다. 자신이 공부를 좋아하는 사람이라는 자아정체감을 갖게 되면 공부를 열심히 할 수밖에 없다. 사람들은 자신의 말과 행동을 통해 자신의 태도를 판단하게 되고 태도는 행동을 결정한다. 그러므로 말을 바꾸면 행동이 달라진다.

둘째, 부정적인 평가를 받고 싶지 않기 때문이다. 사람들은 말과 행동이 불일치한 사람들에 대해 '겉과 속이 다르다'거나 '무책임하다'고 부정적으로 평가하는 경향이 있으며 심한 경우 '이중인격자', '사이코'라는 낙인을 찍기도 한다. 반면 말과 행동이 일치하는 사람에 대해서는 '언행일치', '믿을 수 있는', '일관성이 있는', '책임감이 강한' 등의 수식어를 붙여 긍정적으로 평가한다.

셋째, 스트레스를 줄일 수 있기 때문이다. 사람들은 자신의 말과 행동이 일치하지 않을 때 인지적 부조화 상태에 빠져 스트레스를 받게 된다. 그래서 어떻게 해서든 자신의 말과 행동을 조화 상태로 일치시켜 스트레스를 줄이고 정신적 안정 상태를 추구하려는 경향이 있는데 이를 '인지부조화 이론'이라고 한다.

다른 사람들에게 결심을 공개하면 목표 달성에 도움이 되는 또 다른 이유가 있다. 실천이 어려워 중도에 포기하고 싶을 때 우리의 결심을 알고 있는 친구나 가족들로부터 도움을 받을 수 있기 때문이다. 결심이 흔들리기 쉬울 때는 도움을 줄 수 있는 누군가가 옆에 있다고 믿는 것 자체만으로도 큰 도움이 된다. 플리머스 대학의 시몬 슈날 교수는 한 연구에서 사람들에게 언덕길을 오르게 하고 그 언덕의 높이와 오르기 힘든 정도를 추측하게 했다. 그 결과, 친구와 함께 오른 사람은 혼자 오른 사람에 비해 무려 15퍼센트나 언덕 높이를 낮게 추측했다. 심지어 단지 친구가 옆에 있다고 생각하는 것만으로도 언덕을 오르기가 더 쉽다고 보고했다. 그러므로 결심은 다른 사람들과 공유할 때 더 지키기가 쉽다. 서로 감시자와 응원단이 되어주기 때문이다.

① 사람들이 스스로 행동을 판단하는 기준은 사회적 가치관이다.
② 공개선언 효과는 글이 아닌 말로 생각을 나타내는 것과 관련된다.
③ 아는 사람보다 모르는 사람에게 결심을 공개할 때 목표 달성률이 더 높다.
④ 긍정적이거나 부정적인 사람이라는 평가는 말과 행동의 일치 여부에 달렸다.
⑤ 슈날 교수는 목표 달성에 타인의 조력이 얼마나 영향을 미치는가를 연구했다.

정답 ④

해설 3문단에서 언행이 일치하는 사람들은 타인에게 긍정적인 평가를, 언행이 일치하지 않는 사람들은 타인에게 부정적인 평가를 받는다고 하였으므로 사람들이 다른 사람을 긍정적인 사람, 부정적인 사람으로 평가하는 것은 그 사람의 언행이 일치하는가에 달려 있음을 알 수 있다.

출제 포인트 2 관련 내용 및 빈칸 추론하기

1. 주로 글에서 다룬 개념이나 글의 제재와 관련된 내용을 추론하는 문제, 빈칸에 들어갈 단어나 문장을 추론하는 문제, 어떤 결론이나 진술을 다룬 문장의 전제나 근거를 추론하는 문제가 출제됩니다.

2. 주로 다음과 같은 질문 형태로 출제됩니다.
   - ㉠에 대한 이해/설명으로 적절한/적절하지 않은 것은?
   - ㉠에 들어갈 내용으로 가장 적절한 것은?

풀이 전략

이 출제 포인트의 문제는 선택지의 내용이 출제 포인트1 '세부 내용 파악하기'와 달리 지문에 직접 드러나 있지 않습니다. 즉, 지문의 내용을 토대로 지문에 나타나지 않은 내용을 도출해 낼 수 있는지 묻는 문제이죠. 따라서 무엇보다 지문의 내용을 정확히 파악하는 것이 중요합니다. 그 후, 각 문제 특성에 맞는 답을 고르면 됩니다.

예제

㉠에 들어갈 말로 가장 적절한 것은?

메소포타미아 문명은 티그리스강과 유프라테스강 사이의 범람원인 비옥한 초승달 지대에서, 이집트 문명은 나일강의 범람원에서 발생한 문명이다. 두 문명은 세계 4대 문명에 속하며 강의 범람원에서 발생했다는 공통점이 있지만, 지리적 특성에서 근본적인 차이점을 지닌다. 먼저 이집트는 사막과 지중해에 가로막힌 곳이어서 문화적 정체성이 단일해졌으며, 나일강의 범람원을 제외한 땅은 모두 메말랐다. 그래서 이집트의 문화적 정체성의 상징적 근간은 자연스럽게 이집트에 생명력을 부여하는 나일강의 속성이 되었다.

반면 메소포타미아 문명은 넓은 지역에 독립적인 도시가 분포한 형태이다. 각 도시는 끊임없이 홍수 피해를 보았고, 그럴 때마다 서로를 침략하며 살아남았다. 그 격렬한 격변 탓에 도시 간 화합과 결합은 희박했다. 수 세기에 걸쳐 수많은 집단이 비옥한 초승달 지대를 번갈아 장악했다. 이렇게 제국의 발전과 쇠퇴가 반복되었음에도 이 지역의 문화는 기본적으로 변하지 않았다. 이곳에 처음으로 등장한 대제국은 수메르인의 제국으로, 대략 기원전 3,000년경 이 지역을 통치하기 시작했다. 왕은 인간과 신을 이어주는 소통자 역할을 하였으나, 신성시되지는 않았다. 메소포타미아인들에게 종교가 중요하긴 했지만, 이집트에서처럼 삶의 모든 면에 스며들 정도는 아니었다. 이 때문에 사회 구성원의 규칙과 책임을 명확히 서술한 엄격한 법이 존재했고, 그중 가장 유명한 것은 함무라비 법전이다. 이 법전과 다른 유물들을 통해 메소포타미아 사회가 고도로 조직화된 엄격한 계급 사회였음을 알 수 있다.

한편, 고대 이집트는 처음 통일된 기원전 3,100년부터 페르시아에 정복된 기원전 525년까지 안정된 상태로 유지되었다. 환경적, 정치적 안정기에서 이집트 사람들은 나일강이 정기적으로 범람하듯 우주도 예측 가능한 규칙에 따라 움직인다고 생각하였다. 또한 윤리적인 면에서는 법과 질서를 유지하고 욕망과 행동을 자제하는 개인의 의무가 중시되었다. 고대 이집트인들에게 파라오는 저승 신의 아들인 호루스의 화신으로 여겨졌다. 이에 따라 신과 같이 이집트를 보호하는 것이 파라오의 사명이었고, 파라오는 신전을 건설하고 신을 숭배하는 의식을 행했다. [㉠] 이와 같이 파라오는 성직자로서 역할뿐 아니라 국가의 경제권을 주관하는 이집트의 최고 통치자였다.

① 파라오의 절대적인 권력은 이집트를 조직화하였고, 피라미드를 건설하는 데 필요한 노동력을 동원하는 데도 중요한 역할을 하였다.
② 예측할 수 없는 주기로 범람하는 나일강으로 입은 피해를 이집트 사람들은 종교로 극복하고자 하였으며 이는 절대왕권의 근간이 되었다.
③ 고대 이집트인들은 경제와 종교를 연관 지어, 신이 파라오를 지켜주지 못하여 그의 권력이 약해지면 나라의 경제가 약해진다고 생각하였다.
④ 익히 알려진 것처럼 파라오는 죽은 뒤 피라미드에 안장되었는데, 그곳에서 발견된 이집트의 상형 문자는 훗날 발견된 로제타석으로 간신히 해독할 수 있었다.
⑤ 특이한 점은 종교적 기관인 신전이 국가의 자원을 관리하고 배부하는 경제적 기관으로도 기능했다는 점인데, 이곳에서도 파라오는 막강한 힘을 행사할 수 있었다.

정답 ⑤

해설 ㉠ 뒤를 통해 ㉠과 그 앞 내용에 파라오의 종교적, 경제적 권력에 대한 내용이 제시되어야 함을 알 수 있다. ㉠ 앞에서 파라오의 종교적 역할이 제시되었으므로, ㉠에는 파라오의 경제적 권력에 대한 내용이 제시되어야 한다. 따라서 경제적 역할을 수행하는 신전에서 파라오의 권력이 막강했다는 ⑤가 ㉠에 들어가기에 가장 적절하다.

출제 포인트 3 구체적 상황에 적용하기

1. 문제에 제시된 인문, 사회, 과학, 예술 분야의 지문을 다른 상황이나 사례에 연관 지으며 이해할 수 있는지 묻는 문제입니다. <보기>의 내용을 지문의 내용에 적용하는 문제와 지문의 내용을 <보기>나 선택지에 적용하는 문제로 출제됩니다.

2. 주로 다음과 같은 질문 형태로 출제됩니다.
   - 윗글을 바탕으로 <보기>를 이해한/평가한 내용으로 가장 적절한 것은?
   - ㉠/(글의 제재)의 예로 가장 적절한/적절하지 않은 것은?
   - <보기>를 바탕으로 윗글을 이해한 내용으로 가장 적절한/적절하지 않은 것은?

풀이 전략

지문과 <보기>를 연관 짓는 문제는 각각이 취한 개념이나 입장을 파악하고, 지문의 내용이 적용된 예를 찾는 문제는 예가 갖추어야 할 조건을 파악하며 읽는 것이 중요합니다. 그 후에 선택지의 내용에 앞에서 파악한 개념이나 입장에 대한 내용, 조건이 반영되었는지를 확인하며 답을 고르면 됩니다.

예제

㉠의 예로 적절하지 않은 것은?

현대 미술은 전통 미술을 거부하는 혁신적이고 급진적인 움직임에서 비롯되었다. 프랑스 예술가인 마르셀 뒤샹은 이런 혁명적인 변화를 이끈 중심인물 중 하나이다. 뒤샹은 유럽과 미국을 오가며 일생을 보내는 동안 입체주의, 초현실주의와 같은 아방가르드 운동을 경험하였다. 이 경험은 뒤샹이 지닌, 예술이 무엇이 될 수 있는가에 대한 가치관과 작품 경향에 많은 영향을 끼쳤다. 덕분에 뒤샹은 20대 초반에 이미 그만의 독특한 예술적 정체성을 발전시켰으며, 이것은 현재 상태에 계속 도전하는 그의 열망으로 나타났다.

뒤샹의 창의성과 대담함을 보여준 최초의 작품은 <계단을 내려가는 나부>였다. 이 그림은 파블로 피카소나 조르주 브라크와 같은 미술가들이 이끈 입체파의 회화 기법에서 영감을 받았다. 그들처럼 뒤샹은 대상의 형태를 기하학적으로 환원하는 등 해체되고 분절된 형태로 인물을 포착했다. 이 작품의 가장 큰 특징은 대상의 움직임이 그림 안에서 명확히 느껴진다는 것이다. 오늘날 사람들이 <계단을 내려가는 나부>를 높이 평가하는 것과 달리, 당시 예술계는 이 작품을 부정적으로 평가했다. 특이한 것에 익숙한 파리 미술계에서조차 부정적으로 반응했고, 입체파 예술가들도 너무 초현대적이라며 거부감을 보일 정도였다.

그러나 그보다 '레디메이드'에서의 뒤샹의 선구적인 활동이 더 충격적이었다. ㉠ 레디메이드 작품은 공장에서 대량 생성된 기성품을 예술 작품으로 재사용한 제작물로, 기성품의 의미를 관중이 새롭게 인식하게 하거나 기성품에 새롭고 특수한 이름을 지어주는 것으로 실현된다. 뒤샹의 가장 유명한 레디메이드 작품인 <샘>은 그가 1917년, 한 예술 전시회에 익명으로 출품한 소변기였다. 장난처럼 보였을 것이 틀림없는 이 작품은 참가비를 낸 예술가를 거부할 수 없다는 이유만으로 받아들여졌다. 비록 <샘>은 전시장의 구석에 방치되었지만, 몇몇 현대 비평가들은 사진으로만 남아 있는 <샘>을 20세기의 가장 획기적인 예술 작품으로 평가한다.

① 가정집에서 사용하는 와인병 건조대에 '병 건조대'라고 이름을 붙인 작품
② 눈을 치울 때 쓰는 삽을 세워두고 '부러진 팔 앞에서'라는 이름을 붙인 작품
③ 나무 의자에 자전거 바퀴를 올려 '자전거 바퀴'라는 이름을 붙여 전시한 작품
④ 벽에 걸어 사용하는 옷걸이를 바닥에 눕히고 '덫'이라고 이름 붙여 전시한 작품
⑤ 잔디밭에서 찍은 사진을 뒤집어 전시한 뒤 '중력의 역전'이라고 이름 붙인 작품

정답 ⑤

해설 3문단 1~2번째 줄 '레디메이드 작품은 공장에서 대량 생성된 기성품을 예술 작품으로 재사용한 제작물로'에서 레디메이드 작품의 가장 큰 특성은 이미 만들어져 있는 일상적인 물품을 작품으로 승화하는 것임을 알 수 있다. 따라서 기성품이 아닌 ⑤는 ㉠'레디메이드 작품'으로 볼 수 없다. 참고로, 나머지 선택지는 '와인병 건조대', '삽', '자전거 바퀴와 나무 의자', '옷걸이'와 같은 기성품을 작품으로 제시한 것이므로 ㉠'레디메이드 작품'으로 적절하다.

출제 포인트 4 독자의 반응 및 비판적 관점 파악하기

1. 독자의 반응에 대한 문제는 주로 내용적인 면을 다루나 전개 방식과 같은 형식적인 면이나 특정 사례나 상황에 지문의 내용을 적용했을 때 보일 수 있는 반응을 묻기도 합니다. 비판적 관점을 파악하는 문제는 주로 지문을 비판하는 내용을 다루나 지문을 쓴 작가의 관점에서 특정 대상을 비판하는 내용을 다루기도 합니다.

2. 주로 다음과 같은 질문 형태로 출제됩니다.
   - 윗글에 대한 반응으로 가장 적절한/적절하지 않은 것은?
   - [A] 부분에 대한 평가로 적절하지 않은 것은?

풀이 전략

지문의 입장과 내용을 파악한 후에 지문의 내용이나 입장이 선택지에 잘 반영돼 있는지 파악하며 풀면 됩니다. 비판적 관점에서 지문을 파악하는 문제는 각각의 선택지가 어떤 내용과 입장에서 지문을 비판하고 있는지를 판단한 후, 그를 바탕으로 선택지를 고르면 됩니다.

예제

다음 글에 대한 반응으로 가장 적절한 것은?

조선 후기의 대표적인 관료 선발 제도 개혁론인 유형원의 공거제 구상은 능력주의적, 결과주의적 인재 선발의 약점을 극복하려는 의도와 함께 신분적 세습의 문제점도 의식한 것이었다. 중국에서는 17세기 무렵 관료 선발에서 세습과 같은 봉건적인 요소를 부분적으로 재도입하려는 개혁론이 등장했다. 고염무는 관료제의 상층에는 능력주의적 제도를 유지하되, 지방관인 지현들은 어느 정도의 검증 기간을 거친 이후 그 지위를 평생 유지시켜 주고 세습의 길까지 열어 놓는 방안을 제안했다. 황종희는 지방의 관료가 자체적으로 관리를 초빙해서 시험한 후에 추천하는 '벽소'와 같은 옛 제도를 되살리는 방법으로 과거제를 보완하자고 주장했다.

이러한 개혁론은 갑작스럽게 등장한 것이 아니었다. 과거제를 시행했던 국가들에서는 수백 년에 걸쳐 과거제를 개선하라는 압력이 있었다. 시험 방식이 가져오는 부작용들은 과거제의 중요한 문제였다. 치열한 경쟁은 학문에 대한 깊이 있는 학습이 아니라 합격만을 목적으로 하는 형식적 학습을 하게 만들었고, 많은 인재들이 수험 생활에 장기간 매달리면서 재능을 낭비하는 현상도 낳았다. 또한 학습 능력 이외의 인성이나 실무 능력을 평가할 수 없다는 이유로 시험의 익명성에 대한 회의도 있었다.

과거제의 부작용에 대한 인식은 과거제를 통해 임용된 관리들의 활동에 대한 비판적 시각으로 연결되었다. 능력주의적 태도는 시험뿐 아니라 관리의 업무에 대한 평가에도 적용되었다. 세습적이지 않으면서 몇 년의 임기마다 다른 지역으로 이동하는 관리들은 승진을 위해서 빨리 성과를 낼 필요가 있었기에, 지역 사회를 위해 장기적인 전망을 가지고 정책을 추진하기보다 가시적이고 단기적인 결과만을 중시하는 부작용을 가져왔다. 개인적 동기가 공공성과 상충되는 현상이 나타났던 것이다. 공동체 의식의 약화 역시 과거제의 부정적 결과로 인식되었다. 과거제 출신의 관리들이 공동체에 대한 소속감이 낮고 출세 지향적이기 때문에 세습 엘리트나 지역에서 천거된 관리에 비해 공동체에 대한 충성심이 약했던 것이다.

과거제가 지속되는 시기 내내 과거제 이전에 대한 향수가 존재했던 것은 그 외의 정치 체제를 상상하기 어려웠던 상황에서, 사적이고 정서적인 관계에서 볼 수 있는 소속감과 충성심을 과거제로 확보하기 어렵다는 판단 때문이었다. 봉건적 요소를 도입하여 과거제를 보완하자는 주장은 단순히 복고적인 것이 아니었다. 합리적인 제도가 가져온 역설적 상황을 역사적 경험과 주어진 사상적 자원을 활용하여 보완하고자 하는 시도였다.

① 유형원과 고염무는 과거제에서 지원자의 능력이 가장 우선시되어야 한다고 생각했겠구나.
② 관리의 지위를 세습해 줬으면 지역 공동체를 위해 장기 정책을 구상하는 관리가 늘어났을지도 몰라.
③ 조선 후기에 과거제의 문제가 단기간에 폭발적으로 발생하는 바람에 과거제를 뜯어고치려고 했구나.
④ 과거제는 지금의 블라인드 채용처럼 실무 능력만 평가하여 인재를 등용하는 공정한 채용 방식이구나.
⑤ 황종희가 옛 제도인 '벽소' 부활을 주창한 이유는 봉건 사회로의 회귀를 바랐기 때문일 가능성이 높겠다.

정답 ②

해설 3문단에서 과거제로 등용된 관리는 임기를 채우면 부임지가 바뀌고 고과를 중시했던 탓에 현 부임지에서 단기에 성과가 나는 정책만 시행했음을 알 수 있다. 또한 이 부분을 설명하며 지위가 세습되는 관리와 비교하고 있다. 따라서 3문단을 읽고 ②와 같은 반응을 보일 수 있으므로 적절하다.

[관련 지문 인용] 세습적이지 않으면서 몇 년의 임기마다 다른 지역으로 이동하는 관리들은 승진을 위해서 ~ 가시적이고 단기적인 결과만을 중시하는 부작용을 가져왔다. ~ 과거제 출신의 관리들이 ~ 세습 엘리트나 지역에서 천거된 관리에 비해 공동체에 대한 충성심이 약했던 것이다.

출제 포인트 5 전개 방식과 효과 파악하기

1. 지문이 어떤 방식으로 전개되는지, 그 방식으로 얻는 효과에 대해 알고 있는지 평가하는 문제입니다. 정의, 비교, 대조, 분류, 분석 등의 논지 전개 방식이나 시간 순서대로 나열, 여러 의견의 장단점 설명 등과 같은 서술 방식을 묻는 문제가 출제됩니다.

2. 주로 다음과 같은 질문 형태로 출제됩니다.
   - 윗글의 설명/내용 전개 방식에 대한 설명으로 적절한/적절하지 않은 것은?
   - 윗글에 대한 설명으로 가장 적절한 것은?

풀이 전략

우선 지문을 읽으며 논지 전개 방식이나 서술 방식을 파악합니다. 학술문 독해 문제는 다양한 분야의 개념이나 특정 대상을 설명하는 한 편의 글이 주로 출제되므로 지문 전체가 어떻게 구성되어 있는지, 주된 설명 대상을 어떻게 설명하고 있는지에 초점을 맞춰 파악하면 됩니다. 그 후, 문제 질문에서 요구하는 조건에 따라 답을 고르면 됩니다.

예제

다음 글의 설명 방식에 대한 설명으로 가장 적절한 것은?

지구를 구성하는 고체 물질은 대부분 일정한 패턴으로 배열된 원자의 결정 구조로 된 광물로 이루어져 있으며, 광물은 몇 가지 특성으로 구별할 수 있다.

가장 먼저 광물의 색을 떠올려 보자. 언뜻 생각하면 광물의 색은 맨눈으로도 쉽게 인식할 수 있으니 광물을 구별하는 좋은 방법이 될 수 있을 것 같다. 하지만 색이 같다면 어떨까? 예를 들어, 석영과 다이아몬드는 색이 투명해 구별하기 어렵고, 광물이 아닌 유리와도 혼동할 수 있다. 게다가 광물에 섞이는 불순물도 문제다. 불순물은 광물의 빛깔을 달라지게 하는데, 탄소 원자가 단단하게 결합해 웬만한 원소는 침투하기 어려운 다이아몬드조차 질소나 수소, 붕소와 같은 불순물이 섞이면 투명한 색이 아닌 다른 색을 띠게 된다. 즉, 색이 같은 광물이 존재하고 불순물로 광물의 빛깔이 달라지기도 하기 때문에 색은 광물을 구별하는 효과적인 방법이 될 수 없다.

이보다 더 좋은 방법은 조흔 검사인데, 이는 가루 형태일 때의 광물의 색인 조흔색을 활용하는 방법이다. 철을 기반으로 하는 적철광과 자철광은 모두 어두운 회색이지만, 조흔색은 암회색과 암적색으로 다르다. 따라서 색으로는 구별하기 어려운 적철광과 자철광을 조흔색으로 구별할 수 있다. 게다가 광물이 가루 형태일 때는 불순물의 영향을 덜 받으므로 광물을 식별할 때 광물의 색보다 조흔색을 더 신뢰할 수 있는 것이다.

또한 광물의 경도를 통해서도 광물을 분별할 수 있다. 경도를 측정하는 데 사용하는 등급의 명칭은 모스 경도이다. 독일의 광물학자인 프리드리히 모스가 고안하여 붙은 이름이다. 모스 경도의 등급은 1부터 10까지인데, 숫자가 커질수록 광물이 단단해진다. 가장 등급이 낮은 1은 활석과 같이 경도가 분필 정도인 부드러운 광물이며, 가장 등급이 높은 10은 다이아몬드처럼 단단한 광물이다. 등급이 높은 물질이 등급이 낮은 물질에 흔적을 남길 수는 있으나 등급이 낮은 물질이 등급이 높은 물질에는 흔적을 남길 수 없다. 즉, 경도가 3.5 정도인 구리 동전은 경도가 1인 활석을 긁어 흔적을 남길 수 있지만, 경도가 7인 석영에는 흔적을 남길 수 없다. 같은 이치로, 구리 동전보다 단단한 석영은 다이아몬드를 긁을 수 없다. 따라서 이 방법을 활용하면 광물과 광물뿐 아니라 광물과 다른 고형 물체를 비교하여 경도의 등급을 매길 수 있다.

① 광물 감별법을 광물의 특성을 바탕으로 설명하고 있다.
② 광물 감별법의 발명 시기에 따라 순차적으로 제시하고 있다.
③ 구별법에 따른 이점과 한계를 구체적인 예시를 들어 설명하고 있다.
④ 개별적인 사례를 먼저 제시하고 각 사례의 공통점을 뽑아 일반화하고 있다.
⑤ 광물을 감별하는 여러 방법을 설명하고 그중 가장 효율적인 방법을 꼽고 있다.

정답 ①

해설 제시문은 광물 감별법을 광물이 지닌 특성인 '색(빛깔), 조흔색, 경도'를 바탕으로 설명하고 있으므로 서술 방식으로 가장 적절한 것은 ①이다.

유형 연습문제

[1 ~ 3] 다음 글을 읽고 물음에 답하시오.

귀납은 현대 논리학에서 연역이 아닌 모든 추론, 즉 전제가 결론을 개연적으로 뒷받침하는 모든 추론을 가리킨다. 귀납은 기존의 정보나 관찰 증거 등을 근거로 새로운 사실을 추가하는 지식 확장적 특성을 지닌다. 이 특성으로 인해 귀납은 근대 과학 발전의 방법적 토대가 되었지만, 한편으로 귀납 자체의 논리적 한계를 지적하는 문제들에 부딪히기도 한다.

먼저 흄은 과거의 경험을 근거로 미래를 예측하는 귀납이 정당한 추론이 되려면 미래의 세계가 과거에 우리가 경험해 온 세계와 동일하다는 자연의 일양성, 곧 한결같음이 가정되어야 한다고 보았다. 그런데 자연의 일양성은 선험적으로 알 수 있는 것이 아니라 경험에 기대어야 알 수 있는 것이다. 즉 "귀납이 정당한 추론이다."라는 주장은 "자연은 일양적이다."라는 다른 지식을 전제로 하는데 그 지식은 다시 귀납에 의해 정당화되어야 하는 경험적 지식이므로 귀납의 정당화는 순환 논리에 빠져 버린다는 것이다. 이것이 귀납의 정당화 문제이다.

귀납의 정당화 문제로부터 과학의 방법인 귀납을 옹호하기 위해 라이헨바흐는 이 문제에 대해 현실적 구제책을 제시한다. 라이헨바흐는 자연이 일양적일 수도 있고 그렇지 않을 수도 있음을 전제한다. 먼저 자연이 일양적일 경우, 그는 지금까지의 우리의 경험에 따라 귀납이 점성술이나 예언 등의 다른 방법보다 성공적인 방법이라고 판단한다. 자연이 일양적이지 않다면, 어떤 방법도 체계적으로 미래 예측에 계속해서 성공할 수 없다는 논리적 판단을 통해 귀납은 최소한 다른 방법보다 나쁘지 않은 추론이라고 확언한다. 결국 자연이 일양적인지 그렇지 않은지 알 수 없는 상황에서는 귀납을 사용하는 것이 옳은 선택이라는 라이헨바흐의 논증은 귀납의 정당화 문제를 현실적 차원에서 해소하려는 시도로 볼 수 있다.

귀납의 또 다른 논리적 한계로 어떤 현대 철학자는 미결정성의 문제를 지적한다. 이 문제는 관찰 증거만으로는 여러 가설 중에 어느 하나를 더 나은 것으로 결정할 수 없다는 것이다. 가령 몇 개의 점들이 발견되었을 때 그 점들을 모두 지나는 곡선은 여러 개이기 때문에 어느 하나로 결정되지 않는다. 예측의 경우도 마찬가지이다. 다음에 발견될 점을 예측할 때, 기존에 발견된 점들만으로는 다음에 찍힐 점이 어디에 나타날지 확정할 수 없다. 아무리 많은 점들을 관찰 증거로 추가하더라도 하나의 예측이 다른 예측보다 더 낫다고 결정하는 것은 여전히 불가능하다는 것이다.

그러나 미결정성의 문제가 있다고 하더라도 대부분의 현대 철학자들은 귀납을 과학의 방법으로 인정하고 있다. 이들은 귀납의 문제를 직접 해결하려 하기보다 확률을 도입하여 개연성이라는 귀납의 특징을 강조하려 한다. 이에 따르면 관찰 증거가 가설을 지지하는 정도 즉 전제와 결론 사이의 개연성은 확률로 표현될 수 있다. 또한 하나의 가설이 다른 가설보다, 하나의 예측이 다른 예측보다 더 낫다고 확률적 근거에 의해 판단할 수 있다는 것이다. 이처럼 확률 논리로 설명되는 개연성은 일상적인 직관에도 잘 들어맞는다. 이러한 시도는 귀납의 문제를 근본적으로 해결하는 것은 아니지만, 귀납은 여전히 과학의 방법으로서 그 지위를 지킬 만하다는 사실을 보여 준다.

1 윗글의 내용과 일치하는 것은?

① 현대 논리학에서 다루는 추론은 크게 세 가지로 나눌 수 있다.

② 흄은 귀납이 지닌 미결정성 문제를 최초로 지적한 철학자이다.

③ 귀납의 정당화 문제는 과거와 미래 세계가 다를 수 있다는 데서 출발한다.

④ 라이헨바흐의 논증은 귀납이 지닌 문제를 현실적으로 해결하기 어렵다고 지적받는다.

⑤ 일상적인 직관에 들어맞는 확률 논리는 귀납의 문제를 근본적으로 해결할 수 있다.

2 윗글에 나타난 서술 방식으로 가장 적절한 것은?

① 대상을 기준에 따라 분류한 후 각각을 세부적으로 설명한다.

② 대상의 한계를 지적한 후 이를 해소할 수 있는 방안을 제시한다.

③ 대상과 연관된 일상적인 예를 소개하고 이를 토대로 대상을 소개한다.

④ 대상이 과거 사회에서 지닌 의미와 현대 사회에서 지니는 의미를 비교한다.

⑤ 대상과 관련된 주장을 한 학자와 그들의 주장을 소개하고 가장 현실적인 주장을 선택한다.

3 윗글에 비추어 <보기>를 이해한 것으로 적절하지 않은 것은?

<보기>

A는 개인 연구를 위해 매년 7월 19일 오전 10시에 B 강의 특정 지점에서 C 물고기의 개체 수를 확인했다. A가 B 강에서 C 물고기의 개체 수를 확인한 10년간 C 물고기의 개체 수는 매년 2마리씩 증가했으며 올해 7월 19일 오전 10시에 확인한 C 물고기의 개체 수는 총 52마리였다.

이를 토대로 A는 여러 가설을 세우다 확률에 근거해 '내년 7월 19일 오전 10시에 B 강의 특정 지점에 사는 C 물고기의 개체 수는 54마리일 것이다'라는 가설을 세웠으며, A가 조언을 구한 D는 내년 7월 19일 오전 10시의 B 강의 특정 지점의 환경이 올해 7월 19일 오전 10시의 B 강의 특정 지점의 환경과 같아야 가설을 세울 수 있다고 말했다.

① D는 흄이 귀납의 한계를 지적할 때 근거로 삼은 사항을 중시하고 있다.

② A의 관측 결과로 C 물고기의 개체 수를 추론하는 일에는 귀납의 정당화 문제가 따른다.

③ A가 관찰 증거를 더 수집해 가설을 세운다면 해당 가설에서 미결정성 문제를 제거할 수 있다.

④ A가 여러 가설 중 하나를 선택한 이유는 그간의 관측 결과가 그 가설을 지지하는 정도가 가장 크기 때문이다.

⑤ 라이헨바흐는 내년 7월 19일 오전 10시의 B 강의 특정 지점의 환경을 알 수 없대도 D에게 귀납을 추천할 것이다.

[4 ~ 6] 다음 글을 읽고 물음에 답하시오.

문화가 발전하려면 저작자의 권리 보호와 저작물의 공정 이용이 균형을 이루어야 한다. 저작물의 공정 이용이란 저작권자의 권리를 일부 제한하여 저작권자의 허락이 없어도 저작물을 자유롭게 이용하는 것을 말한다. 비영리적인 사적 복제를 허용하는 것이 그 예이다. 우리나라의 저작권법에서는 오래전부터 공정 이용으로 볼 수 있는 저작권 제한 규정을 두었다.

그런데 디지털 환경에서 저작물의 공정 이용은 여러 장애에 부딪혔다. 디지털 환경에서는 저작물을 원본과 동일하게 복제할 수 있고 용이하게 개작할 수 있다. 따라서 저작물이 개작되더라도 그것이 원래 창작물인지 이차적 저작물인지 알기 어렵다. 그 결과 디지털화된 저작물의 이용 행위가 공정 이용의 범주에 드는 것인지 가늠하기가 더 어려워졌고 그에 따른 처벌 위험도 커졌다.

이러한 문제를 해소하기 위한 시도의 하나로 포괄적으로 적용할 수 있는 '저작물의 공정한 이용' 규정이 저작권법에 별도로 신설되었다. 그리하여 저작권자의 동의가 없어도 저작물을 공정하게 이용할 수 있는 영역이 확장되었다. 그러나 공정 이용 여부에 대한 시비가 자율적으로 해소되지 않으면 예나 지금이나 법적인 절차를 밟아 갈등을 해소해야 한다. 저작물 이용의 영리성과 비영리성, 목적과 종류, 비중, 시장 가치 등이 법적인 판단의 기준이 된다.

저작물 이용자들이 처벌에 대한 불안감을 여전히 느낀다는 점에서 저작물의 자유 이용 허락 제도와 같은 '저작물의 공유' 캠페인이 주목을 받고 있다. 이 캠페인은 저작권자들이 자신의 저작물에 일정한 이용 허락 조건을 표시해서 이용자들에게 무료로 개방하는 것을 말한다. 누구의 저작물이든 개별적인 저작권을 인정하지 않고 모두가 공동으로 소유하자고 주장하는 사람들과 달리, 이 캠페인을 펼치는 사람들은 기본적으로 자신과 타인의 저작권을 존중한다. 캠페인 참여자들은 저작권자와 이용자들의 자발적인 참여를 통해 자유롭게 활용할 수 있는 저작물의 양과 범위를 확대하려고 노력한다. 이들은 저작물의 공유가 확산되면 디지털 저작물의 이용이 활성화되고 그 결과 인터넷이 더욱 창의적이고 풍성한 정보 교류의 장이 될 것이라고 본다. ㉠ <u>그러나 캠페인에 참여한 저작물을 이용할 때 허용된 범위를 벗어난 경우 법적 책임을 질 수 있다.</u>

[A] <u>한편 다른 시각을 가진 사람들도 있다. 이들은 저작물의 공유 캠페인이 확산되면 저작물을 창조하려는 사람들의 동기가 크게 감소할 것이라고 우려한다. 이들은 결과적으로 활용 가능한 저작물이 줄어들게 되어 이용자들도 피해를 입게 된다고 주장한다. 또 디지털 환경에서는 사용료 지불 절차 등이 간단해져서 '저작물의 공정한 이용' 규정을 별도로 신설할 필요가 없었다고 본다. 이들은 저작물의 공유 캠페인과 신설된 공정 이용 규정으로 인해 저작권자들의 정당한 권리가 침해받고 있으므로 이를 시정하는 것이 오히려 공익에 더 도움이 된다고 말한다.</u>

4 '저작물의 공정 이용'에 대한 설명으로 적절하지 <u>않은</u> 것은?

① 저작물 이용 허락 과정에서 저작권자가 수행하는 역할이 작다.

② 저작권자의 권리 보호와 함께 보장될 때 문화 발전에 이바지한다.

③ 이차적 저작물을 원저작물과 유사하게 복제하거나 변형할 수 있다.

④ 저작물이 이용되는 목적이 달라지면 저작권 문제가 발생할 확률도 달라진다.

⑤ 디지털 환경과 결합하며 법적 제재가 필요할 만한 문제를 일으키기 시작했다.

5 **㉠의 이유로 가장 적절한 것은?**

① '저작물의 공정한 이용' 규정에 명시되지 않은 이용 범위가 있기 때문이다.

② 캠페인에 참여하는 저작물은 이용할 수 있는 범위가 제한되어 있기 때문이다.

③ 캠페인이 저작권법을 준수해 저작물을 공유하고 이용할 것을 강조하기 때문이다.

④ 캠페인에 참여하는 저작권자들의 저작권 인정 범위에 대한 의견이 다르기 때문이다.

⑤ 저작물 이용이 허용되는 범위가 저작물에 지불하는 비용에 따라 달라지기 때문이다.

6 **[A]에 대한 비판으로 적절하지 <u>않은</u> 것은?**

① 저작물을 이용하는 환경이 변화하면 저작물 이용을 제재하는 법률 또한 변화해야 한다.

② 저작권자 개개인의 저작물이 공동 저작물로 인정되면 저작물 이용이 더욱 편리해질 것이다.

③ '저작물의 공유' 캠페인으로 처벌받을까 두려워 저작물을 이용하지 못하는 현상을 개선할 수 있다.

④ '저작물의 공유' 캠페인은 저작권자의 저작권을 존중하므로 창작되는 저작물의 수가 늘게 될 것이다.

⑤ '저작물의 공유' 캠페인에 참여하는 저작권자들은 공유하는 저작물의 양을 늘리기 위해 노력하고 있다.

[7 ~ 9] 다음 글을 읽고 물음에 답하시오.

㉠ 최무선은 우선 과거에 화약을 어떻게 만들었는지 조사했다. 그리고 이전부터 염초에 반묘(유황)와 버드나무 숯(분탄)을 섞어 화약을 만들었다는 사실을 알아냈다. 염초는 높은 온도에서 열분해하면서 산소를 발생시켜, 황과 목탄이 계속 산화할 수 있도록 만든다. 반묘와 분탄은 쉽게 구할 수 있었지만 염초를 만드는 방법은 알 수 없었다. 현재 소시지나 햄 등 식육 가공품의 색을 보존하는 식품첨가물로 많이 사용되는 질산칼륨(염초)은 염화칼륨과 질산나트륨을 반응시키거나 탄산칼륨·수산화칼륨을 질산에 녹여 만든다.

그러나 화학 지식이 모자랐던 당시에는 질소화합물이 포함된 흙을 찾아내 분뇨 속의 질산암모늄과 재의 탄산칼륨을 반응시켜 질산칼륨을 만들어내야 했다. 때문에 염초의 제조에는 원료가 되는 흙의 조달이 가장 중요했다. 부엌 아궁이 속이나 흙으로 만든 담벼락과 화장실 주변의 흙이 대체로 재료로 적합했는데, 그중 가장 적절한 것이 집 마루 밑의 흙이었다. 최무선은 화약을 만들기 위해 부엌 아궁이의 재나 마루 밑의 흙을 물에 타서 끓이는 등 수없는 실험을 거듭한 끝에 드디어 염초를 얻어내는 데 성공했다.

그렇지만 화약을 대량으로 생산하기 위해서는 보다 간편한 염초 제조법을 확보해야 했다. 그는 중국 사람들의 왕래가 잦은 무역항 벽란도에 가서 염초 제조법을 알고 있는 중국인을 수소문했다. 우여곡절 끝에 염초 제조법을 알고 있는 중국인 이원(李元)을 만났고 결국 이원에게서 염초자취법이란 화약제조법을 알아냈다. 이것은 오늘날의 흑색화약(유연화약)과 같은 것으로 질산칼륨(염초 혹은 초석(硝石), KNO3) 75퍼센트, 유황 10퍼센트, 목탄 15퍼센트를 화합해 만든 화약을 말한다.

흑색화약은 염초를 산화제로, 목탄을 가연제로 삼아 여기에 점화 촉진제인 유황을 섞고 이를 압축성형하는 것이다. 흑색 화약은 약 300도로 가열하면 발화하면서 세차게 탄다. 대기 중에서 흑색화약의 밀도가 1.5 정도일 때 발화 속도는 초당 1~3미터로 매우 빠르지만 연소 속도는 초당 10밀리미터로 매우 느리다. 하지만 압력이 높아지면 연소 속도는 증가한다. 흑색화약은 예부터 폭약 또는 추진제로 널리 이용되었고 현재도 연소성이 좋고 긴 화염을 일으키므로 고체 추진체의 점화용으로 사용한다.

최무선은 화약을 이용한 무기, 즉 화전·화통 등을 만들어 실험해 본 후 자신감을 얻었고, 화약과 각종 화약을 이용해 무기를 만드는 화통도감(火筒都監)의 설치를 조정에 건의했다. 1377년 고려는 드디어 화약 무기를 본격적으로 개발하는 화통도감을 설치하고 최무선을 제조관(提調官)으로 임명했으며 화통방사군(火筒放射軍)을 조직했다.

7 ㉠에 대한 이해로 적절하지 않은 것은?

① 고려의 화통도감에서 제조관 역할을 수행했다.

② 과거에 존재한 화약 제작법을 알아보고 다녔다.

③ 이원과 염초를 간편하게 제조하는 방법을 연구했다.

④ 조정에 화약 무기를 만드는 기관을 설치할 것을 건의했다.

⑤ 마루 밑에서 모은 흙으로 염초를 추출하는 법을 터득했다.

8 <보기>의 ㉠ ~ ㉢에 들어갈 말로 적절하게 짝 지어진 것은?

<보기>

흑색화약은 화약 가운데 가장 일찍 발견된 것으로, 폭발력이 약하고 연기가 나므로, 주로 불꽃놀이의 화약이나 엽총의 탄약으로 쓰인다. [㉠]으로 흑색화약 78g을 만들려면 그 재료인 질산칼륨을 [㉡]g, 유황을 7.8g, 목탄을 [㉢]g 배합해야 한다.

	㉠	㉡	㉢
①	염초자취법	58.5	11.7
②	염초자취법	11.7	58.5
③	염초자취법	58.7	11.5
④	염초제조법	58.5	11.7
⑤	염초제조법	11.7	58.5

9 윗글에 대한 반응으로 가장 적절한 것은?

① 염초가 들어간 화약은 최무선이 개발한 화약이 최초겠다.

② 최무선은 흙보다 황이나 목탄을 구하느라 애를 많이 썼겠다.

③ 고려는 13세기 후반에 국가 주도로 화약 무기를 만들게 됐네.

④ 흑색화약은 300도 이상에서 불이 붙으면 빠르게 연소하겠구나.

⑤ 질산칼륨으로 산화 작용을 일으키고 식품의 변색을 막을 수 있어.

[10 ~ 12] 다음 글을 읽고 물음에 답하시오.

유럽의 산물인 컴퓨터가 집 짓는 일에 깊이 참여하면서 유럽의 세계화, 유럽식 집 짓기가 더 공고해지고 있으나, 사실상 이진법의 세계, 컴퓨터의 세계는 동양의 고대 문명이 3,000년 전에 만든 주역의 세계와 크게 다르지 않다. 20세기 건축의 시작은 유럽이었으나, 21세기 건축의 서막은 3,000년 전 동양 고대 문명의 세계로부터 시작되었다고 해도 과언은 아니다.

20세기 건축의 문을 연 위대한 건축가는 엔지니어였다. 건축사에서 가장 혁신적인 집 가운데 하나인 수정궁과 에펠탑은 이전 시대의 집과는 다른 혁명적인 집이었다. 1851년 만국박람회의 주 전시실로 설계된 수정궁은 영국인들이 한 세기 전에 시작한 산업혁명 시대의 판테온이다. 만국박람회가 열린 해를 기념하기 위해 세워진 이 건물은 250개의 설계 공모안 중에 선택된 것으로 정원사 출신의 조셉 팩스턴이 설계한 역사상 최초로 30만 장의 유리로 만들어진 길이 1,851피트(약 564미터)의 대형 조립식 건물이었다. 이 대형 유리 건물은 3개월 만에 가설 비계를 사용하지 않고 2,000명의 노동자를 동원하여 완공하였다. 그야말로 이 집은 고대 문명 이후 19세기까지 세계 건축의 역사를 뒤바꾼 혁명적인 집인 것이다. 유리와 철만으로 만들어진 이 위대한 건물이 1936년 화재로 소실된 것은 참으로 안타까운 일이다.

1851년 런던에 수정궁이 등장한 이후 38년 만인 1889년 다시 열린 파리 만국박람회에 맞춰 세계에 선보인 에펠탑은 또 하나의 근대 건축의 기념비적 작품이다. 귀스타프 에펠은 교량 전문 엔지니어이자 사업가였다. 에펠은 1875년 헝가리의 페스트 역과 포르투갈의 도루강 교량을 설계·시공하면서 국제적인 건설업자가 되었다. 에펠은 뉴욕의 자유의 여신상 설계와 파나마 운하에 참여하면서 세계적인 명성을 얻었고, 드디어 프랑스 혁명 100주년을 기념해 개최된 파리 만국박람회의 기념비를 만들었던 것이다. 갖은 모함과 비난, 그리고 예산 부족의 난관을 뚫고 2년 2개월 닷새 만에 당시 세계 최고인 300미터 높이의 탑을 완성했다.

한편 조셉 팩스턴과 귀스타프 에펠이 19세기 집 짓는 기술의 신세계를 열었다면, 가우디와 매킨토시는 20세기 아름다운 집의 신세계를 열었다고 할 수 있다. 각각 바르셀로나와 스코틀랜드에서 활동했던 가우디와 매킨토시는 생전에 서로 만난 적도 없고 서로가 서로를 알지도 못했지만 두 사람 모두 아르누보의 영향을 받았다. 그러나 이들이 위대한 건축가로 주목받을 수 있었던 것은 아르누보의 영향을 넘어서 자신만의 특유한 건축 세계를 만들었기 때문이다. 가우디의 집이 직선이 거의 없는 자유 곡선으로 이루어진 유기적 형상의 집이라면, 매킨토시의 집은 직선의 집합을 이룬 기하학적 세계의 집이다. 두 사람은 서양 건축사의 마지막 진화의 단계를 서로 다른 형태로 이뤄낸 것이다.

그리스 로마로부터 로마네스크와 고딕, 르네상스와 바로크를 지나 신고전주의로 이어오던 역사 시대의 건축은 가우디와 매킨토시에 의해서 [㉠] 사실상 19세기 말 철근콘크리트가 주재료로 등장한 이후 양식의 해체 시기에 들어서면서 역사적 양식의 집 짓기가 사라졌고, 이때 나타난 두 위대한 건축가가 가우디와 매킨토시인 것이다. 이때부터 집의 역사를 지배해 온 공간 형식은 더 이상 역할을 하지 못하게 되었으며, 집 짓는 일을 지배하던 역사적 건축 양식은 사라지게 되었다.

10 이 글의 서술 방식에 대한 설명으로 가장 적절한 것은?

① 건축물에 쓰인 재료가 변화된 과정을 시간 순서에 따라 나열하고 있다.

② 건축가의 건축 성향을 건축가에 영향을 준 미술 양식과 비교하고 있다.

③ 건축에서 중시한 요소를 그 요소가 유사한 시대끼리 묶어 설명하고 있다.

④ 건축물을 이루는 요소를 건축물에서 차지하는 비중과 재료에 따라 분석하고 있다.

⑤ 특정 시기에 활동한 건축가와 건축가의 작품이 보이는 특징을 함께 제시하고 있다.

11 ㉠에 들어갈 말로 적절한 것은?

① 건축물이 보이는 선의 미학으로 재탄생하게 되었다.

② 현대적 의미로 재해석되어 오늘날까지 이어지고 있다.

③ 일단의 종지부를 찍고 건축가의 개인적 세계로 분화되었다.

④ 아르누보와 함께 결합하여 건축가의 개성으로 여겨지게 되었다.

⑤ 한 시대를 풍미한 건축 양식으로서 현대 건축물에 연장선을 그었다.

12 다음은 우리나라의 명승지를 간략히 표현한 그림이다. 윗글을 참고할 때, 가우디가 훌륭한 건축물로 뽑을 건축물로 가장 적절한 것은?

①

②

③
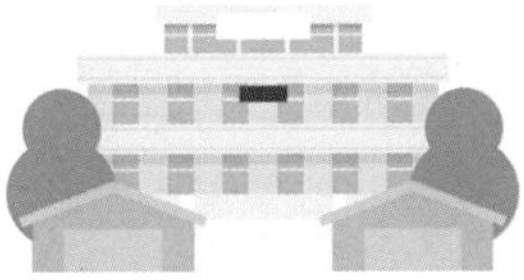

④
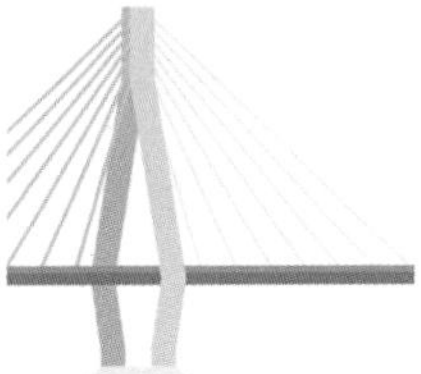

⑤

[13 ~ 14] 다음 글을 읽고 물음에 답하시오.

㉠ 근대 도시의 삶의 양식은 많은 학자들의 관심을 끌어 왔다. 오랫동안 지배적인 관점으로 받아들여진 것은 삶의 양식 중 노동 양식에 주목하는 생산학파의 견해였다. 생산학파는 산업 혁명을 통해 근대 도시 특유의 노동 양식이 형성되는 점에 관심을 기울였다. 그들은 우선 새로운 테크놀로지를 갖춘 근대 생산 체제가 대규모의 노동력을 각지로부터 도시로 끌어 모으는 현상에 주목했다. 또한 다양한 습속을 지닌 사람들이 어떻게 대규모 기계의 리듬에 맞추어 획일적으로 움직이는 노동자가 되는지 탐구했다. 예를 들어, 미셸 푸코는 노동자를 집단 규율에 맞춰 금욕 노동을 하는 유순한 몸으로 만들어 착취하기 위해 어떤 훈육 전략이 동원되었는지 연구하였다. 또한 생산학파는 노동자가 기계화된 노동으로 착취당하는 동안 감각과 감성으로 체험하는 내면세계를 상실하고 사물로 전락했다고 고발하였다. 이렇게 보면 근대 도시는 어떠한 쾌락과 환상도 끼어들지 못하는 거대한 생산 기계인 듯하다.

이에 대하여 소비학파는 근대 도시인이 내면세계를 상실한 사물로 전락한 것은 아니라고 하면서 생산학파를 비판하기 시작했다. 예를 들어, 콜린 캠벨은 금욕주의 정신을 지닌 청교도들조차 소비 양식에서 자기 환상적 쾌락주의를 가지고 있었다고 주장하였다. 결핍을 충족시키려는 욕망과 실제로 욕망이 충족된 상태 사이에는 시간적 간극이 존재할 수밖에 없다. 그런데 근대 도시에서는 이 간극이 좌절이 아니라 오히려 욕망이 충족된 미래 상태에 대한 주관적 환상을 자아낸다. 생산학파와 달리 캠벨은 새로운 테크놀로지의 발달 덕분에 이런 환상이 단순한 몽상이 아니라 실현 가능한 현실이 될 것이라는 기대를 불러일으킨다고 보았다. 그는 이런 기대가 쾌락을 유발하여 근대 소비 정신을 북돋웠다고 긍정적으로 평가했다.

근래 들어 노동 양식에 주목한 생산학파와 소비 양식에 주목한 소비학파의 입장을 아우르려는 연구가 진행되고 있다. 일찍이 근대 도시의 복합적 특성에 주목했던 발터 벤야민은 이러한 연구의 선구자 중 한 명으로 재발견되었다. 그는 새로운 테크놀로지의 도입이 노동의 소외를 심화한다는 점은 인정하였다. 하지만 소비 행위의 의미가 자본가에게 이윤을 가져다주는 구매 행위로 축소될 수는 없다고 생각했다. 소비는 그보다 더 복합적인 체험을 가져다주기 때문이다. 벤야민은 이런 사실을 근대 도시에 대한 탐구를 통해 설명한다. 근대 도시에서는 옛것과 새것, 자연적인 것과 인공적인 것 등 서로 다른 것들이 병치되고 뒤섞이며 빠르게 흘러간다. 환상을 자아내는 다양한 구경거리도 근대 도시 곳곳에 등장했다. 철도 여행은 근대 이전에는 정지된 이미지로 체험되었던 풍경을 연속적으로 이어지는 파노라마로 체험하게 만들었다. 또한 유리와 철을 사용하여 만든 상품 거리인 아케이드는 안과 밖, 현실과 꿈의 경계가 모호해지는 체험을 가져다주었다. ㉡ 벤야민은 이러한 체험이 근대 도시인에게 충격을 가져다준다고 보았다. 또한 이러한 충격 체험을 통해 새로운 감성과 감각이 일깨워진다고 말했다.

13 ㉠에 대한 관점을 <보기>와 같이 도식화할 때, 수정해야 할 내용으로 적절하지 않은 것은?

<보기>

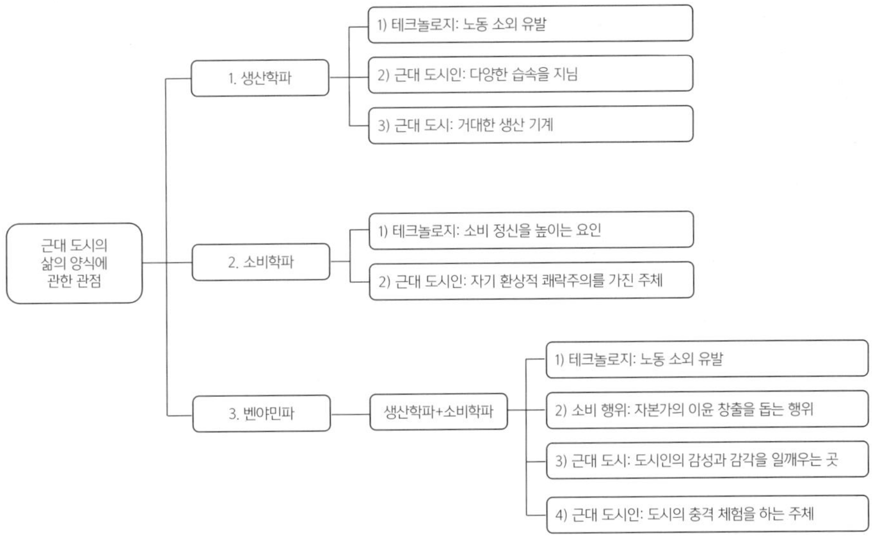

① 1-2)는 글의 내용에 부합하지 않으므로 '근대 도시인: 내면세계를 상실한 사물'로 수정해야 한다.
② 2. '소비학파'의 하위 항목으로 '근대 도시: 욕망에 관한 환상이 존재하는 곳'을 추가해야 한다.
③ 3은 같은 층위의 항목명을 고려해 '벤야민파' 항목을 삭제하고 '생산학파+소비학파' 항목을 상위로 올려야 한다.
④ 3-2)는 2의 하위 항목으로 더 적합하므로 2의 하위 항목으로 이동해야 한다.
⑤ 1, 2, 3 항목에 모두 대표 학자로 각각 '푸코', '캠벨', '벤야민'을 추가해야 한다.

14 <보기>를 바탕으로 ㉡의 이유를 설명한 내용으로 가장 적절한 것은?

<보기>

예측 불가능한 이미지의 연쇄로 이루어진 영화를 체험하는 것은 이질적인 대상들이 복잡하고 불규칙하게 뒤섞인 근대 도시의 일상 체험과 유사하다. 서로 다른 시·공간의 연결, 카메라가 움직일 때마다 변화하는 시점, 느린 화면과 빠른 화면의 교차 등 영화의 형식 원리는 정신적 충격을 발생시킨다. 영화는 보통 사람의 육안이라는 감각적 지각의 정상적 범위를 넘어선 체험을 가져다준다. 벤야민은 이러한 충격 체험을 환각, 꿈의 체험에 빗대어 '시각적 무의식'이라고 불렀다. 관객은 영화가 제공하는 시각적 무의식을 체험함으로써 일상적 공간에 대해 새로운 의미를 발견하게 된다. 영화관에 모인 관객은 이런 체험을 집단적으로 공유하면서 동시에 개인적인 꿈의 세계를 향유한다.

① 근대 도시인이 살아가는 환경이 매일 변화하기 때문이다.
② 근대 도시에는 정신적 충격을 유발하는 감각 자극 요인이 많기 때문이다.
③ 성질이 다른 대상이 서로 얽혀 예측 불가능한 근대 도시를 형성하기 때문이다.
④ 기존의 공간 구분을 무의미하게 만드는 요인이 근대 도시에 존재하기 때문이다.
⑤ 근대 도시인의 이상이 담긴 영화와 현실의 모습이 달라 괴리를 일으키기 때문이다.

약점 보완 해설집 p.45

VI. 읽기

기출유형 21

안내문·공문 등의 실용문 독해하기

최근 3개년 출제 경향

출제 포인트 1 정보 확인하기

1. 안내문, 기사문, 공문, 보도 자료 등의 다양한 지문을 바탕으로 이를 이해한 내용이 적절한지, 틀렸는지를 물어봅니다. 단독 문제인 경우 주로 그래프를 분석하는 문제가 출제됩니다.

2. 주로 다음과 같은 질문 형태로 출제됩니다.
   - 윗글/글의 일부에 대한 이해/평가/설명으로 적절한/적절하지 않은 것은?
   - <그래프/자료>를 이해/분석한 내용으로 적절한/적절하지 않은 것은?

풀이 전략

정보 확인 문제는 상대적으로 정답을 찾기 쉽습니다. 지문에 쓰인 표현이 선택지에 그대로 쓰이기도 하고, 그래프에 보이는 수치를 단순 비교하거나, 더하거나 뺀 값이 맞는지 확인하면 되는 문제이므로 지문과 선택지를 차분히 확인한다면 쉽게 풀 수 있습니다.

예제

<자료>를 이해한 내용으로 적절하지 않은 것은?

<자료>

서울특별시 연도별 이동자 수

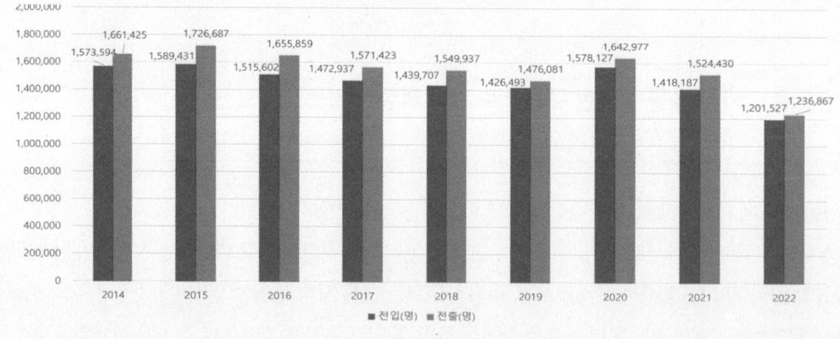

*순 이동: 전출과 전입의 차

① 순 이동자 수는 2015년보다 2016년이 더 많다.
② 2017~2021년 동안 순 이동자 수는 점점 증가하였다.
③ 2016~2019년 동안 전출 이동자 수는 계속 감소하였다.
④ 2014~2022년에서 전출 이동자 수가 가장 많은 해는 2015년이다.
⑤ 2014~2022년에서 전입 이동자 수가 가장 적은 해는 2022년이다.

정답 ②

해설 순 이동자 수는 2017년에 '98,486', 2018년에 '110,230', 2019년에 '49,588', 2020년에 '64,850', 2021년에 '106,243'으로, 2017~2018년까지 증가하다가, 2019년 감소한 후 다시 2020~2021년 증가하는 추세를 보인다.

※출처: KOSIS(통계청, 국내인구이동통계, 시군구별 이동자수), 2023.09.11

출제 포인트 2 구체적 상황에 적용하기

1. 주로 안내문, 공문, 보도 자료 등의 지문에서 출제됩니다. 지문과 연관된 구체적 상황이 문제 질문이나 보기를 통해 제시되며, 지문과 보기를 바탕으로 선택지에 제시된 구체적인 사례의 적절성을 파악하는 문제로 출제됩니다.

2. 주로 다음과 같은 질문 형태로 출제됩니다.
   - (윗글을 바탕으로 할 때) '지문과 관련 있는 구체적 상황'으로 적절한/적절하지 않은 것은?
   - 윗글을 <보기>에 따라 이해한/분석한 내용으로 적절한/적절하지 않은 것은?

풀이 전략

지문을 이해하고 이를 적용하여 푸는 문제이므로, 선택지에 제시된 구체적 사례와 관련 있는 조건을 지문에서 꼼꼼히 파악해야 합니다.

예제

다음 글을 바탕으로 할 때 '찾아가는 세탁 서비스 지원'을 받을 수 있는 사례로 적절하지 않은 것은?

찾아가는 세탁 서비스 지원 사업 신청 안내

□지원 대상
- 기초생활보장 대상자 중 65세 이상 독거노인, 부부 노인 세대
- 중증장애인
- 조손 가족, 소년/소녀 가장, 쪽방 생활자
- 기타 행정복지센터에서 추천하는 자(긴급 지원 등)

□지원 내용
- 세탁물 수거 및 배달 서비스 제공
- 지원 상한선
  • 1인 가구: 최대 100,000원 / 2인 가구: 최대 130,000원 / 3인 이상 가구: 최대 150,000원
- 서비스 제공 품목 및 단가(아래 품목 외 지원 불가)

품목	금액
일반 이불(봄, 여름), 패드, 매트리스 커버	10,000
극세사 이불	14,000
오리털 이불	20,000
겨울 담요	23,000
일반 점퍼	7,000
방한/다운 점퍼, 반코트	10,000
방한/다운 점퍼(롱), 롱코트	15,000

□지원 조건
- 지원 상한선은 지원 대상 기준에 따른 가구 수임
  (예) 중증장애인 1명+일반인 1명 → 2인 가구(×), 1인 가구(○)
  중증장애인 1명+중증장애인 1명 → 2인 가구(○)
  조손 가족 어르신 1명+18세 이하 아동 2명 → 3인 가구(○)

① 한 부모 가정의 소녀 가장으로, 극세사 이불 3채 세탁을 원하는 A 씨
② 중증장애인 2명과 사는 일반인으로, 겨울 담요 6채 세탁을 원하는 B 씨
③ 쪽방에 혼자 사는 50대로, 여름 이불 5채와 패드 5채 세탁을 원하는 C 씨
④ 기초생활보장 대상자인 70세 독거노인으로, 오리털 이불 4채 세탁을 원하는 D 씨
⑤ 5살 아이 1명을 혼자 기르는 조손 가족 어르신으로, 반코트 12벌 세탁을 원하는 E 씨

정답 ②

해설 '지원 조건'의 예에 따르면, 지원 상한선의 가구 수는 지원 대상 기준에 따른다. 중증장애인 2명과 일반인 1명인 경우에 지원받는 가구 수는 2인 가구로, 최대 130,000원까지 지원받을 수 있다. 겨울 담요가 6채의 세탁 비용은 138,000원으로, 지원 금액을 초과하므로 답은 ②이다.
※출처: 부평구청, https://www.icbp.go.kr

출제 포인트 3 독자의 반응 및 비판적 관점 파악하기

1. 주로 안내문, 보도 자료, 기사문 등의 지문에서 출제됩니다. 독자의 반응을 파악하는 문제는 독자가 이해한 내용의 적절성을 가려내는 문제입니다. 그리고 비판적 관점을 파악하는 문제는 지문의 유형을 고려할 때 글의 형식, 표현, 내용이 적절한지, 글쓴이의 의도를 파악할 수 있는지를 묻는 문제입니다.

2. 주로 다음과 같은 질문 형태로 출제됩니다.
   - 윗글을 읽고 보인 반응으로 적절한/적절하지 않은 것은?
   - 윗글/글의 일부를 비판적으로 이해한/판단한 내용으로 적절한/적절하지 않은 것은?

풀이 전략

독자의 반응은 지문의 세부 내용을 이해한다면 쉽게 파악할 수 있는 문제입니다. 비판적 관점을 파악하는 문제는 선택지에서 설명하는 글의 내용, 형식, 표현 등과 관련된 부분을 지문에서 찾아 선택지의 옳고 그름을 확인하면 됩니다.

예제

다음 글을 읽고 보인 반응으로 적절하지 않은 것은?

사이버 공간에서도 배려와 존중을!

며칠 전 아이를 학교에 데려다주는 길에 못 보던 현수막이 눈길을 사로잡았다. 사이버 폭력 예방 교육 주간을 맞아 '학교 폭력 없는 행복한 학교 만들기' 일환으로 학생들이 그린 그림을 현수막으로 제작한 것이다. 아이 학교에서는 6월 한 달간 학생들이 안전한 사이버 공간을 활용할 수 있도록 다양한 캠페인을 진행하고 있다.

최근 사이버 공간에서 문자나 사진, 영상 등으로 괴롭히는 사례들이 많아지면서 이런 일들도 학교 폭력이라는 점을 인지하는 교육을 받고 초성 퀴즈를 맞히며 자연스레 건강하고 안전한 스마트폰 사용법을 배웠다고 한다.

나 또한 학교 알림장을 통해 스마트폰을 가진 자녀들의 학부모에게 유용한 앱을 알게 됐다. 바로 방송통신위원회가 사이버 언어폭력 방지를 위해 개발한 '스마트 안심드림' 앱이다. 아이의 스마트폰과 OOO톡 등으로 수신되는 메시지 중에서 욕설이나 폭행, 협박, 모욕, 따돌림 등과 관련된 내용이 감지되면 부모 스마트폰으로 알림 정보가 제공되기 때문에 사이버 언어폭력 의심 문자 감지 알림은 요긴하게 활용할 수 있을 것 같았다.

사이버 공간에서 발생하는 학교폭력은 점점 더 교묘해지고 있다. 학생들 사이에서 SNS 메신저인 OOO톡을 통한 괴롭힘이 흔하게 나타난다. 특정 학생을 OO방에 초대한 뒤 단체로 욕을 퍼붓는 행동을 '떼카'라고 하고, 피해 학생이 OO방을 나가도 계속 초대해 욕을 하며 괴롭히는 것을 'OO 감옥'이라고 한단다. 사이버 공간은 기존의 학교 폭력처럼 겉으로 잘 드러나지 않기 때문에 피해자의 정신적 고통이 더 클 수밖에 없다는 말이 가슴 아팠다.

그렇다면 사이버 폭력에서 우리 자녀를 보호하는 방법은 없을까. 무엇보다 중요한 것은 자녀를 향한 부모의 관심이다. 교육부와 법무부, 문화체육관광부 등 13개 유관 기관이 마련한 사이버 폭력 예방 및 대응 가이드에 따르면, 평소에 대화를 통해 자녀의 온라인 활동에 관심을 가져야 한다고 말한다.

청소년사이버상담센터 1388 누리집을 활용하면 24시간 365일 청소년의 편에 서서 일대일 상담도 가능하다. 모바일 앱을 활용하고 싶다면 청소년 모바일 상담 서비스 '다 들어줄 개'와 사이버폭력 피해자 체험과 고민 상담을 하는 '푸른 코끼리' 앱도 있다.

아이와 함께 사이버 폭력 예방 교육 주간에 동참해 보니 디지털 시대를 살아가는 학생들에게 사이버 언어폭력, 명예 훼손, 스토킹, 영상 유포 등에 대한 사이버 윤리 함양이 꼭 필요하단 생각이 들었다. 학교 폭력 없는 사회를 만들기 위해서 사이버 공간에서 배려와 존중을 실천하며, 우리 모두가 주위 청소년들에게 관심을 가져야 할 때이다.

① 사이버 폭력을 예방하려면 가정의 역할이 중요하겠군.
② 사이버 폭력의 피해자는 인터넷을 통해 상시로 상담을 신청할 수 있군.
③ 사이버 폭력은 물리적 폭력과 달리 부모나 교사가 바로 확인하기 어렵겠군.
④ 사이버 폭력의 심각성과 디지털 윤리의식을 키울 수 있는 교육이 강화돼야겠군.
⑤ 사이버 폭력을 감지하는 '스마트 안심드림'으로 내 아이가 친구에게 비속어를 쓰는지 알 수 있겠군.

정답 ⑤

해설 '아이의 스마트폰과 OOO톡 등으로 수신되는 메시지 중에서 욕설이나 폭행, 협박, 모욕, 따돌림 등과 관련된 내용이 감지되면 부모 스마트폰으로 알림 정보가 제공되기 때문에'를 통해 '스마트 안심드림'은 아이에게 수신되는 메시지에서 폭력과 관련된 내용을 감지하는 앱임을 알 수 있으나, 발신되는 메시지에서 욕설을 감지할 수 있는지는 알 수 없다.

출제 포인트 4 관련 내용 및 빈칸 추론하기

1. 주로 보도 자료, 안내문, 평론 등의 지문에서 출제됩니다. 지문을 이해하고 그와 관련 있는 내용, 전제나 근거를 추론하거나 제시문 내 빈칸에 들어갈 내용을 추론하는 문제로 출제됩니다. 최근에는 보도 자료의 제목을 추론하는 문제, 공익 광고 이미지를 바탕으로 주제를 추론하는 문제가 출제된 적도 있습니다.

2. 주로 다음과 같은 질문 형태로 출제됩니다.
   - ㉠의 이유를 추론한 내용으로 가장 적절한/적절하지 않은 것은?
   - 빈칸에 들어갈 말로 가장 적절한 것은?

풀이 전략

지문과 관련된 내용이나 근거는 지문의 세부 내용을 파악한 다음, 선택지와 제시문을 대조하며 쉽게 풀 수 있습니다. 그리고 지문 내 빈칸에 들어갈 말을 추론하는 경우, 빈칸 앞뒤의 내용을 먼저 확인하면 조금 더 빠르게 실마리를 얻을 수 있습니다.

예제

㉠의 이유를 추론한 내용으로 가장 적절한 것은?

> 2023년 하반기 구제역 백신 일제 접종 추진
> - 10월 4일부터 18일까지 2주간 전국 소·염소 구제역 백신 접종
>
> 농림축산식품부(이하 농식품부)는 오는 10월 4일부터 ㉠ 전국의 소·염소를 대상으로 하반기 구제역 백신 일제 접종을 추진한다고 밝혔다.
>
> 하반기 일제 접종은 10월 4일부터 18일까지 약 2주간 소·염소 456만여 마리를 대상으로 추진한다. 지금까지는 6주간 일제 접종을 진행했으나 올해 구제역이 발생한 일부 농가에서 항체 양성률이 기준치보다 낮아 단기간 내 신속히 백신을 접종함으로써 예방 효과를 높일 계획이다.
>
> 백신 접종을 완료한 소[牛] 사육 농가는 관할 시·군청이나 지역 축협에 신고하고 '축산물 이력 관리 시스템'에 접종 정보가 입력되었는지 확인해야 한다.
>
> 지자체에서는 농가가 백신 접종을 제대로 했는지 확인하기 위해 접종 4주 후부터 무작위로 농가를 선정하여 소·염소의 백신 항체 양성률을 확인한다. 항체 양성률 기준 미만 농가는 최대 1,000만 원의 과태료가 부과되며 백신을 재접종하고 항체 양성률이 개선될 때까지 4주 간격으로 검사한다.

① 국내에서 최초로 개발된 백신을 시험해야 하기 때문이다.
② 일부 농가에서 구제역이 발생했다는 신고가 들어왔기 때문이다.
③ 최근 외부에서 새로 인입된 바이러스를 예방해야 하기 때문이다.
④ 일부 소·염소의 항체 양성률이 기준치에 미치지 못했기 때문이다.
⑤ 축산물 이력 관리 시스템에 백신 접종 정보가 일부 누락됐기 때문이다.

정답 ④

해설 '올해 구제역이 발생한 일부 농가에서 항체 양성률이 기준치보다 낮아 단기간 내 신속히 백신을 접종함으로써 예방 효과를 높일 계획이다'를 통해 하반기에 구제역 백신을 전국의 소와 염소를 대상으로 접종을 실시하는 이유를 알 수 있다.

※ 출처: 농림수산식품부, https://www.mafra.go.kr

출제 포인트 5 어휘의 의미나 순화어 파악하기

1. 공문, 안내문에 쓰인 외국어, 외래어를 우리말로 다듬는 문제가 최근 한 회에 평균 1문제 정도 출제되고 있습니다. 교술, 평론 등의 지문을 바탕으로 고유어, 한자어, 한자 성어 등의 의미를 묻는 문제가 나오기도 하지만, 최근에는 비중이 줄어 거의 출제되지 않습니다.

2. 주로 다음과 같은 질문 형태로 출제됩니다.
   - ㉠~㉤을 다듬은 말로 적절하지 않은 것은?

풀이 전략

어휘 영역에서 암기한 순화어를 떠올리며, 문제를 풀어 봅시다. 만약 암기하지 못한 순화어가 나왔다면, 어떤 상황에서 해당 외국어나 외래어를 쓰는지 떠올리고, 이를 우리말로 다듬은 후에 문장에 대입한 후 그 뜻이 적절한지 확인해 봅시다.

예제

㉠~㉤을 다듬은 말로 적절하지 않은 것은?

서울특별시 ○○공사

수신자 수신자 참조
(경유)
제목 [알림] 서울 브랜드 천인 회의 및 서울 브랜드 선포식 안내

---

1. 시민소통담당관-×××××호(20××.10.21.)와 관련입니다.
2. 서울시는 오는 10월 28일 서울 광장에서 전 세계에 '서울'을 대표하는 새 얼굴, 새로운 서울 브랜드를 최종 선정하는 천인 회의 및 서울 브랜드 선포식을 추진합니다.
3. 이와 관련, 국내외 시민 10만 명을 대상으로 '서울 브랜드 최종 후보 3개 안 사전 시민 투표'를 실시하고 있어 아래와 같이 안내하오니 참고하시기 바랍니다.

가. 천인 회의 및 서울 브랜드 선포식 추진(서울광장): 10. 28.
　○ 1부: 서울 브랜드 선정 천인 회의(18:00~19:30)
　　- 최종 서울 브랜드 선정은 후보 3개 안에 대해 경쟁 ㉠<u>오디션</u> 방식으로 진행
　○ 2부: 서울 브랜드 선포식 및 기념 ㉡<u>이벤트</u>(20:00~22:00)
　　- 진행: 음악 ㉢<u>갈라쇼</u>, K-POP 공연
　　- ㉣<u>게스트</u>: ○○○, ○○○○, ○○○○○ 등
나. 사전 시민 투표 개요
　○ 건 명: 서울 브랜드 최종 후보 3개 안 사전 시민 투표
　○ 기 간: 10. 6.(화)~10. 26.(월)
　○ 대 상: 서울을 사랑하는 누구나(외국인 포함)
　○ 방 법: 서울 브랜드 누리집에서 투표
　○ 활용 ㉤<u>플랜</u>: 최종 브랜드 선정 시 사전 시민 투표 점수로 반영(50%)

붙임 1. 서울 브랜드 선포식
　　2. 서울 브랜드 3개 로고안. 끝.

① ㉠ 오디션(audition) → 선발 심사
② ㉡ 이벤트(event) → 축제
③ ㉢ 갈라쇼(gala show) → 뒤풀이공연
④ ㉣ 게스트(guest) → 특별 출연자
⑤ ㉤ 플랜(plan) → 계획

정답　②

해설　'이벤트(event)'의 순화어는 '기획 행사', '행사'이다.

출제 포인트 6 내용 전개 방식 파악하기

1. 교술, 평론, 공문의 형식과 내용 전개 방식을 파악하는 문제로, 매회 출제되진 않고 간혹 1~2문제씩 출제됩니다. 수필과 평론은 주로 서술 방식을 묻는 문제로, 공문의 경우 글의 목적이나 세부 내용에 대한 평가를 묻는 문제로 출제됩니다.

2. 주로 다음과 같은 질문 형태로 출제됩니다.
   - 윗글에 대한 설명/평가로 적절한/적절하지 않은 것은?

풀이 전략

교술, 평론이 지문으로 나오는 경우 선택지에 제시된 서술 방식이 제시문에 나타나 있는지 확인합시다. 그리고 공문의 경우 요청, 안내 등과 같은 작성 목적이 대부분 제목에서 드러나며, 세부 내용은 제시문과 선택지를 비교하며 풀면 되므로 쉽게 파악할 수 있습니다.

예제

다음 글에 대한 설명으로 가장 적절한 것은?

마당에서 밥을 먹으면 머리 위에서 무수한 별들이 야단이다. 저것은 또 어쩌라는 것인가. 내게는 별이 천문학의 대상이 될 수 없다. 그렇다고 시상(詩想)의 대상도 아니다. 그것은 다만 향기도 촉감도 없는, 절대 권태에 도달할 수 없는 영원한 피안(彼岸)이다. 별조차가 이렇게 싱겁다.

저녁을 마치고 밖으로 나와 보면 집집에서는 모깃불의 연기가 한창이다.

그들은 마당에서 멍석을 펴고 잔다. 별을 쳐다보면서 잔다. 그러나 그들은 별을 보지 않는다. 그 증거로는 그들은 멍석에 눕자마자 눈을 감는다. 그러고는 눈을 감자마자 쿨쿨 잠이 든다. 별은 그들과 관계없다.

나는 소화를 촉진시키느라고 길을 왔다 갔다 한다. 돌칠 적마다 멍석 위에 누운 사람의 수가 늘어 간다.

이것이 시체와 무엇이 다를까? 먹고 잘 줄 아는 시체, 나는 이런 실례(失禮)로운 생각을 정지해야만 되겠다. 그리고 나도 가서 자야겠다.

방에 돌아와 나는 나를 살펴본다. 모든 것에서 절연된 지금의 내 생활, 자살의 단서조차를 찾을 길이 없는 지금의 내 생활은 과연 권태의 극(極), 권태 그것이다.

그렇건만 내일이라는 것이 있다. 다시는 날이 새이지 않는 것 같기도 한 밤 저쪽에 또 내일이라는 놈이 한 개 버티고 서 있다. 마치 흉맹(凶猛)한 형리처럼, 나는 그 형리를 피할 수 없다. 오늘이 되어 버린 내일 속에서 또 나는 질식할 만치 심심해야 되고 기막힐 만치 답답해해야 된다.

- 이상, 「권태」

① 사건의 원인과 결과를 순서대로 제시하고 있다.
② 글쓴이의 감정을 다른 대상에게 투영하여 드러내고 있다.
③ 특정 인물의 행동을 묘사하여 인간의 이기심을 비판하고 있다.
④ 과거 시제 어미를 주로 사용하여 이전의 사건을 회상하고 있다.
⑤ 객관적인 태도로 사건을 서술하고 글쓴이의 생각을 덧붙이고 있다.

정답 ②

해설 1문단에서 '나'에게 '별'은 내가 느끼는 권태를 해소해 주지 못할 정도로 의미가 없는 대상임을 알 수 있다. 3문단에서 글쓴이는 '그들'이 별이 눈앞에 보임에도 관심을 두지 않은 채 바로 잠드는 모습을 보며, 그들도 자신과 같이 '별'과 무관한 권태로운 삶을 산다고 생각하고 있다. 즉, 자기가 느끼는 권태를 '그들'에게 투영하고 있으므로 적절하다.

① 인과적 구성이 나타나지 않는다.
③ '그들'의 모습을 서술하고 있으나 이기적인 인간을 비판하는 내용은 없다.
④ 현재 시제 어미인 '-ㄴ다'가 주로 쓰였으며, 과거가 아닌 현재 상황을 서술하고 있다.
⑤ '그들'이 자는 모습을 주관적으로 해석하며 자기의 감정을 드러내고 있다.

유형 연습문제

[1 ~ 2] 다음 글을 읽고 물음에 답하시오.

[2023년 ○○ 서구 출산 장려 지원 사업]

1. 첫만남이용권
   - 지원 대상: 22.1.1. 이후 출생아로서 출생 신고된 영유아
   - 지원 내용: 출생아당 200만 원 바우처 지급 (국민행복카드)
   - 신청 기간: 신청 기간은 별도 없으나 사용 기간(아동 출생일로부터 1년)을 고려하여 사용 종료일 이전에 신청
   - 신청 방법: 거주지 동 행정복지센터 방문 신청, 복지로 또는 정부24 온라인 신청

2. 서구 출산 · 입양 축하금
   - 지원 대상: 출생 · 입양 신고를 서구에 한 아동 및 출생 · 입양일 기준 1년 이전부터 계속해서 서구에 주민등록을 두고 거주하는 부 또는 모
   - 지원 내용: 첫째아 30만 원 / 둘째아 50만 원 / 셋째아 150만 원 / 넷째아 250만 원
   - 신청 기간: 출생 신고 후 60일 이내 (서구 거주 기간이 1년 미만인 경우 1년이 경과한 날로부터 60일 이내 신청)
   - 신청 방법: 거주지 동 행정복지센터 방문 신청

3. ㉠ <u>아빠 육아 휴직 장려금</u>
   - 지원 대상
     - 육아 휴직자가 신청일 기준 1년 이상 계속해서 서구에 주민등록을 둔 경우
     - 육아 휴직 대상 자녀가 신청일 기준 서구에 주민등록을 둔 경우
     - 「고용보험법」 제70조에 따른 육아 휴직 급여의 지급조건을 충족하고 있는 경우
   - 지원 내용: 월 50만 원씩 최소 1개월에서 최대 7개월 지원
     - 1개월 미만인 경우 일할 계산
     - 23.1.1. 이전에 사용한 육아 휴직에 대해서는 최대 3개월 지원

1 윗글의 내용과 일치하지 <u>않는</u> 것은?

① 출산·입양 축하금은 센터에 방문해서 신청해야 한다.

② 2021년에 태어난 아이는 첫만남이용권을 신청할 수 없다.

③ 출산·입양 축하금은 출생 신고 후 60일 안에 신청해야 한다.

④ 첫만남이용권은 방문 신청뿐 아니라 온라인으로도 신청할 수 있다.

⑤ 첫만남이용권으로 받은 바우처는 기간의 제한 없이 자유롭게 사용할 수 있다.

2 윗글을 바탕으로 할 때, ㉠의 사례로 적절하지 않은 것은?

		육아 휴직 시작일~종료일	장려금
①	A	2022.7.1.~2022.10.31.	150만 원
②	B	2022.10.1.~2022.12.31.	150만 원
③	C	2023.1.1.~2023.1.31.	50만 원
④	D	2023.1.1.~2023.8.31.	400만 원
⑤	E	2023.2.1.~2023.5.31.	200만 원

[3 ~ 5] 다음 글을 읽고 물음에 답하시오.

건강기능식품 안전은 강화되고, 섭취 편의성은 개선됩니다.

식품의약품안전처는 항산화 · 혈압 감소에 도움을 주는 코엔자임Q10 등 기능성 원료 9종에 대해 '섭취 시 주의 사항' 추가 등을 주요 내용으로 하는 「건강기능식품의 기준 및 규격」 개정안을 행정 예고합니다.

이번 ㉠ 개정안은 국민이 안전한 건강기능식품을 소비할 수 있도록 ① 기능성 원료 9종의 안전성 · 기능성에 대한 재평가 결과를 반영해 기준 · 규격을 강화하는 동시에, '식의약 규제혁신 2.0 과제'의 일환으로 ② 다양한 제품이 개발 · 공급될 수 있도록 제조 방법을 확대하는 등 기준·규격을 합리적으로 개정하기 위해 마련됐습니다.

A [주요 개정 내용은 ① **재평가 결과 반영** ▲섭취 시 주의 사항 추가(9종) ▲일일 섭취량 변경(4종) ▲중금속 등 규격 강화(3종) ② **규제혁신 2.0 과제** ▲붕해* 특성에 따른 제품의 정의 · 기준 신설(지속성 제품) ▲알로에 겔의 제조 기준 확대 등입니다.

*정제와 같은 고형제가 물이나 위액 등에 의해 과립이나 분말 크기의 입자로 부스러지는 것]

< ① 재평가 결과 반영 >

이상 사례 보고에 대한 관리를 강화하기 위해 기능성 원료 9종 모두 '이상 사례 발생 시 섭취를 중단하고, 전문가와 상담할 것'이라는 섭취 시 주의 사항을 제품에 표시하도록 합니다. 또한 특정 연령층, 특정 질환자, 의약품 복용자 등이 기능성 원료별로 섭취 시 주의해야 할 정보를 추가합니다.

㉡

공액리놀레산과 키토산/키토올리고당의 납 규격을 3.0 mg/kg에서 1.0 mg/kg으로 강화하고, 카드뮴 규격을 각각 1.5 mg/kg(공액리놀레산)과 1.0 mg/kg(키토산/키토올리고당)에서 0.3 mg/kg으로 강화합니다. 또한 알로에 겔의 안트라퀴논계화합물의 규격도 강화합니다.

< ② 규제혁신 2.0 과제 >

현재 붕해 특성을 적용한 건강기능식품을 제조하고자 할 경우 위의 산성 조건에서 붕해되지 않고 장에서 붕해되는 특성을 가진 '장용성 제품'으로만 제조할 수 있습니다. 그러나 최근 신기술이 적용된 다양한 제형의 건강기능식품에 대한 소비자의 수요가 높아짐에 따라, 일반 제품보다 천천히 녹는 '지속성 제품'으로 건강기능식품을 제조할 수 있도록 해당 제품의 정의 · 시험법을 추가로 신설합니다. '지속성 제품'이 신설되면 섭취 횟수가 감소되어 소비자의 편의성이 증대되고 보다 다양한 제품이 개발되어 선택권이 확대되는 등 관련 산업 활성화에 기여할 것으로 기대합니다.

현재 알로에 겔 제품 제조 시 건조 · 분말 형태의 알로에 겔 원료만 사용이 가능하나, 이번에 안전성 · 기능성이 확인된 원료 형태인 분쇄 · 여과하거나 착즙한 액상 원료까지 사용이 가능하도록 제조 기준을 확대합니다. 원료 형태 확대로 업계에서는 분말화 과정에 소요되는 비용 · 시간을 절감할 수 있고 다양한 형태의 원료로 제조가 가능해져 매출액 증대에 도움을 주는 동시에, 소비자도 보다 다양한 제품을 선택할 수 있게 될 것으로 기대합니다.

식약처는 이번 기준 · 규격 개정 추진이 건강기능식품의 안전 관리 강화는 물론 건강기능식품 산업 발전에도 도움이 되길 기대하며, 국민의 안전을 최우선의 가치로 두고 변화하는 유통 · 소비 환경에 맞춰 기준 · 규격을 합리적으로 개정해 나가겠습니다.

자세한 내용은 식약처 홈페이지(www.mfds.go.kr> 법령 · 자료> 입법/행정 예고)에서 확인할 수 있으며, 개정안에 대한 의견은 2023년 9월 25일까지 제출할 수 있습니다.

3 윗글의 내용을 바탕으로 할 때 ㉠에 대한 이해로 적절하지 않은 것은?

① 기능성 원료 9종에 공통으로 표시해야 할 문구가 추가되었군.

② 알로에 겔 제품을 만들 수 있는 원료의 형태가 이전보다 다양해졌군.

③ 건강기능식품에 들어가는 기능성 원료의 안전성을 순차적으로 재평가할 계획이군.

④ 건강기능식품 산업의 활성화를 위해 지속성 제품의 정의와 시험법을 새로 추가했군.

⑤ 건강기능식품에 들어가는 기능성 원료의 중금속 규격을 이전보다 엄격하게 변경하였군.

4 [A]를 참고할 때 ㉡에 들어갈 수 있는 내용으로 가장 적절한 것은?

① 코엔자임Q10의 재평가 결과를 반영하여 항응고제 복용 시 전문가와 상담해야 한다는 정보를 추가합니다.

② 이눌린/치커리추출물 등의 원료를 사용한 건강기능식품에는 '임산부 및 수유부는 섭취를 피할 것' 등의 섭취 시 주의 사항을 추가합니다.

③ 건강기능식품과 일반 식품을 하나의 제품에 담아 간편 섭취할 수 있도록 일체형 융복합 건강기능식품을 제조·판매하는 실증 사업을 진행합니다.

④ 귀리식이섬유, 키토산/키토올리고당, 가르시니아캄보지아 추출물, 알로에 겔의 경우 기능성과 안전성이 확보된 양으로 일일 섭취량을 재설정합니다.

⑤ 안트라퀴논계화합물은 알로에 섭취로부터 인체 안전성 확보를 위한 대표적 지표 물질로서, 이번에 기준을 '0.005% 이하(무수바로인으로서) → 10mg/kg 이하(알로인 A와 B의 합으로서)'로 개정을 추진합니다.

5 **위 보도 자료를 작성하기 전에 준비한 내용으로 볼 수 없는 것은?**

① 「건강기능식품의 기준 및 규격」을 개정하는 이유는 무엇인가?

② 「건강기능식품의 기준 및 규격」 개정안의 주된 내용은 무엇인가?

③ 「건강기능식품의 기준 및 규격」 개정안이 시행되는 일자는 언제인가?

④ 「건강기능식품의 기준 및 규격」 개정으로 기대되는 효과는 무엇인가?

⑤ 「건강기능식품의 기준 및 규격」 개정안의 상세 내용은 어디서 확인할 수 있는가?

[6 ~ 7] 다음 글을 읽고 물음에 답하시오.

○○수목원장 공고 제2023 - 8호

2023년도 ○○수목원
산림서비스도우미 모집 공고

1. 채용 분야 및 인원
   가. 수목원 ㉠ 코디네이터: 2명
   나. 수행 임무
      1) 온실, 향토 공예원, 사계 ㉡ 가든 등 시설물 및 식물 관리
      2) 교육 관리동, 산림 박물관 ㉢ 가이드, 시설물 관리 및 환경 정리
      3) 수목원 이용객에 대한 수목원 정보 제공 및 수목원 관람 활동 지원
      4) 기타 관계 공무원이 필요하다고 인정되어 요구한 사항
2. 신청 자격 및 선발 기준
   가. 신청 자격 및 선발 기준
      ㅇ 신청일 현재 만 18세 이상인 자
   나. 신청 자격의 제한
      ㅇ 전년도 사업 추진 과정 시 참여자가 상습적으로 결근, 지각, 조퇴하거나 음주, 근무지 이탈 또는 ㉣ 슈퍼바이저의 지시에 불응하는 등 근무 태도가 불량하여 사업 참여를 배제 받은 자
      ㅇ 고교 · 대학(이하 "2년제 · 3년제 대학과 대학원을 포함한다") 재학생
        ※ 야간 대학 재학생의 경우는 참여 가능
   다. 우대 사항
      ㅇ 「국가기술자격법」에 의한 산림 · 식물 분야 자격증 소지자
      ㅇ 산림 분야 또는 수목원 · 식물원의 식물의 조성 · 관리 분야에서 2년 이상 종사한 자
      ㅇ 전문 대학 이상의 관련 학과(산림자원학, 조경학, 원예학, 식물학 등)를 졸업한 자
3. 심사 일정 및 합격자 발표

원서 접수	서류 합격자 발표	㉤ 인터뷰	최종 합격자 발표
2023. 6. 14.(수) ~ 6. 23.(금)	2023. 6. 27.(화)	2023. 6. 29.(목)	2023. 6. 30.(금)

6 ㉠~㉤을 다듬은 말로 적절하지 않은 것은?

① ㉠코디네이터(coordinator) → 관리자
② ㉡가든(garden) → 정원
③ ㉢가이드(guide) → 관광
④ ㉣슈퍼바이저(supervisor) → 감독자
⑤ ㉤인터뷰(interview) → 면접

7 윗글을 이해한 내용으로 가장 적절한 것은?

① 2023년 ○○수목원에서 모집하는 수목원 코디네이터는 총 3명이다.
② 수목원 코디네이터는 수목원의 이용객을 늘리기 위한 홍보 업무를 담당한다.
③ 고등학교에 다니더라도 만 18세가 넘으면 수목원 코디네이터로 지원할 수 있다.
④ 대학에 재학 중이더라도 조경학을 전공하고 있다면 수목원 코디네이터로 지원할 수 있다.
⑤ 동종 업종의 경력을 2년 이상 보유하고 있다면 수목원 코디네이터 선정에 유리할 수 있다.

[8 ~ 9] 다음 글을 읽고 물음에 답하시오.

최근 코로나19로 인해 전문적인 의료 용어나 세계적으로 통용되는 단어를 원어 그대로 표현하는 경우가 많아지면서 중요한 정보에 대한 일반 국민의 접근성을 떨어뜨리는 문제가 발생하고 있다. '트래블 버블'이나 '백 브리핑', '드라이브 스루 진료' 등과 같은 용어들을 우리말로 대체할 수 있다면 보다 직관적이고 쉬운 이해가 가능할 것이다.

문화체육관광부는 이러한 문제를 해결하기 위해 2020년 1월부터 ㉠'쉬운 우리말 쓰기 사업'을 진행하고 있으며, 이러한 사업의 일환으로 국어원과 함께 어려운 외국어를 대체하는 우리말을 제공하고 있다.

그렇다면 코로나19와 관련하여 어려운 외국어를 쉬운 우리말로 대체한 단어에는 무엇이 있을까. 우선 위에서 언급했던 '백 브리핑'을 예로 들 수 있다. 해당 용어를 다듬은 말은 '덧보고'이며 '공식적인 보고가 끝난 이후 비공식적으로 이어지는 보고'라는 의미를 지닌다.

코로나19로 인해 일상생활뿐만 아니라 공공 부문에서 이해하기 어려운 용어들이 남용되는 요즘, 문체부와 국어원에서 진행하는 정책 사업은 활발한 새말 대체를 통해서 외국어를 알지 못한다는 이유로 소외되는 국민이 없도록 많은 사람에게 도움을 주고 있다.

8 윗글의 관점으로 가장 적절한 것은?

① 재난 상황에서 사용되는 모든 외국어를 우리말로 바꾸는 데 어려움이 있다.
② 수많은 정보 중에서 자신에게 필요한 정보를 선별할 수 있는 능력을 키워야 한다.
③ 의미를 정확히 정의할 수 있으면서 많은 사람이 쓰는 신어는 표준어로 인정해야 한다.
④ 정보 취약 계층이 소외당하지 않기 위해 공공 부문에서 수어, 점자 서비스가 개발되어야 한다.
⑤ 많은 국민이 필요한 정보를 이해할 수 있도록 공공성이 높은 외국 용어를 쉬운 우리말로 다듬어야 한다.

9 ㉠에서 제공한 내용 중에 가장 적절하지 않은 것은?

	내용	용어 의미
①	클린 뷰티 → 천연 화장품	유해 성분을 배제하고 환경 보호를 고려하여 만드는 화장품
②	부스터 숏 → 추가 접종	백신의 효과를 높이기 위해 일정 시간이 지난 뒤 추가로 접종하는 것
③	트래블 버블 → 여행 안전 권역	코로나19 상황에서 두 국가 이상의 방역 우수 지역이 서로 자유로운 여행을 허용하는 것
④	다크 스토어 → 배송 전용 매장	고객이 온라인으로 주문한 상품을 빠른 시간 안에 받을 수 있도록 운영하는 소규모 물류 거점
⑤	오픈 스페이스 → 열린 쉼터	도시 계획에서 사람들에게 놀이 활동을 하게 하거나 마음의 편안함을 줄 목적으로 마련한 공간

10 다음 공익 광고가 전달하고자 하는 내용으로 가장 적절한 것은?

① 인체에 해로운 플라스틱 사용 줄이기

② 환경을 파괴하는 플라스틱 사용 줄이기

③ 분리배출이 어려운 플라스틱 사용 줄이기

④ 탄소 배출량이 많은 플라스틱 사용 줄이기

⑤ 삶의 터전을 위협하는 플라스틱 사용 줄이기

약점 보완 해설집 p.48

[1 ~ 2] 다음 글을 읽고 물음에 답하시오.

> 나의 지식이 독한 회의(懷疑)를 구하지 못하고
> 내 또한 삶의 애증을 다 짐 지지 못하여
> ㉠ 병든 나무처럼 생명이 부대낄 때
> 저 ㉡ 머나먼 아라비아 사막으로 나는 가자.
>
> 거기는 한 번 뜬 백일이 불사신같이 작열하고
> 일체가 모래 속에 사멸한 영겁의 허적(虛寂)에
> 오직 알라의 신(神)만이
> ㉢ 밤마다 고민하고 방황하는 열사(熱沙)의 끝.
>
> 그 열렬한 고독(孤獨) 가운데
> 옷자락을 나부끼고 호올로 서면
> ㉣ 운명처럼 반드시 '나'와 대면(對面)케 될지니.
> 하여 '나'란 나의 생명이란
> 그 원시의 본연한 자태를 다시 배우지 못하거든
> ㉤ 차라리 나는 어느 사구(砂丘)에 회한 없는 백골을 쪼이리라.
>
> \- 유치환, 「생명의 서」

1 윗글에 대한 설명으로 가장 적절한 것은?

① 색채가 대비되는 시어가 나타나고 있다.

② 유사한 시구를 연마다 반복하여 운율을 형성하고 있다.

③ 문제를 제기하고 이를 이겨 내려는 의지를 제시하고 있다.

④ 이상적인 대상을 구체적으로 묘사하여 화자의 이상향을 드러내고 있다.

⑤ 전통적 소재를 활용하여 과거로 회귀하고 싶은 화자의 내면을 그려 내고 있다.

2 ㉠~㉤에서 짐작할 수 있는 시적 화자의 태도로 적절하지 않은 것은?

① ㉠: 자신의 삶에 대해 의심하며 괴로워하고 있다.

② ㉡: 화자는 스스로 고난의 장소로 가고자 한다.

③ ㉢: 자신의 목적을 이루기 위해 자기 성찰이 필요함을 의식하고 있다.

④ ㉣: 화자는 미래의 '나'와 현재의 '나'가 다시 만나기를 고대하고 있다.

⑤ ㉤: 화자는 죽음을 무릅쓰더라도 자신의 이상을 실현하고자 한다.

[3~5] 다음 글을 읽고 물음에 답하시오.

땅속 저 밑은 늘 음침하다.

고달픈 간드렛불. 맥없이 푸리끼하다. 밤과 달라서 낮엔 되우 흐릿하였다.

겉으로 황토 장벽으로 앞뒤 좌우가 콕 막힌 좁직한 구뎅이. 흡사히 무덤 속같이 귀중중하다. 싸늘한 침묵. 쿠더브레한 흙내와 징그러운 냉기만이 그 속에 자욱하다.

곡괭이는 뻔질 흙을 이르집는다. 암팡스러이 내려 쪼며

퍽 퍽 퍽 —

이렇게 메떨어진 소리뿐. 그러나 간간 우수수하고 벽이 헐린다.

영식이는 일손을 놓고 소맷자락을 끌어당기어 얼굴의 땀을 훑는다. 이놈의 줄이 언제나 잡힐는지 기가 찼다. 흙 한 줌을 집어 코밑에 바짝 들이대고 손가락으로 샅샅이 뒤져본다. 완연히 버력은 좀 변한 듯싶다. 그러나 불통버력이 아주 다 풀린 것도 아니었다. 말똥버력이라야 ⓐ금이 나온다는데 왜 이리 안 나오는지.

곡괭이를 다시 집어 든다. 땅에 무릎을 꿇고 궁뎅이를 번쩍 든 채 식식거린다. 곡괭이는 무작정 내려찍는다. <중 략>

이놈 풍찌는 바람에 애꿎은 콩밭 하나만 결딴을 냈다. 뿐만 아니라 모두가 낭패다. 세벌논도 못 맸다. 논둑의 풀은 성큼 자란 채 어지러이 늘려져 있다. 이 기미를 알고 지주는 대로하였다. 내년부터는 농사질 생각 말라고 땅을 굴렀다. 땅은 암만을 파도 지수가 없다. 이만해도 다섯 길은 훨씬 넘었으리라. 좀 더 지펴야 옳을지 혹은 북으로 밀어야 옳을지 우두머니 망설거린다. 금점 일에는 푸뚱이다. 입때껏 수재의 지휘를 받아 일을 하여왔고, 앞으로도 역 그러해야 금을 딸 것이다. ㉠그러나 그런 칙칙한 짓은 안 한다.

"ⓑ이리 와 이것 좀 파게."

그는 어쓴 위풍을 보이며 이렇게 분부하였다. 그리고 저는 일어나 손을 털며 뒤로 물러선다.

수재는 군말 없이 고분하였다. 시키는 대로 땅에 무릎을 꿇고 벽채로 군버력을 긁어낸 다음 다시 파기 시작한다.

영식이는 치다 나머지 버력을 짊어진다. 커단 걸때를 뒤툭거리며 사다리로 기어오른다. 굿문을 나와 버력더미에 흙을 마악 내치려 할 제

"왜 또 파, 이것들이 미쳤나그래—."

산에서 내려오는 마름과 맞닥뜨렸다. 정신이 떠름하여 그대로 벙벙히 섰다. 오늘은 또 무슨 포악을 들으려는가.

"말라니까 왜 또 파는 게야."

하고 영식이의 바지게 뒤를 지팡이로 콱 찌르더니

"ⓒ갈아먹으라는 밭이지 흙 쓰고 들어가라는 거야 이 미친 것들아, 콩밭에서 웬 금이 나온다고 이 지랄들이야그래."

하고 목에 핏대를 올린다. 밭을 버리면 간수 잘못한 자기 탓이다. 날마다 와서 그 북새를 피우고 금하여도 담날 보면 또 여전히 파는 것이다. <중 략>

"ⓓ금줄 잡았어 금줄."

"으―ㅇ."

하고 외마디를 뒤남기자 영식이는 수재 앞으로 살같이 달겨들었다. 허겁지겁 그 흙을 받아 들고 샅샅이 헤쳐보니 딴은 재래에 보지 못하던 불그죽죽한 황토이었다. 그는 눈에 눈물이 핑 돌며

"이게 원줄인가."

"그럼 이것이 곱색줄이라네, 한 포에 댓 돈씩은 넉넉 잡히되."

ⓔ영식이는 기쁨보다 먼저 기가 탁 막혔다. 웃어야 옳을지 울어야 옳을지. 다만 입을 반쯤 벌린 채 수재의 얼굴만 멍하니 바라본다.

"이리 와봐 이게 금이래."

이윽고 남편은 아내를 부른다. 그리고 내 뭐랬어, 그러게 해보라구 그랬지 하고 설면설면 덤벼오는 아내가 한결 어여뻤다. 그는 엄지가락으로 아내의 눈물을 지워주고 그리고 나서 껑충거리며 구뎅이로 들어간다.

"그 흙 속에 금이 있지요."

영식이 처가 너무 기뻐서 코다리에 고래등 같은 집까지 연상할 제 수재는 시원스레

"네, 한 포대에 오십 원씩 나와유—."

하고 대답하고 오늘 밤에는 정녕코 꼭 달아나리라 생각하였다. 거짓말이란 오래 못 간다. 뽕이 나서 뼉따구도 못 추리기 전에 훨훨 벗어나는 게 상책이겠다.

- 김유정, 「금 따는 콩밭」

3 윗글에 대한 설명으로 가장 적절한 것은?

① 인물 간 갈등보다 인물과 사회의 갈등을 강조함으로써 주제 의식을 부각하고 있다.

② 인물의 어리석은 면모를 해학적으로 표현하여 인물에 대한 동정심을 유발하고 있다.

③ 작품 속 서술자가 다른 인물의 이야기를 하게 해 독자가 인물의 심리를 추측하게 한다.

④ 사회적 현실을 드러내는 다양한 사건을 중첩하여 현실에 대한 안타까움을 더하고 있다.

⑤ 작품의 배경을 묘사함으로써 자연적 배경을 드러낼 뿐만 아니라 작품의 결말까지 암시하고 있다.

4 ㉠~㉤에 나타난 인물의 상황에 대한 이해로 적절하지 않은 것은?

① ㉠: 수재의 말과 달리 금이 나오지 않자 수재에 대한 반감과 불신을 드러내고 있다.

② ㉡: 수재가 자신의 지시를 따를 수밖에 없다는 판단을 내리고 둘의 권력관계를 뒤집으려 한다.

③ ㉢: 수재와 영식의 행위에 대한 객관적 인식을 바탕으로 그들에게 불만을 표현하고 있다.

④ ㉣: 콩밭에 금이 없다는 사실을 숨기고 이 상황을 모면하기 위해 거짓말을 하고 있다.

⑤ ㉤: 바라던 금이 갑자기 발견되었다는 소식에 행복함보다 당혹감을 먼저 느끼고 있다.

5 ⓐ에 대한 인물의 생각으로 적절하지 않은 것은?

① '금'은 영식이 올해 지어야 할 농사를 모두 포기하고 선택한 대상이다.

② '금'은 영식의 처가 이전에 누리던 물질적 여유를 되찾는 꿈을 꾸게 한다.

③ '금'은 수재가 영식을 충동질하는 수단이며 영식의 미래가 암울해지는 원인이다.

④ '금'은 지주가 내년에는 영식에게 소작을 주지 않겠다며 화를 내게 되는 이유이다.

⑤ '금'은 마름이 자신을 곤란하게 할 뿐 아니라 허황된 꿈에 지나지 않는다고 치부하는 대상이다.

[6 ~ 8] 다음 글을 읽고 물음에 답하시오.

1950년대 프랑스의 영화 비평계에는 ㉠ 작가주의라는 비평 이론이 새롭게 등장했다. 작가주의란 감독을 단순한 연출자가 아닌 '작가'로 간주하고, 작품과 감독을 동일시하는 관점을 말한다. 이 이론이 대두될 당시, 프랑스에는 유명한 문학 작품을 별다른 손질 없이 영화화하거나 화려한 의상과 세트, 인기 연극배우에 의존하는 제작 관행이 팽배해 있었다. 작가주의는 이렇듯 프랑스 영화에 만연했던 문학적, 연극적 색채에 대한 반발로 주창되었다.

작가주의는 상투적인 영화가 아닌 감독 개인의 영화적 세계와 독창적인 스타일을 일관되게 투영하는 작품들을 옹호한다. 감독의 창의성과 개성은 작품 세계를 관통하는 감독의 세계관 혹은 주제 의식, 그것을 표출하는 나름의 이야기 방식, 고집스럽게 되풀이되는 특정한 상황이나 배경 혹은 표현 기법 같은 일관된 문체상의 특징으로 나타난다는 것이다.

한편, 작가주의적 비평은 영화 비평계에 중요한 영향을 끼쳤는데, 그중에서도 주목할 점은 ㉡ 할리우드 영화를 재발견한 것이다. 할리우드에서는 일찍이 미국의 대량 생산 기술을 상징하는 포드 시스템과 흡사하게 제작 인력들의 능률을 높일 수 있는 표준화·분업화한 방식으로 영화를 제작했다. 이에 따라 재정과 행정의 총괄자인 제작자가 감독의 작업 과정에도 관여하게 되었고, 감독은 제작자의 생각을 화면에 구현하는 역할에 머물렀다. 이는 계량화가 불가능한 창작자의 재능, 관객의 변덕스러운 기호 등의 변수로 야기될 수 있는 흥행의 불안정성을 최소화하면서 일정한 품질의 영화를 생산하기 위함이었다.

그러나 작가주의적 비평가들은 할리우드라는 가장 산업화된 조건에서 생산된 상업적인 영화에서도 감독 고유의 표지를 찾아낼 수 있다고 보았다. 작가주의적 비평가들은 제한적인 제작 여건이 오히려 감독의 도전 의식과 창의성을 끌어낸 사례들에 주목한 것이다. 그에 따라 B급 영화*와 그 감독들마저 수혜자가 되기도 했다.

작가주의적 비평가들에 의해 복권된 대표적인 할리우드 감독이 바로 스릴러 장르의 거장인 ㉢ 히치콕이다. 히치콕은 제작 시스템과 장르의 제약 속에서도 일관된 주제 의식과 스타일을 관철한 감독으로 평가받았다. 히치콕은 관객을 오인에 빠뜨린 뒤 막바지에 진실을 규명하여 충격적인 반전을 이끌어 내는 그만의 이야기 도식을 활용하였다. 또한 그는 관객의 오인을 부추기는 '맥거핀' 기법을 자신만의 이야기 법칙을 만들어 가는 데 하나의 극적 장치로 종종 활용하였다. 즉 특정 소품을 맥거핀으로 활용하여 확실한 단서처럼 보이게 한 다음 일순간 허망한 것으로 만들어 관객을 당혹스럽게 한 것이다.

이처럼 할리우드 영화의 재평가에 큰 영향을 끼쳤던 작가주의의 영향력은 오늘날까지도 이어지고 있다. 예컨대 작가주의로 인해 '좋은' 영화 혹은 '위대한' 감독들이 선정되었고, 이들은 지금도 영화 교육 현장에서 활용되고 있다.

* B급 영화: 적은 예산으로 단시일에 제작되어 완성도가 낮은 상업적인 영화

6 윗글을 바탕으로 할 때, ㉠에 대한 설명으로 가장 옳지 않은 것은?

① 영화에서 감독의 주제 의식을 중요시한다.

② 감독의 표현 기법은 영화마다 일관되게 나타난다고 본다.

③ 기존에 프랑스 영화가 추구하던 배우, 배경 중심 문화에 반발한다.

④ 감독은 영화에 독자적 세계관을 담아내며, 작가와 같은 역할을 한다고 간주한다.

⑤ 감독은 영화 제작에 필요한 재정과 행정에 대한 권한을 모두 가질 수 있다고 생각한다.

7 ㉠과 ㉡의 관계를 추론한 것으로 가장 적절한 것은?

① ㉠은 ㉡과 B급 영화의 차이점을 발견하였다.

② ㉠은 ㉡의 제작 과정에서 제작자의 개입을 비판하였다.

③ ㉠은 ㉡에서 작품의 작품성보다 감독의 역량에 주목한다.

④ ㉡에서 드러나는 감독의 창의성을 발견한 ㉠은 ㉡의 발전을 도모하였다.

⑤ ㉠의 입장에서 제작한 ㉡은 관객의 취향과 흥미가 많이 반영되어 있을 것이다.

8 ㉢에 대한 설명으로 옳지 <u>않은</u> 것은?

① 그는 관객의 심리를 이용하는 기법을 활용하였다.

② 그는 제한적인 제작 여건에서도 자기 생각을 영화에 담아냈다.

③ 그의 고유한 영화적 세계는 할리우드 영화계에 지금까지 영향을 미치고 있다.

④ 그의 입장에서는 관객의 주의를 많이 이끄는 소품일수록 좋은 맥거핀이 된다.

⑤ 그의 영화가 재미있는 이유는 앞으로 일어날 이야기를 암시하는 단서가 있기 때문이다.

[9 ~ 12] 다음 글을 읽고 물음에 답하시오.

대단히 장기간에 걸쳐 생각할 때 인간의 생활에 더 큰 영향을 미치는 것은 정치인가, 지리인가? 아날학파는 이런 문제점을 제기하면서, 아마도 역사에서 우리가 더욱 중요하게 생각해야 하는 것은 변화하는 것이 아니라 변화하지 않고 지속되는 지리나 풍토와 같은 구조일 것이라는 관점을 제시한다.

이런 아날학파의 의도가 가장 극명하게 드러난 것이 1949년에 출간된 페르낭 브로델의 대작 《펠리페 2세 시대의 지중해와 지중해 세계》다. 이 책은 "역사 인식에 있어서의 혁명"과도 같은 "새로운 종류의 역사"라는 뤼시엥 페브르의 찬사를 들었다. 이 책은 기존의 역사학이 고수하던 통념을 깬 새로운 성격을 구성에서부터 확연하게 드러내고 있다. 즉 장기 지속으로서의 지리, 중기 지속으로서의 사회, 그리고 명멸하는 '사건들'을 차례로 다룬 이 책에서 브로델이 의도했던 것은 다음과 같다. 기존의 역사에서 중점적으로 다루었던 정치·전쟁 등과 같은 '사건들'은 바다에 비유하면 물거품과 같이 꺼져버리는 표피에 불과하며, 진정 중요한 역사 연구의 대상은 지리나 기후처럼 깊은 곳에서 흐르며 장기적으로 지속되는 변하지 않는 구조라는 것이다. 이것이 새로운 종류의 역사인 것은, 역사학파 이래로 확립되었던 역사는 구체적이고 개별적인 사실의 변화를 다룬다는 관점을 불식시키고, 변화하지 않는 구조를 중요하게 부각시켰다는 점에 있다. 또한 브로델은 지리와 사회와 사건들을 함께 다룸으로써 '전체적 역사'를 구현한다는 의도를 명확하게 하고 있다.

다른 한편으로, 이들 아날학파의 역사가들이 역사학에 공헌한 것은 그들로 말미암아 사회·경제사에 대한 관심이 유례없이 촉발되어, 이전까지 간과되었던 인간 생활의 여러 영역이 역사학의 영역으로 편입되었다는 사실이다. 그 이유는 다음과 같다. 변하지 않는 구조로서의 장기 지속이 역사에서 더 큰 중요성을 지니는 요인이며, 이것은 기후와 풍토와 지리와 같은 것이라고 이들은 주장했다.

이제 이것을 인간 생활의 영역에 대입시켜 보자. 길재가 국가의 흥망이 무상함을 느꼈듯 정치나 외교나 전쟁은 이 구조 속에서 명멸하는 '사건들'에 불과하다. 더 오래 지속되는 것은, 즉 더 변화하지 않는 것은 대다수 사람들의 일상생활이다. 전쟁이 일어나 지배자가 바뀌거나, 왕조가 바뀌어 국왕이 변하거나, 대다수 사람들이 먹고 입고 살아가는 방식에는 변함이 없었다. 농민들은 지배자가 누구로 바뀌었건 여전히 수탈을 당했고, 그들의 삶은 비참했다. 그들의 삶에는 변화가 없었다. 그들의 역사는 "[㉠]"였다. 사람들은 변함이 없이 의구한 산천의 지배를 받았고, 변함이 없이 지배층에 의해 수탈을 당했다. 전쟁에서 누가 이기고 누가 졌는지는 중요하지 않다. 결국 이긴 사람들은 똑같은 수탈을 할 것이기 때문이다. 이런 맥락에서 고관대작들이 주도했던 정치는 중요하지 않다. 오히려 대다수의 사람들에게는 시간의 흐름과 상관없이 계속해서 유지해 왔던 일상적인 생활의 조건이 더 중요한 것이었다.

아날학파는 바로 이 점에 착안하여 변화하지 않고 남아 있던 사람들의 생활상을 더욱 중요하게 인식하고 서술해야 할 역사의 대상으로 만들었다. 단적으로 말한다면, 아날학파의 영향에 힘입어 이제는 왕이나 고관대작이나 장군들이 어떻게 정치를 하고 외교를 하고 전쟁을 수행했는가 하는 것보다는 대다수의 사람들이 무엇을 먹고 어디에 살고 어떻게 생활을 영위했는가 하는 사실이 많은 역사가들의 관심을 끄는 연구 영역으로 바뀌게 되었다는 것이다.

9 윗글의 내용에 부합하는 설명으로 가장 적절하지 <u>않은</u> 것은?

① 아날학파는 지속성을 기준으로 역사의 서술 대상을 선정한다.

② 아날학파는 인간이 기후보다 지리에 더 많은 영향을 받는다고 본다.

③ 아날학파는 이전의 역사가들이 주목하지 않았던 사회 · 경제에 관심을 가졌다.

④ 아날학파는 왕조, 지배층 등은 바뀔 수 있지만 자연환경은 바뀌지 않는다고 본다.

⑤ 아날학파는 정치나 외교가 인간의 생활 방식에 큰 영향을 미치지 않는다고 생각한다.

10 ㉠에 들어갈 내용으로 가장 적절한 것은?

① 전체적 역사
② 계급 투쟁의 역사
③ 사실 위주의 역사
④ 밑으로부터의 역사
⑤ 움직이지 않는 역사

11 '브로델'에 대한 설명으로 적절하지 않은 것은?

① 뤼시엥 페브르는 1949년에 출간된 그의 책을 높이 평가했다.
② 전통적 역사학의 굴레에서 벗어나 역사학을 새롭게 인식하였다.
③ 역사는 긴 기간 지속되는 구조로만 대변할 수 있다고 주장하였다.
④ 전통적 역사학에서 다룬 전쟁과 정치를 바다의 물거품에 비유하였다.
⑤ 아날학파의 주장에 동조하며 개별적 사건의 변화보다 변하지 않는 구조를 강조하였다.

12 <보기>는 사회 교과서의 내용 중 일부이다. 윗글을 바탕으로 <보기>에 대해 판단한 내용으로 가장 적절한 것은?

<보기>

영국을 중심으로 프랑스에 대항하기 위한 동맹이 결성되자, 나폴레옹이 먼저 영국을 침공했으나 트라팔가르 해전에서 패했다. 그러나 그는 지상전에서 오스트리아 군을 격파하여 신성 로마 제국을 해체시켰고, 프로이센과 러시아에 승리하여 그들에게 굴욕적인 강화 조약을 맺게 함으로써 유럽 대륙을 정복했다.

① 역사를 기록한 사람의 시점에서 당대 상황을 평가하였다.
② 당대인이 기록한 사료가 아니므로 연구 대상으로 삼을 수 없다.
③ 승자의 입장에서 서술되어 침략당한 나라의 당시 상황은 알 수 없다.
④ 전쟁의 결과는 대부분 과장되어 수록되므로 비판적인 시각이 필요하다.
⑤ 전쟁 당시 민중의 생활에 대한 이야기는 없으며, 유럽을 정복한 개인의 업적을 묘사하였다.

[13~16] 다음 글을 읽고 물음에 답하시오.

혈액은 세포에 필요한 물질을 공급하고 노폐물을 제거한다. 만약 혈관 벽이 손상되어 출혈이 생기면 손상 부위의 혈액이 응고되어 혈액 손실을 막아야 한다. 혈액 응고는 섬유소 단백질인 피브린이 모여 형성된 섬유소 그물이 혈소판이 응집된 혈소판 마개와 뭉쳐 혈병이라는 덩어리를 만드는 현상이다. 혈액 응고는 혈관 속에서도 일어나는데, 이때의 혈병을 혈전이라 한다. 이 물질이 쌓여 동맥 내벽이 두꺼워지는 동맥 경화가 일어나면 그 부위에 혈전 침착, 혈류 감소 등이 일어나 혈관 질환이 발생하기도 한다. 이러한 혈액의 응고 및 원활한 순환에 비타민 K가 중요한 역할을 한다.

비타민 K는 혈액이 응고되도록 돕는다. 지방을 뺀 사료를 먹인 병아리의 경우, 지방에 녹는 어떤 물질이 결핍되어 혈액 응고가 지연된다는 사실을 발견하고 그 물질을 비타민 K로 명명했다. 혈액 응고는 단백질로 이루어진 다양한 인자들이 관여하는 연쇄 반응에 의해 일어난다. 우선 여러 혈액 응고 인자들이 활성화된 이후 프로트롬빈이 활성화되어 트롬빈으로 전환되고, 트롬빈은 혈액에 녹아 있는 피브리노겐을 불용성인 피브린으로 바꾼다. 비타민 K는 프로트롬빈을 비롯한 혈액 응고 인자들이 간세포에서 합성될 때 이들의 활성화에 관여한다. 활성화는 칼슘 이온과의 결합을 통해 이루어지는데, 이들 혈액 단백질이 칼슘 이온과 결합하려면 카르복실화되어 있어야 한다. 카르복실화는 단백질을 구성하는 아미노산 중 글루탐산이 감마-카르복시글루탐산으로 전환되는 것을 말한다. 이처럼 비타민 K에 의해 카르복실화되어야 활성화가 가능한 표적 단백질을 비타민 K-의존성 단백질이라 한다.

비타민 K는 식물에서 합성되는 ㉠ 비타민 K_1과 동물 세포에서 합성되거나 미생물 발효로 생성되는 ㉡ 비타민 K_2로 나뉜다. 녹색 채소 등은 비타민 K_1을 충분히 함유하므로 일반적인 권장 식단을 따르면 혈액 응고에 차질이 생기지 않는다.

그런데 혈관 건강과 관련된 비타민 K의 또 다른 중요한 기능이 발견되었고, 이는 칼슘의 역설과도 관련이 있다. 나이가 들면 뼈조직의 칼슘 밀도가 낮아져 골다공증이 생기기 쉬운데, 이를 방지하고자 칼슘 보충제를 섭취한다. 하지만 칼슘 보충제를 섭취해서 혈액 내 칼슘 농도는 높아지나 골밀도는 높아지지 않고, 혈관 벽에 칼슘염이 침착되는 혈관 석회화가 진행되어 동맥 경화 및 혈관 질환이 발생하는 경우가 생긴다. 혈관 석회화는 혈관 근육 세포 등에서 생성되는 MGP라는 단백질에 의해 억제되는데, 이 단백질이 비타민 K-의존성 단백질이다. 비타민 K가 부족하면 MGP 단백질이 활성화되지 못해 혈관 석회화가 유발된다는 것이다.

비타민 K_1과 K_2는 모두 비타민 K-의존성 단백질의 활성화를 유도하지만 K_1은 간세포에서, K_2는 그 외의 세포에서 활성이 높다. 그러므로 혈액 응고 인자의 활성화는 주로 K_1이, 그 외의 세포에서 합성되는 단백질의 활성화는 주로 K_2가 담당한다. 이에 따라 일부 연구자들은 비타민 K의 권장량을 K_1과 K_2로 구분하여 설정해야 하며, K_2가 함유된 치즈, 버터 등의 동물성 식품과 발효 식품의 섭취를 늘려야 한다고 권고한다.

13 윗글을 읽고 이해한 내용으로 가장 적절한 것은?

① 비타민 K는 다른 말로 MGP라고도 부른다.

② 비타민 K는 혈액 응고 인자를 활성화하는 데 꼭 필요하다.

③ 연로한 사람은 골밀도를 높이기 위해 칼슘 보충제를 먹어야 한다.

④ 동맥 경화가 생기면 혈액 응고 인자들의 활성화가 어려워 혈전이 감소한다.

⑤ 칼슘 이온이 단백질과 결합하려면 감마-카르복시글루탐산으로 바뀌어야 한다.

14 '→: 전환, ⇒: 관여, +: 결합'을 나타낼 때, 혈액 응고 과정을 바르게 나타낸 것은?

① 트롬빈 → 프로트롬빈 + 피브린 → 피브리노겐 + 혈소판 마개

② 트롬빈 → 프로트롬빈
⇓
피브리노겐 → 피브린 + 혈소판 마개

③ 프로트롬빈 → 트롬빈
⇓
피브리노겐 → 피브린 → 혈소판 마개

④ 프로트롬빈 → 트롬빈
⇓
피브리노겐 → 피브린 + 혈소판 마개

⑤ 프로트롬빈 → 트롬빈 → 피브리노겐
⇓
피브린 + 혈소판 마개

15 ㉠과 ㉡에 대한 이해로 가장 적절한 것은?

① ㉡이 ㉠보다 결핍되기 쉽다.

② ㉡과 달리 ㉠은 발효 과정에서 생기기도 한다.

③ ㉠과 달리 ㉡은 몸에서 자연적으로 생기기도 한다.

④ ㉠은 혈액 응고 과정에서 ㉡보다 중요한 역할을 한다.

⑤ ㉠과 ㉡이 과다하게 되면 혈관 질환이 발생할 확률이 높다.

16 윗글에 <보기>를 보충했을 때, 도움을 줄 수 있는 개념으로 가장 적절한 것은?

<보기>

비타민 K는 식물성 식품에 들어 있는 필로퀴논(비타민 K_1)과 동물성 식품에 들어 있는 메나퀴논(비타민 K_2)이 있다. 따라서 동물성·식물성 식품을 골고루 섭취하는 사람에게는 비타민 K 결핍 현상이 나타나지 않는다. 하지만 간장에 질병이 있거나 장내 세균 활동에 문제가 있는 사람은 비타민 K가 결핍될 수 있다. 비타민 K의 결핍 현상은 필로퀴논과 메나퀴논의 결핍에 따라 다르게 나타나는데, 필로퀴논의 결핍은 출혈 장애를 일으키며 메나퀴논의 결핍은 골다공증, 심장 질환 등을 일으킬 수 있다. 한 연구에서는 메나퀴논의 섭취량이 많을수록 대동맥 석회화나 심장 발작 등이 나타날 확률이 낮아짐이 밝혀졌다. 이러한 이유로 일부 연구자들은 어떤 질병을 가지고 있는지를 기준으로 필로퀴논과 메나퀴논을 보충하도록 권장한다.

① 비타민 K의 합성 과정

② 비타민 K_1과 K_2의 기능

③ 비타민 K 결핍을 예방하는 법

④ 비타민 K_1과 K_2의 권장량 차이

⑤ 비타민 K_2 과잉에 따른 부작용

[17~18] 다음 글을 읽고 물음에 답하시오.

월트가 거둔 놀라운 업적만 보고 그가 꿈을 이루는 데 필요한 어떤 행동을 취하는 데 별 어려움이 없었으리라고 생각하기 쉽다. 그러나 특히 많은 반대자들이 막아설 경우에는 늘 쉽지만은 않았다. 하지만 월트는 몽상가가 꿈을 실현하는 데 필요한 것을 해낼 수 없다면 그 꿈은 한낱 헛된 꿈에 불과하다는 사실을 알고 있었다.

월트는 창의력 가득한 머리에 어떤 아이디어가 떠오르면, 그 아이디어를 구체적인 제품이나 서비스나 프로세스로 바꾸는 데 착수했다. 설령 비전을 실행하기 위한 방법이 때로는 관습에서 벗어나거나 기존의 습관에 어긋난다고 해도 상관하지 않았다. 중요한 것은 훌륭한 쇼를 만들어 내는 것이었다.

예를 들면, 1950년대 초 디즈니랜드가 건설되고 있었을 때 월트는 자주 현장에 들러 온갖 디테일을 점검했다. 자신이 고용한 창의적이고 박식한 직원들과 수많은 시간을 보내며 조경 설계에서 놀이 시설, 음악에 이르기까지 모든 것을 직접 챙기며 자신의 족적을 남겼다.

그러나 당시 그는 다소 특이한 일을 했다. ㉠ 놀이 시설이 완성될 때마다 전기 기사에서 중역에 이르기까지 디즈니랜드 현장에서 일하고 있는 모든 사람들에게 시승해 보라고 요구한 것이다. 완벽을 기하려는 디즈니로서는 새로울 것이 전혀 없었지만 테마파크는 개장일이 코앞에 닥쳐 일정이 빡빡한 상황이었으므로 그 생각은 분명히 시간 낭비요 돈 낭비인 것처럼 보였다. 출시를 막 앞두고 있는 신제품이나 서비스에 대해 결함은 없는지 직원들에게 묻는다고 상상해 보라. 월트의 요구는 얼토당토않다고 생각되었을 것이다. 그러나 과연 그랬을까?

많은 리더들이 보기에는 월트의 이 행동이 굉장히 생소하게 느껴졌겠지만 이것이 바로 자신의 비전을 달성하기 위해 필요한 것은 무엇이든 꼭 해내고야 마는 월트의 방식이었다. 그것은 또한 반드시 모든 것을 최고로 만들고 놓치는 것이 있어서는 안 되게 확인하는 또 다른 방식이기도 했다.

그리고 캐리비언의 해적(월트가 1966년 사망하기 전 마지막으로 감독했던 놀이 시설)이라 불린 디즈니랜드의 무모해 보이는 놀이 시설에서 한 캐스트 멤버(직원을 부르는 디즈니 특유의 용어)가 뭔가 빠진 것 같다는 것을 깨달았을 때 월트의 이례적 요구가 얼마나 긴요한 것이었는지가 나중에 입증되었다. 루이지애나 지류 시골 출신의 건설 노동자였던 그 캐스트 멤버는 놀이 시설을 시승해 본 뒤 월트에게 다가가 말했다.

"뭔가 빠진 것 같긴 한데 정확히 무엇인지는 잘 모르겠습니다."

"그렇다면 계속 타세요. 알아낼 때까지 말입니다."

캐리비언의 해적을 계속해서 타고 또 탄 끝에 결국 그 캐스트 멤버는 무엇이 잘못되었는지 알아냈다. 열대성 기후에서는 밤이 되면 반딧불이 우글거려야 하는데 이 놀이 시설에는 그것이 없었던 것이다. 월트는 캐리비언의 환상을 구현한 놀이 시설에 어둠 속에서 반짝이는 반딧불을 당장 설치하라고 했다.

테마파크의 놀이 시설에 있는 반딧불이든, 현명하고 사랑스러운 귀뚜라미를 재현해 낸 그림이든, 고객을 귀한 손님으로 모시는 디즈니의 고객 응대든, 디즈니의 멋진 공원을 더럽히는 사탕 비닐 껍질을 치우는 일이 되었든 월트는 마지막 디테일까지 놓치지 않는 완벽주의자였다. 사탕 비닐 껍질을 치우는 일은 디즈니 공원의 거리 청소부만 하는 일이 아니었다. 쓰레기를 발견한 직원이라면 누구나 그것이 바닥에 떨어지기도 전에 즉시 치우려고 한다. 그것이 바로 모든 직원들에게 깊숙이 밴 디즈니 조직 문화의 일부이다. 그것은 이제 그들의 DNA의 일부와도 같다. 월트가 자신의 꿈을 실현하는 데는 이러한 접근법이 절대 필요하다고 생각했기 때문에 디즈니의 직원들은 폭넓은 교육을 받고 그럼으로써 조직 문화가 강화되는 것이다.

17 윗글에 대한 설명으로 가장 적절한 것은?

① 월트는 큰 굴곡 없이 꿈꾸던 바를 이루었다.

② 디즈니의 직원들은 편안한 친구처럼 고객을 대한다.

③ 캐리비언의 해적은 월트가 사망한 후 개장된 놀이 시설이다.

④ 1950년대에는 인텔리 계층만 디즈니랜드의 캐스트 멤버가 될 수 있었다.

⑤ 월트는 아이디어를 발굴하고 응용하면서 방법보다 결과를 더 중요하게 여겼다.

18 ㉠의 이유로 가장 적절한 것은?

① 월트는 위계 없이 평등한 조직 문화를 만들고 싶었기 때문이다.

② 월트는 놀이 시설을 제작 의도에 맞게 완벽하게 구현하고 싶었기 때문이다.

③ 월트는 눈으로 보는 것보다 직접 경험해 보는 것을 중요하게 여겼기 때문이다.

④ 월트는 모든 직원이 자기와 같이 열정적으로 업무에 임하기를 원했기 때문이다.

⑤ 월트는 시설의 문제점을 알아챘지만 직원들이 이를 직접 찾아내길 원했기 때문이다.

[19 ~ 22] 다음 글을 읽고 물음에 답하시오.

자연에서 발생하는 모든 일은 목적 지향적인가? 자기 몸통보다 더 큰 나뭇가지나 잎사귀를 허둥대며 운반하는 개미들은 분명히 목적을 가진 듯이 보인다. 그런데 가을에 지는 낙엽이나 한밤중에 쏟아지는 우박도 목적을 가질까? 아리스토텔레스는 모든 자연물이 목적을 추구하는 본성을 타고나며, 외적 원인이 아니라 내재적 본성에 따른 운동을 한다는 목적론을 제시한다. 그는 자연물이 단순히 목적을 갖는 데 그치는 것이 아니라 목적을 실현할 능력도 타고나며, 그 목적은 방해받지 않는 한 반드시 실현될 것이고, 그 본성적 목적의 실현은 운동 주체에 항상 바람직한 결과를 가져온다고 믿는다. 아리스토텔레스는 이러한 자신의 견해를 "자연은 헛된 일을 하지 않는다!"라는 말로 요약한다.

근대에 접어들어 모든 사물이 생명력을 갖지 않는 일종의 기계라는 견해가 강조되면서, ㉠ 아리스토텔레스의 목적론은 비과학적이라는 이유로 많은 비판에 직면한다. 갈릴레이는 목적론적 설명이 과학적 설명으로 사용될 수 없다고 주장하며, 베이컨은 목적에 대한 탐구가 과학에 무익하다고 평가하고, 스피노자는 목적론이 자연에 대한 이해를 왜곡한다고 비판한다. 이들의 비판은 목적론이 인간 이외의 자연물도 이성을 갖는 것으로 의인화한다는 것이다. 그러나 이런 비판과는 달리 아리스토텔레스는 자연물을 생물과 무생물로, 생물을 식물·동물·인간으로 나누고, 인간만이 이성을 지닌다고 생각했다.

일부 현대 학자들은, 근대 사상가들이 당시 과학에 기초한 기계론적 모형이 더 설득력을 갖는다는 일종의 교조적 믿음에 의존했을 뿐, 아리스토텔레스의 목적론을 거부할 충분한 근거를 제시하지 못했다고 비판한다. 이런 맥락에서 볼로틴은 근대 과학이 자연에 목적이 없음을 보이지도 못했고 그렇게 하려는 시도조차 하지 않았다고 지적한다. 또한 우드필드는 목적론적 설명이 과학적 설명은 아니지만, 목적론의 옳고 그름을 확인할 수 없기 때문에 목적론이 거짓이라 할 수도 없다고 지적한다.

17세기의 과학은 실험을 통해 과학적 설명의 참·거짓을 확인할 것을 요구했고, 그런 경향은 생명체를 비롯한 세상의 모든 것이 물질로만 구성된다는 물질론으로 이어졌으며, 물질론 가운데 일부는 모든 생물학적 과정이 물리·화학 법칙으로 설명된다는 ㉡ 환원론으로 이어졌다. 이런 환원론은 살아 있는 생명체가 죽은 물질과 다르지 않음을 함축한다. 하지만 아리스토텔레스는 자연물의 물질적 구성 요소를 알면 그것의 본성을 모두 설명할 수 있다는 엠페도클레스의 견해를 반박했다. 이 반박은 자연물이 단순히 물질로만 이루어진 것이 아니며, 또한 그것의 본성이 단순히 물리·화학적으로 환원되지도 않는다는 주장을 내포한다.

첨단 과학의 발전에도 불구하고 생명체의 존재 원리와 이유를 정확히 규명하는 과제는 아직 진행 중이다. 자연물의 구성 요소에 대한 아리스토텔레스의 탐구는 자연물이 존재하고 운동하는 원리와 이유를 밝히려는 것이었고, 그의 목적론은 지금까지 이어지는 그러한 탐구의 출발점이라 할 수 있다.

19 윗글을 바탕으로 할 때 ㉠과 가장 거리가 먼 것은?

① 생물과 무생물은 내재된 목적을 긍정적인 방향으로 실현한다.

② 자연에서 나타나는 모든 일의 목적은 하나의 결론으로 수렴한다.

③ 본성적 운동의 주체는 목적을 달성하는 방법을 배우지 않아도 된다.

④ 개미는 목적을 판단할 수 없지만 인간은 목적을 판단할 수 있는 생물이다.

⑤ 다른 힘으로 나무에 잎을 붙여 놓지 않는다면, 잎은 가을이 되면 반드시 떨어질 것이다.

20 윗글을 바탕으로 할 때 ㉡의 주장으로 가장 적절한 것은?

① 자연물은 분해할 수 없는 입자로 구성되었다.

② 자연물의 구성 요소는 각각 성격이 개별적이다.

③ 자연물은 인간이 관찰하거나 측정할 수 없는 물질로 구성된다.

④ 자연물은 이를 구성하는 요소의 성질이나 원리로 이해할 수 있다.

⑤ 자연물은 구성하는 생물, 무생물은 독립된 존재가 아니라 거대한 통합체이다.

21 <보기>의 관점에서 목적론이 규정한 자연 현상을 바라볼 때 가장 적절한 것은?

<보기>

신은 자연물이 운동할 수 있도록 창조하였다. 그중 인간은 이성적 존재로 스스로 운동하나, 다른 생물은 조립된 물체에 불과하며 그들의 운동에는 외부의 힘이 작용한다. 또한 자연은 개별 부품이 작동하는 방법이 정해진 기계와 같기 때문에 인간은 자연 현상을 기계적 인과 관계로 파악할 수 있다.

① 생명체의 운동 목적은 성장과 번식에 있다.

② 생물이 운동하는 행위 자체를 가치 있는 것으로 본다.

③ 인간을 제외한 생물은 운동을 지속하려는 습성을 갖는다.

④ 동식물의 움직임은 내재한 목적이 없는 수동적 운동이다.

⑤ 이성을 지닌 생물이라도 자연의 변화를 설명할 수는 없다.

22 윗글에 대한 감상으로 적절하지 않은 것은?

① 우드필드는 갈릴레이의 주장을 전면 반박하였군.

② 베이컨은 과학의 이익과 관련된 탐구를 중시했군.

③ 일부 근대 학자들은 아리스토텔레스의 주장을 잘못 파악하였군.

④ 볼로틴은 아리스토텔레스의 주장을 반대한 학자들을 비판하였군.

⑤ 스피노자와 아리스토텔레스는 자연 현상을 바라보는 관점이 달랐군.

[23 ~ 25] 다음 글을 읽고 물음에 답하시오.

ㅇㅇ남도 공고 제2023-xxx호

ㅇㅇ도립도서관

2023년 상주 작가 지원 사업 참여 문인 채용 공고

---

1. 채용 분야 및 인원

가. 분야: 2023 도서관 상주 작가

나. 채용 인원: 1명

다. 근무 기간: 2023. 4. 1. ~ 2023. 9. 30. (6개월)

라. 근무처: ㅇㅇ도립도서관

마. 담당 업무: 도서관 문학 행사 기획 및 운영 등

2. 지원 신청 자격 및 심사 기준

가. 지원 신청 자격 기준(공통)

- 현재 창작 활동을 하고 있는 문인(등단 3년 이상)

  *사업 참여 횟수의 제한은 없으며, 동일 도서관 고용의 경우 최대 2회로 제한

- 개인 작품집 1권 이상 발간 실적이 있는 자
- 각종 문학 행사의 기획 및 운영 유경험자 또는 운영이 가능한 자
- 예술위원회와 ㅇㅇ도립도서관이 정한 근로 기준을 성실히 준수할 수 있는 자

  * 사업 참여 기간 집필 활동을 유지해야 하며, 사업 종료 후 활동 실적 제출

- ㅇㅇ남도 거주 작가 우대

나. 채용 심사 기준

- 창작 역량: 40%
- 문학 행사 기획력 및 실현 가능성: 30%
- 문학 분야 발전 기여도 및 기대성과: 30%

3. 업무 분야

ㅇㅇ도립도서관의 <문학 큐레이터>로서

가. 도민을 대상으로 문학 체험 행사 기획 및 운영

나. 그 외 각종 문학 체험 및 향유 확대를 위한 소관 업무 계발 및 수행

4. 채용 방법

가. (1차 서류 전형) 제출된 서류를 통해 응시 자격 적합 여부 심사

나. (2차 면접 심사) 서류 전형 합격자에 한해 전문 지식, 전문성, 성실성 종합 평정

다. (최종 합격자 선정) 면접 점수 고득점자순으로 합격자 결정

*최종 합격자가 채용 포기 등의 사정으로 결원 보충 사유가 발생했을 때 차점자로 추가 합격자를 결정할 수 있음

23 윗글에 대한 이해로 가장 적절한 것은?

① 지원자의 거주 지역은 채용 기준과 무관하다.

② 2023년 공고로 선발하는 상주 작가는 한 명이다.

③ 도서관 상주 작가는 타 지역과 연계하여 행사를 운영한다.

④ 도서관 상주 작가 채용 과정 중 면접 전형은 두 번 진행된다.

⑤ 최종 합격자가 채용을 포기하면 채용 공고문이 다시 게시된다.

24 윗글을 공고한 도서관 직원들이 지원자를 평가하며 취했을 행동으로 적절하지 않은 것은?

① 면접 심사를 받는 지원자를 전문 지식, 전문성, 성실성 측면에서 평가하였다.

② 서류를 심사하며 지원자가 2023년 4월부터 9월까지 집필 계획이 있는지 확인했다.

③ 서류 점수와 면접 점수를 종합해 최고득점을 받은 합격자에게 최종 합격 통보를 했다.

④ 지원자가 문학 발전에 기여한 정도보다 지원자의 작품 창작 능력을 중점적으로 평가했다.

⑤ 4년 전 등단했으나 2년째 집필 활동을 쉬고 있는 지원자에게는 서류 전형 불합격을 통보했다.

25 윗글을 바탕으로 <보기>를 이해한 내용으로 적절하지 <u>않은</u> 것은?

<보기>

도서관 상주 작가 근무 조건 및 대우

1. 급여: 월 220만 원 지급(세전, 4대 보험 본인 부담액 포함)
2. 근무 조건: 아래 내용을 포함한 근로 계약 준수
   ① 1주간의 근로 시간은 휴게 시간을 제외하고 40시간을 초과할 수 없다.
   ② 1일의 근로 시간은 휴게 시간을 제외하고 8시간을 초과할 수 없다.
   ③ 도서관과 상주 작가는 1주간의 근로 시간(40시간)을 초과하지 않는 범위 내에서 요일별 근로 시간을 조정할 수 있다. 주 4일 정상 근무와 주 1일 재택근무를 병행한다.
   ④ 도서관은 상주 작가에게 1주에 2일의 휴일을 보장하여야 한다. 단, 위 ③호와 같이 상호 협의하여 근로 시간을 조정한 경우 1주 1일의 휴일을 보장하여야 한다.
   ⑤ 도서관은 1일 최소 4시간의 창작 활동 시간과 월 2일의 외부 활동 시간을 상주 작가에게 보장하여야 한다.
   ※ 상주 작가는 도서관 관내에서 창작 활동 시간을 사용하여야 한다.

① 2023년 ○○도립도서관 상주 작가의 총임금은 세전 1,320만 원이다.

② 2023년 4월부터 9월까지 주 4일에는 ○○도립도서관에서 상주 작가를 만날 수 있다.

③ ○○도립도서관은 도서관 외부에 상주 작가를 위한 별도의 창작 활동 공간을 마련하지 않아도 된다.

④ 2023년 ○○도립도서관 상주 작가가 문학 큐레이터 업무를 추가 진행할 시 주당 52시간 근무도 가능하다.

⑤ 2023년 ○○도립도서관 상주 작가가 한 주에 문학 행사 관련 업무에 할애할 수 있는 시간은 최대 20시간이다.

[26 ~ 27] 다음 글을 읽고 물음에 답하시오.

위기 학생에 다시 일어날 힘을…'위 프로젝트'

"사랑받고 싶지만 충분히 사랑받지 못한 나는 점점 우울하고 무기력해졌다. 급기야 모든 걸 포기하고 싶을 만큼 학교 적응에 어려움을 겪었다. 그때의 나는 산소통을 부여잡고 심해에 들어간 잠수부라고 표현할 수 있겠다.

위(Wee) 클래스와 위(Wee) 센터의 가족 상담, 심리 평가, 개인 심리 치료 지원을 통해 조금씩 달라져 가고 있다. 나는 정신과 의사가 되고 싶다. 나처럼 마음이 아픈 사람들을 치료해 줄 수 있도록… 나처럼 아파하는 사람들에게 새싹을 틔울 수 있게 해 주는 그런 의사가 될 거다. 여전히 힘들지만 힘든 만큼, 아픈 만큼 성장해서 나와 닮은 그들을 위로하고 싶다."

위(Wee) 프로젝트로 다시 일어날 힘을 얻었다는 위 학생의 사례는 지난달 25일 열린 '제11회 위(Wee) 희망대상' 시상식에서 수상작으로 꼽혔다.

위(Wee) 프로젝트는 'We(우리) + Education(교육) + Emotion(감성)'의 합성어로 나(I)와 너(You) 속에서 우리(We)를 발견할 수 있도록 사랑으로 지도하고 학생에게 감성과 사랑이 녹아 있는 위(Wee) 공간에서 자신의 잠재력을 찾아내는 것을 목표로 한다.

교육부는 학교폭력 가해·피해, 가정 학대 등 다양한 원인의 학교 부적응 학생에 대한 학교 차원의 선도와 치유에 한계를 인식, 국가 차원의 학생안전통합시스템인 위(Wee) 프로젝트를 지난 2008년부터 추진하고 있다.

위(Wee) 프로젝트는 모든 학생을 대상으로 하되 위기 학생을 주 대상으로 한다. 학교 폭력, 학교 부적응 등 위기 상황에 놓인 학생들의 마음의 소리에 귀 기울이면서 학교 적응에 도움이 되도록 상담 서비스를 제공한다.

특히 학교, 교육청, 지역사회와 연계해 학생들의 건강하고 즐거운 학교생활을 지원하는 다중의 통합지원 서비스망이기도 하다. 학교에는 [1단계] 위(Wee) 클래스, 교육지원청에는 [2단계] 위(Wee) 센터, 교육청에는 [3단계] 위(Wee) 스쿨 등이 개설돼 있다.

교육부는 위(Wee) 프로젝트를 통해 학교 적응의 어려움을 극복한 학생, 위(Wee) 클래스·위(Wee) 센터 관계자, 가족 등을 격려하고 향후 위(Wee) 프로젝트 추진의 동기를 부여하고 자긍심을 고취하기 위해 지난 2011년부터 위(Wee) 희망대상 시상식을 진행하고 있다.

올해는 상담 전문가와 교육 전문가로 구성된 10명의 심사위원이 학생, 상담 업무 담당자, 기관, 온라인 상담 등 4개 분야에서 접수된 사례를 대상으로 시도교육청-한국교육개발원-현장실사의 3단계 심사를 거쳐 최종 수상자들을 선정했다. 수상작은 학생 30명, 상담 업무 담당자 30명, 운영 기관 20곳, 온라인 상담 4명 등 총 84편이었다.

또한 위(Wee) 프로젝트는 도움을 받는 학생뿐만 아니라 도움을 주는 전문가의 성장도 독려한다. 위(Wee) 공간에서만큼은 모두의 잠재력을 발굴하고 모두의 발전을 지향한다.

교육부는 학교폭력, 우울, 학교 부적응 등으로 심리적 어려움을 겪는 위기 학생에게 내실 있는 상담을 지속해서 제공할 수 있도록 위(Wee) 프로젝트의 상담·치유 지원을 더욱 강화해 나갈 방침이다.

26 윗글을 <보기>에 따라 분석한 내용으로 가장 적절한 것은?

<보기>

기사문은 특정한 사안을 신속하고 널리 알리는 것을 목적으로 하는 글이다. 기사문의 정보는 기자가 다른 사람이 만든 정보를 수집해 인터뷰나 인용의 방식으로 전달하는 경우가 많아 간접적인 성격을 띤다. 기사문은 보통 기사문의 제목인 '표제'와 육하원칙에 따라 쓰이는 '본문'으로 이루어지며 본문을 요약한 '전문'이 제시되기도 한다. 정보 전달을 목적으로 하는 만큼 기사문은 독자가 중간에 이탈하지 않고 글을 끝까지 읽게 작성해야 한다. 표제나 요약문을 간략히 제시하거나, 중요한 내용을 먼저 작성하거나, 특정 일화나 우화를 소개하거나, 통계 수치를 제시하는 등의 방법을 사용하면 독자의 흥미를 유발하고 독자가 기사문을 지속적으로 읽도록 유도할 수 있다.

① 윗글은 표제, 부제, 본문만으로 이루어진 기사문이다.

② 윗글은 학교 부적응 학생의 실태를 널리 알리기 위해 작성한 글이다.

③ 윗글은 일반적인 기사문과 달리 중요한 내용을 가장 마지막에 제시하고 있다.

④ 독자의 흥미를 유발하기 위해 윗글은 '위(Wee) 프로젝트'에 대한 사례를 가장 상단에 배치했다.

⑤ 윗글의 '위(Wee) 프로젝트'와 '위(Wee) 희망대상'에 관한 정보는 기자가 직접 생성한 정보이다.

27 이 기사를 읽은 독자의 반응으로 적절하지 <u>않은</u> 것은?

① 위(Wee) 희망대상 시상식은 위(Wee) 프로젝트가 발전할 수 있는 밑거름이 되겠다.

② 위(Wee) 프로젝트는 학생과 학생을 상담해 주는 전문가 모두가 성장할 수 있는 계기가 되겠구나.

③ 각 학교뿐만 아니라 교육지원청과 교육청에도 위(Wee) 프로젝트 기관이 설치된 이유가 궁금하다.

④ 위기 학생이 아니지만 학교에 적응하기 어려운 학생도 위(Wee) 프로젝트에 참여할 수 있다니 정말 좋다.

⑤ 위(Wee) 희망대상의 심사위원은 학생을 비롯해 위(Wee) 프로젝트에 관계된 사람이 모두 포함되어 있구나.

[28 ~ 30] 다음 글을 읽고 물음에 답하시오.

수신 수신자 참조
(경유)
제목 ○○도청 인근 지역 활성화를 위한 플리마켓 참여 판매자 및 자원봉사자 모집 홍보 요청

1. 귀 협회의 무궁한 발전을 기원합니다.
2. 우리 청에서는 청사 인근 상권 활성화를 위한 시민 참여 프로그램을 개최하고자 합니다.
3. 위와 관련하여 ㉠플리마켓 참여 판매자 및 자원봉사자를 모집하고자 하니 ⓐ참여 자격이 있는 시민이 많이 참여할 수 있도록 널리 알려주시기 바랍니다.

가. 행사 개요
1) 행사명: ○○도청 인근 지역 활성화를 위한 플리마켓
2) 행사 기간: 20××. 10. 21.(금) ~ 10. 22.(토)
3) 행사 장소: ○○도청 앞 잔디 광장
4) 행사 내용
가) 직거래 장터
(1) 농산물: 도내에서 재배된 농산물(사과, 생강 등), 건조식품(건표고버섯, 말린 고추 등), 가공식품(들기름, 오미자청 등)
(2) 수예품: 의류, 액세서리, 도자기, 인형 등 손으로 직접 제작한 물품 일체
(3) 반려동물용품: 수제 간식, 의류, 장난감 등
단, 수제 간식은 반려동물 수제 간식 전문가 자격증을 보유한 사람이 제조하여야 하며 기타 반려동물 물품은 새 제품이어야 함
(4) 중고 물품: 사용 및 개봉하였으나 사용하는 데 무리가 없는 ㉡리퍼브 및 중고 제품(미개봉·미사용 새 제품, 음식물 제외)
나) 체험 ㉢부스 운영
(1) ㉣핸드메이드: 가죽 동전 지갑 만들기 체험, 도자기 컵 만들기 체험
(2) 미술: 붓글씨 쓰기, 캐리커처 그리기

나. 모집 개요
1) 모집 인원
가) 직거래 장터 판매 인원: 1일 30팀
※ 팀당 책상 및 천막 1개씩 제공, 양일 참가 가능
나) 체험 활동 자원봉사자: 1일 8명
※ 체험 활동당 책상 및 천막 1개씩 제공, 양일 참가 불가능
다) 중고 물품 직거래 장터는 별도의 모집 없이 시민 간 자유로운 거래로 운영할 예정
2) 모집 일정: 20××. 8. 21.(월) ~ 8. 25.(금)
3) 지원 방법: ○○도청 누리집의 알림창에서 서식을 ㉤다운로드해 ○○도청 행사기획과로 방문 신청. 끝.

28 ㉠~㉤을 다듬은 말로 적절하지 않은 것은?

① ㉠ 플리마켓(flea market) → 벼룩시장

② ㉡ 리퍼브(refurbished) → 새활용 상품

③ ㉢ 부스(booth) → 공간

④ ㉣ 핸드메이드(handmade) → 수제품

⑤ ㉤ 다운로드(download) → 내려받기

29 윗글에 대한 반응으로 적절하지 않은 것은?

① 도청 근처에서 개최하는 행사라 도청 주변에 있는 상권 활성화에 도움이 되겠군.

② 취미로 뜨개질하며 만든 인형이 꽤 많은데 수예품 직거래 장터에 참가 신청을 해 봐야지.

③ 금요일과 토요일에 붓글씨 쓰기 체험을 도울 수 있을 것 같은데 이틀 모두 신청해 봐야겠다.

④ 아이들이 어릴 때 사용한 장난감 중에서 쓸 만한 것을 골라서 중고 물품 직거래 장터에 내놓아야겠다.

⑤ 행사에 참가할 사람을 행사일보다 두 달이나 먼저 모집하니 신청하기 전에 내 일정을 먼저 확인해야겠다.

30 ⓐ에 대한 설명으로 적절하지 <u>않은</u> 것은?

① ○○도에서 농산물을 재배하는 농가는 농산물 직거래 장터에 참여할 자격이 있다.

② 가죽 공방을 운영하는 시민은 핸드메이드 체험 부스에서 자원봉사를 할 수 있다.

③ 컵이나 접시 등 주방에서 쓰이는 도예품을 만드는 도예가는 수예품 직거래 장터에 참여할 자격이 있다.

④ 반려동물용품 직거래 장터에서 수제 간식을 판매하려면 반려동물 수제 간식 전문가 자격을 취득해야 한다.

⑤ 가게에서 팔던 과자와 라면 등의 재고를 정리하려는 자영업자는 중고 물품 직거래 장터에 참여할 자격이 있다.

약점 보완 해설집 p.50

VII. 국어 문화

국어 문화 영역 출제 경향

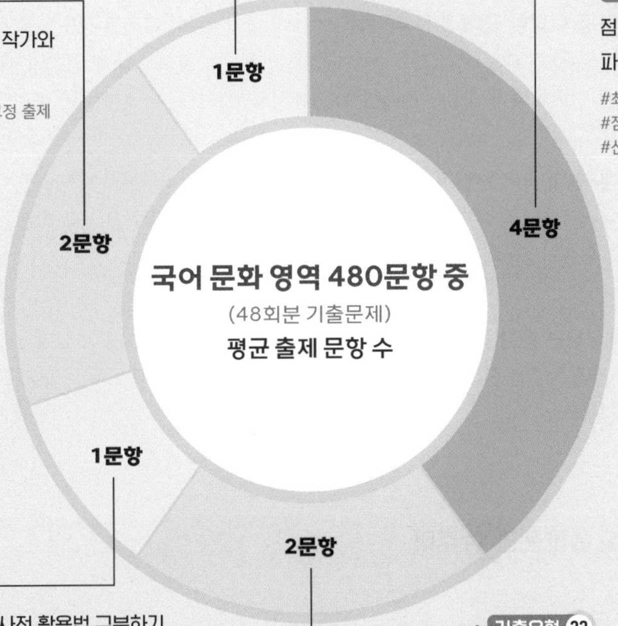

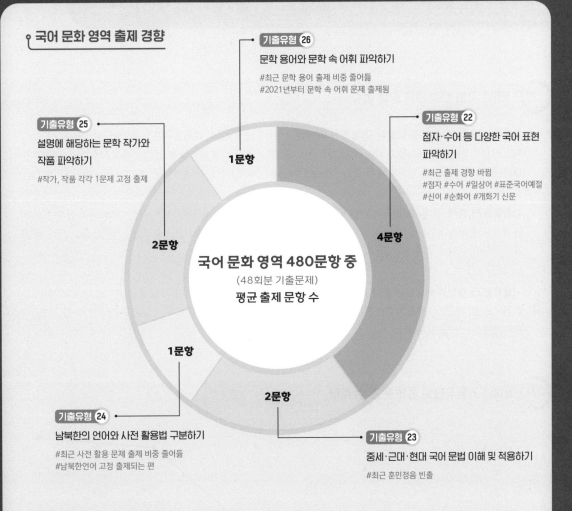

기출유형 26 (1문항)
문학 용어와 문학 속 어휘 파악하기
#최근 문학 용어 출제 비중 줄어듦
#2021년부터 문학 속 어휘 문제 출제됨

기출유형 22 (4문항)
점자·수어 등 다양한 국어 표현 파악하기
#최근 출제 경향 바뀜
#점자 #수어 #일상어 #표준국어예절 #신어 #순화어 #개화기 신문

기출유형 23 (2문항)
중세·근대·현대 국어 문법 이해 및 적용하기
#최근 훈민정음 빈출

기출유형 24 (1문항)
남북한의 언어와 사전 활용법 구분하기
#최근 사전 활용 문제 출제 비중 줄어듦
#남북한언어 고정 출제되는 편

기출유형 25 (2문항)
설명에 해당하는 문학 작가와 작품 파악하기
#작가, 작품 각각 1문제 고정 출제

국어 문화 영역 학습 포인트

■ **출제 비중에 비해 유형과 출제 포인트가 다양하니 빈출 개념 위주로 암기하기!**

국어 문화는 100문제 중 10문제로, 출제 비중이 많지 않지만 기출유형과 출제 포인트가 매우 다양한 편이다. 따라서 자주 출제되는 훈민정음 언해, 북한 어문 규정, 작가, 작품 위주로 암기 학습하는 것이 효율적이다.

■ **생소한 개념과 유형에 당황하지 않도록, 다양한 언어 표현과 자료를 독해하는 요령을 익히자!**

수어, 점자, 방송 언어, 근대 신문 등의 다양한 언어 자료가 출제된다. 예전에는 표준어, 방언, 순화어, 신어처럼 암기해야 풀 수 있는 문제가 출제되었지만, 최근에는 제시되는 자료를 이해하기만 하면 풀 수 있는 문제가 출제된다. 따라서 문제를 풀면서 자료의 내용과 표현법을 파악하는 연습을 해 두면 생소한 문제를 대비하는 데 도움이 될 것이다.

◀ **언제 어디서나 국어 문화 개념 암기하기**

교재에 수록된 국어 문화 개념뿐 아니라 더 많은 추가 개념을 모바일로 학습하기!
언제 어디서나 휴대전화로 편리하게 자주 들여다보면 개념을 더욱 빠르게 암기할 수 있습니다.

고등급 달성을 위한 기출유형 분석 리포트

최근 5개년 국어 문화 영역 출제 이슈

1. **기출유형22 점자·수어 등 다양한 국어 표현 파악하기** 문제가 1회 4문항 출제될 정도로 출제 비중이 커졌다. 국어 생활의 전반적인 표현을 다루는 유형으로, 출제 포인트가 매우 다양하고 출제 경향이 매우 자주 바뀌는 편이다. 수어, 점자, 순화어, 방송 언어의 출제 포인트가 꾸준히 출제되고 있으므로 이러한 최근 경향에 맞춰 대비해야 한다.

2. **기출유형23 중세·근대·현대 국어 문법 이해 및 적용하기**는 1회 3문항 출제될 만큼 높았던 유형이나, 최근 출제 비중이 많이 줄어들어 1회에 1문항 정도 출제된다. 하지만 국어 문화의 출제 경향은 자주 바뀌는 편이므로, 고등급을 목표로 한다면, 현대 문법과 훈민정음의 주요 문법 요소를 알아 두어야 한다.

3. **기출유형25 설명에 해당하는 문학 작가와 작품 파악하기**는 이전보다 출제 비중이 살짝 늘어, 1회 평균 3문항이 고정적으로 출제된다. 선지에 자주 등장하는 작가의 대표 작품을 알아 두면, 작품을 묻는 문제도 대비할 수 있으므로 틈틈이 학습하는 것을 추천한다.

최근 5개년 기출유형별 출제 문항 수 추이

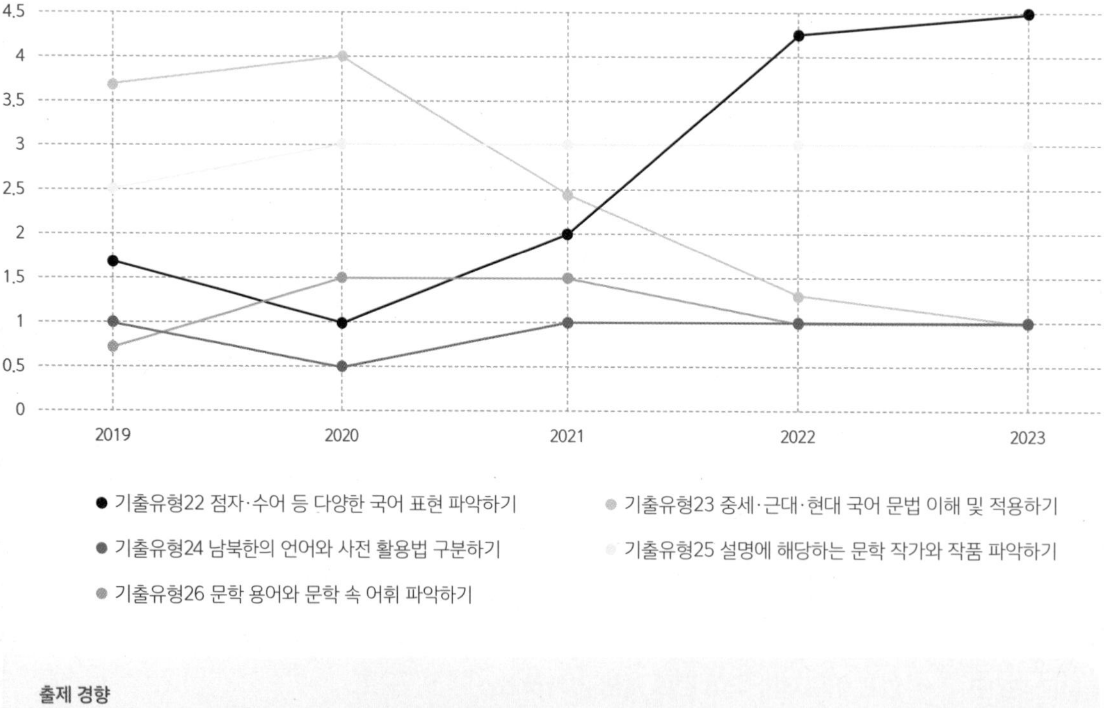

출제 경향

국어 문화 영역은 출제 경향이 매우 자주 바뀌어, 기출유형별 출제 포인트가 매우 다양한 편이다.
평균적으로 1회에 기출유형22는 3문항, 기출유형23은 2문항, 기출유형24는 1문항, 기출유형25는 3문항, 기출유형26은 1문항 출제된다.

무조건 나온다!
최다 빈출 유형 TOP3

1위 기출유형25 설명에 해당하는 문학 작가와 작품 파악하기

기출유형25는 설명에 해당하는 작가를 찾거나 작품을 찾는 출제 포인트로 출제된다. 그중 <보기>에 작가, 작품 줄거리 등을 제시하고 그에 해당하는 작품을 찾는 문제의 출제 비중이 가장 높다.

빈출 출제 포인트
한국 문학의 작품 파악하기

빈출 선지
공방전, 구운몽, 국선생전, 꼭두각시놀음, 남과 북, 눈길, 만세전, 박씨전, 봉산 탈춤, 사씨남정기, 수난이대, 역마, 운수 좋은 날, 윤전기, 이생규장전, 자유종, 장끼전, 저생전

2위 기출유형23 중세 · 근대 · 현대 국어 문법 이해 및 적용하기

기출유형23은 중세 국어, 근대 국어, 현대 국어의 문법을 파악하는 출제 포인트로 출제된다. 그중 현대 문법에 맞는 표현을 찾는 문제의 출제 비중이 가장 높다.

빈출 출제 포인트
현대 문법 이해 및 적용하기

빈출 선지
'푸르다'의 활용, 관형사 '저', 선어말 어미 '-시-', 선어말 어미 '-겠-', 관형사절을 안은 문장, 명사절을 안은 문장, 부사절을 안은 문장, 서술절을 안은 문장, 인용절을 안은 문장, 홑문장

3위 기출유형22 점자·수어 등 다양한 국어 표현 파악하기

기출유형22는 수어, 점자, 방송 언어, 근대·개화기 신문 자료 등 다양한 국어 표현을 파악하는 출제 포인트로 출제된다.
그중 방송 언어 표현을 파악하는 문제의 출제 비중이 가장 높다.

빈출 출제 포인트
방송 언어 표현 파악하기

빈출 선지
문장 성분 간 호응, 순화어, 올바른 피동 표현, 적절한 표현(어휘, 조사), 번역 투 표현, 표준 발음법

맞히면 등급이 오른다!
가장 많이 틀리는 유형 TOP3

1위 기출유형22 점자·수어 등 다양한 국어 표현 파악하기

기출유형22의 출제 포인트 중 다양한 국어 표현을 파악하는 문제를 가장 많이 틀린다. 방언, 만요 어휘와 같이 특이한 표현이 출제되어 난도가 높은 편이나, 최근에는 출제 비중이 적다.

고난도 출제 포인트
다양한 국어 표현 파악하기

고난도 선지
만날, 변죽, 비렁뱅이, 숙맥, 신문/심문, 엄벙뗑하다, 풍각쟁이

2위 기출유형25 설명에 해당하는 문학 작가와 작품 파악하기

기출유형25의 출제 포인트 중 작품을 찾는 문제를 가장 많이 틀린다. 선지는 대부분 한 번쯤 들어 봤을 작품으로 구성되지만, 작가나 작품의 특징을 모르면 정답을 고르기 어려운 문제이다.

고난도 출제 포인트
한국 문학의 작품 파악하기

고난도 선지
김동인-감자, 김만중-구운몽, 손창섭-비 오는 날, 윤흥길-장마, 채수-설공찬전

3위 기출유형23 중세·근대·현대 국어 문법 이해 및 적용하기

기출유형23의 출제 포인트 중 중세·근대 국어 문법을 이해하고 적용하는 문제를 가장 많이 틀린다. 옛한글의 표기와 문법이 생경할 수 있지만, 자주 나오는 자료가 있으므로, 그에 대한 문법 요소와 표현을 알아 두면 좀 더 수월하게 문제를 해결할 수 있다.

고난도 출제 포인트
중세·근대 국어 문법 이해 및 적용하기

고난도 선지
중세 국어 - 훈민정음의 제자 원리(ㆁ, ㅍ, ㅊ, ㄹ, ㆆ)
훈민정음 표기(ㅸ, ㅿ)
훈민정음 서문 해석
근대 국어 - 연철 표기, 아래아(ㆍ) 표기, 'ㅅ'계열 합용 병서(ㅺ, ㅼ, ㅽ)

VII. 국어 문화

기출유형 22 점자·수어 등 다양한 국어 표현 파악하기

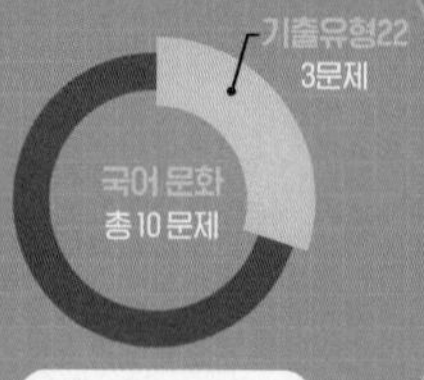

최근 3개년 출제 경향

출제 포인트 1 제시된 수어의 뜻 찾기

1. <보기>에 제시되는 한국 수어가 나타내는 의미를 묻는 문제로, 수어 하나에 대응하는 의미를 묻는 문제와 수어 두 개가 결합해 나타내는 의미를 묻는 문제로 출제됩니다.

2. 주로 다음과 같은 질문 형태로 출제됩니다.
   - 다음의 수어가 나타내는 의미는?

풀이 전략

수어를 보고 생각이 나는 단어가 정답일 확률이 높습니다. 생각나는 단어가 없다면 선택지의 단어를 보고 제시된 수형과 가장 어울리는 단어를 골라 봅시다. '뛰다, 머리, 듣다' 등 일상에서 많이 쓰는 단어가 제시되는 편이니, 시간이 날 때 국립국어원에 있는 한국수어사전에서 일상생활 수어를 찾아봅시다.

예제

다음의 수어가 나타내는 의미는?

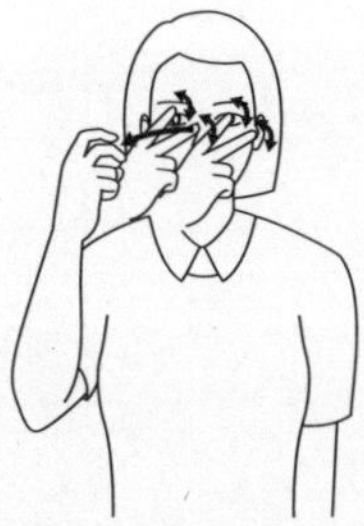

① 높다 ② 보다
③ 울다 ④ 자다
⑤ 바꾸다

정답 ④

해설 오른손의 1지(검지)와 2지(중지)만 눈 쪽으로 편 후 왼쪽에서 오른쪽으로 이동하며 한 번 구부리는 모양이 나타내는 의미는 '자다'이다.

출제 포인트 2 제시어에 대응하는 점자 찾기

1. 점자 표기법을 토대로 점자 표기의 적절성을 파악하는 문제로, 최근에 출제되고 있습니다. 처음에는 점자와 관련된 지식적 측면을 물어보는 문제가 출제되었으나 그 이후에는 <보기>에 점자 표기법 규정을 제시하고, 이를 선택지에 적용하는 문제가 출제됩니다.

2. 주로 다음과 같은 질문 형태로 출제됩니다.
   - <보기>를 바탕으로 할 때 점자 표기가 적절하지 않은 것은?
   - 아래는 한글 '(단어)'의 점자 표기를 나타낸 것이다. 이에 대한 이해로 적절한 것은?

풀이 전략

틀린 그림 찾기를 하듯 <보기>와 선택지에 제시된 점자 표기를 비교하며 틀린 부분을 찾으면 쉽게 풀 수 있습니다. 표기법의 예외 사항이 함께 제시된다면 이 부분에 특히 주의해 살펴보아야 합니다.

예제

<보기>를 바탕으로 할 때 점자 표기가 적절하지 <u>않은</u> 것은?

<보기>

아래 표는 '가, 나, 다, 바'의 약자, 받침 'ㄴ, ㄹ, ㅇ'의 점자 표기를 나타낸 것이다.

	가	나	다	바
약자	●● ●○ ○●	●● ○○ ○○	○● ●○ ○○	○● ○● ○○
	ㄴ	ㄹ	ㅇ	
받침	○○ ●● ○○	○○ ●○ ○○	○○ ●● ●●	-

① 가방	●● ●○ ○●	○● ○● ○○	○○ ●● ●●	
② 다발	●● ○○ ○○	○● ○● ○○	○○ ●○ ○○	
③ 강단	●● ●○ ○●	○○ ●● ●●	○● ●○ ○○	○○ ●● ○○
④ 난간	●● ○○ ○○	○○ ●● ○○	●● ●○ ○●	○○ ●● ○○
⑤ 반달	○● ○● ○○	○○ ●● ○○	○● ●○ ○○	○○ ●○ ○○

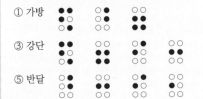

정답 ②

해설 '다발'에서 '발'의 표기는 '바'의 약자와 받침 'ㄹ'의 표기를 이용해 올바르게 되었으나, '다'의 약자가 '나'의 약자로 표기되어 있으므로 점자 표기가 적절하지 않은 것은 ②이다. 참고로, '다발'의 점자 표기는 아래와 같이 해야 한다.

○● ●○ ○○	○● ○● ○○	○○ ●○ ○○

출제 포인트 3 방송 언어 표현 파악하기

1. 보도문, 기사문 등에서 쓰이는 방송 언어가 표현, 발음 측면에서 적절한지, 특정 표현의 효과는 무엇인지 묻는 문제로, 방송 언어 표현과 그에 대한 설명으로 문제가 구성됩니다.

2. 주로 다음과 같은 질문 형태로 출제됩니다.
   - 방송 언어에 대한 지적으로 적절한/틀린 것은?
   - ㉠ ~ ㉤에/문장에 대한 설명으로 적절하지 않은 것은?

풀이 전략

표현의 적절성을 묻는 문제는 'Ⅲ. 어법-기출유형13 문장의 호응과 잘못된 표현 파악하기'와 같이 어휘 사용, 문장 성분의 호응 측면에서 판단하면 쉽게 풀 수 있습니다. 표현의 효과도 제시된 표현으로 그 효과가 실현될 수 있는지 상식적으로 따져 보면 수월하게 해결할 수 있습니다. 다만, 발음, 순화어 등 암기가 필요한 부분은 출제된 발음과 순화어를 중심으로 외워 두는 것이 좋습니다.

예제

방송 언어에 대한 지적으로 틀린 것은?

① 유례없는 태풍 피해로 배나무와 사과나무가 뿌리째 뽑힌 과수원에서 농민들은 떠나질 못했습니다.
→ 농민들에게 배나무와 사과나무가 소중했음을 강조하기 위해 '자식 같은 배나무와 사과나무가'로 표현을 수정해야 한다.

② 아이돌 ○○○ 콘서트 예매 시작 시각에 3만 명이 넘는 사람이 몰리며 트래픽이 증가해 예매처 누리집이 일시적으로 마비되었습니다.
→ '트래픽'은 우리말 대체어가 있는 외래어 표현이므로 '소통량'으로 수정해야 한다.

③ 통계청이 발표한 자료에서 국내 여행 경험률은 2021년 93.9%, 2022년 94.2%로, 2021년에 비해 0.3% 오른 점을 확인할 수 있었습니다.
→ 백분율로 나타낸 수치가 이전 수치에 비해 증가하거나 감소한 양을 나타낼 때는 퍼센트포인트(%p)로 나타내야 하므로 0.3%는 0.3%p로 바꾸어야 한다.

④ 한국 초연 30주년을 맞아 한국에 방문한 뮤지컬 ○○○의 제작진은 연습 참관과 공연을 관람하는 일정을 마친 후 영국으로 돌아갔습니다.
→ 접속 조사 '과'로 연결된 '연습 참관'과 '공연을 관람'이 대등하게 연결되도록 '공연을 관람하는'을 '공연 관람'으로 수정해야 한다.

⑤ 신용카드를 무분별하게 사용해 신용불량자가 된 대학생이 늘자 일부 대학에서는 학생들을 대상으로 올바른 신용카드 사용법을 강의하고 있습니다.
→ '신용불량자'는 사회적 지위와 관련된 차별적인 표현이므로 '금융채무연체자', '금융채무불이행자' 등의 표현으로 바꾸어 써야 한다.

정답 ①

해설 방송 언어 표현은 객관성을 유지해야 하므로, '자식 같은'과 같이 객관성과 정확성을 모두 갖추지 못한 표현은 추가하지 않는 것이 좋다.

※ 출처: KOSIS(문화체육관광부, 국민여행조사, 국내여행 경험률), 참조일자(23.8.30.)

출제 포인트 4 근대·개화기 자료 내용 파악하기

1. 1900~1940년대 신문을 읽고 그 내용을 파악할 수 있는지 평가하는 문제로, 주로 연극, 공연 안내 등을 제재로 한 신문 기사의 정보 확인 문제가 출제됩니다.

2. 주로 다음과 같은 질문 형태로 출제됩니다.
   - <보기>는 (<보기>의 자료 설명)이다. 이를 이해한 내용으로 적절하지 않은 것은?

풀이 전략

신문 기사와 선택지의 내용을 비교하며 선택지 내용의 적절성을 판단하는 사실적 이해 수준의 문제가 출제되기 때문에 신문 기사와 선택지의 내용을 일대일로 대응하면 수월하게 풀 수 있습니다. 만약 표기, 어휘, 띄어쓰기 측면에서 현대어와 다른 부분이 있어 읽기 막막하다면 발음이 유사한 현대어로 유추하는 것이 도움이 됩니다.

예제

<보기>는 일제 강점기 신문에 실린 연극 광고이다. 이를 이해한 내용으로 적절하지 않은 것은?

<보기>

지난음력단오부터신의주에서 흥행중인연극호(演劇號)일행은 신의주에서 비상한인긔를끌어 매일,초만원의 대성황을이루는 중인데특히 이연극호에서는 본보독자를위하야 래십삼일부터 이틀동안 입장료를반갑하기로 되야잇다 연극호는거금팔년전원산(元山)에서 조직되여이래복조선과 경긔 삼남 각지를순회하며 니르는곳마다 열광적환영을 바다오든바 금번은서선에들어 처음으로 신의주에서홍행을 시작하얏는데 신의주의전인긔를 총집중하엿다 상연연극중에서도 특별히 인긔를 박득하는 면극은 팔백혹갑판상(八百號甲板上),『누가그녀자를죽엿나?』『지옥』『신춘향전』『등불업는집』『고향으로 도라가는사람들』이 다 동단의 간부는
▲主幹金昌俊▲演出姜曙蜂▲文 藝部朴福禹▲裝置金雲善▲音樂 指揮全基豊▲社交魏東園
등이라한다

① '연극호'는 8년 전 원산에서 조직되었다.
② 경기 삼남 지역은 '연극호'의 순회 지역에 포함된다.
③ '신춘향전'은 '연극호' 상연작 중 인기가 좋은 연극이다.
④ '연극호'의 관객석은 매일 빈자리 없이 관객으로 가득 찬다.
⑤ 이 신문 구독자에게는 13~15일 '연극호' 입장료를 할인해 준다.

정답 ⑤

해설 '본보독자를위하야 래십삼일부터 이틀동안 입장료를반갑하기로 되야잇다'에서 이 신문 구독자에게 13~14일 이틀간 '연극호'의 입장료가 할인됨을 알 수 있다.

① '연극호는거금팔년전원산(元山)에서 조직되여'에서 알 수 있다.
② '복조선과 경긔 삼남 각지를순회하며'에서 알 수 있다.
③ '인긔를 박득하는 면극은 ~『신춘향전』~ 이다'에서 알 수 있다.
④ '신의주에서 비상한인긔를끌어 매일,초만원의 대성황을이루는'에서 알 수 있다.

※ 출처: 조선일보(1935.6.14.) 기사 발췌

출제 포인트 5 다양한 국어 표현 파악하기

1. 표준어나 방언, 전문어와 같은 일상어, 순화어, 신어의 의미나 형성 원리 등을 묻는 문제입니다. 주로 다양한 국어 표현을 설명한 내용의 적절성을 묻는 문제나 <보기>에 제시된 순화어나 신어의 설명에 맞는 예를 찾는 문제로 출제됩니다.

2. 주로 다음과 같은 질문 형태로 출제됩니다.
   - ㉠~㉤에 대한 설명으로 적절한/적절하지 않은 것은?
   - <보기>의 밑줄 친 사례로 보기 어려운 것은?

풀이 전략

이 유형은 'Ⅱ. 어휘-기출유형08 한자어 · 외래어를 우리말로 쉽게 다듬기'나 'Ⅲ. 어법-기출유형10 표준어 규정에 맞는 표기와 발음 구분하기'와 유사한 내용이 출제되므로, 두 유형과 마찬가지로 빈출 어휘를 중심으로 암기해 두는 것이 좋습니다.

예제

<보기>의 ㉠~㉤에 대한 설명으로 적절하지 않은 것은?

<보기>

- 과자를 사고 받은 ㉠ 우수리는 언제나 내 몫이다.
- 계약서를 어디에 두었는지 ㉡ 당최 생각나지 않는다.
- 이 병원에서도 ㉢ 가래톳이 생긴 원인을 알 수 없다고 했다.
- 엿장수가 딸각딸각 ㉣ 가새 소리를 내며 엿을 팔러 다닌다.
- ㉤ 갈쿠리 끝이 부러져 마당에 떨어진 쌀 쭉정이가 자꾸 흩어진다.

① ㉠: '물건값을 제하고 거슬러 받는 잔돈'을 뜻하는 방언이다.
② ㉡: '도무지', '영'의 뜻을 나타내는 말로 표준어이다.
③ ㉢: '넙다리 윗부분의 림프샘이 부어 생긴 멍울'을 뜻하는 표준어이다.
④ ㉣: '옷감, 종이, 머리털 등을 자르는 기구'를 뜻하는 방언이다.
⑤ ㉤: '검불이나 곡식 등을 긁어모으는 데 쓰는 기구'를 뜻하는 방언이다.

정답 ①

해설 '우수리'는 '물건값을 제하고 거슬러 받는 잔돈'을 뜻하는 표준어이다.

필수 암기 개념

암기포인트
점자 문제는 독해로 풀 수 있으므로, 수어, 일상어, 순화어 위주로 암기하면 됩니다!
특히 순화어는 어휘 영역에서 고정적으로 출제되니, 어휘 영역의 순화어 단원과 연계하여 학습하세요!

1 한국 수어

대한민국 청각 장애인의 언어, 행동 체계를 바탕으로 만들어진 고유한 형식의 언어

1. 특징

1) 수어 용어

수형	손과 손가락의 모양	**수위**	손의 위치
수향	손바닥의 방향	**수동**	손의 움직임

2) 손가락 번호

한국수어사전에서 수어를 설명할 때 손가락을 가리키는 번호

엄지손가락	5지	**약손가락**	3지
집게손가락	1지	**새끼손가락**	4지
가운뎃손가락	2지		

2. 기출 · 출제 예상 수어

가다	놀이, 놀다
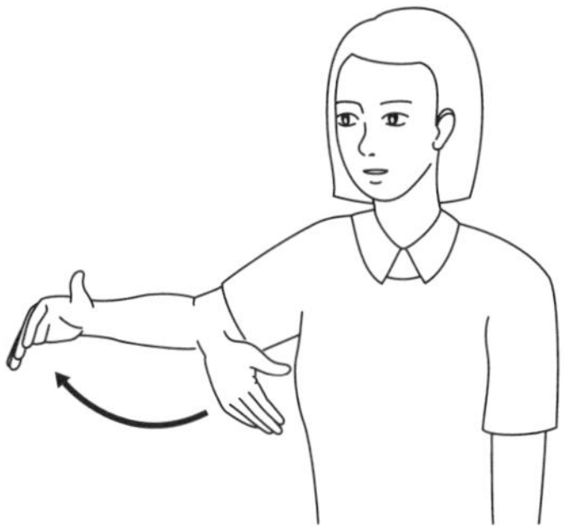	

개념 암기 체크

수어에서 손가락을 가리키는 번호와 손가락을 바르게 연결하시오.

01 1지 • • ㉠ 약손가락
02 2지 • • ㉡ 새끼손가락
03 3지 • • ㉢ 엄지손가락
04 4지 • • ㉣ 집게손가락
05 5지 • • ㉤ 가운뎃손가락

정답 01 ㉣ 02 ㉤ 03 ㉠ 04 ㉡ 05 ㉢

뛰다 ★

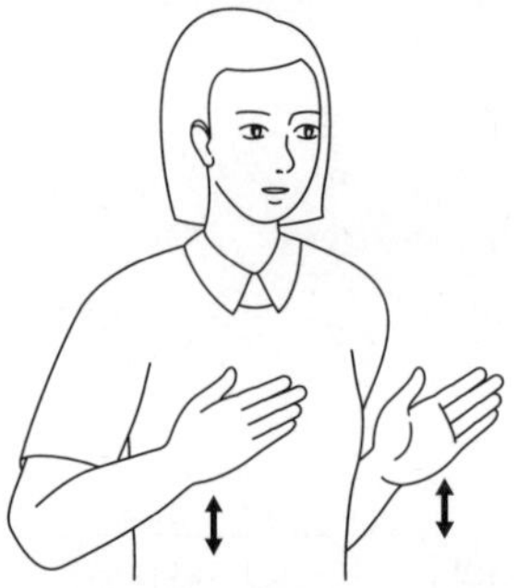

먹다

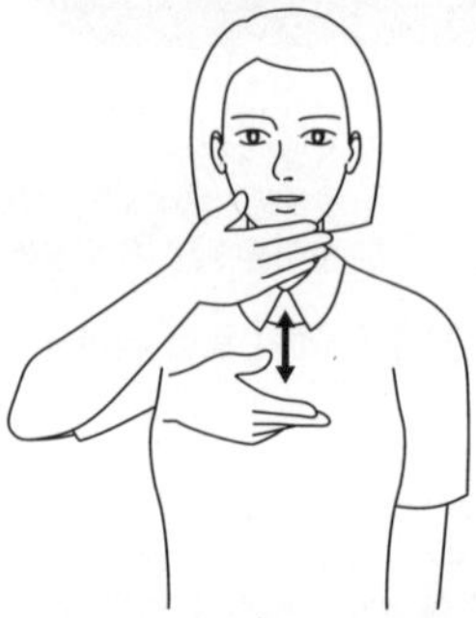

사랑

싫다

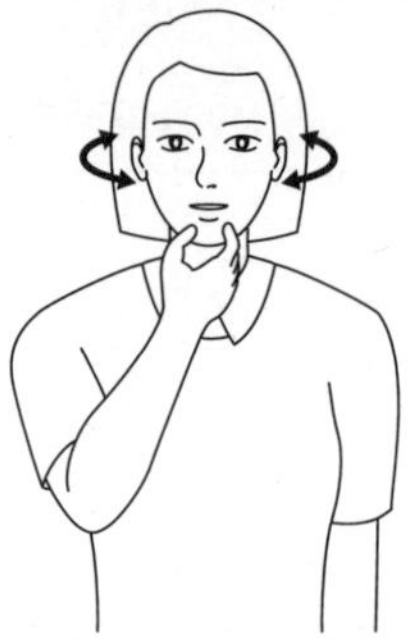

자다 ★

좋다

집

2 한글 점자 주요 규정

1. 기본 원칙

제1항 한국 점자는 한 칸을 구성하는 점 여섯 개(세로 3개, 가로 2개)를 조합하여 만드는 예순세 가지의 점형으로 적는다.

제2항 한 칸을 구성하는 점의 번호는 왼쪽 위에서 아래로 1점, 2점, 3점, 오른쪽 위에서 아래로 4점, 5점, 6점으로 한다.

1	●●	4	← 상단
2	●●	5	← 중단
3	●●	6	← 하단

제5항 한국 점자는 풀어쓰기 방식으로 적는다.

2. 자모

제1항 기본 자음자 14개가 첫소리 자리에 쓰일 때에는 다음과 같이 적는다.

자음자	ㄱ	ㄴ	ㄷ	ㄹ	ㅁ	ㅂ	ㅅ	ㅇ	ㅈ	ㅊ	ㅋ	ㅌ	ㅍ	ㅎ
첫소리 글자	○● ○○ ○○	●● ○○ ○○	○● ●○ ○○	○○ ○● ○○	●○ ○● ○○	○● ○● ○○	○○ ○○ ○●	●● ●● ○○	○● ○○ ○●	○○ ○● ○●	●● ●○ ○○	●○ ●● ○○	●● ○● ○○	○● ●● ○○

제2항 'ㅇ'이 첫소리 자리에 쓰일 때에는 이를 표기하지 않으며, 이와 같이 적는 것을 정자로 삼는다.

아이	●○ ●○ ○●	●○ ○● ●○	우유	●● ○○ ●○	●● ○○ ○●	중앙	○● ○○ ○●	●● ○○ ●○	○○ ●● ●●	●○ ●○ ○●	○○ ●● ●●	발음	○● ○● ○○	○○ ●○ ○○	○● ●○ ○●	○○ ●○ ○●

[다만] 첫소리 자리에 쓰인 'ㅇ'을 표기하고자 할 때에는 ●●/●●/○○ 으로 적는다.

제3항 기본 자음자 14개가 받침으로 쓰일 때에는 다음과 같이 적는다.

자음자	ㄱ	ㄴ	ㄷ	ㄹ	ㅁ	ㅂ	ㅅ	ㅇ	ㅈ	ㅊ	ㅋ	ㅌ	ㅍ	ㅎ
받침 글자	●○ ○○ ○○	○○ ●● ○○	○○ ○● ●○	○○ ●○ ○○	○○ ●○ ○●	●○ ●○ ○○	○○ ○○ ●○	○○ ●● ●●	●○ ○○ ●○	○○ ●○ ●○	○○ ●● ●○	○○ ●○ ●●	○○ ●● ○●	○○ ○● ●●

제4항 쌍받침 'ㄲ'은 ●○ ●○/○○ ○○/○○ ○○ 으로 적고, 쌍받침 'ㅆ'은 약자인 ○●/○○/●○ 으로 적는다.

낚시	●● ○○ ○○	●○ ○○ ○○	●○ ○○ ○○	○○ ○○ ○●	●○ ○● ●○	있다	●○ ○● ●○	○● ○○ ●○	○● ●○ ○○		
안팎	●○ ●○ ○●	○○ ●● ○○	●● ○● ○○	●○ ○○ ○○	●○ ○○ ○○	보았다	○● ○● ○○	●○ ○○ ●●	●○ ●○ ○●	○● ○○ ●○	○● ●○ ○○

개념 암기 체크

다음 설명이 적절하면 ○, 적절하지 않으면 ×에 표시하시오.

01 한국 점자는 모아쓰기 방식으로 적는다. (○, ×)

02 한국 점자는 한 칸에 점 여섯 개를 조합하여 만든다. (○, ×)

03 'ㅇ'이 첫소리 자리에 쓰일 때에는 이를 표기하지 않는 것이 원칙이다. (○, ×)

정답 01 ×, 풀어쓰기 02 ○ 03 ○

제6항 겹받침으로 쓰인 'ㄳ, ㄵ, ㄶ, ㄺ, ㄻ, ㄼ, ㄽ, ㄾ, ㄿ, ㅀ, ㅄ'은 각 자음자의 받침 표기를 이용해 어울러 적는다.

ㄳ	ㄵ	ㄶ	ㄺ	ㄻ	ㄼ
●○ ○○ ○○ ○○ ○○ ●○	○○ ●○ ●● ○○ ○○ ●○	○○ ○○ ●● ○● ○○ ●●	○○ ●○ ●○ ○○ ○○ ○○	○○ ○○ ●○ ●○ ○○ ○●	○○ ●○ ●○ ●○ ○○ ○○

ㄽ	ㄾ	ㄿ	ㅀ	ㅄ
○○ ○○ ●○ ○○ ○○ ●○	○○ ○○ ●○ ●○ ○○ ●●	○○ ○○ ●○ ●● ○○ ○●	○○ ○○ ●○ ○● ○○ ●●	●○ ○○ ●○ ○○ ○○ ●○

앉다	●○ ●○ ○●	○○ ●● ○○	●○ ○○ ●○	○● ●○ ○○	않다	●○ ●○ ○●	○○ ●● ○○	○○ ○● ●●	○● ●○ ○○	읽다	●○ ○● ●○	○○ ●○ ○○	●○ ○○ ○○	○● ●○ ○○

제7항 기본 모음자 'ㅏ, ㅑ, ㅓ, ㅕ, ㅗ, ㅛ, ㅜ, ㅠ, ㅡ, ㅣ'는 다음과 같이 적는다.

ㅏ	ㅑ	ㅓ	ㅕ	ㅗ	ㅛ	ㅜ	ㅠ	ㅡ	ㅣ
●○ ●○ ○●	○● ○● ●○	○● ●○ ●○	●○ ○● ○●	●○ ○○ ●●	○● ○○ ●●	●● ○○ ●○	●● ○○ ○●	○● ●○ ○●	●○ ○● ●○

3 방송 언어

1. 음성·문자 언어

1) 음성·문자 언어 공통 사용법

① 정확하고 올바르면서도 이해하기 쉬운 표현을 사용해야 한다.

② 욕설과 비속어는 원칙적으로 사용해서는 안 되고, 저속한 조어나 은어, 인격 비하 표현, 이 밖에 발음이나 어감이 욕설이나 비속어를 연상하게 하는 표현도 사용에 신중을 기해야 한다.

③ 외국어 중 우리말 대체어가 있는 표현은 사용에 신중을 기해야 한다.

④ 성별·연령·학력·직업·외모·장애·계층·지역·인종 등과 관련하여 편견을 조장하거나 조롱·모독하는 차별적 언어의 사용은 자제해야 한다.

2) 음성·문자 언어 사용법

음성 언어	• 원칙적으로 표준 발음법에 따라 발음해야 하고, 외래어는 외래어 표기법에 따른 표기를 기준으로 정확하게 발음해야 한다. • 보도·정보 제공 프로그램, 다큐멘터리 등의 현장 녹취음 또는 기존 제작된 영화와 같이 방송사의 의도와 무관하게 욕설이나 비속어 등이 포함된 장면을 방송해야 할 경우, 시청자가 욕설 등을 알아들을 수 없도록 효과음 처리해야 한다.
문자 언어	• 자막은 맞춤법과 띄어쓰기 등 어문 규범에 맞게 정확히 표기하기 위해 노력해야 한다. 방송 자막은 시청자에게 규범적 언어로 인식될 수 있기 때문이다. • 자막은 시청자의 이해를 도와야 하며, 방송 내용을 정확히 전달하여 사실 왜곡 등의 논란을 부르지 않도록 사용에 유의해야 한다. • 자막을 필요 이상으로 많이 삽입하여 시청 흐름을 방해하지 않아야 한다.

2. 방송 언어 장르별 지침

1) 시청자는 시사·보도 프로그램에서 사용하는 언어를 규범적인 언어로 인식하는 경향이 있으므로, 진행자와 출연자 모두 정확하고 올바른 언어를 사용해야 한다.

예 작년의 자랑스러운 **성과를 전철** 삼아, 이번 올림픽에서도 좋은 결과를 내면 좋겠습니다.(×)
→ '전철(前轍)★'은 '이전 사람의 그릇된 일이나 행동의 자취를 이르는 말'을 의미하므로, '성과를 전철 삼아'는 적절하지 않은 표현이다.

예 ○○○ 의원은 대선을 **염두하고** 있다고 밝혔습니다.(×)
→ '염두하다'는 잘못된 표현이다. '마음의 속'을 뜻하는 '염두(念頭)'는 '염두에 두다'와 같이 표현하는 것이 적절하다.

2) 진행자는 원칙적으로 표준 발음법에 따라 발음해야 하고, 외래어는 외래어 표기법에 따른 표기를 기준으로 정확하게 발음해야 한다.

예 불량품이 **산더미[산더미]**로 쌓여 있습니다.(×)
→ 표준 발음에 따라 '산더미[산떠미]'로 발음해야 한다.

예 **DMZ[디엠제트]** 마라톤이 개최될 예정입니다.(×)
→ 표준 발음에 따라 'DMZ[디엠지]'로 발음해야 한다.

3) 시청자가 쉽게 이해할 수 있도록 어려운 단어보다는 가급적 쉬운 단어를 사용하고, 불가피하게 어려운 전문 용어나 축약어를 사용할 때는 적절한 해설 · 설명을 통해 시청자의 이해를 도와야 한다.

예 시스템 관리자의 중요한 작업 중 하나가 **트래픽** 상황을 감시하고, **트래픽**이 늘어나면 이에 따른 적절한 조치를 취하는 것이다.(×)
→ 문맥에 따라 다듬은 말인 '소통(량)', '데이터 (양)', '정보(량)'를 사용하는 것이 적절하다.

예 **구좌** 추적도 함께 착수할 계획이다.(×)
→ 다듬은 말인 '계좌'를 사용하는 것이 적절하다.

4) 뉴스의 기사를 요약하는 자막은 기사 내용 전반을 정확하게 전달해야 한다.

5) 외신 보도의 경우 번역 투의 문장을 사용하지 않아야 한다.

예 이와 같은 발언은 선전 포고에 **다름 아니다**.(×)
→ '~에 다름 아니다'는 번역 투 표현이므로 '~와 다름 없다/다를 바 없다'와 같은 우리말 표현을 사용하는 것이 적절하다.

6) 재난방송에서는 시청자에게 불필요한 불안감을 줄 수 있는 지나치게 흥분된 어조를 사용하지 않아야 하며, 개인적 감정 표출을 하지 않아야 한다.

개념 암기 체크

다음 중 적절한 방송 언어 표현에 ○ 표시하시오.

01 DMZ[(디엠지 / 디엠제트)] 마라톤이 개최될 예정입니다.
02 불량품이 산더미[(산더미 / 산떠미)]로 쌓여 있습니다.
03 ○○○ 의원은 대선을 (염두하고 / 염두에 두고) 있다고 밝혔습니다.

정답 01 디엠지 02 산떠미 03 염두에 두고

4 다양한 국어 표현

1. 일상어

1) 표준어와 방언

① 표준어와 방언의 대응

표준어	방언	표준어	방언
① 그을음 ② 꾸러미	끄름 ★	만들다	맹글다
가	가새 ★	모두	몽창
가, 가장자리	가생이	바위	바우
가깝다	가찹다 ★	벼	나락 ★
가랑이	가리	봉지	봉다리 ★
갈고리	갈쿠리	부엌	정지 ★
구멍	구녕	사내아이	머스마
국수	국시	수고하다	욕보다 ★
깍두기	깍대기	아버지	아배
꼬락서니	꼬라지 ★	어처구니	얼척
눈두덩	눈두덕 ★	여우	여시
다듬이	다디미	이제	인저
도리어	되려	일부러	우정
도저히	도제	저리다	재리다
따뜻하다	뜨시다	포대기	푸대
땅벌	땡벌	할머니	할매
마을	마실		

② 기출 표준어

표준어	의미
가래톳	넙다리 윗부분의 림프샘이 부어 생긴 멍울
가르마 ★	이마에서 정수리까지의 머리카락을 양쪽으로 갈랐을 때 생기는 금
가름하다	1. 쪼개거나 나누어 따로따로 되게 하다. 2. 승부나 등수 등을 정하다.
갈무리하다	1. 물건 등을 잘 정리하거나 간수하다. 2. 일을 처리하여 마무리하다.
거시기	1. 이름이 얼른 생각나지 않거나 바로 말하기 곤란한 사람 또는 사물을 가리키는 대명사 2. 하려는 말이 얼른 생각나지 않거나 바로 말하기가 거북할 때 쓰는 군소리
거죽	물체의 겉 부분
고뿔 ★	'감기'를 일상적으로 이르는 말
고샅	시골 마을의 좁은 골목길. 또는 골목 사이
구린내 ★	똥이나 방귀 냄새와 같이 고약한 냄새
기껏	힘이나 정도가 미치는 데까지
까불리다	키가 위아래로 흔들려 곡식의 티나 검불 등이 날리다.
깜냥	스스로 일을 헤아림. 또는 헤아릴 수 있는 능력
꽁지	1. 새의 꽁무니에 붙은 깃 2. 주로 기다란 물체나 몸통의 맨 끝부분

냅다	몹시 빠르고 세찬 모양
노끈	실, 삼, 종이 등을 가늘게 비비거나 꼬아서 만든 끈
누이	같은 부모에게서 태어난 사이거나 일가친척 가운데 항렬이 같은 사이에서 남자가 여자 형제를 이르는 말
눌은밥	솥 바닥에 눌어붙은 밥에 물을 부어 불려서 긁은 밥
니글거리다	먹은 것이 내려가지 않아 곧 게울 듯이 속이 자꾸 울렁거리다.
다래끼 ★	속눈썹의 뿌리에 균이 들어가 눈시울이 발갛게 붓고 곪아서 생기는 작은 부스럼
달음질	급히 뛰어 달려감
당최	'도무지', '영'의 뜻을 나타내는 말
덩굴	길게 뻗어 나가면서 다른 물건을 감기도 하고 땅바닥에 퍼지기도 하는 식물의 줄기
도리질	말귀를 겨우 알아듣는 어린아이가 어른이 시키는 대로 머리를 좌우로 흔드는 재롱
됫박	'되'를 속되게 이르는 말
두드러기	약이나 음식을 잘못 먹거나 또는 환경의 변화로 인해 생기는 피부병의 하나
따라지 ★	노름판에서 세 끗과 여덟 끗을 합하여 된 한 끗
똬리	1. 짐을 머리에 일 때 머리에 받치는 고리 모양의 물건 2. 둥글게 빙빙 틀어 놓은 것. 또는 그런 모양
뜨락	집 안의 앞뒤나 좌우로 가까이 딸려 있는 빈터
마루	등성이를 이루는 지붕이나 산 등의 꼭대기
마수걸이	맨 처음으로 물건을 파는 일. 또는 거기서 얻은 소득
만날 ★	매일같이 계속하여서
매무새	옷, 머리 등을 수습하여 입거나 손질한 모양새
머리끄덩이	머리카락을 한데 뭉친 끝
면구스럽다	낯을 들고 대하기에 부끄러운 데가 있다.
무지	무늬가 없이 전체가 한 가지 빛깔로 됨. 또는 그런 물건
묵은지	오랫동안 숙성되어 푹 익은 김장김치
발치	누울 때 발이 가는 쪽
벌충	손실이나 모자라는 것을 보태어 채움
부러 ★	실없이 거짓으로
비렁뱅이 ★	'거지'를 낮잡아 이르는 말
빡빡	야무지게 자꾸 긁거나 문대는 소리. 또는 그 모양
뾰루지	뾰족하게 부어오른 작은 부스럼

개념 암기 체크

다음 밑줄 친 부분이 표준어이면 ○, 방언이면 ×에 표시하시오.

01 고뿔에 들다. (○, ×)
02 가르마를 타다. (○, ×)
03 다래끼가 나다. (○, ×)
04 봉다리에 담다. (○, ×)
05 잘못한 사람이 되려 큰소리를 친다. (○, ×)

정답 01 ○ 02 ○ 03 ○ 04 ×, 봉지 05 ×, 도리어

사리	국수, 새끼, 실 등을 동그랗게 포개어 감은 뭉치
삭신	몸의 근육과 뼈마디
샌님	'생원님'의 준말
생채기	손톱 등으로 할퀴이거나 긁히어서 생긴 작은 상처
숙맥 ★	사리 분별을 못 하고 세상 물정을 잘 모르는 사람
숫제	순박하고 진실하게
시방	말하는 바로 이때
식겁하다 ★	뜻밖에 놀라 겁을 먹다.
아따	무엇이 몹시 심하거나 하여 못마땅해서 빈정거릴 때 가볍게 내는 소리
아쭈	남의 잘난 체하는 말이나 행동을 비웃는 뜻으로 하는 말
에비	아이들에게 무서운 가상적인 존재나 물건
오지랖	웃옷이나 윗도리에 입는 겉옷의 앞자락
우수리 ★	물건값을 제하고 거슬러 받는 잔돈
으레	두말할 것 없이 당연히
이부자리	이불과 요를 통틀어 이르는 말
자리끼	밤에 자다가 마시기 위하여 잠자리의 머리맡에 준비하여 두는 물
종내	끝까지 내내
주눅	기운을 제대로 펴지 못하고 움츠러드는 태도나 성질
주발	놋쇠로 만든 밥그릇
짜장 ★	과연 정말로
터럭	사람이나 길짐승의 몸에 난 길고 굵은 털
틈새기	틈의 아주 좁은 부분
풀무	불을 피울 때에 바람을 일으키는 기구
함지박	통나무의 속을 파서 큰 바가지같이 만든 그릇

2) 주제별 어휘

① 나이를 이르는 한자어

어휘	의미	어휘	의미
지학(志學)	열다섯 살을 달리 이르는 말	**종심(從心)**	일흔 살을 달리 이르는 말
약관(弱冠)	스무 살을 달리 이르는 말	**고희(古稀)**	일흔 살을 이르는 말
이립(而立)	서른 살을 달리 이르는 말	**희수(稀壽)**	나이 일흔 살을 달리 이르는 말
불혹(不惑) ★	마흔 살을 달리 이르는 말	**희수(喜壽)**	나이 일흔일곱 살을 달리 이르는 말
지천명(知天命)	쉰 살을 달리 이르는 말	**미수(米壽)**	여든여덟 살을 달리 이르는 말
이순(耳順) ★	예순 살을 달리 이르는 말	**백수(白壽)**	아흔아홉 살

② 바둑과 관련 있는 한자어

어휘	의미	어휘	의미
각생(各生)	바둑에서, 양편이 서로 말을 잡으려고 다투다가 다 같이 살아남	**무리수(無理手)**	바둑에서, 과욕을 부려 두는 수
국면(局面)	바둑이나 장기에서, 반면(盤面)의 형세를 이르는 말	**복기(復棋)**	바둑에서, 한 번 두고 난 바둑의 판국을 비평하기 위하여 두었던 대로 다시 처음부터 놓아 봄
낙점불입(落點不入)	바둑에서, 한번 놓은 돌은 물리기 위하여 다시 집어 들이지 못함	**자충수(自充手)**	바둑에서, 자충(바둑에서, 자기가 놓은 돌로 자기의 수를 줄이는 일)이 되는 수
대마(大馬)	바둑에서, 많은 점으로 넓게 자리를 잡은 말	**포석(布石)**	바둑에서, 중반전의 싸움이나 집 차지에 유리하도록 초반에 돌을 벌여 놓는 일

③ 여성과 관련 있는 한자어

어휘	의미	어휘	의미
규수(閨秀)	남의 집 처녀를 정중하게 이르는 말	**묘년(妙年), 묘령(妙齡)**	스무 살 안팎의 여자 나이
노파(老婆)	늙은 여자	**질부(姪婦)**	조카의 아내를 이르거나 부르는 말

④ 동일 한자가 반복되는 한자어

어휘	의미	어휘	의미
사사(事事)	이 일 저 일이라는 뜻으로, 모든 일을 이르는 말	**자자(藉藉)**	여러 사람의 입에 오르내려 떠들썩함
암암(暗暗)	기억에 남은 것이 눈앞에 아른거리는 듯함	**지지(遲遲)**	몹시 더딤

개념 암기 체크

다음 어휘와 뜻풀이를 바르게 연결하시오.

01 불혹(不惑) •　　　　• ㉠ 서른 살을 달리 이르는 말
02 이립(而立) •　　　　• ㉡ 마흔 살을 달리 이르는 말
03 이순 (耳順) •　　　　• ㉢ 쉰 살을 달리 이르는 말
04 지천명(知天命) •　　　　• ㉣ 예순 살을 달리 이르는 말

정답 01 ㉡ 02 ㉠ 03 ㉣ 04 ㉢

2. 순화어

순화 대상어	순화어	순화 대상어	순화어
QR 코드	정보 무늬	보드마커 ★	칠판펜
견적서	추산서	보이스 피싱	사기 전화
결석계	결석 신고, 결석 신고서	빅 리그	최상위연맹
고수부지	둔치	서빙하다	봉사하다, 접대하다, 내다
네티즌	누리꾼	선루프 ★	지붕창
노견 ★	갓길	스케줄	일정, 일정표
대합실	맞이방, 기다리는 곳	스크린 도어 ★	안전문
데스크 ★	① 부서장 ② 취재 책임자 ③ 책상	슬로 푸드	여유식, 느림 음식
도급	도맡음	시건장치 ★	잠금장치, 자물쇠 장치
랜드마크	마루지, 상징물, 대표 건물	아이콘 ★	① 상징, 상징물 ② 그림 단추
론칭쇼 ★	신제품 발표회	얼리 어답터	앞선 사용자
리콜	결함 보상, 결함 보상제	엘레강스 ★	우아, 고상
리플 ★	댓글	오픈마켓 ★	열린 시장, 열린 장터
마블링	결지방	웨딩 플래너 ★	결혼설계사
마인드맵	생각그물	정크푸드 ★	부실음식, 부실식품
매출	판매	카메라맨	사진사, 사진 기사 ★
머스트 해브	필수품	타임캡슐 ★	기억상자
멀티탭 ★	모둠전원꽂이	트러블	말썽, 충돌, 문제점 ★
메모리 ★	기억 장치	패스 ★	① 통과 ② 합격
무빙워크 ★	자동길	프랜차이즈	① 연쇄점 ② 지역할당 ③ 가맹점
미망인 ★	고 OOO(씨)의 부인	피크 타임	① 절정기 ② 한창, 한탕 때
미션	임무, 중요 임무	하이브리드카	복합동력차
버스킹	거리 공연	학부형 ★	학부모

유형 연습문제

1 <보기>의 수어가 나타내는 의미는?

<보기>

① 기분　　② 기억　　③ 놀이
④ 여행　　⑤ 이용

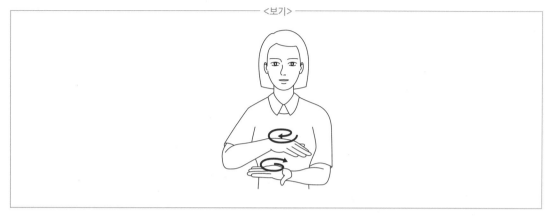

2 다음은 점자 표기에 대한 설명이다. 이를 참고할 때, <보기>에 제시된 점자 표기의 의미로 적절한 것은?

된소리 'ㄲ, ㄸ, ㅃ, ㅆ, ㅉ'이 첫소리 자리에 쓰일 때 각각 'ㄱ, ㄷ, ㅂ, ㅅ, ㅈ' 앞에 된소리 표를 적어서 나타낸다.

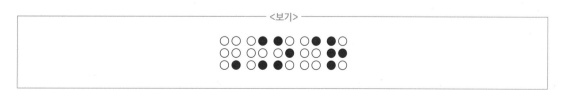

ㄱ	○● ○○ ○○	ㄲ	○○ ○● ○○ ○○ ○● ○○
ㅂ	○● ○● ○○	ㅅ	○○ ○○ ○●
ㅈ	○● ○○ ○●	ㅐ	●○ ●● ●○
ㅡ	○● ●○ ○●	ㅣ	●○ ○● ●○

<보기>

○○ ○● ●○ ○● ●○
○○ ○○ ○● ○○ ●●
○● ○● ●○ ○○ ●○

① 깨기　　② 빼기　　③ 뜨개
④ 쓰기　　⑤ 찌개

3 <보기>는 한 생활 정보 프로그램의 방송 장면이다. 방송 언어에서 지켜야 할 규범을 고려할 때, ㉠~㉤에 대해 설명한 것으로 가장 적절한 것은?

<보기>

<화면>

진행자 A가 사람들이 줄을 길게 서고 있는 한 식당으로 들어간다. 점원에게 자리를 안내받은 진행자 A는 이 식당에서 가장 유명한 음식을 주문하고 기다리면서 출연자인 사장 B와 인터뷰한다.

<진행자 A와 출연자 B의 대화>

A: 안녕하세요. A입니다! 요즘 안 그래도 국물이 ㉠당겼는데 마침 뜨거운 국물 음식을 소개할 차례라고 해서 촬영하기 전에 정말 기대를 많이 했습니다.

B: (옆에서 본인 차례를 기다리고 있다.)

A: ㉡사장님, 가게 앞에 줄이 쫙 선 걸 보니까 이게 요새 정말 유명하긴 한가 봐.

B: 네, 이건 여기서만 팔거든요. 제가 원래 팔던 거 다 정리하고 새로 개발했어요.

A: 와, 그렇구나! 이 근방을 자주 돌아다녔는데 이런 가게가 존재하는지는 또 몰랐죠.

<자막>

가게를 둘러싼 ㉢기나긴 줄… 과연 ○○동 ㉣핫플레이스!

㉤이곳의 인기 비법! 사장님이 직접 개발한 음식!

① ㉠: 생활 정보 프로그램의 진행자는 정확한 언어 표현을 사용해야 하므로 비표준어인 '당겼는데'를 표준어인 '땡겼는데'로 수정해야 한다.

② ㉡: 생활 정보 프로그램의 진행자는 시청자 및 출연자에게 친근감을 드러내기 위해 경어를 생략할 수도 있다.

③ ㉢: 생활 정보 프로그램의 자막은 띄어쓰기를 지켜야 하므로 '기나긴'은 '기나 긴'으로 수정해야 한다.

④ ㉣: 방송 언어에서는 불필요한 외래어의 사용을 지양해야 하므로 '뜨는 곳', '인기 명소' 등의 우리말로 대체해야 한다.

⑤ ㉤: 방송 언어에서는 방송에서 전달하는 정보 및 사실을 왜곡할 수 있는 자막은 사용하지 말아야 하므로 수정해야 할 자막이다.

4 **기사문에 나타난 문장에 대해 설명한 내용으로 적절하지 않은 것은?**

① 양국의 대립은 비단 어제오늘의 문제가 아닙니다.
→ 부정문에서 쓰이는 부사를 적절하게 사용하였다.

② ○○교회 담임 목사도 정부의 초청을 받아 참석하였다.
→ 객관적인 사실을 전달하는 문서에서 중립적 입장을 지키기 위해 대상을 특별히 높이지 않고 있다.

③ 장애인과 비장애인의 화합을 도모하는 축제를 개최하였다.
→ 특정 대상을 차별하거나 오해할 만한 소지가 없게 다듬어진 말을 사용하였다.

④ 매년 미국 라스베가스에서 세계적 규모의 전시회가 열립니다.
→ 외래어 표기법에 따른 정확한 표기를 사용하고 있다.

⑤ 심사 위원회는 표절 작품에 대상을 준 전년도 심사 위원회의 전철을 밟지 않도록 신중히 심사할 예정이다.
→ 문맥에 맞게 적절한 표현을 사용하고 있다.

5 **<보기>는 신문에 게재된 영화의 광고이다. 이에 대한 설명으로 적절하지 않은 것은?**

<보기>

『차레스,차푸린』 작품(作品)
운명비극파리(運命悲劇巴里)의여성(女性) (전팔권(全八卷))
삼십일일(三十一日)부터단성사에서상영

『차레스,차푸린』씨는 위대한히극배우인동시에 그는또한 위대한 비극작가로 세계에명성을떨치게하엿스니 그는본작품 『파리의녀성』을 발표한연고이다그리하야 본작품은 미래의영화로서 영화예술의 새로운표현기교와 무대연출을 떠나지금까지 영화극으로서는 보지못하든 구조와 표정동작을 나타낸영회다 본작품이 한버사계에발표되자 일구이사년증 예술영화로써 첫자리를 엇게되엿스며『차푸린』의명성이 전세계기네마팬들로 부르짖게하얏다한다 본작품의 내용은 특수한사건을 취급하지안엇고 우리의 일생생활중에서 보통몰수잇는 사건을내용으로한점과 인생의운명의 작라이 얼마나가혹한가를 극단의풍자와 대비가운데서 표현한점에잇서 능히재래의영화극의 과장과허위로마내용하든것이 얼마나잘못인가를 능히 증명할수잇슬것이다 그라하야 본작품은자막의간단함으로도 볼점이 만흘것이며 설명으로듯는것보다도 음악가운테서 고요히안저저 생각해가며 랭정히바라볼작품이다

\- 조선일보, 1926. 02. 01.

① 영화 '파리의 여성'에는 자막이 제시된다.
② 영화 '파리의 여성'은 단성사에서 상영될 예정이다.
③ 영화 '파리의 여성'을 제작한 사람은 배우 활동도 한다.
④ 영화 '파리의 여성'은 일상에서 접할 수 있는 이야기를 담았다.
⑤ 영화 '파리의 여성'은 1924년에 상영된 영화 중에서 가장 많은 관객을 얻었다.

약점 보완 해설집 p.59

기출유형 23 중세·근대·현대 국어 문법 이해 및 적용하기

최근 3개년 출제 경향

출제 포인트 1 중세·근대 국어 문법 이해 및 적용하기

1. 중세 국어와 근대 국어의 음운 현상, 표기법 등 문법 요소를 이해하고, 자료를 통해 파악할 수 있는지 평가하는 문제입니다. 주로 <보기>의 근대 신문 자료로 알 수 있는 문법 요소를 묻는 문제, <보기>에 설명된 중세·근대 국어의 문법 요소가 쓰인 예를 찾는 문제로 출제됩니다. 최근에는 <보기>에 중세 국어 자료인 『훈민정음』이 자주 출제됩니다.

2. 주로 다음과 같은 질문 형태로 출제됩니다.
   - <보기>의 근대 신문 자료에 대한 설명으로 적절하지 않은 것은?
   - <보기>를 참고할 때 '(문법 요소)'를 바르게 사용한/사용하지 못한 것은?

풀이 전략

<보기>나 선택지에 쓰인 중세·근대 국어 문법 요소가 무엇인지 파악하려면 우선 중세·근대 국어 문법의 주요 특징을 정확히 알고 있어야 합니다. 만약 '<보기>에는 각자 병서가 쓰였다'라는 선택지가 나온다면 '각자 병서'가 무엇인지 알아야 정답을 고를 수 있으니, 자주 출제되는 개념을 중심으로 중세·근대 국어 문법 요소를 익혀야 합니다.

예제

<보기>를 참고할 때 중세 국어의 관형격 조사를 바르게 사용하지 못한 것은?

<보기>

관형격 조사	체언의 성격
ᄋᆡ	마지막 음절에 양성 모음이 포함되는 유정 명사(사람, 동물)
의	마지막 음절에 음성 모음이 포함되는 유정 명사(사람, 동물)
ㅅ	무정 명사, 높임의 대상인 유정 명사(사람, 동물)

예를 들어, 무정 명사 'ᄇᆡ(배)'에는 관형격 조사 'ㅅ'이 결합해 'ᄇᆡᆺ'과 같이 적는다.

① 여ᇫ의갗(여우의 가죽)
② ᄀᆞᅀᆞᆳ 고지(가을의 꽃이)
③ 아기아ᄃᆞᆯᄋᆡ 각시ᄅᆞᆯ(막내아들의 각시를)
④ ᄃᆞ닚 光이러시다(달님의 빛이시다)
⑤ 太子ㅣ ᄌᆞ갸ᄋᆡ 오ᄉᆞᆯ(태자가 자기의 옷을)

정답 ⑤

해설 'ᄌᆞ갸ᄋᆡ'의 'ᄌᆞ갸(자기)'는 '太子(태자)'를 가리키므로 'ᄌᆞ갸'는 존경의 대상이된다. 따라서 관형격 조사로 'ㅅ'이 와야 하므로 'ᄌᆞ갸ᄋᆡ'는 'ᄌᆞ걋'으로 쓰는 것이 적절하다.

① 음성 모음 'ㅕ'가 쓰인 유정 명사 '여ᇫ'에 관형격 조사 '의'가 결합했으므로 적절하다.
② 무정 명사 'ᄀᆞᅀᆞᆯ'에 관형격 조사 'ㅅ'이 결합했으므로 적절하다.
③ 양성 모음 'ㆍ'가 쓰인 유정 명사 '아기아ᄃᆞᆯ'에 관형격 조사 'ᄋᆡ'가 결합했으므로 적절하다.
④ 무정 명사 '달님'에 관형격 조사 'ㅅ'이 결합했으므로 적절하다.

출제 포인트 2 현대 문법 이해 및 적용하기

1. 국어의 말소리(음운의 변동 등), 단어(단어 형성법, 품사 등), 문장(문장 성분, 높임 표현 등)에 관한 개념을 알고 이를 실제 예에 적용할 수 있는지 묻는 문제입니다. 주로 <보기>에서 설명하는 현대 문법 이론의 예를 찾는 문제나 특정 문법 요소의 적용 여부를 묻는 문제가 출제됩니다.

2. 주로 다음과 같은 질문 형태로 출제됩니다.
   - <보기>의 밑줄 친 예에 해당하는 것은?
   - 다음 중 '(문법 요소)'로 옳지 않은 것은?/다른 것은?

풀이 전략

현대 문법 개념을 알아야 풀 수 있는 문제입니다. 예를 들어, '첨가, 교체'가 일어난 예를 찾으라는 문제의 정답을 고르려면 '첨가, 교체'에 어떤 음운 변동 현상이 속하는지 알고 있어야겠죠. 앞에서 학습한 'Ⅲ.어법- 기출유형12 문법에 맞는 발음 · 단어 · 문장 구분하기'와 연결해 현대 문법 이론을 확실히 학습해 둡시다. 문제에서 요구하는 조건에 동그라미나 밑줄 등의 표시를 하며 풀면 정답의 조건이 되는 문법 요소가 있는지 파악하는 데 도움이 됩니다.

예제

<보기>의 밑줄 친 예에 해당하는 것은?

<보기>

피동사를 만드는 피동 접사에는 '-이-, -히-, -리-, -기-', 사동사를 만드는 사동 접사에는 '-이-, -히-, -리-, -기-, -우-, -구-, -추-'가 있다. 따라서 '-이-, -히-, -리-, -기-'가 결합한 동사의 경우, 피동사인지 사동사인지 구분하려면 문장 내의 쓰임을 고려해야 한다.

① 떼이다
② 맡기다
③ 먹히다
④ 설레다
⑤ 읽히다

정답 ⑤

해설 '읽히다'는 동사 '읽다'의 어간 '읽-'에 사동 접사와 피동 접사의 형태가 같은 '-히-'가 결합한 것이다. 사동사 '읽히다'와 피동사 '읽히다'의 쓰임은 아래와 같다.

- **사동사**: 학교에서는 논술에 대비하여 학생들에게 주로 신문 사설을 읽혔다.
  (학교에서는 학생들에게 신문 사설을 읽게 한다.)
- **피동사**: 니체는 특히 철학과 학생에게 많이 읽히는 편이지요.
  (니체의 책이 철학과 학생에게 읽어진다.)

① ③ **떼이다, 먹히다**: 각각 '떼다'와 '먹다'의 어간에 피동 접미사 '-이-'와 '-히-'가 결합한 피동사로만 쓰인다.

② **맡기다**: '맡다'의 어간에 사동 접미사 '-기-'가 결합한 사동사로만 쓰인다.

④ **설레다**: 사동 접미사나 피동 접미사 '-이-, -히-, -리-, -기-'가 결합한 예가 아니다.

필수 암기 개념

암기포인트
자주 출제되는 훈민정음 제자 원리나 표기법은 꼭 암기해야 합니다. 서문을 파악하는 문제가 자주 출제되니 내용과 서문에 쓰인 어휘의 해석을 시험 전에 한번 읽어 보세요.

1 중세 국어

1. 훈민정음(訓民正音)과 표기법

1) 훈민정음 제자 원리★

① 초성(初聲)

기본자 발음 기관의 모양을 본뜸	+	가획자 기본자에 획을 더함	+	이체자 가획의 의미가 없음 (소리가 세지지 않음)

구분	기본자	가획자	이체자
아음(牙音)	ㄱ	ㅋ	ㆁ
설음(舌音)	ㄴ	ㄷ, ㅌ	ㄹ
순음(脣音)	ㅁ	ㅂ, ㅍ	
치음(齒音)	ㅅ	ㅈ, ㅊ	ㅿ
후음(喉音)	ㅇ	ㆆ, ㅎ	

② 중성(中聲)

기본자 하늘, 땅, 인간의 모습을 본뜸	+	초출자 기본자 상호 결합함	+	재출자 초출자에 'ㆍ'를 더함

구분	기본자	초출자	재출자
하늘의 모양	ㆍ	ㅗ, ㅏ, ㅜ, ㅓ	ㅛ, ㅑ, ㅠ, ㅕ
땅의 모양	ㅡ		
사람의 모양	ㅣ		

③ 종성(終聲)

8종성법(ㄱ, ㆁ, ㄷ, ㄴ, ㅂ, ㅁ, ㅅ, ㄹ)
→ '종성부용초성(終聲復用初聲)'에 따라 종성은 새로 만들지 않고 초성으로 쓰는 글자를 다시 쓰며, 「종성해」에서 종성은 8글자만 사용한다고 규정함

2) 표기법★

특징	개념	예
연서	순경음을 표기하기 위하여 순음자 밑에 'ㅇ'을 이어 쓰는 일	ㅱ, ㅸ, ㆄ, ㅹ
병서 ★	초성자 두 글자 또는 세 글자를 가로로 나란히 붙여 쓰는 일 • 각자 병서: 같은 자음 두 글자를 가로로 나란히 붙여 쓰는 일 • 합용 병서: 서로 다른 자음을 가로로 나란히 붙여 쓰는 일	• ㄲ, ㄸ • ㅧ, ㅩ
연철	한 음절의 종성을 다음 자의 초성으로 내려서 씀	말ᄊᆞ미(말ᄊᆞᆷ + 이)
동국정운식 한자음 표기	세종이 훈민정음 창제 후 당시 우리나라 한자음의 통일된 표준음을 정하기 위해 정리한 『동국정운』에 따른 이상적인 한자음 표기법	솅(世), 엉(御), 中國듕귁

3) 『세종어제훈민정음(世宗御製訓民正音)』★

『월인석보』의 첫머리에 실려 있는 『훈민정음언해』의 일부

원문	나·랏:말ᄊᆞ미
현대어	나랏말이
원문	中듀ᇰ國·귁·에달·아
현대어	중국과 달라
원문	文문字·ᄍᆞᆼ·와·로서르ᄉᆞᄆᆞᆺ·디아·니ᄒᆞᆯ·ᄊᆡ
현대어	한자와 서로 통하지 않으므로
원문	·이런젼·ᄎᆞ·로어·린百·ᄇᆡᆨ姓·셩·이니르·고·져·홇·배이·셔·도
현대어	이런 이유로 우매한 백성이 말하고자 하는 바가 있어도
원문	ᄆᆞ·ᄎᆞᆷ:내제·ᄠᅳ·들시·러펴·디:몯ᄒᆞᇙ·노·미하·니·라
현대어	마침내 제 뜻을 잘 펼 수 없는 사람이 많다.
원문	·내·이·ᄅᆞᆯ爲·윙·ᄒᆞ·야:어엿·비너·겨
현대어	내가 이를 딱하게 여기어
원문	·새·로·스·믈·여·듧字·ᄍᆞᆼ·ᄅᆞᆯᄆᆡᆼ·ᄀᆞ노·니
현대어	새로 스물여덟 글자를 만들었으니
원문	:사ᄅᆞᆷ:마·다:ᄒᆡ·ᅇᅧ:수·ᄫᅵ니·겨·날·로·ᄡᅮ·메便뼌安한·킈ᄒᆞ·고·져ᄒᆞᇙᄯᆞᄅᆞ·미니·라
현대어	사람들이 쉽게 익히고 나날이 쓰는 데 편하게 하기 위함이다.

2. 중세 국어의 특징

1) 음운의 특징

① 모음

구분	특징	예
모음 조화	모음 조화가 잘 지켜지는 편임 • 양성 모음: ㅗ, ㆍ, ㅏ • 음성 모음: ㅡ, ㅜ, ㅓ	• ᄌᆞ자(ᄌᆞᆽ-+-아) • 그쳐(그치-+-어)

② 자음

구분	특징	예
ㅸ (순경음 비읍)	15세기 중순까지 존속하다가 이후 반모음 'ㅗ/ㅜ[w]'로 교체	더ᄫᅳᆫ > 더운
ㅿ (반치음)	16세기 말까지 쓰이다가 17세기부터 자취를 감춤	여ᅀᆞ/여ᅀᅳ > 여우
ㆁ (옛이응)	16세기까지는 종성 자리에서만 쓰이다가 이후 'ㅇ'과 혼동해 쓰이는 과정을 거쳐 완전히 'ㅇ'에 합류함	쇼ᇰ아지 > 송아지

개념 암기 체크

다음 설명이 적절하면 ○, 적절하지 않으면 ×에 표시하시오.

01 훈민정음의 초성 기본자는 발음 기관의 모양을 본떴다. (○, ×)

02 훈민정음의 중성 기본자는 하늘, 산, 인간의 모습을 본떴다. (○, ×)

03 훈민정음의 중성 재출자는 초출자에 'ㆍ(아래아)'를 더한 것이다. (○, ×)

04 'ㄲ, ㄸ'과 같이 초성자를 가로로 나란히 붙여 쓰는 표기법은 연서이다. (○, ×)

정답 01 ○ 02 ×, 하늘, 땅, 인간 03 ○ 04 ×, 병서

2) 조사의 특징

① 주격 조사

주격 조사	실현 환경	예
이	자음으로 끝나는 체언 뒤	말ᄊᆞ**미**(말ᄊᆞᆷ + 이) 中國에
ㅣ	'ㅣ'나 반모음 'ㅣ' 이외의 모음으로 끝나는 체언 뒤	부**톄**(부텨 + ㅣ) 니러
ø	'ㅣ'나 반모음 'ㅣ'로 끝나는 체언 뒤	불**휘**(불휘 + ø) 기픈

② 목적격 조사

목적격 조사	실현 환경	예
ᄋᆞᆯ	양성 모음이면서 자음으로 끝나는 체언 뒤	江南**ᄋᆞᆯ**(강남 + ᄋᆞᆯ) 저ᄒᆞ샤
을	음성 모음이면서 자음으로 끝나는 체언 뒤	帝業**을**(제업 + 을) 여르시니
ᄅᆞᆯ	양성 모음으로 끝나는 체언 뒤	나**ᄅᆞᆯ** 겨집 사ᄆᆞ시니
를	음성 모음으로 끝나는 체언 뒤	부텨**를** 조ᄍᆞ와

③ 관형격 조사★

관형격 조사	실현 환경	예
ㅅ	무정 명사나 높임의 대상인 유정 명사 뒤	• 부텻(부텨 + ㅅ) 功德을 • ᄂᆞ미 나랏(나라 + ㅅ) 그를
ᄋᆡ	유정 명사이면서 양성 모음 뒤	ᄂᆞ**미**(ᄂᆞᆷ + ᄋᆡ) 나랏 그를
의	유정 명사이면서 음성 모음 뒤	거부**븨**(거붑 + 의) 터리와

④ 부사격 조사

㉠ 시간, 공간 등을 나타내는 부사격 조사★

부사격 조사	실현 환경	예
애	양성 모음으로 끝나는 체언 뒤	象頭山**애**(상두산+애) 가샤
에	음성 모음으로 끝나는 체언 뒤	그르**세**(그릇+에) 담아
예	'ㅣ'나 반모음 'ㅣ'로 끝나는 체언 뒤	서리**예** 가샤

㉡ 도구, 자격, 원인 등을 나타내는 부사격 조사

부사격 조사	실현 환경	예
ᄋᆞ로	양성 모음이면서 'ㄹ'을 제외한 자음으로 끝나는 체언 뒤	相**ᄋᆞ로**(상 + ᄋᆞ로) 뮈여
으로	음성 모음이면서 'ㄹ'을 제외한 자음으로 끝나는 체언 뒤	東녀**그로**(동녁 + 으로) 萬里에
로	'ㄹ'이나 모음으로 끝나는 체언 뒤	디나건 일**로** 혜야

㉢ '~와 서로/함께' 등의 의미를 지니는 부사격 조사

부사격 조사	실현 환경	예
와	'ㄹ'이나 모음으로 끝나는 체언 뒤	입시울**와** 혀**와**
과	'ㄹ'을 제외한 자음으로 끝나는 체언 뒤	입**과** 눈**과**

⑤ 보조사

보조사	실현 환경	예
ᄋᆞᆫ	양성 모음이면서 자음으로 끝나는 체언 뒤	모ᄃᆞᆫ ᄆᆞᅀᆞ**ᄆᆞᆫ**(ᄆᆞᅀᆞᆷ + ᄋᆞᆫ)
은	음성 모음이면서 자음으로 끝나는 체언 뒤	邊**은**(변 + 은) ᄀᆞᅀᅵ라
ᄂᆞᆫ	양성 모음 뒤	乎**ᄂᆞᆫ**(호 + ᄂᆞᆫ) 아모그에
는	음성 모음 뒤	語**는**(어 + 는) 말ᄊᆞ미라

3) 어미의 특징

① 높임 선어말 어미

㉠ 주체 높임 선어말 어미

선어말 어미	실현 환경	예
-시-	자음 어미 앞에서	가**시**고
-샤-	모음 어미 앞에서	가**샤**(가- + -샤- + -아)

㉡ 객체 높임 선어말 어미★

선어말 어미	실현 환경	예
-숩-	'ㄱ, ㅂ, ㅅ, ㅎ'으로 끝나는 어간 뒤	돕**숩**고
-숩-	모음이나 'ㄴ, ㅁ, ㄹ'로 끝나는 어간 뒤	셰**숩**논, 삼**숩**고
-줍-	'ㄷ, ㅈ, ㅊ'으로 끝나는 어간 뒤	듣**줍**노니

㉢ 상대 높임 선어말 어미

선어말 어미	실현 환경	예
-이-	평서형	ᄒᆞᄂᆞ**이**다
-잇-	의문형	ᄒᆞᄂᆞ니**잇**가

② 시제 선어말 어미

㉠ 현재 시상의 선어말 어미

선어말 어미	실현 환경	예
-ᄂᆞ-	현재 계속되는 동작을 나타내는 선어말 어미로, 모음 어미 '-오-'와 결합하면 '-ㄴ-'으로 교체됨	• ᄒᆞ**ᄂᆞ**니 • ᄒᆞ**노**니(-ᄂᆞ- + -오)

㉡ 과거 시상의 선어말 어미

■ 과거 시상 + '확인'의 의미를 나타내는 선어말 어미

선어말 어미	실현 환경	예
-거-	'ㅣ'나 반모음 'ㅣ', 'ㄹ'로 끝나지 않는 자동사/형용사 어간 뒤	ᄒᆞ마 다ᄃᆞᆫ**거**다
-어-	'ㅣ'나 반모음 'ㅣ', 'ㄹ'로 끝나는 자동사/형용사 어간, 서술격 조사 뒤	世界(세계) 뷔**어**다

■ 과거 시상 + '회상'의 의미를 나타내는 선어말 어미

선어말 어미	실현 환경	예
-더-	주어의 인칭 제한 없이 실현됨	님그미 나갯**더**시니
-다-	주로 1인칭 주어일 때 실현	나도 조ᄍᆞᄫᅡ 가**다**니
-러-	'-이다'의 어간 뒤	부텨 나히 셜흔둘히**러**시니

개념 암기 체크

다음 설명이 적절하면 ○, 적절하지 않으면 ×에 표시하시오.

01 중세 국어에서 부사격 조사는 '애/에/예'로 나타난다. (○, ×)
02 중세 국어에서 유정 명사이면서 음성 모음 뒤에는 관형격 조사 'ㅅ'이 온다. (○, ×)
03 중세 국어에서 양성 모음으로 끝나는 체언 뒤에는 부사격 조사 '예'가 온다. (○, ×)

정답 01 ○ 02 ×, 의 03 ×, 애

© 미래 시상의 선어말 어미

선어말 어미	실현 환경	예
-(오/으)리-	미래에 일어날 동작을 추측하는 선어말 어미	ᄒᆞ리라

2 근대 국어

1. 표기와 음운의 특징

1) 표기의 특징

구분	특징
방점의 소실	성조(평성, 거성, 상성)를 표시하는 방점이 폐기됨
분철 표기 확대 ★	명사와 조사, 용언의 어간과 어미를 끊어 적기 시작함 예 므슴 **말을 닐옴이** 이시리오

2) 모음 표기 및 음운 변화

구분	특징
'ㆍ(아래아)' 소실 ★	• 1단계 소실: 16세기에 비어두 음절의 아래아가 'ㅡ'로 변화 예 ᄀᆞᄉᆞᆯ > ᄀᆞ슬 • 2단계 소실: 18세기에 어두 음절에서 소실 예 ᄀᆞ을 > 가을
'ㅡ'의 변화	'ㅁ, ㅂ, ㅍ, ㅃ' 아래의 'ㅡ'가 'ㅜ'로 변함 예 믈 > 물
'ㅢ'의 변화	'ㅢ'가 'ㅣ'로 변함 예 불휘 > 뿌리
단모음화 ★	이중 모음 'ㆎ, ㅐ, ㅔ' 등이 단모음으로 변함
모음 조화 붕괴 ★	모음 조화의 붕괴 심화

3) 자음 표기 및 음운 변화

구분	특징
'ㅿ(반치음)' 소실	16세기 말까지 쓰이다가 17세기부터 자취를 감춤
'ㆁ(옛이응)' 소실	16세기에는 종성에서만 쓰이거나 'ㅇ'과 혼동되어 쓰이다가 'ㅇ'에 합류됨
'ㅅ'과 'ㄷ'의 혼란 ★	16세기부터 종성의 'ㅅ'과 'ㄷ'이 무분별하게 쓰였으며 18세기에 'ㄷ'이 없어지고 'ㅅ'으로 통일되면서 종성을 7종성법(ㄱ, ㄴ, ㄹ, ㅁ, ㅂ, ㅅ, ㅇ)으로 표기함 예 못-몯[池]
'ㄹㄹ'과 'ㄹㄴ'의 혼란 ★	모음 사이의 'ㄹㄹ'이 'ㄹㄴ'으로 나타나며 혼용 표기됨 예 **진실로 > 진실노**
구개음화 ★	모음 'ㅣ'나 반모음 'ㅣ' 앞에서 'ㄷ, ㅌ, ㄸ'이 'ㅈ, ㅊ, ㅉ'으로 변하는 현상이 나타남 예 **딕**히다 > **직**히다
재음소화 표기 ★	거센소리 'ㅋ, ㅌ, ㅍ, ㅊ'의 음소를 'ㄱ + ㅎ', 'ㄷ + ㅎ', 'ㅂ + ㅎ', 'ㅈ + ㅎ'과 같이 둘로 쪼개 표기함 예 **놉히**(높이) → 'ㅍ'을 'ㅂ'과 'ㅎ'으로 쪼갬
된소리화, 거센소리화 ★	어두의 예사소리가 된소리 또는 거센소리로 표기됨 예 **덛덛**ᄒᆞ- > **떳떳**하-(된소리화), **고**키리 > **코**키리(거센소리화)
어두 자음군의 변화 ★	18세기까지 'ㅅ'계, 'ㅂ'계, 'ㅄ'계 합용 병서가 서로 혼란스럽게 쓰이다가, 19세기부터 된소리 표기가 된시옷으로 통일됨

2. 문법의 주요 특징

1) 중세 국어 시기까지는 명사형 어미로 '-옴/움'이 사용되었으나, 근대 국어부터 명사형 어미로 주로 '-기'★가 사용됨

예 븕기, 글 ᄇᆡ호기

2) 19세기까지는 'ㅎ' 종성 체언이 'ㅎ'을 유지했으나 이후 'ㅎ'이 탈락함

예 **돌히**(돓 + 이) > **돌이**

3) 주격 조사 '가'★가 사용됨

예 **ᄇᆡ가** 올 거시니

4) 과거를 나타내는 선어말 어미 '-앗/엇-'★이 확고하게 자리를 잡음

예 **ᄇᆡ가** 올 거시니

5) 현대 국어의 띄어쓰기 원칙에 근접한 띄어쓰기가 나타나기 시작함

※ 현대 국어 문법은 Ⅲ. 어법 영역의 '기출유형12 문법에 맞는 발음·단어·문장 구분하기의 필수 암기 개념(p.257)'으로 학습하세요.

개념 암기 체크

다음 설명이 적절하면 ○, 적절하지 않으면 ×에 표시하시오.

01 근대 국어에서 주로 사용된 명사형 어미는 '-옴/움'이다. (○, ×)

02 아래아는 먼저 비어두 음절에서 'ㅡ'로 변하고, 어두 음절에서 소실되는 단계를 거쳤다. (○, ×)

03 근대 국어에서 명사와 조사, 용언의 어간과 어미를 끊어 적는 연철 표기가 확대되었다. (○, ×)

정답 01 ×, -기 02 ○ 03 ×, 분철

유형 연습문제

1 **<보기>의 근대 신문 기사에 대한 설명으로 적절하지 않은 것은?**

> <보기>
>
> 일월 삼십 일일 일본 사ᄅᆞᆷ ᄒᆞ나히 셔울셔 인쳔을 가다가 오리골 근쳐에셔 도적놈 이십여명을 만나 칼에 어더 맛고 시계와 돈 삼십원과 다른 물건을 일코 일본 사ᄅᆞᆷ이 들어 누엇ᄂᆞᆫᄃᆡ 오리골 사ᄂᆞᆫ 일본 사ᄅᆞᆷ들이 듯고 와셔 본즉 도적놈들은 다 도망 ᄒᆞ고 일본 사ᄅᆞᆷ만 누엇ᄂᆞᆫ 고로 오리골 사는 일본 사ᄅᆞᆷ들이 그 마진 일본 사ᄅᆞᆷ을 다려 갓다ᄂᆞᆫᄃᆡ 그 도적놈들은 황히 도셔 왓다더라

① 주격 조사 '이'의 쓰임이 나타난다.

② '듣다'가 '듯다'로 표기되기도 하였다.

③ 'ㅎ' 종성 체언에서 'ㅎ'이 탈락하였다.

④ 과거형 어미가 '-앗/엇-'으로 나타났다.

⑤ 출발점을 나타내는 부사격 조사가 '셔'로 나타난다.

2 **<보기>를 참고할 때, 훈민정음 기본자의 모양과 가획자가 바르게 연결되지 않은 것은?**

> <보기>
>
> 초성의 기본자는 발음 기관의 모양을 본떴고, 기본자를 기준으로 소리가 센 정도에 따라 획을 더하였다.

	기본자 모양	가획자
①	입의 모양	ㅂ
②	이의 모양	ㅈ
③	혀가 윗잇몸에 닿는 모양	ㄷ
④	혀뿌리가 목구멍을 닫은 모양	ㅋ
⑤	혀의 끝을 윗니에 아주 붙인 모양	ㄹ

3 **다음 중 불규칙 활용 용언이 아닌 것은?**

① 걷다 ② 눋다 ③ 듣다

④ 믿다 ⑤ 깨닫다

4 <보기>는 훈민정음 언해본의 일부이다. 이를 참고할 때, 설명으로 적절하지 <u>않은</u> 것은?

<보기>

左장加강一ᅙᅵᇙ點뎜ᄒᆞ면則즉去컹聖셩이오
左장ᄂᆞᆫ왼녀기라加강ᄂᆞᆫ더을씨라一ᅙᅵᇙᄋᆞᆫᄒᆞ나히라去컹聖셩은ᄆᆞᆺ노ᄑᆞᆫ소리라
왼녀긔ᄒᆞᆫ點뎜을더으면ᄆᆞᆺ노ᄑᆞᆫ소리오
二ᅀᅵᆼ則즉上썅聖셩이오
二ᅀᅵᆼᄂᆞᆫ둘히라上썅聖셩은처ᅀᅥ미ᄂᆞᆺ갑고乃냉終즁이노ᄑᆞᆫ소리라
點뎜이둘히면上썅聖셩이오
無뭉則즉平뼝聲셩이오無뭉는업슬씨라平뼝聲셩은ᄆᆞᆺᄂᆞᆺ가ᄫᆞᆫ소리라
點뎜이업스면平뼝聲셩이오
入입聲셩은加강點뎜이同똥而ᅀᅵᆼ促ᄎᆞᆨ急급ᄒᆞ니라

① 거성은 가장 높은 소리이다.

② 점이 하나면 거성, 두 개면 상성이다.

③ 평성은 낮은 소리로 점을 찍지 않는다.

④ 상성은 처음이 낮고 나중이 높은 소리이다.

⑤ 한자의 입성과 우리말의 입성은 뜻하는 바가 같다.

5 표준 발음을 기준으로 할 때, <보기>와 같이 교체 2회, 첨가 1회의 음운 변동이 일어난 단어는?

<보기>

교체	첨가	교체

부억일 → [부억일] → [부억닐] → [부엉닐]

① 겹잎　　② 붙임　　③ 벽난로

④ 생산량　　⑤ 옷고름

약점 보완 해설집 p.60

기출유형 24 남북한의 언어와 사전 활용법 구분하기

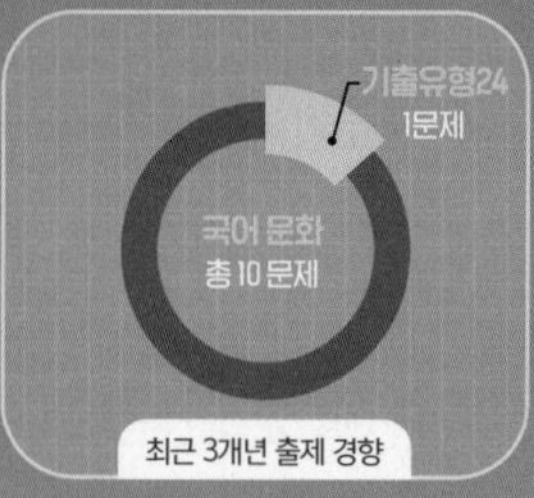

출제 포인트 1 남북한의 언어 구분하기

1. 북한의 문헌이나 남한과 북한의 어문 규정을 보기로 제시하고, 남한과 북한의 언어를 어휘, 표기 등의 측면에서 비교하는 문제입니다. 거의 고정적으로 1문제씩 출제되며, 간혹 2문제씩 출제되는 경우도 있습니다. 남한에서 사용하는 표현을 제시하고, 이에 대응하는 북한어를 물을 때도 있습니다.

2. 주로 다음과 같은 질문 형태로 출제됩니다.
   - <보기>는 북한의 책에 실린 글이다. ㉠~㉤에 대한 이해로 적절하지 않은 것은?
   - <보기>는 '남북의 어문 규범 차이 관련' 자료이다. 이에 대한 의견으로 적절한 것은?

풀이 전략

보기에 제시된 남한과 북한의 어문 규정을 이해하고, 이를 적용해 풀면 됩니다. 어문 규정이 제시되지 않고 남한과 북한의 언어를 비교하는 문제가 출제될 때도 있지만, 한글 맞춤법에서 공부한 두음 법칙, 띄어쓰기 규칙과 관련된 것이니 당황하지 말고 규정을 떠올려 봅시다.

예제

<보기>는 북한에서 사용하는 어문 규범 자료이다. 이에 대한 의견으로 적절한 것은?

<보기>

조선말규범집(2010), 띄여쓰기규정 제5항

불완전명사(단위명사 포함)는 앞단어에 붙여쓰되 그뒤에 오는 단어는 띄여쓰는것을 원칙으로 한다.

례: 모르면서 아는체 하는것은 나쁜 버릇이다.

→ 이를 참고할 때, '아는것이 힘이다', '힘든줄 모르고 일한다'의 밑줄 친 부분을 올바른 띄어쓰기로 표기하면, 남한어로는 ___㉠___, 북한어로는 ___㉡___ 이다.

	㉠	㉡
①	아는 것, 힘든줄	아는 것, 힘든 줄
②	아는 것, 힘든 줄	아는것, 힘든줄
③	아는것, 힘든줄	아는것, 힘든줄
④	아는 것, 힘든 줄	아는 것, 힘든 줄
⑤	아는것, 힘든 줄	아는 것, 힘든줄

정답 ②

해설 남한에서는 한글 맞춤법 제42항에 따라 의존 명사는 앞말과 띄어 써야 하므로 의존 명사 '것'과 '줄'은 앞말과 띄어 써 '아는∨것', '힘든∨줄'로 표기하며, 북한은 <보기>에 따라 불완전명사(의존 명사)를 앞 단어에 붙여 쓰므로 '아는것', '힘든줄'로 표기한다.

출제 포인트 2 현대 국어사전의 활용법 파악하기

1. 국어사전의 표제어 제시 방식, 표제어의 문형이나 문법 정보 등을 파악하는 문제입니다. 국어사전의 수정 전후 자료를 통해 어떤 범주의 정보가 수정되었는지 파악하거나 보기에 제시된 표제어의 사전 등재 순서를 바르게 배열하는 문제로 출제되기도 합니다. 한 회에 3문제씩 출제될 정도로 비중이 있었으나, 최근에는 출제된 적이 없습니다.

2. 주로 다음과 같은 질문 형태로 출제됩니다.
   - <보기>에 제시된 국어사전의 정보를 탐구한 내용으로 적절하지 않은 것은?
   - <보기>의 ⓐ~ⓓ를 국어사전의 표제어 등재 순서에 따라 바르게 배열한 것은?

풀이 전략

국어사전에서 어떤 항목을 다루는지, 국어사전을 어떻게 활용할 수 있는지 알고 있다면 잘못된 탐구 내용이나, 수정 범주, 표제어 등재 순서를 쉽게 파악할 수 있습니다. 또한 표제어 등재 순서는 최근 북한 어휘와 함께 출제되기도 합니다. 그러니 국어사전에 제시된 정보와 배열 순서 정도는 알아 둡시다.

예제

<보기>에 제시된 국어사전의 정보를 탐구한 내용으로 적절하지 <u>않은</u> 것은?

<보기>

걸치다
활용 걸치어[걸:치어/걸:치여](걸쳐[걸:처], 걸치니[걸:치니]
「동사」
❶【…에】
「1」 지는 해나 달이 산이나 고개 등에 얹히다.
· 해가 서산마루에 **걸쳐** 있다.
「2」 일정한 횟수나 시간, 공간을 거쳐 이어지다.
· 열 시간에 **걸쳐** 회의가 진행됐다.
「3」 가로질러 걸리다.
❷【…에 …을】
「1」 어떤 물체를 다른 물체에 얹어 놓다.
· 탁자 사이에 판자를 **걸치다.**
<중 략>
어원
· <걸티다<구간>←걸-+-티-

① '걸치다'는 활용할 때 어간의 형태가 유지되는 동사이다.
② '탁자 사이에 판자를 걸치다'의 '걸치다'는 두 자리 서술어이다.
③ '걸치다'의 활용형인 '걸치어'의 원칙적인 발음은 [걸:치어]이다.
④ '걸치다'는 현대어와 달리 옛말에서 접사 '-티-'가 결합한 형태로 쓰였다.
⑤ '그는 수회에 걸쳐 뇌물을 받은 혐의로 체포됐다'는 '걸치다 ❶-「2」'의 용례이다.

정답 ②

해설 문형 정보는 주어를 제외한 서술어의 필수 성분만 제시된다. '탁자 사이에 판자를 걸치다'는 '걸치다 ❷'의 용례이며 문형 정보는 '…에 …을'이다. 따라서 '걸치다'의 필수 성분은 주어, 부사어, 목적어이므로 이때의 '걸치다'는 세 자리 서술어이다.

① '활용'에서 '걸치다'는 어간 '걸치-'가 변하지 않는 형태로 '걸치어', '걸치니'와 같이 활용한다는 점을, '활용' 아래에서 '걸치다'의 품사가 '동사'인 점을 알 수 있다.

③ 복수 발음을 인정할 경우 '/(빗금)'을 이용하여 병기하며, 이때 '/'의 왼쪽은 원칙적인 발음이고, 오른쪽은 허용되는 발음이다.

④ '어원'에서 '걸치다'가 옛 문헌에서는 '걸-'과 '-티-'가 결합한 '걸티다'의 형태로 쓰였음을 알 수 있다.

⑤ 문맥상 그가 여러 차례 뇌물을 받아 체포됐다는 의미이므로 '일정한 횟수나 시간, 공간을 거쳐 이어지다'를 의미하는 '걸치다❶-「2」'의 용례이다.

필수 암기 개념

암기포인트
표기 차이가 나는 남한어, 북한어를 하나씩 외워 두면
표기 규칙도 익힐 수 있어 다른 어휘에 적용하기 쉽습니다.

1 남북한의 언어

1. 표기 규칙의 차이★

1) 두음 법칙

남한은 두음 법칙에 따라 표기하나, 북한은 두음 법칙을 인정하지 않음

남한어	북한어	남한어	북한어
난초	란초	역사(주의)	력사(주의)
내일	래일	예절	례절
냉동기	랭동기	요리	료리
여학생	녀학생	이정표	리정표
여행기	려행기	이해	리해

2) 사이시옷

남한은 사이시옷을 표기하나, 북한은 사이시옷을 표기하지 않음

남한어	북한어	남한어	북한어
고춧가루	고추가루	빗자루★	비자루★
뒷걸음	뒤걸음	촛불	초불

3) 띄어쓰기

① **의존 명사 띄어쓰기**

남한은 의존 명사를 앞말과 띄어 쓰나, 북한은 앞말에 붙여 씀

의존 명사	남한어	북한어	의존 명사	남한어	북한어
것★	아는∨것	아는것	**명**	열댓∨명	열댓명
데	읽는∨데	읽는데	**수★**	그럴∨수	그럴수
때문	많기∨때문	많기때문	**원**	천∨원	천원
마리★	두∨마리	두마리	**줄**	힘든∨줄	힘든줄

② **명사 띄어쓰기**

남한은 단위를 나타내는 명사와 시간 · 공간의 의미를 나타내는 명사를 띄어 쓰나, 북한은 붙여 씀

명사	남한어	북한어	명사	남한어	북한어
밑	지붕∨밑	지붕밑	**안**	건물∨안	건물안
방울	한∨방울	한방울	**자루**	한∨자루	한자루

③ **용언 띄어쓰기**

남한은 본용언과 보조 용언을 띄어 쓰는 것이 원칙이나, 북한은 붙여 쓰는 것이 원칙임
(단, 남한은 경우에 따라 본용언과 보조 용언을 붙여 씀을 허용함)

남한어(허용)	북한어	남한어(허용)	북한어
가르쳐∨주다	가르쳐주다	쉬고∨싶다	쉬고싶다
개선해∨가다	개선해가다	이룩하고야∨말다	이룩하고야말다
높여∨주다(높여주다)	높여주다	지켜∨나가다(지켜나가다)	지켜나가다

4) 연결 어미

어간의 끝음절 모음이 'ㅣ, ㅐ, ㅔ, ㅚ, ㅟ, ㅢ'인 경우 남한은 어미를 '-어'로, 북한은 '-여'로 적음
(단, 북한의 경우 어간이 자음으로 끝날 때 '길어'와 같이 어미를 '-어'로 적음)

남한어	북한어
베어, 희어	베여, 희여

5) 본말과 준말

① 남한과 북한 모두 어간의 끝음절 '하'의 'ㅏ'가 줄고 'ㅎ'이 다음 음절의 첫소리와 어울려 거센소리로 될 적에는 거센소리로 적음
② 단, 남한의 경우 '하' 앞의 받침의 소리가 [ㄱ, ㄷ, ㅂ]이면 '하'가 통째로 준 대로 적으며, 북한의 경우 '않다', '못하다' 앞의 '하지'는 '치'로 줄여 적음

남한어(본말 - 준말)	북한어(본말 - 준말)
다정하다 - 다정타	다정하다 - 다정타
발명하게 - 발명케	발명하게 - 발명케
섭섭하지 않다 - 섭섭지 않다	섭섭하지 않다 - 섭섭치 않다

6) 문장 부호

기능	남한	북한
말을 인용할 때	큰따옴표("") 예 "어, 광훈이 아니냐?"하는 소리에 깜짝 놀랐다.	인용표(《 》) 예 《야, 백두산이 보인다!》라고 말하였다.
책의 제목 등을 나타낼 때	겹화살괄호(《 》), 큰따옴표("") 예 《한성순보》는 우리나라 최초의 근대 신문이다.	인용표(《 》) 예 장편소설 《석개울의 새봄》

2. 어휘의 표기 차이

남한어	북한어	남한어	북한어
고기양	고기량	벌이다	벌리다
기역	기윽	쌍디귿, 된디귿	쌍디읃, 된디읃
도루묵	도루메기	윗방	웃방
띄어쓰기	띄여쓰기	올바르다	옳바르다
러시아어	로씨야어	조그맣다	조꼬맣다
마라톤	마라손	혼쭐	혼쌀

3. 표제어 배열 순서의 차이

구분	배열 순서
남한의 사전	초성: ㄱ ㄲ ㄴ ㄷ ㄸ ㄹ ㅁ ㅂ ㅃ ㅅ ㅆ ㅇ ㅈ ㅉ ㅊ ㅋ ㅌ ㅍ ㅎ 중성: ㅏ ㅐ ㅑ ㅒ ㅓ ㅔ ㅕ ㅖ ㅗ ㅘ ㅙ ㅚ ㅛ ㅜ ㅝ ㅞ ㅟ ㅠ ㅡ ㅢ ㅣ
북한의 사전	초성: ㄱ ㄴ ㄷ ㄹ ㅁ ㅂ ㅅ ㅈ ㅊ ㅋ ㅌ ㅍ ㅎ ㄲ ㄸ ㅃ ㅆ ㅉ (ㅇ) 중성: ㅏ ㅑ ㅓ ㅕ ㅗ ㅛ ㅜ ㅠ ㅡ ㅣ ㅐ ㅒ ㅔ ㅖ ㅚ ㅟ ㅢ ㅘ ㅝ ㅙ ㅞ

개념 암기 체크

다음 '남한어:북한어'의 대응이 적절하면 ○, 적절하지 않으면 ×에 표시하시오.

01 난초:란초 (○, ×)
02 예절:예절 (○, ×)
03 빗자루:비자루(○, ×)
04 섭섭치:섭섭지(○, ×)
05 두마리:두마리(○, ×)
06 아는∨것:아는것(○, ×)

정답 01 ○ 02 ×, 예절:례절 03 ○ 04 ×, 섭섭지:섭섭치 05 ×, 두∨마리:두마리 06 ○

2 현대 국어사전의 활용

1. 표제어의 배열 순서

초성	ㄱ, ㄲ, ㄴ, ㄷ, ㄸ, ㄹ, ㅁ, ㅂ, ㅃ, ㅅ, ㅆ, ㅇ, ㅈ, ㅉ, ㅊ, ㅋ, ㅌ, ㅍ, ㅎ
중성	ㅏ, ㅐ, ㅑ, ㅒ, ㅓ, ㅔ, ㅕ, ㅖ, ㅗ, ㅘ, ㅙ, ㅚ, ㅛ, ㅜ, ㅝ, ㅞ, ㅟ, ㅠ, ㅡ, ㅢ, ㅣ
종성	ㄱ, ㄲ, ㄳ, ㄴ, ㄵ, ㄶ, ㄷ, ㄹ, ㄺ, ㄻ, ㄼ, ㄽ, ㄾ, ㄿ, ㅀ, ㅁ, ㅂ, ㅄ, ㅅ, ㅆ, ㅇ, ㅈ, ㅊ, ㅋ, ㅌ, ㅍ, ㅎ

2. 국어사전 정보 파악

구분	설명
표제어	한글의 표기가 동일한 표제어는 어깨번호로 구분함
발음 정보	발음에 관련되는 모든 정보는 [ ] 표시 안에 제시하고, 복수 발음인 경우 '/'을 이용하여 왼쪽에는 원칙적인 발음, 오른쪽에는 허용되는 발음을 병기함
활용 정보	체언과 조사의 결합형 및 용언의 활용형과 발음 변화를 제시함
품사 표시	학교 문법에 따라 명사, 대명사, 수사, 동사, 형용사, 관형사, 조사, 부사, 감탄사로 나누어 표시하고 덧붙여 접사, 의존 명사, 보조 동사, 보조 형용사, 어미를 표시함
문형 정보	주어를 제외한 용언의 필수적 성분만을 제시함
문법 정보	표제어의 쓰임을 이해하는 데 도움이 되는 문법 정보를 '(( ))' 기호 안에 제시함
뜻풀이	다의어의 뜻풀이는 품사별로 [I], [II] …과 같이 나누고 문형 정보별로 **1**, **2** …과 같이 나누며 의미별로 「1」, 「2」 …과 같이 나눔
용례	의미와 용법을 잘 보여 주는 전형적인 예를 제시함
어원 정보	로마자 이니셜로 이루어진 단어의 원말, 어원적 분석, 어원, 최초 출현형 및 역사적 변천을 제시함

예

되다[1] → 표제어
발음 [되다/뒈다] → 발음 정보
활용 되어[되어/뒈여](돼[돼:]), 되니[되니/뒈니] → 활용 정보

「동사」 → 품사 표시
1 【…이】 → 문형 정보
「2」 새로운 신분이나 지위를 가지다. → 뜻풀이
  • 커서 의사가 **되고** 싶다. → 용례
<중 략>
3 → 문법 정보
「6」 ((과거형으로만 쓰여)) 어떤 것이 충분하거나 더 필요하지 않은 상태임을 나타내는 말. 주로 거절하는 뜻으로 쓴다.
  • 미안하다는 말은 **됐고**, 밥이나 먹자.

→ 어깨번호
되다[2]
발음 [되:다/뒈:다]
활용 되어[되어/뒈여](돼[돼:]), 되니[되:니/뒈:니]

「동사」
【…을 …으로】
말, 되, 홉 따위로 가루, 곡식, 액체 따위의 분량을 헤아리다.
 • 쌀을 되로 **되다**.

> 어원
 • 되다 < 석상 > → 어원 정보

유형 연습문제

1 <보기>는 사전에 올리는 모음과 받침의 순서이다. 사전에 오르는 단어의 순서가 적절하게 짝 지어진 것은?

<보기>

남한 사전 순서

모음	ㅏ ㅐ ㅑ ㅒ ㅓ ㅔ ㅕ ㅖ ㅗ ㅘ ㅙ ㅚ ㅛ ㅜ ㅝ ㅞ ㅟ ㅠ ㅡ ㅢ ㅣ
받침	ㄱ ㄲ ㄳ ㄴ ㄵ ㄶ ㄷ ㄹ ㄺ ㄻ ㄼ ㄽ ㄾ ㄿ ㅀ ㅁ ㅂ ㅄ ㅅ ㅆ ㅇ ㅈ ㅊ ㅋ ㅌ ㅍ ㅎ

북한 사전 순서

모음	ㅏ ㅑ ㅓ ㅕ ㅗ ㅛ ㅜ ㅠ ㅡ ㅣ ㅐ ㅒ ㅔ ㅖ ㅚ ㅟ ㅢ ㅘ ㅝ ㅙ ㅞ
받침	ㄱ ㄳ ㄴ ㄵ ㄶ ㄷ ㄹ ㄺ ㄻ ㄼ ㄽ ㄾ ㄿ ㅀ ㅁ ㅂ ㅄ ㅅ ㅇ ㅈ ㅊ ㅋ ㅌ ㅍ ㅎ ㄲ ㅆ

	남한	북한
①	박 → 반 → 백 → 병 → 밖	박 → 반 → 밖 → 병 → 백
②	박 → 밖 → 백 → 반 → 병	박 → 밖 → 백 → 반 → 병
③	박 → 밖 → 백 → 반 → 병	박 → 반 → 백 → 병 → 밖
④	박 → 밖 → 반 → 백 → 병	박 → 반 → 밖 → 병 → 백
⑤	박 → 밖 → 반 → 백 → 병	박 → 반 → 백 → 병 → 밖

2 <보기>에 제시된 국어사전의 정보를 탐구한 내용으로 적절하지 않은 것은?

<보기>

들리다[1] 들리어[들리어/들리여](들려[들려]), 들리니[들리니]

「동사」

【…에】【…이】

「1」 병에 걸리다.

 • 그는 심한 폐렴에 **들렸다**.

「2」 귀신이나 넋 따위가 덮치다.

 • 그녀는 신이 **들렸다**.

• <들이다<구간> ← 들- + -이-

① '들리다[1]'은 필수적 부사어를 요구하는 동사이군.

② '들리다[1]'은 두 가지 이상의 뜻을 지닌 다의어에 해당하는군.

③ '들리다[1]'의 활용형 '들리어'는 [들리여]로 발음하는 것을 허용하는군.

④ 현대 국어와 중세·근대 국어에서 사용된 '들리다[1]'의 표기 형태는 동일하군,

⑤ '그녀는 건망증이 들린 사람처럼 아무것도 기억하지 못했다.'는 '들리다[1]「1」'의 용례에 포함될 수 있겠군.

약점 보완 해설집 p.61

기출유형 25 설명에 해당하는 문학 작가와 작품 파악하기

출제 포인트 1 한국 문학의 작가 파악하기

1. 작가의 등단 시기, 등단 작품, 작품 활동, 문학관, 평가 등을 보기에 제시하고 그 작가가 누구인지 찾는 문제로, 평균 1문제가 꼭 나옵니다. 작가가 쓴 작품의 문장이 제시되고, 그 작품을 쓴 작가가 누구인지 찾는 형태로 출제될 때도 있습니다.

2. 주로 다음과 같은 질문 형태로 출제됩니다.
   - <보기>에서 설명하는 작가는?
   - <보기>는 어떤 작가가 쓴 작품들의 첫 문장이다. 작가의 이름으로 적절한 것은?

풀이 전략

주로 활동 시기가 비슷한 작가로 선택지가 구성되는 편이며, 작가와 작품을 암기하고 있어야 풀 수 있는 문제입니다. 작가의 생애, 등단 시기, 작품 등을 모두 암기하긴 어렵지만, 자주 출제되는 작가가 있으니 대략적인 작품 경향과 활동 시기, 주요 작품은 한두 개 정도 암기해 둡시다.

예제

<보기>에서 설명하는 작가는?

<보기>

1921년에 『백조』 동인으로 참가하였고, 「젊은이의 시절」을 발표하며 등단하였다. 초기 작품은 감상적인 경향을 보였으나, 이후에는 당대 현실과 사회를 객관적으로 묘사한 사실주의 계열의 작품을 집필하였다. 주요 작품으로 「물레방아」, 「뽕」, 「벙어리 삼룡이」 등이 있다.

① 김동리
② 나도향
③ 박태원
④ 염상섭
⑤ 이광수

정답 ②

해설
① **김동리**: 1934년 「백로」로 등단하였으며, 주요 작품으로 「역마」, 「무녀도」 등이 있다.
③ **박태원**: 구인회 일원으로서 예술파적 소설을 지향하였다. 주요 작품으로 「소설가 구보 씨의 일일」, 「천변 풍경」 등이 있다.
④ **염상섭**: 『폐허』의 창간 동인으로, 초기에는 자연주의적 경향을 보였으나 이후 사실주의 계열의 작품을 집필했다. 주요 작품으로 「만세전」, 「삼대」, 「두 파산」 등이 있다.
⑤ **이광수**: 1917년에 『매일신보』에 장편 소설 「무정」을 연재하였으며, 주요 작품에 「흙」, 「사랑」 등이 있다.

출제 포인트 2 한국 문학의 작품 파악하기

1. 작품을 집필한 작가, 작품의 줄거리, 주제, 의의 등을 보기에 제시하고, 그 작품이 무엇인지 찾는 문제입니다. 보통 한 회에 고전 문학 작품을 파악하는 문제 1문제, 현대 문학 작품을 파악하는 문제 1문제가 출제됩니다. 최근에는 보기에 제시된 작품의 구성 요소를 묻는 문제가 출제되기도 했고, 과거에는 작품과 갈래가 선지로 구성되기도 했습니다.

2. 주로 다음과 같은 질문 형태로 출제됩니다.
   - <보기>에서 설명하는 문학 작품은?
   - <보기>의 설명에서 ㉠에 들어갈 명칭/단어는?

풀이 전략

작가와 작품을 암기하고 있어야 풀 수 있는 문제입니다. 시험에 자주 출제되는 주요 작가의 작품을 훑어보고, 주요 작품명은 꼭 암기해 둡시다.

예제

<보기>에서 설명하는 문학 작품은?

<보기>

김유정이 지은 단편 소설로, 농촌에서 데릴사위로 머슴 노릇을 하며 마름의 딸과 빨리 혼인하고 싶어 하는 '나'와 혼인을 미루는 장인의 갈등을 그린 이야기이다. 농촌의 궁핍한 상황을 특유의 해학적 어조와 문체로 형상화하였다.

① 「달밤」 ② 「봄봄」
③ 「빈처」 ④ 「추월색」
⑤ 「화수분」

정답 ②

해설 ① **「달밤」**: 이태준의 작품으로, '나'와 조금 모자라고 천진한 '황수건'과의 이야기이다. 소외된 인물이 세태의 변화 속에서 적응하지 못해 겪는 어려움을 다룸으로써 각박한 현실을 비판하고 있다.

③ **「빈처」**: 현진건의 작품으로, 작가 지망생인 지식인 'K'와 가난하지만 그를 지지하는 아내가 꿈과 물질적 욕구 사이에서 갈등하는 이야기이다. 당대 가난한 지식인의 이상과 현실을 보여 주고 있다.

④ **「추월색」**: 최찬식의 작품으로, 개화기 청춘남녀의 사랑을 그린 이야기이다. 당대 현실과 새로운 교육관, 결혼관의 출현을 보여 주고 있다.

⑤ **「화수분」**: 전영택의 작품으로, 주인공 '화수분' 일가의 가난과 고통을 그린 이야기이다. 당시 우리 민족의 고통스러운 상황과 따뜻한 인간애를 보여 주고 있다.

1 작가

암기포인트
선지에 구성되는 작가와 작품이 반복적으로 출제되는 경향이 있으니,
빈출 작가의 대표 작품과 빈출 작품의 작가 정도는 반드시 암기해야 합니다.

1. 고전 문학 작가

작가	특징
김만중	• 생애: 1637년(인조 15)~1692년(숙종 18) • 특징: 조선 후기의 문신 · 소설가 • 대표 작품: 「구운몽」, 「사씨남정기」
김시습★	• 생애: 1435년(세종 17)~1493년(성종 24) • 특징: 조선 전기의 문인·학자 • 대표 작품: 『금오신화』, 「만복사저포기」, 「취유부벽정기」
박인로	• 생애: 1561년(명종 16)~1642년(인조 20) • 특징: 조선 중기의 문인 • 대표 작품: 「선상탄」, 「누항사」
석식영암★	• 생애: 미상 • 특징: 고려의 승려 문인 • 대표 작품: 『식영암집』, 「정시자전」
송순	• 생애: 1493년(성종 24)~1582년(선조 15) • 특징: 조선 전기의 문신 • 대표 작품: 「면앙정가」, 「오륜가」
신사임당	• 생애: 1504년(연산군 10)~1551년(명종 6) • 특징: 조선 전기의 여류 문인 • 대표 작품: 「사친」, 「유대관령망친정」
안민영	• 생애: 1816년(순조 16)~1885년(고종 22) 이후 • 특징: 조선 후기의 가객 • 대표 작품: 「가곡원류」, 「금옥총부」, 「승평곡」, 「매화사」
윤선도★	• 생애: 1587년(선조 20)~1671년(현종 12) • 특징: 조선 중기의 시조 작가 · 문신 • 대표 작품: 「어부사시사」, 「산중신곡」
이규보★	• 생애: 1168년(의종 22)~1241년(고종 28) • 특징: 고려의 문신 • 대표 작품: 「슬견설」, 「국선생전」, 「동명왕편」, 「청강사자현부전」
이옥	• 생애: 1760년(영조 36)~1815년(순조 15) • 특징: 조선 후기의 문인 • 대표 작품: 「신아전」, 「포호처전」, 「장복선전」
이제현	• 생애: 1287년(충렬왕 14)~1367년(공민왕 16) • 특징: 고려 후기의 학자 · 문신 • 대표 작품: 『익재집』, 『역옹패설』
이첨★	• 생애: 1345년(충목왕 1)~1405년(태종 5) • 특징: 고려 말 조선 초의 문신 • 대표 작품: 「저생전」, 『쌍매당협장문집』

임춘★	• 생애: 미상 • 특징: 고려 후기의 문인 • 대표 작품: 「국순전」, 「공방전」, 『서하선생집』
정극인	• 생애: 1401년(태종 1)~1481년(성종 12) • 특징: 조선 전기의 학자·문신 • 대표 작품: 「상춘곡」, 「불우헌가」
정서	• 생애: 미상 • 특징: 고려의 문인 • 대표 작품: 「정과정곡」
정약용	• 생애: 1762년(영조 38)~1836년(헌종 2) • 특징: 조선 후기의 실학자·문신 • 대표 작품: 「타맥행(보리타작)」, 「탐진촌요」, 『목민심서』
정지상	• 생애: 미상~1135년(인종 13) • 특징: 고려 전기의 문신 • 대표 작품: 「개성사팔척방」, 「송인」
정철★	• 생애: 1536년(중종 31)~1593년(선조 26) • 특징: 조선 전기의 문신 • 대표 작품: 「관동별곡」, 「사미인곡」, 「성산별곡」, 「속미인곡」, 「훈민가」
최치원	• 생애: 857년(문성왕 19)~미상 • 특징: 신라 말의 학자·문장가 • 대표 작품: 『계원필경』, 「향악잡영」
허균	• 생애: 1569년(선조 2)~1618년(광해군 10) • 특징: 조선 중기의 문신 • 대표 작품: 「홍길동전」, 「남궁선생전」, 「장생전」
허난설헌	• 생애: 1563년(명종 18)~1589년(선조 22) • 특징: 조선 중기의 여류 시인 • 대표 작품: 「규원가」, 「봉선화가」
홍랑	• 생애: 미상 • 특징: 조선 전기의 기녀 • 대표 작품: 「묏버들 갈해 것거」
황진이	• 생애: 미상 • 특징: 조선 전기의 기녀 • 대표 작품: 「청산리 벽계수야」, 「동짓달 기나긴 밤을」

개념 암기 체크

다음 작가와 대표 작품을 바르게 연결하시오.

01 정철 •　　• ㉠ 어부사시사, 산중신곡
02 김시습 •　　• ㉡ 사미인곡, 훈민가
03 윤선도 •　　• ㉢ 국선생전, 동명왕편
04 이규보 •　　• ㉣ 상춘곡, 불우헌가
05 정극인 •　　• ㉤ 만복사저포기, 취유부벽정기

정답 01 ㉡ 02 ㉤ 03 ㉠ 04 ㉢ 05 ㉣

2. 현대 문학 작가

작가	특징
강소천	• 생애: 1915년~1963년 • 특징: 동시, 동화 등을 집필한 아동 문학가 • 대표 작품: 「호박꽃초롱」, 「꿈을 찍는 사진관」
강신재	• 생애: 1924년~2001년 • 특징: 해방 이후 소설가로, 작품 활동 초기에는 남녀 관계를 다룬 소설을 창작하다가 1960년대 이후 사회 문제를 다룬 소설이나 역사 소설을 창작함 • 대표 작품: 「젊은 느티나무」, 「임진강의 민들레」, 「명성황후 민비」
김광균★	• 생애: 1914년~1993년 • 특징: 모더니즘 계열의 대표 시인으로, 감각적 이미지와 신선한 비유를 사용함 • 대표 작품: 「와사등」, 「기항지」, 「황혼가」
김기림★	• 생애: 1908년~미상 • 특징: 우리나라에서 최초로 모더니즘 문학 운동을 선언한 시인·평론가 • 대표 작품: 「바다와 나비」, 「기상도」
김동리★	• 생애: 1913년~1995년 • 특징: 해방 이후의 소설가·평론가로, 민족 문학의 전통을 세우고 확대한 작가 • 대표 작품: 「무녀도」, 「역마」, 「등신불」
김동인★	• 생애: 1900년~1951년 • 특징: 우리나라 최초의 순수 문예 동인지 『창조』를 발간하고, 사실주의적 수법과 문장의 혁신을 보여 줌 • 대표 작품: 「약한 자의 슬픔」, 「배따라기」, 「감자」, 「운현궁의 봄」
김성한★	• 생애: 1919년~2010년 • 특징: 전후 한국 사회의 부패와 혼란을 비판함 • 대표 작품: 「오 분간」, 「바비도」, 「임진왜란」
김소월★	• 생애: 1902년~1934년 • 특징: 일제 강점기의 시인으로, 향토적 소재를 사용해 민요적인 서정시를 창작함 • 대표 작품: 「진달래꽃」, 「산유화」 「접동새」
김승옥★	• 생애: 1941년~ • 특징: 꿈과 낭만을 박탈당한 개인의 억압되고 위축된 의식, 소시민적인 생활 양식에 관심을 가짐 • 대표 작품: 「무진기행」, 「서울, 1964년 겨울」, 「누이를 이해하기 위하여」
김억	• 생애: 1896년~미상 • 특징: 일제 강점기의 시인·문학 평론가 • 대표 작품: 「해파리의 노래」, 「금모래」, 「봄의 노래」
김영랑★	• 생애: 1903년~1950년 • 특징: 일제 강점기의 시인으로, 잘 다듬어진 언어로 한국적 정서를 담은 서정시를 발표하여 순수 서정시의 새로운 경지를 개척함 • 대표 작품: 「독을 차고」, 「모란이 피기까지는」
김영하	• 생애: 1968년~ • 특징: 1995년 등단하였으며, 도시적 감수성을 잘 보여 주는 작가 • 대표 작품: 「거울에 대한 명상」, 「엘리베이터에 낀 그 남자는 어떻게 되었나」
김유정★	• 생애: 1908년~1937년 • 특징: 1930년대 농촌을 배경으로 하여 현실 비판 의식을 해학적으로 드러내는 농촌 소설들을 발표함 • 대표 작품: 「소낙비」, 「금 따는 콩밭」, 「동백꽃」, 「만무방」
김정한	• 생애: 1908년~1996년 • 특징: 일제 강점기 농촌의 사회적·구조적 모순을 고발하고 농민들의 현실 저항 의식을 그리는 데 관심을 둠 • 대표 작품: 「사하촌」, 「모래톱 이야기」, 「인간단지」

나도향★	• 생애: 1902년~1926년 • 특징: 초기에는 감상적인 경향의 소설을 창작하였으나 이후 농촌의 모습을 사실적으로 드러낸 소설을 창작함 • 대표 작품: 「벙어리 삼룡이」, 「물레방아」, 「뽕」
노천명	• 생애: 1912년~1957년 • 특징: 초기에는 감상적인 서정시를 썼으나 뒤에는 사랑과 종교적 참회를 그린 시를 창작함 • 대표 작품: 「산호림」, 「사슴의 노래」
박두진	• 생애: 1916년~1998년 • 특징: 해방 이후의 시인으로, 조지훈, 박목월과 함께 『청록집』을 발간하여 청록파로 불림 • 대표 작품: 「향현」, 「묘지송」, 「해」
박목월★	• 생애: 1915년~1978년 • 특징: 청록파 시인으로, 초기에는 자연 친화적인 주제를 다루었으나 점차 사념적인 경향으로 바뀜 • 대표 작품: 「산도화」, 「산그늘」, 「구름의 서정」
박민규	• 생애: 1968년~ • 특징: 2003년 신인작가상을 받은 소설가 • 대표 작품: 「지구영웅전설」, 「누런 강 배 한 척」
박영희★	• 생애: 1901년~미상 • 특징: 탐미적 · 낭만주의적 시인으로 출발하여, 한때 카프(KAPF)의 대변자로 활약하다가 순수 예술로 전향함 • 대표 작품: 「유령의 나라」, 「사냥개」, 「전투」
박태원★	• 생애: 1909년~1986년 • 특징: 구인회의 일원으로, 근대 도시를 배경으로 한 모더니즘 소설을 창작함 • 대표 작품: 「소설가 구보 씨의 일일」, 「천변풍경」
백석★	• 생애: 1912년~1996년 • 특징: 토속적인 언어로 서민들의 삶을 현실적으로 표현해, 민족 공동체의 정서를 시에 담아냄 • 대표 작품: 「여승」, 「남신의주 유동 박시봉방」
서정주★	• 생애: 1915년~2000년 • 특징: 초기 작품에서는 인간의 원죄 의식을 주로 다루었으나, 후기 작품에서는 불교 사상, 샤머니즘 등 동양 사상을 다룸 • 대표 작품: 「국화 옆에서」, 「귀촉도」, 「자화상」, 「추천사」, 「화사」
손창섭	• 생애: 1922년~2010년 • 특징: 1950년대 전후 소설 대표 작가 • 대표 작품: 「비 오는 날」, 「잉여인간」, 「인간교실」
신석정	• 생애: 1907년~1974년 • 특징: 일제 강점기의 시인으로, 낭만주의 시를 많이 창작함 • 대표 작품: 「아직 촛불을 켤 때가 아닙니다」, 「슬픈 목가」
염상섭★	• 생애: 1897년~1963년 • 특징: 작품 활동 초기에는 자연주의 계열의 소설을 창작하였으나 후기에는 사실주의 계열의 소설을 창작함 • 대표 작품: 「표본실의 청개구리」, 「만세전」, 「삼대」

개념 암기 체크

다음 작가와 대표 작품을 바르게 연결하시오.

01 강신재 •	• ㉠ 무녀도, 역마
02 김동리 •	• ㉡ 바비도, 임진왜란
03 김성한 •	• ㉢ 금 따는 콩밭, 동백꽃
04 김광균 •	• ㉣ 바다와 나비, 기상도
05 김기림 •	• ㉤ 젊은 느티나무
06 김유정 •	• ㉥ 와사등, 기항지

정답 01 ㉤ 02 ㉠ 03 ㉡ 04 ㉥ 05 ㉣ 06 ㉢

오상원★	• 생애: 1930년~1985년 • 특징: 해방 이후의 소설가로, 6·25 전쟁을 배경으로 역경을 이겨 내는 강인한 인간형을 창조하여 전후 작가로서의 지위를 확립함 • 대표 작품: 「유예」, 「균열」, 「모반」
유치진	• 생애: 1905년~1974년 • 특징: 일본에서 유학하고 돌아와 극예술 연구회를 만들었으며, 국립 극장장 · 드라마 센터 소장 등을 지냄 • 대표 작품: 「토막」, 「빈민가」, 「한강은 흐른다」
유치환★	• 생애: 1908년~1967년 • 특징: 생명파 시인으로 불림 • 대표 작품: 「깃발」, 「그리움」, 「생명의 서」
윤동주★	• 생애: 1917년~1945년 • 특징: 1941년 연희전문학교를 졸업하고 19편의 시를 묶은 자선 시집을 발간하려 했으나 실패하고, 3부를 남긴 것이 사후에 간행되었음 • 대표 작품: 「자화상」, 「소년」, 「눈 오는 지도」, 「또 다른 고향」, 「별 헤는 밤」
이강백	• 생애: 1947년~ • 특징: 1970년대의 폭압 정치 사회를 상징적으로 나타낸 작가 • 대표 작품: 「다섯」, 「파수꾼」, 「봄날」, 「칠산리」
이광수★	• 생애: 1892년~1950년 • 특징: 소설가이자 언론인으로 최남선과 함께 1910년대 2인 문단 시대를 열었으며, 남녀 간의 애정 문제나 삼각관계를 다루는 등 대중적 면모를 보이면서 계몽주의 세계관을 잘 담아냈음 • 대표 작품: 「무정」, 「흙」, 「유정」, 「어린 벗에게」, 「소년의 비애」
이근삼	• 생애: 1929년~2003년 • 특징: 1960년대부터 국내에서 왕성하게 활동한 극작가로, 현대적 연극 기법을 녹인 희극을 창작해 한국 현대 연극에 이바지함 • 대표 작품: 「원고지」, 「대왕은 죽기를 거부했다」, 「거룩한 직업」
이상★	• 생애: 1910년~1937년 • 특징: 시인이자 소설가로, 초현실주의적이고 실험적인 시와 심리주의적 경향이 짙은 독백체의 소설을 써서 문단의 주목을 받음 • 대표 작품: 「오감도」, 「날개」, 「종생기」, 「권태」
이상화	• 생애: 1901년~1943년 • 특징: 『백조』 동인으로, 낭만적 경향에서 출발하여 상징적인 서정시를 주로 창작함 • 대표 작품: 「나의 침실로」, 「빼앗긴 들에도 봄은 오는가」
이순원	• 생애: 1958년~ • 특징: 1988년 등단한 소설가로, 현실을 날카롭게 비판하는 초기 작품과 달리 이후의 작품은 인간의 삶과 내면 의식을 충실하게 담아내고 있음 • 대표 작품: 「낮달」, 「압구정동엔 비상구가 없다」, 「수색 그 물빛 무늬」
이용악	• 생애: 1914년~1971년 • 특징: 일제 강점기의 시인으로, 비참한 시대적 상황과 실향민의 소외된 삶을 시에 담아냄 • 대표 작품: 「분수령」, 「낡은 집」, 「그리움」, 「오랑캐꽃」
이육사★	• 생애: 1904년~1944년 • 특징: 동인지 『자오선』을 발간하고, 상징주의적이고도 웅혼한 시풍으로 일제 강점기의 민족의 비극과 의지를 노래함 • 대표 작품: 「청포도」, 「광야」, 「절정」
이인직	• 생애: 1862년~1916년 • 특징: 우리나라 최초의 신소설 「혈의 누」를 발표함 • 대표 작품: 「혈의 누」, 「귀의 성」, 「치악산」
이청준★	• 생애: 1939년~2008년 • 특징: 인간관계에서 발생하는 불합리한 현실의 문제를 관념적이고 상징적인 표현을 사용해 드러냄 • 대표 작품: 「퇴원」, 「병신과 머저리」, 「소문의 벽」, 「당신들의 천국」

이태준★	• 생애: 1904년~미상 • 특징: 구인회의 일원이며, 1939년부터 문예지 『문장』을 주관하였음 • 대표 작품: 「오몽녀」, 「달밤」, 「복덕방」, 「패강랭」
이효석★	• 생애: 1907년~1942년 • 특징: 초기에는 경향 문학 작품을 발표하다가, 점차 자연과의 교감을 묘사한 서정적인 작품을 발표함 • 대표 작품: 「메밀꽃 필 무렵」, 「화분」, 「벽공무한」
임철우	• 생애: 1954년~ • 특징: 거침없고 서정적인 문체로 분단, 이데올로기의 문제 등을 그려냄 • 대표 작품: 「사평역」, 「붉은 방」, 「눈이 오면」
임화	• 생애: 1908년~1953년 • 특징: 일제 강점기의 시인이자 평론가로, 카프(KAPF)를 주도함 • 대표 작품: 「네거리의 순이」, 「어머니」
장용학	• 생애: 1921년~1999년 • 특징: 소설가·언론인으로, 한국 전쟁의 시대상을 소설로 드러냄 • 대표 작품: 「무영탑」, 「기상도」, 「비인탄생」, 「원형의 전설」
전광용	• 생애: 1919년~1988년 • 특징: 정확한 문장과 치밀한 작품 구성을 특징으로 하는 소설을 발표하였으며, 신소설 연구에 큰 업적을 남김 • 대표 작품: 「흑산도」, 「사수」, 「꺼삐딴 리」
전영택★	• 생애: 1894년~1968년 • 특징: 동인지 『창조』의 창간 동인이며, 일제 강점기의 사회적 문제와 이로 인해 영향을 받은 개인의 삶을 다룬 소설을 창작함 • 대표 작품: 「화수분」, 「소」
정지용★	• 생애: 1902년~1950년 • 특징: 섬세하고 독특한 언어로 대상을 청신하게 묘사함으로써 한국 현대시의 새로운 국면을 개척함 • 대표 작품: 「향수」, 「유리창」, 「바다」, 「고향」
조세희	• 생애: 1942년~2022년 • 특징: 1970년대 한국 사회의 모순적 모습을 형상화함 • 대표 작품: 「칼날」, 「뫼비우스의 띠」, 「난장이가 쏘아올린 작은 공」
조지훈★	• 생애: 1920년~1968년 • 특징: 청록파 시인의 한 사람으로, 초기에는 민족적 전통이 깃든 시를 썼으며 6·25 전쟁 이후에는 조국의 역사적 현실을 담은 시 작품과 평론을 주로 발표함 • 대표 작품: 「고풍의상」, 「승무」, 「봉황수」
주요섭★	• 생애: 1902년~1972년 • 특징: 휴머니즘을 기반에 두고 하층 계급의 삶과 당대 사회 현실을 그린 소설을 창작함 • 대표 작품: 「사랑손님과 어머니」, 「추운 밤」

개념 암기 체크

다음 작가와 대표 작품을 바르게 연결하시오.

01 전영택 •	• ㉠ 자화상, 소년
02 정지용 •	• ㉡ 향수, 유리창
03 이광수 •	• ㉢ 무정, 흙
04 이청준 •	• ㉣ 화수분, 소
05 유치환 •	• ㉤ 깃발, 생명의 서
06 윤동주 •	• ㉥ 병신과 머저리, 소문의 벽

정답 01 ㉣ 02 ㉡ 03 ㉢ 04 ㉥ 05 ㉤ 06 ㉠

채만식★	• 생애: 1902년~1950년 • 특징: 일제 강점기 지식인의 고뇌, 사회의 부조리와 갈등을 사실적으로 묘사하면서 풍자의 수법을 활용하여 날카로운 역사의식을 보여 줌 • 대표 작품: 「레디메이드 인생」, 「치숙」, 「태평천하」, 「미스터 방」
최서해★	• 생애: 1901년~1932년 • 특징: 가난한 농민들의 삶을 통해 일제 강점기 농촌의 사회적·계급적 문제를 폭로하였고, 자신이 체험한 밑바닥 생활을 바탕으로 하여 문학 작품을 창작하며 신경향파의 기수로서 활동함 • 대표 작품: 「탈출기」, 「홍염」
최인호	• 생애: 1945년~2013년 • 특징: 한국 사회의 산업화 과정에서 나타난 소외 문제 등을 그려 냄 • 대표 작품: 「타인의 방」, 「깊고 푸른 밤」
최인훈★	• 생애: 1936년~2018년 • 특징: 1959년 안수길이 「GREY 구락부 전말기」, 「라울전」을 추천하여 문단에 등단함 • 대표 작품: 「광장」, 「회색인」
하근찬	• 생애: 1931년~2007년 • 특징: 1957년 단편 소설 「수난이대」로 등단하였고, 민중의 수난을 주로 다룸 • 대표 작품: 「흰 종이수염」, 「붉은 언덕」, 「삼각의 집」
하성란	• 생애: 1967년~ • 특징: 1996년 단편 소설 「풀」로 등단하였고, 섬세한 묘사로 현대 사회에서 소외받는 인물의 내면을 그려 냄 • 대표 작품: 「곰팡이꽃」, 「알파의 시간」
한강	• 생애: 1970년~ • 특징: 1993년 시 4편으로 작품 활동을 시작하였고, 1994년 단편 소설 「붉은 닻」이 당선됨 • 대표 작품: 「채식주의자」, 「몽고반점」
한용운★	• 생애: 1879년~1944년 • 특징: 일제 강점기의 승려·시인·독립운동가 • 대표 작품: 「님의 침묵」
함세덕	• 생애: 1915년~1950년 • 특징: 1936년 희곡 「산허구리」로 등단한 문학인·극작가 • 대표 작품: 「동승」, 「고목」
현진건★	• 생애: 1900년~1943년 • 특징: 동인지 『백조』 창간 동인으로, 주로 사실주의에 기반을 두고 자신의 체험을 바탕으로 한 소설, 현실의 문제를 고발한 소설, 역사적 사실을 바탕으로 민족 의식을 드러낸 소설 등 다양한 작품을 창작함 • 대표 작품: 「빈처」, 「운수 좋은 날」, 「B 사감과 러브레터」
황석영	• 생애: 1943년~ • 특징: 1962년 등단하였고, 실향민의 삶을 그린 작품을 창작하고 10년에 걸쳐 역사 소설을 연재함 • 대표 작품: 「삼포 가는 길」, 「장길산」
황순원★	• 생애: 1915년~2000년 • 특징: 한국인의 한 등을 다루며 한국인의 근원적 정신과 연관된 시대 · 사회적 문제에 접근함 • 대표 작품: 「목넘이 마을의 개」, 「소나기」, 「학」

2 작품

1. 고전 산문

1) 가전

작품	특징
공방전★	• 작가: 임춘 • 특징: 고려 고종 때에 지은 가전체 작품으로, 엽전을 옥석으로 의인화하여 옥은 빛나고 귀하지만 때때로 어지러운 일에 쓰이고 재물만 탐하는 그릇된 길로 이끌어 가니 경계해야 한다는 내용
국선생전★	• 작가: 이규보 • 특징: 고려 고종 때에 지은 가전체 작품으로, 등장인물의 이름과 지명을 모두 술 또는 누룩에 관련된 한자를 써서 지었으며, 당시의 문란한 사회상을 풍자함
국순전	• 작가: 임춘 • 특징: 고려 시대에 지은 가전체 작품으로, 술을 의인화하여 당시의 정치 현실을 풍자하고 술로 인한 패가망신을 경계함
저생전★	• 작가: 이첨 • 특징: 고려 말기에 지은 가전체 소설로, 종이를 의인화하여 위정자들에게 올바른 정치를 권유하는 내용
죽부인전	• 작가: 이곡 • 특징: 고려 말기에 지은 가전체 작품으로, 대나무를 의인화한 주인공 죽부인이 그녀의 남편 '송공'을 잃은 뒤에 절개를 지키며 어려운 생애를 마쳤다는 내용
정시자전★	• 작가: 석식영암 • 특징: 고려 말기에 지은 가전체 작품으로, 지팡이를 의인화하여 불교 포교와 지도층의 겸허를 권유한 내용
청강사자현부전	• 작가: 이규보 • 특징: 고려 고종 때에 지은 가전체 작품으로, 거북을 의인화하여 왕의 부름에도 응하지 않고 속된 무리와도 어울리지 않는 어진 사람의 행실을 묘사하여 세상 사람들을 경계하고자 함

2) 고전 소설

작품	특징
구운몽★	• 작가: 김만중 • 특징: 액자식 구성을 취해 주인공 '성진'의 꿈과 현실을 교차시킴으로써 인간이 누리는 부와 명예는 한낱 꿈에 지나지 않는다는 진리를 제시함
까치전	• 작가: 미상 • 특징: 까치와 비둘기를 선악의 대조적 인물로 제시하여, 선량한 백성을 착취하는 탐관오리를 비판함

개념 암기 체크

다음 작가와 대표 작품을 바르게 연결하시오.

01 황석영 •	• ㉠ 소나기, 학
02 황순원 •	• ㉡ 탈출기, 홍염
03 최인훈 •	• ㉢ 빈처, 운수 좋은 날
04 최서해 •	• ㉣ 치숙, 태평천하
05 현진건 •	• ㉤ 삼포 가는 길, 장길산
06 채만식 •	• ㉥ 광장, 회색인

정답 01 ㉤ 02 ㉠ 03 ㉥ 04 ㉡ 05 ㉢ 06 ㉣

남궁선생전	• 작가: 허균 • 특징: 조선 중기의 한문 소설로, 실제 존재했던 인물 '남궁두'를 대상으로 삼아 작가의 생각을 나타냄
남염부주지★	• 작가: 김시습 • 특징: 『금오신화』에 실린 한문 단편 소설로, 불교를 믿지 않던 '박생'의 꿈속 이야기를 제시함
두껍전	• 작가: 미상 • 특징: 조선 시대 우화 소설로, 동물의 세계를 통하여 인간성의 결함을 풍자함
만복사저포기★	• 작가: 김시습 • 특징: 『금오신화』에 실린 한문 소설로, 산 남자와 죽은 여자의 사랑을 다룸
박씨전★	• 작가: 미상 • 특징: 조선 후기의 국문본 여성 영웅 소설로, 병자호란에서 패배한 역사적 사실을 박씨 부인이 청나라에 승리하는 허구적 이야기로 바꿈으로써 전란으로 인한 치욕을 씻어 내고자 함
사씨남정기★	• 작가: 김만중 • 특징: 조선 숙종 때 지은 한글 소설로, 조선 시대의 축첩 제도의 문제점을 제기하고 '권선징악'이라는 교훈을 제시함
서동지전★	• 작가: 미상 • 특징: 조선 후기의 한글 우화 소설로, 게으름뱅이 다람쥐와 부자인 쥐의 이야기를 제시함
설공찬전★	• 작가: 채수 • 특징: 죽은 설공찬과 그의 누이의 이야기로, 귀신과 저승을 소재로 활용함
수성지	• 작가: 임제 • 특징: 조선 선조 때 지은 한문 소설로, 마음의 세계를 의인화하여 당시 조선 사회의 부조리를 없애고 간신을 몰아내어 밝은 사회를 만들어야 한다는 작가의 의식을 나타냄
심생전★	• 작가: 이옥 • 특징: 신분의 차이가 있는 남녀의 애정을 다룸
양반전	• 작가: 박지원 • 특징: 한문 소설로, 양반 계급의 허위와 부패를 폭로하였으며 실학사상을 고취함
예덕선생전	• 작가: 박지원 • 특징: 한문 단편 소설로, 똥을 져 나르는 것을 업으로 삼는 '엄행수'라는 인물을 통하여 무위도식하면서 허욕에 찬 양반과 관리들의 위선적 생활을 비판함
옥단춘전	• 작가: 미상 • 특징: 조선 후기의 한글 소설로, '이혈룡'과 평양 기생 '옥단춘'의 애정을 다룸
용궁부연록★	• 작가: 김시습 • 특징: 『금오신화』에 실린 한문 소설로, 주인공 '한생'이 용왕의 초대를 받고 용궁에서 극진한 대접을 받고 돌아온다는 내용
운영전★	• 작가: 미상 • 특징: 조선 시대의 연애 소설로, 궁녀 '운영'과 '김 진사'의 비극적 사랑을 다룸
이생규장전★	• 작가: 김시습 • 특징: 『금오신화』에 실린 전기 소설로, 죽음을 초월한 '이생'과 '최랑'의 사랑을 다룸
인현왕후전★	• 작가: 미상 • 특징: 조선 시대의 역사 전기 소설로, 숙종이 인현 왕후를 폐위하고 장 희빈을 맞아들인 궁중 비극을 생생하게 그려 냄
임진록	• 작가: 미상 • 특징: 조선 시대의 역사 소설로, 임진왜란을 실재의 사실과 다르게 허구화함
장끼전★	• 작가: 미상 • 특징: 조선 시대의 우화 소설로, 장끼 남편을 잃은 까투리의 개가 문제를 통하여 당시의 사회 제도를 풍자함

조웅전★	• 작가: 미상 • 특징: 조선 시대의 군담 소설로, 중국 송나라의 '조웅'이 초인의 도움으로 운명을 개척하며 위기에 처한 태자와 나라를 구한다는 내용
최척전	• 작가: 조위한 • 특징: 조선 인조 때 지은 소설로, 일부일처의 건전한 사랑을 다루며 소설을 좋지 않게 생각하던 시대에 사대부인 작자의 이름을 분명히 밝힌 특징을 지님
취유부벽정기★	• 작가: 김시습 • 특징: 『금오신화』에 실린 한문 전기 소설로, '홍생'이 취하여 선녀를 만나 아름다운 사랑을 나누었다는 내용
허생전	• 작가: 박지원 • 특징: 『열하일기』에 실린 한문 단편 소설로, 허생의 상행위를 통하여 당시 허약한 국가 경제를 비판하고, 양반의 무능과 허위의식을 풍자함
호질	• 작가: 박지원 • 특징: 『열하일기』에 실린 한문 단편 소설로, 호랑이를 통하여 도학자의 위선을 신랄하게 꾸짖는 내용
홍길동전★	• 작가: 허균 • 특징: 조선 광해군 때 지은 우리나라 최초의 한글 소설로, 부패한 정치 현실과 적서 차별의 신분 제도를 개혁하려는 사상을 반영함
황새결송	• 작가: 미상 • 특징: 이야기 속에 이야기를 넣은 단편 소설로, 조선 사회의 부패를 풍자함

3) 극

작품	특징
고성 오광대★	경상남도 고성 지역에서 전승되는 오광대놀이. 다섯 마당으로 되어 있는데 문둥이, 원양반, 접양반, 접광대, 말뚝이, 중 등 19명의 배역이 등장하며, 19개의 가면과 아기 인형이 사용되는 가면극
꼭두각시놀음★	홍동지, 박첨지 등의 여러 가지 인형을 무대 위에 번갈아 내세우며 무대 뒤에서 조종하고 그 인형의 동작에 맞추어 조종자가 말을 하는 민속 인형극
봉산 탈춤★	황해도 봉산에 전해지는 산대놀음 계통의 탈춤으로, 7과장으로 구성되며 사자춤이 있음
송파 산대놀이	서울 송파 지역에서 18세기 중반부터 전승되어 온 산대놀이로, 원래는 직업적인 놀이 패의 흥행물이었던 것이 그 지역의 세시 행사로 수용되었다고 함. 현재 전승되는 놀이는 모두 일곱 과장으로 33개의 탈을 씀
수영 야유	부산광역시 수영구 수영동에 전승되고 있는 탈놀이. 모두 4과장으로, 정월 대보름에 산신제와 함께 벌임
양주 별산대놀이★	경기도 양주에 전승되는 탈놀이. 초파일, 단오, 추석에 주로 연희하였으며, 여덟 마당 아홉 거리로 짜여 있다. 양반에 대한 풍자, 서민 생활의 빈곤함 등을 폭로하는 내용을 담고 있음
통영 오광대	경상남도 통영에 전승되는 탈놀이. 풍자탈(말뚝이탈), 영노탈, 농창탈(제자각시탈) 등의 다섯 과장으로 구성됨
하회 별신굿 탈놀이	경상북도 안동시 하회 마을에 전승되어 오는 탈놀이. 음력 정초에 서낭제를 지내면서 행하던 것으로, 파계승과 양반을 풍자하고 서민의 궁핍상을 보여 주는 등의 내용을 담은 8개의 마당으로 구성됨

개념 암기 체크

다음 작품과 설명을 바르게 연결하시오.

01 장끼전 •
02 박씨전 •
03 운영전 •
04 홍길동전 •
05 서동지전 •

• ㉠ 조선 시대의 염애 소설로, 궁녀와 김 진사의 비극적 사랑을 다룸
• ㉡ 조선 후기 여성 영웅 소설로, 병자호란을 배경으로 함
• ㉢ 우화 소설로, 개가 문제를 그려 사회 제도를 풍자함
• ㉣ 한글 우화 소설로, 게으름뱅이 다람지와 부자인 쥐의 이야기를 제시함
• ㉤ 우리나라 최초의 한글 소설로, 부패한 정치 현실과 적서 차별의 신분 제도를 개혁하려는 사상을 반영함

정답 01 ㉢ 02 ㉡ 03 ㉠ 04 ㉤ 05 ㉣

4) 수필

작품	특징
경설	• 작가: 이규보 • 특징: 남의 맑음을 시기하고 질투하는 인간의 추한 속성을 거울을 소재로 하여 교훈적으로 서술함
뇌설	• 작가: 이규보 • 특징: 일상생활에서 겪은 일화를 통해 얻은 깨달음을 제시하고 있음
슬견설	• 작가: 이규보 • 특징: 개와 이의 죽음에 대해 나누는 대화를 통해 교훈을 제시함
이옥설	• 작가: 이규보 • 특징: 퇴락한 행랑채를 고치며 느낀 바를 의미 유추와 확장을 통해 사람의 삶과 나라의 정치에 적용하며 내용을 전개함
조침문	• 작가: 유씨 부인 • 특징: 바늘을 의인화하여 쓴 제문(죽은 사람에 대하여 애도의 뜻을 나타낸 글) 형식의 글
차마설	• 작가: 이곡 • 특징: 말을 빌려 탄 개인적인 경험에서 얻은 깨달음을 유추의 방식으로 일반화하여 소유에 대한 깨달음과 성찰을 이끌어 냄
한중록	• 작가: 혜경궁 홍씨 • 특징: 홍 씨가 만년에 남편 장헌 세자의 일을 중심으로 자기의 일생을 돌아보면서 씀

5) 그 밖의 작품

작품	특징
노걸대언해★	• 작가: 최세진 • 특징: 조선 정조 때 『노걸대』를 한글로 풀이한 책
열하일기	• 작가: 박지원 • 특징: 조선 정조 때의 책으로, 「허생전」, 「호질」 등의 소설과 청나라 기행문이 수록됨
월인석보	• 작가: 세종, 세조 • 특징: 『월인천강지곡』과 『석보상절』을 합하여 간행한 책
훈민정음	• 작가: 세종 • 특징: 훈민정음 28자를 세상에 반포할 때에 찍어 낸 판각 원본

2. 고전 운문

작품	특징
가시리	• 갈래: 고려 속요 • 작가: 미상 • 특징: 이별의 정한을 노래한 것으로, 전체 네 연으로 구성됨
강호사시가	• 갈래: 연시조 • 작가: 맹사성 • 특징: 만년에 벼슬을 버리고 강호에 묻혀 사는 생활을 네 계절의 변화와 관련시켜 노래한 것으로, 모두 4수로 되어 있음
고산구곡가	• 갈래: 연시조 • 작가: 이이 • 특징: 작자가 황해도 고산에 은거하고 있을 때 고산의 구곡 풍경과 감회를 읊은 것으로, 서곡 1수와 본문 9수로 되어 있음
관동별곡	• 갈래: 기행 가사 • 작가: 정철 • 특징: 작자가 강원도 관찰사로 부임하여 관동 팔경을 돌아보면서 선정을 베풀고자 하는 심정을 읊은 것

규원가	• 갈래: 규방 가사 • 작가: 허난설헌 • 특징: 남편의 사랑을 받지 못하고 규방에서 속절없이 눈물과 한숨으로 늙어 가는 여인의 애처로운 정한을 노래함
누항사	• 갈래: 가사 • 작가: 박인로 • 특징: 자연을 벗 삼아 안빈낙도하는 심정을 드러냄
도산십이곡	• 갈래: 연시조 • 작가: 이황 • 특징: 모두 12수로 되어 있으며 전 6곡은 언지, 후 6곡은 언학이라 함
만언사	• 갈래: 유배 가사 • 작가: 안조환 • 특징: 추자도로 유배된 사건을 작품의 배경으로 함
면앙정가	• 갈래: 가사 • 작가: 송순 • 특징: 작자가 만년에 고향인 전라남도 담양에 면앙정이라는 정자를 짓고 은거하면서 주위 자연의 아름다움과 자신의 심정을 읊음
봉선화가	• 갈래: 규방 가사 • 작가: 미상(허난설헌의 작품으로 보기도 함) • 특징: 손톱에 봉선화 물을 들이는 풍습 등을 규방 여인의 감정과 연관하여 읊은 것
북관곡	• 갈래: 유배 가사 • 작가: 송주석 • 특징: 덕원으로 귀양 가는 조부 송시열을 동행하여 그 전후 사실과 행색 및 노정을 노래한 것으로, 임금에 대한 충성심과 정적에 대한 적개심, 자신의 결백함과 친척에 대한 그리움을 조부의 입장에서 읊음
사모곡	• 갈래: 고려 속요 • 작가: 미상 • 특징: 어머니와 아버지의 사랑을 낫과 호미의 날에 비유하여 어머니의 사랑이 아버지의 사랑보다 더 크고 간절함을 노래함
사미인곡	• 갈래: 가사 • 작가: 정철 • 특징: 작가가 관직에서 밀려나 4년 동안 전라남도 창평에서 지내면서 임금에 대한 그리운 정을 간곡하게 읊은 작품
상춘곡★	• 갈래: 가사 • 작가: 정극인 • 특징: 우리나라 최초의 가사이며, 자연에 파묻힌 생활 속에서 봄날의 경치를 찬탄한 내용
선상탄	• 갈래: 가사 • 작가: 박인로 • 특징: 조선 선조 때 지은 전쟁 가사로, 배 위에서 조국에 대한 충성 및 전쟁의 비애를 읊음

개념 암기 체크

다음 작품과 설명을 바르게 연결하시오.

01 만언사 •		• ㉠ '박인로'가 지은 가사로 배 위에서 조국에 대한 충성 및 전쟁의 비애를 읊음
02 사미인곡 •		• ㉡ '정철'이 지은 가사로 4년 동안 전라남도 창평에 지내면서 임금에 대한 그리운 정을 간곡하게 읊은 작품
03 상춘곡 •		• ㉢ '정극인'이 지은 우리나라 최초의 가사로 봄날의 경치를 찬탄하는 내용
04 선상탄 •		• ㉣ '안조환'이 지은 가사로 추자도로 유배된 사건을 배경으로 함
05 면앙정가 •		• ㉤ '송순'이 지은 가사로 자연의 아름다움과 자신의 심정을 읊음

정답 01 ㉣ 02 ㉡ 03 ㉢ 04 ㉠ 05 ㉤

속미인곡★	• 갈래: 가사 • 작가: 정철 • 특징: 임금을 천상에서 인연이 있었던 연인으로 설정하고 그 임을 잃고 사모하는 여인의 심정을 두 선녀의 대화 형식으로 표현함
시용향악보	• 갈래: 가사, 악보 • 작가: 미상 • 특징: 26수의 가사와 악보가 실린 조선 시대의 가곡집
시집살이 노래	• 갈래: 민요 • 작가: 미상 • 특징: 부녀자가 고된 시집살이 속에서 겪어야 하였던 고난과 불행을 노래하면서 비난, 풍자, 익살 등을 섞어 고발과 항거의 의지를 강하게 드러냄
쌍화점	• 갈래: 고려 속요 • 작가: 미상 • 특징: 남녀의 사랑을 노래한 것
어부사시사	• 갈래: 연시조 • 작가: 윤선도 • 특징: 강촌에서 자연과 더불어 살아가는 어부의 생활을 노래함
연행가	• 갈래: 장편 가사 • 작가: 홍순학 • 특징: 중국 청나라 연경에 갔다가 그해 8월 말에 귀국하기까지의 기행·견문을 적은 작품
용비어천가	• 갈래: 악장 • 작가: 정인지, 안지, 권제 등 • 특징: 훈민정음으로 쓴 최초의 작품으로, 조선을 세우기까지 목조·익조·도조·환조·태조·태종의 사적을 중국 고사에 비유하여 그 공덕을 기리어 지은 노래
일동장유가	• 갈래: 기행 가사 • 작가: 김인겸 • 특징: 조엄이 통신사로 일본에 갔을 때 서기로 따라가 보고 느낀 일본의 문물·제도·풍속 등을 기록한 것
정석가	• 갈래: 고려 속요 • 작가: 미상 • 특징: 태평성대를 기리고 남녀 간의 변함없는 사랑을 노래한 것
청산별곡	• 갈래: 고려 속요 • 작가: 미상 • 특징: 현실 도피의 비애를 노래한 것
출새곡	• 갈래: 기행 가사 • 작가: 조우인 • 특징: 함경도 지방으로 떠나는 여정을 읊음
타맥행 (보리타작의 노래)	• 갈래: 한시 • 작가: 정약용 • 특징: 유배지에서 보리타작하는 모습을 보며 지음
태평사	• 갈래: 가사 • 작가: 박인로 • 특징: 전란의 참상과 종전 후 태평성대를 맞이하게 된 기쁨과 성은에 보답하여 길이 이 태평을 즐기자는 뜻을 노래함
훈민가	• 갈래: 시조 • 작가: 정철 • 특징: 작가가 강원도 관찰사로 있을 때, 백성을 훈계하기 위하여 지음

3. 현대 소설

작품	특징
B 사감과 러브레터	• 갈래: 단편 소설 • 작가: 현진건 • 특징: 남자를 싫어하는 'B 사감'이 혼자 방에서 다른 이의 연애편지를 읽으며 사랑을 연출하는 이중적인 모습을 그림
강상련★	• 갈래: 신소설 • 작가: 이해조 • 특징: 판소리 사설 「심청가」를 신소설 형태로 고쳐 쓴 소설
개척자	• 갈래: 장편 소설 • 작가: 이광수 • 특징: 1917년부터 1918년까지 『매일신보』에 연재된 국한문혼용체 소설로, 과학자를 주인공으로 함
광장	• 갈래: 장편 소설 • 작가: 최인훈 • 특징: 남북 간 이데올로기의 대립 속에서 고통받고 갈등하는 지식인상을 보여 줌
금 따는 콩밭	• 갈래: 단편 소설 • 작가: 김유정 • 특징: 밭에서 금을 캔다는 허황된 꾐에 넘어간 순박한 농군이 성격적으로 파탄에 이르는 과정을 통해 1930년대 농촌 사회의 궁핍함을 실감 나게 그림
금수회의록	• 갈래: 신소설 • 작가: 안국선 • 특징: 동물을 의인화하여 인간의 추악한 면과 사회의 부패상을 풍자함
꺼삐딴 리	• 갈래: 단편 소설 • 작가: 전광용 • 특징: 일제 강점기 말기와 광복을 거쳐 6·25 전쟁 후에 이르는 시대를 배경으로, 시대의 흐름에 따라 끊임없는 변신을 거듭하면서 개인적 영달을 이루어 온 기회주의적 인간에 대하여 비판적으로 풍자함
남과 북★	• 갈래: 대하 소설 • 작가: 홍성원 • 특징: 1970년부터 1975년까지 『세대』에 연재된 대하 소설로, 전쟁의 비참함을 보여 줌
눈길★	• 갈래: 단편 소설 • 작가: 이청준 • 특징: 고향에 있는 노모를 찾아갔다가 어머니의 사랑을 깨닫는 내용

개념 암기 체크

다음 작품과 설명을 바르게 연결하시오.

01 정석가 •	• ㉠ 고려 속요로, 태평성대를 기리고 남녀 간의 사랑을 노래함
02 연행가 •	• ㉡ '박인로'가 지은 가사로, 태평을 즐기자는 뜻을 노래함
03 태평사 •	• ㉢ '홍순학'이 지은 가사로, 중국 청나라 연경에 다녀온 기행과 견문을 적음
04 훈민가 •	• ㉣ '김인겸'이 지은 가사로, 일본의 문물 · 제도 · 풍속 등을 기록함
05 일동장유가 •	• ㉤ '정철'이 지은 시조로, 백성을 훈계하기 위해 지음

정답 01 ㉠ 02 ㉢ 03 ㉡ 04 ㉤ 05 ㉣

달밤	• 갈래: 단편 소설 • 작가: 이태준 • 특징: 순박한 성격의 '황순건'이 현실에서 겪는 아픔을 그려 일제 강점기의 부조리한 사회상을 비판함
돌다리★	• 갈래: 단편 소설 • 작가: 이태준 • 특징: 땅을 팔아 자기의 병원을 확장하려는 '창섭'과 땅을 팔지 않으려는 '아버지'의 갈등을 그려 금전적 가치만 추구하는 사회를 비판함
동백꽃★	• 갈래: 단편 소설 • 작가: 김유정 • 특징: 마름의 딸과 소작인 아들의 순박한 사랑을 토속적 해학을 가미하여 서술한 작품
등신불	• 갈래: 단편 소설 • 작가: 김동리 • 특징: 일제 강점기 학도병으로 끌려간 '나'가 탈출해 절에 머물면서 등신불의 이야기를 전해 듣는 이야기로, 불교 사상을 보여 줌
만세전★	• 갈래: 중편 소설 • 작가: 염상섭 • 특징: 3·1 운동 전의 암울한 시대 상황을 사실적으로 그림
매잡이	• 갈래: 중편 소설 • 작가: 이청준 • 특징: 장인 정신을 가지고 전통을 지키려는 매잡이 '곽 서방'의 모습을 그림
모래톱 이야기	• 갈래: 단편 소설 • 작가: 김정한 • 특징: 비극적인 역사의 흐름 속에서 선량하게 살아온 섬마을 주민들이, 점점 그들의 생활 터전을 빼앗기며 소외당하는 상황과 이를 극복하려는 강인한 의지를 사실적으로 그림
무영탑	• 갈래: 장편 소설 • 작가: 현진건 • 특징: '아사달'과 '아사녀'의 비극을 그린 역사 소설
무정★	• 갈래: 장편 소설 • 작가: 이광수 • 특징: 우리나라 최초의 현대 소설로, 민족주의적 이상과 계몽주의적 정열이 잘 나타난 초기 작품
무진기행	• 갈래: 단편 소설 • 작가: 김승옥 • 특징: 세속적인 삶을 벗어나려는 고립된 개인의 복잡한 심리를 내용으로 하여, 개인의 삶과 현실 속에 던져진 자기 존재의 파악이라는 주제를 다룸
물레방아	• 갈래: 단편 소설 • 작가: 나도향 • 특징: 마을에서 가장 부자이며 세력가인 신치규 노인과 그 집에서 막일을 하는 이방원 내외 사이에 벌어지는 애정 행각과 비극적 결말을 다룸
바비도	• 갈래: 단편 소설 • 작가: 김성한 • 특징: 교회의 횡포에 저항하는 가난한 재봉 직공 바비도를 통하여 인간의 양심과 정의의 문제를 다룸
백치 아다다	• 갈래: 단편 소설 • 작가: 계용묵 • 특징: 백치를 여주인공으로 하여 황금만능의 세태를 비판한 작품
별	• 갈래: 단편 소설 • 작가: 황순원 • 특징: 어머니와 누이의 죽음을 겪은 소년의 심리적 충격을 묘사함

병신과 머저리	• 갈래: 단편 소설 • 작가: 이청준 • 특징: 6·25 전쟁을 겪은 형의 정신적 고통과 아픔의 근원을 인지하지 못하는 무기력한 동생의 모습을 통해 1960년대 지식인의 두 모습을 형상화함
복덕방	• 갈래: 단편 소설 • 작가: 이태준 • 특징: 인생의 황혼기에 접어든 늙은이들이 복덕방이라는 공간 속에서 퇴락해 가는 모습을 선명하게 부각시킴
봄봄★	• 갈래: 단편 소설 • 작가: 김유정 • 특징: 판소리계 소설과 사설시조를 이어받아 농촌의 궁핍상과 순박한 생활상을 향토적 정서를 바탕으로 특유의 해학적 어조와 문체로 형상화함
분지	• 갈래: 단편 소설 • 작가: 남정현 • 특징: 주인공 '홍만수'의 이야기를 통해 광복 후 시대상을 비판함
불신시대	• 갈래: 단편 소설 • 작가: 박경리 • 특징: 6·25 전쟁으로 남편을 잃고 그 후 아들마저 잃어버린 주인공의 삶을 통하여 전후의 허위와 위선, 그리고 부조리한 불신 시대적인 상황을 섬세한 문체로 그려 냄
불의 제전	• 갈래: 장편 소설 • 작가: 김원일 • 특징: 경남 진영을 배경으로 6·25 전쟁의 비참한 현실을 담아 냄
비 오는 날★	• 갈래: 단편 소설 • 작가: 손창섭 • 특징: 6·25 전쟁 후의 암담한 시대 상황 속에서 불구적인 인간들의 무기력하고 우울한 삶을 형상화함
빈처	• 갈래: 단편 소설 • 작가: 현진건 • 특징: 작가를 지망하는 지식인 'K'와 가난한 현실 속에서 물질적 유혹에 흔들리는 아내를 그림
사랑손님과 어머니★	• 갈래: 단편 소설 • 작가: 주요섭 • 특징: '옥희'라는 주인집 어린 딸을 화자로 하여 홀어머니와 그 집에서 하숙을 하는 아저씨와의 애정 심리를 서정적으로 그림
사수	• 갈래: 단편 소설 • 작가: 전광용 • 특징: 인간의 대결 의식을 주제로 다룸

개념 암기 체크

다음 작품과 설명을 바르게 연결하시오.

01 봄봄 •
02 무정 •
03 만세전 •
04 비 오는 날 •
05 병신과 머저리 •

• ㉠ '염상섭'의 중편 소설로, 3·1 운동 전의 암울한 시대 상황을 사실적으로 그림
• ㉡ '이광수'의 장편 소설로, 민족주의적 이상과 계몽주의적 정열이 잘 나타난 우리나라 최초의 현대 소설
• ㉢ '손창섭'의 단편 소설로, 6·25 전쟁 후의 암담한 시대 상황 속에서 불구적인 인간들의 무기력하고 우울한 삶을 형상화함
• ㉣ '김유정'의 단편 소설로, 농촌의 궁핍상과 순박한 생활상을 특유의 해학적 어조로 형상화함
• ㉤ '이청준'의 단편 소설로 6·25 전쟁을 겪은 형의 정신적 고통과 아픔의 근원을 인지하지 못하는 무기력한 동생의 모습을 통해 1960년대 지식인의 두 모습을 형상화함

정답 01 ㉣ 02 ㉡ 03 ㉠ 04 ㉢ 05 ㉤

사평역	• 갈래: 단편 소설 • 작가: 임철우 • 특징: 곽재구의 시 「사평역에서」를 소재로 소설화한 것으로, 간이역 대합실에서 막차를 기다리는 여러 사람의 내면을 서술함
사하촌	• 갈래: 단편 소설 • 작가: 김정한 • 특징: 가난한 소작인들의 비참한 삶과 생존을 위하여 결집하는 모습을 통하여 1930년대 우리 농민의 고통과 극복 의지를 그림
산골 나그네	• 갈래: 단편 소설 • 작가: 김유정 • 특징: 토속적 어휘로 시골 마을의 가난한 이들의 모습을 그려 냄
삼대	• 갈래: 장편 소설 • 작가: 염상섭 • 특징: 주인공 '덕기'와 조부, 아버지의 삼대를 다루면서 3·1 운동을 전후한 우리나라의 혼란하고 암담한 시대상을 사실적으로 묘사함
삼포 가는 길★	• 갈래: 단편 소설 • 작가: 황석영 • 특징: 부랑자 둘과 술집에서 도망친 여자가 만나 서로의 아픔을 이해하는 모습을 통해 가속화된 산업화로 고향을 잃은 소외된 존재를 그려 냄
서울, 1964년 겨울	• 갈래: 단편 소설 • 작가: 김승옥 • 특징: 우연히 만난 세 인물의 이야기를 통해 1960년대 뚜렷한 가치관을 갖지 못하고 방황하는 현대인의 모습을 그려 냄
소나기	• 갈래: 단편 소설 • 작가: 황순원 • 특징: 소년과 소녀의 순수한 사랑을 그림
소낙비	• 갈래: 단편 소설 • 작가: 김유정 • 특징: 정착하지 못하고 떠돌아다니는 부부의 궁핍한 현실을 반어적으로 그림
수난이대★	• 갈래: 단편 소설 • 작가: 하근찬 • 특징: 일제 강점기에 징용으로 끌려가 한쪽 팔을 잃은 아버지와, 6·25 전쟁에 참전하였다가 한쪽 다리를 잃은 아들의 모습을 통하여 근현대사에서 겪은 우리 민족의 고통과 극복 의지를 상징적으로 보여 줌
순이 삼촌	• 갈래: 중편 소설 • 작가: 현기영 • 특징: '순이 삼촌'의 죽은 원인을 추적하는 구성으로, 제주도 4.3 사건의 실상을 드러냄
술 권하는 사회	• 갈래: 단편 소설 • 작가: 현진건 • 특징: 암담한 식민지 사회에서 지식인은 주정꾼 노릇밖에 할 일이 없으므로 결국 조선 사회가 술을 권한다는 풍자적인 내용으로, 3·1 운동 직후의 시대 상황과 사회 현실을 단적으로 드러냄
역마★	• 갈래: 단편 소설 • 작가: 김동리 • 특징: 한곳에 정착하지 못하고 끊임없이 떠돌아다녀야 하는 역마살이 든 아들과 그의 어머니가 운명에 순응하는 삶을 형상화함
옥중화★	• 갈래: 신소설 • 작가: 이해조 • 특징: 판소리 명창 '박기홍'의 「춘향가」 사설을 바탕으로 현대에 알맞게 개작함

요한시집	• 갈래: 단편 소설 • 작가: 장용학 • 특징: 포로수용소를 제재로 한 작품으로, 사르트르의 「구토」의 영향을 받음
우리들의 일그러진 영웅★	• 갈래: 중편 소설 • 작가: 이문열 • 특징: 시골 초등학교의 반장 '엄석대'의 모습을 통해 권력의 형성과 붕괴 과정을 상징적으로 그려 냄
운수 좋은 날★	• 갈래: 단편 소설 • 작가: 현진건 • 특징: 인력거꾼 '김 첨지'의 하루와 아내의 죽음을 통해 하층민의 열악한 삶을 보여 줌
유예	• 갈래: 단편 소설 • 작가: 오상원 • 특징: 전쟁에 참여한 주인공이 포로로 잡혀 총살되기까지의 상황을 그린 작품으로, 극한 상황 속에서 의식의 흐름 기법이 돋보임
유정★	• 갈래: 장편 소설 • 작가: 이광수 • 특징: 남녀의 애정 문제를 다루는 연애 소설로, 등장인물의 일기와 편지가 삽입되어 있음
은비령	• 갈래: 단편 소설 • 작가: 이순원 • 특징: 아내와 별거 중인 남자와 과부인 여자의 사랑 이야기를 다룸
이화몽	• 갈래: 신소설 • 작가: 지송욱 • 특징: 「춘향전」의 줄거리를 골격으로 다양한 일화를 삽입함
잉여 인간	• 갈래: 단편 소설 • 작가: 손창섭 • 특징: 6·25 전쟁 후의 상황에서 존재할 수 있는 세 가지 인간형을 제시하고 이를 통하여 무기력하고 절망적인 상황에서도 인간적인 모습을 지켜 나갈 수 있는 가능성을 모색함
자유종★	• 갈래: 신소설 • 작가: 이해조 • 특징: 여성들이 토론하는 형식을 빌려, '부녀의 해방', '계급 철폐' 등의 개화 사상을 드러냄
장마★	• 갈래: 중편 소설 • 작가: 윤흥길 • 특징: 전사한 국군 아들을 둔 외할머니와 빨치산 아들을 둔 친할머니의 갈등과 화해를 통해 6·25 전쟁의 고통을 보여 줌
젊은 그들	• 갈래: 장편 소설 • 작가: 김동인 • 특징: 구한말을 배경으로 극단적인 선악을 지닌 등장인물을 대립시켜 주인공을 영웅화함

개념 암기 체크

다음 작품과 설명을 바르게 연결하시오.

01 유정 •
02 장마 •
03 옥중화 •
04 자유종 •
05 수난이대 •

• ㉠ '이해조'의 신소설로, 「춘향가」를 개작함
• ㉡ '이해조'의 신소설로, 여성들이 토론하는 형식을 빌려 개화 사상을 드러냄
• ㉢ '이광수'의 장편 소설로, 남녀의 애정 문제를 다루며 등장인물의 일기와 편지가 삽입되어 있음
• ㉣ '윤흥길'의 중편 소설로, 전사한 국군 아들을 둔 외할머니와 빨치산 아들을 둔 친할머니와 갈등과 화해를 다룸
• ㉤ '하근찬'의 단편 소설로, 일제 강점기에 징용으로 끌려가 한쪽 팔을 잃은 아버지와, 6·25 전쟁에 참전하였다가 한쪽 다리를 잃은 아들의 모습을 그림

정답 01 ㉢ 02 ㉣ 03 ㉠ 04 ㉡ 05 ㉤

젊은 느티나무	• 갈래: 단편 소설 • 작가: 강신재 • 특징: 사회 규범상 용납할 수 없는 사랑에 빠진 청춘 남녀의 이야기를 통하여 사회 규범을 초월하는 사랑의 순수성을 보여 줌
제3인간형★	• 갈래: 단편 소설 • 작가: 안수길 • 특징: 6·25 전쟁으로 피난 생활을 하는 사람들의 모습을 그림
천변풍경	• 갈래: 장편 소설 • 작가: 박태원 • 특징: 모더니즘 소설로, 작가의 개입을 철저히 차단하고 청계천의 천변을 중심으로 벌어지는 서민들의 다양한 삶의 모습을 에피소드 형식으로 보여 줌
추월색	• 갈래: 신소설 • 작가: 최찬식 • 특징: 애정 소설로, 새로운 교육관과 결혼관을 주제로 함
치숙	• 갈래: 단편 소설 • 작가: 채만식 • 특징: 일본인 주인에 빌붙어 자신의 미래를 기약하는 조카의 시선으로 몰락한 사회주의자 숙부를 비판하는 형식을 통하여 오히려 조카의 태도가 비판을 당하게 하는 풍자적인 기법을 사용함
카인의 후예	• 갈래: 장편 소설 • 작가: 황순원 • 특징: 광복 전후의 토지 개혁을 제재로 하여 이 과정에서 벌어지는 다양한 인간들의 행동 양상과 심리를 객관적으로 그려 냄
타인의 방	• 갈래: 단편 소설 • 작가: 최인호 • 특징: 주인공의 의식 세계를 그려 주변과 단절된 현대 사회의 모습을 보여 줌
탁류★	• 갈래: 장편 소설 • 작가: 채만식 • 특징: 1930년대 한국 사회의 한 흐름을 사실적 문체로 날카롭게 풍자함
탈향	• 갈래: 단편 소설 • 작가: 이호철 • 특징: 6·25 전쟁 중에 부산에서 피난 생활을 하는 네 사람의 이야기를 그림
토의 간★	• 갈래: 신소설 • 작가: 이해조 • 특징: 판소리 「수궁가」를 개작함
토지	• 갈래: 장편 소설 • 작가: 박경리 • 특징: 최씨 집안의 몰락과 재기를 통해 그 시대 민중의 삶을 보여 줌
학	• 갈래: 단편 소설 • 작가: 황순원 • 특징: 동족상잔의 비극인 6·25 전쟁으로 인한 민족적 상처를 치유할 방법으로 민족적 동질성과 동족애의 회복을 상징적으로 제시함
학마을 사람들	• 갈래: 단편 소설 • 작가: 이범선 • 특징: 일제 강점기 말부터 6·25 전쟁까지의 비극적인 민족의 삶을 그림
해방전후	• 갈래: 단편 소설 • 작가: 이태준 • 특징: 일제 강점기에 지조를 잃지 않기 위하여 문필 활동을 그만두고 낙향한 주인공의 생활과 광복 직후에 혼란한 상황 속에서 그가 겪는 갈등을 다룸

혈의 누★	• 갈래: 신소설 • 작가: 이인직 • 특징: 우리나라 최초의 신소설로, 청일 전쟁 속에서 가족과 이별한 '옥련'이 일본 군인의 도움으로 일본에 가서 학교를 다니다가 '구완서'라는 청년을 만나 미국에 유학을 가고 그곳에서 부모도 만나고 약혼도 한다는 내용
홍어	• 갈래: 장편 소설 • 작가: 김주영 • 특징: 1997년 발간된 소설로, 집을 나간 아버지를 기다리는 어머니와 소년의 이야기를 소년의 시점에서 서술함
홍염	• 갈래: 단편 소설 • 작가: 최서해 • 특징: '문 서방'이 서간도로 이주한 후 중국인의 소작농이 된 사건을 중심으로 이야기가 전개됨
화수분	• 갈래: 단편 소설 • 작가: 전영택 • 특징: 화수분 일가의 가난과 비극적 모습 통하여 당시 우리 민족의 고통스러운 상황과 고통 속에서도 사라질 수 없는 따뜻한 인간애를 보여 줌
흙	• 갈래: 장편 소설 • 작가: 이광수 • 특징: 농촌 계몽 운동을 소재로 한 농민 문학의 대표작

개념 암기 체크

다음 작품과 설명을 바르게 연결하시오.

01 흙 •	• ㉠ '이해조'의 신소설로 판소리 「수궁가」를 개작함
02 탁류 •	• ㉡ '이광수'의 장편 소설로 농촌 계몽운동을 소재로 함
03 토의 간 •	• ㉢ '안수길'의 단편 소설로 6·25 전쟁으로 피난 생활을 하는 사람들의 모습을 그림
04 제3인간형 •	• ㉣ '이범선'의 단편 소설로 일제 강점기 말부터 6·25 전쟁까지의 비극적인 민족의 삶을 그림
05 학마을 사람들 •	• ㉤ '채만식'의 장편 소설로 1930년대 한국 사회의 한 흐름을 사실적 문체로 날카롭게 풍자함

정답 01 ㉡ 02 ㉤ 03 ㉠ 04 ㉢ 05 ㉣

유형 연습문제

1 <보기>에서 설명하는 작가는?

<보기>

1990년대에 등단한 작가로, 이 작가의 작품에는 타인과의 소통을 갈구하지만 자본주의 사회 속에서 단절되어 고독하고 무기력한 모습으로 살아가는 개인의 내면세계가 잘 묘사되어 있다. 대표작으로는 「곰팡이꽃」, 「알파의 시간」 등이 있다.

① 김영하 ② 이강백 ③ 이순원 ④ 임철우 ⑤ 하성란

2 <보기>에서 설명하는 문학 작품은?

<보기>

일제 강점기를 배경으로 근대화되어 가는 사회에 적응하지 못해 소외되는 노인들과 가족 공동체의 해체를 다루는 이태준의 소설이다. 이태준은 이 소설에서 당시 상황을 비판적으로 바라보는 시각을 드러내고 있다.

① 「삼대」 ② 「치숙」 ③ 「복덕방」
④ 「카인의 후예」 ⑤ 「운수 좋은 날」

약점 보완 해설집 p.61

VII. 국어 문화

기출유형 26

문학 용어와 문학 속 어휘 파악하기

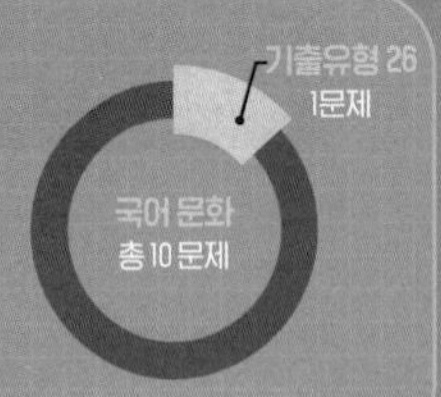

최근 3개년 출제 경향

출제 포인트 1 문학 용어 파악하기

1. 문학 작품과 관련 있는 용어의 정의를 제시하고, 그 용어가 무엇인지 찾는 문제입니다. 문학 작품을 해석하는 관점, 문학의 아름다움을 지칭하는 용어, 시나리오 용어, 문학의 양식 등이 선택지로 구성됩니다. 간혹 2문제가 한 회에 출제될 때도 있고, 출제되지 않을 때도 있습니다.

2. 주로 다음과 같은 질문 형태로 출제됩니다.
   - <보기>에서 설명하고 있는 문학적 아름다움/시나리오 용어/문학적 장치/이야기의 형식은?

풀이 전략

문학 용어는 그 표현이 어려워서, 용어만 보고서는 의미하는 바를 파악하긴 어렵습니다. 문학 용어 문제는 비중이 많은 편은 아니지만, 간혹 2문제가 한 회에 출제될 때도 있고, 한 해에 비슷한 범주의 용어를 다루는 문제가 계속 출제되기도 합니다. 따라서 출제된 문학 용어와 그와 비슷한 개념을 다루는 용어의 정의는 알아 두어야 합니다.

예제

<보기>에서 설명하고 있는 문학적 장치는?

<보기>

현실의 부정적인 상황·모순을 빗대거나 익살스러운 표현을 사용해 우스꽝스러운 상황이나 인간상을 연출할 때 느끼는 문학적 아름다움이다. 상황이나 대상의 부조화를 연출하여 웃음과 교훈을 함께 준다.

① 골계미
② 영탄법
③ 우아미
④ 은유법
⑤ 물아일체

정답 ①

해설 ② **영탄법**: 기쁨, 슬픔 등의 감정을 감탄사나 감탄 조사 등을 이용하여 강조하는 수사법이다.
③ **우아미**: 자연의 조화와 균형의 가치에서 비롯되는 문학적 아름다움이다.
④ **은유법**: '…은/는 …이다'와 같이 어떤 사물을 그와 비슷한 속성의 다른 사물로 빗대어 나타내는 수사법이다.
⑤ **물아일체**: 다른 대상과 자아가 어울려 하나가 된다는 말로, 주로 문학에서는 자연물과 자아가 하나가 된다는 의미를 나타낸다.

출제 포인트 2 작품에 쓰인 어휘의 의미 파악하기

1. 문학 작품의 일부가 지문으로 제시되고, 작품에 쓰인 어휘의 의미가 무엇인지 묻는 문제입니다. 2021년 시험부터 한 회에 1문제씩 꼭 출제되는 경향을 보입니다. 주로 생소한 어휘나 옛 표현의 의미를 파악하는 문제이며, 선택지로 사전적 의미가 제시되기도 하고 문맥으로 파악할 수 있는 의미가 제시되기도 합니다.

2. 주로 다음과 같은 질문 형태로 출제됩니다.
   - ㉠ ~ ㉤의 의미로 적절하지 않은 것은?

풀이 전략

주로 일상생활에서 잘 쓰지 않는 어휘가 출제되고, 잘 쓰는 어휘라도 옛말의 표기로 제시되기 때문에 어휘의 의미 암기와 어휘 자체를 파악하는 것이 모두 어려울 수 있습니다. 하지만 어휘가 단독으로 제시되는 것이 아닙니다. 그러니 앞뒤 문장을 통해 어휘의 의미를 유추하고, 표기를 읽어보며 발음이 유사한 현대어를 떠올리며 어휘의 의미를 파악해 봅시다.

예제

㉠ ~ ㉤의 의미로 적절하지 <u>않은</u> 것은?

가까이서 보니 얼굴에 강산의 ㉠ <u>영기(靈氣)</u>가 어려 있었다. 반짝반짝 빛나는 방공자의 풍채는 맑은 가을 연못에 핀 연꽃이요, 구슬 섬돌에 핀 모란꽃과 같았다. 화려하면서도 윤기가 흐르는 외모는 새잎 돋은 버드나무 가지가 봄바람에 휘날리는 듯하고, 단정하면서도 엄숙한 기상은 정직하고, 풍채가 수려하면서도 ㉡ <u>침중해</u> 이 세상에는 이루 대적할 사람이 없을 듯했다.

천자께서 방장원을 보고 매우 기뻐하며 그를 ㉢ <u>애중히</u> 여기셔, 가까이 불러 손수 어사화와 남색 도포를 하사하셨다. 또한 축하의 술을 내리며 몇 잔 권하시니, 장원이 어주를 받아 마시고 반취하여 눈동자가 몽롱해지고 옥 같은 귀밑에 술기운이 어렸다. <중 략>

방장원은 관복 차림으로 일산을 든 화동(花童)을 좌우에 거느리고 대궐 문을 나왔다. 말 위에 앉은 방장원의 아름다운 풍채가 찬란하게 빛났고, 이를 구경하려는 사람들이 구름처럼 모여 길을 가득 메웠다.

천자께서 방장원에게 논밭과 하인 등을 내려주시고 장원각을 지어주라고 명령하시니, 팔도의 수령과 자사들이 집을 짓는 데 필요한 모든 물자를 모아 장원각을 지었다. 그러니 어찌 ㉣ <u>범상하게</u> 지었겠는가? 채 열흘이 못 되어 백여 칸이나 되는 기와집이 완성되었는데, 옥난간과 붉은 다락, 긴 담과 붉은 처마가 은은하게 허공에 솟구쳤다. 이를 본 장원은 성은에 감격하면서도 분수에 넘치는 일이라 몸 둘 바를 몰라했다. 이후 장원이 맡은 직책을 청렴하고 ㉤ <u>강직하게</u> 수행했는데, 한나라의 급암과 당나라의 위징보다 더 훌륭했다.

- 작자 미상, 「방한림전」

① ㉠: 신령스러운 기운
② ㉡: 성격, 마음, 목소리 등이 가라앉고 무게가 있어
③ ㉢: 사랑스럽고 소중하게
④ ㉣: 보통 수준보다 훨씬 뛰어나게
⑤ ㉤: 마음이 꼿꼿하고 곧게

정답 ④

해설 '범상(凡常)하다'는 '중요하게 여길 만하지 않고 예사롭다'를 뜻한다. ㉣ 앞의 문장은 필요한 물자를 팔도에서 모아 장원각을 으리으리하게 지었다는 내용이다. 따라서 ㉣이 포함된 문장은 장원각의 대단함을 설의법으로 표현한 문장으로 문맥상 '(장원각이) 어찌 보통 수준일 수 있겠는가?'를 의미한다. 참고로, '보통 수준보다 훨씬 뛰어나다'는 '비범(非凡)하다'의 의미이다.

필수 암기 개념

암기포인트
문학 용어의 개념을 쭉 훑어보고, 용어별 주요 특징만 알아 두면 되지만,
미적 범주는 빈출 용어이니 꼭 암기해야 합니다!

1 문학 이론

1. 문학 감상의 관점

1) 외재적 관점

작가, 사회, 역사, 독자 등 작품 외적 요소를 작품과 연결하여 감상하는 관점

관점	개념
표현론적 관점	• 작품과 작가의 관계에 중점 • 작가의 경험, 사상, 감정 등을 작품에 표현한 것으로 보고, 작가와 작품을 연관 지어 작품을 감상하는 관점
반영론적 관점	• 작품과 현실의 관계에 중점 • 작품에 반영된 시대, 역사, 현실 등을 중심으로 작품을 감상하는 관점
효용론적 관점	• 작품과 독자의 관계에 중점 • 작품이 독자에게 어떤 영향을 주었는지에 초점을 두고 작품을 감상하는 관점

2) 내재적 관점

작품 외부의 요소는 배제하고 작품의 운율, 표현 기법, 문체, 등장인물 등의 내적 특징을 근거로 작품을 감상하는 관점

2. 문학의 미적 범주

문학 작품에서 느껴지는 미(美)를 이상(있어야 할 것)과 현실(있는 것)의 융합과 상반 관계에 따라 분류한 것

이상(있어야 할 것)

숭고미 | 비장미

융합 —— 상반

우아미 | 골계미

현실(있는 것)

미적 범주	개념
숭고미 ★	• 경외하는 위대한 존재를 추구하는 데에서 느낄 수 있는 미의식 • 자연을 인식하는 '나'가 자연의 조화를 현실에서 추구하고자 하는 태도를 보임으로써 나타나는 미의식
우아미 ★	• 조화롭고 균형을 갖춘 대상에게서 느끼는 고전적인 미의식 • 자연을 바라보는 '나'가 자연의 조화라는 가치에 순응하는 태도를 보임으로써 나타나는 미의식
비장미 ★	• 현실을 비극적으로 인식하면서 슬픔을 느낄 때 형상화되는 미의식 • 자연을 인식하는 '나'의 실현 의지가 현실적 여건 때문에 좌절될 때 나타나는 미의식
골계미 ★	• 풍자와 해학의 수법으로 우스꽝스러운 상황이나 인간상을 그리며 재미와 교훈을 주는 미의식 • 자연의 질서나 이치를 의의 있는 것으로 존중하지 않고 추락시킴으로써 나타나는 미의식

개념 암기 체크

다음 문학 용어와 설명을 바르게 연결하시오.

01 숭고미 •   • ㉠ 자연을 인식하는 '나'의 실현 의지가 현실적 여건 때문에 좌절될 때 나타나는 미의식
02 우아미 •   • ㉡ 자연의 질서나 이치를 의의 있는 것으로 존중하지 않고 추락시킴으로써 나타나는 미의식
03 비장미 •   • ㉢ 자연을 바라보는 '나'가 자연의 조화라는 가치에 순응하는 태도를 보임으로써 나타나는 미의식
04 골계미 •   • ㉣ 자연을 인식하는 '나'가 자연의 조화를 현실에서 추구하고자 하는 태도를 보임으로써 나타나는 미의식

정답 01 ㉣ 02 ㉢ 03 ㉠ 04 ㉡

3. 문학의 구성 형식

구성 형식	개념
액자식 구성 ★	이야기 속에 하나 또는 그 이상의 이야기가 들어 있는 구성
옴니버스 구성 ★	등장인물과 배경이 다른 몇 개의 독자적인 이야기를 묶어 놓은 구성
전기(傳奇)적 구성 ★	현실적으로 일어나기 어려운 신기한 일을 이야기로 삼는 구성
피카레스크식 구성 ★	등장인물과 배경은 같지만, 독립적인 몇 개의 이야기를 전개하는 구성

4. 시나리오 용어

용어	개념
디졸브(DIS)	가벼운 장면 전환이 필요할 때, 먼저 노출된 화면이 점점 사라지는 것과 동시에 다른 화면이 나타나게 하는 기법
몽타주(Montage) ★	따로따로 촬영한 화면을 적절하게 떼어 붙여서 하나의 긴밀하고도 새로운 장면이나 내용으로 만드는 일. 또는 그렇게 만든 화면
오버랩(OL)	하나의 화면이 끝나기 전에 다음 화면이 겹치면서 먼저 화면이 차차 사라지게 하는 기법
이중노출(DE) ★	과거 회상이나 인물의 심리 묘사 장면에 자주 쓰이는 기법으로, 서로 다른 두 개의 화면이 하나의 필름에 겹치게 나타나게 하는 것
인서트(Ins) ★	화면들 사이에 명함, 편지, 신문 등 다른 화면을 삽입하여 사건이나 상황을 강조하는 기법. 또는 그렇게 삽입된 화면
클로즈업(CU) ★	영화나 텔레비전에서, 등장하는 배경이나 인물의 일부를 화면에 크게 나타내는 일

5. 그 밖의 기출 문학 용어

용어	개념
객관적 상관물	시에서 감정을 간접적으로 드러내기 위해 감정이나 생각을 빗대어 표현한 사물, 정황, 사건을 이르는 말
공감각적 이미지	시각, 청각, 촉각, 후각, 미각 중에서 두 가지 이상의 감각이 같이 제시되는 이미지
물아일체	외적 사물과 자아, 객관과 주관, 또는 물질계와 정신계가 어울려 하나가 된다는 의미로, 고전 작품에서는 주로 자연과 인간이 하나로 된다는 뜻을 나타냄
시적 화자	시에서 말하는 사람을 가리키며, 시적 화자에 따라 시의 분위기가 달라짐
아이러니	표현의 효과를 높이기 위하여 실제와 반대되는 뜻의 말을 하는 것
알레고리	어떤 한 주제 A를 말하기 위하여 다른 주제 B를 사용하여 그 유사성을 적절히 암시하면서 주제를 나타내는 수사법
역설법	논리적으로 모순되는 진술을 통해 그 이면의 중요한 진리를 드러냄

유형 연습문제

1 **<보기>에서 설명하고 있는 용어는?**

<보기>

연작 작품이 취하는 구성으로, 단편 사이에 사건의 인과를 비롯한 연관성이 없는 구성을 의미한다. 다만, 각 단편이 동일한 배경과 인물을 토대로 통일된 주제를 구현하기 때문에 단편들을 모아 놓으면 단편들이 이어진 것처럼 보이는 것이 특징이다. 대표적인 작품으로 양귀자의 『원미동 사람들』이 있다.

① 입체적 구성
② 평면적 구성
③ 기승전결의 구성
④ 옴니버스식 구성
⑤ 피카레스크식 구성

2 **㉠~㉤의 의미로 적절하지 않은 것은?**

<보기>

쥬상(主上)이 지통(至痛) 즁 ㉠ ᄃᆞᆯ포 심녀(心慮)로 ㉡ 디내옵시고 ᄌᆞ로 미령(靡寧)ᄒᆞ옵셔, 셩톄(聖體) 손샹(損傷)ᄒᆞ옵시기 ㉢ 니ᄅᆞ올 거시 업ᄉᆞ온ᄃᆡ, 츌현궁(出玄宮) ᄒᆞ오시ᄂᆞᆫ 일 ᄒᆞ옵고 지통을 겸ᄒᆞ와 병이 이리 위즁ᄒᆞ올 분 아니오라, 셩궁(聖宮) 위ᄒᆞ옵ᄂᆞᆫ ㉣ 념녀가 ᄀᆞᆫ졀ᄒᆞ와 붓드 옵고 못 가시게 ᄒᆞ오니, 이제 즉시 가려 ᄒᆞ옵시니, 지졍(至情)을 싱각ᄒᆞ셔 동가(動駕) 젼(前)의 셩빈(成殯)ᄒᆞ옵고 ㉤ 알외게 하옵쇼셔.

① ㉠ ᄃᆞᆯ포: 한 달이 조금 넘는 기간
② ㉡ 디내ᄋᆞᆸ시고: 지내시고
③ ㉢ 니ᄅᆞ올 거시: 이로울 것이
④ ㉣ 념녀가: 염려가
⑤ ㉤ 알외게 하옵쇼셔: 아뢰게 하십시오

약점 보완 해설집 p.62

1 <보기>에서 설명하고 있는 문학 작품은?

<보기>

박지원이 지은 한문 단편 소설로, 『열하일기』에 실려 있다. 주인공의 상행위를 통하여 당시 허약했던 국가 경제와 양반의 무능과 허위의식을 두루 풍자하는 내용이다.

① 「까치전」
② 「최척전」
③ 「허생전」
④ 「죽부인전」
⑤ 「예덕선생전」

2 <보기>에서 설명하고 있는 문학 작품에 해당하지 않는 것은?

<보기>

일제 강점기를 배경으로 하며, 당시의 농촌 마을에서 일어나던 여러 상황을 형상화하였다.

① 「돌다리」
② 「만무방」
③ 「사하촌」
④ 「상록수」
⑤ 「꺼삐딴 리」

3 **<보기>에서 설명하는 작가는?**

<보기>

경향 문학과 계급주의 문학에 반대되는 순수 문학을 지향하고자 1930년대 조직된 문학 동인회인 구인회의 일원이며, 모더니즘 경향의 문학을 창작하고 소개하는 데 힘썼다. 시론집으로 『시의 이해』, 『시론(詩論)』, 시집으로 『바다와 나비』, 『기상도』 등이 있다.

① 이상 ② 임화 ③ 김기림 ④ 유치진 ⑤ 정지용

4 **<보기>는 일제 강점기 신문 기사이다. <보기>에서 알 수 있는 내용이 아닌 것은?**

<보기>

긔독교쳥년회쇼년
부도서모집을위해
꼭한번가셔보시오

즁앙긔독쳥년회쇼년부에셔는도셔실『圖書室』을학장하기위하야도서를모집하는즁그모집비용에보츙아기위하야 래十일즉음력졍월초삼일목요하오칠시 반부터 동회관내에셔 신춘음악대회를개최할터인대 동순셔즁에즁요한것은 조션정악젼습쇼의졍악합주와 한진구 『韓鎭九』 됴동셕 『趙東錫』 량군의 생황단쇼와김게션 『金桂善』 군의 신묘한죠선져독주와 기타동셔음악의 여러가지합쥬가잇슬터인대입장료는 일환으로부터 오十션 삼十젼의 삼종이라하니음력졍초를당하야 한번아니가볼수업는일이더라

① 음악회 관람료
② 음악회 개최 일시
③ 음악회 개최 목적
④ 음악회 관람석 제한 사항
⑤ 음악회 공연자 및 공연 내용

5 <보기>의 ㉠~㉤의 의미로 적절하지 않은 것은?

<보기>

하루는 막씨가 초막에서 꿈을 꾸었다. 꿈에 몸이 공중으로 올라가 한 곳에 이르렀는데, 산천이 수려하고 매우 아름다운 세계였다. 주위를 둘러보니 머리가 허연 ㉠노옹들이 사방에 앉아 있어 막씨는 감히 나아가지 못하고 주춤거리고 있었는데 한 ㉡동자가 다가와 말했다.

"우리 사부께서 옥제의 명을 받아 그대에게 전할 것이 있으니, 바삐 나아가 만나보소서."

막씨가 앞으로 나아가보니, 노옹들이 각각 방위를 정해 앉아 있다가 한 노옹이 막씨를 보고 말했다.

"옥제께서 그대의 큰 절개와 지극한 효성을 아시고 극진히 표창하라 하시기에, 자식을 하나 점지하려 했다. 그러나 그대의 남편이 죽은 지 오래되어 어쩔 수 없이 옥제께 그 연유를 아뢰었더니 또 ㉢하교하시기를, '그러면 그대들이 좋은 도리를 생각해보라' 하셨노라. 그때 마침 젊은 나이에 원통하게 죽은 남해용녀와 동해용자가 옥제께 원수를 갚아달라 ㉣발원하니, 옥제께서 우리에게 용녀와 용자를 선처하라 명하셨노라. 용자는 마침 좋은 곳이 있어 잘 처리했으나, 용녀의 거처는 아직 정하지 못했는데 이제 그대에게 주노라. 앞으로 십육 년 뒤에 그 얼굴을 볼 수 있을 것이니, 지금 자세히 보아두었다가 뒷날 착오가 없게 하라."

노옹이 공중을 향해 용녀를 부르니, 이윽고 한 선녀가 공중에서 내려와 섰다. 막씨가 보니, 선녀는 ㉤만고에 보기 드문 미인이었다.

- 작자 미상, 「금방울전」

① ㉠: 늙은 남자
② ㉡: 남자인 아이
③ ㉢: 물어보시기를
④ ㉣: 소원을 비니
⑤ ㉤: 세상에 비길 데가 없이

6 <보기>를 참고할 때 밑줄 친 부분에서 주격 조사의 사용이 바르지 않은 것은?

<보기>

중세 국어에서 주격 조사는 선행 체언의 끝소리에 따라 이형태를 가지는데, 선행 체언이 자음으로 끝나면 주격 조사가 '이', 선행 체언이 모음 '이'나 반모음 'ㅣ' 이외의 모음으로 끝나면 주격 조사가 'ㅣ', 선행 체언이 모음 '이'나 반모음 'ㅣ'로 끝나면 주격 조사가 'Ø(영형태)'로 나타났다.

① ᄒᆞᆰ 배 이셔도

② ᄉᆡ미 기픈 므른

③ ᄆᆞᄃᆡ이 굳고 ᄎᆡᆨᄎᆡᆨᄒᆞ시며

④ 좁던 東山(동산)이 어위며

⑤ 너희 부텻마ᄅᆞᆯ 고디 드르라

7 <보기>의 ㉠에 들어갈 말로 가장 적절한 것은?

<보기>

남북한의 언어 차이는 맞춤법이나 의미 등에서 나타난다. 의미 차이의 예로는 남한에서 [㉠]은(는) 부모와 같은 항렬에 있는, 아버지의 친형제를 제외한 남자나 고모부나 이모부를 이르는 말이지만 북한에서는 언니의 남편을 부르는 말로 쓰인다.

① 당숙　② 백부　③ 삼촌　④ 아저씨　⑤ 아주버니

8 다음의 수어가 나타내는 의미는?

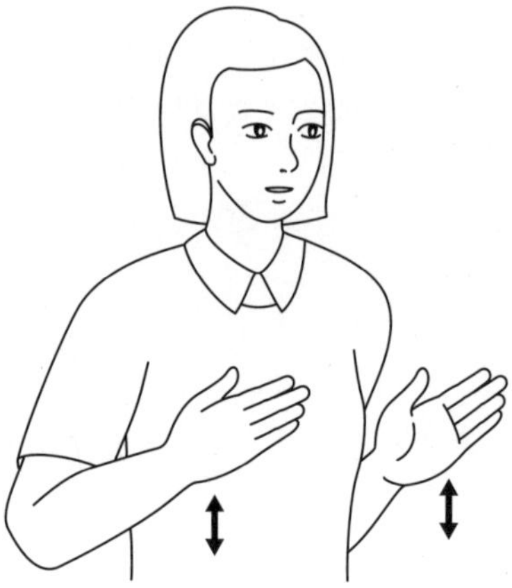

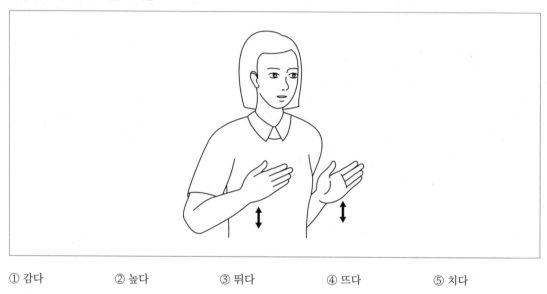

① 감다　② 높다　③ 뛰다　④ 뜨다　⑤ 치다

9 밑줄 친 용어를 다듬은 말로 적절하지 <u>않은</u> 것은?

① 현금 영수일 또는 그 익일 우체국에 <u>불입하여야</u>(→ 납입하여야) 한다.

② 증명서 2통을 첨부하여 <u>익월</u>(→ 다음 달) 15일까지 내무부 장관에게 제출하여야 한다.

③ 이사가 그 임무를 <u>해태한</u>(→ 게을리한) 때에는 그 이사는 법인에 대하여 연대하여 손해배상의 책임이 있다.

④ 제출받은 보고서를 평가하여 그 결과를 <u>차년도</u>(→ 직전 연도) 연차별 실시계획의 수립에 반영하도록 하여야 한다.

⑤ 손해배상액 또는 <u>가불금</u>(→ 임시지급금)을 지급받은 때에는 보험사업자 또는 공제사업자는 손해배상금의 우선지급액에서 이를 공제할 수 있다.

10 <보기>에서 제시한 규정에 어긋나는 '방송 언어' 사례에 해당하지 <u>않는</u> 것은?

> <보기>
>
> 방송심의에 관한 규정 제42조(의료행위 등)
>
> 방송은 의료행위·약품, 식품·건강기능식품과 관련한 사항을 다룰 때에는 다음 각호의 어느 하나에 해당하는 내용을 방송하여서는 아니 된다.
>
> - 효능·효과를 과장하거나 보증하는 내용 또는 이를 과신하게 하는 단정적인 표현
> - 위험성·부작용 등의 중요한 정보를 누락하거나 축소하는 내용
> - 식품을 건강기능식품으로 혼동할 우려가 있거나, 식품·건강기능식품을 의약품으로 혼동할 우려가 있는 내용

① 피부과 의사 10년간 ○○○ 효소만큼 다이어트와 피부 탄력 개선에 도움이 되는 걸 본 적이 없습니다.

② 설탕 대신 아스파탐을 쓰면 당뇨를 예방할 수도 있고, 또 당뇨 환자분들은 당뇨 치료에도 효과가 있습니다.

③ 현미에서 얻을 수 있는 영양분이 백미에서는 다 껍데기를 깎아놔서, 백미를 먹어 봐야 영양분이 아니라 탄수화물만 섭취한다고 보시면 돼요.

④ 수족냉증 심하신 분들 있죠. 병원에서 이것저것 치료도 받으시고, 약도 타 드시고 하는데 그게 부작용이 심해요. 하지만 율무는 자연식품이기 때문에 우리 몸에 좋을 수밖에 없죠.

⑤ 치매는 뇌 기능이 떨어지면서 발병하죠. 그리고 뇌는 포도당을 에너지로 쓰기 때문에 포도당 사탕이나 탄수화물을 섭취할 수 있는 빵, 밥을 많이 드시면 치매를 예방할 수 있습니다.

약점 보완 해설집 p.62

해커스 KBS 한국어 능력시험 한 권으로 끝

초판 4쇄 발행 2025년 2월 3일
초판 1쇄 발행 2024년 3월 20일

지은이	해커스 한국어연구소
펴낸곳	(주)챔프스터디
펴낸이	챔프스터디 출판팀
주소	서울특별시 서초구 강남대로61길 23 (주)챔프스터디
고객센터	02-537-5000
교재 관련 문의	publishing@hackers.com
학원 강의 및 동영상강의	pass.Hackers.com
ISBN	978-89-6965-476-2 (13710)
Serial Number	01-04-01

이 책의 내용 중 일부는 국립국어원이 제공하는 '표준국어대사전', '한국어 어문 규범'을 참고하였습니다.

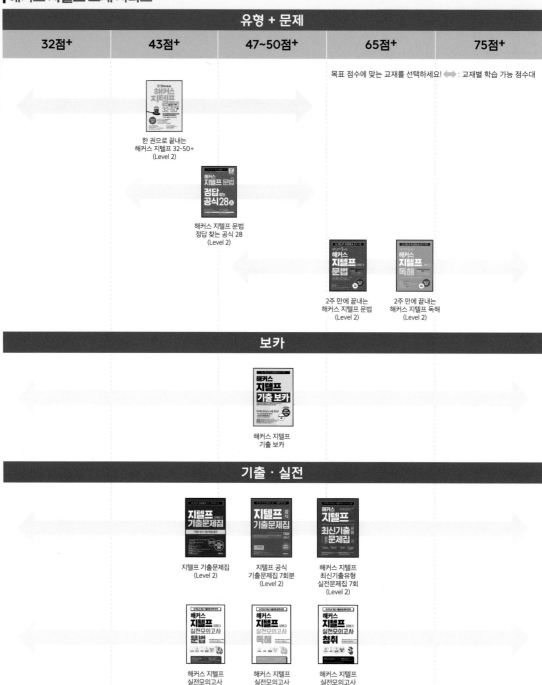

해커스

KBS 한국어 능력시험 한 권으로 끝

약점 보완 해설집

해커스자격증

해커스

KBS 한국어 능력시험 한 권으로 끝

약점 보완 해설집

해커스

I. 듣기·말하기

기출유형 01 그림 해설·강연·라디오를 듣고 내용 파악하기

1 그림을 보며 해설 파악하기

세잔은 사과를 자주 그렸습니다. 어릴 때부터 그와 친구였던 프랑스의 문학가 에밀 졸라와의 좋은 기억이 있기 때문이죠. '사과와 오렌지'라는 제목의 이 작품도 세잔이 사과를 소재로 그린 정물화 중 하나입니다. 식탁보에 놓인 접시와 그릇, 거기에 담긴 사과와 오렌지를 그린 이 작품은 폴 세잔의 그림 중 매우 화려한 축에 속합니다. 세잔의 이전 정물화가 벽이나 테이블 틀로 안정성을 구현했다면 이 그림은 과일이나 그릇이 금방이라도 쏟아질 듯한 불안정한 느낌으로 역동성을 구현합니다. 또한 우리가 일반적으로 떠올리는 정물화가 정물의 모습을 사실 그대로 옮겨 놓은 그림이라면, 세잔의 정물화는 정물의 원근이나 명암을 무시하고 그가 파악한 정물의 근본적인 구조를 나타낸 그림입니다. 그래서 한 화면에 담겼더라도 왼쪽의 접시, 가운데의 그릇, 오른쪽의 항아리가 모두 다른 시점에서 그려져 있죠. 하지만 그렇다고 세잔이 이런 원근의 왜곡에 특별한 의미를 담은 것도 아닙니다. 그저 그가 그림을 그릴 때 중시하던 생각이 담겨 있는 것이죠. 이런 세잔의 왜곡된 원근법은 입체주의와 구성주의 등 현대 미술에 영향을 미쳤습니다. 이와 더불어 세잔은 그림 속 정물을 모자이크의 조각처럼 작은 면 단위로 물감을 칠해 정물의 근본적인 구조와 입체감을 나타냈습니다.

2 세부 내용 파악하기

겨울이 되면 손발이 차가운 사람들이 있죠? 손발이 차가워지는 원인은 대개 혈액 순환과 관련이 있습니다. 추위 때문에 피부 온도가 낮아지면 모세혈관으로 들어가는 피의 양이 줄어듭니다. 이때 피부 가까이에 분포해 동맥과 정맥을 직접 이어 주는 글로뮈라는 관으로 피가 흐르면서 손발이 따뜻한 상태로 회복됩니다. 즉 동맥에서 공급된 피가 모세혈관을 거치지 않고 글로뮈를 통해 직접 정맥으로 흐르면서, 손발에 다시 따뜻한 피의 양이 늘어나 피부 온도가 따뜻하게 유지되는 것이죠. 글로뮈는 평소에 닫혀 있습니다. 그러다가 모세혈관에 들어가는 피의 양이 줄어들면서 글로뮈가 열려 혈액 순환을 원활하게 해 줍니다. 하지만 글로뮈가 딱딱해져서 제 기능을 못 하면 추울 때 혈액 순환이 제대로 되지 않아 손발이 차가운 상태로 남아 있는 것이지요. 글로뮈를 다른 말로 동정맥문합이라고도 하는데요, 연구에 의하면 글로뮈의 기능을 떨어뜨리는 원인에는 과식, 음주, 스트레스 등이 있다고 합니다.

유형 연습문제 p. 22

1 ③ 2 ④ 3 ①

1 그림을 보며 해설 파악하기 정답 ③

정답분석

'사실주의와 인상주의 화가에게 발굴되기 전까지 그는 정말 유명하지 않은 화가였습니다'에서 베르메르가 가치를 인정받게 된 이유는 사실주의와 인상주의 화가가 그의 그림에 주목하였기 때문임을 알 수 있으나, 베르메르가 속한 사조가 무엇인지는 언급되지 않았다. 따라서 답은 ③이다.

오답분석

① '고작 가로 41cm, 세로 45.5cm에 불과한 캔버스에'에서 그림의 크기를 언급하고 있다.

② '이 그림의 소재는~네덜란드 농가의 부엌에서 아침으로 먹을 우유를 따르는 여인입니다'에서 작품의 소재를 언급하고 있다.

④ 여인 뒤쪽의 벽을 흰색으로 칠해 여인을 강조했음을 언급하고 있다.
[관련 지문 인용] 여인 뒤쪽의 벽에는 원래 흰색 벽이 아닌 지도가~지도를 그렸다면 지금처럼 그림에서 여인이 강조되지는 않았을 것입니다.

⑤ 그림의 밝기를 다르게 해 엄숙한 분위기를 조성하고 있음을 언급하고 있다.
[관련 지문 인용] 그림을 가르는 빛과 어둠의 대비로 표현한~우리는 엄숙함을 느낄 수 있습니다.

듣기 지문

네덜란드를 대표하는 화가라고 하면 흔히 렘브란트를 떠올립니다. 요하네스 베르메르는 지금이야 렘브란트와 함께 네덜란드의 대표 화가로 꼽히지만 사후 200년이 지나 사실주의와 인상주의 화가에게 발굴되기 전까지 그는 정말 유명하지 않은 화가였습니다. 이 그림의 소재는 <우유 따르는 여인>이라는 제목에서 직관적으로 드러나듯 네덜란드 농가의 부엌에서 아침으로 먹을 우유를 따르는 여인입니다. 우유를 따르는 항아리 앞으로 빵과 바구니가 있는데, 빵과 바구니의 질감이나 벽에 못이 박혔던 자국, 창에 난 금까지 알아차릴 수 있을 정도로 그림 속 모든 사물이 고작 가로 41cm, 세로 45.5cm에 불과한 캔버스에 매우 세세히 묘사되어 있습니다. 이 그림을 엑스레이로 찍어 보면 탁자에 놓인 사물과 여인을 그린 방식이 다르다는 점과 여인 뒤쪽의 벽에는 원래 흰색 벽이 아닌 지도가 그려질 예정이었다는 점을 알 수 있습니다. 만약 베르메르가 처음 계획했듯 지도를 그렸다면 지금처럼 그림에서 여인이 강조되지는 않았을 것입니다. 또한 그림을 가르는 빛과 어둠의 대비로 표현한 평범한 일상에서 우리는 엄숙함을 느낄 수 있습니다.

2 세부 내용 파악하기 정답 ④

정답분석

동물과 어류 모두 근육에 미오글로빈이 있으나, 그 함유량에 차이가 있다고 하였으므로 강연의 내용과 일치하지 않는 것은 ④이다.
[관련 지문 인용] 육상 동물의 살이 붉게 보이는 것도 근육 속에 산소와 결합한 미오글로빈이 많기 때문이죠. 하지만 대부분의 어류는 육상 동물에 비해 근육의 사용이 적어, 미오글로빈이 거의 없습니다.

오답분석

① 육지에 사는 동물이 어류보다 중력의 영향을 많이 받는다고 하였으므로 적절하다.
[관련 지문 인용] 육상 동물은 중력을 이겨내기 위해~하지만 중력의 영향을 상대적으로 적게 받는 어류는 그렇지 않습니다.

② '일부 곤충류를 제외하면 대부분의 동물은 피가 붉어 근육이나 살의 단면이 붉게 보입니다'를 통해 알 수 있다.

③ 어류임에도 살이 붉은 다랑어는 근육을 많이 쓰고, 근육에는 미오글로빈 함유량이 많다고 하였으므로 적절하다.
[관련 지문 인용] 물론 다랑어처럼 살이 붉게 보이는 어류도 있긴 합니다. 다랑어는 다른 어류에 비해 움직임이 왕성해 근육 속에 미오글로빈이 많기 때문이죠.

⑤ '혈액을 통해 산소를 운반하는 헤모글로빈만으로는~육상 동물은 근육 속에 산소를 저장하는 역할을 하는 '미오글로빈'을 풍부하게 지니고 있죠'를 통해 알 수 있다.

듣기 지문

일부 곤충류를 제외하면 대부분의 동물은 피가 붉어 근육이나 살의 단면이 붉게 보입니다. 그런데 여러분! 어류는 피가 붉은데도 살이 하얗게 보입니다. 왜 그럴까요?
육상 동물은 중력을 이겨내기 위해 신체 구조상 튼튼한 다리와 억센 근육을 가지고 있어야 하죠. 하지만 중력의 영향을 상대적으로 적게 받는 어류는 그렇지 않습니다.
산소 소모량도 크게 다릅니다. 근육 운동이 많은 육상 동물은 어류에 비해 훨씬 더 많은 산소를 소모하죠. 그런데 혈액을 통해 산소를 운반하는 헤모글로빈만으로는, 근육 운동에 필요한 산소를 필요한 곳에 제때 공급받을 수 없습니다. 이 때문에 육상 동물은 근육 속에 산소를 저장하는 역할을 하는 '미오글로빈'을 풍부하게 지니고 있죠.
미오글로빈은 철을 포함하고 있어 산소와 결합하면 헤모글로빈처럼 붉은색을 띱니다. 육상 동물의 살이 붉게 보이는 것도 근육 속에 산소와 결합한 미오글로빈이 많기 때문이죠. 하지만 대부분의 어류는 육상 동물에 비해 근육의 사용이 적어, 미오글로빈이 거의 없습니다. 그래서 살이 하얗게 보이는 거죠. 물론 다랑어처럼 살이 붉게 보이는 어류도 있긴 합니다. 다랑어는 다른 어류에 비해 움직임이 왕성해 근육 속에 미오글로빈이 많기 때문이죠.

3 세부 내용 파악하기

정답 ①

정답분석

산조 대금의 지공 사이 간격이 정악 대금의 지공 사이 간격보다 좁으며, 산조 대금의 크기가 정악 대금의 크기보다 작다고 하였으므로 적절하지 않은 것은 ①이다.
[관련 지문 인용] 산조 대금이 정악 대금에 비해 지공 간 간격이 좁고 전체적인 크기도 작은 편입니다.

오답분석

② 대금의 구조는 취구, 청공, 지공, 칠성공의 순서이며, 칠성공을 제외한 구멍인 취구 한 개, 청공 한 개, 지공 여섯 개를 합하면 여덟 개가 되므로 적절하다.
[관련 지문 인용] 대금은~취구(吹口) 한 개,~청공(淸孔) 한 개,~지공(指孔) 여섯 개,~칠성공(七星孔)이 이어진 구조로 되어 있습니다.

③ '대나무 상태에 구애받지 않고 음높이를 일정하게 하기 위한 칠성공(七星孔)이'를 통해 알 수 있다.

④ '현대 국악 연주에서는 정악 대금의 탁임종 음이 다른 관악기를 조율할 때 맞추는 기준 음이 됩니다'를 통해 알 수 있다.

⑤ '정악 대금은 궁중의 연회나 선비들의 풍류에 쓰이는 음악을 연주하는 데 쓰였으며~산조 대금은~민요, 무속 음악 등 민속 음악을 연주하는 데 쓰였습니다'를 통해 알 수 있다.

듣기 지문

(정악 대금 소리) 우리나라의 전통적인 목관 악기인 대금(大笒) 중 정악 대금의 소리를 들려 드렸습니다. 전통 대금에는 방금 들으신 소리를 연주한 정악 대금과 산조 대금이 있습니다. 정악 대금은 궁중의 연회나 선비들의 풍류에 쓰이는 음악을 연주하는 데 쓰였으며, 현대 국악 연주에서는 정악 대금의 탁임종 음이 다른 관악기를 조율할 때 맞추는 기준 음이 됩니다. 산조 대금은 정악 대금을 개량한 것으로 민요, 무속 음악 등 민속 음악을 연주하는 데 쓰였습니다.
대나무로 만드는 대금은 숨을 불어 넣는 취구(吹口) 한 개, 대금 특유의 맑고 떨리는 소리를 내게 하는 청공(淸孔) 한 개, 손가락으로 열거나 막아 음높이를 조절하는 지공(指孔) 여섯 개, 대나무 상태에 구애받지 않고 음높이를 일정하게 하기 위한 칠성공(七星孔)이 이어진 구조로 되어 있습니다. 정악 대금보다 산조 대금이 연주하는 음악이 속도가 빠르고 복잡한 기교를 요구하기 때문에 산조 대금이 정악 대금에 비해 지공 간 간격이 좁고 전체적인 크기도 작은 편입니다.

기출유형 02 고전·우화·시를 듣고 관련 내용 추론하기

1 주제 추론하기

콜럼버스가 신대륙 아메리카를 발견하고 돌아오는 길에 그의 업적을 기념하기 위한 연회가 열렸습니다. 연회에 참석한 사람들은 대부분 그의 신대륙 발견을 축하하고 대단하다고 칭찬하였지만, 질투에 눈이 멀어 그의 신대륙 발견은 누구나 할 수 있는 일이며 특별한 일이 아니라고 깎아내리는 사람들도 있었습니다. 자기를 시기하는 사람들의 말을 듣던 콜럼버스는 주머니에서 달걀 하나를 꺼내 들고 달걀을 탁자에 세워 볼 사람이 있는지 물었습니다. 사람들이 달걀을 세우려 노력하였지만, 아무도 타원형인 달걀을 세우지 못하였습니다. 그때, 콜럼버스는 달걀의 끝을 깨 탁자에 세웠습니다. 사람들은 달걀의 끝을 깨 탁자에 세우는 건 누구나 할 수 있는 일이라며 비웃기 시작했습니다. 그러자 콜럼버스는 그들에게 누구나 할 수 있는 일이라도 처음 하는 일이라면 어려울 수밖에 없다고 반박했습니다. 이 이야기에서 '콜럼버스의 달걀'이라는 말이 유래되었으며 이 말은 상식을 깨는 새로운 생각, 세상을 변화시키는 발상의 전환 등을 가리키게 되었습니다.

2 소재의 의미 추론하기

노을이 지는 언덕 위에서 그대 가신 먼 곳 머언 나라를 뚫어지도록 바라다보면 해가 저물어 밤은 깊은데 하염없어라 출렁거리는 물결 소리만 귀에 적시어 눈썹 기슭에 번지는 불꽃 피눈물 들어 어룽진 동정 그리운 사연 아뢰려 하여 벙어리 가슴 쥐어뜯어도 헛바늘일래 말을 잃었다 땅을 구르며 몸부림치며 궁그르다가 다시 일어나 열리지 않는 말문 이련가 하늘 우러러 돌이 되었다.

- 김관식, 「석상(石像)의 노래」

3 내용 추론하기

시력이 나쁜 노부인이 눈을 고쳐 주면 치료비를 내겠다고 의사에게 제의했습니다. 의사는 부인에게 연고 치료를 해 주었습니다. 그리고 연고를 바르고 나서, 부인이 눈 감고 있는 사이, 그때마다 그녀가 가진 것을 하나하나 훔쳐 내기 시작했습니다. 모든 것을 다 빼내고 나서 그는 치료가 끝났다면서 합의 본 치료비를 요구하였습니다. 그러나 부인은 지불하기를 거절하였습니다. 그래서 의사는 그녀를 법관 앞에 소환하였습니다. 의사가 눈을 고쳐 주면 돈을 치르겠다고 약속했으나 치료받은 후 당초보다 더 눈이 나빠졌다는 것이 그녀의 변론이었습니다. <중 략> 그녀는 대답했습니다.

유형 연습문제 p. 26

1 ① 2 ① 3 ③

1 주제 추론하기 정답 ①

정답분석

이야기에서 사람들이 해결하고자 한 문제는 고르디우스가 맺은 매듭을 푸는 일이다. 사람들 대부분이 꾀나 모략 없이 매듭 풀기에 도전하였지만, 알렉산더는 매듭을 푸는 대신 매듭을 자르는 꾀를 내어 문제를 해결한다. 따라서 이야기의 주제로 가장 적절한 것은 ①이다.

듣기 지문

그리스 신화에 등장하는 고르디우스는 왕족 출신이 아닌 가난한 농가 출신의 왕입니다. 그는 신탁에 따라 왕이 된 사람으로, 우리에게는 '미다스의 손'으로 익숙한 '미다스'의 아버지이자 '고르디우스의 매듭'이라는 용어의 주인공입니다. 고르디우스는 전차에 풀기 복잡한 매듭을 묶어 놓고 이를 푸는 사람이 아시아를 지배할 것이라고 예언하였습니다. 고르디우스가 예언으로 왕이 되었으니, 자신들도 예언으로 왕이 될 수 있다고 믿은 사람들이 매듭을 풀기 위해 수없이 노력했지만 모두 실패했습니다. 그러던 어느 날, 페르시아를 정복하고 아시아로 향하던 알렉산더가 이 이야기를 듣고 매듭 풀기에 도전합니다. 그는 끙끙대며 매듭을 풀려고 한 다른 사람들과 달리 칼로 매듭을 잘라 버렸습니다. 이렇게 매듭은 풀렸고, 그는 익히 알려진 것처럼 아시아를 정복하였습니다. 이로 인해 '고르디우스의 매듭'은 아무리 노력해도 해결할 수 없는 어렵고 복잡한 문제와 그 문제를 푸는 해결 방식을 모두 일컫는 용어가 되었습니다.

2 소재의 의미 추론하기 정답 ①

정답분석

이 시에서 '눈'은 봄을 기다리는 남자의 떨리는 정맥을 쓰다듬고, 겨우내 본래의 색을 잃었던 열매들의 색을 되찾아 주고, 아낙네들이 불을 피우게 한다. 이를 통해 '눈'은 봄을 맞아 생기를 찾은 남자의 정맥, 초록빛을 찾은 열매, 타오르는 불과 같이 생동감이 느껴지는 대상들에게 생기와 생명력을 부여해 주는 존재임을 알 수 있으므로 가장 적절한 것은 ①이다.

오답분석

② 이 시에서 '서로 교감하는 자연물'을 가리키는 대상은 없다.

③ 이 시에서 '눈'은 봄을 알리거나 자연의 순환을 나타내는 소재라기보다는 봄에 느껴지는 생명력을 의미한다.

④ 이 시에서 '눈'이 내리는 시간적 배경은 3월이므로 '눈'을 겨울의 시작을 알리는 대상으로 볼 수 없다. 참고로, 시인은 시의 제재인 샤갈의 그림 '나와 마을'의 초현실적인 이미지를 봄과 겨울이 혼재한 마을의 모습으로 나타내려 했다.

⑤ 눈을 맞고 초록빛을 찾는 열매를 겨우내 끈질기게 살아남은 생명체로 볼 수 있으나, 이는 눈이 가리키는 대상이 아니다.

듣기 지문

샤갈의 마을에는 삼월에 눈이 온다.
봄을 바라고 섰는 사나이의 관자놀이에
새로 돋은 정맥이
바르르 떤다.
바르르 떠는 사나이의 관자놀이에
새로 돋은 정맥을 어루만지며
눈은 수천수만의 날개를 달고
하늘에서 내려와 샤갈의 마을의
지붕과 굴뚝을 덮는다.
삼월에 눈이 오면
샤갈의 마을의 쥐똥만 한 겨울 열매들은
다시 올리브빛으로 물이 들고
밤에 아낙들은
그해의 제일 아름다운 불을
아궁이에 지핀다.

- 김춘수, 「샤갈의 마을에 내리는 눈」

3 내용 추론하기 정답 ③

정답분석

이 이야기는 '궁즉통'을 궁지에 몰릴 때 이를 해결하기 위해 노력하면 궁지를 기회로 만들 수 있다는 의미로 설명하고 있다. 그러므로 '궁즉통의 마음으로' 뒤에는 어려운 상황에 맞닥뜨리면 그 상황을 벗어나기 위해 노력해야 한다는 내용이 이어져야 함을 추론할 수 있으므로 가장 적절한 것은 ③이다.

오답분석

①② '궁지에 몰렸을 때 쉬어가기', '원하는 바를 되도록 쉽게 달성하기'는 이 이야기에서 설명한 '궁즉통'과 관련이 없다.

④ 이 이야기에서 궁지를 기회로 생각하라고 하였으므로 궁지를 목표를 달성하기 위한 단계로 설명하는 것은 적절하다. 그러나 궁즉통의 핵심인 궁지에서 벗어나기, 궁지에서 벗어나기 위해 노력하기와 같은 내용이 없으므로 적절하지 않다.

⑤ '하늘이 무너져도 솟아날 구멍이 있다고 하지 않습니까?'와 통하는 말이나, 궁지를 벗어나기 위한 노력에 대한 내용이 없으므로 적절하지 않다.

듣기 지문

안녕하십니까? '1분 고전' 시간입니다. 여러분, 일이 안 되고 힘들게 생각될 때 '궁즉통(窮則通)'을 떠올려 보세요. 궁즉통은 『주역』에 나오는 말로 궁하면 통한다는 뜻입니다.

궁즉통에서 궁은 막바지에 다다른 상태로 궁지에 몰린 상황을 말합니다. 더 이상 답이 없다고 생각되는 상태죠. 하지만 그런 상황에서도 해결책은 있게 마련입니다. 하늘이 무너져도 솟아날 구멍이 있다고 하지 않습니까? 힘들더라도 변화를 위해 혼신의 노력을 다하면 결국 문제는 해결됩니다. 이 상황이 바로 통입니다.

궁즉통, 아무리 궁해도 포기하지 않고 노력하면 통한다는 점에서 궁은 오히려 기회가 될 수 있습니다. 궁즉통의 마음으로

기출유형 03

대화·발표를 듣고 내용 파악하고, 말하기 방식 추론하기

1 등장인물 생각 또는 세부 내용 파악하기
2 말하기 방식 추론하기

진행자: 오늘은 식품연구원 최 박사님을 모시고 스코빌 지수에 대해 이야기 들어 보겠습니다. 안녕하세요, 박사님. 먼저, 스코빌 지수를 간단히 설명해 주시겠어요?

전문가: 스코빌 지수는 매운맛을 측정하는 데 이용하는 수치로, 1912년 윌버 스코빌이 고추에 든 캡사이신 농도를 계량화해 개발한 척도입니다. 스코빌 지수가 높을수록 매운맛의 강도가 세다는 의미이며, 영어 약자로 'SHU'로 표기합니다.

진행자: 스코빌 지수는 어떻게 측정할까요?

전문가: 처음에는 평가 대상인 고추 추출물을 탄 설탕물을 사람이 맛을 보며 그 고추의 매운맛을 없애려면 얼마나 많은 물을 설탕물에 타야 하는지 측정하는 방식으로 스코빌 지수를 측정했습니다. 캡사이신 함량이 0인 고추를 기준으로 두고, 다섯 명이 동시에 이 실험에 참여했다고 합니다.

진행자: 매운 고추의 스코빌 지수를 측정하는 데 차출된 실험 인원은 정말 고통스러웠겠는데요. 하지만 사람이 맛을 본다는 게 객관적일 수는 없을 것 같아요. 요즘은 다른 방식을 쓰나요?

전문가: 2008년부터는 탄소나노튜브를, 최근에는 'HPLC'라는 고성능 액체 크로마토그래피를 활용해 스코빌 지수를 간단하면서도 정확한 방식으로 측정하고 있습니다.

진행자: 그렇군요. 스코빌 지수를 측정하는 방법을 설명해 주시면서 캡사이신이 없는 고추도 있다고 하셨는데요, 스코빌 지수가 가장 높은 고추와 가장 낮은 고추는 무엇인지 궁금합니다.

전문가: 파프리카가 가장 낮은 0이고, 캐롤라이나 리퍼가 150만에서 220만 정도로 가장 높습니다.

진행자: 캐롤라이나 리퍼는 처음 들어보는 품종이네요. 우리가 일상에서 자주 먹는 청양고추나 할라페뇨의 스코빌 지수는 어느 정도 되나요?

전문가: 청양고추가 4천에서 1만, 할라페뇨가 2천5백에서 1만 정도입니다.

진행자: 한동안 스코빌 지수가 높은 라면이 여러 종류 출시되었잖아요. 저는 먹으니까 너무 매워서 속이 아프더라고요. 캡사이신의 장단점은 무엇인가요?

전문가: 네, 저도 스코빌 지수가 5천이 넘는 라면을 여럿 보았습니다. 캡사이신은 엔도르핀을 분비해 통증을 완화하고, 신진대사를 촉진해 체내 지방 축적을 억제합니다. 다만, 스트레스 해소 등을 이유로 스코빌 지수가 높은 음식을 과도하게 섭취하면 말씀하신 대로 위 점막이 자극돼 위장 건강을 해칠 수 있습니다.

진행자: 그렇다면 박사님, 마지막으로 매운 음식을 먹을 때 같이 먹으면 좋을 만한 음식은 뭐가 있을까요? 음, 매운맛을 중화한다는 관점에서 말씀해 주시겠어요?

전문가: 캡사이신은 기름에 잘 분해되기 때문에 지방이 포함된 우유를 마시면 도움이 됩니다.

진행자: 네, 앞으로 매운 음식을 살 때는 우유도 함께 사야겠습니다. 오늘 말씀 감사합니다, 박사님.

3 갈등 파악하기
4 갈등 해결하기

김 과장: 한 주임, 제가 지난주에 업체와 추가 미팅 진행하겠다고 말했었는데요, 혹시 일정 정해졌나요?

한 주임: 네, 과장님. 그날 업체 담당자와 통화하였고, 다음 주 월요일 오후 2시에 화상 회의 진행하기로 하였습니다.

김 과장: 화상 회의요? 저에게 말도 없이 온라인 미팅으로 일정을 잡은 건가요?

한 주임: 네. 공식 미팅은 이미 끝났고, 추가 미팅이기 때문에 온라인으로 충분히 진행할 수 있습니다.

김 과장: 흠, 온라인으로 회의를 진행하게 되면 상대의 표정을 읽기가 어려워 중요한 부분을 놓칠까 봐 우려됩니다. 이전에 화상 회의를 할 때 대화가 잘 안되는 느낌이었거든요. 업체에 다시 연락해서 오프라인 회의로 변경해 주세요.

한 주임: 그렇지만 과장님. 화상 회의를 녹화하면, 회의 내용이 모두 기록되어 주의 깊게 듣지 못한 내용도 다시 확인할 수 있고, 회의록 작성도 필요 없기 때문에 업무를 효율적으로 진행할 수 있습니다.

김 과장: 한 주임같이 젊은 사람은 전자 기기로 업무를 진행하는 것이 익숙하지만, 우리 세대의 사람들은 직접 얼굴을 맞대고 이야기하는 것이 더 익숙합니다. 저와 의논하지 않고 이런 걸 혼자 결정하다니 조금 독단적이란 생각이 드네요.

한 주임: 무슨 말씀인지 알겠습니다. 그렇지만 저는 팀 업무의 효율을 위해 그렇게 결정한 것입니다.

김 과장: 그럼 한 주임이 그렇게 하자고 하면 제가 무조건 따라야 합니까?

한 주임: 아닙니다. 하지만 더 효율적인 방향으로 업무하고자 하는 제 의도를 존중해 주셨으면 좋겠습니다.

김 과장: 뭐라고요?

강 부장: 이게 무슨 소란입니까? 김 과장, 한 주임. 대체 무슨 일이에요?

김 과장: 부장님. 한 주임이 업체와의 미팅을 화상 회의로 잡아, 이를 오프라인 회의로 바꾸라고 지시하였는데, 자기 입장만 주장하고 있습니다.

한 주임: 그게 아니라, 저는 업무를 더욱 효율적으로 할 수 있는 방안을 제안드리는 것뿐입니다.

유형 연습문제

p. 31

1 ⑤	2 ②	3 ②	4 ⑤	5 ①
6 ⑤	7 ④	8 ①		

1 세부 내용 파악하기

정답 ⑤

정답 분석

전문가의 5번째 발언에서 우리나라에는 생추어리가 없으며, 비정부 기구에서 생추어리를 만들기 위해 노력하고 있음을 알 수 있으므로 적절하지 않은 것은 ⑤이다.

[관련 지문 인용] 몇몇 비정부 기구에서 생추어리를 설립하고자 활동할 뿐, 아쉽게도 우리나라에는 생추어리가 없습니다.

오답 분석

① 전문가의 3번째 발언에서 알 수 있다.

[관련 지문 인용] 생추어리는 동물의 지각과 감각, 권리를 존중하기 위해 설립된 곳으로

② 전문가의 1번째 발언에서 알 수 있다.

[관련 지문 인용] 생추어리는 동물로 수익 활동을 하지 않는다는 점에서 동물원과 다릅니다.

③ 전문가의 3번째 발언에서 알 수 있다.

[관련 지문 인용] 축산 동물 생추어리에는 도축을 목적으로~축산 농장에서 구조된 동물이, 야생 동물 및 해양 동물 생추어리에는~서커스에 이용되었던 동물이 오죠.

④ 전문가의 2번째 발언에서 알 수 있다.

[관련 지문 인용] 생추어리에는 곰이나 코끼리 등이 사는 야생 동물 생추어리와 돌고래 등이 사는 해양 동물 생추어리, 닭이나 소 등이 사는 축산 동물 생추어리가 있고,

듣기 지문

진행자: 지난 시간에는 야생 동물 보호 구역에 관한 이야기를 들었는데요. 오늘은 '생추어리'에 관해 들어 보겠습니다. 지난 시간처럼 질문 많이 보내 주세요. 안녕하세요, 선생님. '생추어리'라는 말이 생소한데요. 혹시 야생 동물 보호 구역이나 동물원과 비슷한 개념일까요?

전문가: 네, 우선 동물원과 야생 동물 보호 구역, 생추어리 모두 동물이 생활하는 장소라는 점에서는 같지만 생추어리는 동물로 수익 활동을 하지 않는다는 점에서 동물원과 다릅니다. 멸종과 밀렵 위기에서 야생 동물을 보호하는 야생 동물 보호 구역은 생추어리의 일종으로 볼 수도 있습니다.

진행자: 그럼 생추어리는 이윤을 창출하지 않으면서 동물을 보호하는 시설로 보면 되겠네요. 아, 3412님은 지난주에 본 다큐멘터리에서 들어 보셨다고 하네요!

전문가: 그렇습니다. 생추어리에는 곰이나 코끼리 등이 사는 야생 동물 생추어리와 돌고래 등이 사는 해양 동물 생추어리, 닭이나 소 등이 사는 축산 동물 생추어리가 있고, 각각은 보호하는 동물이 서식하기에 가장 적합한 환경으로 조성되어 있습니다. 동물들의 온전한 삶을 보장해 주기 위해서죠. 아마 3412님께서 보셨던 다큐멘터리에서는 야생 동물 생추어리를 다루었을 겁니다.

진행자: 그렇게 말씀하시니 생추어리별 모습이 상상되네요. 예를 들면, 야생 동물 생추어리는 드넓은 들판, 축산 동물 생추어리는 목장의 확장판처럼 생겼을 것 같아요. 그런데 동물은 왜 생추어리로 오게 되나요?

전문가: 생추어리는 동물의 지각과 감각, 권리를 존중하기 위해 설립된 곳으로 고통스러운 환경에 살던 동물이 구조되어 생추어리로 옵니다. 축산 동물 생추어리에는 도축을 목적으로 좁은 공간에 많은 개체를 키우는 축산 농장에서 구조된 동물이, 야생 동물 및 해양 동물 생추어리에는 환경이 열악한 동물원이나 수족관에 전시되었거나 서커스에 이용되었던 동물이 오죠.

진행자: 그렇군요. 5588님께서 웅담 채취를 목적으로 사육되는 곰도 생추어리로 가게 되는지 여쭤보시네요. 그런가요, 선생님?

전문가: 맞습니다. 2022년에 국내 농장에서 구조한 곰 22마리를 미국의 한 야생 동물 생추어리로 보내기도 하였습니다.

진행자: 왜 미국이죠? 우리나라에는 생추어리가 없나요?

전문가: 네, 몇몇 비정부 기구에서 생추어리를 설립하고자 활동할 뿐, 아쉽게도 우리나라에는 생추어리가 없습니다. 중국이나 베트남 등에서 국가가 제공한 부지에 생추어리를 운영하는 것과는 대조적이죠.

진행자: 선생님의 말씀을 듣다 보니 우리나라에도 생추어리에서 보호해야 할 동물들이 많을 것 같은데, 하루빨리 우리나라에도 생추어리가 만들어졌으면 좋겠습니다. 말씀 감사합니다.

2 말하기 방식 추론하기 정답 ②

정답 분석

진행자는 2번째 발언에서 전문가의 1번째 발언을 자기의 말로 바꾸어 요약하고 있으나, 그 요약한 내용을 전문가에게 확인하고 있지는 않으므로 적절하지 않은 것은 ②이다.

[관련 지문 인용] 그럼 생추어리는 이윤을 창출하지 않으면서 동물을 보호하는 시설로 보면 되겠네요.

오답 분석

① 진행자는 3번째 발언에서 전문가의 2번째 발언인 '보호하는 동물이 서식하기에 가장 적합한 환경으로 조성되어 있습니다'를 듣고 떠오르는 장면을 들판과 목장 같은 장소에 빗대어 말하고 있다.

[관련 지문 인용] 야생 동물 생추어리는 드넓은 들판, 축산 동물 생추어리는 목장의 확장판처럼 생겼을 것 같아요.

③ 진행자는 6번째 발언에서 우리나라에도 구조해 생추어리로 보내야 할 동물이 많을 것 같다는 자신의 생각과 생추어리가 없는 현 상황이 변화했으면 좋겠다는 바람을 언급하며 인터뷰를 마무리하고 있다.

[관련 지문 인용] 우리나라에도 생추어리에서 보호해야 할 동물들이 많을 것 같은데, 하루빨리 우리나라에도 생추어리가 만들어졌으면 좋겠습니다.

④ 진행자는 1번째 발언에서 청취자에게 질문해 달라고 요구하고 있으며, 4번째 발언에서 청취자가 한 질문을 인용해 전문가에게 전달하고 이에 대해 답변해 달라고 요청하고 있다.

[관련 지문 인용]
- 지난 시간처럼 질문 많이 보내 주세요.
- 5588님께서 웅담 채취를 목적으로 사육되는 곰도 생추어리로 가게 되는지 여쭤보시네요. 그런가요, 선생님?

⑤ 진행자는 1번째 발언에서 지난 인터뷰 제재인 '야생 동물 보호 구역'과 이번 인터뷰 제재인 '생추어리'를 언급하고 있다.

[관련 지문 인용] 지난 시간에는 야생 동물 보호 구역에 관한 이야기를 들었는데요. 오늘은 '생추어리'에 관해 들어 보겠습니다.

3 세부 내용 파악하기 정답 ②

정답 분석

그림에서 ①은 흔들이, ②는 흔들이 추, ③은 빠르기 표시 눈금, ④는 고정 추, ⑤는 태엽이다. 메트로놈은 ② '흔들이 추'를 ③ '빠르기 표시 눈금'에 맞춘 뒤 ⑤ '태엽'을 감으면 ① '흔들이'가 움직이며 박자에 따라 똑딱거리게 된다고 하였으므로 메트로놈을 사용할 때 가장 먼저 움직여야 하는 부분은 ②이다.

[관련 지문 인용] 1번부터 5번의 순서로 흔들이, 흔들이 추, 빠르기 표시 눈금, 고정 추, 태엽이라고 부릅니다. ~ 먼저, 흔들이 추를 악보에 적힌 메트로놈 기호에 따라 빠르기 표시 눈금에 맞춥니다. ~ 그 후 태엽을 감으면 고정 추로 균형이 잡힌 흔들이가 매 박자에 좌우로 움직이며 똑딱이는 소리를 냅니다.

듣기 지문

피아노와 같은 악기를 연주할 때 좌우로 막대를 똑딱거리는 작은 장치를 보신 적 있으신가요? 바로 메트로놈인데요. 메트로놈은 악곡에서 박자가 어떤 주기로 반복되어 진행되는지를 측정하거나 악곡의 속도나 박자를 나타내는 기구입니다. 빈켈이 시계추의 원리를 응용해 1812년에 발명하였고, 1816년에 멜첼이 현재 우리에게 익숙한 기계식 메트로놈의 형태로 개량했습니다. 그림은 기계식 메트로놈으로, 1번부터 5번의 순서로 흔들이, 흔들이 추, 빠르기 표시 눈금, 고정 추, 태엽이라고 부릅니다. 그림에는 없지만 케이스 하단에 흔들이의 진동을 제어하는 탈진기도 있죠. 메트로놈을 작동하는 방법은 간단합니다. 먼저, 흔들이 추를 악보에 적힌 메트로놈 기호에 따라 빠르기 표시 눈금에 맞춥니다. 이때, 메트로놈의 기호는 빠르기의 기준이 되는 음표와 등호, 숫자로 이루어진 것으로 만약 사분음표 옆에 등호와 120이라는 숫자가 쓰여 있다면 1분 동안 사분음표를 120번 연주하는 빠르기로 해당 악곡을 연주하라는 의미입니다. 그 후 태엽을 감으면 고정 추로 균형이 잡힌 흔들이가 매 박자에 좌우로 움직이며 똑딱이는 소리를 냅니다. 박자마다 규칙적으로 움직이기 때문에 메트로놈을 이용하면 음악의 박자를 정확히 맞출 수 있는데, 베토벤과 체르니가 이를 아주 좋아했다고 합니다. 최근에는 기계식 메트로놈보다 전자적으로 작동하는 디지털 메트로놈이 널리 쓰입니다.

4 말하기 방식 추론하기

정답 ⑤

정답 분석

기계식 메트로놈을 작동하기 위해 흔들이 추를 빠르기 표시 눈금에 맞추는 과정을 설명하면서, 빠르기 표시를 이해하는 데 도움이 되는 배경지식인 메트로놈 기호를 구체적인 예와 함께 설명하고 있다. 따라서 내용 구성 전략으로 가장 적절한 것은 ⑤이다.
[관련 지문 인용] 흔들이 추를 악보에 적힌 메트로놈 기호에 따라 빠르기 표시 눈금에 맞춥니다. 이때, 메트로놈 기호는~만약 사분음표 옆에 등호와 120이라는 숫자가 쓰여 있다면 1분 동안 사분음표를 120번 연주하는 빠르기로 해당 악곡을 연주하라는 의미입니다.

오답 분석

① 베토벤과 체르니가 메트로놈을 애용했음을 설명하고 있으나, 메트로놈을 싫어한 음악가는 설명하지 않았다.
[관련 지문 인용] 메트로놈을 이용하면 음악의 박자를 정확히 맞출 수 있는데, 베토벤과 체르니가 이를 아주 좋아했다고 합니다.

② 메트로놈이 시계추의 원리를 이용했음을 설명하고 있으나, 메트로놈의 작동 원리를 시계의 작동 원리에 비유해 설명하지는 않았다.
[관련 지문 인용] 빈켈이 시계추의 원리를 응용해 1812년에 발명하였고,

③ 기계식 메트로놈의 구조를 설명하고 있으나 중요한 순서대로 설명하였는지는 알 수 없다.
[관련 지문 인용] 1번부터 5번의 순서로 흔들이, 흔들이 추, 빠르기 표시 눈금, 고정 추, 태엽이라고 부릅니다. 그림에는 없지만 케이스 하단에 흔들이의 진동을 제어하는 탈진기도 있죠.

④ 기계식 메트로놈은 빈켈이 발명하고, 멜첼이 보완했음을 설명하고 있으나 디지털 메트로놈을 발명하거나 개선한 발명가를 설명하지는 않았다.
[관련 지문 인용] 빈켈이~발명하였고, 1816년에 멜첼이~개량했습니다.

5 갈등 파악하기

정답 ①

정답 분석

최 대리의 4번째 발언에서 최 대리는 김 팀장이 업무에 도움이 되는 피드백이 아닌 비판만을 일삼는다고 생각함을 알 수 있으므로, 두 사람의 입장을 가장 바르게 이해한 것은 ①이다.
[관련 지문 인용] 팀장님께서는 비판 대신 건설적인 피드백을 주셨어야 했습니다. 그런데 늘 업무 목표나 일정에 대해서 명확하게 알려주시는 대신 '그렇게 해서는 안 된다', '너는 요령이 없다' 같은 말만 하시고 감시만 하시니 문제라는 거죠.

오답 분석

② 김 팀장의 3번째 발언에서 김 팀장이 최 대리가 일하는 데 필요한 능력이 부족하다고 생각함을 알 수 있으나, 최 대리의 능력을 다른 팀원과 비교하지는 않았다.
[관련 지문 인용] 최 대리가 이 일을 하는 능력이나 기술, ~아무튼 그런 게 부족하기 때문이에요.

③ 최 대리의 3번째 발언에서 최 대리는 김 팀장이 팀원 모두를 감시하는 상황을 못마땅해함을 알 수 있다.
[관련 지문 인용] 저뿐만 아니라 다른 팀원들의 일거수일투족을 감시하시면

④ 김 팀장의 1번째 발언에서 김 팀장이 최 대리가 실수를 많이 한다고 생각함을 알 수 있으나, 그 실수가 프로젝트에 어떤 영향을 주었는지, 언제 진행한 프로젝트인지는 대화를 통해 알 수 없다.
[관련 지문 인용] 최 대리가 정말 유능하고, 실수를 많이 하고 있지는 않은지 생각해 볼래요?

⑤ 김 팀장의 3번째 발언에서 김 팀장은 자기가 팀원의 발전을 위해 노력한다고 생각하고 있으며 그 행위를 지적하는 최 대리에게 불만이 있음을 알 수 있다. 그러나 그 이유는 자기의 노력을 최 대리가 몰라주어서가 아니라 자기의 피드백을 수용하지 않고 불평을 늘어놓는 최 대리의 태도 때문이다.
[관련 지문 인용] 최 대리가 제 피드백을 잘 받아들이고 실수할 때마다 그 실수에서 무언가를 배웠다면 최 대리는 지금보다 더 나은 사람이 되었을 겁니다. ~나는 팀장으로서 팀원의 능력을 잘 키워줄 의무가 있으니까 내 행동이 잘못됐다고 하지는 말아요.

듣기 지문

최 대리: 팀장님, 제가 업무하는 동안 지켜봐 주시는 것은 감사하지만 작은 것 하나하나에도 간섭하시면 제가 제 일을 할 수가 없습니다.
김 팀장: 글쎄요. 최 대리가 정말 유능하고, 실수를 많이 하고 있지는 않은지 생각해 볼래요?
최 대리: 저는 벌써 4년째 이 일을 하고 있고, 항상 좋은 결과를 냈습니다. 팀장님이 사사건건 참견하시는 탓에 자신감이 떨어지고 스트레스를 받습니다.
김 팀장: 최 대리가 최 대리 말처럼 우수한 팀원이라면 제가 개입하지도 않았겠죠. 최 대리는 그냥, 최 대리의 단점을 인정하는 대신에 내 탓을 하는 거예요.
최 대리: 팀장님께서 저한테만 그러시는지 아세요? 모든 팀원이 팀장님 때문에 사기가 떨어지고 있습니다. 계속 말씀드리지만, 저뿐만 아니라 다른 팀원들의 일거수일투족을 감시하시면 상황은 더 나빠지기만 할 겁니다.

김 팀장: 갑자기 다른 팀원들 이야기는 왜 꺼내요? 최 대리가 제 피드백을 잘 받아들이고 실수할 때마다 그 실수에서 무언가를 배웠다면 최 대리는 지금보다 더 나은 사람이 되었을 겁니다. 내가 감시하고 참견하는 건, 최 대리가 이 일을 하는 능력이나 기술, 뭐 그게 아니라면 요령 같은 거라도, 아무튼 그런 게 부족하기 때문이에요. 나는 팀장으로서 팀원의 능력을 잘 키워 줄 의무가 있으니까 내 행동이 잘못됐다고 하지는 말아요.

최 대리: 저도 제 성과를 위해 기꺼이 노력할 용의가 있습니다. 하지만 그게 목적이었다면 팀장님께서는 비판 대신 건설적인 피드백을 주셨어야 했습니다. 그런데 늘 업무 목표나 일정에 대해서 명확하게 알려주시는 대신 '그렇게 해서는 안 된다', '너는 요령이 없다' 같은 말만 하시고 감시만 하시니 문제라는 거죠.

김 팀장: 최 대리, 지금 나를 헐뜯겠다는 거예요?

6 갈등 해결하기

정답 ⑤

(정답분석)

김 팀장은 최 대리가 자신의 피드백을 비판으로 여길 뿐 아니라 감시하는 의도도 이해하지 못한다고 생각하고, 최 대리는 김 팀장이 제대로 된 피드백이 아닌 비판만 일삼으며 김 팀장의 감시는 일하는 데 방해만 된다고 생각한다. 이를 통해 두 사람의 갈등은 서로 일하는 방식에 관해 이야기를 나누어 보지 않고, 이해할 수 없는 지점에 대해 비난만 하고 있기 때문에 일어났음을 알 수 있다. 또한 최 대리와 김 팀장은 둘 다 태도를 굽히지 않고 자기의 생각만 주장하며 소통의 여지를 보이지 않고 있다. 따라서 정 부장이 두 사람의 갈등을 중재하기 위해서는 소통의 중요성을 알려 주는 것이 중요하므로, 가장 적절한 것은 ⑤이다.

(오답분석)

① 최 대리는 자신의 업무 방식에 문제가 있다고 생각하지 않으며, 김 팀장의 업무 방식에 불만을 품고 있으므로 적절한 해결책이 아니다.
[관련 지문 인용] 저는~항상 좋은 결과를 냈습니다. 팀장님이 사사건건 참견하시는 탓에 자신감이 떨어지고 스트레스를 받습니다.

②③ 일이 적성에 맞는지나 피드백을 누구에게 받는지에 대한 문제는 윗글에서 일어난 갈등의 원인과 관련이 없다.

④ 김 팀장은 자기가 준 피드백을 제대로 이해하지 못하는 최 대리에게 문제가 있다고 생각하고, 최 대리는 김 팀장의 피드백을 문제 삼고 있으나 피드백의 전달 방식에 대한 언급은 없으므로 적절한 해결책이 아니다.
[관련 지문 인용] 최 대리가 제 피드백을 잘 받아들이고~최 대리는 지금보다 더 나은 사람이 되었을 겁니다.

7 세부 내용 파악하기

정답 ④

(정답분석)

민영의 1번째 발언과 4번째 발언에서 수지는 민영의 친구가 만든 잔에 커피를 마시고 있음을 알 수 있으므로, 적절하지 않은 것은 ④이다.
[관련 지문 인용]
• 어, 수지야. 커피 마셔?
• 친한 친구가 만들어 준 거라 나한텐 꽤 각별한 컵이야.

(오답분석)

① 수지의 2번째 발언을 통해 알 수 있다.
[관련 지문 인용] 소중한 거면 찬장 높은 곳에 안 보이게 잘 숨겨 두지.

② 수지의 1번째 발언에서 민영은 이전에 수지가 아끼는 그릇에 샌드위치를 담아 먹었음을 알 수 있다.
[관련 지문 인용] 너도 그때 내 고양이 모양 접시에 샌드위치 담아서 먹었잖아. 그것도 내가 아끼는 건데

③ 민영의 4번째 발언과 5번째 발언을 통해 알 수 있다.
[관련 지문 인용]
• 오늘 밤에 나랑 집에서 영화 보는 거 어때?
• 오늘은 액션 영화 보기.

⑤ 민영은 2번째 발언에서 수지가 쓰는 머그잔은 기분이 좋은 날에 사용하는 특별한 컵이라고 말하고 있다.
[관련 지문 인용] 그리고 그 컵은 내가 기분 좋은 날에만 특별히 꺼내 쓰는 거란 말이야.

듣기 지문

민영: 어, 수지야. 커피 마셔? 나도… 근데 그 머그잔 왠지 익숙한데… 내 거잖아. 나한테 쓰겠다고 허락받은 적 없지 않아?

수지: 나는 이제 둘이 같이 사니까 네 거, 내 거 없이 써도 괜찮을 줄 알았지. 민영이 너도 그때 내 고양이 모양 접시에 샌드위치 담아서 먹었잖아. 그것도 내가 아끼는 건데 난 그냥 '네가 그 접시가 마음에 들어서 쓰는구나'라고 생각하고 넘겼는데 너는 이러기야?

민영: 난 쓰기 전에 물어봤잖아. 잊었어? 그리고 그 컵은 내가 기분 좋은 날에만 특별히 꺼내 쓰는 거란 말이야. 나도 네가 뭘 아끼는지 모르지만, 너도 모르는 건 똑같잖아.

수지: 아니, 민영아. 이게 너한테 그렇게 중요한 건지 몰랐어. 소중한 거면 찬장 높은 곳에 안 보이게 잘 숨겨 두지. 식기 건조대에 있으니까 손이 잘 닿아서 꺼내 쓰게 되잖아.

민영: 그럼, 아끼는 걸 아무 데나 둔 내 탓이라는 거야? 그리고 덜 마른 컵 찬장에 바로 넣으면 컵도 상하고 찬장도 상하거든.

수지: 그 말이 아니라, 네가 특별한 날에만 꺼내 쓸 정도로 아끼는 물건인지 몰랐다는 거야. 미리 말해 줬으면 안 썼을 거고. 일단 내가 내 마음대로 쓴 거니까 미안해.

민영: 그래? 알았어. 사실 그거 친한 친구가 만들어 준 거라 나한텐 꽤 각별한 컵이야. 화해의 의미로 오늘 밤에 나랑 집에서 영화 보는 거 어때? 네가 만든 새우 파스타도 먹고 싶어.

수지: 어쩐지 예쁘더라. 역시 수제품은 공산품을 못 이겨. 사과의 의미로 특별히 더 맛있는 파스타를 요리해 줄게. 근데 그 컵 크기가 딱 좋아서 나도 가끔 쓰고 싶은데, 어떻게 안 될까?

민영: 음… 그럼 한 가지만 약속해 줘. 절대 깨뜨리지 않기. 또, 내가 기분 좋은 날 쓰는 컵이니까 너도 기분 좋은 날 써 줘. 그리고 오늘은 액션 영화 보기.

수지: 좋아. 컵은 내가 기분 좋은 날에만 쓸게. 그리고 다음 주에는 공포 영화를 보자.

8 갈등 해결하기

정답 ①

(정답분석)

수지가 멋대로 자기가 아끼는 머그잔을 썼다고 따지던 민영의 마음이 누그러진 이유는 수지는 민영이 아끼는 머그잔인 줄 모르고 썼으며, 아끼는 줄 알았더라면 쓰지 않았을 거라고 충분히 설명했기 때문이다. 따라서 적절한 것은 ①이다.

[관련 지문 인용] 네가 특별한 날에만 꺼내 쓸 정도로 아끼는 물건인지 몰랐다는 거야. 미리 말해 줬으면 안 썼을 거고.

오답분석

② 민영의 머그잔을 쓸 때마다 허락을 받기로 약속하는 내용은 두 사람의 대화에 없다.

③ 수지는 1번째 발언에서 같은 집에서는 물건이 누구 소유인지 따지지 않고 써도 괜찮을 줄 알았다고 말하고 있으나, 대화에서 수지가 물건을 구별하여 쓰자고 제안하는 내용은 확인할 수 없다.
[관련 지문 인용] 나는 이제 둘이 같이 사니까 네 거, 내 거 없이 써도 괜찮을 줄 알았지.

④ 수지가 민영에게 파스타를 해 주겠다고 약속하고 있으나 이는 민영이 먼저 제안한 것이므로 적절하지 않다.
[관련 지문 인용]
- 네가 만든 새우 파스타도 먹고 싶어.
- 사과의 의미로 특별히 더 맛있는 파스타를 요리해 줄게.

⑤ 수지는 1번째 발언에서 아끼는 컵을 허락 없이 썼다고 화를 내는 민영에게 민영도 자기가 아끼는 그릇을 쓴 적이 있다고 항의하고 있으나, 아끼는 물건을 쓰게 해 주는 것으로 갈등을 해소하지는 않았다.
[관련 지문 인용] 민영이 너도 그때 내 고양이 모양 접시에~그것도 내가 아끼는 건데 난 그냥 '네가 그 접시가 마음에 들어서 쓰는구나'라고 생각하고 넘겼는데 너는 이러기야?

영역 마무리 문제 p. 34

1 ⑤	2 ③	3 ⑤	4 ③	5 ②
6 ③	7 ②	8 ④	9 ③	10 ⑤
11 ⑤	12 ④	13 ②	14 ②	15 ⑤

1 그림 - 그림을 보며 해설 파악하기 정답 ⑤

정답분석

그림에 등장하는 인물이 명상하는 철학자와 벽난로에 불을 피우는 노파임은 언급되지만, 그들이 어떤 관계인지는 언급되지 않았으므로 답은 ⑤이다.
[관련 지문 인용]
- 오른쪽 노파가 벽난로에 불을 피우게 함으로써
- 명상 중인 철학자와 함께

오답분석

① '끝없이 움직이는 인간의 사고를 그림으로 구현하고자 한 렘브란트의 의도를 보여 줍니다'를 통해 '명상 중인 철학자'의 주제를 알 수 있다.

② '명상 중인 철학자'를 '책을 읽고 있는 철학자'의 연작으로 잘못 알았다고 하였으므로 적절하다.
[관련 지문 인용] 처음에는 '책을 읽고 있는 철학자'라는 그림의 연작으로 여겨졌습니다. 하지만 나중에 그 그림은 렘브란트의 영향을 받은 살로몬 코닝크의 그림으로 밝혀졌죠.

③ '명상 중인 철학자' 중앙의 '나선형 계단'의 의미가 언급되므로 적절하다.
[관련 지문 인용] 아래에서 위로 돌며 두 층을 연결하는 계단은 순수와 근원을 상징하는 모티프로,

④ '명상 중인 철학자'에는 명암 대비를 극대화하는 키아로스쿠로 표현법이 쓰였으며, 이를 빛의 영역을 좁히고 어둠의 영역을 넓히는 방법과 빛의 효과를 강조하는 나선형 계단으로 구현했다고 하였으므로 적절하다.
[관련 지문 인용]
- 렘브란트의 그림을 살펴볼 때는 빛과 어둠이 극적인 대비를 이루게 하는 명암법인 키아로스쿠로를 알고 있어야 합니다.
- '명상 중인 철학자'도 창문 근처를 제외한 공간 대부분이 어둡게 표현돼 있죠? ~ 나선형 계단으로 빛의 효과를 극적으로 끌어올리고,

듣기 지문

이 그림은 '빛의 화가'라 불리는 렘브란트의 '명상 중인 철학자'입니다. 이 그림은 루이 16세 시대에 구입한 네덜란드 회화 작품 중 하나인데, 처음에는 '책을 읽고 있는 철학자'라는 그림의 연작으로 여겨졌습니다. 하지만 나중에 그 그림은 렘브란트의 영향을 받은 살로몬 코닝크의 그림으로 밝혀졌죠.

렘브란트의 그림을 살펴볼 때는 빛과 어둠이 극적인 대비를 이루게 하는 명암법인 키아로스쿠로를 알고 있어야 합니다. 빛의 영역은 작게, 어둠의 영역은 넓게 설정해 빛의 영역을 강조하는 기법이죠. '명상 중인 철학자'도 창문 근처를 제외한 공간 대부분이 어둡게 표현돼 있죠? 여기서 그치지 않고 렘브란트는 화면 중앙의 나선형 계단으로 빛의 효과를 극적으로 끌어올리고, 오른쪽 노파가 벽난로에 불을 피우게 함으로써 작은 빛을 더해 입체감과 공간감을 부여했습니다. 렘브란트가 빛에 보인 관심은 이 그림뿐 아니라 그의 수많은 자화상에서도 드러납니다.

그림 속 소재 중 가장 중요한 것은 빛의 효과를 극대화하는 나선형 계단입니다. 아래에서 위로 돌며 두 층을 연결하는 계단은 순수와 근원을 상징하는 모티프로, 명상 중인 철학자와 함께 끝없이 움직이는 인간의 사고를 그림으로 구현하고자 한 렘브란트의 의도를 보여 줍니다.

2 이야기 - 주제 추론하기 정답 ③

정답분석

여우의 이야기에서 여우는 몸에 붙은 진드기보다 그 진드기를 떼었을 때 몸에 붙을 새로운 진드기가 더 자신을 괴롭게 할 것이라고 말하고 있으며, 이야기의 끝에서 이솝은 민중 지도자보다 민중 지도자를 처단한 후 나타날 새로운 세력이 민중을 더 괴롭힐 것이라고 말하고 있다. 이를 통해 여우 이야기의 진드기가 지도자(지배층)임을 알 수 있으므로, 이야기의 주제는 기존의 지배층이 피지배층을 괴롭히더라도 새로 등장하는 지배층보다는 낫다는 내용이 되어야 한다. 따라서 적절한 것은 ③이다.

오답분석

① 여우가 물에 빠지고 진드기에게 물리는 것을 고난이 연속되는 것이라고 볼 수 있으나, 지배층과 관련된 내용이 아니므로 적절하지 않다.

② 고슴도치가 여우의 진드기를 떼 주려는 것을 배려라고 볼 수 있으나, 지배층과 관련된 내용이 아니므로 적절하지 않다.

④ ⑤ 여우를 무는 진드기의 행위를 피지배층을 괴롭히고 자신의 욕심을 채우려는 지배층의 행위로 볼 수 있으나, 새로운 지배층보다 지금의 배부른 지배층이 낫다는 주제와 관련이 없으므로 적절하지 않다.

듣기 지문

한 민중 지도자가 목숨이 걸린 재판을 받고 있을 때 이솝은 사모스의 공공 집회에서 연설을 했습니다.
"여우 한 마리가 강물을 건너던 중 깊은 골로 떠내려갔지요. 벗어나려고 갖은 애를 다 썼지만 소용이 없었어요. 고생이 한두 가지가 아니고 이만저만이 아니었지요. 그 밖에도 몸에 달라붙은 진드기 떼에 시달렸습니다. 마침 그쪽을 지나가던 고슴도치가 딱하게 여겨 진드기를 떼 내 주려고 물었지요. '제발 그러지 말아요.' 하고 여우는 대답하는 것이었습니다. '왜요?' 하고 고슴도치가 물었지요. '이 진드기 떼는 이제 내 피를 빨지 않지요. 그러나 이들을 떼 버리면 다른 진드기 떼들이 달려들어 내게 남은 피를 다 빨아 먹을 테니까요.' 사모스 시민 여러분, 여러분의 경우도 마찬가지입니다. 이 사람은 별 해코지를 안 할 것입니다. 부자니까요. 여러분이 그를 죽인다면 굶주린 다른 사람들이 달려들어 도둑질로 여러분의 금고를 바닥내고 말 것입니다."

3 강연 - 세부 내용 파악하기

정답 ⑤

정답분석

데카르트 마케팅은 상품에 예술 작품을 바로 활용하거나 예술가나 디자이너와 협업하는 방식으로 구현된다고 하였으나, 두 방식 중 어떤 것을 먼저 고려하는지는 알 수 없으므로 적절하지 않은 것은 ⑤이다.
[관련 지문 인용] 데카르트 마케팅에는 그림, 사진, 조형 등의 예술 작품을 활용하거나 세계적으로 유명한 디자이너나 예술가와 협업하는 방법이 있습니다.

오답분석

① '철학 이론과는 관련 없이 ~ 철학자 '데카르트'의 이름과 유사해 붙은 이름이죠'를 통해 알 수 있다.
② '최근의 소비자는 상품이 주는 심미성과 감성, 이것으로 얻을 경험이나 만족에 중점을 두고 소비합니다'를 통해 알 수 있다.
③ '화려한 미디어 아트 ~ 입힌 가구의 모습이 ~ 기업 이미지에 고급스러운 느낌을 주고'와 '제품에 예술을 접목해 ~ 기업의 이미지를 높이는 마케팅 방법을 '데카르트 마케팅'이라고 부릅니다'를 통해 알 수 있다.
④ '제품의 예술성을 중시하는 마케팅 방법이지만 상품의 질이 담보돼야 한다는 점도 중요합니다'를 통해 알 수 있다.

듣기 지문

먼저 가구 몇 점을 보여 드리겠습니다. 일반적으로 가구에 쓰는 흰색이나 갈색 대신 화려한 미디어 아트나 파란색, 분홍색 등 산뜻한 색을 입힌 가구의 모습이 우리가 접해 왔던 가구와는 조금 다르죠? 이건 한 가구 기업에서 선보인 제품인데요, 기업 이미지에 고급스러운 느낌을 주고 기업의 가치를 높이기 위해 진행한 프로젝트의 결과물입니다.
과거의 소비자가 가격, 품질 그리고 가격에 대비한 제품의 성능을 고려해 소비했다면 최근의 소비자는 상품이 주는 심미성과 감성, 이것으로 얻을 경험이나 만족에 중점을 두고 소비합니다. 조금 전 보신 가구도 소비자의 이런 성향을 고려한 것이죠. 이처럼 제품에 예술을 접목해 상품의 예술성과 기업의 이미지를 높이는 마케팅 방법을 '데카르트 마케팅'이라고 부릅니다. 철학 이론과는 관련 없이 기술과 예술을 뜻하는 영어 단어 테크(tech)와 아트(art)를 합친 '테카르트'가 철학자 '데카르트'의 이름과 유사해 붙은 이름이죠. 제품의 예술성을 중시하는 마케팅 방법이지만 상품의 질이 담보돼야 한다는 점도 중요합니다. 데카르트 마케팅에는 그림, 사진, 조형 등의 예술 작품을 활용하거나 세계적으로 유명한 디자이너나 예술가와 협업하는 방법이 있습니다.

4 라디오 - 세부 내용 파악하기

정답 ③

정답분석

윤심덕 사후에 '사의 찬미'에 윤심덕이 작사하지 않은 가사가 더해졌다고 하였으므로 적절한 것은 ③이다.
[관련 지문 인용] '사의 찬미'의 가사 중 돈과 명예, 그리고 사랑에 대한 싫증을 다룬 가사는 그녀의 사후에 추가된 것입니다.

오답분석

① 노래 '사의 찬미'는 1926년 8월 1일에 녹음되었다.
[관련 지문 인용] 1926년 8월 3일, ~ 사건 이틀 전, ~ 직접 가사를 쓴 곡을 녹음합니다.
② 노래 '사의 찬미'는 10만 장 이상 팔렸으며 큰 이익을 거두었다.
[관련 지문 인용] 이 곡이 바로 발매 후 10만 장이 넘게 팔리며 크게 흥행한 '사의 찬미'입니다.
④ 영화 '사의 찬미' 마지막 장면에 노래 '사의 찬미'가 삽입된다.
[관련 지문 인용] 영화에서 '사의 찬미'는 ~ 윤심덕과 김우진이 함께 현해탄에 몸을 던지는 마지막 장면에서 흘러나옵니다.
⑤ 영화 '사의 찬미'는 1991년에 개봉한 후 흥행 순위 3위를 했다.
[관련 지문 인용] 1991년 개봉 당시 이 영화는 흥행 순위 3위에 오르기도 했습니다.

듣기 지문

1926년 8월 3일, 일본에서 부산으로 향하는 배에서 김우진과 윤심덕은 함께 바다로 뛰어내립니다. 그리고 사건 이틀 전, 윤심덕은 이오시프 이바노비치가 작곡한 '다뉴브강의 잔물결'에 직접 가사를 쓴 곡을 녹음합니다. 이 곡이 바로 발매 후 10만 장이 넘게 팔리며 크게 흥행한 '사의 찬미'입니다. 윤심덕이 지향하는 음악관과 현실과의 괴리를 비롯한 그녀의 삶, 김우진과 윤심덕의 사랑과 죽음을 다룬 영화도 같은 제목이죠. 1991년 개봉 당시 이 영화는 흥행 순위 3위에 오르기도 했습니다. 영화에서 '사의 찬미'는 각각 원하는 음악과 연극을 하지 못하게 되어 일본으로 도피해 온 윤심덕과 김우진이 함께 현해탄에 몸을 던지는 마지막 장면에서 흘러나옵니다. '사의 찬미'가 죽음을 찬양함으로써 덧없는 삶을 표현하고자 한 노래임을 고려할 때, 이보다 더 어울리는 순간은 없어 보입니다. 그리고 또 한 가지. '사의 찬미'의 가사 중 돈과 명예, 그리고 사랑에 대한 싫증을 다룬 가사는 그녀의 사후에 추가된 것입니다.

5 시 - 주제 추론하기 정답 ②

(정답 분석)

이 시의 화자는 1~2연에서 '내 마음'을 모두 알아줄 사람이 있다면 마음을 모두 나누어 주겠다고 다짐하며, 3연 1행 '아! 그립다'와 같이 그 사람에 대한 그리움을 드러내고 있다. 그러나 3연 3행 '꿈에나 아득히 보이는가'에서 화자는 '내 마음'을 알아줄 사람은 현실이 아닌 꿈에만 존재하는 것이 아닐까 하는 회의감을 드러내고 있다. 그리고 4연 4행 '사랑도 모르리, 내 혼자 마음은'과 같이 결국 '내 마음'을 알 만한 사람은 존재하지 않는다고 결론을 내리고 있다. 따라서 이 시에서 말하고자 하는 내용은 '내 마음'을 알아줄 임에 대한 그리움과 '내 마음'을 알아줄 임이 없는 상황에서 느끼는 안타까움이 되어야 하므로 답은 ②이다.

듣기 지문

내 마음을 아실 이
내 혼자 마음 날같이 아실 이
그래도 어디나 계실 것이면,

내 마음에 때때로 어리우는 티끌과
속임 없는 눈물의 간곡한 방울방울,
푸른 밤 고이 맺는 이슬 같은 보람을
보밴 듯 감추었다 내어 드리지.

아! 그립다.
내 혼자 마음 날같이 아실 이
꿈에나 아득히 보이는가.

향 맑은 옥돌에 불이 달아
사랑은 타기도 하오련만
불빛에 연긴 듯 희미론 마음은,
사랑도 모르리, 내 혼자 마음은.

\- 김영랑, 「내 마음을 아실 이」

6 방송 인터뷰 - 세부 내용 파악하기 정답 ③

(정답 분석)

강 박사의 2번째 발언에서 도라지의 뿌리를 주로 약재로 사용함을 알 수 있으나, 도라지를 차로 끓이는 것이 약효를 높이는 방법이라는 점은 알 수 없다. 따라서 답은 ③이다.

[관련 지문 인용] 도라지는 주로 뿌리를 약재로 사용하는데요.

(오답 분석)

① 강 박사의 3번째 발언에서 알 수 있다.
[관련 지문 인용] 약용 식물이란 ~ 한방에서 쓰는 것, 민간에서 쓰는 것 등으로 종류가 매우 많습니다.

② 강 박사의 2번째 발언에서 알 수 있다.
[관련 지문 인용] 도라지 뿌리는 기침과 가래를 그치게 하거나, 해열 작용에 도움을 주는 것으로 알려져 있습니다.

④ 강 박사의 4, 5번째 발언에서 알 수 있다.
[관련 지문 인용]
- 특용 자원 식물 575종을 정리한 도감입니다.
- 도감에 실린 식물의 모습을 구분할 수 있도록 사진 전문가들이 촬영한 식물을 잎, 꽃, 뿌리 등의 부위로 나누어 모두 수록했습니다.

⑤ 강 박사의 5번째 발언에서 알 수 있다.
[관련 지문 인용] 일반인들이 쉽게 찾아볼 수 있도록 식물을 학술적 분류 체계로 구분하지 않고 이름에 따라 가나다순으로 정리했습니다.

※ 출처: 농촌진흥청, http://www.rda.go.kr

듣기 지문

진행자: 여러분, 안녕하세요. 혹시 평소에 식물로 만든 차나 약 또는 요리를 많이 드시나요? 요즘 같은 환절기에 저는 호흡기에 좋다는 도라지 차를 자주 마시는데요. 오늘은 이렇게 약효가 있는 식물에 대해 알아보겠습니다. 국립약용식물원에 계시는 강 박사님과 함께 방송을 진행하겠습니다. 강 박사님, 안녕하세요.

강 박사: 네, 안녕하세요.

진행자: 아까 말씀드렸다시피 저는 환절기에 도라지 차를 자주 마시는데요. 정말 식물에 약효가 있는 게 맞나요?

강 박사: 네. 도라지는 주로 뿌리를 약재로 사용하는데요. 도라지 뿌리는 기침과 가래를 그치게 하거나, 해열 작용에 도움을 주는 것으로 알려져 있습니다.

진행자: 그렇군요. 이렇게 도라지처럼 약재로 쓰이는 식물을 약용 식물이라고 하던데요. 약용 식물이 정확히 무엇인지 설명해 주시겠어요?

강 박사: 약용 식물이란 약으로 쓰거나 약의 재료가 되는 식물로, 약전에 수록되어 있는 것입니다. 한방에서 쓰는 것, 민간에서 쓰는 것 등으로 종류가 매우 많습니다.

진행자: 일반인도 쓸 수 있는 거군요. 아마 많은 청취자분들이 궁금해하실 것 같은데요. 약재의 정보와 효능을 어떻게 확인할 수 있을까요?

강 박사: 네. 이번에 농촌진흥청과 함께 약재의 정보를 찾아볼 수 있는 도감을 펴냈습니다. 우리나라의 산과 들에 자생하는 주요 특용 자원 식물 575종을 정리한 도감입니다. 특용 자원 식물이란 의약품, 기능성 식품, 생활용품 등에 쓰이는 식물인데요. 사람에게 유용하게 쓰이는 식물의 총칭인 '자원 식물'과 '특용'을 붙여 쓴 단어입니다.

진행자: 그렇군요. 그런데 식물에 대한 학술적 지식이 없는 일반인이 도감을 보기 어렵지 않을까요?

강 박사: 그런 점을 고려하여 일반인이 쉽게 찾아볼 수 있도록 식물을 학술적 분류 체계로 구분하지 않고 이름에 따라 가나다순으로 정리했습니다. 또한 도감에 실린 식물의 모습을 구분할 수 있도록 사진 전문가들이 촬영한 식물을 잎, 꽃, 뿌리 등의 부위로 나누어 모두 수록했습니다.

진행자: 식물의 사진과 함께 사전식으로 정리되어 있어 일반인들이 식물을 구분하기에 한결 수월하겠네요. 이 도감은 어디서 확인할 수 있나요?

강 박사: 네. 농촌진흥청의 농업과학도서관 누리집에서 쉽게 확인하실 수 있습니다.

진행자: 이번에 발간한 식물도감이 국내산 특용 자원 식물의 가치를 높이는 데 잘 활용되기를 기대합니다.

7 방송 인터뷰 - 말하기 방식 추론하기 정답 ②

(정답 분석)

강 박사는 마지막 6번째 발언에서 식물도감을 확인하는 방법을 안내하고 있으며, 진행자는 마지막 7번째 발언에서 인터뷰를 마무리하면서 식물도감의 기대 효과를 언급하고 있다. 따라서 인터뷰의 마지막 발언에서 진행자가 전문가의 의견에 동의한 내용은 없으므로 답은 ②이다.

[관련 지문 인용]
• 네. 농촌진흥청의 농업과학도서관 누리집에서 쉽게 확인하실 수 있습니다.
• 이번에 발간한 식물도감이 국내산 특용 자원 식물의 가치를 높이는 데 잘 활용되기를 기대합니다.

오답분석
① 진행자의 6번째 발언에서 그전에 전문가가 언급한 내용의 요점만 제시하고 있음을 알 수 있다.
[관련 지문 인용]
• 일반인들이 쉽게 찾아볼 수 있도록 식물을 ~ 이름에 따라 가나다순으로 정리했습니다. ~ 사진 전문가들이 촬영한 식물을 ~ 모두 수록했습니다.
• 식물의 사진과 함께 사전식으로 정리되어 있어 일반인들이 식물을 구분하기에 한결 수월하겠네요.
③ 진행자의 1번째 발언에서 인터뷰를 시작하면서 약용 실물과 관련 있는 자신의 경험을 제시하고 있음을 알 수 있다.
[관련 지문 인용] 요즘 같은 환절기에 저는 호흡기에 좋다는 도라지차를 자주 마시는데요.
④ 진행자의 4번째 발언에서 알 수 있다.
[관련 지문 인용] 아마 많은 청취자분들이 궁금해하실 것 같은데요. 약재의 정보와 효능을 어떻게 확인할 수 있을까요?
⑤ 진행자의 3번째 발언에서 알 수 있다.
[관련 지문 인용] 이렇게 도라지처럼 약재로 쓰이는 식물을 약용 식물이라고 하던데요. 약용 식물이 정확히 무엇인지 설명해 주시겠어요?

8 대화 - 등장인물 생각 파악하기 정답 ④

정답분석
여자의 3번째 발언을 통해 이번 경기가 지난 경비와 같이 수비 위주로 진행된 점은 알 수 있으나 여자는 경기 결과가 아니라 내용에 불만을 품고 있음을 알 수 있다. 따라서 답은 ④이다.
[관련 지문 인용] 나도 우리 팀이 이겨서 좋긴 한데, 경기 내용은 맘에 들지 않아. ~ 우리 팀 경기가 전반적으로 다 그래. 지난번에도 30분이나 남았는데, 경기를 수비 위주로 운영하고

오답분석
① 여자의 4번째 발언을 통해 알 수 있다.
[관련 지문 인용] 반칙도 작전의 하나라고는 하지만, 경기 흐름을 끊고 정정당당하지 못한 것 같아서 바람직하지는 않아.
② 여자의 4, 5번째 발언을 통해 알 수 있다.
[관련 지문 인용]
• 비록 지더라도 화려한 공격 축구를 보여 줬잖아.
• 선수들이 경기를 하면서 보여 주는 다양한 기술이나 역동적인 움직임을 보려고 축구장에 가는 거잖아.
③ 여자의 5번째 발언을 통해 알 수 있다.
[관련 지문 인용] 경기 내용이 좋아야 팬들을 축구장으로 불러 모을 수 있다는 거지. 팬들은, 선수들이 경기를 하면서 보여 주는 다양한 기술이나 역동적인 움직임을 보려고 축구장에 가는 거잖아.
⑤ 여자의 3, 4번째 발언을 통해 알 수 있다.
[관련 지문 인용]
• 올해 감독이 바뀌고 난 뒤에 우리 팀 경기가 전반적으로 다 그래.
• 지난번 감독은 비록 지더라도 화려한 공격 축구를 보여 줬잖아.

듣기 지문

여: 아침부터 조는 걸 보니 새벽에 축구 중계 봤구나?
남: 응, 그래도 우리 팀이 이겨서 기분은 좋아.
여: 나도 뉴스에서 봤는데, 경기가 조금 지루했나 보더라.
남: 전반 초반에 넣은 한 골을 끝까지 지켜서 이겼거든. 그래도 이겼으니 됐지, 뭐.
여: 나도 우리 팀이 이겨서 좋긴 한데, 경기 내용은 맘에 들지 않아. 올해 감독이 바뀌고 난 뒤에 우리 팀 경기가 전반적으로 다 그래. 지난번에도 30분이나 남았는데, 경기를 수비 위주로 운영하고, 고의적으로 반칙을 해서 경기 흐름을 끊고. 그런 건 맘에 안 들어.
남: 그래, 그건 좀 아쉽지. 하지만 선수들은 이기려고 축구를 하는 거고, 또 팬들은 이기는 걸 보려고 축구장에 가는 거잖아. 수비 위주의 경기를 하는 거나 상대 선수가 다치지 않을 만큼만 반칙을 하는 것도 다 이기기 위한 작전의 하나라고 봐.
여: 이기는 것도 중요하지만, 너무 수비 위주로 경기를 하다 보면 팬들이 지루해하잖아. 그리고 반칙도 작전의 하나라고는 하지만, 경기 흐름을 끊고 정정당당하지 못한 것 같아서 바람직하지는 않아. 지난번 감독은 비록 지더라도 화려한 공격 축구를 보여 줬잖아.
남: 맞아. 그때는 한순간도 경기에서 눈을 뗄 수가 없었지. 하지만 경기 내용이 그렇게 박진감이 넘쳐도 결국 이기지 못하면 힘 빠지더라. 뭔가 열심히 했는데, 결과적으로 아무것도 얻지 못한 느낌이랄까?
여: 결과가 중요하지 않다는 건 아냐. 결과를 얻기 위한 과정, 그러니까 경기 내용이 좋아야 팬들을 축구장으로 불러 모을 수 있다는 거지. 팬들은, 선수들이 경기를 하면서 보여 주는 다양한 기술이나 역동적인 움직임을 보려고 축구장에 가는 거잖아. 그게 진정한 팬이기도 하고.
남: 팬들이야 당연히 그런 거 보고 싶어 하지. 그런데 무엇보다 중요한 건, 이기는 거야말로 팬들을 위한 최고의 서비스라는 거야. 그리고 진정한 팬이라면 그냥 구경만 하기보다는 경기에 적극적으로 참여해야겠지. 왜, 경기장의 팬들을 열두 번째 선수라고도 하잖아?

9 대화 - 말하기 방식 추론하기 정답 ③

정답분석
남자의 3, 4, 5번째 발언에서 남자가 여자의 의견에 동조한 후 자신의 견해를 펼치고 있음을 알 수 있다. 따라서 말하기 방식으로 가장 적절한 것은 ③이다.
[관련 지문 인용]
• 그래, 그건 좀 아쉽지. 하지만
• 맞아. 그때는 한순간도 경기에서 눈을 뗄 수가 없었지. 하지만
• 팬들이야 당연히 그런 거 보고 싶어 하지. 그런데

오답분석
①② 대화를 통해 알 수 없는 내용이다.
④ 여자는 4번째 발언에서 현재 감독과 그전 감독의 경기 운영 방식을 비교하고 있으나 우리 팀과 상대 팀의 상황을 비교하는 내용은 언급하지 않았다.
[관련 지문 인용] 경기 흐름을 끊고 정정당당하지 못한 것 같아서 바람직하지는 않아. 지난번 감독은 비록 지더라도 화려한 공격 축구를 보여 줬잖아.

⑤ 남자는 4번째 발언에서 의견을 뒷받침하기 위해 자신의 경험을 들고 있으나 타인의 경험을 언급하지 않았다.
[관련 지문 인용] 경기 내용이 그렇게 박진감이 넘쳐도 결국 이기지 못하면 힘 빠지더라. 뭔가 열심히 했는데, 결과적으로 아무것도 얻지 못한 느낌이랄까?

10 강연 - 세부 내용 파악하기

정답 ⑤

정답분석

'전체 골다공증 환자를 볼 때, 여성의 약 75%, 남성의 약 30~40%가 일차성 골다공증에 속합니다'를 통해 남성의 약 30~40%, 여성의 약 75%가 골다공증에 걸리는 것이 아니라 골다공증 환자 중에서 일차성 골다공증 환자가 이와 같은 비율로 나타남을 알 수 있다. 따라서 답은 ⑤이다.

오답분석

① '골다공증은 초기에 아무런 증상을 보이지 않다가'를 통해 알 수 있다.
② '이차성 골다공증의 원인으로는 스테로이드 과대 복용'을 통해 알 수 있다.
③ '골다공증이 진행된 후에야 골절로 나타납니다. 척추의 골절로 ~ 소화 불량이나 숨이 차는 증상이 유발됩니다'를 통해 알 수 있다.
④ '일차성 골다공증에 속합니다. 원인을 명확히 파악할 수 없지만, ~ 많은 요인들이 복합적으로 얽혀 골다공증이 발생한 것으로 추측합니다'를 통해 알 수 있다.

※ 출처: 성주군, https://www.sj.go.kr

듣기 지문

골다공증, 다른 말로 뼈엉성증이라고 부르는 이 증상은 대표적인 뼈 질환의 일종으로, 뼈의 무기질과 단백질이 줄어들어 뼈조직이 엉성해져 작은 충격에도 쉽게 뼈가 부러지는 질환입니다. 주로 무릎 관절 윗부분인 대퇴부나 척추부, 손목 등에서 골절이 발생합니다. 미국의 경우 전체 인구의 10%에 해당되는 사람이 골다공증을 앓고 있으며, 우리나라에서는 약 200만 명의 골다공증 환자가 있을 것으로 추산됩니다.

그렇다면 골다공증은 왜 생길까요? 흔히 골다공증의 발병 원인이 명확한 경우를 이차성 골다공증이라고 하고, 원인이 명확하지 않은 경우를 일차성 골다공증이라고 합니다. 이차성 골다공증의 원인으로는 스테로이드 과대 복용, 갑상샘 기능항진증, 조기 폐경 등이 있습니다. 하지만 전체 골다공증 환자를 볼 때, 여성의 약 75%, 남성의 약 30~40%가 일차성 골다공증에 속합니다. 원인을 명확히 파악할 수 없지만, 주로 흡연 및 알코올 섭취 과다, 칼슘이나 비타민 D 섭취 부족, 운동 부족 등의 많은 요인들이 복합적으로 얽혀 골다공증이 발생한 것으로 추측합니다.

골다공증은 초기에 아무런 증상을 보이지 않다가 골다공증이 진행된 후에야 골절로 나타납니다. 척추의 골절로 허리 통증이 발생하고, 허리가 굽고 키가 줄어들게 되지요. 이렇게 허리가 굽게 되면 소화 불량이나 숨이 차는 증상이 유발됩니다. 따라서 골다공증의 조기 진단을 위해서는 특별한 증상이 없더라도 골밀도 측정을 해 보아야 하며, 특히 위험 인자를 갖고 있는 경우에는 정기적으로 검진을 받아야 합니다.

11 강연 - 말하기 방식 추론하기

정답 ⑤

정답분석

'골다공증의 발병 원인이 명확한 경우를 이차성 골다공증이라고 하고, 원인이 명확하지 않은 경우를 일차성 골다공증이라고 합니다'를 통해 골다공증의 원인을 규명할 수 있는지, 없는지에 따라 나누어 제시하고 있음을 알 수 있다. 따라서 답은 ⑤이다.

오답분석

①④ 골다공증의 치료법, 뼈조직이 만들어지고 튼튼해지는 과정은 제시되지 않았다.
② '주로 무릎 관절 윗부분인 대퇴부나 척추부, 손목 등에서 골절이 발생합니다'를 통해 골다공증이 발생하는 부위를 알 수 있으나 골다공증이 나타난 후 회복하는 데 걸리는 시간은 알 수 없다.
③ '미국의 경우 전체 인구의 10%에 해당되는 사람이 골다공증을 앓고 있으며, 우리나라에서는 약 200만 명의 골다공증 환자가 있을 것으로 추산됩니다'를 통해 미국과 한국의 골다공증 발병률은 알 수 있으나 최근 3년간 골다공증 발병률의 변화는 알 수 없다.

12 발표 - 세부 내용 파악하기

정답 ④

정답분석

'정부는 한국의 소매업 매출 감소를 막기 위해 국내 최초의 최대 규모 할인 행사인 코리아 블랙 프라이데이를 직접 기획하였습니다'를 통해 코리아 블랙 프라이데이는 한국 소매업체를 위한 행사임을 알 수 있으며, 한국 정부가 미국 업체와 협력했다는 점은 알 수 없다. 따라서 답은 ④이다.

오답분석

① '블랙 프라이데이는 미국의 추수감사절인 11월 넷째 주 목요일의 다음 날인 금요일을 가리키는 말로'를 통해 알 수 있다.
② '이런 현상이 지속되면서 국내 업체들은 8,000억 원의 손실을 보게 되었습니다'를 통해 알 수 있다.
③ '블랙 프라이데이에는 미국의 자국민뿐 아니라 다른 나라의 소비자들도 미국의 온라인 쇼핑몰로 몰리게 됩니다'를 통해 알 수 있다.
⑤ '주요 참여 업체들의 매출 실적이 지난해에 비해 약 20% 정도 증가하였습니다'를 통해 알 수 있다.

※ 출처: 정책브리핑, https://www.korea.kr

듣기 지문

지금부터 블랙 프라이데이가 한국 경제에 미친 영향에 대해 발표하겠습니다. 먼저 블랙 프라이데이에 대해 간략하게 소개해 드리면, 블랙 프라이데이는 미국의 추수감사절인 11월 넷째 주 목요일의 다음 날인 금요일을 가리키는 말로, 이날을 기점으로 미국의 소매업자들은 연중 최대 할인 판매 행사를 시작합니다. 블랙 프라이데이의 매출은 미국 소매업의 연간 매출 20% 정도를 차지할 정도로, 이 시기 소비는 절정을 이룹니다. 블랙 프라이데이에는 미국의 자국민뿐 아니라 다른 나라의 소비자들도 미국의 온라인 쇼핑몰로 몰리게 됩니다. 이런 현상이 지속되면서 국내 업체들은 8,000억 원의 손실을 보게 되었습니다. 이에 따라 정부는 한국의 소매업 매출 감소를 막기 위해 국내 최초의 최대 규모 할인 행사인 코리아 블랙 프라이데이를 직접 기획하였습니다.

백화점, 온라인 쇼핑몰 등 약 3만 4,000여 개의 점포가 이 행사에 참여하였는데, 결과적으로 경제적 효과가 뚜렷하게 나타났습니다. 주요 참여 업체들의 매출 실적이 지난해에 비해 약 20% 정도 증가하였습니다. 이와 같은 할인 행사가 지속적으로 성공한다면 국내 소비자들을 다시 국내 쇼핑몰로 불러들일 수 있을 것입니다. 하지만 미국의 경우 제조업체가 블랙 프라이데이를 주도하기 때문에 재고에 대한 할인율이 높지만, 한국의 소매업체는 재고에 대한 권한이 없으며, 매장을 임대하는 식으로 영업하기 때문에 할인율을 결정하기 어렵습니다. 따라서 국내 유통업의 경기 하락을 막기 위해서는 앞으로 진행될 코리아 블랙 프라이데이에 소매업체뿐 아니라 더 많은 제조업체의 참여가 필요하다고 생각합니다.

13 발표 – 말하기 방식 추론하기

정답 ②

정답 분석

'하지만 미국의 경우 제조업체가 블랙 프라이데이를 주도하기 때문에 재고에 대한 할인율이 높지만, 한국의 소매업체는 재고에 대한 권한이 없으며, 매장을 임대하는 식으로 영업하기 때문에 할인율을 결정하기 어렵습니다'를 통해 한국판 블랙 프라이데이의 한계점을 제시하고 있으며, '따라서 국내 유통업의 경기 하락을 막기 위해서는 앞으로 진행될 코리아 블랙 프라이데이에 소매업체뿐 아니라 더 많은 제조업체의 참여가 필요하다고 생각합니다'를 통해 문제점에 대한 대안을 제시하고 있음을 알 수 있다. 따라서 답은 ②이다.

오답 분석

① ③ ④ ⑤ 이와 같은 내용 구성 전략은 발표에 나타나지 않으므로 적절하지 않다.

14 대화 – 등장인물 생각 파악하기

정답 ②

정답 분석

이 과장의 4, 5번째 발언을 통해 김 과장만 제외하고 모든 팀원들이 새로운 보고서 서식을 전달받았음을 알 수 있다. 따라서 답은 ②이다.

[관련 지문 인용]
- 저는 분명히 전체 팀원에게 전달했습니다.
- 다른 분들은 모두 바뀐 서식으로 자료를 작성해 주셨는데,

오답 분석

① 김 과장의 8번째 발언 중 '보고 자료는 팀 전체 소관이니'를 통해 김 과장 혼자가 아닌 팀 전체가 보고 자료를 만들었음을 알 수 있다.

③ 이 과장의 5번째 발언 중 '다른 팀원의 자료를 기반으로 생산 지수 표를 만드신 거 아닙니까'를 통해 김 과장은 생산 지수 표를 기반으로 보고 자료를 만든 것이 아니라 다른 팀원의 자료를 기반으로 생산 지수 표를 만든 것임을 알 수 있다. 또한 작년 자료에 대한 언급은 없으므로 적절하지 않다.

④ 이 과장의 6번째 발언인 '한 시간 뒤에 보고해야 하는데, 그때까지 수정하실 수 있으십니까'에서 이 과장이 김 과장에게 1시간 내로 보고서 수정이 가능한지 묻고 있음을 알 수 있으나 보고 시간까지 보고서 수정을 하지 못한다고 생각하는지는 알 수 없다.

⑤ 김 과장의 4번째 발언과 이 과장의 5번째 발언을 통해 이 과장이 메일을 보낸 후 수신 확인을 하지 않았음을 알 수 있다.

[관련 지문 인용]
- 혹시 메일 수신 확인하셨나요?
- 아뇨.

듣기 지문

이 과장: 김 과장님, 이사님께 보고드릴 자료를 취합해서 좀 살펴봤는데, 생산 지수 표가 잘려 있습니다.

김 과장: 네? 잠시만요. 제가 보내 드린 자료에는 표가 잘 들어가 있는데요.

이 과장: 혹시 아직도 이전 보고서 서식 사용하세요?

김 과장: 보고서 서식이 바뀌었나요? 저는 따로 공유받은 게 없는데요.

이 과장: 제가 지난주 월요일에 모든 팀원들에게 메일로 전달해 드렸는데요. 메일을 확인하지 않으신 것 같네요.

김 과장: 잠시만요. 지난주 월요일... 어, 저한테는 메일이 안 왔어요.

이 과장: 그럴 리가요. 저는 분명히 전체 팀원에게 전달했습니다.

김 과장: 저는 새로운 서식을 공유받지 못했는데, 혹시 메일 수신 확인하셨나요?

이 과장: 아뇨. 그런데 다른 팀원의 자료를 기반으로 생산 지수 표를 만드신 거 아닙니까? 보세요. 다른 분들은 모두 바뀐 서식으로 자료를 작성해 주셨는데, 김 과장님만 이전 서식으로 쓰셔서 자료 내 표가 다 잘려 있습니다.

김 과장: 죄송합니다. 내용만 보느라 문서 서식이 다르게 되어 있는 점은 저도 미처 확인하지 못했습니다. 그렇지만 저도 좀 억울하네요. 저는 새로운 서식이 있다는 것도 몰랐고, 메일로 그 서식을 전달받지 못했으니까요. 아무튼 이사님 보고까지 시간이 좀 남아 있으니, 제가 새로운 서식에 맞춰 자료 수정하겠습니다.

이 과장: 한 시간 뒤에 보고해야 하는데, 그때까지 수정하실 수 있으십니까?

김 과장: 한 시간 뒤라고요? 원래 내일 오전 보고 아니었나요?

이 과장: 이사님께서 일정이 있다고 하셔서 보고 시간이 앞당겨졌습니다.

김 과장: 아... 이사님 보고 시간이 바뀐 건 왜 공유해 주지 않았나요?

이 과장: 어차피 제가 보고하는 건데 보고 시간이 바뀐 것도 공유해 드려야 합니까?

김 과장: 이 과장님께서 보고 담당자이신 건 맞지만, 보고 자료는 팀 전체 소관이니 보고와 관련된 일정은 공유해 주셔야죠. 그리고 보고서 서식이 바뀐 것도 메일로만 보내는 게 아니라, 수신자가 메일을 확인했는지 보낸 파일에 문제가 없는지 정도는 확인하셔야 하는 거 아닌가요?

15 대화 – 갈등 파악하기

정답 ⑤

정답 분석

대화를 통해 이 과장은 새로운 보고서 서식을 김 과장에게 확실히 공유하지 않았으며, 팀 전체가 만드는 보고 자료임에도 보고 일정이 변동된 것을 팀에 공유하지 않았음을 알 수 있다. 따라서 두 사람 사이에 갈등이 생긴 근본적 원인은 ⑤이다.

[관련 지문 인용]
- 저는 새로운 서식을 공유받지 못했는데, 혹시 메일 수신 확인하셨나요?
- 아뇨.
- 이사님 보고 시간이 바뀐 건 왜 공유해 주지 않았나요?
- 어차피 제가 보고하는 건데 보고 시간이 바뀐 것도 공유해 드려야 합니까?

오답분석

① 김 과장의 3번째 발언을 통해 김 과장은 이 과장의 메일을 받지 못했음을 알 수 있다.
[관련 지문 인용] 지난주 월요일... 어, 저한테는 메일이 안 왔어요.

② 김 과장의 4번째 발언 중에서 '혹시 메일 수신 확인하셨나요'를 통해 김 과장이 이 과장의 업무 수행 방식을 확인하고 있음은 알 수 있으나 이는 갈등의 근본적 원인이 아니다.

③ 이 과장과 김 과장의 1번째 발언과 김 과장의 5번째 발언을 통해 김 과장이 보고 시간 전에 보고 자료를 전달했음을 알 수 있다.
[관련 지문 인용]
- 이사님께 보고드릴 자료를 취합해서 좀 살펴봤는데
- 제가 보내드린 자료에는 표가 잘 들어가 있는데요.
- 아무튼 이사님 보고까지 시간이 좀 남아 있으니, 제가 새로운 서식에 맞춰 자료 수정하겠습니다.

④ 이 과장의 5번째 발언을 통해 이 과장이 김 과장의 보고 자료를 지적하고 있음을 알 수 있으나 김 과장의 능력을 비난하는 내용은 확인할 수 없다.
[관련 지문 인용] 김 과장님만 이전 서식으로 쓰셔서 자료 내 표가 다 잘려 있습니다.

II. 어휘

기출유형 04 고유어의 뜻 파악하기

유형 연습문제 p. 70

1 ④	2 ②	3 ③	4 ④	5 ②

1 고유어의 사전적 뜻 파악하기

정답 ④

정답분석

'한꺼번에 몰아서 함을 나타내는 말'을 의미하는 고유어는 '한목'이므로 답은 ④이다.

오답분석

① **가늠**: 1. 목표나 기준에 맞고 안 맞음을 헤아려 봄. 또는 헤아려 보는 목표나 기준 2. 사물을 어림잡아 헤아림

② **가탈**: 1. 일이 순조롭게 나아가는 것을 방해하는 조건 2. 이리저리 트집을 잡아 까다롭게 구는 일

③ **개평**: 노름이나 내기 등에서 남이 가지게 된 몫에서 조금 얻어 가지는 공것

⑤ **해찰**: 1. 마음에 썩 내키지 않아 물건을 부질없이 이것저것 집적거려 해침. 또는 그런 행동 2. 일에는 마음을 두지 않고 쓸데없이 다른 짓을 함

2 고유어의 사전적 뜻 파악하기

정답 ②

정답분석

고유어 '모지락스럽다'의 의미는 '보기에 억세고 모질다'이므로 고유어의 의미가 올바르지 않은 것은 ②이다. 참고로, '터무니없는 고집을 부릴 정도로 매우 어리석고 둔하다'는 고유어 '미련하다'의 의미이다.

3 고유어의 사전적 뜻 파악하기

정답 ③

정답분석

〈보기〉는 문맥상 사람이 적어 공간적으로 넉넉하게 자리하여 경기를 보았다는 의미이며, '매우 드물고 성긴 모양'을 의미하는 고유어는 '듬성듬성'이므로 답은 ③이다.

오답분석

① **다닥다닥**: 1. 자그마한 것들이 한곳에 많이 붙어 있는 모양 2. 보기 흉할 정도로 지저분하게 여기저기 기운 모양

② **드문드문**: 1. 시간적으로 잦지 않고 드문 모양 2. 공간적으로 배지 않고 사이가 드문 모양

④ **얼키설키**: 1. 가는 것이 이리저리 뒤섞이어 얽힌 모양 2. 엉성하고 조잡한 모양

⑤ **엉기정기**: 질서 없이 여기저기 벌여 놓은 모양

4 고유어의 사전적 뜻 파악하기

정답 ④

정답분석

고유어 '마뜩하다'는 '제법 마음에 들 만하다'를 뜻하므로 부정적인 마음 상태와 관련이 없다. 따라서 답은 ④이다.

오답분석

① **짠하다**: 안타깝게 뉘우쳐져 마음이 조금 언짢고 아프다.
- **언짢다**: 마음에 들지 않거나 좋지 않다.

② **거북하다**: 마음이 어색하고 겸연쩍어 편하지 않다.

③ **뜨악하다**: 1. 마음이 선뜻 내키지 않아 꺼림칙하고 싫다. 2. 마음이나 분위기가 맞지 않아 서먹하다. 또는 사귀는 사이가 떠서 서먹하다.

⑤ **께름칙하다**: 마음에 걸려서 언짢고 싫은 느낌이 꽤 있다.

5 문맥에 맞는 고유어 파악하기

정답 ②

정답분석

문맥상 지붕 꼭대기에 줄을 연결했다는 의미이므로 '뒤통수의 한가운데'를 뜻하는 고유어 '꼭뒤'를 사용하는 것은 바르지 않다. 따라서 답은 ②이다. 참고로, 이때는 고유어 '마루'나 '꼭대기'를 사용하는 것이 적절하다.
- **꼭대기**: 높이가 있는 사물의 맨 위쪽

오답분석

① 문맥상 경주에 있는 고분의 모양이 가운데가 솟은 언덕 모양 같다는 의미이므로, '가운데가 솟아서 불룩하게 언덕이 진 곳'을 뜻하는 고유어 '둔덕'의 사용은 바르다.

③ 문맥상 산이나 언덕을 넘는다는 의미이므로, '산이나 언덕을 넘어 다니도록 길이 나 있는 비탈진 곳'을 뜻하는 고유어 '고개'의 사용은 바르다.

④ 문맥상 비탈 아래에 쌓인 눈은 녹지 않았다는 의미이므로, '산이나 처마 등에서 비탈진 곳의 아랫부분'을 뜻하는 고유어 '기슭'의 사용은 바르다.

⑤ 문맥상 산의 꼭대기까지 1,039미터를 더 올라야 한다는 의미이므로, '등성이를 이루는 지붕이나 산 등의 꼭대기'를 뜻하는 고유어 '마루'의 사용은 바르다.

기출유형 05 한자어의 뜻과 표기 파악하기

유형 연습문제 p. 114

1 ③	2 ④	3 ④	4 ①	5 ①

1 한자어의 사전적 뜻 파악하기 정답 ③

정답 분석

한자어 '호행(護行)'은 '보호하며 따라감'을 뜻하므로 한자어의 사전적 뜻풀이가 옳지 않은 것은 ③이다. 참고로, '같이 길을 가는 사람'은 한자어 '동행(同行)'의 의미이다.

2 문맥에 맞는 한자어 파악하기 정답 ④

정답 분석

문맥상 빛이 퍼지는 모습에 따라 조명 방식이 구분된다는 의미이므로 한자어 '발현(發現)'보다는 '발산(發散)'을 쓰는 것이 적절하다. 따라서 답은 ④이다.

- **발현(發現)**: 속에 있거나 숨은 것이 밖으로 나타나거나 그렇게 나타나게 함. 또는 그런 결과
- **발산(發散)**: 냄새, 빛, 열 등이 사방으로 퍼져 나감

오답 분석

① 문맥상 감독들이 새로운 사람을 찾는다는 의미이므로 '세상에 널리 알려지지 않거나 뛰어난 것을 찾아 밝혀냄'을 뜻하는 한자어 '발굴(發掘)'의 쓰임은 적절하다.

② 문맥상 전투기가 있던 장소에서 출발하면 소음이 발생한다는 의미이므로 '출발하여 나아감'을 뜻하는 한자어 '발진(發進)'의 쓰임은 적절하다.

③ 문맥상 서류가 발행되고 일주일까지 효력이 인정된다는 의미이므로 '증명서 등을 발행하여 줌'을 뜻하는 한자어 '발부(發付)'의 쓰임은 적절하다.

⑤ 문맥상 대설 주의보가 작용하여 한라산의 출입이 통제되었다는 의미이므로 '조약, 법, 공문서 등의 효력이 나타남. 또는 그 효력을 나타냄'을 뜻하는 한자어 '발효(發效)'의 쓰임은 적절하다.

3 문맥에 맞는 한자어 파악하기 정답 ④

정답 분석

문맥상 배구 기술을 겨루는 일에서는 공을 잡는 행위가 규칙상 금지된다는 의미이므로, '경기(競技)하다'의 용례로 가장 적절한 것은 ④이다.

오답 분석

① 문맥상 조카가 경련을 일으킨다는 의미이므로 '풍(風)으로 인해 갑자기 의식을 잃고 경련을 일으키다'를 뜻하는 '경기(驚氣)하다'의 용례이다.

②⑤ 문맥상 콩 등의 곡식을 심기 위해 땅을 팠다는 의미이므로 '곡식을 심기 위하여 땅을 갈아 일으키다'를 뜻하는 '경기(耕起)하다'의 용례이다.

③ 문맥상 4강전 결과에 관객들이 놀랐다는 의미이므로, '놀라서 일어나다. 또는 놀라게 하여 일으키다'를 뜻하는 '경기(驚起)하다'의 용례이다.

4 한자어의 적절한 표기 찾기 정답 ①

정답 분석

<보기>의 ㉠~㉢에 해당하는 한자는 '公轉 - 空前 - 空轉'이므로 답은 ①이다.

- **公轉(공변될 공, 구를 전)**: 한 천체가 다른 천체의 둘레를 주기적으로 도는 일
- **空前(빌 공, 앞 전)**: 비교할 만한 것이 이전에는 없음
- **空轉(빌 공, 구를 전)**: 기계나 바퀴 등이 헛돎

5 한자어의 적절한 표기 찾기 정답 ①

정답 분석

발발(發發: 필 발, 필 발)(×) → 발발(勃發: 우쩍 일어날 발, 필 발)(○): 문맥상 화재가 일어나 터널 통행이 통제됐다는 의미이므로, '전쟁이나 큰 사건 등이 갑자기 일어남'을 뜻하는 한자어 '勃發'이 쓰였음을 알 수 있다. 따라서 한자 병기가 잘못된 것은 ①이다. 참고로, '發發'로 표기하는 한자어는 없다.

오답 분석

② **단신(單身: 홑 단, 몸 신)(○)**: 혼자의 몸

③ **동기(動機: 움직일 동, 틀 기)(○)**: 어떤 일이나 행동을 일으키게 하는 계기

④ **사주(四柱: 넉 사, 기둥 주)(○)**: 사람이 태어난 연월일시의 네 간지. 또는 이에 근거하여 사람의 길흉화복을 알아보는 점

⑤ **소진(消盡: 꺼질 소, 다할 진)(○)**: 점점 줄어들어 다 없어짐. 또는 다 써서 없앰

기출유형 06 어휘의 관계 파악 및 구분하기

유형 연습문제 p. 143

1 ①	2 ③	3 ⑤	4 ②	5 ①
6 ①	7 ③	8 ③		

1 상하 관계 파악하기 정답 ①

정답 분석

'맨드라미'가 '꽃'의 일종이므로 '꽃'이 '맨드라미'의 상의어, '맨드라미'가 '꽃'의 하의어이다. 그러나 '꽃잎'은 '맨드라미'의 일부분이므로 '꽃잎'과 '맨드라미'는 상하 관계에 있을 수 없다. 따라서 답은 ①이다. 참고로, '맨드라미'와 '꽃잎'처럼 한 단어가 다른 단어의 일부분을 지시하는 관계를 부분 관계라고 한다.

오답분석

② '수'에는 '자연수, 유리수, 무리수, 실수' 등이 있으므로 '수'는 '실수'의 상의어, '실수'는 '수'의 하의어이다. 또한 '유리수'는 '실수'의 일종이므로 '실수'는 '유리수'의 상의어, '유리수'는 '실수'의 하의어이다. 따라서 '실수'가 '수'의 하의어이자 '유리수'의 상의어가 되므로 적절하다.

③ '생물'에는 '동물'이 있고, '물고기'는 '척추동물'에 속하므로 '생물'이 '물고기'의 상의어, '물고기'가 '생물'의 하의어이다. 또한 '피라미'는 '물고기'의 일종이므로 '물고기'가 '피라미'의 상의어, '피라미'가 '물고기'의 하의어가 된다. 따라서 '물고기'가 '생물'의 하의어이자 '피라미'의 상의어가 되므로 적절하다.

④ '현악기'가 '악기'의 일종이므로 '악기'가 '현악기'의 상의어, '현악기'가 '악기'의 하의어이다. 또한 '첼로'는 '현악기'의 종류 중 하나이므로 '현악기'가 '첼로'의 상의어, '첼로'가 '현악기'의 하의어가 된다. 따라서 '현악기'가 '악기'의 하의어이자 '첼로'의 상의어가 되므로 적절하다.

⑤ '음악'이 '예술'의 일종이므로 '예술'이 '음악'의 상의어, '음악'이 '예술'의 하의어이다. 또한 '성악'은 '음악'의 종류 중 하나이므로 '음악'이 '성악'의 상의어, '성악'이 '음악'의 하의어가 된다. 따라서 '음악'이 '예술'의 하의어이자 '성악'의 상의어가 되므로 적절하다.

2 유의 관계 파악하기

정답 ③

정답분석

〈보기〉의 단어 중 여자에 한정되어 쓰이는 단어는 '재녀(才女)'와 '재원(才媛)'이며 그중 특별히 젊은 여자에게만 쓰이는 단어는 '재원(才媛)'이므로 ㉠에 적절한 것은 ③이다.

- **재원(才媛)**: 재주가 뛰어난 젊은 여자

오답분석

① **재녀(才女)**: 재주가 있는 여자

② **재사(才士)**: 재주가 뛰어난 남자

④ **재자(才子)**: 재주가 뛰어난 젊은 남자

⑤ **재자가인(才子佳人)**: 재주 있는 남자와 아름다운 여자를 아울러 이르는 말

3 반의 관계 파악하기

정답 ⑤

정답분석

두 단어의 의미가 비슷하여 유의 관계에 있는 '사망하다:타계하다'를 제외한 나머지는 두 단어의 의미가 반대인 반의 관계에 있으므로 답은 ⑤이다.

- **사망(死亡)하다**: 사람이 죽다.
- **타계(他界)하다**: 사람이 죽다. 특히 귀인이 죽는 일을 이른다.

오답분석

① • **감소(減少)**: 양이나 수치가 줆. 또는 양이나 수치를 줄임
  • **증가(增加)**: 양이나 수치가 늚

② • **남편**: 혼인하여 여자의 짝이 된 남자
  • **아내**: 혼인하여 남자의 짝이 된 여자

③ • **벗다**: 사람이 자기 몸 또는 몸의 일부에 착용한 물건을 몸에서 떼어 내다.
  • **입다**: 옷을 몸에 꿰거나 두르다.

④ • **공기업(公企業)**: 국가나 지방 자치 단체가 사회 공공의 복리를 증진하기 위하여 경영하는 기업
  • **사기업(私企業)**: 민간인이 출자하여 운영하는 기업

4 다의어와 동음이의어 구분하기

정답 ②

정답분석

'플라스틱 컵 대신 다회용 컵을 써야 합니다'에서 '쓰다'는 '쓰다³'으로, '어떤 일을 하는 데에 재료나 도구, 수단을 이용하다'를 의미한다. 이때의 '쓰다'와 같은 의미로 쓰인 것은 '플라스틱 티백을 써'의 '쓰다'이므로 답은 ②이다.

오답분석

① **기행문에는 ~ 생각을 쓴다**: 이때의 '쓰다'는 '쓰다¹'로, '머릿속의 생각을 종이 혹은 이와 유사한 대상 등에 글로 나타내다'를 뜻한다.

③ **고유어를 쓰자는 목소리가 많다**: 이때의 '쓰다'는 '쓰다³'으로, '어떤 말이나 언어를 사용하다'를 뜻한다.

④ **사람을 써서 커튼을 달았다**: 이때의 '쓰다'는 '쓰다³'으로, '사람에게 어떤 일을 하게 하다'를 뜻한다.

⑤ **글자를 쓰는 연습을 한다**: 이때의 '쓰다'는 '쓰다¹'으로, '붓, 펜, 연필과 같이 선을 그을 수 있는 도구로 종이 등에 획을 그어서 일정한 글자의 모양이 이루어지게 하다'를 뜻한다.

5 다의어와 동음이의어 구분하기

정답 ①

정답분석

①의 '빠지다'는 '빠지다²'로, '무엇에 정신이 아주 쏠리어 헤어나지 못하다'를 뜻한다. 이를 제외한 나머지는 ①의 '빠지다'와 동음이의 관계에 있는 '빠지다¹'의 용례이므로 답은 ①이다.

오답분석

② **흰옷에 묻은 얼룩은 주방 세제로 금방 뺄 수 있다**: 때, 빛깔 등이 씻기거나 없어지다.

③ **페인트 냄새를 빠지게 하려고 창문을 열어 두었다**: 속에 있는 액체나 기체 또는 냄새 등이 밖으로 새어 나가거나 흘러 나가다.

④ **못이 열 개가 들어 있다고 했는데 몇 개가 빠진 것 같다**: 원래 있어야 할 것에서 모자라다.

⑤ **인품이 빠지지만 실력은 좋은 지원자를 고용할지 고민이다**: 남이나 다른 것에 비해 뒤떨어지거나 모자라다.

6 헷갈리기 쉬운 어휘 구분하기

정답 ①

정답분석

〈보기〉의 ㉠~㉢에 들어갈 단어는 '가름하고 - 빌려 - 붙고'이므로 답은 ①이다.

- ㉠ **가름하고**: 문맥상 골이 승부를 결정했다는 의미이므로 ㉠에는 '승부나 등수 등을 정하다'를 뜻하는 '가름하다'가 쓰여야 한다.

- ⓒ 빌려: 문맥상 감독이 영화를 상영하는 자리를 이용해 다음 작품의 소재를 공개했다는 의미이므로 ⓒ에는 '어떤 일을 하기 위해 기회를 이용하다'를 뜻하는 '빌리다'가 쓰여야 한다.
- ⓔ 붇고: 문맥상 비가 오래 내려 개울물이 많아졌다는 의미이므로 '분량이나 수효가 많아지다'를 뜻하는 '붇다'가 쓰여야 한다. 참고로, '붇다'의 어간 '붇-' 뒤에 모음으로 시작하는 어미가 오면 '불어, 불으니'와 같이 활용한다.

오답분석

- ㉠ 갈음하고: '다른 것으로 바꾸어 대신하다'를 뜻하는 '갈음하다'의 활용형이다.
- ⓒ 빌어: '바라는 바를 이루게 하여 달라고 신이나 사람, 사물 등에 간청하다' 또는 '남의 물건을 공짜로 달라고 호소하여 얻다'를 뜻하는 '빌다'의 활용형이다.
- ⓔ 붓고: '살가죽이나 어떤 기관이 부풀어 오르다' 또는 '액체나 가루 등을 다른 곳에 담다'를 뜻하는 '붓다'의 활용형이다. 참고로, '붓다'의 어간 '붓-' 뒤에 모음으로 시작하는 어미가 오면 '부어, 부으니'와 같이 활용한다.

7 헷갈리기 쉬운 어휘 구분하기 정답 ③

정답분석

으긴(×) → 이긴(○): '짓찧어 다지다'를 뜻하는 단어는 '이기다'이므로 그 활용형도 '이긴'으로 표기해야 한다. 참고로, '으기다'는 비표준어이다.

오답분석

① 한걸음(○): '쉬지 않고 내처 걷는 걸음이나 움직임'을 뜻하는 단어는 '한걸음'으로 표기하므로 적절하다.

② 먹였다(○): '구기 경기에서, 점수를 잃게 하다'를 뜻하는 단어는 '먹이다'이므로 그 활용형을 '먹였다'로 표기하는 것은 적절하다. 참고로, 이를 '멕이다', '멕였다' 등으로 표기하지 않게 주의해야 한다.

④ 가자미(○): '넙칫과와 붕넙칫과의 넙치가자미, 동백가자미, 참가자미, 목탁가자미, 줄가자미 등을 통틀어 이르는 말'은 '가자미'로 표기하므로 적절하다. 참고로, 이를 '가재미'로 표기하지 않게 주의해야 한다.

⑤ 자릿세(○): '터나 자리를 빌려 쓰는 대가로 주는 돈이나 물품'을 뜻하는 단어는 '자릿세'로 표기하므로 적절하다. 참고로, 이를 사이시옷을 적지 않은 '자리세'로 표기하지 않게 주의해야 한다.

8 의미가 대응하는 고유어와 한자어 찾기 정답 ③

정답분석

한자어 '상륙(上陸)하다'는 '배에서 육지로 오르다'를 뜻하므로 '물에서 육지로 옮다'를 뜻하는 고유어 '오르다'와 바꾸어 쓸 수 있다. 따라서 가장 적절한 것은 ③이다.

오답분석

① 닿다: 어떤 곳에 이르다.

② 미치다: 공간적 거리나 수준 등이 일정한 선에 닿다.

④ 이르다: 어떤 장소나 시간에 닿다.

⑤ 내려가다: 높은 곳에서 낮은 곳으로 또는 위에서 아래로 가다.

기출유형 07

속담·한자 성어·관용구의 뜻 파악하기

유형 연습문제 p. 172

1 ③	2 ⑤	3 ③	4 ②	5 ③
6 ③				

1 속담의 뜻 파악하기 정답 ③

정답분석

특정 과목만 공부하는 것을 지적하는 맥락에서 속담 '땅 넓은 줄을 모르고 하늘 높은 줄만 안다'를 사용하는 것은 적절하지 않으므로 답은 ③이다.

- **땅 넓은 줄을 모르고 하늘 높은 줄만 안다**: 키만 홀쭉하게 크고 마른 사람을 놀림조로 이르는 말

오답분석

① 마을로 들어가는 길이 매우 기울어져 있다는 맥락에서 속담 '하늘 아래 첫 동네[동리]'를 사용하는 것은 적절하다.
- **하늘 아래 첫 동네[동리]**: 매우 높은 지대에 있는 동네를 비유적으로 이르는 말

② 막막한 상황이지만 이 또한 끝이 있으니 힘내자는 맥락에서 속담 '하늘도 끝 갈 날이 있다'를 사용하는 것은 적절하다.
- **하늘도 끝 갈 날이 있다**: 무엇이나 끝이 있다는 말

④ 원하는 급수를 따기 어려운 상황을 한탄하는 맥락에서 속담 '하늘의 별 따기'를 사용하는 것은 적절하다.
- **하늘의 별 따기**: 무엇을 얻거나 성취하기가 매우 어려운 경우를 비유적으로 이르는 말

⑤ 전체를 두고 일부만 관찰하는 상황을 평가하는 맥락에서 속담 '바늘구멍으로 하늘 보기'를 사용하는 것은 적절하다.
- **바늘구멍으로 하늘 보기**: '조그만 바늘구멍으로 넓디넓은 하늘을 본다'라는 뜻으로, 전체를 포괄적으로 보지 못하는 매우 좁은 소견이나 관찰을 비꼬는 말

2 속담의 뜻 파악하기 정답 ⑤

정답분석

제시된 의미는 속담 '개 머루[약과] 먹듯'의 의미가 아니라 속담 '눈 가리고 아웅'의 의미이므로 속담의 의미가 올바르지 않은 것은 ⑤이다.

- **개 머루[약과] 먹듯**: 1. 참맛도 모르면서 바삐 먹어 치우는 것을 이르는 말 2. 내용이 틀리거나 말거나 일을 건성건성 날려서 함을 비유적으로 이르는 말 3. 뜻도 모르면서 아는 체함을 이르는 말

3 한자 성어의 뜻 파악하기 정답 ③

정답분석

'여우가 죽을 때에 머리를 자기가 살던 굴 쪽으로 둔다'라는 뜻으로, 고향을 그리워하는 마음을 이르는 말은 한자 성어 '수구초심(首丘初心)'이므로 답은 ③이다.

오답분석

① **견마지심(犬馬之心)**: 개나 말이 주인을 위하는 마음이라는 뜻으로, 신하나 백성이 임금이나 나라에 충성하는 마음을 낮추어 이르는 말

② **견물생심(見物生心)**: 어떠한 실물을 보게 되면 그것을 가지고 싶은 욕심이 생김

④ **작심삼일(作心三日)**: '단단히 먹은 마음이 사흘을 가지 못한다'라는 뜻으로, 결심이 굳지 못함을 이르는 말

⑤ **절치부심(切齒腐心)**: 몹시 분하여 이를 갈며 속을 썩임

4 뜻이 유사한 속담과 한자 성어 찾기 정답 ②

정답분석

한자 성어 '삼순구식(三旬九食)'은 매우 가난한 상황을, 속담 '하루 세 끼 밥 먹듯'은 아주 예사로운 일로 생각함을 의미하므로 의미가 유사한 것끼리 짝 지어지지 않은 것은 ②이다.

- **삼순구식(三旬九食)**: '삼십 일 동안 아홉 끼니밖에 먹지 못한다'라는 뜻으로, 몹시 가난함을 이르는 말
- **하루 세끼 밥 먹듯**: 아주 예사로운 일로 생각함을 이르는 말

오답분석

①③④⑤ 모두 속담과 한자 성어의 의미가 유사하다.

① • **견문발검(見蚊拔劍)**: '모기를 보고 칼을 뺀다'라는 뜻으로, 사소한 일에 크게 성내어 덤빔을 이르는 말
  • **모기 보고 칼[환도] 빼기[뽑기]**: 1. 시시한 일로 소란을 피움을 비유적으로 이르는 말 2. 보잘것없는 작은 일에 어울리지 않게 엄청나게 큰 대책을 씀을 이르는 말

③ • **망양보뢰(亡羊補牢)**: '양을 잃고 우리를 고친다'라는 뜻으로, 이미 어떤 일을 실패한 뒤에 뉘우쳐도 아무 소용이 없음을 이르는 말
  • **소 잃고 외양간 고친다**: '소를 도둑맞은 다음에서야 빈 외양간의 허물어진 데를 고치느라 수선을 떤다'라는 뜻으로, 일이 이미 잘못된 뒤에는 손을 써도 소용이 없음을 비꼬는 말

④ • **감탄고토(甘呑苦吐)**: '달면 삼키고 쓰면 뱉는다'라는 뜻으로, 자신의 비위에 따라서 사리의 옳고 그름을 판단함을 이르는 말
  • **달면 삼키고 쓰면 뱉는다**: 옳고 그름이나 신의를 돌보지 않고 자기의 이익만 꾀함을 비유적으로 이르는 말

⑤ • **어로불변(魚魯不辨)**: '어(魚) 자와 노(魯) 자를 구별하지 못한다'라는 뜻으로, 아주 무식함을 비유적으로 이르는 말
  • **낫 놓고 기역 자도 모른다**: '기역 자 모양으로 생긴 낫을 보면서도 기역 자를 모른다'라는 뜻으로, 아주 무식함을 비유적으로 이르는 말

5 관용구의 뜻 파악하기 정답 ③

정답분석

문맥상 그가 보물을 찾으려 집중하거나 애를 쓰고 있다는 의미이므로 '화가 나서 눈에 독기가 오르다'를 뜻하는 관용구 '눈이 곤두서다'를 쓰는 것은 적절하지 않다. 따라서 답은 ③이다.

오답분석

① 문맥상 마음을 아프게 하는 상대방에게 그 의도를 묻는 상황임을 알 수 있으므로, 이 상황에서 '슬픔이나 분함 때문에 가슴이 째지는 듯한 고통을 주다'를 뜻하는 관용구 '가슴을 찢다'를 쓰는 것은 적절하다.

② 문맥상 왕이 믿었던 신하에게 배신당했다는 의미이므로, '남에게 배신을 당하다'를 뜻하는 관용구 '발등(을) 찍히다'를 쓰는 것은 적절하다.

④ 문맥상 당황해 외국인에게 답하지 못했다는 의미이므로 '놀라거나 당황하여 말을 잘하지 못하다'를 뜻하는 관용구 '혀(가) 굳다'를 쓰는 것은 적절하다.

⑤ 문맥상 편식이 심하다는 말을 너무 많이 들어서 자리를 피한다는 의미이므로, '너무 여러 번 들어서 듣기가 싫다'를 뜻하는 관용구 '귀(가) 아프다'를 쓰는 것은 적절하다.

6 관용구의 뜻 파악하기 정답 ③

정답분석

관용구 '벽(을) 쌓다'의 의미는 '서로 사귀던 관계를 끊다'이므로 적절하지 않은 것은 ③이다.

기출유형 08 한자어·외래어를 우리말로 쉽게 다듬기

유형 연습문제 p. 180

1 ③	2 ①	3 ③	4 ③

1 한자어를 우리말로 다듬기 정답 ③

정답분석

'제차(遞次)로'의 순화어는 '차례차례로'이므로 적절하지 않은 것은 ③이다.

2 외래어를 우리말로 다듬기 정답 ①

정답분석

영어와 한자어를 합친 '파트너사(partner社)'는 '어떤 일에 협업하고 함께 참여하는 회사'를 뜻하며 '협력사'로 순화할 수 있다. 따라서 적절하지 않은 것은 ①이다. 참고로, '딴 회사'는 '타사(他社)'의 순화어이다.

오답분석

② 프랑스어 '콩쿠르(concours)'는 '음악, 미술, 영화 등을 장려할 목적으로 그 기능의 우열을 가리기 위하여 여는 경연회'를 뜻하며, '경연대회'로 순화할 수 있다.

③ '팩트 체크(fact check)'는 '특정 정보가 사실인지 확인하고 검증하는 것'을 뜻하며, '사실 확인'으로 순화할 수 있다.

④ 영어 '캐스팅 보트(casting vote)'는 '가부(可否)가 동수일 때 행하는 의장의 결정투표'를 뜻하며, '결정권, 결정표'로 순화할 수 있다.

⑤ 영어 '히든카드(hidden card)'는 '남에게 보여 주지 않는 카드라는 뜻으로, 상대가 예측하지 못하도록 숨겨 둔 비장의 수'를 뜻하며, '숨긴 패, 비책'으로 순화할 수 있다.

3 외래어를 우리말로 다듬기 정답 ③

(정답분석)

외래어의 순화어가 적절한 것은 'ㄱ, ㄹ, ㅁ'이므로 답은 ③이다.

- ㄱ: '식사량 조절과 강도 높은 운동을 통해 근육량을 늘리고 체격을 키우는 일'을 뜻하는 '벌크 업(bulk up)'의 순화어는 '근육 키우기'이다.
- ㄹ: '야구나 아이스하키 등의 스포츠 경기 도중 선수들 사이에 싸움이 벌어졌을 때, 양 팀 선수들이 모두 벤치를 비우고 싸움에 동참하는 행동'을 뜻하는 '벤치 클리어링(bench clearing)'의 순화어는 '몸싸움, 집단 몸싸움, 선수단 몸싸움'이다.
- ㅁ: 누리 소통망(소셜 네트워크 서비스)을 이용한 전자 상거래의 일종인 '소셜 커머스(social commerce)'의 순화어는 '공동 할인 구매'이다.

(오답분석)

- ㄴ: 축구 경기에서 전·후반 각 45분의 정규 시간 이후 주심이 재량에 따라 추가로 허용하는 시간을 이르는 말인 '인저리 타임(injury time)'의 순화어는 '추가 시간'이다.
- ㄷ: '팸투어(Familiarization Tour)'의 순화어는 '사전 답사 여행, 홍보 여행, 초청 홍보 여행'이다.

4 한자어를 우리말로 다듬기 정답 ③

(정답분석)

'이것저것 가리지 않고 닥치는 대로 하는 노동'을 뜻하는 '노가다[土方(どかた)]'의 순화어는 '막노동, 막일'이므로 적절하지 않은 것은 ③이다.

(오답분석)

① '오래전부터 한 직위나 직장 등에 머물러 있는 사람'을 뜻하는 '고참[古参(こさん)]'의 순화어는 '선임, 선임자, 선참, 선참자'이므로 적절하다.

② '고속 도로나 자동차 전용 도로 등에서 자동차가 달리는 도로 폭 밖의 가장자리 길'을 뜻하는 '노견[路肩(ろかた)]'의 순화어는 '갓길'이므로 적절하다.

④ '싱싱한 생선 살을 얇게 저며서 간장이나 초고추장에 찍어 먹는 음식'을 뜻하는 '사시미[刺身(さしみ)]'의 순화어는 '생선회'이므로 적절하다.

⑤ '공공시설에서 손님이 기다리며 머물 수 있도록 마련한 곳'을 뜻하는 '대합실[待合室(まちあいしつ)]'의 순화어는 '맞이방, 기다리는 곳'이므로 적절하다.

영역 마무리 문제 p. 182

1 ③	2 ②	3 ⑤	4 ⑤	5 ②
6 ②	7 ④	8 ⑤	9 ④	10 ⑤
11 ⑤	12 ①	13 ④	14 ②	15 ③

1 고유어의 사전적 뜻 파악하기 정답 ③

(정답분석)

'사방을 이리저리 살피는 모양'을 뜻하는 고유어는 '둘레둘레'이므로 ㉠에 들어갈 말은 ③이다.

(오답분석)

① **갈팡질팡**: 갈피를 잡지 못하고 이리저리 헤매는 모양

② **곰작곰작**: 몸을 둔하고 느리게 조금씩 자꾸 움직이는 모양

④ **문실문실**: 나무 등이 거침없이 잘 자라는 모양

⑤ **올망졸망**: 1. 작고 또렷한 것들이 고르지 않게 많이 벌여 있는 모양
2. 귀엽고 엇비슷한 아이들이 많이 있는 모양

2 한자어의 사전적 뜻 파악하기 정답 ②

(정답분석)

한자어 '지탄(指彈)'의 사전적 뜻풀이는 '잘못을 지적하여 비난함'이므로 뜻풀이가 바르지 않은 것은 ②이다. 참고로, '꾸짖어 나무람'을 의미하는 한자어는 '질책(叱責)'이다.

3 고유어의 사전적 뜻 파악하기 정답 ⑤

(정답분석)

고유어 '까딱'은 '움직이거나 변동되어서는 안 될 것이 조금이라도 움직이거나 잘못 변동되는 모양'을 뜻하므로 뜻풀이가 적절하지 않은 것은 ⑤이다. 참고로, '깊은 생각이 없이 무턱대고 행동하는 모양'을 뜻하는 고유어는 '덤뻑'이다.

4 문맥에 맞는 한자어 파악하기 정답 ⑤

(정답분석)

'윤색(潤色)하다'는 '윤이 나도록 매만져 곱게 하다', '사실을 과장하거나 미화하다'를 뜻하므로 ㉠과 바꾸어 쓰기에 적절하지 않다. 따라서 답은 ⑤이다.

(오답분석)

① '가장(假裝)하다'는 '태도를 거짓으로 꾸미다'를 뜻하므로 ㉠과 바꾸어 쓰기에 적절하다.

②③ '가식(假飾)하다'와 '위식(僞飾)하다'는 '말이나 행동 등을 거짓으로 꾸미다'를 뜻하므로 ㉠과 바꾸어 쓰기에 적절하다.

④ '위장(僞裝)하다'는 '본래의 정체나 모습이 드러나지 않도록 거짓으로 꾸미다'를 뜻하므로 ㉠과 바꾸어 쓰기에 적절하다.

5 문맥에 맞는 한자어 파악하기

정답 ②

정답분석

②는 문맥상 연속으로 얻은 점수로 경기 상황을 그 이전과 반대의 상태로 바꾸었다는 의미이므로 '일의 형세가 뒤바뀜'을 뜻하는 한자어 '반전(反轉)'의 용례로 적절하다.

오답분석

① 한자어 '반전(反轉)'의 용례이나, 문맥상 하늘과 바다의 위치가 반대라는 의미이므로 이때의 '반전(反轉)'은 '위치, 방향, 순서 등이 반대로 됨'을 뜻한다.

③ 문맥상 전쟁이나 싸움 등에 쓰이는 무기가 필요한 행위를 반대한다는 의미이므로 '전쟁을 반대함'을 뜻하는 한자어 '반전(反戰)'의 용례로 적절하다.

④ 문맥상 많은 돈, 비싼 값, 귀중한 것을 의미하는 천금과 반대의 가치를 지니는 돈이라는 의미이므로 '아주 적은 돈을 비유적으로 이르는 말'을 뜻하는 한자어 '반전(半錢)'의 용례로 적절하다.

⑤ 문맥상 할머니께서 형에게 서울에서 부산으로 이동하는 데 필요한 돈을 주었다는 의미이므로 '먼 길을 떠나 오가는 데 드는 비용'을 뜻하는 한자어 '반전(盤纏)'의 용례로 적절하다.

6 헷갈리기 쉬운 어휘 구별하기

정답 ②

정답분석

고유어의 쓰임이 적절하지 않은 것끼리 묶인 것은 ②이다.

- **서점에 들려(×) → 서점에 들러(○)**: 문맥상 그가 퇴근길에 잠깐 서점으로 들어가 책을 산다는 의미이므로 '지나는 길에 잠깐 들어가 머무르다'를 뜻하는 '들르다'를 써야 하며, '들르다'의 활용형은 '들러'이다.
- **반찬을 한가득 들러 보냈다(×) → 반찬을 한가득 들려 보냈다(○)**: 문맥상 어머니께서 동생에게 반찬을 가득 가져가게 하였다는 의미이므로 '손에 가지게 하다'를 뜻하는 '들리다'를 써야 하며, '들리다'의 활용형은 '들려'이다.

오답분석

① • **약을 거르니 감기가 잘 낫지 않는다(○)**: 문맥상 약을 잘 먹지 않으니 감기가 호전되지 않는다는 의미이므로 '병이나 상처 등이 고쳐져 본래대로 되다'를 뜻하는 '낫다'의 쓰임이 적절하다.
  • **지난 분기에 기대 이상의 성과를 낳았다(○)**: 문맥상 기대했던 것보다 좋은 결실을 거두었다는 의미이므로 '어떤 결과를 이루거나 가져오다'를 뜻하는 '낳다'의 쓰임이 적절하다.

③ • **아이는 주스를 들이켜고 과자를 먹기 시작했다(○)**: 문맥상 아이가 주스를 마시고 과자를 먹었다는 의미이므로 '물이나 술 등의 액체를 단숨에 마구 마시다'를 뜻하는 '들이켜다'의 쓰임이 적절하다.
  • **점원이 진열대 바깥으로 튀어나온 책들을 들이켰다(○)**: 문맥상 진열대 안쪽으로 책을 밀어 넣었다는 의미이므로 '안쪽으로 가까이 옮기다'를 뜻하는 '들이키다'의 쓰임이 적절하다.

④ • **할머니께서는 아궁이에 장작을 때어 밥을 지으신다(○)**: 문맥상 할머니께서는 아궁이에 불을 지펴 밥을 짓는다는 의미이므로 '아궁이 등에 불을 지피어 타게 하다'를 뜻하는 '때다'의 쓰임이 적절하다.
  • **그녀는 새 옷의 상표를 떼지 않고 입는 버릇이 있다(○)**: 문맥상 그녀가 새 옷의 상표를 제거하지 않고 옷을 입는다는 의미이므로 '붙어 있거나 잇닿은 것을 떨어지게 하다'를 뜻하는 '떼다'의 쓰임이 적절하다.

⑤ • **남편과 아내는 서로 휴무일을 맞추어 여행을 가기로 했다(○)**: 문맥상 부부가 서로의 휴무일을 비교해 여행을 갈 날을 정한다는 의미이므로 '둘 이상의 일정한 대상들을 나란히 놓고 비교하여 살피다'를 뜻하는 '맞추다'의 쓰임이 적절하다.
  • **언니는 방송에서 나오는 수수께끼를 모두 맞혀 경품을 받았다(○)**: 문맥상 언니가 수수께끼의 답을 하나도 틀리지 않아 경품을 받았다는 의미이므로 '문제에 대한 답을 틀리지 않게 하다'를 뜻하는 '맞히다'의 쓰임이 적절하다.

7 다의어와 동음이의어 구분하기

정답 ④

정답분석

④를 제외한 나머지는 모두 다의어가 짝을 이루고 있으나, ④의 두 문장에 사용된 '마르다'는 동음이의어로 짝 지어졌다. 따라서 답은 ④이다.

- **잦은 야근 탓에 그는 점점 말라 갔다**: 이때 '마르다'는 '마르다[1]'로, '살이 빠져 야위다'를 뜻한다.
- **허리둘레에 맞게 천을 마르기 시작했다**: 이때 '마르다'는 '마르다[2]'로, '옷감이나 재목 등의 재료를 치수에 맞게 자르다'를 뜻한다.

오답분석

① 두 문장에 사용된 '넘치다'는 다의 관계에 있다.
  • **분에 넘치는 선물은 부담스럽다**: 이때 '넘치다'는 '어떤 기준을 벗어나 지나다'를 뜻한다.
  • **신입 사원의 얼굴에 열정이 넘쳤다**: 이때 '넘치다'는 '느낌이나 기운이 정도를 벗어나도록 강하게 일어나다'를 뜻한다.

② 두 문장에 사용된 '치다'는 모두 '치다[5]'로, 다의 관계에 있다.
  • **여름에는 모기장을 꼭 치고 잔다**: 이때 '치다'는 '막이나 그물, 발 등을 펴서 벌이거나 늘어뜨리다'를 뜻한다.
  • **책상에 칸막이를 치니 집중이 잘된다**: 이때 '치다'는 '벽 등을 둘러서 세우거나 쌓다'를 뜻한다.

③ 두 문장에 사용된 '남다'는 다의 관계에 있다.
  • **먹다 남은 음식은 쉽게 상할 수 있다**: 이때 '남다'는 '다 쓰지 않거나 정해진 수준에 이르지 않아 나머지가 있게 되다'를 뜻한다.
  • **중간 이윤이 별로 남지 않는 장사이다**: 이때 '남다'는 '들인 밑천이나 제 값어치보다 더 얻다. 또는 이익을 보다'를 뜻한다.

⑤ 두 문장에 사용된 '고르다'는 모두 '고르다[3]'으로, 다의 관계에 있다.
  • **선생님께서는 사탕을 고르게 나누어 주셨다**: 이때 '고르다'는 '여럿이 다 높낮이, 크기, 양 등의 차이가 없이 한결같다'를 뜻한다.
  • **청력이 고르지 못해 상대의 말을 알아듣기 어렵다**: 이때 '고르다'는 '상태가 정상적으로 순조롭다'를 뜻한다.

8 다의어와 동음이의어 구분하기

정답 ⑤

정답분석

'남편의 허리를 꾹 찔렀다'에서 '꾹'은 '여무지게 힘을 주어 누르거나 죄는 모양'을 뜻한다. 이와 같은 의미로 사용된 것은 ⑤'모자를 꾹 눌러써서 얼굴을 식별할 수 없었다'의 '꾹'이다.

오답분석

① ③ **아이는 책상 밑에 꾹 숨어 있었다, 동생은 하루 종일 방에 꾹 박혀 있다**: 이때 '꾹'은 '조금도 드러나지 않게 단단히 숨거나 들어박히는 모양'을 뜻한다.

② ④ **그는 신음 없이 고통을 꾹 견뎌 냈다, 그녀는 분통이 터지는 것을 꾹 참았다**: 이때 '꾹'은 '아주 힘들여 참거나 견디는 모양'을 뜻한다.

9 의미가 대응하는 고유어와 한자어 찾기 정답 ④

정답분석

한자어 '대미(大尾)'는 '어떤 일의 맨 마지막'을 뜻하므로 고유어 '마지막'과 의미가 대응된다. 따라서 답은 ④이다.

오답분석

① 한자어 '췌언(贅言)'은 '쓸데없는 군더더기 말'을 뜻하며, 고유어 '혼잣말'은 '말을 하는 상대가 없이 혼자서 하는 말'을 뜻하므로 의미가 대응되지 않는다. 참고로, '혼잣말'과 대응되는 한자어는 '독언(獨言)'이다.

② 한자어 '선망(羨望)'은 '부러워하여 바람'을 뜻하며, 고유어 '그리움'은 '보고 싶어 애타는 마음'을 뜻하므로 의미가 대응되지 않는다.

③ 한자어 '가친(家親)'은 '남에게 자기 아버지를 높여 이르는 말'이므로 '저의 어머니'와 의미가 대응되지 않는다. 참고로, '남에게 자기 어머니를 높여 이르는 말'의 한자어는 '자친(慈親)'이다.

⑤ 한자어 '신장(腎臟)'은 고유어 '콩팥'과 동의어로, 고유어 '오줌통'과 의미가 대응되지 않는다. 참고로, '오줌통'과 대응되는 한자어는 '방광(膀胱)'이다.

10 반의·상하 관계 파악하기 정답 ⑤

정답분석

<보기>의 단어를 상하 관계와 반의 관계에 따라 바르게 짝 지은 것은 ⑤이다.

- ㉠ **가명(假名) - 실명(實名)**: '가명'은 '실제의 자기 이름이 아닌 이름'을 뜻하고, '실명'은 '실제의 이름'을 뜻하므로 '가명'과 '실명'은 반의 관계이다.
- ㉡ **낙천(樂天) - 염세(厭世)**: '낙천'은 '세상과 인생을 즐겁고 좋은 것으로 여김'을 뜻하고, '염세'는 '세상을 괴롭고 귀찮은 것으로 여겨 비관함'을 뜻하므로 '낙천'과 '염세'는 반의 관계이다.
- ㉣ **사군자(四君子) - 대나무**: '사군자'에는 매화, 난초, 국화, 대나무가 속하므로 '사군자'와 '대나무'는 상하 관계이다.
- ㉤ **국세(國稅) - 소득세(所得稅)**: '국세'에는 소득세, 상속세, 법인세, 교육세, 수출세, 수입세 등이 속하므로 '국세'와 '소득세'는 상하 관계이다.

오답분석

- ㉢ **달변(達辯) - 능변(能辯)**: '달변'은 '능숙하여 막힘이 없는 말'을 뜻하고, '능변'은 '말을 능숙하게 잘함. 또는 그 말'을 뜻하므로 '달변'과 '능변'은 유의 관계이다.

11 속담의 뜻 파악하기 정답 ⑤

정답분석

'이도 아니 나서 콩밥을 씹는다'는 아직 준비가 안 되고 능력도 없으면서 또는 절차를 넘어서 어려운 일을 하려고 달려듦을 비유적으로 이르는 말로, 신입 사원의 능력이 뛰어남을 칭찬하는 문맥에 쓰기에는 적절하지 않다. 따라서 답은 ⑤이다.

오답분석

① 살 시간이 얼마 없음을 말하는 문맥에서 '머지않아 죽게 될 것 같다는 말'인 '땅내가 고소하다[구수하다]'를 쓰는 것은 적절하다.

② 다수가 모인 자리에서 침묵하는 형의 모습을 말하는 문맥에서 '여럿이 모여 이야기하는 자리에서 아무 말도 하지 않고 한옆에 가만히 있는 사람을 비유적으로 이르는 말'인 '꾸어다 놓은 보릿자루[빗자루]'를 쓰는 것은 적절하다.

③ 고가의 옷을 저가의 옷보다 높게 치는 어머니의 성향을 말하는 문맥에서 '값이 싼 물건은 품질도 그만큼 나쁘게 마련이라는 말'인 '싼 것이 비지떡[갈치자반]'을 쓰는 것은 적절하다.

④ 생명이 위태로운 상황을 설명하는 문맥에서 '꼼짝없이 죽게 된 신세를 비유적으로 이르는 말'인 '가마솥에 든 고기'를 쓰는 것은 적절하다.

12 한자 성어의 뜻 파악하기 정답 ①

정답분석

'풍전등화(風前燈火)'는 바람 앞의 등불이라는 뜻으로, 사물이 매우 위태로운 처지에 놓여 있음을 비유적으로 이르는 말이다. 따라서 한자 성어의 풀이가 바르지 않은 것은 ①이다.

13 관용구의 뜻 파악하기 정답 ④

정답분석

관용구 '침이 마르다'는 '다른 사람이나 물건에 대하여 거듭해서 말하다'를 뜻한다. 따라서 뜻풀이가 '먹다'와 거리가 먼 관용구는 ④이다.

오답분석

① **발(이) 짧다**: 먹는 자리에 남들이 다 먹은 뒤에 나타나다.

② **입이 밭다[짧다]**: 음식을 심하게 가리거나 적게 먹다.

③ **밥알을 세다**: 입맛이 없거나 하여 밥을 잘 먹지 않고 깨지락거리며 밥을 먹다.

⑤ **목구멍이 크다**: 양이 커서 많이 먹다.

14 한자어를 우리말로 다듬기 정답 ②

정답분석

'수피(樹皮)'의 순화어는 '나무 껍질'이므로 적절하지 않은 것은 ②이다.

15 외래어를 우리말로 다듬기

정답 ③

정답 분석

영어 '로드숍(road shop)'은 '거리 매장'으로 순화하여 사용할 수 있다. 따라서 적절하지 않은 것은 ③이다. 참고로, '탐색 매장'은 '제품이나 서비스를 개발하기 전 소비자의 선호나 반응을 파악하여 반영하기 위해 운영하는 점포'인 '안테나 숍(antenna shop)'의 순화어이다.

오답 분석

① 프랑스어 '데뷔(début)'는 '일정한 활동 분야에 처음으로 등장함'을 뜻하며, '등단, 등장, 첫등장, 첫무대, 첫등단'으로 순화할 수 있다.

② 영어 '갤러리(gallery)'는 '미술품을 진열, 전시하고 판매하는 장소'를 뜻하며, '그림방, 화랑'으로 순화할 수 있다.

④ 영어 '바이어(buyer)'는 '우리 물품을 사가는 외국의 구매자, 상업 등에 종사하는 사람'을 뜻하며, '구매자, 수입상'으로 순화할 수 있다.

⑤ 영어와 한자어를 합친 '싱크로율(synchro率)'은 어떤 요소와 요소가 합쳐지면서 발생하는 것으로 '완성도' 또는 '정확도'와 비슷한 말로 쓰이며, '일치율'로 순화할 수 있다.

III. 어법

기출유형 **09** 한글 맞춤법에 맞는 표기 구분하기

유형 연습문제 p. 220

1 ②	2 ②	3 ③	4 ②	5 ①
6 ③				

1 한글 맞춤법 규정 이해하기 정답 ②

정답분석

承諾(승락)(×) → **承諾(승낙)**(○): 한자 '承諾'의 '諾(대답할 낙/락)'은 본음 '낙'으로 소리가 나며, 한글 맞춤법 제52항에 따라 표기 또한 '낙'으로 하므로 한자 '承諾'은 한글 '승낙'으로 표기해야 한다. 따라서 답은 ②이다. 참고로, 한자의 본음에서 변해서 널리 퍼진 음을 속음이라고 하며, '諾'을 속음 '락'으로 읽고 그에 따라 표기도 '락'으로 하는 예에는 '수락(受諾), 쾌락(快諾)' 등이 있다.

오답분석

①③④⑤ 한글 맞춤법 제52항에 따라 한자의 한글 표기가 모두 올바른 예이다.

① **公布(공포)**(○): 한자 '公布'의 '布(베 포)'는 본음 '포'로 소리가 나므로 표기 또한 '포'로 한다. 참고로, 이를 속음 '보'로 읽는 예에는 '보시(布施)' 등이 있다.

③ **危難(위난)**(○): 한자 '危難'의 '難(어려울 난)'은 본음 '난'으로 소리가 나므로 표기 또한 '난'으로 한다. 참고로, 이를 속음 '란'으로 읽는 예에는 '곤란(困難), 논란(論難)' 등이 있다.

④ **自宅(자택)**(○): 한자 '自宅'의 '宅(집 택/댁)'은 본음 '택'으로 소리가 나므로 표기 또한 '택'으로 한다. 참고로, 이를 속음 '댁'으로 읽는 예에는 '본댁(本宅), 시댁(媤宅)' 등이 있다.

⑤ **洞察(통찰)**(○): 한자 '洞察'의 '洞(고을 동/꿰뚫을 통)'은 속음 '통'으로 소리가 나므로 표기 또한 '통'으로 한다. 참고로, 이를 본음 '동'으로 읽는 예에는 '동굴(洞窟)' 등이 있다.

2 한글 맞춤법 규정 이해하기 정답 ②

정답분석

'익숙하지'는 어간 '익숙하-'의 '하' 앞에 종성 [ㄱ]이 오므로 준말은 〈보기〉의 [붙임 2]에 따라 '하'를 통째로 줄인 '익숙지'로 표기한다. 참고로, '하' 앞의 받침 소리가 [ㄱ, ㄷ, ㅂ]이면 '하'가 통째로 줄고, 그 외에는 '하'의 'ㅏ'만 줄어 'ㅎ'이 남게 된다.

오답분석

① '깨끗하지'는 어간 '깨끗하-'에서 '하' 앞에 종성 [ㄷ]이 오므로 준말은 〈보기〉의 [붙임 2]에 따라 '하'를 통째로 줄인 '깨끗지'로 표기한다.

③④⑤ '청하건대', '단언하건대', '사임하고자'는 어간 '청하-', '단언하-', '사임하-'에서 '하' 앞에 오는 종성이 [ㄱ, ㄷ, ㅂ]이 아니므로 '하'의 'ㅏ'만 줄어든다. 이후 남은 'ㅎ'이 뒤 음절인 '건, 고'의 첫소리 [ㄱ]과 어울려 거센소리 [ㅋ]이 되므로 이를 반영하여 각각 '청컨대', '단언컨대', '사임코자'로 표기한다.

3 혼동하기 쉬운 표기 구별하기 정답 ③

정답분석

덤테기(×) → **덤터기**(○): '남에게 넘겨씌우거나 남에게서 넘겨받은 허물이나 걱정거리', '억울한 누명이나 오명'을 뜻하는 단어는 '덤터기'로 표기하므로 표기가 올바르지 않은 것은 ③이다.

오답분석

① **금세**(○): 지금 바로

② **어저께**(○): 오늘의 바로 하루 전에

④ **뻘게진**(○): '뻘겋게 되다'를 뜻하는 동사 '뻘게지다'의 활용형이다.

⑤ **게거품**(○): 사람이나 동물이 몹시 괴롭거나 흥분했을 때 입에서 나오는 거품 같은 침

4 올바른 띄어쓰기 파악하기 정답 ②

정답분석

도착하는대로(×) → **도착하는∨대로**(○): 이때의 '대로'는 '어떤 상태나 행동이 나타나는 그 즉시'를 뜻하는 의존 명사이며, 의존 명사는 앞말과 띄어 쓴다. 따라서 띄어쓰기가 옳지 않은 것은 ②이다.

오답분석

① **총∨백**(○): 이때의 '총'은 '모두 합하여 몇임을 나타내는 말'로 관형사이며, 문장의 각 단어는 띄어 쓰므로 띄어쓰기가 올바르다.

③ **개∨남짓**(○): 이때의 '남짓'은 '크기, 수효, 부피 등이 어느 한도에 차고 조금 남는 정도임을 나타내는 말'로 의존 명사이며, 의존 명사는 앞말과 띄어 쓰므로 띄어쓰기가 올바르다.

④ **이기듯**(○): 이때의 '-듯'은 뒤 절의 내용이 앞 절의 내용과 거의 같음을 나타내는 연결 어미인 '-듯이'의 준말이다. 어미는 어간에 붙여 쓰므로 띄어쓰기가 올바르다.

⑤ **낼∨수**(○): 이때의 '수'는 '어떤 일을 할 만한 능력이나 어떤 일이 일어날 가능성'을 뜻하는 의존 명사이며, 의존 명사는 앞말과 띄어 쓰므로 띄어쓰기가 올바르다.

5 올바른 띄어쓰기 파악하기 정답 ①

정답분석

'기업간'의 '간'은 '관계'의 뜻을 나타내는 말인 의존 명사이다. 따라서 '간'과 그 앞말을 띄어 써야 하므로 띄어쓰기가 올바르지 않은 것은 ①이다. 참고로, '남매간', '부부간', '부자간', '사제간'은 모두 한 단어이므로 붙여 쓴다.

6 문장 부호의 쓰임 파악하기 정답 ③

정답 분석

'그린 오션(green ocean)'은 우리말 표기 '그린 오션'과 원어 표기 'green ocean'을 함께 나타내기 위해 소괄호를 쓴 것이므로 옳지 않은 것은 ③이다. 참고로, 주석이나 보충적인 내용을 덧붙일 때는 '니체(독일의 철학자)의 말을 빌리면 다음과 같다'와 같이 소괄호를 쓴다.

오답 분석

① '14~16세기에 일어난 문화 혁신 운동'을 가리키는 명칭이 들어갈 자리를 소괄호로 나타냈으므로 적절하다.

② '동관왕묘'에서 '관왕'을 생략하고 쓸 수 있음을 소괄호를 써 나타냈으므로 적절하다.

④ '사칙 연산'의 종류인 '덧셈, 뺄셈, 곱셈, 나눗셈'을 나타내는 숫자에 소괄호를 썼으므로 적절하다.

⑤ '남자 1'이 해야 할 동작인 '머리 위로 팔을 흔들며'를 소괄호를 써 나타냈으므로 적절하다.

기출유형 **10** 표준어 규정에 맞는 표기와 발음 구분하기

유형 연습문제 p. 237

1 ③	2 ③	3 ②	4 ⑤	5 ④
6 ③				

1 표준어와 비표준어 구분하기 정답 ③

정답 분석

〈보기〉는 표준어 사정 원칙 제19항으로, 복수 표준어에 대한 규정이다. 그러나 '봉숭아'는 표준어이고 '봉숭화'는 비표준어이므로 답은 ③이다. 참고로, '봉숭아'와 '봉숭화' 중 '봉숭아'만 표준어로 인정되는 이유는 표준어 사정 원칙 제17항에 따라 의미에 차이가 없고 발음이 비슷한 몇 형태가 쓰일 경우, 그중 더 널리 쓰이는 하나만 표준어로 삼기 때문이다.

2 표준어와 비표준어 구분하기 정답 ③

정답 분석

〈보기〉의 ㉠에 들어갈 표준어는 전남 방언 예문 중 '솔찮을'에 해당하는 것이다. 전남 방언 '솔찮다'는 '까다롭거나 힘들어서 하기가 쉽지 않다'를 뜻하는 표준어 '수월찮다'와 대응하므로 ㉠에 들어갈 표준어는 '수월찮을'이다. 따라서 적절한 것은 ③이다.

오답 분석

① **귀찮다**: 마음에 들지 않고 괴롭거나 성가시다.

② **마땅찮다**: 흡족하게 마음에 들지 않다.

④ **시원찮다**: 1. 마음에 흡족하지 않다. 2. 몸이나 몸의 일부가 좀 건강하지 못하다.

⑤ **여의찮다**: 일이 마음먹은 대로 되지 않다.

3 표준어와 비표준어 구분하기 정답 ②

정답 분석

숫염소(○): 표준어 사정 원칙 제7항 '다만 2'에 따라 '염소'는 수컷을 이르는 접두사 '숫-'과 결합하므로 어문 규범에 맞는 것은 ②이다.

오답 분석

① 윗층(×) → 위층(○): 표준어 사정 원칙 제12항 '다만 1'에 따라 거센소리 앞에는 '윗-'이 아닌 '위-'가 결합해야 한다.

③ 장삿치(×) → 장사치(○): 장사하는 사람을 낮잡아 이르는 말은 표준어로 '장사치'이다.

④ 구렛나루(×) → 구레나룻(○): '귀밑에서 턱까지 잇따라 난 수염'을 뜻하는 표준어는 '구레나룻'이다.

⑤ 싯구(×) → 시구(○): '시의 구절'을 뜻하는 표준어는 '시구'이다. 참고로, 표준어 사정 원칙 제13항에 따라 '한자 '구(句)'가 붙어서 이루어진 단어는 '귀'로 읽는 것을 인정하지 않고, '구'로 통일한다.

4 표준어와 비표준어 구분하기 정답 ⑤

정답 분석

㉤ '강냉이'는 "옥수수"를 튀긴 것'을 뜻하는 표준어이므로 적절하지 않은 것은 ⑤이다.

5 표준 발음법 파악하기 정답 ④

정답 분석

값있으니[갑씨쓰니](×) → [가비쓰니](○): '값있으니'는 '값있다'의 활용형으로, 겹받침 'ㅄ'인 '값' 뒤에 모음으로 시작하는 형태소 '있-'이 오지만, 이는 용언의 어간이므로 실질 형태소이다. 따라서 〈보기〉의 조건을 충족하지 못하므로 답은 ④이다. 참고로, 이런 환경에서는 표준 발음법 제15항에 따라 받침 뒤에 모음으로 시작하는 실질 형태소가 오면, 겹받침 'ㅄ'을 대표음 [ㅂ]으로 바꾸어서 뒤 음절 첫소리로 옮겨 발음하면 된다. 따라서 '값있으니'의 표준 발음은 [가비쓰니]이다.

오답 분석

① ② ③ ⑤에 결합한 '-으니'는 모두 연결 어미이므로 형식 형태소이다. 따라서 겹받침 뒤에 모음으로 시작하는 형식 형태소가 올 때의 발음을 설명하는 〈보기〉에 따른 예이다.

① 얇으니[얄브니](○): '얇-'의 겹받침 'ㄼ' 중 앞 자음인 'ㄹ'은 '얇-'의 종성에서, 뒤 자음 'ㅂ'은 '얇-' 다음 음절인 '으'의 초성에서 발음하므로 '얇으니'는 [얄브니]로 발음한다.

② 읽으니[일그니](○): '읽-'의 겹받침 'ㄺ' 중 앞 자음인 'ㄹ'은 '읽-'의 종성에서, 뒤 자음 'ㄱ'은 '읽-' 다음 음절인 '으'의 초성에서 발음하므로 '읽으니'는 [일그니]로 발음한다.

③ 훑으니[훌트니](○): '훑-'의 겹받침 'ㄾ' 중 앞 자음인 'ㄹ'은 '훑-'의 종성에서, 뒤 자음 'ㅌ'은 '훑-' 다음 음절인 '으'의 초성에서 발음하므로 '훑으니'는 [훌트니]로 발음한다.

⑤ 맛없으니[마덥쓰니](○): '없-'의 겹받침 'ㅄ' 중 앞 자음인 'ㅂ'은 '없-'의 종성에서, 뒤 자음 'ㅅ'은 '없-' 다음 음절인 '으'의 초성에서 발음한다. 또한 'ㅅ'이 연음될 때는 [ㅆ]으로 발음하며, '맛없-'에서 '맛'의 받침 'ㅅ' 뒤에 실질 형태소(어간) '없-'이 오므로 표준 발음법 제15항에 따라 받침 'ㅅ'을 대표음 [ㄷ]으로 바꾸어서 뒤 음절 '없-'의 첫소리로 옮겨 발음한다. 따라서 '맛없으니'는 [마덥쓰니]로 발음한다.

6 표준 발음법 파악하기 정답 ③

정답분석

〈보기〉의 단어 중 밑줄 친 '이'가 [니]로 소리 나는 것은 ㉠, ㉡, ㉢이므로 답은 ③이다.

- ㉠ 밭이랑[반니랑]: '밭이랑'은 명사 '밭'과 '이랑'이 결합한 합성어이며, 앞 단어 끝이 자음이고 뒤 단어 첫음절이 '이'이므로 표준 발음법 제29항에 따라 뒤 단어 첫음절에 'ㄴ' 음이 첨가된다. 이후 첨가된 'ㄴ' 음에 의해 앞 단어 '밭[받]'의 종성 [ㄷ]이 동화되어 [반니랑]으로 발음한다.
- ㉡ 순이익[순니익/수니익]: '순이익'은 관형사 '순(純)'과 명사 '이익(利益)'이 결합한 합성어이며, 앞 단어 끝이 자음이고 뒤 단어 첫음절이 '이'이므로 표준 발음법 제29항에 따라 뒤 단어 첫음절에 'ㄴ' 음을 첨가해 [순니익]으로 발음한다. 또한 'ㄴ' 음을 첨가하지 않고 앞 단어 '순'의 종성 [ㄴ]을 뒤 음절의 초성에 연음해 [수니익]으로 발음할 수도 있다.
- ㉢ 홑이불[혼니불]: '홑이불'은 접두사 '홑-'과 명사 '이불'이 결합한 파생어이며, 접두사 끝이 자음이고 뒤 단어 첫음절이 '이'이므로 표준 발음법 제29항에 따라 뒤 단어 첫음절에 'ㄴ' 음이 첨가된다. 이후 첨가된 'ㄴ' 음에 의해 접두사 '홑[혿]-'의 종성 [ㄷ]이 동화되어 [혼니불]로 발음한다.

오답분석

- ㉣ 이글이글[이글리글/이그리글]: '이글이글'은 어근 '이글'이 두 번 결합한 합성어이며, 앞 단어 끝이 자음이고 뒤 단어 첫음절이 '이'이므로 뒤 단어 첫음절에 'ㄴ' 음이 첨가된다. 이후 첨가된 'ㄴ' 음이 앞 음절 [글]의 종성 [ㄹ]에 동화되어 [이글리글]로 발음한다. 또한 'ㄴ' 음을 첨가하지 않고 표기대로 읽는 [이그리글]도 표준 발음으로 인정한다.

기출유형 11 외래어 표기법과 로마자 표기법에 맞는 표기 구분하기

유형 연습문제 p. 253

1 ⑤	2 ③	3 ③	4 ①

1 올바른 외래어 표기 구분하기 정답 ⑤

정답분석

콘플레이크(cornflakes)(○): 'cornflakes[kɔːnfleɪks]'에서 유음 [l]은 외래어 표기법 제3장 제1절 제6항에 따라 모음 앞에서 'ㄹㄹ'로 적으므로 외래어 표기가 올바른 것은 ⑤이다.

오답분석

① 보울(bowl)(×) → 볼(○): 'bowl[boʊl]'의 중모음 [oʊ]는 외래어 표기법 제3장 제1절 제8항에 따라 '오'로 적으므로 'bowl'은 '볼'로 표기해야 한다.

② 카페라떼(caffè latte)(×) → 카페라테(○): 외래어 표기법 제1장 제4항에 따라 파열음에는 된소리를 쓰지 않는다. 따라서 'latte[lɑːteɪ]'의 파열음 [t]는 'ㅌ'으로 적어야 하므로 'caffè latte'는 '카페라테'로 표기해야 한다.

③ 비타민 씨(vitamin C)(×) → 비타민 시(○): 외래어 표기법 제2장에 따라 'vitamin C[vɪtəmən siː]'의 마찰음 [s]는 모음 앞에서 'ㅅ'으로 적으므로 'vitamin C'는 '비타민 시'로 표기해야 한다.

④ 레몬에이드(lemonade)(×) → 레모네이드(○): 외래어 표기법 제2장에 따라 'lemonade[lemənerd]'의 모음 [ə]는 '어'로 표기하므로 원칙상으로 'lemonade'는 '레머네이드'로 표기해야 한다. 그러나 'lemon[lemən]'을 '레몬'으로 적는 관례를 존중하고 영어에서 한 단어로 굳어진 'lemonade'를 두 단어로 분석하여 적지 않고 연음되는 발음을 그대로 반영하여 '레모네이드'를 규범 표기로 한다.

2 올바른 외래어 표기 구분하기 정답 ③

정답분석

'바다 위에 유출된 기름이 퍼지는 것을 막기 위하여 수면에 설치하는 울타리 모양의 부체'를 의미하는 외래어는 'oil fence[ɔɪl fens]'이다. 외래어 표기법 제3장 제1절 제8항에 따라 중모음 [ɔɪ]는 각 단모음의 음가를 살려 '오이'로, 외래어 표기법 제2장에 따라 [f]는 모음 앞에서 'ㅍ'으로, 모음 [e]는 '에'로 표기한다. 따라서 'oil fence'의 옳은 표기는 '오일펜스'이므로 답은 ③이다.

3 올바른 로마자 표기 구분하기 정답 ③

정답분석

숭례문[숭녜문] Sungryemun(×) → Sungnyemun(○): 로마자 표기법 제3장 제1항에 따라 자음 사이에서 동화 작용이 일어나는 경우 로마자 표기에 반영하므로, '숭례문[숭녜문]'의 '례'는 표기대로 적은 'rye'가 아닌 음운 변동 결과인 [녜]에 따라 'nye'로 적어야 한다. 따라서 올바르지 않은 것은 ③이다.

오답분석

① 동묘[동묘] Dongmyo(○): 로마자 표기법 제2장 제2항 [붙임 1]에 따라 'ㄷ'은 모음 앞에서 'd'로 적는다.

② 사직단[사직딴] Sajikdan(○): 로마자 표기법 제3장 제1항 [붙임]에 따라 된소리되기는 표기에 반영하지 않으므로, '사직단[사직딴]'의 [딴]은 'dan'으로 적는다.

④ 동의보감[동의보감/동이보감] Donguibogam(○): 로마자 표기법 제2장 제1항 [붙임 1]에 따라 'ㅢ'는 [ㅣ]로 소리 나더라도 'ui'로 적으므로 '동의보감[동의보감/동이보감]'의 '의[의/이]'도 'ui'로 적는다.

⑤ 훈민정음[훈ː민정음] Hunminjeongeum(○): 로마자 표기법 제2장 제1항 [붙임 2]에 따라 장모음의 표기는 따로 하지 않으므로 '훈민정음[훈ː민정음]'의 '훈[훈ː]'도 장모음 표기 없이 적는다.

4 올바른 로마자 표기 구분하기 정답 ①

(정답 분석)

알약[알략] alyak(×) → allyak(○): 로마자 표기법 제2장 제2항 [붙임 2]에 따라 'ㄹㄹ'은 'll'로 적으므로, '알약[알략]'은 'allyak'으로 표기해야 한다. 따라서 옳지 않은 것은 ①이다.

(오답 분석)

② 여의도[여의도/여이도] Yeouido(○): 로마자 표기법 제2장 제1항 [붙임 1]에 따라 'ㅢ'는 [ㅣ]로 소리 나더라도 'ui'로 적으므로 '여의도[여의도/여이도]'의 '의[의/이]'도 'ui'로 표기한다.

③ 떡볶이[떡뽀끼] tteokbokki(○): 로마자 표기법 제3장 제1항 [붙임]에 따라 된소리되기는 로마자 표기에 반영하지 않으며, 된소리되기의 결과가 아닌 '떡'의 초성 'ㄸ'과 '볶'의 종성 'ㄲ'은 로마자 표기법 제2장 제2항에 따라 각각 'tt'와 'kk'로 적는다.

④ 북한산[부칸산] Bukhansan(○): 로마자 표기법 제3장 제1항 '다만'에 따라 체언에서 'ㄱ' 뒤에 'ㅎ'이 따를 때는 'ㅎ'을 밝혀 적으므로 '북한산[부칸산]'의 '북한[부칸]'은 표기대로 'Bukhan'으로 표기한다.

⑤ 극락전[긍낙쩐] Geungnakjeon(○): 로마자 표기법 제3장 제1항과 [붙임]에 따라 자음 사이에서 일어난 동화 작용의 결과는 로마자 표기에 반영하되, 된소리되기의 결과는 로마자 표기에 반영하지 않는다. 따라서 '극락전[긍낙쩐]'의 '극락[긍낙]'은 발음대로, '전[쩐]'은 된소리되기가 일어나지 않은 형태로 각각 'Geungnak'과 'jeon'으로 표기한다.

기출유형 12 문법에 맞는 발음·단어·문장 구분하기

유형 연습문제 p. 275

1 ③	2 ③	3 ③	4 ④	5 ⑤
6 ⑤				

1 올바른 발음 구분하기 정답 ③

(정답 분석)

인력거[인녁꺼](×) → 인력거[일력꺼](○): '인'의 종성 'ㄴ'은 '력'의 초성 'ㄹ'에 의해 유음 [ㄹ]로 동화되고, '력'의 종성 'ㄱ'에 의해 '거'의 초성 'ㄱ'이 [ㄲ]으로 경음화되므로 '인력거'는 [일력꺼]로 발음한다. 따라서 적절하지 않은 것은 ③이다.

(오답 분석)

① ㉠ 눈약[눈냑](○): '눈약'은 명사 '눈'과 '약'이 결합한 합성어이며, 앞 단어가 자음으로 끝나고 뒤 단어의 첫음절이 '야'로 시작하므로 뒤 단어 '약'의 초성에 'ㄴ' 음이 첨가된다. 따라서 '눈약'은 [눈냑]으로 발음한다.

② ㉡ 흙담[흑땀](○): '흙'의 겹받침 'ㄺ'은 '담'의 초성 'ㄷ' 앞에서 앞 자음 'ㄹ'이 탈락하는 자음군 단순화가 일어나 'ㄱ'만 남는다(흙담 → [흑담]). 이후 [흑]의 종성 [ㄱ]에 의해 '담'의 초성 'ㄷ'이 [ㄸ]으로 경음화되어 [흑땀]으로 발음한다.

④ ㉣ 물난리[물랄리](○): '난'의 초성 'ㄴ'은 '물'의 종성 'ㄹ'에 의해, '난'의 종성 'ㄴ'은 '리'의 초성 'ㄹ'에 의해 유음 [ㄹ]로 동화된다. 따라서 '난'의 초성과 종성에 유음화가 일어나며 그 결과 '물난리'는 [물랄리]로 발음한다.

⑤ ㉤ 밥물[밤물](○): '밥'의 종성 'ㅂ'은 '물'의 초성 'ㅁ'에 의해 비음 [ㅁ]으로 동화되므로 '밥물'은 [밤물]로 발음한다.

2 단어의 활용법 구분하기 정답 ③

(정답 분석)

'파랗네'의 기본형은 '파랗다'로, '파랗다'는 모음 또는 'ㄴ, ㅁ'으로 시작하는 어미 앞에서 어간 끝 'ㅎ'이 탈락하는 'ㅎ' 불규칙 활용을 하는 용언이다. 어간이 'ㅎ'으로 끝나는 용언에 어미 '-네'가 결합하면 어간 끝 'ㅎ'이 탈락하기도 하고, 탈락하지 않기도 한다. 따라서 어간 '파랗-'에 종결 어미 '-네'가 결합한 활용형은 '파랗네'와 '파라네'가 될 수 있으므로 '파랗네'를 '파라네'로 고치는 것은 적절하지 않다.

- **파랗다**: 맑은 가을 하늘이나 깊은 바다, 새싹과 같이 밝고 선명하게 푸르다.

(오답 분석)

① ㉠: '개이면'의 기본형은 '개다'로, 어간 '개-'에 연결 어미 '-면'이 결합한 활용형은 '개면'이 된다.
- **개다**: 흐리거나 궂은 날씨가 맑아지다.

② ㉡: '푸어라'의 기본형은 '푸다'로, '푸다'는 '-어'로 시작하는 어미와 결합하면 어간의 '우'가 탈락하는 '우' 불규칙 활용을 하는 용언이다. 따라서 어간 '푸-'에 명령형 어미 '-어라'가 결합한 활용형은 '퍼라'가 된다.
- **푸다**: 속에 들어 있는 액체, 가루, 낟알 등을 떠내다.

④ ㉣: '줄은'의 기본형은 '줄다'로, 어간 끝 받침 'ㄹ'은 'ㄴ, ㅂ, ㅅ'으로 시작하는 어미나 어미 '-오, -ㄹ' 등 앞에서 탈락하여 '주니, 주오'가 된다. 따라서 어간 '줄-'에 관형사형 어미 '-ㄴ'이 결합한 활용형은 '준'이 된다.
- **줄다**: 물체의 길이나 넓이, 부피 등이 본디보다 작아지다.

⑤ ㉤: '부울'의 기본형은 '붓다'로, '붓다'는 모음으로 시작하는 어미와 결합하면 어간 끝 'ㅅ'이 탈락하는 'ㅅ' 불규칙 활용을 하는 용언이다. 따라서 어간 '붓-'에 관형사형 어미 '-을'이 결합한 활용형은 '부을'이 된다.
- **붓다**: 액체나 가루 등을 다른 곳에 담다.

3 올바른 발음 구분하기 정답 ③

(정답 분석)

(나)의 [문뻡]과 [꼳빧]에서 앞 음절 [문]과 [꼳]의 종성 [ㄴ], [ㄷ]은 모두 치조음이며, 뒤 음절 [뻡]과 [빧]의 초성 [ㅃ]은 양순음이다. [ㅃ]으로 인해 [문뻡]과 [꼳빧]의 종성 [ㄴ], [ㄷ]이 양순음 [ㅁ], [ㅂ]으로 바뀌었으므로 ㉠은 '치조음', ㉡은 '양순음'임을 알 수 있다. 또한 '치조음'이 '양순음'으로 변화한 것은 조음 위치가 바뀐 것이므로 ㉢은 '조음 위치'이다. 따라서 답은 ③이다.

오답분석

- ㉠: [문뻡]의 앞 음절 [문]의 종성 [ㄴ]은 울림소리이자 비음이지만, [꼳빧]의 앞 음절 [꼳]의 종성 [ㄷ]은 안울림소리이자 파열음이다.
- ㉡: [문뻡]과 [꼳빧]의 뒤 음절 [뻡], [빧]의 초성 [ㅃ]은 양순음, 안울림소리이자 파열음이다.
- ㉢: '울림소리/안울림소리', '비음/파열음' 간의 변화는 모두 조음 방법이 변하는 것이며, '치조음/양순음' 간의 변화는 조음 위치가 변하는 것이다.

4 단어의 품사 구분하기 정답 ④

정답분석

문맥상 ㉠에는 관형사나 부사의 특성을 보여 주는 예문이 와야 한다. '알맞은'은 뒤에 오는 체언 '양'을 수식하고 있으나 '양이 알맞다'와 같이 서술성을 지니고 있으므로 〈보기〉에서 설명하는 관형사와 부사가 아닌 용언임을 알 수 있다. 따라서 적절하지 않은 것은 ④이다. 참고로, 이때의 '알맞은'은 '일정한 기준, 조건, 정도 등에 넘치거나 모자라지 않은 데가 있다'는 뜻의 형용사 '알맞다'의 관형사형이다.

오답분석

① '조용히'는 뒤에 오는 동사 '걷도록(걷다)'를 수식하고 있으며, '조용히는', '조용히만'과 같이 보조사가 결합할 수 있으므로 부사임을 알 수 있다.

② '한'은 뒤에 오는 체언 '체육관'을 수식하고 있으며, '한은', '한만'과 같이 보조사가 결합할 수 없으므로 관형사임을 알 수 있다.

③ '부지런히도'에는 보조사 '도'가 결합해 있으며, 뒤에 오는 동사 '찍던데(찍다)'를 수식하고 있으므로 '부지런히'는 부사임을 알 수 있다.

⑤ '다른'은 뒤에 오는 체언 '공연'을 수식하고 있으며, '다른은', '다른만'과 같이 보조사가 결합할 수 없으므로 관형사임을 알 수 있다. 참고로, '다른'이 '내용이 다른 공연을 예매하다'처럼 쓰이면 '내용이 다르다'와 같이 서술성을 지니는 문장이 성립하므로 이때의 '다른'은 형용사 '다르다'의 활용형으로 볼 수 있다.

5 문장의 높임법 구분하기 정답 ⑤

정답분석

높임의 대상은 '아버님과 어머님'으로, 문장의 주체이다. 또한 동사 '있다'의 높임말은 '계시다'이므로 '계실'로 수정하는 것이 더 적절하다. 따라서 답은 ⑤이다.

오답분석

① '성격'은 높임의 대상이 아니나 화자가 높여야 하는 '교수님'과 연관이 있다. 따라서 주체 높임 선어말 어미 '-시-'를 사용하여 '성격이 매우 좋으신'으로 수정하면 교수님의 성격을 높여 교수님을 높일 수 있다. 참고로, 이와 같은 높임 표현을 간접 높임이라고 한다.

② 문장의 주체가 '작은아버지'이며, 주격 조사로 주체를 높이는 '께서'가 쓰였으므로 서술어 또한 주체를 높일 수 있는 주체 높임 선어말 어미 '-시-'와 '먹다'의 높임말 '들다'를 사용하여 '먹는다'를 '드신다'로 수정하는 것은 적절하다.

③ '대기하실게요'는 동사 '대기하다'의 어간 '대기하-'에 주체 높임 선어말 어미 '-시-', 해체의 종결 어미 '-ㄹ게', 청자에게 존대의 뜻을 나타내는 보조사 '요'가 결합한 형태이다. 이때, 어미 '-ㄹ게'는 화자가 자신의 행동에 대한 약속 또는 의지를 나타낼 때 사용하는 어미이므로 청자를 높이는 상황에서 쓰기에는 적절하지 않다. 따라서 요청의 뜻을 나타내는 종결 어미 '-시어요'의 준말 '-세요'를 사용해 '대기해 주세요'와 같이 수정하는 것이 적절하다.

④ '주다'의 높임말인 '드리다'를 사용해 '줄'을 '드릴'로 수정하면 문장의 객체(부사어)인 '부모님께'를 높일 수 있으므로 적절하다.

6 단어의 형성법 구분하기 정답 ⑤

정답분석

동그란 모양으로 잘라 말린 무화과를: 이때의 '말리다'는 '물기를 다 날려서 없애다'라는 의미의 사동사 '말리다'이다. 따라서 적절하지 않은 것은 ⑤이다.

오답분석

①③ **가다랑어포가 말린 모습을 찍었다, 빈틈없이 돌돌 말린 도화지는**: 이때의 '말리다'는 '넓적한 물건이 돌돌 감겨 원통형으로 겹치게 되다'라는 의미의 피동사 '말리다'이다.

②④ **김에 말린 당면, 종이 여러 겹에 말린 유리컵은**: 이때의 '말리다'는 '종이나 김 등의 얇고 넓적한 물건에 내용물이 넣어져 돌돌 감겨 싸이다'라는 의미의 피동사 '말리다'이다.

기출유형 13

문장의 호응과 잘못된 표현 파악하기

유형 연습문제 p. 290

1 ③	2 ③	3 ⑤	4 ①	5 ③
6 ④				

1 문장 성분의 호응 및 완결성 파악하기 정답 ③

정답분석

㉢은 '대나무가 건축 재료로 활용된다', '대나무를 삼림이 파괴된 지역에 많이 심는다'가 연결된 문장이므로, 뒤 문장의 주어와 서술어가 호응하지 않는 문장이다. 대나무를 심는 주체가 대나무가 될 수 없으므로 '그래서 대나무는 건축 재료로 활용되거나 삼림이 파괴된 지역에 많이 심긴다'와 같이 고쳐야 적절한 문장이 된다. 따라서 답은 ③이다.

2 문장 성분의 호응 및 완결성 파악하기 정답 ③

정답분석

부사 '여간'은 주로 부정의 의미를 나타내는 말과 함께 쓰여 그 상태가 보통으로 보아 넘길 만한 것임을 나타내는 말이다. 따라서 ③의 '여간 무서운 일이다'를 '여간 무서운 일이 아니다'로 고쳐야 문장 성분의 호응이 자연스럽게 되므로 답은 ③이다.

(오답분석)

① 부사 '도대체'는 주로 의문을 나타내는 말과 함께 쓰여 '다른 말은 그만두고 요점만 말하자면'이라는 의미를 나타내므로, '도대체 무엇이었을까?'는 문장 성분의 호응이 자연스럽다.

② 부사 '도통'은 주로 부정을 나타내는 말과 함께 쓰여 '아무리 해도'라는 의미를 나타내므로, '도통 기억나지 않는다'는 문장 성분의 호응이 자연스럽다.

④ 부사 '반드시'는 '틀림없이 꼭'이라는 의미이며, '~해야 한다'와 같은 당위의 서술어와 호응하므로 '반드시 ~ 도착해야 합니다'는 문장 성분의 호응이 자연스럽다.

⑤ 부사 '결코'는 '아니다, 없다, 못하다' 등의 부정어와 함께 쓰여 '어떤 경우에도 절대로'라는 의미를 나타내므로, '결코 용납할 수 없는'은 문장 성분의 호응이 자연스럽다.

3 중의적 표현 파악하기 정답 ⑤

(정답분석)

'유럽으로 유학을 간 민지의, 동생 민아가 저 친구이다'는 민지가 유럽으로 유학을 갔다는 의미로 수정된 문장이다. 따라서 적절하지 않은 것은 ⑤이다. 참고로, 민아가 유럽으로 유학을 갔다는 의미로 문장을 수정하려면 '유럽으로 유학을 간, 민지의 동생 민아가 저 친구이다'로 수정해야 한다.

(오답분석)

① ㉠: '누나가 안경을 쓴 상태이다'는 누나가 안경을 쓰는 행위가 진행 중이라는 의미 없이 누나의 안경을 쓰는 행위가 완료되었다는 의미만 표현하는 문장이므로 적절하다.

② ㉡: '벽에 건 풍경화는 어머니께서 그린 그림이다'는 풍경화를 소유한 사람이 어머니라는 등의 의미 없이 풍경화를 그린 사람이 어머니라는 의미만 표현하는 문장이므로 적절하다.

③ ㉢: '지우는 어제 백화점에서는 엄마와 만나지 않았다'는 보조사 '는'을 사용해 부정의 범위를 만남의 장소인 '백화점'에 한정하고 있으므로 적절하다.

④ ㉣: 차를 세는 단위인 '대수'를 사용해 '차'가 지시하는 대상을 운송 수단인 '차'에 한정하고 있으므로 적절하다.

4 문장 성분의 호응 및 완결성 파악하기 정답 ①

(정답분석)

서술어 '해감하다'는 '해감을 뱉어 내게 만들다'를 뜻하는 동사이므로, '바지락을 해감해야 한다'는 바지락이 해감을 뱉게 해야 한다는 의미를 나타내는 문장이다. 따라서 '해감하다'에 사동 접미사 '-시키다'를 붙여 '바지락을 해감시켜야 한다'로 쓰면 불필요한 사동 표현을 쓴 문장이 되므로 옳지 않은 것은 ①이다.

(오답분석)

② '사원 선발 및 운용 방안 수립을'은 지나치게 명사가 나열된 명사화 구성이다. 따라서 '사원을 선발하고 운용할 방안을 ~ 수립하라는'과 같이 동사를 사용해 최대한 풀어서 설명해 주어야 자연스러운 문장이 된다.

③ 서술어 '만족하다'는 '~에/에게', '~으로'와 같은 부사어를 요구한다. 따라서 '감독은 ~ 선수들을 만족해'를 '감독은 ~ 선수들에게 만족해'로 고치면 자연스러운 문장이 된다.

④ 서술어 '서식하다'는 '~에'와 같은 부사어를 요구한다. 따라서 '식중독을 유발하는 균'이 사는 장소임을 나타낼 수 있도록 '채소는'에 부사격 조사 '에'를 더해 '채소에는'으로 고치면 자연스러운 문장이 된다.

- **에**: 앞말이 처소의 부사어임을 나타내는 격 조사
- **에는**: 앞말이 부사어임을 나타내는 조사. 격 조사 '에'에 보조사 '는'이 결합한 말이다.

⑤ 검은머리물떼새를 천연기념물로 지정한 주체는 검은머리물떼새가 아니며, 검은머리물떼새가 천연기념물로 지정된 것이므로 '지정한'을 '지정된'으로 고치면 자연스러운 문장이 된다.

- **지정하다**: 관공서, 학교, 회사, 개인 등이 어떤 것에 특정한 자격을 주다.
- **지정되다**: 관공서, 학교, 회사, 개인 등으로부터 어떤 것에 특정한 자격이 주어지다.

5 중의적 표현 파악하기 정답 ③

(정답분석)

문장 내에서 의미가 중복되는 표현이 없는 ③이 답이다.

(오답분석)

① '공기(空氣)'와 '환기(換氣)하다'의 의미가 중복된다.

- **환기(換氣)하다**: 탁한 공기를 맑은 공기로 바꾸다.

② '머리카락'과 '삭발(削髮)하다'의 '머리털'이라는 의미가 중복된다.

- **머리카락**: 머리털의 낱개
- **삭발(削髮)하다**: 머리털을 손에 잡히지 않을 정도로 아주 짧게 깎다.

④ '여러 가지'와 '다양(多樣)하다'의 의미가 중복된다.

- **다양(多樣)하다**: 모양, 빛깔, 형태, 양식 등이 여러 가지로 많다.

⑤ '과반수(過半數)'와 '이상(以上)'의 '넘다', '많다'라는 의미가 중복된다.

- **과반수(過半數)**: 절반이 넘는 수
- **이상(以上)**: 수량이나 정도가 일정한 기준보다 더 많거나 나음

6 번역 투 표현 수정하기 정답 ④

(정답분석)

'~으로 인하여'는 일본어 표현을 직역한 번역 투 표현이므로 우리말 표현으로 바꾸어 쓰는 것이 더 자연스럽지만, 이를 수정한 '~에 의해'도 영어 표현을 직역한 번역 투 표현이다. 따라서 번역 투의 문장을 잘못 고친 것은 ④이다. 참고로, '~으로 인하여'는 우리말 표현 '~(으)로', '~ 탓에' 등과 같이 고쳐 쓸 수 있다.

(오답분석)

① '~에 한하여'는 일본어 표현을 직역한 번역 투 표현이므로 우리말 표현 '~만', '~에 한정하여' 등으로 바꾸어 쓰는 것이 더 자연스럽다.

② '~를 통해'는 영어 표현을 직역한 번역 투 표현이므로 우리말 표현 '~에', '~에서', '~(으)로' 등으로 바꾸어 쓰는 것이 더 자연스럽다.

③ '~을 필요로 한다'는 영어 표현을 직역한 번역 투 표현이므로 우리말 표현 '~이 필요하다' 등으로 바꾸어 쓰는 것이 더 자연스럽다.

⑤ '~에 위치하다'는 영어 표현을 직역한 번역 투 표현이므로 우리말 표현 '~에 있다' 등으로 바꾸어 쓰는 것이 더 자연스럽다.

영역 마무리 문제 p. 292

1 ③	2 ③	3 ①	4 ①	5 ⑤
6 ⑤	7 ①	8 ③	9 ⑤	10 ③
11 ③	12 ②	13 ①	14 ①	15 ①

1 한글 맞춤법 규정 이해하기

정답 ③

정답 분석

'햇살'에서 'ㅅ' 받침을 적는 이유는 한글 맞춤법 제30항에 따라 '햇살'이 고유어 명사 '해'와 '살'이 결합한 합성어이고, 앞말 '해'가 모음으로 끝나면서 뒷말 '살'의 첫소리가 [ㅆ]으로 나 사이시옷을 받쳐 적어야 하기 때문이다. 이와 달리 ①②④⑤의 '덧셈', '사뭇', '놋그릇', '돗자리'에서 'ㅅ' 받침을 적는 이유는 한글 맞춤법 제7항과 관련이 있으므로 받침을 'ㅅ'으로 적는 이유가 다른 것은 ③이다.

오답 분석

①②④⑤ '덧셈', '사뭇', '놋그릇', '돗자리'에서 'ㅅ' 받침을 적는 이유는 한글 맞춤법 제7항에 따라 [ㄷ] 소리로 나는 받침 중에서 받침을 'ㄷ'으로 적을 근거가 없는 것은 'ㅅ'으로 적어야 하기 때문이다. 이때, 'ㄷ' 소리로 나는 받침은 'ㄷ, ㅅ, ㅆ, ㅈ, ㅊ, ㅌ, ㅎ' 등이 있다. 참고로, 받침을 'ㄷ'으로 적을 근거에는 '낟알'처럼 원래부터 받침이 'ㄷ'이거나, '디디다'의 준말인 '딛다'와 같이 본말에서 준말이 만들어지며 'ㄷ' 받침을 갖게 되었거나, '사흘'과 '날'이 합쳐진 '사흗날'과 같이 'ㄹ' 소리와 연관되어 'ㄷ'으로 소리가 나는 경우가 있다.

2 한글 맞춤법 규정 이해하기

정답 ③

정답 분석

뉘여(×) → 뉘어(○): 동사 '누이다'의 어간 '누이-'에 연결 어미 '-어'가 결합한 것으로, 한글 맞춤법 제38항에 따라 'ㅜ' 뒤에 '-이어'가 올 때는 'ㅜ'와 '이'가 하나로 줄어 'ㅟ'가 되거나 '이어'가 하나로 줄어 '여'가 된다. 즉, '누이어'는 '뉘어'나 '누여'로만 줄어들 수 있으므로 옳지 않은 것은 ③이다.

오답 분석

① 전셋방(×) → 전세방(○): 한글 맞춤법 제30항에 따라 고유어가 들어 있지 않으므로 한자어 '전세(傳貰)'와 '방(房)'이 결합해 만들어진 합성어에는 사이시옷을 받쳐 적지 않으므로 '전셋방'을 '전세방'으로 수정하는 것은 적절하다.

② 몰아부치고(×) → 몰아붙이고(○): '한쪽 방향으로 몰려가게 하다'를 뜻하는 단어는 '몰아붙이다'이므로, '몰아부치고'를 '몰아붙이고'로 수정하는 것은 적절하다.

④ 일러서(×) → 이르러서(○): 한글 맞춤법 제18항에 따라 '어떤 장소나 시간에 닿다'를 뜻하는 '이르다[至]'의 어간과 결합하는 어미 '-어'는 '-러'로 바뀌며, 바뀐 형태 그대로 표기한다. 따라서 '이르다'의 어간 '이르-'에 연결 어미 '-어서'가 결합한 형태의 표기를 '일러서'에서 '이르러서'로 수정하는 것은 적절하다. 참고로, 이런 활용을 하는 용언을 '러' 불규칙 용언이라고 하며, '일러서'가 옳은 표기가 되려면 '르' 불규칙 용언인 '이르다[謂, 早]'가 활용한 형태여야 한다.

⑤ 오랫만에(×) → 오랜만에(○): '어떤 일이 있은 때로부터 긴 시간이 지난 뒤'를 뜻하는 단어 '오래간만'의 준말은 '오랜만'이므로, '오랫만에'를 '오랜만에'로 수정하는 것은 적절하다.

3 한글 맞춤법 규정

정답 ①

정답 분석

한자음 표기가 옳은 것은 ㉠, ㉢, ㉤이므로 답은 ①이다.

- ㉠ 녹록(碌碌)(○): 한글 맞춤법 제12항에 따라 한자음 '로'가 단어의 첫머리에 올 때는 두음 법칙을 적용해 '노'로 적고 단어의 첫머리 이외에는 본음대로 적는다. 따라서 한자어 '碌碌'은 첫음절은 '녹'으로, 둘째 음절은 '록'으로 표기한다.
- ㉢ 취업률(就業率)(○): 한글 맞춤법 제11항 '다만'에 따라 앞말이 모음 또는 'ㄴ' 받침으로 끝나지 않는 경우, 뒤에 오는 '률(率)'은 본음대로 '률'로 적으므로 적절하다.
- ㉤ 연연불망(戀戀不忘)(○): 한글 맞춤법 제11항에 따라 한자음 '려'가 단어의 첫머리에 올 때는 두음 법칙을 적용해 '여'로 적고, 단어의 첫머리 이외에는 본음대로 적는다. 그러나 '연연불망'의 '연연'과 같이 한 단어 안에서 같은 음절이 겹쳐 나는 부분은 한글 맞춤법 제13항에 따라 같은 글자로 적어야 한다. 따라서 한자어 '戀戀不忘'은 '연연불망'으로 적는다.

오답 분석

- ㉡ 열열(烈烈)(×) → 열렬(○): 한글 맞춤법 제11항에 따라 한자음 '려'가 단어의 첫머리에 올 때는 두음 법칙을 적용해 '여'로 적고, 단어의 첫머리 이외에는 본음대로 적는다. 따라서 한자어 '烈烈'은 첫음절은 '열'로, 둘째 음절은 '렬'로 표기해 '열렬'로 적어야 한다.
- ㉣ 치사률(致死率)(×) → 치사율(○): 한글 맞춤법 제11항 '다만'에 따라 앞말이 모음으로 끝나는 경우, 뒤에 오는 '률(率)'은 '율'로 적어야 한다.
- ㉥ 회계년도(會計年度)(×) → 회계연도(○): 한자어 '年度'가 '사무나 회계 결산 등의 처리를 위하여 편의상 구분한 일 년 동안의 기간. 또는 앞의 말에 해당하는 그해'를 뜻하는 명사로 쓰일 때는 두음 법칙이 적용되므로 '연도'로 표기해야 한다. 참고로, '일정한 기간 단위로서의 그해'를 의미하는 의존 명사로 '2023년도 입학식'과 같이 쓰일 때는 두음 법칙이 적용되지 않은 '년도(年度)'로 표기한다.

4 올바른 띄어쓰기 파악하기

정답 ①

정답 분석

㉠'맨∨마지막', ㉣'맨∨위'의 '맨'은 더할 수 없을 정도나 경지에 있음을 나타내는 말로, 관형사이므로 뒷말과 띄어 써야 한다. 반면, ㉡'맨∨발', ㉢'맨∨밥'의 '맨'은 '다른 것이 없는'의 뜻을 더하는 접두사로, '맨발'과 '맨밥' 자체가 한 단어이므로 이때의 '맨'은 뒷말에 붙여 써야 한다. 따라서 띄어쓰기가 옳은 것은 ㉠, ㉣이므로 답은 ①이다.

• 맨발: 아무것도 신지 않은 발
• 맨밥: 반찬이 없는 밥

5 한글 맞춤법 규정 이해하기 정답 ⑤

(정답분석)

두루말이(×) → 두루마리(O): '길게 둘둘 만 물건'을 뜻하는 단어는 '두루마리'로 표기하므로 답은 ⑤이다. 참고로, '두루마리'는 본래 '두루 마는 것'이나 '둘러 마는 것'을 전반적으로 의미하는 단어였으나 현재 쓰이는 의미가 한정되어 본뜻에서 멀어진 것으로 보아 어근을 밝혀 적지 않는 예로 볼 수 있다.

(오답분석)

① ④ 바둑이, 삼발이(O): 한글 맞춤법 제20항-2에 따라 명사 뒤에 '-이'가 붙어 명사가 된 말은 그 명사의 원형을 밝혀 적으므로, 명사 '바둑'과 '발'에 명사 파생 접미사 '-이'가 결합한 단어는 '바둑이'와 '삼발이'로 표기한다.
• 바둑이: 털에 검은 점과 흰 점이 바둑무늬 모양으로 뒤섞여 있는 개. 또는 그런 개의 이름
• 삼발이: 둥근 쇠 테두리에 발이 세 개 달린 기구

② ③ 나날이, 낱낱이(O): 한글 맞춤법 제20항-1에 따라 명사 뒤에 '-이'가 붙어 부사가 된 말은 그 명사의 원형을 밝혀 적으므로, 명사 '나날'과 '낱낱'에 부사 파생 접미사 '-이'가 결합한 단어는 '나날이'와 '낱낱이'로 표기한다.
• 나날이: 매일매일
• 낱낱이: 하나하나 빠짐없이 모두

6 문장 부호의 쓰임 파악하기 정답 ⑤

(정답분석)

120킬로미터·시간의(×) → 120킬로미터/시간의(O): 기준 단위당 수량을 표시할 때는 가운뎃점(·)이 아닌 빗금(/)을 쓰는 것이 적절하므로 가운뎃점의 사용이 적절하지 않은 것은 ⑤이다.

(오답분석)

① 4·19 혁명을(O): '사일구 혁명'이라는 특정한 의미가 있는 날을 표시할 때 월과 일을 나타내는 아라비아 숫자 사이에 가운뎃점을 쓸 수 있으므로 적절하다. 참고로, 이 쓰임에서는 원칙적으로 마침표를 쓰되 가운뎃점을 쓰는 것을 허용한다.

② 양·돼지·소·닭고기를(O): '양고기', '돼지고기', '소고기', '닭고기'에서 공통되는 '고기'를 반복하지 않고 하나의 어절로 묶으며 가운뎃점을 쓰고 있으므로 적절하다. 참고로, 이 쓰임에서는 원칙적으로 가운뎃점을 쓰되 쉼표를 쓰는 것을 허용한다.

③ 원·달러 환율이(O): 두 개 이상의 어구가 밀접한 관련이 있음을 나타내기 위해 어구 사이에 가운뎃점을 쓰고 있으므로 적절하다. 참고로, 이 쓰임에서는 원칙적으로 붙임표를 쓰되 가운뎃점이나 쉼표를 쓰는 것을 허용한다.

④ 서해 5도에는 백령도·대청도·소청도·연평도·소연평도가 속한다(O): 짝을 이루는 어구들 사이에 가운뎃점을 쓰고 있으므로 적절하다. 참고로, 짝을 이룬다는 것은 각 어구가 서로 긴밀한 관계를 맺으면서 전체 집합의 필수 요소가 된다는 의미이며, 이 쓰임에서는 원칙적으로 가운뎃점을 쓰되 가운뎃점을 쓰지 않거나 쉼표를 쓰는 것도 허용한다.

7 표준어와 비표준어 구분하기 정답 ①

(정답분석)

'ㅣ' 모음 역행 동화가 일어나지 않은 형태인 '나부랑이'와 'ㅣ' 모음 역행 동화가 일어난 형태인 '나부랭이' 중 표준어인 것은 '나부랭이'이다. ㉠은 〈보기〉에서 설명하는 'ㅣ' 모음 역행 동화가 일어나지 않은 형태를 표준어로 삼는 예에 해당하지 않으므로, 답은 ①이다. 참고로, '나부랑이'에서 'ㅣ' 모음 역행 동화가 일어난 형태이지만 '나부랭이'가 널리 쓰여 표준어가 되었다.
• 나부랭이: 1. 종이나 헝겊 등의 자질구레한 오라기 2. 어떤 부류의 사람이나 물건을 낮잡아 이르는 말

(오답분석)

② ④ 'ㅣ' 모음 역행 동화가 일어나지 않은 형태인 ㉡'유기장이'는 표준어로, 표준어 '미장이'에서 'ㅣ' 모음 역행 동화가 일어난 형태인 ㉣'미쟁이'를 비표준어로 분류했으므로 적절하다. 참고로, 이는 기술자에게는 '-장이'를 붙인 형태를 표준어로 삼는다는 표준어 사정 원칙 제9항 [붙임 2]로도 설명할 수 있다.
• 유기장이: 키버들로 고리짝이나 키 등을 만들어 파는 일을 직업으로 하는 사람
• 미장이: 건축 공사에서 벽이나 천장, 바닥 등에 흙, 회, 시멘트 등을 바르는 일을 직업으로 하는 사람

③ 'ㅣ' 모음 역행 동화가 일어나지 않은 형태인 ㉢'아지랑이'를 표준어로 분류했으므로 적절하다.
• 아지랑이: 주로 봄날 햇빛이 강하게 쬘 때 공기가 공중에서 아른아른 움직이는 현상

⑤ 표준어 '아기'에서 'ㅣ' 모음 역행 동화가 일어난 형태인 ㉤ '애기'를 비표준어로 분류했으므로 적절하다.
• 아기: 1. 어린 젖먹이 아이 2. 나이가 많지 않은 딸이나 며느리를 정답게 이르는 말 3. 짐승의 작은 새끼나 어린 식물을 귀엽게 이르는 말

8 표준어와 비표준어 구분하기 정답 ③

(정답분석)

전남 지역에서 사용하는 방언인 '남싸다'에 대응하는 표준어는 '날쌔다'이므로 올바른 것은 ③이다.
• 날쌔다: 동작이 날래고 재빠르다.

(오답분석)

① 경기, 전북 지역에서 사용하는 방언인 '가생이'에 대응하는 표준어는 '가장자리'이다. 참고로, 경남, 전남, 충청 지역의 방언 '가생이'는 표준어 '가'에 대응하기도 한다.
• 가랑이: 하나의 몸에서 끝이 갈라져 두 갈래로 벌어진 부분
• 가장자리: 둘레나 끝에 해당되는 부분
• 가: 경계에 가까운 바깥쪽 부분

② 강원, 경상, 전라 등의 지역에서 사용하는 방언인 '가찹다'에 대응하는 표준어는 '가깝다'이다.
- **차갑다**: 촉감이 서늘하고 썩 찬 느낌이 있다.
- **가깝다**: 어느 한 곳에서 다른 곳까지의 거리가 짧다.

④ 경남 등의 지역에서 사용하는 방언인 '눈두덕'에 대응하는 표준어는 '눈두덩'이다.
- **눈꺼풀**: 눈알을 덮는, 위아래로 움직이는 살갗
- **눈두덩**: 눈언저리의 두두룩한 곳

⑤ 강원, 충북 지역에서 사용하는 방언인 '다디미'에 대응하는 표준어는 '다듬이'이다.
- **다리미**: 옷이나 천 등의 주름이나 구김을 펴고 줄을 세우는 데 쓰는 도구
- **다듬이**: 다듬이질을 할 때 쓰는 방망이

9 표준 발음법 파악하기 정답 ⑤

정답분석

제28항에서 설명하는 사이시옷의 관형격 기능은 앞의 명사가 뒤의 명사의 시간, 장소, 용도, 기원(소유) 등의 의미를 나타낼 때 실현된다. '그믐달'은 뒤의 명사 '달'이 뜨는 시간을 앞의 명사 '그믐'이 나타내고 있으므로 표기상 사이시옷이 나타나지 않지만, 사이시옷이 있어야 할 합성어로 볼 수 있다. 따라서 '그믐달'은 '그믐' 뒤에 오는 명사 '달'의 첫소리에 경음화가 일어나 [그믐딸]로 발음하므로 ⑤는 표준 발음법의 예시와 그 발음이 적절하다.

오답분석

① '넓다'는 어간 받침이 'ㄼ'이므로 제25항의 예시로 적절하며, '넓다'의 표준 발음은 [널따]이므로 적절하지 않다. 참고로, 표준 발음법 제10항에 따라 겹받침 'ㄼ'은 어말 또는 자음 앞에서 [ㄹ]로 발음하나 '넓-'의 경우 '넓죽하다[넙쭈카다]'나 '넓둥글다[넙뚱글다]' 등의 단어에서는 [ㅂ]으로 발음한다.

② '신겨'는 '신기다'의 어간 '신기-'에 연결 어미 '-어'가 결합한 형태이며, 표준 발음이 [신겨]이므로 적절하지 않다. 참고로, '신기다'는 동사 '신다'의 어간 '신-'에 사동 접미사 '-기-'가 결합한 것으로 표준 발음법 제24항 '다만'에서 피동, 사동의 접미사 '-기-'는 된소리로 발음하지 않는다고 설명하고 있다.

③ '핥고'는 어간 받침이 'ㄾ'이며, 어미의 첫소리 'ㄱ'을 [ㄲ]으로 발음하므로 제25항의 예시로 적절하지만, '핥고'의 표준 발음은 [할꼬]이므로 적절하지 않다. 참고로, 표준 발음법 제10항에서 겹받침 'ㄾ'은 어말 또는 자음 앞에서 [ㄹ]로 발음한다고 설명하고 있다.

④ '술잔'은 고유어 명사 '술'과 한자어 명사 '잔(盞)'이 결합한 합성어로, 앞의 명사 '술'이 뒤의 명사 '잔'의 용도를 나타내고 있다. 두 명사가 관형격 기능을 지니므로 '술잔'에는 표기상 사이시옷이 나타나지 않더라도 사잇소리 현상으로서의 경음화가 나타난다. 따라서 '술잔'은 제28항의 예시로 적절하다.

10 올바른 외래어 표기 구분하기 정답 ③

정답분석

옐로카드(yellow card)(O): 외래어 표기법 제3장 제1절 제8항에 따라 'yellow[jelou]'의 중모음 [ou]는 '오'로 표기하므로 외래어 표기가 옳은 것은 ③이다.

오답분석

① **플룻(flute)(×) → 플루트(O)**: 외래어 표기법 제3장 제1절 제1항에 따라 무성 파열음 [t]는 짧은 모음 뒤나 짧은 모음과 유음 · 비음 이외의 자음 사이에 오는 경우를 제외하고 어말에서는 '으'를 붙여 '트'로 표기한다. 따라서 'flute[flu:t]'는 '플루트'로 표기해야 한다.

② **앤젤(angel)(×) → 에인절(O)**: 외래어 표기법 제2장에 따라 'angel[eɪndʒəl]'의 [ɪ]는 'ㅣ'로, [ə]는 '어'로 표기한다. 또한 제3장 제1절 제8항에 따라 중모음은 각 단모음의 음가를 살려서 적어야 하므로 'angel[eɪndʒəl]'은 '에인절'로 표기해야 한다.

④ **케찹(ketchup)(×) → 케첩(O)**: 외래어 표기법 제2장에 따라 'ketchup[ketʃəp]'의 [ə]는 '어'로 표기하므로 'ketchup[ketʃəp]'은 '케첩'으로 표기해야 한다.

⑤ **소세지(sausage)(×) → 소시지(O)**: 외래어 표기법 제2장에 따라 'sausage[sɒsɪdʒ]'의 [ɪ]는 'ㅣ'로 표기하므로 'sausage[sɒsɪdʒ]'는 '소시지'로 표기해야 한다.

11 올바른 로마자 표기 구분하기 정답 ③

정답분석

떡국[떡꾹] tteokguk(O): 로마자 표기법 제2장 2항에 따라 'ㄸ'은 'tt'로 표기해야 하며, 제3장 제1항 [붙임]에 따라 된소리되기는 로마자 표기에 반영하지 않으므로 [꾹]의 [ㄲ]은 모음 앞에 오는 'ㄱ'과 동일하게 'g'로 표기해야 한다. 따라서 로마자 표기가 옳은 것은 ③이다.

오답분석

① **식혜[시계/시케] sikye(×) → sikhye(O)**: 로마자 표기법 제3장 제1항에 따라 'ㄱ'이 'ㅎ'과 합하여 거센소리 [ㅋ]으로 소리 날 때는 이를 로마자 표기에 반영해야 하지만, 체언에서는 'ㅎ'을 밝혀 적어야 한다. 참고로, 국어의 로마자 표기는 원칙적 발음을 따르므로 허용되는 발음인 [시케]가 아닌 [시계]에 따라 표기해야 한다.

② **잡채[잡채] japchai(×) → japchae(O)**: 로마자 표기법 제2장 제1항에 따라 'ㅐ'는 'ae'로 표기해야 한다.

④ **신선로[신설로] sinseonno(×) → sinseollo(O)**: 로마자 표기법 제1장 제1항에 따라 로마자 표기는 국어의 표준 발음법에 따라 적어야 한다. '신선로'의 표준 발음은 [신설로]이며, 제2장 제2항 [붙임 2]에 따라 'ㄹㄹ'은 'll'로 표기해야 한다.

⑤ **탕수육[탕수육] tangssuyuk(×) → tangsuyuk(O)**: 로마자 표기법 제1장 제1항에 따라 로마자 표기는 국어의 표준 발음법에 따라 적어야 한다. '탕수육[탕수육]'에서는 된소리되기가 일어나지 않으며, 제2장 제2항에 따라 'ㅅ'은 's'로 표기해야 한다.

12 문장 성분의 호응 및 완결성 파악하기 정답 ②

정답분석

동사 '의사소통하다'는 서술어로 쓰일 때 '…과'와 같은 부사어나 여럿임을 뜻하는 말을 주어로 요구한다. ⓒ에는 서술어 '의사소통하였기'에 호응하는 주어나 부사어가 없으므로 자연스럽지 않은 문장은 ②이다. 참고로, ⓒ이 자연스러운 문장이 되기 위해서는 부사어 '다른 부족들과'나 주어 '부족들이'를 추가해 '다른 부족들과 수화로 의사소통하였기~' 또는 '부족들이 수화로 의사소통하였기~'로 고쳐야 한다.

13 문장의 높임법 구분하기 정답 ①

(정답 분석)

② '여쭤보다', ③ '모시다', ④ '뵙다', ⑤ '드리다'는 문장의 객체(목적어, 부사어)인 '부장님', '어머님', '교수님', '장모님'을 높이기 위해 쓴 높임말이다. 그러나 ①의 '댁'은 청자 '할아버지'를 높이기 위해 쓴 높임말이므로 나머지 넷과 높임법의 성격이 다르다.

14 중의적 표현 파악하기 정답 ①

(정답 분석)

'거리를 좁히며', '다가가다' 등에는 의미가 중복되는 표현이 쓰이지 않았으므로 ①이 답이다.

(오답 분석)

② '갑자기'와 '돌변(突變)하다'의 의미가 중복된다.
- **갑자기**: 미처 생각할 겨를도 없이 급히
- **돌변(突變)하다**: 뜻밖에 갑자기 달라지거나 달라지게 하다.

③ '복병(伏兵)'과 '숨다'의 의미가 중복된다.
- **복병(伏兵)**: 적을 기습하기 위하여 적이 지날 만한 길목에 군사를 숨김. 또는 그 군사
- **숨다**: 보이지 않게 몸을 감추다.

④ '오래되다'와 '숙원(宿願)'의 의미가 중복된다.
- **오래되다**: 시간이 지나간 동안이 길다.
- **숙원(宿願)**: 오래전부터 품어 온 염원이나 소망

⑤ '간추리다'와 '요약(要約)하다'의 의미가 중복된다.
- **간추리다**: 글 등에서 중요한 점만을 골라 간략하게 정리하다.
- **요약(要約)하다**: 말이나 글의 요점을 잡아서 간추리다.

15 번역 투 표현 수정하기 정답 ①

(정답 분석)

'가능성을 배제할 수 없다'는 영어 표현을 직역한 번역 투 표현이므로 '~할 수도 있다' 등의 우리말 표현으로 바꾸어 쓰는 것이 좋다. 따라서 적절한 우리말 표현을 번역 투 표현으로 수정한 ①이 답이다.

(오답 분석)

② '~하지 않으면 안 된다'는 영어 'must be'에서 나온 번역 투 표현으로, 부정 표현을 두 번 써 긍정을 나타내는 이중부정 표현으로, 문맥을 고려해 긍정 표현이므로 바꾸어 쓰는 것이 좋다.

③ '~을/를 가지다'는 영어 'have'를 직역한 번역 투 표현이므로 문맥에 맞는 우리말 표현으로 바꾸어 쓰는 것이 좋다.

④ '~에 값하다'는 일본어 표현을 직역한 번역 투 표현이므로 '~할 만하다', '~ㄹ 만하다' 등의 우리말 표현으로 바꾸어 쓰는 것이 좋다.

⑤ '~에 다름 아니다'는 일본어 표현을 직역한 번역 투 표현이므로 '~(이)나 다름없다', '~라 할 만하다' 등의 우리말 표현으로 바꾸어 쓰는 것이 좋다.

Ⅳ. 쓰기

기출유형 **14** 글쓰기 계획 및 개요 수정하기

유형 연습문제 p. 302

1 ① 2 ②

1 글쓰기 계획하기 정답 ①

정답분석

윗글에 반영된 글쓰기 계획은 'ㄱ, ㄴ'이므로 답은 ①이다.

- ㄱ: 4문단 3~4번째 줄에서 디스토피아 작품의 사례를 들고 있다.
- ㄴ: 2문단에서 디스토피아 작품에 대한 부정적인 관점을, 3~5문단에서 디스토피아 작품에 대한 긍정적인 관점을 제시하고 있다.

[관련 지문 인용]

- 디스토피아 작품의 고전이라 할 수 있는 「멋진 신세계」에서는~미래상을 암울하게 그리고 있다.
- 디스토피아 작품의 인기 현상에 대해 부정적인 관점을 지닌 사람들은
- 디스토피아 작품의 인기 현상은 긍정적이다.

오답분석

- ㄷ: 윗글에서 디스토피아 작품에 대한 문제를 해결할 방안이 없다는 점이나, 문제가 심각하다는 점을 설명하는 부분은 없다.
- ㄹ: 글의 끝부분에서 디스토피아 작품을 통해 현실 문제를 인식하고 성찰해야 한다는 주장을 하고 있으나, 글의 첫 부분에는 이와 같은 주장이 드러나지 않는다.
- ㅁ: 윗글은 '디스토피아 작품'의 화제성을 제시하며 글을 시작하고 있으며, 관련된 인터뷰 내용은 제시되지 않았다.

2 글쓰기 개요 수정하기 정답 ②

정답분석

윗글은 1문단에서 '디스토피아'의 정의를 '유토피아'와 비교하며 제시하고 있으므로 개요 수정 방안 중 윗글에 반영된 것은 ②이다.

오답분석

① 1문단에서 디스토피아의 화제성을 제시하며 글을 시작하고 있으며, 글과 관련된 화제는 글의 시작 부분에 제시되는 것이 논리적인 글 구조에 부합하므로 적절하지 않다.

③ 2문단에서 디스토피아 작품에 대한 불편함과 함께 디스토피아 작품의 부정적인 면모와 그로 인해 우려되는 상황을 제시하고 있으며, 구체적 사례는 제시되지 않았으므로 적절하지 않다.

④ 3문단에서 디스토피아 작품의 소재와 세계관을 서술한 후, 그에 대한 긍정적인 효과를 제시하고 있으므로 순서를 바꾸는 것은 적절하지 않다.

⑤ 4문단에서는 디스토피아 작품의 장치와 그 효과를 올바르게 수용해야 한다는 점을 구체적인 사례를 들어 제시하고 있으며, 5문단에서는 디스토피아 작품의 의의를 제시하며 글을 마무리하고 있으므로 적절하지 않다.

기출유형 **15** 글의 자료 및 전략 활용하기

유형 연습문제 p. 306

1 ③ 2 ⑤

1 글쓰기 전략 활용하기 정답 ③

정답분석

윗글의 마지막 문단에 요약이 되어 있는 정보는 천연 감미료와 인공 감미료가 인체에 미치는 영향에 대한 정보뿐이므로, 마지막 문단에서 글의 내용을 모두 요약하고 있다는 것은 적절하지 않다. 따라서 답은 ③이다.

오답분석

① 5문단 2~4번째 줄에서 인공 감미료가 당뇨를 유발하는 과정, 인공 감미료를 먹으면 단 음식을 찾게 되는 과정을 제시하고 있으므로 적절하다.

② 3문단 3~5번째 줄에서 인공 감미료인 아스파탐과 수크랄로스의 단맛을 설탕에 비교하고, '200배와 600배', '설탕의 1/200, 1/600'과 같이 구체적인 수치를 통해 설명하고 있으므로 적절하다.

④ 2문단 3번째 줄에서 "제로 칼로리' 식품은 어떻게 '제로 슈거'로 단맛을 내는 것일까?"라는 질문을 제시하고, 이에 대한 답으로 3문단에서 설탕 대신 적은 양으로 단맛을 내는 인공 감미료가 쓰임을 설명하고 있으므로 적절하다.

⑤ 2문단에서 '제로 칼로리'는 표면적으로는 '열량 0kcal'를 의미할 수 있으나 실질적으로는 '열량 5kcal 미만'이라는 의미이고, '제로 슈거'는 표면적으로는 '설탕 0g'일 수 있으나 실질적으로는 대체 감미료 0.5g 미만이 들어갔다는 의미임을 설명하고 있으므로 적절하다.

2 글쓰기 자료 활용하기 정답 ⑤

정답분석

윗글의 6문단에서 감미료를 섭취할 때 고려해야 할 사항을 제시하고 있으나 (가)를 통해 인공 감미료를 쓴 B는 총당류 함량이 0임을 알 수 있다. 또한 (다)에서는 인공 감미료는 당뇨 환자에게 긍정적인 결과를 주지만, 당뇨가 없는 사람에게는 부정적인 결과를 줄 수 있음을 설명하고 있다. 따라서 영양 성분 함량에서 총당류의 양을 고려하는 것은 감미료 섭취 시 주의 사항으로 적절하지 않다.

오답분석

① 윗글은 1문단에서 소비자가 제로 칼로리, 제로 슈거 음료를 선호함을 다루고 있으며, (가)는 소비자가 제로 칼로리, 제로 슈거인 음료 B를 그렇지 않은 음료 A보다 소비자가 더 선호한다는 점을 뒷받침할 수 있는 자료이므로 자료의 활용 방안으로 적절하다.

② 윗글의 1문단에서 식품 업계에서 제로 칼로리, 제로 슈거 상품을 내놓는 변화가 생겼음을 알 수 있으며, (나)를 통해 당 함량을 고려하는 소비 경향을 알 수 있다. 따라서 (나)를 근거로 제로 상품을 만드는 식품 업계의 시장 변화 원인을 설명할 수 있으므로 적절하다.

③ 윗글은 6문단에서 어떤 감미료를 섭취하든 그 특성을 명확히 알고 적당히 섭취해야 한다고 주장하고 있으며, (다)는 인공 감미료가 당뇨의 유무나 종류별 특성에 따라 인체에 미칠 수 있는 영향이 다름을 설명하는 자료이므로 적절하다.

④ 윗글의 1문단에서 '제로 칼로리', '제로 슈거' 음료가 인기를 끌고 있음을 알 수 있으며, (라)를 통해 젊은 세대가 흥미 있어 하는 문화적 소비에 따라 '제로' 음료의 수요가 높아졌음을 알 수 있다. 따라서 (라)를 활용해 무설탕, 무열량 음료 시장의 성행을 설명할 수 있으므로 적절하다.

※ 출처: KOSIS(농림축산식품부, 가공식품소비자태도조사, 식품 이슈별 자가 평가), 2023.06.28.

기출유형 **16** 글 고쳐 쓰기

유형 연습문제 p. 310

1 ⑤ 2 ⑤

1 단어나 문장 고쳐 쓰는 방법 찾기 정답 ⑤

정답분석

㉤의 서술어인 '두려워하지 않는다'에 호응하는 주어가 없으며, 문맥상 다른 이에게 충격을 주는 것을 두려워하지 않고 획기적인 방식을 광고에 사용하는 '게릴라 마케팅 제작자'가 서술어의 주어로 와야 함을 알 수 있다. 따라서 ㉤에 '게릴라 마케팅을 사용하는 사람들은'과 같은 주어를 추가하는 것이 적절하다.

오답분석

① ㉠: ㉠이 포함된 문장은 문맥상 미국의 한 회사가 한 여자의 이마에 사이트 주소를 새긴 것이므로 '…에 …을 새기다'와 같이 능동 표현으로 쓰는 것이 적절하다.

② ㉡: ㉡의 '보다'는 비교의 대상이 되는 말에 붙어 '~에 비해서'의 뜻을 나타내는 격 조사이므로 앞말과 붙여 쓰는 것이 적절하다.

③ ㉢: ㉢은 앞에 제시된 공원 벤치를 초콜릿 바처럼 보이게 한 사례에 대한 설명이고, 그 뒤에는 앞 내용과 상반되는 마케팅의 부정적인 사례를 제시하고 있으므로 문장의 순서를 바꾸지 않고 지금과 같은 순서로 쓰는 것이 자연스럽다.

④ ㉣: ㉣의 앞에는 획기적인 광고 방식이 제시되고 있고, ㉣에는 그 방식이 오인되어 발생한 부정적인 상황이 제시되어 있다. 원래 의도하던 효과와 다른 상황이 펼쳐졌음을 나타내는 것이므로 접속 부사 '하지만'을 쓰는 것이 자연스럽다.

- **그리고**: 단어, 구, 절, 문장 등을 병렬적으로 연결할 때 쓰는 접속 부사
- **하지만**: 서로 일치하지 않거나 상반되는 사실을 나타내는 두 문장을 이어 줄 때 쓰는 접속 부사

2 글 보완하는 방안 찾기 정답 ⑤

정답분석

윗글은 게릴라 마케팅의 다양한 사례를 소개한 후, 고객의 긍정적인 호응을 얻을 수 있는 광고를 제작해야 한다는 점을 주장하고 있다. 글의 효용성은 글에서 다루는 문제가 현재 사회에서 논의할 만한 가치가 있는지 평가하는 글의 특성이므로, 최근 사회에서 광고로 인한 부정적인 현상이 느는 점을 글에 추가하면 사회적 분위기상 문제가 되는 점을 반영한 글이 된다. 따라서 답은 ⑤이다.

오답분석

① 글의 정확성은 글에 제시된 정보가 사실인지, 정확한지 등을 기준으로 평가하는 특성이므로 다른 마케팅의 종류를 추가하는 것은 글의 정확성을 높이는 방안과 관련이 없다.

② 글의 신뢰성은 주장을 검증할 수 있는 근거가 구체적으로 제시되었는지, 제공하는 정보와 자료를 믿을 수 있는지 등을 기준으로 평가하는 글의 특성이므로 게릴라 마케팅의 정의를 추가하는 것은 글의 신뢰성을 높이는 방안과 관련이 없다. 또한 2문단에서 게릴라 마케팅의 정의가 제시되었으므로 적절하지 않다.

③ 윗글은 광고를 제작할 때 수용하는 고객의 입장을 고려해야 한다는 입장이며, 글의 공정성은 필자의 입장이 한쪽으로 치우치지 않았는가로 평가되는 특성이다. 따라서 글의 공정성을 높이기 위해서는 마케팅으로 손해를 본 고객의 입장이 아닌 광고를 만드는 제작자 측의 입장을 추가해야 하므로 적절하지 않다.

④ 1문단에 게릴라 마케팅과 관련된 사례가 화제로 있으므로 적절하지 않다. 참고로, 글의 시작 부분에 글과 관련된 화제를 제시하는 것은 논리적인 글 구조에 부합한다.

영역 마무리 문제 p. 311

01 ③ 02 ⑤ 03 ④ 04 ③ 05 ②

1 글쓰기 계획하기 정답 ③

정답분석

- ㄷ: 윗글은 전반적으로 특정 세대의 이미지에 관한 선입견으로 개인을 평가해서는 안 된다는 주장을 펼치고 있다. 참고로, 글의 통일성은 전체 글이 하나의 주제로 연결될 때 확보할 수 있다.
- ㅁ: 윗글은 1문단에서 최근 '엠제트 세대'라는 용어가 사회 전반적으로 많이 쓰이고 있음을 들고 이에 대한 논의를 전개하고 있다. 시의성이 '그 당시의 사정이나, 사회의 요구에 알맞은 성질'을 의미함을 고려할 때 최근 사회적으로 관심을 받은 사안으로 글을 작성하는 것은 시의성을 확보하는 방안으로 적절하다.

오답분석

- ㄱ: 윗글에는 언론의 보도 자료가 인용되지 않았으므로 적절하지 않다. 참고로, 신뢰성은 글의 사실이나 전제가 믿을 만하고, 글에 인용한 자료의 출처가 믿을 만하면 확보할 수 있다.
- ㄴ: 윗글은 사회적으로 통용되는 생각을 주장하고 있지 않으므로 적절하지 않다. 참고로, 글의 공정성은 글이 공평하고 보편적인 입장을 취할 때 확보할 수 있다.
- ㄹ: 윗글에는 글의 제재와 관련된 구체적인 일화가 제시되지 않았으므로 적절하지 않다.

2 글쓰기 자료 활용하기

정답 ⑤

정답분석

(다)는 특정 세대가 생산한 콘텐츠를 다른 세대에서 소비한다는 내용을 다루고 있으나 윗글은 세대 갈등을 해소하기 위해 엠제트 세대의 노력이 필요하다고 주장하고 있지 않으므로 적절하지 않다.

오답분석

① ② (가)는 모든 세대에서 연령에 따른 사회적 갈등이 심하다고 인식하고 있다는 자료이며, 윗글의 5문단에서는 특정 세대에 대한 선입견으로 그 세대에 속하는 개인을 평가하는 문화가 세대 갈등을 심화하므로 개인은 개인으로 바라보는 인식 개선이 필요하다는 내용을 설명하고 있으므로 적절하다.

③ (나)는 '노 키즈 존'과 '노 시니어 존' 같이 나이를 이유로 삼아 특정 공간에 출입할 수 없게 하여, 특정 연령의 사람을 차별하는 사례를 설명하는 자료이다. 윗글의 3~4문단에서는 특정 세대의 특성을 개인에게 일반화하는 문화가 나이를 이유로 기회를 박탈하는 연령 차별 주의의 일종일 수 있으며 세대 간 갈등을 일으킬 수 있다고 설명하고 있으므로 적절하다.

④ (다)는 60대가 일반적으로 엠제트 세대의 문화로 여겨지는 영상 일기를 제작하고 있는 사례를 들고 있으며, 윗글의 3문단에서는 특정 세대의 가치관이나 행동 양식을 그 세대에 속하는 모든 개인의 특성으로 일반화할 수 없다고 주장하고 있으므로 적절하다.

※ 출처: KOSIS(한국행정연구원, 사회통합실태조사, 우리 사회 갈등 정도), 2023.04.28.

3 단어나 문장 고쳐쓰는 방법 찾기

정답 ④

정답분석

3문단은 특정 세대의 특성을 일반화하기 어렵다는 내용을, 4문단은 특정 세대의 특성을 일반화하는 것이 연령 차별 주의가 될 수 있다는 내용을 다루고 있다. 두 문단을 잇는 접속 부사인 ㉣에는 앞뒤 내용을 대등하게 잇거나 앞의 내용에 뒤의 내용을 첨가함을 나타낼 수 있는 '그리고'와 같은 접속 부사가 오는 것이 자연스럽다. 따라서 적절하지 않은 것은 ④이다.

- **요컨대:** 앞의 말을 요약하거나 말을 바꾸어 다시 말할 때 사용하는 접속어
- **그리고:** 단어, 구, 절, 문장 등을 병렬적으로 연결할 때 쓰는 접속 부사

오답분석

① ㉠: ㉠과 호응하는 주어는 "엠제트 세대'란'이므로, "엠제트 세대'란~포괄한다'에서 서술어인 ㉠을 수정해 "엠제트 세대'란~포괄하는 용어이다'로 고쳐 쓴 문장이 더 자연스러우므로 적절한 수정 방안이다.

② ㉡: ㉡의 앞은 '꼰대'라는 용어가 과거에는 기성세대만을 지칭했다는 내용을, ㉡의 뒤는 현재는 '꼰대'라는 용어가 일부 젊은 세대를 지칭한다는 내용을 다루고 있다. 즉 ㉡은 앞뒤 내용이 상반됨을 나타낼 수 있어야 하므로 연결 어미 '-으면'을 쓴 '가리켰으면'을 연결 어미 '-지만'을 쓴 '가리켰지만'으로 고쳐 쓰는 것은 적절하다.

- **-으면:** 1. 불확실하거나 아직 이루어지지 않은 사실을 가정하여 말할 때 쓰는 연결 어미 2. 일반적으로 분명한 사실을 어떤 일에 대한 조건으로 말할 때 쓰는 연결 어미 3. 현실과 다른 사실을 가정하여 나타내는 연결 어미 4. 뒤의 사실이 실현되기 위한 단순한 근거 등을 나타내거나 수시로 반복되는 상황에서 그 조건을 말할 때 쓰는 연결 어미
- **-지만:** '-지마는'의 준말로, '-지마는'은 어떤 사실이나 내용을 시인하면서 그에 반대되는 내용을 말하거나 조건을 붙여 말할 때에 쓰는 연결 어미이다.

③ ㉢: ㉢은 앞의 내용과 반대되는 내용을 이을 때 사용하는 접속 부사인 '그러나'로 시작하고 있으며, 2문단에서 다룬 내용과 상반되는 내용을 다루고 있다. 또한 ㉢의 앞뒤 문장은 '꼰대'라는 용어와 관련된 내용을 다루고 있으므로 ㉢과 앞 문장의 순서를 바꾸는 것이 글의 논리적 흐름에 부합한다.

⑤ ㉤: '일반화되어진'은 피동 접사 '-되다'와 피동 표현 '-어지다'가 결합한 이중 피동 표현이므로 피동 접사 '-되다'만을 쓴 '일반화된'으로 수정하는 것은 적절하다.

4 글쓰기 개요 수정하기

정답 ③

정답분석

윗글은 3문단에서 유사한 연령층 내에서도 다른 특성을 지닌 개인이 존재함과 '꼰대'라는 용어가 지칭하는 대상이 달라졌음을 들며 일반적으로 인식하는 세대 특성과 다른 가치관을 지닌 개인이 존재함을 설명하고 있다(Ⅲ-1). 또한 4문단에서는 이런 사회적 현상을 '연령 차별 주의'로 볼 수 있음을 설명하고 있다(Ⅲ-2). 따라서 Ⅲ-1, 2를 모두 글에서 다루고 있으므로 적절하지 않은 것은 ③이다.

오답분석

① 윗글은 3, 4문단에 이어 5문단에서도 세대 특성으로 개인을 판단하는 현상의 문제를 다루고 있으며, 특정 세대에 대한 부정적 선입견이 확립되는 문제도 5문단에서 다루고 있으므로 적절하다.

② 윗글은 2문단에서 '엠제트 세대'가 긍정적인 맥락과 부정적인 맥락에서 쓰이는 예를, 언론이나 사회관계망 서비스의 구분 없이 다루고 있으므로 적절하다.

④ 윗글은 4문단에서 '연령 차별 주의'의 정의를 먼저 제시한 후, 세대 특성으로 개인의 개성을 무시하는 현상을 연령 차별 주의로 볼 수 있다는 내용을 전개하고 있으므로 적절하다.

⑤ 윗글은 전반적으로 세대 특성으로 개인을 일반화하여 평가해서는 안 된다는 내용을 다루고 있으며, 5문단에서 세대 특성으로 개인을 평가하지 말고, 개인은 개인으로 평가해야 한다고 주장하며 글을 마무리하고 있으므로 적절하다.

5 단어나 문장 고쳐쓰는 방법 찾기

정답 ②

정답 분석

윗글은 일반화된 세대 특성으로 개인을 평가하는 행위가 세대 갈등과 차별을 야기하므로 개인은 개인으로 존중하는 배려의 자세를 지니자고 주장하고 있다. ⓐ를 〈보기〉의 문장으로 바꾸며 글에서 지향하고자 하는 '배려와 다양성이 존중받는 사회'에 관련된 내용이 추가되었으므로 가장 적절한 것은 ②이다.

오답 분석

① ⓐ와 〈보기〉 모두 글의 핵심어인 '갈등과 차별'을 다루고 있으므로 적절하지 않다.

③ ⑤ 〈보기〉에 세대 갈등을 해소하는 데 필요한 개인적·사회적 노력, 현 상황을 조속히 해결해야 한다는 내용은 없으므로 적절하지 않다.

④ ⓐ를 〈보기〉의 문장으로 바꾸며 의문문이 된 것은 맞으나, 이는 '배려와 다양성이 존중받는 사회'로 나아가야 한다는 주장을 강조하기 위한 설의법이므로 독자가 문제의 해결 방법을 찾아낼 수 있게 의문문으로 바꾸었다는 설명은 적절하지 않다. 참고로, 설의법이란 쉽게 판단할 수 있는 사실을 의문의 형식으로 표현하여 상대편이 스스로 판단하게 하는 수사법을 의미한다.

V. 창안

기출유형 17 글을 바탕으로 내용 유추하기

유형 연습문제 p. 322

1 ④	2 ④	3 ①	4 ⑤	5 ③
6 ②	7 ①	8 ③		

1 글과 비슷한 상황 유추하기 정답 ④

정답분석

윗글에서 설명하는 '소유 효과'는 소유한 물건에 애착이 생겨 물건의 가치를 더 높게 평가하거나 이를 판매함으로써 얻는 손실을 피하고자 소유물을 계속 소유하려고 하는 경향이다. 그러나 D의 사례는 오랫동안 소유한 물건을 처분하고 새로운 물건을 구매하는 경우이므로 '소유 효과'의 사례로 적절하지 않다. 따라서 답은 ④이다.

오답분석

① ⑤ 자신이 소유한 콘서트 표, 쓸모없는 물건을 계속 소유하고자 하는 모습을 보이는 사례는 '소유 효과'의 사례로 적절하다.

② 자신이 소유했다는 이유로 평균적인 값어치보다 높은 값어치로 집을 평가하고 있으므로 '소유 효과'의 사례로 적절하다.

③ 짧은 시간이더라도 상품을 소유하게 하여 그 가치를 높게 평가해 구매로 이어지게 하려는 의도로 볼 수 있으므로 '소유 효과'의 사례로 적절하다.

2 글을 바탕으로 주장할 수 있는 내용 찾기 정답 ④

정답분석

㉠은 주관적인 이유로 물건의 가치를 객관적인 가치보다 더 높게 평가하는 경향을 설명하고 있다. 따라서 이런 생각을 개선하려면 사물의 가치를 객관적으로 인식해야 함을 주장할 수 있으므로 적절한 것은 ④이다.

오답분석

① ② ③ 물건을 소중하게 사용하기, 물건에 현혹되지 않기, 물건이 지닌 가치의 영구성은 윗글에서 설명하는 '소유 효과'와 관련이 없다.

⑤ '소유 효과'는 소유한 물건을 파는 것을 손실로 간주한다. 따라서 물건을 구매할 때 이익과 손실을 따지는 것은 소유 효과와 관련 없는 내용이다.

3 주어진 조건을 충족하는 문구 찾기 정답 ①

정답분석

'소유 효과'는 자신이 소유한 물건의 가치를 높게 평가하고, 이를 잃는 것을 두려워해 계속 소유하고자 하는 현상이다. 따라서 '소유 효과'에서 벗어난 모습을 '자기 것을 내어놓기'로 드러내고, 기부로 느낄 수 있는 '나눔의 기쁨'을 누리라고 권유함으로써 '기부 문화 확산'이라는 주제를 표현한 ①이 가장 적절하다.

오답분석

② ③ ④ ⑤ '타인에게 베푸는 문화의 확산', '개인과 개인이 연결될 때 얻는 행복', '꼬마 자선가 키우기', '크기와 상관없는 꾸준한 기부'로 '기부'를 강조하며 '기부 문화 확산'이라는 주제를 표현하고 있으나 '소유 효과'에서 벗어난 모습이 드러나지 않으므로 적절하지 않다.

4 글의 주제와 유사한 표현 찾기 정답 ⑤

정답분석

㉠은 고슴도치가 함께 자기 위한 끊임없는 노력 끝에 원하는 바를 이루었다는 것이다. 이런 고슴도치의 노력과 관련지어 활용할 수 있는 표현으로 가장 적절한 것은 ⑤ '우공이산(愚公移山)'이다.

- **우공이산(愚公移山)**: '우공이 산을 옮긴다'라는 뜻으로, 어떤 일이든 끊임없이 노력하면 반드시 이루어짐을 이르는 말

오답분석

① **견마지로(犬馬之勞)**: 개나 말 정도의 하찮은 힘이라는 뜻으로, 윗사람에게 충성을 다하는 자신의 노력을 낮추어 이르는 말

② **당랑거철(螳螂拒轍)**: 제 역량을 생각하지 않고, 강한 상대나 되지 않을 일에 덤벼드는 무모한 행동거지를 비유적으로 이르는 말

③ **삼삼오오(三三五五)**: 서너 사람 또는 대여섯 사람이 떼를 지어 다니거나 무슨 일을 함. 또는 그런 모양

④ **수주대토(守株待兎)**: 한 가지 일에만 얽매여 발전을 모르는 어리석은 사람을 비유적으로 이르는 말

5 글과 비슷한 상황 유추하기 정답 ③

정답분석

㉡은 쇼펜하우어의 주장으로, 타인과 함께하면 그에게서 받는 상처도 견뎌야 한다는 것이다. 따라서 친구와 함께하기 위해 친구의 말 때문에 받은 상처를 감내하는 C의 사례가 ㉡의 사례로 가장 적절하다.

오답분석

① A는 '상사'라는 타인에게 상처를 입지만, 그와 친밀하게 지내고자 하는지는 알 수 없으므로 ㉡의 사례로 적절하지 않다.

② B는 타인과 교류가 잦기는 하지만 그들과 친밀한지는 알 수 없으며, 타인에게 상처를 입는 모습이 드러나지 않으므로 ㉡의 사례로 적절하지 않다.

④ ⑤ D와 E는 각각 '부모님'과 '언니'라는 타인과 잘 지내고 있는 모습을 보이지만 그들 때문에 상처를 입지는 않으므로 ⓒ의 사례로 적절하지 않다.

6 글을 바탕으로 주장할 수 있는 내용 찾기 정답 ②

정답분석

윗글은 고슴도치의 우화를 통해 다른 사람과 가까이 지내면 상처를 입으므로 적정 거리 유지가 필요하다는 쇼펜하우어의 주장과 가까이 지내고 싶지만 타인에게 상처받을까 두려워하는 현대 사회의 인간관계를 설명하고 있다. 따라서 더불어 살기보다 혼자 사는 것을 좋아하는 이도 있다는 ②의 논지는 윗글을 활용해 이끌어 내기에 적절하지 않다.

오답분석

① ④ 가시에 찔리지 않고 함께 자기 위한 방법을 찾기 위해 노력한 고슴도치의 모습을 통해 이끌어 낼 수 있는 논지이므로 적절하다.
[관련 지문 인용] 이 상황을 여러 번 겪으며 결국 고슴도치는 함께 모여 잠을 잘 수 있게 되었다.

③ 현대인은 다른 고슴도치와 가까이 지내고 싶지만 그 고슴도치 때문에 다칠까 봐 걱정한다고 하였다. 이를 통해 다른 사람과 친밀하게 지내고 싶어도 그 과정에서 상처를 입는 등의 문제가 생길까 봐 걱정하는 사람이 있다는 논지를 이끌어 낼 수 있으므로 적절하다.
[관련 지문 인용] 이와 달리 현대 사회의 젊은 세대는 고슴도치 우화를 다른 고슴도치에게 다가가고 싶지만 가시에 찔려 상처받을까 봐 고민하는 모습으로 해석하기도 한다.

⑤ 쇼펜하우어의 주장에서 이끌어 낼 수 있는 논지이므로 적절하다.
[관련 지문 인용] 서로 적당한 거리를 두는 것이 최선이 방법이라

7 글과 비슷한 상황 유추하기 정답 ①

정답분석

무리 내에서 암수가 맡은 역할이 분명하며, 사냥 시 일부는 사냥감을 쫓고, 일부는 매복해 있다가 그 사냥감을 덮치는 식으로 협력해 사냥하는 사자의 특징에서 구성원은 모임에서 이루어지는 활동을 하며 협력해야 한다는 규칙을 이끌어 낼 수 있으므로 적절한 것은 ①이다.
[관련 지문 인용] 무리 내에서 암수의 역할이 분명한데 ~ 사자는 몇 마리가 사냥감을 쫓으면 잠복해 있던 나머지가 쫓긴 사냥감을 잡는 방식으로 사냥하며,

오답분석

② 윗글에 돌아가며 리더를 수행하고, 리더는 주체적으로 모임을 이끌어야 한다는 규칙을 이끌어 낼 만한 사자의 특징은 없다.

③ 사자는 한 프라이드 내에 작은 무리가 존재한다고 하였으므로, 모임 내에서 또 다른 모임을 만들면 안 된다고 규제하는 규칙은 사자의 특징과 반대되므로 적절하지 않다.
[관련 지문 인용] '프라이드(pride)'로 지칭하는 사자 무리는 ~ 그 안에서도 작은 무리가 형성되어 있다.

④ 윗글에 모임 전 모임에 참가하기 위한 준비를 끝내야 한다는 규칙을 이끌어 낼 만한 사자의 특징은 없다.

⑤ 사자는 어느 정도 큰 수사자를 프라이드에서 쫓아내는 특징이 있으나 그 수사자가 규칙을 어겨서 퇴출당하는 것이 아니므로, 이 특징에서 규칙 위반과 모임 퇴출에 관한 규칙을 이끌어 내는 것은 적절하지 않다.
[관련 지문 인용] 세 살을 넘긴 수사자는 태어난 프라이드에서 내쫓긴다.

8 글과 비슷한 상황 유추하기 정답 ③

정답분석

호랑이의 사냥을 C의 투자에 빗댄다면, 호랑이의 사냥 성공률이 10%에 불과하므로 C의 투자도 성공률이 낮아야 한다. 그러나 C의 투자는 늘 크게 성공하므로 C는 호랑이의 특징과 반대되는 특징을 지닌 사람으로 볼 수 있다. 따라서 적절하지 않은 것은 ③이다.
[관련 지문 인용] 사냥 성공률은 10% 정도로 낮은 편이다.

오답분석

① 새끼 때 있던 줄무늬가 다 자란 후에도 남아 있는 호랑이의 특징과 어릴 때 모습이 어른이 된 후에도 남아 있는 A의 특징이 유사하다.
[관련 지문 인용] 호랑이는 다 큰 후에도 새끼 때 있던 줄무늬가 남아 있는 것도 특징이다.

② 다양한 서식 환경에 잘 적응하는 호랑이의 특징과 다양한 회사에 잘 적응하는 B의 특징이 유사하다.
[관련 지문 인용] 호랑이의 아종은 환경이 다른 다양한 서식지에 잘 적응한 결과이다.

④ 어금니 하나가 없는 대신 송곳니를 잘 쓰게 된 호랑이의 특징과 결점을 장점으로 살린 D의 특징이 유사하다.
[관련 지문 인용] 첫 번째 어금니가 없지만, 이로 인해 송곳니 주위에 공간이 생겨 송곳니로 사냥감을 깊게 물 수 있다.

⑤ 매복해 기회를 노리다 사냥하는 호랑이의 특성과 기회를 노리며 일을 하는 E의 특성이 유사하다.
[관련 지문 인용] 잠복해 있다가 사냥감이 다가오면 덮치는 방식으로 사냥을 한다.

기출유형 18 그림 분석 및 유추하기

유형 연습문제 p. 330

1 ①	2 ④	3 ⑤

1 그림과 비슷한 주제의 그림 고르기 정답 ①

정답분석

그림 (가)는 여러 식물을, 그림 (나)는 무지개를 표현한 그림이다. 그림 (가)의 식물은 서로 모양이 다르며, 그림 (나)의 무지개는 서로 다른 색으로 이루어지는 특성이 있으므로 그림 (가)와 그림 (나)는 다른 것들이 모여 있는 '다양성'을 주제로 함을 알 수 있다. 따라서 크기와 모양이 다른 도형이 모여 있는 모습을 표현한 ①이 (다)에 들어갈 그림으로 적절하다.

오답분석

② 영역 A와 영역 B에서 겹치는 부분을 나타낸 그림이므로 '다양성'을 표현할 수 없다.

③ 길이와 굵기, 색이 동일한 선 다섯 개를 나타낸 그림이므로 '다양성'을 표현할 수 없다.

④ 동일한 크기로 나뉜 조각 중 한 조각을 빼내는 것을 나타낸 그림이므로 '다양성'을 표현할 수 없다.

⑤ 주사위의 크기가 다르지만, 모두 숫자 3을 나타내고 있으므로 '다양성'을 표현한다고 보기 어렵다.

※ 출처
- 다양한 식물 by 한국저작권위원회, 출처: 공유마당, CC BY
- 맑음-무지개 by 이승준, 출처: 공유마당, CC BY
- 교육_아이콘_수학_교집합_001 by 한국저작권위원회, 출처: 공유마당, CC BY
- 교육_아이콘_문구, 사무용품_주사위_013 by 한국저작권위원회, 출처: 공유마당, CC BY

2 그림을 통해 내용 유추하기 정답 ④

정답분석

(가)는 하나의 사건에 대해 상반된 기억을 가진 두 아이의 그림일기로, 한 아이는 목줄 없이 강아지와 함께 산책한 경험을 행복하게 기억하고 있으나 다른 아이는 목줄 없이 산책하는 강아지를 본 경험을 두려운 기억으로 가지고 있음을 알 수 있다. (나)는 위층에는 소년이 피리를 부는 모습을, 아래층에는 귀를 막고 괴로워하는 모습을 표현한 그림으로, 자신에게는 멋진 연주이나 타인에게는 그 소리가 소음이 될 수 있음을 알 수 있다. 따라서 (가)와 (나)를 통해 자신에게 별것이 아닐지라도 타인에게는 위협이나 피해로 느껴질 수 있으니 타인의 입장에서 생각해야 한다는 주제를 이끌어 낼 수 있으므로 답은 ④이다.

오답분석

① (가)를 통해 여러 사람이 함께 사용하는 공간에서 주변 사람을 배려하기 위해 강아지에게 목줄을 착용하는 것과 같이 에티켓을 지켜야 한다는 내용을 이끌어 낼 수 있으나 (나)는 공공장소가 아닌 개인의 거주지에서 지켜야 하는 에티켓이므로 적절하지 않다.

② (가)를 통해 일기 쓰기와 같이 기록하는 습관을 이끌어 낼 수 있으나 (가)는 하나의 대상을 입장에 따라 다르게 바라볼 수 있다는 내용을 표현한 그림으로 어릴 때부터 기록하는 습관을 들여야 한다는 것은 (가)의 중심 내용이 아니다. 또한 (나)를 활용한 내용도 나타나지 않았으므로 적절하지 않다.

③ (나)의 소년이 연주하는 모습을 통해 악기를 연습한다는 내용을 이끌어 낼 수 있으나 (나)는 층간 소음을 표현한 그림으로 꾸준한 연습과 실력 향상은 (나)의 중심 내용이 아니다. 또한 (가)를 활용한 내용도 나타나지 않았으므로 적절하지 않다.

⑤ (가)를 통해 물림 사고를 방지하기 위해 강아지에게 목줄을 착용하는 것과 같이 사고를 대비하는 자세가 중요하다는 내용을 이끌어 낼 수 있으나 (나)를 활용한 내용이 나타나지 않았으므로 적절하지 않다.

※ 출처: 한국방송광고진흥공사, https://www.kobaco.co.kr

3 조건에 따른 그림 분석하기 정답 ⑤

정답분석

(나)는 자신에게는 아름다운 연주여도 타인에게는 시끄러운 소리로 들릴 수 있음을 나타내는 그림으로 이를 통해 삶의 목표를 타인에게 인정받는 데 두지 않고 자신의 가치에 두어야 한다는 주제를 이끌어 내기 어려우므로 적절하지 않다.

오답분석

①②③ (가)는 한 아이에게는 목줄 없는 강아지와의 산책이 행복한 경험이지만, 다른 아이에게는 목줄 없는 강아지를 마주친 것이 두려운 경험이었음을 표현한 그림이다. 이는 목줄 없는 강아지가 자신에게는 귀여운 강아지로 보일 수 있으나 타인에게는 맹수로 보일 수 있음을 나타낸다. 이를 통해 모두가 안전하게 더불어 살기 위해 서로 배려하는 반려동물 문화를 만들어 가야 한다는 주제를 이끌어 낼 수 있으므로 적절하다.

④ (나)는 위층에서는 아름다운 연주를 하거나 듣고 있지만 그 아래층에서는 이를 소음으로 느끼며 괴로워하는 상황을 나타내고 있으므로 적절하다.

영역 마무리 문제 p. 332

1 ②	2 ④	3 ①	4 ②	5 ③
6 ④	7 ④	8 ④	9 ②	10 ⑤

1 글의 주제와 유사한 표현 찾기 정답 ②

정답분석

㉠은 (+)극은 (+)극끼리, (-)극은 (-)극끼리 연결한다는 내용으로, 병렬연결은 같은 성질의 극끼리 연결하는 방식임을 알 수 있다. 따라서 ㉠과 관련 있는 한자 성어는 같은 성질끼리 잇거나 관계를 맺는다는 의미를 드러낼 수 있어야 하므로 가장 적절한 것은 ② '동기상구(同氣相求)'이다.

- **동기상구(同氣相求)**: '같은 소리끼리는 서로 응하여 울린다'라는 뜻으로, 같은 무리끼리 서로 통하고 자연히 모인다는 말

오답분석

① **낭중지추(囊中之錐)**: 주머니 속의 송곳이라는 뜻으로, 재능이 뛰어난 사람은 숨어 있어도 저절로 사람들에게 알려짐을 이르는 말

③ **부화뇌동(附和雷同)**: 줏대 없이 남의 의견에 따라 움직임

④ **이합집산(離合集散)**: 헤어졌다가 만나고 모였다가 흩어짐

⑤ **일면지교(一面之交)**: 한 번 만나 본 정도의 친분

2 글과 비슷한 상황 유추하기

정답 ④

정답분석

㉡은 직렬연결에서 전류가 분산되지 않고 하나로 모이기 때문에 전류가 많이 소모되어 오랜 시간 사용이 불가하다는 내용으로 '한꺼번에 많은 힘을 사용하면 오래 사용하지 못한다'와 같은 내용을 유추할 수 있다. ④는 마라톤에서 페이스를 조절하지 못하고 경기 초반에 많은 힘을 쏟으면 오래 달리지 못하여 완주가 어렵다는 내용으로 ㉡을 통해 이를 유추할 수 있으므로 답은 ④이다.

오답분석

①②③⑤ ㉡을 통해 유추할 수 없는 내용이므로 적절하지 않다.

3 글과 비슷한 상황 유추하기

정답 ①

정답분석

〈보기〉의 끝에서 2번째 줄인 '여러 전지 중 전지 하나를 제거해도 계속 전류가 흐르므로 전구에 불이 나가지 않으며'에서 병렬연결은 여러 전지 중 하나의 연결이 끊겨도 전류에는 영향을 주지 않음을 알 수 있다. 이를 통해 함께 업무를 수행하던 팀원이 이탈하더라도 이에 동요하지 않고 자신의 일을 이어 나간다는 내용을 유추할 수 있으므로 답은 ①이다.

오답분석

②⑤ 〈보기〉를 통해 병렬연결은 여러 전지 중 하나를 제거해도 다른 전지들이 전류를 보내므로 전구에 불이 계속 들어오며 상대적으로 오랜 시간 밝기를 유지할 수 있음을 알 수 있으나 전구의 밝기에 따라 전지가 전류를 보내는 양을 조절할 수 있는지, 전지가 많아질수록 전지 하나에서 나오는 전류가 약해지는지는 알 수 없다. 따라서 '병렬연결'을 활용하여 '목표에 따라 품을 조정한다', '공동으로 일할 때 개인의 공헌도가 낮아진다'와 같은 내용은 유추할 수 없으므로 적절하지 않다.

③ 〈보기〉의 4~7번째 줄인 '전류가 한 곳으로만 흐르므로 ~ 한 번에 흐르는 전류가 많아 전지를 오래 쓸 수 없다'를 통해 직렬연결은 전류를 하나로 모아 큰 에너지를 발생시키나 전지를 사용할 수 있는 시간이 짧음을 알 수 있다. 이를 통해 ③의 내용을 유추할 수 있으나 이는 병렬연결이 아닌 직렬연결을 활용한 내용이므로 적절하지 않다.

④ 〈보기〉의 끝에서 1~2번째 줄인 '전구의 밝기는 더 어두우나 밝기를 오래 유지할 수 있다'에서 직렬연결은 병렬연결보다 전구를 더욱 밝게 할 수 있음을 알 수 있다. 이를 통해 ④의 내용을 유추할 수 있으나 이는 병렬연결이 아닌 직렬연결을 활용한 내용이므로 적절하지 않다.

4 그림과 비슷한 주제의 그림 고르기

정답 ②

정답분석

그림 (가)는 알코올램프가 유리병에 담긴 액체를 가열하여 액체의 온도를 높여 기화가 일어나고 있는 모습을, 그림 (나)는 먼저 쓰러진 도미노 때문에 서 있는 다른 도미노가 순서대로 무너지고 있는 모습을 나타내고 있다. 이를 통해 그림 (가)와 (나)는 한 대상이 다른 대상에게 미치는 영향과 그로 인한 변화를 주제로 삼고 있음을 알 수 있다. 따라서 하나가 돌아가면 서로 맞물려 움직이는 톱니바퀴를 표현한 ②가 그림 (다)에 들어갈 그림으로 가장 적절하다.

오답분석

① 전기를 동력원으로 사용하는 친환경 전기 자동차를 표현한 그림이므로 친환경과 같은 주제에 적절하다.

③ 나무 블록 몇 개가 빠져도 무너지지 않는 젠가의 모습을 표현한 그림이므로 (가), (나)와 달리 주변 대상에 영향을 받지 않은 모습을 나타내고 있다.

④ 두 사람이 힘을 합쳐 원 모양을 완성하는 모습을 표현한 그림이므로 협동이라는 주제에 적절하다.

⑤ 색이 다른 색연필이 모인 모습을 표현한 그림이므로 화합, 조화 등의 주제에 적절하다.

※ 출처

- 아이콘_라인2_과학_05 by 한국저작권위원회, 출처: 공유마당, CC BY
- 교육_사진_0193 by 한국저작권위원회, 출처: 공유마당,CC BY
- 일러스트_협동계획_0294 by 한국저작권위원회, 출처: 공유마당, CC BY
- 교육_사진_0145 by 한국저작권위원회, 출처: 공유마당, CC BY

5 그림을 통해 내용 유추하기

정답 ③

정답분석

위의 그림은 한 대상이 다른 대상에게 미치는 영향을 나타내고 있으므로, 자신의 행동이 다른 사람에게 끼칠 영향이나 다른 사람 자체를 생각하지 않는 사람에게 보여주는 것이 적절하다. 따라서 답은 ③이다.

6 글과 비슷한 상황 유추하기

정답 ④

정답분석

④는 어린이 기호식품 중 조리 식품에 속하는 제과·제빵류를 구매하면 인형을 받을 수 있는 쿠폰을 무료로 준다는 내용의 광고로, 이를 통해 어린이가 제과·제빵류를 충동적으로 구매하게 할 수 있으므로 '2-1)'의 사례로 적절하다.

오답분석

① '1-1)'은 '돈 · 화투 · 담배 모양의 도안을 용기 · 포장에 사용하여 만든 식품'과 관련된 항목이며, ①은 '학창 시절 수학 공부를 하던'을 통해 수학책 표지를 본떠 만든 포장임을 알 수 있으므로 적절하지 않다.

② 눈, 코, 입이 달린 모양의 빵을 광고하고 있으므로 '사람의 머리, 팔, 다리 등의 특정 부위 모양'을 한 어린이 기호식품을 판매해서는 안 된다는 '1-4)-②'에 적절한 항목이다.

③ 감자칩을 광고하고 있으므로 '고열량 · 저영양 식품 광고'를 금지한다는 '2-2)'에 적절한 항목으로 볼 수 있다. 다만, 윗글에서 '고열량 식품'의 기준을 안내하고 있지 않으므로 '2-2)'에 적합한지 검증하기 위해서는 '감자칩'이 '어린이 식품안전보호구역'에서 판매를 금지하는 '고열량' 식품에 해당하는지 확인해 보아야 한다.

⑤ 술병 모양 초콜릿을 광고하고 있으므로 '술병의 모양으로 만들거나 이러한 도안을 용기 · 포장에 사용하여 만든 식품'을 판매해서는 안 된다는 '1-2)'에 적절한 항목이다.

※ 출처
- 찾기쉬운 생활법령정보, https://www.easylaw.go.kr
- 불량식품 by 한국저작권위원회, 출처:공유마당, CC BY
- EBS_식품_0283 by 한국교육방송공사, 출처:공유마당, CC BY
- 아이콘_라인2_음식_16 by 한국저작권위원회, 출처:공유마당, CC BY

7 주어진 조건을 충족하는 문구 찾기 정답 ④

정답 분석

윗글은 어린이를 보호하기 위해 지정한 '어린이 식품안전보호구역' 내에서 판매가 금지되는 어린이 기호식품과 금지되는 어린이 기호식품 광고 내용을 다루고 있다. 이를 종합할 때, 윗글을 참고해 제작한 공익광고 문구는 어린이 식품안전보호구역 내에서 어린이 기호식품을 판매하거나 광고하는 데 주의해야 한다는 내용이 되어야 하므로 적절한 것은 ④이다.

오답 분석

① 윗글에서 어린이가 섭취하는 식품을 보호해야 한다는 점을 설명하고 있으나 식품의 품질 인증과 관련된 내용은 윗글에서 다루지 않으므로 적절하지 않다.

② 윗글 '1-1)', '1-2)'에서 담배와 술 같은 성인이 즐기는 기호식품의 모양을 한 어린이 기호식품은 어린이 식품안전보호구역 내에서 판매가 금지됨을 설명하고 있으나, 윗글의 부분적인 내용만 다루고 있으므로 적절하지 않다.

③ 윗글 '2-1)'에서 어린이가 물건을 구매하게 이끄는 내용의 광고를 하면 안 된다는 점을 설명하고 있으나, 윗글의 부분적인 내용만 다루고 있으므로 적절하지 않다.

⑤ 윗글 '2-2)'에서 고열량 · 저영양 식품 광고를 어린이 식품안전보호구역 내에서 할 수 없음을 설명하고 있으나, 윗글의 부분적인 내용이며 식습관과 관련된 내용은 윗글에서 다루지 않으므로 적절하지 않다.

8 그림과 비슷한 주제의 그림 고르기 정답 ④

정답 분석

그림 (가)는 노트북에 담겨 있는 거주지, 전자 우편, 거래 내역 등의 개인 정보를 보호하기 위해 잠금장치를 설정한 것을 표현한 그림이고, 그림 (나)는 공장이나 작업장 등에서 머리를 보호하기 위해 쓰는 안전모를 표현한 그림이다. 그림 (가), (나), (다)가 동일한 주제를 나타낸다고 할 때, (다)에는 '보호'와 관련된 주제의 그림이 들어가는 것이 적절하다. ④는 오염 물질로부터 몸과 옷을 보호하기 위해 덧입는 방호복을 표현한 것이므로 (다)에 들어갈 그림으로 적절하다. 따라서 답은 ④이다.

오답 분석

① ② ③ ⑤는 모두 '보호'와 관련된 주제를 나타내고 있지 않으므로 (다)에 들어갈 그림으로 적절하지 않다.

① 같은 배에 탄 두 사람이 서로 다른 방향으로 가려는 것을 표현한 그림으로 이견으로 인한 갈등 상황을 주제로 나타내고 있다.

② 작은 고양이가 거울에 비친 자신의 모습을 사자로 인식하는 것을 표현한 그림으로 자신을 대단한 존재로 착각하는 오만을 주제로 나타내고 있다.

③ 한 사람이 산 정상에 꽂힌 깃발을 향해 올라가는 모습을 표현한 그림으로 목표를 이루기 위한 노력, 과정을 주제로 나타내고 있다.

⑤ 한 사람이 높은 곳에서 떨어질 듯이 위태롭게 서 있는 모습을 표현한 그림으로 위험한 상황을 나타내고 있다.

9 글과 비슷한 상황 유추하기 정답 ②

정답 분석

㉡은 화석이 되려면 단단한 물질을 가져야 한다는 내용이다. 이를 바탕으로 단기 기억의 정보를 반복적으로 인식해야 오래 기억할 수 있다는 내용을 유추할 수 없다. 따라서 가장 적절하지 않은 것은 ②이다.

오답 분석

① ㉠은 화석이 생물 그대로의 모습일 수도 있고, 생물의 부분적 모습일 수도 있다는 내용이다. 이를 바탕으로 장기 기억의 정보가 온전한 정보일 수도 있고, 부분적 정보일 수도 있다는 내용을 유추할 수 있다.

③ ㉢은 화석이 되려면 생물의 구성 요소와 땅속 물질의 구성 요소가 서로 결합하는 과정이 필요하다는 내용이다. 이를 바탕으로 수용한 정보를 오래 기억하기 위해서 이전의 기억과 결합하여 구조화되는 과정이 필요하다는 내용을 유추할 수 있다.

④ ㉣은 화석이 바깥으로 나오기 위해서는 외부 요소의 작용인 풍화나 침식이 필요하다는 내용이다. 이를 바탕으로 외부 자극의 반응으로 장기 기억 정보를 끌어낼 수 있다는 내용을 유추할 수 있다.

⑤ ㉤은 화산 폭발, 압력 등의 손상으로 화석이 훼손될 수 있다는 내용이다. 이를 바탕으로 정보를 기억할 수 있는 뇌에 손상이 가해지면 그 정보에 대한 기억이 사라질 수 있다는 내용을 유추할 수 있다.

10 주어진 조건을 충족하는 문구 찾기 정답 ⑤

정답 분석

㉮는 생물의 유해가 망가지지 않고 외부로부터 안전하게 지켜지려면 퇴적물이 그 위를 빠르게 덮어 보호해 주어야 한다는 내용이다. 이를 '인터넷 정보 보호'에 빗대면, 정보를 보호하기 위해 바이러스의 침투를 막아 줄 백신을 신속하게 설치해야 한다는 내용을 유추할 수 있다. 따라서 답은 ⑤이다.

오답 분석

① ② ③ ④ '인터넷 정보 보호'와 관련된 문구이지만, ㉮를 통해 유추할 수 없는 내용이다.

VI. 읽기

기출유형 **19** 현대 문학 독해하기

유형 연습문제 p. 348

1 ②	2 ④	3 ①	4 ②	5 ④

1 시의 시어 및 시구의 의미 파악하기 정답 ②

정답분석

㉡은 '묘목'의 성장을 바라는 화자의 사랑을 나타내는 표현이다. 반면, 나머지 ㉠, ㉢, ㉣, ㉤은 묘목의 성장을 방해하는 시련을 나타내는 표현이므로 의미하는 바가 나머지와 다른 것은 ②이다.

2 시의 표현상의 특징과 효과 파악하기 정답 ④

정답분석

1연이 4연에서 반복되고 있다. 이와 같은 구조를 수미상관이라고 하며, 수미상관의 효과에는 구조적 안정성, 운율 형성, 의미 강조가 있으므로 적절하다. 참고로, 이 작품에서는 사랑한다는 것이 무엇인지에 대한 화자의 생각이 수미상관을 통해 강조된다.

오답분석

① 3연 6~7행에서 시련과 고난을 이겨낸 나무의 모습을 표현하고 있으나, 화자를 지켜 주는 나무의 모습을 활유법으로 표현한 부분은 없다. 참고로, 활유법은 무생물을 생물인 것처럼, 감정이 없는 것을 감정이 있는 것처럼 표현하는 수사법이다.

② '~ 일이다'에 단정적인 어조가 쓰이고 있으나, 시련을 극복하겠다는 화자의 의지가 아닌 사랑의 의미가 지니는 당위성을 드러내기 위해 쓰인 것이다.

③ 화자가 화자의 사랑을 의미하는 묘목(과목)을 가꾸는 일을 수행하는 동안 땀을 흘리고, 흙을 깨끗하게 하고, 어둠이나 밤이 지날 때까지 묘목(과목)을 지키는 등 많은 정성을 들이는 것은 맞으나, 역설법이 쓰인 부분은 없다.

⑤ 윗글은 추상적인 대상인 '사랑한다는 것'을 구체적인 대상인 '묘목(과목) 가꾸기'에 빗대고 있다.

3 소설의 세부 내용 파악하기 정답 ①

정답분석

과거와 현재 이야기를 통해 '나'가 과거에 현아를 좋아했었음은 알 수 있으나, 시집에 담긴 '나'의 시를 읽은 현아가 과거에 직접 시집을 받았다면 '나'에게 바로 돌려주었을 것이라고 말하는 부분에서 현아는 '나'와 같은 마음이 아니었음을 알 수 있다. 따라서 적절하지 않은 것은 ①이다.

오답분석

② '나'가 눈사람을 만들자는 현아를 보며 시집부터 읽어 주었으면 좋겠다고 생각하는 부분과 현재의 '나'가 현아에게 전달해 준 시집에는 현아에게만 의미가 있는 시를 담았다고 말하는 부분을 통해 '나'는 현아를 좋아하는 마음을 시로 기록했음을 알 수 있다.

③ 현아가 남편의 유물을 정리하며 '나'가 친구에게 맡긴 수제품 시집을 찾았다고 말하는 부분에서 알 수 있다.

④ '나'가 직접 만든 시집을 현아에게 전해 달라고 부탁하자 친구가 망설이는 모습과, 현아의 남편이 된 친구가 끝내 시집을 현아에게 전달해 주지 않았다는 내용을 통해 '나'의 친구는 '나'가 현아를 좋아한다고 짐작하고 있었음을 알 수 있다.

⑤ 현재의 현아가 '나'에게 건네는 말에서 현아는 신문을 통해 '나'가 작가가 된 사실을 알게 되었음을 알 수 있다.

4 소설의 인물 심리 및 태도 파악하기 정답 ②

정답분석

㉠의 앞에서 '나'는 현아가 눈사람을 만들기보다 자기가 친구에게 전달한 시집을 먼저 읽어 주었으면 하는 마음을 가지고 있음을 알 수 있다. 따라서 인물의 심리로 적절한 것은 ②이다.

오답분석

① ㉠의 앞에서 '나'가 장갑을 끼지 않은 손을 '현아'에게 보이지 않으려 한다는 점은 알 수 있으나 맨손으로 눈을 만지는 것을 싫어한다는 점은 알 수 없다.

③ '나'는 자신의 마음을 담은 시를 현아가 얼른 읽어 주기를 바라고 있으므로 '나'는 자신의 마음이 들킬지 걱정하기보다 오히려 현아가 자신의 마음을 알아주기를 기대하고 있음을 알 수 있다.

④ ⑤ 윗글을 통해 알 수 없는 내용이다.

5 소설의 서술상의 특징과 효과 파악하기 정답 ④

정답분석

'나'가 과거에 현아에게 준 수제품 시집이 현아에게 전달되지 않아 당시 현아는 시집을 읽지 못했다는 사실을 현재 시점에서 현아의 말을 통해 밝히고 있으므로 적절한 것은 ④이다.

오답분석

① 과거와 현재 시점에 모두 눈이 내리고 있으나 눈을 매개로 과거와 현재가 이어지는지는 알 수 없다. 참고로, 이 작품에서 '눈'은 첫사랑의 순수함을 환기하는 소재이며 과거와 현재를 매개하는 소재는 '시집'이다.

② 다양한 인물의 시각에서 같은 사건을 다룬 부분은 없다.

③ 눈사람을 만들자는 현아의 제안을 더듬거리면서 거절하고, 하고 싶은 말을 제대로 하지 못하는 '나'의 말과 행동을 통해 '나'의 소심한 성격이 간접적으로 제시되고 있다.

⑤ 윗글은 현아가 '나'에게 돌려주려고 한 수제품 시집을, 다시 '나'가 현아에게 돌려줌으로써 시집이나 '나'의 마음과 관련된 모든 사건이 끝난 채 마무리된다. 따라서 열린 결말로 보기 어려우며, 작품에 여운을 남기는 요소는 '나'가 돌아가는 길에 떠올리는 과거 현아의 목소리이다.

기출유형 20 다양한 분야의 학술문 독해하기

유형 연습문제 p. 356

1 ③	2 ②	3 ③	4 ③	5 ②
6 ②	7 ③	8 ①	9 ⑤	10 ⑤
11 ③	12 ②	13 ④	14 ③	

1 인문 - 세부 내용 파악하기 정답 ③

정답분석

2문단에서 귀납의 정당화 문제는 추론을 하는 시점(과거)의 세계와 미래의 세계가 동일한가를 경험으로 알아야 한다는 데서 발생하는 문제라고 하였으므로 윗글의 내용과 일치하는 것은 ③이다.

오답분석

① 1문단 1번째 줄에서 현대 논리학에서 다루는 추론은 연역과 귀납뿐임을 알 수 있다.
[관련 지문 인용] 귀납은 현대 논리학에서 연역이 아닌 모든 추론, 즉 전제가 결론을 개연적으로 뒷받침하는 모든 추론을 가리킨다.

② 2문단에서 흄이 지적한 귀납의 논리적 한계는 귀납의 정당화 문제임을 알 수 있다.

④ 3문단 끝에서 1~2번째 줄에서 귀납의 문제를 현실적으로 해결하려는 시도임을 알 수 있으며, 이에 대해 지적하는 부분은 윗글에 없다.
[관련 지문 인용] 라이헨바흐의 논증은 귀납의 정당화 문제를 현실적 차원에서 해소하려는 시도로 볼 수 있다.

⑤ 5문단 끝에서 2~3번째 줄에서 알 수 있다.
[관련 지문 인용] 이처럼 확률 논리로 설명되는 개연성은 일상적인 직관에도 잘 들어맞는다. ~ 귀납의 문제를 근본적으로 해결하는 것은 아니지만,

2 인문 - 전개 방식과 효과 파악하기 정답 ②

정답분석

윗글은 1문단에서 귀납에 논리적 한계가 있음을 제시한 후, 2~3문단에서 귀납의 정당화 문제와 이를 해소할 수 있는 방안을 라이헨바흐의 주장으로 제시하고, 4~5문단에서 귀납의 미결정성 문제와 이를 해소할 수 있는 방법을 개연성으로 제시하고 있다. 따라서 윗글에 나타난 서술 방식으로 가장 적절한 것은 ②이다.

오답분석

①③④ 귀납을 기준에 따라 분류한 부분이나 귀납과 연관된 일상적인 예를 소개하는 부분, 귀납의 과거와 오늘날의 의미를 비교하는 부분은 윗글에 없다.

⑤ 귀납의 논리적 한계와 관련된 주장을 한 흄과 라이헨바흐와 그들의 주장을 소개하고 있으나, 귀납의 미결정성 문제를 지적한 학자는 소개하고 있지 않으며 그중 가장 현실적인 주장을 선택하고 있지도 않다.

3 인문 - 구체적 상황에 적용하기 정답 ③

정답분석

A는 관찰 증거를 토대로 특정 가설을 세웠으므로 A가 쓴 추론 방법이 귀납임을 알 수 있다. 4문단 끝에서 1~2번째 줄에서 관찰 증거를 추가해도 귀납의 미결정성 문제를 해결하기 어렵다는 점을 알 수 있다. 따라서 A가 관찰 증거를 더 수집하더라도 귀납 추론으로 세운 가설의 미결정성 문제를 제거할 수는 없으므로 적절하지 않은 것은 ③이다.
[관련 지문 인용] 아무리 많은 점들을 관찰 증거로 추가하더라도 하나의 예측이 다른 예측보다 더 낫다고 결정하는 것은 여전히 불가능하다는 것이다.

오답분석

① D는 C 물고기의 개체 수를 관측하는 지점의 환경이 올해와 내년 7월 19일 오전 10시에 같지 않을 수도 있다고 주장하고 있다. 2문단에서 과거와 미래의 환경이 같지 않다는 점을 들어 귀납의 한계를 지적한 사람은 흄임을 알 수 있으므로 적절하다.
[관련 지문 인용] 흄은 과거의 경험을 근거로 미래를 예측하는 귀납이 정당한 추론이 되려면 미래의 세계가 과거에 우리가 경험해 온 세계와 동일하다는 자연의 일양성, 곧 한결같음이 가정되어야 한다고 보았다.

② A는 귀납 추론으로 가설을 세우고 있다. 윗글에서는 귀납에는 정당화 문제가 있다고 하였으므로 적절하다.

④ A는 확률을 근거로 특정 가설을 선택하였다. 5문단 2~4번째 줄에서 여러 가설 중 하나의 가설을 선택하는 근거가 확률이 될 수 있으며, 그 확률은 관찰 증거가 가설을 지지하는 정도에 따라 결정된다고 하였으므로 적절하다.
[관련 지문 인용] 관찰 증거가 가설을 지지하는 정도 즉 전제와 결론 사이의 개연성은 확률로 표현될 수 있다. 또한 하나의 가설이 다른 가설보다, ~ 더 낫다고 확률적 근거에 의해 판단할 수 있다는 것이다.

⑤ 3문단 끝에서 2~4번째 줄에서 라이헨바흐는 과거와 미래의 환경이 같지 않더라도 귀납이 좋은 방법이라고 주장했음을 알 수 있으므로, 자연의 일양성이 담보되지 않았음을 근거로 가설을 세울 수 없다고 하는 D에게 라이헨바흐가 귀납을 추천할 것이라는 설명은 적절하다.
[관련 지문 인용] 자연이 일양적이지 않다면, ~ 귀납은 최소한 다른 방법보다 나쁘지 않은 추론이라고 확언한다.

4 사회 - 관련 내용 추론하기

정답 ③

정답분석

2문단에서 원저작물과 이차적 저작물 간 유사성이 높아 저작물 공정 이용 여부를 따질 수 없는 문제가 발생했다고 하였다. 이를 통해 이차적 저작물을 제작할 때는 원저작물과 이차적 저작물의 구별이 가능한 범주 내에서 이차적 저작물을 제작해야 함을 추론할 수 있으므로 적절하지 않은 것은 ③이다.

오답분석

① 1문단 1~2번째 줄에서 저작물의 공정 이용 시, 저작자의 권리가 제한되며 저작물 이용의 조건 중 저작자의 이용 허락은 필수가 아님을 알 수 있다. 이를 통해 저작물 이용 허락 과정에서 저작권자가 수행하는 역할이 작음을 추론할 수 있다.
[관련 지문 인용] 저작물의 공정 이용이란 저작권자의 권리를 일부 제한하여 저작권자의 허락이 없어도 저작물을 자유롭게 이용하는 것을 말한다.

② 1문단 1번째 줄에서 문화 발전의 조건으로 저작권자의 권리 보호와 저작물의 공정 이용의 균형을 들고 있다. 이를 통해 저작권자의 권리 보호와 저작물의 공정 이용이 함께 담보되어야 문화가 발전함을 추론할 수 있다.
[관련 지문 인용] 문화가 발전하려면 저작자의 권리 보호와 저작물의 공정 이용이 균형을 이루어야 한다.

④ 3문단 끝에서 1~2번째 줄에서 저작권 갈등이 발생했을 때 저작물 이용의 영리성 유무, 목적, 시장 가치 등을 고려한다고 하였다. 이용 기준에 따라 공정 이용 여부를 판단하는 것이 다르므로 저작권 이용 목적에 따라 저작권 문제의 발생 가능성이 다름을 추론할 수 있다.

⑤ 2~3문단에서 디지털 환경에서 발생한 저작물의 공정 이용과 관련된 문제로 저작권법에 '저작물의 공정한 이용'이라는 규정이 신설되었다고 하였다. 이를 통해 디지털 환경에서 저작물의 이용으로 법적인 제재가 필요한 문제가 발생함을 추론할 수 있다.

5 사회 - 관련 내용 추론하기

정답 ②

정답분석

㉠에서 저작물 이용 허용 범위를 벗어날 경우 법적 책임을 질 수 있다고 한 이유는 '저작물의 공유' 캠페인에 참여하는 저작물에는 저작권자가 부여한 일정한 이용 허락 조건이 표시되어 있기 때문이다. 따라서 ㉠의 이유로 가장 적절한 것은 ②이다.
[관련 지문 인용] 이 캠페인은 저작권자들이 자신의 저작물에 일정한 이용 허락 조건을 표시해서

오답분석

①③ '저작물의 공유' 캠페인이 저작권법, 저작권법 내의 '저작물의 공정한 이용' 규정과 어떤 관련성을 지니는지는 윗글에서 알 수 없다.

④ '저작물의 공유' 캠페인을 개최한 사람들은 저작권에 대해 같은 생각을 지니고 있으므로 적절하지 않다.
[관련 지문 인용] 이 캠페인을 펼치는 사람들은 기본적으로 자신과 타인의 저작권을 존중한다.

⑤ '저작물의 공유' 캠페인에 참여하는 저작물은 무료로 개방된다고 하였으므로 적절하지 않다.
[관련 지문 인용] 이 캠페인은 ~ 저작물에 ~ 이용자들에게 무료로 개방하는 것을 말한다.

6 사회 - 비판적 관점 파악하기

정답 ②

정답분석

[A]는 4문단에서 다룬 '저작물의 공유' 캠페인 및 디지털 환경에서 나타난 저작물의 공정 이용의 문제점을 개선하기 위해 마련된 '저작물의 공정한 이용' 규정 때문에 여러 부작용이 일어나리라 우려하는 입장이다. 따라서 캠페인 개최 및 규정 신설의 배경, 취지 등을 근거로 두 사항이 저작권자의 권리 보호, 저작물 이용 등에 긍정적인 영향을 미칠 것임을 설명하면 [A]를 비판할 수 있다. 그러나 4문단 3~4번째 줄에서 저작물을 공동 저작물로 인정하자는 의견은 '저작물의 공유' 캠페인을 개최한 사람들과 반대되는 의견임을 알 수 있으므로 적절하지 않은 것은 ②이다.
[관련 지문 인용] 누구의 저작물이든 ~ 모두가 공동으로 소유하자고 주장하는 사람들과 달리, 이 캠페인을 펼치는 사람들은 기본적으로 자신과 타인의 저작권을 존중한다.

오답분석

① [A] 중 디지털 환경 때문에 저작권 규정을 새로 만들 필요가 없다는 것에 대한 비판으로, 2~3문단에서 다룬 '저작물의 공정한 이용' 규정의 신설 배경 및 취지와 관련이 있으므로 적절하다.

③ 4문단 1~2번째 줄에서 다룬 '저작물의 공유' 캠페인이 주목을 받게 된 배경과 관련이 있으므로 적절하다.
[관련 지문 인용] 저작물 이용자들이 처벌에 대한 불안감을 여전히 느낀다는 점에서 ~ '저작물의 공유' 캠페인이 주목을 받고 있다.

④ [A] 중 '저작물의 공유' 캠페인으로 동기가 감소해 창작되는 저작물 수가 줄어들 것이라는 내용에 대한 비판으로, '저작물의 공유' 캠페인을 개최한 사람들의 생각과 관련이 있으므로 적절하다.
[관련 지문 인용] 이 캠페인을 펼치는 사람들은 기본적으로 자신과 타인의 저작권을 존중한다.

⑤ [A] 중 '저작물의 공유' 캠페인으로 이용할 수 있는 저작물이 수가 줄어들 것이라는 내용에 대한 비판으로, '저작물의 공유' 캠페인의 현황과 관련이 있으므로 적절하다.
[관련 지문 인용] 캠페인 참여자들은 ~ 자유롭게 활용할 수 있는 저작물의 양과 범위를 확대하려고 노력한다.

7 과학 - 세부 내용 파악하기

정답 ③

정답분석

3문단을 통해 ㉠ '최무선'은 염초를 간편하게 제조할 수 있는 방법인 염초자취법을 '이원'에게서 전수하였을 뿐, 그와 함께 염초 제조법을 연구하지는 않았음을 알 수 있다. 따라서 적절하지 않은 것은 ③이다.

오답분석

① 5문단 2~3번째 줄을 통해 알 수 있다.

② 1문단 1번째 줄을 통해 알 수 있다.

④ 5문단 1~2번째 줄을 통해 알 수 있다.

⑤ 2문단 끝에서 1~3번째 줄을 통해 알 수 있다.

8 과학 - 구체적 상황에 적용하기 정답 ①

정답 분석

<보기>에서 흑색화약을 만드는 방법은 3문단 끝에서 1~2번째 줄에서 다루는 염초자취법에서 흑색화약의 재료를 배합하는 비율과 같다. 이에 따라 계산하면, 질산칼륨은 78×0.75 = 58.5(g), 목탄은 78×0.15 = 11.7(g) 배합되어야 한다. 따라서 ㉠에는 '염초자취법', ㉡에는 58.5, ㉢에는 11.7이 들어가야 하므로 적절한 것은 ①이다.

9 과학 - 독자의 반응 파악하기 정답 ⑤

정답 분석

⑤는 1문단 2~5번째 줄에서 질산칼륨(염초)은 산소를 만들어 다른 물질이 산화하게 하고, 고기를 가공해 만든 식품의 색이 변하는 것을 방지한다고 하였으므로 윗글에 대한 반응으로 적절하다.

오답 분석

① ② ③ ④ 윗글의 내용과 일치하지 않으므로, 윗글에 대한 반응으로 적절하지 않다.

① 1문단 1~2번째 줄을 통해 최무선이 화약을 만들기 이전부터 화약에 염초가 들어갔음을 알 수 있다.

② 1문단 3번째 줄을 통해 황(반묘)과 목탄(분탄)은 구하기 쉬웠음을 알 수 있다.

③ 5문단 2~3번째 줄을 통해 고려는 14세기 후반에 화통도감을 설치해 국가 주도로 화약 무기를 만들게 됐음을 알 수 있다.

④ 4문단 1~3번째 줄에서 흑색화약은 발화점이 약 300도이며 발화 속도는 빠르지만 연소 속도는 느린 화약임을 알 수 있다.

10 예술 - 전개 방식과 효과 파악하기 정답 ⑤

정답 분석

윗글은 2~3문단에서 19세기에 활동한 건축가인 조셉 팩스턴과 귀스타프 에펠을 그들의 건축물인 수정궁과 에펠탑의 특징과 함께 소개하고, 4문단에서 20세기에 활동한 건축가인 가우디와 매킨토시를 그들의 건축물이 보이는 선의 특징과 함께 소개하고 있다. 따라서 서술 방식에 대한 설명으로 가장 적절한 것은 ⑤이다.

오답 분석

① 5문단 2번째 줄에서 19세기 말 이후 건축물에 철근콘크리트가 주로 쓰이게 되었음을 설명하고 있으나, 다른 시기 건축물의 재료는 윗글에서 설명하고 있지 않다.

② 4문단 3번째 줄에서 가우디와 매킨토시가 아르누보의 영향을 받았음을 설명하고 있으나, 그들의 건축 성향과 아르누보를 비교하고 있지 않다.

③ ④ 건축에서 중시한 요소, 건축물을 이루는 요소는 윗글에서 다루고 있지 않다.

11 예술 - 빈칸 추론하기 정답 ③

정답 분석

㉠의 뒤에서 19세기 말을 기점으로 같은 시대에 지어지는 건축물에 영향을 미치는 건축 양식은 없어졌다고 하였으며, 4문단 3~4번째 줄에서 가우디와 매킨토시는 개성이 뚜렷한 건축가였음을 알 수 있다. 이를 토대로 ㉠에 들어갈 말은 가우디와 매킨토시가 등장하기 전에는 역사적 건축 양식이 존재했지만 그들이 등장한 이후에는 역사적 건축 양식은 사라지고 건축물에서 건축가 개인의 특성이 강조되기 시작했다는 내용임을 알 수 있다. 따라서 적절한 것은 ③이다.

오답 분석

② ⑤ 가우디와 매킨토시를 기점으로 한 현대 건축에는 시대를 지배하는 역사적 건축 양식이 없으므로 적절하지 않다.

① ④ 4문단 끝에서 2~4번째 줄에서 가우디와 매킨토시가 아르누보의 영향을 받았으며, 그들의 건축물은 '선'을 특징으로 함을 알 수 있다. 그러나 이는 역사적 건축 양식에 대한 설명이 아니므로 적절하지 않다.

12 예술 - 구체적 상황에 적용하기 정답 ②

정답 분석

4문단 끝에서 2~3번째 줄에서 가우디는 직선보다는 곡선을 많이 사용한 건축물을 설계했음을 알 수 있다. ②를 제외한 나머지 건축물은 직선으로만 이루어져 있는 데 반해, ②는 직선과 곡선이 어우러진 건축물이므로 가우디가 훌륭한 건축물로 뽑을 건축물로 가장 적절하다.

※ 출처

13 인문 - 세부 내용 파악하기 정답 ④

정답 분석

소비학파의 주장을 다룬 2문단에서 소비행위에 관한 소비학파의 관점은 알 수 없으며, 소비학파는 소비행위를 긍정적으로 바라보는 입장이므로 3-2)와 같이 소비행위에 관한 부정적인 의견을 2의 하위 항목으로 이동하는 것은 적절하지 않다.

오답분석

① 1문단에서 생산학파는 근대 도시의 새로운 테크놀로지가 '다양한 습속을 지닌 사람들'을 '내면세계를 상실한 사물'로 만든다고 보았음을 알 수 있으므로 적절하다.
[관련 지문 인용] 다양한 습속을 지닌 사람들이 ~ 노동자가 기계화된 노동으로 착취당하는 동안 감각과 감성으로 체험하는 내면세계를 상실하고 사물로 전락했다고 고발하였다.

② 소비학파의 주장을 다룬 2문단에서 새로운 테크놀로지가 발달된 근대 도시는 사람들이 갈망하는 바를 이룰 수 있다는 환상이 존재하는 곳임을 알 수 있다.
[관련 지문 인용] 근대 도시에서는 이 간극이 좌절이 아니라 오히려 욕망이 충족된 미래 상태에 대한 주관적 환상을 자아낸다.

③ '벤야민'은 생산학파와 소비학파의 관점을 아우른 새로운 관점을 대표하는 학자이며, 3과 층위가 같은 항목은 '1. 생산학파', '2. 소비학파'이므로 이를 융합한 관점은 '생산학파+소비학파'로 수정하는 것이 적절하다.

⑤ 윗글은 생산학파, 소비학파, 이 둘을 아우른 관점을 차례로 소개하면서 각각의 관점을 대표하는 학자인 미셸 푸코, 콜린 캠벨, 발터 벤야민의 입장도 함께 들고 있다. 따라서 항목마다 이들을 추가하는 것은 적절하다.

14 인문 - 구체적 상황에 적용하기 정답 ③

정답분석

〈보기〉에서 벤야민은 영화와 근대 도시의 공통점을 '성질이 다른 사물의 집합이 만들어 낸 예측 불가능성'으로 보고, 근대 도시인이 이에 충격을 받는다고 하였음을 알 수 있다. 따라서 ㉡의 이유는 근대 도시가 영화와 같이 이질적인 요소들이 모여 만든 예측 불가능한 특성으로 설명해야 하므로 답은 ③이다.

오답분석

① 근대 도시의 환경 변화 속도는 〈보기〉에서 다루지 않았다.

② 〈보기〉에서 근대 도시인은 근대 도시의 일상을 닮은 영화로 비정상적인 체험을 할 수 있음을 알 수 있으나, 감각을 자극하는 요소가 도시 내에 많은지는 알 수 없다.

④ 〈보기〉가 아닌 ㉡의 앞에서 다룬 이유이므로 적절하지 않다.
[관련 지문 인용] 또한 유리와 철을 사용하여 만든 상품 거리인 아케이드는 안과 밖, 현실과 꿈의 경계가 모호해지는 체험을 가져다 주었다.

⑤ 〈보기〉는 영화 체험과 근대 도시의 일상 체험이 유사하다고 보는 입장이므로 적절하지 않다.

기출유형 21 안내문·공문 등의 실용문 독해하기

유형 연습문제

p. 372

1 ⑤	2 ④	3 ③	4 ④	5 ③
6 ③	7 ⑤	8 ⑤	9 ①	10 ①

1 안내문 - 정보 확인하기 정답 ⑤

정답분석

'1. 첫만남이용권'에서 사용 기간이 아동 출생일로부터 1년임을 알 수 있으므로 적절하지 않은 것은 ⑤이다.
[관련 지문 인용] 신청 기간은 별도 없으나 사용 기간(아동 출생일로부터 1년)을 고려하여 사용 종료일 이전에 신청

오답분석

① '2. 서구 출산·입양 축하금'의 '거주지 동 행정복지센터 방문 신청'에서 알 수 있다.

② '1. 첫만남이용권'의 '22.1.1. 이후 출생아로서 출생 신고된 영유아'에서 알 수 있다.

③ '2. 서구 출산·입양 축하금'의 '출생 신고 후 60일 이내'에서 알 수 있다.

④ '1. 첫만남이용권'의 '방문 신청, ~ 온라인 신청'에서 알 수 있다.

※ 출처: 인천광역시 서구청, https://www.seo.incheon.kr

2 안내문 - 구체적 상황에 적용하기 정답 ④

정답분석

윗글을 바탕으로 할 때, ㉠ '아빠 육아 휴직 장려금'은 최대 7개월까지 지원된다. 따라서 D는 8개월 동안 육아 휴직을 하였으나, 지원 내용에 따라 7개월 지원금인 350만 원만 장려금으로 받을 수 있으므로 적절하지 않은 것은 ④이다.
[관련 지문 인용] 월 50만 원씩 최소 1개월에서 최대 7개월 지원

오답분석

① ② 2023년 1월 1일 이전에 사용한 육아 휴직은 최대 3개월만 지원받을 수 있다. A와 B는 각각 4개월, 3개월 육아 휴직을 하였으므로 둘 다 150만 원의 장려금을 받을 수 있다.
[관련 지문 인용] 23.1.1. 이전에 사용한 육아 휴직에 대해서는 최대 3개월 지원

③ C는 1개월 동안 육아 휴직을 하였으므로 50만 원의 장려금을 받을 수 있다.
[관련 지문 인용] 월 50만 원씩 최소 1개월에서

⑤ E는 2023년 1월 1일 이후에 4개월 동안 육아 휴직을 하였으므로 200만 원의 장려금을 받을 수 있다.

3 보도 자료 - 독자의 반응 파악하기 정답 ③

정답분석

2문단의 '기능성 원료 9종의 안전성·기능성에 대한 재평가 결과를 반영해'를 통해 개정안에 기능성 원료 9종을 재평가한 결과가 반영되었음을 알 수 있으나 기능성 원료의 안전성을 재평가한다는 계획은 윗글에서 확인할 수 없다. 따라서 답은 ③이다.

오답분석

① 4문단의 '기능성 원료 9종 모두 '이상 사례 발생 시 섭취를 중단하고, 전문가와 상담할 것'이라는 섭취 시 주의 사항을 제품에 표시하도록 합니다'를 통해 알 수 있다.

② 7문단을 통해 알 수 있다.
[관련 지문 인용] 현재 알로에 겔 제품 제조 시 건조·분말 형태의 알로에 겔 원료만 사용이 가능하나, ~ 제조 기준을 확대합니다.

④ 6문단을 통해 알 수 있다.
[관련 지문 인용] '지속성 제품'으로 건강기능식품을 제조할 수 있도록 해당 제품의 정의·시험법을 추가로 신설합니다. ~ 관련 산업 활성화에 기여할 것으로 기대합니다.

⑤ 3문단과 5문단을 통해 알 수 있다.
[관련 지문 인용]
- 중금속 등 규격 강화(3종)
- 납 규격을 3.0 mg/kg에서 1.0 mg/kg으로 강화하고, ~ 카드뮴 규격을 각각 1.5 mg/kg(공액리놀레산)과 1.0 mg/kg(키토산/키토올리고당)에서 0.3 mg/kg으로 강화합니다.

※ 출처: 식품의약품안전처, https://www.mfds.go.kr

4 보도 자료 - 빈칸 추론하기

정답 ④

정답 분석

[A]를 참고할 때, ⓒ에는 '① 재평가 결과 반영'과 관련된 내용이 들어가야 함을 알 수 있다. ⓒ 앞 문단의 '섭취 시 주의해야 할 정보를 추가합니다'와 ⓒ 뒤 문단의 '규격도 강화합니다'를 통해 ⓒ 앞뒤로 '▲섭취 시 주의 사항 추가(9종)'와 '▲중금속 등 규격 강화(3종)'가 제시된 것을 알 수 있다. 따라서 ⓒ에는 '▲일일 섭취량 변경(4종)'에 대한 내용이 들어가야 하므로 답은 ④이다.

오답 분석

①② '섭취 시 주의 사항 추가'와 관련된 내용이므로 적절하지 않다.

③ 윗글은 건강기능식품의 안전한 소비를 위한 건강관리식품 기준 및 규격 개정에 대한 내용이다. ③은 건강기능식품에 대한 내용이나 융복합 건강기능식품 제조 및 판매와 관련된 내용이므로 적절하지 않다.

⑤ 안트라퀴논계화합물의 규격은 ⓒ 뒤 문단에 제시된 '▲중금속 등 규격 강화(3종)'와 관련된 내용이므로 적절하지 않다.

※ 출처: 산업통상자원부, http://www.motie.go.kr

5 보도 자료 - 관련 내용 추론하기

정답 ③

정답 분석

마지막 문단의 '개정안에 대한 의견은 2023년 9월 25일까지 제출할 수 있습니다'를 통해 개정안에 대한 의견 제출일을 알 수 있으나 시행일은 언급되지 않았으므로 답은 ③이다.

오답 분석

① 2문단의 '이번 개정안은 국민이 안전한 건강기능식품을 소비할 수 있도록'을 통해 개정 이유를 알 수 있다.

② 3문단을 통해 알 수 있다.

④ 6문단과 7문단의 마지막 문장과 8문단을 통해 알 수 있다.
[관련 지문 인용]
- 소비자의 편의성이 증대되고 보다 다양한 제품이 개발되어 선택권이 확대되는 등 관련 산업 활성화에 기여할 것으로 기대합니다.
- 업계에서는 분말화 과정에 소요되는 비용·시간을 절감할 수 있고 다양한 형태의 원료로 제조가 가능해져 매출액 증대에 도움을 주는 동시에, 소비자도 보다 다양한 제품을 선택할 수 있게 될 것으로 기대합니다.
- 식약처는 이번 기준·규격 개정 추진이 건강기능식품의 안전 관리 강화는 물론 건강기능식품 산업 발전에도 도움이 되길 기대하며

⑤ 마지막 문단의 '자세한 내용은 식약처 홈페이지(www.mfds.go.kr> 법령·자료> 입법/행정 예고)에서 확인할 수 있으며'에서 알 수 있다.

6 공문 - 순화어 파악하기

정답 ③

정답 분석

ⓒ '가이드(guide)'는 '안내, 안내자, 안내원, 길잡이' 등으로 순화하여 사용하므로 적절하지 않은 것은 ③이다.

※ 출처: 전라남도청, https://www.jeonnam.go.kr

7 공문 - 정보 확인하기

정답 ⑤

정답 분석

'2. 신청 자격 및 선발 기준'의 '다. 우대 사항'을 통해 동종 분야에서 2년 이상 경력이 있는 자를 우대함을 알 수 있다. 따라서 답은 ⑤이다.
[관련 지문 인용] 산림 분야 또는 수목원·식물원의 식물의 조성·관리 분야에서 2년 이상 종사한 자

오답 분석

① '1. 채용 분야 및 인원'의 '가. 수목원 코디네이터'에서 수목원 코디네이터로 채용 예정인 인원은 2명임을 알 수 있다.

② '1. 채용 분야 및 인원'의 '나. 수행 임무'에서 수목원 코디네이터의 업무는 이용객의 수목원 관람을 돕는 것임을 알 수 있으나 이용객을 늘리기 위해 홍보하는 업무는 제시되지 않았으므로 알 수 없다.

③ '2. 신청 자격 및 선발 기준'의 '가. 신청 자격 및 선발 기준'에서 '만 18세 이상인 자'는 수목원 코디네이터로 지원할 수 있음은 알 수 있으나, '나. 신청 자격의 제한'에서 고교 재학생은 지원할 수 없음을 알 수 있다.
[관련 지문 인용] 고교·대학(이하 "2년제·3년제 대학과 대학원을 포함한다") 재학생

④ '2. 신청 자격 및 선발 기준'의 '나. 신청 자격의 제한'에서 대학교 재학생은 지원할 수 없음을 알 수 있으며, '다. 우대 사항'에서 대학에서 조경학을 전공한 졸업생을 채용 과정에서 우대함을 알 수 있다. 따라서 조경학을 전공하더라도 재학생은 신청 자격이 없으므로 적절하지 않다.
[관련 지문 인용]
- 고교·대학(이하 "2년제·3년제 대학과 대학원을 포함한다") 재학생
- 전문 대학 이상의 관련 학과(산림자원학, 조경학, 원예학, 식물학 등)를 졸업한 자

8 기사문 - 비판적 관점 파악하기 정답 ⑤

정답분석

윗글은 공공 부문에서 외국어가 많이 사용되고 있어 외국어를 이해하지 못하는 사람이 정보에 소외되는 점을 문제 삼고 있으며, 어려운 외국어를 쉬운 우리말로 바꾸는 정책에 긍정적인 입장을 취하고 있다. 따라서 윗글의 관점으로 가장 적절한 것은 ⑤이다.

※ 출처: 대한민국 정책브리핑, https://www.korea.kr

9 기사문 - 구체적 상황에 적용하기 정답 ①

정답분석

'클린 뷰티'는 '유해 성분을 배제하고 환경 보호를 고려하여 만드는 화장품'이므로 '친환경 화장품'으로 대체하는 것이 적절하다. 참고로, '천연'은 '사람의 힘을 가하지 않은 상태'를 뜻한다.

10 공익 광고 - 관련 내용 추론하기 정답 ①

정답분석

제시된 두 공익 광고는 먹은 흔적이 남은 플라스틱 일회용 컵과 페트병 사진, 커피나 생수 외의 다른 것도 섭취했다는 문구를 통해 플라스틱으로 만든 용기에 담긴 음료를 마시면 그 음료뿐 아니라 플라스틱까지 섭취하게 됨을 경고하고 있다. 이를 통해 두 공익 광고가 전달하고자 하는 내용은 플라스틱 용기가 인체에 악영향을 끼친다는 내용이 되어야 함을 추론할 수 있으므로 적절한 것은 ①이다. 참고로, 제시된 공익 광고는 환경 및 인체에 해로운 미세 플라스틱을 만들어 내는 플라스틱 사용을 줄이자는 취지로 제작되었다.

※ 출처: 한국방송광고진흥공사, https://www.kobaco.co.kr

영역 마무리 문제 p. 378

1 ③	2 ④	3 ⑤	4 ②	5 ②
6 ⑤	7 ④	8 ⑤	9 ②	10 ⑤
11 ③	12 ⑤	13 ②	14 ④	15 ④
16 ④	17 ⑤	18 ②	19 ②	20 ④
21 ④	22 ①	23 ②	24 ③	25 ④
26 ④	27 ⑤	28 ②	29 ③	30 ⑤

1 현대 시 - 시의 표현상의 특징과 효과 파악하기 정답 ③

정답분석

1연에서 삶의 회의와 애증을 겪고 있지만 이를 극복하기 위해 '아라비아 사막'으로 가야 한다고 말하는 것을 통해 화자가 삶의 본질에 회의를 느끼며 문제를 제기하고 있음을 알 수 있다. 또한 2연에서 문제를 해결할 수 있는 공간인 '아라비아 사막'에서 겪어야 할 힘든 수행을, 3연에서 문제를 해결하기 위한 자신의 각오를 제시함으로써 문제를 극복하려는 의지를 그려 내고 있으므로 답은 ③이다.

오답분석

①② 이 시에는 색채가 대비되는 시각적 이미지나 유사한 시구의 반복이 나타나지 않으므로 적절하지 않다.

④ 2연에서 고난의 공간인 '거기(아라비아 사막)'에 '알라의 신'이 존재하고 있음을 알 수 있으나 '알라의 신'이 화자의 이상향인지 알 수 없으며 그에 대한 구체적 묘사도 나타나지 않으므로 적절하지 않다.

⑤ 3연의 '그 원시의 본연한 자태를 다시 배우지 못하거든'을 통해 화자가 본연의 모습을 추구하고 있음을 알 수 있으나 이는 과거로 돌아가고 싶다기보다 삶의 본질, 즉 본디부터 가지고 있는 성질이나 모습을 추구하려는 것이다. 또한 이 시에는 전통적 소재가 나타나지 않으므로 적절하지 않다.

2 현대 시 - 시의 시어 및 시구의 의미 파악하기 정답 ④

정답분석

㉣ **운명처럼 반드시 '나'와 대면(對面)케 될지니**: 3연의 '하여 '나'란 나의 생명이란/그 원시의 본연한 자태를 다시 배우지 못하거든'을 통해 화자가 추구하는 '나'는 미래와 현재의 개념이 아닌 본질적 자아임을 알 수 있다. 따라서 ④는 적절하지 않다. 참고로, 이 시는 죽음을 불사하더라도 생명의 본질을 추구하고자 하는 화자의 강한 의지를 보여 주고 있다.

오답분석

① ㉠ **병든 나무처럼 생명이 부대낄 때**: 1연의 '독한 회의(懷疑)를 구하지 못하고', '삶의 애증을 다 짐 지지 못하여'를 통해 화자는 현실의 삶에 힘겨워하며 이런 자신의 모습을 '병든 나무'로 비유하고 있음을 알 수 있다. 따라서 ㉠을 통해 현실에서 괴로워하는 화자의 모습을 알 수 있다.

② ㉡ **머나먼 아라비아 사막으로 나는 가자**: 2연의 '백일이 불사신같이 작열하고/일체가 모래 속에 사멸한 영겁의 허적(虛寂)에'를 통해 '아라비아 사막'은 괴롭고 어려운 일이 가득하며 적막한 곳임을 알 수 있다. 따라서 ㉡을 통해 화자는 자신의 의지로 고난의 장소로 떠나고자 함을 알 수 있다.

③ ㉢ **밤마다 고민하고 방황하는 열사(熱沙)의 끝**: ㉢과 3연을 통해 ㉢과 같은 고난의 장소인 '아라비아 사막'에서 자신을 반성하고 살피는 과정을 거치면 화자가 추구하는 본질적 자아를 발견할 수 있음을 알 수 있다. 따라서 ㉢을 통해 화자는 자신이 추구하는 이상에 도달하기 위해 고행의 필요성을 의식하고 있음을 알 수 있다.

⑤ ㉤ **차라리 나는 어느 사구(砂丘)에 회한 없는 백골을 쪼이리라**: ㉤과 앞부분의 '그 원시의 본연한 자태를 다시 배우지 못하거든'에서 화자는 자신의 이상에 도달하지 못하면 차라리 백골이 찍혀 죽겠다고 말하고 있다. 이를 통해 죽어서라도 이상을 추구하고자 하는 화자의 결연한 태도를 알 수 있다.

3 현대 소설 - 소설의 서술상 특징과 효과 파악하기 정답 ⑤

정답분석

윗글의 첫 부분에서 영식이 금을 얻기 위해 파는 땅 밑을 어두컴컴하고 무덤 같다고 표현하고 있으며, 농사를 짓던 땅을 모두 파헤쳤음에도 원하는 금을 얻지 못하고 수재의 거짓말에 속아 넘어가기까지 하는 영식의 모습으로 결말을 짓고 있다. 즉, '땅 밑'의 묘사는 윗글의 결말이 '땅 밑'처럼 어둡고, 무덤과 같이 희망이 없을 것임을 암시하고 있으므로 답은 ⑤이다.

[관련 지문 인용] 땅속 저 밑은 늘 음침하다. ~ 겉으로 황토 장벽으로 앞뒤 좌우가 콕 막힌 좁직한 구뎅이. 흡사히 무덤 속같이 귀중중하다. 싸늘한 침묵. 쿠더브레한 흙내와 징그러운 냉기만이 그 속에 자욱하다.

오답분석

① 윗글에는 콩밭을 파면 금을 얻을 수 있다고 영식을 꼬인 수재와 그 거짓말에 속은 영식의 갈등이 두드러지므로 적절하지 않다.
[관련 지문 인용] 이놈 풍찌는 바람에 애꿎은 콩밭 하나만 결딴을 냈다.

② 수재의 거짓말에 속아 끝없이 땅을 파는 영식의 모습과 그 어리석음을 통해 해학적인 요소가 구현된다. 그러나 수재에게 속았다는 것을 끝까지 눈치채지 못하는 영식과 '금'이라는 말에 '코다리에 고래등 같은 집까지 연상'하며 허황된 욕심을 드러내는 영식의 처의 모습으로 결말을 맺음으로써 작가는 영식을 통해 허황된 욕망을 비판하려고 하였음을 알 수 있으므로 적절하지 않다.
[관련 지문 인용]
- 땅에 무릎을 꿇고 궁뎅이를 번쩍 든 채 식식거린다.
- "이리 와봐 이게 금이래."

③ 작품 속 서술자가 다른 인물의 이야기를 하는 것은 서술자가 '나'인 1인칭 관찰자 시점이다. 윗글은 작품 밖 서술자가 작품 속 인물을 객관적으로 서술하는 3인칭 관찰자 시점을 취하므로 적절하지 않다.

④ 윗글에는 콩밭에서 금줄을 찾으려는 영식의 이야기만 나타나며, 사회적 현실을 드러내는 다양한 사건은 드러나지 않는다.

4 현대 소설 - 인물 심리 및 태도 파악하기 정답 ②

정답분석

영식이 ㉡과 같이 말한 이유는 그간 수재가 지시하는 대로 콩밭을 팠음에도 금을 발견하지 못한 영식의 불만 때문이다. 이 말로 인해 이전과 달리 영식이 시키는 대로 수재가 콩밭을 파는 상황이 전개되지만, 영식이 수재가 자신의 말을 들을 것이라고 판단했는지나 둘의 권력관계를 뒤집어 보려고 했는지는 윗글을 통해 알 수 없으므로 답은 ②이다.

오답분석

① ㉠: 영식은 지금까지 수재가 시키는 대로 하면 금을 캘 수 있을 거라 믿었지만, 앞으로는 그러지 않을 것이라고 다짐하고 있다. 이후 이어지는 ㉡에서 수재에게 땅을 파라고 지시하는 것을 통해 ㉠은 수재의 지시에 따라 땅을 파는 행위를 하지 않겠다는 것임을 짐작할 수 있다. 따라서 ㉠에 수재를 믿지 못하는 영식의 심리가 드러나므로 적절하다.

③ ㉢: 마름은 콩밭에서 금이 나올 수 없다고 객관적으로 인식하고 있다. 이를 바탕으로 금을 캐겠다고 밭을 파헤치는 영식과 수재의 행위가 밭을 망쳐 자신을 곤란하게 만들 수 있으므로 그들에게 불만을 느끼고 있다.

④ ㉣: 윗글의 마지막에서 '거짓말이란 오래 못 간다'라는 수재의 생각을 통해 금줄을 잡았다는 수재의 말인 ㉣은 거짓말임을 알 수 있다. 즉, 수재가 ㉣과 같이 말한 이유는 콩밭에 금이 없다는 사실을 숨기고 상황을 모면한 뒤 영식 내외에게서 도망가기 위함이므로 적절하다.

⑤ ㉤: 영식이 바라던 상황은 콩밭에서 '금'이 발견되는 상황이며 영식은 '금'을 캐기 위해 콩밭을 오래 파 왔다. 그런데 이런 상황이 예상치 못한 순간에 다가오자 ㉤과 같이 기쁨보다 허탈한 마음을 먼저 표현하고 있는 것이므로 적절하다.

5 현대 소설 - 소설의 세부 내용 이해하기 정답 ②

정답분석

영식의 처는 수재가 금을 발견했다고 하자 고래등 같은 집을 떠올리며 물질적 풍요를 기대하고 있다. 그러나 영식의 처가 이전에 여유 있던 삶을 살았는지 알 수 없으며, 영식은 소작농이기 때문에 이전에 물질적 여유를 누리지 못했을 것이라 짐작할 수 있다. 따라서 적절하지 않은 것은 ②이다.

오답분석

①④ 영식은 금을 캐겠다고 콩밭을 망가뜨리고, 해야 할 농사일도 하지 않았다. 이를 안 지주가 농사를 짓지 못하게 하겠다며 매우 화를 내고 있으므로 적절하다.
[관련 지문 인용] 애꿎은 콩밭 하나만 결딴을 냈다. 뿐만 아니라 모두가 낭패다. 세벌논도 못 맸다. 논둑의 풀은 성큼 자란 채 어지러이 늘려져 있다. 이 기미를 알고 지주는 대로하였다. 내년부터는 농사질 생각 말라고 땅을 굴렀다.

③ 영식이 콩밭을 파는 이유는 수재의 꼬임에 넘어갔기 때문이며, 금을 발견했다는 수재의 거짓말에도 속는다. 이후 수재가 도망가면 결국 영식과 그의 처는 절망적인 상황에 놓이게 되므로 적절하다.
[관련 지문 인용] 이놈 풍찌는 바람에 애꿎은 콩밭 하나만 결딴을 냈다. 뿐만 아니라 모두가 낭패다.

⑤ 지주의 콩밭을 관리하는 마름은 수재와 영식이 금을 캐겠다고 콩밭을 파헤친 상황 때문에 자기에게도 피해가 올까 걱정하고 있으며, 콩밭에서 금이 나올 리 없다고 수재와 영식에게 화를 내고 있으므로 적절하다.
[관련 지문 인용]
- 콩밭에서 웬 금이 나온다고 이 지랄들이야그래.
- 밭을 버리면 간수 잘못한 자기 탓이다.

6 인문 - 세부 내용 파악하기 정답 ⑤

정답분석

3문단 3~4번째 줄을 통해 할리우드 영화에서 제작자가 재정과 행정을 총괄함을 알 수 있으며, 4문단 1~2번째 줄에서 ㉠ '작가주의'의 비평 대상이 이런 환경에서 제작된 영화임을 알 수 있으나, 작가주의도 감독이 재정과 행정을 모두 주관해야 한다고 주장했는지는 윗글을 통해 알 수 없다. 따라서 답은 ⑤이다.

[관련 지문 인용]

• 재정과 행정의 총괄자인 제작자가 감독의 작업 과정에도 관여하게 되었고,
• 작가주의적 비평가들은 할리우드라는 가장 산업화된 조건에서 생산된 상업적인 영화에서도 감독 고유의 표지를 찾아낼 수 있다고 보았다.

오답분석

①② 2문단 2~3번째 줄을 통해 알 수 있다.
[관련 지문 인용] 감독의 창의성과 개성은 작품 세계를 관통하는 감독의 세계관 혹은 주제 의식, ~ 표현 기법 같은 일관된 문체상의 특징으로 나타난다는 것이다.

③ 1문단 2~4번째 줄을 통해 알 수 있다.
[관련 지문 인용] 프랑스에서는 ~ 화려한 의상과 세트, 인기 연극배우에 의존하는 제작 관행이 팽배해 있었다. 작가주의는 이렇듯 프랑스 영화에 만연했던 문학적, 연극적 색채에 대한 반발로 주창되었다.

④ 1문단 1~2번째 줄과 2문단 2~3번째 줄을 통해 알 수 있다.
[관련 지문 인용]
• 작가주의란 감독을 단순한 연출자가 아닌 '작가'로 간주하고,
• 감독의 창의성과 개성은 작품 세계를 관통하는 감독의 세계관 혹은 주제 의식, ~ 표현 기법 같은 일관된 문체상의 특징으로 나타난다는 것이다.

7 인문 - 관련 내용 추론하기 정답 ④

정답분석

4문단 2~3번째 줄의 작가주의적 비평가들이 할리우드 영화에서 감독의 창의성이 돋보인 사례를 확인하였다는 내용과 6문단 1번째 줄을 통해 작가주의의 영향으로 할리우드 영화가 재평가를 받고 영화계에서 위상을 높이게 되었다는 내용을 통해 ㉠ '작가주의'가 작가의 창의성을 보이는 ㉡ '할리우드 영화'를 발전시켰다는 내용을 추론할 수 있다. 따라서 가장 적절한 것은 ④이다.

[관련 지문 인용]
• 작가주의적 비평가들은 제한적인 제작 여건이 오히려 감독의 도전 의식과 창의성을 끌어낸 사례들에 주목한 것이다.
• 이처럼 할리우드 영화의 재평가에 큰 영향을 끼쳤던 작가주의의 영향력은 오늘날까지도 이어지고 있다.

오답분석

① 4문단을 통해 작가주의적 비평가들이 할리우드 영화에 주목하면서 B급 영화도 작가주의의 비평 대상이 되었음을 알 수 있으나 작가주의가 할리우드 영화와 B급 영화의 차이를 확인했는지는 윗글을 통해 알 수 없다.

② 3문단 3~4번째 줄을 통해 할리우드 영화에서 제작자가 영화 제작에 관여했음을 알 수 있으나, 4문단 1~2번째 줄에서 작가주의적 비평이 이런 환경에서 제작된 영화를 비평 대상으로 삼았다고 하였다. 따라서 작가주의가 할리우드 영화의 제작 환경을 비판했다는 내용을 추론하는 것은 적절하지 않다.
[관련 지문 인용]
• 재정과 행정의 총괄자인 제작자가 감독의 작업 과정에도 관여하게 되었고,
• 작가주의적 비평가들은 할리우드라는 가장 산업화된 조건에서 생산된 상업적인 영화에서도 감독 고유의 표지를 찾아낼 수 있다고 보았다.

③ 1문단 1~2번째 줄에서 작가주의는 감독을 작가로, 감독과 작품을 동일한 존재로 여겼음을 알 수 있다.
[관련 지문 인용] 작가주의란 감독을 단순한 연출자가 아닌 '작가'로 간주하고, 작품과 감독을 동일시하는 관점을 말한다.

⑤ 2문단 1~2번째 줄에서 작가주의는 영화를 비평할 때 작가를 중심으로 비평함을 알 수 있다.
[관련 지문 인용] 작가주의는 상투적인 영화가 아닌 감독 개인의 영화적 세계와 독창적인 스타일을 일관되게 투영하는 작품들을 옹호한다.

8 인문 - 관련 내용 추론하기 정답 ⑤

정답분석

5문단 2~3번째 줄에서 ㉢ '히치콕'은 사건의 진상을 잘못 파악할 만한 상황을 통해 영화의 재미를 구현해 냈음을 알 수 있으므로, 그의 영화가 재미있는 이유를 추후 일어날 사건을 암시하기 때문이라는 점으로 추론하는 것은 적절하지 않다. 따라서 답은 ⑤이다.

[관련 지문 인용] 히치콕은 관객을 오인에 빠뜨린 뒤 막바지에 진실을 규명하여 충격적인 반전을 이끌어 내는 그만의 이야기 도식을 활용하였다.

오답분석

①④ 5문단 3~5번째 줄을 통해 ㉢ '히치콕'은 영화에서 관객의 기대, 오인, 당혹스러움과 그들의 주의를 이끄는 소품을 영화적 장치로 이용했음을 알 수 있다. 이를 통해 히치콕이 관객의 심리적 장치와 그들의 시선을 많이 잡아끌 만한 소품을 맥거핀으로 이용했으리라는 내용을 추론하는 것은 적절하다.
[관련 지문 인용] 그는 관객의 오인을 부추기는 '맥거핀' 기법을 ~ 특정 소품을 맥거핀으로 활용하여 확실한 단서처럼 보이게 한 다음 일순간 허망한 것으로 만들어 관객을 당혹스럽게 한 것이다.

② 5문단 1~2번째 줄을 통해 ㉢ '히치콕'은 영화 제작 과정의 한계에 굴하지 않고 자기가 표현하고자 하는 바를 영화에 표현했음을 알 수 있다. 이를 통해 제한적인 영화 제작 과정에서도 일관되게 자신의 개성을 영화에 담아냈다는 내용을 추론하는 것은 적절하다.
[관련 지문 인용] 히치콕은 제작 시스템과 장르의 제약 속에서도 일관된 주제 의식과 스타일을 관철한 감독으로 평가받았다.

③ 5문단 1번째 줄과 6문단 2번째 줄을 통해 대표적인 할리우드 감독 ㉢ '히치콕'이 현재까지도 영향을 미치고 있음을 알 수 있다.
[관련 지문 인용]
• 작가주의적 비평가들에 의해 복권된 대표적인 할리우드 감독이 바로 스릴러 거장인 히치콕이다.
• 작가주의로 인해 '좋은' 영화 혹은 '위대한' 감독들이 선정되었고, 이들은 지금도 영화 교육 현장에서 활용되고 있다.

9 인문 - 세부 내용 파악하기 정답 ②

(정답분석)

1문단 2~3번째 줄을 통해 아날학파는 정치보다 지리나 토지, 기후 등이 인간의 생활에 큰 영향을 준다고 주장함을 알 수 있으나 두 요인 중 무엇을 더 중시하는지는 윗글을 통해 알 수 없다. 따라서 적절하지 않은 것은 ②이다.

(오답분석)

① 1문단 2~3번째 줄과 5문단 1~2번째 줄을 통해 아날학파는 불변의, 지속되는 성질을 지닌 환경, 생활 양상 등을 역사의 대상으로 삼았음을 알 수 있다.

③ 3문단 1~2번째 줄을 통해 아날학파로 인해 이전에 역사학에서 주목받지 못했던 사회·경제사가 역사학에서 관심을 끌게 되었음을 알 수 있다.

④ 1문단 2~3번째 줄과 4문단 3번째 줄을 통해 아날학파는 지리, 풍토와 같은 자연환경은 불변하나, 왕조나 지배자는 변한다고 봄을 알 수 있다.

⑤ 4문단 1~4번째 줄을 통해 아날학파는 정치나 외교적인 요소는 나타났다가 사라지는 것에 불과하므로 그런 사건들의 영향으로 인간의 생활 방식은 변하지 않는다고 생각함을 알 수 있다.

10 인문 - 빈칸 추론하기 정답 ⑤

(정답분석)

㉠의 앞뒤 내용을 통해 ㉠은 '그들'의 역사를 일컫는 말임을 알 수 있으며, '그들'은 국왕이나 지배자가 바뀌어도 변하지 않는 삶을 사는 대다수의 사람을 지칭함을 알 수 있다. 따라서 변화가 없는 삶과 의미가 통하는 ⑤가 가장 적절하다.

(오답분석)

① 2문단 끝에서 1번째 줄을 통해 아날학파의 주장을 책으로 다룬 브로델이 지리, 사회, 사건을 통합한 전체적 역사를 연구하려 했음을 알 수 있으나, 문맥상 ㉠에 들어갈 내용으로 적절하지 않다.

②③ 역사학에서의 계급이나 주요 서술 대상에 대한 문제는 윗글을 통해 알 수 없다.

④ ㉠의 앞뒤에서 '그들'은 지배를 받는 피지배자임을 알 수 있으나, 문맥상 ㉠에 들어갈 내용으로 적절하지 않다.

11 인문 - 세부 내용 파악하기 정답 ③

(정답분석)

2문단 끝에서 3~4번째 줄을 통해 브로델은 장기간 지속되는 구조를 역사 연구의 대상으로 삼아야 한다고 주장했음을 알 수 있으나 2문단 끝에서 1번째 줄을 통해 역사학에서 중기간 지속되는 사회, 기존의 역사에서 다룬 사건을 함께 다루어야 한다(전체적 역사)고 주장하고 있음을 알 수 있다. 따라서 적절하지 않은 것은 ③이다.

(오답분석)

① 2문단 1~3번째 줄을 통해 알 수 있다.

② 2문단 3번째 줄을 통해 알 수 있다.

④ 2문단 5~6번째 줄을 통해 알 수 있다.

⑤ 2문단 1번째 줄과 끝에서 1~3번째 줄을 통해 알 수 있다.

12 인문 - 구체적 상황에 적용하기 정답 ⑤

(정답분석)

5문단을 통해 아날학파는 역사의 초점을 지배자, 지도자 같은 개인이 정치나 외교를 하는 방식이 아닌 대다수 사람들의 생활에 두어야 한다고 주장함을 알 수 있다. 〈보기〉는 나폴레옹이 유럽을 정복했다는 내용으로, 나폴레옹 개인의 이야기만 있을 뿐 그 시기 사람들의 이야기는 확인할 수 없다. 따라서 윗글을 바탕으로 〈보기〉를 판단한 내용으로 가장 적절한 것은 ⑤이다.

(오답분석)

①②④ 역사 기록자의 시점, 역사를 기록한 시기, 전쟁을 다룬 역사를 다룰 때의 주의점은 윗글에서 알 수 있는 아날학파의 입장과 관련이 없다.

③ 〈보기〉는 전쟁에서 승리한 국가의 입장에서 쓰인 내용으로 이를 통해 전쟁에서 패한 국가의 상황을 확인할 수 없으나, 이는 윗글에서 알 수 있는 아날학파의 입장과 관련이 없다.

13 과학 - 세부 내용 파악하기 정답 ②

(정답분석)

2문단 4~5번째 줄을 통해 혈액 응고 인자는 비타민 K가 있어야 활성화됨을 알 수 있으므로 적절한 것은 ②이다.

[관련 지문 인용] 비타민 K는 프로트롬빈을 비롯한 혈액 응고 인자들이 간세포에서 합성될 때 이들의 활성화에 관여한다.

(오답분석)

① 4문단 끝에서 2번째 줄을 통해 MGP는 비타민 K가 아닌 비타민 K-의존성 단백질임을 알 수 있다.
[관련 지문 인용] MGP라는 단백질에 의해 억제되는데, 이 단백질이 비타민 K-의존성 단백질이다.

③ 4문단 1~3번째 줄을 통해 칼슘 보충제를 먹어도 골밀도가 높아지지 않음을 알 수 있다.
[관련 지문 인용] 나이가 들면 ~ 칼슘 보충제를 섭취해서 혈액 내 칼슘 농도는 높아지나 골밀도는 높아지지 않고,

④ 1문단 끝에서 1~2번째 줄을 통해 동맥 경화가 일어난 곳에 혈전(응고된 혈액)이 달라붙는 현상이 나타남을 알 수 있으나 동맥 경화가 혈액 응고 인자가 활성화되는 데 영향을 미치는지는 윗글을 통해 알 수 없다.
[관련 지문 인용] 동맥 경화가 일어나면 그 부위에 혈전 침착, 혈류 감소 등이 일어나

⑤ 2문단 끝에서 2~4번째 줄을 통해 혈액 응고 인자의 활성화는 혈액 단백질과 칼슘 이온이 결합해 일어나며, 혈액 단백질이 칼슘 이온과 결합하려면 단백질을 구성하는 요소가 감마-카르복시글루탐산으로 전환되는 카르복실화를 거쳐야 함을 알 수 있다.
[관련 지문 인용] 혈액 응고 인자들이 ~ 활성화에 관여한다. 활성화는 칼슘 이온과의 결합을 통해 이루어지는데, ~ 카르복실화는 단백질을 구성하는 아미노산 중 글루탐산이 감마-카르복시글루탐산으로 전환되는 것을 말한다.

14 과학 - 세부 내용 파악하기

정답 ④

정답분석

1문단 2~3번째 줄과 2문단 3~4번째 줄을 통해 혈액 응고 과정을 확인할 수 있다. 먼저 프로트롬빈이 트롬빈으로 전환된(프로트롬빈 → 트롬빈) 후, 트롬빈은 피브리노겐을 피브린으로 전환하는 데 관여한다(트롬빈 ⇒ '피브리노겐 → 피브린'). 혈액 응고는 이렇게 생성된 피브린과 혈소판 마개와 결합하여(피브린+혈소판 마개) 혈병을 만드는 현상이다. 따라서 혈액 응고 과정이 바르게 나타난 것은 ④이다.

[관련 지문 인용]

- 혈액 응고는 섬유소 단백질인 피브린이 ~ 혈소판 마개와 뭉쳐 혈병이라는 덩어리를 만드는 현상이다.
- 우선 여러 혈액 응고 인자들이 활성화된 이후 프로트롬빈이 활성화되어 트롬빈으로 전환되고, 트롬빈은 혈액에 녹아 있는 피브리노겐을 불용성인 피브린으로 바꾼다.

15 과학 - 관련 내용 추론하기

정답 ④

정답분석

5문단 2~3번째 줄을 통해 대체로 ㉠'비타민 K_1'이 혈액 응고 인자를 활성화하는 역할을 담당한다는 내용을 통해 ㉡'비타민 K_2'보다 ㉠'비타민 K_1'이 혈액 응고에 기여하는 바가 큼을 추론할 수 있다. 따라서 답은 ④이다.

[관련 지문 인용] 혈액 응고 인자의 활성화는 주로 K_1이, 그 외의 세포에서 합성되는 단백질의 활성화는 주로 K_2가 담당한다.

오답분석

① 비타민 K 중 어떤 것이 결핍되기 쉬운지는 윗글을 통해 알 수 없다.

②③ 3문단 1~2번째 줄에서 ㉠'비타민 K_1'은 식물에서 합성됨을, ㉡'비타민 K_2'는 동물 세포에서 합성되거나 미생물의 발효로 생성됨을 알 수 있다.

[관련 지문 인용] 비타민 K는 식물에서 합성되는 비타민 K_1과 동물 세포에서 합성되거나 미생물 발효로 생성되는 비타민 K_2로 나뉜다.

⑤ 4문단 끝에서 1~3번째 줄을 통해 ㉠'비타민 K_1'과 ㉡'비타민 K_2'를 포괄하는 비타민 K가 부족하면 생기는 혈관 석회화로 혈관 질환이 발생할 수 있음을 알 수 있다.

16 과학 - 구체적 상황에 적용하기

정답 ④

정답분석

5문단 끝에서 1~2번째 줄을 통해 일부 학자들은 비타민 K_1과 K_2의 권장량을 다르게 설정해야 한다고 주장함을 알 수 있다. 〈보기〉는 비타민 K_1과 K_2의 결핍 현상에 차이가 있으므로 둘의 섭취량을 나르게 해야 한다는 내용으로, 비타민 K_1과 K_2의 권장량을 각각 설정해야 한다는 주장의 근거가 된다. 따라서 답은 ④이다.

[관련 지문 인용] 일부 연구자들은 비타민 K의 권장량을 K_1과 K_2로 구분하여 설정해야 하며,

오답분석

① 3문단에서 비타민 K의 합성 과정은 알 수 있으나 〈보기〉에 이를 보충할 수 있는 내용은 없다.

② 윗글에서는 비타민 K가 혈액 응고 과정에 관여함을 설명하고 있으며, 특히 5문단에서는 비타민 K_1과 K_2가 주로 기능하는 장기가 다름을 설명하고 있다. 그러나 〈보기〉에서 이를 보충할 수 있는 내용은 없다.

③⑤ 윗글과 〈보기〉를 통해 비타민 K의 결핍을 예방하는 법이나 과잉 시 생길 수 있는 부작용은 알 수 없다.

17 사회 - 세부 내용 파악하기

정답 ⑤

정답분석

2문단을 통해 월트는 아이디어가 생기면 바로 제품이나 서비스에 적용하였으며, 이 과정에서 좋은 결과를 얻기 위해 방법이 무엇인가에 구애받지 않았음을 알 수 있다. 따라서 답은 ⑤이다.

오답분석

① 1문단 1~2번째 줄을 통해 월트의 성공 과정에도 어려움이 있었음을 알 수 있다.

② 10문단 1~2번째 줄을 통해 디즈니 직원들은 고객을 귀하게 대접함을 알 수 있다.

③ 6문단 1번째 줄을 통해 캐리비언의 해적은 월트가 죽기 전에 마지막으로 담당했던 놀이 시설임을 알 수 있으나 개장 시기는 윗글을 통해 알 수 없다.

④ 6문단 끝에서 1~2번째 줄을 통해 지적 노동 종사자가 아닌 건설 노동자도 캐스트 멤버가 될 수 있었음을 알 수 있다.

18 사회 - 전제 및 근거 추리

정답 ②

정답분석

5문단 2~3번째 줄과 9문단 2~3번째 줄을 통해 월트는 완벽주의자이며, 무슨 일이든 완벽하게 끝내기 위해 부족한 점이 없는지 집요하게 확인하였음과 ㉠의 사례 중 하나인 '캐리비언 해적' 점검으로 이 놀이 시설로 구현하고자 한 바를 완벽히 구현해 냈음을 알 수 있다. 따라서 월트가 모든 직원에게 놀이 시설을 이용하게 한 것은 결함 없이, 놀이 시설의 개발 목적에 맞는 완전한 놀이 시설을 제작하기 위함임을 알 수 있으므로 답은 ②이다.

19 인문 - 관련 내용 추론하기

정답 ②

정답분석

1문단 2~4번째 줄을 통해 아리스토텔레스는 모든 자연물이 내재적으로 목적을 지니고 있다고 주장하였음을 알 수 있으나 윗글을 통해 자연물의 목적이 모두 같은 결론을 지향함은 알 수 없다. 따라서 ㉠과 가장 거리가 먼 것은 ②이다.

오답분석

① 2문단 끝에서 2번째 줄을 통해 아리스토텔레스에 따르면 생물과 무생물은 자연물에 속함을 알 수 있으며, 1문단 2~6번째 줄을 통해 내재적 본성에 따라 움직이는 자연물은 운동의 목적을 가치 있는 결과로 실현함을 알 수 있다. 이를 통해 자연물은 내재적 목적으로 긍정적 결과를 이룬다는 점을 추론할 수 있다.

[관련 지문 인용]
- 아리스토텔레스는 자연물을 생물과 무생물로, 생물을 식물·동물·인간으로 나누고,
- 아리스토텔레스는 모든 자연물이 목적을 추구하는 본성을 타고나며, ~ 그 본성적 목적의 실현은 운동 주체에 항상 바람직한 결과를 가져온다고 믿는다.

③ 1문단 4번째 줄을 통해 아리스토텔레스에 따르면 자연물은 내재적 목적을 실현할 능력을 타고남을 알 수 있으며, 이를 통해 자연물은 내재적 목적을 달성할 방법을 배우지 않아도 됨을 추론할 수 있다.
[관련 지문 인용] 자연물이 단순히 목적을 갖는 데 그치는 것이 아니라 목적을 실현할 능력도 타고나며,

④ 2문단 끝에서 1~2번째 줄을 통해 아리스토텔레스는 생물 중 인간만이 사유하는 능력이 있다고 주장했음을 알 수 있다. 이를 통해 본성적 목적에 따라 행위하며 그 목적을 판단할 수 있는 것은 인간뿐이라는 점을 추론할 수 있다.
[관련 지문 인용] 아리스토텔레스는 자연물을 생물과 무생물로, 생물을 식물·동물·인간으로 나누고, 인간만이 이성을 지닌다고 생각했다.

⑤ 1문단 끝에서 2~3번째 줄을 통해 아리스토텔레스는 자연물의 목적은 방해 요소가 없는 한 필연적으로 이루어진다고 주장했음을 알 수 있다. 이를 통해 잎이 떨어지는 가을에 잎이 떨어진다는 목적을 달성할 것이라 추론하는 것은 적절하다.
[관련 지문 인용] 그 목적은 방해받지 않는 한 반드시 실현될 것이고,

20 인문 - 관련 내용 추론하기

정답 ④

정답분석

4문단 2~5번째 줄을 통해 엠페도클레스와 같은 학자가 속한 ⓒ '환원론'은 자연물을 이루는 물질적 요소와 그와 관련된 과학적 법칙을 파악하면 자연물의 본성을 알 수 있다는 주장임을 알 수 있다. 이를 통해 자연물의 구성 요소나 작용하는 원리로 자연물을 알 수 있다는 ⓒ의 주장을 추론할 수 있으므로 답은 ④이다.

[관련 지문 인용] 모든 생물학적 과정이 물리·화학 법칙으로 설명된다는 환원론으로 이어졌다. ~ 자연물의 물질적 구성 요소를 알면 그것의 본성을 모두 설명할 수 있다는 엠페도클레스의 견해를

오답분석

① 4문단 1~3번째 줄을 통해 환원론이 자연물이 물질로만 구성된다고 주장하는 물질론에 기반함을 알 수 있으나, 이 물질이 분해할 수 없는 입자인지는 윗글을 통해 알 수 없다.
[관련 지문 인용] 세상의 모든 것이 물질로만 구성된다는 물질론으로 이어졌으며, 물질론 가운데 일부는 ~ 환원론으로 이어졌다.

②⑤ 윗글을 통해 자연물을 구성하는 요소의 성격이나 관계는 알 수 없다.

③ 4문단 2~3번째 줄을 통해 환원론은 자연물을 물리·화학 법칙으로 설명할 수 있다고 주장함을 알 수 있다. 이를 통해 자연물은 인간이 관찰하고 일반화할 수 있는 대상이라는 ⓒ의 주장을 추론할 수 있다.
[관련 지문 인용] 모든 생물학적 과정이 물리·화학 법칙으로 설명된다는

21 인문 - 구체적 상황에 적용하기

정답 ④

정답분석

〈보기〉는 자연물 중에서 인간을 제외한 존재의 운동은 외부의 힘으로 설계된 기계적 운동에 불과하다고 보는 관점이다. 이는 1문단 2~4번째 줄을 통해 알 수 있는 아리스토텔레스의 주장과 반대되는 것이므로, 〈보기〉의 관점에서 자연은 내재적 목적에 따라 스스로 움직이지 못하는 존재임을 알 수 있다. 따라서 답은 ④이다.

[관련 지문 인용] 아리스토텔레스는 모든 자연물이 목적을 추구하는 본성을 타고나며, 외적 원인이 아니라 내재적 본성에 따른 운동을 한다는 목적론을 제시한다.

오답분석

①③ 1문단 3~4번째 줄을 통해 아리스토텔레스는 자연이 내재적 목적에 따라 운동한다고 주장하였으나, 그 내재적 목적에 무엇이 있는지나 운동의 지속성에 대한 내용은 윗글과 〈보기〉를 통해 알 수 없다.
[관련 지문 인용] 외적 원인이 아니라 내재적 본성에 따른 운동을 한다는 목적론을 제시한다.

② 1문단 끝에서 1번째 줄에서 아리스토텔레스가 "자연은 헛된 일을 하지 않는다!"라고 한 것을 통해 아리스토텔레스가 주장한 목적론은 자연물의 운동이 모두 가치 있는 일이라고 생각했음을 유추할 수 있으나, 〈보기〉는 자연의 운동을 자발적인 행위로 보지 않는다.

⑤ 2문단 끝에서 1~2번째 줄 '인간만이 이성을 지닌다고 생각했다'에서 아리스토텔레스도 〈보기〉와 같이 인간이 이성을 지닌 존재라고 주장했음을 알 수 있으나, 자연 현상을 파악할 수 있는지에 대해서는 윗글을 통해 알 수 없으며 〈보기〉는 인간은 자연의 운동과 변화를 파악할 수 있다는 입장이다.

22 인문 - 독자의 반응 파악하기

정답 ①

정답분석

2문단 2~3번째 줄을 통해 갈릴레이는 아리스토텔레스의 목적론이 과학적 설명으로서 무용하다고 주장하였음을, 3문단을 통해 우드필드는 아리스트텔레스의 목적론을 부정한 근대 사상가들을 비판하고 있음을 알 수 있으나, 목적론이 과학적 설명은 아니라는 점은 동의하고 있다. 따라서 우드필드가 갈릴레이의 주장을 모두 반박했다고 반응하는 것은 적절하지 않으므로 답은 ①이다.

[관련 지문 인용]
- 갈릴레이는 목적론적 설명이 과학적 설명으로 사용될 수 없다고 주장하며
- 일부 현대 학자들은, 근대 사상가들이 ~ 아리스토텔레스의 목적론을 거부할 충분한 근거를 제시하지 못했다고 비판한다. ~ 우드필드는 목적론적 설명이 과학적 설명은 아니지만

오답분석

② 2문단 3번째 줄인 '베이컨은 목적에 대한 탐구가 과학에 무익하다고 평가하고'를 읽고 베이컨이 과학에 도움이 되는 탐구를 중요하게 여겼다고 반응할 수 있다.

③ 2문단 끝에서 1~3번째 줄인 '이들의 비판은 목적론이 인간 이외의 자연물도 이성을 갖는 것으로 의인화한다는 것이다. 그러나 이런 비판과는 달리 아리스토텔레스는 ~ 인간만이 이성을 지닌다고 생각했다'를 읽고 보일 수 있는 반응이다.

④ 3문단 2~3번째 줄인 '볼로틴은 근대 과학이 자연에 목적이 없음을 보이지도 못했고 그렇게 하려는 시도조차 하지 않았다고 지적한다'를 읽고 보일 수 있는 반응이다.

⑤ 2문단 3~4번째 줄인 '스피노자는 목적론이 자연에 대한 이해를 왜곡한다고 비판한다'를 읽고 보일 수 있는 반응이다.

23 안내문 - 정보 확인하기

정답 ②

정답분석

'1. 채용 분야 및 인원'의 '나. 채용 인원: 1명'을 통해 2023년 ○○도립도서관 상주 작가 채용 공고로 선발되는 작가는 1인임을 알 수 있으므로 적절한 것은 ②이다.

오답분석

① '2. 지원 신청 자격 및 심사 기준'의 '가. 지원 신청 자격 기준(공통)'을 통해 도서관이 있는 ○○남도에 거주하면 채용 시 우대됨을 알 수 있다.
[관련 지문 인용] ○○남도 거주 작가 우대

③ '3. 업무 분야'를 통해 도서관 상주 작가는 문학 체험 행사를 운영해야 함을 알 수 있으나 다른 지역과 함께 행사를 운영해야 하는지는 알 수 없다.
[관련 지문 인용] 도민을 대상으로 문학 체험 행사 기획 및 운영

④ '4. 채용 방법'을 통해 도서관 상주 작가는 '서류 전형-면접 심사'의 과정을 거쳐 선발되며 그중 면접은 한 번 진행됨을 알 수 있다.

⑤ '4. 채용 방법'을 통해 최종 합격자가 채용을 포기하면 최종 합격자 다음으로 고득점을 한 사람을 합격자로 선정함을 알 수 있으며, 채용 공고문을 다시 올리는지는 윗글로 알 수 없다.
[관련 지문 인용] 최종 합격자가 채용 포기 등의 ~ 차점자로 추가 합격자를 결정할 수 있음

※ 출처: 전라남도청, https://www.jeonnam.go.kr

24 안내문 - 관련 내용 추론하기

정답 ③

정답분석

'4. 채용 방법'의 '다.'에 따라 최종 합격자는 서류 전형 점수와 관련 없이 면접 점수 최고득점자로 선정된다. 따라서 서류 전형에서 받은 점수와 면접 전형에서 받은 점수의 총합이 가장 높은 지원자를 최종 합격자로 선발하는 것은 적절한 행동이 아니므로 답은 ③이다.

[관련 지문 인용] (최종 합격자 선정) 면접 점수 고득점자순으로 합격자 결정

오답분석

① '4. 채용 방법'의 '나.'에 제시된 면접 심사 시의 평정 항목인 '전문 지식, 전문성, 성실성'에 따라 면접자를 평가하는 것은 적절한 행동이다.
[관련 지문 인용] 서류 전형 합격자에 한해 전문 지식, 전문성, 성실성 종합 평정

② '2. 지원 신청 자격 및 심사 기준'의 '가. 지원 신청 자격 기준(공통)'에서 도서관 상주 작가는 사업에 참여하는 동안 집필 활동을 해야 하며, '1. 채용 분야 및 인원'의 '다. 근무 기간'을 통해 사업 참여 기간(근무 기간)이 2023년 4월부터 9월까지임을 알 수 있다. 따라서 해당 기간에 지원자의 집필 활동 계획이 있는지 심사하는 것은 적절한 행동이다.
[관련 지문 인용]
- 사업 참여 기간 집필 활동을 유지해야 하며,
- 근무 기간: 2023. 4. 1. ~ 2023. 9. 30. (6개월)

④ '2. 지원 신청 자격 및 심사 기준'의 '나. 채용 심사 기준'에 제시된 심사 기준 중 비중이 40%로 가장 높은 항목인 '창작 역량'에 초점을 맞춰 지원자를 심사하는 것은 적절한 행동이다.

⑤ '2. 지원 신청 자격 및 심사 기준'의 '가. 지원 신청 자격 기준(공통)'에 제시된 '현재 창작 활동을 하고 있는 문인'이 아닌 지원자를 탈락시키는 것은 적절한 행동이다.

25 안내문 - 구체적 상황에 적용하기

정답 ④

정답분석

윗글 '3. 업무 분야' 및 〈보기〉 '2-①'을 통해 2023년 ○○도립도서관 상주 작가는 도서관의 '문학 큐레이터'를 담당하나 주당 최대 40시간만 근무할 수 있음을 알 수 있으므로 적절하지 않다. 따라서 답은 ④이다.

[관련 지문 인용]
- ○○도립도서관의 <문학 큐레이터>로서
- 1주간의 근로 시간은 ~ 40시간을 초과할 수 없다.

오답분석

① 윗글 '1. 채용 분야 및 인원'의 '다. 근무 기간'과 〈보기〉의 '1. 급여'를 통해 2023년 ○○도립도서관 상주 작가의 총임금은 '세전 월 220만 원×6개월=세전 1,320만 원'임을 알 수 있다.
[관련 지문 인용]
- 근무 기간: 2023. 4. 1. ~ 2023. 9. 30. (6개월)
- 급여: 월 220만 원 지급(세전, 4대 보험 본인 부담액 포함)

② 윗글 '1. 채용 분야 및 인원'의 '라. 근무처'와 〈보기〉의 '2-③'을 통해 2023년 ○○도립도서관 상주 작가는 ○○도립도서관에서 상주 작가가 정상 근무를 하는 주 4회만 만날 수 있음을 알 수 있다.
[관련 지문 인용]
- 근무처: ○○도립도서관
- 주 4일 정상 근무와 주 1일 재택근무를 병행한다.

③ 윗글 '1. 채용 분야 및 인원'의 '라. 근무처'와 〈보기〉의 '2-⑤'를 통해 알 수 있다.
[관련 지문 인용] 상주 작가는 도서관 관내에서 창작 활동 시간을 사용하여야 한다.

⑤ 윗글 '3. 업무 분야'를 통해 2023년 ○○도립도서관 상주 작가는 문학 체험 행사를 기획하고 운영하는 업무를 담당함을 알 수 있으며, 〈보기〉의 '2-①, ⑤'를 통해 상주 작가는 1일 최대 8시간까지 근무할 수 있으며, 최소 4시간은 작품 활동에 할애함을 알 수 있다. 따라서 상주 작가가 작품 활동 외의 업무에 할애할 수 있는 시간은 1일 최대 4시간이므로 문학 행사 관련 업무에 할애할 수 있는 시간은 1일 최대 4시간씩, 주 5회인 최대 20시간이다.

[관련 지문 인용] 도서관은 1일 최소 4시간의 창작 활동 시간과 ~ 상주 작가에게 보장하여야 한다.

26 기사문 - 구체적 상황에 적용하기 정답 ④

정답 분석

윗글은 '위(Wee) 희망대상' 시상식의 수상작을 '위(Wee) 프로젝트'의 사례로 소개하며 시작하고 있다. <보기>에서 특정 사례를 이용하면 독자의 흥미를 유발할 수 있다고 하였으므로 가장 적절한 것은 ④이다.

[관련 지문 인용] 특정 일화나 우화를 소개하거나, ~ 방법을 사용하면 독자의 흥미를 유발하고

오답 분석

① 윗글은 '표제-전문-본문'으로 이루어진 기사문이므로 적절하지 않다. 참고로, 윗글의 전문은 5문단이다.

② 윗글은 특정 정보를 널리 알리기 위해 작성하는 기사문이나, '위(Wee) 프로젝트'와 '위(Wee) 희망대상'에 관한 정보를 알리기 위해 작성한 글이므로 적절하지 않다.

③ 윗글은 기사문의 제재인 '위(Wee) 프로젝트'와 '위(Wee) 희망대상'에 관한 정보를 기사 전반에서 다루고 있으며, 그중 가장 중요한 정보인 시행 목적을 4문단과 8문단에서 다루고 있으므로 적절하지 않다.

⑤ '위(Wee) 프로젝트'와 '위(Wee) 희망대상'은 교육부 주관으로 시행된다. 따라서 윗글에 제시된 정보는 윗글을 작성한 기사가 교육부 관계자와 인터뷰하거나 교육부에서 제공한 정보를 수집해 재구성한 것임을 파악할 수 있다.

※ 출처: 정책브리핑, https://www.korea.kr

27 기사문 - 독자의 반응 파악하기 정답 ⑤

정답 분석

9문단 1번째 줄에서 위(Wee) 희망대상 시상식의 심사위원은 상담 전문가와 교육 전문가로 구성됨을 알 수 있다. 따라서 독자의 반응으로 적절하지 않은 것은 ⑤이다.

[관련 지문 인용] 올해는 상담 전문가와 교육 전문가로 구성된 10명의 심사위원이

오답 분석

① 8문단 2~3번째 줄을 읽고 보일 수 있는 반응이므로 적절하다.
[관련 지문 인용] 향후 위(Wee) 프로젝트 추진의 동기를 부여하고 자긍심을 고취하기 위해 지난 2011년부터 위(Wee) 희망대상 시상식을 진행하고 있다.

② 10문단 1번째 줄을 읽고 보일 수 있는 반응이므로 적절하다.
[관련 지문 인용] 위(Wee) 프로젝트는 도움을 받는 학생뿐만 아니라 도움을 주는 전문가의 성장도 독려한다.

③ 7문단 2~3번째 줄을 읽고 보일 수 있는 반응이므로 적절하다.
[관련 지문 인용] 학교에는 [1단계] 위(Wee) 클래스, 교육지원청에는 [2단계] 위(Wee) 센터, 교육청에는 [3단계] 위(Wee) 스쿨 등이 개설돼 있다.

④ 6문단 1번째 줄을 읽고 보일 수 있는 반응이므로 적절하다.
[관련 지문 인용] 위(Wee) 프로젝트는 모든 학생을 대상으로 하되 위기 학생을 주 대상으로 한다.

28 공문 - 순화어 파악하기 정답 ②

정답 분석

기능은 정상이나 흠집이 있는 불량 제품, 전시되었던 제품, 반품된 제품을 의미하는 '리퍼브'의 순화어는 '손질상품'이므로 적절하지 않은 것은 ②이다.

29 공문 - 독자의 반응 파악하기 정답 ③

정답 분석

'나. 모집 개요'의 '1)-나) 체험 활동 자원봉사자'를 통해 자원봉사자는 양일 참가가 불가능함을 알 수 있다. 따라서 양일(금요일과 토요일) 자원봉사 참가 신청을 하겠다는 반응은 적절하지 않으므로 답은 ③이다.

오답 분석

① 'OO도청 인근 지역 활성화를 위한 플리마켓'의 개최 목적과 '가. 행사 개요'의 '3) 행사 장소'를 읽고 보일 수 있는 반응이므로 적절하다.
[관련 지문 인용]
- OO도청 앞 잔디 광장
- 우리 청에서는 청사 인근 상권 활성화를 위한 시민 참여 프로그램을 개최하고자 합니다.

② '가. 행사 개요'의 '4)-가)-(2) 수예품'에 속하는 '손으로 직접 제작한 물품'인 뜨개 인형을 수예품 직거래 장터에서 판매하겠다는 반응은 적절하다.

④ '가. 행사 개요'의 '4)-가)-(4) 중고 물품'을 통해 사용하였으나 쓰는 데 무리가 없는 중고 제품을 직거래 장터에서 거래함을 알 수 있다. 또한 '나. 모집 개요'의 '1)-다)'를 통해 중고 물품 직거래 장터는 별도로 신청하지 않고 자유롭게 거래함을 알 수 있다. 따라서 아이들이 쓰던 장난감을 중고 물품 직거래 장터에서 거래하겠다는 반응은 적절하다.
[관련 지문 인용]
- 사용 및 개봉하였으나 사용하는 데 무리가 없는 ~ 중고 제품
- 중고 물품 직거래 장터는 ~ 시민 간 자유로운 거래로 운영할 예정

⑤ '가. 행사 개요'의 '2) 행사 기간'과 '나. 모집 개요'의 '2) 모집 일정'을 읽고 보일 수 있는 반응이므로 적절하다.
[관련 지문 인용]
- 행사 기간: 20××. 10. 21.(금) ~ 10. 22.(토)
- 모집 일정: 20××. 8. 21.(월) ~ 8. 25.(금)

30 공문 - 정보 확인하기 정답 ⑤

정답 분석

'가. 행사 개요'의 '4)-가)-(4) 중고 물품'을 통해 음식물은 중고 물품 직거래 장터에서 거래할 수 없음을 알 수 있다. 따라서 음식물 재고를 정리하려는 자영업자는 중고 물품 직거래 장터에 참여할 수 있는 자격이 없으므로 답은 ⑤이다.

오답분석

①②③④는 모두 윗글에서 설명하는 '직거래 장터' 및 '체험 부스'에 참가할 수 있는 자격으로 적절하다.

① '가. 행사 개요'의 '4)-가)-(1) 농산물'을 통해 알 수 있다.
[관련 지문 인용] 도내에서 재배된 농산물(사과, 생강 등)

② '가. 행사 개요'의 '4)-나)-(1) 핸드메이드'를 통해 알 수 있다.
[관련 지문 인용] 가죽 동전 지갑 만들기 체험

③ '가. 행사 개요'의 '4)-가)-(2) 수예품'을 통해 알 수 있다.
[관련 지문 인용] 의류, 액세서리, 도자기, 인형 등 손으로 직접 제작한 물품 일체

④ '가. 행사 개요'의 '4)-가)-(3) 반려동물용품'을 통해 알 수 있다.
[관련 지문 인용] 단, 수제 간식은 반려동물 수제 간식 전문가 자격증을 보유한 사람이 제조하여야 하며

VII. 국어 문화

기출유형 22 점자·수어 등 다양한 국어 표현 파악하기

유형 연습문제 p. 419

1 ③	2 ⑤	3 ④	4 ④	5 ⑤

1 제시된 수어의 뜻 찾기 정답 ③

정답 분석

오른손을 위에, 왼손을 아래에 두고 두 손의 손바닥이 마주 보게 한 채 서로 반대 방향으로 돌리는 형태의 수어가 나타내는 의미는 '놀이'이므로 답은 ③이다.

오답 분석

① **기분**: '기분'을 나타내는 수어는 가슴에 오른쪽 손바닥을 대고, 왼쪽으로 오른손을 두 번 돌리는 형태로 표현한다.

② **기억**: '기억'을 나타내는 수어는 머리 오른쪽에서 오른손을 폈다가 귀 쪽으로 내리며 손을 오므리는 형태로 표현한다.

④ **여행**: '여행'을 나타내는 수어는 두 손 모두 주먹을 쥔 뒤, 1지(검지)만 어깨 뒤쪽을 향하게 펴고 손을 앞으로 돌리며 내미는 형태로 표현한다.

⑤ **이용**: '이용'을나타내는수어는왼손을세운상태에서주먹을쥐고5지(엄지)를 펴고 그 위에 구부린 오른손을 두고, 두 손을 함께 오른쪽 위, 사선 방향으로 올리는 형태로 표현한다.

2 제시어에 대응하는 점자 찾기 정답 ⑤

정답 분석

된소리가 초성에 올 때 'ㄱ, ㄷ, ㅂ, ㅅ, ㅈ' 앞에 된소리 표를 표기한다고 하였으므로 'ㄲ'의 점자 표기에서 'ㄱ' 점자 표기 앞에 하단 6점에 표시된 점자가 된소리를 나타내는 된소리 표임을 알 수 있다. 〈보기〉에서 'ㅈ'을 나타낸 점자 표기 앞에 된소리 표가 있으므로 초성은 'ㅉ'이 되며, 그 뒤엣것은 순서대로 모음 'ㅣ', 자음 'ㄱ', 모음 'ㅐ'를 나타낸다. 따라서 〈보기〉에 제시된 점자 표기의 의미는 '찌개'이다.

3 방송 언어 표현 파악하기 정답 ④

정답 분석

방송에서는 우리말로 대체할 수 있는 외국어는 되도록 우리말로 대체하고, 외국어는 신중히 사용해야 한다. 또한 영어 '핫플레이스'는 우리말 '뜨는 곳', '인기 명소'로 순화해 사용할 수 있는 외국어이므로 적절한 것은 ④이다.

오답 분석

① ㉠: 생활 정보 프로그램의 진행자는 정확한 언어 표현을 사용해야 한다. ㉠은 문맥상 국물이 입맛을 돋운다는 의미이므로 '당기다'를 쓰는 것이 적절하다.
- **당기다**: 입맛이 돋우어지다.

② ㉡: 생활 정보 프로그램의 진행자는 시청자 및 출연자에게 경어를 써야 하므로 적절하지 않다.

③ ㉢: 생활 정보 프로그램을 포함한 방송 언어의 자막은 띄어쓰기를 지켜야 한다. 그러나 '기나길다'는 한 단어이므로 올바른 띄어쓰기는 '기나긴'이다.
- **기나길다**: 몹시 길다.

⑤ ㉤: 방송 언어의 자막은 시청자에게 방송 내용 및 사실을 왜곡 없이 정확하게 전달해야 한다. 그러나 '진행자 A와 출연자 B의 대화'를 참고할 때, ㉤은 방송 내용을 왜곡한 자막이라고 보기 어려우므로 적절하지 않다.

4 방송 언어 표현 파악하기 정답 ④

정답 분석

'미국 서남부, 네바다주에 있는 관광 도시 겸 세계적인 도박의 도시'인 'Las Vegas'는 외래어 표기법에 따라 '라스베이거스'로 표기하므로 적절하지 않은 것은 ④이다.

오답 분석

① '비단'은 부정하는 말 앞에서 '다만', '오직'의 뜻으로 쓰이는 말이므로 적절하다.

② 높임의 뜻을 더하는 접미사 '-님'은 직위나 신분을 나타내는 일부 명사 뒤에 쓰이지만, 객관적 사실을 전달하는 뉴스나 기사 등에서는 거의 사용되지 않으므로 적절하다.

③ '신체의 일부에 장애가 있거나 정신 능력이 원활하지 못해 일상생활이나 사회생활에서 어려움이 있는 사람'을 뜻하는 '장애인'과 그 반대를 가리키는 '비장애인'의 사용이 적절하다. 참고로, '장애인'을 '장애우'로 쓰거나 '비장애인'을 '정상인'으로 쓰는 것은 오해를 일으킬 수 있는 표현이므로 순화하여 사용해야 한다.

⑤ '전철'은 이전 사람의 그릇된 일이나 행동의 자취를 이르는 말로, 부정적인 사건과 함께 쓰이므로 적절하다.

5 근대·개화기 자료 내용 파악하기 정답 ⑤

정답 분석

'한버사계에발표되자 일구이사년증 예술영화로써 첫자리를 엇게되엿스며'에서 영화 '파리의 여성'이 1924년에 예술 영화로서 명예를 얻게 되었음을 알 수 있으나, 가장 많은 관객 수를 모았다는 내용은 제시되지 않았다. 따라서 적절하지 않은 것은 ⑤이다.

오답분석

① '본작품은자막의간단함으로도볼점이만흘것이며'에서 알 수 있다.

② '삼십일일(三十一日)부터단성사에서상영'에서 알 수 있다.

③ 『차레스,차푸린』씨는위대한희극배우인동시에 그는또한 위대한 비극작가로 ~ 그는본작품『파리의녀성』을 발표한연고이다'에서 알 수 있다.

④ '우리의 일생생활중에서 보통몰수잇는 사건을내용으로한점과'에서 알 수 있다.

※출처: 조선일보(1926.2.1.) 기사 발췌

기출유형 23

중세·근대·현대 국어 문법 이해 및 적용하기

유형 연습문제 p. 430

1 ③	2 ⑤	3 ④	4 ⑤	5 ①

1 근대 국어 문법 이해 및 적용하기 정답 ③

정답분석

'사ᄅᆞᆷ ᄒᆞ나히'는 '사람 하나가'라는 뜻으로, '하나'의 옛말인 'ᄒᆞᇂ'의 말음에 있는 'ㅎ'이 뒤에 오는 주격 조사 '이'의 초성으로 넘어와 'ᄒᆞ나히'의 형태로 나타나는 것이다. 따라서 'ㅎ' 종성 체언에서 'ㅎ'이 나타나고 있으므로 적절하지 않은 것은 ③이다. 참고로, 'ㅎ' 종성 체언은 근대 국어에서 점차 소실되었으나 일부 표기는 19세기까지 나타나기도 하였다.

오답분석

① '일본 사ᄅᆞᆷ들이'에서 주격 조사 '이'의 쓰임을 확인할 수 있다.

② '일본 사ᄅᆞᆷ들이 듯고 와셔'에서 '다른 사람에게서 일정한 내용을 가진 말을 전달받다'를 뜻하는 '듣다'가 '듯고'로 쓰임을 확인할 수 있다. 참고로, 근대 국어에서 '듣다'의 어간 '듣-'은 '듣-/들-/듯-'으로 나타나기도 하였다.

④ '사ᄅᆞᆷ만 누엇ᄂᆞᆫ 고로'의 '누엇ᄂᆞᆫ'에서 과거형 어미 '-었-'이 '-엇-'으로 쓰임을 확인할 수 있다. 참고로, '눕다'는 현대 국어에서 '누웠는'으로 활용되나, 근대 국어에서는 '눕-/누으-'의 형태로 나타나기도 하여, '누엇ᄂᆞᆫ'으로 활용된 것이다.

⑤ '셔울셔 인쳔을 가다가'에서 서울에서 출발했음을 나타내는 격 조사 '에서'가 '셔'로 쓰임을 확인할 수 있다.

2 중세 국어 문법 이해 및 적용하기 정답 ⑤

정답분석

훈민정음 제자해에 따르면 기본자는 'ㄱ, ㄴ, ㅁ, ㅅ, ㅇ' 다섯 글자이며, 'ㄹ'은 반혓소리로, 획을 더한 것이 아니라 독자적으로 만들어진 이체자이다. 따라서 ⑤가 답이다.

오답분석

① 'ㅂ'은 입의 모양을 본뜬 'ㅁ'에 획을 더한 것이므로 적절하다.

② 'ㅈ'은 이의 모양을 본뜬 'ㅅ'에 획을 더한 것이므로 적절하다.

③ 'ㄷ'은 혀가 윗잇몸에 닿은 모양을 본뜬 'ㄴ'에 획을 더한 것이므로 적절하다.

④ 'ㅋ'은 혀뿌리가 목구멍을 닫는 모양을 본뜬 'ㄱ'에 획을 더한 것이므로 적절하다.

3 현대 문법 이해 및 적용하기 정답 ④

정답분석

'믿다'는 '믿어, 믿는'과 같이 용언의 어간이나 어미의 모습이 바뀌지 않고 활용하므로 불규칙 활용 용언이 아니다. 참고로, 나머지 넷은 어간 말음인 'ㄷ'이 모음으로 시작되는 어미 앞에서 'ㄹ'로 변하는 'ㄷ 불규칙 용언'이다.

오답분석

①②③⑤ '걷다', '눋다', '듣다', '깨닫다'는 '걸어', '눌어', '들어', '깨달아'와 같이 모음으로 시작되는 어미 앞에서 어간의 말음인 'ㄷ'이 'ㄹ'로 변하는 'ㄷ 불규칙 활용'을 한다.

4 중세 국어 문법 이해 및 적용하기 정답 ⑤

정답분석

마지막 부분인 '入입聲셩은加강點뎜이同ᄯᅩᆼ而ᅀᅵᆼ促쵹急급ᄒᆞ니라'에서 입성은 소리의 높낮이가 아니라 짧고 빠르게 끝나는 소리를 나타냄을 알 수 있다. 또한 <보기>에서 한자와 우리말의 입성을 비교한 내용은 제시되지 않았으므로 적절하지 않은 것은 ⑤이다.

오답분석

① '去컹聖셩은ᄆᆞᆺ노ᄑᆞᆫ소리라'에서 거성이 높은 소리를 나타냄을 알 수 있다.

② '왼녀긔ᄒᆞᆫ點뎜을더으면ᄆᆞᆺ노ᄑᆞᆫ소리오'에서 거성은 점을 하나 찍음을 알 수 있으며, '點뎜이둘히면上썅聖셩이오'에서 상성은 점을 두 개 찍음을 알 수 있다.

③ '平뼝聲셩은ᄆᆞᆺᄂᆞᆺ가ᄫᆞᆫ소리라/點뎜이업스면平뼝聲셩이오'에서 평성은 낮은 소리로, 점을 찍지 않음을 알 수 있다.

④ '처ᅀᅥ미ᄂᆞᆺ갑고乃냉終즁이노ᄑᆞᆫ소리라'에서 '상성'은 처음이 낮고 나중이 높은 소리임을 알 수 있다.

5 현대 문법 이해 및 적용하기 정답 ①

정답분석

겹잎[겸닙]에서는 교체 2회, 첨가 1회가 나타나므로 답은 ①이다.

- **겹잎[겸닙]**: '겹잎'에서 '잎'의 'ㅍ'이 음절의 끝소리 규칙으로 'ㅂ'으로 바뀌어 [겹입]이 되고, 자음으로 끝나는 접두사 '겹'과 '잎'의 '이'가 만나 'ㄴ' 음이 첨가되어 [겹닙]이 되고, [겹]의 받침 'ㅂ'이 뒤에 오는 비음 'ㄴ'의 영향을 받아 비음 'ㅁ'으로 바뀌어 [겸닙]으로 발음된다. 참고로, 한국어의 음절 종성에는 'ㄱ, ㄴ, ㄷ, ㄹ, ㅁ, ㅂ, ㅇ'의 7개 자음만 발음되는 음절의 끝소리 규칙이 나타나며, 파열음 'ㄱ, ㄷ, ㅂ' 뒤에 비음 'ㅁ, ㄴ'이 올 때, 조음 위치가 비음(ㄴ, ㅁ, ㅇ)으로 바뀌는 비음화가 나타난다.

오답분석

② **붙임[부침]**: '붙임[부침]'에서는 교체 1회만 나타난다. '붙임'은 '붙'의 'ㅌ'이 모음으로 시작하는 뒤 음절의 초성으로 넘어가 [부팀]이 되고, 'ㅌ'이 모음 'ㅣ' 앞에서 'ㅊ'으로 바뀌는 구개음화가 나타나 [부침]으로 발음된다. 참고로, 끝소리가 치조 파열음인 'ㄷ, ㅌ'이 모음 'ㅣ'나 반모음 'ㅣ[j]'로 시작하는 형식 형태소 앞에 올 때 'ㅈ, ㅊ'으로 바뀌는 구개음화가 나타난다.

③ **벽난로[병날로]**: '벽난로[병날로]'에서는 교체 2회만 나타난다. '벽난로'는 '벽'의 'ㄱ'이 뒤에 오는 비음 'ㄴ'에 동화되어 [병난로]가 되고, '난'의 받침 'ㄴ'이 뒤에 오는 유음 'ㄹ'에 동화되어 [병날로]로 발음된다. 참고로, 비음 'ㄴ'이 유음 'ㄹ'의 앞이나 뒤에 올 때 'ㄴ'이 'ㄹ'로 바뀌는 유음화가 나타난다.

④ **생산량[생산냥]**: '생산량[생산냥]'에서는 교체 1회만 나타난다. '생산량'은 '량'의 'ㄹ'이 앞의 받침 비음 'ㄴ'에 동화되어 [생산냥]으로 발음된다. 참고로, 비음 'ㄴ'이 유음 'ㄹ'에 앞설 때 'ㄴ'이 'ㄹ'로 바뀌는 유음화가 나타나지만, 경우에 따라 'ㄹ'이 'ㄴ'으로 바뀌는 비음화가 나타나기도 한다.

⑤ **옷고름[옫꼬름]**: '옷고름[옫꼬름]'에서는 교체 2회만 나타난다. '옷고름'은 '옷'의 'ㅅ'이 음절의 끝소리 규칙으로 'ㄷ'으로 바뀌어 [옫고름]이 되고, 받침 'ㄷ' 뒤에서 경음화가 나타나 [옫꼬름]으로 발음된다. 참고로, 받침 'ㄱ, ㄷ, ㅂ' 뒤에 오는 'ㄱ, ㄷ, ㅂ, ㅅ, ㅈ'은 된소리로 발음한다.

기출유형 24 남북한의 언어와 사전 활용법 구분하기

유형 연습문제 p. 437

1 ④ 2 ④

1 남북한의 언어 구분하기 정답 ④

정답분석

남한 사전은 '박 → 밖 → 반 → 백 → 병'의 순서로, 북한 사전은 '박 → 반 → 밖 → 병 → 백'의 순서로 실리므로 적절한 것은 ④이다.

2 현대 국어사전의 활용법 파악하기 정답 ④

정답분석

어원 정보에서 '들리다1'가 옛 문헌에서는 '들-'과 '-이-'가 결합한 '들이다'의 형태로 쓰였음을 알 수 있다. 따라서 '들리다1'는 현대와 과거의 표기 형태가 다르므로 적절하지 않다.

오답분석

① 표제어 아래에서 '들리다1'가 동사임을 알 수 있으며, 문형 정보에서 '들리다1'가 '…에' 또는 '…이'를 필수적으로 요구함을 알 수 있다. 따라서 '들리다1'은 필수적 부사어를 요구하는 동사임을 알 수 있다. 참고로, 문형 정보에는 주어를 제외한 용언의 필수적 성분만 제시된다.

② '들리다1'는 '병에 걸리다'와 '귀신이나 넋 따위가 덮치다'의 두 가지 의미를 지니므로 다의어임을 알 수 있다.

③ 표제어 옆에 제시된 '들리다1'의 활용형에서 '들리어'를 [들리여]로 발음함을 알 수 있다. 참고로, 표준어 규정에 따라 발음이 둘 이상으로 될 경우에 '/'의 왼쪽에는 원칙적인 발음을, 오른쪽에는 허용되는 발음을 제시한다.

⑤ 문맥상 기억 장애를 앓는 사람처럼 기억하지 못한다는 말이므로 '들리다1「1」'의 용례로 적절하다.

기출유형 25 설명에 해당하는 문학 작가와 작품 파악하기

유형 연습문제 p. 460

1 ⑤ 2 ③

1 한국 문학의 작가 파악하기 정답 ⑤

정답분석

1990년대에 데뷔해 「곰팡이꽃」, 「알파의 시간」 등을 집필하고, 자본주의 사회에서 무기력한 개인의 모습을 그렸다는 점에서 〈보기〉에서 설명하는 작가가 ⑤ '하성란'임을 알 수 있다.

오답분석

① **김영하**: 1990년대에 등단한 소설가로, 차갑고 건조한 관점에서 도시에서 일어나는 일들과 그 속의 감수성을 소재로 한 작품을 창작했다. 대표작으로는 「나는 나를 파괴할 권리가 있다」, 「엘리베이터에 낀 그 남자는 어떻게 되었나」가 있다.

② **이강백**: 1970년대에 등단한 극작가로, 폭력적이고 억압적이었던 1970년대 사회에서 권력을 누리는 자들을 비판하는 작품을 창작했다. 이후 인간의 본질과 본성을 탐구하는 작품을 창작하였으며, 대표작으로 「파수꾼」, 「결혼」 등이 있다.

③ **이순원**: 1980년대에 등단한 소설가로, 자본주의에 대한 비판, 개인의 사랑 등 다양한 소재의 작품을 창작했다. 대표작으로 「낮달」, 「은비령」 등이 있다.

④ **임철우**: 1980년대에 등단한 소설가로, 휴머니즘을 토대로 분단과 이데올로기 문제를 다루었다.

2 한국 문학의 작품 파악하기 정답 ③

정답분석

일제 강점기 근대화 사회에 편승하지 못한 노인들과 가족 공동체의 해체 문제를 비판적으로 바라본 이태준의 소설이라는 데서 〈보기〉에서 설명하는 문학 작품이 ③ 「복덕방」임을 알 수 있다. 참고로, 이태준의 「복덕방」은 소설에 등장하는 세 노인이 서로 의지하는 공간인 '복덕방'을 배경으로, 세상의 변화에 적응하지 못했으나 변화에 합류할 수 있다는 희망을 버리지 못하는 사람들의 비극적인 삶을 소재로 하고 있다.

오답분석

① **「삼대」**: 일제 강점기를 배경으로 중산층 3대의 삶과 가치관, 그들 간에 일어나는 갈등을 다루는 염상섭의 소설이다. 등장하는 인물들은 구한말, 개화기, 식민지 세대를 대표하는 인물로 그려지며, 당대 상황에 대한 사실적이고 세밀한 묘사가 특징이다.

② 「치숙」: 일제 강점기를 배경으로 일제의 식민 통치에 순응하는 인물을 풍자하고, 사회주의 운동에 참여했던 지식인의 절망을 드러내는 채만식의 소설이다. 미성숙한 인물인 '나'를 서술자로 삼아 표면적으로는 '나'를 긍정하나 이면적으로는 '나'를 부정하는 아이러니한 풍자 구조를 띠는 것이 특징이다.

④ 「카인의 후예」: 광복 직후 북한을 배경으로 토지 개혁 과정에서 벌어지는 다양한 인간들의 행동 양상과 심리를 객관적으로 그려 낸 황순원의 소설이다. 소설의 배경이 되는 사회의 모습과 주인공의 사랑이 대비되는 것이 특징이다.

⑤ 「운수 좋은 날」: 일제 강점기를 배경으로 가난한 하층민의 삶을 사실적으로 표현한 현진건의 소설이다. 가장 운수가 좋았던 날 비극적인 일이 일어나는 반전이 나타나며, 당대 조선의 현실을 인력거꾼 김첨지의 생활을 통해 상징적으로 나타내었다.

기출유형 **26** 문학 용어와 문학 속 어휘 파악하기

유형 연습문제 p. 465

1 ⑤	2 ③

1 문학 용어 파악하기 정답 ⑤

정답분석

주제와 배경, 인물이 동일하지만, 독립된 여러 이야기가 이어지는 구성이라는 점을 통해 〈보기〉의 용어가 '피카레스크식 구성'임을 알 수 있다. 따라서 답은 ⑤이다.

오답분석

① ② **입체적 구성, 평면적 구성**: 소설 작품 속 사건이 시간의 순서에 따라 진행되면 '평면적 구성', 시간의 순서를 역행하거나 과거, 현재, 미래가 뒤섞여 진행되면 '입체적 구성'이라고 한다.

③ **기승전결의 구성**: 소설이 아닌 시의 시상 전개 방식으로, 특히 한시가 취하는 시상 전개 방식을 이른다. '기승전결(起承轉結)'의 기(起)는 시를 시작하는 부분, 승(承)은 그것을 이어받아 전개하는 부분, 전(轉)은 시의를 한 번 돌리어 전환하는 부분, 결(結)은 전체 시의를 끝맺는 부분이다.

④ **옴니버스식 구성**: 〈보기〉의 '피카레스크 구성'과 동일하게 여러 단편이 하나의 주제를 구현하지만, '피카레스크 구성'과 달리 각 단편의 인물과 배경이 다른 소설의 구성을 의미한다.

2 작품에 쓰인 어휘의 의미 파악하기 정답 ③

정답분석

㉢ '니ᄅᆞ올 거시'의 '니ᄅᆞ다(니르다)'는 현대어 '이르다[謂]'를 의미하며, ㉢이 포함된 문장 '셩톄(聖體) 손샹(損傷)ᄒᆞ옵시기 니ᄅᆞ올 거시 업ᄉᆞ온ᄃᆡ'는 문맥상 성체(임금의 몸)가 손상됨이 이를(말할) 수 없이 나쁘다는 뜻이다. 따라서 '니ᄅᆞ올 거시'는 '이를 것이' 또는 '말할 것이'라는 의미이므로 답은 ③이다.

오답분석

① ㉠ **돌포**: '돌포'는 '한 달이 조금 넘는 기간'을 의미하는 현대어 '달포'를 의미하므로 적절하다.

② ㉡ **디내옵시고**: '디내옵시고'의 '디내다'는 현대어 '지내다'를 의미하므로 적절하다.

④ ㉣ **념녀가**: '념녀'는 '앞일에 대하여 여러 가지로 마음을 써서 걱정함. 또는 그런 걱정'을 의미하는 한자어 '염려(念慮)'를 의미하므로 적절하다.

⑤ ㉤ **알외게 하옵쇼서**: '알외다'는 현대어 '아뢰다'를 의미하므로 적절하다.

영역 마무리 문제 p. 466

1 ③	2 ⑤	3 ③	4 ④	5 ③
6 ③	7 ④	8 ③	9 ④	10 ③

1 한국 문학의 작품 파악하기 정답 ③

정답분석

박지원의 작품으로, 주인공의 상업 활동으로 국가의 경제적 상황과 양반의 무능함을 풍자한 소설인 점을 통해 〈보기〉에서 설명하고 있는 문학 작품이 ③의 「허생전」임을 알 수 있다.

오답분석

① 「까치전」: 작가 미상의 고전 소설로, 까치와 비둘기를 의인화하여 당시 탐관오리가 지방의 유지와 결탁하여 백성을 착취하는 사회상을 풍자한 소설이다.

② 「최척전」: 조위한이 지은 고전 소설로, 주인공 최척과 옥영의 사랑과 전쟁으로 뿔뿔이 흩어졌던 최척의 가족들이 재회하는 과정을 사실적으로 그린 소설이다.

④ 「죽부인전」: 이곡이 지은 가전체 소설로, 대나무를 의인화한 주인공 죽부인이 남편을 잃은 후에도 절개를 지키며 살았다는 내용의 소설이다.

⑤ 「예덕선생전」: 박지원이 지은 한문 단편 소설로, 분뇨를 져 나르는 사람인 엄행수에게서 배울 점을 찾는 내용으로 탐욕만 부리며 무위도식하는 양반의 모습을 비판한 소설이다.

2 한국 문학의 작품 파악하기 정답 ⑤

정답분석

「꺼삐딴 리」는 전광용이 지은 단편 소설이다. 일제 강점기부터 6·25전쟁까지를 배경으로 삼아 시대에 따라 변절하는 이인국 박사의 모습을 통해 기회주의자를 비판하는 작품으로, 농촌 사회를 공간적 배경으로 삼고 있지 않다. 따라서 〈보기〉에 해당하지 않는 문학 작품은 ⑤이다.

오답 분석

① 「돌다리」: 이태준이 지은 단편 소설로, 일제 강점기의 농촌 마을을 배경으로 삼아 땅을 둘러싼 전통적 가치관과 근대적 가치관의 대립을 통해 작가가 비판하고자 한 금전적 가치를 중시하던 당대 상황을 형상화하였다.

② 「만무방」: 김유정이 지은 단편 소설로, 일제 강점기의 농촌 마을을 배경으로 삼아 경제적 어려움을 겪는 식민지 시대 농민들의 상황을 형상화하였다.

③ 「사하촌」: 김정한이 지은 단편 소설로, 일제 강점기의 농촌 마을을 배경으로 삼아 지주를 비롯한 여러 지배 집단의 횡포와 수탈로 고통받는 농민들의 현실을 형상화하였다.

④ 「상록수」: 심훈이 지은 장편 소설로, 일제 강점기의 농촌 마을을 배경으로 삼아 일제에 대한 저항 의식을 드러내기 위해 지식인들이 농촌 계몽 운동을 벌이던 상황을 형상화하였다.

3 한국 문학의 작가 파악하기 정답 ③

정답 분석

구인회의 일원으로 모더니즘 문학을 창작하였고, 『바다와 나비』, 『기상도』와 같은 시집을 남겼다는 데서 <보기>에서 설명하는 작가가 ③ '김기림'임을 알 수 있다.

오답 분석

① '이상', ④ '유치진', ⑤ '정지용'은 구인회의 일원이며 ② '임화'는 이들과 반대되는 경향 문학을 창작한 작가들의 단체인 '카프(KAPF)'의 일원이다.

① 이상: 모더니즘의 특성이 강하게 나타내는 시, 소설, 수필을 창작했으며 초현실주의적이고 실험적인 시와 심리주의적 경향이 짙은 독백체의 소설을 써서 문단의 주목을 받았다. 대표작으로 시 「오감도」, 소설 「날개」, 수필 「권태」 등이 있다.

② 임화: 1920~1930년대 계급 문학과 경향 문학에서 핵심적인 역할을 한 시인으로, 카프를 주도하였다. 시집 『현해탄』, 『찬가』, 평론집 『문학과 논리』 등이 있다.

④ 유치진: '극예술연구회'의 일원으로 근대극을 확립하기 위해 노력했으며, 일제 강점기의 현실을 비판하는 사실주의극과 민족의식을 높이기 위한 역사극을 다수 지었다. 대표작으로 「별」, 「자명고」, 「원술랑」, 「사육신」 등이 있다.

⑤ 정지용: 감각적인 언어와 이미지를 중시한 모더니즘 경향의 시를 주로 창작하였으며, 가톨릭에 기반한 종교 시와 전통적 미학에 기반한 자연시도 창작하였다. 대표작으로 「유리창」, 「호수 1, 2」, 「장수산」 등이 있다.

4 근대·개화기 자료 파악하기 정답 ④

정답 분석

<보기>의 기사에서 음악회를 관람하는 자리와 관련된 내용은 없으므로 답은 ④이다.

오답 분석

① '입장료는 일환으로부터 오十션 삼十젼의 삼종이라하니'에서 알 수 있다.

② '음력졍월초삼일목요하오칠시 반부터~신츈음악대회를개최할터인대'에서 알 수 있다.

③ '도셔실 『圖書室』을학장하기위하야도서를모집하는즁 그모집비용에보츙아기위하야'에서 알 수 있다.

⑤ '한진구 『韓鎭九』 됴동셕 『趙東錫』 량군의 생황단쇼와김게션 『金桂善』 군의 신묘한죠선져독주와 기타동셔음악의 여러가지합쥬가 잇슬터인대'에서 알 수 있다.

※ 출처: 조선일보(1921. 2. 8.) 기사 발췌

5 작품에 쓰인 어휘의 의미 파악하기 정답 ③

정답 분석

㉢ '하교하시기를'의 '하교(下敎)하다'는 '임금이 명령을 내리다'를 뜻한다. 따라서 ㉢의 적절한 의미는 '물어보시기를'이 아닌 '명령을 내리시기를'이므로 답은 ③이다. 참고로, 문맥상 ㉢ '하교하시기를'이 포함된 문장은 옥제가 노옹들에게 막씨에게 포상해 줄 방안을 생각해 보라고 명령했다는 의미이므로 이를 통해서도 ㉢의 의미를 추측해 볼 수 있다.

오답 분석

① ㉠ 노옹(老翁): 늙은 남자

② ㉡ 동자(童子): 남자인 아이

④ ㉣ 발원하니: '발원(發願)하다'는 '신이나 부처에게 소원을 빌다'를 뜻한다.

⑤ ㉤ 만고에: '만고(萬古)'는 '세상에 비길 데가 없음'을 뜻한다.

6 중세 국어 문법 이해 및 적용하기 정답 ③

정답 분석

'ᄆᆞᄃᆡ이'에서 'ᄆᆞᄃᆡ(마디)'는 끝음절이 반모음 'ㅣ'로 끝나므로 주격 조사가 생략된 'Ø(영형태)'로 나타나야 한다. 따라서 주격 조사의 사용이 바르지 않은 것은 ③이다.

오답 분석

① 흙 배 이셔도: '배'는 '바'와 'ㅣ'가 결합한 형태로, '바'는 끝음절이 모음 'ㅣ'나 반모음 'ㅣ'가 아닌 모음으로 끝나므로 주격 조사 'ㅣ'가 오는 것은 적절하다

② 식미 기픈 므른: '식미'는 '심(샘)'과 '이'가 결합한 형태로, '심'은 자음으로 끝나므로 주격 조사 '이'가 오는 것은 적절하다. 참고로, 중세 국어에서는 체언이나 어간의 받침을 모음으로 시작하는 조사나 어미의 초성에 표기되는 연철이 나타났다.

④ 좁던 東山(동산)이 어위며: '동산'은 자음으로 끝나는 체언이므로 주격 조사 '이'가 오는 것이 적절하다. 참고로, 이 경우에는 연철 표기가 나타나지 않는데, 중세 국어에서 한자로 표기된 한자어 뒤에서는 조사가 구분되어 나타났다.

⑤ 너희 부텻 마롤 고디드르: '너희'는 끝음절이 반모음 'ㅣ'로 끝나므로 주격 조사가 생략된 'Ø(영형태)'로 나타나는 것은 적절하다.

7 남북한의 언어 구분하기

정답 ④

정답분석

'아저씨'는 남한에서 부모와 같은 항렬에 있는, 아버지의 친형제를 제외한 남자를 이르는 말, 고모부나 이모부를 이르는 말이며, 북한에서는 언니의 남편을 부르는 말로 쓰인다. 따라서 ㉠에 들어갈 말은 ④ '아저씨'이다.

오답분석

① **당숙**: 남한에서 '아버지의 사촌 형제'를 뜻한다.

② **백부**: 남한에서는 둘 이상의 아버지의 형 가운데 맏이가 되는 형을 이르는 말이며, 북한에서는 아버지의 형을 부르는 말이다.

③ **삼촌**: 남한에서는 아버지의 형제를 이르거나 부르는 말로, 특히 결혼하지 않은 남자 형제를 대상으로 하며, 북한에서는 아버지의 남동생을 부르는 말이다.

⑤ **아주버니**: 남한에서는 남편과 항렬이 같은 사람 가운데 남편보다 나이가 많은 남자를 이르거나 부르는 말이며, 북한에서는 남편의 형을 부르는 말이다.

8 제시된 수어의 뜻 찾기

정답 ③

정답분석

두 손을 마주 보게 편 뒤, 옆구리에 팔을 붙여 상하로 움직이는 형태로 표현하는 수어는 '뛰다'를 의미하므로 답은 ③이다. 참고로, 이때의 '뛰다'는 '달리다'라는 의미이다.

9 다양한 국어 표현 파악하기(순화어)

정답 ④

정답분석

'차년도'는 '다음 해, 다음 연도'로 순화하여 사용할 수 있으므로 적절하지 않은 것은 ④이다.

10 방송 언어 표현 파악하기

정답 ③

정답분석

백미의 영양 성분을 시청자가 오해할 만한 표현으로 설명하고 있지만, 현미나 백미의 효능·효과를 과장 또는 보증하거나 위험성·부작용 등을 누락 또는 축소하거나 이를 건강기능식품으로 혼동할 우려가 있는 표현은 아니다. 따라서 <보기>에 제시된 규정에 어긋나는 사례에 해당하지 않는 것은 ③이다.

오답분석

① '피부과 의사 10년간'이라는 전문성을 토대로 식품 'OOO 효소'가 다이어트 및 피부 탄력 개선에 효능·효과가 있다는 내용을 보증하거나 과신하게 하는 단정적인 표현을 사용하고 있으므로 적절하다.

② 식품 '아스파탐'을 당뇨 예방 및 치료에 도움이 되는 건강기능식품 또는 의약품으로 오인할 만한 표현을 사용하고 있으므로 적절하다.

④ '율무'의 위험성·부작용은 숨기고 효능·효과만을 설명하고 있으므로 적절하다.

⑤ '포도당 사탕', '빵', '밥'과 같은 식품을 치매를 예방할 수 있는 건강기능식품 또는 의약품으로 오인할 만한 표현을 사용하고 있으므로 적절하다.

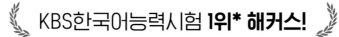

해커스

KBS 한국어 능력시험

한 권으로 끝

기출개념서

해커스 KBS한국어능력시험 교재

해커스
KBS한국어능력시험
한 권으로 끝

2주 만에 끝내는
해커스
KBS한국어능력시험

해커스
KBS한국어능력시험
최수지
어휘·어법 핵심노트

해커스
KBS한국어능력시험
봉투모의고사

13710
9 788969 654762
ISBN 978-89-6965-476-2

최신판

1위 해커스

주간동아 선정 2022 올해의 교육브랜드 파워
온·오프라인 KBS한국어능력시험 부문 1위

해커스 KBS 한국어 능력시험 한 권으로 끝

기출동형 모의고사 3회분

베스트 셀러 HACKERS

해커스자격증 | pass.Hackers.com

- KBS한국어능력시험 핵심 요약강의
- 11개년 기출 어휘·어법·국어문화 총정리(PDF)
- 어휘·어법·국어문화 적중 모의고사
- 본 교재 인강(할인쿠폰 수록) 및 듣기 영역 무료 MP3

교보문고 인문 언어학 베스트셀러 한국어능력시험 분야(2024.05.29. 온라인 주간 베스트 기준)

해커스자격증

해커스 KBS 한국어 능력시험 한 권으로 끝

기출동형 모의고사 3회분

해커스

성　　　명	
수 험 번 호	
감독관 확인	

KBS한국어능력시험

1회 기출동형 모의고사

- 문제지와 답안지에 모두 성명, 수험 번호를 정확히 기입하십시오.
- 답안지와 함께 문제지를 반드시 제출하십시오.
- 본 시험지를 절취하는 것은 부정행위로 간주합니다.
- 본 시험의 내용을 무단으로 전제·복사·복제·출판·강의하는 행위와 인터넷 등을 통해 복원하는 행위는 저작권법에 저촉됩니다.

해커스자격증

듣기 • 말하기 (1 ~ 15번)

1회 듣기·말하기 MP3

1. 그림에 대한 설명으로 적절한 것은?

① <별이 빛나는 밤>의 맨 왼쪽 상단에는 샛별이 그려져 있다.

② <별이 빛나는 밤>은 고흐가 상 레미에서 지내던 테오에게 보낸 그림이다.

③ <별이 빛나는 밤>의 역동성을 부여하는 요소는 굵은 선과 곡선의 조합이다.

④ 고흐는 <별이 빛나는 밤>에서 별과 달이 보색 관계를 이루도록 채색하였다.

⑤ 고흐는 <별이 빛나는 밤>에서 사이프러스 나무로 죽음의 이미지를 형상화했다.

2. 마지막에 황새가 할 말로 가장 적절한 것은?

① 누군가 이유 없이 선의를 베푼다면 경계하세요.

② 대접을 받았으면 그에 대해 감사를 표시하는 것이 당연하지요.

③ 당신이 본을 보여 주었으니까 내가 본뜬 것을 불평해선 안 되지요.

④ 당신이 접시를 준비해 왔다면 풍성한 식사를 할 수 있었을 텐데요.

⑤ 때로는 상대의 성의를 생각해서 어려운 일이라도 극복하려는 자세가 필요하지요.

3. 강연의 내용과 일치하지 <u>않는</u> 것은?

① 영국의 국제 전화 국가 번호는 5로 시작하는 두 자리 숫자이다.

② 중앙아시아에 속하는 국가의 국제 전화 국가 번호는 9로 시작한다.

③ 뉴질랜드와 남극의 국제 전화 국가 번호는 앞자리가 6으로 동일하다.

④ 국제 전화 국가 번호는 국제전기통신연합에서 국가마다 지정한 번호이다.

⑤ 국제 전화 국가 번호가 미국은 한 자리이지만 홍콩과 나이지리아는 세 자리이다.

4. 이 방송의 내용에 대한 이해로 적절하지 않은 것은?

① '백조의 호수'는 '빌리 엘리어트'의 엔딩크레디트에 삽입되었다.

② '빌리 엘리어트'에서 주인공 '빌리'가 침대에서 뛰는 장면은 두 번 반복된다.

③ '백조의 호수'의 초연 실패로 차이콥스키는 발레 음악 작곡을 포기하려 했다.

④ '빌리 엘리어트'는 이루고자 하는 '이상'을 지니는 것이 중요하다는 메시지를 전달한다.

⑤ '백조의 호수' 공연에서 '빌리'는 기존 공연과 달리 다른 무용수의 도움 없이 혼자 도약한다.

5. 이 시의 제목으로 가장 적절한 것은?

① 꽃잎 ② 봄꽃 ③ 가을꽃 ④ 찔레꽃 ⑤ 장미꽃

6. 전문가의 설명과 일치하지 않는 것은?

① 면역력이 낮은 사람은 동물 체험 프로그램 참가를 삼가야 한다.

② 사람과 동물 간 접촉이 동반되는 체험 활동은 되도록 지양해야 한다.

③ 동물원에서 개발하는 프로그램은 환경 보호를 염두에 두어야 한다.

④ 동물원수족관법의 목적과 동물원의 목표 간의 괴리로 많은 문제가 생긴다.

⑤ 생태 설명회는 동물이 살아가는 모습이나 특징 등을 알려 주는 프로그램이다.

7. 진행자의 말하기 방식으로 가장 적절한 것은?

① 전문가의 답변에 예상되는 반론을 들며 설명을 보충해 줄 것을 요청하고 있다.

② 전문가가 앞서 말한 내용과 연관 지어 전문가의 답변에 대해 추가로 질문하고 있다.

③ 사육 동물의 관리가 미흡한 동물원의 처벌 방안에 대해 법적 근거를 들며 묻고 있다.

④ 청취자의 흥미를 끌어올리기 위해 대담의 도입부에서 자신의 경험을 활용하고 있다.

⑤ 전문가의 답변 중에서 모호한 부분에 대해 청취자가 질문한 내용을 대신 전달해 주고 있다.

8. 대화에 대한 이해로 가장 적절한 것은?

① 현주는 나이가 어릴수록 돈을 적게 내야 한다고 생각한다.

② 현주는 민정과 희찬이 자신의 수고를 알아주지 않아 서운해한다.

③ 민정과 희찬은 현주가 억지로 밥을 사 주고 생색을 낸다고 여긴다.

④ 민정과 희찬은 현주의 생활비 정산 방식이 불합리하다고 주장한다.

⑤ 민정은 자신이 먹은 것보다 식비가 많이 책정됐다고 항의하고 있다.

9. **대화에 나타난 갈등 상황을 고려할 때, 마지막에 이어질 '현주'의 말로 적절하지 않은 것은?**

① "문제가 있을 때 바로 얘기하지, 왜 지금 그래?"

② "그렇게 불만이면 앞으로 너희가 생활비 정산해."

③ "같이 살기로 하면서 지키기로 한 원칙은 지켜야지."

④ "차라리 공동 생활비를 미리 걷어서 생필품은 그걸로 사자."

⑤ "좋아. 영수증은 공유할게. 추가 원칙으로 정산자의 수도세를 제해 주는 거 어때?"

10. **강연의 내용으로 적절하지 않은 것은?**

① 전 세계에서 시드볼트가 설치된 나라는 우리나라와 노르웨이뿐이다.

② 종자 보존 시설을 의미하는 '시드볼트'는 '종자'와 '금고'가 결합한 말이다.

③ 지구상에 존재하는 전체 식물 종의 40%, 나무 종의 30%가 멸종될 것으로 예상된다.

④ 우리나라에서 자라는 식물 종자 총 4,000종 이상이 국내의 시드볼트에 보관되고 있다.

⑤ 시드볼트에 보관된 종자로 식물이 멸종되거나 식물의 자생지가 파괴된 상황에 대비할 수 있다.

11. **강연자의 말하기 방식으로 가장 적절한 것은?**

① 우리나라의 시드볼트와 해외의 시드볼트의 특징을 비교하고 있다.

② 전문 용어를 청중의 수준에 맞게 다른 말로 바꾸어 설명하고 있다.

③ 청중에게 질문하고 답변하는 과정을 통해 대상의 정의를 구체화하고 있다.

④ 시드볼트에서 근무한 경험을 통해 강연 내용에 대한 전문성을 드러내고 있다.

⑤ 시각 자료를 활용해 이번 강연과 연관 있는 전후 강연 내용을 간략히 설명하고 있다.

12. **발표 내용에 대한 이해로 적절하지 않은 것은?**

① 보부상에게 채장은 신분증이자 숙박권이었다.

② 보상과 부상은 짐을 메는 방식에 따라 정해졌다.

③ 보부상은 전쟁에서 중요한 역할을 하기도 하였다.

④ 보부상이 지켜야 할 규율은 국가의 통제를 받았다.

⑤ 보부상이 주로 거래한 물품은 잡화나 생필품이었다.

13. 이 발표의 구성 전략으로 가장 적절한 것은?

① 네 가지 계명과 그 말이 생겨난 근원을 함께 설명해 이해를 돕고 있다.

② 조선 시대의 상거래 행위와 다른 시대의 상거래 행위를 비교하고 있다.

③ 보부상이 돌아다녔던 장터를 중심으로 보부상의 역할을 설명하고 있다.

④ 보부상이 지켜야 할 규칙에서 현대 상인이 지켜야 할 예의를 도출해 내고 있다.

⑤ 정치 활동에 참여했던 보부상의 일화를 통해 상행위의 자유를 구속했던 당대 상황을 비판하고 있다.

14. 대화를 듣고 이해한 내용으로 가장 적절한 것은?

① 동생은 저녁 음식값을 모두 지불할 예정이다.

② 남매가 주문할 메뉴는 피자 두 판과 콜라이다.

③ 오빠는 치킨을 먹을 때마다 다리를 독차지한다.

④ 남매는 모두 파인애플이 올라간 피자를 싫어한다.

⑤ 페퍼로니 피자를 주문하는 데는 남매가 모두 동의한다.

15. 동생과 함께 식사를 주문하기 위한 오빠의 말하기 방식으로 가장 적절한 것은?

① 자기가 먹고 싶은 피자 대신 동생이 원하는 피자를 제안했다.

② 남매가 모두 먹어 보지 않은 메뉴를 주문하는 것을 권유했다.

③ 동생의 비난에도 동생을 비난하지 않고 식사를 같이하자고 달랬다.

④ 동생이 먹고 싶은 피자를 대체할 만한 메뉴를 주문하는 방안을 제시했다.

⑤ 남매가 함께 먹는 저녁 음식값에서 피자 한 판에 대한 돈만 부담하라고 설득했다.

어휘 (16 ~ 30번)

16. '사람을 대하는 태도가 친밀감이 없이 예사롭다'를 뜻하는 말로, <보기>의 ㉠에 들어갈 말은?

<보기>

[㉠] 굴지들 말고 서로 붙어 앉아라.

① 내숭하게 ② 서름하게 ③ 스스럽게
④ 가년스럽게 ⑤ 데면데면하게

17. 밑줄 친 한자어의 사전적 의미로 바르지 않은 것은?

① 상치(相馳)된 두 사람의 생각: 서로 다름
② 상고(相顧)만 말고 인사해라: 서로 돌아봄
③ 이상과 현실의 상충(相衝): 맞지 않고 서로 어긋남
④ 십만 원 상당(相當)의 상품: 일정한 액수나 수치 등에 해당함
⑤ 이익과 손해의 상쇄(相殺): 상반되는 것이 서로 영향을 주어 효과가 없어지는 일

18. 밑줄 친 고유어의 의미로 적절하지 않은 것은?

① 적은 돈이라도 허투루 쓰면 안 된다. → 아무렇게나 되는대로
② 그가 그녀를 어떻게 생각하는지 넌지시 떠봤다. → 눈에 띄지 않게 감쪽같이
③ 무릇 권리란 그 의무를 다할 때 누릴 수 있는 것이다. → 대체로 헤아려 생각하건대
④ 이런 음식을 먹을 바에는 숫제 굶는 것이 낫다. → 처음부터 차라리. 또는 아예 전적으로
⑤ 부탁을 들어주지 않았다고 나를 고까이 생각하지 마렴. → 섭섭하고 야속하여 마음이 언짢게

19. 밑줄 친 한자어의 쓰임이 가장 적절하지 않은 것은?

① 이사들은 김 이사를 다음 이사장으로 추대(推戴)하였다.
② 그는 자기가 소유한 건물을 모두 식당에 임대(賃貸)하였다.
③ 격조(隔阻)했던 동료에게 연락하려니 어떤 말을 해야 할지 모르겠다.
④ 새벽 2시 이후에 기숙사 밖으로 나가는 행위는 학교 규칙에 저촉(抵觸)한다.
⑤ 스승의 장점을 모사(模寫)한 제자의 그림과 그 스승의 그림이 함께 전시되었다.

20. '남을 꾀거나 부추겨서 나쁜 짓을 하게 하다'를 뜻하는 '교사하다(敎唆하다)'의 용례로 적절한 것은?

① 사람의 마음은 교사하여 자기의 이익만 우선시한다.

② 그는 약삭빠르게 반칙을 사용해 상대 팀을 교사하였다.

③ 동생은 연출자로 일하면서 무대에 서는 꿈을 교사하였다.

④ 그 여자는 간교한 속임수를 써 우리 가족을 교사하였다.

⑤ 경찰은 김 씨에게 납치를 교사한 혐의로 이 씨를 체포하였다.

21. <보기>의 ㉠ ~ ㉢에 해당하는 한자로 올바르게 묶인 것은?

<보기>

· 문서의 ㉠ 정정 사항을 관련 부서에 전달하였다.
· 그의 성공적인 ㉡ 정정 소식이 산악 잡지에 실렸다.
· 모든 경기에서 기본이 되는 마음가짐은 '㉢ 정정'이다.

	㉠	㉡	㉢
①	正正	征頂	訂正
②	正正	訂正	征頂
③	訂正	正正	征頂
④	征頂	訂正	正正
⑤	訂正	征頂	正正

22. <보기>의 ㉠ ~ ㉤을 다의어끼리 바르게 짝 지은 것은?

<보기>

· 그가 쏜 화살이 과녁판의 중앙에 ㉠ 맞았다.
· 남편이 말아 준 국수는 내 입맛에 딱 ㉡ 맞았다.
· 아이는 예방 주사를 연거푸 세 번이나 ㉢ 맞았다.
· 돌아가신 할머니의 팔찌가 그녀의 손목에 ㉣ 맞았다.
· 놀랍게도 퀴즈 대회에서 우리가 써낸 답이 ㉤ 맞았다.

① ㉠, ㉡ / ㉢, ㉣, ㉤ ② ㉠, ㉢ / ㉡, ㉣, ㉤ ③ ㉠, ㉢, ㉤ / ㉡, ㉣

④ ㉠, ㉡, ㉤ / ㉢, ㉣ ⑤ ㉠, ㉢, ㉣ / ㉡, ㉤

23. 밑줄 친 단어의 쓰임이 적절하지 않은 것은?

① 방문객 수를 잘못 파악해 이 사달이 났다.

② 그는 낯선 이국에서 홀몸으로 지내는 처지다.

③ 겨울에는 외출 시 두터운 겉옷을 걸쳐야 한다.

④ 한 번 어긋나기 시작한 관계는 걷잡을 수 없다.

⑤ 섬마을에는 비슷한 시기에 부모를 여읜 사람이 많다.

24. 밑줄 친 부분을 고유어로 바꾸었을 때, 적절하지 않은 것은?

① 꼴사나운 작태(作態)(→ 짓거리) 보이지 말고 얌전히 있어라.

② 이 협로(狹路)(→ 지름길)를 지나면 드디어 목적지에 도착한다.

③ 외래종 물고기를 포획(捕獲)하는(→ 잡는) 동호회에 가입했다.

④ 의료 기관에 근무하는 전문의는 내과에 편재(偏在)한(→ 치우친) 경향이 있다.

⑤ 촬영용 무인 비행기를 이용해 산개(散開)해(→ 흩어져) 있던 병사들이 결집하는 장면을 찍었다.

25. <보기>의 밑줄 친 '울다'와 다의어 관계에 있지 않은 것은?

<보기>

기적이 울리자 기차에 탄 사람 몇몇이 고개를 들었다.

① 강한 바람이 불 때마다 창문이 울었다.

② 우리 집은 비가 많이 내리면 벽지가 운다.

③ 다리를 삔 친구는 병원에 가는 내내 울었다.

④ 알람이 열 번 울리고 나서야 동생은 일어났다.

⑤ 뒷산에서 정체를 모를 동물이 우는 소리가 난다.

26. 속담을 사용한 표현이 적절하지 않은 것은?

① '비 온 뒤에 땅이 굳어진다'더니 정말 그간 힘들었던 만큼 성장했구나.

② 내가 한 말이 부끄러워 어딘가로 숨고 싶었으니 정말 '땅을 팔 노릇'이었지?

③ '단단한 땅에 물이 괸다'라고 하였으니 월급을 흥청망청 쓰지 말고 적금을 들어라.

④ 초보자라도 5분만 배우면 어렵지 않게 할 수 있으니 이 일은 '땅 짚고 헤엄치기'나 다름없다.

⑤ 축하해 주지는 못할망정 '사촌이 땅을 사면 배가 아프다'는 듯 심통을 내다니 정말 못됐구나.

27. '주머니 속의 송곳이라는 뜻으로, 재능이 뛰어난 사람은 숨어 있어도 저절로 사람들에게 알려짐을 이르는 말'을 의미하는 한자 성어는?

① 격물치지(格物致知) ② 낭중지추(囊中之錐) ③ 단기지계(斷機之戒)
④ 백가쟁명(百家爭鳴) ⑤ 화중지병(畫中之餠)

28. 밑줄 친 관용 표현의 쓰임이 적절하지 않은 것은?

① 대기업 최종 면접에서 탈락한 그는 죽지가 처졌다.

② 퉁명스러운 한마디에 심사가 꿰져서 다투고 말았다.

③ 처음 해 보는 일일 텐데도 그는 뱃심 좋게 달려들었다.

④ 쓸데없는 짓으로 그의 눈을 거친 탓에 몸을 사리고 다닌다.

⑤ 친구는 며칠간 수업을 빠지고 놀러 가자며 바람을 잡아댔다.

29. 밑줄 친 부분을 쉬운 말로 표현한 것으로 적절하지 않은 것은?

① 사내 동아리 운영 수범 사례(垂範事例)로 우리 동아리가 뽑혔다. → 우수 사례

② 요즘에는 퇴근 이후 시간보다 점심시간에 망년회(忘年會)를 여는 편이다. → 송년 모임

③ 업체는 계약서에 적힌 중개 수수료보다 30% 많은 금액을 징구(徵求)해 왔다. → 요청해

④ 불철주야(不撤晝夜) 연습하더니 드디어 피아노 연주회에서 1등을 했구나. → 밤낮없이

⑤ 사전 심사를 통과했더라도 기일(期日)에 맞춰 실적 자료집을 제출하지 않으면 탈락하게 됩니다. → 날짜

30. 밑줄 친 표현을 다듬은 말로 적절하지 않은 것은?

① 오늘 보러 가는 연극은 오픈 런(→ 상시 공연)이라 표를 구하기 쉽다.

② 안티에이징(→ 노화 방지)에 효과가 있다는 화장품이 불티나게 팔리고 있다.

③ 호텔에 숙박을 하는 사람들은 발레파킹(→ 주차 대행)을 무료로 이용할 수 있다.

④ 책 표지에 가스라이팅(→ 심리적 지배) 소재를 다루고 있다는 문구가 표시됐다.

⑤ 유니콘 기업(→ 거대 신생 기업)의 주식이 증권 거래소에 상장되자마자 주가가 오르기 시작했다.

어법 (31 ~ 45번)

31. 밑줄 친 부분의 표기가 옳은 것은?

① 엇저녁에 악몽을 꾸었다.

② 얼큰한 육계장에 밥을 말아 먹었다.

③ 거리에서 주정빼기 몇몇이 고성방가 중이다.

④ 이 희곡에는 폐악을 부리는 인물이 많이 등장한다.

⑤ 건넌방 창문에서는 앞뜰에 핀 해바라기가 잘 보인다.

32. 밑줄 친 부분의 표기가 올바르지 않은 것은?

① 이삿짐을 모두 옮기고 바닥을 깨끗이 닦았다.

② 오선지는 줄 다섯 개가 나란히 그어진 종이이다.

③ 국어 문제를 풀 때는 글을 꼼꼼이 읽어야 한다.

④ 표절 논란에도 그는 버젓이 작품 활동을 이어 갔다.

⑤ 기름이 묻은 그릇을 식기세척기로 말끔히 세척했다.

33. 단어의 표준 발음을 참고할 때 밑줄 친 부분의 표기가 올바르지 않은 것은?

① [핑게]: 어떤 핑계를 대야 혼나지 않을까?

② [쓱싹쓱싹]: 친구가 밥을 쓱삭쓱삭 비빈다.

③ [듬뿍]: 냉면에 식초와 겨자를 듬뿍 넣었다.

④ [용정뉼]: 이 건물의 용적률은 600%에 달한다.

⑤ [얻쎔]: 친구는 밥을, 나는 커피를 샀으니 엇셈이다.

34. <보기>의 ㉠ ~ ㉤에 대한 설명으로 올바르지 않은 것은?

<보기>

· 화단에 심을 꽃 중 ㉠ 5송이는 수선화로 정했다.
· 자정 무렵이면 ㉡ 버스는커녕 택시도 타기 힘들다.
· 우리 동네에서는 ㉢ 최 씨가 그나마 입김이 센 편이다.
· 이 상품보다 ㉣ 좀 더 큰 것은 없는지 점원에게 물었다.
· ㉤ 한국 대 중국의 예선 경기가 오늘 치러질 예정이다.

① ㉠: 단위 명사인 '송이'가 숫자와 결합했으므로 숫자 '5'와 띄어 쓸 수도 있다.

② ㉡: '는커녕'은 조사와 조사가 결합한 말이므로 반드시 앞말에 붙여 써야 한다.

③ ㉢: '씨'는 의존 명사이므로 반드시 앞말과 띄어 써야 한다.

④ ㉣: 단음절로 된 단어가 연이어 나타나는 경우이므로 '좀더큰것'으로 붙여 쓸 수도 있다.

⑤ ㉤: '대'는 두 말을 이어 주는 기능을 하는 단어이므로 앞말, 뒷말과 반드시 띄어 써야 한다.

35. <보기>에 따라 단어를 표준어와 비표준어로 구별할 때, 적절하게 짝 지어지지 않은 것은?

<보기>

[표준어 사정 원칙 제25항] 의미가 똑같은 형태가 몇 가지 있을 경우, 그중 어느 하나가 압도적으로 널리 쓰이면, 그 단어만을 표준어로 삼는다.

	표준어	비표준어
①	샛별	새벽별
②	아주	영판
③	마파람	앞바람
④	언제나	노다지
⑤	부스러기	부스럭지

36. <보기>의 ㉠ ~ ㉤ 중, 쌍점을 사용한 예가 바르지 않은 것은?

<보기>

쌍점(:)

(1) 표제 다음에 해당 항목을 들거나 설명을 붙일 때 쓴다.

예 계이름: 도, 레, 미, 파, 솔, 라, 시 ······ ㉠

(2) 희곡 등에서 대화 내용을 제시할 때 말하는 이와 말한 내용 사이에 쓴다.

예 주인: (강아지에게) 앉아! 옳지, 잘했어. ······ ㉡

(3) 시와 분, 장과 절 등을 구별할 때 쓴다.

예 · 6:15까지 도착하지 않은 학생은 지각 처리한다는 점을 명심하십시오. ······ ㉢

· 주민등록법 11:1에 따라 이사 후 14일 이내에 전입신고를 해야 한다. ······ ㉣

(4) 의존 명사 '대'가 쓰일 자리에 쓴다.

예 3쿼터까지 42 : 57이었으나 4쿼터를 2분 남기고 동점이 되었다. ······ ㉤

① ㉠ ② ㉡ ③ ㉢ ④ ㉣ ⑤ ㉤

37. <보기>의 밑줄 친 방언에 대응하는 표준어로 적절하지 않은 것은?

<보기>

· ㉠ 솔로 전을 부쳐 먹었다.
· 아이가 우유를 ㉡ 거진 다 먹었다.
· 그녀는 ㉢ 비개를 베고 낮잠을 잤다.
· 오빠는 ㉣ 되려 나에게 화를 내었다.
· 아궁이에 불을 때기 위해 ㉤ 부지땡이를 들었다.

① ㉠: 정구지 ② ㉡: 거의 ③ ㉢: 베개
④ ㉣: 되레 ⑤ ㉤: 부지깽이

38. <보기>의 방언에 대응하는 표준어는?

<보기>

고매(경남), 무감자(충청), 왜감자(강원), 진감자(전남)

① 당근 ② 마늘 ③ 토란 ④ 고구마 ⑤ 도라지

39. 다음 중 표준 발음이 아닌 것은?

① 결단력[결딴녁]　② 늦여름[는녀름]　③ 월요일[월료일]
④ 줄넘기[줄럼끼]　⑤ 유들유들[유들류들]

40. 밑줄 친 말이 외래어 표기법에 맞는 것은?

① 아이는 삐에로(pierrot)를 무서워하였다.
② 감독은 컽(cut)을 촬영하는 데 심혈을 쏟았다.
③ 그녀는 생일마다 딸기 케잌(cake)을 사러 간다.
④ 그는 타겟(target)을 향해 마지막 화살을 쏘았다.
⑤ 아버지께서는 식사 후에 항상 캐러멜(caramel)을 드셨다.

41. 다음 중 로마자 표기가 올바르지 않은 것은?

① 오죽헌 Ojukeon　② 보신각 Bosingak　③ 석빙고 Seokbinggo
④ 경국사 Gyeongguksa　⑤ 첨성대 Cheomseongdae

42. ㉠ ~ ㉤ 중 자연스럽지 않은 문장은?

㉠ 언어와 종교가 긴밀한 관계를 맺은 사례는 문화사 전반에서 찾을 수 있다. ㉡ 기독교의 창세기에서 최초의 인간인 아담이 맡은 첫 번째 임무는 신이 창조한 생물의 이름을 짓는 것이었다. ㉢ 기독교뿐 아니라 이집트 신화, 아이슬란드 신화, 힌두교 신화에서도 신이 말과 문자를 창조하고 이를 사람에게 전했다는 이야기가 전해 내려온다. ㉣ 즉, 신성한 존재가 말이나 글을 선물로 주었다는 것이다. ㉤ 더불어 종교가 전파되면서 글을 읽고 쓸 줄 아는 능력이 공동체에 퍼졌다 보니 전 세계적으로 초자연적 현상과 언어의 기원 간의 연관을 강하게 믿는 경향이 있다.

① ㉠　② ㉡　③ ㉢　④ ㉣　⑤ ㉤

43. 다음 중 관계 관형사절을 안은 문장인 것은?

① 내가 그를 도와준 기억이 난다.

② 우리는 운치로 유명한 온천을 찾아갔다.

③ 그들이 해외로 야반도주했음이 확실하다.

④ 날이 계속 가물어 땅이 점점 갈라지고 있다.

⑤ 그녀는 그녀의 남편과 달리 사교 모임을 좋아한다.

44. 중의적으로 해석되지 <u>않는</u> 문장은?

① 수아는 새로 산 바지를 입고 있다.

② 선생님은 아이들을 자리에 앉혔다.

③ 하나는 시집보다 소설책을 자주 구매한다.

④ 친구는 가슴을 펴고 걸으라며 등을 두드렸다.

⑤ 재민이는 어제 공원에서 농구를 하지 않았다.

45. 밑줄 친 번역 투의 문장을 <u>잘못</u> 고친 것은?

① 만 5세 미만 <u>유아에 한하여</u>(→ 유아만) 무료 승차가 가능합니다.

② 소금양 조절 <u>실패에 의해</u>(→ 실패로) 음식이 먹지 못할 정도로 짰다.

③ 미래에는 로봇이 곤충의 역할을 수행할 것임을 <u>이번 사례가 말해 준다</u>(→ 이번 사례로 알 수 있다).

④ 식이 섬유가 풍부한 채소를 <u>섭취하는 것은 아무리 강조해도 지나치지 않다</u>(→ 섭취해야 한다).

⑤ 이번 연구 과제는 사업비 1억여 원과 <u>연구원 100여 명을 요한다</u>(→ 연구원 100여 명을 필요로 한다).

쓰기 (46 ~ 50번)

[46 ~ 50] 다음은 '노로 바이러스'에 대한 글이다. 글을 읽고 제시된 물음에 답하시오.

노로 바이러스는 급성 위장관염을 유발하는 바이러스로, 바이러스가 단 10개만 있어도 쉽게 감염을 일으킬 수 있을 정도로 전염성이 매우 강하다. 노로 바이러스의 전염성은 증상이 나타날 때 가장 강하며, 증상이 ㉠ <u>복상</u>한 이후에도 3~14일까지 전염성이 계속 남아 있을 수 있다. 노로 바이러스는 연령, 지역에 관계없이 연중 발생하나, 여름철보다 겨울철에 더 많이 발생한다.

노로 바이러스는 바이러스의 종류, 환자의 건강, 연령에 따라 증상이 다르게 나타날 수 있으나 보통의 경우 감염되면 12~48시간 잠복 기간을 가지고, 설사, 구토, 구역질, 복통, 발열 등의 증상이 나타난다. 이 증상은 짧으면 24시간, 길면 60시간 동안 나타나지만 보통 이틀을 넘기지 않고 빠르게 회복되는 편이다. ㉡ 그래서 고위험인 경우 4~6일 동안 주요 증상이 유지되며, 수분이 충분히 보충되지 않은 경우 탈수증이 나타날 수 있다.

그렇다면 노로 바이러스에 감염되는 이유는 무엇일까? 굴, 조개류나 물이 노로 바이러스에 ㉢ 오염되어지는 경우가 있는데, 이렇게 오염된 해산물이나 오염된 물로 세척한 과일, 야채 등을 먹으면 노로 바이러스에 감염될 수 있다. 음식 섭취뿐 아니라 감염자의 분변, 토사물 등에서 배출된 바이러스로 오염된 환경에 접촉하는 것만으로도 노로 바이러스에 감염될 수 있다.

노로 바이러스를 예방하기 위해서는 다음과 같은 생활 습관이 필요하다. 첫째, 가열하는 습관이 필요하다. 어패류는 수돗물로 세척하고 중심 온도를 85도로 하여 1분 이상 가열해야 한다. 또 정수한 물을 마시지 않는 경우 물은 반드시 끓여 먹어야 한다. 둘째, 세척하는 습관이 필요하다. 흐르는 물에 비누로 30초 이상 손을 씻어야 하며, 채소와 과일은 깨끗한 물로 철저하게 세척해야 한다. 셋째, 소독하는 습관이 필요하다. ㉣ 특히 토사물이 묻은 옷은 반드시 단독으로 세탁해야 한다. 화장실에서 용변이나 구토를 하는 경우, 변기의 뚜껑을 꼭 닫고 물을 내려야 하며, 토사물 주변은 반드시 소독해야 한다. 또 화장실 문고리, 수도꼭지, 손잡이 등의 표면은 반드시 소독해야 한다. 마지막으로 ㉤ 접촉하는 습관이 필요하다. 만약 구토, 설사 등 노로 바이러스에 감염된 것 같은 증상이 있는 경우 마스크를 착용하며 최대한 접촉을 피해야 한다. 증상이 멈춘 후에도 잠복기가 있으므로 최소 2일은 휴식을 취해야 한다. 노로 바이러스를 예방하려면 이렇게 모두가 의식하여 위생적인 생활 습관을 갖는 노력이 필요하다.

46. 다음은 윗글을 작성하기 전에 작성한 <글쓰기 계획>이다. ㉠ ~ ㉤ 중 윗글에 반영되지 않은 것은?

<글쓰기 계획>

㉠ 글을 시작하면서 소량의 바이러스만으로도 노로 바이러스에 감염될 수 있다는 사실을 제시한다.
㉡ 노로 바이러스의 전염성과 감염 활성 시기를 설명한다.
㉢ 노로 바이러스의 주요 증상 및 감염 경로를 설명한다.
㉣ 노로 바이러스에 감염된 경우 취해야 하는 조치나 치료를 설명한다.
㉤ 노로 바이러스를 예방하기 위한 다양한 방법을 제시한다.

① ㉠ ② ㉡ ③ ㉢ ④ ㉣ ⑤ ㉤

47. 윗글에 사용된 글쓰기 방법으로 가장 적절한 것은?

① 노로 바이러스와 다른 식중독의 공통점과 차이점을 설명하였다.
② 식중독을 세균성과 바이러스성으로 분류하여 발생 현황을 제시하였다.
③ 노로 바이러스의 증상을 일반적인 유형과 고위험 유형으로 나누어 설명하였다.
④ 해산물이나 물에 노로 바이러스가 생기는 과정을 시간의 순서에 따라 설명하였다.
⑤ 노로 바이러스가 발생한 구체적인 사례를 들어 노로 바이러스의 심각성을 제시하였다.

48. 다음은 윗글을 작성하기 위해 수집한 글쓰기 자료이며, <보기>는 자료를 선별하는 기준이다. <보기>를 바탕으로 할 때, 글쓰기 자료를 검증한 내용으로 가장 적절한 것은?

㉠ 작년, 개인 SNS 계정에 올라온 '노로 바이러스 감염 경로 및 증상' 관련 글
㉡ 올해 1월, 식품의약품안전처에서 배포한 '노로 바이러스 식중독 예방법' 자료집
㉢ 1개월 전, 국내 의학 학술지에 게재된 '호흡기 감염병 유행 분석 및 양상' 연구 논문
㉣ 지난주, 해양수산부에서 보도한 '굴 등의 패류 인공 정화 기술 개발 추진 계획' 보도 자료
㉤ 작년 하반기, 질병관리청에서 발표한 '노로 바이러스 확산 방지를 위한 토사물 소독 및 처리 요령' 안내문

<보기>

· 신뢰성: 출처가 분명한 자료인가?
· 목적성: 글의 목적과 주제에 맞는 자료인가?
· 시의성: 글을 전달하는 시기에 적합한 자료인가?

① ㉠은 시의성 면에서 적절하지만, 신뢰성과 목적성 면에서 적절하지 않은 자료이다.
② ㉡은 신뢰성, 목적성 면에서 적절하지만, 시의성 면에서 적절하지 않은 자료이다.
③ ㉢은 신뢰성, 시의성 면에서 적절하지만, 목적성 면에서 적절하지 않은 자료이다.
④ ㉣은 신뢰성 면에서 적절하지만, 목적성, 시의성 면에서 적절하지 않은 자료이다.
⑤ ㉤은 목적성, 시의성 면에서 적절하지만, 신뢰성 면에서 적절하지 않은 자료이다.

49. 다음 <글쓰기 자료>를 활용하여 윗글을 보완할 때, 가장 적절하지 않은 것은?

<글쓰기 자료>

㉠ 기사

최근 2년 동안 ××도에서 발생한 바이러스성 집단 식중독 762건 가운데 32.4%의 원인이 노로 바이러스라는 조사 결과가 나왔다. 이번 연구는 최근 2년 동안 ××남부 21개 시 · 군 보건소에 접수된 집단 식중독 검체 2,917건을 대상으로 이뤄졌다.

연구 결과 환자 및 종사자 검체 2,917건 가운데 762건이 양성으로 확인되었다. 이 중 노로 바이러스는 247건으로 전체 32.4%를 차지했으며 다음은 병원성 대장균 155건(20.3%), 캄필로박터제주니(Campylobacter jejuni, 세균성식중독의 주요한 병원체) 149건(19.6%) 순이었다.

월별 노로 바이러스 감염 건수를 살펴보면, 247건 가운데 175건(70.9%)이 12월부터 그다음 해 3월까지 발생한 것을 보아, 노로 바이러스 감염이 겨울철에 집중됐음을 알 수 있다.

㉡ **노로 바이러스 예방 방침 Q&A**

Q. 세척과 소독은 어떻게 하나요?

A. 토사물이나 화장실을 소독할 때는 '가정용 염소 소독제'를, 채소나 과일을 소독할 때는 '생채소 소독제'을 아래와 같이 제조하여 사용합니다.

- 가정용 염소 소독제
  : 물 975mℓ + 가정용 염소 소독제(4%) 25mℓ
- 생채소 소독제
  : 물 10ℓ + 식품 첨가물로 표기된 염소 소독제(5%) 20mℓ

Q. 노로 바이러스 백신을 접종할 수 있나요?

A. 노로 바이러스는 현재 백신이 없고, 그 형태가 다양하고 항체를 보유할 수 있는 기간이 짧아 아직 백신으로 예방하기 어렵습니다. 따라서 개인의 위생적인 생활로 바이러스를 예방하는 것이 중요합니다.

㉢ **원인균별 식중독 발생건수(2021) 통계 자료**

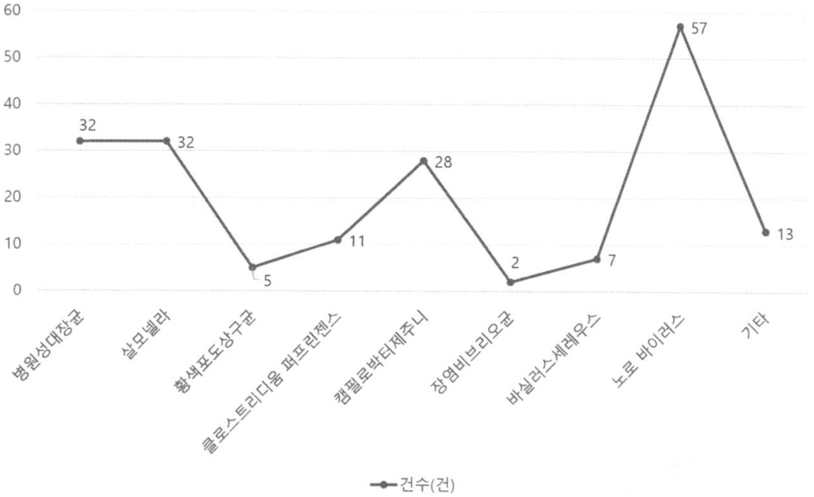

① ㉠을 활용하여 노로 바이러스가 여름보다 겨울에 많이 발생한다는 근거를 제시한다.

② ㉡을 활용하여 노로 바이러스를 예방하는 생활 습관을 실천하는 데 필요한 지식을 구체적으로 설명한다.

③ ㉠, ㉡을 활용하여 오염된 채소류, 과일류 등의 섭취가 노로 바이러스의 주된 감염 경로임을 제시한다.

④ ㉠, ㉢을 활용하여 노로 바이러스의 감염률, 전염성 문제를 연관 지어 면역력이 낮은 유아, 노약자는 노로 바이러스에 더욱 유의해야 한다는 내용을 추가한다.

⑤ ㉡, ㉢을 활용하여 노로 바이러스의 예방 필요성을 제시하고, 예방을 위한 개인위생의 중요성을 강조한다.

50. 윗글의 ㉠ ~ ㉤을 고쳐 쓰는 방안으로 가장 적절하지 <u>않은</u> 것은?

① ㉠: 문맥상 적절하지 않은 단어이므로 '회복'으로 수정한다.

② ㉡: 접속 부사가 적절하지 않으므로 '하지만'으로 수정한다.

③ ㉢: 이중 피동 표현이므로 '오염되는'으로 수정한다.

④ ㉣: 문맥상 흐름을 고려하여 앞 문장과 위치를 바꾼다.

⑤ ㉤: 뒤 문장이 접촉에 유의해야 한다는 내용이므로 '접촉에 주의하는 습관이'로 수정한다.

창안 (51 ~ 60번)

[51~53] 다음은 '뜨개질 방법'을 다룬 글이다. 다음 글을 읽고 물음에 답하시오.

옷이나 장갑 등을 실이나 털실로 떠서 만드는 일을 뜨개질이라고 한다. 뜨개질바늘은 여러 종류가 있는데, 뜨개질로 만든 편물의 용도에 따라 대바늘, 코바늘, 레이스 바늘 등을 이용한다. 그중 흔히 사용하는 것은 대바늘과 코바늘이다.

대바늘뜨기	코바늘뜨기

먼저, ㉠ <u>대바늘뜨기</u>는 길이가 긴 바늘로 실을 걸어 코를 만들고, 만든 코 사이로 다른 실을 끌어내 새로운 코를 만들어 편물을 완성하는 방법이며, 두 개 이상의 바늘을 사용한다. 이 방법은 신축성과 탄력성이 좋은 편물을 만들고, 뜨기 방법에 따라 다양한 무늬를 넣을 수 있다는 장점이 있다. 그러나 실의 굵기나 꼬임새에 맞지 않는 대바늘을 사용하면 매우 어색한 편물이 만들어지므로 주의해야 한다. 대바늘뜨기의 원리로 편물을 뜨는 기계인 '수편기(手編機)'는 1시간에 20명이 작업하는 양을 처리할 수 있으나 리본 등의 장식물과 함께 뜨거나 특수한 실을 활용할 때는 수편기가 대바늘을 대체하기 어렵다.

다음으로, ㉡ <u>코바늘뜨기</u>는 한 개의 바늘을 이용하며, 실을 코바늘 끝에 걸어 만든 고리에 한 코씩을 더해 만든 사슬을 바탕으로 뜨개질을 해 나가는 방법이다. 이때, 사슬을 만드는 방법을 사슬뜨기라고 부른다. 처음 만든 사슬의 길이에 따라 편물의 크기가 정해진다. 따라서 코바늘뜨기에서는 편물의 기반이 되는 사슬뜨기를 얼마나 균형 있고 고르게 했는지에 따라 편물의 완성도가 달라진다. 같은 실을 사용했을 때 대바늘보다는 코바늘로 만든 편물이 조금 더 두껍고 신축성이 약한 편이다.

뜨개질로 만든 편물은 직기로 만든 직물보다 신축성이 좋고 잘 구겨지지 않아 관리하기 쉽다. 또한 한 번 뜬 편물을 고치고 싶을 때 언제든 풀어 크기나 모양을 조정해 다시 뜰 수 있기 때문에 편물의 용도 변경이 쉬운 편이다. ㉢ <u>다만, 편물의 일부가 갈고리 등에 걸려 끊어지거나 풀릴 경우 다른 부분까지 영향을 받아 모두 풀리게 된다는 단점이 있다.</u>

51. 윗글의 ㉠과 ㉡을 활용하여 주장할 수 있는 논리로 가장 적절한 것은?

① ㉠: 업무 상황이 바뀌어도 동요하기보다 일관성을 유지할 수 있어야 한다.

② ㉠: 구성원이 추구하는 목표가 서로 달라도 조직의 목표만 명확하면 화합할 수 있다.

③ ㉠: 일 처리가 느린 사람의 자리는 일 처리가 빠른 사람이 언제든지 대체할 수 있다.

④ ㉡: 혼자 하기 어려운 업무라도 동료와 함께 해결할 수 있다.

⑤ ㉡: 업무 토대를 잘 다져 두면 업무 결과물의 질을 높일 수 있다.

52. 윗글을 통해 추론할 수 있는 '현명한 경제생활'을 위한 자세로 적절하지 않은 것은?

① 지출 항목별 예산은 동일한 금액으로 설정한다.

② 지급 수단별 특성을 이해하고 적재적소에 사용한다.

③ 예산 계획은 상황에 따라 적절히 수정하며 이행한다.

④ 여럿이 힘을 합하여 효율적인 소비 방법을 찾아간다.

⑤ 경제생활의 기반이 되는 보유 자산은 신경 써서 관리한다.

53. 문맥상 윗글의 ㉢의 의미와 가장 가까운 한자 성어는?

① 간담상조(肝膽相照)

② 순망치한(脣亡齒寒)

③ 어로불변(魚魯不辨)

④ 이합집산(離合集散)

⑤ 철중쟁쟁(鐵中錚錚)

[54 ~ 56] 다음 그림 (가)와 (나)를 보고 물음에 답하시오.

그림 (가)	그림 (나)
롬곡욥눞	合

54. (가)와 (나)를 바탕으로 다음과 같이 분석할 때 적절하지 않은 것은?

구분	(가)	(나)
현상의 본질	㉠ 의미를 알 수 없는 단어	한자 또는 한글로 보이는 문자
현상에 대한 해석	㉡ 시계 방향으로 180° 회전하면 '폭풍눈물'로 보여, 의미를 알 수 있는 단어가 됨	㉢ 한자 '合'과 한글 '슴'의 모양이 비슷하여 어떤 문자로 인식하는지에 따라 다른 문자가 됨
시사점	㉣ 새로운 대상을 마주하면 평소와 다른 관점으로 해석해야 함	㉤ 배경지식이 많을수록 대상의 본질을 다양하게 인식할 수 있음

① ㉠　② ㉡　③ ㉢　④ ㉣　⑤ ㉤

55. (가)를 활용하여 상대에게 정보를 전달해 주는 방법을 설명할 때 이끌어 낼 수 있는 내용으로 가장 적절한 것은?

① 가능한 다양한 표현을 사용하여 설명해야 한다.
② 가능한 한 번에 많은 양의 정보를 설명해야 한다.
③ 상대방의 흥미를 끌 수 있는 방법으로 설명해야 한다.
④ 쓸모없는 정보는 배제하고 필요한 정보만 설명해야 한다.
⑤ 정보에 대한 기본 지식이 없어도 이해할 수 있게 설명해야 한다.

56. (나)를 활용해 인생관을 나타내는 문구를 작성한다고 할 때, (나)를 해석하는 관점이 나머지와 다른 것은?

① 가방끈이 길수록 원하는 바를 이루기 쉽다.
② 많이 안다고 해서 정확히 아는 것은 아니다.
③ 삶 전체가 앎이 되게 하겠다는 자세를 지녀라.
④ 모든 것이 언젠가 끝나도 배움은 끝나지 않는다.
⑤ 모르는 것은 손아랫사람에게라도 물어 알아야 한다.

[57 ~ 58] 연필과 지우개의 원리를 활용하여 다른 상황을 추론해 내고자 한다. 다음을 읽고 물음에 답하시오.

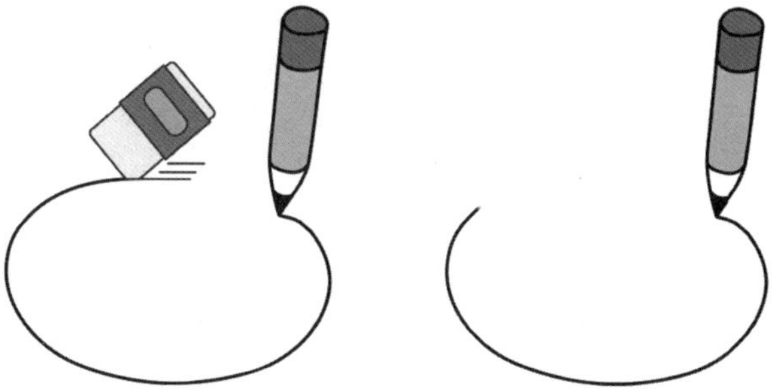

종이는 매끄러운 면처럼 보이지만 사실 종이의 표면은 매우 울퉁불퉁하다. 연필로 종이에 글씨를 쓰게 되면 연필심의 재료인 흑연이 종이에 걸리며 마찰을 일으킨다. 연필심의 재료인 흑연은 탄소로 구성되는데 이 구조를 자세히 들여다보면 탄소 원자 여섯 개가 육각형 모양으로 결합된 판이 차곡차곡 쌓여 있는 모양으로 되어 있다. 각 판의 결합은 매우 약하기 때문에 종이와 흑연 사이에 생긴 마찰력으로 판이 분리된다. 이때, 벗겨진 흑연이 연필심과 종이 사이에 발생한 정전기로 인해 종이에 붙게 되는데 이 모습이 우리의 눈에는 종이에 글씨가 써지는 것처럼 보이는 것이다. ㉠ 따라서 정확히 표현하자면 흑연 입자가 종이 표면에 묻는다고 해야 한다.

반대로 지우개로 연필로 쓴 글씨를 지울 때는 종이에 묻은 흑연 입자를 떼어 내게 된다. 이미 종이에 달라붙은 흑연을 지우개가 뗄 수 있는 이유는, 흑연이 종이보다 지우개의 재료인 고무에 더 잘 달라붙기 때문이다. 이러한 이유로 종이에 쓴 글씨를 지우개로 지우게 되면 지우개는 새까매지고 종이는 새하얘진다. 이렇게 더러워진 지우개는 다시 종이 표면에 문지르면 깨끗하게 쓸 수 있다.

57. '연필과 지우개의 원리'를 '타인과의 교류'에 비유할 때, 이끌어 낼 수 있는 내용으로 적절하지 않은 것은?

① 종이에 흑연이 갈리는 것처럼 겉모습과 다른 타인의 실체에 상처받을 수 있다.

② 흑연이 종이에 묻어 글씨가 써지는 것처럼 타인과의 사귐은 어딘가에 흔적을 남기게 된다.

③ 흑연을 이루는 판의 결합이 분리되는 것처럼 견고한 인간관계도 언제든 파국을 맞을 수 있다.

④ 지우개의 재료인 고무에 흑연이 더 잘 달라붙듯 같은 친구 사이여도 더 친한 사이가 있기 마련이다.

⑤ 종이에 묻은 흑연을 지우개가 떼어내듯 이미 형성된 인간관계에 제삼자가 개입해 영향을 줄 수도 있다.

58. 윗글의 ㉠을 활용하여 주장할 수 있는 내용으로 가장 적절한 것은?

① 같은 일이라도 주체에 따라 옳고 그름이 달라질 수 있다.

② 동일한 말이라도 어떻게 표현하느냐에 따라 의미가 달라진다.

③ 직접 경험한 현상이라도 현상의 본질은 경험 그 이상일 수 있다.

④ 모든 현상은 아는 만큼 보이니 조금 안다고 나서지 말아야 한다.

⑤ 가능한 다양한 지식을 습득한 뒤 일반화한 명제를 도출해야 한다.

[59 ~ 60] 다음 글을 읽고 다음 물음에 답하시오.

> 본래 음식과 상관없이 함께 곁들여 나오는 것을 ㉠ 고명이라고 한다. 이는 음식의 모양과 빛깔을 돋보이게 하고 음식의 맛을 더하기 위한 목적으로 사용된다. 요리에 따라 다르지만, 보통 음식 위에 뿌리거나, 음식 주변에 예쁘게 배치하여 장식한다. 이런 목적으로 음식을 장식할 때는 본래 음식의 가치를 떨어뜨리지 않도록 주의해야 한다.

59. '고명'의 속성으로 유추할 수 있는 청소법으로 가장 적절한 것은?

① 눈에 보이는 곳 위주로 청소한다.

② 청소를 잘하는 사람에게 대신 부탁한다.

③ 자주 하지 않고 한 번에 몰아서 대청소한다.

④ 의욕을 올릴 수 있게 음악을 들으면서 청소한다.

⑤ 더러운 것을 쓸고 닦으며 구석구석 꼼꼼하게 청소한다.

60. 윗글의 ㉠과 역할이 가장 가까운 것은?

① 활과 화살 ② 소설과 수필

③ 바닷물과 소금 ④ 선물과 포장지

⑤ 다리와 양반다리

읽기 (61 ~ 90번)

[61~62] 다음 글을 읽고 물음에 답하시오.

> 어떤 이는 ㉠ 눈망울 있는 것들 차마 먹을 수 없어 채식주의자가 되었다는데 내 접시 위의 풀들 깊고 말간 천 개의 눈망울로 빤히 나를 쳐다보기 일쑤, ㉡ 이 고요한 사냥감들에도 핏물 자박거리고 꿈틀거리며 욕망하던 뒤안 있으니 내 앉은 접시나 그들 앉은 접시나 매일반. 천 년 전이나 만 년 전이나 생식을 할 때나 화식을 할 때나 육식이나 채식이나 매일반.
>
> 문제는 내가 ㉢ 떨림을 잃어 간다는 것인데, 일테면 만 년 전의 내 할아버지가 알락꼬리암사슴의 목을 돌도끼로 내려치기 전, 두렵고 고마운 마음으로 올리던 기도가 지금 내게 없고 (시장에도 없고) 내 할머니들이 돌칼로 어린 죽순 밑둥을 끊어 내는 순간, 고맙고 미안해하던 마음의 떨림이 없고 (상품과 화폐만 있고) 사뭇 괴로운 포즈만 남았다는 것.

내 몸에 무언가 공급하기 위해 나 아닌 것의 숨을 끊을 때 머리 가죽부터 한 터럭 뿌리까지 ㉣ 남김없이 고맙게, 두렵게 잡숫는 법을 잃었으니 이제 참으로 두려운 것은 내 올라앉은 육중한 접시가 언제쯤 깨끗하게 비워질 수 있을지 장담할 수 없다는 것. 도대체 ㉤ 이 무거운, 토막 난 몸을 끌고 어디까지!

– 김선우, 「깨끗한 식사」

61. 윗글에 대한 설명으로 적절하지 않은 것은?

① 유사한 문장 구조를 반복하여 시에 리듬감을 부여하고 있다.

② 비현실적 표현을 사용해 서로 다른 두 대상을 동일시하고 있다.

③ 상반되는 과거와 현재의 모습을 제시하여 현 상황을 비판하고 있다.

④ 현대사회를 지배하는 가치를 암시적으로 표현하여 현대인의 반성을 촉구하고 있다.

⑤ 생명을 대하는 상반되는 시각을 제시하여 화자의 태도를 부각하고 있다.

62. ㉠ ~ ㉤에 대한 설명으로 적절하지 않은 것은?

① ㉠: '어떤 이'에게 죄책감을 느끼게 하는 이유로 작용한다.

② ㉡: '어떤 이'와 '나'가 생명의 가치를 존중하여 섭취하지 않는 대상이다.

③ ㉢: '나'가 '기도'와 함께 현대인이 지녀야 할 삶의 태도로 여기는 소재이다.

④ ㉣: 제목을 연상하게 하는 표현을 사용하여 주제 의식을 강조하고 있다.

⑤ ㉤: '나'를 식사의 대상으로 표현하여 생명을 존중하지 않는 현실에 개탄하고 있다.

[63 ~ 65] 다음 글을 읽고 물음에 답하시오.

그는 분노를 느끼며 숫제 오 분 동안이나 초인종에 손을 밀착시키고 방 저편에서 둔하게 벨 소리가 계속 울리고 있는 것을 초조하게 느끼고 있었다. 물론 그의 방 열쇠는 두 개로, 하나는 아내가 가지고 있고 또 하나는 그가 그의 열쇠 꾸러미 속에 포함시켜서 가지고 있는 것이다. 원하기만 한다면 그는 자기 자신의 열쇠로 방문을 열 수 있을 것이었다. 그러나 그는 어느 편이냐 하면 그런 면엔 엄격해서 소위 문을 열어 주는 것은 아내 된 도리이며, 적어도 아내가 문을 열어 준 후에 들어가는 것이 남편의 권리가 아니겠느냐는 생각을 고수하고 있는 편이었다.

그래서 그는 이번엔 주먹으로 문을 두드리기 시작했다. 처음에는 천천히 두드렸지만 나중에는 ㉠ 거의 부숴 버릴 듯이 문을 광광 두들겨 대고 있었다. 온 낭하가 쩡쩡 울리고 어디선가 잠을 깬 듯한 어린아이의 울음소리가 들려왔다. 그러자 아파트 복도 저쪽 편의 문이 열리고, 파자마를 입은 사내가 이쪽을 기웃거리며 내다보았는데 그것은 그 사람 한 사람뿐만은 아니었다.

"당신이 이 집 주인이라구요?"

"그런데요."

그는 대답하였다. 그러자 여인은 고개를 갸우뚱거렸다.

"아니 뭐 의심나는 것이라두 있습니까?"

"여보시오."

아무래도 사내가 확인을 해야 마음 놓겠다는 듯 다가왔다. 사내는 키가 굉장히 큰 거인이었으므로 그는 사내를 올려다보았다.

"우리는 이 아파트에 거의 삼 년 동안 살아왔지만 당신 같은 사람은 본 적이 없소."

"아니 뭐라구요?"

㉡ 그는 튀어 오를 듯한 분노 속에서 신음 소리를 발했다.

"당신이 나를 한 번도 본 적이 없다고 해서 그래 이 집 주인을 당신 스스로 도둑놈이나 강도로 취급한다는 말입니까. 나두 이 방에서 삼 년을 살아왔소. 그런데두 당신 얼굴은 오늘 처음 보오. 그렇다면 당신도 마땅히 의심받아야 할 사람이 아니겠소."

그는 화가 나서 고래고래 소리를 질렀다.

"어쨌든."

사내는 집요하게 물고 늘어졌다.

"당신을 의심하는 것은 안됐지만 우리 입장도 생각해 주시오."

"그건 나도 마찬가지라니깐."

㉢ 그는 화가 나서 투덜거리면서 방문 열쇠 구멍에 열쇠를 들이밀었다. 방문은 소리 없이 열렸다.

"여보!"

그는 구두를 벗고, 스위치를 찾으려고 벽을 더듬거리면서 분노에 차서 소리를 질렀다. 하지만 방안은 어두웠고 아무도 대답하질 않았다. 제길헐. 그는 너무 피로해서 퉁퉁 부은 다리를 질질 끌며 간신히 벽면의 스위치를 찾아내었고, 그것을 힘껏 올려붙였다. 접촉이 나쁜 형광등이 서너 번 채집병 속의 곤충처럼 껌벅거리다가는 켜졌다. 불은 너무 갑자기 들어온 기분이어서, ㉣ 그는 잠시 동안 낯선 곳에 들어선 사람처럼 어리둥절하게 서 있었다. 그때 그는 아직도 문밖에서 사내가 의심스럽게 자기를 쳐다보고 있는 것을 보았고, 그는 조금 어처구니없어서 방문을 쾅 닫아 버렸다.

그때 그는 화장대 거울 아래 무슨 종이가 놓여 있는 것을 발견하였고, 그래서 그는 힘들여 경대 앞까지 가서 그 종이를 주워 들었다.

여보, 오늘 아침 전보가 왔는데, 친정아버님이 위독하시다는 거예요. 잠깐 다녀오겠어요. 당신은 피로하실 테니 제가 출장 가신 것을 잘 말씀드리겠어요. 편히 쉬세요. 밥상은 부엌에 차려 놨어요. / 당신의 아내가

그때였다. 그는 무슨 소리를 들었다. 공기를 휘젓고 가볍게 이동하는 발자국 소리였다. 그는 귀를 기울였다. 그는 욕실 쪽에서 무슨 소리가 들려오고 있는 것을 눈치챘다. 그는 난폭하게 일어나서 욕실 쪽으로 걸었다. 그는 분명히 잠근 샤워기에서 물이 쏟아져 내리고 있는 것을 보았다. 그는 투덜거리면서 물을 잠근다. 그리고 다시 소파로 되돌아온다. 그러자 이번엔 부엌 쪽에서 소리가 들려오기 시작한다. 그는 될 수 있는 한 불평을 하지 않으려고 이를 악물고 부엌 쪽으로 간다. 부엌 석유곤로가 불붙고 있다. 그는 투덜거리면서 그것을 끈다. 그리고 천천히 소파 쪽으로 왔을 때, 그는 재떨이에 생담배가 불이 붙여진 채 타고 있음을 발견한다. 그는 반사적으로 주위를 둘러본다. 그는 엄청난 고독을 느낀다. <중 략>

갑자기 그는 그의 손에 쥐어진 손잡이가 긴 스푼이 여느 스푼이 아님을 느낀다. 그러자 스푼이 그의 의식의 녹을 벗기고, 눈에 보이는 상태 밖에서 수면을 향해 비상하는, 비늘 번뜩이는 물고기처럼 튀어 오르는 것을 보았다. 그는 힘을 다해 스푼을 쥔다. 그러자 스푼은 산 생선을 만질 때 느껴지는 뿌듯한 생명감과 안간힘의 요동으로 충만된다. 그리고 손아귀에 쥐어진 스푼은 손가락 사이를 민첩하게 빠져나간다. 그는 잠시 놀란 나머지 입을 벌린 채 스푼이 허공을 날면서 중력 없이 둥둥 떠서 흐르는 것을 보았다. 그는 온 방 안의 물건을 자세히 보리라고 다짐하고는 눈을 부릅뜬다. 그러자 그의 의식이 닿는 물건들마다 일제히 흔들거리면서 흥을 돋우기 시작하는 것이었다. 그는 비틀거리면서 일어나 거실에 스위치를 넣으려고 걷는다. 그는 스위치를 넣는다. 형광등의 꼬마전구가 번쩍번쩍거리며 몇 번씩 빛을 반추한다. 그러다가 불쑥 방 안이 밝아 온다.

– 최인호, 「타인의 방」

63. ㉠ ~ ㉢에 대한 설명으로 적절한 것은?

① ㉠과 ㉡에서 '그'는 억울한 마음을 분노로 표출하고 있다.
② ㉠과 달리 ㉢에서는 아내를 배려하는 '그'의 태도를 확인할 수 있다.
③ ㉠에서 '그'는 이웃을 생각하지 않는 이기적인 면모를 드러내고 있다.
④ ㉡과 달리 ㉢에서 강한 상대에게 약한 모습을 보이는 '그'의 성격을 확인할 수 있다.
⑤ ㉡에서는 '그'가 상대에게 직접 감정을 표출하고 있지만 ㉢에서는 사물에 분풀이하고 있다.

64. '그'가 겪는 환각 현상으로 가장 적절하지 않은 것은?

① 생담배에 불이 붙어 타고 있다.
② 형광등이 번쩍거리다 밝아진다.
③ 부엌에 있는 석유곤로에 불이 붙었다.
④ 잠근 샤워기에서 물이 쏟아지고 있다.
⑤ 스푼이 허공을 날면서 둥둥 떠다닌다.

65. ㉣과 같이 행동한 원인으로 가장 적절한 것은?

① 최근에 아파트로 이사 와 공간이 익숙하지 않기 때문이다.
② 자기를 알아보지 못하는 주변인들에게 서운함을 느꼈기 때문이다.
③ 문밖에 서서 자기를 지켜보는 사내에게 두려움을 느꼈기 때문이다.
④ '아내'가 '그'에게 거짓말하고 외출한 사실에 서운함을 느꼈기 때문이다.
⑤ '그'가 밖에서뿐만 아니라 자신의 공간에서도 고독과 소외를 느꼈기 때문이다.

[66 ~ 69] 다음 글을 읽고 물음에 답하시오.

건강 상태를 진단하거나 범죄의 현장에서 혈흔을 조사하기 위해 검사용 키트가 널리 이용된다. 키트 제작에는 다양한 과학적 원리가 적용되는데, 적은 비용으로 쉽고 빠르고 정확하게 검사할 수 있는 키트를 제작하는 것이 요구된다. 이러한 필요에 따라 항원-항체 반응을 응용하여 시료에 존재하는 성분을 분석하는 다양한 형태의 키트가 개발되고 있다. 항원-항체 반응은 항원과 그 항원에만 특이적으로 반응하는 항체가 결합하는 면역 반응을 말한다. 항체 제조 기술이 발전하면서 휴대성이 높고 분석 시간이 짧은 측면유동면역분석법(LFIA)을 이용한 다양한 종류의 키트가 개발되고 있다.

LFIA 키트를 이용하면 ㉠ 키트에 나타나는 선을 통해, 액상의 시료에서 검출하고자 하는 목표 성분의 유무를 간편하게 확인할 수 있다. LFIA 키트는 가로로 긴 납작한 막대 모양인데, 시료 패드, 결합 패드, 반응막, 흡수 패드가 순서대로 나란히 배열된 구조로 되어 있다. 시료 패드로 흡수된 시료는 결합 패드에서 복합체와 함께 반응막을 지나 여분의 시료가 흡수되는 흡수 패드로 이동한다. 결합 패드에 있는 복합체는 금-나노 입자 또는 형광 비드 등의 표지 물질에 특정 물질이 붙어 이루어진다. 표지 물질은 발색 반응에 의해 색깔을 내는데, 이 표지 물질에 붙어 있는 특정 물질은 키트 방식에 따라 종류가 다르다. 일반적으로 한 가지 목표 성분을 검출하는 키트의 반응막에는 항체들이 띠 모양으로 두 가닥 고정되어 있는데, 그중 시료 패드와 가까운 쪽에 있는 가닥이 검사선이고 다른 가닥은 표준선이다. 표지 물질이 검사선이나 표준선에 놓이면 발색 반응에 의해 반응선이 나타난다. 검사선이 발색되어 나타나는 반응선을 통해서는 목표 성분의 유무를 판정할 수 있다. 표준선이 발색된 반응선이 나타나면 검사가 정상적으로 진행되었음을 알 수 있다.

LFIA 키트는 주로 직접 방식 또는 경쟁 방식으로 제작되는데, 방식에 따라 검사선의 발색 여부가 의미하는 바가 다르다. 직접 방식에서 복합체에 포함된 특정 물질은 목표 성분에 결합할 수 있는 항체이다. 시료에 목표 성분이 포함되어 있다면 목표 성분은 이 항체와 일차적으로 결합하고, 이후 검사선의 고정된 항체와 결합한다. 따라서 검사선이 발색되면 시료에서 목표 성분이 검출되었다고 판정한다. 한편 경쟁 방식에서 복합체에 포함된 특정 물질은 목표 성분에 대한 항체가 아니라 목표 성분 자체이다. 만약 시료에 목표 성분이 포함되어 있으면 시료의 목표 성분과 복합체의 목표 성분이 서로 검사선의 항체와 결합하려 경쟁한다. 이때 시료에 목표 성분이 충분히 많다면 시료의 목표 성분은 복합체의 목표 성분이 검사선의 항체와 결합하는 것을 방해하므로 검사선이 발색되지 않는다. 직접 방식은 세균이나 분자량이 큰 단백질 등을 검출할 때 이용하고, 경쟁 방식은 항생 물질처럼 목표 성분의 크기가 작은 경우에 이용한다.

한편, 검사용 키트는 휴대성과 신속성 외에 ㉡ 정확성도 중요하다. 키트의 정확성을 측정하기 위해서는 키트를 이용해 여러 번의 검사를 실시하고 그 결과를 분석한다. 키트가 시료에 목표 성분이 들어있다고 판정하면 이를 양성이라고 한다. 이때 시료에 목표 성분이 실제로 존재하면 진양성, 시료에 목표 성분이 없다면 위양성이라고 한다. 반대로 키트가 시료에 목표 성분이 들어 있지 않다고 판정하면 음성이라고 한다. 이 경우 실제로 목표 성분이 없다면 진음성, 목표 성분이 있다면 위음성이라고 한다. 현실에서 위양성이나 위음성을 배제할 수 있는 키트는 없다.

여러 번의 검사 결과를 통해 키트의 정확도를 구하는데, 정확도란 시료를 분석할 때 올바른 검사 결과를 얻을 확률이다. 정확도는 민감도와 특이도로 나뉜다. 민감도는 시료에 목표 성분이 존재하는 경우에 대해 키트가 이를 양성으로 판정한 비율이다. 특이도는 시료에 목표 성분이 없는 경우에 대해 키트가 이를 음성으로 판정한 비율이다. 민감도와 특이도가 모두 높아 정확도가 높은 키트가 가장 이상적이지만 현실에서는 그렇지 않은 경우가 많아서 상황에 따라 민감도나 특이도를 고려하여 키트를 선택해야 한다.

66. 윗글의 내용과 일치하지 않는 것은?

① 표준선의 발색 여부는 시료 내 목표 성분의 유무와 무관하다.

② 민감도와 특이도가 모두 높은 키트는 현실적으로 개발하기 어렵다.

③ 목표 성분의 크기가 클 때는 경쟁 방식으로 제작된 키트가 적합하다.

④ 면역 반응을 이용한 LFIA 키트는 신속성과 휴대성이 높게 제작되었다.

⑤ 결합 패드에 든 특정 물질은 항체이거나 목표 성분 그 자체일 수도 있다.

67. ㉠에 대한 설명으로 적절한 것은?

① 키트를 활용해 검사한 결과가 양성이라면 두 줄이 표시된다.

② 키트의 반응막에 들어 있는 표지 물질에 의해 색이 나타난다.

③ 시료가 시료 패드에서 흡수 패드까지 수직으로 흡수된 결과를 나타낸다.

④ 총 세 가지 선으로 구성되며 각각을 검사선, 반응선, 표준선으로 지칭한다.

⑤ 검사가 잘 진행되었는지를 알기 위해서는 흡수 패드와 가까운 선에 주목해야 한다.

68. ㉡에 대한 설명으로 적절한 것은?

① 키트로 여러 번 검사할수록 낮아진다.

② 특이도보다 민감도가 높을수록 높아진다.

③ 진양성 판정률과 진음성 판정률에 따라 결정된다.

④ 위양성 판정 비율보다 위음성 판정 비율이 중요하다.

⑤ 검사 횟수 대비 표준선이 발색되는 횟수에 비례해 높아진다.

69. 윗글의 내용을 바탕으로 <보기>를 이해할 때, ㉠과 ㉡에 들어갈 적절한 단어로 짝 지어진 것은?

<보기>

A 키트는 'X 바이러스'에 감염되었는지 판단하기 위해 제작된 검사용 키트이다. 'X 바이러스'에 감염되었다고 판단하는 기준은 키트에 선 두 개가 나타났는지이다. 최근 A 키트는 'X 바이러스'에 감염되었으나 증상이 나타나지 않은 감염자를 음성이라고 판단하는 문제가 불거졌다. 언론은 [㉠]으로 제작된 A 키트가 [㉡]가 낮다며 앞다투어 보도하기 시작했다.

	㉠	㉡
①	직접 방식	민감도
②	경쟁 방식	민감도
③	경쟁 방식	정확도
④	직접 방식	특이도
⑤	LFIA 방식	특이도

[70 ~ 71] 다음 글을 읽고 물음에 답하시오.

인간 감정을 연구하는 분야에서 학자들은 '본성'과 '양육'이라는 두 주제에 관심을 기울인다. 먼저, 생물학적 결정론자들은 감정이 본성에 의해 결정된다고 믿는다. 그들은 인간 감정의 태생적이고 자연적인 원인을 강조한다. 다음으로, 사회적 결정론자들은 감정이 양육에 의해 결정된다고 믿는다. 그들은 감정 발달에 있어서 환경의 역할을 강조하는 경향이 있다.

생물학적 또는 유전학적 결정론은 인간의 유전자가 그의 행동이나 성격을 결정한다고 주장한다. 이 유전학적인 관점에 따르면, 뇌는 태생적으로 다양한 감정을 표현하는 것과 밀접한 관계가 있으며, 생의 여러 단계에서 발생하는 감정의 차이는 신체적 요인으로 설명할 수 있다. 예를 들어, 남성과 여성은 사춘기에 각각 테스토스테론과 에스트로겐이 생성되는 생리적 변화와 이에 따라 발생하는 감정 변화를 겪는다. 즉, 이때 일어나는 감정 변화는 생물학적 요인만으로 일어나는 감정 변화이다.

생물학적 접근의 증거는 완전히 다른 문화권에서 자라난 사람들 사이에서 공유되는 감정 특성에서 찾을 수 있다. 1976년 저서 '언마스크, 얼굴 표정 읽는 기술'에서 신경심리학자 폴 에크만과 월리스 프리슨은 표정에 관한 광범위한 비교문화 연구를 수행했다. 에크만과 프리슨은 파푸아뉴기니의 고립된 종족을 인터뷰하면서 그들에게 생소한 다른 나라 사람들의 사진을 보여 주었다. 심리학자들은 그들이 사진 속 사람들이 느끼는 특정한 감정과 표정을 확실하게 식별할 뿐만 아니라 그 감정이 유발된 상황도 묘사할 수 있다는 것을 발견하였다. 이를 통해 심리학자들은 인간의 여섯 가지 기본 감정(화, 혐오감, 두려움, 행복, 슬픔, 놀람)과 이 감정들을 드러내는 신체적 표현이 보편적인 것이라고 결론지었다.

생물학적 결정론자들이 인간 감정의 보편성에 관심을 두지만, 사회적 결정론자들은 그 다양성에 관심을 둔다. 생물학적 설명에 대한 반대론은 성장하는 어린이들의 심리적 패턴과 행동 양식에 상당한 차이가 있을 수 있고, 실제로 차이가 있으며 이러한 변화가 경험적 요인으로 설명될 수 있음을 강조한다. 사회적 결정론자들은 육아, 가난, 교육, 폭력에 노출되는 것과 같은 환경적 변수가 아이의 감정 상태에 미치는 주요한 영향이라고 지적한다. 게다가 [㉠] 사람이 특정한 본성을 갖고 태어난다는 가정은 부당한 행동에 대한 즉각적인 방어책을 제공한다는 것이다. 예를 들어, 쉽게 화를 내는 아이는 부적절한 행동에 대해 자기의 선천적인 공격적 성향을 탓하고 변명하는 것을 학습하게 된다. <중 략>

또한 문화적 차이는 양육 가설의 핵심이다. 일부 나라에서는 국가(國歌)가 강렬한 감정 반응을 불러일으키지 않을 수도 있으나, 애국적 전통이 강한 나라의 사람들은 종종 국가를 들으면 슬프게 반응한다. 이는 애국심에 기반한 강렬한 반응으로 볼 수 있다. 이러한 감정적 반응이 즉각적 · 무의식적으로 일어난다는 사실은 하품과 재채기처럼 자연적인 현상으로 보일 수 있으나, 이는 사실상 단순히 자극에 대한 신체적인 반응이 아니라 매우 섬세한 '문화적 각본'의 결과이다. 이 각본은 해당 사회가 소속된 사람들에게 언제, 어떻게 감정을 표출하는 것이 적합한지에 대해 가르쳐 온 결과이다. 비슷하게, 문화적으로 결정되는 것처럼 보이는 감정도 있다. 예를 들어, 미크로네시아의 이팔루크족은 '화'를 표현하는 직접적인 용어가 없고 '용인된 화'라고 번역할 수 있는 'song'이라는 감정이 있다. 그것은 영어 단어 'anger'의 분노나 공격성이라는 감정과는 아무런 관련이 없고, 오히려 엄격한 도덕적 비난의 감정을 전달한다.

70. 인간 감정 연구의 두 분야를 구별하는 기준으로 삼을 수 <u>없는</u> 질문은?

① 감정의 보편성과 특수성 중 무엇을 중시하는가?

② 감정의 결정 요인을 본성과 양육 중 무엇으로 보는가?

③ 인간이 표현할 수 있는 감정이 다양하다고 생각하는가?

④ 인간을 둘러싼 환경이 감정 발달 상태를 결정한다고 보는가?

⑤ 동일한 감정을 문화권마다 다르게 받아들일 수 있다고 보는가?

71. ㉠에 들어갈 내용으로 가장 적절한 것은?

① 환경을 고려하지 않는다면 습관적으로 자기 행동을 합리화하는 아이들을 이해할 수 없다고 생각한다.

② 이들은 감정을 양육의 관점에서 보지 않으면 아이들의 잘못된 행동을 교정할 기회를 놓친다고 비판한다.

③ 그들은 신체적인 발달 단계에 부합하지 않는 성격 발달 과정은 유전학적 결정론으로 설명할 수 없다고 주장한다.

④ 그들은 유전학적 결정론자들의 견해가 인간의 책임을 인간의 행동에서 분리하는 것으로 보여 위험하다고 주장한다.

⑤ 유전학적 결정론자들의 주장대로라면 인간의 기본적인 감정은 학습 없이 습득되어야 하는 것이 아니냐고 반문한다.

[72~73] 다음 글을 읽고 물음에 답하시오.

창은 채광이나 환기를 위해서, 문은 사람들의 출입을 위해서 건물 벽에 설치한 개폐가 가능한 시설이다. 일반적으로 현대적인 건축물에서 창과 문은 각각의 기능이 명확하고 크기와 형태가 달라 구별이 쉽다. 그러나 한국 전통 건축, 곧 한옥에서 창과 문은 그 크기와 형태가 비슷해서 구별하지 않는 경우가 많다. 그리하여 창과 문을 합쳐서 창호(窓戶)라고 부른다. 이것은 창호가 창과 문의 기능과 미를 공유하고 있다는 것을 의미한다. 그런데 창과 문을 굳이 구별한다면 머름이라는 건축 구성 요소를 통해 가능하다. 머름은 창 아래 설치된 낮은 창턱으로, 팔을 얹고 기대어 앉기에 편안한 높이로 하였다.

공간의 가변성을 특징으로 하는 한옥에서 창호는 핵심적인 역할을 한다. ㉠ 여러 짝으로 된 큰 창호가 한쪽 벽면 전체를 대체하기도 하는데, 이때 외부에 면한 창호뿐만 아니라 방과 방 사이에 있는 창호를 열면 별개의 공간이 합쳐지면서 넓은 새로운 공간을 형성하게 된다. 창호의 개폐에 의해 안과 밖의 공간이 연결되거나 분리되고 실내 공간의 구획이 변화되기도 하는 것이다. 이처럼 창호는 한옥의 공간 구성에서 빠트릴 수 없는 중요한 위치를 차지한다.

한편, 한옥에서 창호는 건축의 심미성이 잘 드러나는 독특한 요소이다. 창호가 열려 있을 때 바깥에 나무나 꽃과 같은 자연물이 있을 경우 방 안에서 창호와 일정 거리 떨어져 밖을 내다보면 창호를 감싸는 바깥 둘레 안으로 한 폭의 풍경화를 감상하게 된다. 방 안의 사람이 방 밖의 자연과 완전한 소통을 하여 인공의 미가 아닌 자연의 미를 직접 받아들임으로써 한옥의 실내 공간은 자연과 하나 된 심미적인 공간으로 탈바꿈한다. 열린 창호가 안과 밖, 사람과 자연 사이의 경계를 없앤 것이다.

창호가 닫혀 있을 때에는 창살 문양과 창호지가 중요한 심미적 기능을 한다. 한옥에서 창호지는 방 쪽의 창살에 바른다. 방 밖에서 보았을 때 대칭적으로 배열된 여러 창살들이 서로 어울려 만들어 내는 창살 문양은 단정한 선의 미를 창출한다. 창살로 구현된 다양한 문양에 따라 집의 표정을 읽을 수 있고 집주인의 품격도 알 수 있다. 방 안에서 보았을 때 창호지에 어리는 햇빛은 이른 아침에 청회색을 띠고, 대낮의 햇빛이 들어올 때는 뽀얀 우윳빛, 하루 일과가 끝날 때쯤이면 석양의 붉은색으로 변한다. 또한 창호지가 얇기 때문에 창호가 닫혀 있더라도 외부와 소통이 가능하다. 방 안에서 바깥의 바람과 새의 소리를 들을 수 있고, 화창한 날과 흐린 날의 정서와 분위기를 느낄 수 있다. 창호는 이와 같이 사람과 자연 간의 지속적인 소통을 가능케 함으로써 양자가 서로 조화롭게 어울리도록 한다.

72. 윗글의 내용과 일치하는 것은?

① 머름은 전통 건축물에서 문 아래쪽에 설치하는 낮은 턱을 가리킨다.

② 창호에 발리는 창호지는 두껍지만 외부의 빛을 투과하게 만들어진다.

③ 현대 건축물보다 전통 건축물에서 창과 문의 역할이 명확히 구분된다.

④ 창호를 이루는 요소 중 선으로 이루어진 아름다움을 자아내는 요소는 창살이다.

⑤ 창호는 외부에서 보았을 때 한옥과 한옥을 둘러싼 자연을 풍경화처럼 보이게 하는 장치이다.

73. ㉠의 효과를 설명한 것으로 적절한 것은?

① 벽을 대신하는 창호로 각 공간의 크기와 성격을 다채롭게 할 수 있다.

② 벽 대신 창호를 설치하면 실외의 자연도 한옥의 공간으로 편입할 수 있다.

③ 창호가 벽을 대체하게 되면서 창살 문양과 창호지의 기능이 중요시되었다.

④ 여러 짝의 창호를 개폐하는 것만으로 외부와의 소통과 단절을 표시할 수 있다.

⑤ 한옥 내에서 창호의 크기를 다르게 하는 것만으로도 한옥의 심미성을 높일 수 있다.

[74~76] 다음 글을 읽고 물음에 답하시오.

BC 1000년경 흑해 북안의 비옥한 초원지대에 킴메르인들이 자리를 잡았다. 이들이 기록상 러시아의 대지에 최초로 그 이름을 나타내는 민족이다. 농경민족이었던 이들은 철제 도구를 가지고 이 땅에 들어와 토착민들 위에 서서 약 3세기 동안 남러시아를 지배했다. 이어 BC 7세기경 이란계의 유목민 스키타이인이 말을 타고 들어와 킴메르인들을 쫓아내고 새로운 국가를 세웠다. 제우스와 드네프르 강의 딸의 후손임을 자처한 이들 스키타이인은 매우 용맹스러운 민족이었다. 이들은 안장을 얹은 말을 타고 활과 단검을 자유자재로 쓰면서 기동성과 전격적으로 남러시아의 초원을 휩쓸었다. 당시 강국이었던 페르시아까지도 이들을 당하지 못했다.

스키타이인은 서쪽으로 다뉴브강에서 동쪽으로 돈강과 카프카스에 이르는 넓은 지역에 강력한 군사국가를 세우고 약 400년 동안 남러시아를 안정적으로 지배했다. 이들의 지배하에서 남러시아의 토착문화가 다양한 외래문화와 접촉하며 발전해 갔고, 초원지대의 북부에서는 농업이 계속 번창했다. 이러한 토대 위에서 '스키타이 동물 양식'이라고 불리는 독특한 문화가 창조됐다. 유목민들의 생활을 사실적으로 반영한 소재에 그리스 미술의 영향이 가미되어 창조된 이 청동제 · 금은제 공예품들은 특유의 생기가 넘친다. 스키타이의 옛 무덤에서는 그밖에도 청동제검 세 날개 청동 화살촉, 창, 활과 화살, 갑옷, 투구 등의 무기, 재갈 등의 마구 등이 출토되어 당시 스키타이인의 활동상을 보여준다.

BC 300년경 강력한 스키타이 국가도 같은 이란계의 사르마트인들에게 무너졌다. 갑옷과 투구, 창과 긴 칼을 쓰는 중무장의 기병대를 가진 사르마트인이 스키타이의 경기병대를 무찔렀던 것이다. 이들은 신속히 스키타이인의 자리를 대신 차지한 후 남러시아의 초원지대를 가로지르는 동서 교역로를 개척했다. 사르마트의 여러 부족 중 가장 유명한 것이 당시의 지도에 종종 나타나는 알란족이다. 이들은 로마가 대제국을 건설해 유럽 전역이 로마 군병의 발아래 무릎을 꿇었을 때에도, 그 세력권 밖에 서서 AD 200년경까지 약 500년 동안 남러시아를 지배했다.

흑해 북안과 러시아의 초원지대에 그리스-이란 문화가 발전한 것은 바로 스키타이-사르마트 시대였다. 먼저 스키타이인과 사르마트인들에 의해 이란 문화의 요소들이 표출됐다. 언어와 관습과 종교와 전쟁 중시 사상, 독특한 장식미술, 힘 있는 공예기술 등이 그것이다. 그 바탕에 풍요로운 그리스 식민시들을 통해서 그리스 문명이 전해지면서 독특한 문화가 창출됐다.

그리스인들은 소아시아와 발칸 반도를 거쳐 BC 7세기 중반부터 흑해 북안에 자리 잡고 상업을 발달시켰다. 유명한 식민시로는 일찍이 헤르도토스가 잠시 기거하면서 이 지역에 관한 귀중한 사료를 후세에 전해준 도시 올비아, 크림 반도에 있던 케르소네소스, 아조프 해와 흑해를 잇는 케르치 해협의 판티카파에움과 파나고리아 등이다. 이들은 남러시아의 곡물을 그리스 세계로 수입하는 등 다양한 종류의 교역에 종사했다. BC 5세기경 케르치 해협에 있던 그리스인 거류지를 중심으로 보스포루스 왕국이 건설되었다.

흑해 북안을 차지하고 있던 (㉠) 교역과 교류가 활발해지면서 상호 간의 결혼, 문화 침투가 빠른 속도로 진행됐다. 그 결과 높은 수준의 문화적 · 정치적 통합이 이루어졌다. 그 실례의 하나가 보스포루스 왕국이다.

오늘날 모스크바의 역사박물관이나 에르미타슈 미술관의 전시실을 잠깐만 둘러보면, 당시 남러시아에서 꽃피었던 고대 그리스-이란 문화의 영광스런 자취를 확인할 수 있다. 남러시아 역사의 이 한 장면에서부터 러시아사의 한 특징을 이루는 ㉡ 동과 서로부터의 문화적 침투와 그 토착화 현상을 볼 수 있는 것이다.

74. 윗글을 이해한 내용으로 가장 적절하지 않은 것은?

① 스키타이인은 자신들을 제우스의 후손으로 여긴다.

② 그리스의 유명한 식민 도시로는 올비아, 케르소네소스, 파나고리아 등이 있다.

③ 스키타이의 고분에서 말을 부리는 도구와 청동으로 제작된 무기들이 발견되었다.

④ 기록에 나타난 이름으로 볼 때, 킴메르인은 러시아 땅에 최초로 등장하는 민족이다.

⑤ 스키타이인은 초원지대에서 농업 활동을 시작하였으며 그리스 지역에서 곡물을 수입하였다.

75. 윗글을 바탕으로 할 때, ㉠에 들어갈 말로 가장 적절한 것은?

① 이란계의 유목민과 킴메르인은 영토 분쟁을 멈추고 동맹을 택했다.

② 유목민들은 점차 세력을 넓혀 가면서 그리스 문명의 영향을 받기 시작하였다.

③ 알란족은 다뉴브강에서 돈강까지 이르는 지역을 점령하고 스키타이인과 문화적 접촉을 시작하였다.

④ 그리스 식민시들과 내륙의 초원지대를 지배하던 스키타이인과 사르마트인들은 서로를 공격하지 않고 공존하는 길을 택했다.

⑤ 그리스인들은 보스포루스 왕국을 성립하면서 아시아에서부터 흑해 북쪽까지 세력을 확장하던 훈족과의 관계에서 우호적 입장을 택했다.

76. 윗글을 바탕으로 할 때, ㉡의 의미로 가장 적절한 것은?

① 로마 제국에 점령된 페르시아와 그리스의 영향을 받은 로마 문화가 융합되었다.

② 스키타이인이 남러시아에 국가를 건설하면서 기마 유목민의 문화를 형성하였다.

③ 남러시아를 중심으로 그리스 문화의 영향을 받은 이란계 유목민 문화가 나타났다.

④ 사르마트인은 그리스에서 수입한 공예품을 동방의 중국이나 몽골 일대로 수출하였다.

⑤ 페르시아는 동쪽의 중국과 서쪽의 로마 사이에서 교역로 역할을 하며 문화를 발전시켰다.

[77~79] 다음 글을 읽고 물음에 답하시오.

「가디언」의 보도에 따르면, 네덜란드와 벨기에 과학자들은 수년에 걸쳐 엑스레이 장비를 이용해 암스테르담 반 고흐 미술관에 전시된 1889년 작 <해바라기>를 관찰해 왔다. 그 결과 그림 속 노란색 꽃잎과 줄기가 올리브 갈색으로 변하고 있음을 확인했다.

과학자들은 변색의 원인으로 고흐가 이 그림을 그릴 당시 밝은 노란색을 얻기 위해 크롬 옐로(chrome yellow)와 황산염의 흰색을 섞어 사용했기 때문이라고 추정했다. 고흐가 크롬 성분이 들어있는 노란색 물감을 다량으로 사용했다는 것이다.

고흐는 노란색 계통의 물감을 즐겨 썼고 그중에서도 크롬 옐로를 많이 사용했다. 크롬 옐로는 납을 질산 또는 아세트산에 용해하고, 중크롬산나트륨(또는 나트륨) 수용액을 가하면 침전되어 생성된다. 다시 이 반응에 황산납 등의 첨가물을 가하거나 pH(수소이온농도지수)를 변화시키면 담황색에서 적갈색에 걸친 색조가 생긴다.

크롬 옐로는 값이 싸서 고흐처럼 가난한 화가들이 애용했다. 하지만 납 성분을 함유하고 있어서 대기오염 중 포함된 황과 만나면 황화납(PbS)이 되는데 이것이 검은색이다. 그러므로 현대 산업사회로 접어들수록 변색의 우려가 크다. 특히 오랜 시간 빛에 노출되면 그 반응이 촉진되는 문제가 있다.

이미 수년 전부터 문제의 심각성을 깨달아 온 미술관 측은 200개의 회화와 400개의 소묘 등 보유 작품들을 최상의 상태로 관리하기 위해 전시실의 조도를 재정비했다. 하지만 조도 상태를 손보는 것만으로는 부족했던 모양이다.

㉠ <해바라기>의 변색은 당장 육안으로 식별될 정도로 심각한 건 아니지만, 아무런 조치 없이 그대로 둘 경우 머지않아 갈색 해바라기가 될지도 모르는 일이다. 이번 연구를 담당해 온 벨기에 앤트워프 대학교 소속 미술 재료 전문가인 프레데릭 반 메이르트 박사는 "변색이 뚜렷하게 나타나는 데 얼마나 소요될지 구체적으로 말하기 어려운데, 그 이유는 변색이 외부 요인들에 달려 있기 때문"이라고 밝혔다. <해바라기>에 사용된 크롬 옐로가 대기환경과 외부 조명에 대단히 취약하다는 얘기다.

과학자들은 <해바라기> 전체가 변색의 위험이 있는 게 아니라고 분석했다. 흰색을 섞어 밝게 만든 노란색 부분이 특히 변색이 심했고, 나머지 부분은 그나마 변색 가능성이 적다고 보았다. 고흐가 많이 사용한 크롬 옐로는 붉은빛이 돌면서 따뜻한 느낌을 주는 노란색으로, 노랑 계통 중에서도 색이 곱고 은폐력(隱蔽力)이 뛰어나다. 이런 이유로 고흐는 그림에서 핵심에 해당하는 해바라기 꽃에 이글거리는 태양 빛과 가장 유사한 크롬 옐로를 집중해서 사용한 게 아닐까 싶다.

암스테르담 반 고흐 미술관의 <해바라기>가 노란색에서 갈색으로 변색되고 있다는 뉴스가 나오고 몇 달 뒤인 2019년 1월경 다시 한 번 이에 관한 외신이 전파를 탔다. 영국 일간지 「텔레그라프」는 반 고흐 미술관 측이 <해바라기>를 변색 위험을 이유로 당분간 해외 전시를 하지 않는다는 방침을 내놨다고 보도했다.

반 고흐 미술관은 <해바라기>가 지금 당장은 작품 상태가 크게 문제될 게 없지만, 앞으로 해외 전시를 위한 이동으로 변색할 위험이 있다는 결론을 내렸다. 악셀 뤼거 반 고흐 미술관장은, "<해바라기> 그림의 물감 상태가 진동과 습도 및 기온 변화에 따라 민감하게 반응할 수 있다"고 밝혔다. 따라서 "<해바라기>가 변색할 위험을 미연에 방지하기 위해 당분간 해외 전시를 허용하지 않을 것"이라고 했다.

반 고흐 미술관의 최근 발표에 따르면, <해바라기>의 변색에서 가장 두드러지는 것은, 붉은색 물감(제라늄 레이크)이 희미해지고 노란색 물감(크롬 옐로)이 어두워지고 있다는 것이다. 2018년 5월에는 크롬 옐로의 변색을 발표했는데, 여기에 붉은색 부분의 변색까지 더해진 것이다. 고흐는 해바라기 꽃의 중심부를 붉은색 계통 물감으로 칠했는데, 이 부분이 희미하게 변색되고 있다는 얘기다.

77. 윗글을 이해한 내용으로 적절하지 <u>않은</u> 것은?

① 2019년 1월경부터 <해바라기>의 해외 전시는 불가능해졌다.

② <해바라기>는 크롬 옐로에 황산염을 많이 섞어 바른 부분일수록 변색이 심하다.

③ <해바라기>에 쓴 크롬 옐로의 납 성분과 황이 결합하면 검은색의 황화납이 된다.

④ <해바라기>에 쓰인 크롬 옐로에 이어 제라늄 레이크도 어두운색으로 변색되기 시작했다.

⑤ 크롬 옐로는 pH 농도에 따라 담황색부터 적갈색까지 다양한 색조를 나타낼 수 있는 물감이다.

78. ㉠의 의미로 가장 적절한 것은?

① <해바라기>가 노출되는 외부 요인에 변색 정도가 달려 있다.

② <해바라기>를 비추고 있는 조명이 변색의 원인이 아닐 수 있다.

③ 반 고흐 미술관에서 취한 <해바라기> 보호 조치가 효과가 있었다.

④ <해바라기>가 변색되는 속도보다 더 빠르고 강한 조치가 필요하다.

⑤ <해바라기>에 쓰인 크롬 옐로 물감 외에도 갈색으로 변하는 물감이 있다.

79. 윗글에서 알 수 있는 반 고흐 미술관의 관점을 바탕으로 <보기>의 내용을 비판한 내용으로 적절한 것은?

<보기>

네덜란드 암스테르담 국립미술관에 전시된 렘브란트의 <야간순찰(The Nightwatch)>은 국민병 본부의 벽에 전시되다가 뒤늦게 발견된 그림이다. 렘브란트는 이 그림을 그릴 때 납(Pb)이 들어간 리드 화이트와 안티몬산납을 많이 사용하였는데, 그 때문에 그림이 전체적으로 검게 변해버렸다. 그래서 한낮의 모습을 그렸음에도 원래 제목인 <프란스 반닝 코크 대장과 빌렘 반 로이텐부르그의 민방위대> 대신 <야간순찰>이라는 이름을 얻었다고 한다.

① 작품의 원제를 고려하지 않고 새로운 제목을 짓는 것은 바람직하지 않다.

② 미술사에서 큰 의미가 있는 작가의 작품을 오랜 세월 방치한 것은 미술사의 큰 손해이다.

③ 작품에 쓰인 물감의 성분을 분석해 적절한 방법으로 보관하지 않은 것은 심각한 문제이다.

④ 문제가 생긴 작품을 여전히 대중에게 공개하고 있는 것은 작품의 훼손을 방치하는 행위이다.

⑤ 작품과 어울리게 제목을 짓는 작업보다 작품에서 변색된 부분을 복구하는 작업을 먼저 진행해야 한다.

[80~82] 다음 글을 읽고 물음에 답하시오.

사회 이론은 사회 구조나 사회적 상호 작용을 연구하는 이론들을 통칭한다. 사회 이론은 과학적 방법을 적용하면서도 연구 대상뿐 아니라 이론 자체가 사회 상황이나 역사적 조건에 긴밀히 연관된다는 특징을 지닌다. 19세기의 시민 사회론을 이야기할 때 그 시대를 함께 살펴보게 되는 것도 바로 이와 같은 이유 때문이다.

시민 사회라는 용어는 17세기에 등장했지만, 19세기 초에 이를 국가와 구분하여 개념적으로 정교화한 인물이 헤겔이다. 그가 활동하던 시기에 유럽의 후진국인 프러시아에는 절대주의 시대의 잔재가 아직 남아 있었다. 산업 자본주의도 미성숙했던 때여서, 산업화를 추진하고 자본가들을 육성하며 심각한 빈부 격차나 계급 갈등 등의 사회 문제를 해결해야 하는 시대적 과제가 있었다. 그는 사익의 극대화가 국부(國富)를 증대해 준다는 점에서 공리주의를 긍정했으나, 그것이 시민 사회 내에서 개인들의 무한한 사익 추구가 일으키는 빈부 격차나 계급 갈등을 해결할 수는 없다고 보았다. 그는 시민 사회가 개인들이 사적 욕구를 추구하며 살아가는 생활 영역이자 그 욕구를 사회적 의존 관계 속에서 추구하게 하는 공동체적 윤리성의 영역이어야 한다고 생각했다. 특히 시민 사회 내에서 사익 조정과 공익 실현에 기여하는 직업 단체와 복지 및 치안 문제를 해결하는 복지 행정 조직의 역할을 설정하면서, 이 두 기구가 시민 사회를 이상적인 국가로 이끌 연결 고리가 될 것으로 기대했다. 하지만 빈곤과 계급 갈등은 시민 사회 내에서 근원적으로 해결될 수 없는 것이었다. 따라서 그는 국가를 사회 문제를 해결하고 공적 질서를 확립할 최종 주체로 설정하면서 시민 사회가 국가에 협력해야 한다고 생각했다.

한편 1789년 프랑스 혁명 이후 프랑스 사회는 혁명을 이끌었던 계몽주의자들의 기대와는 다른 모습을 보이고 있었다. 사회는 사익을 추구하는 파편화된 개인들의 각축장이 되어 있었고 빈부 격차와 계급 갈등은 격화된 상태였다. 이러한 혼란을 극복하기 위해 노동자 단체와 고용주 단체 모두를 불법으로 규정한 르 샤플리에 법이 1791년부터 약 90년간 시행되었으나, 이 법은 분출되는 사익의 추구를 억제하지도 못하면서 오히려 프랑스 시민 사회를 극도로 위축시켰다. ㉠ 뒤르켐은 이러한 상황을 아노미*, 곧 무규범 상태로 파악하고 최대 다수의 최대 행복을 표방하는 공리주의가 사실은 개인의 이기심을 전제로 하고 있기에 아노미를 조장할 뿐이라고 생각했다. 그는 사익을 조정하고 공익과 공동체적 연대를 실현할 도덕적 개인주의의 규범에 주목하면서, 이를 수행할 주체로서 직업 단체의 역할을 강조하였다. 국가의 역할을 강조한 헤겔의 영향을 받았음에도 불구하고, 뒤르켐은 직업 단체가 정치적 중간 집단으로서 구성원의 이해관계를 국가에 전달하는 한편 국가를 견제해야 한다고 보았던 것이다.

헤겔과 뒤르켐은 시민 사회를 배경으로 ㉡ 직업 단체의 역할과 기능을 연구했다는 공통점이 있었다. 하지만 직업 단체에 대한 두 사람의 생각은 달랐다. 이러한 차이는 두 학자의 시민 사회론이 철저하게 시대의 산물이라는 점을 보여 준다. 이들의 이론은 과학적 연구로서 객관적으로 타당하다는 평가를 받기도 하지만, 이론이 갖는 객관적 속성은 그 이론이 마주 선 현실의 문제 상황이나 이론가의 주관적인 문제의식으로부터 근본적으로 자유로울 수는 없는 것이다.

*아노미(Anomie): 급격한 사회 변동으로 행위를 규제하는 공통 가치나 도덕 기준이 없는 혼돈 상태

80. 윗글의 내용과 일치하는 것은?

① 19세기 사회는 절대주의를 탈피한 시민 사회의 양상을 보였다.

② 프랑스 혁명으로 발생한 사회적 혼란은 법적 장치로 잠재워졌다.

③ 헤겔과 뒤르켐은 공리주의를 긍정적으로 바라본다는 공통점이 있다.

④ 헤겔에게 이상적인 시민 사회는 개인의 이익을 실현할 수 있는 곳이다.

⑤ 시민 사회 이론은 사회적 배경과 상황에 영향을 받는 비과학적 연구 이론이다.

81. <보기>를 ㉠의 관점에서 이해한 것으로 적절하지 않은 것은?

<보기>

A 사회는 최근 전례 없는 감염병 때문에 감염병 확산 이전에 집단을 통제하던 규범이나 규칙으로 현재 상태를 통제할 수 없는 상황에 처해 있다.

① 새로운 법적 제도를 마련하는 일이 무의미한 상황이다.
② 집단 구성원은 점차 개인의 이익만을 추구하게 될 것이다.
③ 통제 불능으로 발생한 문제는 복지 행정 조직이 해결할 수 있다.
④ 개인의 이익을 조정하되 집단 내 연대를 강조해야 할 상황이다.
⑤ 사회의 급격한 변동으로 이기심이 드러나면서 혼란스러운 상황이 조장될 수 있다.

82. ㉡에 대한 헤겔의 설명으로 적절한 것은?

① 개인이 국가에서 안전하게 살아갈 수 있도록 국가 질서를 마련해야 한다.
② 시민 사회의 입장에 서서 그들의 이해관계를 국가에 전달하고 이를 조정해야 한다.
③ 모두가 행복한 사회를 만들기 위해 개인의 이익을 극대화할 방안을 강구해야 한다.
④ 안전한 국가가 유지되도록 사회 구성원이 혼란에 빠진 아노미 상황을 방지해야 한다.
⑤ 시민 사회 내부에서 국가에 협력하여 사회적 질서를 확립할 수 있게 책임을 다해야 한다.

[83~85] 다음 글을 읽고 물음에 답하시오.

생후 30~41개월 영유아 구강 검진 확대 시행

- 검진 기관 평가 결과 '우수' 검진 기관 찾기 서비스, 위치 기반으로 제공하여 편의성 강화 -

보건복지부는 2022년 6월 30일(목)부터 영유아 구강 검진을 현행 '3회'에서 '4회(생후 30~41개월 추가)'로 확대하고 구강 검진의 판정 기준과 결과 통보서 ㉠ 포맷 등을 개정하는 고시 개정안을 시행한다고 밝혔다.

㉡ 금번부터 시행되는 고시(「건강검진실시기준」) 주요 내용은 다음과 같다.

○ 2022년 6월 30일부터 생후 30~41개월 영유아를 대상으로 구강 검진을 추가 실시한다.

- 이는 생후 30~41개월 영유아의 구강 발달 단계에서 유치열(幼齒列)이 완성되는 시기로 치아 우식증[1] 등의 관리가 필요한 점을 고려하여 국가건강검진위원회에서 결정('21.9.16.)한 사항으로, 시스템 구축 등 준비 기간을 거쳐 이번에 시행하게 되었다.

○ 또한, 영유아 구강 검진 결과 통보서상의 검진 결과 판정 기준을 보호자가 영유아 구강 상태를 쉽게 이해할 수 있는 표현으로 개선하고, 영유아 구강 검진 결과 통보서에 건강 신호등(안전, 주의, 위험)과 치아 우식 위험도(3단계: 고 · 중 · 저위험)를 시각적으로 제시하였다.

구강 검진 종합 소견 판정 기준	
현행	개선
정상A 정상B 주의 치료 필요	양호 주의 추가 검사 필요

이번에 추가되는 영유아 구강 검진 대상은 2022년 6월 30일에 생후 30~41개월이 되는 2019년 12월 30일 이후 출생한 영유아이다.

○ 영유아 구강 검진 대상자는 매월 초 전자 문서로 발송되는 건강 검진표를 지참하거나, 건강 검진표 미열람 시 매월 말 우편 발송되는 건강 검진표를 지참하여 구강 검진 기관에서 검진을 받을 수 있다.

한편, 건강검진기본법에 의한 검진 기관 평가 결과 '우수' 검진 기관을 국민들이 쉽게 접근할 수 있도록 검진 기관 찾기 서비스를 개선하였다.

○ 검진 기관 찾기 서비스는 국민건강보험공단 누리집 또는 모바일 앱을 통해서 검진 유형별, 지역별로 확인할 수 있다.

※ ㉢ 별첨

1. 영유아 구강 검진 문진표 ㉣ 샘플
2. 영유아 구강검진 ㉤ 리플릿
3. "내 위치" 인근 우수 검진 기관 조회 방법

1) 우식증: 입안의 유산균이 이의 석회질을 상하게 하여 충치가 되는 증상.

83. 윗글의 밑줄 친 ㉠~㉤의 순화어로 적절하지 않은 것은?

① ㉠: 서식
② ㉡: 익일
③ ㉢: 따로 붙임
④ ㉣: 표본
⑤ ㉤: 홍보 책자

84. 윗글을 통해 확인할 수 있는 내용으로 가장 적절한 것은?

① 영유아 구강 검진 횟수는 기존보다 2회 늘어났다.

② 생후 30~41개월 시기에는 충치가 잘 생기지 않는다.

③ 영유아의 구강 검진 결과를 표시하는 방법이 바뀌었다.

④ 구강 검진을 받은 경우 검진 결과를 전자 메일 또는 우편으로 받을 수 있다.

⑤ 방문 시간에 따라 예약이 가능한 우수 검진 기관이 있는지 확인할 수 있다.

85. 윗글과 <보기>를 참고할 때, 2022년 7월 15일에 5차 영유아 검진을 모두 받을 수 있는 대상자는?

<보기>

영유아 검진 주기

구분	일반	구강
1차	생후 14~35일	-
2차	생후 4~6개월	-
3차	생후 9~12개월	-
4차	생후 18~24개월	생후 18~29개월
5차	생후 30~36개월	생후 30~41개월
6차	생후 42~48개월	생후 42~53개월
7차	생후 54~60개월	생후 54~65개월
8차	생후 66~71개월	-

① A: 2019년 7월 10일생

② B: 2019년 12월 1일생

③ C: 2020년 1월 1일생

④ D: 2020년 3월 10일생

⑤ E: 2020년 7월 30일생

[86 ~ 88] 다음 글을 읽고 물음에 답하시오.

○○○○공사

수신자 수신자 참조

(경유)

제목 [안내] ○○○○공사 30년 스토리, 논픽션 공모전 시행

1. 관련 근거

가. 홍보부-××××호(20××. ×. ××.)「○○○○공사 30년 스토리, 논픽션 사내 공모전 추진 계획(안)」

나. 사장 방침 제×××호「공사 창립 30주년 기념사업 추진 계약(안)」

2. 20××년 공사 창립 30년을 기념하여 전현직 임직원을 대상으로『지난 30년간 업무 추진 과정에서의 희로애락이 담긴 논픽션 스토리』를 공모하오니 많은 참여 바라며, 퇴직 임직원도 응모할 수 있도록 널리 홍보하여 주시기 바랍니다.

가. 공모전 개요

1) 공모 대상: 전현직 임직원

2) 공모 기간: 20××.10.1.(월)~10.31.(수)

3) 공모 주제: ○○○○공사 30년과 함께한 희로애락의 기억, 업무 추진 과정에서의 재미있는 에피소드 등 자유롭게 기술

4) 작성 분량: A4 용지 3매 내외(글자 크기 11포인트, 줄 간격 180 기준)

5) 제출 방법

가) 홍보실 방문

나) 우편 접수 및 사내 메일 송부(수신자 김○○, kimdangdang@××××.or.kr)

나. 공모작 시상 계획

1) 시상 내역

구분	당선자 수	시상 내역
대상	1명	100만 원
금상	2명	각 50만 원
은상	3명	각 30만 원
동상	5명	각 20만 원
총합		390만 원

※ 상기 금액의 문화상품권으로 지급함

2) 당선작 발표: 20××년 12월 예정

다. 협조 요청 사항

공모전의 개략적인 내용을 홍보하기 위해 본사 및 각 센터에 포스터 게시 바람

붙임 ㉠ ○○○○공사 30년 스토리, 논픽션 공모전_포스터 1부. 끝.

홍보부장

86. 윗글의 내용과 일치하는 것은?

① 공모전에서 상을 받을 수 있는 인원은 총 11명이다.

② 공모전 응모작은 A4 용지 3매 미만으로 작성해야 한다.

③ 공모전 당선작은 작품 모집을 마감하고 3개월 후에 발표한다.

④ 공모전에는 공모 기간 기준 ○○○○공사 재직자만 참여할 수 있다.

⑤ ○○○○공사는 신규 사업 개시를 기념하는 공모전을 개최할 계획이다.

87. 윗글을 참고할 때, ㉠에 포함될 내용으로 적절하지 않은 것은?

① 공모전 참여 시 주어지는 혜택
② 공모전에 참여할 수 있는 기간
③ 공모전 응모작의 형식 및 분량
④ 공모전 당선작 선정 시의 혜택
⑤ 공모전 응모작을 제출하는 방법

88. 윗글에 추가로 제시되어야 할 정보로 적절한 것은?

① 공모전 심사 위원 명단
② 공모전 홍보 방법 및 계획
③ ○○○○공사 홍보실 주소
④ ○○○○공사 전현직 임직원 수
⑤ 공모전 작품에 작성해야 하는 내용

89. 다음 기사에 대한 비판으로 적절하지 않은 것은?

도시숲, 폭염 식혀주고 미세먼지도 차단하고

여름철 도시의 열섬 현상을 완화하고 미세먼지 농도를 낮추는 등 기후 재난에 대한 대응 방안으로 도시숲이 주목받고 있다.

도시숲은 대기오염 물질을 흡착 · 흡수하는 기능을 한다. 나무 47그루의 미세먼지 흡수량은 경유 차 1대의 미세먼지 발생량과 맞먹는다. 또 여름 한낮 평균기온을 낮추고 습도는 높여 도시 열섬 현상도 완화할 수 있다. 나무 1그루는 공기청정기 10대 및 에어컨 10대의 효과를 발휘한다. 이 정도면 일석이조, 아니 일석삼조의 효과라 할 수 있다.

산림청이 조성하고 있는 도시숲 유형 중 산업 단지 등의 미세먼지 발생원과 주거지역 사이에 조성해 생활권으로 미세먼지가 유입되지 않게 하는 역할을 중점적으로 수행하는 숲을 '미세먼지 차단숲'이라고 한다.

'미세먼지 차단숲'은 미세하고 복잡한 표면을 가진 나뭇잎이 미세먼지를 '흡착' · '흡수'하고, 가지와 나무줄기가 미세먼지를 '차단'하는 과정을 거치며, 숲 내부의 상대적인 낮은 기온과 높은 습도의 효과로 미세먼지를 신속히 '침강'시킬 뿐 아니라 떨어진 잎과 나뭇가지인 '낙엽'과 '낙지'를 통한 토양 피복 등을 통해 침강된 미세먼지를 고정하고 재비산을 방지한다.

① 기사의 내용에 불필요한 기자의 개인적인 의견이 포함되어 있다.
② 도시숲의 효과를 뒷받침할 만한 명확한 수치가 제시되어 있지 않다.
③ '흩날림'과 같은 쉬운 우리말 대신 '비산'과 같은 어려운 한자어를 사용하고 있다.
④ '흡착'과 '흡수', '낙엽'과 '낙지' 같은 동일한 의미로 쓰이는 단어를 중복하여 사용하고 있다.
⑤ 미세먼지 차단숲의 역할을 설명하는 문장이 간결하지 못하여 정보 전달이 매끄럽지 못하다.

90. <보기 2>는 <보기 1>의 두 가지 공익 광고를 보고 나눈 대화이다. <보기 2>의 대화 내용 중 가장 적절하지 <u>않은</u> 것은?

<보기 1>

(가)

(나)

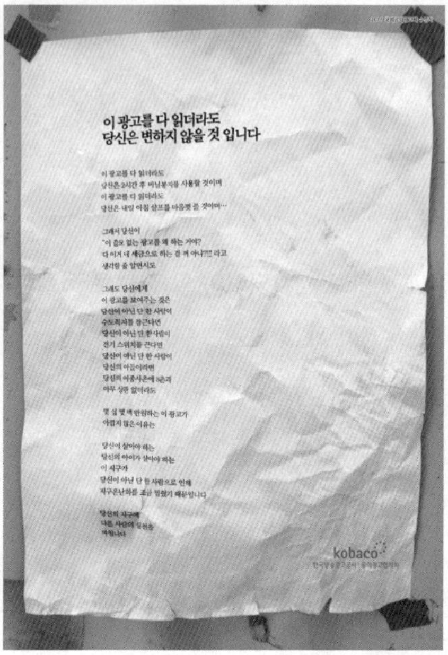

<보기 2>

경서: ① <u>(가)의 공익 광고는 북극곰이 사는 빙하를 종이컵에 빗대어 표현하고 있네.</u>

하민: 맞아. ② <u>일회용품을 많이 쓸수록 환경에 해를 끼친다는 주제를 나타내는 것 같아.</u>

경서: ③ <u>(나)의 공익 광고는 반어법을 사용해 주제를 나타내는 것 같아.</u>

하민: 주제를 나타내는 방식은 달라도 ④ <u>두 공익 광고 모두 지구 온난화를 막기 위한 실천이 필요하다는 주제를 지니고 있어.</u>

경서: 그런데 ⑤ <u>(나)는 광고를 통해 도덕적인 행동을 널리 알려야 한다는 점을 시사하기도 해.</u>

국어 문화 (91 ~ 100번)

91. <보기>에서 설명하고 있는 문학 작품은?

<보기>

3 · 1운동 전의 암울한 시대 상황을 사실적으로 묘사한 소설로, 주인공 '나'의 여정으로 이야기가 전개되는 여로형 구조이다. 이 작품은 일제 강점기 우리 민족의 참담한 실상과 그 시대 지식인의 한계를 그려 냈다.

① <역마>　② <동백꽃>　③ <만세전>
④ <천변풍경>　⑤ <레디메이드 인생>

92. <보기>에서 설명하는 문학 작품은?

<보기>

송순이 지은 가사로, 자연 경관의 아름다운 모습을 묘사하고 그로부터 느낀 심정을 계절의 변화에 따라 노래한 작품이다. 반복법, 비유법 등 다양한 수사법을 사용하였으며, 자연을 예찬하는 강호가도가 나타난다.

① 「규원가」　② 「면앙정가」　③ 「청산별곡」
④ 「강호사시가」　⑤ 「일동장유가」

93. <보기>는 일제 강점기 신문 문화면에 게재된 광고의 일부이다. 이에 대한 설명으로 알맞지 <u>않은</u> 것은?

<보기>

신춘현상문예(新春懸賞文藝) 기한십이월이십일(期限十二月二十日)

{특별연기(特別延期)}

◇ 단편소설(短篇小說)

오회이내매회일행십사자백오십행(五回以內每回一行十四字百五十行)

상금(賞金) 일등삽원(一等卅圓) 이등입원(二等廿圓) 삼등습원(三等拾圓)

◇ 시(詩)(신시(新詩),시조(時調))

상금(賞金) 일등십원(一等十圓) 이등오원(二等五圓) 삼등삼개월분본보구독권(三等三個月分本報購讀券)

◇ 양(羊)의전설(傳說)(고향(故鄕)의전설(傳說))

상금(賞金) 시상(詩賞)과동일흥미진진(同一興味津津)하고도간명(簡明)하게

- 조선일보, 1930.12.17.

① 신춘현상문예의 마감 기한은 12월 20일이다.

② 양의 전설은 간단명료하지만 흥미롭게 써야 한다.

③ 양의 전설 부문 1등에게는 상금 10원이 지급된다.

④ 단편소설과 시 부문 모두 3등까지 상금을 지급한다.

⑤ 단편소설에 응모하는 작품은 5회를 넘지 말아야 한다.

94. <보기>에서 설명하는 작가는?

<보기>

김억의 영향을 받아 문단에 등단하였고, 1920년 『창조』에 「낭인의 봄」을 발표하면서 작품 활동을 시작하였다. 이후 『개벽』에서 「금잔디」, 「엄마야 누나야」 등의 작품을 발표하였고, 전통적인 한의 정서로 이별의 슬픔이나 그리움 등을 주제로 하는 시를 창작하였다.

① 김소월
② 김수영
③ 서정주
④ 이용악
⑤ 한용운

95. <보기>의 ㉠ ~ ㉤의 의미로 적절하지 않은 것은?

<보기>

그는 본래 정직하여 ㉠ 공명(功名)에 뜻이 없고 농업에만 힘썼는데, 근본은 공후거족(公侯巨族)의 자손이었다. 집은 매우 부유했으나 아들이 없고 딸만 하나 있었는데, 그 딸의 인물과 자질이 세상에 다시없을 정도로 빼어났다. 당시 장회는 아주 훌륭한 사윗감을 찾고 있다가, 김전의 문장과 ㉡ 풍채가 훌륭하다는 말을 듣고 김전에게 구혼했다. 김전이 가난하여 ㉢ 납채(納采)로 보낼 것이 없어 구슬 한 쌍을 보내니, 장회의 아내가 그것을 보며 탄식하며 말했다.

"천하에 부귀하고 훌륭한 인물들이 다투어 구혼하는데 제 말씀을 듣지 않고, 구태여 이런 가난한 사람을 사위로 삼으려 하시나이까?"

이에 장회가 말하기를,

"혼인에 재물을 따지는 것은 오랑캐의 풍속이라. 지금은 김전이 비록 가난하나 나중에는 반드시 ㉣ 공후장상(公侯將相)이 될 것이어늘, 어찌 부귀만 탐하리오. 게다가 저 진주는 천하의 귀중한 보배라"하고 옥장인을 불러 그 진주로 옥가락지 한 쌍을 만들어 딸에게 주고, 즉시 날짜를 잡아 김전과 혼례를 치렀다. 결혼한 김전 부부는 서로 사랑하여 원앙새가 푸른 물에서 놀고 비취새가 ㉤ 연리지에 깃드는 듯했다.

-「숙향전」

① ㉠ 공명: 남의 사상이나 감정, 행동 등에 공감하여 자기도 그와 같이 따르려 함
② ㉡ 풍채: 드러나 보이는 사람의 겉모양
③ ㉢ 납채: 혼인할 때에, 신랑 집에서 신붓집으로 예물을 보냄. 또는 그 예물
④ ㉣ 공후장상: 관직과 작위가 매우 높은 사람들을 통틀어 이르는 말
⑤ ㉤ 연리지: 화목한 부부나 남녀 사이를 비유적으로 이르는 말

96. ㉠ ~ ㉤의 현대어 풀이로 적절하지 않은 것은?

> · 셰世존尊ㅅ 일 ㉠ ᄉᆞᆲ보리니 먼萬리里 외外ㅅ 일이시나 눈에 보논가 ㉡ 너기ᅀᆞᄫᆞ쇼셔.
> · 오五빅百 쪈前셰世 훤怨쓯讐ㅣ ㉢ 나랏쳔 ㉣ 일버ᅀᅡ 졍精샤舍ᄅᆞᆯ ㉤ 디나아가니.
>
> – 세종,「월인천강지곡」

① ㉠: 살펴볼 것이니
② ㉡: 여기소서
③ ㉢: 나라의 돈
④ ㉣: 훔쳐서
⑤ ㉤: 지나가니

97. <보기>는 남한과 북한의 어법을 비교한 내용이다. 이를 바탕으로 할 때 적절하지 않은 것은?

<보기>

	남한	북한
사이시옷 표기	○	×
두음 법칙 표기	○	×
의존 명사 띄어쓰기	○	×
본용언과 보조 용언 띄어쓰기	○	×

① '나열(羅列)'을 북한에서는 '라렬'로 표기한다.
② '소년(少年)'을 북한에서는 '소련'으로 표기한다.
③ '고추'와 '가루'의 합성어인 '고춧가루'를 북한에서는 '고추가루'로 표기한다.
④ '힘든 줄 몰랐지'에서 '줄'을 남한에서는 앞말과 띄어 쓰고, 북한에서는 앞말과 붙여 쓴다.
⑤ '먹고 싶다'에서 보조 용언 '싶다'를 남한에서 띄어 쓰는 것이 원칙이지만, 북한에서는 본용언에 붙여 쓴다.

98. <보기>에서 한국 수화가 나타내는 단어로 적절한 것은?

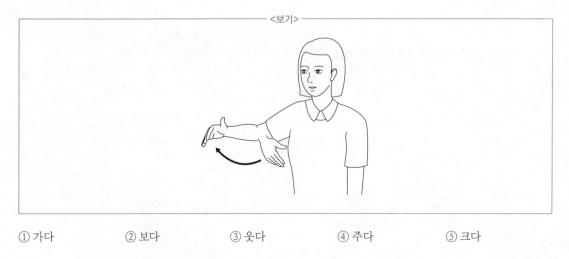

<보기>

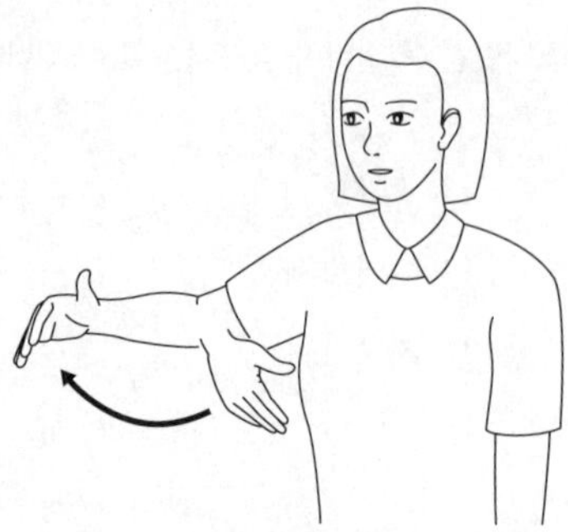

① 가다 ② 보다 ③ 웃다 ④ 주다 ⑤ 크다

99. <보기>를 바탕으로 할 때 점자 표기가 적절하지 않은 것은?

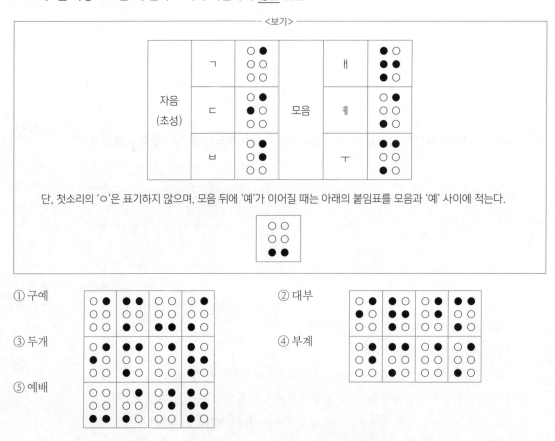

<보기>

자음 (초성)	ㄱ	○● ○○ ○○	모음	ㅐ	●○ ●● ●○
	ㄷ	○● ●○ ○○		ㅔ	○● ○○ ●○
	ㅂ	○● ○● ○○		ㅜ	●● ○○ ●○

단, 첫소리의 'ㅇ'은 표기하지 않으며, 모음 뒤에 '예'가 이어질 때는 아래의 붙임표를 모음과 '예' 사이에 적는다.

○○
○○
●●

① 구예

○● ○○ ○○	●● ○○ ●○	○○ ○○ ●●	○● ○○ ●○

② 대부

○● ●○ ○○	●○ ●● ●○	○● ○● ○○	●● ○○ ●○

③ 두개

○● ●○ ○○	●● ○○ ●○	○● ○○ ○○	●○ ●● ●○

④ 부계

○● ○● ○○	●● ○○ ●○	○● ○○ ○○	○● ○○ ●○

⑤ 예배

○○ ○○ ●●	○● ○○ ●○	○● ○● ○○	●○ ●● ●○

100. **다음은 기자와 ○○시장의 인터뷰 내용이다. ㉠~㉤의 방송 언어를 지적한 내용으로 가장 적절하지 않은 것은?**

> **기자:** 도시 철도 2호선 트램의 개통은 지금 어떻게 진행되고 있나요?
>
> **○○시장:** 제가 이 문제에 대한 기술적 전문가는 아니지만 세계적 ㉠ 트렌드가 어떤지 직접 확인하기 위해 관련 부서 ㉡ 직원들과 프랑스, 스페인의 현지 시스템에 견학하였습니다.
>
> 이를 바탕으로 용역과 관련된 사안을 정리하였고, 이번 주에 그 결과가 나왔습니다. 결론부터 말씀드리면, 전기선 없이 ㉢ 36㎞ 순환선을 완전하게 달릴 수 있는 기술은 현실적이지 않다는 것입니다. 단선으로 15~20㎞면 가능한데, 36㎞ 순환선 구조는 현실적으로 쉽지 않다는 게 우리가 얻은 결론입니다. 현재 검토된 내용을 기반으로 말씀드린다면, APS는 전 구간을 적용하는 효용성에 많은 의문이 제기되며, 슈퍼캡은 정류장과 정류장 사이의 구간 문제와 매립 기술적 문제가 있는 것으로 ㉣ 보여집니다.
>
> 최종적으로 용역 결과를 보면 ㉤ 베터리와 가선을 함께 쓰는 방향을 제시하고 있습니다. 추가적인 기술 자문이 필요하겠지만, 이 방식을 수용할 수 있는지 염두에 두고 검토하는 중입니다.

① ㉠: '트렌드'는 '유행' 또는 '경향'으로 다듬어 사용한다.

② ㉡: 문장 성분의 호응이 어색하므로 '직원들과 프랑스, 스페인의 현지 시스템을 견학하였습니다'로 수정한다.

③ ㉢: '36km'는 '[삼십뉵키로미터]'로 발음하면 된다.

④ ㉣: '보여집니다'는 이중 피동 표현이므로 '보입니다'로 수정한다.

⑤ ㉤: 외래어 표기가 잘못되었으므로 '배터리'로 수정한다.

자동 채점 및 성적 분석 서비스 바로 가기

QR코드를 이용해 모바일로 간편하게 채점하고 나의 실력이 어느 정도인지, 취약 부분이 어디인지 바로 파악해 보세요!

정답 및 해설집 p.140

성　　명	
수 험 번 호	
감 독 관 확 인	

KBS한국어능력시험

2회 기출동형 모의고사

- 문제지와 답안지에 모두 성명, 수험 번호를 정확히 기입하십시오.
- 답안지와 함께 문제지를 반드시 제출하십시오.
- 본 시험지를 절취하는 것은 부정행위로 간주합니다.
- 본 시험의 내용을 무단으로 전제·복사·복제·출판·강의하는 행위와 인터넷 등을 통해 복원하는 행위는 저작권법에 저촉됩니다.

해커스자격증

듣기 · 말하기 (1 ~ 15번)

2회 듣기·말하기 MP3

1. 그림에 대한 설명으로 적절한 것은?

① 성협은 신윤복의 친척으로 알려져 있다.

② 어린 유생이 손을 사용해 버섯을 먹고 있다.

③ 성협의 풍속화첩은 모두 여덟 면으로 이루어졌다.

④ 성협의 풍속화첩에는 그 그림을 이해할 수 있는 글이 적혀 있다.

⑤ 이 그림은 신분과 관계없이 고기를 먹기 위해 이웃이 모인 상황을 그린 것이다.

2. 이 이야기에 마지막에 이어질 내용으로 가장 적절한 것은?

① 가는 말이 고와야 오는 말이 곱다는 이치가 반영된 게 아닐까요?

② 남을 칭찬하고 자기를 내세우지 않는 태도가 담겨 있는 게 아닐까요?

③ 함께 살아가기 위해 모두가 모두를 생각해 주는 지혜가 숨어 있는 게 아닐까요?

④ 공동체가 성장하려면 하나의 목표를 지향해야 한다는 의식이 내포된 게 아닐까요?

⑤ 어떤 상황이든 용기 있게 진실만을 전달해야 한다는 교훈이 담겨 있는 게 아닐까요?

3. 이 강연의 내용에 대한 이해로 적절하지 않은 것은?

① 시카고의 만국 박람회가 개최되기 약 20년 전 시카고에서 큰 화재가 발생했다.

② 시카고 만국 박람회는 런던과 파리에서 만국 박람회가 열린 이후 개최되었다.

③ 시카고 만국 박람회는 콜럼버스의 신대륙 발견 400주년 기념일에 시작되었다.

④ 전시한 공산품을 판매하기 위해 만국 박람회에 참여한 국가 간에 경쟁 구도가 생겼다.

⑤ 시카고 만국 박람회에서 공개된 대관람차의 영향으로 놀이공원이 발전하게 되었다.

4. 이 방송을 듣고 이해한 내용으로 적절하지 않은 것은?

① 오페라 <카르멘>은 동명 소설을 원작으로 한다.

② 오페라 <카르멘>은 그 당시 하층민을 주인공으로 삼았다.

③ 비제의 <카르멘>을 공연한 극장은 사교장으로 이용되었다.

④ 당시 오페라에서는 여자 주인공을 주로 청순가련형의 인물로 그려냈다.

⑤ 오페라 <카르멘>은 스페인 극장에서 첫선을 보였지만 흥행에 실패하였다.

5. 이 시의 '그곳'으로 가장 적절한 것은?

① 산 ② 갯벌 ③ 바다 ④ 폭포 ⑤ 갈대밭

6. 전문가의 설명과 일치하지 않는 것은?

① 족저근막은 발바닥에 있는 섬유 조직의 막이다.

② 발목의 근육이 약해도 발바닥 부분에 염증이 생길 수 있다.

③ 주사나 약물을 이용하여 족저근막염을 치료하는 방법도 있다.

④ 굽이 너무 높은 구두를 오래 신어도 족저근막염이 생길 수 있다.

⑤ 족저근막염을 치료하는 스트레칭은 아침에 일어나 발을 딛기 전에 하면 더 좋다.

7. 진행자의 말하기 방식으로 가장 적절한 것은?

① 인터뷰를 마무리하면서 전문가의 참석에 감사를 표하고 있다.

② 구체적인 통계 자료를 이용하여 청취자에게 신뢰감을 주고 있다.

③ 전문가의 말에 동조하기 위해 주변에서 들은 경험을 덧붙이고 있다.

④ 한 번에 여러 가지 내용을 질문하면서 인터뷰를 빠르게 진행하고 있다.

⑤ 전문가의 설명에서 요점을 파악하여 청취자가 이해하기 쉽도록 정리하여 제시하고 있다.

8. 대화를 통해 알 수 있는 등장인물의 생각으로 볼 수 없는 것은?

① 남자: 회사 일이 집안일보다 우선시되어야 한다.

② 남자: 처음부터 집안일이 공평하게 분담되어 있지 않았다.

③ 여자: 무슨 일이든 책임을 지고 마무리하는 태도가 중요하다.

④ 여자: 집안일은 부부가 함께 사는 공간을 관리하는 중요한 일이다.

⑤ 여자: 맡은 일을 못 하게 될 경우 미리 도움을 요청하면 문제를 해결할 수 있다.

9. 인물들의 말하기 방식에 대한 설명으로 적절하지 않은 것은?

① 여자: 상대방이 말하는 방식을 지적하고 있다.

② 남자: 근거를 들어 자신의 의견을 주장하고 있다.

③ 남자: 문제를 해결할 수 있는 방책을 제시하고 있다.

④ 여자: 상대방의 의견에 공감하지 못하고 반박하고 있다.

⑤ 여자: 자신의 불만 사항을 다른 상황에 빗대어 표현하고 있다.

10. 강연의 내용과 일치하지 않는 것은?

① 라멘의 면은 건면이지만, 라면의 면은 튀긴 면이다.

② 최초로 출시된 라면은 면과 수프가 결합된 형태였다.

③ 우리나라 면류 판매액의 반 이상이 봉지 라면 판매액이다.

④ 라멘은 육수에 소금이나 간장 같은 조미료를 넣기도 한다.

⑤ 우리나라의 라면 제조 기술은 일본에서 수입해 온 것이다.

11. 이 강연의 특징에 대한 설명으로 가장 적절한 것은?

① 라면 제조 기술의 발전 과정을 시대별로 설명하고 있다.

② 라면과 라멘의 조리법을 중심으로 라면의 유래를 설명하고 있다.

③ 국내에서 라멘보다 라면을 선호하는 이유를 중심으로 설명하고 있다.

④ 라면의 특징을 일본과 중국의 면 요리의 특징과 비교하며 설명하고 있다.

⑤ 일본 라면과 다른 한국 라면의 특성을 한국인의 입맛을 중심으로 설명하고 있다.

12. 발표의 내용과 일치하지 않는 것은?

① 에코스피어는 유리공 모양으로 만들어진 물체이다.

② 적당한 빛으로 성장한 바닷말은 산소를 생산할 수 있다.

③ 에코스피어 내의 생태 순환이 원활해야 에코스피어의 생태계가 유지된다.

④ 미국의 과학자들은 우주에서 식량과 산소를 얻을 수 있는 방법을 연구하였다.

⑤ 새우의 배설물이 분해되어 바닷말의 영양분이 되려면 에코스피어에 바닷물을 넣어야 한다.

13. 발표의 내용 구성 전략으로 가장 적절한 것은?

① 청중의 흥미를 끌기 위해 발표를 시작하면서 질문을 던지고 있다.

② 에코스피어의 시사점을 생태계 파괴 현상을 중심으로 설명하고 있다.

③ 에코스피어의 어원을 밝혀 청중이 내용을 쉽게 이해할 수 있게 돕고 있다.

④ 에코스피어를 설명하기 전에 에코스피어가 제작된 배경과 관련된 이야기를 제시하고 있다.

⑤ 에코스피어에 대해 잘못 알려진 정보를 정정하며 에코스피어를 구체적으로 설명하고 있다.

14. 양측 입장에 대한 이해로 가장 적절한 것은?

① 환경 단체 측은 철새가 먹이잡이를 할 수 있는 공간을 확장해야 한다고 주장하고 있다.

② 우리 시 측은 협상을 하기 전부터 인간과 동물이 더불어 사는 공원을 조성할 계획이었다.

③ 환경 단체 측은 습지 북쪽을 친환경적 공간으로 정비하여 하천의 수질을 보호하고자 한다.

④ 환경 단체 측은 하천 주변에 아스팔트 도로 대신 나무로 만든 다리를 설치하는 것을 제안하고 있다.

⑤ 우리 시 측은 멸종 위기종을 보호하기 위해 철새 서식지와 그 주변 지역을 다듬어야 한다고 주장한다.

15. 양측이 협상을 통해 조정한 내용으로 적절하지 <u>않은</u> 것은?

① 하천 주변을 아스팔트로 포장하지 않는다.

② 습지 일대를 정비하여 생태 공원을 조성한다.

③ 철새들의 서식지에는 사람들이 이용하는 시설을 되도록 설치하지 않는다.

④ 철새가 이동하는 여름과 겨울에는 공원의 남쪽에 사람의 출입을 제한한다.

⑤ 철새가 없는 시기에는 습지 남쪽을 개방해 사람들이 습지를 탐방할 수 있게 한다.

어휘 (16 ~ 30번)

16. 단어의 의미가 바르게 제시된 것은?

① 뱃심: 잘 안될 일을 무리하게 해내려는 고집

② 빌미: 일이나 사건을 풀어 나갈 수 있는 첫머리

③ 헤살: 귀염을 받으려고 알랑거리는 말. 또는 그런 짓

④ 주눅: 기운을 제대로 펴지 못하고 움츠러드는 태도나 성질

⑤ 몽니: 완고하고 우둔하며 무뚝뚝한 사람을 놀림조로 이르는 말

17. 밑줄 친 한자어의 사전적 의미가 올바르지 않은 것은?

① 전치(全治) 6주로 진단받다 → 병을 완전히 고침

② 감정의 격양(激揚) → 기운이나 감정 등이 세차게 일어나 들날림

③ 예속(隷屬)을 거부하다 → 행동이나 의사의 자유를 제한하거나 속박함

④ 여행 자금 갹출(醵出) → 같은 목적을 위하여 여러 사람이 돈을 나누어 냄

⑤ 반향(反響)을 일으킨 폭탄선언 → 어떤 사건이나 발표 등이 세상에 영향을 미치어 일어나는 반응

18. 밑줄 친 고유어의 뜻풀이가 옳지 않은 것은?

① 종이에 발린 풀에 먼지가 달라붙었다.
→ 물이나 풀, 약, 화장품 등이 물체의 표면에 묻다.

② 책상 위에 온갖 물건이 늘비해 정신이 없다.
→ 질서 없이 여기저기 많이 늘어서 있거나 놓여 있다.

③ 동생은 용돈을 받겠다며 엄마 옆에서 알찐댔다.
→ 성가실 정도로 끈덕지게 자꾸 귀찮게 굴다.

④ 결딴난 형편에 집을 사는 건 말도 안 되는 일이다.
→ 살림이 망하여 거덜 나다.

⑤ 능소화가 넌출진 학교 외벽은 소문난 사진 명소이다.
→ 식물의 덩굴 등이 길게 치렁치렁 늘어지다.

19. 밑줄 친 한자어의 쓰임이 적절하지 않은 것은?

① 착종(錯綜)된 서류를 분류하는 데만 4시간이 걸렸다.

② 회사를 그만둔 친구는 매일 안일(安逸)히 지내고 있다.

③ 그가 글에 달아 둔 사족(蛇足) 덕에 내용을 쉽게 이해했다.

④ 구청은 위생 상태가 불량한 음식점에 제재(制裁)를 가했다.

⑤ 그녀는 연예계 은퇴를 앞두고 그간의 활동을 반추(反芻)했다.

20. '팔거나 사려는 물건의 값을 부름'을 의미하는 '호가(呼價)'의 용례로 가장 적절한 것은?

① 판매자와 흥정해 호가로 물건을 샀다.

② 이 지역의 호가가 바로 여기 있는 그녀의 집안이다.

③ 호가를 하는 무리가 골목을 넘어 도로까지 가득 메우고 있다.

④ 한정판 운동화의 가격은 사람들이 외친 호가 중 가장 높은 것으로 책정되었다.

⑤ 아무리 좋은 가죽으로 만들었대도 보관 상태가 이러니 3만 원만 받아도 호가이다.

21. 밑줄 친 단어의 쓰임이 옳지 않은 것은?

① 실 중간에 지어진 매듭을 끄르려 애썼다.

② 가을을 맞은 들판은 갈색빛을 띠고 있었다.

③ 걸잡아도 1시간이 넘게 걸릴 거리를 걸어갔다.

④ 선장은 전망이 좋은 곳에 배를 댔다고 말했다.

⑤ 책가방을 멘 학생들이 줄지어 걸어가고 있었다.

22. <보기>의 ㉠과 같은 의미의 '거두다'가 사용된 것은?

<보기>

윤희는 수학 경시대회에서 고등부 1위라는 성적을 ㉠ 거두었다.

① 암호를 듣자 군인들은 모두 총을 거두었다.

② 부고 소식을 들은 그녀는 웃음을 거두었다.

③ 고향에서 짓는 농사가 좋은 결과를 거두었다.

④ 그는 눈을 뜨자마자 덮고 자던 이불을 거두었다.

⑤ 할머니께서는 하시던 뜨개질을 거두고 주방으로 향하셨다.

23. 두 어휘의 관계가 <보기>와 동일하지 않은 것은?

<보기>

구름 - 적란운

① 문구 - 칼　② 얼굴 - 코　③ 품사 - 조사

④ 조류 - 비둘기　⑤ 국경일 - 한글날

24. 밑줄 친 고유어 '막다'와 바꾸어 쓸 수 있는 한자어로 적절하지 않은 것은?

① 여기저기서 돈을 융통해 어음을 막았다.(→ 결제(決濟)했다)

② 지자체는 발 빠른 통제로 감염병을 막았다.(→ 방역(防疫)했다)

③ 공연이 시작되자 직원들은 공연장 문을 막았다.(→ 봉쇄(封鎖)했다)

④ 그들은 제방을 세워 바닷물이 넘치는 것을 막았다.(→ 훼방(毁謗)했다)

⑤ 그녀는 매일 일기를 쓰면서 불필요한 생각을 막았다.(→ 제어(制御)했다)

25. 밑줄 친 단어들이 동음이의어로 짝 지어진 것은?

① · 커튼 사이로 햇빛이 가늘게 비친다.
　· 소년이 가는 목소리로 노래를 부른다.

② · 그는 수영하기 좋은 몸을 타고났다.
　· 올해는 과일이 좋아 선물로 제격이다.

③ · 달력의 글씨가 너무 잘아 알아보기 힘들다.
　· 생각을 잘게 하면 보잘것없는 사람이 된다.

④ · 적금으로 이자를 톡톡하게 받는 것이 꿈이다.
　· 작은 실수에도 톡톡한 꾸중을 듣는 후배가 안쓰럽다.

⑤ · 할머니께서는 허리가 곱아 빠르게 걷지 못하신다.
　· 한파에 손이 곱을 수 있으니 장갑을 착용해야 한다.

26. 밑줄 친 속담을 사용한 표현이 적절하지 않은 것은?

① 나는 그에게 밀려 개미 쳇바퀴 돌듯 만년 2등만 하는 신세였다.

② 말 안 하면 귀신도 모른다고 하니 이 비밀은 절대 입 밖에 내지 마.

③ 당신마저 나를 배신하다니 믿는 도끼에 발등 찍히는 일밖에 없구나.

④ 그 일은 세 살짜리도 할 수 있으니 손 안 대고 코 풀기라고 할 수 있지.

⑤ 그동안은 뭘 하고 도착 10분 전에야 행차 뒤에 나팔처럼 여행 계획을 세우니?

27. 문맥상 한자 성어의 쓰임이 적절하지 않은 것은?

① 이 사고의 대책은 미봉지책(彌縫之策)이 되어서는 안 됩니다.

② 전시품이 도난당하지 않도록 천라지망(天羅地網)을 마련해 두었다.

③ 그와는 일면지교(一面之交) 정도라 친분이 두텁다고는 할 수 없어요.

④ 선생님께서는 수불석권(手不釋卷)과 같은 독서 습관을 중시하시는군요.

⑤ 모임에 새로 온 사람 하나가 철중쟁쟁(鐵中錚錚)으로 분위기를 망쳐 놓았다.

28. 다음 관용구의 의미가 적절하지 않은 것은?

① 우스꽝스러운 그녀의 옷차림을 보고 모두가 허리를 잡았다. → 허리를 잡다: 남을 깔보고 비웃다.

② 고등학교 동창끼리 날을 잡고 해외여행을 가기로 했다. → 날을 잡다: 어떤 일에 대비하여 미리 날을 정하다.

③ 부장님은 상투를 잡아 손해금 걱정이 이만저만이 아니다. → 상투를 잡다: 가장 높은 시세에 주식을 매입하다.

④ 그들은 일전에 그가 한 실수를 빌미로 뒷다리를 잡고 그를 괴롭혔다. → 뒷다리를 잡다: 상대편의 약점을 잡아 벗어나지 못하게 하다.

⑤ 내 동생은 대화할 때마다 상대방의 말꼬리를 잡아 언쟁이 벌어지곤 한다. → 말꼬리를 잡다: 남의 말 가운데서 잘못 표현된 부분의 약점을 잡다.

29. 밑줄 친 단어와 대응하는 순화어로 적절하지 않은 것은?

① 지득(知得)하다: 이번 일을 계기로 그가 어떤 사람인지 확실히 지득했다(→ 배웠다).

② 가료(加療)하다: 이곳에서는 더는 가료할(→ 치료할) 수 없어 상급 병원으로 옮기기로 했다.

③ 호창(呼唱)하다: 선생님께서 반장의 이름을 호창하시는(→ 외치시는) 소리가 여기까지 들린다.

④ 나포(拿捕)하다: 영해에서 외국 선박이 우리 선박을 나포하려(→ 붙잡으려) 한 사건이 발생했다.

⑤ 체납(滯納)하다: 3개월 이상 관리비를 체납하면(→ 제때에 안 내면) 계약 연장을 하지 않을 방침입니다.

30. 밑줄 친 표현을 다듬은 말로 적절하지 않은 것은?

① 네덜란드에서는 케어 팜(→ 치유 농장)이 활발히 운영되고 있다.

② 좋아하는 배우가 카메오(→ 특별출연자)로 나오는 영화를 예매했다.

③ 말을 할 때는 사용하는 단어뿐 아니라 뉘앙스(→ 어감)도 신경 써야 한다.

④ 젊은 세대가 열광하는 레트로(→ 복고풍) 문화를 살펴보려고 한다.

⑤ 30만 원 이상 결제하면 결제 금액의 5%를 페이백(→ 보상 환급)해 준다고 한다.

어법 (31 ~ 45번)

31. 밑줄 친 부분의 수정 방안이 적절하지 않은 것은?

① 어제 장을 보면서 치즈도 살껄(→ 살걸).

② 오늘 저녁에는 이 음악을 들을쎄(→ 들을세).

③ 그가 집필하고 있는 책의 제목이 무엇일고(→ 무엇일꼬)?

④ 내일까지 입금해 드려야 하는 금액이 얼마입니가(→얼마입니까)?

⑤ 이백 년이 넘은 그림의 보관 상태가 이렇게 좋을시고(→ 좋을씨고)!

32. 밑줄 친 부분이 어문 규범에 맞는 것은?

① 동생이 누나를 뭄.

② 아이가 잠에서 깸.

③ 중고 물건을 헐값에 팜.

④ 그녀는 자면서 이를 감.

⑤ 지역 토박이라 지리를 잘 암.

33. 다음 중 표기가 올바르지 않은 것은?

① 짤막하다 ② 짤따랗다 ③ 갉작거리다

④ 뜯적거리다 ⑤ 핥짝거리다

34. 다음은 본용언과 보조 용언의 띄어쓰기를 원칙과 허용에 따라 분류한 것이다. 둘 중 하나라도 올바르지 않은 것은?

	원칙	허용
①	3년간 해변의 쓰레기를 치워∨왔다.	3년간 해변의 쓰레기를 치워왔다.
②	마감 직전에 이력서를 써∨재끼다.	마감 직전에 이력서를 써재끼다.
③	도자기를 모두 깨∨버릴∨법하다.	도자기를 모두 깨버릴∨법하다.
④	하마터면 그의 속임수에 걸려들∨뻔했다.	하마터면 그의 속임수에 걸려들뻔했다.
⑤	모진 말에 금방이라도 눈물이 터질∨듯했다.	모진 말에 금방이라도 눈물이 터질듯했다.

35. 다음 중 <보기>의 두음 법칙 조항으로 설명할 수 없는 단어는?

<보기>

한글 맞춤법 제11항

한자음 '랴, 려, 례, 료, 류, 리'가 단어의 첫머리에 올 적에는, 두음 법칙에 따라 '야, 여, 예, 요, 유, 이'로 적는다.

[붙임 1] 단어의 첫머리 이외의 경우에는 본음대로 적는다.

다만, 모음이나 'ㄴ' 받침 뒤에 이어지는 '렬, 률'은 '열, 율'로 적는다.

[붙임 2] 외자로 된 이름을 성에 붙여 쓸 경우에도 본음대로 적을 수 있다.

[붙임 3] 준말에서 본음으로 소리 나는 것은 본음대로 적는다.

[붙임 4] 접두사처럼 쓰이는 한자가 붙어서 된 말이나 합성어에서, 뒷말의 첫소리가 'ㄴ' 또는 'ㄹ' 소리로 나더라도 두음 법칙에 따라 적는다.

① 강렬(剛烈) ② 발열(發熱) ③ 역사(歷史)
④ 백분율(百分率) ⑤ 해외여행(海外旅行)

36. 문장 부호의 사용이 올바르지 않은 것은?

	문장 부호	예시
①	대괄호 ([ ])	집에서 호빵을 먹[었, 는, 겠]다.
②	빗금(/)	휘발유 가격이 '1,600원/리터'까지 올랐다고 한다.
③	붙임표(-)	서울-신의주를 잇는 철도를 경의선이라고 부른다.
④	밑줄(__)	글자는 읽을 수 있으나 문맥은 파악하지 못하는 사람이 많다.
⑤	물음표(?)	책을 펼쳐 볼 수 있게 만든 물건을 독서대(?)라고 했던 거 같다.

37. 짝 지어진 두 단어가 모두 표준어인 것은?

① 넝쿨 - 덩쿨 ② 여느 - 여늬
③ 호콩 - 땅콩 ④ 광우리 - 광주리
⑤ 개다리소반 - 개다리밥상

38. <보기>의 ㉠ ~ ㉤에 대한 설명으로 적절하지 않은 것은?

<보기>

- 은아와 재희의 그림 실력은 ㉠ 도긴개긴이다.
- 엄마는 ㉡ 가랭이가 넓은 바지를 좋아하신다.
- 신입 사원의 ㉢ 얼척없는 태도에 모두가 당황하였다.
- 오랫동안 이발을 하지 않아 ㉣ 귀밑머리가 덥수룩하였다.
- 어머니께서는 내가 입던 ㉤ 배내옷을 아직도 간직하고 계신다.

① ㉠: 조금 낫고 못한 정도의 차이는 있으나 본질적으로는 비슷비슷하여 견주어 볼 필요가 없음을 이르는 말로 표준어가 아니다.
② ㉡: '바지 등에서 다리가 들어가도록 된 부분'을 뜻하는 말로 표준어가 아니다.
③ ㉢: '일이 너무 뜻밖이어서 기가 막히는 듯하다'를 뜻하는 말로 방언이다.
④ ㉣: '뺨에서 귀의 가까이에 난 머리털'을 뜻하는 말로 표준어이다.
⑤ ㉤: '깃과 섶을 달지 않은, 갓난아이의 옷'을 뜻하는 말로 표준어이다.

39. 다음의 ㉠과 ㉡에 해당하는 예를 <보기>에서 찾아 바르게 짝 지은 것은?

> 표준 발음법 제26항은 한자어의 'ㄹ' 받침 뒤에서 일어나는 특수한 경음화를 다루고 있다. 이 조항에 따르면 ㉠ 특정 환경을 충족한 단어에서는 'ㄹ' 받침 뒤에서 경음화가 일어나며, ㉡ 그렇지 않은 단어에서는 경음화가 일어나지 않는다.

<보기>

ⓐ 갈등(葛藤): 칡과 등나무가 서로 얽히는 것과 같이, 개인이나 집단 사이에 목표나 이해관계가 달라 서로 적대시하거나 충돌함. 또는 그런 상태

ⓑ 발전(發展): 1. 더 낫고 좋은 상태나 더 높은 단계로 나아감 2. 일이 어떤 방향으로 전개됨

ⓒ 별세(別世): 윗사람이 세상을 떠남

ⓓ 절구(絶句): 한시의 형식 중 하나로, 기(起) · 승(承) · 전(轉) · 결(結)의 네 구로 이루어짐

ⓔ 출발(出發): 1. 목적지를 향하여 나아감 2. 어떤 일을 시작함. 또는 그 시작

ⓕ 불세출(不世出): 좀처럼 세상에 나타나지 않을 만큼 뛰어남

	㉠	㉡
①	ⓐ, ⓒ, ⓓ	ⓑ, ⓔ, ⓕ
②	ⓑ, ⓒ, ⓕ	ⓐ, ⓓ, ⓔ
③	ⓐ, ⓑ, ⓒ, ⓕ	ⓓ, ⓔ
④	ⓒ, ⓓ, ⓔ, ⓕ	ⓐ, ⓑ
⑤	ⓐ, ⓑ, ⓒ, ⓓ, ⓕ	ⓔ

40. 밑줄 친 외래어의 표기가 올바른 것은?

① 링겔 주사를 맞으니 몸이 훨씬 가볍게 느껴졌다.

② 날씨도 따듯하니 야외에서 바베큐를 해 먹어야겠다.

③ 그녀는 무릎 위에 놓인 내프킨을 들어 입가를 닦았다.

④ 간호사는 상처 부위를 소독하기 위해 솜을 알코올로 적셨다.

⑤ 건강 기능 식품을 판매하려면 그와 관련된 라이센스가 필요하다.

41. 로마자 표기가 적절하지 않은 것은?

① 반구대(Bangudae)

② 광희문(Gwanghuimun)

③ 영천시(Youngcheon-si)

④ 덕룡산(Deongnyongsan)

⑤ 경복궁(Gyeongbokgung)

42. 문맥을 고려할 때, 가장 자연스럽지 않은 문장은?

> ① 아즈텍에서는 카카오 열매가 금이나 은보다 귀해 카카오가 화폐로 사용되기도 하였다. ② 하지만 아즈텍이 자리 잡은 멕시코 고원 지대는 기후가 차갑고 건조하여 카카오를 재배하기에 적합하지 않았다. ③ 그리고 아즈텍족은 다른 도시를 정복한 후 카카오를 조공으로 거두어들이기 시작했다. ④ 아즈텍의 속국은 아즈텍에 카카오뿐만 아니라 고무, 무명 등을 바쳐야 했다. ⑤ 여러 정복 도시에서 조공을 받은 아즈텍은 점점 번성하였으나 16세기 무렵 스페인에 정복되어 최후를 맞았다.

43. ㉠~㉤ 가운데 어법상 적절하지 않은 것은?

> ㉠ 관광 산업에서 역(逆)마케팅이란 관광객이 특정 관광지를 방문하지 못하게 하는 행위를 의미한다. ㉡ 일반적으로 역마케팅은 대개 관광지에서 수용할 수 있는 관광객 수보다 관광지를 방문하고자 하는 관광객 수가 많을 때 시행한다. ㉢ 일시적으로 관광객이 관광지에 방문하지 못하게 함으로써 관광지의 관광객 수용 문제를 해결하는 것이다. 가장 유명한 예는 베네치아의 사례이다. 베네치아는 여름철이면 관광객 수가 폭발적으로 늘어나는 관광지이다. ㉣ 그래서 이탈리아는 여름이 다가오면 베네치아의 쓰레기, 오수, 죽은 비둘기 등 사람들에게 불쾌한 느낌을 주는 장면을 묘사한 광고를 한다. 베네치아 고유의 이미지가 잠깐 시행하는 역마케팅으로 훼손될 일은 없다고 생각하기 때문이다. ㉤ 그러나 관계 당국에서 그동안 구축해 둔 관광지의 이미지가 무너지는 사태를 우려해 쉽게 시도하지 못하는 것이 일반적이다.

① ㉠ ② ㉡ ③ ㉢ ④ ㉣ ⑤ ㉤

44. 다음 중 중의적으로 해석되지 않는 문장은?

① 혜주를 좋아하는 사람들이 한자리에 모였다.

② 수아는 현이보다 드라마를 더 보고 싶어 했다.

③ 우리는 오늘 옆집으로 이사 온 가족과 인사했다.

④ 김 작가는 없고 김 작가의 책만 책상에 놓여 있다.

⑤ 정민이는 오랜만에 동생과 언니를 만나 즐거운 눈치였다.

45. 번역 투 문장을 수정한 결과로 적절하지 않은 것은?

① 온 가족이 다큐멘터리를 시청하고 있는 중이다. → 시청하고 있다

② 그의 모습은 사람들의 기억 속에서 점점 잊혀지게 되었다. → 잊혀졌다

③ 아이들이 모두 뛰어놀려면 더 넓은 공간을 필요로 하다. → 공간이 필요하다

④ 이번 계약을 성사하려면 공장에 신식 설비가 요구된다. → 설비를 갖춰야 한다

⑤ 이 유물은 우리나라에서 가장 오래된 유물 중 하나이다. → 가장 오래된 유물이다

쓰기 (46 ~ 50번)

[46~50] '앱 개발 분야의 공공 데이터 활용'을 소재로 글을 작성하려고 한다. 제시된 물음에 답하시오.

앱을 개발하려는 사람들은 아이디어가 넘친다. 사람들이 여행 준비를 위해 많은 시간을 ㉠ 허비되는 것을 보면 한 번에 여행 코스를 짜 주는 앱을 만들어 보고 싶어 한다. 도심에서 주차장을 못 찾아 헤매는 사람들을 보면 주차장을 쉽게 찾아 주는 앱을 만들어 보고 싶어 한다. 그러나 막상 앱을 개발하려 할 때 부딪히는 여러 난관이 있다. 여행지나 주차장에 대한 정보를 모으는 것도 문제이고, 정보를 지속적으로 갱신하는 것도 문제이다. ㉡ 또한 공공 데이터에 필요한 정보가 없는 것이 가장 큰 문제이다. 이런 문제 때문에 결국 아이디어를 포기하는 경우가 많다.

㉢ 그래서 이제는 아이디어를 포기하지 않아도 된다. 바로 공공 데이터가 있기 때문이다. 공공 데이터는 공공 기관에서 생성, 취득하여 관리하고 있는 정보 중, 전자적 방식으로 처리되어 누구나 이용할 수 있도록 국민들에게 제공된 것을 말한다. 현재 정부에서는 공공 데이터 포털 사이트를 ㉣ 제조하여 국민들이 쉽게 이용할 수 있도록 하고 있다. ㉤ 공공 데이터 포털 사이트에서는 800여 개 공공 기관에서 생성한 15,000여 건의 공공 데이터를 제공하고 있으며, 제공하는 공공 데이터의 양을 꾸준히 늘리고 있다.

공공 데이터가 가진 앱 개발 분야에서의 장점은 크게 두 가지를 들 수 있다. 먼저 공공 데이터는 공공 기관이 국민들에게 편의를 제공하기 위해 시행한 정책의 산출물이기 때문에 실생활과 밀접하게 관련된 정보가 많다는 점이다. 앱 개발자들의 아이디어는 대개 앞에서 언급한 것처럼 사람들의 실생활에 편의를 제공하기 위한 것들이다. 그래서 만약 여행 앱을 만들고자 한다면 한국관광공사의 여행 정보에서, 주차장 앱을 만들고자 한다면 지방 자치 단체의 주차장 정보에서 필요한 정보를 얻을 수 있다. 두 번째로 공공 데이터를 이용하는 데에는 비용이 거의 들지 않기 때문에, 정보를 수집하고 갱신할 때 소요되는 비용을 줄일 수 있다는 점이다. 그래서 개인들도 비용에 대한 부담 없이 쉽게 앱을 만들 수 있다.

공공 데이터는 앱 개발에 필요한 실생활 관련 정보를 담고 있으며 앱 개발 비용의 부담을 줄여 준다. 그러므로 앱 개발 시 공공 데이터 이용이 활성화되면 실생활에 편의를 제공하는 다양한 앱이 개발될 것이다.

46. 윗글을 작성하기 전에 세운 글쓰기 계획 중 윗글에 반영되지 않은 것은?

① 공공 데이터의 개념을 설명하여 독자의 이해를 도울 것이다.

② 공공 데이터를 활용한 앱 개발의 기대 효과를 제시할 것이다.

③ 공공 데이터를 활용해 앱을 개발할 때의 이점을 제시할 것이다.

④ 앱 개발 시 겪는 애로 사항을 공공 데이터의 역할과 연관 지을 것이다.

⑤ 공공 데이터가 제공되고 있는 현황과 그에 따른 문제점을 함께 설명할 것이다.

47. 다음은 윗글을 보완하기 위해 수집한 글쓰기 자료이다. 자료의 활용 방안으로 적절하지 않은 것은?

<글쓰기 자료>

(가) 보도 자료

○○○가 주최하고 ××이 주관한 이번 공모전은 데이터를 활용한 창업 아이디어와 비즈니스 모델 등을 발굴해 데이터 경제를 활성화하기 위한 것이다. 이번 공모전에서 대상을 받은 출품작은 '아이디어 기획' 분야의 '전지훈련 정보 제공 웹페이지 제작'으로, 스포츠 관광 활성화를 위한 도내 전지훈련 주요 시설 정보를 공유하는 서비스이다. 우수상은 외국인 발음 교정을 위한 '한글립인공지능(AI)을 활용한 한국어 발음 교정 서비스'가 선정됐다. <중 략>

공공 데이터 포털 사이트에서는 공공행정, 과학기술, 교통물류, 국토관리, 사회복지, 식품건강, 농축수산, 재정금융 등 다양한 주제와 관련된 공공 데이터가 제공되고 있다.

- ○○○ 보도 자료, '공공 데이터 활용 아이디어 우수작 선정'

(나) 인터뷰

"이번 공모전은 공공 데이터를 활용한 창업 아이디어와 비즈니스 모델 등을 발굴하여 데이터 경제를 활성화하기 위한 것으로, 공공 데이터를 활용한 다양한 아이디어를 모으는 계기가 됐습니다. 앞으로 공공 데이터를 적극 개방하여 이용을 활성화함으로써 창업 분위기가 확산되어 ○○○의 경제가 더욱 성장했으면 좋겠습니다."

- ○○○ 스마트정보담당관

(다) 통계 자료

1) 기업에서의 공공 데이터 활용 여부

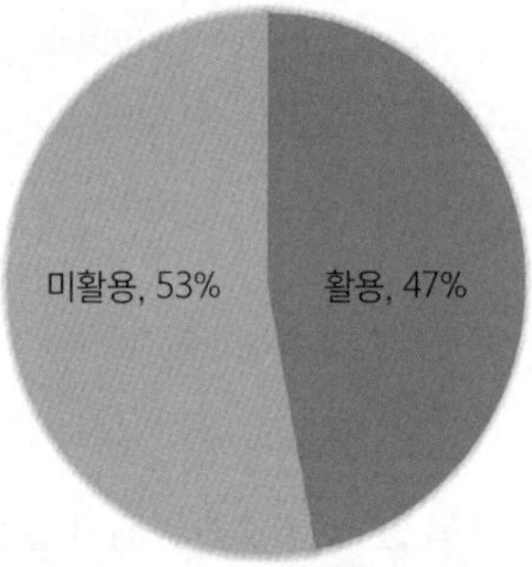

2) 공공 데이터 미활용 이유

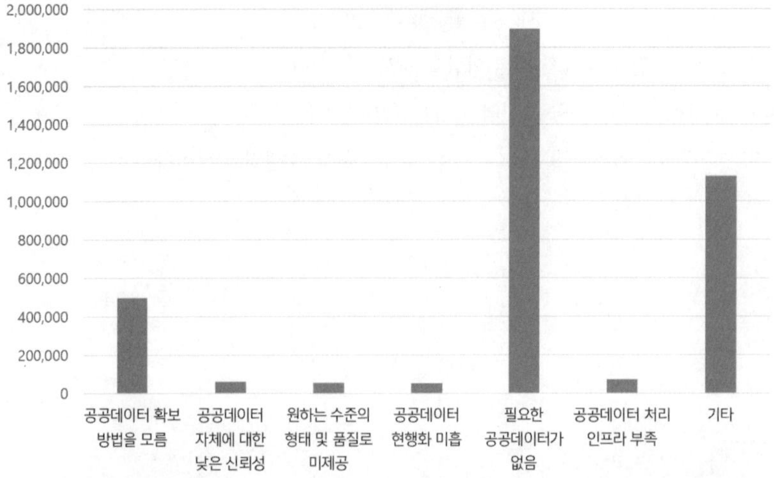

① (가)를 제시하여 앱 개발 분야에서 공공 데이터가 지닌 장점을 뒷받침할 수 있다.

② 앱 개발을 시도하는 사람들이 다양한 아이디어가 있다는 점을 (가)를 이용하여 추가로 제시할 수 있다.

③ 공공 데이터는 적은 비용으로 활용할 수 있다는 점의 근거로 (나)를 제시할 수 있다.

④ (나)를 활용하여 공공 데이터 활성화가 앱 개발 분야에 미칠 긍정적 영향 중 하나로 경제적 효과를 제시할 수 있다.

⑤ '(다)-1)'과 '(다)-2)'를 연관 지어 공공 데이터 활용의 한계점을 제시할 수 있다.

48. 윗글에 사용된 글쓰기 방법으로 가장 적절한 것은?

① 구체적 예시를 들어 공공 데이터의 장점을 효과적으로 전달하고 있다.

② 공공 데이터의 사용료 기준을 공공 기관별로 분류하여 제시하고 있다.

③ 공공 데이터 활용 방법을 신청부터 승인까지의 단계에 따라 순서대로 설명하고 있다.

④ 공공 데이터 제공 현황을 그 수치 변화와 함께 제시해 공공 데이터 제공량이 점점 증가함을 드러낸다.

⑤ 공공 데이터를 사용한 경우와 미사용한 경우를 대조하여 공공 데이터 활용의 중요성을 강조하고 있다.

49. ㉠ ~ ㉤을 수정하기 위한 방안으로 가장 적절하지 않은 것은?

① ㉠: 문장 성분의 호응을 고려해 '허비하는'으로 수정한다.

② ㉡: 주제 및 문단의 중심 내용에서 벗어나는 내용이므로 삭제한다.

③ ㉢: 앞 문장과 상반되는 내용을 제시하고 있으므로 '그러나'로 수정한다.

④ ㉣: 문맥상 어휘의 쓰임이 어색하므로 '개설하여'로 수정한다.

⑤ ㉤: 문맥의 흐름이 자연스러워지도록 앞 문장과 순서를 교체한다.

50. 윗글을 보완하기 위한 방안으로 적절한 것은?

① 공공 데이터 구축 방법을 설명하여 글의 완결성을 높인다.

② 공공 데이터를 이용할 수 있는 대상을 제시하여 효용성을 높인다.

③ 글의 공정성을 높이기 위해 공공 데이터를 활용해 성공한 앱을 사례를 추가한다.

④ 글의 체계성을 높이기 위해 공공 데이터를 활용할 때 발생하는 문제의 해결 방안을 제안한다.

⑤ 새로운 앱을 개발할 때 경험한 장애 요인에 대한 설문 조사 결과를 추가하여 글의 타당성을 높인다.

창안 (51 ~ 60번)

[51~53] '이끼'를 바탕으로 다양한 사례를 유추하려 한다. 다음 글을 읽고 다음 물음에 답하시오.

꽃이 피지 않고 홀씨에 의하여 번식하는 식물을 '포자식물'이라고 합니다. 꽃이 피지 않는 식물이 생소하게 느껴질 수 있겠지만, 우리가 습지나 바위 등에서 자주 볼 수 있는 이끼도 포자식물에 속합니다. 이끼는 물속에 서식하는 조류(藻類)가 육지에 정착한 것이기 때문에 습한 곳이나 다른 식물이 살기 어려운 물가 등 수분이 많은 곳에서 잘 자랍니다.

이끼는 잎과 줄기의 구별이 분명하지 않으며, 관다발이 없습니다. ㉠ 관다발은 양분의 통로인 체관과 물의 통로인 물관으로 이루어진 것으로, 식물의 줄기를 꼿꼿하게 세워 주는 역할을 합니다. 이끼는 이러한 관다발이 없는 ㉡ 엽상체로, 몸 전체가 잎처럼 생겨 물과 양분을 흡수하는 입과 줄기의 역할을 합니다. 그래서 대부분의 이끼는 키가 작은 편입니다. 그렇지만 이끼는 ㉢ 엽록체가 있어 광합성을 하는 식물입니다. 적당한 밝기의 ㉣ 햇빛을 받은 이끼는 잘 성장하지만, 강한 햇빛을 받으면 수분이 모두 말라 이끼는 죽게 됩니다. 광합성이 일어나는 엽록체는 작은 녹색 구조물인데, 엽록체가 녹색을 띠어 식물도 녹색으로 보이는 것입니다.

관다발이 없는 이끼는 높이 자랄 수 없기 때문에 땅이나 다른 식물에 매달려 생활합니다. 하지만 ㉤ 이끼는 자연에서 매우 중요한 역할을 합니다. 이끼는 식물이 없는 맨땅에서도 살 수 있기 때문에, 이곳에 가장 먼저 자리를 잡은 후 다른 생물이 지낼 수 있는 환경을 만들어 줍니다. 맨땅에 이끼가 자라면서 비옥한 흙이 생기고, 그 흙에 다른 식물들이 뿌리내리게 되고, 그 식물을 먹고 생활하는 동물들도 모이게 됩니다. ㉮ 작고 보잘것없게 보이는 이끼가 생태계를 조성하고 유지하는 데 매우 중요한 역할을 하는 것입니다. 그뿐만 아니라 이끼는 자기 무게의 5배에서 25배에 달하는 물을 저장할 수 있어 강우에는 물을 가득 저장하여 홍수를 막아 주고, 가뭄에는 저장한 물을 내보내 줍니다.

51. 윗글을 바탕으로 할 때, ㉠ ~ ㉤의 특징으로 한 팀에 소속된 팀원의 특성을 연상했다. 연상한 내용 중 가장 적절하지 않은 것은?

		특징	팀원의 특성
①	㉠	물과 양분을 전달하고, 식물의 줄기를 바르게 세워 준다.	팀에 에너지를 주면서, 팀의 지지대 역할을 한다.
②	㉡	몸이 기능에 따라 분리되어 있지 않고, 온몸으로 물과 양분을 흡수한다.	다른 팀원이 미루는 업무까지 맡아 팀의 모든 업무를 혼자 처리한다.
③	㉢	식물에 들어 있는 작은 녹색 구조물이지만, 식물 전체를 녹색으로 보이게 한다.	겉보기엔 작고 눈에 잘 띄지 않지만, 팀 전체의 이미지를 대표한다.
④	㉣	적당하면 이끼를 성장시키지만, 강하면 이끼를 죽인다.	일을 성공적으로 수행할 수 있는 능력이 있지만 열정이 과해 일을 그르치기도 한다.
⑤	㉤	높이 못 자라 다른 식물에 매달려 생활하지만, 다른 식물이 살 수 있는 터전을 만들어 준다.	약점이 있어 다른 팀원의 도움이 필요하지만, 다른 팀원이 능력을 발휘할 수 있게 해 준다.

52. 윗글의 ㉮와 의미가 가장 가까운 한자 성어는?

① 내유외강(內柔外剛)
② 면종복배(面從腹背)
③ 소탐대실(小貪大失)
④ 외허내실(外虛內實)
⑤ 타산지석(他山之石)

53. <조건>에 따라 대화의 기술을 설명할 때, 가장 적절한 것은?

<조건>

'물을 저장하고 내보낼 수 있는 이끼'의 특성을 활용하여 대화에서 갖춰야 할 태도를 제시할 것.

① 상대가 더 많이 말할 수 있도록 상대에게 질문하고 설명을 요구해야 한다.

② 상대의 감정에 휘둘리지 말고 자신의 의견을 있는 그대로 명료하게 표현해야 한다.

③ 논지에 대한 상대의 의견을 정확히 파악하고 상대와 자신의 공통점을 파악해야 한다.

④ 같은 주제로 긴 시간 대화하면 집중이 어려우므로 짧지만 강한 표현으로 인상을 남겨야 한다.

⑤ 상대가 지나치게 말을 많이 하더라도 들어 주고 상대가 조언을 구할 때는 격려의 말을 해 준다.

[54 ~ 56] <보기>의 그림을 보고 물음에 답하시오.

<보기>

(가)

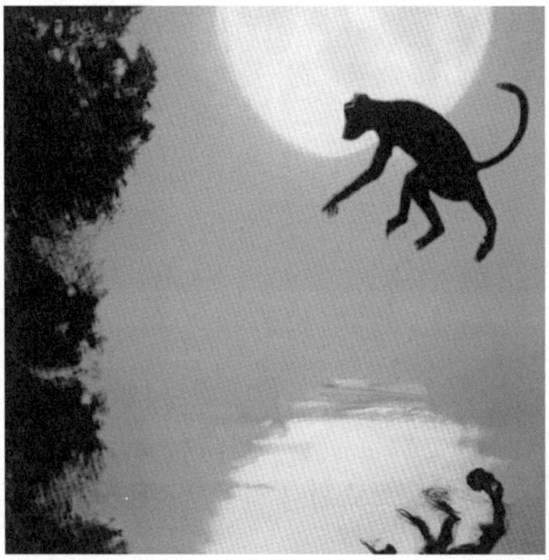

(나)

54. 그림 (가)와 (나)를 모두 활용하여 이끌어 낼 수 있는 논지로 가장 적절하지 않은 것은?

	(가)	(나)
표현	㉠ '원후취월'을 그림으로 표현	낚시로 사과를 구하려는 사람들
핵심	㉡ 분수를 모르고 욕심을 부리다가 화를 입는다.	㉢ 불가능한 일을 하는 데 힘을 쏟는다.
주제	㉣ 어떤 일을 이루기 위해서는 각고의 노력을 기울여야 한다.	㉤ 어떤 일을 하기 전에 달성할 수 있는 일인지를 고려해야 한다.

① ㉠　　② ㉡　　③ ㉢　　④ ㉣　　⑤ ㉤

55. **업무를 효과적으로 수행하기 위해 목표를 세우는 방법에 대한 글을 쓸 때, 그림 (가)와 (나)를 모두 활용하여 이끌어 낼 수 있는 내용으로 가장 적절한 것은?**

① 너무 쉬운 목표를 세우면 업무적으로 성장하기 어렵다.

② 목표를 달성할 수 있는 방법까지 포함하여 구체적으로 설정해야 한다.

③ 자신을 냉철하게 분석하여 현실적으로 이룰 수 있는 목표를 세워야 한다.

④ 이전에 성공한 업무 사례를 참고하여 그와 비슷한 방향으로 목표를 설정한다.

⑤ 업무가 끝난 후에 목표 달성 여부를 정확하게 평가할 수 있도록 목표를 설정해야 한다.

56. **그림 (가)를 활용하여 <보기>의 밑줄 친 대상에게 할 수 있는 조언으로 가장 적절한 것은?**

<보기>

까마귀가 어쩌다가 고기 한 덩어리를 얻게 되어, 입에 문 채 나뭇가지에 앉았다. 마침 여우가 그 밑을 지나가다가 까마귀가 물고 있는 고깃덩어리를 보고는, 탐을 내어 빼앗을 궁리를 하였다.

여우는 까마귀를 쳐다보고 "까마귀선생, 내가 듣기에 세상에서 당신 소리보다 더 듣기 좋은 소리는 없습니다. 그 울음소리를 한 번만 들었으면 소원이 없겠습니다."라고 아첨하여 말했다.

자기 소리가 흉하다는 말만 들어온 까마귀는 기분이 한껏 좋아져서, 고기를 입에 문 채로 '까아옥'하고 마음껏 소리쳤다. 그 바람에 물고 있던 고기가 땅에 떨어지자, 여우는 얼른 고기를 주워 먹고는 달아나 버렸다.

① 지나친 탐욕은 인간관계를 파멸시킬 수 있습니다.

② 자기 주제를 알고 허영심을 경계하며 살아야 합니다.

③ 자기 이익만 취하려는 이기적인 태도를 버려야 합니다.

④ 상대의 말이 참인지 거짓인지 구별할 줄 알아야 합니다.

⑤ 위기에 항상 대비한 자만이 위기에서 살아남을 수 있습니다.

[57~58] 다음 글을 읽고 물음에 답하시오.

화음이란 높이가 다른 둘 이상의 음이 함께 울릴 때 어울리는 소리로, 여러 음이 함께 울리기 때문에 단음보다 풍부한 소리가 난다. 화음은 어울림화음과 안어울림화음으로 구별되는데, 안어울림화음은 불협화화음으로, 어울리지 않는 음들이 동시에 울리면서 불안정한 느낌을 준다. 어울림화음에는 장3화음, 단3화음과 이들의 자리바꿈화음이 속한다. 3화음은 밑음, 밑음의 3도 위에 있는 제3음, 밑음의 5도 위에 있는 제5음, 총 3개의 음이 겹쳐 이루어진다. 화음은 밑음이 음계 내에서 차지하는 도수에 따라 숫자로 나타낼 수 있다. 예를 들어, (가)는 다장조의 으뜸음(첫 번째 음, 도)인 '다' 음을 밑음으로 하는 '으뜸화음'이므로 로마자 숫자 'Ⅰ'로 표기한다. 이때 밑음과 제3음 사이는 3도, 밑음과 제5음 사이는 5도인데, 이는 로마자 숫자와 아라비아 숫자를 함께 써 'I^{5}_{3}'으로 나타낼 수도 있다. 화음에서 자리바꿈이란 아래의 음이 옥타브 위로 또는 위의 음이 옥타브 아래로 바뀌는 것을 의미한다. 으뜸화음에서 밑음 '도'를 한 옥타브* 올리면 (나)와 같이 첫째자리바꿈화음이 된다. 이때, 맨 밑에 있는 음인 '미'와 그다음에 위치한 '솔'은 3도, '미'와 '도'는 6도 차이가 나게 되는데 이는 'I^{6}_{3}'으로 나타낼 수 있다.

*옥타브: 어떤 음에서 완전 8도의 거리에 있는 음. 또는 그 거리

(가)

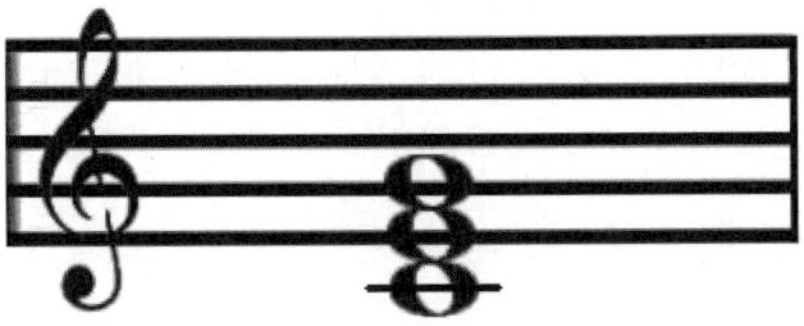

으뜸화음

(나)

자리바꿈화음

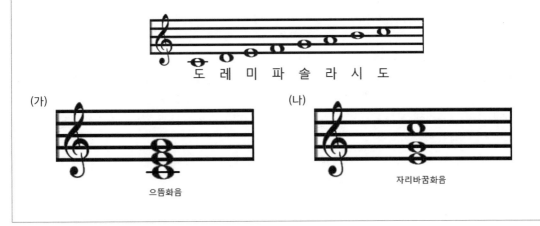

57. <보기>는 (가)의 자리바꿈화음이다. 윗글을 참고할 때, <보기>의 화음을 나타낼 수 있는 숫자로 적절한 것은?

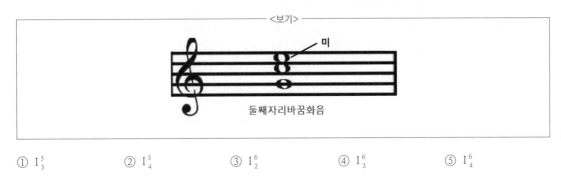

<보기>

둘째자리바꿈화음

① I^{5}_{3}　② I^{5}_{4}　③ I^{6}_{2}　④ I^{6}_{3}　⑤ I^{6}_{4}

58. 윗글을 바탕으로 할 때, 공익 광고 문구로 적절한 것은?

① 끊임없이 도전한다면 언젠가 도약할 수 있습니다.

② 나와 피부색이 같지 않은 것은 다른 것이지 틀린 것이 아닙니다.

③ 혼자일 때보다 여럿이 어우러질 때 세상은 더욱 아름다워집니다.

④ 위태로운 일탈을 반복하는 청소년들에게 지속적인 관심이 필요합니다.

⑤ 어울리지 않는 사람들이 모인 공동체, 상대에게 맞출 수 있는 태도가 필요합니다.

[59~60] 다음 글을 읽고 물음에 답하시오.

창문이 열려 추운 사무실에서 창문을 닫고 싶을 때는 창문을 직접 닫거나 창문을 닫아달라고 창문 가까이에 앉은 사람에게 요청할 수 있다. 이때, 우리 사회는 주로 "창문 좀 닫아 주세요"보다는 "조금 춥지 않아요?"라는 말을 선택한다. 이는 우리 사회가 상대가 부담을 느낄 수 있는 직접적인 요구 표현을 지양하고 '조화'를 중시하는 집단주의 성향을 보이기 때문이다. 이와 유사한 의사소통 방식에는 '눈치'와 '감'을 중시하기, 직설적 표현보다 우회적이고 모호한 표현을 사용하기, 손짓이나 몸짓 같은 비언어적 표현을 많이 사용하기, 갈등이 일어날 만한 상황을 회피하기 등이 있다.

59. 다음 중 윗글로 설명할 수 있는 사례가 아닌 것은?

① 내일 여행을 가자는 상대방의 요청에 "너무 갑작스러운데… 그래도 좋아"라고 답할 때

② 싫어하는 음식을 앞접시에 덜어주는 가족에게 "배불러서 그만 먹을래요"라고 말할 때

③ 상대가 짐을 나누어 들어 주기를 원하는 상황에서 "아이고, 이거 정말 무겁다"라고 말할 때

④ 약속에 나와 계속 휴대폰을 만지고 시계를 들여다보는 상대에게 "이제 집에 갈까?"라고 물을 때

⑤ 도서관에서 계속 떠드는 사람을 보며 '말해서 서로 민망해지는 것보다 참는 게 낫겠다'라고 생각할 때

60. 윗글을 통해 유추할 수 있는 내용으로 가장 적절한 것은?

① 화자의 발화 의도는 언어적 표현에 따라 달라진다.

② '눈치'와 '감'을 활용하면 의사소통 목적을 달성하기 쉽다.

③ 한 사회의 의사소통 문화는 그 사회의 가치관이 결정한다.

④ 집단주의 사회에서는 상대와 다른 의사소통 양식을 지양한다.

⑤ 간접적인 언어 표현을 선호하는 사회의 의사소통은 비효율적이다.

읽기 (61 ~ 90번)

[61~62] 다음 글을 읽고 물음에 답하시오.

새벽 시내버스는
차창에 웬 찬란한 치장을 하고 달린다
엄동 혹한일수록
선연히 피는 성에꽃
㉠ 어제 이 버스를 탔던
처녀 총각 아이 어른
미용사 외판원 파출부 실업자의
입김과 숨결이
간밤에 은밀히 만나 피워 낸
번뜩이는 기막힌 아름다움
나는 무슨 전람회에 온 듯
자리를 옮겨 다니며 보고
다시 꽃이파리 하나, 섬세하고도
차가운 아름다움에 취한다
어느 누구의 막막한 한숨이던가
어떤 더운 가슴이 토해 낸 정열의 숨결이던가
일없이 정성스레 입김으로 손가락으로
성에꽃 한 잎 지우고
이마를 대고 본다
덜컹거리는 창에 어리는 푸석한 얼굴
오랫동안 함께 길을 걸었으나
지금은 면회마저 금지된 친구여.

- 최두석, 「성에꽃」

61. ㉠의 의미를 파악한 내용으로 가장 적절한 것은?

① 성에꽃과 사람은 한 장소에 존재할 수 없다.
② 성에꽃은 여러 사람의 입김으로 만들어진다.
③ 소외된 이들의 힘겨운 삶이 성에꽃을 만든다.
④ 성에꽃에는 서민들의 삶의 애환이 담겨 있다.
⑤ 성에는 겨울의 새벽에만 관찰되는 자연 현상이다.

62. 위 시에 대한 이해로 가장 적절하지 않은 것은?

① 계절적 배경을 통해 암울한 현실 상황을 표현한다.

② 성에꽃에 대한 화자의 긍정적 시선이 은유법으로 드러난다.

③ 지난밤 버스에 탔던 사람들과 화자는 '창'을 매개로 이어진다.

④ 장면의 전환은 화자가 과거를 회상하게 되는 장치로 기능한다.

⑤ 역설적 표현을 활용해 서민들의 삶에 대한 화자의 애정을 드러낸다.

[63~65] 다음 글을 읽고 물음에 답하시오.

"죽일 놈들!"

해 보았댔자 소용없는 일이었다. 그러나 황거칠 씨는 대범한 얼굴을 하고 집으로 돌아왔다. 산에서 솟는다고 산 임자의 물은 아닐 테지! 그때까지만 해도, 하늘이 무너지는 한이 있더라도 물만은 빼앗기지 않으려고 속으로 다짐했던 것이다.

그날 밤 실근이란 통장이 알아보고 온 얘기로서는 S산의 일부인 '마삿등' 뒤의 적산 임야 일대가, 얼마 전 동팔의 형 동수의 명의로 완전 불하* 등기가 되어 있더라는 것이었다.

그리고 일주일이 채 못 돼서 법원으로부터 출두 통지서가 나왔다. 호동수가 수도 시설을 철거시켜 달라는 소송을 제기했던 것이다. 물론 황거칠 씨는 이의를 내걸고 반대했다. 그러나 끌다 끌다 결국 힘 부족 세 부족으로 재판에 지고, 집달리가 현장에 나타났다. 강제 철거다. 미리 시끄러울 것을 짐작했던지 경찰관까지 현장에 동원되었다.

'마삿등'에서도 그날은 일을 나가지 않은 사내 꼭지들은 거의 다 현장인 샘터에 나와 있었다. 아낙네들도 더러 나왔었다. 군중 심리의 탓이랄까, 경찰이 해산을 명령해도 꿈쩍도 하지 않았다. 도리어 일촉즉발의 험악한 공기로 되어 갔다.

황거칠 씨는 내처 풀이 죽어 있었다. 정상 작량(情狀酌量)**도 법을 쥔 사람의 자유다. 게다가 집달리란 사람들에게는 애당초 눈물도 인정도 없게 마련이다.

'마삿등' 사람들이 애써 만들어 놓은 다섯 개의 수도용 우물이 집달리가 데리고 온 인부들의 괭이에 무참히 헐리고, 대나무로 된 파이프들이 물을 문 채, 그들이 보는 앞에서 이리저리 내던져졌다.

황거칠 씨는 더 참을 수가 없었다. 그는 거의 발작적으로 일어섰다.

"이 개 같은 놈들아, 어쩌면 남이 먹는 식수까지 끊으려 하노?"

그는 미친 듯이 우르르 달려가서 한 인부의 괭이를 억지로 잡아서 저만큼 내동댕이쳤다.

그것을 계기로 부락민들도 와 몰려갔다. 집달리 일행과의 사이에 벌싸움이 벌어졌다. 경찰이 말려도 듣지 않았다.

결국 동팔이와 인부 한 사람이 이쪽 청년들의 펀치에 코피가 터졌다.

경찰은 발포를 ─ 다행히 공포였지만 ─ 해서 겨우 군중을 해산시키고, 황거칠 씨와 청년 다섯 명을 연행해 갔다. 물론 강제 집행도 일시 중단되었다. 경찰에 끌려간 사람들은 밤에도 풀려나오지 못했다. 공무 집행 방해에다, 산주의 권리 행사 방해, 그리고 폭행죄까지 뒤집어쓰게 되었던 것이다. 그래서 그 이튿날도 풀려나오질 못했다. 쌍말로 썩어 갔다.

황거칠 씨는 모든 죄를 자기가 안아맡아서 처리하려고 했다. 그러나 그것이 뜻대로 되지 않았다. 면회를 오는 가족들의 걱정스런 얼굴을 보자, 황거칠 씨는 가슴이 아팠다. ─ 그는 만부득이 담당 경찰의 타협안에 도장을 찍기로 했다. 석방의 조건으로서, 다시는 강제 집행을 방해하지 않겠다는 각서였다.

이리하여 황거칠 씨는 애써 만든 산 수도를 포기하게 되고 '마삿등'은 한때 도로 물 없는 지대가 되고 말았다. <중 략>

'어디 제놈들의 산이 아니면 물이 없을까!'

이튿날부터 황거칠 씨는 예의 쇠 작대기를 찾아 들고 집을 나섰다. 수정암 훨씬 뒤 굴밤나뭇골이란 데 가서 새 수원을 찾기로 했다. 그곳은 안심할 수 있는 국유임야였다.

그러나 그는 굴밤나뭇골을 그냥 스쳐서, 낙동강 하류가 멀리 내려다보이는 산정으로 올라갔다. 그 산정의 양지바른 곳에 그의 할아버지와 아버지의 무덤이 있었다.

— 고향이 여기가 아닌데 선인들의 무덤이 어떻게 그곳에 있었느냐? 그러나 그것은 나중 이야기하기로 하자.

아무튼 그는 길도 또렷하지 않은 산길을 더위잡았다.

산등성이에 올라서자, 거기서부터는 수목도 거의 없고, 대신 풀이 무릎 위까지 자라 있었다. 억새는 벌써 자줏빛 꽃 순을 내밀었고, 마타리랑 뚜깔도 키 겨룸을 하듯 노랑 꼭지, 흰 꼭지들을 바람에 흔들거려 댔다. 그러한 키다리들 틈에 끼어 참취, 개쑥부쟁이, 도라지, 등골나물, 산들깨, 산박하…… 이루 셀 수 없는 조국의 어여쁜 꽃들이 산을 온통 수놓듯 했는가 하면, 찌르르 하는 풀벌레 소리들이 한결 가을을 느끼게 했다. 물컥 꽃향기가 코를 찌른다.

황거칠 씨는 문득 조국의 향기를 맡는 듯했다. 숫제 어떤 행복감에 젖었다. 그러나 다음 순간 그는 '왜 이러한 아름다운 산들이 몇몇 사람들에게만 독차지 돼야 하는가?' 하는 노여움에 다시 사로잡혔다.

– 김정한, 「산거족」

* 불하(拂下): 국가 또는 공공 단체의 재산을 개인에게 팔아넘기는 일

* 정상 작량(情狀酌量): 법률적으로는 특별한 사유가 없더라도 범죄의 정상에 참작할 만한 사유가 있다고 판단되는 경우에, 법원이 그 형을 줄이거나 가볍게 하는 것 = 정상 참작

63. 윗글에 대한 이해로 적절하지 않은 것은?

① 당대 사회 현실을 비판하기 위해 서술자가 개입하고 있다.

② 공간의 변화에 따라 갈등이 심화되거나 해소되는 양상을 보이고 있다.

③ 사투리를 사용하여 작품의 배경이 되는 지역의 특성과 현장감을 구현하고 있다.

④ '물'을 황거칠은 사유 재산으로 여기지 않으나, 호 씨 형제는 사유 재산으로 여기고 있다.

⑤ 법을 둘러싼 권력관계가 명확히 드러나며 법과 관련된 전문 용어가 자주 등장하고 있다.

64. 윗글에 나타난 '황거칠'의 태도로 가장 적절한 것은?

① 가족보다는 자신이 옳다고 생각하는 일을 더 우선순위로 두고 있다.

② 불의의 상황에서 바로 나서기보다는 상황을 지켜보며 기회를 노린다.

③ 법이나 권력에 굴복하지 않고 삶의 문제를 개선하기 위해 계속 노력한다.

④ 경찰에 연행된 죄목은 모두 자기 탓이라고 생각해 끝까지 책임을 떠맡았다.

⑤ 부조리한 현실을 인식한 후 자신이 사랑하던 조국의 모습도 거부하게 되었다.

65. <보기>를 활용하여 윗글을 비평한 것으로 적절하지 않은 것은?

<보기>

1960~1970년대는 일상에서 일어나는 평범한 일을 해결하는 과정에서도 사람 간의 정, 도덕성, 공동체의 관습보다는 법의 영향력이 컸다. 한마디로 '법'이 권력인, 법 만능주의 사회였던 것이다. 이런 사회에서는 자연히 '법'에 의해 소외되는 사람들이 발생하게 된다.

① 황거칠이 수원을 국유임야에서 찾으려 하는 것은 법의 영향력에서 벗어나기 위해서이다.

② 마삿등 사람들이 수도를 잃게 된 이유는 그들에게 수도를 지킬 법적 근거가 없었기 때문이다.

③ 호동수가 수도 시설 철거 소송을 제기한 이유는 수도 문제는 공동체의 관습으로 해결되지 않는 일이기 때문이다.

④ 생존필수품인 수도를 국가가 아닌 개인이 만들어야 하는 상황은 마삿등 주민들이 '법'에서 소외되었다는 의미이다.

⑤ 법이 마삿등 주민들을 보호하기보다 억압하는 모습은 법이 권력자에게만 유리하게 작용했던 당대 현실을 상징한다.

[66~68] 다음 글을 읽고 물음에 답하시오.

왜 2월은 다른 달보다 짧을까?

어느 해에는 28일이었다가 어느 해에는 29일이 되는 이유는 무엇일까?

달력은 시간을 측정하는 도구지만 비교적 짧은 시간인 시, 분, 초를 측정하는 시계와 달리 보다 긴 시간인 연, 월, 일을 측정한다. 오늘날 우리가 사용하는 것과 같은 형식의 달력은 로마 황제였던 카이사르가 처음 고안했다.

카이사르는 1년을 12개의 달로 나누고 각각의 달에 31과 30을 번갈아 사용했다. 1년을 12달로 나눈 이유는 달의 삭망이 1년에 12번 일어나기 때문이었다. 옛날 달력은 지금의 달력과 약간 달랐는데, 현재의 3월이 당시에는 한 해를 시작하는 첫 달이었다. 3월이 한 해를 시작하는 달이라는 흔적은 10월을 나타내는 영어 October에서 찾을 수 있다. 현재 10월은 당시에는 8월이었기에 8을 나타내는 라틴어의 접두사 Octo가 붙어서 October가 되었다. 즉, 10월이 8월이 되려면 3월이 새해의 첫 달이 되어야 한다. 1년 365일을 12개의 달로 나눈 후에 달마다 31일과 30일을 반복하여 사용하면 마지막 달에는 하루가 부족한데, 그래서 마지막 달이었던 현재의 2월은 29일이 되었다.

이런 방식으로 달력을 정했고, 카이사르는 자기가 태어난 7월에 자신의 이름인 Julius를 붙여 7월은 영어로 July가 되었다. 그 후 카이사르의 조카이자 로마 초대 황제인 아우구스투스는 카이사르와 마찬가지로 자기가 태어난 달인 8월도 날수가 많아야 한다고 생각했다. 원래 30일이었던 8월에 2월에서 하루를 가져와 더하고 자기의 이름을 붙여 August라고 하였다. 결국 8월은 31일이 되었고, 영어 표기는 August가 되었으며, 마지막 달이었던 2월은 28일이 되었다.

이 달력을 보면 1년은 $365\frac{1}{4}$일로 지구가 태양을 한 바퀴 도는 데 걸리는 시간과 거의 같다. 그리고 $\frac{1}{4}$일은 4년마다 2월에 하루씩 더 붙여 29일로 만드는 윤년을 시행해 그 차이를 메웠다. 하지만 윤년을 시행해도 지구가 태양의 주위를 한 바퀴 도는 1년 동안 약 11분의 오차가 생긴다. 1년에 11분의 오차는 처음에는 별것 아니지만 약 2,000년이 지난 후에는 오차가 22,000분, 즉 약 366.7시간이나 벌어진다. 이것은 약 15.3일이다. 이런 오차를 수정해 오늘날 우리가 사용하는 것과 같은 체계를 만든 사람은 교황 그레고리우스 13세로 1582년 '그레고리우스력'이라는 달력을 처음으로 제정했다.

1년 365일은 태양이 황도상의 춘분점을 지나서 다시 춘분점까지 돌아오는 1태양년인 약 365.2422일보다 짧다. 가톨릭의 부활절은 춘분 뒤 첫 보름 다음 일요일이다. 춘분은 325년 니케아 공의회에서 3월 21일로 결정했는데, 16세기 중엽에 춘분이 3월 11일로 바뀌었다. 이에 따라 가톨릭에서는 부활절을 고정하기 위해 고민했다. 그 결과 그레고리우스 13세는 4년마다 윤년을 두되, 100으로 나누어지는 해는 평년으로 하고 400의 배수인 1600년, 2000년 등은 윤년으로 정했다.

그레고리우스력에 따르면 400년 중 평년은 303번 나타나고, 윤년은 97번 나타나며 1년은 평균 365.2425일이다. 하루 24시간을 초로 환산하면 86,400초이므로 실제 1태양년과의 시간 차이는 겨우 25.92초 정도라고 알려져 있다. 따라서 그레고리우스력이 제정된 1582년부터 $\frac{86400}{25.92} \fallingdotseq 3333.33$년 뒤에야 태양년보다 하루 앞선다. 따라서 1582+3333.33년 뒤, 즉 4916년은 윤년이 되는 4의 배수임에도 불구하고 평년이다.

달력에서 각 달의 날수는 변하지만 일주일은 7일로 고정되어 있고, 1년 365일은 모두 52주다. 그런데 365를 7로 나누면 52주와 하루가 남는다. 이런 사실을 통해 올해 달력을 보고 내년의 특정한 날의 요일을 알 수 있다. 이를테면 올해 1월 1일이 화요일이었다면 내년 1월 1일은 하루 늦은 수요일이다. 그런데 올해가 윤년이라면 1년이 366일이므로 내년 1월 1일은 이틀 늦은 목요일이다.

66. 윗글에 대한 설명으로 적절하지 않은 것은?

① 서두에 주제에 대한 질문을 던지고 해답을 설명하고 있다.

② 옛 달력과 요즘 사용하는 달력의 차이점을 제시하고 있다.

③ 일부 달의 영어 명칭과 함께 그 명칭의 유래를 설명하고 있다.

④ 달력에서 다음 해의 요일을 파악하는 방법의 구체적인 예를 설명하고 있다.

⑤ 달력이 변화된 과정을 최초의 달력부터 오늘날의 달력까지 시간 순서대로 제시하고 있다.

67. 윗글의 내용과 일치하지 않는 것은?

① 카이사르는 1년을 365일로 맞추기 위해 마지막 달을 29일로 하였다.

② 현재와 같은 윤년의 주기는 가톨릭 부활절 날짜를 고려해 정해졌다.

③ 카이사르는 2월에서 하루를 빼, 원래 30일까지만 있던 8월에 추가하였다.

④ 그레고리우스력은 지구가 태양을 돌 때 생기는 시간적 오차를 그전보다 줄일 수 있었다.

⑤ 그레고리우스력의 1년이 1태양년보다 짧아 순서상 윤년임에도 평년이 되는 해가 발생한다.

68. 윗글을 바탕으로 <보기 1>을 이해한 반응이 <보기 2>와 같을 때, 적절한 반응을 모두 고른 것은?

<보기 1>

'윤년'과 '평년'을 정하는 조건은 다음 순서를 따른다.

1) 먼저 연수가 4로 나눌 때,

1-1) 4로 나누어떨어지면 '윤년'

1-2) 나머지는 평년

2) '1-1)' 중에서 100으로 나누어떨어지는 경우 '평년'

3) 단, '2)'에서 400으로 나누어떨어지는 경우 '윤년'

<보기 2>

㉠ 1900년과 2100년은 평년이겠군.

㉡ 2036년에는 2월의 일수가 29일이겠군.

㉢ 2023년 2월 28일이 화요일이면, 2024년 2월 28일은 목요일이군.

① ㉠ ② ㉢ ③ ㉠, ㉡ ④ ㉡, ㉢ ⑤ ㉠, ㉡, ㉢

[69~72] 다음 글을 읽고 물음에 답하시오.

학술지 『사이언스』 2020년 2월 28일 자에는 우리가 노래를 들을 때 뇌에서 노래의 언어 정보와 음악 정보를 어떻게 처리하는가를 규명한 연구 결과가 실렸다. 결론부터 말하면 언어 정보의 핵심인 단어는 좌뇌에서, 음악 정보의 핵심인 멜로디는 우뇌에서 주로 처리하는 것으로 밝혀졌다. 우리가 노래를 감상할 때 노랫소리라는 하나의 음파를 좌뇌와 우뇌에서 각각 별도의 메커니즘으로 처리한 뒤 그 정보를 종합해 재구성하는 일이 지속적으로 일어나고 있다는 말이다.

뇌과학이 발전하기 전 사람들은 뇌가 대칭적으로, 즉 좌우가 동등하게 작동한다고 믿었다. 그런데 1861년 프랑스 해부학자 폴 브로카(Paul Broca)가 뇌졸중으로 좌뇌 전두엽의 특정 영역이 손상된 사람들에서 '표현성 실어증', 즉 말을 하는 능력에 문제가 생긴다는 사실을 발표했다. 반면 우뇌의 해당 영역이 손상됐을 때는 그렇지 않다고 덧붙였다. 뇌 기능의 좌우 비대칭, 즉 편측성이 처음 발견된 순간이다. 그 뒤 좌뇌 측두엽의 특정 영역이 손상되면 '유창성 실어증', 즉 말은 멀쩡하게 잘 하는데 내용이 엉망이라는 사실이 밝혀졌다. 역시 우뇌의 해당 영역이 손상됐을 때는 그런 문제가 없었다.

반면에 음악을 인식하지 못하는 실음악증은 우뇌에 문제가 생겼을 때 발생하는 경우가 많다. 예를 들어 우뇌에 뇌졸중이 일어나면 음높이를 구분하지 못하는 ㉠ <u>음정 음치</u>가 될 수 있다. 발음이 똑 부러져서 귀에 쏙쏙 들어오게 말하는 아나운서가 예능 프로그램에서 노래를 부를 때는 음치인 경우가 있는데 아마도 좌뇌는 우등생, 우뇌는 열등생인 결과일 것이다.

캐나다 맥길대 연구자들은 하나의 음파에 말소리와 음악 정보를 담고 있는 노래가 뇌에서 어떻게 처리되는가를 밝히기 위해 기발한 실험을 설계했다. 말소리, 즉 단어를 제대로 지각하려면 정보를 짧은 시간 단위로 잘라 처리할 수 있어야 한다. 자음과 모음의 조합이 짧게는 수십 밀리 초 간격으로 일어나기 때문이다. 예를 들어 '사랑이 무어냐고'와 '사람이 무어냐고'를 구분하려면 '랑'과 '람'의 받침이 발화(發話)되는 짧은 순간의 소리 차이를 포착해야 한다. 따라서 노래의 시간 분해능이 점차 떨어지게 처리를 하면 어느 시점에서 단어를 제대로 파악하지 못하게 된다.

반면 음악을 듣는다는 건 멜로디(선율), 즉 음높이의 시간에 따른 변화가 하나의 정체성으로 지각되는 음의 흐름을 파악하는 게 중심인 과정이다. 멜로디의 지각에는 음높이(주파수) 사이의 상대적인 간격, 즉 음정이 중요하다. 경연 참가자가 노래를 한창 부르다 한 음의 높이를 반 키만 삐끗해도 심사하는 사람들이 얼굴을 찡그리는 이유다. 따라서 노래의 주파수 분해능이 점차 떨어지게 처리를 하면 어느 시점에서 멜로디를 제대로 파악하지 못하게 된다. 보통 음높이의 변화는 수백 밀리 초 단위에서 일어나므로 시간 분해능이 떨어져도 별 영향을 받지 않는다.

69. 윗글의 중심 내용으로 가장 적절한 것은?

① 인간의 뇌는 좌우에서 서로 다른 기능을 담당한다.

② 인간의 뇌는 음악과 언어 정보를 통합하여 처리한다.

③ 인간의 뇌는 일부가 손상되면 정보 인식 문제가 발생한다.

④ 인간의 뇌 중 상대적으로 그 역할이 중요한 것은 좌뇌이다.

⑤ 인간의 뇌는 수백 밀리 초에서 수십 밀리 초 내에 정보를 처리한다.

70. ㉠과 관련한 설명으로 적절하지 않은 것은?

① 음정 음치는 발음이 유창한 것과 무관하게 발생할 수 있다.

② 음정 음치는 음높이 차이에 타인보다 둔감하다는 것을 의미한다.

③ 음정 음치는 주파수 간 간격을 지각하는 능력이 다른 사람보다 낮다.

④ 음정 음치란 주파수 분해능을 낮게 한 음악을 듣는 상태와 같은 상태이다.

⑤ 음정 음치란 노래를 들을 때 주파수 분해능보다 시간 분해능의 영향을 더 받는 것이다.

71. 윗글을 읽고 추론할 수 있는 내용으로 적절하지 않은 것은?

① 뇌과학은 뇌의 작동 과정을 연구하는 학문 분야이다.

② 좌뇌와 우뇌는 선천적으로 볼 때 균형적으로 작용한다.

③ 실어증의 진단 기준은 말을 할 수 있는지, 그 내용이 말이 되는지이다.

④ 듣기 거북한 선율을 갑자기 인식하지 못하면 우뇌의 이상을 의심해야 한다.

⑤ 좌뇌는 통합된 소리를 분절해서, 우뇌는 통합된 소리를 연관 지어 분석한다.

72. <보기>를 참조하여 윗글에 제시된 '뇌 기능의 좌우 비대칭' 개념을 이해한다고 할 때, 적절하지 않은 것은?

<보기>

좌뇌와 우뇌로 이루어진 우리의 뇌는 어느 한쪽이 더 강한 지배력을 지니도록 진화했다. 이때, 좌뇌가 우뇌보다 우세하면 오른손잡이가 되고 우뇌가 좌뇌보다 우세하면 왼손잡이가 된다. 즉, 양손잡이는 좌뇌와 우뇌가 동등한 지배력을 갖추었다는 의미이다. 일반적으로 오른손잡이가 왼손잡이보다 수가 월등히 많다. 뇌의 각 반구의 발달 정도는 산모가 받는 스트레스에 따라 결정되는데, 스트레스를 많이 받은 산모의 아이가 양손잡이나 왼손잡이가 될 확률이 높은 편이다. 학자들은 좌뇌와 우뇌가 서로 잘 기능하고 보완해 주어야 뇌가 정상적으로 작동하고, 좌뇌가 우뇌의 부정적 감정을 완화해 줄 때 정서적으로 안정된다고 말한다.

① 일상에서 한쪽 손을 더 자주 쓰는 이유는 뇌의 편측성 때문이다.
② 왼손잡이인 아동은 음악을 배우면 음정을 잘 알아차릴 가능성이 있다.
③ 양손잡이 아이는 언어 기능과 음악 기능이 유사하게 발달할 가능성이 있다.
④ 우울감이나 분노 등을 자주 겪는 산모의 아이는 언어 정보 처리 능력과 음악 정보 처리 능력이 비슷할 수도 있다.
⑤ 일반적으로 음악 정보를 잘 처리하는 사람보다 언어 정보를 잘 처리하는 사람이 더 많다.

[73~76] 다음 글을 읽고 물음에 답하시오.

인간은 그 어느 동물보다도 무기력한 상태로 태어난다. 그래서 갓난아이는 다른 사람의 도움이 없다면 아마 하루 이상을 살기 어려울 것이다. 이와 같이 무기력한 생명체가 살아남기 위해서는 다른 사람의 도움을 받아야 하고, 그와 동시에 사회의 생활양식을 학습하고 제 것으로 만들어 나가지 않으면 안 된다. 이 과정은 다른 사람들과의 상호작용을 통해 이루어지고 그 과정에서 언어, 행동 양식, 가치 등을 학습하고 내면화시키면서 자아의식을 갖는 인성이 형성되는 것이다.

물론 인성 형성에 작용하는 요인은 사회 문화적인 것만이 아니다. 유전적 요인과 자연환경적 요인도 인성 형성에 영향을 준다. 그러나 '사람이 사람다워지는' 과정과 관련해서는 사회 문화적 요인이 상대적으로 가장 중요하다.

인간 연구에서 계속되고 있는 쟁점 가운데 하나는 생물학적인 '유전'과 사회 문화적 '환경'의 역할이 무엇인가 하는 문제이다. 이를 흔히 '본성과 양육'의 논쟁이라 하는데 인성 형성에 작용하는 요인 역시 쟁점으로 등장하는 문제이다.

개개인들은 선천적으로 타인과 다른 체질적인 그리고 정신적인 특성이나 능력을 갖고 태어난다. 이것들은 우리가 '유전적인' 특성들이라 부르는 것으로서 인성 형성에 영향을 주는 요인임에 틀림없다. 예컨대 키가 크다는 신체적 특성이나 지능은 부분적으로 유전에 의해서 결정된다고 알려져 있다. 키가 크고 머리가 좋은 사람의 성격은 키가 작고 머리가 나쁜 사람의 성격과 같을 수 없을 것이다.

그러나 여기서 몇 가지 점에 유의해 볼 필요가 있다. 장신(長身)의 유전인자를 갖고 태어났다고 해서 모두 키가 크게 되는 것은 아니다. 성장 과정에서 영양 섭취를 충분히 못하게 되면 키를 크게 하는 생물학적 잠재력은 제약을 받게 된다. 또한 아무리 높은 지능의 유전인자를 갖고 있더라도 적절히 교육을 받지 못하면 지적 수준이 높을 수 없을 것이다.

실제로 입양아들의 지능지수를 연구한 한 결과에 의하면 입양아와 양부모의 지능지수는 매우 높은 상관관계를 보여 준다고 한다. 이는 유전적 요인들이란 잠재력에 불과하고, 잠재력이 어떻게 표현되는가는 사회 문화적 환경에 따라 크게 달라진다는 것을 말해 준다.

신체적 특징과 특정한 인성 유형과의 관계를 주장하는 견해도 있다. 그러나 ㉠ 체질적인 특성에 대한 사회적인 의미는 문화적으로 결정된다는 사실에 유의할 필요가 있다.

"키 큰 사람은 속이 없다"라는 말이 있다. 이는 생물학적인 특성과 성격을 연관시켜 보는 고정관념 중의 하나이다. 흥미롭게도 이와 같은 고정관념이 다른 사회에서는 다르게 나타난다. 서구에서는 키 큰 사람이 지배적인 성격을 갖는 것으로 여겨지고 있다.

문제가 더욱 복잡해지는 것은 각 사회마다 큰 키의 기준이 다르다는 점이다. 170센티미터의 키도 아프리카의 피그미 사회에서는 거인 취급을 받지만 180센티미터의 키도 스웨덴에서는 중간 키다. <중 략>

이같은 간단한 예에서 살펴볼 수 있듯이 인성 형성에 있어 사회 문화적 환경의 중요성은 아무리 강조해도 지나침이 없다.

인성 형성에서 유전적인 요인 이외에도 자연환경의 중요성을 지적하는 견해도 있다. 이는 19세기 이래 지리결정론에 뿌리를 두고 있는 견해로서 ㉡ 지리적 환경에 따라 사회집단의 성격이 다르다는 이론이다. 산악 지방에서 사는 사람들은 거칠고 개인주의적이며 열대 지방에 사는 사람들은 게으르고 성적(性的)으로 조숙하다는 등의 주장이 그것이다.

이와 같은 주장이 한때는 아프리카와 아시아의 적도 지방에 있는 국가들의 경제적 후진성을 설명하는 데 이용되기까지 했다.

73. 윗글의 '유전'에 대한 설명으로 가장 적절한 것은?

① 뚱뚱한 특성의 유전인자를 가진 사람은 뚱뚱하다.

② 생물학적 부모의 지능지수가 높으면 자식의 지능지수도 높다.

③ 인종마다 필수로 가지고 있는 특유의 유전인자가 있다.

④ 모든 사람은 고유의 특질이나 능력을 갖추고 태어난다.

⑤ 처한 환경이 동일하면 일률적으로 발현되는 잠재력이다.

74. 윗글을 바탕으로 할 때, ㉠을 주장하는 사람의 의견으로 가장 적절한 것은?

① 같은 문화권에 사는 사람들은 비슷한 인성을 갖게 된다.

② 어느 나라든 풍채가 좋은 사람을 당당한 사람으로 느낀다.

③ 인간은 자신이 속한 공동체의 문화를 학습하면서 자아와 인성이 형성된다.

④ 어릴 때부터 사람과의 접촉 없이 고립된 상태로 자라면 정상적인 발육이 어렵다.

⑤ 우리나라는 예전에 통통한 얼굴형을 선호하였으나 오늘날에는 갸름한 얼굴형을 선호한다.

75. 윗글을 바탕으로 할 때, <보기>의 ㄱ~ㄷ을 이해한 것으로 옳지 않은 것은?

<보기>

ㄱ. 헬렌 켈러는 시청각 장애인이나 설리번의 가르침으로 사람과 소통하는 방법을 배울 수 있었다.

ㄴ. 조현병을 앓는 친모에게서 조현병력이 없는 가정으로 입양된 아이도 조현병을 앓는 부모에게 양육된 아이와 같이 조현병이 발병될 확률이 높다.

ㄷ. 어떤 이들은 인도와 같은 소규모 농업 사회에서는 소를 살려 두는 것이 소를 먹는 것보다 이익이기 때문에 인도에서 소 숭배 현상이 나타난 것이라고 주장한다.

① ㄱ은 사회 문화적 환경의 중요성을 보여 주는 사례이다.

② ㄴ은 유전적 요인이 잠재력에 불과하다는 주장에 반하는 결과이다.

③ ㄷ과 같이 인도의 소 숭배 사상의 근원을 자연환경적 요인으로 보는 사람들도 있다.

④ ㄴ은 인간의 특성을 형성하는 요인에서 본성이 양육보다 더 우세함을 보여 주는 근거이다.

⑤ ㄱ에서 헬렌 켈러와 설리번의 교류는 사람이 사람다워지는 과정에서 매우 중요한 역할을 한다.

76. ㉡에 대한 반론으로 가장 적절한 것은?

① 아시아인들을 대체로 팔다리가 짧고 상체가 길다.

② 같은 인종이더라도 일반적으로 여자보다 남자의 피부가 더 두껍다.

③ 실제로 키는 유전적 요인보다 후천적 요인의 영향을 더 많이 받는다.

④ 열대 지방의 다른 국가 사람들과 달리 싱가포르 사람들은 경제활동에 열을 올린다.

⑤ 지중해 인종은 갈색 피부에 두형이 긴 편이고, 몽골 인종은 황갈색 피부에 두형이 중간이거나 짧은 편이다.

[77~78] 다음 글을 읽고 물음에 답하시오.

공리주의는 결과주의와 행복주의를 내세운다. 그래서 공리주의는 행동을 평가할 때 그 행동이 결과적으로 얼마나 많은 행복을 산출해 냈는지에 주목한다. '공리주의'라는 개념은 '유용성'이라는 말에서 기원하는데, 어원에서 보듯이 이 이론은 행복을 가져다주는 유용성으로부터 윤리적 규칙을 도출한다. 공리주의자들은 특정한 상황에서 우리가 무엇을 해야 할지를 결정할 때 사용할 수 있는 간단한 도덕 원칙을 자신들이 제공해 줄 수 있다고 주장한다. 그 원칙은 바로 '모든 사람이 최대 다수의 최대 행복을 가져올 수 있도록 행위해야 한다'는 것이다.

공리주의에 따르면 다른 모든 가치들이 의존하고 있는 본질적 가치를 지닌 것, 그리하여 옳고 그름의 최종적 판단 근거로 사용할 수 있는 가치를 지닌 것은 바로 행복이다. 행복이야말로 본질적이고 궁극적인 선이다. 따라서 행복 이외의 모든 것은 오직 행복을 얻기 위한 수단으로서의 가치를 지닐 뿐이다. 인간의 행동에 대한 도덕적 평가도 그 행동이 얼마나 많은 행복을 가져오는가에 따라 내려진다. 다시 말해서 그 행동이 가져올 행복과 불행의 총량을 따져 보는 것이다. 이 경우 가장 많은 양의 행복(행복에서 불행을 뺀 총량)을 가져올 수 있는 행동이 옳은 행동이다.

여기서 공리주의와 이기주의를 혼동하지 않도록 주의해야 한다. 이기주의는 나 자신만을 위해 최선의 결과를 가져오는 행위를 지향하지만, 공리주의는 그러한 이기적 관점을 넘어 이 세상에서 행복의 총량을 문제 삼는다. 그리하여 행위자가 어떤 가능한 대안들을 평가할 때 그것이 모든 사람의 행복에 어떤 영향을 미칠지 따져 볼 것을 요구한다. 경우에 따라서는 전체의 행복을 위해 행위자 개인의 행복을 포기해야 할 수도 있다.

공리주의는 특히 입법을 하거나 사회정책을 수립하는 데 중요한 근거로 활용되고 있다. 예상되는 비용(위험 부담)과 수익의 비율을 따져 봄으로써 어떤 정책을 결정하는 방식은 바로 공리주의에 기초한 것이다. 임신중절이나 연명 치료 중단(존엄사)을 인정하는 입법을 할 때, 그러한 법의 시행이 가져올 수 있는 이점과 함께 나타날 수 있는 해악(위험성)을 고려하는 것 등이 그 예이다. 즉 어떤 계획을 추진할 때 예상되는 부정적인 효과와 긍정적인 효과(총체적인 선)를 계산하고 따지는 것이다. 정보 윤리의 예를 든다면, 인터넷 내용 규제를 시행할 것인지에 대해, 그것을 시행할 경우에 기대되는 청소년 보호의 효과와 함께 표현의 자유가 위축된다는 반발과 같은 부작용을 저울질해 봄으로써 정책을 결정하는 경우 등이 있다.

공리주의에서 행위의 옳고 그름을 판단하는 기준은 행위 바깥에 있다. 즉 행위의 결과가 기준이 된다. 이와 반대로 의무론은 행위 자체의 내적 성질에 주목한다. 의무론자의 경우 행위의 옳고 그름은 그 행위 자체에 깃들어 있는 성질에 의해 좌우된다. 만약 어떤 행위가 오로지 의무감에서 행해지고 그 행위의 원리가 보편화될 수 있다면 그것은 옳은 행위이다. 예를 들어 내가 어떤 진실을 말할 때 단지 그렇게 하는 것이 옳다고 믿기 때문에, 혹은 도덕법칙에 따라야 한다는 의무에서 그렇게 한 것이라면 이 행위는 옳다. 그러나 거짓말이 탄로 나는 게 두려워 진실을 말하거나 어떤 보상을 기대해서 그렇게 한다면, 그 행위는 도덕적으로 가치가 없다. 도덕은 이와 같이 무조건적으로 따라야 할 법칙, 즉 정언명법에 근거해야 한다. 정언명법이란 그 명령의 전제가 되는 어떤 상위의 목적이 전제되지 않은 명령이다. 다시 말해서 어떤 목적을 추구하기 위한 수단으로서의 명령이 아니라 그 자체가 목적인 명령이다. 행복이라는 목적조차도 여기서 예외가 될 수 없다. 따라서 의무론에 의하면, 공리주의는 행복을 인간이 추구할 궁극적 목적으로 규정한 데에서 이미 잘못을 범한 것이다.

77. 윗글에 대한 설명으로 가장 적절한 것은?

① 어떤 사례를 서두에 제시하고 그와 관련된 이론을 설명하고 있다.

② 두 이론의 개념을 설명하고 각 이론의 의의와 한계를 제시하고 있다.

③ 두 이론의 요점을 비교하고 두 이론에 대한 잘못된 통념을 수정하고 있다.

④ 이론의 대표 학자를 제시하고 학자마다 어떤 주장을 하였는지 설명하고 있다.

⑤ 두 이론의 차이점을 제시하고 한 이론의 관점에서 다른 이론을 평가하고 있다.

78. <보기>에서 윗글에 제시된 공리주의의 견해에 부합하는 것만을 고른 것은?

<보기>

ㄱ. 행복에는 개인만 느낄 수 있는 행복도 포함된다.

ㄴ. 인간이 추구하는 행복은 양으로 환산할 수 있는 가치이다.

ㄷ. 모두의 행복을 가져다주는 행위는 행위 그 자체가 선이 된다.

ㄹ. 어떤 행위의 옳고 그름은 그 행위의 결과가 사회의 이익과 행복에 기여하는가로 판단할 수 있다.

① ㄱ, ㄴ ② ㄱ, ㄷ ③ ㄱ, ㄹ ④ ㄴ, ㄷ ⑤ ㄴ, ㄹ

[79~82] 다음 글을 읽고 물음에 답하시오.

법질서는 사회적 규범 질서이다. 법은 인간 상호 간의 관계와 사회에 대한 개인의 관계에서 지켜야 할 중요한 행동 양식을 규율한다. 사회는 법질서를 창설하고 법의 실현을 위한 기관을 둠으로써 법 공동체가 된다. 법 공동체적 삶에서 법은 그 구성원 각자에게 "너는 너의 삶을 영위해야 한다. 너는 질서 가운데서 그 삶을 영위해야 한다. 너는 법 속에서 그 삶을 영위해야 한다"는 실천적 삼단논법에 따른 명령을 내린다.

인간의 삶은 환경과의 관계를 포함한 모든 사회적 관계의 그물, 인간의 삶에서 조우하는 과거와 미래 그리고 인간의 내적 삶과 외적 삶의 모든 영역을 포함한다. 삶의 영위는 이런 영역 안에서 이루어진다.

인간은 이러한 모든 관계의 그물 안에서 타인의 자유를 고려하여 그것이 침해되지 않는 범위 안에서 자기 자신의 자유를 누릴 수 있다. 인간이 그의 삶을 질서 가운데서 영위해야 할 필요성의 근거가 바로 여기에서 발견된다. 질서는 한편으로 새로운 결정과 그 실천을 가능하게 해 줌으로써 결정의 확실성을 보호하며, 다른 한편으로 신뢰 가운데서 이런 결정을 수행하고 기획하도록 만들어 준다. 다양한 삶의 형태와 직업, 수많은 사회적 관계, 여러 가지 질서의 결합 형태인 사회에서는 하나의 질서가 다른 삶의 질서, 즉 통용되고 지배적인 삶의 질서와 충돌해서는 안 된다. 여기에서 통용되고 지배적인 삶의 질서가 바로 법에 해당한다.

인간의 자유 영역의 매개 및 안정의 틀은 언제나 하나의 법질서를 요구한다. 매개하고 안정시키는 기능을 가진 사회적 사건 진행의 예측 가능성과 면책 등을 의미하는 질서 잡힌 삶의 형성은 바로 법에 의존한다. 그러므로 법이란 공동체 삶에서 당위적인 요구를 실행하는 가능성의 조건에 해당한다. 칸트가 법을 "한 사람의 자의와 다른 사람의 자의가 자유의 일반 법칙에 따라 서로 통용될 수 있는 조건의 총체"라고 정의한 것도 이와 같은 맥락에 서 있다.

법은 그 자체로 자기 존재 목적을 갖는 것이 아니라 인간의 질서 잡힌 삶을 목적으로 삼고, 그것을 실현하기 위한 수단에 불과하다. 그러기 위해 법은 또한 정의의 요청을 실현해야 할 과제를 안고 있다. 모든 법 실현의 영역, 즉 입법자의 법 규범 창조 활동, 법원의 재판 활동, 정부와 행정의 정책 수립과 각종 조치까지도 정의로워야 할 당위성의 요청을 안고 있다. 더욱이 정치, 경제, 사회, 문화 모든 분야의 질서 형성에서 법은 이 정의의 요청에 따라야 할 임무가 있다. 이것이 법과 사회정의의 본질적 결합 관계이다.

사회정의는 법질서와의 관계에서 개별적인 법 규율 활동을 지원하거나 통제하는 이념적 지표이다. 사회적으로 정당한 이념으로서의 사회정의는 모든 입법정책의 방향타로서 이것을 향도하기 위해 구체적인 입법 활동 앞에 서 있다.

더 나아가 사회정의의 이념은 법질서를 확립하는 내재적 힘으로도 작용한다. 사회정의는 법의 실정화와 실정화된 법의 구체적인 실현에서 그 내용의 정당성을 담보하여 법의 적용 아래 있는 모든 사람의 신뢰를 이끌어 내는 구성적 요소가 된다. 물론 역사적인 상황 속에서 사회적으로 정당한 이념과 가치에 관한 일반인의 의식과 태도가 변할 수 있다. 이 변화된 인식에 상응하여 실정법과 그 구체적인 적용도 새롭게 변화하고 수정 · 개선되어야 한다. 사회정의 이념의 역사적으로 구체화된 내용으로부터 법은 현재의 사회 공동체 질서와 장래의 보다 나은 사회 질서로의 개혁을 위한 기초적인 준거점을 획득한다.

결국 법체계 내에서 사회정의는 법의 내용적 정당성과 법에 대한 신뢰를 낳게 하는 의미와 기능을 가진다. 가장 넓은 의미에서 보면 사회정의도 하나의 법 원칙 또는 하나의 법 규범으로서의 의미를 지닌다. 어떤 법 규정이 법 적용자의 눈에 사회정의에 반하는 것으로 비치면 그 정당성 여부를 검증하기 위해 헌법재판소의 문을 두드리게 되고, 경우에 따라서는 그 구속력의 전부 또는 일부를 배제할 수 있는 결과에 이른다.

㉠ 깨어 있는 법의식을 지닌 법의 주체들은 항상 시민사회의 법체계 속에 산재해 있는 실정법 규정들과 행정 조치들이 현재에 우리의 기본권을 보장해 주는 헌법에 합치하는지를 눈여겨봐야 한다. 만약 의문이 생길 때면 헌법 소원을 제기하기도 하고, 시민 연대 활동의 힘으로써 입법 개정이나 폐지 또는 새로운 입법을 위한 청원을 의회에 제출하고, 풀뿌리 로비를 통해 이를 관철하여야 한다. 때로는 오래된 대법원 판례의 효력을 깨트리기 위해 변화된 사회구조와 관행을 법관들에게 주지시키고, 법문의 의미를 현실의 변화에 맞추어 새롭게 해석하게 함으로써 판례 변경을 이끌어 내야만 한다.

79. 윗글의 전개 방식으로 가장 적절한 것은?

① 논의하는 내용과 관련된 역사적 사례를 제시한다.

② 하나의 대상을 일정한 기준에 따라 분류하여 설명한다.

③ 논제를 바라보는 다양한 관점을 제시하고 서로 비교한다.

④ 권위 있는 학자의 말을 인용하여 논지를 분명히 나타낸다.

⑤ 질문을 던지고 그에 답하는 방식을 사용하여 논제를 펼친다.

80. 윗글에 대한 이해로 적절하지 <u>않은</u> 것은?

① 법은 인간이 맺는 관계 전반을 지배하는 절대적 규율이다.

② 자유로운 삶을 영위하기 위해서 타인의 자유를 침범해서는 안 된다.

③ 법은 실제적 이용과 관련 없이 존재한다는 것 자체만으로 가치가 있다.

④ 사회정의는 법을 제정하는 데 일반적이고 올바른 방향성을 제시해 준다.

⑤ 법의 정당성에 문제가 있는 경우 헌법재판소를 통해 그 법을 규제할 수 있다.

81. 윗글을 바탕으로 할 때, ㉠과 관련 있는 상황으로 가장 적절하지 <u>않은</u> 것은?

① 이민자의 기본권을 침해하는 법에 대해 헌법소원을 청구하였다.

② 업무 추진비를 몰래 사적으로 사용한 지방 의회를 시민 단체가 고발하였다.

③ 변호인 김○○ 씨는 예전 판례가 현 사회의 실정에 맞지 않는다는 변론을 펼쳤다.

④ 불평등한 대우를 받는 노동자의 처우를 개선하기 위해 법 개정을 촉구하는 서명 운동을 벌였다.

⑤ 종전 판결의 기준이 된 행정 처분이 바뀌었음을 들어 신청한 재심에서 대법원은 이전 판결을 취소했다.

82. 윗글을 바탕으로 할 때 <보기>의 주장을 반박할 수 있는 내용으로 가장 적절한 것은?

<보기>

과거부터 이어져 오는 전통적인 법과 제도를 고수해야 하며, 안정적인 사회를 유지하기 위해 법이나 제도를 개정하는 것을 경계해야 한다.

① 국가의 발전과 자유로운 시장 경제를 위하여 기업을 규제하는 법을 완화하는 개정이 필요하다.

② 법은 질서 있는 사회를 유지하는 기제이므로 사회적 변화가 필요해도 시급히 개정하면 안 된다.

③ 사법부는 법을 해석하고 판결할 때, 사회정의를 실현해야 하는 의무를 지닌 법령에 따라야 한다.

④ 사회적 가치와 옳고 그름을 판단하는 기준은 시간에 따라 바뀔 수 있으며, 이 변화에 맞춰 법도 개혁되어야 한다.

⑤ 법은 다양한 영역에서 나타나는 인간의 결정과 관련 있으므로 입법자는 경제, 사회 등 모든 분야에 대한 법을 제정해야 한다.

[83~84] 다음 글을 읽고 물음에 답하시오.

'○○도 닥터헬기' 올 상반기 출동 163건… 전년 동기 대비 3.8배 ↑

신속 출동 위해 헬기 대형 → 중형 교체, 출동 장소 변경으로 실적 대폭 상승

■ 전국 최초 24시간 생명 지킴이 '○○도 닥터헬기' 상반기 출동 163건 실적

응급 환자의 생명이 골든타임 확보 여부에 따라 생사가 바뀌기 때문에 위급한 상황에서는 신속하게 대응하는 것이 무엇보다 중요하다.

전국 최초 24시간 이송 체계를 갖춘 '○○도 닥터헬기'는 출동 결정 후 5분 내 출동을 목표로 골든타임 확보에 주력하여 도민들의 생명지킴이 노릇을 톡톡히 하고 있다.

응급의료에 관한 법률 제46조의 3(응급의료전용헬기)에 의해 추진되는 '○○도 닥터헬기'는 전국 최초 365일 24시간 응급 출동 체계를 갖추고 위급한 환자의 생명을 구하고 있다.

'○○도 닥터헬기'는 올 상반기 동안 160건이 넘는 운항 기록을 세우며 지난해 같은 기간에 기록한 42건 대비 3.8배의 높은 실적을 보였다.

출범 첫해인 2019년의 운항 실적인 26건은 물론이고 2020년의 66건, 2021년의 86건보다도 훨씬 높은 기록이다.

닥터헬기는 중증 외상이나 급성 심·뇌혈관 질환 등 신속한 응급 처치 및 이송이 필요한 환자를 365일 24시간 주간 닥터헬기(중형 AW-169), 야간 소방헬기(중형 AW-139)로 이송할 수 있는 체계를 갖추고 환자 이송에 만전을 기하고 있다.

특히 중형헬기는 최대 이륙 중량이 4천 600㎏으로, 대형헬기보다 크기가 작지만 엔진 예열 시간이 2~3분 정도라 빠르게 이륙할 수 있어 응급 이송에 적합하다.

■ ○○대 의료진 24시간 탑승한 닥터헬기 출동 장소, '○○대 병원'으로 변경

주간에는 국립중앙의료원에서 닥터헬기(AW-169)를 운영하며, 기존 이송 대상인 중증 외상 환자와 함께 3대 중증 응급 환자인 심근경색·뇌졸중 환자도 이송하고 있다.

야간에는 ○○도소방재난본부에서 소방헬기를 통해 외상 환자를 중심으로 이송한다. 닥터헬기에는 전문의 1명과 간호사 1명 등 2명 이상으로 구성된 ○○대 의료진이 24시간 탑승한다. 도는 안정적인 의료진 운영을 위해 올해부터 의료 인력 인건비 10억 원 전액을 도비로 지원하고 있다.

○○도는 올해 의료진 탑승 시간 단축과 현장 이동 시간 최소화를 위해 닥터헬기 출동 장소를 기존 ×× 제10전투비행단에서 ○○대 병원으로 변경해 출동 시간을 단축했다.

운항 범위도 전국 전체에서 ○○대 병원 기준 70㎞(편도 30분) 이내로 변경했다. 이는 중증 외상 환자의 경우 1시간 이내인 골든타임 확보 효과와 실제 운영 결과 환자들이 수도권에 집중되고 다른 시도에서도 닥터헬기를 운영하는 점을 고려한 조치다.

83. 윗글을 <보기>에 따라 분석한 내용으로 가장 적절한 것은?

<보기>

현대의 기사문은 일반적으로 글의 첫머리에 중심 내용이 오는 산문 구성 방식인 두괄식으로 작성되며 이를 역피라미드 형태라고 부른다. 일반적으로 기사문은 큰 제목인 표제와 표제에 덧붙어 그것을 보충하는 제목인 부제, 기사문의 내용을 요약한 전문, 육하원칙에 따라 쓰이는 본문으로 구성된다. 기사문은 정보 전달을 목적으로 하므로 기사문에서 다루는 소재나 사건이 지니는 의미나 중요성을 부각해야 하며, 객관성을 확보해야 한다. 또한 중립성을 유지하고 감정을 호소하는 대신 서술 대상이 되는 사건이나 소재를 사실에만 근거해 작성해야 한다.

① 기사문의 일반적인 구조인 '표제-부제-전문-본문'을 취하고 있다.
② '닥터헬기'의 역할을 기사 도입부에 제시해 그 중요성을 부각하고 있다.
③ 역피라미드 구조와 달리 본문 마지막에 기사의 중심 내용을 다루고 있다.
④ 기사의 소재인 '닥터헬기'에 대한 여러 의견을 소개해 중립성을 확보하였다.
⑤ 통계자료, 구체적 수치, 전문가의 의견 등을 인용해 기사의 객관성을 확보하였다.

84. 이 기사를 읽은 독자의 반응으로 적절하지 <u>않은</u> 것은?

① ○○도 외의 다른 지역에서는 닥터헬기를 어떤 방식으로 운영하고 있을까?
② ○○도 닥터헬기의 출동 장소를 바꾼 뒤, 출동 시간은 어느 정도 단축되었을까?
③ 실제로 출동 접수를 받은 건 대비 출동하는 비율이 얼마나 될까?
④ 골든타임 내 응급조치를 했을 때와 그렇지 않을 때의 응급 환자 생존율은 얼마나 다를까?
⑤ 운항 범위를 병원이 있는 지역 근처로만 한정하려면 여러 요인을 따져봤어야 하지 않을까?

[85~87] 다음 글을 읽고 물음에 답하시오.

○○광역시	
수신	수신자 참조
제목	202×년 ○○마을 공동체 만들기 지원 사업 공모 안내

주민 스스로 마을의 필요와 공동의 관심을 찾아 지역사회 내 마을 공동체를 형성하고, 활성화하기 위해 다양한 주민 활동을 지원하고자 합니다.

㉮ 1. 지원 안내

□ 지원 분야

- 공동체 형성형(3인 이상): 이웃과 관계를 맺고 공동체 모임을 형성하기 위한 소규모 모임 지원
- 공동체 활동형(5인 이상): 공동체 활동 활성화를 위한 주제별 활동 지원
- 공동체 연계형(공동체 및 타 기관 2개 단체 연계): 공동체 간 연계 활동 및 ㉠ 로컬 기관과 공동체의 연계 활동 지원

□ 지원 대상

- ○○광역시 ○○구에 거주하거나 생활권(직장, 학교 등)을 영유하고 있는 주민 모임
- ○○광역시 ○○구에 거주하는 외국인 중 외국인등록증이 있는 주민 모임

> ※ 지원 제외 대상
> - 아래 중 어느 하나에 해당하는 경우 제외함
> ① 중복 사업 · 단체: 동일한 사업 내용으로 보조금(국비, 시비, 구비)을 지원받는 사업 단체
> ② 목적 사업: 법인 · 단체에서 기존에 하던 고유 사업
> ③ 기타: 영리 목적, 일회성 · 전시성(캠페인, ㉡ 페스티벌 등) 사업, 특정 종교 교리 전파나 특정 정당 및 후보자 지지를 목적으로 하는 사업

□ 신청 기간: 202×. 2. 8. ~ 202×. 2. 19.

□ 신청 방법: ○○구청 누리집의 ㉢ 팝업 창에서 신청 서식을 내려받아 전자 우편으로 제출

□ 추진 절차: 사업 공고 →사업 설명회(㉣ 언택트 온라인 설명회) → 사전 ㉤ 컨설팅 → 사업 신청 → 심사 → 보조금 교부 → 선정 사업 추진 → 사업 완료 및 정산

2. 지원 내용

□ 사업 비목별 예산 지급 기준

- ㉯ 강연료

구분	지급 대상(전현직)	지급 기준	
		최초 1시간	초과 매시간
일반 1급	4급 이상 공무원, 대학(교) 교수, 세무사 · 법무사(실무 경력 5년 이상), 민간연구기관의 연구원(실무 경력 5년 이상인 박사 학위 소지자)	250,000	100,000
일반 2급	5급 이하 공무원, 대학(교) 전임 강사, 민간연구기관의 연구원	150,000	70,000
일반 3급	대학(교) 시간 강사, 기타 상기 등급에 속하지 아니하는 자	100,000	50,000

※ 주의 사항

① 일반 1~2급의 명확한 증빙이 불가한 경우 일반 3급 적용할 것

② 초과 시간은 30분 이상부터 1시간으로 인정. 30분 미만은 강의 시간에 미포함

<하 략>

85. 윗글의 ㉠ ~ ㉤을 다듬은 말로 적절하지 않은 것은?

① ㉠: 로컬 → 지역

② ㉡: 페스티벌 → 축제

③ ㉢: 팝업 창 → 알림창

④ ㉣: 언택트 → 실시간 영상

⑤ ㉤: 컨설팅 → 상담

86. 윗글의 ㉮에 대한 설명으로 가장 적절한 것은?

① 모임 구성원이 4명이면 공동체 형성형에 지원할 수 없다.

② 공동체 연계형은 기관끼리 연계했을 때만 지원할 수 있다.

③ 산불 방지 캠페인을 진행하려는 단체도 사업에 지원할 수 있다.

④ ○○광역시 ○○구에 살더라도 외국 국적의 주민은 사업에 지원할 수 없다.

⑤ ○○광역시 ○○구에 있는 회사에 다니는 회사원 5명으로 구성된 소모임은 공동체 활동형에 지원할 수 있다.

87. ㉯와 <보기>를 고려하였을 때 도출할 수 있는 내용으로 적절하지 않은 것은?

<보기>

강사	강사 정보	강연 시간
갑	××대학 정교수	2시간
을	법무사(경력: 3년)	2시간 15분
병	A 연구소(민간) 연구원(최종 학력: 박사, 경력: 3년)	1시간 45분

① '갑, 을, 병'이 속하는 급수가 모두 다르다.

② '갑, 을, 병' 중에서 '을'의 강연료가 가장 적다.

③ '갑, 을, 병' 중에서 '갑'이 강연료를 가장 많이 받는다.

④ '갑'은 강연 시간에서 최초 1시간을 제외하고는 시간당 10만 원을 받는다.

⑤ '을'이 2시간 15분을 추가로 강연한다면 '갑'이 받은 강연료만큼 받을 수 있다.

88. <보기>의 공익 광고를 이해한 반응으로 가장 적절하지 않은 것은?

<보기>

① 의약품의 경우 점자가 식별될 수 있을 정도로 정확하게 표시해야겠군.

② 점자로 약품의 정보를 제공할 때는 효능뿐 아니라 복용법 등의 정보도 구체적으로 안내돼야겠군.

③ 시각 장애인이 약품을 인식할 때의 느낌을 드러내기 위해 약품에 기재된 글씨를 뿌옇게 표현했군.

④ 시각 정보 외의 수단으로 의약품의 정보를 쉽게 확인할 수 있는 서비스를 개발하면 도움이 되겠군.

⑤ 의약품의 오용을 방지하기 위해 전문가에게 진료를 받고 진단에 따라 약을 처방받아야 함을 강조하는군.

[89~90] 다음 글을 읽고 물음에 답하시오.

재택근무 신청 및 승인 절차 안내

1. 신청 대상

① 재택근무에 적합한 업무를 담당하고, ② 재택근무에 적합한 개인 역량과 ③ 재택근무 공간이 있는 직원 중 희망자

㉠ 재택근무에 적합한 업무 특성

- 스스로 업무 계획을 세우고 자율적으로 업무 관리를 할 수 있는 업무
- 독립적이고 개별적인 업무 수행이 가능한 업무
- 원격으로 관리 감독이 가능하거나 상대적으로 결재나 보고의 빈도가 낮은 업무
- 높은 수준의 보안을 요구하지 않거나 보안 대책을 마련할 수 있는 업무
- 다른 팀이나 조직과의 업무 협조가 빈번하게 발생하지 않는 업무
- 특정한 장소에서 수행하지 않아도 되는 업무
- 문서 열람, 장비 사용 등이 필요 없거나 자택의 장비로 수행 가능한 업무 등

재택근무에 부적합한 업무(승인 불가)

- 보안의 중요성이 큰 업무: 해당 업무의 보안 대책이 미흡하여 원격 근무 수행 시 심각한 보안 위험이 예상되는 경우
- 현장 중심 업무: 안전 점검, 장비 점검, 행사 운영 등 해당 업무의 수행을 위하여 반드시 특정 장소에 항상 있어야 하는 경우
- 그 밖에 원격 근무로는 사업 목적을 달성하는 것에 심각한 지장이 발생할 수 있는 경우

재택근무 시 조성해야 할 능률적 근무 환경

- 재택근무자는 최소한 사무실에서 근무했을 때와 동일한 정도(질과 양)의 업무를 수행할 수 있어야 함
- 일을 수행하는 동안에는 사생활에서 분리되어야 함
  ※ 가족 구성원 또는 이웃에게 업무를 방해받지 않도록 주의
- 재택근무 중에도 업무 전화에 대응하기 위해 본인의 업무 전화를 휴대전화 등으로 착신 전환하여야 하며, VPN 설치 등 업무 수행에 차질이 없도록 사전 조치해야 함
- PC방, 커피숍 등 불특정 다수가 사용하는 곳의 PC에서는 재택근무를 금지함

2. **신청 절차**: 실시일 전일까지 결재 완료하는 것이 원칙
   1) 재택근무 신청서 및 보안 서약서 작성 후 인사팀에 제출한 직원만 재택근무 신청 가능
   2) 재택근무 업무 수행 계획서는 주의 마지막 근무일에 근무상황부 상신 시 첨부
      ※ 결재선: 본인-결재권자(팀장, 매니저, 실장, 본부장)
3. **신청 기간**: 주당 최대 2일까지 가능(결재권자와 상의하여 결정)
4. **승인**: 업무의 성격 및 업무성과 향상 가능성을 종합 고려하여 승인

89. 윗글의 내용과 일치하는 것은?

① 한 주 전체를 재택근무로 전환하는 것도 가능하다.
② 재택근무 이전에 보안 서약서를 인사팀에 제출해야 한다.
③ 재택근무 3일 전까지 업무 수행 계획서를 상신해야 한다.
④ 재택근무 시 카페에서 노트북으로 업무를 수행할 수 있다.
⑤ 재택근무를 하는 직원의 내선 전화는 동료가 대신 받는다.

90. 윗글을 바탕으로 할 때 ㉠에 해당하지 않는 사례는?

① 프로젝트 계획 및 관리를 혼자 할 수 있는 업무
② 업무를 수행해야 할 장소가 지정되지 않은 업무
③ 외부 기관과 자주 자료를 주고받아야 하는 업무
④ 발생할 수 있는 보안 문제의 대책을 쉽게 마련할 수 있는 업무
⑤ 이미 완료한 행사 장소 안전 점검 결과를 1회 보고해야 하는 업무

국어 문화 (91 ~ 100번)

91. <보기>에서 설명하는 문학 작품은?

<보기>

채만식이 지은 단편 소설로, 광복 직후의 어지러운 상황에서 권력에 편승하여 개인적인 이득만 취하기 위해 기회주의적 삶을 사는 인물이 주인공으로 등장한다. 판소리 사설체를 사용하였고, 해방기의 기회주의적 인간형과 당시 혼란스러웠던 사회상을 풍자하는 것이 특징이다.

① 「탁류」 ② 「태평천하」 ③ 「미스터 방」
④ 「학마을 사람들」 ⑤ 「술 권하는 사회」

92. <보기>에서 설명하고 있는 김만중의 작품은?

<보기>

이 작품은 인간의 부귀영화는 한낱 꿈에 지나지 않는다는 불교적 인생관을 주제로 하고 있다. 작품에 등장하는 8명의 여성을 각각 개성 있게 표현하고, 인물의 심리를 세밀하게 그려낸 점에서 작가의 훌륭한 필력을 확인할 수 있다.

① 「구운몽」 ② 「조웅전」 ③ 「한중록」
④ 「서포만필」 ⑤ 「옥단춘전」

93. <보기>에서 설명하는 작가는?

<보기>

대표작이 「독약을 마시는 여인」, 「K와 그 어머니의 죽음」, 「화수분」인 소설가로 그는 기독교적 신앙과 인도주의적 사상을 바탕으로 일제 강점기의 사회적 문제와 사회 속에서 망가지는 개인의 삶을 주로 다루었다.

① 김승옥 ② 김유정 ③ 김정한
④ 전영택 ⑤ 조세희

94. 다음 신문 기사를 이해한 내용으로 가장 적절하지 않은 것은?

숭실학생발기(崇實學生發起) 고학생후원회(苦學生後援會)

곳々마다상점을개설하고 여러고학생으로경영케해

우리나라의 뎨이도회문셔선학슐계[서선학술(西鮮學術)계]의즁심의되는평양[평양(平壤)]에는 만흔형뎨와자매들이 우리 도남과갓치살아가랴면은 학문을배오지안이하면안이되겟다는생각이발생하야졍이깁흔고행을멀니두고 셔로다토어가며 모여드는학생들즁에 학비의곤란을인하야 무한한고통을밧는이가젹지안이한모양이다 그네들은매약행상[매약행상(賣藥行商)]이나흑은 신문배달[신문배달(新聞配達)]로 간구히학자금을어더가며 신산한고통을달게맛보든바 그의무한히동정하고사랑하야 마지안이하든슝실대즁학생[숭실대중학생(崇實大中學生)]들의발긔로 고학생후원회를조직하고 동졍금[동정금(同情金)]을모야셔 그돈으로곳々에리발쇼[이발소(理髮所)]양화수션쇼[양혜수선소(洋鞋修繕所)]가만니[입(叺)]졔조쇼 베풀어 고학생들로하야금순서를졍하야 그영 에종사케하며 리익을평등히분배하야 그것으로써 학비를보태여쓰게하는대 이야말로우리사회안에셔어더보기힘든 리상젹실현이며그리스도[기독교(基督敎)]의미화[미화(美化)]된슝실학생들의 차고넘치는인졍으로말매암이라안이할수업다그들은오히려 그에만족치못하야 회[회(會)]의확장과밋긔본금[기본금(基本金)]증식을목적하고 본월구일[이월구일(二月九日)]오젼에 고학생후원회쥬최로 슝실즁하교이층에셔 음악대연쥬회를개최한다는대 우리는그들을위하야 한번가셔보지 안이치못하겟더라(평남지국)

-『조선일보』, 1921.2.10.

① 연주회는 2월 9일 오전에 열릴 예정이다.

② 평양 출신 학생들을 돕기 위해 모금하려 한다.

③ 중학생들은 고학생을 위한 후원회를 만들었다.

④ 후원회는 연주회를 통해 돈을 더 많이 모으려 한다.

⑤ 물건을 팔고 신문 배달을 하면서 학비를 마련하는 학생들도 있다.

95. ㉠ ~ ㉤의 의미로 적절하지 <u>않은</u> 것은?

> "저 걸인의 의관은 ㉠ <u>남루하지만</u> 양반의 후예인 듯하므로 ㉡ <u>말석</u>에 앉히고 술이나 먹여 보냄이 어떻겠습니까?"
> "운봉의 ㉢ <u>소견</u>대로 하겠지마는."
> "마는-" 소리의 뒷입맛이 사나웠다. 어사또는 속으로 생각했다.
> '오냐. 도적질은 내가 하마. 오라는 네가 져라.'
> <중 략>
> "걸인이 어려서 추구권 정도는 읽었는데, 좋은 잔치에서 술과 안주를 배불리 먹고 그저 가기에는 염치없으니 차운 한 수 하겠습니다."
> 운봉이 반가이 듣고 붓과 벼루를 내주었다. ㉣ <u>좌중</u>이 아직 다 짓지 못하는 사이에 어사또는 글 두 귀를 지어 종이에 다 적었다. ㉤ <u>민정</u>을 생각하고 본관의 정치 행태를 생각하여 지은 글귀였다.
>
> – 작자미상, 「춘향전」 중에서

① ㉠: 옷 등이 낡아 해지고 차림새가 너저분하다.

② ㉡: 사람이 앉지 않아 비어 있는 자리

③ ㉢: 어떤 일이나 사물을 살펴보고 가지게 되는 생각이나 의견

④ ㉣: 여러 사람이 모인 자리. 또는 모여 앉은 여러 사람

⑤ ㉤: 백성들의 사정과 생활 형편

96. <보기>는 「훈민정음」 언해본의 일부분이다. 이에 대한 설명으로 적절하지 <u>않은</u> 것은?

<보기>

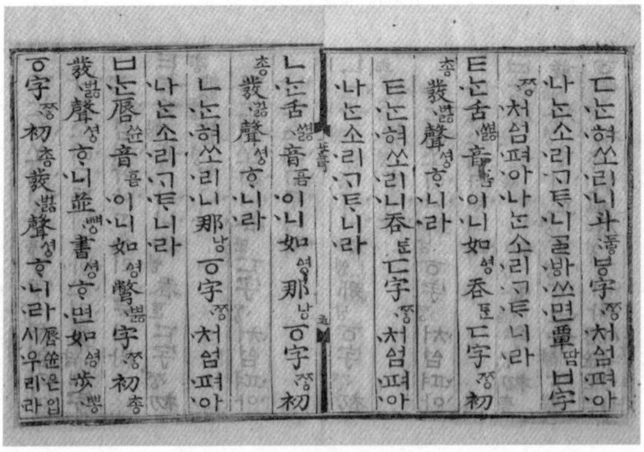
ㄷ는 혀쏘리니 斗字 처ᅀᅥᆷ 펴아
나ᄂᆞᆫ 소리 ᄀᆞᄐᆞ니 ᄀᆞᆯᄫᅡ 쓰면 覃ㅂ字
처ᅀᅥᆷ 펴아 나ᄂᆞᆫ 소리 ᄀᆞᄐᆞ니라
ㅌ는 舌音이니 如呑ㄷ字初
發聲ᄒᆞ니라
ㅌ는 혀쏘리니 呑ㄷ字 처ᅀᅥᆷ 펴아
나ᄂᆞᆫ 소리 ᄀᆞᄐᆞ니라
ㄴ는 舌音이니 如那ㆆ字初
發聲ᄒᆞ니라
ㄴ는 혀쏘리니 那ㆆ字 처ᅀᅥᆷ 펴아
나ᄂᆞᆫ 소리 ᄀᆞᄐᆞ니라
ㅂ는 脣音이니 如彆字初
發聲ᄒᆞ니 竝書ᄒᆞ면 如步
ㆆ字初發聲ᄒᆞ니라 脣은 입시우리라

① '혀쏘리'로 번역되는 '舌音'을 기본자부터 가획자 순으로 설명하고 있다.

② 글자 왼쪽에 찍힌 점은 방점이라고 하며 이 점을 통해 성조를 나타냈다.

③ 보조사 '는'은 'ᄂᆞᆫ'의 형태로도 쓰였다.

④ 한자음 뒤에서는 끊어 적기를, 우리말 뒤에서는 이어 적기를 하는 경향이 있다.

⑤ 'ㄷ'에 관여하는 조음 기관은 '혀'이며, 'ㅂ'에 관여하는 조음 기관은 '입술'이다.

97. <보기>는 남북한의 맞춤법 규정 일부이다. 이에 따라 주어진 단어를 줄여 표기할 때, 남북의 표기가 올바르게 짝 지어지지 <u>않은</u> 것은?

<보기>

1. 남한

한글 맞춤법 제40항에 따라 어간의 끝음절 '하'의 'ㅏ'가 줄고 'ㅎ'이 다음 음절의 첫소리와 어울려 거센소리로 될 적에는 거센소리로 적고, 어간의 끝음절 '하'가 아주 줄 적에는 준 대로 적는다. 이때, '하'가 줄어드는 기준은 '하' 앞의 받침의 소리가 [ㄱ, ㄷ, ㅂ]일 때이다.

예 · 본말: 간편하게 → 준말: 간편케

· 본말: 갑갑하지 않다 → 준말: 갑갑지 않다

2. 북한

조선말규범집 제13항에 따라 말줄기의 끝소리마디 ≪하≫의 ≪ㅏ≫가 줄어들면서 다음에 온 토의 첫소리자음이 거세게 될 때에는 거센소리로 적고, 이와 관련하여 ≪않다≫, ≪못하다≫의 앞에 오는 ≪하지≫를 줄인 경우에는 ≪치≫로 적는다.

예 · 본말: 례하건대 → 준말: 례컨대

· 본말: 우연하지 않다 → 준말: 우연치 않다

	본말	준말(남한)	준말(북한)
①	고려하지 않다	고려치 않다	고려치 않다
②	똑똑하지 않다	똑똑지 않다	똑똑치 않다
③	섭섭하지 않다	섭섭치 않다	섭섭치 않다
④	편안하지 못하다	편안치 못하다	편안치 못하다
⑤	풍부하지 못하다	풍부치 못하다	풍부치 못하다

98. 다음 수어가 나타내는 말로 가장 적절한 것은?

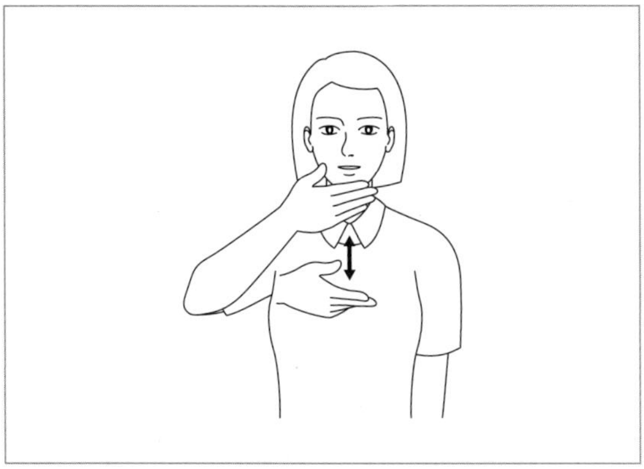

① 듣다

② 먹다

③ 자다

④ 좋다

⑤ 괜찮다

99. <보기 1>을 참고할 때, <보기 2>에서 점자 표기가 바르게 된 것을 모두 고른 것은?

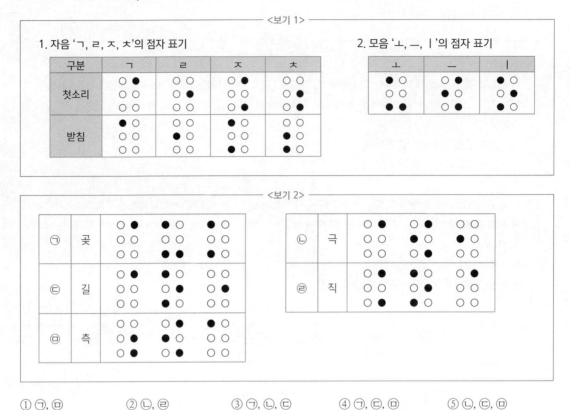

<보기 1>

1. 자음 'ㄱ, ㄹ, ㅈ, ㅊ'의 점자 표기

구분	ㄱ	ㄹ	ㅈ	ㅊ
첫소리	○● ○○ ○○	○○ ○● ○○	○● ○○ ○●	○○ ○● ○●
받침	●○ ○○ ○○	○○ ●○ ○○	●○ ○○ ●○	○○ ●○ ●○

2. 모음 'ㅗ, ㅡ, ㅣ'의 점자 표기

ㅗ	ㅡ	ㅣ
●○ ○○ ●●	○● ●○ ○●	●○ ○● ●○

<보기 2>

㉠	곶	○● ○○ ○○	●○ ○○ ●●	●○ ○○ ●○
㉢	길	○● ○○ ○○	●○ ○● ●○	○○ ○● ○○
㉤	측	○○ ○● ○●	○● ●○ ○●	●○ ○○ ○○

㉡	극	○● ○○ ○○	○● ●○ ○●	○○ ●○ ○○
㉣	직	○● ○○ ○●	●○ ○● ●○	○● ○○ ○○

① ㉠, ㉤ ② ㉡, ㉣ ③ ㉠, ㉡, ㉢ ④ ㉠, ㉢, ㉤ ⑤ ㉡, ㉢, ㉤

100. 보도문에 쓰인 문장의 문제점과 그 수정 방안에 대한 설명으로 적절하지 않은 것은?

① 조사 결과에 따르면 치킨 프랜차이즈 가맹점은 전국에 28,627개가 있다고 합니다.
→ 통계 자료를 보도문에 인용하면서 통계 자료의 출처에 관한 정보를 제시하지 않고 있으므로 '2021년 통계청에서 실시한 조사 결과에 따르면'과 같이 통계 자료의 출처를 밝혀야 한다.

② 전문가들은 이번 연구가 인류의 자유로운 우주여행을 가능하게 하는 주추가 될 것이라고 전망했습니다.
→ 보도문에서는 표준어를 사용해야 하며 일의 바탕을 비유적으로 이르는 말은 '주초'이므로 비표준어 '주추'는 '주초'로 수정해야 한다.

③ 인천 공항으로 출발해 뉴욕을 향하던 도중 기체에 결함이 생겨 김포 공항에 비상착륙 했다고 밝혔습니다.
→ '인천 공항으로 출발해'의 조사 '으로'는 출발하는 지점을 나타내기에 부적절한 조사이므로 조사 '을'을 써 '인천 공항을 출발해'로 수정해야 한다.

④ 유통기한이 일주일 이상 넘는 제품의 유통기한을 조작한 A 업체는 식품위생법 위반 혐의로 처벌될 예정입니다.
→ 유통기한이 경과한 시점이 보도 시점보다 이전이므로 현재형 '넘는'은 과거형 '넘은'으로 고쳐야 한다.

⑤ 인구 유출 문제가 심각한 B 시는 디지털 트윈 사업으로 이를 해결하기 위해 C 대학교와의 산업 협력을 체결했습니다.
→ '디지털 트윈'이라는 전문어를 사용하면 보도문을 이해하기 어려워지므로 디지털 트윈의 의미인 '가상 공간에 실물과 똑같이 만든 물체, 또는 그러한 것을 만드는 기술'을 추가한다.

정답 및 해설집 p.165

성　　명	
수 험 번 호	
감 독 관 확 인	

KBS한국어능력시험

3회 기출동형 모의고사

- 문제지와 답안지에 모두 성명, 수험 번호를 정확히 기입하십시오.
- 답안지와 함께 문제지를 반드시 제출하십시오.
- 본 시험지를 절취하는 것은 부정행위로 간주합니다.
- 본 시험의 내용을 무단으로 전제·복사·복제·출판·강의하는 행위와 인터넷 등을 통해 복원하는 행위는 저작권법에 저촉됩니다.

해커스자격증

듣기 · 말하기 (1 ~ 15번)

3회 듣기·말하기 MP3

1. 그림에 대한 설명으로 적절한 것은?

① 그림 속에 등장하는 모든 인물은 춤을 추는 데 열중하고 있다.

② 어수선한 무도회장의 모습이 정돈되고 균형감 있게 표현돼 있다.

③ 전경의 인물에 관람객의 시선이 고정되게 한 특이한 구도를 취한다.

④ 그림 왼쪽에 그려진 스페인 화가 돈 페드로의 의뢰로 그려진 그림이다.

⑤ 햇빛과 그림자의 대비를 강하게 표현하기 위해 명암을 짙게 표현하였다.

2. 이 이야기의 주제로 가장 적절한 것은?

① 다른 사람의 물건을 탐내는 마음을 멀리해야 한다.

② 손쉽게 재물을 얻으려 하는 자세를 경계해야 한다.

③ 자신의 이익보다 타인의 손해를 먼저 생각해야 한다.

④ 자신이 가진 것을 부족한 이에게 베풀며 살아야 한다.

⑤ 재물을 욕심내다 보면 자신과 타인을 모두 해치게 된다.

3. 강연의 내용에 대한 이해로 적절하지 않은 것은?

① 외환의 수요량보다 공급량이 많으면 환율이 하락한다.

② 우리나라는 환율에 표기하는 외화 단위의 기준을 1단위로 한다.

③ 환율은 국가 간에 화폐를 어떤 비율로 교환할 것인지 정한 것이다.

④ 수출이 감소하고 수입이 증가하는 현상은 환율이 하락할 때 일어난다.

⑤ 환율이 하락하면 원화 가치가 상승해 거래하는 외국 돈이 약세가 된다.

4. 방송 내용에 대한 이해로 적절하지 않은 것은?

① '인 더 하이츠'의 배경이 되는 도시는 워싱턴에 있는 워싱턴하이츠이다.

② 영화와 영화의 원작, 영화 도입부 노래의 제목은 '인 더 하이츠'로 동일하다.

③ '인 더 하이츠'에서 중요한 장치로 작용하는 대정전은 실제로 일어난 사건이다.

④ '인 더 하이츠'의 도입부와 결말은 같은 장면이 반복되나 결말에서만 알 수 있는 정보가 있다.

⑤ '인 더 하이츠'의 니나, 바네사, 소니는 미국 사회에서 이민자가 겪는 문제를 드러내는 인물이다.

5. 이 시에서 묘사하고 있는 대상은?

① 개벽(開闢) ② 개화(開花) ③ 고독(孤獨) ④ 낙화(落花) ⑤ 적막(寂寞)

6. 전문가가 설명한 내용으로 적절하지 않은 것은?

① 불면증 환자는 낮잠을 자는 습관을 고쳐야 한다.

② 잠이 부족하면 평소보다 자주 배가 고플 수 있다.

③ 피로 회복을 위해 잠을 잔다는 의견이 지배적이다.

④ 수면 시간보다 중요한 것은 규칙적인 수면 패턴이다.

⑤ 평일에 부족한 수면 시간은 주말에 채우는 것이 좋다.

7. 진행자의 말하기 전략에 대한 설명으로 적절하지 않은 것은?

① 전문가의 답변과 관련된 자신의 경험을 덧붙이고 있다.

② 인터뷰에서 다룰 화제를 제시하며 인터뷰를 시작하고 있다.

③ 청취자의 질문 중에서 몇 가지를 추려 하나씩 질문하고 있다.

④ 전문가의 답변과 관련이 있는 질문을 하여 대화를 이어가고 있다.

⑤ 전문가의 말이 끝나면 간단히 호응한 후 다음 화제로 넘어가고 있다.

8. 대화를 통해 알 수 있는 두 사람의 생각으로 적절하지 않은 것은?

① 여자: 원칙이 잘못되었다면 원칙을 바꿀 수도 있어야 한다.

② 여자: 불가피한 상황에까지 원칙을 적용하는 일은 너무한 처사이다.

③ 여자: 여러 상황을 고려해 원칙을 정해야 모두가 지킬 수 있는 원칙이 된다.

④ 남자: 예외 사항이 한 번이라도 발생한 원칙은 무효화하고 다시 정해야 한다.

⑤ 남자: 누군가 원칙에 따르지 않는다면 원칙을 따른 이들도 피해를 보게 된다.

9. 두 사람의 말하기 방식으로 적절하지 않은 것은?

① 남자: 실제로 일어난 일을 사례로 들며 자신의 주장을 뒷받침하고 있다.

② 남자: 상대의 말을 부분적으로 인정한 후 받아들일 수 없는 부분을 반박하고 있다.

③ 남자: 상대의 감정 표현에 반응하며 그 감정이 유발된 원인을 설명할 수 있는 질문을 하고 있다.

④ 여자: 자신이 처한 불합리한 상황을 토로하며 현 상황에 대한 불만을 드러내고 있다.

⑤ 여자: 상대의 주장에 대한 반론을 문제 상황을 해결할 수 있는 대안과 함께 제기하고 있다.

10. 강연의 내용과 일치하지 않는 것은?

① 미술사에서 유화 기법보다 템페라 기법이 선행한다.

② '유채'는 미술 기법과 그 기법으로 그린 그림을 모두 가리킨다.

③ 테레빈유를 사용한 유화 그림은 황변이 일어날 가능성이 있다.

④ 아마인유와 달걀노른자는 불포화지방산을 함유하는 물질이다.

⑤ 유화와 템페라 기법으로 그린 그림은 잘 보존되는 특징이 있다.

11. 이 강연의 말하기 방식으로 가장 적절한 것은?

① 유화의 재료 특성에서 유화의 특성을 이끌어 내고 있다.

② 테레빈유와 아마인유가 지닌 기능의 장단점을 비교하고 있다.

③ 구체적인 예를 들어 서양화의 개념을 알기 쉽게 설명하고 있다.

④ 미술 기법에서 과학적 원리를 발견하게 된 배경을 제시하고 있다.

⑤ 유화의 한계를 지적한 후 이를 극복한 기법을 발견한 화가를 소개하고 있다.

12. 발표의 내용을 고려할 때, 순풍을 만나 비행 중인 날개치기를 하는 철새가 발견될 가능성이 높은 시간과 고도로 적절한 것은?

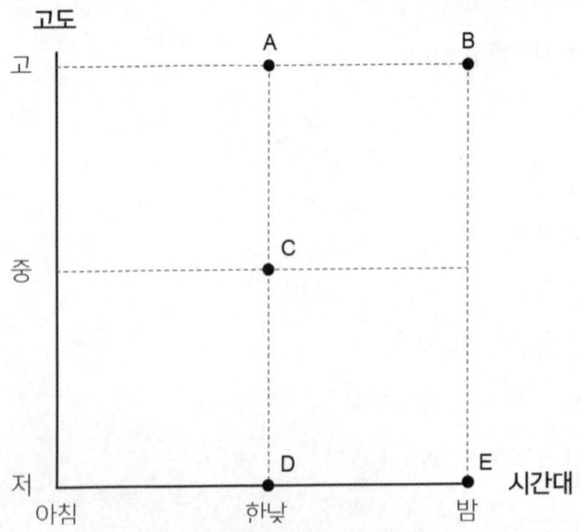

① A

② B

③ C

④ D

⑤ E

13. 이 발표의 내용 구성 전략으로 가장 적절한 것은?

① 장거리 비행 방법에 따라 철새를 구분하고 이를 비교하고 있다.

② 바람의 방향과 철새가 이동하는 속도를 연관 지어 설명하고 있다.

③ 철새가 비행 고도를 바꾸는 방식을 바람의 세기에 따라 설명하고 있다.

④ 철새가 이동하는 계절에 따라 비행에 영향을 미치는 요인을 설명하고 있다.

⑤ 철새가 이동하는 거리에 따라 상승 기류를 이용하는 방식을 설명하고 있다.

14. 대화에 대한 이해로 적절하지 <u>않은</u> 것은?

① 김 교수는 우리나라 유아 영어 교육 방식에 문제가 있다고 생각한다.

② 김 교수는 유아기 영어 교육과 모국어 발달 간 상관관계를 인정한다.

③ 김 교수는 유아 영어 교육이 장기적으로는 효과가 미미하다고 생각한다.

④ 박 교수는 유아 영어 교육에서 학부모의 요구가 가장 중요하다고 여긴다.

⑤ 박 교수는 우리나라 전반에서 유아 영어 교육이 이루어지고 있다고 판단한다.

15. 뒤에 이어질 사회자의 발화로 가장 적절한 것은?

① 네, 두 분 말씀 잘 들었습니다. 유아 영어 교육에 관한 관심이 늘어나게 된 이유를 다시 한번 짚어 봐야 할 시점인 것 같습니다.

② 네, 두 분 말씀 잘 들었습니다. 유아 영어 교육의 필요성에 관한 논의 이전에 유아 영어 교육의 효과를 분명히 밝혀내는 일이 필요하겠습니다.

③ 네, 두 분 말씀 잘 들었습니다. 유아 영어 교육이 필요하더라도 유아의 흥미를 고려한 유아 영어 교육 과정을 마련하는 데 초점을 맞추어야겠군요.

④ 네, 두 분 말씀 잘 들었습니다. 외국에서 영어 교육을 조기에 한다고 해서 우리나라까지 어린아이들을 대상으로 영어 교육을 해야 할 필요는 없는 거겠죠.

⑤ 네, 두 분 말씀 잘 들었습니다. 유아 영어 교육의 필요성 문제도 중요하지만 실제로 유아 영어 교육이 어떻게 이루어져야 하는지도 생각해 보아야 하겠군요.

어휘 (16 ~ 30번)

16. 다음 중 사람의 특성을 설명할 수 있는 고유어가 아닌 것은?

① 가납사니 ② 가리사니 ③ 구년묵이 ④ 트레바리 ⑤ 허릅숭이

17. 밑줄 친 한자어의 사전적 뜻풀이로 적절하지 않은 것은?

① 과문(寡聞)이 부끄럽다: 보고 들은 것이 적음

② 예술과 경제의 결부(結付): 일정한 사물이나 현상을 서로 연관시킴

③ 사장 주재(主宰)로 개최하다: 자기의 생각과 판단에 따라 일을 처리함

④ 교두보(橋頭堡)로 삼다: 어떤 일을 하기 위해 마련한 발판을 비유적으로 이르는 말

⑤ 이 공연의 백미(白眉): 여럿 가운데에서 가장 뛰어난 사람이나 훌륭한 물건을 비유적으로 이르는 말

18. 밑줄 친 고유어의 뜻풀이가 옳지 않은 것은?

① 흐벅진 복숭아 몇 개를 골라 손님용으로 내놓았다.
→ 탐스럽게 두툼하고 부드럽다.

② 어젯밤 아빠에게 혼난 동생을 눅칠 만한 선물을 샀다.
→ 마음 등을 풀어 누그러지게 하다.

③ 태풍과 해일이 갈마드는 탓에 관광객의 발길이 끊겼다.
→ 이것저것 가리지 않고 휘몰아 들이다.

④ 몇 살 같아 보이냐는 물음에 낫잡아 서른이라고 답했다.
→ 금액, 나이, 수량, 수효 등을 계산할 때에, 조금 넉넉하게 치다.

⑤ 오후 6시 이후의 지하철엔 후줄근한 직장인들로 가득하다.
→ 몹시 지치고 고단하여 몸이 축 늘어질 정도로 아주 힘이 없다.

19. 밑줄 친 한자어의 쓰임이 적절하지 않은 것은?

① 부부 싸움에 굳이 간여(干與)하고 싶지 않다.

② 김 씨는 최 씨에게 그림 세 점을 백억 원에 매도(賣渡)했다.

③ 그녀는 누명을 쓴 상황에서도 담담하고 처연(悽然)한 태도를 일관하였다.

④ 대표 이사의 뇌물 수수 혐의가 사실로 밝혀지자 이사회는 그를 해촉(解囑)하였다.

⑤ 입주 일정에 문제가 생겨 우리 가족은 당분간 할머니 댁에서 유숙(留宿)하기로 했다.

20. "분쟁을 중간에서 화해하게 하거나 서로 타협점을 찾아 합의하도록 하다"라는 의미의 '조정(調停)하다'의 용례로 적절한 것은?

① 근거가 불충분한 자료는 시일을 두고 조정해야 한다.

② 두 부서는 신상품의 가격을 조정하는 문제로 대립했다.

③ 강당에 놓아둔 의자 간격을 2미터 이상으로 조정하였다.

④ 토지 개발로 일어난 갈등을 조정하는 데 3개월이 걸렸다.

⑤ 시험의 난도를 상향 조정한다는 말에 수험생들이 동요하였다.

21. <보기>의 ㉠ ~ ㉢에 해당하는 한자로 올바르게 묶인 것은?

<보기>

· 그는 아이들을 태운 비행기가 ㉠ 비상하는 모습을 바라보았다.
· 다시는 할머니를 볼 수 없다는 생각에 그저 ㉡ 비상하기만 하였다.
· 다른 무엇보다 그녀는 인간의 감정을 글로 담아내는 실력이 매우 ㉢ 비상하다.

	㉠	㉡	㉢
①	비상(非常)	비상(飛上)	비상(悲傷)
②	비상(非常)	비상(悲傷)	비상(飛上)
③	비상(飛上)	비상(非常)	비상(悲傷)
④	비상(飛上)	비상(悲傷)	비상(非常)
⑤	비상(悲傷)	비상(非常)	비상(飛上)

22. 밑줄 친 두 단어가 동음이의어 관계에 있는 것은?

① 극단의 새로운 얼굴이 된 그는 얼굴이 매우 매력적이다.

② 다리를 급히 건너다 넘어졌는데 안경의 다리가 부러졌다.

③ 새벽에 홀로 길을 걸으며 성공의 길이 무엇일지 생각했다.

④ 좋은 목에 자리를 잡은 상인이 누굴까 목을 빼고 살펴보았다.

⑤ 조직의 짐이었던 그녀는 갖은 노력 끝에 팀장으로서의 짐을 지게 되었다.

23. 밑줄 친 단어의 쓰임이 적절하지 않은 것은?

① 업무가 산더미 같아 쉴 겨를도 없다.

② 그녀는 동료들이 자신을 멀리하는 것이 고까웠다.

③ 궁글어 있는 창호지를 떼고 새 종이를 문에 발랐다.

④ 그는 뻔히 알고 있는 사람도 자못 모른 척하곤 했다.

⑤ 사고가 발생한 이후 마을에 불화의 기운이 감돌았다.

24. 밑줄 친 한자어에 대응하는 고유어로 가장 적절하지 않은 것은?

① 사내 체육 대회 날짜를 5월 7일로 정(定)했다(→ 잡았다).

② 아무리 친한 사이여도 심(甚)한(→ 지나친) 농담은 삼가야 한다.

③ 그녀는 무리 중에서 가장 먼저 산 정상에 도달(到達)했다(→ 다다랐다).

④ 할아버지께서는 전 재산을 모교의 장학 재단에 기탁(寄託)했다(→ 물려줬다).

⑤ 그는 대출금을 모두 상환하여 빚쟁이 신세를 면(免)하게(→ 벗어나게) 되었다.

25. '난방을 덜 하기 위해 거실에 전기장판을 폈다.'에 사용된 '펴다'와 같은 의미는?

① 바느질하다가 휘어진 바늘을 다시 바르게 폈다.

② 다 마른 셔츠를 걷어다 접힌 부분을 다리미로 폈다.

③ 글을 쓰기 전 이런저런 생각을 펴 보는 것이 중요하다.

④ 빗줄기가 쏟아지자 사람들은 하나둘 우산을 펴기 시작했다.

⑤ 모처럼 날이 좋아 한강 둔치에 돗자리를 펴고 친구들과 놀았다.

26. 속담을 사용한 표현이 적절하지 않은 것은?

① 다시 해도 소용없을 테니 공연히 주먹으로 물 찧기 하지 마라.

② 굳은 땅에 물이 괸다는 마음으로 쓸데없는 소비를 줄여야겠다.

③ 황소 제 이불 뜯어 먹기처럼 내가 한 일로 내가 해를 입게 되었다.

④ 초록은 동색이라고 했으니 중간고사를 망친 사람들끼리 뭉쳐야 해.

⑤ 빌려준 물건을 돌려 달라고 빌고 있으니 앉아 주고 서서 받는 격이다.

27. 다음 한자 성어 중 '운수가 나쁜 사람은 모처럼 좋은 기회를 만나도 역시 일이 잘 안됨을 이르는 말'은?

① 가렴주구(苛斂誅求) ② 걸견폐요(桀犬吠堯) ③ 계란유골(鷄卵有骨)
④ 구우일모(九牛一毛) ⑤ 기고만장(氣高萬丈)

28. 관용 표현에 사용된 밑줄 친 단어의 뜻풀이가 바르지 않은 것은?

① 어디 가서 말하지 않을 테니 네 심사를 털어놓아 보아라.
→ 심사(心思): 어떤 일에 대한 여러 가지 마음의 작용

② 이 제안을 들으면 그도 구미가 당길 수밖에 없을 것이다.
→ 구미(口味): 음식을 먹을 때 입에서 느끼는 맛에 대한 감각

③ 삼선 국회의원인 그는 시색이 좋은 정치인이라 할 수 있다.
→ 시색(時色): 그 당시의 사정에 알맞음. 또는 그런 요구

④ 뉴스에서는 마각을 드러낸 다단계 업체를 보도하고 있었다.
→ 마각(馬脚): 말의 다리

⑤ 서막을 올린 사건을 찾으면 일의 흐름을 쉽게 파악할 수 있다.
→ 서막(序幕): 일의 시작이나 발단

29. 밑줄 친 부분을 쉬운 말로 표현한 것으로 적절하지 않은 것은?

① 월급에는 기본급과 성과급, 식대(食代)가 포함된다. → 밥값
② 소유한 주식과 건물 일부를 불하(拂下)해 적자를 메웠다. → 팔아넘겨
③ 기차에 수하물(手荷物)을 두고 내려 분실물 신고를 했다. → 손짐
④ 최근 A 방송국은 사계(斯界)의 전문가를 모은 프로그램을 제작했다. → 전 세계
⑤ 전세금을 돌려받지 못한 임차인들은 임대인에게 전세금 반환을 최고(催告)했다. → 독촉했다

30. 밑줄 친 표현을 순화한 말로 적절하지 않은 것은?

① 도서관 정회원으로 가입하면 이북(→ 전자책)도 대여할 수 있습니다.
② 커리어 하이(→ 최고 기록)를 세운 선수를 영입하려는 경쟁이 치열하다.
③ 고기의 맛은 마블링(→ 지방층)의 질이 결정한다고 해도 과언이 아니다.
④ 최근 테이크 아웃(→ 포장 판매)을 전문으로 하는 커피숍이 많이 생기고 있다.
⑤ 그녀는 네임밸류(→ 지명도)가 높은 회사에 입사하기 위해 학업에 열중하였다.

어법 (31 ~ 45번)

31. 밑줄 친 활용형의 표기가 옳지 않은 것은?

① 오빠는 면발이 잔뜩 분 라면을 좋아한다.

② 트렁크에 자전거를 싣고 한강으로 가는 중이다.

③ 스무 살이 되자마자 하겠다고 별러 왔던 일을 하러 간다.

④ 동파 위험이 있으니 수도꼭지를 다 잠그지 않게 조심해라.

⑤ 이것은 우물에서 물을 길어 가는 아이를 그린 그림입니다.

32. 단어의 표기가 올바르지 않은 것은?

① 담뿍 ② 들썩 ③ 몽땅 ④ 문득 ⑤ 싹뚝

33. 다음 중 밑줄 친 두 단어가 본말과 준말의 관계가 아닌 것은?

① 어제그저께/엊그저께 온 택배를 이제야 정리했다.

② 우리 학교에서 제일/젤 큰 강의실은 지하 강의실이다.

③ 개점 행사를 위해 가지가지/갖가지 상품을 마련하였다.

④ 구청에서 우리 건물 바깥벽/밭벽에 명화를 그려 주었다.

⑤ 밥숟가락/밥술에 밥을 한가득 푸고 그 위에 명란젓을 올렸다.

34. 밑줄 친 부분의 띄어쓰기가 올바른 것은?

① 암기해야 풀 수 있는 문제라니 외울 밖에.

② 한사람이 앞장서자 다른 사람들이 그 뒤를 따랐다.

③ 그는 참견만 할 줄 알뿐 실질적인 도움은 주지 않는다.

④ 사람들이 많이 내리고 타는 것을 보니 환승역인가보다.

⑤ 극지방에 나타나는 오로라는 무지개만큼 알록달록하다.

35. 밑줄 친 부분의 문장 부호 사용이 올바르지 않은 것은?

① 국어의 단모음은 □□□□□□□□□□의 열 개이다.

② 드뷔시가 작곡한 '달빛'은 피아노로 연주하는 음악이다.

③ 이 칼럼의 소제목은 「한국의 자연~새와 곤충의 천국~」이다.

④ 국제 원두 가격 폭등으로 커피 한 잔이 6천 원을 넘기도 한다.

⑤ 네가 많은 돈을 투자했다는 건 알지만, 이익이 난다고 확답할 수가…….

36. <보기>의 표준어 사정 원칙을 참고할 때, ㄱ과 ㄴ의 예로 적절하지 않은 것은?

<보기>

양성 모음이 음성 모음으로 바뀌어 굳어진 다음 단어는 음성 모음 형태를 표준어로 삼는다.(ㄱ을 표준어로 삼고, ㄴ을 버림)

	ㄱ	ㄴ
①	주추	주초
②	부줏돈	부좃돈
③	쌍둥이	쌍동이
④	깡충깡충	깡총깡충
⑤	뻗정다리	뻗장다리

37. 다음의 단어가 '표준어 – 비표준어' 순서로 나열되어 있다고 할 때, <보기>와 같은 맥락으로 설명할 수 없는 것은?

<보기>

과거에는 '감정이 나타나는 얼굴빛'은 '나색'으로, '마음에 느낀 것이 얼굴에 드러나 뵈는 꼴'은 '내색'으로 구별하기도 하였다. 그러나 두 단어의 의미가 사실상 유사할 뿐만 아니라 발음과 형태에 큰 차이가 없다는 점, 현대에는 '내색'이 널리 쓰이고 있다는 점을 고려하여 '나색'과 '내색' 중 '내색'만을 표준어로 삼게 되었다.

① 멸치 – 며루치　② 똬리 – 또아리　③ 설령(設令) – 서령

④ 천장(天障) – 천정　⑤ 냠냠거리다 – 얌냠거리다

38. <보기>의 ㉠ ~ ㉤에 대한 설명으로 적절한 것은?

<보기>

· 우리는 여름마다 계곡에서 ㉠ 자맥질을 즐기곤 한다.
· 할머니 댁 마당에 ㉡ 깜장 강아지 다섯 마리가 뛰어다닌다.
· 학생회장은 교칙에 맞는 ㉢ 똑바라진 행동만 하기로 유명하다.
· 워낙 오지로 유명한 곳이다 보니 ㉣ 길라잡이를 대동해야 한다.
· ㉤ 가락지의 둘레가 검지에는 꽉 끼고 중지에는 헐렁해 끼기 애매하다.

① ㉠: '물속으로 잠겨 들어감. 또는 그런 일'을 뜻하는 표준어이다.
② ㉡: '깜은 빛깔이나 물감'을 뜻하는 방언이다.
③ ㉢: '말이나 생각, 행동 등이 이치나 규범에서 벗어남이 없이 옳고 바르다'를 뜻하는 표준어이다.
④ ㉣: '길을 인도해 주는 사람이나 사물'을 뜻하는 표준어이다.
⑤ ㉤: '장식으로 손가락에 끼는 두 짝의 고리'를 뜻하는 방언이다.

39. 된소리되기가 일어나는 조건이 <보기>와 다른 것은?

<보기>

강가[강까]

① 등불[등뿔]　② 강줄기[강쭐기]　③ 몰상식[몰쌍식]
④ 손재주[손째주]　⑤ 초승달[초승딸]

40. 밑줄 친 말이 외래어 표기법에 맞지 않는 것은?

① 놀이공원에 가면 스릴(thrill) 있는 놀이기구부터 타는 편이다.
② 참치 김밥에는 마요네즈(mayonnaise)와 깻잎이 꼭 들어가야 한다.
③ 언니가 좋아하는 가수가 오늘 방영하는 다큐멘터리의 나레이터(narrator)를 맡았다.
④ 여러 행사의 스태프(staff)로 참여한 경력으로 나의 사교성과 지도력을 인증하려 한다.
⑤ 블록체인(block chain)은 온라인으로 거래할 때 데이터 위·변조를 방지할 수 있는 기술이다.

41. 국어의 로마자 표기가 올바른 것은?

① 팔당: Palddang　② 해운대: Hae-undae　③ 집현전: Jipyeonjeon
④ 촉석루: Chokseoklu　⑤ 대관령: Daegwanlyoung

42. 문장 성분의 호응이 가장 자연스러운 문장은?

① 도저히 평일에는 관공서나 은행에 갈 수 있다.

② 머리카락이 얇은 탓에 머리숱이 더 없어 보인다.

③ 책상이 넓따래서 책을 여러 권 펼쳐 놓을 수 있다.

④ 비록 순위가 최하위인 팀이면 최선을 다해야 한다.

⑤ 새순이 돋는 시기에는 녹지 입장을 일절 허용한다.

43. 문맥상 높임 표현이 자연스럽지 않은 것은?

① 손주들이 할아버지께 진짓상을 올렸다.

② 이모께서는 할머니를 뵈러 지방에 가셨다.

③ 총장님, 오늘 점심 식사는 괜찮으셨습니까?

④ 귀하께서 원하시는 제품을 말씀해 주시기를 바랍니다.

⑤ 한 학생이 대표로 나와 선생님께 편지와 꽃다발을 주었다.

44. 중의성이 있는 문장에 해당하지 않는 것은?

① 어머니는 배를 매우 좋아하신다.

② 모든 아이들이 한 장난감에 애착이 강하다.

③ 우연히 마주쳤던 친구의 남편까지 모임에 초대했다.

④ 모든 관광객들이 각자 포도를 한 상자씩 구매하였다.

⑤ 국어 숙제를 다 하지 못하여 선생님께 꾸중을 들었다.

45. 번역 투의 표현이 쓰이지 않은 것은?

① 우리 집은 영화관 같은 문화 시설이 많은 곳에 위치해 있다.

② 제품의 생산량을 결정할 때는 제품 수요량을 고려해야 한다.

③ 새가 자주 다니는 길목에 적당한 양의 견과류를 놓아두었다.

④ 백화점의 사과 1개 가격은 전통 시장의 그것보다 약 2배 높다.

⑤ 김 관장은 전시회를 통해 신인 작가 10인을 관람객에게 소개했다.

쓰기 (46 ~ 50번)

[46~50] '스마트폰 과의존'을 소재로 글을 작성하려고 한다. 제시된 물음에 답하시오.

길을 걸으며 스마트폰을 이용하다 마주 오는 사람과 부딪힐 뻔했다거나 지하철에서 스마트폰 사용을 ㉠ 지양할 것을 안내하는 방송을 들어 본 적이 있는가? 혹은 식당이나 카페 등에서 마주 앉아 대화하기보다는 각자 스마트폰을 들여다보고 있는 사람을 본 적은 없는가? 이런 일은 최근 우리 사회에서 매우 흔하게 볼 수 있는 모습이다.

이는 모두 스마트폰 사용률이 증가하고 스마트폰에 생활 대부분을 의존하며 나타나게 된 현상이다. 2021년까지 집계된 자료를 바탕으로 할 때, 실제로 우리나라는 스마트폰 과의존군이 매년 증가하고 있다. ㉡ 계속 변화하고 실시간으로 주어지는 자극에만 반응하고 주의 집중을 계속 해야 하거나, 느리게 변하는 타인의 감정 등에는 반응하지 않는 '팝콘 브레인(popcorn brain)'이 늘어나는 것과 유사한 맥락이다.

성인을 기준으로 할 때 스마트폰 과의존 척도는 '스마트폰 이용 시간을 줄이려 할 때마다 실패한다', '스마트폰 이용 시간을 조절하는 것이 어렵다', '적절한 스마트폰 이용 시간을 지키는 것이 어렵다', '스마트폰이 옆에 있으면 다른 일에 집중하기 어렵다', '스마트폰 생각이 머리에서 떠나지 않는다', '스마트폰을 이용하고 싶은 충동을 강하게 느낀다', '스마트폰 이용 때문에 건강에 문제가 생긴 적이 있다', '스마트폰 이용 때문에 가족과 심하게 다툰 적이 있다', '스마트폰 이용 때문에 친구 혹은 동료, 사회적 관계에서 심한 갈등을 경험한 적이 있다', '스마트폰 때문에 업무(학업 혹은 직업 등) 수행에 어려움이 있다'의 열 가지이다. ㉢ 이중 스마트폰 일반 사용자 간 가장 큰 차이가 난 척도는 '스마트폰을 이용하고 싶은 충동을 강하게 느낀다'였다(2021년 통계 자료 기준). 척도당 만점을 4점으로 하였을 때 스마트폰 과의존 위험군은 이 척도를 2.88점으로 평가하였으며 일반 사용자군은 이 척도를 1.67점으로 평가해 두 점수의 차이가 1.21점이 발생했다.

이렇게 사회가 전반적으로 스마트폰에 의존하게 되며 '모바일 블라인더(Mobile Blinder)'가 늘고 있다. '모바일 블라인더'는 경주마가 결승점으로만 달릴 수 있도록 경주마의 눈에 주위를 가리는 눈가리개(블라인더)를 씌우는 것과 주위를 ㉣ 차단시키고 스마트폰 세상에만 집중하는 사람들의 행위가 유사하다는 데 착안하여 붙여진 이름이다. 모바일 블라인더는 일상적인 문제뿐 아니라 심각한 사회적 문제까지 유발하기 때문에 주의 깊게 살펴야 할 사회 현상이다. ㉤ 스마트폰에 몰입해 주의력이 떨어진 상태로 걷는 보행자를 지칭하는 '스몸비(smombie)'라는 신조어까지 생겨날 정도이다.

스마트폰에 과의존하는 사람들이 이 문제를 심각하게 받아들이지 않아 스마트폰 과의존으로 인한 문제가 계속 증가하고 있는 것일까? 그렇지 않다. 과학기술정보통신부에서 2016년에 실시한 조사에 따르면 스마트폰 과의존 위험군의 70.9%가 스마트폰 과의존 문제를 심각하게 인식하고 있다고 답했다. 그렇다면 우리 사회에서 스마트폰 과의존군이 늘어나는 이유는 무엇일까? 한 전문가는 과거에는 일상에 주어지는 빈 시간을 빈 시간으로 받아들였지만, 최근에는 빈 시간에 느끼는 심심함이나 그 공백을 재미로 꽉 채우지 않으면 견디지 못하기 때문이라고 답한다.

46. 다음은 윗글을 작성하기 전에 떠올린 계획이다. 윗글에 반영되지 않은 것은?

<글쓰기 계획>

ⓐ '모바일 블라인더'라는 명칭이 붙게 된 이유를 제시해야겠다.
ⓑ 스마트폰 과의존군도 스마트폰에 과다하게 의존하는 현상을 문제로 여김을 설명해야겠다.
ⓒ 스마트폰 과의존 척도를 제시하여 스마트폰 과의존이 무엇인지 독자가 이해하기 쉽게 해야겠다.
ⓓ 스마트폰 사용으로 인해 일상에서 겪을 수 있는 문제를 앞부분에 제시해 독자의 흥미를 유발해야겠다.
ⓔ 국내와 해외 사례를 들어 전 세계적으로 스마트폰에 의존하는 사람이 늘어나고 있음을 강조해야겠다.

① ⓐ ② ⓑ ③ ⓒ ④ ⓓ ⑤ ⓔ

47. 다음은 초고를 보완하기 위해 추가로 수집한 자료이다. 자료의 활용 방안으로 적절하지 않은 것은?

(가) 통계 자료

스마트폰 과의존 위험군 (단위: %)

연도	2017	2018	2019	2020	2021
소계	18.6	19.1	20	23.3	24.2

(나) 전문가 인터뷰

"현대 사회에서 스마트폰을 사용하지 않기란 매우 어렵습니다. 손가락을 조금만 움직이면 원하는 정보나 여가 시간을 보낼 만한 재미있는 콘텐츠를 쉽게 얻을 수 있으니까요. 그래서 우리는 스마트폰을 현명하게 사용해야 합니다. 스마트폰을 사용하는 시간과 공간을 스스로 통제하고, 스마트폰으로 대인 관계를 맺고 소통하기보다 직접 사람과 만나고 대화하는 시간을 만들고 즐기는 것이 한 방법이 될 수 있죠."

(다) SNS 자료

- 일어나서 폰만 만졌는데 3시간이 지났다… 내 하루…
- (스크린 캡처 이미지) 저번 주에 폰으로 SNS만 52시간 했대(?) 말도 안 돼
- 새로고침해 봤자 새로 뜨는 것도 없는데 새로고침만 2시간째 하는 중 (좋아요 31개)
- 계속 폰 들고 있어서 손목 아파서 엎드려서 보다가 목 아프면 다시 눕고 손목 아프면 엎드리고 반복 중 이렇게 하루가 갔다
  ㄴ나 보는 줄ㅋㅋㅋㅋ

(라) 스마트폰 과의존 예방 센터 자료

스마트폰 과의존으로 나타날 수 있는 현상

- 현저성: 생활 행위 중 스마트폰 이용이 가장 두드러지는 현저성이 증가함
- 조절 실패: 스스로 스마트폰 이용률을 조절하는 능력이 떨어짐
- 문제적 결과: 신체적·심리적·사회적 측면에서 문제적 결과를 경험함에도 스마트폰을 계속 사용하는 상태

① 우리나라에서 스마트폰 과의존군이 증가하고 있음을 설명하는 문장의 근거 자료로 (가)를 활용한다.

② 초고에는 스마트폰 과의존으로 인한 문제만을 설명하고 있으므로 (나)를 활용해 이를 방지하기 위한 방안을 추가한다.

③ 주위 환경 대신 스마트폰 속 세상에 집중하는 모바일 블라인더의 구체적인 사례로 (다)를 활용한다.

④ (라)를 활용해 스마트폰 과의존을 정의하는 문장을 추가한다.

⑤ 스마트폰 과의존군은 일반 사용자보다 스마트폰 사용 충동을 강하게 느낀다는 내용을 (다)와 (라)를 활용해 뒷받침한다.

48. 윗글에 사용된 글쓰기 방법으로 가장 적절한 것은?

① 묻고 답하는 형식을 사용해 스마트폰 과의존군이 늘어나는 원인을 설명하고 있다.

② 스마트폰 과의존 정도를 측정할 수 있는 방법을 전문 자료를 통해 자세히 설명하고 있다.

③ 개인마다 최적화된 알고리즘을 제공하는 SNS와 스마트폰 의존도 간의 상관관계를 분석하고 있다.

④ 스마트폰 과의존 현상으로 발생한 사회적 문제에 대해 여러 학자의 의견을 들어 문제를 객관적으로 조명하고 있다.

⑤ 스마트폰 과의존 현상을 과거, 현재, 미래 측면에서 분석하여 스마트폰 과의존 현상을 총체적으로 규명하고 있다.

49. ㉠ ~ ㉤을 수정하기 위한 방안으로 적절하지 않은 것은?

① ㉠: 앞뒤 내용을 고려할 때 단어 사용이 적절하지 않으므로 '지향할'로 수정한다.

② ㉡: 글의 통일성을 해치는 내용이므로 삭제한다.

③ ㉢: 문장에 필요한 부사어가 생략되어 있으므로 '스마트폰 과의존 위험군과'를 추가한다.

④ ㉣: 불필요한 사동 표현이므로 '차단하고'로 수정한다.

⑤ ㉤: 문단의 중심 내용을 고려하여 1문단으로 이동한다.

50. 윗글을 보완하기 위한 방안으로 가장 적절한 것은?

① 의견을 인용한 전문가의 신상을 구체적으로 밝혀 글의 통일성을 높인다.

② 근거로 인용한 통계 자료의 수치를 정확히 기재해 글의 신뢰성을 높인다.

③ 최근 스마트폰 과의존 현상이 늘어나고 있는 점을 들어 글의 시의성을 높인다.

④ 모바일 블라인더로 발생한 문제의 사례를 심각성에 따라 추가해 글의 타당성을 높인다.

⑤ 스마트폰으로 야기되는 문제의 책임은 스마트폰 개발 회사에도 있음을 추가해 글의 공정성을 높인다.

창안 (51 ~ 60번)

[51~53] '접착제'를 바탕으로 다양한 사례를 유추하려 한다. 다음 글을 읽고 물음에 답하시오.

물체를 붙이는 데 쓰는 접착제는 다양한 종류가 있는데 기본적인 원리는 거의 비슷하다. 주로 종이를 붙이는 데 쓰는 녹말풀은 녹말에 물을 붓고 가열하여 만든 풀로, 고분자로 만든 용액이다. 녹말풀이 종이에 강하게 달라붙는 이유는 녹말풀의 전분 구조와 종이를 구성하는 셀룰로스의 구조가 유사하기 때문이다.

액체 상태의 접착제로 일상에서 가장 많이 사용하는 것은 순간접착제이다. 순간접착제는 용기 내에 있을 때는 접착력이 없으나, 공기나 수분과 접촉하면 단단해지면서 접착력이 강해진다. ㉠ 순간접착제는 접착에 소요되는 시간이 매우 짧지만, 접착력이 강해 한번 붙이면 떼기 어려우며 떼더라도 접착한 물체들이 손상되는 단점이 있다.

반면 사무실에서 자주 사용하는 포스트잇의 접착 부분은 재사용이 가능한 접착제로 되어 있어 접착 물체에 손상을 주지 않고 사용할 수 있다. 접착 부분에 있는 '마이크로 구'가 압력에 의해 터지면서 접착력이 발휘되므로, 한 번 붙였다 뗀 포스트잇을 다른 곳에 붙인 후 접착 부분을 누르면 다시 접착할 수 있다. 하지만 ㉡ 일정한 횟수를 접착해 더 이상 터질 수 있는 '마이크로 구'가 없다면 압력을 가해도 포스트잇은 부착되지 않는다.

51. 윗글의 '접착력을 높이는 방법'을 '팀 협동심을 개선하는 방법'으로 유추할 때 가장 적절한 것은?

① 하나의 팀에 다양한 성격의 팀원을 배치한다.

② 팀원 개개인의 의견에 집중하고 흥미를 갖는다.

③ 유용성과 상관없이 많은 아이디어를 내는 분위기를 조성한다.

④ 일상적인 환경을 변화시키거나 팀에 없던 성향의 팀원을 영입한다.

⑤ 팀원 모두에게 리더가 될 수 있는 기회를 주고 팀 전체가 책임을 공유한다.

52. ㉠을 활용하여 <조건>에 따라 공익 광고 문구를 작성할 때, 가장 적절한 것은?

<조건>

- '도박 중독 예방'을 주제로 순간접착제의 특성을 활용하여 표현할 것
- 설의법을 사용할 것
- 하십시오체를 사용할 것

① 빠지는 건 쉽지만, 벗어나는 건 어렵습니다.

② 도박, 돌이킬 수 있다는 건 착각이 아니겠는가?

③ 순간의 재미에 당신의 모든 것을 걸어야 할까요?

④ 주변인까지 함께 고통받는 선택을 하시겠습니까?

⑤ 도박 중독에서 헤어날 수 있는 지름길은 어디에도 없다.

53. 윗글을 바탕으로 '포스트잇'을 '핵심 우량주'로 비유할 때, ㉡을 활용하여 주장할 수 있는 내용으로 가장 적절한 것은?

① 핵심 우량주더라도 수요가 없으면 저평가될 수 있다.

② 핵심 우량주는 시간이 흘러도 가치가 변하지 않는다.

③ 핵심 우량주더라도 가치가 떨어지면 재기가 불가하다.

④ 핵심 우량주는 주식시장을 압박해도 그 가치가 더 높아진다.

⑤ 핵심 우량주에 집중 투자하면 장기적인 성과를 얻을 수 있다.

[54~56] <보기>의 그림을 보고 물음에 답하시오.

<보기>

(가)

(나)

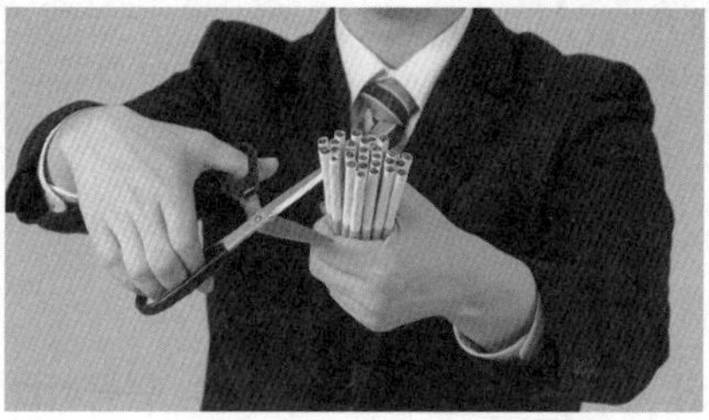

54. 그림 (가)를 활용하여 이끌어 낼 수 있는 교훈으로 가장 적절한 것은?

① 무슨 일이든 시작하는 것 자체가 가장 어렵다.

② 어떤 일이든 책임을 다하여 완벽하게 마무리해야 한다.

③ 모든 일에는 결과가 따르므로 행동하기 전에 신중해야 한다.

④ 난관에 봉착했을 때는 일의 진행 과정을 되돌아보며 점검하는 것이 중요하다.

⑤ 일의 의미는 일을 하는 사람이 누구이고 일의 목적이 무엇인지에 따라 결정된다.

55. 그림 (가)와 (나)를 다음과 같이 분석할 때 적절하지 <u>않은</u> 것은?

구분	(가)	(나)
표현	가위질을 시작하는 모습과 바느질이 끝난 모습을 똑같은 점선의 모양으로 나타내었다.	㉠ '끊다'의 '자르다'라는 의미를 가위로 담배를 자르는 모습으로 시각화해 '끊다'의 '그만두다'라는 의미까지 나타내었다.
핵심	㉡ 똑같은 대상도 상황과 목적이 무엇인지에 따라 그 의미가 달라진다.	㉢ 표면적 의미에 이면적 의미를 부여하면 표현 의도를 강조할 수 있다.
주제	㉣ 유의미한 결과를 도출하려면 다양한 시도가 필요하다.	㉤ 효과적으로 주제를 전달하려면 기발하게 생각하고 시도해야 한다.

① ㉠　　② ㉡　　③ ㉢　　④ ㉣　　⑤ ㉤

56. 광고의 표현 전략이 (나)와 가장 유사한 것은?

① 잔잔한 배경 음악을 사용하여 감성을 자극하는 광고

② 실제로 제품을 사용한 사람들의 후기를 모아 전달하는 광고

③ 철 좀 들라는 중의적 표현을 사용하여 운동을 권장하는 광고

④ 10대가 가장 좋아하는 톱스타가 추천하는 10대 학습지 광고

⑤ 채우기 어려운 단추와 상대적으로 채우기 쉬운 지퍼를 비교하는 지퍼 광고

[57~59] 독버섯과 식용버섯의 특성을 바탕으로 다양한 상황을 유추하고자 한다. 다음 그림을 보고 물음에 답하시오.

(가)	(나)

57. 그림 (가)를 어린 영지버섯으로 알고 섭취해 중독 사고가 자주 일어난다고 할 때, 그림 (가)에 빗대어 설명할 수 있는 논지로 가장 적절한 것은?

① 외면의 아름다움보다 내면의 아름다움이 중요하다.

② 남을 해치려는 사람은 결국 자신을 먼저 해치게 된다.

③ 잘 아는 일이라도 늘 주의를 기울이고 조심해야 한다.

④ 겉치레와 허례허식에 능한 사람은 가까이하지 말아야 한다.

⑤ 다른 사람보다 말을 많이 할수록 실속이 없어 보이는 법이다.

58. 그림 (가)와 (나)를 바탕으로 다음과 같이 분석할 때 적절하지 않은 것은?

구분	(가)	(나)
특징	㉠ 생김새가 화려하고 시선을 잡아끌지만 독성이 있음	생김새는 투박하지만 맛이 독특하고 영양분이 풍부함
핵심	㉡ 겉모습만 보고 섭취하면 매우 위험할 수 있음	㉢ 섭취했을 때 겉으로는 드러나지 않던 효용이 드러남
주제	㉣ 세상의 유용한 지식은 대부분 인간의 경험에서 비롯된다.	㉤ 어떤 지식은 보는 것을 벗어나 경험함으로써 얻을 수 있다.

① ㉠ ② ㉡ ③ ㉢ ④ ㉣ ⑤ ㉤

59. **우리나라에서 자생하는 버섯 중 (나)에 속하는 것보다 (가)에 속하는 것이 덜 밝혀졌다고 할 때, (가)를 긍정적으로 여기고 (나)를 부정적으로 여겨 이끌어 낼 수 있는 내용으로 가장 적절한 것은?**

① 매력을 느끼기 어려운 식용버섯 같은 사람보다 멀리서도 눈에 띄는 독버섯 같은 사람이 되어야 한다.

② 누구나 아는 식용버섯과 같은 매력보다는 대부분이 모르는 독버섯 같은 매력을 발견할 수 있어야 한다.

③ 흔한 식재료지만 다양한 요리법이 있는 식용버섯처럼 대상의 희소성으로 대상의 가치를 정할 수는 없다.

④ 독버섯의 독성을 이용해 새로운 치료제를 개발할 수 있듯 대상의 새로운 면에 주목하는 태도를 지녀야 한다.

⑤ 썩은 나무나 음지에서 자라 생태계 순환에 도움을 주는 버섯처럼 어려움을 맞닥뜨려도 꿋꿋이 살아가야 한다.

60. **<보기>를 활용한 공익 광고 문구를 <조건>에 맞춰 가장 적절하게 작성한 것은?**

<보기>

<조건>

· '안전 운전'을 주제로 할 것
· 대조법으로 표현할 것
· 평서형으로 마무리할 것

① 안전벨트 착용! 선택이 아닌 의무!

② 술잔을 올려 들었다면, 차 키는 내려 두어야 합니다.

③ 생과 사의 갈림길로 향하는 잘못된 선택을 하시겠습니까?

④ 스트레스 해소를 위한 과음은 스트레스를 더욱 악화시킵니다.

⑤ 음주 운전, 나뿐만 아니라 다른 이의 생명도 앗아갈 수 있습니다.

읽기 (61 ~ 90번)

[61~62] 다음 글을 읽고 물음에 답하시오.

고향(故鄕)에 돌아온 날 밤에
내 ㉠ 백골(白骨)이 따라와 한 방에 누웠다.

어둔 방은 우주(宇宙)로 통하고
하늘에선가 소리처럼 바람이 불어온다.

어둠 속에서 곱게 풍화 작용(風化作用)하는
백골을 들여다보며
눈물짓는 것이 ㉡ 내가 우는 것이냐
백골이 우는 것이냐
㉢ 아름다운 혼이 우는 것이냐

㉣ 지조(志操) 높은 개는
밤을 새워 어둠을 짖는다.

어둠을 짖는 개는
나를 쫓는 것일 게다.

가자 가자
㉤ 쫓기우는 사람처럼 가자.
백골 몰래
아름다운 또 다른 고향에 가자.

– 윤동주, 「또 다른 고향」

61. 윗글에 대한 설명으로 가장 적절한 것은?

① 현재형 어미를 반복하여 현장감을 표현하고 있다.
② 수식어를 활용하여 대조되는 공간의 특성을 강조한다.
③ 고향에 대한 그리움을 청각적 이미지를 통해 형상화한다.
④ 공간의 확장을 통해 화자가 겪는 불안과 고독이 심화됨을 드러낸다.
⑤ 시어를 반복해 이상적 세계로 향하고자 하는 화자의 간절함을 부각한다.

62. ㉠ ~ ㉤ 중, <보기>의 ⓐ에 해당하는 것은?

<보기>

윤동주의 시는 자신의 현재 모습과 자신이 바라는 모습 사이의 갈등으로 인해 분열된 자아가 등장하는 것이 특징적이다. '또 다른 고향'에서도 이 경향이 드러나는데, '또 다른 고향'의 현실적 자아는 현실에서 도피해 온 자아를 거부하고 ⓐ 이상적 자아를 추구하려는 모습을 보인다.

① ㉠ ② ㉡ ③ ㉢ ④ ㉣ ⑤ ㉤

[63~65] 다음 글을 읽고 물음에 답하시오.

그제야 나는 깨달았다. 그랬다. 나는 누군가가 간섭해 주기를 기대했던 것이다. 나와 같은 4학년짜리여도 좋고 상급생이라도 상관없는 일이었다. 그랬다면 나는 말해 주고 싶었던 것이다. 난 말이다, 너희들과는 마지막이야. 왜냐구? 난 도회지 학교로 전학을 가게 됐단 말이야…….

그리고 또, 무슨 말을 더 할 수 있었을까? 어쩌면 끝내 그런 말마저 꺼내지 못했을는지도 모를 일이긴 하다. ㉠ 도시로 전학을 간다는 일이, 그래서 이 학교와 아이들과 낯익은 세계로부터 갑자기 떨어져 나간다는 일이 나로서는 어차피 이해할 수도, 감당하기도 어려운 경이였으므로.

얌전히 발뒤축을 쳐들고 나는 걷기 시작했다. 될 수 있는 대로 천천히 걸었지만 복도는 금세 끝나 버렸다. 아쉽다기보다는 좀 싱거운 기분이 들었다. 밖에는 햇빛이 화사했다. 아이들 몇이 운동장에서 신나게 뛰놀고 있었다. 그러나 나는 그들 쪽으로 다가가지 않았다. 한눈도 팔지 않고 곧장 교문을 나섰다.

다음 날로 우리 가족은 마을을 떠났다. 세간살이들과 함께 짐차 위에 실린 나는 기분이 썩 좋았다. 아버지는 그래도 지난 수삼 년간 마을의 이장직을 맡아 왔었다. 어머니는 또 누구보다 많은 일가붙이들을 이 마을에 두고 있는 처지였다. 그런데도 정작 동구 밖에 나와 손을 흔들어 주는 사람은 많지 않았다. 그래서 어머니는 광목 치맛자락의 한 귀로 몰래 눈물을 찍어 내곤 했다. 내 옆자리, 세간살이 틈새에 조그맣게 웅크리고 앉아 있는 어머니의 모습이 그처럼 왜소하게 느껴질 수가 없었다. 내가 드러내 놓고 기분을 낼 수 없었던 이유는 바로 어머니의 그러한 태도 때문이었다.

물론 조금은 어머니의 마음을 이해하고 있었다. 나도 안다. 어느 날 갑자기 일단의 사내들이 우리 집에 들이닥쳤던 것을. 그들을 안내해 온 사람은 놀랍게도 낯익은 순경이었다. 아버지와는 교분이 잦은, 면 소재지의 지서에서 근무하는 순경이었다. 그런데 그가 뜻밖에도 낯설고, 난폭하고, 살기등등한 일단의 사내들을 몰고 왔던 것이다. 그들이 아버지를 얼마나 거칠게 다루었던지 지금 생각해도 마음이 아프다. 밤중에 집 안을 발칵 뒤집어 놓은 다음 그들은 빈손으로 돌아갔다. 끝내 삼촌을 찾아내지 못했던 것이다. 어머니는 분명히 그날 밤의 일을 생각하고 눈물을 찍어 내는 것이리라.

아버지는 비교적 덤덤한 태도였다. 마을 어른들과 하직 인사를 나눌 때도 아버지는 평소의 그 유순한 웃음을 잃지 않고 있었다. 마을의 사랑방에서 아버지가 웃으실 때면 담 밖을 지나가던 사람조차도 그 웃음의 주인이 누군가를 단박에 알아맞힐 수 있다던, 그렇듯 소탈한 웃음이었다. <중 략>

아버지는 물 대신 나에게 돈을 주셨다. 그것은 단풍잎처럼 작고 빨간 1원짜리 종이돈이었다. 나는 곧장 한길가로 뛰어나갔다. 딸딸이 위에다 어항보다 큰 유리 항아리를 올려놓은 물장수가 거기 있었다. 항아리 속엔 온갖 과일 조각들이 얼음덩어리와 함께 채워져 있었다.

나는 꼭 쥐고 있던 돈과 한 잔의 물을 맞바꾸었다. 유리컵 속에 든 물은 짙은 오렌지빛이었다. 손바닥에 닿는 냉기가 갈증을 더 자극했다. 그러나 나는 마시지 않았다. 이 도시와 그 생활이 주는 어떤 경이와 흥분 때문에 실상은 목구멍보다도 가슴이 더 타고 있었다. 나는 유리컵을 조심스럽게 받쳐 든 채 천천히 돌아섰다. 그러고는 두어 걸음을 떼어 놓았다. 물론 나의 그 어리석은 짓은 용납되지 않았다. 나는 금세 제지를 받았던 것이다.

"이봐, 너 어디로 가져가는 거냐?"

나를 불러 세운 물장수가 그렇게 물었다. 나는 금방 얼굴을 붉히었다. 무언가 잘못을 저지르고 있다고 판단되었기 때문이다.

나는 아무런 대답도 하지 못했다. 그러자 물장수가 다시 말했다.

"잔은 두고 가야지. 너, 시골서 온 모양이로구나. 그렇지?"

나는 단숨에 잔을 비웠다. 숨이 찼다. 콧날이 찡해지고 가슴이 꽉 막혔다. 그러나 그 자리에 더 어정거리고 있을 수는 없었다. 내던지듯 잔을 돌려준 나는 숨을 헐떡거리면서 가족이 있는 곳으로 되돌아왔다.

우리 세간들이 골목에 잔뜩 쌓여 있었다. 시골집 안방 윗목을 언제나 차지하고 있던 옛날식 옷장, 사랑채 시렁 위에 올려 두던 낡은 고리짝, 나무로 만든 쌀뒤주와 조롱박, 크고 작은 질그릇 등, 판잣집들이 촘촘히 들어서 있는 그 골목길 위에 아무렇게나 부려 놓은 세간들은 왠지 이물스러운 느낌을 주었다. 그것들은 지금까지 흔히 보고 느껴 오던 바와는 사뭇 다른 모양이요, 빛깔이었다. 아마도 이웃인 듯한, 낯선 사람 몇이 아버지와 어머니의 바쁜 일손을 거들고 있었다.

나는 판자벽을 기대고 웅크려 앉았다. 물맛이 어떠했던가를 생각해 보려 했지만 도무지 기억에 남아 있지 않았다. 가슴이 답답하고 머리가 어지러웠다. 속이 메스껍기도 했다. 눈앞의 사물들이 자꾸만 이물스레 출렁거렸다. 이사를 왔다, 하고 나는 막연한 기분으로 중얼댔다. 그래, 도시로 이사를 왔다. 아주 맥 풀린 하품을 토해 내며 새삼 주위를 두리번거렸다. 촘촘히 들어앉은 판잣집들, 깡통 조각과 루핑이 덮인 나지막한 지붕들, 이마를 비비대며 길 쪽으로 늘어서 있는 추녀들, 좁고 어둡고 질척한 그 많은 골목들, 타고 남은 코크스 덩어리와 검은 탄가루가 낭자하게 흩어져 있는 길바닥들, 온갖 말씨와 형형색색의 입성을 어지러이 드러내고 있는 주민들, 얼굴도 손도 발도 죄다 까맣게 탄 아이들…… ㉡ <u>나는 자꾸만 어지럼증을 탔고, 급기야는 속엣것을 울컥 토해 놓고 말았다. 딱 한 잔 분량의, 오렌지빛 토사물이었다.</u>

세간들을 대충 들여놓은 다음에 우리 가족은 이른 저녁을 먹었다. 아니 그것은 때늦은 점심이기도 했다. 어쨌거나 우리 가족이 도시에서 가진 첫 식사였다.

밥은 오렌지 물을 들이기라도 한 것처럼 노란 빛깔이었다. 물이 나쁜 탓일 거라고 아버지가 말했다. 공동 펌프장에서 길어 온 그 물은 역할 정도로 악취가 심했다.

"시궁창 바닥에다가 한 자 깊이도 안 되게 박아 놓은 펌프 물이니 오죽할라구요……."

어머니는 아예 숟갈을 잡을 생각조차 없는 듯 조그만 목소리로 중얼대기만 했다.

"내다 버린 구싯물을 다시 퍼마시는 거나 다름없지 뭐예요."

– 이동하, 「장난감 도시」

63. ㉠에 대한 설명으로 적절하지 <u>않은</u> 것은?

① '나'의 가족이 겪은 사건에서 비롯된 일이다.

② '나'가 이해하거나 감당하겠다고 여기지 않는 일이다.

③ '나'를 갑작스럽게 낯선 공간으로 이동하게 하는 일이다.

④ '나'가 같은 학교 아이들에게 자랑하고 싶어 하는 일이다.

⑤ '나'에게 아쉬움이나 미련 같은 감정을 들게 하는 일이다.

64. ㉡에 대한 설명으로 적절한 것은?

① 판자촌을 떠나지 못할 '나'와 가족의 미래를 상징한다.

② '나'가 집안의 가난을 명확히 인식하게 되었음을 드러낸다.

③ 도시의 환경이 '나'에게 부정적인 영향을 미침을 의미한다.

④ '나'가 기대와 달리 도시에 거부감을 느끼고 있음을 나타낸다.

⑤ 어른과 아이가 도시에 적응하는 방식이 다를 것임을 암시한다.

65. '아버지'에 대한 평가로 가장 적절한 것은?

① 명망이 높으면서도 다른 사람에게 공을 돌리는 겸손한 인물이다.

② 당면한 문제의 원인을 찾기 위해 다방면으로 노력하는 인물이다.

③ 다른 사람을 원망하거나 탓하지 않는 온화한 성품을 지닌 인물이다.

④ 자식이 낯선 환경에 잘 적응할 수 있도록 살펴 주는 자상한 인물이다.

⑤ 가난에서 벗어나기 위해 수단과 방법을 가리지 않는 열정적인 인물이다.

[66~69] 다음 글을 읽고 물음에 답하시오.

동화와 심리학의 관계를 살펴보면, ㉠ 프로이트 학파의 심리분석자들은 신화와 옛이야기들의 심층에 어떤 종류의 억압이나 어떤 무의식적인 요소들이 잠재해 있고, 그것들이 어떻게 꿈이나 백일몽과 연결되는가를 밝혀내는 데에 관심을 집중시키고 있다. 또 융 학파의 심리분석자들은 이런 이야기 속의 인물과 사건은 원형적인 심리 현상과 일치하며, 그런 현상을 표현하고 있음을 강조한다. 그 이야기들은 보다 높은 자아상을 획득하려는 욕구도 상징적으로 암시하기 때문에 개인과 종족의 무의식적인 힘으로 이루어진 내적 쇄신은 모든 개개인에게 유용하다는 점을 강조한다. 융 학파에 뿌리를 두고 있는 카스트는 심층심리적 동화해석에서 동화가 인류의 전형적인 발전 과정과 연관된다고 말하는데 그것은 꿈 해석에서 다루는 기법으로 주관적인 단계에서 해석이 이루어진다. 이러한 해석에서 이야기 속 인물들은 주인공의 인격적 특징들을 나타내고 있다. 예를 들어 어느 남성 주인공이 마녀를 만났다면, 그는 바로 자신의 마녀적 측면과 만나는 것이다. 우리가 주인공을 어떤 인물로 보느냐에 따라 상이한 해석이 가능하다. 상징과 동화는 모두 다의적이고, 우리를 긴장시키는 것은 바로 그러한 다의성 때문이다. 해석의 정확성은 명백한 체험에 기인하지만 결코 단일한 진리를 요구하는 법이 없다. 해석은 폐쇄성을 띠고 동화의 가장 중요한 모티브들과 연관될 때 그 타당성을 띤다. 우리가 동화에 어떤 해석을 하게 되면, 그것은 우리들의 삶, 실존적 문제들, 심리적 과정에 대해 유희적으로 숙고하는 것이 된다.

동화가 갈등을 해소하는 방식은 아이들에게 그들의 내적 갈등을 해소할 수 있는 무대를 제공하는 것이다. 이야기를 들으면서 아이들은 무의식적으로 자신을 다양한 인물에 투영시키고 자아 안에 있는 요소가 겨루는 심리적인 장으로 인물을 이용한다. 동화는 자아의 갈등을 이야기 속 인물의 갈등으로 표현하고 이를 통해 아이들은 긴장을 해소하게 된다. 이런 면에서 동화는 심리극과 비슷하다. 심리극이란 심리 치료 원리에 연극 개념을 접목시킨 심리치료 기법으로 동화가 심리 치료 진행에 도움을 주는데, 특히 어린 시절의 감정이나 좌절과 화해하려는 환자의 노력과 관련된다. 동화를 사용하여 환자가 질투나 욕심, 허영, 다른 어린 시절의 죄에서 생기는 갈등에 대한 위안을 얻도록 도와줄 수 있고, 어른이 된 후 동화가 주는 영향은 어렸을 때 받았던 영향에 그 뿌리를 두고 있다.

동화 치료의 여러 방법에서 중요한 것은 개별동화에서 다루고 있는 것을 항상 명료하게 해석하여 이해해야 한다는 것이다. 동화를 통한 치료적 수행이 중요한 이유는 동화가 상상적 단계에서 우리 인간에게 말을 건네고 있으며, 우리 자신의 상들을 이야기하기 때문이다. 종종 고정된 상상이나 선입견을 띠는 상들도 우리의 판타지, 감정적 과정에 영향을 강하게 미치는 수가 있다. 아주 일반적인 방식의 치료는 동화를 듣는 과정에서 동화상들이 우리에게 미치는 영향 여부와 결부되어 있다. 이때 몇몇 모티브들이 우리에게 더 절실하게 다가올 수도 있고, 다가오지 않을 수도 있다. 우리에게 의미를 띠는 동화 모티브들은 우리의 심리적 상태를 드러내는 상징이 된다. 그러한 상태를 우리는 파악할 수 없고, 실제로 말로 다 표현하지 못해 만족스럽지 못한 상태로 남아 있는 갈등들은 어떤 동화 속에서 상징의 옷을 입은 하나의 상(像)으로 나타날 수 있다.

66. 윗글의 내용에 대한 이해로 가장 적절한 것은?

① 동화를 읽는 사람들은 동화 속 선입견을 무시하지 못한다.

② 아이들은 의식적으로 동화의 등장인물에 자기를 투사한다.

③ 융 학파의 심리분석자는 동화와 꿈의 관계를 규명하려 한다.

④ 동화를 정확히 해석하려면 동화의 핵심 모티브에 주목해야 한다.

⑤ 유년기에 받은 동화의 영향은 성인기에 받는 동화의 영향과 무관하다.

67. ㉠의 입장에서 주장할 수 있는 내용으로 적절하지 <u>않은</u> 것은?

① 동화 속 상징을 이해하면 꿈에 등장하는 상징을 이해할 수 있다.

② 인간이 억압당한 비도덕적이거나 정신적인 가치가 꿈과 동화에 표현된다.

③ 꿈을 꾼 사람이 꿈과 관련지어 떠올리는 동화가 꿈을 해석하는 단서가 되기도 한다.

④ 악몽마다 늑대가 등장하는 사람은 어릴 때 늑대가 새끼 염소를 잡아먹는 내용 동화를 읽고 놀란 적이 있다.

⑤ 교우관계를 맺기 어려워하는 아동에게 꿈속에서 친구를 사귀는 내용의 동화를 읽히면 행동 변화가 일어난다.

68. 윗글에서 추론할 수 있는 내용으로 적절하지 <u>않은</u> 것은?

① 개인의 주된 정서에 따라 동화를 읽으며 주목하는 장면이 달라진다.

② 인간은 자신들의 발전사를 이야기에 담기도 하고 이야기로 밝혀내기도 한다.

③ 작가는 동화로 보여주려는 주인공의 인성에 따라 동화 속 인물의 특징을 설정한다.

④ 동화는 인간이 살아가며 겪는 심리적 어려움에 대처할 수 있는 방안을 마련해 준다.

⑤ 동화의 상징적 의미를 단일한 의미로 한정해 해석할 때 독자는 안정감을 느낄 수 있다.

69. 윗글을 바탕으로 할 때 <보기>의 내용과 가장 밀접한 것은?

<보기>

설화 '바리데기'에 등장하는 인물은 역사성보다는 원형성을 띠는 이미지를 표상해 둔 인물에 가깝다. 태어나자마자 부모를 포함한 공동체에서 버려진 바리데기는 이야기의 끝에서 공동체를 구원하는 존재가 되는데, 이를 통해 설화 '바리데기'는 민족이나 문화를 초월해 인류 보편적으로 공유하는 '고통과 치유'라는 주제를 구현한다.

① 동화 치료 방법 ② 융 학파의 심리분석 ③ 연극을 활용한 심리 치료
④ 프로이트 학파의 심리분석 ⑤ 카스트의 심리심층적 동화해석

[70~72] 다음 글을 읽고 물음에 답하시오.

인간의 몸은 얼마나 많은 화학물질로 이루어져 있을까. 산소 56.1퍼센트, 탄소 28퍼센트, 수소 9.3퍼센트, 질소 2퍼센트, 칼슘 1.5퍼센트, 염소 1퍼센트, 인 1퍼센트, 그리고 나머지 1.1퍼센트는 황, 철, 아연, 아이오딘(요오드), 플루오린(불소), 구리, 마그네슘, 칼륨(포타슘), 나트륨(소듐), 셀레늄(셀렌), 코발트 등이 차지한다. 이처럼 몇 개의 숫자만으로 인간의 몸을 화학적으로 나타낼 수 있다. 이와 같은 간단한 기본 구성 성분을 토대로 다양하고 부분적으로는 고도로 복합적인 화학결합이 이루어진다. 이를 바탕으로 우리 몸의 골격이 형성되고 한편으로는 삶에 필수적인 화학 반응이 일어난다.

이때 간단하고 작은 물 분자가 중심적인 구실을 수행한다. 성인의 몸은 약 60퍼센트가 물로 이루어져 있다. 물 분자는 몸의 개별 세포에서 일어나는 화학 작용의 용매로 이용되며 피의 구성 성분들을 온몸에 실어 나른다. 입속의 타액과 위의 염산은 음식물을 소화시키고 그 안에 담긴 영양소들을 흡수하는 데 기여한다. 오줌 속의 물은 신진대사의 노폐물과 독소들을 몸 밖으로 배출한다. 땀은 몸을 식혀주고 체온을 조절해 준다. 유일한 용매인 물과 함께 인간 몸에서 일어나는 화학 작용은 아주 특별하다. 모든 반응은 섭씨 37도와 정상적인 대기압에서 이루어진다. 이와 반대로 화학 산업에서는 대부분의 반응이 높은 온도와 압력에서 이루어지며, 톨루엔이나 에테르 같은 특이한 용매가 필요하다.

우리 몸속의 또 다른 특별함은 화학적 변환이 세포 환경에서 원래 진행되지 않거나 끝없이 천천히 진행된다는 데 있다. 몸은 '반응 보조제'로서 특별한 생화학 분자, 즉 효소를 이용한다. 효소는 단백질의 일종으로서 주로 탄소, 수소, 산소, 질소로 이루어져 있다. 그 밖에 황과 인을 함유하고 있다. 효소는 생화학적 촉매 작용을 한다. 다시 말해서 생화학 반응에 관계하며 이것을 더 빨리 진행시킨다. 또한 이른바 조효소들의 도움이 필요하다. 예를 들어 철, 아연, 셀레늄, 마그네슘과 같은 금속 성분과 비타민 등이다. 수만 개의 효소가 우리 몸속에서 늘 활동하고 있다. 이때 하나의 효소가 모든 임의의 반응에 촉매 작용을 하는 것이 아니라 특정한 물질을 특정한 생산물로 변환시킨다. 매우 특수한 효소는 심지어 단 하나의 화학적 결합에 관계한다. 따라서 복잡한 연쇄 반응은 여러 개의 효소가 촉매로 작용한 것이다.

삶에 필수적인 수많은 화학 반응에는 에너지가 필요하다. 몸은 이를 위해 특수한 '에너지 보존' 방법인 아데노신삼인산(adenosine triphosphate, ATP)을 사용한다. ATP는 차례로 분리 가능한 세 개의 인산기를 포함하고 있다. 분리할 때마다 특정한 에너지를 발산한다. 각각의 인산기는 약 30kJ/mol의 에너지를 지니고 있다. ATP는 영양소가 연소할 때 발생하는 에너지를 이용해 생성된다. 이를 위해 몸은 공기를 호흡하면서 받아들이는 산소를 이용한다.

ATP 형태로 계속 순환하는 에너지 이외에도 몸은 지속적인 에너지 창고를 지니고 있다. 당은 에너지 획득과 저장에 중요한 구실을 한다. 각각의 당 단위는 사슬 형태의 기다란 분자, 즉 글리코겐으로 합성된다. 그중 3분의 2는 근육이 사용하고 3분의 1은 간에 저장된다. 간은 이것을 적당한 혈당치를 유지하는 데 이용한다. 포도당이 물과 이산화탄소로 분해되는 것은 몸이 ATP 형태의 에너지를 얻는 가장 중요한 방법이다. 포도당이 가장 많이 필요한 곳은 뇌다. 뇌는 우리가 잠을 자든 깨어 있든 늘 활동하며 이때 포도당을 소모한다. 간세포가 포도당을 소진한 다음에는 급속히 보충한다. 이때 간은 상당한 에너지를 소모하며 긴급히 필요한 포도당을 합성한다.

지방 역시 피하지방의 형태로 존재하는 중요한 에너지원이다. 어떤 사람은 이 피하지방이 두툼하여 엉덩이와 배 가운데가 도드라지기도 한다. 피하지방은 산소가 공급되면 물과 이산화탄소로 변환되며 이때 ATP 형태의 에너지를 제공한다. 지방의 결합은 모든 세포를 감싸고 주변과 차단하는 외피인 세포막을 형성한다. 더 나아가 어떤 지방산은 세포 내에서 중요한 과정을 조절하는 특정한 전달물질의 전 단계로서 기능한다.

70. 윗글을 읽은 독자의 반응으로 적절하지 않은 것은?

① 인체에서 물 분자가 어떤 역할을 하는지 알 수 있군.
② 인체에 에너지를 저장하는 다양한 방식을 알 수 있군.
③ 인체를 구성하는 화학 물질 중 산소의 비중이 가장 높군.
④ 인체에서 포도당을 가장 많이 사용하는 부위를 알 수 있군.
⑤ 인체의 화학 작용과 화학 산업에 쓰이는 촉매의 차이를 알 수 있군.

71. 윗글의 내용과 일치하는 것은?

① 인체의 혈액은 약 60%가 물로 구성되어 있다.
② 지방은 결합할 때 세포를 차단하기 위한 막을 만든다.
③ 각 효소는 한 가지의 화학적 결합에만 관여할 수 있다.
④ 글리코겐의 약 66%는 근육이 사용하고 나머지는 혈당을 조절하는 데 사용된다.
⑤ 인체의 화학 작용은 온도가 섭씨 37도이고, 대기압이 정상일 때 물과 톨루엔을 용매로 하여 일어난다.

72. 윗글을 바탕으로 <보기 1>을 이해한 반응이 <보기 2>와 같을 때, 적절한 것을 모두 고른 것은?

<보기 1>

외부에서 섭취한 에너지원을 자체의 고유한 성분으로 변화시키는 일을 동화 작용, 생물의 조직 내에 들어온 물질이 분해되어 에너지원으로 사용되는 일을 이화 작용이라고 한다. 예를 들면 식물이 광합성을 통해 물과 이산화탄소로 포도당을 합성하는 것은 동화 작용, 사람이 섭취한 탄수화물을 포도당으로 분해하는 것은 이화 작용이다. 간단하게 말하면 동화 작용은 합성하는 과정, 이화 작용은 분해하는 과정으로 볼 수 있다. 우리 몸은 ATP를 분해해 에너지를 만든다. 이때, ATP에서 인산기가 하나 분해되면 ADP, ADP에서 인산기가 분해되면 AMP라 하는데 각각 분해될 때 에너지가 만들어진다. 반면 호흡을 통해 생긴 에너지가 투입되어 ADP에 인산기가 결합되면 에너지를 보유한 ATP가 생성된다. 이렇게 에너지를 저장하고 있는 ATP는 에너지 방출이 필요할 때까지 에너지를 저장하는 수단으로 기능한다.

<보기 2>

㉠ 우리 몸에서 ATP가 생성되려면 산소가 필요하겠네.
㉡ ATP와 ADP와 AMP는 모두 같은 에너지를 보유하겠구나.
㉢ 우리 몸은 에너지가 필요할 때, 동화 작용을 통해 ATP가 보유하고 있는 에너지를 방출하겠지.
㉣ 당이 글리코겐으로 되는 과정은 동화 작용, ATP가 ADP로 되는 과정은 이화 작용으로 볼 수 있어.

① ㉠, ㉡　② ㉠, ㉢　③ ㉠, ㉣　④ ㉡, ㉢　⑤ ㉡, ㉣

[73~75] 다음 글을 읽고 물음에 답하시오.

우리 몸을 구성하는 체세포의 핵에는 모두 23쌍의 염색체가 들어 있다. 이 모든 염색체는 아버지의 정자와 어머니의 난자를 통해서 물려받는다. 그중에서 비슷한 크기와 모양을 가진 염색체들로 이뤄진 22쌍은 남녀 모두에게 공통이지만, '성염색체'라고 부르는 마지막 한 쌍은 사정이 다르다.

여성의 경우에는 아버지와 어머니로부터 한 쌍의 ㉠ X염색체를 물려받지만, 남성의 경우에는 아버지로부터 크기가 3분의 1에 불과한 ㉡ Y염색체를 물려받는다. 본래 'X'는 '정체를 알 수 없다'는 뜻이었고, 'Y'는 'X의 짝'이라는 뜻이었다. X염색체와 Y염색체는 크기와 모양이 크게 다르지만 2~3억 년 전에 같은 염색체로부터 분화되었다는 공통점을 가지고 있다. 남성은 Y염색체에 들어 있던 유전정보를 완전히 포기해 버렸다. 남성과 여성은 유전적으로 돌이킬 수 없는 다른 길을 따라 진화해 왔다는 뜻이다.

빠르게 발전하는 생명과학 덕분에 이제 성염색체의 정체와 기능이 밝혀지고 있다. 우선 X염색체는 1,098개의 유전자를 담고 있지만, 크기가 작은 Y염색체는 78개의 유전자만을 가지고 있다는 사실이 밝혀졌다. 더욱이 남성의 특징을 만들어 주는 'Sry 유전자'를 제외하면 Y염색체에는 특별한 기능이 없다. 캥거루처럼 Y염색체에 Sry 유전자만 포함된 경우도 있다. 결국 Y염색의 역할은 태아의 성장 과정에서 미분화된 생식샘을 고환으로 자라도록 만들어 주는 효소를 만들어 내는 것으로 끝나는 셈이다.

여성은 보통 부모로부터 물려받은 두 벌의 X염색체 중에서 하나를 이용해서 일생을 살아간다. 한 벌의 X염색체는 기능이 정지된 '바소체'로 남아 있다가 문제가 생기면 구원투수 역할을 하게 된다. 남성이 혈우병이나 근이영양증과 같은 질병에 잘 걸리는 것은 남성의 Y염색체가 여성이 가지고 있는 여분의 X염색체와 같은 역할을 하지 못하기 때문이다.

그렇다고 여성에게 문제가 없는 것은 아니다. 두 벌의 염색체 중 하나가 불필요하게 활성화되면 서로 다른 유전정보가 심각하게 충돌하게 된다. 할머니들이 류머티즘성 관절염과 같은 자가면역성 질환에 잘 걸리는 것은 그런 이유 때문이라고 한다.

남녀의 차이는 성염색체에서만 나타나는 것이 아니다. 세포의 활동에 필요한 에너지를 공급해 주는 미토콘드리아에도 유전정보가 담긴 DNA가 들어 있다. 미토콘드리아의 DNA는 온전하게 어머니로부터 물려받는다. 정자에 들어 있던 미토콘드리아는 수정 과정에서 완전히 파괴되기 때문이다.

진화를 통해 암수가 생겨난 이유와 수컷이 많은 유전정보를 포기한 이유는 영원히 밝혀낼 수는 없을 것이다. 그러나 남녀의 차이가 유전자에서부터 비롯된다는 사실은 분명하다. 그런 차이를 어떻게 극복해서 진정한 양성평등을 이룩할 것인지는 우리의 노력과 의지에 달려 있다.

73. 윗글의 설명 방식에 대한 이해로 적절하지 않은 것은?

① 사회적 목표를 달성하기 위한 노력을 요구하며 마무리하고 있다.

② 남녀가 지닌 염색체의 차이점을 중심으로 내용을 전개하고 있다.

③ 인간 외의 다른 종을 예로 들어 특정 유전자에 대한 설명을 더하고 있다.

④ 미토콘드리아의 구조를 분석하고 미토콘드리아의 기능을 설명하고 있다.

⑤ 남녀에게 상대적으로 더 자주 발병하는 질병을 예로 들고 그 원인을 함께 제시하고 있다.

74. ㉠과 ㉡에 대한 설명으로 가장 적절한 것은?

① ㉡은 남성의 몸에서 ㉠과 동일한 기능을 한다.

② ㉡은 특수한 역할을 하는 유전자를 가지고 있지 않다.

③ ㉠보다 ㉡의 크기가 더 작지만, 둘의 모양은 동일하다.

④ ㉠과 ㉡은 동일한 염색체에서 기원하였으나 유전자 수는 다르다.

⑤ 여성은 부모에게 받은 ㉠과 여분의 염색체인 '바소체'를 가지고 있다.

75. 윗글을 바탕으로 <보기>에 대해 탐구한 내용 중 적절한 것을 모두 고른 것은?

<보기>

1) 염색체

생물마다 염색체의 수는 일정하다. 모든 세포에는 염색체가 든 핵이 있고, 인간은 세포 1개의 핵마다 동일한 수의 염색체가 들어 있다. 염색체는 남녀에게 공통으로 나타나는 '상염색체'와 성(性)을 결정하는 데 관여하는 '성염색체'로 구분할 수 있다. 다양한 생물의 염색체 수를 예로 들자면, 감자는 48개, 옥수수는 20개, 개는 78개, 소는 60개, 침팬지는 48개이다.

2) 미토콘드리아

미토콘드리아는 진핵 세포 속에 있는 작은 기관으로, 세포가 사용할 수 있는 에너지를 만드는 역할을 한다. 미토콘드리아의 DNA에 이상이 생기면 암, 고혈압 등의 질병에 걸리기도 한다.

<탐구 내용>

ㄱ. 구조가 복잡한 고등 생물일수록 유전자 수가 많다.
ㄴ. 미토콘드리아 질환은 모계 유전으로 발생할 수 있다.
ㄷ. 남자와 여자는 상염색체 44개와 성염색체 2개를 가지고 있다.
ㄹ. 염색체 수는 다른 개체와 구별되는 고유의 특성으로, 염색체 수가 같으면 같은 종이다.

① ㄱ, ㄴ ② ㄱ, ㄷ ③ ㄱ, ㄹ ④ ㄴ, ㄷ ⑤ ㄴ, ㄹ

[76~79] 다음 글을 읽고 물음에 답하시오.

제2차 세계대전 이후 비정형 미술이 유럽에서는 (가) 아르 앵포르멜과 아르브뤼, 미국에서는 추상표현주의로 각각 시작되었다. 형태를 매개로 한 현대문명에 대한 비정형 계열의 고민은 이후 현대미술에서 주요 논제거리로서 꾸준히 지속되었다. 이 경향 자체가 하나의 큰 흐름으로 계속 추구되었을 뿐만 아니라 액션 페인팅처럼 극단화된 경우도 있었고, 팝이나 신주관주의 등 다른 사조의 기본 배경으로 작용하기도 했다.

아르 앵포르멜의 비정형 전략은 형태를 예술가의 내적 표현 충동에 종속시킴으로써 형태의 정형성을 파괴하는 것이었다. 비정형 추상을 이용하여 내적 감성이나 무의식을 표현한 점에서 제2차 세계대전 이전의 표현주의-다다-초현실주의에 뿌리를 두고 있으며, 여기에 제2차 세계대전 이후에 새롭게 부각되기 시작한 ㉠ 즉흥성 개념을 더했다. 형식주의의 정형성을 이루는 '잘 계획한 뒤 정성 들여 그리는' 경향을 거부하고, 무의식과 마음의 흐름을 따라 손이 움직이는 대로 그림으로써 ㉡ 비정형의 개념을 완성하겠다는 예술적 의도였다. 이를 위해 동양의 서예 기법을 차용하기도 했다. 일부 예술가들은 형식주의의 파괴를 형태 자체의 부정으로까지 극단화시키며 재료의 표면 질감으로 작품성을 정의하기도 했다.

아르 앵포르멜은 제2차 세계대전 직후에서 1950년대 초반 사이 파리에서 형성된 뒤 여러 나라로 전파되며 1950년대를 풍미했다. 대표적인 예술가로는 타피에스, 볼스, 포트리에, 마티외, 자코메티 등이 있다. 포트리에와 자코메티는 비례를 극단적으로 왜곡하고 거친 표면으로 처리하는 방식을 사용하여 뒤틀린 인체를 표현했다. 볼스는 제2차 세계대전 직후부터 전쟁의 참상과 상흔을 거친 화면으로 표현했다. 새, 나비, 배, 도시, 나뭇잎, 하늘 등 주변의 친숙한 요소와 환경에 적용시켜 처리하여 소중한 일상이 전쟁으로 파괴되고 망가진 모습을 그렸다. 이런 내용은 ㉢ <맨해튼>에서 확인할 수 있다. 맨해튼의 지도를 기본 소재로 하고 있는 이 작품은 폭격으로 전체 모습이 심하게 파괴되고 일그러져 있다. 불안하게 흐르는 노란 선은 포탄과 로켓포의 궤적을, 불쾌한 붉은색은 폭격으로 불타는 화재를 각각 상징한다.

아르 앵포르멜은 예술계 내부적으로는 추상 아방가르드의 기하 정형주의에 맞서는 비정형 계열의 중심 운동 중 하나였다. 사회적으로는 제2차 세계대전의 충격을 ㉣ 반합리주의로 표현한 대표 경향이었다. 또는 1930년대 전체주의의 탄압을 극복하려는 예술지상주의의 발로이기도 했다. 예술가들의 자유 의지를 자유 형태로 표현한 것이었다. 제2차 세계대전 이후 포스트 아방가르드 세대의 총집결지였던 이 운동은 유럽의 모든 나라에서 크게 유행했으며 참여 예술가들도 많았다. 하부 분파가 많아 다른 여러 이름으로도 불렸으며 그만큼 참여 예술가들 사이에 내분도 많았다. <중 략>

아르브뤼는 뒤뷔페가 창시한 사조로 기본적 세계관에서는 아르 앵포르멜과 동일한 반합리주의 입장을 공유했다. 아르 앵포르멜 예술가였던 타피에가 참여한 점과 초현실주의를 대표하는 브레통과 연대한 점도 공통점을 보여주는 현상이다. 그러나 구체적인 내용에서는 차이가 있었다. 뒤뷔페는 '서구 백인-어른-정상인'의 가치관과 의식만으로 옳은 것으로 여기는 고정관념을 거부했다. 그 대안으로 어린이, 정신병자, 심약자, 오지인, 원시인 등 위의 기준에서 정신적으로 미숙하거나 ㉤ 비정상적인 사람들의 그림을 제시했다. 뒤뷔페의 예술 활동은 그들의 그림을 수집하는 일과 그것에서 예술적 모티프를 얻어 스스로 화풍을 창조하는 일의 두 방향으로 전개되었다. 구체적 화풍은 구상-비정형 경향으로 나타났는데 구상에 기반을 둔 점 역시 아르 앵포르멜과 다른 차이점이었다.

(나) 뒤뷔페가 그들의 그림에 주목한 이유는 그들이 합리주의와 절대주의 전통의 서구적 가치관에 노출되지 않았기 때문이다. 따라서 그들의 그림이 서구식 전통에 오염되지 않은 자유로운 상태의 예술세계를 보여줄 수 있을 것이라고 가정했다. 나아가 그들이 선험적 질서나 사회적 의무 등을 의식하지 않은 상태에서 그림을 그리기 때문에 그 그림은 모든 외부 요인에서 자유로운 개인 해방을 상징할 수 있다고 생각했다. 아르 앵포르멜과의 차이점인 '구상 대 추상'의 구별도 뒤뷔페에게는 아무 의미가 없었다. 그런 구별 자체가 선험적 가치가 개입된 선입견의 산물일 뿐이었다.

76. 윗글에 대한 이해로 가장 적절한 것은?

① 타피에는 아르 앵포르멜에서 아르브뤼를 발전시켰다.

② <맨해튼>에는 동양의 서예에서 사용하는 미술 기법이 나타난다.

③ 액션 페인팅을 기점으로 현대미술에 비정형 미술 경향이 나타났다.

④ 뒤뷔페는 그림을 구상하고 비정형 전략을 사용하는 점을 가장 중요시하였다.

⑤ 아르 앵포르멜은 그릴 대상을 미리 생각하지 않고 손이 가는 대로 그리는 것을 추구했다.

77. ㉠~㉤ 중에서 (가)와 가장 거리가 먼 것은?

① ㉠　　② ㉡　　③ ㉢　　④ ㉣　　⑤ ㉤

78. (나)에 대한 답으로 가장 적절하지 않은 것은?

① 그림 자체가 자유와 해방을 나타낼 수 있으므로.

② 서구의 전통적인 사상이나 가치관에서 벗어났으므로.

③ 사회가 정당하다고 내세우는 기준과 대척점에 있으므로.

④ 고급문화를 비판하는 사회적 소외 계층의 예술성을 보여 주므로.

⑤ 사회적 규범에 얽매이지 않은 개인이 창의적으로 표현한 그림이므로.

79. 윗글의 '아르 앵포르멜' 양식을 비판할 때 가장 적절한 것은?

① 아르 앵포르멜은 서구 문화만이 우월적하다고 여기는 편향적 경향을 보인다.

② 현실을 객관적으로 그리기 위해서는 낯선 소재보다는 친숙한 소재를 사용해야 한다.

③ 아르 앵포르멜은 기하학적 요소의 사용을 줄여야 비현실적인 세계를 잘 표현할 수 있다.

④ 예술가가 자신의 무의식적 충동에 종속된다면 오히려 현상을 거시적으로 보기 어려울 수 있다.

⑤ 아르 앵포르멜은 프랑스에서만 한정적으로 나타나기 때문에 그 시대의 미술 양식을 대표한다고 볼 수 없다.

[80~82] 다음 글을 읽고 물음에 답하시오.

문학은 유기체와 마찬가지로 진공 속에서는 결코 존재할 수 없다. 다른 인간 활동과 마찬가지로 그것은 어디까지나 구체적인 역사적 시간과 사회적 공간에 살고 있는 작가의 산물에 지나지 않는다. 물고기가 물을 떠나서는 잠시도 살 수 없듯이 작가도 역사라고 하는 물 없이는 한순간도 존재할 수 없다. 역사 비평 방법은 바로 문학이 이렇게 ㉠ 역사적 산물이라는 전제에 깊은 뿌리를 두고 있다. 역사성, 과거에 대한 감각, 그리고 역사적 맥락에 대한 관심, 그것이 바로 역사 비평 방법의 출발점이요 논리적 근거라고 할 수 있다.

언어학을 크게 통시 언어학과 공시 언어학으로 나누는 것처럼 문학 연구도 통시적 방법과 공시적 방법의 두 갈래로 크게 나눌 수 있을 것 같다. 역사 비평이란 바로 이 두 유형 가운데에서 통시적 방법을 사용하는 비평 방법을 가리킨다. 시간의 추이와 조금이라도 관련이 있으면 일단 역사 비평 방법의 테두리에 넣을 수 있다. 그러므로 문학 작품을 분석하고 해석하는 모든 방법 가운데에서도 역사 비평 방법만큼 넓은 스펙트럼을 차지하고 있는 방법은 아마 찾아보기 드물 것이다. 공시적 관점에서 문학을 연구하려는 몇몇 방법론을 빼놓고는 사실 거의 모든 연구 방법이 다 이 비평 방법에 들어간다.

미국의 비평가 라이오넬 트릴링은 모든 문학 작품이 다음 세 가지 측면에서 역사성을 띠지 않을 수 없다고 말한다. 첫째, 문학 작품은 역사적 사실을 적어놓는다. 둘째, 문학 작품은 존재한다는 사실 그 자체로서 이미 역사적 사실이 된다. 그리고 셋째, 문학 작품의 심미적 특성은 그 과거성과는 떼려야 뗄 수 없을 만큼 깊이 연관되어 있다. 미국 태생의 영국 시인이며 비평가인 엘리엇도 일찍이 말한 바 있지만 어떠한 작가도 과거의 전통에서 벗어난 채 혼자서는 아무런 의미를 지니지 못하기 마련이다. <중 략>

역사 비평 방법은 역사적 맥락의 양상에 따라 여러 하부 갈래로 다시 나누어진다. 1) 전기 비평, 2) 언어 비평, 3) 장르 비평, 4) 원전 비평, 그리고 5) 원본 비평 따위가 바로 그것이다. 이 다섯 가지 접근 방법은 얼핏 제각기 다른 별개의 영역처럼 보일지 모르지만 실제로는 서로 겹치는 부분이 적지 않다. 가령 언어 비평과 원본 비평은 그렇게 엄격히 구분되지 않는다. 믿을 만한 텍스트를 만들어 내는 작업은 곧 언어의 정확한 의미를 밝혀내는 작업과 크게 다르지 않기 때문이다. 또한 원전을 추적하는 비평 행위는 장르를 규명하는 비평 행위와도 밀접하게 연관되어 있다. 그러나 이 다섯 가지 접근 방법은 한결같이 작가의 의도를 규명하려고 노력한다는 점에서 큰 공통점을 지닌다. 역사 비평 방법은 한마디로 작가가 작품에서 의도한 바를 정확히 밝혀내려고 하는 접근 방법이다.

㉡ <u>이 다섯 가지 비평 방법 가운데에서도 전기 비평은 가장 중요한 자리를 차지한다.</u> 엄밀히 말해서 나머지 역사적 접근 방법들은 직접 또는 간접적으로 이 전기 비평에서 크게 도움을 받는다. 예를 들어 작가가 특정한 언어를 구사한다든지, 어떤 특정한 장르에 관심을 갖는다든지, 또는 남의 작품에서 원전을 빌려온다든지 하는 문제는 작가의 삶과는 떼려야 뗄 수 없을 만큼 깊이 연관되어 있다. 더구나 역사 비평 방법 말고도 다른 비평 방법 또한 비록 정도의 차이는 있을망정 전기 비평에서 도움을 받지 않을 수 없다. 가령 작가가 작품의 소재를 고른다든지, 특정한 형식을 사용한다든지, 주제를 다룬다든지, 또는 상징이나 이미지를 선택하는 따위의 문제는 작가의 삶을 떠나서는 이해하기 어렵다. 이러한 문제들은 어디까지나 작가 특유의 문학관이나 세계관에서 비롯되는 산물에 지나지 않는다.

80. 윗글에 대한 이해로 가장 적절한 것은?

① 역사 비평은 문학 비평 방법 중 범위가 가장 좁은 방법론이다.

② 역사 비평 방법의 하위 비평론들은 각각이 독립적인 특성을 보인다.

③ 역사 비평은 공시적 문학 연구 방법과 통시적 문학 연구 방법을 모두 차용한다.

④ 역사 비평은 작품 내에 구현된 요소보다 작품을 창작한 작가의 지위를 높이 산다.

⑤ 역사 비평은 역사적 맥락을 바탕으로 작가가 인식하지 못한 작가의 의도도 밝혀낸다.

81. 밑줄 친 ㉠의 의미로 적절하지 <u>않은</u> 것은?

① 문학은 역사적 시간에 존재하는 작가가 창작해 낸 산물이다.

② 문학의 심미성은 문학이 지닌 과거성에서 창조되는 결과물이다.

③ 문학 작품은 창작되었다는 사실만으로 역사적 사실로 간주된다.

④ 문학은 문학이 존재하는 고정된 시간에서 이해해야 하는 대상이다.

⑤ 문학과 문학을 창작한 작가를 역사와 분리해 생각하는 것은 불가능하다.

82. 밑줄 친 ㉡의 입장에서 주장할 수 있는 것으로 적절하지 않은 것은?

① 작품에 반영된 작가의 의도는 작가가 살아온 삶과 밀접한 관련이 있다.

② 창작 시기가 유사한 작품의 형식이 극명히 갈리는 이유는 작가의 문학관에서 찾아야 한다.

③ 서로 다른 작가가 동일한 작품에서 어떤 원전을 인용하는지는 작가가 지닌 세계관에 달려 있다.

④ 작가가 장르에 보이는 관심보다 창작한 작품을 어떤 장르로 규정할 수 있는지에 관심을 두어야 한다.

⑤ 작품에 쓰인 언어의 의미를 명확히 파악하는 일에 앞서 작가의 전기적 특성에 대한 이해를 해야 한다.

[83~84] 다음 글을 읽고 물음에 답하시오.

서구형 내일채움공제 지원 사업 참여 모집 안내

××광역시 서구에서는 관내 중소기업 근로자의 장기 재직 유도를 통한 경쟁력 강화와 고용 확대를 위하여 서구형 내일채움공제 지원 사업을 안내하오니 관심 있는 기업과 근로자의 많은 신청 바랍니다.

○ 사업 내용: 내일채움공제에 가입한 근로자 1명당 기업부담금 중 15만 원을 매월, 5년간 지원
○ 지원 규모: 연 50명
○ 지원 기간: 공제 계약일로부터 5년
○ 납입 금액
 - 청년 재직자: 월 32만 원(기업 5만 원+근로자 12만 원+서구 15만 원)
 - 중장년 재직근로자: 월 34만 원(기업 9만 원+근로자 10만 원+서구 15만 원)
○ 신청 기간 20××. 3. 2.(화) ~ 3. 19.(금)
○ 지원 대상
 - 청년: 만 15세 이상 34세 이하, 정규직으로 6개월 이상 재직 중인 청년 근로자
 - 중장년: 직무기여도가 높아 대표자가 장기 재직이 필요하다고 지정한 근로자
 단, 청년, 중장년 모두 주민등록상 ××광역시 서구 거주자여야 함
○ 신청 주체: 신청일 기준, ××광역시 서구 소재의 중소 제조 기업 중 상시 근로자 수 5인 이상인 기업
○ 신청 방법: 방문 또는 우편 접수
○ 접수처: ××광역시 서구 ××로 410 중소벤처기업진흥공단 ××서부지부
○ 선정 방법
 - 신청 기간 내 모집 인원 초과 시 지부의 지원 업체 선정 기준표에 따라 선정
 - 모집 인원 미달 시 선착순·상시 접수
○ 문의처: 중소벤처기업진흥공단 ××서부지부 (T. 03×-123-4567), 서구청 기업지원일자리과 (T. 03×-456-7890)

83. 윗글을 이해한 내용으로 가장 적절하지 <u>않은</u> 것은?

① 신청 기간에 지원자가 50명 미만인 경우 선착순으로 상시 접수할 계획이다.

② 내일채움공제 지원 사업은 근로자의 장기 재직을 유도할 목적으로 실시한다.

③ 내일채움공제 월 납입액 중 근로자의 납입 금액보다 기업의 부담 금액이 더 크다.

④ 내일채움공제 지원 사업은 접수처에 직접 방문하거나 필요한 서류를 우편으로 보내어 신청할 수 있다.

⑤ 업무에 큰 도움이 되어 기업의 대표가 특별히 선정한 중장년 근로자는 내일채움공제에 가입할 수 있다.

84. 윗글과 <보기>를 참고할 때, 청년 재직자 내일채움공제에 가입할 수 있는 사람은?

<보기>

A기업	B기업	C기업	D기업
- 구분: 중소기업 - 업종: 제조업 - 소재지: ××광역시 서구 - 상시 근로자 수: 10명	- 구분: 중소기업 - 업종: 제조업 - 소재지: ××광역시 남구 - 상시 근로자 수: 31명	- 구분: 중견기업 - 업종: 제조업 - 소재지: ××광역시 서구 - 상시 근로자 수: 300명	- 구분: 중소기업 - 업종: 제조업 - 소재지: ××광역시 서구 - 상시 근로자 수: 100명

	이름	근무 기업, 재직 정보 및 기간	나이	거주지
①	갑	A, 계약직 7개월	만 20세	××광역시 서구
②	을	A, 정규직 3개월	만 25세	××광역시 서구
③	병	B, 정규직 10개월	만 30세	××광역시 서구
④	정	C, 정규직 6개월	만 29세	××광역시 남구
⑤	무	D, 정규직 6개월	만 30세	××광역시 서구

[85~86] 다음 글을 읽고 물음에 답하시오.

감사하다와 고맙다

- 타인의 도움, 배려, 은혜를 깊이 느끼거나 새기는 마음

㉠ <u>'감사하다'와 '고맙다'</u>는 남의 도움이나 배려에 기쁨을 느끼거나 보답하고 싶은 마음이 있음을 나타내는 말이다. 둘의 뜻이 아주 비슷하여 별다른 구별 없이 사용한다. 그런데 종종 둘을 비교하는 자리에서 논의가 편협하게 흘러갈 때가 있다. 열정적인 우리말 지킴이 가운데 간혹 한자어를 배척의 대상으로 바라보는 이들이 있는데, 그들은 한자어를 고유어를 위축시키고 피폐시키는 해악으로 여긴다.

'강(江)'이 'ᄀᆞᄅᆞᆷ'을 누르고 '천(千)'이 '즈믄'을 몰아낸 것을 두고 몹시 애통해한다. 고유어가 한자어에서 밀려난 것을 끔찍한 참사로 치부하는 듯하다. 그들은 이러한 비극을 막기 위해서라도 ㉡ <u>'감사하다'를 지양하고 '고맙다'를 열심히 사용해야 한다</u>고 생각한다. 하지만 나는 한자어의 유입이 우리말을 위축시키기보다 오히려 풍부하게 했다고 보는 것이 훨씬 균형 잡힌 생각이라 느낀다.

그런가 하면 '감사'가 일본어에서 왔다는 잘못된 통설이 '감사하다'를 쓰지 말아야 한다는 근거가 되기도 한다. 물론 일본어 '感謝'는 우리말 감사와 같은 한자에 같은 뜻을 가지고 있다. 하지만 이는 중국과 우리나라에서 오래전부터 사용해 온 한자어이다. 『조선왕조실록』만 보더라도 「태조실록」에서 「순종실록」에 이르기까지 '感謝'가 빈도 높게 나타날 뿐 아니라 『송서』와 같은 중국 고문헌에도 나타나는 것으로 미루어 보아 '감사'의 일본어 기원설은 전혀 타당하지 않다.

'감사하다'와 '고맙다'는 고유어냐 아니냐에 상관없이 둘 다 활발하게 쓰이는 소중한 우리말이다. '목숨'과 '생명' 중 어느 하나만 써야 할 이유가 없듯이, '감사하다'를 배제하고 '고맙다'만 써야 할 이유가 없다. 두 말의 의미는 유사하나 용법의 차이가 있다는 점에서 다르다. '감사하다'는 동사와 형용사로 쓰이지만 '고맙다'는 형용사로만 쓰인다.

㉮ 요즘 아이들은 부모님의 은혜에 감사할/*고마울 줄을 모른다.
㉯ 내 덕에 일이 잘되었으니 나한테 감사해라/*고마워라.
㉰ 그동안 베풀어 주시고 이끌어 주셔서 깊이 감사하고/*고맙고 있습니다.
㉱ 제 강연을 경청해 주셔서 감사합니다/고맙습니다.

㉮, ㉯, ㉰는 '감사하다'가 동사로 쓰인 것으로 '고맙다'로 대체될 수 없는 경우이고, ㉱는 형용사로 쓰인 것으로 '감사하다'와 '고맙다'가 모두 가능한 경우이다. '고맙다'가 동사로 바뀔 수 있는 방법이 없는 건 아니다. '-어하다'가 붙어 '고마워하다'로 파생되면 가능하다. ㉮와 ㉯의 경우 '부모님의 은혜에 고마워할 줄 모른다', '나한테 고마워해라'와 같이 쓸 수 있다. 하지만 ㉰의 경우는 '고마워하다'가 불가능하다. 문장의 주어가 일인칭인 경우 '형용사 어근 + -어하다'는 성립하기 어렵다.

그런데 ㉱에서 보듯 '감사하다'가 형용사로 쓰일 때에는 '고맙다'로 대체할 수 있다. 하지만 언제나 그럴 수 있는 것은 아니다.

85. 다음은 뜻이 유사한 단어를 묶은 것이다. 윗글을 바탕으로 할 때, ㉠의 관계와 가장 유사한 것은?

① 단장하다 – 꾸미다
② 독촉하다 – 채근하다
③ 우매하다 – 어리석다
④ 진부하다 – 케케묵다
⑤ 한미하다 – 변변찮다

86. 윗글을 바탕으로 할 때, ㉡을 반박하는 논리로 가장 적절하지 않은 것은?

① '감사하다'는 고유어가 아니지만 소중한 우리말이다.
② 모든 상황에서 '고맙다'가 '감사하다'를 대체할 수는 없다.
③ '感謝(감사)'는 우리나라에서 예부터 사용하던 한자어이다.
④ 우리말에서 쓰이는 단어의 유래를 명확히 밝히는 일은 어렵다.
⑤ 우리말에서 한자어를 사용하면 언어 표현이 더욱 다채로워진다.

[87~88] 다음 글을 읽고 물음에 답하시오.

노인장기요양 본인 부담 경감 대상 확대 안내

1. ㉠ "노인장기요양보험"이란?

고령이나 노인성 질병 등의 사유로 일상생활을 혼자서 수행하기 어려운 노인 등에게 신체 활동 또는 가사 활동 지원 등의 장기요양급여를 제공하는 사회 보장 제도를 말합니다. 여기서 '노인'은 65세 이상의 노인 또는 65세 미만의 사람으로서 치매 · 뇌혈관성질환 등 노인성 질병을 가진 사람을 말합니다. 또한 '장기요양급여'는 고령이나 노인성 질병 등의 사유로 6개월 이상 동안 혼자서 일상생활을 수행하기 어렵다고 인정되는 노인 등에게 신체 활동 · 가사 활동의 지원 또는 간병 등의 서비스나 이에 갈음하여 지급하는 현금 등을 말합니다.

2. 노인장기요양보험 본인 부담 개편 주요 내용

노인장기요양 급여비 부담 완화를 위해 본인 부담금 경감 대상을 저소득층에서 중산층까지 확대하고, 소득 수준에 따라 경감률을 차등 적용하는 기준을 마련하였습니다.

1) 건강보험료 순위별 경감률 및 본인 부담액

구분			현행	변경
건강 보험료 순위	0~25%	경감률	50%	60%
		본인 부담액 (최대)	월 19만 8000원	월 15만 9000원
	25~50%	경감률	0%	40%
		본인 부담액 (최대)	월 39만 7000원	월 23만 8000원
	50% 초과	경감률	0%	0%
		본인 부담액 (최대)	월 39만 7000원	월 39만 7000원

2) 장기요양급여 종류별 본인 부담률

대상자 선정 기준	건강보험료 순위 0~25%	건강보험료 순위 25~50%	건강보험료 순위 50% 초과
시설 급여	8%	12%	20%
재가 급여	6%	9%	15%

- 시설 급여: 장기요양기관에 장기간 입소한 수급자에게 신체 활동 지원 및 심신 기능의 유지 · 향상을 위한 교육 · 훈련 등을 제공하는 장기요양급여
- 재가 급여: 방문 요양, 방문 목욕, 방문 간호, 주 · 야간 보호, 단기 보호 등의 장기요양급여

87. ㉠에 대한 설명으로 적절하지 않은 것은?

① 개편 전에는 저소득층을 위한 경감 제도만 있었다.

② 몸이 불편한 어르신을 가정에서 돌보는 서비스를 제공한다.

③ 건강보험료 순위가 50%를 초과하면 본인 부담금이 경감되지 않는다.

④ 장기요양기관에 입소해 받는 장기 교육·훈련 비용은 국가에서 전액 부담한다.

⑤ 65세를 넘지 않더라도 노인성 질병을 앓고 있다면 장기요양급여를 받을 수 있다.

88. 윗글을 바탕으로 <보기>의 어르신이 부담해야 하는 건강보험료를 설명한 내용으로 적절하지 않은 것은?

<보기>

구분	A 어르신	B 어르신
건강보험료 순위	0~25%	25~50%
급여 종류	재가 급여	시설 급여
월 급여 비용	1,189,000원	1,983,000원
현행 본인 부담률	7.50%	20%

* 본인 부담금 = 월 급여 × 본인 부담률
이때, 본인 부담금은 백의 자리에서 반올림함

① 기존에 B 어르신은 경감 대상자가 아니었다.

② A 어르신은 기존보다 경감률이 10%p 상향되었다.

③ B 어르신은 개편 후 159,000원의 혜택을 받게 되었다.

④ 개편 후 A 어르신이 월에 부담하는 금액은 159,000원이다.

⑤ 개편 후 B 어르신이 월에 부담하는 금액은 238,000원이다.

[89~90] 다음 글을 읽고 물음에 답하시오.

부패 사건 피신고자에게 소명 기회 부여…
"부작용 없도록 노력"

국민권익위원회는 부패방지권익위법 개정으로 부패 신고 처리 시 신고자뿐만 아니라 피신고자를 대상으로 사실 관계를 확인할 수 있는 제도가 시행됨에 따라 원칙적으로 피신고자에게 소명 기회를 부여해 피신고자의 무고나 명예 훼손 우려를 해소하되, 그 과정에서 신고자 신분 노출 등의 문제가 발생하지 않도록 관리해 나가겠다고 밝혔다.

전○○ 국민권익위원회 위원장은 17일 정부서울청사에서 가진 브리핑에서 '부패방지법 시행 20년 만에 피신고자 사실 확인 제도가 시행되는 만큼 이 제도가 부작용 없이 안착될 수 있도록 노력하겠다'라고 말했다.

피신고자 사실 확인 제도는 부패 신고 처리 시 신고자를 상대로 사실 관계를 확인해도 감사 · 수사, 또는 조사가 필요한지(이첩) 여부를 결정할 수 없을 때 피신고자가 동의하는 경우에 한해 피신고자에게 사실 관계를 확인하는 제도이다.

국민권익위원회는 지난달 중순 시행된 피신고자 사실 확인 제도를 통해 일방적인 신고로 인한 피신고자의 무고 · 명예 훼손 등 권익 침해가 줄어들 것으로 기대되지만, 다른 한편으로는 피신고자에 대한 사실 확인 과정에서 피신고자가 신고자를 색출하거나 증거 인멸을 시도하는 등의 부작용이 발생할 가능성도 배제할 수 없다고 밝혔다.

이에 국민권익위원회는 사건 처리의 공정성을 제고하면서도 신고자 보호 제도의 취지가 훼손되지 않도록 정확한 사실 관계 확인을 위한 처리 절차와 피신고자 소명 기회 부여의 세부 기준 등을 마련해 시행한다.

먼저 신고 접수 단계에서 피신고자 사실 확인 제도를 신고자에게 안내하고, 무고 · 명예 훼손 등의 소지가 있는 허위 신고 등을 할 경우 형법 등에 따라 처벌될 수 있으며 부패방지권익위법에 따른 보호 대상에서도 제외될 수 있음을 안내해 신고의 오남용을 예방한다.

신고 내용의 허위 여부 등이 쟁점인 사안, 증거 자료가 명백하지 않은 사안, 부패 행위 책임 소재를 보다 명확히 할 필요가 있는 사안 등에 대해서는 피신고자에게 소명 기회를 부여한다.

특히 피신고자에게 소명 기회를 부여할 때는 '신고자 보호 · 보상 제도'와 '비밀 보장 위반과 불이익 조치 시 처벌 조항'을 상세히 안내해 신고자에게 피해를 주지 않도록 경각심을 고취한다.

만약 피신고자에게 소명 기회를 부여해 신고자가 피해를 입거나 입을 우려가 있는 경우에는 국민권익위원회에서 신고자 지위 인정 절차 등을 신속히 이행해 신고자 보호에 철저를 기한다.

한편, 피신고자에게 소명 기회를 부여하지 않는 경우는 신고자의 신분 노출 우려가 있는 경우, 증거 인멸 · 도주 등의 우려가 있는 경우, 피신고자가 거부하는 경우 등이다.

이는 신고자 신분 비밀 보장 의무 위반이 부패방지권익위법 제88조에 따라 5년 이하의 징역이나 5,000만 원 이하의 벌금 대상이 될 수 있는 점과 신고를 통한 부패 적발 기능의 중요성을 고려한 것이다.

전○○ 위원장은 '부패 신고 조사 처리 시 ㉠ 균형감을 가지고 공정하게 사건을 처리해 국민이 신뢰하는 부패 신고 제도로 발전시켜 나가겠다'라고 말했다.

89. 윗글에 대한 반응으로 가장 적절하지 않은 것은?

① 부패 신고를 받은 당사자 전원에게 소명할 기회가 주어지는 것은 아니군.

② 부패 사실 확인 과정에서 피신고자가 부패의 증거를 없애거나 도주할 수 있다는 점을 경계해야 해.

③ 이런 제도가 생긴 걸 보니 부패를 저지르지 않았는데 모함성 신고로 명예 훼손을 당한 사례가 있었나 보네.

④ 기존보다 무고죄를 가중 처벌하고, 신고 사실을 확인하는 절차의 기준을 강화하여 제도의 부작용을 없애려는 목적이군.

⑤ 소명 과정에서 정당하게 신고한 사람의 신분이 노출되어 피신고자의 협박을 받는 상황이라면 국민권익위원회의 보호를 받을 수 있어.

90. 윗글의 ㉠에 대한 이해로 적절한 것은?

① 기업의 윤리적 경영과 정부의 적절한 감시가 공존해야 한다는 의미이다.

② 피신고자의 부정 수급 금액에 상당하는 금액의 보상금을 신고자에게 지급해야 한다는 의미이다.

③ 부패를 방지하려면 체계적인 제도의 발전과 사회 구성원의 자율적 양심이 모두 필요하다는 의미이다.

④ 피신고자의 행위가 공적 이익을 위한 것인지, 사적 이익을 위한 것인지 냉정하게 판단해야 한다는 의미이다.

⑤ 신고자 보호라는 법익과 피신고자 사회적 위신 훼손이라는 양측의 법익을 아울러 고려해야 한다는 의미이다.

국어 문화 (91 ~ 100번)

91. <보기>에서 설명하는 문학 작품은?

<보기>

김시습이 조선 전기에 지은 전기 소설(傳奇小說)이자 명혼 소설(冥婚小說)로, 도교 사상을 바탕에 둔 작품이다. 작품 속에서 인간인 홍생과 선녀인 기씨는 고조선과 고구려의 역사나 인물에 대한 시를 짓고 놀며 사랑을 나눈다. 김시습은 두 사람이 짓고 노는 시의 주제를 통해 고려 왕조의 역사적 정통성을 규명하려 했다.

① 「심생전」 ② 「운영전」 ③ 「사씨남정기」
④ 「만복사저포기」 ⑤ 「취유부벽정기」

92. <보기>에서 설명하는 문학 작품은?

<보기>

이 작품은 작자 송강 정철이 1580년 강원도 관찰사로 부임하여 가면서 주변의 절경과 그에 대한 감흥을 노래하는 기행 가사 작품이다.

① 「누항사」 ② 「사모곡」 ③ 「연행가」
④ 「관동별곡」 ⑤ 「어부사시사」

93. <보기>에서 설명하고 있는 작가는?

<보기>

1925년 「오몽녀」를 발표하면서 작품 활동을 시작하였다. 친목회 구인회의 동인으로 활동하였고, 『문장』에서 중심 역할을 하였다. 주요 작품으로는 「달밤」, 「복덕방」 등이 있다.

① 이태준 ② 이해조 ③ 전광용 ④ 최인훈 ⑤ 현진건

94. 다음 신문 기사를 이해한 내용으로 가장 적절한 것은?

<보기>

금번 만해한룡운선생이 본보를위하야 흑풍(黑風)이란장편소설을 집필하시게되얏습니다.사월팔일부터 본보제사면(학예면)에 련재될터로 날마다 여러분의만흔환영을 바드리라고밋습니다.선생은 우리사회에잇서 가장존경을밧는선진자의한분이요 또가장널리명성을 울리는선배의 한분입니다.선생의인ㅅ격에 이르러는여러분이 잘아시는터로 구구한소개가도리어 화사첨족(畵蛇添足)을 이루지안할까합니다.그러나선생은 예술방면에잇서서도 남이미치지못할 눈과남이따르지못할솜씨를 가지고게십니다.『남의침묵』이란시집으로써 이미시인으로서의 선생을 대하얏거니와 금번이흑풍으로써 다시소설가로서의 선생을대하게됩니다

녯사람이말하기를 어떠한작품에든지 그작자의인ㅅ격이 반영되야잇다고합니다『님의침묵』에도 고결한중열정이넘치는 선생의인ㅅ격으로 가득차잇지만 더구나이혹풍에는 한구절한구절이 모도다 그러한선생의 인ㅅ격으로부터 울어나온것이올시다.선생의소설은 다른소설과류가다릅니다.좀더 다른의미로읽어주시기를 바랍니다.그뿐이아니라 심각하고도윤택한필지로삽화게의 중진을이루운응조 김규택화백이흑풍의 삽화를담당하게되잇습니다.흑풍을 위하야는실로 금상첨화리라고생각합니다.

① 시집 『님의 침묵』이 출간된 지 10년이 흘렀다.

② '흑풍'은 한용운 선생이 집필하는 첫 소설이다.

③ 김규택 화백이 소설 '흑풍'의 삽화를 그리게 되었다.

④ 소설 '흑풍'이 4월 8일부터 문예면에 연재될 예정이다.

⑤ 다른 작품과 달리 한용운 선생의 작품에는 그의 인격이 반영되어 있다.

95. <보기>의 ㉠ ~ ㉤과 의미상 대응하는 한자가 아닌 것은?

<보기>

· 九重에 ㉠ 드르샤 太平을 누리싫 제 이 ㉡ 뜨들 ㉢ 닛디 마ᄅᆞ쇼셔.
· ㉣ 불휘 기픈 남ᄀᆞᆫ ᄇᆞᄅᆞ매 아니 뮐씨 곶 됴코 여름 ㉤ 하ᄂᆞ니

① ㉠: 擧　② ㉡: 意　③ ㉢: 忘　④ ㉣: 根　⑤ ㉤: 多

96. <보기>의 한국 수화가 나타내는 단어로 적절한 것은?

<보기>

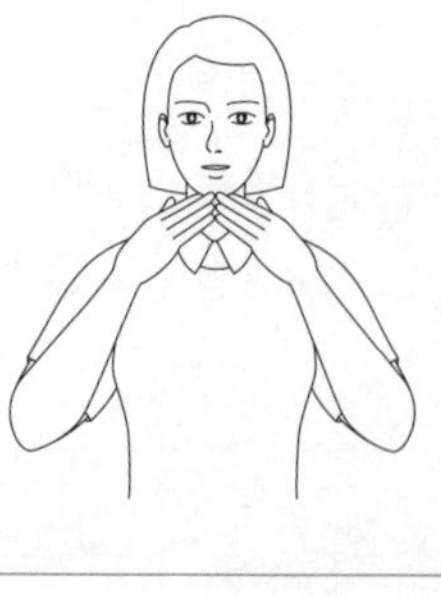

① 산
② 집
③ 가방
④ 우산
⑤ 조명

97. <보기>에 쓰인 ㉠ ~ ㉤의 의미로 적절하지 않은 것은?

<보기>

엇그제 ㉠ 저멋더니 ᄒᆞ마 어이 다 늘거니
少年行樂(소년 행락) 생각ᄒᆞ니 ㉡ 일러도 속절업다
늘거야 서른 말숨 ᄒᆞ자니 목이 멘다
父生母育(부생모육) 辛苦(신고)ᄒᆞ야 이내 몸 길러 낼 제
公侯配匹(공후 배필)은 못 바라도
君子好逑(군자 호구) 願(원)ᄒᆞ더니
三生(삼생)의 冤業(원업)이오
月下(월하)의 緣分(연분)ᄋᆞ로,
長安遊俠(장안 유협) 경박자ᄅᆞᆯ ㉢ ᄭᅮᆷᄀᆞᆮ치 만나 잇서
當時(당시)의 用心(용심)ᄒᆞ기 살어름 ㉣ 디듸는 듯
三五二八(삼오 이팔) ㉤ 겨오 지나 天然麗質(천연 여질) 절로 이니

– 허난설헌, 「규원가」

① ㉠: 젊었더니　② ㉡: 빨라도　③ ㉢: 꿈같이
④ ㉣: 디디는 듯　⑤ ㉤: 겨우

98. 다음 글의 ㉠ ~ ㉤을 북한어로 쓸 때, 그 설명으로 가장 적절하지 않은 것은?

경상북도 영양군의 요원리(腰院里)는 옛 영해에서 넘어오는 중요한 길목이었다. 사방이 산으로 둘러싸였으며 고추 · 담배 농사가 잘되는 곳으로, 영해의 고기 장수들이 요원의 큰 재를 넘어서 농산물과 해산물을 바꾸려고 찾아들던 곳이다. 조선 왕조 때 ㉠ 여로에 오른 이들을 돕던 집이 있었다고 하여 붙여진 이름이다. 자연 마을로는 배남정, 칠성봉, 질등, 요원 ㉡ 등이 있다. 배남정은 이 마을의 ㉢ 어귀에 있는 곳인데 옛적에 배나무가 많았던 곳이라고 한다. 지금은 오래된 배나무가 한 그루 남아 있는데, 해마다 정월 보름이면 이 나무에 제사를 올린다. 칠성봉은 ㉣ 뒷산의 이름을 받아서 마을의 이름으로 삼았으며, 이 마을 사람들은 칠성봉의 정기를 받아서 수명이 길고 인심이 순후하다고 한다. 칠성봉으로 올라가는 긴 등성이 위에 새로운 마을이 하나 있는데, ㉤ 리어카가 다닐 만큼의 길이가 있는 둔덕에 위치하여 질등이라 부른다. '길'을 '질'로 발음했기 때문에 질등이 된 것이다. 요원은 요원리의 중심이 되는 마을로 고을의 원님이 정사를 살피기 위해 고을을 지나는 길에 잠시 허리를 쉬다 간 곳이라 하여 이곳을 요원이라 부르게 되었다고 한다.

① ㉠: 북한에서는 두음 법칙을 따르지 않고 한자음을 그대로 적으므로 '려로'로 쓴다.
② ㉡: 북한에서는 의존 명사를 앞 단어에 붙여 쓰므로 '등'을 앞말에 붙여 쓴다.
③ ㉢: 북한에서는 같은 의미의 단어를 '어구'로 쓴다.
④ ㉣: 북한에서는 사이시옷을 표기하지 않으므로 '뒤산'으로 쓴다.
⑤ ㉤: 북한에서는 외래어 '리어카(rear car)'를 '리야까'로 쓴다.

99. 밑줄 친 법률 문장을 수정한 것으로 적절한 것은?

<보기>

그 권리를 취득할 수 없거나 과다한 비용 요할 때에는 그 가액으로 변상할 수 있다.

① 그 권리 취득 불가 또는 그 취득에 과다한 비용을 요할 때에는

② 그 권리 취득에 과다한 비용을 요할 경우 그 취득을 할 수 없거나

③ 그 취득에 과다한 비용을 요함 또는 권리를 취득할 수 없을 때에는

④ 그 권리를 취득할 수 없거나 그 취득에 과다한 비용을 요할 때에는

⑤ 그 권리를 취득할 수 없으면서 그 취득에 과다한 비용이 요할 때에는

100. 다음은 뉴스 보도의 일부이다. ㉠ ~ ㉤에 대한 설명으로 적절하지 않은 것은?

㉠ 오는 3월 31일부터 베트남에서 수입하는 고추는 사전에 안전성을 입증해야만 국내로 들여올 수 있는 '검사명령'이 시행될 예정입니다. ㉡ '검사명령'이란 유해 물질이 검출되거나 수입 검사 결과 부적합이 반복적으로 발생하는 수입 식품 등을 선정하여 수입자가 식약처장이 지정한 시험 · 검사 기관에서 정밀 검사를 받고 적합한 경우에만 수입 신고를 하도록 하는 제도입니다.

이번 검사명령은 베트남 고추에 대한 통관 검사 결과에 반복적으로 잔류 농약 부적합이 발생함에 따라 수입자의 안전 관리 책임을 ㉢ 강화시키기 위한 조치입니다. '검사명령' 이후 대상 수입 식품 등을 수입 · 판매하려는 영업자는 식약처장이 지정한 식품 전문 시험 · 검사 기관에 해당 제품의 검사를 의뢰한 후, 수입 신고 시 ㉣ 반드시 그 결과를 관할 지방식약청에 제출해야 합니다. 식약처는 ㉤ 앞으로도 안전한 수입 식품이 공급 · 유통될 수 있는 환경을 조성하기 위해 부적합이 반복적으로 발생하거나 위해 우려가 있는 식품을 중심으로 안전 관리를 더욱 강화해 나가겠다'고 밝혔습니다.

① ㉠: '검사명령'의 시행 일자를 제시하여 정보의 구체성을 높이고 있다.

② ㉡: 시청자의 이해를 돕기 위해 전달하려는 정보와 관련된 부연 설명을 하고 있다.

③ ㉢: 제도를 시행하게 한 주체를 강조하기 위해 사동 표현을 사용하였다.

④ ㉣: 부사를 사용하여 행위의 당위성을 더욱 강조하고 있다.

⑤ ㉤: 간접 인용 조사를 사용하여 기관의 공식 입장을 전달하고 있다.

자동 채점 및 성적 분석 서비스 바로 가기

QR코드를 이용해 모바일로 간편하게 채점하고 나의 실력이 어느 정도인지, 취약 부분이 어디인지 바로 파악해 보세요!

정답 및 해설집 p.190

정답 및 해설

1회 기출동형 모의고사

p. 3

1 ③	2 ③	3 ①	4 ①	5 ②
6 ④	7 ②	8 ④	9 ④	10 ④
11 ②	12 ④	13 ④	14 ⑤	15 ④
16 ⑤	17 ①	18 ②	19 ⑤	20 ⑤
21 ⑤	22 ②	23 ③	24 ②	25 ②
26 ②	27 ②	28 ④	29 ①	30 ③
31 ⑤	32 ③	33 ②	34 ④	35 ③
36 ⑤	37 ①	38 ④	39 ③	40 ⑤
41 ①	42 ④	43 ②	44 ③	45 ⑤
46 ④	47 ③	48 ③	49 ③	50 ①
51 ⑤	52 ①	53 ②	54 ⑤	55 ⑤
56 ②	57 ③	58 ③	59 ④	60 ④
61 ④	62 ②	63 ③	64 ②	65 ⑤
66 ③	67 ⑤	68 ③	69 ①	70 ③
71 ④	72 ④	73 ①	74 ⑤	75 ④
76 ③	77 ④	78 ①	79 ③	80 ④
81 ③	82 ⑤	83 ②	84 ③	85 ③
86 ①	87 ①	88 ③	89 ④	90 ⑤
91 ③	92 ②	93 ④	94 ①	95 ①
96 ①	97 ②	98 ①	99 ⑤	100 ③

1 그림 - 그림을 보며 해설 파악하기

정답 ③

정답분석

'그림 속 곡선은 ~ 고흐의 굵은 선과 결합하여 그림에 동적인 이미지를 부여해 주고 있습니다'를 통해 <별이 빛나는 밤> 속 굵은 곡선이 그림의 역동성을 자아내고 있음을 알 수 있으므로 적절하다. 따라서 답은 ③이다.

오답분석

① 사이프러스의 오른편에 있는 별이 샛별이므로 적절하지 않다.
[관련 지문 인용] 샛별은 그림 중앙에서 조금 왼쪽의 별로 추정됩니다.

② <별이 빛나는 밤>은 고흐가 상 레미에서 지낼 때 그린 그림이므로 적절하지 않다.
[관련 지문 인용] 고흐가 생을 마감하기 1년 전부터 지내던 상 레미의 정신 병원에서 그린 작품입니다.

④ 고흐는 <별이 빛나는 밤>에서 별과 달을 노란색으로 칠하였으며, 이들과 보색 관계인 것은 파란색으로 칠한 하늘이므로 적절하지 않다.
[관련 지문 인용] 하늘은 짙은 파란색으로 칠해져 있는데요, 그와 달리 별과 달은 노란색으로 칠해져 하늘의 색과 강렬한 보색 대비를 이룹니다.

⑤ 고흐에게 사이프러스는 죽음을 상징하는 나무가 아니었으므로 적절하지 않다.
[관련 지문 인용] 이 나무는 일반적으로 무덤, 애도 등 죽음의 이미지를 상징하지만 고흐에게는 수많은 영감을 주는 환상적인 존재이자 단단한 정신적 지주였습니다.

듣기 지문

<별이 빛나는 밤>은 고흐가 생을 마감하기 1년 전부터 지내던 상 레미의 정신 병원에서 그린 작품입니다. 고흐는 이 작품을 그릴 때 동생 테오에게 창문 너머로 샛별을 보았다는 내용의 편지를 보냈는데, 그가 편지에서 언급한 샛별은 그림 중앙에서 조금 왼쪽의 별로 추정됩니다. 고흐에게 밤하늘이 무한의 공간이었다는 점을 떠올리게 할 정도로 하늘은 짙은 파란색으로 칠해져 있는데요, 그와 달리 별과 달은 노란색으로 칠해져 하늘의 색과 강렬한 보색 대비를 이룹니다. 또한 하늘에 있는 흰색 소용돌이는 구름으로 보이기도 하고, 별이 운행하는 모습으로 보이기도 합니다. 그림의 가장 왼편에 굵게 자리한 사이프러스는 고흐의 그림에서 자주 보이는 나무입니다. 이 나무는 일반적으로 무덤, 애도 등 죽음의 이미지를 상징하지만 고흐에게는 수많은 영감을 주는 환상적인 존재이자 단단한 정신적 지주였습니다. 마지막으로, 그림 속 곡선은 이 시기에 빛을 발하기 시작한 고흐의 굵은 선과 결합하여 그림에 동적인 이미지를 부여해 주고 있습니다.

2 이야기 - 내용 추론하기

정답 ③

정답분석

이 이야기는 여우가 황새의 부리를 고려하지 않고 건더기가 없는 국을 납작한 판 위에 황새에게 대접하자 황새는 이를 본으로 삼아 여우가 음식을 핥아 먹을 수 없도록 목이 긴 그릇에 음식을 담아 여우에게 대접하는 내용이므로 마지막에 황새가 할 말로 적절한 것은 ③이다.

듣기 지문

낯선 곳에서 온 황새가 여우에게서 저녁 초대를 받았습니다. 여우는 매끄러운 대리석 판 위에다 건더기 없는 멀건 국을 대접하였습니다. 그래서 배가 고팠던 황새는 한 방울도 맛볼 수가 없었습니다. 초청에 대한 답례로 여우를 불러 황새는 죽이 들어 있는 목이 긴 그릇을 내놓았습니다. 거기다가 부리를 집어넣고 황새는 맛있게 식사를 했지만 여우 손님은 시장기로 고통을 받았습니다. 황새는 말하였습니다.

3 강연 - 세부 내용 파악하기

정답 ①

정답분석

영국의 국제 전화 국가 번호가 두 자리인 것은 맞으나, 영국이 속하는 유럽의 국제 전화 국가 번호 앞자리는 3 또는 4이다. 따라서 강연의 내용과 일치하지 않는 것은 ①이다.

[관련 지문 인용]

- 3과 4는 영국이나 네덜란드 같은 유럽 국가에,
- 두 자리인 국가에는 우리나라, 터키, 영국, 호주, 페루 등이 있으며,

오답분석

② '9는 서남·중앙아시아와 중동 국가에 부여됩니다'를 통해 알 수 있다.

③ '6은 호주, 뉴질랜드와 같은 오세아니아 국가뿐 아니라~남극에도 부여됩니다'를 통해 알 수 있다.

④ '국제 전화 국가 번호라고 하는데요, ~국제전기통신연합에서 국가별로 지정한 번호를 지칭합니다'를 통해 알 수 있다.

⑤ '국가 번호가 한 자리인 나라에는 미국과 캐나다, ~ 세 자리인 국가에는 대만, 홍콩, 카타르, 나이지리아와 남극이 있습니다'를 통해 알 수 있다.

듣기 지문

해외 기업의 사이트에서 회원 가입하면서 전화번호를 입력할 때 전화번호 앞에 추가로 두세 자리 번호를 선택해 보신 적 있으신가요? 혹은 국제 전화를 걸 때 전화를 거는 국가의 국가 번호를 눌러 보셨나요? 이런 상황에 사용되는 번호를 국제 전화 국가 번호라고 하는데요, 국제 전화를 목적으로 국제전기통신연합에서 국가별로 지정한 번호를 지칭합니다. 국가 번호는 한 자리에서 세 자리로 구성되며 맨 앞에 오는 번호는 보통 각국이 속하는 지역에 따라 구분돼 있습니다. 1은 미국과 캐나다가 속하는 북아메리카, 2는 이집트나 케냐 등이 속하는 아프리카에 부여됩니다. 3과 4는 영국이나 네덜란드 같은 유럽 국가에, 5는 멕시코나 칠레 같은 중남미 국가에, 6은 호주, 뉴질랜드와 같은 오세아니아 국가뿐 아니라 말레이시아 같은 남태평양의 국가와 남극에도 부여됩니다. 7은 러시아와 독립국가연합에, 8은 우리나라를 비롯한 동아시아 국가에 부여되며 마지막 숫자인 9는 서남 · 중앙아시아와 중동 국가에 부여됩니다. 국가 번호가 한 자리인 나라에는 미국과 캐나다, 두 자리인 국가에는 우리나라, 터키, 영국, 호주, 페루 등이 있으며, 세 자리인 국가에는 대만, 홍콩, 카타르, 나이지리아와 남극이 있습니다.

4 라디오 - 세부 내용 파악하기

정답 ①

정답분석

'백조의 호수' 음악은 엔딩크레디트 직전 장면에 삽입된다고 하였으므로 적절하지 않은 것은 ①이다.

[관련 지문 인용] 빌리가 뛰는 모습을 엔딩크레디트 직전의 마지막 장면에서 볼 수 있는데, '백조의 호수'에 출연한 빌리가 무대 위에서 뛰어오르는 모습입니다. 이때 삽입된 음악은 차이콥스키의 '백조의 호수' 중 '정경'입니다.

오답분석

② '이 영화에서 가장 주목할 만한 장면은 도입부와 엔딩크레디트의 빌리가 침대에서 뛰어오르는 장면입니다'를 통해 알 수 있다.

③ "백조의 호수'를 작곡한 차이콥스키도 초연 당시에는 대중에게서 외면받고 발레 음악 작곡을 그만두려 했지만'을 통해 알 수 있다.

④ '영화가 전달하고자 한 메시지는 현실이 힘들어도 '이상'만 있다면 위안을 얻고, '이상'에 도달할 수 있다는 것입니다'를 통해 알 수 있다.

⑤ '기존에 공연되던 '백조의 호수'와 달리 다른 무용수의 도움 없이 날아오른 '백조'는'을 통해 알 수 있다.

듣기 지문

영화 '빌리 엘리어트'는 치매에 걸린 할머니, 광부인 아버지와 형과 함께 사는 11살 소년 빌리가 발레에 도전하고 성공하는 이야기를 다룬 영화입니다. 주인공 빌리는 아버지의 가치관에 따라 권투를 배우다 우연히 발레를 접하고 그 꿈을 키우기 시작하는데요, 이 영화에서 가장 주목할 만한 장면은 도입부와 엔딩크레디트의 빌리가 침대에서 뛰어오르는 장면입니다. 침대에서 뛰어오른 빌리는 자연스럽게 다시 침대로 떨어집니다. 침대에서 떠오르는 빌리는 빌리의 이상인 '발레'를 의미하고, 침대로 다시 추락하는 빌리는 '이상'에 가까워지지 못하도록 가로막는 '현실'을 의미한다고 볼 수 있습니다. 이렇게만 말하면 빌리는 영원히 '이상'에 도착하지 못할 것 같지만 이 장면으로 영화가 전달하고자 한 메시지는 현실이 힘들어도 '이상'만 있다면 위안을 얻고, '이상'에 도달할 수 있다는 것입니다. 빌리가 뛰어오르는 모습은 엔딩크레디트 직전의 마지막 장면에서도 볼 수 있는데, '백조의 호수'에 출연한 빌리가 무대 위에서 뛰어오르는 모습입니다. 이때 삽입된 음악은 차이콥스키의 '백조의 호수' 중 '정경'입니다. 기존에 공연되던 '백조의 호수'와 달리 다른 무용수의 도움 없이 날아오른 '백조'는 어엿한 발레리노로서의 삶을 시작하는 빌리의 모습을 상징합니다. 재미있는 것은 발레를 반대하던 가족에게 재능을 인정받고 발레로 성공한 빌리처럼 '백조의 호수'를 작곡한 차이콥스키도 초연 당시에는 대중에게서 외면받고 발레 음악 작곡을 그만두려 했지만, 결국 '백조의 호수'로 발레 음악의 모범이 되는 성과를 얻었다는 것입니다.

5 시 - 내용 추론하기

정답 ②

정답분석

이 시의 제재는 '꽃'이며, 시의 화자는 봄이 되면 핀 꽃에 다가가 꽃에 찔림으로써 상처받은 마음을 치유하겠다는 다짐을 드러내고 있다. 이를 종합할 때, 시의 중심 소재는 '봄꽃'임을 알 수 있으며 시의 주제와 화자의 태도가 모두 중심 소재에 맞춰져 있으므로 시의 핵심을 드러내는 제목으로는 '봄꽃'이 가장 적절하다. 따라서 답은 ②이다.

듣기 지문

꽃에게로 다가가면
부드러움에
찔려

삐거나 부은 마음
금세

환해지고
선해지니

봄엔
아무
꽃침이라도 맞고 볼 일

- 함민복, 「봄꽃」

6 대담 - 세부 내용 파악하기

정답 ④

정답분석

전문가는 1번째 발언에서 동물원수족관법의 목적과 동물원의 목표가 부분적으로 연관된다고 설명하고 있다. 따라서 전문가의 설명과 일치하지 않는 것은 ④이다.

[관련 지문 인용] 동물원수족관법의 제정 목적은 동물원이 달성하고자 하는 목표와도 통하는 부분이 있습니다.

오답분석

① 전문가의 5번째 발언을 통해 알 수 있다.
[관련 지문 인용] 체험에 참여하는 사람도 면역력이 정상인지 점검해야 합니다.

② 전문가의 2번째 발언을 통해 알 수 있다.
[관련 지문 인용] 동물을 직접 만지거나 동물에게 먹이를 주거나, 동물과 함께 사진을 찍는 등 동물 체험에 목적을 둔 프로그램은 제한적으로 수행하거나 지양할 것을 권유하고 있기는 합니다.

③ 전문가의 4번째 발언을 통해 알 수 있다.
[관련 지문 인용] 환경 보호와 관련되는 주제를 연관 지어 동물원에서 시행하는 프로그램을 개발할 것을 권고하고 있습니다.

⑤ 전문가의 3번째 발언을 통해 알 수 있다.
[관련 지문 인용] 동물의 생태적 습성이나 특징, ~ 등을 설명하는 생태설명회가 있습니다.

듣기 지문

진행자: 국내의 공영 동물원과 민간 동물원에서 실시한 동물원의 전시 및 사육 환경, 동물 복지 및 동물원의 기능에 대한 대중의 인식 정도 조사 결과에 따르면 '동물 복지 개선이 필요하다', '동물원은 생물 종과 생태 교육을 실시해야 한다'라고 응답한 비율이 가장 높았다고 합니다. 더불어 동물원 관리의 기준이 되는 동물원수족관법이 제정된 목적에 동물원의 야생 생물 보전, 생태와 습성에 관한 올바른 정보 제공, 생물 다양성 보전 기여 등이 포함되는데 일각에서는 이 목적이 잘 지켜질 만한 체계가 미흡하다는 의견을 내고 있습니다. 이에 대해 어떻게 생각하십니까?

전문가: 네, 말씀하신 동물원수족관법의 제정 목적은 동물원이 달성하고자 하는 목표와도 통하는 부분이 있습니다. 동물원은 동물원을 방문하는 사람들이 자연과 연결되게 함으로써 야생에서 동물이 어떤 위험을 마주하는지, 환경 보호를 위해 어떤 노력을 해야 하는지를 이해하게 해 자연을 보호함으로써 생물의 다양성을 보전하고자 합니다. 이런 교육의 일환으로 야생동물을 직접 경험해 보는 프로그램도 실시되고 있습니다.

진행자: 야생동물을 직접 경험한다고요? 아, 동물을 만지거나 동물에게 먹이를 주는 체험을 말씀하시는 거군요?

전문가: 네, 맞습니다. 다만 생물 다양성 보전 교육 중 동물을 직접 만지거나 동물에게 먹이를 주거나, 동물과 함께 사진을 찍는 등 동물 체험에 목적을 둔 프로그램은 제한적으로 수행하거나 지양할 것을 권유하고 있기는 합니다.

진행자: 그렇다면 권장되는 프로그램에는 무엇이 있을까요?

전문가: 대표적으로는 동물의 생태적 습성이나 특징, 건강 관리를 어떻게 하는지 등을 설명하는 생태 설명회가 있습니다.

진행자: 조금 전에 관람객에게 환경 보호의 인식을 심어주는 것도 동물원이 지향하는 방향이라고 하셨는데, 비슷한 맥락일까요?

전문가: 그렇습니다. 많이 들어 보셨겠지만 기후 위기, 생태계 파괴 등 환경 보호와 관련되는 주제를 연관 지어 동물원에서 시행하는 프로그램을 개발할 것을 권고하고 있습니다.

진행자: 그렇군요. 야생동물 중에는 맹수도 있고, 동물과 인간이 함께 감염되는 인수 공통 감염병도 있다 보니 동물에게 가까이 가거나 직접 접촉하는 프로그램을 운영할 때는 주의해야 할 점이 있을 것 같은데요, 어떤 것이 있을까요?

전문가: 동물과 직접 접촉한 후 손을 씻거나 소독하게 하고, 질병 감염이 의심되는 동물은 체험 현장에서 격리하고, 체험에 참여하는 사람도 면역력이 정상인지 점검해야 합니다. 또, 체험 구역 내 취식 행위를 금지하고 향수나 긴 귀걸이 등은 동물을 자극할 수 있으니 사용이나 착용을 제한해야 합니다.

진행자: 네, 자세한 설명 감사합니다.

7 대담 - 말하기 방식 추론하기

정답 ②

정답분석

진행자는 4번째 발언에서 동물원에 권장되는 프로그램인 생태 설명회의 설명(전문가의 3번째 발언)에 대해 전문가가 이전에 설명한 동물원의 목적(전문가의 1번째 발언)과 관련지어 질문하고 있다. 따라서 진행자의 말하기 방식으로 가장 적절한 것은 ②이다.
[관련 지문 인용] 조금 전에 관람객에게 환경 보호의 인식을 심어주는 것도 동물원이 지향하는 방향이라고 하셨는데, 비슷한 맥락일까요?

오답분석

①④⑤ 진행자가 전문가의 답변에 예상되는 반론, 자신의 경험, 전문가의 답변 중 모호한 내용에 대한 청취자의 질문을 언급한 부분은 없다.

③ 진행자는 1번째 발언에서 동물원수족관법의 목적을 동물원에 관한 대중의 인식과 연관 지으며, 동물원을 둘러싼 문제점을 언급하고 있다. 그러나 사육 동물의 관리가 미흡한 동물원의 처벌 방안은 질문하지 않았다.
[관련 지문 인용] 동물원수족관법이 제정된 목적에 ~ 일각에서는 이 목적이 잘 지켜질 만한 체계가 미흡하다는 의견을 내고 있습니다.

8 대화 - 등장인물 생각 파악하기

정답 ④

정답분석

생활비를 정산해 줄 것을 요청하는 현주에게 민정과 희찬은 자기가 쓰지 않은 것까지 부담하게 하고, 현주가 정산 내역을 투명하게 공개하지 않으면서 현주에게만 유리하게 하고 있는데다가 자신들의 불만을 수용해 주지 않는다며 항의하고 있다. 이를 종합하면 민정과 희찬은 현주의 생활비 정산 방식이 바뀌어야 한다고 주장함을 알 수 있으므로 적절한 것은 ④이다.

오답분석

① 현주가 막내인 희찬은 돈을 적게, 첫째인 자기가 돈을 많이 내야 한다고 말한 부분은 없으므로 적절하지 않다.

② 현주가 수도 요금을 민정과 희찬에게 더 부과한 명목으로 자기의 수고비를 들고 있으나, 서운함을 표현한 것은 아니므로 적절하지 않다.
[관련 지문 인용] 수고비지, 수고비.

③ 현주가 민정과 희찬에게 밥을 사 준 적이 많다고 하자 민정이 생색을 내지 말라는 투로 말하는 부분은 있으나, 현주가 민정과 희찬이 원하지 않았는데도 밥을 사 주었는지는 알 수 없으며 희찬 또한 그와 같이 생각하는지 알 수 없으므로 적절하지 않다.

[관련 지문 인용]
- 그리고 내가 너희 밥을 얼마나 많이 사 줬는데.
- 언니가 사 준다고 한 거잖아. 희찬이랑 나는 늘 얻어먹기만 하는 줄 알겠네.

⑤ 소고기를 먹지 않았는데 소고기를 산 가격도 부담해야 하느냐고 따지고 있는 것은 희찬이므로 적절하지 않다.
[관련 지문 인용] 왜 나도 소고깃값을 내? 난 그거 안 먹었는데.

듣기 지문

현주: 이번 주 생활비 정산할게. 민정이는 5만 원, 희찬이는 나한테 7만 원 주면 돼.
민정: 야, 정희찬. 넌 무슨 일주일 식비가 7만 원이나 나와? 우리 셋 식비가 일주일에 15만 원이라고? 와, 대단하다, 우리.
희찬: 뭐? 7만 원? 큰누나, 이건 불공평해. 왜 나도 소고깃값을 내? 난 그거 안 먹었는데.
현주: 소고기 먹을 거냐고 물어봤더니 먹는다며. 그래서 1/3씩 나눈 건데?
희찬: 안 먹었다니까? 나 빼고 둘이 반씩 나눠.
민정: 그럼 나도 지난주에 일주일 집 비웠으니까 일주일분 전기 요금이랑 가스 요금 빼 줘.
현주: 왜 이래, 둘 다? 뭘 먹든, 뭘 쓰든 어차피 누구 혼자 쓰는 거 아닌 이상 셋이 똑같이 나누기로 했잖아. 원칙은 원칙이지.
희찬: 그 원칙이 잘못되면 바꿔야 하는 거 아냐?
민정: 맞아. 보고 있으면 솔직히 현주 언니가 돈 제일 적게 내는 거 같아. 영수증도 매번 올려 준다고 해 놓고 안 올린 게 더 많고.
현주: 둘이 나 비난하겠다 이거야? 아무튼 입금해. 민정이 5만 원, 희찬이 7만 원.
희찬: 내가 그래도 누나들이라 참고 있었는데, 큰누나 계산 이상해. 누나는 그럼 왜 수도 요금 항상 더 적게 내는데?
현주: 수고비지, 수고비. 그리고 내가 너희 밥을 얼마나 많이 사 줬는데.
민정: 언니가 사 준다고 한 거잖아. 희찬이랑 나는 늘 얻어먹기만 하는 줄 알겠네. 아무튼 정산 다시 해. 난 못 내.
희찬: 나도. 셋 중 둘이 반대하면 듣는 척이라도 좀 해 봐.

9 대화 - 갈등 파악하기
정답 ④

정답분석
남매간 갈등이 일어난 이유는 현주는 생활비 정산 원칙을 지켜야 한다고 생각하지만, 민정과 희찬은 그 원칙이 잘못되었으니 고쳐야 한다고 생각하기 때문이다. 또한 현주는 자기가 생활비를 정산하는 수고로운 일을 하고 있다고 생각한다. 따라서 마지막에 이어질 현주의 말은 원칙을 지키라고 강조하거나 자기의 수고를 알아 달라고 하면서 문제 해결을 시도하거나 원칙을 지키지 않을 거라면 더는 정산 업무를 맡지 않겠다는 말이 되어야 한다. 그러나 생활비를 걷어서 생필품을 사자고 제안하는 것은 민정과 희찬이 정산 문제의 불합리함을 제기하게 된 원인인 식비 및 공과금 문제와 관련이 없으며, 현주가 언급한 원칙과도 관련이 없으므로 현주가 마지막에 할 만한 말로 적절하지 않다. 따라서 답은 ④이다.

10 강연 - 세부 내용 파악하기
정답 ④

정답분석
'우리나라뿐만 아니라 외국의 종자도 기탁받아 4천 종 넘게 보관하고 있는데'를 통해 우리나라 시드볼트에 보관 중인 국내외 종자가 4천 종 이상임을 알 수 있으므로 적절하지 않은 것은 ④이다.

오답분석
① '종자 금고는 전 세계에 몇 군데 있을까요? ~ 단 두 나라, 노르웨이와 우리나라에 있습니다'를 통해 알 수 있다.
② '종자를 보존하기 위한 시설로 시드볼트가 있습니다. 종자와 금고를 합친 말인데'를 통해 알 수 있다.
③ '나무의 경우 30%에 해당하는 종이 멸종 위기라고 합니다 ~ 전체 식물 중 40%에 해당하는 종이 멸종 우려 수준이라고 합니다'를 통해 알 수 있다.
⑤ '보관된 종자는 ~ 식물의 멸종이나 자생지 파괴 등을 대비해 보관하고 있기 때문입니다'를 통해 알 수 있다.

듣기 지문

개똥쑥에서 말라리아 치료 성분을 발견했다는 지난주 특강 내용 기억나시나요? 네, 인류를 살리는 식물에 관한 얘기였죠. 이런 식물이 지구상에서 사라진 상황, 상상이 되시나요?
나무의 경우 30%에 해당하는 종이 멸종 위기라고 합니다. 또 다른 조사 결과에 따르면 보시는 바와 같이 전체 식물 중 40%에 해당하는 종이 멸종 우려 수준이라고 합니다. 그래서 식물을 품고 있는 씨앗, 즉 종자의 보존은 중요합니다. 오늘 발표는 그 종자 보존과 관련된 내용입니다.
종자를 보존하기 위한 시설로 시드볼트가 있습니다. 종자와 금고를 합친 말인데, 용어가 어려우니 종자 금고라고 할게요. 종자 금고는 기후 변화나 전쟁 등 예기치 못한 재앙으로 인한 식물의 멸종을 막기 위해 지어진 종자 영구 보관 시설입니다. 여기서 잠깐 퀴즈를 내 볼게요. 종자 금고는 전 세계에 몇 군데 있을까요? 아, 정답자가 없네요. 놀라지 마세요. 단 두 나라, 노르웨이와 우리나라에 있습니다.
인류의 미래를 지키는 데 일조하고자 지은 우리나라 종자 금고는 경북 봉화군에 있습니다. 화면 속 건물 아래쪽에 보이는 공간이 저장고가 있는 지하의 모습인데, 외부 영향을 최소화하기 위해 지하에 종자를 보관하고 있습니다. 우리나라뿐만 아니라 외국의 종자도 기탁받아 4천 종 넘게 보관하고 있는데, 저장고 내부는 종자의 발아를 억제해 장기 보관이 가능하도록 적정 온도와 습도를 유지하고 있습니다. 보관된 종자는 특수한 상황이 아니면 반출하지 않는데 식물의 멸종이나 자생지 파괴 등을 대비해 보관하고 있기 때문입니다.
종자를 지키는 일은 미래를 지키는 일입니다. 다음 세대에 물려주어야 할 살아 있는 유산인 씨앗. 씨앗을 보존하기 위한 노력의 일환인 우리나라의 종자 금고는 그런 점에서 의미가 크다고 할 수 있습니다.

11 강연 - 말하기 방식 추론하기
정답 ②

정답분석
강연자는 '시드볼트'라는 전문 용어가 청중에게 어려운 용어임을 감안해 '종자 금고'라는 쉬운 말로 바꾼 뒤 강연을 이어가고 있으므로 강연자의 말하기 방식으로 가장 적절한 것은 ②이다.
[관련 지문 인용] 종자를 보존하기 위한 시설로 시드볼트가 있습니다. 종자와 금고를 합친 말인데, 용어가 어려우니 종자 금고라고 할게요.

(오답분석)

① 국외 시드볼트는 노르웨이에, 국내 시드볼트는 경북 봉화군에 있음을 설명하고 있으나 그 둘의 특징을 비교하지는 않는다.

[관련 지문 인용]
- 단 두 나라, 노르웨이와 우리나라에 있습니다.
- 우리나라 종자 금고는 경북 봉화군에 있습니다.

③ 청중에게 질문한 뒤, 청중의 대답을 듣고 질문에 관한 답을 제시하며 강연을 이어가고 있을 뿐 이를 통해 대상의 개념을 정의하지는 않는다.

④ 시드볼트에서 근무한 경험을 언급한 부분은 없다.

⑤ '보시는 바와 같이', '화면 속 건물' 등과 같이 시각 자료를 활용하고 있음을 알 수 있으나, 이를 통해 이전에 진행했거나 앞으로 진행할 강연의 내용을 설명하지는 않는다.

12 발표 - 세부 내용 파악하기 정답 ④

(정답분석)

보부상이 따라야 할 네 가지 계명은 국가가 아닌 보부상 조직 내 통제의 규율이므로 적절하지 않은 것은 ④이다.

[관련 지문 인용]
- 채장의 뒷면에는 보부상들이 절대로 해서는 안 되는 네 가지 계명이 적혀 있었답니다.
- 이로 미루어 보부상은 조직의 엄격한 통제를 따라야 했을 것으로 짐작됩니다.

(오답분석)

① '보부상들에게는 채장이라고 하는 신분증이 매년 발급되었는데, 이것이 없으면 장사는 물론 객줏집에서 자고 가는 것까지 금지되었습니다'를 통해 알 수 있다.

② 보상은 어깨에 보자기로 싼 짐을, 부상은 등짐을 지고 다니며 물건을 파는 상인이었으므로 적절하다.
[관련 지문 인용] 보상은 봇짐장수로 물품을 보자기에 싸서 어깨에 메는 방식으로 ~ 부상은 등짐을 지고 다니는 장수로

③ 전쟁이 일어났을 때 보부상이 무기를 운반하거나 전투하기도 했다고 하였으므로 적절하다.
[관련 지문 인용] 임진왜란 때는 행주산성 전투에 무기를 운반, 보급하고 직접 전투에도 가담하여 왜군을 물리치는 데 공헌한 일이 있습니다.

⑤ 보상은 잡화를, 부상은 생활용품을 거래했음을 알 수 있으므로 적절하다.
[관련 지문 인용] 보상은 ~ 귀금속, 장신구, 화장품 등의 잡화를 팔았고, 부상은 ~ 옹기, 생선, 소금 등과 같은 생활용품을 팔았다고 합니다.

듣기 지문

여러분, 조선 시대 사람들은 상거래를 어떻게 했을까요? 이것을 알기 위해 저희 모둠에서는 조선 시대에 활동했던 보부상에 대해 조사해 보았습니다.

보부상은 전국의 장을 돌아다니며 생산자와 소비자를 연결해 주던 상인으로, 보상과 부상을 함께 부른 이름이라고 합니다. 보상은 봇짐장수로 물품을 보자기에 싸서 어깨에 메는 방식으로 가지고 다녔는데 귀금속, 장신구, 화장품 등의 잡화를 팔았고, 부상은 등짐을 지고 니는 장수로 옹기, 생선, 소금 등과 같은 생활용품을 팔았다고 합니다.

보부상은 전국적인 조직을 갖추고 국가의 일정한 보호를 받는 대신, 국가의 유사시에 동원되어 정치적 활동을 수행하기도 했다고 합니다. 예를 들어, 임진왜란 때는 행주산성 전투에 무기를 운반, 보급하고 직접 전투에도 가담하여 왜군을 물리치는 데 공헌한 일이 있습니다.

보부상들에게는 채장이라고 하는 신분증이 매년 발급되었는데, 이것이 없으면 장사는 물론 객줏집에서 자고 가는 것까지 금지되었습니다. 채장의 뒷면에는 보부상들이 절대로 해서는 안 되는 네 가지 계명이 적혀 있었답니다. 장사를 하면서 불손한 언어를 쓰거나 불친절하여 예의에 벗어나는 행위를 하는 것을 금하는 물망언, 나그네로 돌아다니면서 민폐를 끼칠 것을 경계해 이를 금하던 물패행, 음란함을 금하던 물음란, 도둑질을 금하던 물도적과 같은 규율이 그것입니다. 이로 미루어 보부상은 조직의 엄격한 통제를 따라야 했을 것으로 짐작됩니다. 신분은 낮았지만 예의와 규율을 지켜 이웃과 함께 살아가려 했던 보부상들의 정신을 오늘날 상인들도 배워야 하지 않을까요?

13 발표 - 말하기 방식 추론하기 정답 ④

(정답분석)

주변 사람들과 조화를 이루며 생활하기 위해 예의나 규율을 엄격히 준수했던 보부상의 생활 방식을 언급한 후 현대 상인들도 이를 본받아야 함을 주장하고 있으므로 발표의 특징으로 가장 적절한 것은 ④이다.
[관련 지문 인용] 신분은 낮았지만 예의와 규율을 지켜 이웃과 함께 살아가려 했던 보부상들의 정신을 오늘날 상인들도 배워야 하지 않을까요?

(오답분석)

① 채장에 기재된 보부상의 금지 행위인 네 가지 계명과 그 행위를 자세히 설명하고 있으나, 그 어원은 설명하고 있지 않으므로 적절하지 않다.
[관련 지문 인용] 네 가지 계명이 적혀 있었답니다. 장사를 하면서 불손한 언어를 쓰거나 불친절하여 예의에 벗어나는 행위를 하는 것을 금하는 물망언, 나그네로 돌아다니면서 민폐를 끼칠 것을 경계해 이를 금하던 물패행, 음란함을 금하던 물음란, 도둑질을 금하던 물도적과 같은 규율이 그것입니다.

② 조선 시대와 다른 시대의 상거래 행위를 비교한 부분은 없다.

③ 보부상의 역할은 소개하고 있으나 보부상이 돌아다닌 장터는 언급하지 않았으므로 적절하지 않다.
[관련 지문 인용] 보부상은 전국의 장을 돌아다니며 생산자와 소비자를 연결해 주던 상인으로,

⑤ 보부상이 정치 활동에 참여한 예로 임진왜란 일화를 들고 있으나, 이를 통해 자유롭지 못했던 조선 시대의 상행위를 비판하고 있지는 않으므로 적절하지 않다.
[관련 지문 인용] 보부상은 ~ 국가의 유사시에 동원되어 정치적 활동을 수행하기도 했다고 합니다. 예를 들어, 임진왜란 때는 ~ 무기를 운반, 보급하고 직접 전투에도 가담하여

14 대화 - 세부 내용 파악하기 정답 ⑤

(정답분석)

남매는 페퍼로니 피자를 기본으로 주문하고, 함께 주문할 다른 메뉴를 고민하고 있으므로 가장 적절한 것은 ⑤이다.
[관련 지문 인용] 일단 페퍼로니는 우리 둘 다 좋아하는 거 같고,

(오답분석)

① 오빠와 동생의 8번째 발언을 통해 동생이 감자튀김, 콜라를 주문한 금액은 전부 부담하겠다고 했음을 알 수 있다.
[관련 지문 인용]
• 그럼 페퍼로니 피자랑 스테이크 피자, 감자튀김 어때? 양심적으로 감자튀김은 네가 사라.
• 내가 음료수도 사 줄게. 콜라도 하나 주문하자.

② 오빠와 동생의 8번째 발언을 통해 남매는 피자 두 판, 감자튀김, 콜라를 주문할 예정임을 알 수 있다.

③ 동생의 1번째 발언을 통해 이전에 치킨을 같이 먹었을 때 오빠가 닭다리를 모두 먹었음을 알 수 있으나, 매번 그랬는지는 대화를 통해 알 수 없다.
[관련 지문 인용] 엊그제 치킨 먹은 거 기억 안 나? 그때 오빠가 닭다리 다 먹었잖아.

④ 오빠와 동생의 3번째 발언을 통해 동생만 파인애플이 들어간 피자를 싫어함을 알 수 있다.
[관련 지문 인용]
• 고구마 파인애플 피자. 이건 맛있겠다.
• 으음, 누가 파인애플을 익혀서 먹어. 정말 싫어.

듣기 지문

진우: 우리 저녁 뭐 먹을래? 오랜만에 치킨이나 피자 어때?
진서: 오랜만은. 엊그제 치킨 먹은 거 기억 안 나? 그때 오빠가 닭 다리 다 먹었잖아.
진우: 아, 그랬나? 그럼 피자 시키자. 일단 페퍼로니 한 판이랑…
진서: 베이컨 감자 어때? 난 피자에 감자 들어가는 거 너무 좋더라.
진우: 누가 피자에 감자를 넣어서 먹냐. 고구마 파인애플 피자. 이건 맛있겠다.
진서: 으음, 누가 파인애플을 익혀서 먹어. 정말 싫어. 내가 감자 들어간 피자 좋아하는 거 뻔히 알면서 그러고 싶어?
진우: 그러는 너야말로. 내가 파인애플 피자 좋아하는 거 알면서 그러고 싶어? 자기도 똑같으면서 괜히 난리야. 먹기 싫으면 말아라. 나 혼자 페퍼로니 피자에 파인애플 잔뜩 올려서 먹을 테니까. 나중에 먹고 싶다고 하기만 해 봐.
진서: 맘대로 해. 치사해서 같이 안 먹어.
진우: 아휴, 진짜 얄밉다 너도. 우리 그럼 이렇게 하는 건 어때? 일단 페퍼로니는 우리 둘 다 좋아하는 거 같고, 감자나 파인애플은 빼고 고구마나 치즈 피자를 시키자.
진서: 그렇게 먹으면 너무 배부를 거 같아서 싫은데.
진우: 그럼 계속 싫다고만 하지 말고 뭘 시키자고 정확하게 말을 하든지. 이러다 잘 시간 되겠다.
진서: 잘 모르나 본데, 오빠도 평소에 이러거든? 치킨 시킬 때 내가 '이건 어때? 저건 어때?'라고 했더니 계속 싫다고만 했잖아.
진우: 다 마음에 안 들었나 보지. 지금 네가 말하는 거처럼. 그럼 스테이크 피자는 어때. 너 고기 좋아하잖아.
진서: 그것도 좋긴 한데… 감자가 먹고 싶단 말이야. 며칠 전부터 계속 감자 들어간 피자, 감자튀김, 감자전, … 이런 것만 생각난다고.
진우: 감자튀김? 오, 여기 감자튀김 판다. 그럼 페퍼로니 피자랑 스테이크 피자, 감자튀김 어때? 양심적으로 감자튀김은 네가 사라.
진서: 음… 그래, 좋아. 기분이다. 내가 음료수도 사 줄게. 콜라도 하나 주문하자.

15 대화 - 갈등 해결하기

정답 ④

(정답분석)

동생이 오빠와의 논쟁 끝에 같이 피자를 주문해 먹게 된 이유는, 감자가 들어가거나 감자로 만든 음식을 먹고 싶다는 동생의 말을 고려해 자신이 싫어하는 감자 피자를 주문하는 대신 동생을 위해 감자튀김을 주문해 주었기 때문이다. 따라서 가장 적절한 것은 ④이다.
[관련 지문 인용]
• 감자가 먹고 싶단 말이야. 며칠 전부터 계속 감자 들어간 피자, 감자튀김, 감자전, … 이런 것만 생각난다고.
• 감자튀김? 오, 여기 감자튀김 판다. 그럼 페퍼로니 피자랑 스테이크 피자, 감자튀김 어때?

(오답분석)

① 오빠는 자신이 선호하는 파인애플 피자 대신 동생이 먹고 싶어 하는 감자 피자를 권유한 적이 없으므로 적절하지 않다.

② 오빠는 남매 모두가 먹어 보지 않은 음식을 주문하자고 말하지 않았으므로 적절하지 않다.

③ 오빠의 5번째 발언을 통해 오빠가 동생과 함께 저녁을 먹기 위해 다른 메뉴를 제안하고 있음을 알 수 있으나, 동생이 자기를 비난하는 말을 하자 이에 대응하여 동생에게 약한 비난을 하고 있으므로 적절하지 않다.
[관련 지문 인용] 아휴, 진짜 얄밉다 너도. 우리 그럼 이렇게 하는 건 어때?~감자나 파인애플은 빼고 고구마나 치즈 피자를 시키자.

⑤ 오빠는 감자튀김의 금액을 동생에게 부담하라고 했을 뿐, 저녁 식사를 주문한 금액을 어떻게 나눌 것인지는 말한 적이 없으므로 적절하지 않다.
[관련 지문 인용] 양심적으로 감자튀김은 네가 사라.

16 고유어의 사전적 뜻 파악하기

정답 ⑤

(정답분석)

'사람을 대하는 태도가 친밀감이 없이 예사롭다'를 뜻하는 고유어는 '데면데면하다'이므로 답은 '데면데면하다'의 활용형인 ⑤ '데면데면하게'이다.

(오답분석)

① **내숭하게**: '겉으로는 순해 보이나 속으로는 엉큼하다'를 뜻하는 고유어 '내숭하다'의 활용형이다.

② **서름하게**: '남과 가깝지 못하고 사이가 조금 서먹하다'를 뜻하는 고유어 '서름하다'의 활용형이다.

③ **스스럽게**: '서로 사귀는 정분이 두텁지 않아 조심스럽다', '수줍고 부끄러운 느낌이 있다'를 뜻하는 고유어 '스스럽다'의 활용형이다.

④ **가년스럽게**: '보기에 가난하고 어려운 데가 있다'를 뜻하는 고유어 '가년스럽다'의 활용형이다.

17 한자어의 사전적 뜻 파악하기

정답 ①

(정답분석)

한자어 '상치(相馳)'의 사전적 의미는 '일이나 뜻이 서로 어긋남'이므로 답은 ①이다. 참고로, 사전적 의미가 '서로 다름'인 한자어는 '상이(相異)'이다.

18 고유어의 사전적 뜻 파악하기 정답 ②

정답 분석

'넌지시'는 '드러나지 않게 가만히'를 뜻하므로 고유어의 의미가 적절하지 않은 것은 ②이다. 참고로, '눈에 띄지 않게 감쪽같이'를 뜻하는 고유어는 '가뭇없이'이다.

19 문맥에 맞는 한자어 파악하기 정답 ⑤

정답 분석

⑤는 문맥상 스승의 장점이 제자의 그림에도 드러난다는 의미로 사물의 형태를 그대로 베낀다는 의미의 '모사(模寫)하다'의 쓰임은 적절하지 않다.

- **모사(模寫)하다**: 1. 사물을 형체 그대로 그리다. 2. 어떤 그림의 본을 떠서 똑같이 그리다.

오답 분석

① 문맥상 이사들이 김 이사를 차기 이사장으로 떠받들었다는 의미이므로 '윗사람으로 떠받들다'를 뜻하는 한자어 '추대(推戴)하다'의 쓰임은 적절하다.

② 문맥상 그가 소유한 건물을 식당에 빌려주었다는 의미이므로 '돈을 받고 자기의 물건을 남에게 빌려주다'를 뜻하는 한자어 '임대(賃貸)하다'의 쓰임은 적절하다.

③ 문맥상 오래 소식을 전하지 못했던 동료에게 연락한다는 의미이므로 '오랫동안 서로 소식이 막히다'를 뜻하는 한자어 '격조(隔阻)하다'의 쓰임은 적절하다.

④ 문맥상 새벽 2시 이후의 외출은 학교 규칙에 어긋난다는 의미이므로 '법률이나 규칙 등에 위반되거나 어긋나다'를 뜻하는 한자어 '저촉(抵觸)하다'의 쓰임은 적절하다.

20 문맥에 맞는 한자어 파악하기 정답 ⑤

정답 분석

'교사하다(教唆하다)'는 '남을 꾀거나 부추겨서 나쁜 짓을 하게 하다'라는 뜻으로, 나쁜 행동을 하게 한 대상과 나쁜 행동이 문장에 드러나야 한다. 따라서 문맥상 김 씨를 부추겨 누군가를 납치하게 했다는 ⑤가 '교사하다(教唆하다)'의 용례로 적절하다.

오답 분석

① 문맥상 사람의 마음은 간사하여 자기 이익만 생각한다는 뜻이므로, ①은 '교묘하고 간사하다'를 뜻하는 '교사하다(巧邪하다)'의 용례이다.

② 문맥상 교묘하게 반칙을 써 상대 팀을 속였다는 뜻이므로, ②는 '교묘하게 남을 속이다'를 뜻하는 '교사하다(巧詐하다)'의 용례이다.

③ 문맥상 연출자로 일하면서 다른 꿈을 마음에 두고 있다는 뜻이므로, ③은 '늘 마음에 두고 생각하다'를 뜻하는 '교사하다(翹思하다)'의 용례이다.

④ 문맥상 간사한 속임수로 우리 가족을 속였다는 뜻이므로, ④는 '교활하게 남을 속이다'를 뜻하는 '교사하다(狡詐하다)'의 용례이다.

21 한자어의 적절한 표기 찾기 정답 ⑤

정답 분석

<보기>의 ㉠~㉢에 해당하는 한자는 '訂正 - 征頂 - 正正'이므로 답은 ⑤이다.

- ㉠ **訂正(평론할 정, 바를 정)**: 글자나 글 등의 잘못을 고쳐서 바로잡음
- ㉡ **征頂(칠 정, 정수리 정)**: 산의 꼭대기를 정복함
- ㉢ **正正(바를 정, 바를 정)**: 바르고 떳떳함

22 다의어와 동음이의어 구분하기 정답 ②

정답 분석

㉠, ㉢은 '맞다³'의 뜻으로 사용되었고, ㉡, ㉣, ㉤은 '맞다¹'의 뜻으로 사용되었으므로 다의어끼리 바르게 짝 지은 것은 ②이다.

- ㉠ **그가 쏜 화살이 과녁판의 중앙에 맞았다**: 이때 '맞다'는 '쏘거나 던지거나 한 물체가 어떤 물체에 닿다. 또는 그런 물체에 닿음을 입다'를 뜻한다.
- ㉡ **남편이 말아 준 국수는 내 입맛에 딱 맞았다**: 이때 '맞다'는 '어떤 행위나 내용이 일정한 기준이나 정도에 어긋나거나 벗어나지 않다'를 뜻한다.
- ㉢ **아이는 예방 주사를 연거푸 세 번이나 맞았다**: 이때 '맞다'는 '침, 주사 등으로 치료를 받다'를 뜻한다.
- ㉣ **돌아가신 할머니의 팔찌가 그녀의 손목에 맞았다**: 이때 '맞다'는 '어떤 대상의 크기, 규격 등이 다른 것의 크기, 규격 등에 어긋나거나 벗어나지 않다'를 뜻한다.
- ㉤ **놀랍게도 퀴즈 대회에서 우리가 써낸 답이 맞았다**: 이때 '맞다'는 '문제에 대한 답이 바르다'를 뜻한다.

23 헷갈리기 쉬운 어휘 구별하기 정답 ③

정답 분석

두터운 겉옷(×) → 두꺼운 겉옷(○): 형용사 '두텁다'는 '신의, 믿음, 관계' 같은 단어와 어울려 쓰인다. 따라서 '겉옷'과 함께 쓰일 수 없으므로 이때는 사물의 두께를 나타낼 때 쓰는 형용사 '두껍다'를 써야 한다.

- **두텁다**: 신의, 믿음, 관계, 인정 등이 굳고 깊다.
- **두껍다**: 두께가 보통의 정도보다 크다.

오답 분석

① **사달(○)**: 사고나 탈

② **홀몸(○)**: 배우자나 형제가 없는 사람

④ **걷잡을(○)**: '한 방향으로 치우쳐 흘러가는 형세 등을 붙들어 잡다'를 뜻하는 동사 '걷잡다'의 활용형이다.

⑤ **여읜(○)**: '부모나 사랑하는 사람이 죽어서 이별하다'를 뜻하는 동사 '여의다'의 활용형이다.

24 의미가 대응하는 고유어와 한자어 찾기 정답 ②

정답 분석

한자어 '협로(狹路)'는 '작고 매우 좁다란 길'이므로 이를 고유어 '지름길'로 바꾸어 쓰는 것은 적절하지 않다. 따라서 답은 ②이다.

- **지름길**: 멀리 돌지 않고 가깝게 질러 통하는 길

오답분석

① 한자어 '작태(作態)'를 고유어 '짓거리'로 바꾸어 쓰는 것은 적절하다.
- **작태(作態)**: 하는 짓거리
- **짓거리**: 1. 흥에 겨워 멋으로 하는 짓 2. '몸을 놀려 움직이는 동작'을 낮잡아 이르는 말

③ 한자어 '포획(捕獲)하다'를 고유어 '잡다'로 바꾸어 쓰는 것은 적절하다.
- **포획(捕獲)하다**: 짐승이나 물고기를 잡다.
- **잡다**: 붙들어 손에 넣다.

④ 한자어 '편재(偏在)하다'를 고유어 '치우치다'로 바꾸어 쓰는 것은 적절하다.
- **편재(偏在)하다**: 한곳에 치우쳐 있다.
- **치우치다**: 균형을 잃고 한쪽으로 쏠리다.

⑤ 한자어 '산개(散開)하다'를 고유어 '흩어지다'로 바꾸어 쓰는 것은 적절하다.
- **산개(散開)하다**: 1. 여럿으로 흩어져 벌어지다. 2. 밀집된 군대나 병력을 적당한 간격으로 넓게 벌리거나 해산하다.
- **흩어지다**: 한데 모였던 것이 따로따로 떨어지거나 사방으로 퍼지다.

25 다의어와 동음이의어 구분하기 정답 ②

정답분석

<보기>의 '울다'는 '종이나 천둥, 벨 등이 소리를 내다'라는 의미로, '울다¹-**1**-「4」'의 용례이며, ②의 '울다'는 '발라 놓거나 바느질한 것 등이 반반하지 못하고 우글쭈글해지다'라는 의미로, '울다²'의 용례이다. 따라서 이때의 '울다'는 <보기>의 '울다'와 소리는 같으나 의미가 다른 동음이의 관계에 있는 단어이다.

오답분석

①③④⑤의 '울다'는 <보기>의 '울다'와 다의 관계에 있다.

① '울다¹-**1**-「3」'의 용례로, 이때의 '울다'는 '물체가 바람 등에 흔들리거나 움직여 소리가 나다'라는 의미이다.

③ '울다¹-**1**-「1」'의 용례로, 이때의 '울다'는 '기쁨, 슬픔 등의 감정을 억누르지 못하거나 아픔을 참지 못하여 눈물을 흘리다. 또는 그렇게 눈물을 흘리면서 소리를 내다'라는 의미이다.

④ '울다¹-**1**-「4」'의 용례로, 이때의 '울다'는 '종이나 천둥, 벨 등이 소리를 내다'라는 의미이다.

⑤ '울다¹-**1**-「2」'의 용례로, 이때의 '울다'는 '짐승, 벌레, 바람 등이 소리를 내다'라는 의미이다.

26 속담의 뜻 파악하기 정답 ②

정답분석

문맥상 말을 한 뒤 부끄러워 몸을 감추고 싶었다는 의미이므로 속담 '땅을 팔 노릇'을 쓰기에 적절한 맥락이 아니다.
- **땅을 팔 노릇**: 사정이 불가능하여 할 수 없는 것을 억지로 우기며 고집을 피울 때 하는 말

오답분석

① 문맥상 이전에 겪은 힘든 일을 계기로 성장했다는 의미이므로 속담 '비 온 뒤에 땅이 굳어진다'를 쓰기에 적절한 맥락이다.
- **비 온 뒤에 땅이 굳어진다**: '비에 젖어 질척거리던 흙도 마르면서 단단하게 굳어진다'라는 뜻으로, 어떤 시련을 겪은 뒤에 더 강해짐을 비유적으로 이르는 말

③ 문맥상 돈을 아끼고 모으라는 의미이므로 속담 '단단한 땅에 물이 괸다'를 쓰기에 적절한 맥락이다.
- **단단한 땅에 물이 괸다**: 헤프게 쓰지 않고 아끼는 사람이 재산을 모으게 됨을 비유적으로 이르는 말

④ 문맥상 일의 난도가 매우 낮다는 의미이므로 속담 '땅 짚고 헤엄치기'를 쓰기에 적절한 맥락이다.
- **땅 짚고 헤엄치기**: 일이 매우 쉽다는 말

⑤ 문맥상 축하할 만한 일을 좋아하기보다 마땅치 않게 여기고 있다는 의미이므로 속담 '사촌이 땅을 사면 배가 아프다'를 쓰기에 적절한 맥락이다.
- **사촌이 땅을 사면 배가 아프다**: 남이 잘되는 것을 기뻐해 주지는 않고 오히려 질투하고 시기하는 경우를 비유적으로 이르는 말

27 한자 성어의 뜻 파악하기 정답 ②

정답분석

'주머니 속의 송곳이라는 뜻으로, 재능이 뛰어난 사람은 숨어 있어도 저절로 사람들에게 알려짐을 이르는 말'을 의미하는 한자 성어는 ② '낭중지추(囊中之錐)'이다.

오답분석

① **격물치지(格物致知)**: 실제 사물의 이치를 연구하여 지식을 완전하게 함

③ **단기지계(斷機之戒)**: 학문을 중도에서 그만두면 짜던 베의 날을 끊는 것처럼 아무 쓸모 없음을 경계한 말

④ **백가쟁명(百家爭鳴)**: 많은 학자나 문화인 등이 자기의 학설이나 주장을 자유롭게 발표하여, 논쟁하고 토론하는 일

⑤ **화중지병(畫中之餠)**: 그림의 떡

28 관용구의 뜻 파악하기 정답 ④

정답분석

④는 문맥상 그의 눈에 거슬리는 바람에 살살 피해 다닌다는 의미이므로 '글 등을 검토하거나 분별하다'라는 의미의 관용구 '눈을 거치다'의 쓰임은 적절하지 않다.

오답분석

① 문맥상 최종 면접에서 떨어진 그의 기세가 꺾였다는 의미이므로 관용구 '죽지(가) 처지다'의 쓰임은 적절하다.
- **죽지(가) 처지다**: 기세가 꺾이거나 의기가 없어지다.

② 문맥상 퉁명스러운 말을 들어 심술궂게 구는 바람에 다투게 되었다는 의미이므로 관용구 '심사(가) 꿰지다'의 쓰임은 적절하다.
- **심사(가) 꿰지다**: 잘 대하려는 마음이 틀어져서 심술궂게 나가다.

③ 문맥상 그가 처음 하는 일을 용감하게 했다는 의미이므로 관용구 '뱃심(이) 좋다'의 쓰임은 적절하다.
- **뱃심(이) 좋다**: 염치나 두려움이 없이 제 고집대로 하는 비위가 좋다.

⑤ 문맥상 친구가 수업을 듣는 대신 놀러 가자고 부추겼다는 의미이므로 관용구 '바람(을) 잡다'의 쓰임은 적절하다.
- **바람(을) 잡다**: 허황된 짓을 꾀하거나 그것을 부추기다.

29 한자어를 우리말로 다듬기 정답 ①

정답 분석

'수범 사례(垂範事例)'는 '본보기가 될 만한 사례' 정도의 의미이며, '모범 사례'나 '잘된 사례'로 순화할 수 있으므로 적절하지 않은 것은 ①이다.

오답 분석

② '연말에 한 해를 보내며 그해의 온갖 괴로움을 잊자는 뜻으로 베푸는 모임'을 뜻하는 '망년회(忘年會)'의 순화어는 '송년 모임', '송년회'이므로 적절하다.

③ '돈, 곡식 등을 내놓으라고 요구하다'를 뜻하는 '징구(徵求)하다'의 순화어는 '받다', '요청하다'이므로 적절하다.

④ '어떤 일에 몰두하여 조금도 쉴 사이 없이 밤낮을 가리지 않음'을 뜻하는 '불철주야(不撤晝夜)'의 순화어는 '밤낮없이'이므로 적절하다.

⑤ '정해진 날짜'를 뜻하는 '기일(期日)'의 순화어는 '날짜'이므로 적절하다.

30 외래어를 우리말로 다듬기 정답 ③

정답 분석

'주차 도우미가 손님의 차를 대신 주차하고 볼일이 끝나면 가져다주는 일'을 뜻하는 '발레파킹(valet parking)'은 '대리주차'로 순화해 사용하므로 적절하지 않은 것은 ③이다.

오답 분석

① '폐막 날짜를 정해 놓지 않고 무기한으로 상영 · 공연하는 일'을 뜻하는 '오픈 런(open run)'의 순화어는 '상시 공연'이므로 적절하다.

② '나이가 들어가는 것을 막는다'라는 뜻인 '안티에이징(anti-aging)'의 순화어는 '노화 방지'이므로 적절하다.

④ '타인의 심리나 상황을 교묘하게 조작해 판단력을 잃게 만들고, 타인에 대한 통제력이나 지배력을 강화하는 행위'를 뜻하는 '가스라이팅(gaslighting)'의 순화어는 '심리 지배', '심리적 지배'이므로 적절하다.

⑤ '기업 가치가 10억 달러 이상인 신생 기업'을 뜻하는 '유니콘 기업(unicorn 企業)'의 순화어는 '거대 신생 기업'이므로 적절하다.

31 혼동하기 쉬운 표기 구별하기 정답 ⑤

정답 분석

건넌방(○): '안방에서 대청을 건너 맞은편에 있는 방'을 의미하는 단어는 '건넌방'으로 표기하므로 표기가 옳은 것은 ⑤이다.

오답 분석

① **엇저녁(×) → 엊저녁(○)**: 한글 맞춤법 제32항에 따라 '어제저녁'의 준말은 '엊저녁'으로 표기해야 한다.

② **육계장(×) → 육개장(○)**: '쇠고기를 삶아서 알맞게 뜯어 넣고, 얼큰하게 갖은양념을 하여 끓인 국'을 의미하는 단어는 '육개장'으로 표기해야 한다.

③ **주정빼기(×) → 주정배기(○)**: 한글 맞춤법 제54항에 따라 접미사 '-배기'가 [배기]로 발음될 때는 '배기'로 적어야 한다. '주정쟁이'를 낮잡아 이르는 말은 [주:정배기]로 발음하므로 '주정배기'로 표기해야 한다.

④ **폐악(×) → 패악(○)**: '사람으로서 마땅히 하여야 할 도리에 어그러지고 흉악함'을 의미하는 단어는 '패악(悖惡)'으로 표기해야 한다.

32 한글 맞춤법 규정 이해하기 정답 ③

정답 분석

꼼꼼이(×) → 꼼꼼히(○): 한글 맞춤법 제51항에 따라 '-하다'가 붙을 수 있고 'ㅅ'으로 끝나지 않는 어근에서 파생된 부사의 끝음절은 일반적으로 '-히'로 적으며, 한글 맞춤법 제25항에 따라 '-하다'가 붙는 어근에 '-히'가 붙어 부사가 될 때는 어근의 원형을 밝혀 적는다. '꼼꼼'은 '꼼꼼하다'와 같이 '-하다'가 붙는 어근이며, 어근의 끝이 'ㅅ'이 아니므로 끝음절을 '-히'로 적어 '꼼꼼히'로 표기해야 한다.

오답 분석

① ④ **깨끗이, 버젓이(○)**: '깨끗'과 '버젓'은 '깨끗하다', '버젓하다'와 같이 '-하다'가 붙는 어근이다. 한글 맞춤법 제25항에 따라 '-하다'가 붙는 어근에 '-이'나 '-히'가 붙어서 부사가 되는 경우, 그 어근의 원형을 밝혀 적는다. 또한 한글 맞춤법 제51항에 따라 'ㅅ' 받침 뒤에 오는 부사의 끝음절은 일반적으로 '-이'로 적는다. 따라서 어근의 원형을 밝히고, 끝음절을 '-이'로 적어 '깨끗이'와 '버젓이'로 표기한다.

② ⑤ **나란히, 말끔히(○)**: '나란'과 '말끔'은 '나란하다', '말끔하다'와 같이 '-하다'가 붙는 어근이며, '-하다' 앞에 오는 어근이 'ㅅ'으로 끝나지 않는다. 따라서 한글 맞춤법 제25항과 제51항에 따라 어근의 원형을 밝히고 끝음절을 '-히'로 적어 '나란히'와 '말끔히'로 표기한다.

33 한글 맞춤법 규정 이해하기 정답 ②

정답 분석

쓱삭쓱삭(×) → 쓱싹쓱싹(○): [쓱싹쓱싹]은 한 단어 내에서 '쓱, 싹'과 같이 비슷한 음절이 겹쳐서 나는 단어이다. 한글 맞춤법 제13항에 따라 한 단어 안에서 같은 음절이나 비슷한 음절이 겹쳐 나는 부분은 같은 글자로 적어야 하므로, [쓱싹쓱싹]으로 발음되는 단어는 '쓱싹쓱싹'으로 표기해야 한다.

오답 분석

① **핑계(○)**: 한글 맞춤법 제8항에 따라 '계'의 'ㅖ'는 'ㅔ'로 소리 나는 경우가 있더라도 'ㅖ'로 적어야 하므로 [핑게]로 발음돼도 단어는 '핑계'로 표기한다.

③ **듬뿍(○)**: 한글 맞춤법 제5항에 따라 한 단어 안에서 뚜렷한 까닭 없이 나는 된소리는 된소리로 적으며, 'ㅁ' 받침 뒤에서 나는 된소리도 이 경우에 해당한다. 따라서 [듬뿍]으로 발음되는 단어는 '듬뿍'으로 표기한다.

④ **용적률(○)**: 한글 맞춤법 제11항에 따라 '률'은 모음이나 'ㄴ' 받침 뒤에서만 '율'로 적고, 그 외에는 '률'로 적는다. 따라서 [용정뉼]로 발음되는 단어는 '용적률(容積率)'로 표기한다.

⑤ **엇셈(○)**: 한글 맞춤법 제7항에 따라 'ㄷ' 소리로 나는 받침은 'ㄷ'으로 적을 근거가 없으면 'ㅅ'으로 적으므로, [얻쎔]으로 발음되는 단어는 '엇셈'으로 표기한다.

34 올바른 띄어쓰기 파악하기 정답 ④

(정답 분석)

한글 맞춤법 제46항에 따라 단음절로 된 단어가 연이어 나타날 적에는 붙여 쓸 수 있다. 그러나 세 개 이상의 음절을 붙이는 것은 적절하지 않으므로 ㉣ '좀 더 큰 것'은 '좀더 큰것'으로 붙여 쓸 수 있으나, '좀더큰것'으로 붙여 쓸 수 없다. 따라서 올바르지 않은 것은 ④이다.

(오답 분석)

① ㉠ **5송이**: 한글 맞춤법 제43항에 따라 단위를 나타내는 명사는 띄어 쓰되, 숫자와 어울리어 쓰이는 경우에는 붙여 쓸 수 있다. 따라서 '5송이'와 '5∨송이' 모두 적절한 띄어쓰기이다.

② ㉡ **버스는커녕**: 한글 맞춤법 제41항에 따라 조사는 그 앞말에 붙여 써야 하며, '는커녕'은 보조사 '는'과 '커녕'이 결합한 조사이므로 적절하다.

③ ㉢ **최∨씨**: 한글 맞춤법 제42항에 따라 의존 명사는 띄어 써야 하며, '씨'는 그 사람을 높이거나 대접하여 부르거나 이르는 의존 명사이므로 적절하다. 참고로, 성과 호칭어는 띄어 써야 한다는 한글 맞춤법 제48항으로도 이를 설명할 수 있다.

⑤ ㉤ **한국∨대∨중국**: 한글 맞춤법 제45항에 따라 두 말을 이어 줄 때 쓰이는 말은 띄어 써야 하므로 적절하다. 참고로, 이때의 '대(對)'는 사물과 사물의 대비나 대립을 나타내는 말로 의존 명사이다.

35 표준어와 비표준어 구분하기 정답 ③

(정답 분석)

'마파람'과 '앞바람'은 뱃사람들의 은어로, '남풍'을 이르는 말이며, 모두 표준어이다. 따라서 의미가 같고 형태가 다른 단어를 모두 표준어로 삼는 예이므로 <보기>에 따라 적절하게 짝 지어지지 않은 단어이다. 참고로, '마파람'과 '앞바람'은 한 가지 의미를 나타내는 형태 몇 가지가 널리 쓰이며 표준어 규정에 맞으면, 그 모두를 표준어로 삼는다는 표준어 사정 원칙 제26항으로 설명할 수 있다.

(오답 분석)

①②④⑤ 모두 <보기>의 표준어 사정 원칙 제25항에 따라 표준어와 비표준어가 적절하게 짝 지어졌다.

① **샛별**: 1. '금성'을 일상적으로 이르는 말 2. 장래에 큰 발전을 이룩할 만한 사람을 비유적으로 이르는 말

② **아주**: 1. 보통 정도보다 훨씬 더 넘어선 상태로 2. 어떤 행동이나 작용 또는 상태가 이미 완전히 이루어져 달리 변경하거나 더 이상 어찌할 수 없는 상태에 있음을 나타내는 말 3. '조금도', '완전히'의 뜻을 나타내는 말

④ **언제나**: 1. 모든 시간 범위에 걸쳐서. 또는 때에 따라 달라짐이 없이 항상 2. 어느 때가 되어야

⑤ **부스러기**: 1. 잘게 부스러진 물건 2. 쓸 만한 것을 골라내고 남은 물건 3. 하찮은 사람이나 물건을 비유적으로 이르는 말

36 문장 부호의 쓰임 파악하기 정답 ⑤

(정답 분석)

㉤의 '42 : 57'은 '42 대 57'에서 의존 명사 '대'를 쌍점(:)으로 나타낸 것이다. 이 경우 쌍점은 앞말과 뒷말에 붙여, '42:57'로 써야 한다. 따라서 쌍점을 사용한 예가 바르지 않은 것은 ⑤이다.

(오답 분석)

① ㉠: 표제 '계이름'에 속하는 항목을 열거하기 위해 표제 다음에 쌍점을 쓰고 있으므로 쌍점 사용이 적절하다.

② ㉡: 말하는 이와 말하는 내용 사이에 쌍점을 쓰고 있으므로 쌍점 사용이 적절하다. 참고로, ㉠과 ㉡의 경우 쌍점은 앞말에 붙여 쓰고 뒷말과 띄어 쓴다.

③④ ㉢, ㉣: '6시 15분', '11조 1항'에서 '시 · 분'과 '조 · 항'을 구별하기 위해 쌍점을 쓰고 있으므로 쌍점 사용이 적절하다. 참고로, 이 경우 ㉤과 동일하게 쌍점은 앞말과 뒷말에 붙여 쓴다.

37 표준어와 비표준어 구분하기 정답 ①

(정답 분석)

㉠의 '솔'은 '백합과의 여러해살이풀'인 '부추'를 뜻하는 방언으로, 전라 지역의 방언이다. 따라서 ㉠에 대응하는 표준어는 '부추'이므로 ①은 적절하지 않다. 참고로, '정구지'는 경남 · 충북 지역의 방언으로 '부추'를 뜻한다.

(오답 분석)

② ㉡ **거진**: '어느 한도에 매우 가까운 정도로'를 뜻하는 '거의'의 방언으로, 강원 · 경기 · 경북 · 제주 지역의 방언이다.

③ ㉢ **비개**: '잠을 자거나 누울 때에 머리를 괴는 물건'을 뜻하는 '베개'의 방언으로, 강원 · 경상 · 전라 지역의 방언이다.

④ ㉣ **되려**: '예상이나 기대 또는 일반적인 생각과는 반대되거나 다르게'를 뜻하는 '도리어'의 방언으로, 강원 · 경상 · 전라 · 충남 지역의 방언이다.

⑤ ㉤ **부지땡이**: '아궁이 등에 불을 땔 때에, 불을 헤치거나 끌어내거나 거두어 넣거나 하는 데 쓰는 가느스름한 막대기'를 뜻하는 '부지깽이'의 방언으로, 경기 · 전라 · 제주 · 충남 지역의 방언이다.

38 표준어와 비표준어 구분하기 정답 ④

(정답 분석)

<보기>의 '고매, 무감자, 왜감자, 진감자'는 모두 표준어 '고구마'의 방언이다. 따라서 답은 ④이다.

39 표준 발음법 파악하기 정답 ③

(정답 분석)

월요일[월료일](×) → [워료일](○): '월요일(月曜日)'은 명사 '월(月)'과 '요일(曜日)'이 결합한 합성어이며, 앞 단어가 자음 'ㄹ'로 끝나고 뒤 단어의 첫음절이 '요'이므로 표준 발음법 제29항에 따라 뒤 음절의 초성에 'ㄴ'이 첨가될 수 있는 환경이다. 그러나 '월요일'은 'ㄴ' 첨가가 일어나지 않는 단어이므로 '월'의 받침 'ㄹ'을 '요'의 초성으로 그대로 옮겨 [워료일]로 발음해야 한다.

오답분석

① **결단력[결딴녁]**(○): 표준 발음법 제26항에 따라 한자어에서 'ㄹ' 받침 뒤에 연결되는 'ㄷ'은 된소리로 발음하며, 표준 발음법 제20항 '다만'에 따라 '결단력'에서 '력'의 초성 'ㄹ'을 [ㄴ]으로 발음해야 한다. 따라서 '결단력(決斷力)'은 [결딴녁]으로 발음한다.

② **늦여름[는녀름]**(○): '늦여름'은 접두사 '늦-'과 명사 '여름'이 결합한 파생어이며, 앞 단어가 자음 'ㅈ[ㄷ]'으로 끝나고 뒤 단어의 첫음절이 '여'이므로 표준 발음법 제29항에 따라 뒤 음절의 초성에 'ㄴ'이 첨가된다. 이후 첨가된 'ㄴ'에 의해 '늦[늗]'의 종성 [ㄷ]이 [ㄴ]으로 동화되는 비음화가 일어나므로 '늦여름'은 [는녀름]으로 발음한다.

④ **줄넘기[줄럼끼]**(○): 표준 발음법 제20항에 따라 'ㄹ' 뒤에 오는 'ㄴ'은 [ㄹ]로 발음하므로 '줄넘기'는 [줄럼끼]로 발음한다.

⑤ **유들유들[유들류들]**(○): '유들유들'은 '유들거리다'의 어근 '유들'이 두 번 결합한 합성어이며, 앞 단어가 자음 'ㄹ'로 끝나고 뒤 단어의 첫음절이 '유'이므로 표준 발음법 제29항에 따라 뒤 음절의 초성에 'ㄴ'이 첨가된다. 또한 표준 발음법 제20항에 따라 'ㄹ' 뒤에 오는 'ㄴ'은 [ㄹ]로 발음하므로 '유들유들'은 [유들류들]로 발음한다.

40 올바른 외래어 표기 구분하기 정답 ⑤

정답분석

캐러멜(○): 외래어 표기법 제2장 표기 일람표에 따라 'caramel [kærəmel]'에서 [æ]는 모음 '애'로, [ə]는 모음 '어'로 적으므로 '캐러멜'은 올바른 외래어 표기이다.

오답분석

① **삐에로**(×) → **피에로**(○): 외래어 표기법 제1장 제4항에 따라 파열음 표기에는 된소리를 쓰지 않는 것을 원칙으로 하므로 'pierrot [pɪərəʊ]'에서 [p]를 된소리 'ㅃ'가 아닌 'ㅍ'로 적는다. 따라서 올바른 외래어 표기는 '피에로'이다.

② **컽**(×) → **컷**(○): 외래어 표기법 제3장 제1절 제1항에 따라 'cut [kʌt]'에서 [t]는 짧은 모음 다음에 오는 어말 무성 파열음이므로 앞말의 받침 'ㅅ'으로 적는다. 따라서 올바른 외래어 표기는 '컷'이다.

③ **케잌**(×) → **케이크**(○): 외래어 표기법 제3장 제1절 제1항에 따라 'cake[keɪk]'에서 어말의 [k]는 '으'를 붙여 적으므로 '크'로 적는다. 따라서 올바른 외래어 표기는 '케이크'이다.

④ **타겟**(×) → **타깃**(○): 외래어 표기법 제2장 표기 일람표에 따라 'target[tɑːgɪt]'에서 [ɪ]는 모음 '이'로 적는다. 따라서 올바른 외래어 표기는 '타깃'이다.

41 올바른 로마자 표기 구분하기 정답 ①

정답분석

오죽헌 Ojukeon(×) → **Ojukheon**(○): 로마자 표기법 제3장 제1항에 따라 'ㄱ'이 'ㅎ'과 합하여 거센소리 [ㅋ]으로 소리 나는 경우에는 이를 로마자 표기에 반영해야 한다. 그러나 이 조항 '다만'에 따라 체언에서는 'ㄱ' 뒤에 오는 'ㅎ'을 밝혀 적어야 하므로 '오죽헌[오주컨]'은 'Ojukheon'으로 표기해야 한다.

오답분석

② **보신각 Bosingak**(○): '보신각[보:신각]'에서 모음 앞에 오는 자음 [ㅂ]은 'b'로, [ㅅ]은 's'로 표기해야 한다.

③ ④ **석빙고 Seokbinggo, 경국사 Gyeongguksa**(○): 로마자 표기법 제3장 제1항 [붙임]에 따라 된소리되기는 로마자 표기에 반영하지 않으므로 '석빙고[석삥고]'에서 [삥]의 [ㅃ]과 '경국사[경국싸]'에서 [싸]의 [ㅆ]은 각각 'b'와 's'로 표기해야 한다.

⑤ **첨성대 Cheomseongdae**(○): '첨성대[첨성대]'에서 단모음 [ㅓ]는 'eo'로, 모음 앞에 오는 자음 [ㄷ]은 'd'로 표기해야 한다.

42 문장 성분의 호응 및 완결성 파악하기 정답 ④

정답분석

'물건 등을 남에게 건네어 가지거나 누리게 하다'를 뜻하는 동사 '주다'는 서술어로 쓰일 때 주어, 목적어, 부사어를 요구한다. ④는 '주다'가 요구하는 주어 '신성한 존재가', 목적어 '말이나 글을'을 포함하고 있으나 부사어가 없으므로 자연스럽지 않은 문장이다. 참고로, 자연스러운 문장이 되려면 '인간에게', '사람들에게'와 같은 부사어를 추가하면 된다.

43 문장의 구조 구분하기 정답 ②

정답분석

'우리는 운치로 유명한 온천을 찾아갔다'에서 안긴문장은 '(온천이) 운치로 유명하다'로, 안긴문장의 서술어 어간에 관형사형 어미인 '-ㄴ'이 결합한 관형사절 '운치로 유명한'이 뒤에 오는 명사 '온천'을 수식하고 있으며 안긴문장의 수식을 받는 명사 '온천'이 안긴문장에서 생략되어 있으므로 ②는 관계 관형사절을 안은 문장이다.

오답분석

① '내가 그를 도와준 기억이 난다'에서 안긴문장은 '내가 그를 도와주다'로, 안긴문장의 서술어 어간에 관형사형 어미 '-ㄴ'이 결합한 관형사절 '내가 그를 도와준'이 뒤에 오는 명사 '기억'을 수식하고 있으며 안긴문장에서 생략된 성분이 없으므로 ①은 동격 관형사절을 안은 문장이다.

③ '그들이 해외로 야반도주했음이 확실하다'에서 안긴문장은 '그들이 해외로 야반도주했다'로, 안긴문장의 서술어 어간에 명사형 어미 '-음'이 결합한 명사절 '그들이 해외로 야반도주했음'이 주격 조사 '이' 앞에 쓰여 안은문장에서 주어 역할을 하고 있으므로 ③은 명사절을 안은 문장이다.

④ '날이 계속 가물어 땅이 점점 갈라지고 있다'는 '날이 계속 가물다'와 '땅이 점점 갈라지고 있다'의 두 문장이 까닭이나 근거 등을 나타내는 연결 어미 '-어'로 이어져 있으므로 ④는 종속적으로 이어진 문장이다.

⑤ '그녀는 그녀의 남편과 달리 사교 모임을 좋아한다'에서 안긴문장은 '(그녀는) 그녀의 남편과 다르다'로, 안긴문장의 서술어 어근에 부사 파생 접미사 '-이'가 결합한 부사절 '그녀의 남편과 달리'가 안은문장에서 부사어 역할을 하고 있으므로 ⑤는 부사절을 안은 문장이다.

44 중의적 표현 파악하기

정답 ③

정답 분석

'하나는 시집보다 소설책을 자주 구매한다'는 하나가 시집에 비해 소설책을 더 많이 산다는 의미로만 해석되는 문장이므로, 중의적으로 해석되지 않는 문장은 ③이다.

오답 분석

① '바지를 입고 있다'가 바지를 입는 행위가 진행 중이라는 의미와 바지를 입은 상태가 지속되고 있다는 의미 두 가지로 해석되는 문장이다. 참고로, 이는 '-고 있다'가 진행상과 완료상 두 가지로 해석되어 발생하는 중의성이다.

② 아이들이 자리에 앉게 하는 행위를 선생님이 직접 했다는 의미와 명령 등을 통해 아이들이 자리에 앉도록 간접적으로 시켰다는 의미 두 가지로 해석되는 문장이다. 참고로, 이는 사동사에 의한 단형 사동이 직접 사동과 간접 사동 두 가지 의미로 해석되어 발생하는 중의성이다.

④ '가슴을 펴다'의 의미가 '굽힌 가슴을 곧게 하다'와 '굽힐 것 없이 당당하다' 두 가지로 해석되는 문장이다. 참고로, 이는 '가슴(을) 펴다'라는 관용구가 있어 발생하는 어휘적 중의성이다.

⑤ '-지 않다'에 의해 부정되는 성분이 주어(재민이는), 부사어(어제, 공원에서), 목적어(농구를), 서술어(하지) 중 무엇인지 모호해 중의적으로 해석되는 문장이다.

45 번역 투 표현 수정하기

정답 ⑤

정답 분석

'~을/를 요하다'와 이를 고친 표현인'~을/를 필요로 하다' 모두 일본어 표현을 직역한 표현이므로 번역 투의 문장을 잘못 고친 것은 ⑤이다. 참고로, 이 문장은 우리말 표현 '~이 필요하다'를 사용해 '연구원 100여 명이 필요하다'로 고쳐 쓰는 것이 자연스럽다.

오답 분석

① '~에 한하다'는 일본어 표현을 직역한 표현이므로, '~만', '~에 한정하다' 등의 우리말 표현으로 고치는 것이 자연스럽다.

② '~에 의해'는 영어 표현 'by ~'를 직역한 표현이므로, '~으로' 등의 우리말 표현으로 고치는 것이 자연스럽다.

③ 우리말 문장에서는 '이번 사례가'와 같은 무정 주어를 사용하면 부자연스러운 문장이 된다. 따라서 무정물이 주어가 되지 않도록 바꾸어 쓰는 것이 자연스럽다.

④ '아무리 강조해도 지나치지 않다'는 영어 표현 'It is not too much to ~'를 직역한 표현이므로, '~해야 한다', '~ 강조할 만하다', '~은/는 중요하다' 등의 우리말 표현으로 고치는 것이 자연스럽다.

46 글쓰기 계획하기

정답 ④

정답 분석

윗글에는 노로 바이러스에 감염된 환자를 위한 지침이나 노로 바이러스를 치료하는 방법이 제시되지 않았으므로 답은 ④이다.

오답 분석

① ㉠: 1문단의 서두에 '노로 바이러스는 ~ 바이러스가 단 10개만 있어도 쉽게 감염을 일으킬 수 있을 정도로'에서 ㉠의 내용을 확인할 수 있다.

② ㉡: 1문단 2~4번째 줄에서 ㉡의 내용을 확인할 수 있다.
[관련 지문 인용] 노로 바이러스의 전염성은 증상이 나타날 때 가장 강하며, 증상이 복상한 이후에도 3~14일까지 전염성이 계속 남아 있을 수 있다. ~ 여름철보다 겨울철에 더 많이 발생한다.

③ ㉢: 2문단 1~2번째 줄과 3문단에서 ㉢의 내용을 확인할 수 있다.
[관련 지문 인용]
- 보통의 경우 감염되면 12~48시간 잠복 기간을 가지고, 설사, 구토, 구역질, 복통, 발열 등의 증상이 나타난다.
- 오염된 해산물이나 오염된 물로 세척한 과일, 야채 등을 먹으면 노로 바이러스에 감염될 수 있다. ~ 감염자의 분변, 토사물 등에서 배출된 바이러스로 오염된 환경에 접촉하는 것만으로도 노로 바이러스에 감염될 수 있다.

⑤ ㉤: 4문단에서 ㉤의 내용을 확인할 수 있다.
[관련 지문 인용] 노로 바이러스를 예방하기 위해서는 다음과 같은 생활 습관이 필요하다.

※ 출처: 부산광역시 서구보건소, https://www.bsseogu.go.kr/health

47 글쓰기 전략 활용하기

정답 ③

정답 분석

2문단에서 노로 바이러스의 보편적인 증상과 고위험 증상을 나누어 따로 설명하고 있으므로 윗글에 사용된 글쓰기 방법으로 가장 적절한 것은 ③이다.
[관련 지문 인용] 보통의 경우 감염되면 12~48시간 잠복 기간을 가지고, 설사, 구토, 구역질, 복통, 발열 등의 증상이 나타난다. ~ 하지만 고위험인 경우 4~6일 동안 주요 증상이 유지되며, 수분이 충분히 보충되지 않은 경우 탈수증이 나타날 수 있다.

오답 분석

① 윗글에서 다른 식중독의 특징을 설명하는 내용은 제시되지 않았으므로 적절하지 않다.

② 윗글은 바이러스성 식중독인 노로 바이러스만 다루고 있으므로 적절하지 않다.

④ 윗글에서 시간의 순서에 따라 해산물이나 물이 노로 바이러스에 오염되는 과정은 제시되지 않았으므로 적절하지 않다.

⑤ 윗글에서 노로 바이러스에 감염된 사례는 제시되지 않았으므로 적절하지 않다.

48 글쓰기 자료 활용하기

정답 ③

정답 분석

㉢은 한 달 전, 국내 의학 학술지에 게재된 자료로, 출처를 믿을 수 있는 최근 자료이므로 신뢰성, 시의성 면에서도 적합하다. 하지만 윗글의 목적인 '노로 바이러스'와는 관련 없는 '호흡기 감염병'에 대한 자료이므로 윗글의 목적과 주제에 부합하지 않는다. 따라서 글쓰기 자료를 검증한 내용으로 가장 적절한 것은 ③이다.

오답분석

① ㉠: 목적성, 시의성 면에서 적절하지만, 개인 SNS 계정에 게시된 자료이므로 신뢰성 면에서 적절하지 않다. 참고로, 신뢰성은 출처가 정확하고, 그 출처가 사회적으로 인정을 받을 수 있는지를 기준으로 검증할 수 있다.

② ㉡: 신뢰성, 목적성, 시의성의 모든 면에서 적절한 자료이다.

④ ㉣: 신뢰성, 시의성 면에서 적절하지만, 윗글의 주제인 '노로 바이러스'와 관련 없는 주제이므로 목적성 면에서 적절하지 않다.

⑤ ㉤: 신뢰성, 목적성, 시의성의 모든 면에서 적절한 자료이다.

49 글 보완하는 방안 찾기 정답 ③

정답분석

㉠은 바이러스성 식중독 중에서 노로 바이러스가 감염 건수가 가장 많고 주로 겨울철에 집중되어 발생한다는 내용의 자료이며, ㉡은 노로 바이러스를 예방하기 위한 세척과 소독의 구체적 방법과 노로 바이러스의 백신에 대한 자료이다. 따라서 두 자료를 통해 노로 바이러스의 주된 감염 원인은 확인할 수 없으므로 가장 적절하지 않은 것은 ③이다.

오답분석

① ㉠에서 '월별 노로 바이러스 감염 건수를 살펴보면, ~ 노로 바이러스 감염이 겨울철에 집중됐음을 알 수 있다'를 윗글 1문단의 '노로 바이러스는 ~ 여름철보다 겨울철에 더 많이 발생한다'의 근거로 들 수 있다.

② ㉡에서 '세척과 소독은 어떻게 하나요?'의 답변 내용을 활용하여 윗글 4문단에 제시된 채소와 과일을 세척하는 방법과 화장실을 소독하는 방법을 구체적으로 설명할 수 있다.
[관련 지문 인용]
- 채소와 과일은 깨끗한 물로 철저하게 세척해야 한다.
- 또 화장실 문고리, 수도꼭지, 손잡이 등의 표면은 반드시 소독해야 한다.

④ ㉠과 ㉢을 통해 바이러스성 식중독 중에서 노로 바이러스의 감염 건수가 많음을 알 수 있으며, 윗글 1문단의 '노로 바이러스는 ~ 전염성이 매우 강하다'를 통해 노로 바이러스는 전염성이 강한 바이러스임을 알 수 있다. 따라서 이를 활용하여 면역력이 약한 사람은 바이러스 감염에 더욱 조심해야 한다는 내용을 추가할 수 있다.
[관련 지문 인용] 바이러스성 집단 식중독 762건 가운데 32.4%의 원인이 노로 바이러스라는 조사 결과가 나왔다.

⑤ ㉡에서 '노로 바이러스 백신을 접종할 수 있나요?'의 답변 중 아직 노로 바이러스는 백신이 없으므로 예방을 위한 개인의 위생 관념과 생활이 중요함을 알 수 있으며, ㉢을 통해 식중독 중에서 노로 바이러스의 감염 건수가 가장 높음을 알 수 있다. 윗글 4문단에서 노로 바이러스의 예방을 위한 생활 습관과 예방을 위한 노력의 필요성을 제시하였으므로 ㉡, ㉢을 활용하여 노로 바이러스는 감염률이 높으므로 예방이 필요하다는 점을 제시하고, 예방할 수 있는 백신도 없으므로 개인의 위생 습관이 중요함을 더욱 강조할 수 있다.
[관련 지문 인용] 노로 바이러스를 예방하기 위해서는 다음과 같은 생활 습관이 필요하다. ~ 노로 바이러스를 예방하려면 이렇게 모두가 의식하여 위생적인 생활 습관을 갖는 노력이 필요하다.

※ 출처: 경기도 뉴스포털, https://gnews.gg.go.kr

※ 출처: KOSIS(식품의약품안전처, 「식생활관리현황」, 2021, 2023. 01.31, 시도별, 원인균별 식중독 발생건수 및 환자현황)

50 단어나 문장 고쳐 쓰는 방안 찾기 정답 ①

정답분석

㉠ '복상'은 '원래의 상태로 돌이키거나 원래의 상태를 되찾음'을 뜻하므로 문맥상 적절한 표현이다. 또한 '회복'은 '복상'의 동의어이므로 같은 의미의 단어로 고쳐 쓰는 방안은 적절하지 않다. 따라서 답은 ①이다.

오답분석

② ㉡: ㉡ 앞은 노로 바이러스의 일반적인 증상을 ㉡ 뒤는 노로 바이러스의 고위험 증상을 다루고 있으므로 앞의 내용이 뒤의 내용의 원인이나 근거, 조건 등이 될 때 쓰는 접속 부사 '그래서'를 상반되는 사실을 나타내는 두 문장을 이어 줄 때 쓰는 접속 부사 '하지만'으로 고쳐 쓰는 것은 적절하다.

③ ㉢: '오염되어지는'은 피동의 뜻을 더하고 동사를 만드는 접미사 '-되다'와 통사적 피동 표현 '-어지다'가 결합한 이중 피동 표현이므로 '오염되는'으로 고쳐 쓰는 것은 적절하다.

④ ㉣: ㉣은 노로 바이러스에 감염된 토사물이 옷에 묻은 경우, 이를 씻어 내는 방법이므로 노로 바이러스 예방법 중 두 번째로 제시한 '세척하는 습관'의 뒤 내용으로 이어지는 것이 문맥상 적절하다.

⑤ ㉤: ㉤ 뒤는 노로 바이러스의 증상이 있는 경우 타인과의 만남을 주의해야 한다는 내용이므로 ㉤에는 문맥상 타인과 접촉할 때 주의하는 습관이 필요하다는 내용이 와야 한다. 따라서 '접촉에 주의하는 습관이'로 고쳐 쓰는 것은 적절하다.

51 글을 바탕으로 주장할 수 있는 내용 찾기 정답 ⑤

정답분석

㉡에서 가장 중요한 것은 편물의 기초를 잡는 첫 단계인 사슬뜨기이다. 사슬뜨기가 잘될수록 편물의 질도 높아진다고 했으므로, ㉡으로 업무 결과물의 완성도가 업무 토대를 다지는 일에 달려 있다는 논리를 주장하는 것은 적절하다. 따라서 답은 ⑤이다.

오답분석

① ㉠으로 뜨개질을 할 때 뜨기 방법을 다르게 하면 편물에 여러 무늬를 넣을 수 있다. 즉, 다양성과 변동성을 지닌다고 볼 수 있으므로 ㉠을 통해 변화하지 않는 성질인 일관성을 주장하는 것은 적절하지 않다.

② ㉠으로 뜨개질할 때는 대바늘과 실이 잘 어울려야 한다. 따라서 ㉠을 통해 잘 어울리지 않는 사람들이 화합하는 방법을 주장하는 것은 적절하지 않다.

③ 편물을 만드는 속도가 ㉠보다 더 빠른 수편기가 ㉠을 대체할 수 없는 상황도 있으므로, ㉠을 통해 일 처리가 느린 사람의 자리를 일 처리가 빠른 사람이 항상 대체할 수 있다는 내용을 주장하는 것은 적절하지 않다.

④ ㉡은 코바늘 하나로 하는 뜨개질 방법이므로, 여러 사람과 업무를 해결하는 내용을 주장하는 것은 적절하지 않다.

52 글과 비슷한 상황 유추하기 정답 ①

(정답 분석)

대바늘뜨기로 뜨개질할 때는 실의 특성에 따라 사용할 대바늘을 선택해야 하며, 코바늘뜨기로 뜨개질할 때는 만들고자 하는 편물의 크기에 따라 사슬의 길이를 다르게 해야 한다고 하였다. 이를 예산에 적용하면 지출 항목의 특성에 맞게 예산 금액을 조정하는 자세를 이끌어 낼 수 있으므로 적절하지 않은 것은 ①이다.

[관련 지문 인용]

- 실의 굵기나 꼬임새에 맞지 않는 대바늘을 사용하면 매우 어색한 편물이 만들어지므로 주의해야 한다.
- 처음 만든 사슬의 길이에 따라 편물의 크기가 정해진다.

(오답 분석)

② 편물의 용도에 따라 뜨개질바늘을 선택해 뜨개질한다는 내용에서 이끌어 낼 수 있는 자세이므로 적절하다.
[관련 지문 인용] 뜨개질로 만든 편물의 용도에 따라 대바늘, 코바늘, 레이스 바늘 등을 이용한다.

③ 완성한 편물도 언제든 풀어 다시 뜰 수 있다는 내용에서 이끌어 낼 수 있는 자세이므로 적절하다.
[관련 지문 인용] 한 번 뜬 편물을 고치고 싶을 때 언제든 풀어 크기나 모양을 조정해 다시 뜰 수 있기 때문에 편물의 용도 변경이 쉬운 편이다.

④ 대바늘뜨기는 여러 개의 바늘로 편물을 완성한다는 내용에서 이끌어 낼 수 있는 자세이므로 적절하다.
[관련 지문 인용] 대바늘뜨기는 ~ 두 개 이상의 바늘을 사용한다.

⑤ 코바늘뜨기에서는 편물의 기초가 되는 사슬 만들기가 가장 중요하다는 내용에서 이끌어 낼 수 있는 자세이므로 적절하다.
[관련 지문 인용] 코바늘뜨기에서는 편물의 기반이 되는 사슬뜨기를 얼마나 균형 있고 고르게 했는지에 따라 편물의 완성도가 달라진다.

53 글의 주제와 유사한 표현 찾기 정답 ②

(정답 분석)

ⓒ은 편물 일부가 망가지면 망가진 부분이 다른 부분에 영향을 미쳐 편물 전체가 망가지게 된다는 내용이다. 따라서 이와 의미가 가장 가까운 한자 성어는 '순망치한(脣亡齒寒)'이다.

- **순망치한(脣亡齒寒)**: '입술이 없으면 이가 시리다'라는 뜻으로, 서로 이해관계가 밀접한 사이에 어느 한쪽이 망하면 다른 한쪽도 그 영향을 받아 온전하기 어려움을 이르는 말

(오답 분석)

① **간담상조(肝膽相照)**: 서로 속마음을 털어놓고 친하게 사귐

③ **어로불변(魚魯不辨)**: '어(魚) 자와 노(魯) 자를 구별하지 못한다'라는 뜻으로, 아주 무식함을 비유적으로 이르는 말

④ **이합집산(離合集散)**: 헤어졌다가 만나고 모였다가 흩어짐

⑤ **철중쟁쟁(鐵中錚錚)**: '여러 쇠붙이 가운데서도 유난히 맑게 쟁그랑거리는 소리가 난다'라는 뜻으로, 같은 무리 가운데서도 가장 뛰어남. 또는 그런 사람을 이르는 말

54 조건에 따른 그림 분석하기 정답 ⑤

(정답 분석)

그림 (나)를 한자 '合'으로 인식하기 위해서는 '合'과 같은 모양의 한자가 있어야 함을 알고 있어야 하며, 이런 배경지식이 없을 때는 한자 '合'을 한글 '合'으로 인식할 수 있다. 따라서 그림 (나)의 시사점은 '배경지식이 있어야 대상의 본질을 명확히 파악할 수 있음', '대상을 정확히 파악하기 위해서는 대상에 대해 아는 바가 있어야 함'과 같은 내용이 되어야 하므로 적절하지 않은 것은 ⑤이다.

(오답 분석)

① ㉠: 그림 (가)의 '롬곡옾높'이 신조어임을 모르고 있다면 의미를 파악하기 어려운 단어이므로 적절하다.

② ㉡: 그림 (가)의 '롬곡옾높'을 시계 방향으로 180° 회전하면 '폭풍눈물'이 되어, 매우 슬프다는 의미를 표현하는 신조어임을 알 수 있게 되므로 적절하다.

③ ㉢: 그림 (나)는 한자 '合(합할 합)'이나, 이를 이루는 요소인 'ㅅ', '一', 'ㅁ'을 합치면 한자 '合(합할 합)'과 한글 '合'을 모두 만들 수 있다. 따라서 (나)를 한자로 인식한다면 '合'으로, 한자를 몰라 한글로 인식하면 '合'으로 인식할 가능성이 있으므로 적절하다.

④ ㉣: 그림 (가)를 있는 그대로 볼 때 그 의미를 파악할 수 없으나 이를 보는 관점을 바꾸어 180° 회전해 보면 '폭풍눈물'이라는 의미의 단어임을 알 수 있다. 이를 통해 도출해 낼 수 있는 시사점이므로 적절하다.

55 그림을 통해 내용 유추하기 정답 ⑤

(정답 분석)

(가)를 '폭풍눈물'이라는 글자로 해석하기 위해서는 거꾸로 봐야 의미를 알 수 있게 만들어진 신조어가 있다는 사실을 알고 있어야 하거나, (가) 자체가 '폭풍눈물'을 표현하는 신조어라는 사실을 알고 있어야 한다. 즉, (가)에 대해 기존에 알고 있는 내용이 있어야 (가)를 정확히 이해할 수 있다. 따라서 (가)로 도출한 설명 방식은 상대방이 정보에 관한 기본 지식이 없다는 것을 전제하고 설명해야 한다는 내용이 되어야 하므로 가장 적절한 것은 ⑤이다.

56 그림을 통해 내용 유추하기 정답 ②

(정답 분석)

그림 (나)는 배경지식의 중요성을 나타낸다. 한자에 대한 지식이 있는 사람은 (나)가 '한자 '合'임을 알고 한글 '合'과 구분하여 파악할 수 있지만, 해당 지식이 없는 사람은 (나)를 한글 '合'으로밖에 인식하지 못한다. 따라서 대상을 정확히 파악하려면 아는 것이 많아야 한다거나, 대상을 명확히 파악하는 데 적합한 지식을 갖추고 있어야 한다는 인생관을 도출할 수 있다. 이때, ① ③ ④ ⑤는 배움 자체가 중요함(지식을 많이 알아야 함)을 강조하고 있으나 ②는 대상에 관한 정확한 정보(지식)를 알아야 함을 강조하고 있다. 따라서 (나)를 해석하는 관점이 나머지와 다른 것은 ②이다.

57 글과 비슷한 상황 유추하기 정답 ③

정답분석

흑연(연필심)을 종이에 문지르면 마찰력 때문에 흑연의 판이 분리됨을 알 수 있으나, 흑연의 판은 매우 약하게 결합돼 있다고 하였으므로 흑연의 판 결합에서 견고한 인간관계를 이끌어 내는 것은 적절하지 않다. 따라서 답은 ③이다.

[관련 지문 인용] 각 판의 결합은 매우 약하기 때문에 종이와 흑연 사이에 생긴 마찰력으로 판이 분리된다.

오답분석

① 종이는 겉보기와 달리 표면이 울퉁불퉁하며, 이런 울퉁불퉁한 면에 흑연이 갈려 흑연의 판 결합이 깨지게 되는 점에서 이끌어 낼 수 있는 내용이므로 적절하다.
[관련 지문 인용]
- 종이는 매끄러운 면처럼 보이지만 사실 종이의 표면은 매우 울퉁불퉁하다.
- 종이와 흑연 사이에 생긴 마찰력으로 판이 분리된다.

② 종이와 연필의 마찰을 타인과의 사귐이라고 할 때 벗겨진 흑연(연필심)이 종이에 묻는 것을 타인과의 사귐에서 남은 흔적으로 이끌어 낼 수 있으므로 적절하다.
[관련 지문 인용] 벗겨진 흑연이 ~ 종이에 붙게 되는데 이 모습이 우리의 눈에는 종이에 글씨가 써지는 것처럼 보이는 것이다.

④ 지우개, 흑연, 종이를 친구라고 했을 때 흑연이 종이보다 지우개에 상대적으로 잘 달라붙는 점을 통해 이끌어 낼 수 있는 내용이므로 적절하다.
[관련 지문 인용] 흑연이 종이보다 지우개의 재료인 고무에 더 잘 달라붙기 때문이다.

⑤ 지우개를 쓰기 전에는 종이에 연필로 쓴 글씨가 있어야 한다. 종이와 연필(흑연) 사이의 관계를 이미 맺은 인간관계로 보고 지우개를 제삼자로 볼 때, 지우개가 흑연 입자를 종이에서 떼어낼 수 있다는 점에서 이끌어 낼 수 있는 내용이므로 적절하다.

58 글을 바탕으로 주장할 수 있는 내용 찾기 정답 ③

정답분석

㉠은 종이에 연필로 글씨를 쓴다는 표현보다 흑연(연필심) 입자가 종이에 묻는다는 표현이 정확하다는 말이다. 즉, 어떤 현상의 본질이 실제 눈에 보이는 그대로가 아니라는 의미이므로 ㉠을 활용하여 주장할 수 있는 내용으로 가장 적절한 것은 ③이다.

오답분석

①② ㉠을 통해 이끌어 낼 수 없는 내용이므로 적절하지 않다.

④⑤ '종이에 연필로 글씨를 쓰다'를 ㉠과 같이 표현하기 위해서는 연필의 원리에 관한 지식을 알아야 하지만, 조금 알면서 나서는 행위나 명제 도출에 관한 내용은 대상의 본질을 파악하는 행위와 거리가 멀므로 적절하지 않다.

59 글과 비슷한 상황 유추하기 정답 ④

정답분석

고명은 음식의 필수 요소는 아니며, 음식이 만들어진 목적에 힘을 실어주는 역할이지만 본래 음식의 가치를 해하면 안 된다. 이를 청소법으로 볼 때, '고명'의 속성과 가장 가까운 청소법은 청소의 필수적 요소는 아니지만, 청소의 본래 목적을 흐리지 않으면서 청소의 효율을 높여 주는 방법으로 유추할 수 있다. 따라서 답은 ④이다.

오답분석

②③⑤ 고명의 속성으로 유추할 수 없는 내용이므로 적절하지 않다.

① 눈에 보이는 곳만 청소하는 것은 청소의 본래 목적을 흐리는 것이므로 적절하지 않다.

60 글과 비슷한 상황 유추하기 정답 ④

정답분석

㉠ '고명'은 본래 나오는 음식의 주된 요소는 아니지만 본래 음식을 미관상 좋아 보이게 하고, 음식의 맛을 돋우는 부차적 역할을 한다. 포장지는 선물의 주된 요소는 아니지만 선물을 돋보이게 하므로 ㉠의 역할과 가장 가깝다. 따라서 답은 ④이다.

오답분석

① 화살은 활의 수단이 되며, 활과 화살에서 주된 역할과 부차적 역할을 구분할 수 없다.

② 소설과 수필은 모두 산문으로, 주된 역할과 부차적 역할을 구분할 수 없다.

③ 소금은 바닷물에 들어 있는 결정체로, 소금과 바닷물에서 주된 역할과 부차적 역할을 구분할 수 없다.

⑤ 양반다리는 한쪽 다리를 오그리고 다른 쪽 다리는 그 위에 포개어 얹고 앉은 자세로, 다리와 양반다리에서 주된 역할과 부차적 역할을 구분할 수 없다.

61 시의 표현상의 특징과 효과 파악하기 정답 ④

정답분석

2연의 '상품과 화폐만 있고'에서 현대사회를 지배하는 가치인 자본주의의 특성을 다루고 있으며, 이를 통해 생명을 존중하기보다 시장의 논리에 지배되는 현대인의 반성을 촉구하고 있다. 그러나 자본주의의 가치를 간접적으로 나타내지 않고 직접 제시하고 있으므로 적절하지 않다. 따라서 답은 ④이다.

오답분석

① 1연에서 '~(이)나'로 연결되는 문장 구조를 반복하여 운율을 형성하고 있으므로 적절하다.

② 1연에서 눈이 없는 풀이 화자를 바라본다고 표현하였으며 이는 눈이 없는 풀을 눈이 있는 생명(동물 등)과 동등하게 여기는 화자의 인식을 나타내므로 적절하다.

③ 2연에서 과거에 '할아버지, 할머니'가 '알락꼬리암사슴, 어린 죽순'을 식재료로 사용하기 전 생명에 대해 감사해하고 경외감을 느낀 것과 달리, 현재는 '나'를 포함한 사회 전체에 생명을 '음식'이라는 상품과 시장 가치로만 평가하는 태도가 만연해 있음을 제시하며 현재 상황을 비판하고 있으므로 적절하다.

⑤ 1연에서 '어떤 이'와 화자가 생명(동물, 식물)을 바라보는 상반되는 시각이 제시되어 있다. '어떤 이'는 '눈망울'이 있는 동물을 먹는 것에 죄책감을 느껴 채식주의자가 되었다고 하였다. 즉, '어떤 이'는 동물과 식물의 생명의 가치를 동등하게 여기지 않음을 알 수 있다. 반면, 화자는 식물도 동물과 마찬가지로 '눈망울'과 '피'가 있음을 들어 이들의 가치를 동일하게 여기고 있다. 따라서 이를 통해 모든 생명은 동등한 가치를 지닌다는 화자의 태도를 강조하고 있으므로 적절하다.

62 시의 시어 및 시구의 의미 파악하기 정답 ②

정답 분석

㉡ '이 고요한 사냥감들'은 '천 개의 눈망울'로 화자를 바라보는 '풀'이다. 따라서 '나'와 채식주의자인 '어떤 이'가 모두 식품으로 소비하는 대상이므로 적절하지 않다.

오답 분석

① ㉠ **눈망울 있는 것들**: 채식주의자인 '어떤 이'가 먹지 않는 대상이므로 식물이 아닌 동물임을 알 수 있다. '어떤 이'가 동물을 음식으로 섭취하지 않는 이유는 그들의 '눈'을 보고 차마 먹을 수 없다고 느꼈기 때문이다. 따라서 ㉠은 동물을 음식으로 섭취할 때 '어떤 이'가 죄책감을 느끼게 하는 요인임을 알 수 있으므로 적절하다.

③ ㉢ **떨림**: '할아버지', '할머니들'과 같은 과거의 사람들이 동물과 식물을 음식의 재료로 쓰기 전에 느낀 감정으로, 생명에 대한 '두려움, 고마움, 미안함'과 같은 경외심으로 볼 수 있다. 또한 '나'는 이런 태도가 현대인에게는 없다고 여기며 반성해야 한다는 생각을 드러내고 있으므로 적절하다.

④ ㉣ **남김없이 고맙게, 두렵게 잡숫는 법**: 제목인 '깨끗한 식사'를 떠올리게 하는 표현이다. 이를 통해 다른 생명을 죽여 음식으로 소비할 때는 남기지 않고 깨끗하게 먹어, 그들을 존중하고 인간의 생명을 유지할 수 있게 해 준 데에 대한 고마움을 느껴야 함을 나타내고 있으므로 적절하다.

⑤ ㉤ **이 무거운, 토막 난 몸을 끌고 어디까지!**: '이 무거운, 토막 난 몸'은 앞의 '내 올라앉은 육중한 접시'로 미루어 보아 화자인 '나'가 다른 존재를 위해 식사 거리가 된 상황으로 파악할 수 있다. 즉, 인간도 인간이 섭취하는 다른 생명들처럼 식사의 대상이 될 수 있음을 통해 생명에 대한 소중함과 경외심이 사라진 현실을 비판하고 이에 한탄하고 있으므로 적절하다.

63 소설의 인물 심리 및 태도 파악하기 정답 ③

정답 분석

㉠과 ㉠ 뒤를 통해 '그'가 문을 크게 두드리는 소리에 이웃집 아이가 울고 있음을 알 수 있다. 이는 이웃을 배려하지 않는 '그'의 이기적인 모습을 보여 주므로 답은 ③이다.

오답 분석

① 1문단 끝에서 1~3번째 줄과 2문단을 통해 아내가 문을 열어 주지 않자 ㉠과 같이 '그'가 짜증스럽게 문을 두드리고 있음을 알 수 있다. 또한 3문단을 통해 이웃이 '그'를 의심하자 ㉡과 같이 '그'가 불만을 터뜨리고 있음을 알 수 있다. 따라서 ㉡은 '그'가 이웃에게 도둑으로 오해받아 억울한 마음에 화를 내는 것으로 볼 수 있으나 ㉠은 문을 열어 주지 않는 아내에 대한 짜증스러운 마음이므로 적절하지 않다.

② ㉠에는 문을 열어 주지 않는 아내에 대한 짜증스러운 감정이 드러나 있다. 또한 ㉢의 앞부분을 통해 이웃에게 도둑으로 오해받은 '그'가 이웃의 의심을 없애기 위해 ㉢과 같이 직접 열쇠로 문을 열고 집으로 들어가고 있음을 알 수 있다. 따라서 ㉢은 아내를 배려하는 '그'의 태도가 아니라 이웃의 의심을 해소하기 위한 태도이므로 적절하지 않다.

④ 10, 13문단을 통해 '그'는 이웃의 의심에 화를 내며 소리 지르고 있음을 알 수 있다. 따라서 ㉡과 ㉢에는 '그'가 상대에 따라 자신의 감정을 굽히는 모습이 나타나지 않으므로 적절하지 않다.

⑤ ㉡에서 '그'는 자신을 의심하는 이웃에게 날카롭게 대답하며 직접 감정을 표출하고 있으나 ㉢에서 '그'가 문이나 열쇠와 같은 사물에 화를 풀고 있지는 않으므로 적절하지 않다.

64 소설의 세부 내용 이해하기 정답 ②

정답 분석

23~24문단에서 잠갔던 샤워기에서 다시 물이 나오고, 석유곤로와 담배에 저절로 불이 붙어 있고, 스푼과 방 안의 물건들이 저절로 움직이는 것을 통해 '그'가 환상과 환청을 느끼고 있음을 알 수 있으나 20문단 3번째 줄의 '접촉이 나쁜 형광등이 서너 번 채집병 속의 곤충처럼 껌벅거리다가는 켜졌다'를 통해 '그'가 환각 현상을 겪기 전 상황에도 형광등은 몇 번 번쩍거리다 켜졌음을 알 수 있으므로 ②는 '그'가 환각 현상을 겪고 있음을 보여 주는 근거로 적절하지 않다.

65 소설의 세부 내용 이해하기 정답 ⑤

정답 분석

㉣과 ㉣의 앞부분을 통해 '그'가 자기를 알아보지 못하는 이웃과 말싸움을 하고 집으로 들어온 후, 자신의 집에서 낯선 느낌을 받고 있음을 알 수 있다. 이는 이웃과 교류가 없는 현대인의 단절된 삶을 보여 주며, '그'가 자신의 집에서도 불안감을 느끼는 것을 통해 '그'를 둘러싼 모든 것으로부터 '그'가 고독을 느끼며 소외당하고 있음을 상징적으로 보여 주고 있다. 따라서 답은 ⑤이다. 참고로, 이 작품은 1970년대 급격한 산업화로 인해 이기적 개인주의 현상이 팽창하면서 현대인이 느끼는 소외 의식을 그려내고 있다.

오답 분석

① 12문단의 1~2번째 줄을 통해 '그'가 아파트에서 삼 년 동안 거주하고 있음을 알 수 있으며 아파트에 적응하지 못한 것이 ㉣의 원인은 아니므로 적절하지 않다.

② 9문단과 12문단의 1번째 줄을 통해 '그'가 자기를 도둑으로 취급하는 이웃에게 분노를 표출하고 있음을 알 수 있으나 서운함을 느끼고 있는지는 알 수 없으므로 적절하지 않다. 참고로, 이웃과 '그'의 다툼은 현대인의 폐쇄성을 보여 준다.

③ 20문단 끝에서 1~2번째 줄을 통해 '그'가 집에 들어간 후에도 이웃 사내가 집 밖에서 '그'를 의심의 눈초리로 바라보고 있음을 알 수 있으나 '그'는 이를 두려워하기보다 어이없게 여기고 있으며 이는 ㉣의 원인이 아니므로 적절하지 않다.

④ 21~22문단에서 그의 '아내'가 남긴 쪽지 내용을 통해 아내가 외출한 사실을 알 수 있으나 윗글에서 아내가 '그'를 속인 사실은 알 수 없으므로 적절하지 않다.

66 과학 - 세부 내용 파악하기

정답 ③

정답 분석

3문단 끝에서 1~2번째 줄을 통해 경쟁 방식으로 제작된 키트는 목표 성분의 크기가 작을 때 적합함을 알 수 있으므로 답은 ③이다.

[관련 지문 인용] 경쟁 방식은 항생 물질처럼 목표 성분의 크기가 작은 경우에 이용한다.

오답 분석

① 2문단 끝에서 1~2번째 줄에서 목표 성분의 유무는 검사선으로 알 수 있다고 하였으므로, 목표 성분의 유무와 관계없이 검사만 정상적으로 진행됐다면 표준선이 발색됨을 알 수 있다.
[관련 지문 인용] 검사선이 발색되어 나타나는 반응선을 통해서는 목표 성분의 유무를 판정할 수 있다. 표준선이 발색된 반응선이 나타나면 검사가 정상적으로 진행되었음을 알 수 있다.

② 5문단 끝에서 2~3번째 줄을 통해 알 수 있다.
[관련 지문 인용] 민감도와 특이도가 모두 높아 정확도가 높은 키트가 가장 이상적이지만 현실에서는 그렇지 않은 경우가 많아서

④ 1문단 끝에서 1~3번째 줄을 통해 알 수 있다.
[관련 지문 인용] 항원-항체 반응은 항원과 그 항원에만 특이적으로 반응하는 항체가 결합하는 면역 반응을 말한다. 항체 제조 기술이 발전하면서 휴대성이 높고 분석 시간이 짧은 측면유동면역분석법(LFIA)을 이용한 다양한 종류의 키트가 개발되고 있다.

⑤ 3문단 2번째 줄, 4~5번째 줄을 통해 알 수 있다.
[관련 지문 인용]
- 직접 방식에서 복합체에 포함된 특정 물질은 목표 성분에 결합할 수 있는 항체이다.
- 경쟁 방식에서 복합체에 포함된 특정 물질은 ~ 목표 성분 자체이다.

67 과학 - 세부 내용 파악하기

정답 ⑤

정답 분석

2문단 끝에서 3~4번째 줄, 끝에서 1~2번째 줄을 통해 반응막의 선 중 시료 패드에서 먼 것(흡수 패드에서 가까운 것)이 표준선임을 알 수 있으며, 검사가 제대로 되었다면 표준선이 발색됨을 알 수 있다. 따라서 적절한 것은 ⑤이다.

[관련 지문 인용]
- 시료 패드와 가까운 쪽에 있는 가닥이 검사선이고 다른 가닥은 표준선이다.
- 표준선이 발색된 반응선이 나타나면 검사가 정상적으로 진행되었음을 알 수 있다.

오답 분석

① 3문단 3~4번째 줄, 끝에서 2~3번째 줄을 통해 직접 방식으로 제작된 키트는 양성일 때 검사선이 발색되어 두 줄이 나타나지만, 경쟁 방식으로 제작된 키트는 양성일 때 검사선이 발색되지 않아 표준선 하나만 발색돼 나타남을 알 수 있으므로 적절하지 않다.
[관련 지문 인용]
- 검사선이 발색되면 시료에서 목표 성분이 검출되었다고 판정한다.
- 시료의 목표 성분은 복합체의 목표 성분이 검사선의 항체와 결합하는 것을 방해하므로 검사선이 발색되지 않는다.

② 2문단 4번째 줄을 통해 표지 물질은 결합 패드에 들어 있음을 알 수 있다.
[관련 지문 인용] 결합 패드에 있는 복합체는 금-나노 입자 또는 형광 비드 등의 표지 물질에

③ 2문단 2~3번째 줄을 통해 시료는 수직이 아닌 수평으로 이동함을 알 수 있다.
[관련 지문 인용] 시료 패드, 결합 패드, 반응막, 흡수 패드가 순서대로 나란히 배열된 구조로

④ 2문단 끝에서 1~4번째 줄에서 키트에 나타나는 선은 검사선과 표준선으로 이루어지며, 각각이 발색된 것을 반응선으로 부름을 알 수 있다.
[관련 지문 인용] 시료 패드와 ~ 검사선이고 다른 가닥은 표준선이다. ~ 검사선이 발색되어 나타나는 반응선을 ~ 표준선이 발색된 반응선이

68 과학 - 관련 내용 추론하기

정답 ③

정답 분석

4~5문단에서 시료에 목표 성분이 있을 때 키트가 이를 양성으로 판정하는 것을 진양성이라고 하고 이 비율에 따라 민감도가 정해짐을, 시료에 목표 성분이 없을 때 키트가 이를 음성으로 판정하는 것을 진음성이라고 하고 이 비율에 따라 특이도가 정해짐을 알 수 있다. 또한 정확도가 민감도와 특이도로 나뉜다고 하였으므로, 각각을 측정하는 기준이 되는 진양성 및 진음성 판정 비율에 따라 정확도가 결정됨을 추론할 수 있다. 따라서 적절한 것은 ③이다.

오답 분석

① 4문단 1~2번째 줄에서 키트로 여러 번 검사하여 정확성을 측정한다고 하였다. 이를 통해 여러 번 검사하여 보완하게 되면 정확도를 높일 수 있음을 추론할 수 있으므로 적절하지 않다.
[관련 지문 인용] 키트의 정확성을 측정하기 위해서는 키트를 이용해 여러 번의 검사를 실시하고

② 특이도와 민감도는 정확도를 구성하는 요소이며, 5문단 끝에서 2~3번째 줄에서 민감도와 특이도가 모두 높아야 정확도가 높아진다고 하였으므로 적절하지 않다.

④ 키트의 정확성은 진양성 및 진음성 비율을 고려해 판단한다. 이를 통해 위양성 판정률과 위음성 판정률 중 무엇이 중요한지를 추론할 수는 없으므로 적절하지 않다.

⑤ 키트의 정확도는 목표 성분의 유무를 올바르게 검사할 수 있는지를 기준으로 판단한다. 이를 통해 검사가 정상적으로 진행된 것을 판단하는 표준선의 발색 횟수는 고려 대상이 아님을 추론할 수 있다.

69 과학 - 구체적 상황에 적용하기 정답 ①

정답분석

<보기>를 통해 A 키트는 시료에 목표 성분이 있을 때 검사선이 발색되는 방식으로 제작되는 키트이며, 시료에 목표 성분인 'X 바이러스'가 존재함에도 없다고 판정하는 문제가 있음을 알 수 있다. 3문단 3~4번째 줄에서 A 키트의 제작 방식이 '직접 방식'임을, 5문단 2~3번째 줄에서 목표 성분을 지닌 대상을 양성으로 진단하는 정도를 '민감도'라고 함을 알 수 있다. 따라서 <보기>의 A 키트는 직접 방식(㉠)으로 제작된 민감도(㉡)가 낮은 검사용 키트로 볼 수 있으므로 답은 ①이다.

[관련 지문 인용]

- 검사선이 발색되면 시료에서 목표 성분이 검출되었다고 판정한다.
- 민감도는 시료에 목표 성분이 존재하는 경우에 대해 키트가 이를 양성으로 판정한 비율이다.

70 인문 - 세부 내용 파악하기 정답 ③

정답분석

2문단 1~2번째 줄과 4문단 1번째 줄에서 생물학적 결정론과 사회적 결정론 모두 인간이 표현할 수 있는 감정은 다양하다고 봄을 알 수 있으므로, 감정의 다양성을 인정하느냐에 대한 질문은 인간 감정을 연구하는 두 분야를 구별하는 데 도움이 되지 않는다. 따라서 적절하지 않은 것은 ③이다.

[관련 지문 인용]

- 이 유전학적인 관점에 따르면, 뇌는 태생적으로 다양한 감정을 표현하는 것과 밀접한 관계가 있으며,
- 사회적 결정론자들은 그 다양성에 관심을 둔다.

오답분석

① 4문단 1~3번째 줄에서 생물학적 결정론자들은 감정의 보편성을, 사회적 결정론자들은 감정의 다양성을 중시한다고 하였다. 또한 여기에서 다양성이란, 어린아이가 어떤 경험을 하는지에 따라 감정, 심리, 행동 양상이 다양하게 나타날 수 있다는 것을 의미하므로 특수성으로 볼 수 있다. 따라서 감정의 보편성과 특수성 중 무엇을 중시하는지에 따라 인간 감정을 연구하는 두 분야를 구별할 수 있으므로 적절한 질문이다.

[관련 지문 인용] 생물학적 결정론자들이 인간 감정의 보편성에 관심을 두지만, 사회적 결정론자들은 그 다양성에 관심을 둔다. 생물학적 설명에 대한 반대론은 성장하는 어린이들의 심리적 패턴과 행동 양식에 상당한 차이가 있을 수 있고, 실제로 차이가 있으며 이러한 변화가 경험적 요인으로 설명될 수 있음을 강조한다.

② 1문단 1~2번째 줄과 2~3번째 줄을 통해 알 수 있다.

[관련 지문 인용]

- 생물학적 결정론자들은 감정이 본성에 의해 결정된다고 믿는다.
- 사회적 결정론자들은 감정이 양육에 의해 결정된다고 믿는다.

④ 1문단 끝에서 1번째 줄과 2문단 2~3번째 줄에서 사회적 결정론은 환경에 따라 감정 발달이 일어난다고 보며, 생물학적 결정론은 나이가 들며 일어나는 신체적 변화에 따라 감정 발달이 일어난다고 봄을 알 수 있다. 따라서 환경이 감정 발달 상태에 영향을 미치는지에 대한 질문으로 인간 감정을 연구하는 두 분야를 구별할 수 있으므로 적절하다.

[관련 지문 인용]

- 그들(사회적 결정론자)은 감정 발달에 있어서 환경의 역할을 강조하는 경향이 있다.
- 생의 여러 단계에서 발생하는 감정의 차이는 신체적 요인으로 설명할 수 있다.

⑤ 3문단에서 생물학적 결정론은 문화적 유사성이 없어도 감정의 동질성을 보인다는 점을 통해 문화권과 관계없이 보편적인 감정은 존재한다는 것을 주장함을 알 수 있으며, 5문단에서 사회적 결정론에서 감정은 문화에 의해 결정되며, 동일한 감정이라도 문화권마다 표현하는 방법이나 인식하는 정도가 다름을 들며 문화권별 감정의 차이점을 강조함을 알 수 있다. 따라서 문화권이 달라지면 같은 감정도 다르게 인식됨을 설명할 수 있는 것은 사회적 결정론뿐이므로, 이에 대한 질문으로 인간 감정을 연구하는 두 분야를 구별할 수 있으므로 적절하다.

71 인문 - 빈칸 추론하기 정답 ④

정답분석

㉠ 앞에서는 아동을 둘러싼 환경이 아동의 감정 상태에 영향을 미친다는 사회적 결정론자들의 주장을, ㉠ 뒤에서는 사회적 결정론자들이 생물학적(유전학적) 결정론을 비판하는 내용을, 바람직하지 못한 행동을 한 아이가 자신이 선천적인 성질을 핑계 삼아 자기가 한 행동에 대한 책임을 회피하고 이를 합리화하는 상황을 근거로 들어 다루고 있다. 따라서 ㉠에는 아이가 잘못한 행동에 대해 져야 할 책임을 자신의 본성 탓으로 돌리고, 마땅히 져야 할 책임을 지지 않으려 하는 일을 당연하게 여기는 근거로 생물학적 결정론이 작용한다는 내용이 들어가야 하므로 답은 ④이다.

72 예술 - 세부 내용 파악하기 정답 ④

정답분석

4문단 2번째 줄을 통해 창호의 창살 문양이 선의 미를 만듦을 알 수 있으므로 윗글의 내용과 일치하는 것은 ④이다.

[관련 지문 인용] 방 밖에서 보았을 때 대칭적으로 배열된 여러 창살들이 서로 어울려 만들어 내는 창살 문양은 단정한 선의 미를 창출한다.

오답분석

① 1문단 끝에서 1번째 줄을 통해 알 수 있다.

[관련 지문 인용] 머름은 창 아래 설치된 낮은 창턱으로,

② 4문단 3~4번째 줄에서 창호에 햇빛이 투과됨을 알 수 있으나 끝에서 3번째 줄에서 창호지가 얇음을 알 수 있다.

[관련 지문 인용]

- 방 안에서 보았을 때 창호지에 어리는 햇빛은
- 또한 창호지가 얇기 때문에 창호가 닫혀 있더라도 외부와 소통이 가능하다.

③ 1문단 1~3번째 줄을 통해 알 수 있다.

[관련 지문 인용] 현대적인 건축물에서 창과 문은 각각의 기능이 명확하고 크기와 형태가 달라 구별이 쉽다. 그러나 한국 전통 건축, 곧 한옥에서 창과 문은 그 크기와 형태가 비슷해서 구별하지 않는 경우가 많다.

⑤ 3문단 2~3번째 줄을 통해 집 안에서 창호를 통해 바깥을 볼 때 한옥 바깥의 자연을 풍경화처럼 볼 수 있음을 알 수 있다.
[관련 지문 인용] 방 안에서 창호와 일정 거리 떨어져 밖을 내다보면 창호를 감싸는 바깥 둘레 안으로 한 폭의 풍경화를 감상하게 된다.

73 예술 - 관련 내용 추론하기 정답 ①

정답분석

2문단은 창호가 한옥에서 공간 구성을 자유롭게 바꾸는 데 일조한다는 내용을 다루고 있다. 이때 벽을 창호로 대체하게 되면 창호를 여닫는 것만으로 한옥 내 공간의 크기를 바꾸고, 실내와 실외를 구분하는 지점을 다르게 할 수 있는 효과를 얻음을 알 수 있다. 따라서 ㉠의 효과로 적절한 것은 ①이다.

오답분석

② 3문단 끝에서 1번째 줄에서 벽 대신 창호를 설치하지 않더라도, 창호를 여는 것만으로도 한옥 내외의 공간을 하나로 만들 수 있다고 하였으므로 적절하지 않다.
[관련 지문 인용] 열린 창호가 안과 밖, 사람과 자연 사이의 경계를 없앤 것이다.

③ 창호로 벽을 대신하는 것과 창살 문양과 창호지의 기능 간의 상관관계를 설명한 부분은 윗글에서 찾을 수 없으므로 적절하지 않다.

④ 4문단 끝에서 3번째 줄에서 창호를 닫아도 외부와 단절되지 않음을 알 수 있으므로 적절하지 않다.
[관련 지문 인용] 또한 창호지가 얇기 때문에 창호가 닫혀 있더라도 외부와 소통이 가능하다.

⑤ 벽만 한 크기의 창호를 내는 것을 한옥 내에서 창호의 크기를 다르게 하는 것으로 볼 수 있으나, 3문단 1번째 줄에서 창호의 크기와 관계없이 창호는 한옥의 심미성에 일조함을 알 수 있으므로 적절하지 않다.
[관련 지문 인용] 한옥에서 창호는 건축의 심미성이 잘 드러나는 독특한 요소이다.

74 인문 - 세부내용 파악하기 정답 ⑤

정답분석

2문단 3번째 줄을 통해 스키타이인이 초원지대의 북부에서 농업 활동을 하였음을 알 수 있으나, 5문단 3~4번째 줄을 통해 그리스의 식민 도시가 남러시아의 곡물을 그리스 세계로 사들였음을 알 수 있으므로 적절하지 않다.

오답분석

① 1문단 4번째 줄을 통해 알 수 있다.

② 5문단 1~3번째 줄을 통해 알 수 있다.

③ 2문단 5~6번째 줄을 통해 알 수 있다.

④ 1문단 1~2번째 줄을 통해 알 수 있다.

75 인문 - 빈칸 추론하기 정답 ④

정답분석

㉠ 뒤를 통해 흑해 북안을 차지하고 있던 세력과 다른 세력이 교류를 시작하였음을 알 수 있다. 이를 바탕으로 할 때, 5문단 1~2번째 줄과 4문단 1~2번째 줄을 통해 흑해 북안에 그리스인, 스키타이인, 사르마트인이 있었음을 알 수 있다. 따라서 ㉠에 들어갈 말로 가장 적절한 것은 ④이다.

오답분석

① 1문단 3번째 줄을 통해 이란계의 유목민인 스키타이인이 킴메르인을 몰아낸 것을 알 수 있다.

② ㉠ 뒤를 통해 ㉠에는 서로 다른 세력이 제시되어야 함을 알 수 있다. 따라서 유목민과 교류를 시작한 상대 세력이 제시되지 않았으므로 적절하지 않다.

③ 2문단 1번째 줄을 통해 다뉴브강에서 돈강까지의 지역에 국가를 세운 것은 스키타이인임을 알 수 있으며, 3문단 3~4번째 줄을 통해 알란족은 사르마트의 여러 부족 중 하나임을 알 수 있다.

⑤ 5문단 끝에서 1~2번째 줄을 통해 그리스인들이 보스포루스 왕국을 건설하였음을 알 수 있으나, 윗글에서 훈족에 대한 내용은 확인할 수 없다.

76 인문 - 관련 내용 추론하기 정답 ③

정답분석

㉡ 앞을 통해 남러시아에 고대 그리스-이란 문화가 나타났음을 알 수 있으며, 4문단을 통해 러시아의 초원지대에서 스키타이인과 사르마트인의 이란 문화에 그리스 문화가 반영된 독특한 문화가 창조되었음을 알 수 있다. 따라서 ㉡의 동과 서로부터의 문화적 침투는 남러시아에 형성된 이란계 유목민 문화와 그리스 문화를 말하는 것이므로 답은 ③이다.

오답분석

① 3문단 끝에서 1~2번째 줄을 통해 로마가 유럽 전역을 걸쳐 대제국을 건설했음을 알 수 있으나 로마 제국이 페르시아를 점령한 내용과 로마 문화가 그리스의 영향을 받은 내용은 확인할 수 없다.

② 1문단과 2문단을 통해 스키타이인이 기마 유목민이며, 러시아의 영역에 새로운 국가를 세웠음을 알 수 있으나 이는 동서의 문화적 침투를 의미하지 않는다.

④ 3문단 2~3번째 줄을 통해 사르마트인이 남러시아를 가로지르는 동서 교역로를 개척했음을 알 수 있으나 그들이 그리스의 공예품을 동방에 수출한 내용은 확인할 수 없다.

⑤ 윗글에서 페르시아가 중국과 로마의 교역로가 되어 문화를 발전시킨 내용은 확인할 수 없다.

77 과학 - 세부 내용 파악하기 정답 ④

정답분석

10문단 1~2번째 줄에서 붉은색 물감인 제라늄 레이크가 쓰인 부분은 색이 희미해지는 변색이 나타난다고 하였으므로 적절하지 않은 것은 ④이다.

오답분석

① 8문단을 통해 2019년 1월경 반 고흐 미술관에서 <해바라기>를 해외 반출하지 않겠다는 방침을 세웠음을 알 수 있으므로 적절하다.

② 2문단과 7문단을 통해 고흐가 밝은 노란색 물감을 만들 때 크롬 옐로에 황산염을 섞었고, <해바라기>의 밝은 노란색 부분이 다른 부분보다 변색이 심하게 일어났음을 알 수 있으므로 적절하다.

③ 4문단을 통해 크롬 옐로에는 납 성분이 포함되어 있고, 납과 황이 결합하면 검은색을 띠는 황화납이 됨을 알 수 있으므로 적절하다.

⑤ 3문단을 통해 크롬 옐로는 pH 농도를 다르게 하면 그 색의 범위가 담황색에서 적갈색까지 달라짐을 알 수 있으므로 적절하다.

78 과학 - 관련 내용 추론하기 정답 ①

정답분석

㉠은 <해바라기>에 어떤 조치도 하지 않으면 <해바라기>의 변색은 불가피하다는 의미이며, ㉠이 포함된 문단에서 <해바라기>의 변색 정도는 변색에 영향을 미치는 빛, 대기 오염 등과 같은 요인에 따라 정해짐을 알 수 있다. 따라서 이를 종합하면 ㉠은 <해바라기>의 변색이 현재는 매우 심각한 수준은 아니지만 <해바라기>가 외부 요소에 얼마나 노출되는지에 따라 변색의 속도나 정도가 달라질 수 있다는 의미이므로 답은 ①이다.

오답분석

② ㉠이 포함된 문단에서 <해바라기>에서 주된 변색이 일어난 부분에 사용된 크롬 옐로는 빛에 예민한 물감임을 알 수 있으므로 적절하지 않다.

③ ㉠ 앞에서 반 고흐 미술관이 전시실의 조도를 조정하는 조처를 했으나 <해바라기>의 변색은 막을 수 없었음을 알 수 있으므로 적절하지 않다.

④ ㉠은 <해바라기>에 변색을 일으키는 요인을 통제해야 한다는 의미이지, 변색의 속도를 고려해 조치해야 한다는 의미가 아니므로 적절하지 않다.

⑤ <해바라기>에 쓰인 물감 중 갈색으로 변하는 물감이 더 있는지는 윗글을 통해 알 수 없으므로 적절하지 않다.

79 과학 - 구체적 상황에 적용하기 정답 ③

정답분석

반 고흐 미술관은 <해바라기>에 쓰인 크롬 옐로가 빛과 만나면 색이 변하는 현상이 촉진됨을 알고, 전시실의 조도를 조정하고 물감에 영향을 미칠 수 있는 진동, 습도, 기온을 통제하기 위해 해외 전시를 금지하는 등 <해바라기>의 색을 온전히 보존하기 위한 조치를 시행했다. 이는 작품에 쓰인 물감의 성분이 특정 환경에 따라 색이 변할 수 있는 점을 고려해 내린 조치다. 따라서 반 고흐 미술관의 입장에 따르면 <보기>의 <야간순찰>에 외부 요인으로 변색되기 쉬운 성분이 포함된 물감이 쓰였음에도 작품을 보관하는 환경을 고려하지 않은 점을 비판할 수 있으므로 적절한 것은 ③이다.

오답분석

①②⑤ 원제와 다른 제목 짓기, 미술사적 위치 고려하기, 변색된 작품 복구하기는 반 고흐 미술관에서 <해바라기>에 취한 조치와 관련이 없다.

④ 8~9문단을 통해 반 고흐 미술관에서 <해바라기>의 추가적인 변색을 방지하기 위해 해외 전시를 금지했음을 알 수 있으나 반 고흐 미술관 내의 전시를 금지했는지는 알 수 없으므로 적절하지 않다.

80 인문 - 세부 내용 파악하기 정답 ④

정답분석

2문단 5~7번째 줄을 통해 헤겔은 시민 사회를 시민들이 개인적인 욕구를 사회적인 관계 속에서 추구하는 장으로 보았음을 알 수 있으므로 윗글의 내용과 일치하는 것은 ④이다.

[관련 지문 인용] 시민 사회가 개인들이 사적 욕구를 추구하며 살아가는 생활 영역이자 그 욕구를 사회적 의존 관계 속에서 추구하게 하는 공동체적 윤리성의 영역이어야 한다고 생각했다.

오답분석

① 2문단 1~2번째 줄을 통해 19세기 프러시아에는 절대주의가 남아 있었음을 알 수 있다.
[관련 지문 인용] 19세기 초에~프러시아에는 절대주의 시대의 잔재가 아직 남아 있었다.

② 3문단 2~4번째 줄에 프랑스 혁명 이후 사회의 혼란을 잠재우기 위해 시행된 르 샤플리에 법이 오히려 혼란을 가중했음을 알 수 있다.
[관련 지문 인용] 이러한 혼란을 극복하기 위해~르 샤플리에 법이 1791년부터 약 90년간 시행되었으나,~오히려 프랑스 시민 사회를 극도로 위축시켰다.

③ 2문단 4~5번째 줄, 3문단 5~6번째 줄을 통해 헤겔은 공리주의의 사익 극대화 기능을 긍정적으로 보았으나 그로 인한 빈부 격차나 계급 갈등 문제는 해결할 수 없는 한계를 인정했고, 뒤르켐은 공리주의가 아노미를 조장한다고 비판했음을 알 수 있다.
[관련 지문 인용]
- 그는 사익의 극대화가~공리주의를 긍정했으나, 그것이~빈부 격차나 계급 갈등을 해결할 수는 없다고 보았다.
- 공리주의가 사실은 개인의 이기심을 전제로 하고 있기에 아노미를 조장할 뿐이라고 생각했다.

⑤ 4문단 2~4번째 줄을 통해 시민 사회론은 당대 현실의 영향을 받은 이론이나, 과학적 객관성을 갖춘 이론임을 알 수 있다.
[관련 지문 인용] 시민 사회론이~과학적 연구로서 객관적으로 타당하다는 평가를 받기도 하지만,~이론이 마주 선 현실의 문제 상황이나~자유로울 수는 없는 것이다.

81 인문 - 구체적 상황에 적용하기 정답 ③

정답분석

<보기>는 이전에 존재하지 않았던 감염병이 발생하자 집단을 통제할 수 있는 규범이나 규칙이 없어진 상황으로, 아노미로 볼 수 있다. ㉠ '뒤르켐'은 아노미 해소를 위해 도덕적 개인주의의 실현과 직업 단체의 역할을 강조하였으므로 적절하지 않은 것은 ③이다. 참고로, 시민 사회 내의 복지 행정 조직의 역할을 강조한 것은 헤겔이다.

[관련 지문 인용] 그는 사익을 조정하고 공익과 공동체적 연대를 실현할 도덕적 개인주의의 규범에 주목하면서, 이를 수행할 주체로서 직업 단체의 역할을 강조하였다.

(오답분석)

① ④ 뒤르켐은 프랑스 혁명 이후 발생한 혼란을 종식하기 위해 제정된 법적 제도(르 샤플리에 법)가 야기한 상황을 아노미로 규정하며 이는 직업 단체가 사익 조정과 공동체 연대를 이끄는 도덕적 개인주의의 규범을 수행할 때 해결할 수 있다고 보았으므로 적절하다.
[관련 지문 인용] 뒤르켐은 이러한 상황을 아노미, 곧 무규범 상태로 파악하고~사익을 조정하고 공익과 공동체적 연대를 실현할 도덕적 개인주의의 규범에 주목하면서, 이를 수행할 주체로서 직업 단체의 역할을 강조하였다.

② ⑤ 르 샤플리에 법으로 발생한 아노미에서 사익 추구는 극대화되었고, 뒤르켐은 아노미의 원인을 공리주의에 내포된 개인의 이기심으로 보았으므로 적절하다.
[관련 지문 인용] 르 샤플리에 법이~이 법은 분출되는 사익의 추구를 억제하지도 못하면서~뒤르켐은 이러한 상황을 아노미, 곧 무규범 상태로 파악하고~공리주의가 사실은 개인의 이기심을 전제로 하고 있기에 아노미를 조장할 뿐이라고 생각했다.

82 인문 - 관련 내용 추론하기

정답 ⑤

(정답분석)

2문단 끝에서 1~4번째 줄을 통해 헤겔은 직업 단체를 시민 사회 안에서 사익을 조정하고 공익을 실현해야 하는 주체로 보고, 공적 질서를 확립하는 주체인 국가에 협력해야 한다고 주장함을 알 수 있다. 이를 통해 헤겔은 ⓒ'직업 단체'가 시민 사회 내부에서 공적 이익을 실현하여, 국가가 사회적 질서를 확립하는 데 도움을 주는 기능을 한다고 보았음을 추론할 수 있으므로 적절하다.

[관련 지문 인용]

- 시민 사회 내에서 사익 조정과 공익 실현에 기여하는 직업 단체와~시민 사회를 이상적인 국가로 이끌 연결 고리가 될 것으로 기대했다.
- 국가를 사회 문제를 해결하고 공적 질서를 확립할 최종 주체로 설정하면서 시민 사회가 국가에 협력해야 한다고 생각했다.

(오답분석)

① 2문단 끝에서 3~4번째 줄을 통해 헤겔은 치안 문제를 담당하는 주체를 복지 행정 조직으로 보았음을 알 수 있다.
[관련 지문 인용] 치안 문제를 해결하는 복지 행정 조직의 역할을 설정하면서,

② 3문단 끝에서 2번째 줄에서 직업 단체가 사회 구성원의 이해관계를 국가에 전달해야 한다고 한 것은 뒤르켐의 입장임을 알 수 있다.
[관련 지문 인용] 뒤르켐은 직업 단체가~구성원의 이해관계를 국가에 전달하는 한편

③ 2문단 끝에서 1~2번째 줄을 통해 헤겔은 지나친 사익 추구로 발생하는 빈부 격차는 국가가 해결해야 할 문제로 보았음을 알 수 있다.
[관련 지문 인용] 빈곤과 계급 갈등은 시민 사회 내에서 근원적으로 해결될 수 없는 것이었다. 따라서 그는 국가를 사회 문제를 해결하고 공적 질서를 확립할 최종 주체로 설정하면서

④ 아노미는 뒤르켐이 정의한 용어이므로 적절하지 않다.

83 안내문 - 순화어 파악하기

정답 ②

(정답분석)

ⓒ의 '금번'은 '곧 돌아오거나 이제 막 지나간 차례'를 뜻하는 말로, '이번'으로 다듬어 사용할 수 있다. 따라서 다듬은 말이 적절하지 않은 것은 ②이다. 참고로, '익일'은 다듬을 말로, '어느 날 뒤에 오는 날'을 뜻하며 '다음날, 이튿날'로 다듬어 사용할 수 있다.

(오답분석)

① ㉠의 '포맷'은 '일정한 모양이나 형식'을 뜻하는 말로, '양식', '서식', '형식'으로 다듬어 사용할 수 있다.

③ ⓒ의 '별첨'은 '서류 등을 따로 덧붙임'을 뜻하는 말로, '따로 붙임'으로 다듬어 사용할 수 있다.

④ ⓔ의 '샘플'은 '전체 물건의 품질이나 상태 등을 알아볼 수 있도록 그 일부를 뽑아 놓거나, 미리 선보이는 물건'을 뜻하는 말로, '보기', '본보기', '표본'으로 다듬어 사용할 수 있다.

⑤ ⓜ의 '리플릿'은 '설명이나, 광고, 선전 등의 내용을 담은 종이쪽이나 얇은 책자'를 뜻하는 말로, '광고지', '홍보지', '홍보 책자' 등으로 다듬어 사용할 수 있다.

※ 출처: 보건복지부, http://www.mohw.go.kr

84 안내문 - 정보 확인하기

정답 ③

(정답분석)

2문단을 통해 영유아 구강 검진 결과 통보서에 기재되는 검진 결과 판정 기준이 '정상A, 정상B, 주의, 치료 필요'에서 '양호, 주의, 추가 검사 필요'로 바뀌었음을 알 수 있다. 따라서 ③은 윗글을 통해 확인할 수 있다.

[관련 지문 인용] 영유아 구강 검진 결과 통보서상의 검진 결과 판정 기준을 보호자가 영유아 구강 상태를 쉽게 이해할 수 있는 표현으로 개선하고

구강 검진 종합 소견 판정 기준	
현행	개선
정상A 정상B 주의 치료 필요	양호 주의 추가 검사 필요

(오답분석)

① 1문단의 '현행 '3회'에서 '4회(생후 30~41개월 추가)'로 확대하고'를 통해 영유아 구강 검진 횟수가 기존보다 1회 추가되었음을 알 수 있으므로 ①은 적절하지 않다.

② 2문단의 '생후 30~41개월 영유아의~시기로 치아 우식증 등의 관리가 필요한 점'과 윗글 하단에 기재된 '우식증(입안의 유산균이 이의 석회질을 상하게 하여 충치가 되는 증상)'의 정의를 통해 생후 30~41개월 시기에 충치 관리가 요구됨을 알 수 있으므로 ②는 적절하지 않다.

④ 3문단을 통해 영유아 구강 검진 전에 검진 대상자에게 발송되는 건강 검진표가 전자 문서 또는 우편으로 발송됨을 알 수 있으나 윗글을 통해 검진 결과 통보서를 수령하는 방법은 확인할 수 없으므로 ④는 적절하지 않다.

[관련 지문 인용] 영유아 구강 검진 대상자는 매월 초 전자 문서로 발송되는 건강 검진표를 지참하거나, 건강 검진표 미열람 시 매월 말 우편 발송되는 건강 검진표를 지참하여 구강 검진 기관에서 검진을 받을 수 있다.

⑤ 4문단의 '검진 기관 찾기 서비스는~검진 유형별, 지역별로 확인할 수 있다'를 통해 검진 유형과 지역에 따라 우수 검진 기관을 검색할 수 있음을 알 수 있으나 방문하려는 시간에 예약이 가능한 우수 검진 기관을 검색할 수 있는지는 윗글을 통해 알 수 없으므로 ⑤는 적절하지 않다.

85 안내문 - 구체적 상황에 적용하기

정답 ③

(정답분석)

1문단을 통해 생후 30~41개월을 대상으로 한 구강 검진이 신설되었음을 알 수 있으며, 3문단을 통해 2019년 12월 30일 이후 출생한 영유아부터 신설된 구강 검진의 대상이 됨을 알 수 있다. 또한 <보기>의 영유아 5차에서 일반 검진 대상자가 생후 30~36개월, 구강 검진 대상자는 생후 30~41개월에 속해야 함을 알 수 있으므로 5차 검진을 모두 받으려면 생후 30~36개월이어야 함을 알 수 있다. C는 2020년 1월 1일생으로, 2022년 7월 15일을 기준으로 할 때 생후 30~31개월 사이이므로 영유아 일반 · 구강 검진 5차를 받을 수 있다. 따라서 답은 ③이다.

[관련 지문 인용]
- 2022년 6월 30일부터 생후 30~41개월 영유아를 대상으로 구강 검진을 추가 실시한다.
- 이번에 추가되는 영유아 구강 검진 대상은 2022년 6월 30일에 생후 30~41개월이 되는 2019년 12월 30일 이후 출생한 영유아이다.

(오답분석)

①② 3문단을 통해 2019년 12월 30일 이후 출생한 영유아부터 신설된 구강 검진 대상이 됨을 알 수 있다. A와 B는 2022년 7월 15일을 기준으로 할 때 각각 생후 36~37개월, 생후 31~32개월이므로 5차 일반 검진 대상이지만, 2019년 12월 30일 이전에 출생한 영유아이므로 구강 검진 대상자에 속하지 않는다.

④⑤ D, E는 2019년 12월 30일 이후 출생한 영유아로, 신설된 구강 검진 대상 기준에 속하나 2022년 7월 15일을 기준으로 할 때 각각 생후 28~29개월, 생후 23~24개월이므로 5차 검진 대상자에 속하지 않는다.

※ 출처: 보건복지부, http://www.mohw.go.kr

86 공문 - 정보 확인하기

정답 ①

(정답분석)

'나. 공모전 시상 계획'의 '1) 시상 내역'을 통해 이번 공모전에서 대상 1명, 금상 2명, 은상 3명, 동상 5명을 시상할 예정임을 알 수 있다. 이 인원의 총합이 11명이므로 윗글의 내용과 일치하는 것은 ①이다.

(오답분석)

② '가. 공모전 개요'의 '4) 작성 분량'을 통해 응모작은 A4 용지 기준으로 3매 내외로 작성하면 된다는 점을 알 수 있으므로 적절하지 않다.

③ '가. 공모전 개요'의 '2) 공모 기간'과 '나. 공모작 시상 계획'의 '2) 당선작 발표'를 통해 공모 기간은 10월 31일까지이며, 당선작은 12월에 발표 예정임을 알 수 있다. 따라서 작품 모집 마감 약 2개월 후 당선작이 발표되므로 적절하지 않다.

④ 공모전에는 ○○○○공사 재직자와 퇴직자 모두 참여할 수 있으므로 적절하지 않다.
[관련 지문 인용]
- 퇴직 임직원도 응모할 수 있도록 널리 홍보하여 주시기 바랍니다.
- 공모 대상: 전현직 임직원

⑤ 이번 공모전은 ○○○○공사 창립 30주년을 기념하기 위해 열리는 것이므로 적절하지 않다.
[관련 지문 인용] 20××년 공사 창립 30년을 기념하여~공모하오니

※ 출처: 서울정보소통광장, https://opengov.seoul.go.kr

87 공문 - 정보 확인하기

정답 ①

(정답분석)

'다. 협조 요청 사항'에 따르면 공모전 포스터에는 공모전의 대략적인 내용이 기재될 것이라고 하였다. 공모전과 관련된 정보를 제시하고 있는 윗글의 '가. 공모전 개요'와 '나. 공모전 시상 계획'에서는 공모전에 참여할 때 받을 수 있는 혜택을 안내하고 있지 않으므로 ㉠에 포함될 내용으로 적절하지 않은 것은 ①이다.

(오답분석)

② '가. 공모전 개요'의 '2) 공모 기간'을 통해 알 수 있다.

③ '가. 공모전 개요'의 '4) 작성 분량'을 통해 알 수 있다.

④ '나. 공모작 시상 계획'의 '1) 시상 내역'을 통해 알 수 있다.

⑤ '가. 공모전 개요'의 '5) 제출 방법'을 통해 알 수 있다.

88 공문 - 관련 내용 추론하기

정답 ③

(정답분석)

윗글은 ○○○○공사 홍보부에서 공모전의 참여를 이끌어 내고, 퇴직 임직원에게 공모전 개최 사실을 알리기 위해 현직 임직원에게 공모전 안내를 요청하는 글이다. 따라서 윗글에는 전현직 임직원이 공모전에 참가하기 위해 알아야 할 정보가 제시되어야 한다. '가. 공모전 개요'의 '5) 제출 방법' 중 항목 '가)'의 '홍보실 방문'과 항목 '나)'의 '우편 접수'에서 작품 접수는 홍보실에서 담당하며 우편으로 작품을 접수할 수 있음을 알 수 있다. 그러나 윗글에 홍보실의 주소가 없으므로 추가로 제시되어야 할 정보는 ③이다.

(오답분석)

①②④ '공모전 심사 위원 명단', '공모전 홍보 방법 및 계획', '○○○○공사 전현직 임직원 수'는 공모전에 참여하기 위해 알아야 할 정보가 아니므로 적절하지 않다.

⑤ '공모전 작품에 작성해야 하는 내용'은 '가. 공모전 개요'의 '3) 공모 주제'를 통해 알 수 있다.
[관련 지문 인용] ○○○○공사 30년과 함께한 희로애락의 기억, 업무 추진 과정에서의 재미있는 에피소드 등 자유롭게 기술

89 기사문 - 비판적 관점 파악하기 정답 ④

정답 분석

'흡착'과 '흡수', '낙엽'과 '낙지'는 뜻이 같은 단어가 아니므로 적절하지 않은 것은 ④이다. 참고로, '낙엽(落葉)'과 '낙지(落枝)'는 이 단어가 포함된 문장의 '떨어진 잎과 나뭇가지인'을 통해서도 각각 나뭇잎과 나뭇가지를 뜻하는 단어임을 유추할 수 있다.

- 흡착(吸着): 어떤 물질이 달라붙음
- 흡수(吸收): 빨아서 거두어들임
- 낙엽(落葉): 말라서 떨어진 나뭇잎
- 낙지(落枝): 축 늘어진 나뭇가지

오답 분석

① 2문단 끝에서 1번째 줄에 기자의 사견이 제시돼 있으므로 적절하다.
[관련 지문 인용] 이 정도면 일석이조, 아니 일석삼조의 효과라 할 수 있다.

② 도시숲의 효과를 다루는 2문단에서 숲(나무)의 대기오염 물질 흡수 능력과 온도를 낮추는 능력을 경유 차의 미세먼지 발생량, 공기청정기, 에어컨에 빗대어 설명하고 있으나 미세먼지를 정확히 얼마나 흡수하는지, 온도를 얼마나 낮추는지 등에 대한 객관적인 수치가 제시되어 있지 않으므로 적절하다.

③ 한자어 '비산(飛散)'은 우리말 '흩날림'으로 순화할 것을 권장하는 어려운 한자어이므로 적절하다. 참고로, 기사문은 독자가 이해하기 쉬운 언어로 작성해야 한다.

⑤ 기사문은 정보를 전달하는 글이므로 간결하고 명료한 문장과 단순한 문장 구조를 취해 정보를 쉽고 효과적으로 전달해야 한다. 미세먼지 차단숲의 역할을 설명하는 4문단은 한 문단이 한 문장으로 되어 있으며, '미세하고 복잡한 표현을 가진 나뭇잎'과 같이 이해하기 어려운 표현이 제시되어 있어 전달력이 떨어지므로 적절하다.

※ 출처: 정책브리핑, https://www.korea.kr

90 공익 광고 - 독자의 반응 파악하기 정답 ⑤

정답 분석

<보기 1>의 (나)는 광고를 읽는 독자가 지구 온난화를 위한 실천을 하지 않아도 누군가는 지구 온난화를 막기 위해 실천을 하고 있으므로 이 광고문은 헛되지 않다는 내용이다. 이는 지구 온난화의 심각성을 경계하지 않는 독자에게 자극을 주어 지구 온난화를 방지하기 위한 실천의 중요성을 주제로 드러내고 있으나, 도덕적 행동을 광고로 전해야 한다는 내용을 간접적 드러내고 있지 않으므로 ⑤는 적절하지 않다.

오답 분석

①②③④ <보기 1>의 (가)는 일회용품을 많이 사용할수록 북극의 빙하가 녹아 북극곰의 터전이 사라지므로 지구 온난화를 해결하기 위해 일회용품 사용을 자제해야 한다는 주제를 시각 자료로 나타내고 있다. 반면 (나)는 '이 광고를 다 읽더라도 당신은 변하지 않을 것입니다'와 같이 전달하려는 의도(지구 온난화를 막기 위한 실천에 동참해 달라)와 반대로 표현하고 있다. 따라서 ①, ②, ③, ④는 공익 광고를 이해한 내용으로 적절하다.

※ 출처: 한국방송광고진흥공사, https://www.kobaco.co.kr

91 한국 문학의 작품 파악하기 정답 ③

정답 분석

여로형 구조를 사용하여 일제 강점기 암울한 조선의 모습을 사실적으로 그려 냈다는 점을 통해 <보기>에서 설명하고 있는 문학 작품이 <만세전>임을 알 수 있다. 참고로, <만세전>은 염상섭이 지은 중편 사실주의 소설로, 동경에서 유학 중인 주인공 '나'가 서울로 오가는 여정을 통해 당대 암울한 식민지 현실을 묘사하며 현실을 극복하기 위해 노력하지 않는 당대 지식인의 무력함을 보여 준다.

오답 분석

① <역마>는 김동리가 지은 단편 소설이다. 화개장터(전라도와 경상도의 경계에 있는 시장)를 배경으로 하며, 한곳에 정착하지 못하고 끊임없이 떠돌아다녀야 하는 역마살이 든 아들과 그의 어머니의 노력을 통하여 운명에 순응하는 삶을 형상화하였다.

② <동백꽃>은 김유정이 지은 단편 소설이다. 1930년대 농촌을 배경으로 하며, 마름의 딸과 소작인 아들의 순박한 사랑을 토속적 해학을 가미하여 서술한 작품이다.

④ <천변풍경>은 박태원이 지은 장편 세태 소설이다. 1930년대 서울을 배경으로 하며, 작가의 개입을 철저히 차단하고 청계천 주변에 사는 서민들의 다양한 삶의 모습을 에피소드 형식으로 보여 주는 작품이다.

⑤ <레디메이드 인생>은 채만식이 지은 단편 풍자 소설이다. 1930년대 일제 강점기를 배경으로 하며, 당대 지식인의 비애와 좌절감을 사실적이고 치밀한 문체로 그려 낸 작품이다.

92 한국 문학의 작품 파악하기 정답 ②

정답 분석

송순의 작품으로 자연의 모습과 그로부터 느끼는 생각과 감정을 사계절에 따라 노래하며, 다양한 수사법과 자연 예찬의 풍조인 강호가도가 드러난다는 것을 통해 <보기>에서 설명하고 있는 문학 작품이 ②의 「면앙정가」임을 알 수 있다. 참고로, 「면앙정가」는 조선 중종 때 송순이 지은 가사로, 자신의 고향에 면앙정이라는 정자를 짓고 면앙정 주변의 아름다운 풍경을 감상하며 임금의 은혜에 감사함을 표현한 작품이다.

오답 분석

① **「규원가」**: 조선 중기에 허난설헌이 지은 규방 가사로, 남편의 사랑을 받지 못하고 독수공방하며 속절없이 눈물과 한숨으로 외롭게 늙어 가는 여인의 한과 그리움을 표현한 작품이다.

③ **「청산별곡」**: 고려 시대의 속요로, 이상적 공간인 '청산', '바다'로 도피하고 싶어 하나 결국 도피하지 못하고 현실에 체념하는 비애를 표현한 작품이다.

④ **「강호사시가」**: 조선 세종 때에 맹사성이 지은 연시조로, 자연에서 한가로이 지내면서 계절의 변화에 따른 흥취를 노래하며 이를 임금의 은혜로 표현한 작품이다.

⑤ **「일동장유가」**: 조선 영조 때에 김인겸이 지은 장편 기행 가사로, 통신사인 조엄이 일본에 갔을 때 경험한 일본의 문물 · 제도 · 풍속 등을 기록한 작품이다.

93 근대·개화기 자료 내용 파악하기 정답 ④

정답 분석

단편소설 부문의 1~3등에게는 모두 상금을 지급하지만, 시 부문은 1~2등에게는 상금을, 3등에게는 신문 구독권을 지급함을 알 수 있다. 따라서 적절하지 않은 것은 ④이다.

[관련 지문 인용]
- 상금(賞金) 일등삽원(一等卅圓) 이등입원(二等廿圓) 삼등습원(三等拾圓)
- 상금(賞金) 일등십원(一等十圓) 이등오원(二等五圓) 삼등삼개월분본보구독권(三等三個月分本報購讀券)

오답 분석

① 기사의 제목인 '신춘현상문예(新春懸賞文藝) 기한십이월이십일(期限十二月二十日)'을 통해 알 수 있다.

② '흥미진진(同一興味津津)하고도간명(簡明)하게'를 통해 알 수 있다.

③ 양의 전설 부문의 상금은 시 부문과 동일하며, 시 부문 1등에게는 상금 10원이 지급되므로 적절하다.
[관련 지문 인용]
- 상금(賞金) 시상(詩賞)과 동일
- 상금(賞金) 일등십원(一等十圓)

⑤ 단편소설은 '오회이내'라고 조건을 내걸었으므로 적절하다.
[관련 지문 인용] 오회이내매회일행십사자백오십행(五回以內每回一行十四字百五十行)

※ 출처: 조선일보(1930.12.17.) 기사 발췌

94 한국 문학의 작가 파악하기 정답 ①

정답 분석

김억의 영향으로 1920년대 『창조』에서 등단하여 이별의 정한을 주제로 다루었다는 점과 대표작을 통해 <보기>에서 설명하고 있는 작가가 '김소월'임을 알 수 있으므로 답은 ①이다.

오답 분석

② **김수영**: 1945년 『예술부락』에 「묘정의 노래」를 발표하면서 작품 활동을 시작하였다. 모더니스트로 출발하여 지성과 감성의 조화를 이룬 작품으로 사회적 관심을 받았으며, 4 · 19 혁명이 일어나자 현실에 대한 비판 의식을 바탕으로 한 참여시를 창작하였다. 대표 작품으로 「눈」, 「폭포」 등이 있다.

③ **서정주**: 1936년 동아일보 신춘문예에 「벽」이 당선되면서 등단하였다. 불교나 샤머니즘과 같은 동양의 특징을 가진 작품을 창작하였으며, 대표 작품으로 「견우의 노래」, 「국화 옆에서」 등이 있다.

④ **이용악**: 1930년대 중반에 등단하여 시집 『분수령』, 『낡은 집』을 발표하였다. 민족적, 향토적 정서를 토대로 식민지 사회의 암담한 시대적 상황을 작품에 형상화하였다. 대표 작품으로 「그리움」, 「풀벌레 소리 가득 차 있었다」 등이 있다.

⑤ **한용운**: 승려이자 독립운동가로, 1918년 『유심』이라는 불교 잡지를 발행하였고, 1926년 시집 『님의 침묵』을 발표하였다. 불교 사상을 토대로 민족 독립에 대한 염원을 임에 대한 사랑으로 형상화하였다. 대표 작품으로 「님의 침묵」, 「알 수 없어요」 등이 있다.

95 작품에 쓰인 어휘의 의미 파악하기 정답 ①

정답 분석

'공명(功名)'은 '공을 세워서 자기의 이름을 널리 드러냄. 또는 그 이름'을 뜻하므로 어휘의 의미가 적절하지 않은 것은 ①이다. 참고로, '남의 사상이나 감정, 행동 등에 공감하여 자기도 그와 같이 따르려 함'은 '공명(共鳴)'의 뜻이다.

96 중세 국어 문법 이해 및 적용하기 정답 ①

정답 분석

㉠ '솔보리니'는 '웃어른에게 말씀을 올리다'를 의미하는 '사뢰다'의 옛말 '숣다'의 활용형이므로 '사뢸 것이니', '아뢸 것이니' 등의 현대어로 풀이해야 한다. 따라서 답은 ①이다. 참고로, '숣다'는 뒤에 모음으로 시작하는 어미가 올 때 '숣-'으로 나타난다.

오답 분석

② ㉡ **너기ᅀᆞᄫᆞ쇼셔**: '너기다'는 '여기다'의 옛말이며, '-ᅀᆞᄫᆞ쇼셔'는 객체를 높이는 의미의 '-소서'이므로 '여기소서'로 풀이할 수 있다.

③ ㉢ **나랏쳔**: 'ㅅ'은 조사 '의'의, '쳔'은 '돈' 또는 '재물'의 옛말로 '나라의 돈', '나라의 재물'로 풀이할 수 있으므로 적절하다.

④ ㉣ **일버ᅀᅡ**: '일벗다'는 '훔치다'의 옛말로, 뒤에 오는 어미가 '-아'와 같이 모음으로 시작하면 '일벘-'으로 나타난다.

⑤ ㉤ **디나아가니**: '디나다'는 '지나다'의 옛말이며, '가다'는 현대 국어의 '가다'와 형태, 의미가 같으므로 '지나가니'로 풀이할 수 있다.

현대어 풀이

- 셰世존尊ㅅ 일 솔보리니 먼萬리里 외外ㅅ 일이시나 눈에 보논가 너기ᅀᆞᄫᆞ쇼셔.
  [번역] 세존의 일 아뢸 것이니 만리 밖의 일이시나 눈에 보는가 여기소서.
- 오五빅百 뎐前셰世 원怨쓯讐ㅣ 나랏쳔 일버ᅀᅡ 졍精샤舍롤 디나아가니.
  [번역] 오백 명의 전세의 원수들이 나라의 돈을 훔쳐 정사 앞을 지나가니.

- 세종, 「월인천강지곡」

97 남북한의 언어 구분하기 정답 ②

정답 분석

두음 법칙은 일부 소리가 단어의 첫머리에 발음되는 것을 꺼려 나타나지 않거나 다른 소리로 발음되는 일로, '소년'의 '년'은 단어의 첫머리가 아니므로 두음 법칙이 적용되지 않고 본음대로 적는다. 또한 북한에서는 두음 법칙이 표기에 적용되지 않으며 한자음 그대로 적으므로 '소년'으로 표기하는 것이 적절하다. 따라서 남한과 북한에서 모두 '少年'을 '소년'으로 적으므로 적절하지 않은 것은 ②이다.

오답분석

① 남한에서는 한자음 '라'가 단어의 첫머리에 올 때, 두음 법칙에 따라 '라'를 '나'로 적는다. 참고로, 남한에서 단어의 첫머리가 아닌 경우 두음 법칙이 적용되지 않는 것이 원칙이나 모음이나 'ㄴ' 받침 뒤에 결합되는 '렬'은 '열'로 적으므로 '羅列'을 '나열'로 적는다. 북한에서는 한자어를 본음으로 적는 것을 원칙으로 하므로 '羅列'을 '라렬'로 적는다.

③ 남한에서는 순우리말로 된 합성어면서 앞말이 모음으로 끝나는 경우, 사이시옷을 받쳐 적는다. 따라서 '고추'와 '가루'가 결합한 합성어를 '고춧가루'로 적으나, 북한에서는 사이시옷 표기를 하지 않으므로 '고추가루'로 적는다.

④ 남한에서는 '힘든 줄 몰랐지'와 같이 의존 명사 '줄'을 앞말과 띄어 쓰지만, 북한에서는 '힘든줄 몰랐지'와 같이 의존 명사를 앞말에 붙여 쓰는 것이 원칙이다.

⑤ 남한에서는 '먹고 싶다'와 같이 본용언 '먹고'와 보조 용언 '싶다'를 띄어 쓰지만, 북한에서는 '먹고싶다'와 같이 본용언과 보조 용언을 붙여 쓴다. 참고로, 남한에서는 본용언과 보조 용언의 띄어 씀을 원칙으로 하지만 경우에 따라 붙여 씀을 허용한다.

98 제시된 수어의 뜻 찾기

정답 ①

정답분석

<보기>에서 설명하고 있는 수화는 '가다'를 나타내므로 답은 ①이다.

- **가다**: 오른손을 편 상태에서 손등은 밖으로, 손가락의 끝은 아래로 두고 손끝을 조금 들어 올린다.

오답분석

② **보다**: 양손의 1지(검지)와 5지(엄지) 끝을 닿게 하여 동그라미를 만들고 두 눈에 대었다가 앞으로 나가게 한다.

③ **웃다**: 오른손에 주먹을 쥔 상태에서 손바닥 쪽으로 턱을 가볍게 두드린다.

④ **주다**: 오른손을 편 상태에서 손바닥은 위로, 손가락의 끝은 밖으로 향하게 하고, 손이 앞으로 나가게 한다.

⑤ **크다**: 오른손에 주먹을 쥐고 손등이 밖을 향하게 한 상태에서 1지(검지)와 5지(엄지)를 펴고, 왼쪽에서 오른쪽으로 움직인다.

99 제시어에 대응하는 점자 찾기

정답 ⑤

정답분석

모음 '예' 앞에 다른 모음이 올 때만 <보기>의 붙임표를 '예' 앞에 적으므로 '예배'와 같이 단어 첫음절에 '예'가 올 때는 붙임표를 적지 않아도 된다. 따라서 점자 표기가 적절하지 않은 것은 ⑤이다. 참고로, '예배'의 올바른 점자 표기는 아래와 같다.

예배	○● ○○ ●○	○● ○● ○○	●○ ●● ●○

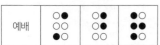

100 방송 언어 표현 파악하기

정답 ③

정답분석

ⓒ '36km'에서 숫자 '삼십육'은 자음으로 끝나는 '십'과 '유'로 시작하는 '육'을 이어서 한 마디로 발음하므로 'ㄴ' 음이 첨가되어 [삼십뉵]이 되고, 비음화가 일어나 [삼심뉵]으로 발음한다. 그러나 'km'는 '키로미터'가 아닌 '킬로미터'로 발음해야 하므로 ③이 가장 적절하지 않다.

오답분석

① ㉠: '트렌드(trend)'는 '유행', '경향'으로 순화할 수 있다.

② ㉡: 문장의 서술어 '견학하다(견학하였습니다)'는 '…을 견학하다'와 같은 문형을 요구하는 동사이므로, 목적격 조사 '을'을 사용하여 '현지 시스템을 견학하였습니다'로 써야 한다.

④ ㉣: '보여집니다'는 '보다'의 어간 '보-'에 피동 접사 '-이-'와 통사적 피동 표현 '-어지다'가 결합한 것으로 이중 피동 표현이므로 그중 하나만 사용하여 '보입니다'로 써야 한다.

⑤ ㉤: 외래어 'battery[bætəri]'에서 [æ]는 '애'로 표기하므로 '베터리'가 아닌 '배터리'로 써야 한다.

※ 출처: 대전광역시청, https://www.daejeon.go.kr

2회 기출동형 모의고사

p. 49

1 ④	2 ③	3 ③	4 ⑤	5 ③
6 ④	7 ⑤	8 ②	9 ③	10 ③
11 ②	12 ⑤	13 ④	14 ⑤	15 ④
16 ④	17 ③	18 ③	19 ③	20 ④
21 ②	22 ③	23 ②	24 ④	25 ⑤
26 ②	27 ⑤	28 ①	29 ①	30 ②
31 ⑤	32 ②	33 ⑤	34 ④	35 ②
36 ①	37 ③	38 ①	39 ③	40 ④
41 ③	42 ③	43 ⑤	44 ①	45 ②
46 ⑤	47 ③	48 ①	49 ⑤	50 ⑤
51 ②	52 ④	53 ⑤	54 ④	55 ③
56 ②	57 ⑤	58 ③	59 ①	60 ③
61 ④	62 ④	63 ②	64 ③	65 ③
66 ⑤	67 ③	68 ③	69 ①	70 ⑤
71 ②	72 ①	73 ④	74 ⑤	75 ③
76 ④	77 ⑤	78 ⑤	79 ④	80 ③
81 ②	82 ④	83 ②	84 ⑤	85 ④
86 ⑤	87 ⑤	88 ⑤	89 ②	90 ③
91 ③	92 ①	93 ④	94 ②	95 ②
96 ①	97 ③	98 ②	99 ①	100 ②

1 그림 - 그림을 보며 해설 파악하기 정답 ④

정답분석

성협의 풍속화첩에는 그림을 파악할 수 있는 발문(跋文)이 적혀 있음을 알 수 있다.

[관련 지문 인용] 성협의 풍속화첩은 ~ 장면마다 그림의 유래, 감상 등을 적은 제발(題跋)이 적혀 있어 그림의 상황을 유추할 수 있습니다.

오답분석

① 성협의 그림을 통해 그의 화풍에서 김홍도, 신윤복의 화풍을 엿볼 수 있음을 알 수 있으나 성협이 신윤복의 친척임은 알 수 없다.
[관련 지문 인용] 그의 풍속화첩을 통해 그의 그림이 김홍도와 신윤복의 영향을 받았음을 알 수 있습니다.

② 유생은 손으로 고기를 먹고 있음을 알 수 있다.
[관련 지문 인용] 어린 유생이 앉아 있는데요. 머리에 복건을 쓰고 고기를 손으로 자연스럽게 먹고 있지만

③ 성협의 풍속화첩은 14면으로 이루어짐을 알 수 있다.
[관련 지문 인용] 성협의 풍속화첩은 모두 열네 면으로 구성되어 있는데

⑤ 고기를 구워 먹는 사람은 모두 양반임을 알 수 있다.
[관련 지문 인용] 양반들이 야외에서 고기를 구워 먹는 장면을 담고 있습니다.

※ 출처: 국립중앙박물관, https://www.museum.go.kr

듣기 지문

오늘은 조선 후기에 활동한 풍속 화가 성협의 작품에 대해 알아보고자 합니다. 성협의 생애에 대해 알려진 것은 거의 없지만, 그의 풍속화첩을 통해 그의 그림이 김홍도와 신윤복의 영향을 받았음을 알 수 있습니다. 성협의 풍속화첩은 모두 열네 면으로 구성되어 있는데, 장면마다 그림의 유래, 감상 등을 적은 제발(題跋)이 적혀 있어 그림의 상황을 유추할 수 있습니다. 여기 이 그림은 성협의 풍속화첩 중 하나로, 양반들이 야외에서 고기를 구워 먹는 장면을 담고 있습니다. 그림 상단의 제시를 통해 관례 이후 모인 이웃이 술과 고기를 즐기고 있음을 알 수 있지요. 그림 가운데의 화로 위에는 중앙이 움푹하게 패어 있고 가장자리가 판판한 모양의 그릇인 '전립투'가 놓여 있습니다. 아마도 이들은 고기를 먼저 구워 먹고, 육즙이 중앙에 모이면, 소반 위 대접에 있는 육수와 바구니에 있는 버섯을 넣고 함께 끓이려는 것 같습니다. 버섯 바구니 옆에는 어린 유생이 앉아 있는데요. 머리에 복건을 쓰고 고기를 손으로 자연스럽게 먹고 있지만, 그의 곧은 자세에서 유생의 점잖음과 여유를 함께 느낄 수 있습니다.

2 이야기 - 내용 추론하기 정답 ③

정답분석

이 이야기는 어느 부족의 말하기 관습에 대한 내용으로, 공동체가 화목하려면 다양한 상황을 고려하고 공동체 사람들을 배려하며 말해야 한다는 것이다. 따라서 마지막에 이어질 내용으로 가장 적절한 것은 ③이다.

오답분석

① 말하기 관습에 대한 내용은 맞으나 자기가 좋은 말과 행동을 보여야 상대도 좋은 태도를 보인다는 내용은 이야기의 말하기 관습과 관련 없다.

② 큰 사냥감을 잡은 젊은이의 태도를 통해 부족의 말하기 관습에 겸손함이 담겨 있음은 알 수 있다. 그러나 마을 사람들이 큰 사냥감을 잡았다며 젊은이를 칭찬하지 않고 오히려 젊은이의 말에 동조하고 있는 점을 통해 남을 칭찬하는 태도는 이야기의 말하기 관습과 관련 없음을 알 수 있다.
[관련 지문 인용] 마을 사람들은 그가 뭔가 큰 걸 잡아 왔다는 것을 알면서도 그를 칭찬하고 치켜세우기보다는 겨우 그렇게 작은 것을 잡아 왔느냐고 그의 말에 맞장구를 친다는군요.

④ ⑤ 공동체의 성장을 위한 목표 설정이나 진실을 전하는 용기 있는 태도는 이야기의 말하기 관습과 관련 없다.

듣기 지문

여러분, 안녕하십니까? 오늘은 어느 부족의 말하기 관습을 소개해 드리겠습니다. 이 부족에서는 사냥에 나간 젊은이들이 돌아왔을 때, 아주 큰 사냥감을 잡은 젊은이가 마을 사람들에게 이렇게 말하는 관습이 있다고 하네요. "전 사냥에 영 소질이 없는 모양이에요. 아주 작은 거 하나 잡았어요."라고 말이죠. 이에 대한 마을 사람들의 반응도 재미있는데요, 마을 사람들은 그가 뭔가 큰 걸 잡아 왔다는 것을 알면서도 그를 칭찬하고 치켜세우기보다는 겨우 그렇게 작은 것을 잡아 왔느냐고 그의 말에 맞장구를 친다는군요. 이러한 말하기 관습에서는 사냥에 성

공한 젊은이가 다른 사람의 시기를 받거나 부족 사회에 동화되지 못할 까 걱정하는 마음, 그리고 사냥을 해 오지 못한 다른 젊은이들이 혹시 실망을 안게 되는 것은 아닐까 생각해 주는 마음을 볼 수 있습니다. 이 부족의 말하기 관습에는

3 강연 - 세부 내용 파악하기

정답 ③

정답분석

콜럼버스의 신대륙 발견 400주년을 시카고 만국 박람회에서 축하한 것은 맞으나, 그 기념일에 시카고 만국 박람회가 시작되었는지는 알 수 없으므로 답은 ③이다.

[관련 지문 인용] 콜럼버스의 신대륙 발견 400주년을 기념하기도 했습니다.

오답분석

① '또한 20년 전 큰 화재로 폐허가 되었던 시카고가 무사히 재건되었음을 기념하는 의미도 있었기 때문에'를 통해 알 수 있다.

② 런던 만국 박람회는 1851년, 파리 만국 박람회는 1889년, 시카고 만국 박람회는 1893년에 열렸으므로 적절하다.

④ 만국 박람회에서는 공산품 전시뿐 아니라 구매도 이루어져 참여국 간 산업 기술 경쟁이 일어났음을 알 수 있다.
[관련 지문 인용] 만국 박람회에서는 전시한 공산품에 대한 구매 계약도 이루어졌기 때문에 ~ 산업 기술과 자본 측면에서 참여국 간의 경쟁 구도가 형성되었습니다.

⑤ 시카고 만국 박람회에서 페리스의 대관람차가 성공을 거둔 것을 계기로 사업가들이 놀이공원을 발전시키기 시작했음을 알 수 있으므로 적절하다.
[관련 지문 인용]
- 그 결과 페리스의 대관람차는 세계적으로 인정받은 박람회의 상징이자 대중 오락물이 되었습니다.
- 시카고 만국 박람회가 대성공을 거두며 몇몇 사업가들이 놀이공원을 발전시키기 시작하였고,

듣기 지문

1851년 런던에서 최초로 열린 만국 박람회는 세계 여러 나라가 참가해 자신들의 생산품을 합동으로 전시하는 국제 박람회입니다. 만국 박람회에서는 전시한 공산품에 대한 구매 계약도 이루어졌기 때문에 산업 기술과 자본 측면에서 참여국 간의 경쟁 구도가 형성되었습니다. 긴 준비 기간을 걸쳐 개최되는 만국 박람회는 3개월에서 6개월 정도 이어졌습니다.

미국에서 열린 만국 박람회 중 가장 유명한 것은 1893년 시카고에서 열린 만국 박람회이며, 이 박람회에서는 콜럼버스의 신대륙 발견 400주년을 기념하기도 했습니다. 또한 20년 전 큰 화재로 폐허가 되었던 시카고가 무사히 재건되었음을 기념하는 의미도 있었기 때문에 더욱 대중의 관심을 끌었습니다. 2,600만 명이 넘는 관람객이 시카고 만국 박람회를 찾았으며, 이 박람회를 계기로 시카고는 미국에서 가장 영향력 있고 중요한 도시가 되었습니다.

시카고 만국 박람회 조직 위원회는 1889년 파리 만국 박람회의 에펠탑과 겨룰 만한 상징물을 세우기 위해 조지 페리스를 고용하였고, 그는 높이가 250피트이고 승객 60명을 태울 수 있는 대관람차를 만국 박람회에서 선보였습니다. 사람들은 대관람차 꼭대기에서 도시를 내려다보기 위해 몇 시간이나 줄을 섰고, 그 결과 페리스의 대관람차는 세계적으로 인정받은 박람회의 상징이자 대중 오락물이 되었습니다.

시카고 만국 박람회가 대성공을 거두며 몇몇 사업가들이 놀이공원을 발전시키기 시작하였고, 이것 중 가장 유명한 것이 디즈니랜드입니다.

4 라디오 - 세부 내용 파악하기

정답 ⑤

정답분석

오페라 <카르멘> 초연이 실패한 것을 알 수 있으나, <카르멘>의 첫 공연은 파리 극장에서 진행되었으므로 적절하지 않은 것은 ⑤이다.

[관련 지문 인용] 오페라 <카르멘>은 파리에서 열린 오페라 초연에서 관객의 외면을 받고 말았지요.

오답분석

① '<카르멘>은 메리메의 소설 <카르멘>을 바탕으로 만들어졌습니다'를 통해 알 수 있다.

② '카르멘은 관능적인 모습의 여성이면서 당시 하층민인 집시 신분이었지요'를 통해 알 수 있다.

③ '비제가 <카르멘>을 공연하고자 한 극장의 ~ 품격 있는 이들의 사교 장소로 쓰이는 곳이었지요'를 통해 알 수 있다.

④ '그 당시 오페라의 여자 주인공은 주로 청순하고 동정심이 느껴지는 모습으로'를 통해 알 수 있다.

듣기 지문

오늘은 프랑스의 작곡가 조르주 비제가 창작한 오페라 <카르멘>을 소개해 드릴게요. 최고의 오페라라고도 불리는 <카르멘>은 메리메의 소설 <카르멘>을 바탕으로 만들어졌습니다. 하지만 당시 훌륭한 오페라 작곡가로 인정받던 비제가 만들었음에도 오페라 <카르멘>은 파리에서 열린 오페라 초연에서 관객의 외면을 받고 말았지요. 스페인의 정열적이고 화려한 분위기와 생동감이 느껴지는 줄거리를 갖춘 오페라 <카르멘>이 그 당시 성공하지 못한 이유가 궁금하지 않으신가요? 비제가 <카르멘>을 공연하고자 한 극장의 방문객은 주로 중산층 이상의 사람들이었고, 품격 있는 이들의 사교 장소로 쓰이는 곳이었지요. 그 당시 오페라의 여자 주인공은 주로 청순하고 동정심이 느껴지는 모습으로, 전통적인 여성상을 보여 주는 인물이었습니다. 하지만 카르멘은 관능적인 모습의 여성이면서 당시 하층민인 집시 신분이었지요. 게다가 무대 위에서는 밀수, 결투, 치정 살인이 그려지니 그 당시 오페라에서는 이러한 여성 주인공과 줄거리가 용납되기 어려웠던 것이지요. 오페라 <카르멘>의 초연이 실패로 끝나고 이에 상심한 비제는 <카르멘> 초연 3개월 만에 세상을 떠나게 됩니다. 비록 당시 관객들에게는 외면당했지만, <카르멘>에 등장하는 다채로운 인물과 줄거리, 이를 받쳐 주는 서정적인 음악은 오늘날 많은 사람의 심장을 두근거리게 합니다.

5 시 - 소재의 의미 추론하기

정답 ③

정답분석

'그곳'을 수식하는 '흰 물결이 일고 또 잦는', '저녁놀 스러지는'을 통해 '그곳'은 물결이 있고, 저녁노을이 지는 것을 볼 수 있는 장소임을 알 수 있다. 또한 '고기잡이꾼들이 배 위에 앉아', '늙은 물새가 떼를 지어 좇니는'을 통해 배를 띄우고, 물새가 있는 장소임을 알 수 있다. 이를 종합할 때, '그곳'은 '바다'임을 추론할 수 있다. 따라서 답은 ③이다.

듣기 지문

뛰노는 흰 물결이 일고 또 잦는
붉은 풀이 자라는 그곳(바다)은 어디

고기잡이꾼들이 배 위에 앉아
사랑 노래 부르는 그곳(바다)은 어디

파랗게 좋이 물든 남빛 하늘에
저녁놀 스러지는 그곳(바다)은 어디

곳 없이 떠다니는 늙은 물새가
떼를 지어 좇니는 그곳(바다)은 어디

건너 서서 저편은 딴 나라이라
가고 싶은 그리운 그곳(바다)은 어디

- 김소월, 「바다」

6 대담 – 세부 내용 파악하기 정답 ④

(정답분석)

김 교수의 3번째 발언에서 밑창이 얇고 굽이 낮은 신을 오랜 시간 신는 경우 족저근막염이 발생할 수 있음을 알 수 있다. 따라서 답은 ④이다.
[관련 지문 인용] 낮은 굽에 밑창이 얇은 신을 장시간 착용하는 경우와 같이 족저근막에 무리가 갈 때 염증이 생기곤 합니다.

(오답분석)

① 김 교수의 2번째 발언에서 알 수 있다.
[관련 지문 인용] 족저근막은 발바닥에 있는 근막으로, ~ 섬유 조직의 막입니다.

② 김 교수의 3번째 발언에서 알 수 있다.
[관련 지문 인용] 발목의 근력이 약해져도 족저근막염이 나타나는데요.

③ 김 교수의 4번째 발언에서 알 수 있다.
[관련 지문 인용] 통증이 심한 경우 진통제나 주사를 쓰기도 합니다만,

⑤ 김 교수의 5번째 발언에서 알 수 있다.
[관련 지문 인용] 특히 아침에 일어나서 걷기 전에 이 스트레칭을 하면 더욱 좋습니다.

듣기 지문

진행자: 혹시 걸을 때 발뒤꿈치 안쪽이나 발바닥이 아프신 분 있으신가요? 오늘은 발바닥에 생기는 염증인 족저근막염에 대해 알아보도록 하겠습니다. 오늘은 특별히 정형외과 전문의이신 김 교수님이 찾아와 주셨습니다. 김 교수님, 안녕하세요.
김 교수: 네, 안녕하세요.
진행자: 교수님, 족저근막, 조금 생소한데요. 정확히 어떤 부분인가요?
김 교수: 네. 족저근막은 발바닥에 있는 근막으로, 발뒤꿈치를 이루는 불규칙한 육면체 모양의 뼈인 종골에서 발가락 쪽으로 뻗어 있는 섬유 조직의 막입니다. 이 족저근막은 우리 발의 아치를 만들어 주고, 발이 받는 충격도 흡수해 주지요.
진행자: 족저근막은 우리가 걷고 뛰는 데 매우 중요한 역할을 해 주고 있군요. 그렇다면 이 부위에 염증이 생기는 이유는 무엇인가요?
김 교수: 원인은 크게 세 가지로 봅니다. 평소와 다르게 과한 운동을 하는 경우, 낮은 굽에 밑창이 얇은 신을 장시간 착용하는 경우와 같이 족저근막에 무리가 갈 때 염증이 생기곤 합니다. 그리고 선천적으로 아치가 낮은 평발이거나 아치가 높은 요족 변형이 있는 경우에도 족저근막염이 발생하기 쉽습니다. 마지막으로 발목의 근력이 약해져도 족저근막염이 나타나는데요. 발목 근육이 해야 할 기능을 족저근막이 대체하면서 족저근막에 무리가 생겨 염증이 생기는 것이지요.
진행자: 주로 족저근막이 반복적으로 손상되거나 무리하게 사용되면 염증이 생기는 거네요. 저도 굽이 낮은 플랫 슈즈를 한동안 신었었는데, 얼마 전부터 발바닥이 아프더라고요. 낮은 신발이어도 발에 무리가 갈 수 있군요. 그렇다면 교수님, 족저근막염, 치료할 수 있나요?
김 교수: 주로 족저근막과 아킬레스건을 스트레칭하거나 운동을 통해 치료를 진행하는데요. 족저근막염은 몇 개월에 걸쳐 치료해야 호전될 수 있으니 스트레칭을 꾸준히 해야 합니다. 통증이 심한 경우 진통제나 주사를 쓰기도 합니다만, 무엇보다 평상시 스트레칭이 가장 중요합니다.
진행자: 네. 교수님, 평소에 발바닥 근육을 강화할 수 있는 운동은 뭐가 있을까요?
김 교수: 뒤꿈치 안쪽에 골프공같이 작은 공을 대고 눌러 주거나 엄지 발가락을 발등 쪽으로 당기면서 아킬레스건과 족저근막을 늘려주면 됩니다. 틈틈이 하는 것이 좋고요. 특히 아침에 일어나서 걷기 전에 이 스트레칭을 하면 더욱 좋습니다.

7 대담 – 말하기 방식 추론하기 정답 ⑤

(정답분석)

진행자의 3번째, 4번째 발언에서 진행자는 청취자의 이해를 돕기 위해 전문가가 설명한 내용의 요점만 정리하여 전달해 주고 있음을 알 수 있다. 따라서 답은 ⑤이다.
[관련 지문 인용]
- 족저근막은 우리가 걷고 뛰는 데 매우 중요한 역할을 해 주고 있군요.
- 족저근막이 반복적으로 손상되거나 무리하게 사용되면 염증이 생기는 거네요.

(오답분석)

① 진행자가 전문가에게 감사의 말을 전하며 인터뷰를 마무리하는 부분은 없다.

② 구체적인 통계 자료를 통해 인터뷰 내용의 신뢰도를 높이는 부분은 없다.

③ 진행자의 4번째 발언에서 전문가의 말에 동조하기 위해 자신의 경험을 들고 있으나 주변 사람의 경험은 들지 않았다.
[관련 지문 인용] 저도 굽이 낮은 플랫 슈즈를 한동안 신었었는데, 얼마 전부터 발바닥이 아프더라고요. 낮은 신발이어도 발에 무리가 갈 수 있군요.

④ 진행자는 모든 발언에서 전문가에게 하나의 질문만 하고 있으므로 적절하지 않다.
[관련 지문 인용]
- 족저근막, ~ 정확히 어떤 부분인가요?
- 이 부위에 염증이 생기는 이유는 무엇인가요?
- 족저근막염, 치료할 수 있나요?
- 평소에 발바닥 근육을 강화할 수 있는 운동은 뭐가 있을까요?

8 대화 - 등장인물 생각 파악하기

정답 ②

정답분석

여자의 1, 3번째 발언을 통해 여자와 남자가 집안일을 분담한다는 점은 알 수 있으나 남자가 집안일이 불공평하게 분담되었다고 생각하는지는 대화를 통해 알 수 없다. 따라서 답은 ②이다.

[관련 지문 인용]

• 이번 주 빨래 담당 당신이잖아.

• 내가 맡은 집안일은 다 끝냈어.

오답분석

① 남자의 5번째 발언인 '그리고 엄밀히 따지면 집안일보다 회사 일이 중요하지'를 통해 알 수 있다.

③ 여자의 6번째 발언인 '어떤 일이든 하기로 약속했으면 최선을 다해 끝내야 한다는 거지'를 통해 알 수 있다.

④ 여자의 5번째 발언인 '집안일도 나랑 함께 사는 공간에서 해야 하는 일이야. 회사 일과 다를 거 없이 중요한 일이라고'를 통해 알 수 있다.

⑤ 여자의 6, 7번째 발언을 통해 알 수 있다.

[관련 지문 인용]

• 그리고 사정이 생겨 집안일을 못 하게 된다면, 미리 말해 줘야지. 그래야 이런 문제가 안 생길 거 아니야.

• 정말 하기 어려운 경우에는 도움을 요청하라는 거지.

듣기 지문

남자: 여보. 혹시 수건 건조해 둔 거 있어? 화장실에 수건이 없네.
여자: 이번 주 빨래 담당 당신이잖아. 안 했어?
남자: 미안, 잊어버렸네. 요즘 회사 일이 많아 야근하느라 깜빡했어.
여자: 회사 일도 중요하지만, 집안일도 중요해! 도대체 이게 몇 번째야.
남자: 그런데 내가 잊어버리면 당신이 대신 해 줄 수도 있는 일 아니야?
여자: 여보. 나도 계속 회사 일로 바빴는데, 내가 맡은 집안일은 다 끝냈어. 당신, 이게 회사 일이어도 이렇게 할 거야?
남자: 갑자기 회사 일이 왜 나와?
여자: 그렇잖아. 당신이 회사에서 담당하는 업무가 있는데, 그걸 잊으면 다른 동료가 당신 일을 대신 해 주는 게 당연해? 이럴 때마다 느끼는 건데, 당신은 집안일을 가볍게 여기는 것 같아.
남자: 당신은 항상 비교하려 하더라. 그리고 엄밀히 따지면 집안일보다 회사 일이 중요하지.
여자: 당신 정말 그렇게 생각해? 집안일도 나랑 함께 사는 공간에서 해야 하는 일이야. 회사 일과 다를 거 없이 중요한 일이라고.
남자: 집안일이 중요하지 않다는 뜻이 아니라, 두 일의 비중을 따졌을 때 회사 일이 더 중요하다는 거지. 타인과 함께 일하는 공간이고, 월급을 받고 일하는 거니까.
여자: 내가 꼭 그 두 일만 비교하는 게 아니야. 어떤 일이든 하기로 약속했으면 최선을 다해 끝내야 한다는 거지. 그리고 사정이 생겨 집안일을 못 하게 된다면, 미리 말해 줘야지. 그래야 이런 문제가 안 생길 거 아니야.
남자: 알았어. 그럼 다음부터 미리 못 하겠다고 말하면 된다는 거지?
여자: 무조건 못 하겠다고 하는 건 안 되지. 집안일도 회사의 일처럼 열심히 하고, 정말 하기 어려운 경우에는 도움을 요청하라는 거지. 그리고 내가 어려울 때는 당신이 도와주는 거고.
남자: 맞아. 맞는 말인데. 당신은 정말 정이 없는 것 같아.
여자: 이게 정이랑 무슨 상관이야. 당신 정말 그런 식으로 말할 거야?
남자: 알았어. 노력할게.

9 대화 - 말하기 방식 추론하기

정답 ③

정답분석

남자와 여자의 갈등은 집안일의 중요성에 대한 견해 차이 때문이다. 여자의 6, 7번째 발언을 통해 여자는 남자가 집안일을 중요하게 인식하지 않는다는 점과 집안일을 하지 못할 상황을 미리 말해주지 않은 점을 문제로 삼고 이에 대한 해결책을 전달하고 있음을 알 수 있다. 따라서 문제의 해결책을 제시한 것은 남자가 아닌 여자의 말하기 방식이므로 ③은 적절하지 않다.

[관련 지문 인용]

• 어떤 일이든 하기로 약속했으면 최선을 다해 끝내야 한다는 거지. 그리고 사정이 생겨 집안일을 못 하게 된다면, 미리 말해 줘야지. 그래야 이런 문제가 안 생길 거 아니야.

• 집안일도 회사의 일처럼 열심히 하고, 정말 하기 어려운 경우에는 도움을 요청하라는 거지. 그리고 내가 어려울 때는 당신이 도와주는 거고.

오답분석

① 여자의 8번째 발언인 '당신 정말 그런 식으로 말할 거야?'에서 알 수 있다.

② 남자의 6번째 발언에서 남자는 집안일보다 회사 일이 더 중요하다는 주장을 그 이유와 함께 말하고 있음을 알 수 있다.
[관련 지문 인용] 두 일의 비중을 따졌을 때 회사 일이 더 중요하다는 거지. 타인과 함께 일하는 공간이고, 월급을 받고 일하는 거니까.

④ 여자의 5번째 발언에서 여자는 집안일보다 회사 일이 더 중요하다는 남자의 의견에 반박하고 있음을 알 수 있다.

[관련 지문 인용]

• 집안일보다 회사 일이 중요하지.

• 당신 정말 그렇게 생각해? 집안일도 나랑 함께 사는 공간에서 해야 하는 일이야. 회사 일과 다를 거 없이 중요한 일이라고.

⑤ 여자의 4번째 발언에서 여자는 남자가 회사 일을 핑계로 맡은 집안일을 하지 않고, 대신 여자가 해 줄 수도 있지 않았느냐고 묻는 상황에서 느끼는 불만을 회사 일에 빗대어 말하고 있음을 알 수 있다.
[관련 지문 인용] 당신이 회사에서 담당하는 업무가 있는데, 그걸 잊으면 다른 동료가 당신 일을 대신 해 주는 게 당연해?

10 강연 - 세부 내용 파악하기

정답 ③

정답분석

국내 면류 판매액의 40.6%를 봉지 라면이 차지한다고 하였으므로 봉지 라면 판매량은 전체 면류 판매액의 절반 이하이다. 따라서 강연의 내용과 일치하지 않는 것은 ③이다.

[관련 지문 인용] 봉지 라면인 유탕면의 국내 판매액은 1조 원 이상으로, 국내 면류 시장 총판매액의 40.6%를 점유하고 있습니다.

오답분석

① 라멘은 건면인 중화면으로, 라면은 튀긴 면으로 만든다고 하였으므로 적절하다.

[관련 지문 인용]

• '라멘'은 국수를 건조해 만든 건면의 일종인 중화면을

• 튀긴 면을 기반으로 한 '라면'을 개발했습니다.

② 부패 문제로 면과 수프를 분리하기 전에는 라면 수프가 면에 묻어 있었음을 알 수 있으므로 적절하다.
[관련 지문 인용] 처음에는 양념이 묻은 면을 물에 끓여 먹는 형태였으나 쉽게 부패하는 문제로 면과 수프를 분리해 출시하게 되었습니다.

④ "시오라멘', '쇼유라멘'의 '시오'와 '쇼유'는 육수에 넣는 조미료인 '소금'과 '간장'을 의미합니다'를 통해 알 수 있다.

⑤ '1950년대에 닛신식품의 안도 모모후쿠 회장이 튀긴 면을 기반으로 한 '라면'을 개발했습니다. ~ 1960년대에 우리나라에서 이 기술을 도입했고'를 통해 알 수 있다.

듣기 지문

2021년 식품의약품안전처의 통계 자료에 따르면 봉지 라면인 유탕면의 국내 판매액은 1조 원 이상으로, 국내 면류 시장 총판매액의 40.6%를 점유하고 있습니다. 이처럼 많은 사람이 즐겨 먹는 라면은 어떻게 만들어지게 된 것일까요?

라면의 유래를 알기 위해서는 일본의 '라멘'을 짚고 넘어가야 합니다. '라면'과 '라멘'. 발음만 들으면 비슷하게 느껴지는 두 음식은 조리 과정에 차이가 있습니다. '라멘'은 국수를 건조해 만든 건면의 일종인 중화면을 돼지 뼈나 닭, 멸치 등으로 만든 육수에 넣어 먹는 음식입니다. 흔히 들어 보셨을 '돈코츠라멘'의 '돈코츠'는 육수 재료인 '돼지 뼈'를, '시오라멘', '쇼유라멘'의 '시오'와 '쇼유'는 육수에 넣는 조미료인 '소금'과 '간장'을 의미합니다. '라멘'의 면이 중화면이라는 점에서 눈치채신 분들도 있으시겠지만, '라멘'은 19세기 말에서 20세기 초, 중국인이 일본으로 이주하며 판매되었습니다. 이로 인해 중국 면 요리에서 유래된 중화요리로 봅니다.

이후 1950년대에 닛신식품의 안도 모모후쿠 회장이 튀긴 면을 기반으로 한 '라면'을 개발했습니다. 처음에는 양념이 묻은 면을 물에 끓여 먹는 형태였으나 쉽게 부패하는 문제로 면과 수프를 분리해 출시하게 되었습니다. 1960년대에 우리나라에서 이 기술을 도입했고 각 식품 회사의 특색을 살린 라면이 만들어진 것이지요. 재미있는 것은 '라면'을 가장 마지막에 만든 우리나라에서 수출한 '라면'을 가장 많이 수입하는 곳이 '라면'이 시작된 곳인 중국이라는 점입니다.

11 강연 - 말하기 방식 추론하기

정답 ②

정답 분석

이 강연은 라면이 생기기 전 라멘이 있었음을 들며 육수에 건면과 조미료를 넣는 라멘의 조리법을 설명한 후, 라멘과 달리 튀긴 면을 수프와 함께 물에 끓이는 라면의 조리법을 그 제조 기술과 함께 설명하고 있으므로 가장 적절한 것은 ②이다.

오답 분석

① 라면의 출시 형태가 면과 수프가 결합된 형태에서 면과 수프가 분리된 형태로 바뀌게 되었음을 설명하고 있으나, 이 과정을 시대에 따라 설명하고 있지는 않다.
[관련 지문 인용] 처음에는 양념이 묻은 면을 물에 끓여 먹는 형태였으나 쉽게 부패하는 문제로 면과 수프를 분리해 출시하게 되었습니다.

③ 국내 면류 중 봉지 라면의 판매액이 많은 편임을 설명하고 있으나 라멘보다 라면을 선호하는 이유는 설명하고 있지는 않다.

④ 일본의 면 요리인 라멘이 중국의 면 요리에서 유래되었음을 설명하고 있으나 이것과 라면의 특징을 비교하지는 않았으므로 적절하지 않다.
[관련 지문 인용] '라멘'은 ~ 중국 면 요리에서 유래된 중화요리로 봅니다.

⑤ 일본 라멘과 다른 한국 라면의 특성, 한국인의 입맛에 대해서는 설명하고 있지 않다.

12 발표 - 세부 내용 파악하기

정답 ⑤

정답 분석

'이 밀폐된 유리공 속에는 '바다'에 해당하는 물과~들어 있습니다. ~ 새우의 배설물은 자갈과 모래 속의 미생물에 의해 분해되어 다시 바닷말의 양분이 됩니다'를 통해 에코스피어에는 물, 새우, 자갈, 모래 등이 들어가고 새우의 배설물이 분해되어 바닷말의 양분이 됨은 알 수 있으나 에코스피어에 어떤 물을 넣어야 하는지는 발표 내용을 통해 알 수 없다. 따라서 답은 ⑤이다.

오답 분석

① '유리공처럼 생긴 상품을 만들었는데, 그것이 바로 ~ '에코스피어'입니다'를 통해 알 수 있다.

② '빛의 양과 온도를 적절히 조절해 주면 바닷말이 자라면서 산소를 생산합니다'를 통해 알 수 있다.

③ '순환 과정을 통해 '에코스피어'의 생태계가 유지될 수 있습니다'를 통해 알 수 있다.

④ '미국 항공 우주국의 과학자들은 우주 기지 내에서 식량과 산소를 생산하고 ~ 자족적 시스템에 대해 연구를 했습니다'를 통해 알 수 있다.

듣기 지문

지금부터 과학 전시실에 있는 '에코스피어'를 여러분께 소개하겠습니다. 인간이 우주에 진출하면 외부와 격리된 우주 기지 내부에서 생활하게 될 텐데, 그때 필요한 식량과 산소 등을 지구에서 계속 공급하기는 어렵습니다. 이 문제를 해결하기 위해 미국 항공 우주국의 과학자들은 우주 기지 내에서 식량과 산소를 생산하고 노폐물을 처리할 수 있는 자족적 시스템에 대해 연구를 했습니다. 이들은 생태계의 요소가 모두 포함되어 스스로 유지되는 환경 모형을 만들고, 그 실현 가능성에 대해 실험해 보았습니다.

이 연구에서 아이디어를 얻어 미국의 한 부부가 유리공처럼 생긴 상품을 만들었는데, 그것이 바로 과학 전시실에 있는 '에코스피어'입니다. 이 밀폐된 유리공 속에는 '바다'에 해당하는 물과 '땅'에 해당하는 자갈과 모래, 그리고 '생물'에 해당하는 바닷말, 작은 새우, 미생물이 들어 있습니다. 물론 '대기'에 해당하는 공기도 있습니다. 이 유리공의 외부에서 빛의 양과 온도를 적절히 조절해 주면 바닷말이 자라면서 산소를 생산합니다. 그러면 새우는 이 바닷말과 산소로 살아가고, 새우의 배설물은 자갈과 모래 속의 미생물에 의해 분해되어 다시 바닷말의 양분이 됩니다.

이런 순환 과정을 통해 '에코스피어'의 생태계가 유지될 수 있습니다. 그러나 빛의 양이 적절하지 않거나 온도가 맞지 않으면, 생태 순환의 균형이 깨지게 되어 '에코스피어'의 생태계는 더 이상 유지되지 못합니다.

13 발표 - 말하기 방식 추론하기 정답 ④

정답분석

'이 연구에서 아이디어를 얻어 미국의 한 부부가 유리공처럼 생긴 상품을 만들었는데'를 통해 에코스피어는 어떤 연구에 착안하여 제작하게 되었음을 알 수 있으며, 그 앞부분인 '미국 항공 우주국의 과학자들은~그 실현 가능성에 대해 실험해 보았습니다'를 통해 그 연구를 설명하고 있다. 따라서 답은 ④이다.

오답분석

①②③⑤ 이와 같은 내용 구성 전략은 발표에 나타나지 않으므로 적절하지 않다.

14 협상 - 등장인물 생각 파악하기 정답 ⑤

정답분석

우리 시 측의 2번째 발언을 통해 우리 시는 멸종 위기에 처한 철새를 보호하기 위해 철새 서식지와 그 주변을 정비해야 한다고 주장함을 알 수 있다.

[관련 지문 인용]

멸종 위기종인 철새를 보호하고 서식지의 심미적 가치를 높이기 위해서 오히려 그 지역을 개발해야 한다고 생각합니다.

오답분석

①④ 대화에서 철새의 먹이잡이용 공간 확장이나 나무다리 설치는 논의되지 않았다.

② 우리 시 측의 1번째 발언인 '우리 시는~시민의 휴식 공간을 늘리려고 합니다'를 통해 우리 시는 당초에 사람만을 위한 공간을 조성하려 했음을 알 수 있다.

③ 환경 단체 측은 철새의 서식지인 습지 남쪽 지역을 보호하기 위해 의견을 펼치고 있으며, 하천의 수질에 대해서는 언급하지 않았다.

듣기 지문

우리 시 측: 우리 시가 추진 중인 생태 공원 조성 계획에 대해 환경 단체 측의 의견을 듣고, 그 의견을 수렴하고자 이렇게 자리를 마련하게 되었습니다. 먼저 공원 조성의 목적을 간략하게 말씀드리면, 우리 시는 방치된 습지 지역에 자전거 도로, 탐방로 등을 설치해 시민의 휴식 공간을 늘리려고 합니다.

환경 단체 측: 네. 우선 이렇게 자리를 마련해 주셔서 감사합니다. 그런데 시에서 생태 공원을 조성하려는 습지는 동절기에 철새들이 머무는 곳으로, 세계적으로 멸종 위기에 처한 새들이 많이 찾아오는 중요한 서식지입니다. 그런 곳을 개발하는 것은 철새들의 서식지를 침범하는 것입니다.

우리 시 측: 네. 물론 그 점을 고려하지 않은 것은 아닙니다. 하지만 잘 아시다시피, 습지 북쪽은 쓰레기 매립장으로 이용되고 있습니다. 철새들이 주로 머무는 곳은 습지 남쪽이고요. 멸종 위기종인 철새를 보호하고 서식지의 심미적 가치를 높이기 위해서 오히려 그 지역을 개발해야 한다고 생각합니다.

환경 단체 측: 철새 서식지의 환경을 개선하기 위해서 습지 일대를 정비해야 한다는 점은 인정합니다. 하지만 시가 발표한 공원 조성 계획을 보면 습지 내 하천을 따라 자전거 도로를 설치한다고 되어 있습니다. 아스팔트 도로는 철새 서식지에 있기 적합하지 않으며, 도로를 설치해 사람이 많이 유입된다면 철새 서식지는 금방 오염되고 말 것입니다. 따라서 습지 남쪽은 정비하되, 사람들의 출입을 제한하는 것이 좋을 듯합니다.

우리 시 측: 우리 시도 최대한 친환경적인 공원을 조성하고자 노력하고 있습니다. 그렇지만 습지 남쪽 지역에 사람의 출입을 전면 제한하는 것은 무리입니다. 아스팔트 포장 자전거 도로를 설치하려고 한 곳은 잔디를 심거나 개발 계획에서 제외하는 안을 고려해 보겠습니다. 그리고 철새 서식지는 철새 도래 시기에는 사람들의 출입을 제한하고, 봄에서부터 가을까지는 사람들이 습지를 탐방하고 관찰할 수 있도록 개방하는 것은 어떠신지요?

환경 단체 측: 그렇다면 습지 남쪽 지역은 사람의 출입을 부분적으로 제한하면서, 가급적 자연 그대로 유지하는 방향으로 정비를 부탁드립니다. 그리고 철새가 도래하고 서식하는 데 문제가 없도록 사람을 위한 편의 시설 설치는 자제해 주시기 바랍니다.

우리 시 측: 좋습니다. 오늘 결과를 토대로, 친환경적인 생태 공원을 조성하도록 더욱 노력하겠습니다.

15 협상 - 갈등 해결하기 정답 ④

정답분석

환경 단체 측의 1번째 발언과 우리 시 측의 2, 3번째 발언을 통해 철새의 서식지인 습지 남쪽에는 철새가 도래하는 겨울에만 사람들이 출입할 수 없게 하는 방향으로 양측이 협상했음을 알 수 있다. 따라서 답은 ④이다.

[관련 지문 인용]

- 생태 공원을 조성하려는 습지는 동절기에 철새들이 머무는 곳으로,
- 철새들이 주로 머무는 곳은 습지 남쪽이고요.
- 철새 서식지는 철새 도래 시기에는 사람들의 출입을 제한하고, 봄에서부터 가을까지는 ~개방하는 것이

오답분석

① 환경 단체 측의 2번째 발언과 우리 시 측의 3번째 발언을 통해 알 수 있다.

[관련 지문 인용]

- 습지 내 하천을 따라 자전거 도로를 설치한다고 되어 있습니다. 아스팔트 도로는 철새 서식지에 있기 적합하지 않으며,
- 아스팔트 포장 자전거 도로를 설치하려고 한 곳은 잔디를 심거나 개발 계획에서 제외하는 안을 고려해 보겠습니다.

② 우리 시 측의 1번째 발언과 환경 단체의 2번째 발언을 통해 알 수 있다.

[관련 지문 인용]

- 우리 시가 추진 중인 생태 공원 조성 계획에 대해 환경 단체 측의 의견을 듣고,
- 철새 서식지의 환경을 개선하기 위해서 습지 일대를 정비해야 한다는 점은 인정합니다.

③ 환경 단체 측의 3번째 발언을 통해 알 수 있다.

[관련 지문 인용] 습지 남쪽 지역은~사람을 위한 편의 시설 설치는 자제해 주시기 바랍니다.

⑤ 우리 시 측의 3번째 발언과 환경 단체 측의 3번째 발언을 통해 알 수 있다.

[관련 지문 인용]

- 봄에서부터 가을까지는 사람들이 습지를 탐방하고 관찰할 수 있도록 개방하는 것은 어떠신지요?
- 그렇다면 습지 남쪽 지역은 사람의 출입을 부분적으로 제한하면서,

16 고유어의 사전적 뜻 파악하기 정답 ④

정답 분석

'주눅'은 '기운을 제대로 펴지 못하고 움츠러드는 태도나 성질'을 뜻하므로 단어의 의미가 바르게 제시된 것은 ④이다.

오답 분석

① '뱃심'은 '염치나 두려움이 없이 제 고집대로 버티는 힘'을 뜻한다. '잘 안될 일을 무리하게 해내려는 고집'을 뜻하는 말은 '악지'이다.

② '빌미'는 '재앙이나 탈 등이 생기는 원인'을 뜻한다. '일이나 사건을 풀어 나갈 수 있는 첫머리'를 뜻하는 말은 '실마리'이다.

③ '헤살'은 '일을 짓궂게 훼방함. 또는 그런 짓'을 뜻한다. '귀염을 받으려고 알랑거리는 말. 또는 그런 짓'을 뜻하는 말은 '아양'이다.

⑤ '몽니'는 '받고자 하는 대우를 받지 못할 때 내는 심술'을 뜻한다. '완고하고 우둔하며 무뚝뚝한 사람을 놀림조로 이르는 말'을 뜻하는 말은 '뚱딴지'이다.

17 한자어의 사전적 뜻 파악하기 정답 ③

정답 분석

'예속(隷屬)'의 사전적 의미는 '남의 지배나 지휘 아래 매임'이므로 한자어의 사전적 의미가 올바르지 않은 것은 ③이다. 참고로, '행동이나 의사의 자유를 제한하거나 속박함'을 뜻하는 한자어는 '구속(拘束)'이다.

18 고유어의 사전적 뜻 파악하기 정답 ③

정답 분석

고유어 '알찐대다'는 '남의 비위를 맞추려고 가까이 붙어서 계속 아첨하다'라는 의미이므로 뜻풀이가 옳지 않은 것은 ③이다. 참고로, '성가실 정도로 끈덕지게 자꾸 귀찮게 굴다'는 고유어 '치근덕거리다'의 의미이다.

19 문맥에 맞는 한자어 파악하기 정답 ③

정답 분석

문맥상 그가 글에 덧붙인 설명이 글 이해에 도움이 되었다는 의미이므로, 한자어 '사족(蛇足)'의 쓰임은 적절하지 않다. 따라서 답은 ③이다.

- **사족(蛇足)**: '뱀을 다 그리고 나서 있지도 않은 발을 덧붙여 그려 넣는다'라는 뜻으로, 쓸데없는 군짓을 하여 도리어 잘못되게 함을 이르는 말

오답 분석

① 문맥상 한데 섞여 있는 서류를 분류했다는 의미이므로, 한자어 '착종(錯綜)'의 쓰임은 적절하다.
- **착종(錯綜)**: 이것저것이 뒤섞여 엉클어짐

② 문맥상 퇴사한 친구가 여유롭게 지내고 있다는 의미이므로, 한자어 '안일(安逸)'의 쓰임은 적절하다.
- **안일(安逸)**: 편안하고 한가로움. 또는 편안함만을 누리려는 태도

④ 문맥상 구청이 위생 상태가 좋지 않은 음식점을 처벌했다는 의미이므로, 한자어 '제재(制裁)'의 쓰임은 적절하다.
- **제재(制裁)**: 법이나 규정을 어겼을 때 국가가 처벌이나 금지 등을 행함. 또는 그런 일

⑤ 문맥상 그녀가 지금까지의 연예 활동을 되돌아보았다는 의미이므로, 한자어 '반추(反芻)'의 쓰임은 적절하다.
- **반추(反芻)**: 어떤 일을 되풀이하여 음미하거나 생각함. 또는 그런 일

20 문맥에 맞는 한자어 파악하기 정답 ④

정답 분석

④는 사람들이 한정판 운동화의 값으로 부른 것 중 가장 높은 값으로 그 운동화의 가격이 정해졌다는 의미이다. 따라서 '팔거나 사려는 물건의 값을 부름'을 의미하는 '호가(呼價)'의 용례로 적절하다.

오답 분석

①⑤ '좋은 값'을 의미하는 '호가(好價)'의 용례이다.

② '재산이 많고 권세가 당당한 가문'을 의미하는 '호가(豪家)'의 용례이다.

③ '큰 소리로 노래를 부름. 또는 그 노래'를 의미하는 '호가(浩歌)'의 용례이다.

21 헷갈리기 쉬운 어휘 구별하기 정답 ②

정답 분석

②는 문맥상 들판이 갈색으로 물들었다는 의미이므로 '빛깔이나 색채 등을 가지다'를 의미하는 동사 '띠다'의 활용형인 '띠고'를 써야 한다. 참고로, 동사 '뜨이다'의 준말인 '띄다'는 주로 '눈에 띄다'의 형태로 쓰여 '눈에 보이다', '남보다 훨씬 두드러지다'의 의미로 사용된다.

오답 분석

- **끄르려**: 동사 '끄르다'의 활용형으로, '맺은 것이나 맨 것을 풀다'의 의미로 사용되었다.
- **겉잡아도**: 동사 '겉잡다'의 활용형으로, '겉으로 보고 대강 짐작하여 헤아리다'의 의미로 사용되었다.
- **댔다고**: 동사 '대다'의 활용형으로, '차, 배 등의 탈것을 멈추어 서게 하다'의 의미로 사용되었다.
- **멘**: 동사 '메다'의 활용형으로, '어깨에 걸치거나 올려놓다'의 의미로 사용되었다.

22 다의어와 동음이의어 구분하기 정답 ③

정답분석

<보기>의 문장은 문맥상 윤희가 경시대회에서 좋은 결과를 얻었다는 뜻으로, ㉠의 '거두다'는 '좋은 결과나 성과 등을 얻다'를 뜻한다. 이와 같은 의미의 '거두다'가 사용된 것은 ③이다.

오답분석

① **총을 거두었다**: 이때 '거두다'는 '남을 때리거나 공격하던 일을 멈추거나 끝내다'를 뜻한다.

② **웃음을 거두었다**: 이때 '거두다'는 '말, 웃음 등을 그치거나 그만두다'를 뜻한다.

④ **이불을 거두었다**: 이때 '거두다'는 '벌여 놓거나 차려 놓은 것을 정리하다'를 뜻한다.

⑤ **뜨개질을 거두고**: 이때 '거두다'는 '하던 일을 멈추거나 끝내다'를 뜻한다.

23 상하 관계 파악하기 정답 ②

정답분석

<보기>의 '적란운'은 구름의 모양 중 하나로, 적운보다 낮게 뜨는 수직운을 뜻하는 단어로, '구름'이 '적란운'의 의미를 포함한다. 따라서 '구름'이 '적란운'의 상위어이고, '적란운'이 '구름'의 하위어이므로 '구름'과 '적란운'의 관계가 상하 관계임을 알 수 있다. 반면, ②의 '코'는 '얼굴'이 나타내는 대상의 일부분을 나타내는 단어이므로, '얼굴'이 '코'의 의미를 포함한다고 보기 어렵다. 참고로, '얼굴'과 '코'의 관계와 같은 의미 관계를 '부분 관계'라고 한다.

오답분석

① '문구'는 학용품과 사무용품 등을 통틀어 이르는 말이며 '칼'은 물건을 베거나 썰거나 깎는 데 쓰는 도구로, 학용품 또는 사무용품의 일종이다. 따라서 '칼'이 '문구'의 하위어이므로 두 단어의 관계는 상하 관계이다.

③ '품사'는 단어를 기능, 형태, 의미에 따라 나눈 갈래로, 명사, 대명사, 수사, 조사, 동사, 형용사, 관형사, 부사, 감탄사가 속한다. 따라서 '조사'가 '품사'의 하위어이므로 두 단어의 관계는 상하 관계이다.

④ '조류'는 조강의 척추동물을 일상적으로 통틀어 이르는 말이며 '비둘기'는 비둘기목의 새를 통틀어 이르는 말로, '조류'의 일종이다. 따라서 '비둘기'가 '조류'의 하위어이므로 두 단어의 관계는 상하 관계이다.

⑤ '국경일'은 나라의 경사를 기념하기 위하여, 국가에서 법률로 정한 경축일로, 삼일절, 제헌절, 광복절, 개천절, 한글날이 우리나라의 국경일이다. 따라서 '한글날'이 '국경일'의 하위어이므로 두 단어의 관계는 상하 관계이다.

24 의미가 대응하는 고유어와 한자어 찾기 정답 ④

정답분석

④의 '막다'는 '어떤 현상이 일어나지 못하게 하다'라는 의미로 쓰였으므로 이때의 '막다'는 '어떤 일이나 현상이 일어나지 못하게 막다'라는 의미의 한자어 '방지(防止)하다'로 바꾸어 쓸 수 있다. 참고로, '훼방(毁謗)하다'는 '남을 헐뜯어 비방하다', '남의 일을 방해하다'라는 의미이다.

오답분석

① '어음을 막았다'의 '막다'는 '돈을 갚거나 결제하다'라는 의미로 쓰였으므로 이때의 '막다'는 '증권 또는 대금을 주고받아 매매 당사자 사이의 거래 관계를 끝맺다'라는 의미의 한자어 '결제(決濟)하다'로 바꾸어 쓸 수 있다.

② '감염병을 막았다'의 '막다'는 '어떤 현상이 일어나지 못하게 하다'라는 의미로 쓰였으므로 이때의 '막다'는 '감염병이 발생하거나 유행하는 것을 미리 막다'라는 의미의 한자어 '방역(防疫)하다'로 바꾸어 쓸 수 있다.

③ '문을 막았다'의 '막다'는 '길, 통로 등이 통하지 못하게 하다'라는 의미로 쓰였으므로 이때의 '막다'는 '굳게 막아 버리거나 잠그다'라는 의미의 한자어 '봉쇄(封鎖)하다'로 바꾸어 쓸 수 있다.

⑤ '생각을 막았다'의 '막다'는 '어떤 일이나 행동을 못 하게 하다'라는 의미로 쓰였으므로 이때의 '막다'는 '감정, 충동, 생각 등을 막거나 누르다'라는 의미의 한자어 '제어(制御)하다'로 바꾸어 쓸 수 있다.

25 다의어와 동음이의어 구분하기 정답 ⑤

정답분석

단어들이 동음이의어로 짝 지어진 것은 ⑤이다.

- **할머니께서는 허리가 곱아**: 이때의 '곱다'는 '곱다[4]'로, 품사는 동사이며 '곧지 않고 한쪽으로 약간 급하게 휘다'를 뜻한다.
- **한파에 손이 곱을 수 있으니**: 이때의 '곱다'는 '곱다[3]'으로, 품사는 형용사이며 '손가락이나 발가락이 얼어서 감각이 없고 놀리기가 어렵다'를 뜻한다.

오답분석

①②③④ 각 문장에 쓰인 '가늘다', '좋다', '잘다', '톡톡하다'는 모두 동일한 표제어이며 의미만 다르게 쓰였다.

① • **햇빛이 가늘게 비친다**: 빛이나 연기 등이 희미하고 약하다.
  • **소년이 가는 목소리로**: 소리의 울림이 보통에 미치지 못하고 약하다.

② • **그는 수영하기 좋은 몸을**: 신체적 조건이나 건강 상태가 보통 이상의 수준이다.
  • **올해는 과일이 좋아**: 대상의 성질이나 내용 등이 보통 이상의 수준이어서 만족할 만하다.

③ • **달력의 글씨가 너무 잘아**: 알곡이나 과일, 모래 등의 둥근 물건이나 글씨 등의 크기가 작다.
  • **생각을 잘게 하면**: 생각이나 성질이 대담하지 못하고 좀스럽다.

④ • **이자를 톡톡하게 받는 것이**: 재산이나 살림살이 등이 실속 있고 넉넉하다.
  • **톡톡한 꾸중을 듣는**: 비판이나 망신, 꾸중 등의 정도가 심하다.

26 속담의 뜻 파악하기 정답 ②

정답분석

비밀을 끝까지 지켜야 한다고 당부하는 상황에서 '마음속으로만 애태울 것이 아니라 시원스럽게 말을 하여야 한다는 말'인 '말 안 하면 귀신도 모른다'를 사용하는 것은 적절하지 않다. 따라서 답은 ②이다.

오답분석

① 1등은 하지 못하고 2등에만 머무는 자신의 처지를 한탄하는 상황에서 앞으로 나아가거나 발전하지 못하고 제자리걸음만 함을 비유적으로 이르는 속담인 '개미 쳇바퀴 돌듯'을 사용하는 것은 적절하다.

③ 끝까지 믿을 수 있을 것 같던 사람이 믿음을 저버린 상황에서 잘되리라고 믿고 있던 일이 어긋나거나 믿고 있던 사람이 배반하여 오히려 해를 입음을 비유적으로 이르는 속담인 '믿는 도끼에 발등 찍힌다'를 사용하는 것은 적절하다.

④ 어린아이도 할 수 있는 손쉬운 일이라고 설명하는 상황에서 '손조차 사용하지 않고 코를 푼다'라는 뜻으로, 일을 힘 안 들이고 아주 쉽게 해치움을 비유적으로 이르는 속담인 '손 안 대고 코 풀기'를 사용하는 것은 적절하다.

⑤ 여행지 도착이 임박해서야 계획을 세우는 것을 핀잔주는 상황에서 '사또 행차가 다 지나간 뒤에야 악대를 불러다 나팔을 불리고 북을 치게 한다'라는 뜻으로, 제때 안 하다가 뒤늦게 대책을 세우며 서두름을 핀잔하는 속담인 '행차 뒤에 나팔'을 사용하는 것은 적절하다.

27 한자 성어의 뜻 파악하기 정답 ⑤

정답분석

문맥상 모임의 구성원 한 명이 모임 분위기를 망쳐 놓았다는 의미이므로, 한자 성어 '철중쟁쟁(鐵中錚錚)'의 쓰임은 적절하지 않다. 따라서 답은 ⑤이다.

- **철중쟁쟁(鐵中錚錚)**: '여러 쇠붙이 가운데서도 유난히 맑게 쟁그랑거리는 소리가 난다'라는 뜻으로, 같은 무리 가운데서도 가장 뛰어남. 또는 그런 사람을 이르는 말

오답분석

① 문맥상 사고 대처용으로 마련될 계획이나 수단이 일시적인 방법이 되어서는 안 된다는 의미이므로, '눈가림만 하는 일시적인 계책'을 의미하는 한자 성어 '미봉지책(彌縫之策)'의 쓰임은 적절하다.

② 문맥상 전시품 도난을 방지하기 위해 촘촘한 경계망을 마련해 두었다는 의미이므로, 한자 성어 '천라지망(天羅地網)'의 쓰임은 적절하다.
  - **천라지망(天羅地網)**: 하늘에 새 그물, 땅에 고기 그물이라는 뜻으로, 아무리 하여도 벗어나기 어려운 경계망이나 피할 수 없는 재액을 이르는 말

③ 문맥상 그와 사이가 가깝지 않다는 의미이므로, '한 번 만나 본 정도의 친분'을 의미하는 한자 성어 '일면지교(一面之交)'의 쓰임은 적절하다.

④ 문맥상 꾸준히 책을 읽는 독서 습관을 중시한다는 의미이므로, '손에서 책을 놓지 않고 늘 글을 읽음'을 의미하는 한자 성어 '수불석권(手不釋卷)'의 쓰임은 적절하다.

28 관용구의 뜻 파악하기 정답 ①

정답분석

관용구 '허리를 잡다'는 '웃음을 참을 수 없어 고꾸라질 듯이 마구 웃다'를 뜻한다. 따라서 관용구의 의미가 적절하지 않은 것은 ①이다. 참고로, '남을 깔보고 비웃다'를 뜻하는 관용구는 '코웃음(을) 치다'이다.

29 한자어를 우리말로 다듬기 정답 ①

정답분석

'지득(知得)하다'의 순화어는 '알게 되다, 알다'이므로, '지득했다'는 '알게 되었다, 알았다'와 대응하는 것이 적절하다. 따라서 답은 ①이다.

- **지득(知得)하다**: 깨달아 알다.

오답분석

② **가료(加療)하다**: 병이나 상처 등을 잘 다스려 낫게 하다.

③ **호창(呼唱)하다**: 큰 소리로 부르다.

④ **나포(拿捕)하다**: 사람이나 배, 비행기 등을 사로잡다.

⑤ **체납(滯納)하다**: 세금 등을 기한까지 내지 않고 미루다.

30 외래어를 우리말로 다듬기 정답 ②

정답분석

'카메오(cameo)'는 '깜짝출연', '깜짝출연자'로 다듬어 사용하므로 적절하지 않은 것은 ②이다.

31 한글 맞춤법 규정 이해하기 정답 ⑤

정답분석

한글 맞춤법 제53항에 따라 의문을 나타내는 어미를 제외하고 'ㄹ'로 시작하는 어미는 된소리로 소리가 나더라도 예사소리로 적어야 한다. '좋을시고'의 '-(으)ㄹ시고'는 감탄의 뜻을 나타내는 종결 어미이므로 된소리가 아닌 예사소리를 써 '-ㄹ시고'로 표기해야 한다. 따라서 '좋을시고'를 '좋을씨고'로 수정하는 것은 적절하지 않으므로 답은 ⑤이다.

오답분석

①② '-(으)ㄹ걸'과 '-(으)ㄹ세'는 각각 가벼운 뉘우침이나 아쉬움, 추측이나 의도를 나타내는 종결 어미이다. 따라서 된소리를 예사소리로 수정하는 것은 적절하다.

③④ '-(으)ㄹ꼬'와 '-ㅂ니까'는 의문을 나타내는 종결 어미이므로 'ㄹ' 뒤를 된소리로 적는다. 따라서 예사소리를 된소리로 수정하는 것은 적절하다.

32 혼동하기 쉬운 표기 구별하기 정답 ②

정답분석

깸(O): '깸'은 '잠, 꿈 등에서 벗어나다. 또는 벗어나게 하다'를 뜻하는 동사 '깨다'의 어간 '깨-'와 명사형 어미 '-ㅁ'이 결합한 형태이다. 따라서 '깨다'의 명사형을 '깸'으로 표기하는 것은 적절하다. 따라서 답은 ②이다.

(오답분석)

① 뭄(×) → 묾(○): '윗니와 아랫니 사이에 끼운 상태로 상처가 날 만큼 세게 누르다'를 뜻하는 동사 '물다'의 어간 '물-'에 명사형 어미 '-ㅁ'이 결합한 형태는 '묾'으로 표기해야 한다.

③ 팜(×) → 팖(○): '값을 받고 물건이나 권리 등을 남에게 넘기거나 노력 등을 제공하다'를 뜻하는 동사 '팔다'의 어간 '팔-'에 명사형 어미 '-ㅁ'이 결합한 형태는 '팖'으로 표기해야 한다.

④ 감(×) → 갊(○): '윗니와 아랫니를 맞대고 문질러 소리를 내다'를 뜻하는 동사 '갈다'의 어간 '갈-'에 명사형 어미 '-ㅁ'이 결합한 형태는 '갊'으로 표기해야 한다.

⑤ 암(×) → 앎(○): '교육이나 경험, 사고 행위를 통하여 사물이나 상황에 대한 정보나 지식을 갖추다'를 뜻하는 동사 '알다'의 어간 '알-'에 명사형 어미 '-ㅁ'이 결합한 형태는 '앎'으로 표기해야 한다.

33 한글 맞춤법 규정 이해하기 정답 ⑤

(정답분석)

할짝거리다(×) → 할짝거리다(○): 한글 맞춤법 제21항에 따라 용언의 어간 뒤에 자음으로 시작된 접미사가 붙어서 된 말은 그 어간의 원형을 밝혀 적어야 하나, '다만'에 따라 겹받침의 끝소리가 드러나지 않는 것은 소리 나는 대로 적어야 한다. '할짝거리다'는 '핥다'에서 '할짝거리다'가 될 때 '핥-'의 겹받침 'ㄾ' 중 앞의 'ㄹ'만 발음되므로 어간의 원형을 밝히지 않고 '할짝거리다'로 적는다. 따라서 표기가 올바르지 않은 것은 ⑤이다.

(오답분석)

①② **짤막하다(○), 짤따랗다(○)**: '짧다'에서 '짤막하다'와 '짤따랗다'가 될 때 어간 '짧-'의 겹받침 'ㄼ' 중 앞의 'ㄹ'만 발음되므로 어간의 원형을 밝히지 않고 '짤막하다'와 '짤따랗다'로 적는다.

③④ **긁적거리다(○), 뜯적거리다(○)**: 어간 '긁적-'과 '뜯적-'에 자음으로 시작하는 접미사 '-거리다'가 붙어서 된 말이므로 어간의 원형을 밝혀 '긁적거리다'와 '뜯적거리다'로 적는다.

34 올바른 띄어쓰기 파악하기 정답 ④

(정답분석)

걸려들∨뻔했다(○) / 걸려들뻔했다(×): 본용언 '걸려들다'에 보조 용언 '뻔하다'가 결합한 것이며, 이때 본용언 '걸려들다'는 '걸리다'와 '들다'가 결합한 합성어이다. 한글 맞춤법 제47항에 따라 본용언이 관형사형이고 보조 용언이 의존 명사와 '-하다'가 결합한 형태일 경우 본용언과 보조 용언을 붙여 쓸 수 있으나, 본용언이 합성 용언이고 그 활용형이 3음절 이상일 때는 본용언과 보조 용언을 붙여 쓰는 것이 허용되지 않는다. 따라서 ④는 본용언과 보조 용언을 반드시 띄어 써야 한다.

(오답분석)

①② **치워∨왔다 / 치워왔다(○), 써∨재끼다 / 써재끼다(○)**: 본용언 '치우다', '쓰다'에 보조 용언 '오다', '재끼다'가 결합한 것이다. 한글 맞춤법 제47항에 따라 본용언과 보조 용언이 연결 어미 '-아/-어'로 연결된 경우, 본용언과 보조 용언을 붙여 쓰는 것이 허용되므로 원칙과 허용의 띄어쓰기가 모두 올바르다.

③ **깨∨버릴∨법하다 / 깨버릴∨법하다(○)**: 본용언 '깨다'에 보조 용언 '버리다'와 '법하다'가 결합한 것이다. 한글 맞춤법 제47항에 따라 보조 용언이 거듭 나타날 때는 앞의 보조 용언만을 본용언에 붙여 쓰는 것이 허용되므로 원칙과 허용의 띄어쓰기가 모두 올바르다.

⑤ **터질∨듯했다 / 터질듯했다(○)**: 본용언 '터지다'와 보조 용언 '듯하다'가 결합한 것이다. 한글 맞춤법 제47항에 따라 의존 명사와 '-하다'가 결합한 보조 용언은 관형사형인 본용언에 붙여 쓰는 것이 허용되므로 원칙과 허용의 띄어쓰기가 모두 올바르다.

35 한글 맞춤법 규정 이해하기 정답 ②

(정답분석)

'발열(發熱)'의 '열(熱)'은 본래 한자음이 '열'이므로 한글 맞춤법 제11항으로 설명할 수 없다. 따라서 답은 ②이다.

- **발열(發熱)**: 열이 남. 또는 열을 냄

(오답분석)

①③④⑤ 모두 <보기>의 한글 맞춤법 제11항으로 설명할 수 있다.

① **강렬(剛烈)**: '렬(烈)'의 '려'가 단어 첫머리에 오지 않으므로 한글 맞춤법 제11항 [붙임 1]에 따라 본음 '렬'로 적는다.
- **강렬(剛烈)**: 성질이 억세고 사나움

③ **역사(歷史)**: '력(歷)'의 '려'가 단어 첫머리에 오므로 한글 맞춤법 제11항에 따라 '역'으로 적는다.
- **역사(歷史)**: 인류 사회의 변천과 흥망의 과정. 또는 그 기록

④ **백분율(百分率)**: '률(率)'은 한글 맞춤법 제11항 [붙임1]의 '다만'에 따라 받침이 'ㄴ'인 '분' 뒤에서 '율'로 적는다.
- **백분율(百分率)**: 전체 수량을 100으로 하여 그것에 대해 가지는 비율

⑤ **해외여행(海外旅行)**: '해외여행(海外旅行)'은 명사 '해외'와 '여행'의 합성어이므로 '려(旅)'는 한글 맞춤법 제11항 [붙임 4]에 따라 '여'로 적는다.
- **해외여행(海外旅行)**: 일이나 여행을 목적으로 외국에 가는 일

36 문장 부호의 쓰임 파악하기 정답 ①

(정답분석)

[었, 는, 겠](×) → {었, 는, 겠}(○): 열거된 항목 중 어느 하나가 자유롭게 선택될 수 있음을 보일 때 쓰는 문장 부호는 '대괄호([ ])'가 아닌 '중괄호({ })'이므로 문장 부호의 사용이 올바르지 않은 것은 ①이다.

(오답분석)

② **1,600원/리터(○)**: 기준 단위당 수량을 표시할 때 해당 수량과 기준 단위 사이에 쓰는 문장 부호는 '빗금(/)'이므로 적절하다.

③ **서울-신의주(○)**: 두 개 이상의 어구가 밀접한 관련이 있음을 나타내고자 할 때 쓰는 문장 부호는 '붙임표(-)'이므로 적절하다.

④ **글자는 ~ 문맥은(○)**: 문장 내용 중에서 주의가 미쳐야 할 곳이나 중요한 부분을 특별히 드러내 보일 때 쓰는 문장 부호는 '밑줄(_)'이므로 적절하다. 참고로, 이때는 '드러냄표(˙)'를 쓸 수도 있다.

⑤ **독서대(?)(○)**: 특정한 어구의 내용에 대한 의심을 표시할 때나 적절한 말을 쓰기 어려울 때 쓰는 문장 부호는 '물음표(?)'이며, 이때 물음표는 소괄호 안에 쓰므로 적절하다.

37 표준어와 비표준어 구분하기 정답 ③

정답분석

'호공'과 '땅콩'은 한 가지 의미를 나타내는 형태 몇 가지가 널리 쓰이며 표준어 규정에 맞으면, 그 모두를 표준어로 삼는다는 표준어 사정 원칙 제26항에 따라 인정되는 복수 표준어이므로 답은 ③이다.

오답분석

① '넝쿨'은 표준어이나, '덩쿨'은 표준어가 아니다. 참고로, 표준어 사정 원칙 제26항에 따라 '넝쿨'과 '덩굴'이 복수 표준어로 인정된다.

② 모음이 단순화한 형태를 표준어로 삼는다는 표준어 사정 원칙 제10항에 따라 이중 모음 'ㅢ'가 단모음 'ㅡ'로 변한 형태인 '여느'만 표준어로 인정된다.

④ 의미가 똑같은 형태가 몇 가지 있을 경우, 그중 어느 하나가 압도적으로 널리 쓰이면, 그 단어만을 표준어로 삼는다는 표준어 사정 원칙 제25항에 따라 '광주리'만 표준어로 인정된다.

⑤ 고유어 계열의 단어가 생명력을 잃고 그에 대응되는 한자어 계열의 단어가 널리 쓰이면, 한자어 계열의 단어를 표준어로 삼는다는 표준어 사정 원칙 제22항에 따라 한자어 '소반(小盤)'이 결합한 '개다리소반'만 표준어로 인정된다.

38 표준어와 비표준어 구분하기 정답 ①

정답분석

'도긴개긴'은 '윷놀이에서 도로 남의 말을 잡을 수 있는 거리나 개로 남의 말을 잡을 수 있는 거리는 별반 차이가 없다'라는 뜻으로, 조금 낫고 못한 정도의 차이는 있으나 본질적으로는 비슷비슷하여 견주어 볼 필요가 없음을 이르는 말로, 표준어이다. 따라서 적절하지 않은 것은 ①이다.

오답분석

② '가랭이'는 비표준어이며, '바지 등에서 다리가 들어가도록 된 부분'을 뜻하는 표준어는 '가랑이'이다.

③ '얼척없다'는 '일이 너무 뜻밖이어서 기가 막히는 듯하다'를 뜻하는 표준어 '어처구니없다'의 방언으로, 주로 전남 지역에서 쓰인다.

④ '귀밑머리'는 '뺨에서 귀의 가까이에 난 머리털'을 뜻하는 표준어이다.

⑤ '배내옷'은 '깃과 섶을 달지 않은, 갓난아이의 옷'을 뜻하는 표준어이다.

39 표준 발음법 파악하기 정답 ③

정답분석

<보기>의 ⓐ~ⓕ 중 'ㄹ' 받침 뒤에서 경음화가 일어나는 단어는 'ⓐ, ⓑ, ⓒ, ⓕ', 경음화가 일어나지 않는 단어는 'ⓓ, ⓔ'이므로 답은 ③이다. 참고로, 표준 발음법 제26항은 한자어에서, 'ㄹ' 받침 뒤에 연결되는 'ㄷ, ㅅ, ㅈ'은 된소리로 발음한다는 것이다.

- ⓐ ⓑ ⓒ ⓕ: '갈등(葛藤)', '발전(發展)', '별세(別世)', '불세출(不世出)'은 'ㄹ'이 받침인 '갈, 발, 별, 불' 뒤에서 '등, 전, 세'의 초성 'ㄷ, ㅈ, ㅅ'이 [ㄸ], [ㅉ], [ㅆ]으로 경음화되어 각각 [갈뜽], [발쩐], [별쎄], [불쎄출]로 발음한다.
- ⓓ ⓔ: '절구(絶句)', '출발(出發)'은 'ㄹ'이 받침인 '절, 출' 뒤에서 '구, 발'의 초성 'ㄱ, ㅂ'이 경음화되지 않으므로 각각 [절구], [출발]로 발음한다.

40 올바른 외래어 표기 구분하기 정답 ④

정답분석

알코올(O): 소독약의 하나인 '알코올(alcohol)'의 외래어 표기가 적절한 ④가 답이다. 참고로, 'alcohol'의 발음이 [ælkəhɒl]이고, 외래어 표기법에 따라 [æ]는 '애'로, [ə]는 '어'로, [h]는 'ㅎ'으로 표기하므로 원칙적으로는 '앨코홀'로 표기해야 하나 관용을 존중해 '알코올'을 규범 표기로 삼은 것이다.

오답분석

① **링겔(×) → 링거(O)**: '삼투압, 무기 염류 조성, 수소 이온 농도 등을 혈청과 같은 수준으로 만든 체액의 대용액'을 뜻하는 외래어는 '링거(Ringer)'로 표기해야 한다.

② **바베큐(×) → 바비큐(O)**: 외래어 표기법에 따라 'barbecue [bɑːbɪkjuː]'에서 [ɪ]는 '이'로 적는다. 따라서 '돼지나 소 등을 통째로 불에 구운 요리'를 뜻하는 외래어는 '바비큐'로 표기해야 한다.

③ **내프킨(×) → 냅킨(O)**: 외래어 표기법에 따라 'napkin[næpkɪn]'에서와 같이 [p]가 짧은 모음과 유음·비음을 제외한 자음 사이에 올 때는 [p]를 받침 'ㅂ'으로 적는다. 따라서 '주로 양식을 먹을 때, 무릎 위에 펴 놓거나 손이나 입을 닦는 데 쓰는 천이나 종이'를 뜻하는 외래어는 '냅킨'으로 표기해야 한다.

⑤ **라이센스(×) → 라이선스(O)**: 외래어 표기법에 따라 'license [laɪsəns]'의 [ə]는 '어'로 적는다. 따라서 '행정상의 허가나 면허. 또는 그것을 증명하는 문서'를 뜻하는 외래어는 '라이선스'로 표기해야 한다.

41 올바른 로마자 표기 구분하기 정답 ③

정답분석

Youngcheon-si(×) → Yeongcheon-si(O): 로마자 표기법 제2장 제1항에 따라 'ㅕ'는 'yeo'로 적어야 하므로 '영천시[영:천시]'는 'Yeongcheon-si'로 표기해야 한다. 따라서 답은 ③이다. 참고로, 로마자 표기법 제3장 제5항에 따라 행정 구역 단위인 '시'는 'si'로 적고 그 앞에 붙임표(-)를 붙인다.

오답분석

① **반구대(Bangudae)(O)**: 로마자 표기법 제2장 제2항 [붙임 1]에 따라 'ㄱ, ㄷ, ㅂ'은 모음 앞에서는 'g, d, b'로 적으므로 '반구대[반구대]'는 'Bangudae'로 표기한다.

② **광희문(Gwanghuimun)(O)**: 로마자 표기법 제2장 제1항 [붙임 1]에 따라 'ㅢ'는 [ㅣ]로 소리 나더라도 'ui'로 적으므로 '광희문[광히문]'은 'Gwanghuimun'으로 표기한다.

④ **덕룡산(Deongnyongsan)(O)**: 로마자 표기법 제3장 제1항에 따라 음운 변화가 일어나는 경우 그 결과를 로마자 표기에 반영한다. 따라서 '덕룡산[덩뇽산]'은 비음화가 일어난 그대로 'Deongnyongsan'으로 표기한다.

⑤ 경복궁(Gyeongbokgung)(○): 로마자 표기법 제3장 제1항 [붙임]에 따라 된소리되기는 표기에 반영하지 않으므로 '경복궁[경:복꿍]'은 'Gyeongbokgung'로 표기한다.

42 문장 성분의 호응 및 완결성 파악하기 정답 ③

정답분석

③의 앞부분은 아즈텍의 기후가 카카오를 재배하기 적합하지 않다는 내용으로 다른 도시를 정복하여 카카오를 조공으로 거두어들였다는 내용인 ③의 근거가 된다. 따라서 문장을 병렬적으로 연결할 때 쓰는 접속 부사 '그리고'가 아닌 앞의 내용이 뒤의 내용의 원인임을 나타낼 수 있는 접속 부사 '그리하여'나 '그래서' 등을 쓰는 것이 적절하다. 따라서 문맥상 자연스럽지 않은 문장은 ③이다.

오답분석

① 서술어 '사용되기도 하였다'의 본용언 '사용되다'는 '…으로 사용되다'와 같은 형태로 쓰여 부사어를 필수로 요구하는 서술어이다. ①은 '카카오가~화폐로~사용되기도 하였다'와 같이 쓰였으므로 주어 '카카오가', 부사어 '화폐로', 서술어 '사용되기도 하였다'의 호응이 자연스럽다.

② 서술어 '적합하지 않았다'의 본용언 '적합하다'는 '-기에 적합하다'의 형태로 쓰여 부사어를 필수로 요구하는 서술어이다. ②는 '아즈텍은~재배하기에 적합하지 않았다'와 같이 쓰였으므로 주어 '아즈텍은', 부사어 '재배하기에', 서술어 '적합하지 않았다'의 호응이 자연스럽다. 또한 ②는 아즈텍에서 카카오 생산이 어렵다는 내용으로 아즈텍에서 카카오의 가치가 높았음을 설명하는 ①과 상반되는 내용이므로 접속 부사 '하지만'의 사용도 자연스럽다.

④ 서술어 '바쳐야 했다'의 본용언 '바치다'는 '…에 …을 바치다'의 형태로 쓰여 부사어와 목적어를 필수로 요구하는 서술어이다. ④는 '아즈텍의 속국은 아즈텍에~고무, 무명 등을 바쳐야 했다'와 같이 쓰였으므로 주어 '아즈텍의 속국은', 부사어 '아즈텍에', 목적어 '고무, 무명 등을', 서술어 '바쳐야 했다'의 호응이 자연스럽다.

⑤ 아즈텍의 번성과 최후를 설명하는 문장을 연결하고 있으므로 앞 절의 내용과 뒤 절의 내용이 서로 다름을 나타내는 어미 '-으나'의 사용이 적절하다. 또한 서술어 '맞았다(맞다)'는 '…을 맞다'의 형태로 쓰여 목적어를 필수적으로 요구하는 서술어로, ⑤는 '아즈텍은~최후를 맞았다'와 같이 쓰였으므로 주어 '아즈텍은', 목적어 '최후를', 서술어 '맞았다'의 호응이 자연스럽다.

43 문장 성분의 호응 및 완결성 파악하기 정답 ⑤

정답분석

동사 '시도하다'는 '~을 시도하다'와 같은 문형으로 쓰이는, 목적어를 요구하는 동사이다. ⓜ에서 서술어 '시도하지 못하는'의 본용언인 '시도하지'에 호응하는 목적어가 없으므로, '역마케팅을'과 같은 목적어를 추가해 '관계 당국에서 ~ 역마케팅을 쉽게 시도하지 못하는 것이 일반적이다'와 같이 고쳐 써야 어법상 적절한 문장이 된다. 따라서 답은 ⑤이다.

44 중의적 표현 파악하기 정답 ①

정답분석

①은 문맥상 혜주를 좋아하는 사람들이 같은 자리에 모였다는 의미로만 해석되므로 중의성이 없는 문장이다.

오답분석

② 비교 부사격 조사 '보다'가 비교하는 대상에 따라 수아가 드라마보다 현이를 보고 싶어 한다는 의미인지, 수아가 드라마를 보고 싶은 정도가 현이가 드라마를 보고 싶은 정도보다 크다는 의미인지 명확하지 않다.

③ '오늘'이 어떤 행위에 호응하는지에 따라 우리가 옆집으로 이사 온 가족에게 오늘 인사했다는 의미인지, 우리가 인사한 가족이 오늘 옆집으로 이사 왔다는 의미인지 명확하지 않다.

④ '김 작가의 책'이 김 작가가 집필한 책, 김 작가가 소유한 책 등으로 해석될 수 있다.

⑤ 정민이가 동생과 함께 언니를 만난 것인지, 정민이가 동생과 언니를 각각 따로 만난 것인지 명확하지 않다.

45 번역 투 표현 수정하기 정답 ②

정답분석

'잊혀지게 되었다'는 '잊다'의 피동사인 '잊히다'와 통사적 피동 표현인 '-어지다', '~게 되다'가 결합한 형태로 피동 표현이 중복 사용되었다. 이를 수정한 '잊혀졌다'도 피동사 '잊히다'에 피동 표현 '-어지다'가 함께 쓰인 이중 피동 표현이므로 적절하지 않은 것은 ②이다. 참고로, 우리말은 능동형을 주로 사용하며, 피동형을 사용하더라도 이중 피동 표현은 잘못된 표현이므로 '잊혀지게 되었다'는 '잊혔다' 또는 '잊혀 갔다' 등으로 수정해야 한다.

오답분석

① '시청하고 있는 중이다'의 '~하고 있는 중이다'는 영어 진행형 표현인 '~ing'의 번역 투 표현이므로 '시청하고 있다'로 고쳐 쓰는 것은 적절하다.

③ '공간을 필요로 하다'의 '~을 필요로 하다'는 영어 'It needs ~'의 번역 투 표현이므로 '~이 필요하다'로 고쳐 쓰는 것은 적절하다.

④ '설비가 요구된다'의 '~가 요구되다'는 영어 'be required of ~'의 번역 투 표현이므로 문맥에 따라 '설비를 갖춰야 한다'로 고쳐 쓰거나 '설비가 필요하다'로 고쳐 쓰는 것이 적절하다.

⑤ '가장 오래된 유물 중 하나이다'의 '가장 ~ 중 하나'는 영어 'one of the most ~'의 번역 투 표현이므로 '가장 오래된 유물이다'로 고쳐 쓰는 것은 적절하다.

46 글쓰기 계획하기 정답 ⑤

정답분석

2문단 끝에서 1~3번째 줄에서 공공 데이터가 제공되는 현황을 제시하고 있으나 그에 따른 문제점은 윗글에서 확인할 수 없으므로 ⑤는 적절하지 않다.

[관련 지문 인용] 공공 데이터 포털 사이트에서는 800여 개 공공 기관에서 생성한 15,000여 건의 공공 데이터를 제공하고 있으며, 제공하는 공공 데이터의 양을 꾸준히 늘리고 있다.

오답분석

① 윗글의 제재는 '앱 개발 분야에서의 공공 데이터 활용'이며, 2문단 1~2번째 줄에서 공공 데이터의 개념을 정의하고 있다. 글에 쓰인 용어의 개념을 설명하면 독자가 글의 내용을 이해하는 데 도움을 줄 수 있으므로 ①은 적절하다.

[관련 지문 인용] 공공 데이터는 공공 기관에서 생성, 취득하여 관리하고 있는 정보 중, 전자적 방식으로 처리되어 누구나 이용할 수 있도록 국민들에게 제공된 것을 말한다.

② 4문단 1~2번째 줄에서 공공 데이터를 활용해 개발된 앱이 일상생활에 도움을 줄 것이라고 긍정적으로 전망하고 있으므로 ②는 적절하다.

[관련 지문 인용] 그러므로 앱 개발 시 공공 데이터 이용이 활성화되면 실생활에 편의를 제공하는 다양한 앱이 개발될 것이다.

③ 3문단에서 앱 개발 분야에서 공공 데이터 활용 시 얻을 수 있는 이점 두 가지를 제시하고 있으므로 ③은 적절하다.

④ 1문단 끝에서 2~3번째 줄에서 앱 개발자들이 겪는 난점을 구체적으로 제시한 후, 3문단 3~5번째 줄에서 공공 데이터를 활용하면 이를 해결할 수 있음을 설명하고 있으므로 적절하다.

[관련 지문 인용]

- 그러나 막상 앱을 개발하려 할 때 부딪히는 여러 난관이 있다. 여행지나 주차장에 대한 정보를 모으는 것도 문제이고, 정보를 지속적으로 갱신하는 것도 문제이다.
- 그래서 만약 여행 앱을 만들고자 한다면 한국관광공사의 여행 정보에서, 주차장 앱을 만들고자 한다면 지방 자치 단체의 주차장 정보에서 필요한 정보를 얻을 수 있다.

47 글쓰기 자료 활용하기

정답 ③

정답분석

3문단 끝에서 1~2번째 줄에서 적은 비용으로 공공 데이터를 사용할 수 있음을 알 수 있으나, (나)는 공공 데이터를 활용하여 다양한 아이디어를 수집할 수 있으며, 이를 활용한 창업이 활성화돼 경제적 성장을 이루기를 기대한다는 인터뷰 내용이다. 따라서 공공 데이터를 활용하는 데 필요한 경제적 비용과 관련된 내용의 근거로 (나)를 활용할 수 없으므로 답은 ③이다.

오답분석

① 3문단 2번째 줄 '실생활과 밀접하게 관련된 정보가 많다는 점이다'에서 공공 데이터의 장점을 제시하고 있으며, (가)는 공공 데이터 포털 사이트에 공공행정, 과학기술, 교통물류 등 다양한 주제의 공공 데이터가 있다는 점을 제시하고 있다. 따라서 (가)는 실생활과 밀접한 다양한 주제의 정보를 제공하는 공공 데이터의 장점을 뒷받침해 주는 자료로 적절하다.

② 1문단 1~3번째 줄을 통해 앱을 개발하고자 하는 사람들이 다양한 아이디어가 있음을 알 수 있으며, (가)에서 설명하는 공모전 출품작이 스포츠 관광, 한국어 발음 교정과 같이 다양한 아이디어로 제작되었음을 알 수 있다. 따라서 (가)는 앱 개발자의 특성을 추가적으로 설명할 수 있는 자료로 적절하다.

[관련 지문 인용] 앱을 개발하려는 사람들은 아이디어가 넘친다. 사람들이 여행 준비를 위해~한 번에 여행 코스를 짜 주는 앱을 만들어 보고 싶어 한다. 도심에서 주차장을 못 찾아 헤매는 사람들을 보면 주차장을 쉽게 찾아 주는 앱을 만들어 보고 싶어 한다.

④ 4문단에서는 앱 개발 분야의 공공 데이터 활용 활성화로 기대되는 긍정적인 영향을 다루고 있으며, (나)는 공공 데이터 활성화로 경제가 성장했으면 좋겠다는 내용의 인터뷰이다. 따라서 (나)는 앱 개발 분야의 공공 데이터 활성화가 미칠 긍정적 영향을 추가적으로 제시할 수 있는 자료로 적절하다.

⑤ '(다)-1)'은 기업에서의 공공 데이터 활용 여부를 나타낸 자료이고, '(다)-2)'는 공공 데이터를 활용하지 않는 이유를 나타낸 자료이다. '(다)-1)'을 통해 공공 데이터를 활용하는 기업보다 활용하지 않는 기업이 더 많음을 알 수 있고, 그 근거를 '(다)-2)'를 통해 추측할 수 있다. 따라서 두 자료를 통해 공공 데이터 활용의 한계점을 제시할 수 있으므로 적절하다.

※ 출처

- KOSIS(과학기술정보통신부, 정보화통계조사, 공공데이터 활용 여부), 2023.05.11.
- KOSIS(과학기술정보통신부, 정보화통계조사, 공공데이터 미활용 이유), 2023.05.11.
- 전라남도청, https://www.jeonnam.go.kr

48 글쓰기 전략 활용하기

정답 ①

정답분석

3문단 1~5번째 줄에서 앱 개발 시 필요한 실생활 정보를 공공 기관에서 제공하는 공공 데이터로 얻을 수 있다는 점을 공공 데이터의 장점으로 제시하고 있다. 또한 이를 명확히 드러내기 위해 여행 정보, 주차장 정보 등을 사례로 들고 있으므로 적절한 것은 ①이다.

[관련 지문 인용] 만약 여행 앱을 만들고자 한다면 한국관광공사의 여행 정보에서, 주차장 앱을 만들고자 한다면 지방 자치 단체의 주차장 정보에서 필요한 정보를 얻을 수 있다.

오답분석

② 3문단 끝에서 2번째 줄을 통해 공공 데이터의 사용 비용이 적음을 알 수 있으나 공공 기관에 따른 사용료 기준은 윗글에 제시되지 않았으므로 적절하지 않다.

[관련 지문 인용] 공공 데이터를 이용하는 데에는 비용이 거의 들지 않기 때문에,

③ 2문단 끝에서 2~3번째 줄을 통해 공공 데이터는 공공 데이터 포털 사이트에서 제공받을 수 있음을 알 수 있으나 공공 데이터를 이용하는 절차는 윗글에 제시되지 않았으므로 적절하지 않다.

[관련 지문 인용] 공공 데이터 포털 사이트에서는~공공 데이터를 제공하고 있으며,

④ 2문단 끝에서 1~2번째 줄 '15,000여 건의 공공 데이터를 제공하고 있으며, 제공하는 공공 데이터의 양을 꾸준히 늘리고 있다'에서 제공 중인 공공 데이터의 대략적인 양을 수치로 나타내고, 그 양이 점점 늘어나고 있다는 점을 설명하고 있다. 그러나 수치 변화는 확인할 수 없으므로 적절하지 않다.

⑤ 공공 데이터를 활용한 경우와 활용하지 않은 경우를 비교하여 설명한 내용은 윗글에 제시되지 않았으므로 적절하지 않다.

49 단어나 문장 고쳐 쓰는 방법 찾기 정답 ⑤

정답분석

㉤은 공공 데이터 포털 사이트에서 제공되는 공공 데이터의 양이 증가하고 있다는 내용이며, ㉤의 앞 문장은 정부에서 공공 데이터 포털 사이트를 만들어 공공 데이터를 제공하고 있다는 내용이다. 문맥상 공공 데이터 포털 사이트가 구축되어 있다는 내용을 먼저 제시하고, 그 뒤에 사이트에서 제공되는 데이터 분량이 늘어나고 있음을 설명하는 것이 자연스러우므로 ㉤과 앞 문장의 순서를 교체하는 것은 적절하지 않다. 따라서 답은 ⑤이다.

오답분석

① ㉠의 주어는 '사람들이', 목적어는 '많은 시간을'이므로 '~이/가~을/를 허비하다'로 쓰이는 능동사 '허비하다'를 써 '허비하는'으로 수정하는 것은 적절하다.

② ㉡이 포함된 1문단은 앱을 개발하고 싶은 사람들이 개발하려는 앱에 필요한 정보를 수집하지 못하여 앱 개발을 포기한다는 내용이며, 윗글은 앱 개발 분야에서 공공 데이터가 많이 활용되어야 한다는 내용이다. 따라서 ㉡을 삭제하는 것은 적절하다.

③ ㉢의 앞 문장은 정보 부족으로 사람들이 아이디어를 포기한다는 내용이고 ㉢이 포함된 문장은 아이디어를 포기하지 않아도 된다는 내용으로, ㉢의 앞 문장과 반대되는 내용을 제시하고 있다. 따라서 앞의 내용과 뒤의 내용이 상반될 때 쓰는 접속 부사인 '그러나'로 수정하는 것은 적절하다.

④ ㉣ '제조하여'의 '제조하다'는 '공장에서 큰 규모로 물건을 만들다'를 의미하므로, '포털 사이트를 제조하여'는 문맥상 의미가 부자연스럽다. 따라서 '설비나 제도 등을 새로 마련하고 그에 관한 일을 시작하다'를 의미하는 '개설하다'를 써 '포털 사이트를 개설하여'로 고쳐 쓰는 것은 적절하다.

50 글 보완하는 방안 찾기 정답 ⑤

정답분석

1문단에서 앱을 개발하고자 하는 사람들이 앱 개발을 포기하게 되는 이유를 다루고 있다. '앱 개발 시 장애 요인'을 주제로 한 설문 조사 자료는 이를 뒷받침하는 객관적인 근거가 되므로 글의 타당성을 높일 수 있다. 참고로, 글의 타당성은 주장이 객관적이고 신뢰할 수 있는 근거와 자료에 의해 뒷받침되고 있는가로 판단할 수 있다.

[관련 지문 인용] 막상 앱을 개발하려 할 때 부딪히는 여러 난관이 있다. ~ 이런 문제 때문에 결국 아이디어를 포기하는 경우가 많다.

오답분석

① 2문단 1~2번째 줄을 통해 공공 데이터는 공공 기관이 보유하고 있는 정보를 전자 자료로 만든 것임을 이미 제시하고 있으므로 적절하지 않다. 참고로, 글의 완결성은 한 단락 내에서 주제문의 근거나 뒷받침 문장이 잘 제시되어 있는가로 판단할 수 있다.
[관련 지문 인용] 공공 데이터는 공공 기관에서 생성, 취득하여 관리하고 있는 정보 중, 전자적 방식으로 처리되어

② 2문단 2번째 줄 '누구나 이용할 수 있도록 국민들에게 제공된 것을 말한다'를 통해 공공 데이터를 이용할 수 있는 대상이 이미 제시되어 있음을 알 수 있으므로 적절하지 않다. 참고로, 글의 효용성은 글이 현 상황에서 의미 있고 가치 있는 문제를 다루고 있는가로 판단할 수 있다.

③ 윗글은 앱 개발 분야에서의 공공 데이터 활용의 중요성을 주장하고 있다. 따라서 공공 데이터를 활용해 성공한 구체적인 사례는 윗글의 주장을 뒷받침해 주는 내용이므로 글의 공정성을 높이는 방안으로 적절하지 않다. 참고로, 글의 공정성은 쟁점을 균형 있는 시각에서 바라보고 있는가로 판단할 수 있다.

④ 윗글은 공공 데이터를 활용할 때의 문제점을 다루고 있지 않으므로 적절하지 않다. 참고로, 글의 체계성은 글이 논리적으로 구성이 되어 있는가, 서론 · 본론 · 결론이 유기적으로 짜여 있는가로 판단할 수 있다.

51 글과 비슷한 상황 유추하기 정답 ②

정답분석

㉡ '엽상체'는 잎과 줄기가 구분되어 각기 역할을 수행하는 일반적인 식물과 달리 잎과 줄기의 구분 없이 잎처럼 생긴 몸통이 그 역할을 모두 수행하는 식물이다. 이를 통해 팀의 모든 업무를 수행하는 팀원의 특성을 연상할 수 있으나, 다른 팀원이 처리하지 않은 업무까지 수행하는 특성은 연상할 수 없으므로 답은 ②이다.

오답분석

① ㉠ **관다발**: 관다발이 운반하는 물과 양분을 팀원이 주는 에너지로, 줄기를 곧게 세워 주는 관다발의 역할을 팀을 지지하는 팀원의 역할로 연상할 수 있다.

③ ㉢ **엽록체**: 엽록체가 작은 구조물이라는 점에서 팀원의 작은 외양을, 엽록체의 색이 식물 전체의 색이라는 점에서 팀원의 이미지가 팀 전체의 이미지라는 점을 연상할 수 있다.

④ ㉣ **햇빛**: 적당한 양의 햇빛은 이끼를 잘 자라게 하지만, 강한 햇빛은 이끼를 죽이므로 빛의 양을 팀원이 가진 열정으로 볼 때, 적당한 열정은 팀의 발전에 도움을 주지만 열정이 과하면 팀의 발전을 방해한다고 연상할 수 있다.

⑤ ㉤ **이끼**: 높이 자랄 수 없어 다른 식물에 매달려 자라는 점에서 약점이 있어 다른 팀원의 도움을 받아야 한다는 점을, 맨땅을 다른 식물이 성장할 수 있도록 바꾼다는 점에서 팀원이 능력을 발휘할 수 있는 환경을 만들어 준다는 점을 연상할 수 있다.

52 글의 주제와 유사한 표현 찾기 정답 ④

정답분석

㉮는 이끼는 겉보기에 하찮아 보일 수 있지만, 실제로는 생태계에서 핵심적인 역할을 하는 실속 있는 존재라는 의미이다. 따라서 보잘것없는 겉모습과 달리 안을 들여다보면 실질적인 가치를 발견할 수 있다는 의미를 드러낼 수 있는 ④ '외허내실(外虛內實)'이 ㉮와 의미가 가장 가까운 한자 성어이다.

- **외허내실(外虛內實)**: 겉은 허술해 보이나 속은 알참

오답분석

① **내유외강(內柔外剛)**: 겉으로 보기에는 강하게 보이나 속은 부드러움

② **면종복배(面從腹背)**: 겉으로는 복종하는 체하면서 내심으로는 배반함

③ **소탐대실(小貪大失)**: 작은 것을 탐하다가 큰 것을 잃음

⑤ **타산지석(他山之石)**: '다른 산의 나쁜 돌이라도 자기 산의 옥돌을 가는 데에 쓸 수 있다'라는 뜻으로, 남의 하찮은 말이나 행동도 자신을 수양하는 데에 도움이 될 수 있음을 비유적으로 이르는 말

53 글과 비슷한 상황 유추하기 정답 ⑤

정답 분석

윗글 끝에서 1~2번째 줄을 통해 이끼는 세차게 비가 내리면 물을 저장하여 홍수를 방지해 주고, 물이 필요한 가뭄에는 저장한 물을 내보내어 가문 땅에 도움을 준다는 것을 알 수 있다. '이끼'를 '자신'으로, '물'을 '말'로 빗댈 때, 상대가 지나치게 말을 쏟아내는 '강우'와 같은 상황에서는 '말'을 수용해 주고, 상대가 '말'을 듣고 싶어 하는 '가뭄'과 같은 상황에서는 상대에게 '말'을 건네는 대화의 기술을 유추할 수 있다. 따라서 답은 ⑤이다.

오답 분석

①②③④ 상황에 따라 물을 저장하거나 내보내어 그때그때 상황에 도움을 준다는 이끼의 특성으로 유추할 수 없는 내용이므로 적절하지 않다.

54 조건에 따른 그림 분석하기 정답 ④

정답 분석

그림 (가)는 물에 비친 달을 잡으려고 물에 뛰어드는 원숭이의 모습으로 자기 분수를 모르고 욕심을 부리다가 해를 입을 수 있다는 내용을 표현한다. 따라서 (가)를 통해 자기 분수를 알고 그에 맞는 일을 해야 한다는 주제는 이끌어 낼 수 있으나 목적을 이루기 위해 어려움을 견디며 노력해야 한다는 주제는 이끌어 낼 수 없다. 따라서 답은 ④이다.

오답 분석

① ㉠: 한자 성어 '원후취월(猿猴取月)'은 '원숭이가 물에 비친 달을 잡는다'라는 뜻이므로, 물에 비친 달을 잡으려고 물에 뛰어드는 원숭이의 모습을 표현한 (가)가 '원후취월(猿猴取月)'을 표현했다는 설명은 적절하다.

② ㉡: 그림 (가)가 표현한 한자 성어 '원후취월(猿猴取月)'은 욕심에 눈이 어두워 자기의 분수를 모르고 날뛰다가 목숨까지 잃게 됨을 비유적으로 이르는 말이므로 적절하다.

③ ㉢: 그림 (나)는 사과를 물에서 낚으려는 사람의 모습을 표현한 것으로, 실현될 수 없는 일에 공연히 공들이는 모습을 나타낸 것이므로 적절하다.

⑤ ㉤: 그림 (나)는 사과가 나는 과수원이나 숲 등이 아니라 사과가 나지 않는 물에서 사과를 구하려는 상황을 표현하고 있으므로, 이를 통해 일의 실현 가능성을 파악한 후 일을 시작해야 한다는 주제를 이끌어 내는 것은 적절하다.

55 그림을 통해 내용 유추하기 정답 ③

정답 분석

그림 (가)는 자신의 분수에 맞게 행동해야 한다는 주제를, 그림 (나)는 일을 하기 전에 실현될 수 있는 일인지 파악해야 한다는 주제를 나타낸다. 따라서 그림 (가)와 (나)를 모두 활용하면 자신의 능력을 냉정하게 파악한 후 이를 바탕으로 달성할 수 있는 목표를 설정해야 한다는 내용을 이끌어 낼 수 있다. 따라서 가장 적절한 것은 ③이다.

오답 분석

①②④⑤ 그림 (가)와 (나)를 통해 이끌어 낼 수 없는 내용이다.

56 그림을 통해 내용 유추하기 정답 ②

정답 분석

그림 (가)의 원숭이는 자기 분수를 모르고 욕심을 부리다가 화를 당하고, <보기>의 까마귀는 자기 울음소리를 제대로 파악하지 못해 고기를 여우에게 빼앗긴다. 원숭이와 까마귀 모두 자기 분수를 몰라 해를 입게 되므로 그림 (가)를 활용하여 <보기>의 까마귀에게 자기 분수를 파악하고 그에 맞게 살아야 한다는 조언을 할 수 있으므로 답은 ②이다.

오답 분석

① 그림 (가)를 활용하여 지나친 탐욕을 경계하라는 조언을 이끌어 낼 수 있으나, 인간관계를 망칠 수 있다는 내용은 이끌어 낼 수 없으며 <보기>의 까마귀에게 인간관계에 대한 조언은 필요하지 않으므로 적절하지 않다.

③⑤ 이기적인 태도 버리기, 위기에 대비하기와 관련된 조언은 그림 (가)를 활용하여 이끌어 낼 수 없으며, <보기>의 까마귀에게 필요한 조언도 아니므로 적절하지 않다.

④ <보기>의 까마귀는 여우의 말이 진실인지 아첨인지 구별하지 못하므로 이에 대한 조언은 까마귀에게 필요하나, 그림 (가)를 활용하여 이끌어 낼 수 없는 내용이므로 적절하지 않다.

※ 출처: <고기를 놓친 까마귀>, 한국민족문화대백과사전

57 글과 비슷한 상황 유추하기 정답 ⑤

정답 분석

윗글 끝에서 1~2번째 줄을 통해 화음 표기에 쓰이는 아라비아 숫자는 화음에서 맨 밑에 있는 음과 그 위 음의 도수 차이를 아래에, 맨 밑에 있는 음과 맨 위에 있는 음의 도수 차이를 위에 적음을 알 수 있다. <보기>는 그림 (나)와 같이 'Ⅰ'로 표기하는 으뜸화음 (가)의 자리바꿈화음이며, 맨 밑에 있는 음 '솔'과 그 위의 음 '도'는 4도(솔, 라, 시, 도), '솔'과 맨 위의 음 '미'는 6도(솔, 라, 시, 도, 레, 미) 차이가 난다. 따라서 'Ⅰ' 오른쪽 아래에 4를, 위에 6을 표기해야 하므로 답은 ⑤이다.

[관련 지문 인용] 이때, 맨 밑에 있는 음인 '미'와 그다음에 위치한 '솔'은 3도, '미'와 '도'는 6도 차이가 나게 되는데 이는 'I_3^6'으로 나타낼 수 있다.

58 글과 비슷한 상황 유추하기 정답 ③

정답 분석

윗글은 화음을 제재로 하고 있으며, 화음의 특성은 '여러 음이 함께 울리기 때문에 단음보다 풍부한 소리가 난다'라는 것이다. 이를 통해 한 사람일 때보다 여러 사람이 조화를 이룰 때 세상이 아름다워진다는 내용을 유추할 수 있다. 따라서 답은 ③이다.

오답 분석

①②④⑤ 윗글을 바탕으로 '부단히 노력하면 나아질 수 있다', '자기와 똑같지 않은 것은 틀린 것이 아니라 다른 것이다', '정해진 영역에서 벗어난 대상에게 관심이 필요하다', '어울리지 않는 사람들과 조화를 이루려면 자신을 바꾸는 노력이 필요하다'와 같은 내용은 유추할 수 없으므로 적절하지 않다.

59 글과 비슷한 상황 유추하기 정답 ①

정답 분석

윗글에서 다루는 의사소통 방식은 발화 의도를 그대로 말에 드러내기보다 돌려 말함으로써 그 의도를 달성하고자 하는 특징이 있다. ①은 내일 여행을 가겠다는 발화 의도와 언어적 메시지가 일치하므로 윗글로 설명할 수 없는 사례이다.

오답 분석

② 싫어하는 음식을 먹지 않겠다는 말을 "그 음식은 싫어하니 먹지 않을래요"라는 직접적인 표현이 아닌 "배불러서 그만 먹을래요"라는 우회적인 표현으로 전달하고 있으므로 적절하다.
[관련 지문 인용] 직설적 표현보다 우회적이고 모호한 표현을 사용하기

③ 짐을 나눠서 들자는 말을 "이건 네가 들어줘"라고 말하는 대신 짐이 무겁다는 말로 간접적이고 모호하게 표현하고 있으므로 적절하다.

④ 상대방의 비언어적 행위에서 '집에 가고 싶다'라는 의도를 눈치채고 귀가를 제안하고 있으므로 적절하다.
[관련 지문 인용] '눈치'와 '감'을 중시하기, ~ 손짓이나 몸짓 같은 비언어적 표현을 많이 사용하기,

⑤ 상대와 갈등을 빚을까 봐 시끄럽다거나 조용히 해 달라고 말하는 대신 아무 말도 하지 않는 것을 선택하고 있으므로 적절하다.
[관련 지문 인용] 갈등이 일어날 만한 상황을 회피하기 등이 있다.

60 글과 비슷한 상황 유추하기 정답 ③

정답 분석

윗글은 창문을 닫아 달라는 발화 의도를 "창문 좀 닫아 주세요"라는 직접적인 표현 대신 "조금 춥지 않아요?"라는 간접적인 표현으로 나타내는 의사소통 문화를, 요구를 직접적인 표현으로 하는 것을 피하고 집단주의 경향을 보이는 우리 사회의 전반적인 성향이나 문화로 설명하고 있다. 이를 통해 한 사회가 지닌 전체적인 경향이나 태도가 그 사회의 의사소통 문화를 결정한다는 내용을 유추할 수 있으므로 적절한 것은 ③이다.

61 시의 시어 및 시구의 의미 파악하기 정답 ④

정답 분석

화자가 버스에 타 관찰하고 있는 대상이 '성에꽃'임을 고려할 때, ㉠의 '번뜩이는 기막힌 아름다움'은 성에꽃을 비유한 표현임을 알 수 있다. ㉠에서 성에꽃은 버스에 탔던 사람들이 남긴 것이며, 15~16행에서 성에꽃에는 이 사람들이 삶에서 느끼는 답답함과 열정이 담겨 있음을 알 수 있다. 또한 화자가 새벽 버스의 성에꽃을 보고 있다는 점을 고려할 때 성에꽃을 피워낸 사람들은 늦은 밤이나 새벽에 버스를 타야 하는 힘겨운 삶을 살아감을 짐작할 수 있다. 따라서 ㉠의 의미로 적절한 것은 ④이다.

오답 분석

① 화자가 새벽 버스에 타서 성에꽃을 바라보고 있으므로 적절하지 않다.

② ㉠을 통해 사람의 입김이 모여 피어나는 존재가 성에꽃임을 알 수 있다. 그러나 버스에 탄 사람들이 힘겨운 삶을 살아간다는 의미가 포함되지 않았으므로 적절하지 않다.

③ 성에꽃이 피어날 수 있게 한숨과 숨결을 뱉은 사람들은 평범한 이들로 사회에서 소외되지 않은 사람들도 포함하므로 적절하지 않다.

⑤ 3~4행을 통해 성에가 겨울에 잘 관찰되는 자연 현상임을 알 수 있다. 그러나 버스에 탄 사람들이 힘겨운 삶을 살아가는 평범한 사람들이라는 의미가 포함되지 않았으므로 적절하지 않다.

- **엄동(嚴冬)**: 몹시 추운 겨울
- **혹한(酷寒)**: 몹시 심한 추위

62 시의 표현상의 특징과 효과 파악하기 정답 ④

정답 분석

20행에서 화자가 창을 통해 바라보는 대상이 시내버스에 탄 사람들에서 감옥에 있는 친구로 전환된다. 그러나 단순히 수감 중인 탓에 지금은 만날 수 없는 친구를 그리워하고 있을 뿐, 과거를 회상하고 있지는 않으므로 적절하지 않은 것은 ④이다.

오답 분석

① '성에'와 '엄동 혹한'을 통해 시간적 배경이 겨울임을 알 수 있다. 또한 3~4행에서 서민들의 삶의 애환을 나타내는 '성에꽃'이 날이 추울수록 선명해진다고 하였으므로, 시의 배경인 '겨울'은 서민들이 사는 암담하고 힘든 현실 자체를 상징함을 알 수 있다. 참고로, 시대적 배경을 고려하면 군사 독재가 일어난 시대 상황으로 볼 수도 있다.

② 이 시에서 '성에꽃'은 '찬란한 치장', '번뜩이는 기막힌 아름다움', '섬세하고도 차가운 아름다움', '막막한 한숨', '정열의 숨결'로 은유된다. 이를 통해 화자는 힘겹고 추운 겨울에 나타나는 '성에꽃'을 힘겨운 현실을 살아가는 사람들의 한숨과 숨결이 빚어낸 아름다운 결정체로 보고 있다는 것을 알 수 있으므로 적절하다.

③ 18~19행에서 화자는 지난밤에 버스에 탔던 사람들의 삶의 애환이 담긴 성에꽃이 핀 버스 '창'에 이마를 기대어 본다. 이는 성에꽃에 담긴, 버스에 탔던 평범한 사람들이 살아가는 삶을 느껴 보려는 시도로 볼 수 있으므로 '창'이 화자와 버스에 탔던 사람들을 이어주는 역할을 한다는 설명은 적절하다.

⑤ 13~14행 '섬세하고도 차가운 아름다움에 취한다'라는 역설적 표현을 사용하여 화자가 냉혹한 현실을 살아가는 사람들에게 애정을 느끼고 그들의 삶을 아름답게 생각함을 드러내고 있다.

63 소설의 서술상 특징과 효과 파악하기 정답 ②

정답 분석

윗글에는 마삿등의 샘터, 경찰서, 굴밤나뭇골 근처의 산등성이 등 다양한 공간이 등장하지만 공간의 변화에 따라 갈등이 심화되거나 해소되지는 않는다. 황거칠을 비롯한 마삿등 사람들이 지키고자 하는 '수도'를 두고 샘터에서 일어난 싸움에서 패배해 '수도'를 뺏기고 난 후에도 황거칠이 다시 '수도'를 만들겠다며 나서는 장면을 통해 이를 유추할 수 있다.

오답 분석

① 마을 사람들이 생존에 필요한 물을 얻기 위해 샘터를 지키려고 집달리 무리와 대립한 후 황거칠 씨를 비롯한 청년 다섯 명이 여러 죄명으로 연행되어 풀려나지 못하고, 힘없는 사람들이 사회에 억눌리고, 생존하려 애쓰는 사람들의 행위를 법으로 처벌하는 법의 모순이 일어나는 당대 사회 현실을 '쌍말로 썩어 갔다'와 같이 서술자가 개입해 비판하고 있으므로 적절하다.

③ 황거칠의 '어쩌면 남이 먹는 식수까지 끊으려 하노?'와 같은 말에서 사투리가 사용되고 있다. 또한 사투리를 사용하면 지방색과 현장감을 드러낼 수 있으므로 적절하다.

④ 황거칠은 호동수가 산을 소유했대도 거기서 나는 물까지 사유할 수 없다고 생각하지만, 호동수는 산을 소유하자마자 수도 철거 소송을 걸고 호동팔은 그 철거 작업에 직접 참여하므로 적절하다.

⑤ '불하', '집달리', '정상 작량' 등 법률 전문 용어가 윗글 전반에 쓰이고 있다. 또한 법으로 보호받는 호동수의 사유지와 수도를 지킬 수 있는 법적 근거나 힘이 없는 마을 사람들의 관계가 드러나므로 적절하다.

64 소설의 인물 심리 및 태도 파악하기

정답 ③

정답 분석

황거칠은 권력을 행사하는 호동수, 호동팔이나 이들의 권력 행사를 정당화하고 자신을 처벌한 법에 굴복해 마삿등의 수도 문제를 해결하는 일을 단념하는 것이 아니라, 새로 수도를 만들 만한 곳을 찾아 돌아다니는 집념을 보여 주는 인물이므로 적절한 것은 ③이다.

오답 분석

① 황거칠은 가족들이 걱정하는 모습을 보고 경찰의 타협안에 도장을 찍으므로 적절하지 않다.

② 황거칠은 소송 등으로 수도를 철거하려 하자 바로 나서서 항의하는 모습을 보이므로 적절하지 않다.

④ 황거칠이 마을 사람들의 책임까지 떠맡으려고 하였으나, 뜻대로 되지 않았으며, 연행된 사유를 모두 자기 탓으로 여겼는지는 알 수 없다. 참고로, 황거칠은 마을 사람들을 위해 희생하고자 혼자 죗값을 치르려 한 것이다.

⑤ 황거칠은 굴밤나뭇골 근처 산등성이의 가을 풍경을 보며 조국의 정취를 즐기다가도 그것을 소유한 사람들이 있다는 것에 분노하고 있다. 따라서 부조리한 현실을 인식하고 있는 것은 적절하나 이 때문에 조국의 모습을 거부하지는 않으므로 적절하지 않다.

65 소설의 세부 내용 이해하기

정답 ③

정답 분석

호동수와 호동팔은 수도가 설치된 산을 매입하자 수도를 사용하는 주민들과 의견 조율을 하는 대신 철거 소송을 제기하고 강제 철거를 집행한다. 이는 수도가 설치된 산이 법으로 인정되는 소유지라는 이유만으로 두 집단의 이해관계를 정, 도덕성, 공동체의 관습으로 조정하는 안을 고려하지 않고 바로 법으로 정당화되는 권력을 행사하여 마을 사람들의 수도를 빼앗으며 문제를 해결하는 것이므로 적절하지 않은 것은 ③이다.

오답 분석

① 황거칠은 수도를 설치한 산이 사유지가 되고, 수도 철거를 둘러싼 소송에 걸렸던 경험 때문에 땅을 소유한 개인이 법을 근거로 소송을 제기할 수 없는 국유지에서 수원을 찾으려고 한 것이므로 적절하다.

②⑤ 마삿등 사람들과 호동수, 호동팔 형제의 가장 큰 차이점은 법으로 보호받는 힘이 있는가이다. 산을 살 돈이 있고, 소송을 제기해 집달리나 경찰과 같은 국가 권력으로 자신의 사유지를 보호할 수 있는 호동수와 호동팔은 마삿등 사람들에 비해서는 권력을 가진 사람들이다. 또한 윗글에서 법은 마삿등 사람들이 아닌 호동수와 호동팔 형제에게 유리하게 작용하며 그들은 법을 근거로 수도를 철거하고, 이를 지키려는 마을 사람들은 법으로 처벌받으므로 적절하다.

④ 마을 사람들이 산에 수도를 설치한 것은 식수를 확보하기 위함이다. 생활하는 데 있어야 할 물을 확보하는 일을 국가에서 보장해 주지 않고, 마을 사람들이 알아서 해결해야 하는 상황은 마삿등 주민들이 법의 테두리 밖에 존재함을 드러내므로 적절하다.

66 과학 - 전개 방식과 효과 파악하기

정답 ⑤

정답 분석

4문단에서 카이사르가 고안한 달력을, 6문단에서 카이사르의 달력에서 생긴 오차를 수정한 그레고리우스의 달력을 변화된 순서에 따라 제시하고 있다. 그러나 3문단의 2번째 줄을 통해 카이사르가 고안한 달력은 현재 사용되는 달력 형태의 시초이지 최초의 달력이 아님을 알 수 있다. 따라서 답은 ⑤이다. 참고로, 윗글에서 최초의 달력이 무엇인지는 제시되지 않았다.

오답 분석

① 1~2문단에서 다른 달보다 2월의 일수가 더 짧은 점과 2월의 일수가 해에 따라 달라지는 점에 대해 질문하고, 3문단부터 그에 대한 이유를 설명하며 내용을 전개하고 있다.

② 4문단 2~3번째 줄에서 옛날 달력과 현재 달력의 차이점을 달력이 시작하는 월을 중심으로 설명하고 있다.

③ 4문단 3~4번째 줄에서 'October(10월)'의 유래를, 5문단에서 'July(7월)', 'August(8월)'의 유래를 설명하고 있다.

④ 9문단 2~4번째 줄에서 올해 달력을 통해 다음 해 특정한 날의 요일을 확인하는 방법을 1월 1일을 예로 들어 설명하고 있다.

67 과학 - 세부 내용 파악하기

정답 ③

정답 분석

5문단 2~3번째 줄을 통해 8월에 날수를 추가한 것은 카이사르의 조카인 아우구스투스임을 알 수 있다. 따라서 윗글의 내용과 일치하지 않는 것은 ③이다.

오답 분석

① 4문단 끝에서 1~2번째 줄을 통해 카이사르의 달력에서 마지막 달은 2월이며, 1년을 365일로 맞추기 위해 2월의 일수가 29일이 되었음을 알 수 있다.

② 7문단 끝에서 1~2번째 줄에서 그레고리우스가 카이사르력에서 윤년을 정하는 규칙에 추가적인 규칙을 더한 이유는 바뀐 춘분의 날짜에 부활절 날짜가 영향을 받지 않게 하기 위함임을 알 수 있다.

④ 6문단 2~3번째 줄과 끝에서 1~2번째 줄을 통해 카이사르력은 1태양년과 11분 차이가 났으나 그레고리우스력에서 이를 수정하였음을 알 수 있다. 또한 8문단 2번째 줄에서 그레고리우스력은 1태양년과 25.92초 차이임을 알 수 있다.

⑤ 8문단 1번째 줄과 3~4번째 줄을 통해 그레고리우스력의 1년이 1태양년보다 짧아 4916년은 윤년으로 정해져야 함에도 평년으로 지정했음을 알 수 있다.

68 과학 - 구체적 상황에 적용하기

정답 ③

(정답 분석)

윗글과 <보기 1>을 근거로 할 때 적절한 반응은 ㉠, ㉡이므로 답은 ③이다

- ㉠: 7문단 끝에서 1번째 줄과 <보기 1>의 '평년'을 계산하는 조건을 통해 알 수 있다. 1900년과 2100년은 4로 나누어떨어지지만, 100으로 나누어떨어지고 400으로는 나누어떨어지지 않으므로 평년이다.
- ㉡: 6문단 1~2번째 줄에서 윤년일 때 2월은 29일까지 있음을 알 수 있으며, <보기 1>을 통해 2036년은 4로 나누어떨어지고 100으로 나누어떨어지지 않으므로 윤년임을 알 수 있다. 따라서 2036년에는 2월이 29일까지 있다.

(오답 분석)

- ㉢: 9문단 2~4번째 줄에서 평년 다음 해에서 특정한 날의 요일은 이전 해의 요일보다 하루 늦고, 윤년 다음 해에서 특정한 날의 요일은 이전 해의 요일보다 이틀 늦음을 알 수 있다. 4로 나누어떨어지지 않는 2023년은 평년이므로 2023년 2월 28일이 화요일인 경우 2024년 2월 28일은 수요일이다.

69 과학 - 세부 내용 파악하기

정답 ①

(정답 분석)

윗글은 1문단에서는 언어 정보와 음악 정보를 각각 좌뇌와 우뇌에서 담당해 처리한다는 내용을, 2~3문단에서는 좌뇌와 우뇌에 손상이 오면 각 뇌가 담당하는 언어 기능과 음악 기능에 문제가 생긴다는 내용을, 4~5문단에서는 뇌의 언어 및 음악 정보 인식 처리 과정을 밝히기 위한 실험 내용을 다루고 있다. 따라서 윗글의 중심 내용은 좌뇌와 우뇌로 나뉜 인간의 뇌는 상이한 성격의 정보를 처리하는 기능을 한다는 점이 되어야 하므로 적절한 것은 ①이다.

(오답 분석)

② 1문단에서 노래를 들을 때 언어 정보와 음악 정보를 좌뇌와 우뇌에서 각각 처리한 후 재구성하는 과정을 거침을 알 수 있으므로 윗글의 내용과 일치하지 않는다.

③ 2~3문단에서 좌뇌가 손상되면 언어를 표현하는 데 문제가 생김을, 우뇌가 손상되면 음악을 인지하고 표현하는 데 문제가 생김을 알 수 있다. 또한 좌뇌와 우뇌가 다른 기능을 한다는 점을 포괄할 수 없으므로 적절하지 않다.

④ 좌뇌와 우뇌 중 어떤 부분이 더 중요한 역할을 하는지는 윗글을 통해 알 수 없다.

⑤ 4~5문단에서 언어 정보 중 말소리는 수십 밀리 초 사이에 변화하고, 음악 정보 중 멜로디는 수백 밀리 초 사이에서 변화하며 뇌는 이들 정보를 처리할 수 있음을 알 수 있다. 그러나 좌뇌와 우뇌가 다른 기능을 한다는 점을 포괄할 수 없으므로 적절하지 않다.

70 과학 - 관련 내용 추론하기

정답 ⑤

(정답 분석)

㉠은 음높이 간 차이를 잘 인식하지 못하는 상태이다. 5문단 끝에서 1~3번째 줄에서 음높이의 변화를 인지하는 데는 시간 분해능보다 주파수 분해능이 영향을 많이 미침을 알 수 있다. 또한 기존에 음높이의 변화를 잘 인식하던 사람들만 주파수 분해능의 영향을 받아 음높이의 변화를 인식하는 데 어려움을 겪게 되므로 음정 음치와 주파수 분해능 변화는 큰 관련이 없음을 추론할 수 있다. 따라서 답은 ⑤이다.

(오답 분석)

① 3문단 끝에서 1~2번째 줄을 읽고 추론할 수 있는 내용이다.

② 3문단 1~2번째 줄, 5문단 2~3번째 줄에서 음정 음치는 음높이를 인식하지 못함과 음정을 인식하는 데 어려움이 없는 사람들은 음의 높낮이에 예민함을 알 수 있다. 이를 통해 음정 음치는 음높이 차이에 타인보다 둔감하다는 것을 추론할 수 있으므로 적절하다.

③ 5문단 2번째 줄을 통해 음정이 주파수 간 간격을 의미함을 알 수 있다. 음정 음치는 음정, 즉 주파수의 차이를 잘 지각하지 못하는 상태임을 고려할 때 추론할 수 있는 내용이므로 적절하다.

④ 5문단 끝에서 2~3번째 줄에서 음악의 주파수 분해능이 낮아지면 음정에 예민한 사람들도 음높이 변화를 인지하는 데 어려움이 생김을 알 수 있다. 또한 음정 음치는 음높이 사이의 차이인 음정을 잘 지각하지 못하는 상태임을 함께 고려해 추론할 수 있는 내용이므로 적절하다.

71 과학 - 관련 내용 추론하기

정답 ②

(정답 분석)

1문단 2~3번째 줄에서 좌뇌는 언어 기능을, 우뇌는 음악 기능을 담당함을 알 수 있다. 또한 3문단 끝에서 1~2번째 줄에서 언어 능력인 발음이 잘 발달한 사람이 음악 능력은 발달하지 못한 음치일 수도 있음을 알 수 있다. 이를 통해 좌뇌와 우뇌는 불균형하게 발달함을 추론할 수 있으며 선천적 뇌 기능에 대한 내용은 윗글에서 확인할 수 없으므로 적절하지 않은 것은 ②이다.

(오답 분석)

① 2문단 1번째 줄의 뇌과학이 발달하기 전에는 뇌의 작동 과정을 정확히 알지 못했다는 내용을 통해 추론할 수 있다.

③ 2문단의 말 자체를 하지 못하면 '표현성 실어증', 말을 할 수는 있으나 그 내용에 이상이 있으면 '유창성 실어증'으로 진단한다는 내용을 통해 추론할 수 있다.

④ 3문단 1~2번째 줄의 우뇌에 뇌졸중이 생기면 음정 음치가 된다는 내용과 5문단 2번째 줄의 멜로디를 지각하는 데 음정을 인식하는 능력이 중요하게 작용한다는 내용을 통해 추론할 수 있다.

⑤ 4문단 2~3번째 줄에서 좌뇌는 단어 등으로 통합된 말소리에서 자, 모음을 각각 잘라 언어 정보를 처리하고, 5문단 1~2번째 줄에서 우뇌는 각 음이 통합된 선율을 음 사이의 높낮이를 비교해 인식해야 하는 음정에 따라 처리한다는 내용을 통해 추론할 수 있다.

72 과학 - 구체적 상황에 적용하기 정답 ①

정답분석

<보기>는 좌뇌와 우뇌 중 하나가 더 강한 지배력을 지니도록 뇌가 발달함에 따라 왼손잡이와 오른손잡이가 정해진다는 내용이므로, 좌뇌와 우뇌가 서로 다른 기능을 맡는다는 의미인 뇌의 편측성과는 무관하다. 따라서 적절하지 않은 것은 ①이다.

오답분석

② <보기>에서 왼손잡이는 우뇌가 발달했음을, 윗글에서 우뇌는 음악 정보를 처리하는 기능을 담당함을 알 수 있으므로 적절하다.

③ <보기>에서 양손잡이는 좌뇌와 우뇌의 지배력(발달 정도)이 유사함을 알 수 있으며, 윗글에서 좌뇌는 언어 기능을, 우뇌는 음악 기능을 담당함을 알 수 있으므로 적절하다.

④ <보기>에서 스트레스를 많이 받는 산모의 아이는 양손잡이가 될 확률이 높고, 양손잡이는 좌뇌와 우뇌가 동등하게 지배를 받는다고 함을 알 수 있다. 따라서 좌뇌와 우뇌가 담당하는 능력이 비슷할 수 있음을 알 수 있으므로 적절하다.

⑤ <보기>에서 오른손잡이가 왼손잡이보다 많다고 했고, 윗글에서 좌뇌와 우뇌는 각각 언어 능력, 음악 능력과 연관이 있음을 알 수 있다. 따라서 음악 능력이 높은 사람보다 언어 능력이 높은 사람이 더 많음을 알 수 있다.

73 사회 - 관련 내용 추론하기 정답 ④

정답분석

4문단 1~2번째 줄의 개인마다 타인과 다른 신체적·정신적 특성을 선천적으로 지니며, 이것이 유전적 특성임을 알 수 있다. 이를 통해 모든 이들이 자신만의 고유의 특질과 능력을 타고나는 것이 '유전'임을 추론할 수 있으므로 적절하다.

오답분석

① 5문단을 통해 어떤 특질의 유전인자를 갖고 있다고 해서 반드시 그 특질이 발현되는 것이 아님을 알 수 있다.

② 5문단 2~3번째 줄을 통해 지능이 유전될 수 있으나 적절한 교육을 받지 못하면 지적 수준이 달라질 수 있음을 알 수 있다. 따라서 부모와 자식의 지능지수 상관관계는 추론할 수 없다.

③ 인종별로 타고나는 유전인자는 윗글에서 다루지 않았다.

⑤ 6문단을 통해 유전인자는 잠재력이며, 인간이 처한 환경에 따라 발현 양상이 달라짐을 알 수 있다. 그러나 이를 통해 동일한 환경에서 유전인자가 발현되는 양상이 동일한지는 추론할 수 없다.

74 사회 - 관련 내용 추론하기 정답 ⑤

정답분석

㉠은 ㉠의 앞에서 설명한 신체적 특징과 인성이 연관 있다는 주장에 대한 반론으로, 신체적 특성의 의미는 사회 문화적으로 결정된다고 주장하고 있다. 즉, ㉠의 관점에서 볼 때 사회 문화적 환경에 따라 신체적 특징은 다르게 판단될 수 있다. 따라서 우리나라 사람들이 선호하는 얼굴형이 시대에 따라 다르다는 내용은 ㉠의 관점과 상통하므로 답은 ⑤이다.

오답분석

①③ 1문단 2~4번째 줄에서 인간은 자신이 속한 공동체의 생활양식을 학습하고 그 안에서 상호작용하며 자아와 인성이 형성됨은 알 수 있으나 신체 특성에 대한 사회적 의미를 설명하는 ㉠과 관련 없는 내용이다.

② '풍채가 좋다'는 신체적 특성을 모든 사회에서 호쾌한 성격으로 받아들인다는 내용은 ㉠과 반대되는 의견에 적합한 예시이다.

④ 윗글에서 발육을 다룬 부분은 없다.

75 사회 - 구체적 상황에 적용하기 정답 ③

정답분석

11~12문단을 통해 자연환경적 요인은 사람들이 살고 있는 자연 상태와 관련 있는 것임을 알 수 있다. ㄷ은 인도에서 소 숭배 현상이 나타나는 이유를 인도가 소규모 농업 사회라는 점으로 보고 있다. 농업 사회는 인간이 삶을 영위하는 방식이므로, 사회의 생활양식이다. 따라서 ㄷ은 자연환경이 아닌 사회 문화적 환경과 관련된 것이므로 옳지 않은 것은 ③이다.

오답분석

①⑤ 1~2문단을 통해 헬렌 켈러의 장애는 유전적 요인으로, '사람과의 소통'과 같은 사회에서 살아남는 법과 생활양식을 배우는 설리번과의 교류는 사회 문화적 요인임을 알 수 있다. 사회 내에서 다른 사람과 소통하는 것을 사람다워지는 과정이라고 보았을 때, 여기에는 헬렌 켈러의 청각 장애보다 설리번과의 교류가 더 큰 영향을 미쳤으므로 적절하다.

②④ ㄴ은 정신 질환을 앓은 사람의 자식은 정신 질환을 앓고 있는 사람이 없는 환경에서 자라더라도 정신 질환을 앓을 확률이 높다는 내용으로, 환경보다 유전적 요인이 인간에게 더 큰 영향을 준다는 것이다. 이는 6문단 2~3번째 줄의 내용과 반대되는 내용이며, 3문단에서 다룬 본성과 양육의 논쟁에서 본성이 더 우세함을 보여 주는 근거이므로 적절하다.

76 사회 - 관련 내용 추론하기 정답 ④

정답분석

㉡은 산악 지방, 적도 지방과 같은 지리적 특성이 특정 사회의 구성원의 성격에 영향을 준다는 주장이다. 이에 대해 반박하려면 같은 지방에 살아도 성격이 다른 사람들이 있음을 보여 주는 내용을 제시하여야 한다. 따라서 지리적 특성(열대 지방)이 같은 곳에 살아도 주변의 집단과 다른 행동 특성을 보이는 싱가포르의 사례는 반론으로 가장 적절하다.

오답분석

①②③⑤ 지리적 환경에 따른 집단의 성격이 아닌 지리적 환경(아시아), 유전적 요인(성별, 인종), 후천적 특성에 따른 신체 특성을 설명하는 내용이므로 적절하지 않다.

77 인문 - 전개 방식과 효과 파악하기

정답 ⑤

정답 분석

윗글은 5문단 1~3번째 줄에서 행위의 옳고 그름을 판단할 때, 공리주의는 행위의 결과를, 의무론은 행위 그 자체를 기준으로 한다는 점에서 차이가 있음을 설명하고 있다. 또한 5문단 끝에서 1~2번째 줄에서 의무론의 입장에서 공리주의의 전제를 비판하고 있으므로 적절한 것은 ⑤이다.

오답 분석

① 4문단 1~4번째 줄에서 공리주의가 활용된 사례를 제시하고 있으나 제시된 위치가 글의 첫머리가 아니다.

② 1문단 2~4번째 줄, 4문단 전체에서 공리주의의 개념과 공리주의가 현실에서 유용하게 쓰인다는 점을 설명하고 있으며, 3문단 끝에서 1~2번째 줄에서 공리주의는 전체의 행복을 위해 개인의 행복을 박탈하는 한계가 있음을 설명하고 있다. 또한 5문단 1~3번째 줄에서 의무론의 개념은 설명하고 있으나 윗글에서 의무론의 의의와 한계를 설명한 부분은 없다.

③ 3문단 1~2번째 줄, 5문단 1~3번째 줄에서 공리주의와 이기주의, 의무론의 요점을 비교하고 있으나, 잘못 알려진 개념을 수정하고 있지는 않다.

④ 윗글은 공리주의, 이기주의, 의무론의 입장만 다루며, 각 이론을 주장한 학자는 다루지 않았다.

78 인문 - 세부 내용 파악하기

정답 ⑤

정답 분석

1문단 끝에서 1~2번째 줄, 2문단 끝에서 1~2번째 줄, 4문단 끝에서 2~3번째 줄에서 공리주의에서는 양으로 계산할 수 있는 행복과 이익을 사회에 최대한으로 많이 가져다주는지로 행위의 옳고 그름을 평가함을 알 수 있다. 따라서 <보기>의 ㄴ, ㄹ이 공리주의의 견해와 부합하므로 답은 ⑤이다.

오답 분석

- ㄱ: 3문단 끝에서 1~2번째 줄을 통해 공리주의에서 추구하는 행복에서 개인만이 느끼는 행복은 제외될 수도 있음을 알 수 있다.
- ㄷ: 2문단 2번째 줄을 통해 공리주의에서 선은 행복이며, 행복 이외의 것은 모두 수단에 불과함을 알 수 있다. 또한 5문단 1번째 줄을 통해 공리주의에서는 행위 그 자체가 아니라 행위의 결과가 선을 판단하는 기준이 됨을 알 수 있다.

79 사회 - 전개 방식과 효과 파악하기

정답 ④

정답 분석

4문단에서 법이 공동체 유지를 위해 반드시 지켜야 하는 조건임을 논하면서 같은 맥락에서 법의 기능을 정의한 철학자 칸트의 말을 인용하고 있다. 따라서 논지를 확실하게 전달하기 위해 저명한 학자의 말을 인용하고 있으므로 윗글의 전개 방식으로 적절한 것은 ④이다.

오답 분석

① 윗글에서 실제 일어났던 역사적 사실은 제시되지 않았다.

② 윗글에서 하나의 대상을 분류하는 방식은 사용되지 않았다. 참고로, 윗글은 '법질서'와 '사회정의'를 다루는 글로, 6~8문단에서 두 대상의 관계에 초점을 맞춰 내용을 전개하고 있다.

③ 윗글은 논제인 '법질서'와 '사회정의'의 기능을 설명하고, 이것이 잘 기능하기 위해 지켜야 할 태도를 제시하고 있으나 이에 대한 다양한 관점을 비교하고 있지는 않다.

⑤ 윗글에서 질문에 답변하는 구성을 이용해 논제를 전개하는 방식은 사용되지 않았다.

80 사회 - 세부 내용 파악하기

정답 ③

정답 분석

5문단 1~2번째 줄을 통해 법은 그 자체로는 존재 목적이 없는, 질서 있는 삶을 실현하기 위한 수단임을 알 수 있으므로 적절하지 않은 것은 ③이다.

오답 분석

① 3문단 끝에서 1~3번째 줄을 통해 인간은 환경, 사회 등 여러 대상과 관계를 맺고, 법은 이러한 여러 삶의 영역을 지배하는 규율임을 알 수 있다.

② 3문단 1~2번째 줄을 통해 개인은 타인의 자유를 침해하지 않는 범위 내에서 자유를 얻을 수 있음을 알 수 있다.

④ 6문단을 통해 사회정의는 입법 활동 시 나아가야 할 방향을 설정해 줌을 알 수 있다.

⑤ 8문단을 통해 사회정의에 어긋나는 법은 헌법재판소에서 정당성을 검증하여 법의 구속력을 규제할 수 있음을 알 수 있다.

81 사회 - 관련 내용 추론하기

정답 ②

정답 분석

9문단을 통해 깨어 있는 법의식이란 제도로서 시행되는 법과 행정 조치가 헌법에 합치하는지를 주시하고, 불합리하다면 이를 바꾸기 위해 행동하는 것임을 알 수 있다. 공적으로 사용해야 하는 자금을 사적으로 사용한 지방 의회를 고발한 상황은 현재의 법이나 행정 처분의 정당성에 대해 의문을 제기하는 것이 아니라 부정한 행위를 법으로 처벌할 것을 요구하는 것이므로 적절하지 않다.

오답 분석

①③④⑤ 모두 9문단을 통해 알 수 있는 깨어 있는 법의식을 지닌 주체들이 취할 수 있는 행동이므로 적절하다.

① 기본권을 보장해 주는 헌법에 맞지 않는다고 판단되는 경우 헌법소원을 제기해야 함을 알 수 있다.

③⑤ 현시점에 맞추어 새롭게 해석할 수 있는 판례는 그 효력을 깨트리거나 판례 자체가 바뀌도록 노력해야 함을 알 수 있다.

④ 9문단을 통해 문제가 있는 법을 개정하기 위해 여론을 조성하여 의회에 전달할 수 있음을 알 수 있다.

82 사회 - 구체적 상황에 적용하기 정답 ④

(정답분석)

<보기>는 전통적인 법을 고수하며 법의 개정을 반대하는 입장이므로 이에 대해 반론을 제기하려면 법 개정의 필요성과 그에 대한 근거가 필요하다. 윗글 6문단과 7문단 3~4번째 줄을 통해 사회정의는 정당한 이념으로서 입법의 방향을 제시해 주며, 사회정의에 대한 인식의 변화에 따라 법과 그 법을 적용하는 방식도 바뀌어야 함을 알 수 있다. 따라서 답은 ④이다.

(오답분석)

① 윗글에서 국가의 발전, 시장 경제 등의 관점에서 법을 바라본 부분은 없다.

② 4문단 1~2번째 줄에서 법에 따라 질서 잡힌 사회가 형성됨을 알 수 있으나 사회적 변화가 필요하더라도 법을 개정하면 안 된다는 입장은 <보기>의 주장과 상통하는 것이므로 적절하지 않다.

③ 5문단 2~3번째 줄을 통해 법원은 정의로운 재판 활동을 해야 함을 알 수 있으나 <보기>는 법을 고치는 것과 관련 있는 주장이므로 적절하지 않다.

⑤ 3문단을 통해 다양한 법이 지닌 질서의 기능이 다양한 삶 속에서의 인간의 결정을 확실하게 나타내 주고, 보호해 줌을 알 수 있다. 또한 5문단 끝에서 2~3번째 줄을 통해 입법자는 모든 분야의 법을 정의롭게 창조해야 함을 알 수 있으나 <보기>를 반박하는 내용은 아니므로 적절하지 않다.

83 기사문 - 구체적 상황에 적용하기 정답 ②

(정답분석)

윗글의 본문은 중심 소재인 '닥터헬기'가 골든타임 확보, ○○도 내 응급 환자 구조에 중요한 역할을 한다는 내용으로 시작하며, 이를 통해 '닥터헬기'의 중요성을 강조하고 있다. 이는 <보기>의 '기사문은 ~ 기사문에서 다루는 소재나 사건이 지니는 의미나 중요성을 부각해야 하며'에 부합하므로 적절한 것은 ②이다.

(오답분석)

① 윗글에는 표제, 부제, 본문이 있으나 본문을 요약한 전문은 없으므로 적절하지 않다.

③ 윗글의 중심 내용은 '○○도 닥터헬기의 역할과 그 중요성'이며, 윗글은 이 내용을 앞부분에서 다루고 있으므로 적절하지 않다.

④ 윗글은 '닥터헬기'에 대한 여러 의견을 소개하고 있지 않으므로 적절하지 않다. 참고로, 기사의 중립성은 어느 쪽에도 치우치지 않는 서술 방식 취하기, 대립하는 의견은 공정한 시각에서 다루기 등으로 확보된다.

⑤ 누구나 믿을 수 있는 객관적인 자료인 통계자료, 구체적 수치, 전문가의 의견 등을 인용하는 것은 기사가 객관성을 유지하는 데 도움이 되지만 윗글에서 전문가의 의견을 인용한 부분은 없으므로 적절하지 않다.

[관련 지문 인용]

- 출범 첫해인 2019년의 운항 실적인 26건은 물론이고 2020년의 66건, 2021년의 86건보다도 훨씬 높은 기록이다.
- 특히 중형헬기는 최대 이륙 중량이 4천 600㎏으로, 대형헬기보다 크기가 작지만 엔진 예열 시간이 2~3분 정도라 빠르게 이륙할 수 있어 응급 이송에 적합하다.

※ 출처: 경기도뉴스포털, https://gnews.gg.go.kr

84 기사문 - 독자의 반응 파악하기 정답 ⑤

(정답분석)

'○○도 닥터헬기'의 운항 범위를 전국에서 출동 장소인 ○○대 병원 근방으로 변경하기 전에, 효과적인 골든타임 확보와 실질적인 운항 범위, 다른 시도의 닥터헬기 운영 현황을 고려했다는 내용이 있으므로 적절하지 않은 반응이다.

[관련 지문 인용] 운항 범위도 전국 전체에서 ○○대 병원 기준 70㎞(편도 30분) 이내로 변경했다. 이는 중증 외상 환자의 경우 1시간 이내인 골든타임 확보 효과와 실제 운영 결과 환자들이 수도권에 집중되고 다른 시도에서도 닥터헬기를 운영하는 점을 고려한 조치다.

(오답분석)

① 24시간 운영되는 닥터헬기는 ○○도 닥터헬기가 처음이라는 내용과 ○○도 외 다른 지역에서도 닥터헬기가 운영되고 있다는 내용을 읽고 보일 수 있는 반응이므로 적절하다.

[관련 지문 인용]

- 전국 최초 24시간 이송 체계를 갖춘 '○○도 닥터헬기'는
- 다른 시도에서도 닥터헬기를 운영하는 점을 고려한 조치다.

② 출동 시간 단축을 위해 닥터헬기 출동 장소를 ○○대 병원으로 변경했다는 내용을 읽고 보일 수 있는 반응이므로 적절하다.

[관련 지문 인용] ○○도는 ~ 닥터헬기 출동 장소를 기존 ××제10전투비행단에서 ○○대 병원으로 변경해 출동 시간을 단축했다.

③ 올해 상반기에 닥터헬기가 출동한 횟수가 이전 연도에 출동한 횟수보다 월등히 많다는 내용을 읽고 실제 진행된 출동 비율을 궁금해할 수 있으므로 적절하다.

[관련 지문 인용]

- '○○도 닥터헬기'는 ~ 지난해 같은 기간에 기록한 42건 대비 3.8배의 높은 실적을 보였다.
- 출범 첫해인 2019년의 운항 실적인 26건은 물론이고 2020년의 66건, 2021년의 86건보다도 훨씬 높은 기록이다.

④ 골든타임 확보가 응급 환자의 생사를 결정한다는 내용을 읽고 보일 수 있는 반응이므로 적절하다.

[관련 지문 인용] 응급 환자의 생명이 골든타임 확보 여부에 따라 생사가 바뀌기 때문에 위급한 상황에서는 신속하게 대응하는 것이 무엇보다 중요하다.

85 공문 - 순화어 파악하기 정답 ④

(정답분석)

㉣의 '언택트'는 접촉을 뜻하는 '콘택트(contact)'에 반대를 뜻하는 '언(un)'을 붙인 신조어로, '비대면', '비접촉'으로 다듬어 사용할 수 있다. 따라서 다듬은 말이 적절하지 않은 것은 ④이다.

(오답분석)

① ㉠의 '로컬'은 '지역'으로 다듬어 사용할 수 있다.

② ㉡의 '페스티벌'은 '축제'로 다듬어 사용할 수 있다.

③ ㉢의 '팝업 창'은 '알림창'으로 다듬어 사용할 수 있다.

⑤ ㉤의 '컨설팅'은 '조언' 또는 '상담'으로 다듬어 사용할 수 있다.

※ 출처: 인천광역시 서구청, https://www.seo.incheon.kr

86 공문 - 정보 확인하기 정답 ⑤

(정답분석)

'1. 지원 안내-지원 분야'의 '공동체 활동형(5인 이상)'과 '지원 대상'을 통해 OO광역시 OO구가 생활권인 주민 모임은 본 사업에 지원할 수 있음을 알 수 있다.

[관련 지문 인용] OO광역시 OO구에 거주하거나 생활권(직장, 학교 등)을 영유하고 있는 주민 모임

(오답분석)

① '1. 지원 안내-지원 분야'의 '공동체 형성형(3인 이상)'을 통해 인원 수가 4명인 모임은 공동체 형성형에 지원할 수 있음을 알 수 있다.

② '1. 지원 안내-지원 분야'의 '공동체 연계형'에서는 공동체 간 연계나 공동체와 지역 기관 간의 연계를 지원함을 알 수 있다.
[관련 지문 인용] 공동체 간 연계 활동 및 로컬 기관과 공동체의 연계 활동 지원

③ '※ 지원 제외 대상'에서 '일회성 · 전시성(캠페인, 페스티벌 등) 사업'은 본 사업에 지원할 수 없음을 알 수 있다.

④ '1. 지원 안내-지원 대상'을 통해 외국인등록증이 있다면 OO광역시 OO구에 거주하는 외국인 주민 모임도 본 사업에 지원할 수 있음을 알 수 있다.
[관련 지문 인용] OO광역시 OO구에 거주하는 외국인 중 외국인 등록증이 있는 주민 모임

87 공문 - 구체적 상황에 적용하기 정답 ⑤

(정답분석)

'2. 지원 내용-사업 비목별 예산 지급 기준'의 '강연료' 표를 통해 대학 교수인 '갑'은 일반 1급, 3년 경력의 법무사인 '을'은 일반 1~2급 기재된 대상에 속하지 않으므로 일반 3급임을 알 수 있다. '갑'의 강연 시간은 2시간으로, 강연료는 350,000원[250,000(최초 1시간) + 100,000(초과 1시간)]이다. '을'이 2시간 15분을 추가로 강연한다면 총 4시간 30분 강연하는 것이므로 '을'의 강연료는 300,000원[100,000(최초 1시간) + 200,000(초과 3시간 30분)]임을 알 수 있다. 따라서 적절하지 않은 것은 ⑤이다.

[관련 지문 인용]

- 일반 1급: 대학(교) 교수, 법무사(실무 경력 5년 이상)
- 일반 3급: 기타 상기 등급에 속하지 아니하는 자
- 초과 시간은 30분 이상부터 1시간으로 인정.

(오답분석)

① '강연료' 표를 통해 대학교수인 '갑'은 일반 1급, 경력 5년 미만의 법무사인 '을'은 일반 3급, 경력 5년 미만의 민간연구기관 소속 연구원인 '병'은 일반 2급에 속함을 알 수 있다.

②③ '갑, 을, 병'의 강연료는 다음과 같으므로 셋 중에서 '갑'의 강연료가 가장 많고 '을'의 강연료가 가장 적다.

강사(강연 시간)	강연료
갑(2시간)	350,000원 [250,000(최초 1시간) + 100,000(초과 1시간)]
을(2시간 15분)	150,000원 [100,000(최초 1시간) + 50,000(초과 1시간)]
병(1시간 45분)	220,000원 [150,000(최초 1시간) + 70,000(초과 45분)]

[관련 지문 인용] 초과 시간은 ~ 30분 미만은 강의 시간에 미포함

④ '갑'은 일반 1급에 속하므로 강연 최초 1시간을 제외하고, 1시간씩 초과할 때마다 100,000원을 받는다.

88 공익 광고 - 독자의 반응 파악하기 정답 ⑤

(정답분석)

<보기>는 의약품에 점자가 없거나 희미하게 표시돼 시각 장애인이 의약품을 안전하게 사용할 수 없다는 내용으로, 시각 장애인이 안전하게 의약품을 사용할 수 있게 조치해야 한다는 주제를 전달하는 공익 광고이다. 따라서 <보기>를 보고 의약품 오용과 관련된 반응을 하는 것은 적절하지 않으므로 ⑤이다.

(오답분석)

① <보기>의 문구 중에서 '대부분 점자가 없으며 있어도 희미해 알기 힘들고'를 보고 의약품에 표시하는 점자는 시각 장애인이 식별할 수 있게 표시해야 한다고 반응할 수 있다.

② <보기>의 문구 중에서 '몇 알을 먹어야 하는지 기본적인 정보조차 표시 되어있지 않다'를 보고 시각 장애인이 약의 효능이나 복용법과 같은 기본 정보를 점자로 파악할 수 있게 해야 한다고 반응할 수 있다.

③ 비장애인이 식별할 수 있는 글씨는 시각 장애인이 식별할 수 없으므로, <보기>의 그림에서 약품의 정보를 뿌옇게 처리한 것은 시각 장애인의 입장에서 의약품을 마주할 때의 느낌을 표현한 것이라고 반응할 수 있다.

④ <보기>는 시각 정보로 의약품 정보를 확인할 수 없는 상황을 나타낸 것이므로, <보기>를 보고 시각 외의 수단으로 의약품 정보를 확인할 수 있는 서비스 개발이 필요하다고 반응할 수 있다.

※ 출처: 한국방송광고진흥공사, https://www.kobaco.co.kr

89 안내문 - 정보 확인하기 정답 ②

(정답분석)

'2. 신청 절차-1)'을 통해 인사팀에 보안 서약서를 제출한 뒤 재택근무를 해야 함을 알 수 있으므로 답은 ②이다.

[관련 지문 인용] 재택근무 신청서 및 보안 서약서 작성 후 인사팀에 제출한 직원에 한하여 재택근무 신청 가능

(오답분석)

①③④⑤ 윗글의 내용과 일치하지 않는다.

① '3. 신청 기간'을 통해 알 수 있다.
[관련 지문 인용] 주당 최대 2일까지 가능

③ '2. 신청 절차-2)'를 통해 알 수 있다.
[관련 지문 인용] 재택근무 업무 수행 계획서는 주의 마지막 근무일에 근무상황부 상신 시 첨부

④ '재택근무 시 조성해야 할 능률적 근무 환경'의 4번째 항목을 통해 알 수 있다.
[관련 지문 인용] PC방, 커피숍 등 불특정 다수가 사용하는 곳의 PC에서는 재택근무를 금지함

⑤ '재택근무 시 조성해야 할 능률적 근무 환경'의 3번째 항목을 통해 재택근무자가 직접 자신의 업무 전화를 받아야 함을 알 수 있다.
[관련 지문 인용] 재택근무 중에도 업무 전화에 대응하기 위해 본인의 업무 전화를 휴대전화 등으로 착신 전환하여야 하며,

※ 출처: 서울정보소통광장, https://opengov.seoul.go.kr

90 안내문 - 구체적 상황에 적용하기 정답 ③

정답분석

업무 수행 시 다른 기관과 자주 협력해야 하는 업무는 ㉠의 '다른 팀이나 조직과의 업무 협조가 빈번하게 발생하지 않는 업무'에 해당하지 않으므로 적절하지 않다.

오답분석

① ㉠의 '스스로 업무 계획을 세우고 자율적으로 업무 관리를 할 수 있는 업무'에 해당한다.

② ㉠의 '특정한 장소에서 수행하지 않아도 되는 업무'에 해당한다.

④ ㉠의 '높은 수준의 보안을 요구하지 않거나 보안 대책을 마련할 수 있는 업무'에 해당한다.

⑤ '재택근무에 부적합한 업무(승인 불가)' 중 현장 중심 업무에 '안전 점검'과 관련된 내용이 있으나 끝마친 안전 점검의 결과를 보고하는 업무는 안전 점검 현장에서 진행해야 하는 업무가 아니며, ㉠의 '상대적으로 결재나 보고의 빈도가 낮은 업무'에 해당하므로 적절하다.

91 한국 문학의 작품 파악하기 정답 ③

정답분석

일본의 식민 지배에서 벗어난 이후의 혼란스러웠던 사회 상황을 배경으로 권력에 빌붙어 살아가는 기회주의자를 비꼬는 채만식의 단편 소설이라는 점을 통해 <보기>에서 설명하고 있는 문학 작품이 ③의 「미스터 방」임을 알 수 있다. 참고로, 「미스터 방」은 주인공 방삼복을 통해 속물적이고 기회주의적인 인간을 풍자적으로 그려낸 작품이다.

오답분석

① **「탁류」**: 채만식이 지은 장편 소설로, 주인공 초봉의 비극적 삶을 통해 1930년대의 타락하는 사회적 상황을 날카롭고 사실적인 문체로 표현한 작품이다.

② **「태평천하」**: 채만식이 지은 장편 소설로, 일제 강점기의 현실을 태평세월로 믿는 주인공 윤 직원을 통하여 당시의 현실을 풍자적으로 그린 작품이다.

④ **「학마을 사람들」**: 이범선이 지은 단편 소설로, 일제 강점기 말부터 6.25 전쟁까지 비참한 상황 속에서도 희망을 잃지 않고 살아가는 인간상을 고고한 학에 비유한 작품이다.

⑤ **「술 권하는 사회」**: 현진건이 지은 단편 소설로, 암담한 식민지 사회에서 지식인은 자신의 능력을 발휘할 수 없어 그 고뇌를 술로 달랠 수밖에 없는 상황을 사회가 술을 권하는 것이라고 표현하며 시대적 상황을 풍자하는 작품이다.

92 한국 문학의 작품 파악하기 정답 ①

정답분석

김만중의 작품으로, 세속적 욕망의 부질없음과 불교적 깨달음을 주제로 하고 8명의 여인이 등장한다는 점을 통해 <보기>에서 설명하고 있는 문학 작품이 ①의 「구운몽」임을 알 수 있다. 참고로, 「구운몽」은 조선 숙종 때 김만중이 지은 장편 소설로, 육관 대사의 제자인 성진이 인간 세상의 양소유로 환생하여 입신양명하여 부귀영화를 누리다가 깨어 보니 꿈임을 깨닫고 본래의 모습으로 돌아와 도를 닦고 극락으로 간다는 내용이다.

오답분석

② **「조웅전」**: 조선 시대의 군담 소설로, 정확한 작가와 창작 연대는 알 수 없다. 중국 송나라 문제 때 간신 이두병의 참소로 조 승상이 죽고, 그의 아들 조웅이 이두병을 피해 도망가고 이후 유랑하던 중 장 소저와 백년가약을 맺고, 위기에 처한 태자를 구출하고 수십만 대군으로 송나라를 구해 낸다는 내용이다.

③ **「한중록」**: 장헌 세자의 빈인 혜경궁 홍씨가 지은 자전적 회고록으로, 출생, 세자빈 간택, 입궁 후의 궁중 생활을 돌아보며 쓴 기록물이다.

④ **「서포만필」**: 조선 숙종 때 김만중이 지은 수필집으로, 중국의 제자백가에 대한 의문점을 해석하고 우리 시에 대한 비평을 수록했다.

⑤ **「옥단춘전」**: 조선 후기의 한글 애정 소설로, 정확한 작자와 창작 연대는 알 수 없다. 주인공 이혈룡이 기생 옥단춘의 도움으로 출세하여 자기를 홀대한 친구 김진희의 죄를 다스리고 옥단춘과 재회하여 행복하게 산다는 내용이다.

93 한국 문학의 작가 파악하기 정답 ④

정답분석

대표작이 「화수분」이며, 일제 강점기에 힘겹게 살아가는 개인을 인도주의와 기독교적 가치관으로 서술한 소설가라는 점에서 <보기>에서 설명하는 작가가 '전영택'임을 알 수 있으므로 답은 ④이다.

오답분석

① **김승옥**: 1960년대에 활동한 작가로, 개인이 꿈이나 낭만을 펼칠 수 없을 뿐 아니라 이로 인해 개인이 좌절하게 되는 사회적 배경을 비판하는 소설을 주로 창작하였다. 대표작으로는 「서울, 1964년 겨울」, 「무진기행」 등이 있다.

② **김유정**: 일제 강점기에 활동한 작가로, '구인회'의 일원이며 농촌과 도시의 토속적 인간상을 유머러스한 필치로 그려 내었다. 대표작으로는 「봄봄」, 「동백꽃」 등이 있다.

③ **김정한**: 수탈당하는 농민, 어촌민 등 일제 강점기와 같은 시대의 흐름 속에서 고통을 받고 핍박을 당하는 가난한 사람들의 삶을 주로 그려 내었다. 대표작으로는 「사하촌」, 「모래톱 이야기」 등이 있다.

⑤ **조세희**: 1970년대 계급 및 계층의 대립을 바탕으로 한국 사회의 모순을 주로 다룬 '난장이 연작'이 대표작인 작가로, 소설 양식이 확대되는 기반을 연작 형식으로 확립하였다.

94 근대·개화기 자료 내용 파악하기

정답 ②

정답 분석

윗글은 숭실대 중학생이 고학생 후원회를 만들어 학비 마련이 어려운 학생들을 후원하고자 여러 활동을 할 계획이라는 내용의 기사이다. 1~3번째 줄을 통해 고학생 후원회가 동정금을 모아 후원하려는 대상은 평양 출신의 학생이 아니라, 학업을 위해 타지에서 평양으로 온 학생들임을 알 수 있다. 따라서 가장 적절하지 않은 것은 ②이다.

[관련 지문 인용] 평양[평양(平壤)]에는 만흔형뎨와자매들이 우리 도남과갓치살아가랴면은 학문을배오지안이하면안이되겟다는생각이 발생하야졍이깁흔고행을멀니두고 셔로다토어가며 모여드는학생들즁에 학비의곤란을인하야 무한한고통을밧는이가젹지안이한모양이다

오답 분석

① 끝에서 1~2번째 줄 '본월구일[이월구일(二月九日)]오젼에 고학생후원회쥬최로 슝실즁하교이층에셔 음악대연쥬회를개최한다는대'를 통해 알 수 있다.

③ 5~6번째 줄 '슝실대즁학생[숭실대중학생(崇實大中學生)]들의발긔로 고학생후원회를조직하고'를 통해 알 수 있다.

④ 끝에서 1~3번째 줄 '회[회(會)]의확장과밋긔본금[기본금(基本金)]증식을목적하고 ~ 고학생후원회쥬최로 슝실즁하교이층에셔 음악대연쥬회를개최한다는대'를 통해 알 수 있다.

⑤ 3~4번째 줄 '매약행상[매약행상(賣藥行商)]이나혹은 신문배달[신문배달(新聞配達)]로 간구히학자금을어더가며'를 통해 알 수 있다. 참고로, '매약행상(賣藥行商)'은 '약품을 파는 장사. 또는 그런 장수'를 의미한다.

95 작품에 쓰인 어휘의 의미 파악하기

정답 ②

정답 분석

㉡ '말석'은 '좌석의 차례에서 맨 끝 자리'를 뜻하므로 의미가 적절하지 않은 것은 ②이다. 참고로, '사람이 앉지 않아 비어 있는 자리'를 뜻하는 말은 '공석'이다.

96 중세 국어 문법 이해 및 적용하기

정답 ①

정답 분석

'ㅌ는 혀쏘리니'를 통해 '舌音'이 '혀쏘리'로 번역됨을 알 수 있다. 그러나 설음의 기본자인 'ㄴ'부터 설명하고 있지 않으므로 답은 ①이다.

오답 분석

② 글자 왼쪽에 점을 0~2개 찍어 소리의 높낮이(성조)를 표시하고 있으며, 이때 성조를 표시하기 위해 찍는 점을 방점이라고 하므로 적절하다.

③ 'ㄷ, ㅌ, ㄴ, ㅂ' 등 <보기>에서 설명하는 자음 다음에 보조사 'ᄂᆞᆫ'을 쓰고 있으므로 적절하다.

④ 'ㅌ는 舌쐏音흠이니', 'ㅂ는 脣쓘音흠이니', '脣쓘은 입시우리라'에서 한자음을 나타내는 '흠' 뒤에서는 끊어 적기를 하고 있고, '소리 ᄀᆞᄐᆞ니라', '脣쓘은 입시우리라'에서 'ᄀᆞᆮ-'과 '입시울'의 받침 'ㅌ, ㄹ'을 뒤의 모음 'ᆞ'와 '이'의 초성에 옮겨 적는 이어 적기를 하고 있으므로 적절하다.

⑤ 'ㄷ'은 '舌音(설음) = 혀쏘리'이며, 'ㅂ'은 '脣音'이다. '脣쓘은 입시우리라'에서 '脣'이 '입시울'이라고 하였으므로 'ㄷ'은 혀에서, 'ㅂ'은 입술(입시울)에서 나는 소리임을 알 수 있다.

※ 출처: 서울대학교 규장각한국학연구원

97 남북한의 언어 구분하기

정답 ③

정답 분석

'섭섭하지 않다'에서 '하' 앞의 받침은 [ㅂ]이며, '하지' 뒤에 '않다'가 온 형태이므로 남한에서는 '하'를 통째로 줄여 '섭섭지 않다'로, 북한에서는 '하지'를 '치'로 줄여 '섭섭치 않다'로 적어야 한다. 따라서 북한의 표기는 옳지만 남한의 표기가 틀린 ③이 답이다.

오답 분석

①④⑤ '고려하지 않다', '편안하지 못하다', '풍부하지 못하다'에서 '하' 앞의 받침은 [ㄱ, ㄷ, ㅂ]가 아니며, '하지' 뒤에 '않다'와 '못하다'가 온 형태이므로 남한에서는 '하'의 'ㅏ'를 줄이고, 북한에서는 '하지'를 '치'로 줄여 각각 '고려치 않다', '편안치 못하다', '풍부치 못하다'로 적어야 하므로 적절하다.

② '똑똑하지 않다'에서 '하' 앞의 받침은 [ㄱ]이며, '하지' 뒤에 '않다'가 온 형태이므로 남한에서는 '하'를 통째로 줄여 '똑똑지 않다'로, 북한에서는 '하지'를 '치'로 줄여 '똑똑치 않다'로 적어야 하므로 적절하다.

98 제시된 수어의 뜻 찾기

정답 ②

정답 분석

주어진 수어는 오른손의 손바닥이 위를 향하게 하고, 손을 편 상태에서 입 쪽으로 손을 올리는 형태이므로 '먹다'를 나타내는 수어임을 알 수 있다. 따라서 답은 ②이다.

오답 분석

① **듣다**: 오른손을 주먹 쥐고, 1지(검지)를 펴서 반만 구부린 뒤, 손가락의 끝이 오른쪽 귀로 향하게 두고 좌우로 두 번 움직이는 형태로 표현한다.

③ **자다**: 오른손을 주먹 쥐고, 1지(검지)와 2지(중지)만 펴서 손가락의 끝이 눈으로 향하게 한 뒤 왼쪽에서 오른쪽으로 움직이며 손가락을 한 번 굽히는 형태로 표현한다.

④ **좋다**: 오른손을 주먹 쥐고, 5지(엄지)와 1지(검지) 옆 부분을 코에 닿게 하는 형태로 표현한다.

⑤ **괜찮다**: 오른손을 주먹 쥐고, 4지(소지)만 펴서 소지의 끝부분을 턱에 두 번 닿게 하는 형태로 표현한다.

99 제시어에 대응하는 점자 찾기 정답 ①

(정답분석)

점자 표기가 바르게 된 것은 ㉠ '곶', ㉤ '측'이므로 답은 ①이다.

(오답분석)

- ㉡ 극: 첫소리 'ㄱ', 모음 'ㅡ'의 점자 표기는 적절하나 받침 'ㄱ'의 표기가 받침 'ㄹ'의 표기로 되어 있어 적절하지 않다.
- ㉢ 길: 첫소리 'ㄱ', 모음 'ㅣ'의 점자 표기는 적절하나 받침 'ㄹ'의 표기가 첫소리 'ㄹ'의 표기로 되어 있어 적절하지 않다.
- ㉣ 직: 첫소리 'ㅈ', 모음 'ㅣ'의 점자 표기는 적절하나 받침 'ㄱ'의 표기가 첫소리 'ㄱ'의 표기로 되어 있어 적절하지 않다.

100 방송 언어 표현 파악하기 정답 ②

(정답분석)

보도문 등에서 사용되는 방송 언어는 표준어여야 하지만, '일의 바탕을 비유적으로 이르는 말'을 뜻하는 표준어는 '주추'이다. 따라서 적절하지 않은 것은 ②이다.

(오답분석)

① 인용하는 자료는 자료를 사용하는 사람이 직접 제작하거나 취재한 것이 아니라면 그 출처를 명확히 밝혀야 한다.

③ '으로'는 움직임의 방향, 경로, 변화의 방향 등을 나타내는 조사이며 '을'은 행동의 출발점을 나타내는 조사이므로 적절하다.

④ 발화 시점에서 과거에 일어난 사실을 나타낼 때 사용할 수 있는 어미는 '-는'이 아닌 '-은'이므로 적절하다.

- -는: 앞말이 관형어 구실을 하게 하고 이야기하는 시점에서 볼 때 사건이나 행위가 현재 일어남을 나타내는 어미
- -은: 앞말이 관형어 구실을 하게 하고 동작이 과거에 이루어졌음을 나타내는 어미

⑤ 방송 언어는 접하는 사람들이 이해하기 쉬워야 한다. 따라서 전문어나 어려운 한자어의 사용은 최대한 지양하되, 불가피하게 사용할 때는 방송 언어를 접하는 사람들이 방송을 쉽게 이해할 수 있도록 전문어나 한자어의 뜻을 해설하는 등의 조치를 취해야 하므로 적절하다.

3회 기출동형 모의고사

p. 97

1 ②	2 ⑤	3 ②	4 ①	5 ②
6 ⑤	7 ①	8 ④	9 ②	10 ③
11 ①	12 ②	13 ①	14 ④	15 ⑤
16 ②	17 ③	18 ③	19 ③	20 ④
21 ④	22 ②	23 ④	24 ④	25 ⑤
26 ①	27 ③	28 ③	29 ④	30 ③
31 ①	32 ⑤	33 ⑤	34 ⑤	35 ③
36 ②	37 ②	38 ④	39 ③	40 ③
41 ②	42 ③	43 ⑤	44 ④	45 ②
46 ⑤	47 ⑤	48 ①	49 ①	50 ④
51 ④	52 ④	53 ③	54 ⑤	55 ④
56 ③	57 ③	58 ④	59 ②	60 ②
61 ⑤	62 ③	63 ⑤	64 ④	65 ③
66 ①	67 ⑤	68 ⑤	69 ②	70 ⑤
71 ④	72 ③	73 ④	74 ④	75 ④
76 ⑤	77 ⑤	78 ④	79 ④	80 ④
81 ④	82 ④	83 ③	84 ⑤	85 ④
86 ④	87 ④	88 ④	89 ④	90 ⑤
91 ⑤	92 ④	93 ①	94 ③	95 ①
96 ②	97 ②	98 ②	99 ④	100 ③

1 그림 - 그림을 보며 해설 파악하기

정답 ②

정답분석

르누아르는 여러 사람이 무도회장에 모여 춤을 추는 어수선한 장면을 균형 있게 그림에 담아냈다고 하였으므로 적절한 것은 ②이다.

[관련 지문 인용] 여러 명이 모여 몸을 움직이고 있으니 어수선해 보일 수 있겠지만, 르누아르는 이 풍경을 정돈된 느낌으로 균형감 있게 그렸습니다.

오답분석

① '그림 오른쪽 아래에서 테이블에 앉아 이야기를 나누는 사람들을 제외하면, 그림에 등장하는 모든 사람이 흥겹게 춤을 추고 있습니다'를 통해 알 수 있다.

③ 전경에 크게 그려진 인물에 관람객이 집중하지 않게 그 인물의 시선이 정면을 향하게 그렸다고 하였으므로 적절하지 않다.
[관련 지문 인용] 전경에 존재하지만~이 인물의 시선이 정면을 향하게 해, 그림을 보는 사람의 눈길이 집중되지 않게 하였습니다.

④ '그림의 왼쪽에서 여인과 춤을 추는 베이지색 바지를 입은 신사는 스페인 화가 돈 페드로인데요'를 통해 그림 왼쪽의 인물이 스페인 화가 돈 페드로인 것은 알 수 있으나, 그의 의뢰로 이 그림을 그려졌는지는 알 수 없으므로 적절하지 않다.

⑤ '나무 사이로 투과되는 햇빛과 이로 인해 만들어지는 그림자를 어두운 명암 없이도 잘 표현했다는 점에서'를 통해 알 수 있다.

듣기 지문

평소 서민 문화에 관심이 많았던 르누아르는 파리의 '물랭 드 라 갈레트'에서 열리는 무도회에 자주 찾아가 옷을 차려입고 춤을 추는 서민들의 모습을 즐겨 그렸습니다. 그래서 이 그림의 제목이 '물랭 드 라 갈레트의 무도회'인 것이죠. 복작복작하게 모여 음악에 맞춰 춤을 추는 사람들이 매우 생기 넘쳐 보이지 않나요? 그중에서도 춤을 추는 데 열중한 여인들의 드레스는 패션에 관심이 많던 르누아르의 손끝에서 역동적으로 표현되었습니다. 그림의 왼쪽에서 여인과 춤을 추는 베이지색 바지를 입은 신사는 스페인 화가 돈 페드로인데요, 그는 전경에 존재하지만 비교적 크게 그려져 있습니다. 르누아르는 이 인물의 시선이 정면을 향하게 해, 그림을 보는 사람의 눈길이 집중되지 않게 하였습니다. 그림 오른쪽 아래에서 테이블에 앉아 이야기를 나누는 사람들을 제외하면, 그림에 등장하는 모든 사람이 흥겹게 춤을 추고 있습니다. 여러 명이 모여 몸을 움직이고 있으니 어수선해 보일 수 있겠지만, 르누아르는 이 풍경을 정돈된 느낌으로 균형감 있게 그렸습니다. 또한 나무 사이로 투과되는 햇빛과 이로 인해 만들어지는 그림자를 어두운 명암 없이도 잘 표현했다는 점에서 그의 우수한 실력을 엿볼 수 있습니다.

2 이야기 - 주제 추론하기

정답 ⑤

정답분석

이야기에서 김생은 필요 이상의 재물을 욕심내는 아우의 행동이 다른 사람에게 피해를 주게 된다며 꾸짖고 있고, 김생의 어머니는 자신의 것이 아닌 재물을 욕심내는 김생의 행동이 김생에게 피해를 주게 된다며 꾸짖고 있다. 이를 통해 재물에 대한 욕심은 결국 타인과 자신에게 피해를 입힌다는 주제를 이끌어 낼 수 있으므로 적절한 것은 ⑤이다.

오답분석

①② 우연히 얻게 된 금을 탐내는 김생을 꾸짖는 김생의 어머니의 말에서 도출할 수 있는 주제이나, 재물에 대한 욕심이 타인을 해친다는 주제를 포함하지 못하므로 적절하지 않다.

③ 염색업으로 이익을 얻으려 하는 아우를 꾸짖는 김생의 말에서 도출할 수 있는 주제이나, 재물에 대한 욕심이 자신을 해친다는 주제를 포함하지 못하므로 적절하지 않다.

④ 부족한 사람을 도우며 살아야 한다는 내용은 이 이야기로 도출하기 어려운 주제이므로 적절하지 않다.

듣기 지문

조선 시대에 김생이라는 사람이 있었습니다. 김생과 그의 아우는 관청에서 일하고 있었습니다. 하루는 김생이 아우의 집에 들렀는데, 어찌 된 건지 마당에 못 보던 항아리가 가득했습니다. 이상히 여긴 김생이 그 이유를 묻자, 아우는 염색업을 시작해 돈을 많이 벌고 있다고 자랑했습니다. 이 말에 김생은 화를 내며 아우를 꾸짖었습니다.

"우리 형제는 관직에 있어서 살기에 불편함이 없을 만큼 후한 녹봉을 받고 있건만, 너는 어찌 과욕을 부리느냐? 네가 이렇게까지 하여 재물을 취한다면, 네 과욕 때문에 본래 이 일을 생업으로 삼는 사람들이 어려움을 겪게 된다는 걸 왜 생각하지 못하느냐?"

김생의 이런 성품은 어린 시절 그의 어머니의 가르침에서 비롯된 바가 큽니다. 어느 날 아궁이 밑에서 우연히 금덩이 하나를 발견한 어린 김생은 기뻐하며 어머니에게 달려갔습니다.

"어머니, 금입니다! 제가 금을 발견했어요!"

그러나 어머니는 오히려 그를 꾸짖었습니다.

"그 금은 네 물건이 아닌데 어찌 이리 기뻐하느냐. 네가 그 금을 취한다면 그로 인해 재물에 대한 탐욕이 생길 터이고, 그 마음이 끝내는 너 자신을 해하게 될 것이다."

그러고는 그 금을 원래 자리에 묻고 멀리 이사를 갔다고 합니다.

3 강연 - 세부 내용 파악하기

정답 ②

정답분석

달러, 유로, 위안화를 기준으로 한 환율은 외화 1단위를 기준으로 하지만 엔화를 기준으로 한 환율은 100엔을 기준으로 한다고 했다. 따라서 적절하지 않은 것은 ②이다.

[관련 지문 인용] 달러, 유로, 위안화의 단위는 1달러, 1유로, 1위안을 기준으로 하지만, 일본 화폐 단위인 엔은 100엔이 기준이 됩니다.

오답분석

① '외환이 수요량보다 많이 공급된다면 환율은 하락하고'를 통해 알 수 있다.

③ '환율은 자기 나라 돈과 다른 나라 돈의 교환 비율을 뜻하고'를 통해 알 수 있다.

④ '환율이 하락하면 ~ 수출이 감소하고, ~ 수입이 증가합니다'를 통해 알 수 있다.

⑤ '환율이 하락하면 원화 가치는 상승합니다. 원·달러 환율을 기준으로 이런 상황을 '달러 약세'라고 부르고'를 통해 알 수 있다.

듣기 지문

'원·달러 환율은 3원 오른 1,233.2원으로 장을 마감했다'와 같은 말, 한 번쯤은 접해 보셨을 겁니다. 여기서 환율은 자기 나라 돈과 다른 나라 돈의 교환 비율을 뜻하고, 주로 외화를 기준으로 표기합니다. 특이한 것은 달러, 유로, 위안화의 단위는 1달러, 1유로, 1위안을 기준으로 하지만, 일본 화폐 단위인 엔은 100엔이 기준이 됩니다. 물품의 가격이 물품이 거래되는 시장의 수요와 공급에 따라 정해지듯, 환율도 외환이 거래되는 외환 시장에서의 수요와 공급에 따라 정해집니다. 따라서 외환이 수요량보다 많이 공급된다면 환율은 하락하고, 적게 공급된다면 환율은 상승합니다. 또, 환율의 변화와 원화 가치는 반비례 관계로, 환율이 하락하면 원화 가치는 상승합니다. 원·달러 환율을 기준으로 이런 상황을 '달러 약세'라고 부르고, 반대의 상황은 '달러 강세'라고 부릅니다. 그렇다면 환율은 낮을수록 좋을까요? 그렇지 않습니다. 환율이 하락하면 수출품의 가격이 상승해 수출이 감소하고, 수입품의 금액이 하락해 수입이 증가합니다. 그 결과 국내 제품과 경쟁하는 수입 제품에 대한 수요가 증가하여 국내 산업이 침체할 우려도 있습니다.

4 라디오 - 세부 내용 파악하기

정답 ①

정답분석

'영화의 배경인 뉴욕 워싱턴하이츠에'를 통해 워싱턴하이츠는 뉴욕에 있는 도시임을 알 수 있으므로 적절하지 않은 것은 ①이다.

오답분석

② '인 더 하이츠'는 영화와 영화의 원작인 뮤지컬, 영화의 도입부 노래의 제목이므로 적절하다.

[관련 지문 인용] 오늘은 동명의 뮤지컬을 원작으로 한 영화 '인 더 하이츠'를 소개해 드리겠습니다. ~ 그중 영화와 제목이 같은 도입부의 노래에는

③ '영화에서 가장 중요한 장면은 대규모 정전 사태입니다. 실제 워싱턴하이츠에서 일어나기도 했던 이 정전 속에서'를 통해 알 수 있다.

④ '영화의 도입부는 끝에서 반복되는데 결말에 이르러서야 도입부에서 우스나비와 이야기하던 아이들이 우스나비와 바네사의 아이들임을 알 수 있습니다'를 통해 알 수 있다.

⑤ '니나'는 유색 인종 차별 문제를, '바네사'는 가난이 대물림되는 이민자 사회를, '소니'는 불법 이민 문제를 대변한다고 하였으므로 적절하다.

[관련 지문 인용] 스탠퍼드에 진학했지만 유색 인종 차별을 경험하고 워싱턴하이츠로 도망쳐 온 니나, 대물림된 가난 때문에 워싱턴하이츠를 떠나지 못하는 바네사, 불법 이민자의 2세인 소니에게서도 이민자가 겪는 사회적 문제를 엿볼 수 있습니다.

듣기 지문

오늘은 동명의 뮤지컬을 원작으로 한 영화 '인 더 하이츠'를 소개해 드리겠습니다. 뮤지컬이 원작인 만큼 영화 속 이야기는 대부분 노래로 전달됩니다. 그중 영화와 제목이 같은 도입부의 노래에는 영화의 배경인 뉴욕 워싱턴하이츠에 사는 인물들의 특성이 담겨 있습니다. 영화 속 인물에게서 미국에서 살아가는 이민자의 현실을 엿볼 수 있는데요. 중심인물인 우스나비, 클라우디아, 로사리오를 통해 미국에 중남미 출신의 이민자가 많고, 이민자 대부분이 저숙련 · 저임금 노동에 종사하고 있음을 보여 줍니다. 또한 스탠퍼드에 진학했지만 유색 인종 차별을 경험하고 워싱턴하이츠로 도망쳐 온 니나, 대물림된 가난 때문에 워싱턴하이츠를 떠나지 못하는 바네사, 불법 이민자의 2세인 소니에게서도 이민자가 겪는 사회적 문제를 엿볼 수 있습니다. 영화에서 가장 중요한 장면은 대규모 정전 사태입니다. 실제 워싱턴하이츠에서 일어나기도 했던 이 정전 속에서 워싱턴하이츠의 모두가 따르던 클라우디아가 세상을 떠나지만 동시에 사람들은 삶을 살아갈 용기를 얻습니다. 이후 워싱턴하이츠를 떠나려 하던 우스나비는 바네사와 서로의 마음을 확인하고 함께 워싱턴하이츠에 남고, 클라우디아가 생전에 산 복권이 당첨되어 소니가 영주권을 얻는 데 쓰이기도 하는 등 일상 속 작은 변화가 줄지어 일어납니다. 영화의 도입부는 끝에서 반복되는데, 결말에 이르러서야 도입부에서 우스나비와 이야기하던 아이들이 우스나비와 바네사의 아이들임을 알 수 있습니다.

5 시 - 소재의 의미 추론하기

정답 ②

정답분석

1연 1행 '꽃이 피네'를 통해 이 시에서 묘사하고 있는 대상이 '꽃이 핌', 즉 '개화(開花)'임을 알 수 있다. 참고로, 이 시는 꽃이 피는 과정을 시간 순서대로 표현하고 있으며 꽃이 피는 모습을 통해 생명이 탄생하는 순간에 대한 신비함과 경이로움을 나타낸 현대 시조이다.

오답분석

① **개벽(開闢)**: 1. 세상이 처음으로 생겨 열림 2. 세상이 어지럽게 뒤집힘 3. 새로운 시대가 열리는 것을 비유적으로 이르는 말

③ **고독(孤獨)**: 세상에 홀로 떨어져 있는 듯이 매우 외롭고 쓸쓸함

④ **낙화(落花)**: 떨어진 꽃. 또는 꽃이 떨어짐

⑤ **적막(寂寞)**: 1. 고요하고 쓸쓸함 2. 의지할 데 없이 외로움

듣기 지문

꽃이 피네,
한 잎
한 잎
한 하늘이
열리고 있네.

마침내
남은 한 잎이
마지막
떨고 있는 고비.

바람도
햇볕도
숨을 죽이네
나도 그만
눈을 감네.

- 이호우, 「개화(開花)」

6 대담 - 세부 내용 파악하기

정답 ⑤

정답 분석

전문가의 4번째 발언을 통해 주간 수면 시간은 늘 일정한 것이 좋다는 점을 알 수 있으므로 적절하지 않은 것은 ⑤이다.

[관련 지문 인용] 휴일에 몰아 잔다고 해서 피로가 풀리는 것은 아닙니다. 휴일에도 평소처럼 자는 것이 좋습니다.

오답 분석

① 전문가의 5번째 발언을 통해 낮잠을 자면 불면증이 더욱 악화됨을 알 수 있으므로 적절하다.
[관련 지문 인용] 불면증이 있는 사람은 ~ 낮잠을 많이 자게 되면 밤에 잠이 오지 않기 때문에 악순환이 반복됩니다.

② 전문가의 6번째 발언을 통해 알 수 있다.
[관련 지문 인용] 포만감을 느끼는 호르몬의 분비가 적어집니다. 그럴 경우 허기를 잘 느끼고 많이 먹게 돼서 비만이 될 가능성이 높아집니다.

③ 전문가의 2번째 발언을 통해 알 수 있다.
[관련 지문 인용] 그중에 가장 설득력 있는 건, ~ 몸에 피로가 쌓이면 이 피로를 풀기 위해 잠을 자야 한다는 거지요.

④ 전문가의 3번째 발언을 통해 잠을 적게 자거나 많이 자는 것도 좋지 않지만, 수면을 규칙적으로 취하지 않는 것이 더 해롭다는 점을 알 수 있으므로 적절하다.
[관련 지문 인용] 그렇다고 너무 많이 자면 수면 리듬이 깨져 피곤해집니다. 또한 잠을 적게 자는 것도 해롭지만 불규칙하게 자는 것이 더 해롭습니다.

듣기 지문

진행자: 안녕하세요. '건강한 생활' 시간입니다. 오늘은 '잠'에 대한 궁금증을 풀기 위해 전문가 한 분을 모셨습니다. 안녕하세요, 김 박사님?

전문가: 안녕하십니까?

진행자: 박사님, 오늘은 청취자들의 질문이 많습니다. '사람은 왜 잠을 잘까?', '몇 시간이나 자는 것이 적당할까?', '낮잠을 자는 것이 좋은가?', '불면증일 경우 어떻게 할까?' 이런 내용들입니다. 먼저, 사람은 왜 잠을 잘까요?

전문가: 잠을 자는 원인에 대해서는 다양한 의견이 있습니다. 그중에 가장 설득력 있는 건, 우리 몸에 잠이 필요하기 때문이라는 설명입니다. 즉, 다양한 활동으로 몸에 피로가 쌓이면 이 피로를 풀기 위해 잠을 자야 한다는 거지요.

진행자: 예. 그럼, 몇 시간 자는 것이 적당할까요?

전문가: 사람에게 필요한 수면 시간을 일률적으로 정할 수는 없습니다. 하지만 정상인의 수면 주기를 고려할 때, 여덟에서 아홉 시간은 자야 최고의 컨디션을 유지할 수 있습니다. 그렇다고 너무 많이 자면 수면 리듬이 깨져 피곤해집니다. 또한 잠을 적게 자는 것도 해롭지만 불규칙하게 자는 것이 더 해롭습니다.

진행자: 예. 그리고 낮잠을 많이 자서 걱정이라는 질문도 있었는데요, 낮잠을 자는 것이 좋은가요?

전문가: 음, 좋을 수도 있고 나쁠 수도 있습니다. 우선 밤잠이 부족한 사람은 낮잠을 자는 것이 좋습니다. 가령 입시 준비로 잠이 부족한 수험생은 부족한 수면량을 낮에 조금씩 보충하는 것이 좋습니다. 하지만 휴일에 몰아 잔다고 해서 피로가 풀리는 것은 아닙니다. 휴일에도 평소처럼 자는 것이 좋습니다.

진행자: 그렇군요. 다음 질문인데요. 불면증이 있는 경우에는 어떻게 해야 할까요?

전문가: 불면증이란 잠이 아예 잘 안 오거나 잠자리가 불편해 자주 깨는 증상입니다. 불면증이 있는 사람은 자기가 늘 잠이 부족하다고 생각합니다. 그래서 틈만 나면 이를 보충하려고 하죠. 하지만 낮잠을 많이 자게 되면 밤에 잠이 오지 않기 때문에 악순환이 반복됩니다.

진행자: 밤에 잠을 못 자면 어떤 일이 생기게 됩니까?

전문가: 음, 포만감을 느끼는 호르몬의 분비가 적어집니다. 그럴 경우 허기를 잘 느끼고 많이 먹게 돼서 비만이 될 가능성이 높아집니다. 또한 스트레스와 관련한 호르몬의 영향으로 멍한 상태가 지속되거나 지나치게 예민해지기도 합니다.

진행자: 잘 알았습니다. 감사합니다.

7 대담 - 말하기 방식 추론하기

정답 ①

정답 분석

진행자가 자신의 경험을 전문가의 답변에 덧붙이는 부분은 없으므로 적절하지 않은 것은 ①이다.

오답 분석

② 진행자는 인터뷰의 도입부인 1번째 발언에서 이번 인터뷰에서 '잠'에 대해 이야기할 것임을 언급하고 있으므로 적절하다.
[관련 지문 인용] 오늘은 '잠'에 대한 궁금증을 풀기 위해 전문가 한 분을 모셨습니다.

③ 진행자는 인터뷰를 진행하면서, 2번째 발언에서 언급한 청취자의 질문을 하나씩 전문가에게 묻고 있으므로 적절하다.
[관련 지문 인용] 박사님, 오늘은 청취자들의 질문이 많습니다. '사람은 왜 잠을 잘까?', '몇 시간이나 자는 것이 적당할까?', '낮잠을 자는 것이 좋은가?', '불면증일 경우 어떻게 할까?' 이런 내용들입니다.

④ 전문가가 5번째 발언에서 '밤에 잠이 오지 않는 문제'에 대해 언급하자, 그에 이어 진행자가 6번째 발언에서 밤에 잠을 자지 못하면 생기는 문제에 관해 질문하고 있으므로 적절하다.

[관련 지문 인용]
- 밤에 잠이 오지 않기 때문에 악순환이 반복됩니다.
- 밤에 잠을 못 자면 어떤 일이 생기게 됩니까?

⑤ 진행자는 3~5번째 발언에서 전문가의 말이 끝난 뒤 '예', '그렇군요'와 같이 호응한 뒤, 다음 질문을 이어가고 있으므로 적절하다.
[관련 지문 인용]
- 예. 그럼,
- 예. 그리고
- 그렇군요. 다음 질문인데요.

8 대화 - 등장인물 생각 파악하기 정답 ④

정답분석

남자의 3번째 발언을 통해 남자는 원칙의 예외를 인정하지 않으며, 원칙을 벗어난 행동이 모두에게 부정적인 영향을 미친다고 생각함을 알 수 있다. 그러나 남자가 예외가 생긴 원칙은 무효로 하고, 다시 원칙을 세워야 한다고 생각하는지는 알 수 없으므로 적절하지 않은 것은 ④이다.
[관련 지문 인용]
- 그래도 원칙을 정했으면 거기에 따라야죠.
- 결국엔 한 번 정한 원칙이 흔들리니까 이렇게 된 거 아니겠어요?

오답분석

① 여자의 3번째 발언을 통해 알 수 있다.
[관련 지문 인용] 그러니 정말 불가피하게 참석하지 못하는 사람들이 미리 얘기한 경우에는 벌금을 부과하지 않는 것으로 원칙을 바꿀 수도 있지 않겠어요?

② 여자의 2번째 발언을 통해 알 수 있다.
[관련 지문 인용] 어제 반상회 참석하지 않았다고 글쎄, 벌금을 내라고 하네요. 제사 때문에 시골에 다녀오느라 못 간다고 미리 말도 해 놨는데, 너무하네요.

③ 여자의 4번째 발언을 통해 알 수 있다.
[관련 지문 인용] 애초에 원칙을 정할 때 사람들의 다양한 조건을 제대로 고려하지 않으니까, 결과적으로 어쩔 수 없이 원칙을 지킬 수 없는 사람들이 생겨나는 거 아니겠어요?

⑤ 남자의 3번째 발언을 통해 알 수 있다.
[관련 지문 인용] 원칙을 지키지 않으면 결국 피해는, 그 원칙이 적용되는 사람들 모두가 받게 되어 있어요.

듣기 지문

여자: 아이, 속상해라!
남자: 왜 그래요? 무슨 일 있어요?
여자: 어제 반상회 참석하지 않았다고 글쎄, 벌금을 내라고 하네요. 제사 때문에 시골에 다녀오느라 못 간다고 미리 말도 해 놨는데, 너무하네요.
남자: 그래도 원칙은 원칙이니까 내야지 별수 있겠어요?
여자: 어차피 참석하지 못하는 거였는데, 저 같은 경우엔 벌금을 물린다고 해서 근본적인 문제가 해결되는 게 아니잖아요. 그러니 정말 불가피하게 참석하지 못하는 사람들이 미리 얘기한 경우에는 벌금을 부과하지 않는 것으로 원칙을 바꿀 수도 있지 않겠어요?
남자: 그래도 원칙을 정했으면 거기에 따라야죠. 원칙을 지키지 않으면 결국 피해는, 그 원칙이 적용되는 사람들 모두가 받게 되어 있어요. 우리 아파트에서 재활용품을 내놓는 시간 문제만 해도 그래요. 아파트의 미관이나 청결 문제도 있고 해서 관리 사무소에서는 매주 금요일 아침 6시에서 9시 사이로 시간을 정해 놓고 그 시간에만 재활용품을 내놓게 하잖아요. 그런데 요즘 일부 주민들이 자기 편한 시간에 내놓는 경우가 많아지니까 아파트가 지저분해졌어요. 결국엔 한 번 정한 원칙이 흔들리니까 이렇게 된 거 아니겠어요?
여자: 그 문제는 이렇게 볼 수도 있지 않을까요? 애초에 원칙을 정할 때 사람들의 다양한 조건을 제대로 고려하지 않으니까, 결과적으로 어쩔 수 없이 원칙을 지킬 수 없는 사람들이 생겨나는 거 아니겠어요? 그 시간에 집에 없는 세대들도 꽤 있거든요. 그때 재활용품을 내놓는 게 근본적으로 불가능한 사람들은 집안에 쌓아 놓으란 말이에요? 그러니까 이런 경우에는 격주로 배출 시간을 달리 정해서 한 주는 아침에, 한 주는 저녁에 내놓게 하면 새벽같이 일 나가느라 시간을 못 지켰던 사람들도 정해 놓은 원칙을 지킬 수 있게 되고, 미관 문제도 해결할 수 있을 텐데 말이에요.
남자: 글쎄요. 그래도 이 사정, 저 사정 다 봐주다 보면 끝이 없지 않겠어요?

9 대화 - 말하기 방식 추론하기 정답 ②

정답분석

남자는 여러 가지 예외 상황을 고려해 원칙을 만들거나 수정할 수 있어야 한다는 여자의 주장을 인정하지 않고, 원칙은 반드시 지켜야 한다는 자신의 주장만 되풀이하고 있다. 따라서 적절하지 않은 것은 ②이다.
[관련 지문 인용]
- 그래도 원칙을 정했으면 거기에 따라야죠.
- 그래도 이 사정, 저 사정 다 봐주다 보면 끝이 없지 않겠어요?

오답분석

① 남자의 3번째 발언에서 남자는 재활용품 배출 시간대를 어긴 사람들 때문에 발생한 미관 및 청결 문제를 들어 원칙이 지켜지지 않으면 모두가 피해를 본다는 자신의 주장을 뒷받침하고 있으므로 적절하다.

③ 남자의 1번째 발언에서 남자는 속상하다는 여자의 말에 '왜 그래요? 무슨 일 있어요?'라고 반응하며 속상한 이유를 묻고 있으므로 적절하다.

④ 여자의 2번째 발언에서 여자는 불가피한 사정으로 반상회에 불참하였고 이를 미리 통지하였음에도 원칙에 따라 벌금을 내야 하는 자신의 상황에 불만을 표하고 있으므로 적절하다.

⑤ 여자의 4번째 발언에서 여자는 원칙을 지키지 않으면 모두가 피해를 보므로 원칙은 반드시 지켜야 한다는 남자의 주장에 여러 조건을 반영해 원칙을 만들어야 한다고 주장하며 재활용품 시간대를 조정하는 방안을 제시하고 있으므로 적절하다.

10 강연 - 세부 내용 파악하기 정답 ③

정답분석

작업 이후 그림의 색이 노랗게 변할 가능성이 있는 것은 아마인유를 사용한 유화이므로 강연의 내용과 일치하지 않는 것은 ③이다.

[관련 지문 인용] 아마인유는 리놀레산 함량이 높기 때문에 아마인유를 사용한 유화는 시간이 지나면 노랗게 변하기도 합니다.

오답분석

① '유화 물감이 보급되기 전에는 ~ 달걀노른자를 사용하기도 했습니다. 이 기법을 '템페라'라고 부릅니다'를 통해 알 수 있다.

② "'유채'는 기름에 갠 물감으로 그렸다는 의미임과 동시에 이렇게 그려진 그림을 의미합니다'를 통해 알 수 있다.

④ '아마인유와 동일하게 불포화지방산이 포함된 달걀노른자를'을 통해 알 수 있다.

⑤ 유화와 템페라 기법은 불포화지방산이 포함된 재료를 사용하며, 불포화지방산은 그림이 쉽게 변형되지 않게 해 주는 기능이 있으므로 적절하다.

[관련 지문 인용]

- 불포화지방산은 ~ 한 번 굳으면 쉽게 변하지 않고 열에도 강한, 보존력 좋은 작품이 되는 것입니다.
- 불포화지방산이 포함된 달걀노른자를 사용하기도 했습니다. 이 기법을 '템페라'라고 부릅니다. ~ 내구성이 좋다는 특징이 있으나

듣기 지문

미술관에서 작품 아래에 붙은 작품 정보를 봤거나 책이나 인터넷 등에서 그림에 관련된 정보를 한 번쯤 찾아봤다면 '캔버스 위에 유채' 또는 '캔버스에 유채'와 같은 말을 본 적이 있으실 텐데요. 이때 '유채'는 기름에 갠 물감으로 그렸다는 의미임과 동시에 이렇게 그려진 그림을 의미합니다. '유화'라고도 하며, 주로 서양화에서 찾아볼 수 있습니다.

유화의 핵심은 씨에서 짠 기름인 린시드 오일입니다. 아마인유 정도로 번역할 수 있겠네요. 이 아마인유는 이중결합이 한 개 이상 존재하는 불포화지방산으로, 녹는점이 매우 낮아 상온에서는 액체 상태로 존재합니다. 이러한 이유로 유화 물감은 튜브에 넣을 수 있지요. 상온에 둔 불포화지방산은 어느 정도 시간이 흐르면 가교결합이 일어나 아주 단단하게 굳게 됩니다. 즉, 상온에서 그림을 그릴 때는 액체 상태이기 때문에 원하는 대로 그림을 그리고 덧칠할 수 있지만 한 번 굳으면 쉽게 변하지 않고 열에도 강한, 보존력 좋은 작품이 되는 것입니다. 다만, 아마인유는 리놀레산 함량이 높기 때문에 아마인유를 사용한 유화는 시간이 지나면 노랗게 변하기도 합니다. 그래서 최근에는 소나무 수액으로 만든 테레빈유와 아마인유를 섞어 사용하거나 초반 작업에는 테레빈유를, 후반 작업에는 아마인유를 사용하기도 합니다.

유화 물감이 보급되기 전에는 아마인유와 동일하게 불포화지방산이 포함된 달걀노른자를 사용하기도 했습니다. 이 기법을 '템페라'라고 부릅니다. 이 기법은 건조가 빠르고 내구성이 좋다는 특징이 있으나 유화 물감과 같이 색채와 명암을 정교하게 표현하기는 어렵습니다.

11 강연 - 말하기 방식 추론하기

정답 ①

정답분석

유화를 그릴 때 사용하는 아마인유가 시간이 흐르면 단단하게 굳는 성질이 있음을 들어 보존이 잘되는 유화의 특성을 설명하고 있으므로 적절한 것은 ①이다.

[관련 지문 인용] 상온에 둔 불포화지방산은 어느 정도 시간이 흐르면 가교결합이 일어나 아주 단단하게 굳게 됩니다. ~ 한 번 굳으면 쉽게 변하지 않고 열에도 강한, 보존력 좋은 작품이 되는 것입니다.

오답분석

② 아마인유를 사용한 유화의 단점을 제시하고 테레빈유가 이를 보완해 줄 수 있음을 설명하고 있으나 각각의 장단점을 비교하고 있지는 않으므로 적절하지 않다.

[관련 지문 인용] 아마인유를 사용한 유화는 시간이 지나면 노랗게 변하기도 합니다. 그래서 최근에는 소나무 수액으로 만든 테레빈유와 아마인유를 섞어 사용하거나

③ '캔버스 위에 유채', '캔버스에 유채' 같은 특정 그림이 유화임을 알 수 있는 문구를 구체적인 예로 들고 있으나 서양화의 개념을 쉽게 설명하기 위해 든 예는 아니므로 적절하지 않다.

④ 불포화지방산의 과학적 원리를 통해 유화의 특성을 설명하고 있으나, 이를 발견하게 된 배경은 제시하지 않았으므로 적절하지 않다.

⑤ '아마인유를 사용한 유화는 시간이 지나면 노랗게 변하기도 합니다. 그래서 최근에는 소나무 수액으로 만든 테레빈유와 아마인유를 섞어'를 통해 아마인유를 사용한 유화의 한계와 이를 보완한 방법을 알 수 있으나 이를 발명한 화가는 설명하고 있지 않으므로 적절하지 않다.

12 발표 - 세부 내용 파악하기

정답 ②

정답분석

날개치기를 하는 철새는 밤 시간대에 이동하며, 활상하는 철새와 날개치기를 하는 철새 모두 순풍을 만나면 고도가 높은 곳에서 비행한다고 하였다. 따라서 순풍을 만나 비행 중인 날개치기를 하는 철새는 밤, 높은 고도(B)에서 발견될 확률이 높다. 따라서 답은 ②이다.

[관련 지문 인용]

- 날개치기를 하는 철새는 대개 해가 진 뒤의 밤 시간에 이동합니다.
- 순풍을 만나면 ~ 바람이 강하게 부는 높은 고도를 선택하겠죠.

듣기 지문

철새는 장거리를 이동할 때 주로 활용하는 비행 방법에 따라 몇 가지로 나뉩니다. 오늘은 이 중 활상하는 철새와 날개치기를 하는 철새에 대해 알아보겠습니다. 이 둘은 기본적으로 이동 시간대가 다릅니다.

활상하는 철새는 상승 기류를 타고 날개를 펼친 채 이동하는 철새입니다. 상승 기류는 지면이 달궈지고 따뜻한 공기가 상승하면서 발생하기 때문에 한낮에 정점에 이릅니다. 따라서 활상하는 철새는 보통 상승 기류가 많은 한낮에 이동합니다. 날개치기를 하는 철새는 쉬지 않고 날갯짓을 하며 이동하는 철새입니다. 날개치기를 하는 철새는 수평으로 날아가기 때문에 상승 기류와 부딪히게 되면 수평을 유지하는 데 어려움을 겪겠죠. 따라서 날개치기를 하는 철새는 대개 해가 진 뒤의 밤 시간에 이동합니다. 또 끊임없이 날갯짓을 하면 열이 많이 발생하는데, 아무래도 밤에 열을 식히기가 쉽겠지요.

활상하는 철새와 날개치기를 하는 철새는 모두 바람의 방향에 따라 비행 고도를 바꿉니다. 바람은 지표면으로부터 고도가 높아질수록 더 강하게 부는데요, 새들이 이동하다 역풍을 만나면 바람의 영향을 덜 받기 위해 바람이 약하게 부는 낮은 고도를 선택합니다. 반면에 순풍을 만나면 바람의 힘을 최대한 이용하기 위해 바람이 강하게 부는 높은 고도를 선택하겠죠.

13 발표 - 말하기 방식 추론하기 정답 ①

정답 분석

강연은 장거리를 이동하는 철새의 비행 방법에 따라 활상하는 철새와 날개치기를 하는 철새로 구분하고, 둘의 비행 시간대의 차이를 철새의 비행 방식과 상승 기류와의 관계를 통해 설명한 뒤, 둘 다 바람의 방향에 따라 선택하는 고도를 바꾼다는 점을 설명하고 있다. 따라서 발표의 내용 구성 전략으로 가장 적절한 것은 ①이다.

14 토론 - 세부 내용 파악하기 정답 ④

정답 분석

박 교수가 유아 영어 교육 문제에서 학부모도 고려해야 한다고 주장한 것은 맞으나, 학부모를 가장 우선시해야 한다고는 주장하지 않았으므로 적절하지 않은 것은 ④이다.

[관련 지문 인용] 유아뿐 아니라 학부모, 사회적 분위기도 고려해 유아 영어 교육의 필요성을 따져야 합니다.

오답 분석

① 김 교수는 우리나라의 유아 영어 교육은 성인 영어 학습 또는 영어를 사용하는 국가의 유아에게 적합한 교재를 사용해 문제가 있다고 주장하고 있으므로 적절하다.
[관련 지문 인용] 우리나라 유아 영어 교육은 성인 영어 학습이나 영어권 나라의 유아 학습 방식을 그대로 사용하는 경향이 있죠.

② 김 교수의 발언 중 '특정 환경에서의 유아기 영어 교육은 의외로 모국어 발달에 긍정적인 영향을 주기도 합니다'를 통해 알 수 있다.

③ 김 교수의 발언 중 '조기 영어 교육의 효과는 단기적이라고 봐야 합니다'를 통해 알 수 있다.

⑤ 박 교수는 만 3~5세의 영어 교육 실태를 설명하고 이를 통해 거의 모든 유아 교육 기관에서 영어 교육을 실시하고 있다고 말하고 있으므로 적절하다.
[관련 지문 인용] 우리나라의 만 3~5세 유아들의 ~ 유아 대부분이 영어 교육을 받는 상황에서

듣기 지문

사회자: 오늘은 유아 영어 교육을 연구하시는 김 교수님과 박 교수님을 모시고 '유아 영어 교육의 필요성'을 주제로 토론을 진행하겠습니다. 김 교수님부터 시작하겠습니다.

김 교수: 영어 교육은 빠르면 빠를수록 좋다는 이야기, 한 번쯤은 들어 보셨을 겁니다. 물론 특정 환경에서의 유아기 영어 교육은 의외로 모국어 발달에 긍정적인 영향을 주기도 합니다. 그러나 이는 영어를 제2 언어로 사용하는 아이들에 한정된 것이고, 일반적인 우리나라 아이들처럼 영어를 외국어로 인식하고 배우는 경우에는 그 효과가 검증되지 않았습니다. 또 유아기에 영어를 배운 아이들이 그렇지 않은 아이들보다 영어를 유창하고 자신감 있게 사용하는 때는 최대 중학교까지입니다. 그 이후에는 큰 차이가 나지 않기 때문에 조기 영어 교육의 효과는 단기적이라고 봐야 합니다. 게다가 우리나라 유아 영어 교육은 성인 영어 학습이나 영어권 나라의 유아 학습 방식을 그대로 사용하는 경향이 있죠.

박 교수: 우리나라의 만 3~5세 유아들의 평균 93.8%가 어린이집이나 유치원 등의 기관에서 교육받고, 기관 중 정규 교육이 이루어지는 오전 시간에 영어 교육을 실시하는 곳은 만 3세에 69.4%이고, 만 5세에는 84.6%로, 그 비율이 증가합니다. 유아의 흥미를 고려하지 않고, 외부 강사를 활용한 영어 교육이 문제이긴 합니다만, 이렇게 유아 대부분이 영어 교육을 받는 상황에서 영어 교육을 하지 않겠다고 선택할 수 있는 학부모는 많지 않을 것입니다. 유아기 영어 교육과 관련된 빅데이터에서 '초등', '시작'의 키워드 빈도가 높은 것도 이를 뒷받침하죠. 따라서 유아뿐 아니라 학부모, 사회적 분위기도 고려해 유아 영어 교육의 필요성을 따져야 합니다.

15 토론 - 내용 추론하기 정답 ⑤

정답 분석

토론에서 김 교수는 유아 영어 교육은 실효성이 없다고 주장하고, 박 교수는 우리나라 유아 대부분이 영어 교육을 받는 현실에서 유아 영어 교육을 실시하지 않기란 어렵다고 주장하며 유아 영어 교육의 필요성에 대해 상반된 입장을 보인다. 그러나 김 교수와 박 교수 모두 현재 시행되고 있는 유아 영어 교육 방식에 관해서는 회의적이다. 또한 김 교수와 박 교수의 발언이 끝난 뒤 이어질 사회자의 발언은 두 교수의 주장을 요약할 수 있어야 하므로 가장 적절한 것은 토론의 주제인 '유아 영어 교육의 필요성'과 두 교수의 의견이 일치하는 '유아 영어 교육 방식의 개선 필요'를 다루고 있는 ⑤이다.

오답 분석

① 유아 영어 교육이 일상적으로 일어나고 있는 사회적 분위기를 고려해야 한다고 말한 것은 '박 교수'이다. 따라서 유아 영어 교육에 대한 관심이 높아진 이유에 주목해야 한다는 발언은 '박 교수'의 의견만을 정리하는 것이므로 적절하지 않다.
[관련 지문 인용] 사회적 분위기도 고려해 유아 영어 교육의 필요성을 따져야 합니다.

② 우리나라 유아 영어 교육의 효과가 아직 검증되지 않았다고 말한 것은 '김 교수'이다. 따라서 이 문제를 해결할 것을 강조하는 발언은 '김 교수'의 의견만을 정리하는 것이므로 적절하지 않다.
[관련 지문 인용] 우리나라 아이들처럼 영어를 외국어로 인식하고 배우는 경우에는 그 효과가 검증되지 않았습니다.

③ 유아 영어 교육 과정에서 유아의 흥미가 간과되고 있다는 점을 지적한 것은 '박 교수'이다. 따라서 이 문제를 해결해야 할 것을 강조하는 발언은 '박 교수'의 의견만을 정리하는 것이므로 적절하지 않다.
[관련 지문 인용] 유아의 흥미를 고려하지 않고, ~ 영어 교육이 문제이긴 합니다만,

④ 유아 영어 교육이 필요하지 않다는 발언은 유아 영어 교육을 반대하는 '김 교수'의 의견만을 정리하는 것이므로 적절하지 않다.

16 고유어의 사전적 뜻 파악하기 정답 ②

정답 분석

고유어 '가리사니'는 '사물을 판단할 만한 지각', '사물을 분간하여 판단할 수 있는 실마리'를 뜻한다. 따라서 사람의 특성을 설명할 수 있는 고유어가 아닌 것은 ②이다.

오답분석

①③④⑤ 모두 사람의 특성과 관련된 의미를 나타내는 고유어이므로 적절하다.

① **가납사니**: 1. 쓸데없는 말을 지껄이기 좋아하는 수다스러운 사람 2. 말다툼을 잘하는 사람

③ **구년묵이**: 어떤 일에 오래 종사한 사람을 낮잡아 이르는 말

④ **트레바리**: 이유 없이 남의 말에 반대하기를 좋아함. 또는 그런 성격을 지닌 사람

⑤ **허릅숭이**: 일을 실답게 하지 못하는 사람을 낮잡아 이르는 말

17 한자어의 사전적 뜻 파악하기 정답 ③

정답분석

한자어 '주재(主宰)'의 사전적 뜻풀이는 '어떤 일을 중심이 되어 맡아 처리함'이므로 적절하지 않은 것은 ③이다. 참고로, '자기의 생각과 판단에 따라 일을 처리함'을 뜻하는 한자어는 '재량(裁量)'이다.

18 고유어의 사전적 뜻 파악하기 정답 ③

정답분석

고유어 '갈마들다'는 '서로 번갈아들다'라는 뜻이므로 고유어의 뜻풀이가 옳지 않은 것은 ③이다. 참고로, '이것저것 가리지 않고 휘몰아 들이다'는 고유어 '걸터들이다'의 의미이다.

19 문맥에 맞는 한자어 파악하기 정답 ③

정답분석

문맥상 그녀는 억울한 상황에서도 아랑곳하지 않고 차분한 태도를 유지하였다는 뜻이므로, '애달프고 구슬픔'을 뜻하는 한자어 '처연(悽然)'의 쓰임은 적절하지 않다. 참고로, 이 문장에서는 '어떤 현실 속에서 벗어나 그 현실에 아랑곳하지 않고 의젓함'을 뜻하는 한자어 '초연(超然)'을 쓰는 것이 적절하다.

오답분석

① 문맥상 부부간에 발생한 일에 간섭하고 싶지 않다는 뜻이므로, '어떤 일에 간섭하여 참여함'을 뜻하는 한자어 '간여(干與)'의 쓰임은 적절하다.

② 문맥상 김 씨가 백억 원에 그림 세 점의 소유권을 최 씨에게 넘겼다는 의미이므로, '값을 받고 물건의 소유권을 다른 사람에게 넘김'을 뜻하는 한자어 '매도(賣渡)'의 쓰임은 적절하다.

④ 문맥상 대표 이사가 뇌물을 받았다는 사실이 드러나자 이사회가 그를 대표 이사직에서 물러나게 했다는 뜻이므로, '위촉했던 직책이나 자리에서 물러나게 함'을 뜻하는 한자어 '해촉(解囑)'의 쓰임은 적절하다.

⑤ 문맥상 우리 가족은 새집에 들어가는 일정을 맞추지 못해 할머니 댁에서 잠시 묵기로 했다는 뜻이므로, '남의 집에서 묵음'을 뜻하는 한자어 '유숙(留宿)'의 쓰임은 적절하다.

20 문맥에 맞는 한자어 파악하기 정답 ④

정답분석

문맥상 토지 개발을 두고 일어난 갈등을 해소하는 데 3개월이 걸렸다는 의미이다. 따라서 이때의 '조정하다'는 '분쟁을 중간에서 화해하게 하거나 서로 타협점을 찾아 합의하도록 하다'라는 의미의 '조정(調停)하다'임을 알 수 있으므로 적절한 것은 ④이다.

오답분석

① 문맥상 어느 정도의 기한을 두고 자료의 근거가 충분해지도록 보완해야 한다는 의미이다. 따라서 이때의 '조정하다'는 '조사하여 확실하고 견고하게 하다'라는 의미의 '조정(調定)하다'이므로 '조정(調停)하다'의 용례로 적절하지 않다.

②③⑤ 문맥상 신상품의 가격, 의자 간격, 시험의 난도를 기준에 맞게 고치거나 정리한다는 의미이다. 따라서 이때의 '조정하다'는 '어떤 기준이나 실정에 맞게 정돈하다'라는 의미의 '조정(調整)하다'이므로 '조정(調停)하다'의 용례로 적절하지 않다.

21 한자어의 적절한 표기 찾기 정답 ④

정답분석

㉠~㉢에 해당하는 한자가 올바르게 묶인 것은 ④이다.

- ㉠ **비상(飛上)**: 문맥상 아이들이 탄 비행기가 하늘로 날아오르는 모습을 보았다는 뜻이므로, '높이 날아오르다'를 뜻하는 '비상(飛上)'을 쓰는 것이 적절하다.
- ㉡ **비상(悲傷)**: 문맥상 할머니를 볼 수 없어 마음이 슬프다는 뜻이므로, '마음이 슬프고 쓰라리다'를 뜻하는 '비상(悲傷)'을 쓰는 것이 적절하다.
- ㉢ **비상(非常)**: 문맥상 그녀는 인간의 감정을 글로 표현하는 능력이 뛰어나다는 뜻이므로, '평범하지 않고 뛰어나다'를 뜻하는 '비상(非常)'을 쓰는 것이 적절하다.

22 다의어와 동음이의어 구분하기 정답 ②

정답분석

밑줄 친 두 단어가 동음이의어 관계인 것은 ②이다. 참고로, 동음이의어 관계에 있는 단어는 글자의 소리는 같으나 뜻이 다른 특징이 있다.

- **다리를 급히 건너다**: 이때의 '다리'는 '다리²'로, '물을 건너거나 또는 한편의 높은 곳에서 다른 편의 높은 곳으로 건너다닐 수 있도록 만든 시설물'이라는 의미이다.
- **안경의 다리가 부러졌다**: 이때의 '다리'는 '다리¹'로, '안경의 테에 붙어서 귀에 걸게 된 부분'이라는 의미이다.

오답분석

①③④⑤의 '얼굴', '길', '목', '짐'은 각 단어가 두 가지 이상의 뜻을 가진 다의어이다.

① • **극단의 새로운 얼굴이**: 어떤 분야에 활동하는 사람
  • **그는 얼굴이 매우 매력적이다**: 머리 앞면의 전체적 윤곽이나 생김새

③ • **길을 걸으며**: 사람이나 동물 또는 자동차 등이 지나갈 수 있게 땅 위에 낸 일정한 너비의 공간
  • **성공의 길이**: 사람이 삶을 살아가거나 사회가 발전해 가는 데에 지향하는 방향, 지침, 목적이나 전문 분야

④ • **좋은 목에 자리를 잡은**: 자리가 좋아 장사가 잘되는 곳이나 길 등
• **목을 빼고 살펴보았다**: 척추동물의 머리와 몸통을 잇는 잘록한 부분

⑤ • **조직의 짐이었던**: 수고로운 일이나 귀찮은 물건
• **짐을 지게 되었다**: 맡겨진 임무나 책임

23 문맥에 맞는 고유어 파악하기 정답 ④

정답분석

문맥상 그가 아는 사람도 일부러 모른 척한다는 뜻이므로 '생각보다 매우'를 뜻하는 '자못'을 쓰는 것은 적절하지 않다. 참고로, ④에는 '자못' 대신 '마음으로는 그렇지 않으나 일부러 그렇게'를 뜻하는 '짐짓'을 쓰는 것이 적절하다.

오답분석

① 문맥상 업무가 너무 많아 쉴 수 있는 시간도 없다는 뜻이므로 '어떤 일을 하다가 생각 등을 다른 데로 돌릴 수 있는 시간적인 여유'를 뜻하는 '겨를'을 쓰는 것은 적절하다.

② 문맥상 동료가 자신에게 거리를 두는 것이 섭섭하다는 뜻이므로 '섭섭하고 야속하여 마음이 언짢다'를 뜻하는 '고깝다'를 쓰는 것은 적절하다.

③ 문맥상 문에 붙은 창호지가 들떠 있어 이를 떼고 새로 붙였다는 뜻이므로 '착 달라붙어 있어야 할 물건이 들떠서 속이 비다'를 뜻하는 '궁글다'를 쓰는 것은 적절하다.

⑤ 문맥상 사고가 난 후부터 마을에 불화의 분위기가 가득 찼다는 뜻이므로 '어떤 기체나 기운이 가득 차서 떠돌다'를 뜻하는 '감돌다'를 쓰는 것은 적절하다.

24 의미가 대응하는 고유어와 한자어 찾기 정답 ④

정답분석

'전 재산을 ~ 기탁했다'에서 한자어 '기탁(寄託)하다'는 '어떤 일을 부탁하여 맡겨 두다'를 뜻하며, 고유어 '물려주다'는 '재물이나 지위 또는 기예나 학술 등을 전하여 주다'를 뜻하므로 '물려주다'는 한자어 '기탁(寄託)하다'에 대응하는 고유어로 적절하지 않다. 참고로, 이 예문에서 적절하게 대응할 수 있는 고유어로는 '어떤 일에 대한 책임을 지고 담당하게 하다'를 뜻하는 '맡기다' 등이 있다.

오답분석

① **정(定)했다(→ 잡았다)**: '날짜를 5월 7일로 정했다'에서 한자어 '정(定)하다'는 '여럿 가운데 선택하거나 판단하여 결정하다'를 뜻하므로 '자리, 방향, 날짜 등을 정하다'를 뜻하는 고유어 '잡다'와 한자어 '정(定)하다'의 대응은 적절하다.

② **심(甚)한(→ 지나친)**: '심한 농담은'에서 한자어 '심(甚)하다'는 '정도가 지나치다'를 뜻하므로 '일정한 한도를 넘어 정도가 심하다'를 뜻하는 고유어 '지나치다'와 한자어 '심(甚)하다'의 대응은 적절하다.

③ **도달(到達)했다(→ 다다랐다)**: '산 정상에 도달했다'에서 한자어 '도달(到達)하다'는 '목적한 곳이나 수준에 다다르다'를 뜻하므로 '목적한 곳에 이르다'를 뜻하는 고유어 '다다르다'와 한자어 '도달(到達)하다'의 대응은 적절하다.

⑤ **면(免)하게(→ 벗어나게)**: '빚쟁이 신세를 면하게'에서 한자어 '면(免)하다'는 '어떤 상태나 처지에서 벗어나다'를 뜻하므로 '어려운 일이나 처지에서 헤어나다'를 뜻하는 고유어 '벗어나다'와 한자어 '면(免)하다'의 대응은 적절하다.

25 다의어와 동음이의어 구분하기 정답 ⑤

정답분석

'난방을 덜 하기 위해 거실에 전기장판을 폈다'의 '펴다'는 '펴다2-「1」'로, '넓게 늘어놓거나 골고루 헤쳐 놓다'라는 의미이다. 이와 같은 의미의 '펴다'가 사용된 문장은 ⑤이다.

오답분석

① **바늘을 다시 바르게 폈다**: 이때의 '펴다'는 '펴다1-「3」'으로, '굽은 것을 곧게 하다. 또는 움츠리거나 구부리거나 오므라든 것을 벌리다'라는 의미이다.

② **접힌 부분을 다리미로 폈다**: 이때의 '펴다'는 '펴다1-「2」'로, '구김이나 주름 등을 없애어 반반하게 하다'라는 의미이다.

③ **생각을 펴 보는**: 이때의 '펴다'는 '펴다1-「4」'로, '생각, 감정, 기세 등을 얽매임 없이 자유롭게 표현하거나 주장하다'라는 의미이다.

④ **우산을 펴기**: 이때의 '펴다'는 '펴다1-「1」'로, '접히거나 개킨 것을 젖히어 벌리다'라는 의미이다.

26 속담의 뜻 파악하기 정답 ①

정답분석

속담 '주먹으로 물 찧기'는 일이 매우 쉽다는 말이다. 따라서 아무 의미가 없는 일을 하려는 상황에서 '주먹으로 물 찧기'를 쓰는 것은 적절하지 않으므로 답은 ①이다.

오답분석

② 속담 '굳은 땅에 물이 괸다'는 헤프게 쓰지 않고 아끼는 사람이 재산을 모으게 됨을 비유적으로 이르는 말이다. 따라서 돈을 아껴 써야겠다고 다짐하는 상황에서 '굳은 땅에 물이 괸다'를 쓰는 것은 적절하다.

③ 속담 '황소 제 이불 뜯어 먹기'는 어떤 일을 한 결과가 결국 제 손해가 되었다는 말이다. 따라서 자신이 한 일로 자기가 손해를 입은 상황에서 '황소 제 이불 뜯어 먹기'를 쓰는 것은 적절하다.

④ 속담 '초록은 동색'은 풀색과 녹색은 같은 색이라는 뜻으로, 처지가 같은 사람들끼리 한패가 되는 경우를 비유적으로 이르는 말이다. 따라서 중간고사를 잘 치지 못한 사람들끼리 무리를 이루자고 제안하는 상황에서 '초록은 동색'을 쓰는 것은 적절하다.

⑤ 속담 '앉아 주고 서서 받는다'는 빌려주기는 쉬우나 돌려받기는 어려움을 비유적으로 이르는 말이다. 따라서 빌려준 물건을 돌려받지 못하고 있는 상황에서 '앉아 주고 서서 받는다'를 쓰는 것은 적절하다.

27 한자 성어의 뜻 파악하기 정답 ③

정답분석

'계란유골(鷄卵有骨)'은 '달걀에도 뼈가 있다'라는 뜻으로, 운수가 나쁜 사람은 모처럼 좋은 기회를 만나도 역시 일이 잘 안됨을 이르는 말이다. 따라서 답은 ③이다.

오답분석

① **가렴주구(苛斂誅求)**: 세금을 가혹하게 거두어들이고, 무리하게 재물을 빼앗음

② **걸견폐요(桀犬吠堯)**: '걸왕의 개가 요임금을 향하여 짖는다'라는 뜻으로, 각자 자기의 주인에게 충성을 다함을 비유적으로 이르는 말. 악인의 앞잡이가 선량한 사람을 공격함을 비유하기도 한다.

④ **구우일모(九牛一毛)**: '아홉 마리의 소 가운데 박힌 하나의 털'이란 뜻으로, 매우 많은 것 가운데 극히 적은 수를 이르는 말

⑤ **기고만장(氣高萬丈)**: 1. 펄펄 뛸 만큼 대단히 성이 남 2. 일이 뜻대로 잘될 때, 우쭐하여 뽐내는 기세가 대단함

28 관용구에 쓰인 어휘의 뜻 파악하기 정답 ③

정답분석

'당대에 행세하는 것이 버젓하다'라는 의미의 관용구 '시색(이) 좋다'의 '시색(時色)'은 '시대의 추세'를 의미하므로 단어의 뜻풀이가 바르지 않은 것은 ③이다. 참고로, '그 당시의 사정에 알맞음. 또는 그런 요구'는 '시의(時宜)'의 뜻풀이이다.

오답분석

① **심사를 털어놓다**: 마음에 품은 생각을 다 내놓고 말하다.

② **구미가 당기다[돌다]**: 욕심이나 관심이 생기다.

④ **마각을 드러내다**: '말의 다리로 분장한 사람이 자기 모습을 드러낸다'라는 뜻으로, 숨기고 있던 일이나 정체를 드러냄을 이르는 말

⑤ **서막을 올리다**: 어떤 일이 시작되다.

29 한자어를 우리말로 다듬기 정답 ④

정답분석

'해당되는 분야'를 의미하는 한자어 '사계(斯界)'의 순화어는 '그 방면, 이 방면, 그 분야, 이 분야'이므로, 적절하지 않은 것은 ④이다.

30 외래어를 우리말로 다듬기 정답 ③

정답분석

'선홍색 살코기 사이에 하얀색 지방이 그물처럼 퍼져서 박혀 있는 것'을 의미하는 '마블링(marbling)'은 '결지방'으로 순화하여 사용하므로 적절하지 않은 것은 ③이다.

오답분석

① '컴퓨터, 이동용 기기 등의 화면에서 종이 대신 디지털 파일로 글을 읽을 수 있게 만든 전자 매체형 책'을 의미하는 '이북(e-book)'은 '전자책'으로 순화한다.

② '주로 운동에서 선수가 최고의 기량을 발휘하는 것을 이르는 말'인 '커리어 하이(career high)'는 '최고 기록'으로 순화한다.

④ '음식점이나 찻집 등에서 음식물을 사서 밖으로 가져가는 것'을 의미하는 '테이크 아웃(takeout)'은 '포장 판매' 또는 '포장 구매, 사 가기'로 순화한다.

⑤ '세상에 이름이 널리 알려진 정도'를 의미하는 '네임밸류/네임 벨류(name value)'는 '지명도'로 순화한다.

31 한글 맞춤법 규정 이해하기 정답 ①

정답분석

<u>분</u>(×) → <u>불은</u>(○): '물에 젖어서 부피가 커지다'라는 의미의 동사 '붇다'는 모음 어미 앞에서 어간 말음 'ㄷ'이 'ㄹ'로 바뀌는 'ㄷ' 불규칙 활용을 하는 용언이다. 따라서 어간 '붇-'에 관형사형 어미 '-은'이 결합한 활용형은 '분'이 아닌 '불은'이 되어야 한다.

오답분석

② **싣고**(○): '물체나 사람을 옮기기 위하여 탈것, 수레, 비행기, 짐승의 등 등에 올리다'라는 의미의 동사 '싣다'의 어간 '싣-'에 연결 어미 '-고'가 결합한 활용형은 '싣고'로 표기하므로 적절하다. 참고로, '싣다'도 '붇다', '긷다'와 같은 'ㄷ' 불규칙 용언이다.

③ **별러**(○): '어떤 일을 이루려고 마음속으로 준비를 단단히 하고 기회를 엿보다'라는 의미의 동사 '벼르다'는 '-아/-어'로 시작하는 어미 앞에서 어간 끝음절 '르'가 'ㄹㄹ'로 바뀌는 '르' 불규칙 활용을 하는 용언이다. 따라서 어간 '벼르-'에 연결 어미 '-어'가 결합한 활용형을 '별러'로 표기하는 것은 적절하다.

④ **잠그지**(○): '물, 가스 등이 흘러나오지 않도록 차단하다'라는 의미의 동사 '잠그다'의 어간 '잠그-'에 연결 어미 '-지'가 결합한 활용형은 '잠그지'로 표기하므로 적절하다. 참고로, '잠그다'에 모음 어미가 결합하면 어간의 'ㅡ'가 탈락해 '잠가', '잠갔다'처럼 활용한다.

⑤ **길어**(○): '우물이나 샘 등에서 두레박이나 바가지 등으로 물을 떠내다'라는 의미의 동사 '긷다'는 'ㄷ' 불규칙 용언이다. 따라서 어간 '긷-'에 연결 어미 '-어'가 결합한 활용형을 '길어'로 표기하는 것은 적절하다.

32 한글 맞춤법 규정 이해하기 정답 ⑤

정답분석

싹뚝(×) → 싹둑(○): 한글 맞춤법 제5항 다만에 따라 'ㄱ, ㅂ' 받침 뒤에서 나는 된소리는 '씩씩, 씁쓸'과 같이 같거나 비슷한 음절이 겹쳐 나는 경우가 아니면 된소리로 적지 않으므로 '싹둑[싹뚝]'은 '싹둑'으로 적어야 한다.

오답분석

① ② ③ **담뿍, 들썩, 몽땅(○)**: 한글 맞춤법 제5항-2에 따라 'ㄴ, ㄹ, ㅁ, ㅇ' 받침 뒤에서 나는 된소리는 된소리로 적으므로 '담뿍[담뿍]', '들썩[들썩]', '몽땅[몽땅]'의 표기는 올바르다.

④ **문득(○)**: '문득[문득]'에서 '득'의 초성은 'ㄴ' 받침 뒤에서 된소리 [ㄸ]로 발음되지 않으므로 '문득'의 표기는 올바르다.

33 혼동하기 쉬운 표기 구별하기 정답 ⑤

정답분석

'밥을 먹는 데 쓰는 숟가락'을 뜻하는 단어 '밥숟가락'의 준말은 '밥숟갈'이므로 답은 ⑤이다. 참고로, '밥술'은 '밥숟가락'의 동의어이다.

오답분석

① '바로 며칠 전에'를 뜻하는 단어 '엊그저께'의 본말은 '어제그저께'이므로 적절하다.

② '여럿 가운데 가장'을 뜻하는 단어 '제일'의 준말은 '젤'이므로 적절하다.

③ '이런저런 여러 가지'를 뜻하는 단어 '가지가지'의 준말은 '갖가지'이므로 적절하다. 참고로, '갖갖'도 '가지가지'의 준말이다.

④ '건물 바깥쪽을 둘러싸고 있는 벽'을 뜻하는 단어 '바깥벽'의 준말은 '밭벽'이므로 적절하다.

34 올바른 띄어쓰기 파악하기 정답 ⑤

정답분석

무지개만큼(○): 문맥상 오로라가 무지개와 비슷하게 색이 다양하다는 의미이므로 이때의 '만큼'은 앞말과 비슷한 정도나 한도임을 나타내는 격 조사이다. 조사는 앞말에 붙여 쓰므로 띄어쓰기가 올바른 것은 ⑤이다.

오답분석

① **외울∨밖에(×) → 외울밖에(○)**: 문맥상 외우는 것 외엔 다른 수가 없다는 의미이므로, 이때의 '밖에'는 '-ㄹ 수밖에 다른 수가 없다'의 뜻을 나타내는 종결 어미인 '-ㄹ밖에'의 일부이다. 어미는 어간에 붙여 적으므로 어간 '외우-'와 어미 '-ㄹ밖에'를 붙여 '외울밖에'로 적어야 한다.

② **한사람(×) → 한∨사람(○)**: 문맥상 어떤 사람이 앞장섰다는 의미이므로, 이때의 '한'은 '어떤'의 뜻을 나타내는 관형사이다. 관형사는 뒤의 체언과 띄어 써야 하므로 '한∨사람'으로 적어야 한다. 참고로, '같은 사람'이라는 의미로 쓰였다면 '한사람'으로 붙여 써야 한다.

③ **알뿐(×) → 알∨뿐(○)**: 어미 '-(으)ㄹ' 뒤에 쓰이는 '뿐'은 의존 명사이므로 '알'과 '뿐'은 띄어 써야 한다. 참고로, '알'은 동사 '알다'의 어간 '알-'에 관형사형 어미 '-ㄹ'이 결합한 것이다.

④ **환승역인가보다(×) → 환승역인가∨보다(○)**: 이때의 '보다'는 앞말이 뜻하는 행동이나 상태를 추측하거나 어렴풋이 인식하고 있음을 나타내는 보조 형용사이다. 보조 용언 앞에 종결 어미 '-ㄴ가'가 오는 경우 보조 용언과 본용언은 띄어 써야 하므로 본용언 '환승역인가'와 보조 용언 '보다'를 띄어 '환승역인가∨보다'로 적어야 한다.

35 문장 부호의 쓰임 파악하기 정답 ③

정답분석

「한국의 자연~새와 곤충의 천국~」(×) → 「한국의 자연—새와 곤충의 천국—」(○): 소제목을 나타낼 때는 '홑낫표(「 」)'를 쓰는 것이 적절하다. 그러나 제목 다음에 표시하는 부제의 앞뒤에는 '물결표(~)'가 아닌 '줄표(—)'를 써야 하므로 문장 부호의 사용이 올바르지 않은 것은 ③이다.

오답분석

① **□□□□□□□□□□□의 열 개(○)**: 글자가 들어가야 할 자리를 나타낼 때는 빈 글자의 수효만큼 '빠짐표(□)'를 쓰므로 문장 부호 사용이 올바르다.

② **'달빛'(○)**: 그림이나 노래와 같은 예술 작품의 제목을 나타낼 때는 그 앞뒤에 작은따옴표(' ')를 쓸 수 있으므로 문장 부호의 사용이 올바르다.

④ **6̇천̇ 원̇(○)**: 문장에서 주의가 미쳐야 할 곳이나 중요한 부분을 특별히 드러내 보일 때는 드러냄표(˙)를 쓰므로 문장 부호의 사용이 올바르다.

⑤ **이익이 난다고 확답할 수가……(○)**: 할 말을 줄였을 때는 줄임표(……)를 쓰므로 문장 부호 사용이 올바르다.

36 표준어와 비표준어 구분하기 정답 ②

정답분석

<보기>의 표준어 사정 원칙에 따라 표준어인 예가 ㄱ에, 비표준어인 예가 ㄴ에 들어가야 한다. ②는 양성 모음 'ㅗ'가 쓰인 '부조돈'이 표준어이고, 음성 모음 'ㅜ'가 쓰인 '부줏돈'이 비표준어이므로 <보기>의 ㄱ과 ㄴ의 예로 적절하지 않다. 참고로, <보기>는 표준어 사정 원칙 제8항의 내용이다.

- **부조(扶助)돈**: 부조로 내는 돈

오답분석

① ③ ④ ⑤ 음성 모음 'ㅜ'와 'ㅓ'가 쓰인 '주추, 쌍둥이, 깡충깡충, 뻗정다리'를 표준어로 삼고, 양성 모음 'ㅗ'와 'ㅏ'가 쓰인 '주초, 쌍동이, 깡총깡총, 뻗장다리'를 비표준어로 삼는 예이므로 적절하다.

① **주추**: 1. 기둥 밑에 괴는 돌 등의 물건 2. 일의 바탕을 비유적으로 이르는 말

③ **쌍(雙)둥이**: 1. 한 어머니에게서 한꺼번에 태어난 두 아이 2. 똑같이 생겨 짝을 이루는 것을 비유적으로 이르는 말

④ **깡충깡충**: 짧은 다리를 모으고 자꾸 힘 있게 솟구쳐 뛰는 모양

⑤ **뻗정다리**: '벋정다리'의 센말

- **벋정다리**: 1. 구부렸다 폈다 하지 못하고 늘 벋어 있는 다리. 또는 그런 다리를 가진 사람 2. 뻣뻣해져서 자유롭게 굽힐 수가 없게 된 물건

37 표준어와 비표준어 구분하기 정답 ②

정답분석

<보기>는 발음, 형태, 의미가 유사한 단어 중 한 단어가 널리 쓰일 경우, 널리 쓰이는 단어만 표준어로 삼는 규정에 대해 설명하고 있다. '짐을 머리에 일 때 머리에 받치는 고리 모양의 물건' 등을 뜻하는 단어인 '똬리'와 '또아리' 중에서 표준어로 인정되는 것은 '똬리' 하나뿐이다. 그 이유는 준말인 '똬리'가 본말인 '또아리'에 비해 널리 쓰이기 때문이다(표준어 사정 원칙 제14항). 따라서 <보기>와 같은 맥락으로 설명할 수 없는 것은 ②이다. 참고로, <보기>는 비슷한 발음의 몇 형태가 쓰일 경우, 그 의미에 아무런 차이가 없고, 그중 하나가 더 널리 쓰이면, 그 한 형태만을 표준어로 삼는다는 표준어 사정 원칙 제17항에 대한 설명이다.

오답분석

①③④⑤ 발음, 형태, 의미가 유사한 두 단어 중 '멸치, 설령, 천장, 냠냠거리다'만을 표준어로 삼는 예이므로 <보기>와 같은 맥락인, 표준어 사정 원칙 제17항으로 설명할 수 있는 예이다.

① **멸치**: 멸칫과의 바닷물고기

③ **설령(設令)**: 가정해서 말하여

④ **천장(天障)**: 지붕의 안쪽. 참고로, 한자 성어 '천정부지(天井不知)'에서는 '천정'으로 표기해야 한다.

⑤ **냠냠거리다**: 1. 어린아이 등이 음식을 맛있게 먹는 소리를 자꾸 내다. 2. 먹고 나서 자꾸 더 먹고 싶어 하다. 3. 자꾸 성가시게 달라붙어서 가지고 싶어 하다.

38 표준어와 비표준어 구분하기 정답 ④

정답분석

㉣ '길라잡이'는 표준어이며, 의미도 적절하므로 답은 ④이다.

오답분석

① ㉠ **자맥질**: 표준어라는 설명은 적절하나, '자맥질'의 의미는 '물속에서 팔다리를 놀리며 떴다 잠겼다 하는 짓'이다. 참고로, '물속으로 잠겨 들어감. 또는 그런 일'은 표준어 '잠수(潛水)'의 의미이다.

② ㉡ **깜장**: 의미는 적절하나, '깜장'은 방언이 아닌 표준어이다.

③ ㉢ **똑바라진**: '똑바라지다'는 '말이나 생각, 행동 등이 이치나 규범에서 벗어남이 없이 옳고 바르다'를 뜻하는 표준어 '똑바르다'의 전라도 방언이다.

⑤ ㉤ **가락지**: 의미는 적절하나, '가락지'는 방언이 아닌 표준어이다.

39 표준 발음법 파악하기 정답 ③

정답분석

<보기>의 '강가[강까]'는 명사 '강'과 '가'가 결합한 합성 명사이다. 표준 발음법 제28항에 따라 앞말이 자음으로 끝나는 명사와 자음으로 시작하는 명사가 결합할 때 관형격 기능을 지니는 경우, 표기상 사이시옷이 없더라도 뒤 단어의 첫소리를 된소리로 발음한다. 반면 '몰상식[몰쌍식]'은 한자어에서 일어나는 된소리되기로, 표준 발음법 제26항에 따라 'ㄹ'로 끝나는 한자 '몰(沒)'과 'ㅅ'으로 시작하는 한자 '상식(常識)'이 결합하는 경우 'ㅅ'을 [ㅆ]과 같이 된소리로 발음한다. 따라서 <보기>는 사잇소리 현상으로서의 된소리되기이며, '몰상식[몰쌍식]'은 한자어에서의 된소리되기이므로 된소리되기 조건이 다른 것은 ③이다. 참고로, 관형격 기능은 두 명사가 결합하여 합성 명사가 될 때, 앞의 명사가 뒤의 명사의 시간, 장소, 용도, 기원(또는 소유)과 같은 의미를 나타내는 것이다. '강가[강까]'는 의미 관계에서 '장소'를 나타내어 경음화가 일어난 경우이다.

오답분석

①②④⑤ 모두 사잇소리 현상에 의해 된소리되기가 나타난 것으로 <보기>와 된소리되기 조건이 같다. 표준 발음법 제28항에 따라 자음으로 끝나는 명사와 자음으로 시작하는 명사가 결합할 때, 두 명사의 의미 관계가 관형격 기능을 지니는 경우 표기상 사이시옷이 없더라도 뒤 단어의 첫소리 'ㄱ, ㄷ, ㅂ, ㅅ, ㅈ'을 된소리로 발음한다.

① **등불[등뿔]**: 명사 '등'과 '불'이 결합한 합성 명사로, '용도'의 의미 관계를 나타내므로 관형격 기능을 지닌다.

② **강줄기[강쭐기]**: 명사 '강'과 '줄기'가 결합한 합성 명사로, '기원'의 의미 관계를 나타내므로 관형격 기능을 지닌다.

④ **손재주[손째주]**: 명사 '손'과 '재주'가 결합한 합성 명사로, '손으로 무엇을 잘 만들어 내거나 다루는 재주'를 의미하므로 종속적 관계를 지닌다.

⑤ **초승달[초승딸]**: 명사 '초승'과 '달'이 결합한 합성 명사로, '시간'의 의미 관계를 나타내므로 관형격 기능을 지닌다.

40 올바른 외래어 표기 구분하기 정답 ③

정답분석

<u>나</u>레이터(×) → <u>내</u>레이터(○): 'narrator[næreɪtər]'의 [æ]는 외래어 표기법 표기 일람표에 따라 '애'로 표기한다. 따라서 답은 ③이다.

오답분석

① **스릴(thrill)(○)**: 외래어 표기법 표기법 제3장 제1절 제3항에 따라 자음 앞의 [θ]는 '으'를 붙이므로 'thrill[θrɪl]'의 [θ]는 '스'로 표기한다.

② **마요네즈(mayonnaise)(○)**: 외래어 표기법 제3장 제1절 제3항에 따라 어말의 [z]는 '으'를 붙이므로 'mayonnaise[meɪəneɪz]'의 [z]는 '즈'로 표기한다.

④ **스태프(staff)(○)**: 외래어 표기법 제3장 제1절 제3항에 따라 어말의 [f]는 '으'를 붙이므로 'staff[stæf]'의 [f]는 '프'로 표기한다.

⑤ **블록체인(block chain)(○)**: 'block chain'의 'block[blɒk]'은 '블록'으로 표기하므로 적절하다.

41 올바른 로마자 표기 구분하기 정답 ②

정답분석

해운대[해:운대] Hae-undae(○): 로마자 표기법 제3장 제2항에 따라 발음상 혼동의 우려가 있을 때 음절 사이에 붙임표(-)를 쓸 수 있으므로 '해운대[해:운대]'는 'Hae-undae'로 적을 수 있다. 따라서 국어의 로마자 표기가 올바른 것은 ②이다.

오답분석

① 팔당[팔땅] Palddang(×) → Paldang(○): '팔당[팔땅]'에서 된소리되기가 일어나지만, 로마자 표기법 제3장 제1항 붙임에 따라 된소리되기는 표기에 반영하지 않으므로 '팔당[팔땅]'은 'Paldang'로 적어야 한다.

③ 집현전[지편전] Jipyeonjeon(×) → Jiphyeonjeon(○): '집현전'은 'ㅂ'과 'ㅎ'이 합하여 거센소리가 되어 [지편전]으로 발음하지만, 로마자 표기법 제3장 제1항 '다만'에 따라 체언의 'ㅂ' 뒤에 'ㅎ'이 있는 경우 'ㅎ'을 밝혀 적으므로 '집현전[지편전]'은 'Jiphyeonjeon'으로 적어야 한다.

④ 촉석루[촉썽누] Chokseoklu(×) → Chokseongnu(○): '촉석루'는 된소리되기와 비음화로 [촉썽누]로 발음한다. 된소리되기는 표기에 반영하지 않지만 로마자 표기법 제3장 제1항에 따라 자음 사이의 동화 작용으로 나타난 결과는 표기에 반영하므로 '촉석루[촉썽누]'는 'Chokseongnu'로 적어야 한다.

⑤ 대관령[대:괄령] Daegwanlyoung(×) → Daegwallyeong(○): '대관령'은 유음화로 [대:괄령]으로 발음한다. 로마자 표기법 제3장 제1항에 따라 자음 사이의 동화 작용으로 나타난 결과는 표기에 반영하며, 제2장 제2항 붙임 2에 따라 'ㄹㄹ'은 'll'로 적는다. 또한 제2장 제1항에 따라 이중 모음 'ㅕ'는 'yeo'로 적으므로 '대관령[대:괄령]'은 'Daegwallyeong'로 적어야 한다.

42 문장 성분의 호응 및 완결성 파악하기 정답 ③

정답분석

실제적인 공간을 나타내는 명사와 함께 쓰이는 형용사 '널따랗다'가 서술어 '널따래서'로 쓰였고, 이에 주어 '책상이'가 호응한다. 또한 서술어 '펼쳐'에 목적어 '책을'이 호응하므로 문장 성분의 호응이 가장 자연스러운 문장은 ③이다.

- **널따랗다**: 꽤 넓다.
- **펼치다**: 펴서 드러내다.

오답분석

① **도저히 ~ 갈 수 있다**(×) → **도저히 ~ 갈 수 없다**(○): 부사어 '도저히'는 부정하는 말과 함께 쓰이므로 서술어를 '없다'로 바꾸어야 문장 성분의 호응이 자연스럽다.
  - **도저히**: 아무리 하여도

② **머리카락이 얇은**(×) → **머리카락이 가는**(○): 형용사 '얇다'를 서술어로 쓸 때는 주어로 두께와 관련된 사물이 와야 한다. 따라서 '머리카락이'와 같이 지름이나 둘레와 관련된 사물을 주어로 할 때는 형용사 '가늘다'를 서술어로 써야 문장 성분의 호응이 자연스럽다.
  - **얇다**: 두께가 두껍지 않다.
  - **가늘다**: 물체의 지름이 보통의 경우에 미치지 못하고 짧다.

④ **비록 ~ 팀이면**(×) → **비록 ~ 팀일지라도/팀이지마는**(○): 부사어 '비록'과 호응하는 서술어에는 '-(으)ㄹ지라도', '-지마는'과 같은 어미가 결합해야 하므로 서술어를 '팀일지라도', '팀이지마는' 등으로 바꾸어야 문장 성분의 호응이 자연스럽다.
  - **비록**: 아무리 그러하더라도

⑤ **일절 허용한다**(×) → **일절 금지한다/허용하지 않는다**(○): 부사 '일절'의 의미를 고려할 때, 부사어 '일절'과 호응하는 서술어는 금지나 부정을 의미해야 하므로 서술어를 '금지한다', '허용하지 않는다' 등으로 바꾸어야 문장 성분의 호응이 자연스럽다.
  - **일절(一切)**: 아주, 전혀, 절대로의 뜻으로, 흔히 행위를 그치게 하거나 어떤 일을 하지 않을 때에 쓰는 말

43 문장의 높임법 구분하기 정답 ⑤

정답분석

문장의 주체는 '학생'이고, 객체는 '선생님'이므로 '선생님'을 높이기 위해 조사 '에게'의 높임말 '께'를 적절하게 사용하였으나, '주다'의 높임말인 '드리다'를 사용하여 서술어를 '주었다'가 아닌 '드렸다'로 쓰는 것이 문맥상 자연스럽다. 따라서 높임 표현이 자연스럽지 않은 것은 ⑤이다.

오답분석

① 문장의 객체인 '할아버지'를 높이기 위해 조사 '에게'의 높임말 '께'와 밥상을 높여 이르는 말인 '진짓상'을 사용하였으므로 적절하다. 참고로, '올리다'는 '윗사람에게 공손하게 말, 인사, 절 등을 하거나 물건 등을 건네다'를 의미한다.

② 문장의 주체인 '이모'를 높이기 위해 주격 조사 '이/가'의 높임말 '께서'를, '가셨다'에서 선어말 어미 '-시-'를 사용하였고, 문장의 객체인 '할머니'를 높이기 위해 '웃어른을 대하여 보다'를 뜻하는 '뵈다'를 사용하였으므로 적절하다.

③ 문장의 주체이자 상대인 '총장'을 높이기 위해 접미사 '-님'을 사용하였고, '괜찮으셨습니까'에서 선어말 어미 '-시-'와 '하십시오체'의 종결 어미 '-습니까'를 사용하였으므로 적절하다.

④ 문장의 주체이자 상대인 대상을 높이기 위해 '귀하'와 '하십시오체'의 종결 어미 '-ㅂ니다'를 사용하였고, '원하시는'과 '주시기'에서 선어말 어미 '-시-'를, 남의 말을 높여 이르는 말인 '말씀'을 사용하였으므로 적절하다.

44 중의적 표현 파악하기 정답 ④

정답분석

문맥상 관광객이 한 명도 빠짐없이 포도를 한 상자씩 구매했다는 의미로 중의성이 없는 문장이다. 따라서 답은 ④이다.

오답분석

① '배'가 어떤 의미로 쓰였는지에 따라 어머니가 좋아하는 대상이 달라진다. '배'는 '배나무의 열매', '사람이나 짐 등을 싣고 물 위로 떠다니도록 나무나 쇠 등으로 만든 물건' 등을 뜻하는 동음이의어로, 어휘적 중의성이 있는 문장이다.

② '한 장난감'의 의미에 따라 '아이들이 특정한 하나의 장난감에 애착을 가진다', '각각의 아이들은 애착을 가지는 하나의 장난감이 있다'의 뜻으로 해석될 수 있으므로 중의성이 있는 문장이다.

③ '마주쳤던'이 수식하는 대상이 누구인지에 따라 '친구와 우연히 마주쳤다', '친구의 남편과 우연히 마주쳤다'의 뜻으로 해석될 수 있으므로 중의성이 있는 문장이다.

⑤ 부정 표현 '-지 못하다'와 수량 표현 '다'의 관계에 따라 '국어 숙제를 하나도 하지 못하여 선생님께 혼났다', '국어 숙제를 일부만 하고, 전체 다 하지 못하여 선생님께 혼났다'의 뜻으로 해석될 수 있으므로 중의성이 있는 문장이다.

45 번역 투 표현 수정하기 정답 ②

정답분석

②는 번역 투 표현이 쓰이지 않은 올바른 문장이다.

오답분석

① '많은 곳에 위치해'의 '~에 위치하다'는 영어 'be located in ~'을 번역한 표현으로, '~에 있다'를 쓰는 것이 더 자연스럽다.

③ '적당한 양의 견과류를'의 '~의'는 영어 '~ of ~'를 번역한 표현으로, '견과류를 적당히'와 같이 '~의'를 삭제하고 어순을 바꾸는 것이 더 자연스럽다.

④ '그것'은 '사과 1개 가격'을 가리키는 것으로, 우리말에서는 '사과 1개 가격은 백화점이 전통 시장보다 약 2배 높다'와 같이 어순을 바꾸거나 '백화점의 사과 1개 가격은 전통 시장의 사과 1개 가격보다 약 2배 높다'와 같이 지칭한 대상을 명확히 써 주는 것이 더 자연스럽다.

⑤ '~를 통해'는 영어 'through ~'를 번역한 표현으로, '~에서'를 쓰는 것이 더 자연스럽다.

46 글쓰기 계획하기 정답 ⑤

정답분석

2문단 2번째 줄에서 스마트폰에 의존하는 사람이 늘어나고 있음을 설명하고 있으나, 국내에만 한정돼 있으며 사례를 들고 있지도 않으므로 적절하지 않다.

[관련 지문 인용] 실제로 우리나라는 스마트폰 과의존군이 매년 증가하고 있다.

오답분석

① ⓐ: 4문단 1~3번째 줄에 반영되어 있다.
[관련 지문 인용] '모바일 블라인더'는 경주마가 결승점으로만 달릴 수 있도록 경주마의 눈에 주위를 가리는 눈가리개(블라인더)를 씌우는 것과 주위를 ㉣차단시키고 스마트폰 세상에만 집중하는 사람들의 행위가 유사하다는 데 착안하여 붙여진 이름이다.

② ⓑ: 5문단 2~3번째 줄에 반영되어 있다.
[관련 지문 인용] 스마트폰 과의존 위험군의 70.9%가 스마트폰 과의존 문제를 심각하게 인식하고 있다고 답했다.

③ ⓒ: 3문단에 성인의 스마트폰 과의존 정도를 평가하는 척도 열 가지가 반영되어 있다.

④ ⓓ: 1문단에 일상에서 스마트폰 사용으로 겪을 수 있는 문제 사례가 반영되어 있다.

47 글쓰기 자료 활용하기 정답 ⑤

정답분석

3문단 끝에서 1~6번째 줄에서 스마트폰 과의존군이 스마트폰 일반 사용자에 비해 스마트폰을 이용하고 싶은 충동을 강하게 느낌을 알 수 있다. 그러나 하루에 스마트폰을 사용하는 시간이 많음을 드러내는 사례인 (다)와 스마트폰 과의존 현상을 다루는 (라)로 스마트폰 사용 충동을 설명하기는 어려우므로 적절하지 않은 것은 ⑤이다.

[관련 지문 인용] '스마트폰을 이용하고 싶은 충동을 강하게 느낀다' ~ 척도당 만점을 4점으로 하였을 때 스마트폰 과의존 위험군은 이 척도를 2.88점으로 평가하였으며 일반 사용자군은 이 척도를 1.67점으로 평가해

오답분석

① 2문단 2번째 줄에서 우리나라에서 스마트폰 과의존군이 매년 늘어나고 있음을 설명하고 있으며, (가)는 2017~2021년에 스마트폰 과의존 위험군이 매년 증가함을 나타내는 통계 자료이므로 적절하다.
[관련 지문 인용] 실제로 우리나라는 스마트폰 과의존군이 매년 증가하고 있다.

② 윗글은 스마트폰 과의존으로 유발되는 문제와 이를 측정할 수 있는 척도만을 다루고 있으므로 스마트폰 사용을 줄일 수 있는(스마트폰을 현명하게 사용하는) 방법을 다루는 (나)를 활용해 스마트폰 과의존을 막을 수 있는 방법을 추가하는 것은 적절하다.

③ 4문단 3번째 줄에서 모바일 블라인더가 스마트폰 세상에만 집중하는 사람들의 행위를 지칭하는 용어임을 알 수 있으며, (다)는 오랜 시간 스마트폰에만 빠져 있는 모습을 보여 주는 사례이므로 적절하다.
[관련 지문 인용] 스마트폰 세상에만 집중하는 사람들의 행위가 유사하다는 데 착안하여 붙여진 이름이다.

④ 윗글에는 스마트폰 과의존을 정의하는 문장이 없으며, (라)를 활용해 스마트폰 과다 사용으로 현저성, 조절 실패, 문제적 결과를 유발하는 현상이 스마트폰 과의존임을 정의할 수 있으므로 적절하다.

※ 출처: KOSIS(과학기술정보통신부, 스마트폰과의존실태조사, 스마트폰 과의존위험군), 2023.01.30.

48 글쓰기 전략 활용하기 정답 ①

정답분석

5문단에서 스마트폰 과의존군이 늘어나는 이유를 '그렇다면 우리 사회에서 스마트폰 과의존군이 늘어나는 이유는 무엇일까?'와 같이 질문하고, 이에 대해 답을 하는 방식으로 설명하고 있으므로 적절한 것은 ①이다.

49 단어나 문장 고쳐 쓰는 방법 찾기 정답 ①

정답분석

㉠이 포함된 문장의 앞뒤 문장은 스마트폰 사용으로 인한 일상 속 문제를 다루고 있다. 따라서 문맥상 ㉠이 포함된 문장은 지하철에서 스마트폰 사용을 자제해 달라고 당부하는 방송을 들은 경험을 다루는 내용이므로 '지양할'을 '지향할'로 수정하는 것은 적절하지 않다.

- **지양(止揚)하다**: 더 높은 단계로 오르기 위하여 어떠한 것을 하지 않는다.
- **지향(志向)하다**: 어떤 목표로 뜻이 쏠리어 향하다.

오답분석

② ㉡: 2문단은 스마트폰 과의존군이 늘어나고 있다는 내용을 다루고 있다. 따라서 실시간으로 변하는 자극에만 반응하는 '팝콘 브레인'에 대한 내용은 이와 관련이 없으므로 삭제하는 것이 적절하다.

③ ㉢: '간'이 '한 대상에서 다른 대상까지의 사이'를 의미함과 ㉢ 뒤에서 스마트폰 과의존 위험군과 일반 사용자군의 동일 척도에 대한 점수 차이를 설명하는 점을 고려할 때 부사어 '스마트폰 과의존 위험군과'를 추가하는 것은 적절하다.

④ ㉣: 문맥상 ㉣의 주체는 '스마트폰 세상에만 집중하는 사람들'이므로 사동 표현이 아닌 주동 표현 '차단하고'를 사용하는 것이 적절하다.

⑤ ㉤: ㉤은 일상 속 스마트폰 과의존으로 발생하는 문제의 구체적 사례이며, 길에서 스마트폰을 이용하는 보행자와 관련된 내용이므로 이를 다루고 있는 1문단으로 이동하는 것은 적절하다.

50 글 보완하는 방안 찾기 정답 ④

정답분석

4문단 끝에서 2~3번째 줄에서 모바일 블라인더가 일상적 문제부터 심각한 문제까지 유발한다고 주장하고 있으나 이를 뒷받침할 근거가 없으므로, 이를 보완할 수 있는 구체적 사례를 추가하면 글의 타당성을 높일 수 있다. 따라서 적절한 것은 ④이다. 참고로, 타당성은 근거가 주장을 적절하게 뒷받침하면 실현된다.
[관련 지문 인용] 모바일 블라인더는 일상적인 문제뿐 아니라 심각한 사회적 문제까지 유발하기 때문에 주의 깊게 살펴야 할 사회 현상이다.

오답분석

① 5문단에서 의견을 인용한 전문가를 '한 전문가'로 소개하고 있으므로, 'OO대학 교수' 등과 같이 전문가의 신상을 구체적으로 밝히는 것은 적절한 보완 방법이나 이는 신뢰성을 높일 수 있는 방안이다.
- **신뢰성**: 논거나 자료가 믿을 만한지, 최신의 것인지, 출처의 권위가 인정할 만한지 등으로 실현된다.
- **통일성**: 한 편의 글이 하나의 주제로 조직돼 있을 때 실현된다.

② 통계 자료의 수치를 밝히는 것은 신뢰성을 높일 수 있는 방안이나, 5문단 2번째 줄에서 이미 통계 수치를 구체적으로 밝히고 있으므로 적절하지 않다.
[관련 지문 인용] 2016년에 실시한 조사에 따르면 스마트폰 과의존 위험군의 70.9%가

③ 2문단 1~2번째 줄 '2021년까지 집계된 자료를 바탕으로 할 때, 실제로 우리나라는 스마트폰 과의존군이 매년 증가하고 있다'에서 이미 최근에 스마트폰 과의존 현상이 늘어나고 있음을 설명하고 있으므로 적절하지 않다. 참고로, 시의성은 글을 쓰는 시점의 사정에 알맞은 글이라면 실현된다.

⑤ 공정성은 주장이 어느 한 편으로 치우치지 않을 때 실현되므로 적절하지 않다.

51 글과 비슷한 상황 유추하기 정답 ④

정답분석

윗글에 제시된 접착제인 '녹말풀', '순간접착제', '포스트잇의 접착제'는 각각 비슷한 구조, 다른 성분과의 접촉, 압력에 의해 접착력이 강해진다. 그중 순간접착제는 2문단 1~2번째 줄을 통해 알 수 있듯 용기 안에서는 접착력이 없지만, 용기 밖으로 나와 공기나 수분을 만나면 강한 접착력이 생긴다. 이를 '팀 협동심을 개선하는 방법'으로 유추한다면 용기 안팎을 환경의 변화로, 공기나 수분을 원래 팀에 없던 성질을 가진 팀원으로 표현할 수 있으므로 답은 ④이다.
[관련 지문 인용] 순간접착제는 용기 내에 있을 때는 접착력이 없으나, 공기나 수분과 접촉하면 단단해지면서 접착력이 강해진다.

오답분석

① 1문단 2~3번째 줄을 통해 알 수 있듯 녹말풀은 접착하는 대상과 유사한 구조일 때 접착력이 강해진다. 이를 통해 '하나의 팀에 비슷한 성격의 팀원을 배치한다'와 같은 내용은 유추할 수 있으나 ①은 적절하지 않다.
[관련 지문 인용] 녹말풀이 종이에 강한 접착력을 나타내는 이유는 녹말풀과 종이의 전분 구조가 유사하기 때문이다.

②③⑤ 윗글을 통해 유추할 수 없는 내용이므로 적절하지 않다.

52 주어진 조건을 충족하는 문구 찾기 정답 ④

정답분석

㉠에서 순간접착제는 매우 빠른 시간 내에 물체를 접착할 수 있지만, 접착력이 강해 순간접착제로 접착된 물체를 뗄 때, 접착한 부분이 모두 망가짐을 알 수 있다. 이러한 특성을 빠져드는 건 한순간이지만 헤어나기는 힘들고, 헤어나더라도 자기와 주변 사람까지 상처를 입을 수 있다는 '도박 중독'의 특성과 연관 지어 도박에 빠지지 말자는 주제를 물음의 형식을 사용하여 문구를 읽는 사람이 스스로 판단할 수 있게 하고, 하십시오체의 종결 어미 '-습니까'를 활용해 작성한 ④가 답이다.

오답분석

①②③⑤ 모두 ㉠에서 유추한 도박 중독의 특성 중 일순간에 빠진다는 점(②, ③), 헤어나기 어렵다는 점(①, ②, ⑤)을 들어 도박에 중독되지 말자는 주제를 전달하고 있다.

① 하십시오체의 종결 어미 '-습니다'가 쓰였으나 설의법은 사용되지 않았다.

②③ '도박 중독 예방'이라는 주제를 문구를 읽는 사람이 판단할 수 있게 물음의 형식으로 전달하고 있으나, 하게체의 종결 어미 '-는가'와 해요체의 종결 어미가 사용되었다.

⑤ 설의법이 사용되지 않았고, 해라체의 종결 어미 '-다'가 사용되었다.

53 글을 바탕으로 주장할 수 있는 내용 찾기 정답 ③

정답분석

윗글을 바탕으로 할 때 포스트잇의 접착 부분에는 '마이크로 구'가 있으며, 이것이 압력에 의해 터지면서 포스트잇에 접착력이 생기는 것을 알 수 있다. 포스트잇을 '핵심 우량주'로 볼 때, 붙이고 떼는 행위를 반복하며 마이크로 구가 사라지면 접착 가능한 메모지로 기능할 수 없는 포스트잇의 특성에서 한번 주식으로서 가치가 떨어지면 더는 우량주로서 기능하지 못하는 핵심 우량주의 특성을 이끌어 낼 수 있다. 따라서 답은 ③이다.

오답분석

①②⑤ ⓛ을 활용하여 주장할 수 없는 내용이다.

④ 압력을 가하면 접착력이 높아지는 포스트잇의 특성에서 주식이 거래되는 시장을 압박할 때 가치가 높아지는 핵심 우량주의 특성을 이끌어 낼 수 있으나, ⓛ으로는 포스트잇과 핵심 우량주의 쓰임새가 떨어지는 내용을 유추해 내야 하므로 적절하지 않다.

54 그림을 통해 내용 유추하기 정답 ⑤

정답분석

그림 (가)의 점선은 목적이 가위질인지 바느질인지에 따라 가위질을 해야 할 부분을 안내하는 선이 될 수도 있고, 바느질의 결과물인 바늘땀이 될 수도 있다. 이때, 가위질과 바느질을 일의 목적에, 이를 수행하는 수단인 가위와 바늘을 일을 하는 사람에, 점선을 일의 의미에 빗대면 일을 하는 사람과 일의 목적이 일의 의미를 결정한다는 교훈을 이끌어 낼 수 있으므로 답은 ⑤이다.

※ 출처: 2018년공유저작물DB수집_비즈니스 069 by 한국저작권위원회, 공유마당, CC BY

55 조건에 따른 그림 분석하기 정답 ④

정답분석

(가)는 똑같은 점선이 가위질에서는 잘라야 하는 부분을 나타내고, 바느질에서는 바느질이 완료된 부분을 나타냄을 표현한 그림이다. 따라서 (가)를 통해 동일해 보이는 일이라도 상황에 따라 다른 의미를 지니므로 일의 목적을 잘 파악하여야 한다는 주제를 이끌어 낼 수 있으나, 의미 있는 결과물을 위해 여러 방법으로 시도해 보아야 한다는 주제는 이끌어 낼 수 없다. 따라서 답은 ④이다.

오답분석

①③⑤ ㉠, ㉢, ㉤: (나)는 가위로 담배를 자르는 모습을 표현한 그림으로, 그림을 보았을 때는 시각화한 이미지인 '담배를 끊다'의 의미가 '담배를 잘라 떨어지게 하다'를 의미하지만, 주제가 '금연'인 점을 고려하면 '담배를 끊다'는 '습관처럼 하던 담배 피우기를 더 이상 하지 않다'까지 의미한다. 이와 같이 (나)는 다의어 활용, 단어의 의미의 시각화 등 기발한 발상을 활용하여 표면적인 의미와 이면적인 의미를 한 그림에 담아냄으로써 전달하고자 하는 주제를 강조하고 있으므로 (나)의 표현, 핵심, 주제는 적절하다.

② ⓛ: (가)의 점선은 가위질에서는 일을 할 때 따라야 하는 지침이 되고, 바느질에서는 일을 마친 결과물이 된다. 따라서 똑같아 보이는 선이라도 어떤 상황에서, 어떤 목적으로 보느냐에 따라 그 선의 의미는 달라질 수 있으므로 (가)의 핵심은 적절하다.

56 그림을 통해 내용 유추하기 정답 ③

정답분석

(나)는 다의어 '끊다'를 활용하여 '금연'이라는 주제를 전달하는 그림으로, 언어의 의미를 활용한 전략을 사용하였다. ③에서 '철'은 '사리를 분별할 수 있는 힘', 운동 기구의 재료인 '철'을 뜻하는 중의적 표현으로, 동음이의어를 활용한 언어유희가 광고 전략으로 쓰였다. 따라서 광고 표현 전략으로 언어를 활용한 (나)와 ③이 가장 유사하다.

오답분석

①②④⑤ '감성을 자극하는 전략', '실제 사례를 이용하는 전략', '광고 대상이 선호하는 인물을 이용하는 전략', '다른 대상과 비교해 장점을 보여 주는 전략'은 (나)와 같이 언어를 활용한 광고 전략이 아니므로 적절하지 않다.

57 그림을 통해 내용 유추하기 정답 ③

정답분석

그림 (가)로 중독 사고가 일어난다고 한 점을 고려할 때, 그림 (가)는 독버섯임을 알 수 있다. 또한 그림 (가)로 중독 사고가 발생하는 이유는 어린 영지버섯의 생김새에 관한 지식으로 그림 (가)를 섭취했기 때문임을 추론할 수 있다. 따라서 그림 (가)로 설명할 수 있는 논지는 아는 내용이라도 다시 한번 확인하고 조심하는 자세가 필요하다는 내용이 되어야 하므로 답은 ③이다.

※ 출처

- 산림청, https://www.forest.go.kr
- 한국기행_문화_여행_음식_남도의맛_112_버섯 by 한국교육방송공사, 출처: 공유마당, CC BY

58 조건에 따른 그림 분석하기 정답 ④

정답분석

그림 (가)는 독버섯이며 그림 (나)는 식용버섯이다. 독버섯은 화려한 외양에 속아 섭취하게 되면 겉으로는 알 수 없던 위험에 빠지는 것이 특징이다. 이를 통해 도출할 수 있는 주제는 해 볼 수 있는 경험을 모두 할 필요는 없다거나 겉모습만 보고 대상을 모두 이해했다고 착각해서는 안 된다는 것이 되어야 하므로 적절하지 않은 것은 ④ 'ⓔ'이다.

오답분석

①② ㉠, ⓛ: 독버섯인 그림 (가)는 식용버섯인 그림 (나)에 비해 화려한 모양새지만 독성이 있어 모양새만 보고 섭취하면 중독될 위험이 있다는 내용이 그 특징과 주제로 정리돼 있으므로 적절하다.

③⑤ ㉢, ㉤: 식용버섯인 그림 (나)는 볼품없는 겉모습만 보고 먹지 않으면 그 맛이나 영양소 같은 이점을 얻을 수 없으며, 이를 통해 도출할 수 있는 직접 겪어 보는 데서 비롯되는 지식도 있다는 점이 그 핵심과 주제로 정리돼 있으므로 적절하다.

59 그림을 통해 내용 유추하기 정답 ②

정답분석

(가)를 긍정적으로, (나)를 부정적으로 보려면 밝혀진 것보다 밝혀지지 않은 것에 주목해야 한다거나 희소성 높은 대상을 높이 사야 한다는 내용을 이끌어 낼 수 있다. 따라서 가장 적절한 것은 ②이다.

오답분석

① (가)를 긍정적으로, (나)를 부정적으로 다루고 있으나 (가)에게서 (나)보다 많은 면을 발견할 가능성이 있다는 점이 반영돼 있지 않으므로 적절하지 않다.

③ 대상의 희소성을 다루고 있으나, (나)만 활용해 도출한 내용이며, (나)를 긍정적으로 다루고 있으므로 적절하지 않다.

④ 밝혀지지 않은 면에 주목해야 한다는 내용과 (가)를 긍정적으로 다루고 있으나, (가)만 활용해 도출한 내용이므로 적절하지 않다.

⑤ (가)와 (나)를 모두 긍정적으로 인식해 도출한 내용이며 (가)에게서 (나)보다 많은 면을 발견할 가능성이 있다는 점이 반영돼 있지 않으므로 적절하지 않다.

60 그림을 통해 내용 유추하기 정답 ②

정답분석

<보기>는 술잔에 빠진 자동차 사진으로 이를 통해 음주 운전에 대한 경각심을 드러내고 있다. ②는 술을 마신 날에는 차를 운전하지 말자는 내용으로 <보기>의 표현 의도와 '안전 운전'이라는 주제로 '~을 올려 들었다면, ~는 내려 두어야 합니다'와 같이 서로 대조되는 내용을 담고 있으며, 종결 어미 '-ㅂ니다'를 사용하여 평서형으로 마무리하고 있다. 따라서 가장 적절한 것은 ②이다.

오답분석

① 주제를 '안전 운전'으로 하고 있으나, <보기>의 표현 의도, 대조법이 활용되지 않았고 평서형으로도 종결되지 않았으므로 적절하지 않다.

③ 의미가 대조되는 단어인 '생'과 '사'를 사용하고 있으나, <보기>의 표현 의도, 주제 '안전 운전'이 활용되지 않았고 평서형으로도 종결되지 않았으므로 적절하지 않다.

④ 평서형 종결 어미 '-ㅂ니다'로 마무리되었으나 <보기>의 표현 의도, 주제 '안전 운전', 대조법이 활용되지 않았으므로 적절하지 않다.

⑤ 주제인 '안전 운전', 평서형 종결 어미 '-습니다'가 활용되었으나 대조법이 사용되지 않았으므로 적절하지 않다.

61 시의 표현상의 특징과 효과 파악하기 정답 ⑤

정답분석

6연 1행 '가자 가자'에서 시어 '가자'를 반복함으로써 화자가 지향하는 이상향인 '또 다른 고향'에 간절히 가고 싶어 함을 강조하고 있으므로 적절하다.

오답분석

① 윗글은 '-ㄴ다', '-는다' 같은 현재형 어미를 사용하고 있다. 그러나 화자는 어떤 사건이 벌어지고 있는 곳에 있다거나, 특정 장소에서 경험한 일을 전달하고 있지 않으므로 윗글에 사용된 현재형 어미와 현장감은 무관하다.

② 윗글에서는 화자가 떠나고자 하는 장소인 '고향'과 화자가 향하고자 하는 장소인 '또 다른 고향'이 대립하고 있다. 6연 4행에서 '또 다른 고향'은 '아름다운'의 수식을 받아 화자가 긍정적으로 인식하는 장소임이 강조되지만 1연 1행의 '고향'에는 화자가 부정적으로 인식하는 장소임을 강조할 만한 수식어가 사용되지 않았다.

③ 3~5연의 '우는', '짖는다', '짖는'을 통해 청각적 심상이 구현될 수는 있으나 윗글에서 '고향'은 그리움의 대상이 아닌 암울한 현실에서 도피해 온 장소이자 화자가 떠나고자 하는 장소로 형상화되므로 적절하지 않다.

④ 2연 1행에서 '어둔 방'이 '우주'로 확장되고 있다. 이때, '어둔 방'은 화자가 고향에 돌아온 직후 마주한 현실이며, '백골'과 함께 있는 닫힌 공간이다. '어둔 방'에서 확장된 '우주'는 바람이 통하는 장소이므로 열린 공간이다. 화자는 '우주', '바람'을 마주하고 나서야 '백골'과 같은 또 다른 자아인 '아름다운 혼'을 인식하고, 현실의 '고향'을 떠나 이상적인 '또 다른 고향'으로 가겠다는 의지를 다진다. 이를 고려할 때, '어둔 방'에서 '우주'로 이어지는 공간의 확장은 화자가 현실에 안주하지 않는 계기로 작용함을 알 수 있으므로 적절하지 않다.

62 시의 시어 및 시구의 의미 파악하기 정답 ③

정답분석

윗글에서 분열된 자아가 드러나는 부분은 3연이다. 3연에서 시적 화자인 ㉡ '나'는 ㉠ '백골'을 보며 우는 대상으로 ㉠ '백골', ㉡ '나', ㉢ '아름다운 혼'을 언급하고 있으므로 ㉠~㉢은 시적 화자의 자아임을 알 수 있다. 이때, 6연에서 화자는 화자가 지향하는 세계인 '또 다른 고향'으로 갈 때 '백골' 몰래 가자고 하고 있으므로 ㉠ '백골'은 '나'가 거부하는 자아임을 파악할 수 있다. 따라서 <보기>의 ⓐ에 해당하는 것은 ㉢ '아름다운 혼'이므로 답은 ③이다. 참고로, ㉠ '백골'은 현실에서 도피해 온 자아이며, 이 시는 이와 같은 자아의 분열과 그것을 극복하는 과정을 중심으로 전개된다.

63 소설의 세부 내용 이해하기 정답 ⑤

정답분석

3문단 끝에서 1~2번째 줄에서 '나'는 도시의 학교로 전학한다는 사실을 자랑할 만한 아이들이 눈에 띔에도 아이들에게 다가가지 않고 그대로 떠난다. 이를 통해 '나'는 전학으로 학교나 친구들과 멀어지게 된 일에 아쉬움이 없음을 알 수 있으므로 적절하지 않다.

오답분석

① ㉠이 일어나게 된 이유는 '나'의 가족이 고향을 떠나 도시로 이사하기 때문이며, 이사를 결정한 계기는 5문단 끝에서 1~3번째 줄을 통해 알 수 있듯 '삼촌'을 찾으러 온 사람들에게 호되게 당해 그들을 다시 만나지 않기 위함이다. 참고로, '나'의 삼촌이 수배되는 이유는 6.25 전쟁 직후 사회의 사상범이었기 때문이다.

②③ 2문단에서 '나'는 ㉠을 갑작스러운 일, 낯선 공간으로 떨어지는 일, 스스로 이해나 감당하는 것이 불가능한 일로 인식하고 있음을 알 수 있다.

④ 1문단에서 '나'는 ㉠을 다른 아이들에게 말하고 싶어 함을 알 수 있다.

64 소설의 세부 내용 이해하기 정답 ④

정답분석

'나'가 도시에 와서 처음으로 사 마신 물이 짙은 오렌지빛이었음을 고려할 때, ㉡의 '오렌지빛'은 '나'가 겪는 도시 자체를 의미한다고 볼 수 있다. 또한 ㉡ 이전에 '나'는 도시에 정착했음을 인식한 이후, 자신의 처한 환경을 살펴보고 '오렌지빛 토사물'을 뱉고 있다. 이를 통해 ㉡은 '나'가 자신이 처하고 인식한 도시의 환경에 거부감을 느끼고 있다는 의미로 추론할 수 있으므로 답은 ④이다.

65 소설의 인물 심리 및 태도 파악하기 정답 ③

정답분석

6문단에서 '아버지'는 '삼촌' 때문에 갑작스럽게 마을을 떠나게 되었음에도 화를 내거나 '삼촌'이나 '삼촌'을 찾으러 왔던 사람들을 탓하지 않고 사람 좋은 모습으로 상황을 받아들이고 있다. 따라서 '아버지'에 대한 평가로 가장 적절한 것은 ③이다.

오답분석

① 4문단 1~2번째 줄에서 아버지가 마을 이장을 했을 정도로 명망이 높은 인물이었음은 알 수 있으나, 그 공을 다른 사람에게 돌렸는지는 알 수 없으므로 적절하지 않다.

② 17문단에서 '아버지'는 밥이 노란빛을 띠는 문제의 원인을 밥을 지은 물의 질이 나쁘다는 데서 찾고 있으나, 이를 개선하기 위해 다방면으로 노력하는지는 윗글을 통해 알 수 없다.

④ 7문단 1번째 줄에서 '아버지'는 자식인 '나'가 물을 사 마시는 도시의 생활을 경험하게 해 주지만, 이 환경에 잘 적응하도록 도와주려고 한 행동은 아니므로 적절하지 않다.

⑤ 가난에서 벗어나기 위해 노력하는 인물인지는 윗글을 통해 알 수 없으므로 적절하지 않다.

66 인문 - 세부 내용 파악하기 정답 ①

정답분석

3문단 3~4번째 줄을 통해 동화를 읽는 사람들은 동화에 내재한 선입견에 영향을 받는다는 점을 알 수 있으므로 적절한 것은 ①이다.

오답분석

② 2문단 1~3번째 줄을 통해 아이들이 동화 속 인물에 자기를 투영하는 과정은 무의식적인 과정임을 알 수 있다.

③ 1문단 1~3번째 줄을 통해 프로이트 학파의 심리분석자들이 동화와 꿈의 관계를 연구함을 알 수 있다.

④ 1문단 끝에서 2~3번째 줄을 통해 동화 해석의 타당성과 동화의 핵심 모티브가 연관됨을 알 수 있다.

⑤ 2문단 끝에서 1~2번째 줄을 통해 유년기와 성인기에 받는 동화의 영향은 서로 관련이 있음을 알 수 있다.

67 인문 - 구체적 상황에 적용하기 정답 ⑤

정답분석

㉠이 주장하는 내용은 동화와 같은 이야기의 이면에는 심리적 요인들이 숨어 있고, 이것이 꿈과 연결된다는 것이다. ⑤는 꿈을 소재로 한 동화를 언급하고 있기는 하나, '교우관계를 맺기 어렵다'라는 심리적 문제를 동화로 해결할 수 있다는 주장이므로 특정 학파의 입장보다는 동화를 매개로 하는 심리 치료의 효용을 설명하는 입장에서 주장할 수 있는 내용이다.

오답분석

①②③④ 모두 꿈과 인간의 무의식, 또는 동화(이야기)의 연관성에 대해 주장하고 있으므로 ㉠의 입장에서 주장할 수 있는 내용으로 적절하다.

68 인문 - 관련 내용 추론하기 정답 ⑤

정답분석

1문단 끝에서 1~4번째 줄에서 동화는 해석의 여지가 다양하기 때문에 독자가 동화를 읽는 동안 긴장하며, 동화를 정확하고 명료하게 이해하여 그 의미를 해석하는 것이 중요함을 알 수 있다. 그러나 동화를 정확히 해석하는 일은 동화의 의미를 유일한 의미로 한정하는 일이 아니므로 윗글을 통해 추론할 수 있는 내용으로 적절하지 않은 것은 ⑤이다.

오답분석

① 3문단 끝에서 2~4번째 줄의 심리적 상태에 따라 주요하게 인식하는 모티브가 다르다는 내용을 통해 추론할 수 있다.

② 1문단 5~6번째 줄의 동화해석에서는 동화에는 인간의 발전 양상이 담겨 있다고 파악한다는 카스트의 주장을 통해 추론할 수 있는 내용이다.

③ 1문단 끝에서 4~6번째 줄의 카스트는 등장인물의 특성을 주인공의 인격적 면모로 해석한다는 내용으로 추론할 수 있는 내용이다.

④ 2문단 끝에서 3~4번째 줄의 심리적 문제를 동화로 해결할 수 있다는 내용으로 추론할 수 있는 내용이다.

69 인문 - 구체적 상황에 적용하기 정답 ②

정답분석

<보기>는 설화 '바리데기'의 인물과 이야기를 구현하는 주제가 모두 원형적이라고 해석한다. 이는 원형적인 심리 현상이 이야기의 인물과 사건에 영향을 미친다고 주장하는 융 학파의 입장과 일치하므로 답은 ②이다.

70 과학 - 독자의 반응 파악하기 정답 ⑤

정답분석

3문단 3번째 줄을 통해 인체의 화학 작용을 촉진하는 촉매는 효소임을 알 수 있으나, 산업 분야에서 쓰이는 촉매는 윗글을 통해 알 수 없으므로 답은 ⑤이다.

오답분석

① 2문단 1~4번째 줄의 인간의 몸에서 물이 하는 역할을 읽고 보일 수 있는 반응이다.

② 4문단 1~2번째 줄, 5문단 1~2번째 줄, 6문단 1번째 줄의 인체는 '아데노신삼인산', '글리코겐', '피하지방'의 형태로 에너지를 저장한다는 내용을 읽고 보일 수 있는 반응이다.

③ 1문단 1~3번째 줄의 인체를 구성하는 화학물질의 비율을 읽고 보일 수 있는 반응이다.

④ 5문단 끝에서 3번째 줄의 뇌가 포도당을 가장 많이 쓴다는 내용을 읽고 보일 수 있는 반응이다.

71 과학 - 세부 내용 파악하기 정답 ④

정답분석

5문단 2~3번째 줄을 통해 글리코겐의 3분의 2는 근육이 사용하고, 나머지는 간에 저장되어 혈당치를 적절하게 유지하는 데 쓰인다는 점을 알 수 있다. 따라서 윗글의 내용과 일치하는 것은 ④이다.

오답분석

① 2문단 1번째 줄을 통해 인체의 약 60퍼센트가 물로 구성됨을 알 수 있으나 인체의 혈액을 구성하는 물의 비율은 알 수 없다.

② 6문단 끝에서 2~3번째 줄을 통해 지방은 결합할 때 세포막을 만들며, 세포막은 세포를 주변과 차단하는 역할을 함을 알 수 있다.

③ 3문단 끝에서 1~2번째 줄을 통해 효소 중에서 관계하는 화학적 결합이 하나뿐인 특수한 효소가 있음을 알 수 있으나, 모든 효소가 그런지는 알 수 없다.

⑤ 2문단 끝에서 1~3번째 줄을 통해 인체에서 일어나는 화학 작용은 섭씨 37도의 온도와 정상적인 대기압을 조건으로 함을 알 수 있으나, 톨루엔은 화학 산업의 용매이므로 적절하지 않다.

72 과학 - 독자의 반응 파악하기 정답 ③

정답분석

윗글과 <보기 1>을 근거로 할 때 <보기 2>에서 적절한 것은 ㉠, ㉣이므로 답은 ③이다.

- ㉠: 4문단 끝에서 1~2번째 줄에서 ATP는 호흡하면서 받아들이는 산소를 통해 생성된다는 점과 <보기 1>의 '호흡을 통해 생긴 에너지가 투입되어~ATP가 생성된다'를 통해 알 수 있다.
- ㉣: 4문단 2~3번째 줄에서 ATP에서 인산기가 분리될 때마다 에너지가 방출된다는 점과 5문단 2번째 줄에서 당이 글리코겐으로 합성된다는 점을 확인할 수 있다. 또한 <보기 1>에서 동화 작용은 합성하는 과정, 이화 작용은 분해하는 과정으로 볼 수 있다고 하였으므로 당이 글리코겐으로 합성되는 과정은 동화 작용, ATP에서 인산기가 하나 분리되어 ADP가 되는 과정은 이화 작용으로 볼 수 있다.

오답분석

- ㉡: 4문단 2~3번째 줄에서 ATP에 포함된 인산기마다 약 30kJ/mol의 에너지가 저장됨을 알 수 있으나, ATP, ADP, AMP의 에너지는 윗글과 <보기 1>을 통해 알 수 없다.
- ㉢: 4문단 2~3번째 줄에서 ATP에서 인산기가 분리될 때 에너지가 방출된다는 점을 알 수 있으나 <보기 1>의 '물질이 분해되어 에너지원으로 사용되는 일을 이화 작용이라고 한다'를 통해 이 과정은 이화 작용임을 알 수 있다.

73 과학 - 전개 방식과 효과 파악하기 정답 ④

정답분석

6문단 1번째 줄에서 세포에 에너지를 전달하는 미토콘드리아의 기능은 알 수 있으나 미토콘드리아의 구조는 분석하고 있지 않다. 따라서 설명 방식에 대한 이해로 적절하지 않은 것은 ④이다.

오답분석

① 7문단 2~3번째 줄에서 글을 마무리하면서 양성평등을 이루기 위해 모두의 노력과 의지가 필요함을 제시하고 있다.

② 1문단 2~3번째 줄에서 남녀의 염색체 중 차이가 나는 '성염색체'를 언급하고 있으며, 글 전체에서 성염색체인 X염색체와 Y염색체를 중심으로 암수, 남녀 간의 차이를 설명하고 있다.

③ 3문단 2~3번째 줄에서 Y염색체에 들어 있는 Sry 유전자를 설명하면서, 캥거루를 예로 들어 Sry 유전자의 기능을 추가로 설명하고 있다.

⑤ 4문단 2~3번째 줄에서 남성이 상대적으로 더 잘 걸리는 질환과 해당 질환의 발병률이 더 높은 이유를 제시하고 있으며, 5문단에서 여성이 상대적으로 더 잘 걸리는 질환과 해당 질환의 발병률이 더 높은 이유를 제시하고 있다.

74 과학 - 세부 내용 파악하기 정답 ④

정답분석

2문단 2~3번째 줄을 통해 ㉠ 'X염색체'와 ㉡ 'Y염색체'는 같은 염색체였음을, 3문단 1~2번째 줄을 통해 ㉠이 ㉡보다 유전자 수가 많음을 알 수 있다. 따라서 가장 적절한 것은 ④이다.

오답분석

① 4문단 3번째 줄을 통해 ㉡ 'Y염색체'는 ㉠ 'X염색체'와 같은 기능을 하지 못함을 알 수 있다.

② 3문단 2~3번째 줄을 통해 ㉡ 'Y염색체'는 남성의 특징을 만드는 Sry 유전자를 가지고 있음을 알 수 있다.

③ 2문단 2~3번째 줄을 통해 ㉠ 'X염색체'가 ㉡ 'Y염색체'보다 크기가 크고, ㉠과 ㉡의 모양도 다름을 알 수 있다.

⑤ 4문단 1~2번째 줄을 통해 여성은 부모에게 받은 ㉠ 'X염색체'를 한 쌍 가지고 있으며, 그중 하나는 기능하지 않다가 다른 하나에 문제가 생기면 기능함을 알 수 있다. 또한 이때 기능하지 않는 ㉠을 '바소체'라고 함을 알 수 있다.

75 과학 - 구체적 상황에 적용하기

정답 ④

정답분석

윗글과 <보기>를 바탕으로 할 때 적절한 내용은 ㄴ, ㄷ이므로 답은 ④이다.

- ㄴ: 6문단을 통해 미토콘드리아의 DNA는 어머니에게 물려받음을 알 수 있으며, <보기>의 '2) 미토콘드리아'에서 미토콘드리아의 DNA 이상으로 질병에 걸릴 수 있음을 알 수 있다. 따라서 모계 유전으로 미토콘드리아 질병에 걸릴 수 있으므로 ㄴ은 적절하다.
- ㄷ: 1문단을 통해 사람은 46개의 염색체를 가지고 있으며 그중 44개는 남녀가 공통으로 가지고 있는 염색체임을, 나머지 2개는 성 염색체임을 알 수 있다. <보기>의 '1) 염색체'에서 남녀에게 공통으로 나타나는 염색체를 '상염색체'라고 함을 알 수 있으므로 ㄷ은 적절하다.

오답분석

- ㄱ: 3문단 1~2번째 줄을 통해 X염색체와 Y염색체의 유전자 수를 알 수 있으나 다른 생물의 유전자 수는 알 수 없다. 또한 윗글과 <보기>를 통해 유전자 수가 많을수록 고등 생물에 속하는지는 알 수 없다.
- ㄹ: <보기>의 '1) 염색체'에서 같은 종끼리 염색체의 수가 동일함은 알 수 있으나, 감자와 침팬지의 염색체 수가 48개인 것을 통해 다른 종이라도 염색체 수가 같을 수 있음을 알 수 있다.

76 예술 - 세부 내용 파악하기

정답 ⑤

정답분석

2문단 끝에서 2~4번째 줄을 통해 아르 앵포르멜은 그릴 것을 계획하고 그에 따라 정성껏 그리는 경향을 따르지 않고, 마음이 가는 대로 그려 비정형성을 완성하고자 했음을 알 수 있다. 따라서 답은 ⑤이다.

오답분석

① 5문단 2번째 줄을 통해 아르 앵포르멜 예술가였던 타피에가 아르 브뤼에 참여했음을 알 수 있으나 이를 발전시켰음은 알 수 없다.

② 2문단 끝에서 2번째 줄을 통해 아르 앵포르멜은 비정형성을 위해 동양의 서예 기법을 차용했음을 알 수 있으나, <맨해튼>에서 이 기법을 사용했는지는 알 수 없다.

③ 1문단 3번째 줄에서 현대미술에서 나타나는 비정형 미술의 경향이 극단화된 것이 액션 페인팅임을 알 수 있다.

④ 5문단 끝에서 1~2번째 줄에서 뒤뷔페는 구상을 한 뒤 비정형적인 결과물을 내는 경향이 있었음을 알 수 있으나 6문단 끝에서 1~2번째 줄에서 뒤뷔페는 구상이나 추상 등으로 그림의 경향을 나누는 것에 큰 의미를 두지 않았음을 알 수 있다.

77 예술 - 세부 내용 파악하기

정답 ⑤

정답분석

(가) '아르 앵포르멜'과 가장 거리가 먼 것은 ⓔ '비정상적인 사람들'이다. 5문단 1번째 줄과 끝에서 3~4번째 줄을 통해 어린이, 정신병자, 오지인 등 정신적으로 약하고 비정상적인 사람을 그림의 소재로 삼거나 그들의 그림을 예술 작품으로 제시한 화가는 뒤뷔페임을 알 수 있으며, 뒤뷔페가 따르는 사조는 그가 만든 아르브뤼임을 알 수 있다. 따라서 답은 ⑤이다.

오답분석

① ㉠: 2문단 2~3번째 줄을 통해 (가) '아르 앵포르멜'은 기반이 되는 제2차 세계대전 이전의 미술 사조에 제2차 세계대전 이후 대두된 즉흥성 개념을 더한 사조임을 알 수 있다.

② ㉡: 1문단 1번째 줄을 통해 (가) '아르 앵포르멜'이 비정형 미술임을 알 수 있다.

③ ㉢: 3문단을 통해 <맨해튼>이 (가) '아르 앵포르멜'을 대표하는 작가인 '볼스'의 작품임을 알 수 있다.

④ ㉣: 4문단 2번째 줄을 통해 (가) '아르 앵포르멜'은 합리주의에 반대하는 경향을 띰을 알 수 있다.

78 예술 - 세부 내용 파악하기

정답 ④

정답분석

5문단 끝에서 3~4번째 줄을 통해 (나) '뒤뷔페가 그들의 그림에 주목한 이유'에서 '그들'은 당대 사회에서 미숙한 정신 등을 이유로 비정상적이라고 평가받는 어린이, 정신병자, 심약자, 오지인, 원시인 등임을 알 수 있다. 따라서 이들을 사회적 소외 계층으로 볼 수 있으나 이들이 고급문화를 비판한다는 점은 윗글을 통해 알 수 없으므로 답은 ④이다.

오답분석

① 6문단 끝에서 2~3번째 줄에서 뒤뷔페가 '그들'의 그림 자체를 외적인 요소에서 벗어난 자유로 여겼음을 알 수 있다.

② 6문단 1~2번째 줄을 통해 '그들'의 그림이 서구의 전통적 가치관에서 벗어나 있음을 알 수 있다.

③ 5문단 3~4번째 줄을 통해 뒤뷔페는 '서구 백인-어른-정상인'이라는 당시 사회의 사람들이 세운 정상성의 기준을 거부하고자 '그들'에게 주목했음을 알 수 있다.

⑤ 6문단 3~4번째 줄을 통해 '그들'은 사회적으로 지켜야 할 질서나 의무에 얽매이지 않고 개인의 예술 세계를 자유롭게 그림에 담아내었음을 알 수 있다.

79 예술 - 비판적 관점 파악하기

정답 ④

정답분석

2문단 1번째 줄에서 아르 앵포르멜은 예술가의 내적인 표현에 종속되어 있음을 알 수 있다. 자신의 무의식적 세계에만 갇히면 거시적 시각을 갖추기 어려우므로 ④와 같은 비판을 할 수 있다. 따라서 답은 ④이다.

오답분석

① 윗글을 통해 아르 앵포르멜이 서구 문화를 우월하게 여긴다는 점은 알 수 없으며, 2문단 끝에서 2번째 줄에서 지향하는 바를 달성하기 위해 동양의 기법도 차용했음을 알 수 있으므로 적절한 비판이 아니다.

② 3문단 끝에서 3~5번째 줄을 통해 아르 앵포르멜의 대표 작가인 '볼스'는 친숙한 요소를 그림의 소재로 삼았음을 알 수 있으므로 적절한 비판이 아니다.

③ 4문단 1번째 줄을 통해 아르 앵포르멜이 추상 아방가르드의 기하 정형주의에 맞서는 운동 중 하나임을 알 수 있으나 기하학 요소를 사용하여 비현실성을 나타냈는지는 알 수 없으므로 적절한 비판이 아니다.

⑤ 3문단 1~2번째 줄을 통해 아르 앵포르멜은 프랑스 파리뿐 아니라 전 세계적으로 유행했음을 알 수 있으므로 적절한 비판이 아니다.

80 인문 - 세부 내용 파악하기 정답 ④

정답분석

5문단 끝에서 1~3번째 줄을 통해 윗글은 역사 비평의 모든 하위 비평론은 전기 비평의 영향을 받으므로 작품의 소재, 형식, 주제, 상징, 이미지 등을 이해하기 위해서는 전기 비평에서 강조하는 작가의 문학관이나 세계관을 이해해야 한다고 주장함을 알 수 있다. 이를 통해 역사 비평은 작품의 내재적 요소보다 작품을 창작한 작가와 관련된 것을 중시함을 알 수 있으므로 적절한 것은 ④이다.

오답분석

① 2문단 끝에서 2~3번째 줄을 통해 문학 비평 방법 중 범위가 가장 넓은 것이 역사 비평임을 알 수 있다.

② 4문단 2~3번째 줄을 통해 역사 비평의 하위 방법론들은 서로 긴밀히 연관됨을 알 수 있다.

③ 2문단 2번째 줄을 통해 역사 비평에서 차용하는 연구 방법은 통시적 문학 연구 방법뿐임을 알 수 있다.

⑤ 4문단 끝에서 1~2번째 줄을 통해 역사 비평은 작가가 의도한 것만 명확히 밝혀내려고 하는 비평론임을 알 수 있다.

81 인문 - 세부 내용 파악하기 정답 ④

정답분석

㉠은 역사 비평의 전제로, 2문단 2~3번째 줄을 통해 역사 비평에서는 시간의 변화를 중심으로 문학을 연구함을 알 수 있다. 따라서 고정된 시간에서 문학을 이해하는 것은 역사 비평론의 기본적인 관점과 거리가 멀므로 적절하지 않은 것은 ④이다.

오답분석

①⑤ 1문단 1~3번째 줄에서 문학 작품은 역사의 일부분인 작가가 창조해 낸 결과물이기 때문에 작가와 역사는 유리될 수 없다고 하였으므로 적절하다.

②③ 3문단 2~3번째 줄을 통해 문학의 과거성 없이는 문학의 심미성도 없음과 문학의 존재가 역사적 사실임을 알 수 있다.

82 인문 - 구체적 상황에 적용하기 정답 ④

정답분석

㉡은 역사 비평 방법의 하위 방법론 중 '전기 비평'이 '전기 비평'을 제외한 '언어 비평, 장르 비평, 원전 비평, 원본 비평'의 바탕이 되어야 한다는 의미이다. 따라서 ㉡의 입장에서는 전기 비평으로 알 수 있는 사항을 기준으로 문학 작품을 비평해야 함을 주장할 수 있다. 그러나 ④는 작가의 삶과 관련이 있는 '작가가 장르에 보이는 관심'의 중요도를 낮게 두고 비평해야 한다는 주장이므로 적절하지 않다.

오답분석

① 작품에서 작가의 의도를 파악하는 것이 역사 비평의 목적이며, 작가의 삶을 중심으로 문학 작품을 분석하는 것이 전기 비평이므로 적절하다.

②③ 전기 비평의 입장에서는 작가가 사용하는 형식, 다른 사람의 작품에서 가져오는 원전이 작가의 삶과 밀접한 관련이 있다고 주장하므로 적절하다.

⑤ 작품 속 언어의 의미를 밝히는 일이 언어 비평이므로 이보다 전기 비평에서 중시하는 작가의 전기적 특성에 주목해야 한다고 주장하는 것은 적절하다.

83 안내문 - 정보 확인하기 정답 ③

정답분석

'납입 금액'에서 청년 재직자 유형의 경우 매월 근로자는 12만 원, 기업은 5만 원을 납입하고, 중장년 근로자 유형의 경우 매월 근로자는 10만 원, 기업은 9만 원을 납입함을 알 수 있다. 따라서 달마다 근로자가 납입하는 금액이 기업에서 부담하는 금액보다 크므로 적절하지 않은 것은 ③이다.

오답분석

① '지원 규모'의 '연 50명'과 '선정 방법'의 '모집 인원 미달 시 선착순·상시 접수'에서 알 수 있다.

② '중소기업 근로자의 장기 재직 유도를 통한~내일채움공제 지원 사업을 안내하오니'를 통해 알 수 있다.

④ '신청 방법'의 '방문 또는 우편 접수'를 통해 알 수 있다.

⑤ '지원 대상'의 '중장년: 직무기여도가 높아 대표자가 장기 재직이 필요하다고 지정한 근로자'를 통해 알 수 있다.

※ 출처: 인천광역시 서구청, https://www.seo.incheon.kr

84 안내문 - 구체적 상황에 적용하기 정답 ⑤

정답분석

'지원 대상'과 '신청 주체'를 통해 청년 재직자 내일채움공제의 가입 조건에 해당하는 사람이 ⑤ '무'임을 알 수 있다.

[관련 지문 인용]

- 청년: 만 15세 이상 34세 이하, 정규직으로 6개월 이상 재직 중인 청년 근로자
- 단, 청년, 중장년 모두 주민등록상 ××광역시 서구 거주자여야 함
- 신청일 기준, ××광역시 서구 소재의 중소 제조 기업 중 상시 근로자 수 5인 이상인 기업

오답분석

① '갑'은 계약직이므로 지원 대상에 해당하지 않는다.

② '을'은 재직 기간이 3개월이므로 지원 대상에 해당하지 않는다.

③ '병'이 근무 중인 B 기업은 ××광역시 남구에 있으므로 신청 주체에 해당하지 않는다.

④ '정'의 거주지는 '××광역시 남구'이며, '정'이 근무 중인 C 기업은 중견기업이므로 지원 대상과 신청 주체에 모두 해당하지 않는다.

85 교술 - 관련 내용 추론하기 정답 ④

(정답 분석)

윗글을 바탕으로 할 때, ㉠의 '감사하다'와 '고맙다'는 단어의 뜻은 비슷하지만 단어의 유래와 쓰임(품사)이 다르다. ④의 '진부(陳腐)하다'는 '사상, 표현, 행동 등이 낡아서 새롭지 못하다'를 뜻하는 한자어에서 유래된 말이자 형용사이고, '케케묵다'는 '일, 지식 등이 아주 오래되어 시대에 뒤떨어진 데가 있다'를 뜻하는 고유어이자 동사이다. 따라서 '진부하다'와 '케케묵다'는 뜻이 비슷하나, 단어의 유래와 품사가 다르므로 답은 ④이다.

(오답 분석)

① '단장하다'와 '꾸미다'는 단어의 유래는 다르나 품사가 같다.
- **단장(丹粧)하다**: '얼굴, 머리, 옷차림 등을 곱게 꾸미다'를 뜻하는 동사이다.
- **꾸미다**: '모양이 나게 매만져 차리거나 손질하다'를 뜻하는 동사이다.

② '독촉하다'와 '채근하다'는 단어의 유래와 품사가 모두 같다.
- **독촉(督促)하다**: '일이나 행동을 빨리하도록 재촉하다'를 뜻하는 동사이다.
- **채근(採根)하다**: '어떻게 행동하기를 따지어 독촉하다'를 뜻하는 동사이다.

③ '우매하다'와 '어리석다'는 단어의 유래는 다르나 품사가 같다.
- **우매(愚昧)하다**: '어리석고 사리에 어둡다'를 뜻하는 형용사이다.
- **어리석다**: '슬기롭지 못하고 둔하다'를 뜻하는 형용사이다.

⑤ '한미하다'와 '변변찮다'는 단어의 유래는 다르나 품사가 같다.
- **한미(寒微)하다**: '가난하고 지체가 변변하지 못하다'를 뜻하는 형용사이다.
- **변변찮다**: '지체나 사는 형편이 남보다 좀 못하다'를 뜻하는 형용사이다.

86 교술 - 관련 내용 추론하기 정답 ④

(정답 분석)

㉡은 '감사하다'는 사용하지 말고, '고맙다'를 사용해야 한다는 주장이다. 2~3문단을 통해 ㉡과 같이 주장하는 사람들은 '감사하다'가 한자어에서 유래하였고, 일본어에서 왔다는 통설과 한자어가 고유어를 억압한다는 점 때문에 '감사하다'의 사용을 반대하고 있음을 알 수 있다. 따라서 이를 반박하려면 한자어를 사용할 때의 이점, '감사하다'가 일본어에서 유래되지 않았다는 점, '감사하다'와 '고맙다' 모두 고유의 특성이 있는 우리말인 점 등을 들어야 한다. ④는 3문단에서 설명하고 있는 '감사하다'의 유래와 연관이 있는 주장이나, ㉡에 반박하려면 단어의 유래와 관련 없이 우리말에서 제 역할을 하는 단어라면 잘 사용해야 한다는 주장이 되어야 한다. 따라서 적절하지 않은 것은 ④이다.

(오답 분석)

① 4문단 1번째 줄을 통해 '감사하다'는 자주 쓰이는 소중한 우리말임을 알 수 있으며, 이는 '감사하다'의 일본어 기원설과 한자어를 배척해야 한다는 주장을 반박할 수 있는 내용이다.

② 4문단 2~3번째 줄을 통해 '고맙다'와 '감사하다'의 쓰임새에 차이가 있음을 알 수 있으며, 이는 '감사하다'를 지양하고 '고맙다'를 사용해야 한다는 주장을 반박할 수 있는 내용이다.

③ 3문단 2~3번째 줄을 통해 '감사하다'가 우리나라에서 쓰인 지는 오래되었음을 알 수 있으며, 이는 '감사하다'의 일본어 기원설을 반박할 수 있는 내용이다.

⑤ 2문단 3~4번째 줄을 통해 한자어 사용으로 우리말 표현이 더 풍부해졌다고 생각함을 알 수 있으며, 이는 한자어 '감사하다'가 한자어에서 유래되었다는 이유로 배척해야 한다는 주장을 반박할 수 있는 내용이다.

87 안내문 - 정보 확인하기 정답 ④

(정답 분석)

'2-2) 장기요양급여 종류별 본인 부담률'의 '시설 급여'와 표를 통해 노인장기요양보험에서 시설 장기 입소자에게 교육·훈련을 제공함과 시설 급여도 건강보험료 순위에 따라 본인 부담금이 있음을 알 수 있으므로 적절하지 않은 것은 ④이다.

[관련 지문 인용] 시설 급여: 장기요양기관에 장기간 입소한 수급자에게 신체 활동 지원 및 심신 기능의 유지·향상을 위한 교육·훈련 등을 제공하는 장기요양급여

(오답 분석)

① '2. 노인장기요양보험 본인 부담 개편 주요 내용'을 통해 제도를 개편하기 전에는 저소득층만 본인 부담금 경감 대상이었음을 알 수 있다.
[관련 지문 인용] 노인장기요양 급여비 부담 완화를 위해 본인 부담금 경감 대상을 저소득층에서 중산층까지 확대하고,

② '2-2) 장기요양급여 종류별 본인 부담률'의 '재가 급여'를 통해 방문 목욕, 방문 간호 등과 같이 가정으로 직접 방문하여 제공하는 서비스가 있음을 알 수 있다.
[관련 지문 인용] 재가 급여: 방문 요양, 방문 목욕, 방문 간호 ~ 등의 장기요양급여

③ '2-1) 건강보험료 순위별 경감률 및 본인 부담액'을 통해 건강보험료 순위가 50% 초과이면 제도 개편 전후에 모두 경감률이 0%임을 알 수 있다.

⑤ '1. "노인장기요양보험"이란?'에서 65세 미만이어도 치매·뇌혈관성질환 등의 노인성 질병을 가진 사람이면 장기요양급여를 제공받을 수 있는 대상에 속함을 알 수 있다.
[관련 지문 인용] 노인 등에게 신체 활동 또는 가사 활동 지원 등의 장기요양급여를 제공하는 사회 보장 제도를 말합니다. 여기서 '노인'은 65세 이상의 노인 또는 65세 미만의 사람으로서 치매·뇌혈관성질환 등 노인성 질병을 가진 사람을 말합니다.

※출처: 보건복지부, http://www.mohw.go.kr

88 안내문 - 구체적 상황에 적용하기 정답 ④

(정답 분석)

'2-2) 장기요양급여 종류별 본인 부담률'을 통해 재가 급여를 받는 A 어르신은 제도 개편 후 본인 부담률이 6%임을 알 수 있다. 따라서 개편 후 본인 부담금은 '1,189,000×0.06=71,340원'으로, 백의 자리에서 반올림하면 71,000원이 된다.

(오답분석)

① '2-1) 건강보험료 순위별 경감률 및 본인 부담액'을 통해 건강보험료 순위 25~50%는 제도 개편으로 경감 대상자가 되었음을 알 수 있다.

② A 어르신은 건강보험료 순위가 0~25%이며, '2-1) 건강보험료 순위별 경감률 및 본인 부담액'을 통해 해당 순위의 경감률은 기존보다 10%p 상승했음을 알 수 있다.

③⑤ '2-2) 장기요양급여 종류별 본인 부담률'을 통해 시설 급여를 수급하는 B 어르신의 제도 개편 후 본인 부담률은 12%임을 알 수 있다. 또한 <보기> 본인 부담금 계산법을 통해 B 어르신의 개편 전 본인 부담금은 '1,983,000×0.2=396,600원'을 백의 자리에서 반올림한 397,000원이고, 개편 후 본인 부담금은 '1,983,000×0.12=237,960원'을 백의 자리에서 반올림한 238,000이다. 개편 전후의 본인 부담금 차이가 159,000원이므로 그만큼의 혜택을 받았음을 알 수 있다.

89 기사문 - 독자의 반응 파악하기

정답 ④

(정답분석)

6문단 1~2번째 줄을 통해 피신고자에게 사실 관계를 확인하는 절차가 있다는 점과 무고죄는 형법 등에 따라 처벌될 수 있다는 점을 신고자에게 안내하여 허위 신고를 예방하려 함을 알 수 있으나, 기존보다 무고죄의 처벌과 사실 관계를 확인하는 절차를 강화한다는 점은 알 수 없다. 따라서 이와 관련한 반응을 하는 것은 적절하지 않으므로 답은 ④이다.

[관련 지문 인용] 신고 접수 단계에서 피신고자 사실 확인 제도를 신고자에게 안내하고, 무고 · 명예 훼손 등의 소지가 있는 허위 신고 등을 할 경우 형법 등에 따라 처벌될 수 있으며

(오답분석)

① 10문단을 읽고 보일 수 있는 반응이므로 적절하다.
[관련 지문 인용] 피신고자에게 소명 기회를 부여하지 않는 경우는 신고자의 신분 노출 우려가 있는 경우, 증거 인멸 · 도주 등의 우려가 있는 경우, 피신고자가 거부하는 경우 등이다.

② 4문단 끝에서 2~3번째 줄에서 피신고자 사실 확인 제도를 통해 증거 인멸 등의 부작용이 발생할 수 있다고 하였으므로 이를 경계해야 한다는 반응은 적절하다.
[관련 지문 인용] 피신고자에 대한 사실 확인 과정에서~증거 인멸을 시도하는 등의 부작용이 발생할 가능성도 배제할 수 없다고 밝혔다.

③ 1문단에서 피신고자의 무고나 명예 훼손을 방지하고자 본 제도를 시행하게 되었다고 하였으므로 허위 신고로 억울한 피해를 입은 피신고자가 있었을 것이라 추측하는 반응은 적절하다.
[관련 지문 인용] 피신고자를 대상으로 사실 관계를 확인할 수 있는 제도가 시행됨에 따라 원칙적으로 피신고자에게 소명 기회를 부여해 피신고자의 무고나 명예 훼손 우려를 해소하되,

⑤ 6문단 1~2번째 줄과 10문단을 통해 정당한 신고자에 한하여 보호를 받을 수 있으며, 피신고자가 신고자의 신분을 알게 되어 피해를 가할 경우 신고자는 국민권익위원회에 알려 신고자 지위를 인정받아 보호받을 수 있음을 알 수 있다.
[관련 지문 인용]
- 허위 신고 등을 할 경우~부패방지권익위법에 따른 보호 대상에서도 제외될 수 있음을
- 피신고자에게 소명 기회를 부여해 신고자가 피해를 입거나 입을 우려가 있는 경우에는 국민권익위원회에서 신고자 지위 인정 절차 등을 신속히 이행해 신고자 보호에 철저를 기한다.

※ 출처: 정책브리핑, https://www.korea.kr

90 기사문 - 관련 내용 추론하기

정답 ⑤

(정답분석)

윗글은 부패 사건의 피신고자에게 부패 신고 내용의 사실 관계를 확인하는 제도를 시행해 피신고자의 무고나 명예 훼손 문제를 예방하겠다는 내용이다. 또한 5문단에서 이 제도를 시행하며 신고자를 보호하는 제도의 취지를 지키고자 여러 조치를 할 예정이라는 점도 알 수 있다. 이를 바탕으로 할 때, ㉠'균형감'은 부패 신고를 접수해 조사할 때는 신고자를 보호하면서도 피신고자의 권리를 무고나 명예 훼손 등으로부터 보호할 수 있도록 균형적인 태도로 임해야 한다는 내용임을 추론할 수 있다. 따라서 답은 ⑤이다.

[관련 지문 인용]
- 부패 신고 처리 시~피신고자를 대상으로 사실 관계를 확인할 수 있는 제도가 시행됨에 따라~피신고자의 무고나 명예 훼손 우려를 해소하되,
- 신고자 보호 제도의 취지가 훼손되지 않도록 정확한 사실 관계 확인을 위한 처리 절차와 피신고자 소명 기회 부여의 세부 기준 등을 마련해 시행한다.

91 한국 문학의 작품 파악하기

정답 ⑤

(정답분석)

김시습이 지은 전기 소설이자 명혼 소설이고, 홍생과 기씨의 사랑을 소재로 한 소설이라는 데서 <보기>에서 설명하는 문학 작품이 ⑤ 「취유부벽정기」임을 알 수 있다.

(오답분석)

① **「심생전」**: 조선 후기, 이옥의 애정 소설이자 전(傳)으로 신분 차이로 인한 비극적인 사랑을 주제로 한다. 주인공들의 사랑에 대해 작가가 논평을 하는 것이 특징이다.

② **「운영전」**: 조선 후기, 작자 미상의 염정 소설이자 몽유 소설이다. 궁녀 운영과 김 진사의 사랑을 소재로 주제인 신분 차이에 굴하지 않은 남녀의 비극적 사랑을 구현한다. 액자식 구조를 취하고, 자유연애 사상이 보이는 것이 특징이다.

③ **「사씨남정기」**: 조선 후기, 김만중의 가정 소설로 유 한림의 처인 사씨와 첩인 교씨의 갈등을 소재로 주제인 권선징악을 구현한다. 인현 황후가 폐위된 사회적 상황을 비판하기 위해 창작되어 각 인물이 상징성을 띠는 것이 특징이다.

④ **「만복사저포기」**: 조선 전기, 김시습의 전기 소설이자 명혼 소설로 삶과 죽음을 초월한 양생과 여인의 사랑을 주제로 한다. 발원이나 윤회와 같은 불교 사상을 기반으로 하며, 두 사람의 사랑을 단종에 대한 김시습의 충심으로 볼 수도 있다는 점이 특징이다.

92 한국 문학의 작품 파악하기 정답 ④

(정답 분석)

송강 정철의 작품으로, 강원도 관찰사로 부임하여 주변을 유람하고 그 절경을 노래한 가사인 점을 통해 <보기>에서 설명하고 있는 문학 작품이 ④의 「관동별곡」임을 알 수 있다. 참고로, 「관동별곡」은 조선 선조 때 정철이 강원도 관찰사로 부임하면서 관동 팔경을 돌아보면서 경치와 풍류, 선정의 의지를 표현한 작품이다.

(오답 분석)

① **「누항사」**: 조선 광해군 3년에 박인로가 지은 작품으로, 이덕형이 작자의 곤궁한 생활에 대해 묻자 그에 대한 답으로 자연을 벗 삼아 안빈낙도하는 심정을 노래한 가사이다.

② **「사모곡」**: 작자, 창작 연대 미상의 작품으로, 부모의 사랑을 호미와 낫의 날에 비유하여 어머니의 사랑이 아버지의 사랑보다 큼을 노래한 고려 가요이다.

③ **「연행가」**: 조선 고종 때에 홍순학이 지은 작품으로, 청나라 연경에 다녀온 경험과 감상을 적은 기행 가사이다.

⑤ **「어부사시사」**: 조선 효종 때에 윤선도가 지은 작품으로, 보길도를 배경으로 자연과 더불어 살아가는 어부의 생활을 사계절에 따라 노래한 연시조이다.

93 한국 문학의 작가 파악하기 정답 ①

(정답 분석)

「오몽녀」, 「달밤」, 「복덕방」 등을 창작하였으며, 구인회와 『문장』에서 활동했다는 점을 통해 <보기>에서 설명하고 있는 작가는 '이태준'임을 알 수 있다.

(오답 분석)

② '이해조'는 신소설 작가로, 언론에도 관계하면서 50여 편에 가까운 작품을 발표하였다. 주요 작품으로는 「자유종」, 「구마검」 등이 있으며, 「춘향전」, 「심청전」, 「흥부전」 등의 판소리계 소설을 개작하기도 하였다.

③ '전광용'은 소설가이자 국문학자로, 정확한 문장과 치밀한 작품 구성을 특징으로 하는 소설을 발표하였으며, 신소설 연구에 큰 업적을 남겼다. 주요 작품으로는 「흑산도」, 「꺼삐딴 리」 등이 있다.

④ '최인훈'은 소설가이자 희곡 작가로, 1959년에 「GREY 구락부 전말기」 등을 『자유문학』에 발표하면서 등단하였다. 주로 한국 사회의 분단 현실을 다루었으며, 작품에서 관념적 성격이 나타난다. 주요 작품으로 「광장」, 「회색인」 등이 있다.

⑤ '현진건'은 소설가로, 1920년에 『개벽』에 「희생화」를 발표하면서 등단하였다. 사실주의 문학의 대표 작가로 단편 소설을 개척하는 데 힘썼다. 주요 작품으로는 「빈처」, 「운수 좋은 날」, 「B 사감과 러브레터」 등이 있다.

94 근대·개화기 자료 내용 파악하기 정답 ③

(정답 분석)

2문단 끝에서 2번째 줄을 통해 김규택 화백이 '흑풍'의 삽화를 그리게 되었음을 알 수 있으므로 가장 적절한 것은 ③이다.

[관련 지문 인용] 김규택화백이흑풍의 삽화를담당하게되읏습니다.

(오답 분석)

① 윗글에서 『님의 침묵』의 출간일에 대한 정보는 확인할 수 없다.

② 1문단 1번째 줄을 통해 '흑풍'은 한용운 선생이 집필하는 소설임을 알 수 있으나 이 작품이 처음 집필하는 소설인지는 확인할 수 없다.
[관련 지문 인용] 만해한룡운선생이 본보를위하야 흑풍(黑風)이란 장편소설을 집필하시게되얏습니다.

④ 1문단 1~2번째 줄을 통해 4월 8일부터 '흑풍'을 학예면에 연재할 예정임은 알 수 있다.
[관련 지문 인용] 사월팔일부터 본보제사면(학예면)에 련재될터로

⑤ 2문단 1~2번째 줄에서 한용운 선생의 작품뿐 아니라 어떤 작품에 든 그 작가의 인격이 반영되었다고 하였으므로 적절하지 않다.
[관련 지문 인용] 어떠한작품에든지 그작자의인ㅅ격이 반영되야잇다고합니다 『님의침묵』에도 고결한중열정이념치는 선생의 인ㅅ격으로 가득차잇지만

※ 출처: 조선일보(1935.4.2.) 기사 발췌

95 중세 국어 문법 이해 및 적용하기 정답 ①

(정답 분석)

㉠ '드르샤(들-+-으샤+-아)'는 '밖에서 속이나 안으로 향해 가거나 오거나 하다'를 의미하는 '들다'의 활용형으로, 한자 '入(들 입)'과 대응된다. 따라서 답은 ①이다. 참고로, 한자 '擧(들 거)'는 '손에 가지다', '아래에 있는 것을 위로 올리다'를 뜻하는 '들다'와 대응된다.

(오답 분석)

② ㉡ **ᄠᅳ들**: 'ᄠᅳ들(ᄠᅳᆮ+을)'의 'ᄠᅳᆮ'은 현대어로 풀이하면 '뜻'으로, 한자 '意(뜻 의)'와 대응된다.

③ ㉢ **닛디**: '닛디(닛-+-디)'는 현대어로 풀이하면 '잊지'로, '잊다'의 활용형이다. 따라서 한자 '忘(잊을 망)'과 대응된다.

④ ㉣ **불휘**: '불휘'는 현대어로 풀이하면 '뿌리'로, 한자 '根(뿌리 근)'과 대응된다.

⑤ ㉤ **하ᄂᆞ니**: '하ᄂᆞ니(하-+-ᄂᆞ-+-니)'는 현대어로 풀이하면 '많으니'로, 한자 '多(많을 다)'와 대응된다.

현대어 풀이

- 구중 궁궐에 ㉠드셔서 태평을 누리실 적에 이 ㉡뜻을 ㉢잊지 마소서
- ㉣뿌리가 깊은 나무는 바람에 아니 움직이므로 꽃 좋고 열매 ㉤많으니

96 제시된 수어의 뜻 찾기 정답 ②

정답 분석

<보기>에서 설명하고 있는 수화는 오른손과 왼손의 손끝을 맞대고 손을 좌우로 비스듬히 세우는 형태이므로, '집'을 나타내는 수화임을 알 수 있다. 따라서 답은 ②이다.

오답 분석

① **산**: 오른손에 주먹을 쥐고 2지(중지)를 편 채 손등이 밖을 향하게 세우는 형태로 표현한다.

③ **가방**: 주먹을 쥔 오른손을 오른쪽 옆구리에서 살짝 위아래로 2번 올렸다 내리는 형태로 표현한다.

④ **우산**: 가슴 앞에서 오른손과 왼손 모두 주먹을 쥔 채 오른 주먹을 왼 주먹 위에 붙였다가 그 위로 비스듬히 올리는 형태로 표현한다.

⑤ **조명**: 오른손의 손가락을 오므린 채 머리 오른쪽에서 가슴 쪽으로 내리면서 오므렸던 손가락을 펴는 형태로 표현한다.

97 작품에 쓰인 어휘의 의미 파악하기 정답 ②

정답 분석

㉡ '일러도'가 포함된 문장은 문맥상 언제 이렇게 늙어버렸는지 한탄하는 앞 문장에 대한 화자의 답으로, 어린 시절을 생각하니 더는 자신의 신세에 대해 할 말이 없다는 의미이다. 따라서 ㉡은 '빠르다'가 아닌 '말하다'를 뜻하는 '이르다'의 활용형이므로 적절하지 않은 것은 ②이다.

오답 분석

① ㉠: 문맥상 '늙다'의 활용형인 '늘거니'에 대조되는 뜻이므로 '젊다'의 활용형임을 알 수 있다.

③ ㉢: '쑴'은 현대어 '꿈', 'ᄀᆞ치'는 '같이'를 의미하므로 '꿈같이'를 의미하는 것은 적절하다.

④ ㉣: '디듸다'는 현대어 '디디다'를 의미하므로 적절하다.

⑤ ㉤: '겨오'는 현대어 '겨우'를 의미하므로 적절하다.

98 남북한의 언어 구분하기 정답 ②

정답 분석

북한에서는 의존 명사를 앞 단어에 붙여 쓰는 것을 원칙으로 하지만, '등, 대, 겸'은 남한과 같이 앞 단어와 띄어 쓴다. 따라서 가장 적절하지 않은 것은 ②이다.

오답 분석

① ㉠ **여로**: 북한에서는 두음 법칙을 적용하지 않고 한자음을 그대로 표기하는 것이 원칙이므로 '여로(旅路)'는 '려로(旅路)'로 표기한다. 참고로, 두음 법칙은 일부 소리가 단어의 첫머리에 발음되는 것을 꺼려 나타나지 않거나 다른 소리로 발음되는 일을 말한다.

③ ㉢ **어귀**: 북한에서는 '드나드는 목의 첫머리'를 뜻하는 '어귀'를 '어구'로 표기한다.

④ ㉣ **뒷산**: 북한에서는 사이시옷을 표기하지 않으므로 '뒤산'으로 표기한다.

⑤ ㉤ **리어카**: '자전거 뒤에 달거나 사람이 끄는, 바퀴가 둘 달린 작은 수레'를 뜻하는 '리어카(rear car)'를 북한에서는 '리야까'로 표기한다.

※ 출처: 영양군청, https://www.yyg.go.kr/

99 현대 문법 이해 및 적용하기 정답 ④

정답 분석

<보기>의 밑줄 친 부분은 문장(그 권리를 취득할 수 없다)과 구(과다한 비용 요구)가 연결되었고, '과다한 비용 요구'의 대상(부사어)이 없는 부적절한 문장이다. 따라서 문장(그 권리를 취득할 수 없다)과 문장(과다한 비용을 요구하다)이 연결되고, '요구하다'의 부사어 '그 취득에'를 추가해 수정해야 하므로 답은 ④이다.

오답 분석

① 구(그 권리 취득 불가)와 문장(그 취득에 과다한 비용을 요하다)이 연결되었으므로 적절하지 않다.

② <보기>의 문장은 두 가지 사항 중 하나에만 해당해도 가액으로 변상할 수 있다는 의미이나, ②는 '권리 취득에 과다한 비용을 요구할 경우'가 뒤 내용의 전제가 되므로 <보기>의 문장과 의미가 다르다.

③ 무엇을 취득하는지를 앞 문장(그 취득에 과다한 비용을 요하다)으로 알 수 없으며, 병렬 관계임에도 앞 문장과 뒤 문장(권리를 취득할 수 없다)의 구조가 다르므로 적절하지 않다.

⑤ <보기>의 문장은 두 가지 사항이 '-거나'로 연결되어 둘 중 어느 것이 선택되어도 가액으로 변상할 수 있다는 의미이나, ⑤는 '-으면서'로 연결되어 두 가지 사항이 동시에 겸할 때 가액으로 변상할 수 있다는 의미이다.

100 방송 언어 표현 파악하기 정답 ③

정답 분석

㉢ '강화시키기'는 '-시키다'를 활용한 사동 표현이며, 사동 표현을 쓰면 특정 행위를 시킨 주체를 강조할 수 있다. 그러나 윗글로는 제도를 시행하는 주체(식약처)만 알 수 있을 뿐, 이 주체에게 제도를 시행하게 한 또 다른 주체를 알 수 없으므로 적절하지 않다. 또한 '강화시키다'는 '수준이나 정도를 더 높이다'를 뜻해 사동 표현이 남용된 것이기 때문에 '강화하기'로 쓰는 것이 더 적절하다.

오답 분석

① ㉠: '오는 3월 31일부터~'에서 제도가 시행되는 정확한 일자를 밝히고 있다.

② ㉡: '검사명령'의 정의를 밝히어 시청자에게 생소할 수 있는 제도에 대한 이해를 돕고 있다.

④ ㉣: '틀림없이 꼭'을 뜻하는 부사 ⓔ '반드시'가 ㉣이 포함된 문장의 서술어인 '제출해야 합니다'를 수식하여 그 행위가 필요하다는 뜻을 더하고 있다.

⑤ ㉤: 앞말이 간접 인용되는 말임을 나타내는 격 조사인 '고'를 사용하여 식약처의 입장을 전해주고 있다.

※ 식품의약품안전처, https://www.mfds.go.kr

자르는 선

KBS한국어능력시험 기출동형 모의고사 답안지

기 록 란 (DATA SHEET)

성 명	

응시일자 : 20 년 : 월 : 일

수	험	번	호		
⓪	⓪	⓪	⓪	⓪	⓪
①	①	①	①	①	①
②	②	②	②	②	②
③	③	③	③	③	③
④	④	④	④	④	④
⑤	⑤	⑤	⑤	⑤	⑤
⑥	⑥	⑥	⑥	⑥	⑥
⑦	⑦	⑦	⑦	⑦	⑦
⑧	⑧	⑧	⑧	⑧	⑧
⑨	⑨	⑨	⑨	⑨	⑨

주	민	등	록	번	호							
						–						
⓪	⓪	⓪	⓪	⓪	⓪							
①	①	①	①	①	①							
②	②	②	②	②	②							
③	③	③	③	③	③							
④	④	④	④	④	④							
⑤	⑤	⑤	⑤	⑤	⑤	–						
⑥	⑥	⑥	⑥	⑥	⑥							
⑦	⑦	⑦	⑦	⑦	⑦							
⑧	⑧	⑧	⑧	⑧	⑧							
⑨	⑨	⑨	⑨	⑨	⑨							

감 독 관 확 인

수험생이 지켜야 할 일

1. 답안지에는 반드시 연필을 사용하여 표기해야 합니다.
2. 표기란에는 "●"와 같이 바르게 표기해야 합니다.
3. 표기란 수정은 지우개만을 사용하여 완전(깨끗)하게 수정해야 합니다.

해커스자격증

답 안 란 (ANSWER SHEET)

객 관 식 답 란

문번	1 2 3 4 5	문번	1 2 3 4 5	문번	1 2 3 4 5	문번	1 2 3 4 5	문번	1 2 3 4 5
1	① ② ③ ④ ⑤	21	① ② ③ ④ ⑤	41	① ② ③ ④ ⑤	61	① ② ③ ④ ⑤	81	① ② ③ ④ ⑤
2	① ② ③ ④ ⑤	22	① ② ③ ④ ⑤	42	① ② ③ ④ ⑤	62	① ② ③ ④ ⑤	82	① ② ③ ④ ⑤
3	① ② ③ ④ ⑤	23	① ② ③ ④ ⑤	43	① ② ③ ④ ⑤	63	① ② ③ ④ ⑤	83	① ② ③ ④ ⑤
4	① ② ③ ④ ⑤	24	① ② ③ ④ ⑤	44	① ② ③ ④ ⑤	64	① ② ③ ④ ⑤	84	① ② ③ ④ ⑤
5	① ② ③ ④ ⑤	25	① ② ③ ④ ⑤	45	① ② ③ ④ ⑤	65	① ② ③ ④ ⑤	85	① ② ③ ④ ⑤
6	① ② ③ ④ ⑤	26	① ② ③ ④ ⑤	46	① ② ③ ④ ⑤	66	① ② ③ ④ ⑤	86	① ② ③ ④ ⑤
7	① ② ③ ④ ⑤	27	① ② ③ ④ ⑤	47	① ② ③ ④ ⑤	67	① ② ③ ④ ⑤	87	① ② ③ ④ ⑤
8	① ② ③ ④ ⑤	28	① ② ③ ④ ⑤	48	① ② ③ ④ ⑤	68	① ② ③ ④ ⑤	88	① ② ③ ④ ⑤
9	① ② ③ ④ ⑤	29	① ② ③ ④ ⑤	49	① ② ③ ④ ⑤	69	① ② ③ ④ ⑤	89	① ② ③ ④ ⑤
10	① ② ③ ④ ⑤	30	① ② ③ ④ ⑤	50	① ② ③ ④ ⑤	70	① ② ③ ④ ⑤	90	① ② ③ ④ ⑤
11	① ② ③ ④ ⑤	31	① ② ③ ④ ⑤	51	① ② ③ ④ ⑤	71	① ② ③ ④ ⑤	91	① ② ③ ④ ⑤
12	① ② ③ ④ ⑤	32	① ② ③ ④ ⑤	52	① ② ③ ④ ⑤	72	① ② ③ ④ ⑤	92	① ② ③ ④ ⑤
13	① ② ③ ④ ⑤	33	① ② ③ ④ ⑤	53	① ② ③ ④ ⑤	73	① ② ③ ④ ⑤	93	① ② ③ ④ ⑤
14	① ② ③ ④ ⑤	34	① ② ③ ④ ⑤	54	① ② ③ ④ ⑤	74	① ② ③ ④ ⑤	94	① ② ③ ④ ⑤
15	① ② ③ ④ ⑤	35	① ② ③ ④ ⑤	55	① ② ③ ④ ⑤	75	① ② ③ ④ ⑤	95	① ② ③ ④ ⑤
16	① ② ③ ④ ⑤	36	① ② ③ ④ ⑤	56	① ② ③ ④ ⑤	76	① ② ③ ④ ⑤	96	① ② ③ ④ ⑤
17	① ② ③ ④ ⑤	37	① ② ③ ④ ⑤	57	① ② ③ ④ ⑤	77	① ② ③ ④ ⑤	97	① ② ③ ④ ⑤
18	① ② ③ ④ ⑤	38	① ② ③ ④ ⑤	58	① ② ③ ④ ⑤	78	① ② ③ ④ ⑤	98	① ② ③ ④ ⑤
19	① ② ③ ④ ⑤	39	① ② ③ ④ ⑤	59	① ② ③ ④ ⑤	79	① ② ③ ④ ⑤	99	① ② ③ ④ ⑤
20	① ② ③ ④ ⑤	40	① ② ③ ④ ⑤	60	① ② ③ ④ ⑤	80	① ② ③ ④ ⑤	100	① ② ③ ④ ⑤

자르는 선

KBS한국어능력시험 기출동형 모의고사 답안지

기 록 란 (DATA SHEET)

성 명	

응시일자 : 20 년 : 월 : 일

수 험 번 호					
⓪	⓪	⓪	⓪	⓪	⓪
①	①	①	①	①	①
②	②	②	②	②	②
③	③	③	③	③	③
④	④	④	④	④	④
⑤	⑤	⑤	⑤	⑤	⑤
⑥	⑥	⑥	⑥	⑥	⑥
⑦	⑦	⑦	⑦	⑦	⑦
⑧	⑧	⑧	⑧	⑧	⑧
⑨	⑨	⑨	⑨	⑨	⑨

주 민 등 록 번 호													
						–							
⓪	⓪	⓪	⓪	⓪	⓪								
①	①	①	①	①	①								
②	②	②	②	②	②								
③	③	③	③	③	③								
④	④	④	④	④	④								
⑤	⑤	⑤	⑤	⑤	⑤	–							
⑥	⑥	⑥	⑥	⑥	⑥								
⑦	⑦	⑦	⑦	⑦	⑦								
⑧	⑧	⑧	⑧	⑧	⑧								
⑨	⑨	⑨	⑨	⑨	⑨								

감 독 관 확 인

수험생이 지켜야 할 일

1. 답안지에는 반드시 연필을 사용하여 표기해야 합니다.
2. 표기란에는 "●"와 같이 바르게 표기해야 합니다.
3. 표기란 수정은 지우개만을 사용하여 완전(깨끗)하게 수정해야 합니다.

답 안 란 (ANSWER SHEET)

객 관 식 답 란

문번	1 2 3 4 5	문번	1 2 3 4 5	문번	1 2 3 4 5	문번	1 2 3 4 5	문번	1 2 3 4 5
1	① ② ③ ④ ⑤	21	① ② ③ ④ ⑤	41	① ② ③ ④ ⑤	61	① ② ③ ④ ⑤	81	① ② ③ ④ ⑤
2	① ② ③ ④ ⑤	22	① ② ③ ④ ⑤	42	① ② ③ ④ ⑤	62	① ② ③ ④ ⑤	82	① ② ③ ④ ⑤
3	① ② ③ ④ ⑤	23	① ② ③ ④ ⑤	43	① ② ③ ④ ⑤	63	① ② ③ ④ ⑤	83	① ② ③ ④ ⑤
4	① ② ③ ④ ⑤	24	① ② ③ ④ ⑤	44	① ② ③ ④ ⑤	64	① ② ③ ④ ⑤	84	① ② ③ ④ ⑤
5	① ② ③ ④ ⑤	25	① ② ③ ④ ⑤	45	① ② ③ ④ ⑤	65	① ② ③ ④ ⑤	85	① ② ③ ④ ⑤
6	① ② ③ ④ ⑤	26	① ② ③ ④ ⑤	46	① ② ③ ④ ⑤	66	① ② ③ ④ ⑤	86	① ② ③ ④ ⑤
7	① ② ③ ④ ⑤	27	① ② ③ ④ ⑤	47	① ② ③ ④ ⑤	67	① ② ③ ④ ⑤	87	① ② ③ ④ ⑤
8	① ② ③ ④ ⑤	28	① ② ③ ④ ⑤	48	① ② ③ ④ ⑤	68	① ② ③ ④ ⑤	88	① ② ③ ④ ⑤
9	① ② ③ ④ ⑤	29	① ② ③ ④ ⑤	49	① ② ③ ④ ⑤	69	① ② ③ ④ ⑤	89	① ② ③ ④ ⑤
10	① ② ③ ④ ⑤	30	① ② ③ ④ ⑤	50	① ② ③ ④ ⑤	70	① ② ③ ④ ⑤	90	① ② ③ ④ ⑤
11	① ② ③ ④ ⑤	31	① ② ③ ④ ⑤	51	① ② ③ ④ ⑤	71	① ② ③ ④ ⑤	91	① ② ③ ④ ⑤
12	① ② ③ ④ ⑤	32	① ② ③ ④ ⑤	52	① ② ③ ④ ⑤	72	① ② ③ ④ ⑤	92	① ② ③ ④ ⑤
13	① ② ③ ④ ⑤	33	① ② ③ ④ ⑤	53	① ② ③ ④ ⑤	73	① ② ③ ④ ⑤	93	① ② ③ ④ ⑤
14	① ② ③ ④ ⑤	34	① ② ③ ④ ⑤	54	① ② ③ ④ ⑤	74	① ② ③ ④ ⑤	94	① ② ③ ④ ⑤
15	① ② ③ ④ ⑤	35	① ② ③ ④ ⑤	55	① ② ③ ④ ⑤	75	① ② ③ ④ ⑤	95	① ② ③ ④ ⑤
16	① ② ③ ④ ⑤	36	① ② ③ ④ ⑤	56	① ② ③ ④ ⑤	76	① ② ③ ④ ⑤	96	① ② ③ ④ ⑤
17	① ② ③ ④ ⑤	37	① ② ③ ④ ⑤	57	① ② ③ ④ ⑤	77	① ② ③ ④ ⑤	97	① ② ③ ④ ⑤
18	① ② ③ ④ ⑤	38	① ② ③ ④ ⑤	58	① ② ③ ④ ⑤	78	① ② ③ ④ ⑤	98	① ② ③ ④ ⑤
19	① ② ③ ④ ⑤	39	① ② ③ ④ ⑤	59	① ② ③ ④ ⑤	79	① ② ③ ④ ⑤	99	① ② ③ ④ ⑤
20	① ② ③ ④ ⑤	40	① ② ③ ④ ⑤	60	① ② ③ ④ ⑤	80	① ② ③ ④ ⑤	100	① ② ③ ④ ⑤

자르는 선

KBS한국어능력시험 기출동형 모의고사 답안지

기 록 란 (DATA SHEET)

성 명	

응시일자 : 20 년 : 월 : 일

수 험 번 호					
⓪	⓪	⓪	⓪	⓪	⓪
①	①	①	①	①	①
②	②	②	②	②	②
③	③	③	③	③	③
④	④	④	④	④	④
⑤	⑤	⑤	⑤	⑤	⑤
⑥	⑥	⑥	⑥	⑥	⑥
⑦	⑦	⑦	⑦	⑦	⑦
⑧	⑧	⑧	⑧	⑧	⑧
⑨	⑨	⑨	⑨	⑨	⑨

주 민 등 록 번 호													
						–							
⓪	⓪	⓪	⓪	⓪	⓪								
①	①	①	①	①	①								
②	②	②	②	②	②								
③	③	③	③	③	③								
④	④	④	④	④	④								
⑤	⑤	⑤	⑤	⑤	⑤	–							
⑥	⑥	⑥	⑥	⑥	⑥								
⑦	⑦	⑦	⑦	⑦	⑦								
⑧	⑧	⑧	⑧	⑧	⑧								
⑨	⑨	⑨	⑨	⑨	⑨								

감 독 관 확 인

수험생이 지켜야 할 일

1. 답안지에는 반드시 연필을 사용하여 표기해야 합니다.
2. 표기란에는 "●"와 같이 바르게 표기해야 합니다.
3. 표기란 수정은 지우개만을 사용하여 완전(깨끗)하게 수정해야 합니다.

답 안 란 (ANSWER SHEET)

객 관 식 답 란									
문번	1 2 3 4 5	문번	1 2 3 4 5	문번	1 2 3 4 5	문번	1 2 3 4 5	문번	1 2 3 4 5
1	① ② ③ ④ ⑤	21	① ② ③ ④ ⑤	41	① ② ③ ④ ⑤	61	① ② ③ ④ ⑤	81	① ② ③ ④ ⑤
2	① ② ③ ④ ⑤	22	① ② ③ ④ ⑤	42	① ② ③ ④ ⑤	62	① ② ③ ④ ⑤	82	① ② ③ ④ ⑤
3	① ② ③ ④ ⑤	23	① ② ③ ④ ⑤	43	① ② ③ ④ ⑤	63	① ② ③ ④ ⑤	83	① ② ③ ④ ⑤
4	① ② ③ ④ ⑤	24	① ② ③ ④ ⑤	44	① ② ③ ④ ⑤	64	① ② ③ ④ ⑤	84	① ② ③ ④ ⑤
5	① ② ③ ④ ⑤	25	① ② ③ ④ ⑤	45	① ② ③ ④ ⑤	65	① ② ③ ④ ⑤	85	① ② ③ ④ ⑤
6	① ② ③ ④ ⑤	26	① ② ③ ④ ⑤	46	① ② ③ ④ ⑤	66	① ② ③ ④ ⑤	86	① ② ③ ④ ⑤
7	① ② ③ ④ ⑤	27	① ② ③ ④ ⑤	47	① ② ③ ④ ⑤	67	① ② ③ ④ ⑤	87	① ② ③ ④ ⑤
8	① ② ③ ④ ⑤	28	① ② ③ ④ ⑤	48	① ② ③ ④ ⑤	68	① ② ③ ④ ⑤	88	① ② ③ ④ ⑤
9	① ② ③ ④ ⑤	29	① ② ③ ④ ⑤	49	① ② ③ ④ ⑤	69	① ② ③ ④ ⑤	89	① ② ③ ④ ⑤
10	① ② ③ ④ ⑤	30	① ② ③ ④ ⑤	50	① ② ③ ④ ⑤	70	① ② ③ ④ ⑤	90	① ② ③ ④ ⑤
11	① ② ③ ④ ⑤	31	① ② ③ ④ ⑤	51	① ② ③ ④ ⑤	71	① ② ③ ④ ⑤	91	① ② ③ ④ ⑤
12	① ② ③ ④ ⑤	32	① ② ③ ④ ⑤	52	① ② ③ ④ ⑤	72	① ② ③ ④ ⑤	92	① ② ③ ④ ⑤
13	① ② ③ ④ ⑤	33	① ② ③ ④ ⑤	53	① ② ③ ④ ⑤	73	① ② ③ ④ ⑤	93	① ② ③ ④ ⑤
14	① ② ③ ④ ⑤	34	① ② ③ ④ ⑤	54	① ② ③ ④ ⑤	74	① ② ③ ④ ⑤	94	① ② ③ ④ ⑤
15	① ② ③ ④ ⑤	35	① ② ③ ④ ⑤	55	① ② ③ ④ ⑤	75	① ② ③ ④ ⑤	95	① ② ③ ④ ⑤
16	① ② ③ ④ ⑤	36	① ② ③ ④ ⑤	56	① ② ③ ④ ⑤	76	① ② ③ ④ ⑤	96	① ② ③ ④ ⑤
17	① ② ③ ④ ⑤	37	① ② ③ ④ ⑤	57	① ② ③ ④ ⑤	77	① ② ③ ④ ⑤	97	① ② ③ ④ ⑤
18	① ② ③ ④ ⑤	38	① ② ③ ④ ⑤	58	① ② ③ ④ ⑤	78	① ② ③ ④ ⑤	98	① ② ③ ④ ⑤
19	① ② ③ ④ ⑤	39	① ② ③ ④ ⑤	59	① ② ③ ④ ⑤	79	① ② ③ ④ ⑤	99	① ② ③ ④ ⑤
20	① ② ③ ④ ⑤	40	① ② ③ ④ ⑤	60	① ② ③ ④ ⑤	80	① ② ③ ④ ⑤	100	① ② ③ ④ ⑤

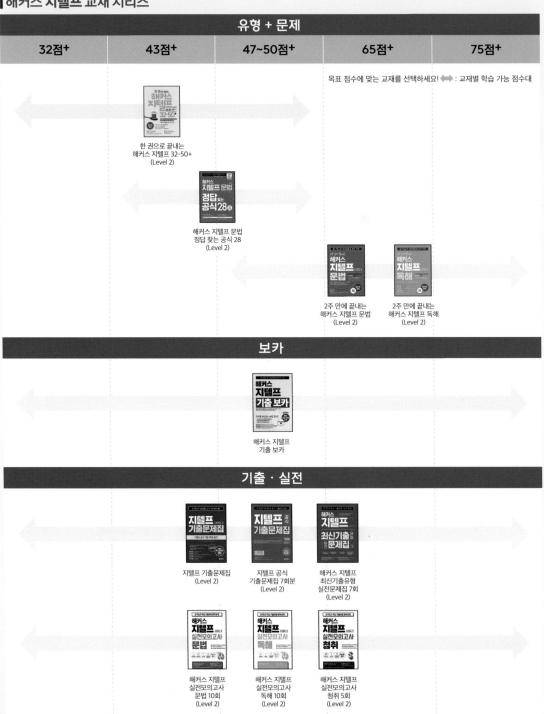

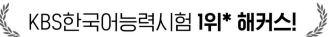

해커스
KBS 한국어 능력시험
한 권으로 끝

기출동형 모의고사 3회분

해커스 KBS한국어능력시험 교재

해커스
KBS한국어능력시험
한 권으로 끝

2주 만에 끝내는
해커스
KBS한국어능력시험

해커스
KBS한국어능력시험
최수지
어휘·어법 핵심노트

해커스
KBS한국어능력시험
봉투모의고사

13710
ISBN 978-89-6965-476-2

해커스

KBS 한국어 능력시험

한 권으로 끝

시험장에 꼭 들고 가는!

빈출 어휘·어법 암기노트

목차

해커스

빈출 어휘 01 고유어

☑ 잘 외워지지 않는 단어는 박스에 체크하고, 반복하여 암기하세요. ★ 최빈출(3회 이상 출제)

□ 가납사니	1. 쓸데없는 말을 지껄이기 좋아하는 수다스러운 사람 2. 말다툼을 잘하는 사람
□ 가늠	1. 목표나 기준에 맞고 안 맞음을 헤아려 봄. 또는 헤아려 보는 목표나 기준 예 매사가 다 그렇듯이 떡 반죽도 가늠을 알맞게 해야 송편을 빚기가 좋다. 2. 사물을 어림잡아 헤아림 예 그 건물의 높이가 가늠이 안 된다.
□ 가뭇없이	눈에 띄지 않게 감쪽같이
□ 가탈	1. 일이 순조롭게 나아가는 것을 방해하는 조건 예 처음 하는 일이라 여기저기서 가탈이 많이 생긴다. 2. 이리저리 트집을 잡아 까다롭게 구는 일 예 가탈을 부리다.
□ 갈무리★	일을 처리하여 마무리함 예 옆 사람에게 일의 갈무리를 부탁했다.
□ 겨를★	어떤 일을 하다가 생각 등을 다른 데로 돌릴 수 있는 시간적인 여유 예 일거리가 쌓여 잠시도 쉴 겨를이 없다.
□ 고깝다★	섭섭하고 야속하여 마음이 언짢다. 예 나를 모르는 체하는 것이 고까운 생각이 들었다.
□ 곰비임비	물건이 거듭 쌓이거나 일이 계속 일어남을 나타내는 말 예 경사스러운 일이 곰비임비 일어난다.
□ 곰살궂다★	1. 태도나 성질이 부드럽고 친절하다. 예 곰살궂게 굴다. 2. 꼼꼼하고 자세하다.
□ 깜냥★	스스로 일을 헤아림. 또는 헤아릴 수 있는 능력
□ 넘실넘실	1. 물결 등이 부드럽게 자꾸 굽이쳐 움직이는 모양 예 파도가 넘실넘실 뱃전을 두드리다. 2. 해 등이 솟아오르는 모양 예 아침 해가 수평선 위로 넘실넘실 떠오른다. 3. 남의 것을 탐내어 슬그머니 자꾸 넘겨다보는 모양
□ 노상	언제나 변함없이 한 모양으로 줄곧 예 그는 노상 웃고 다닌다.
□ 다닥다닥	1. 자그마한 것들이 한곳에 많이 붙어 있는 모양 예 바닷가 바위틈에 따개비들이 다닥다닥 붙어 있다. 2. 보기 흉할 정도로 지저분하게 여기저기 기운 모양 예 형편이 얼마나 안 좋은지 양말 여기저기를 다닥다닥 기워 신었다.
□ 닦달	1. 남을 단단히 윽박질러서 혼을 냄 2. 물건을 손질하고 매만짐 예 그는 낫과 지게의 닦달에 한동안 시간을 들이고서야 나무를 하러 갈 수 있었다.
□ 단출하다	1. 식구나 구성원이 많지 않아서 홀가분하다. 예 살림이 단출하다. 2. 일이나 차림차림이 간편하다. 예 식단이 단출하다.
□ 데면데면★	1. 사람을 대하는 태도가 친밀감이 없이 예사로운 모양 예 그는 누구를 만나도 데면데면 대한다. 2. 성질이 꼼꼼하지 않아 행동이 신중하거나 조심스럽지 않은 모양 예 그는 책장을 데면데면 넘긴다.
□ 둔덕	가운데가 솟아서 불룩하게 언덕이 진 곳 예 둔덕에 올라서다.
□ 득달같다★	잠시도 늦추지 않다. 예 내가 그렇게 행동했다면 아버지께 득달같은 불호령을 받았을 것이다.
□ 딱히	정확하게 꼭 집어서 예 딱히 갈 곳도 없다.

□	마뜩하다	제법 마음에 들 만하다. 예 나는 그의 행동이 마뜩하지 않다.
□	머쓱하다	1. 어울리지 않게 키가 크다. 예 키만 머쓱하게 큰 사람 2. 무안을 당하거나 흥이 꺾여 어색하고 열없다. 예 그는 자신의 마음을 들킨 것이 머쓱해서 웃고 말았다.
□	못내	1. 자꾸 마음에 두거나 잊지 못하는 모양 예 못내 그리워하다. 2. 이루 다 말할 수 없이 예 합격 소식에 못내 기뻐하다.
□	몽니	받고자 하는 대우를 받지 못할 때 내는 심술 예 몽니를 부리다.
□	뭉뚱그리다	여러 사실을 하나로 포괄하다. 예 의장이 자꾸 나의 의견을 그의 의견과 뭉뚱그리려고 해서 화가 났다.
□	바득바득	악지를 부려 자꾸 우기거나 조르는 모양 예 바득바득 떨어지지 않으려는 아이를 옆집에 맡겼다.
□	바락바락	1. 성이 나서 잇따라 기를 쓰거나 소리를 지르는 모양 예 바락바락 대들다. 2. 빨래 등을 가볍게 조금씩 주무르는 모양
□	바투★	1. 두 대상이나 물체의 사이가 썩 가깝게 예 바투 다가앉다. 2. 시간이나 길이가 아주 짧게 예 머리를 바투 깎다.
□	부아	노엽거나 분한 마음 예 부아가 나다.
□	사리다	1. 국수, 새끼, 실 등을 동그랗게 포개어 감다. 예 새끼를 사리다. 2. 어떤 일에 적극적으로 나서지 않고 살살 피하며 몸을 아끼다. 예 몸을 사리다.
□	사뭇★	1. 내내 끝까지 예 이번 겨울 방학은 사뭇 바빴다. 2. 아주 딴판으로 예 사뭇 다르다.
□	살뜰하다	1. 일이나 살림을 매우 정성스럽고 규모 있게 하여 빈틈이 없다. 예 아내는 규모 있고 살뜰하게 살림을 꾸려 나간다. 2. 사랑하고 위하는 마음이 자상하고 지극하다. 예 그는 아내를 살뜰하게도 아껴 준다.
□	삼삼하다	1. 음식 맛이 조금 싱거운 듯하면서 맛이 있다. 예 국물이 삼삼하다. 2. 사물이나 사람의 생김새나 됨됨이가 마음이 끌리게 그럴듯하다. 예 얼굴이 삼삼하게 생기다.

어휘 암기 체크

다음 어휘와 뜻풀이를 바르게 연결하시오.

01 가탈 • • ㉠ 이루 다 말할 수 없이
02 겨를 • • ㉡ 언제나 변함없이 한 모양으로 줄곧
03 깜냥 • • ㉢ 일이 순조롭게 나아가는 것을 방해하는 조건
04 노상 • • ㉣ 스스로 일을 헤아림. 또는 헤아릴 수 있는 능력
05 못내 • • ㉤ 어떤 일을 하다가 생각 등을 다른 데로 돌릴 수 있는 시간적인 여유

정답 01 ㉢ 02 ㉤ 03 ㉣ 04 ㉡ 05 ㉠

빈출 어휘 01 고유어

☑ 잘 외워지지 않는 단어는 박스에 체크하고, 반복하여 암기하세요. ★ 최빈출(3회 이상 출제)

□	**성기다**	1. 물건의 사이가 뜨다. 2. 반복되는 횟수나 도수(度數)가 뜨다. 예 매일같이 만나던 두 사람이 요즘 들어서는 만남이 **성기다**. 3. 관계가 깊지 않고 서먹하다.
□	**수더분하다**	성질이 까다롭지 않아 순하고 무던하다. 예 **수더분해** 보이다.
□	**숫제**	1. 순박하고 진실하게 예 그도 이제는 **숫제** 착실한 생활을 한다. 2. 처음부터 차라리. 또는 아예 전적으로 예 하다가 말 것이라면 **숫제** 안 하는 것이 낫다.
□	**슬기**	사리를 바르게 판단하고 일을 잘 처리해 내는 재능 예 **슬기**를 모으다.
□	**싹수**	어떤 일이나 사람이 앞으로 잘될 것 같은 낌새나 징조 예 **싹수**가 있다.
□	**어슷어슷**★	1. 힘없이 천천히 거니는 모양 2. 여럿이 다 한쪽으로 조금 비뚤어진 모양 예 **어슷어슷** 썬 풋고추
□	**엉기정기**	질서 없이 여기저기 벌여 놓은 모양 예 그는 책상 위에 책들을 **엉기정기** 벌여 놓고 나가 버렸다.
□	**을러대다**	위협적인 언동으로 을러서 남을 억누르다. 예 그 여자가 너무 앙칼지고 영악해서 공갈을 치거나 **을러대도** 아무 소용이 없었다.
□	**이드거니**	충분한 분량으로 만족스러운 모양 예 바쁜 일정 때문에 부족했던 저녁 식사를 모처럼 **이드거니** 먹었다.
□	**일껏**	모처럼 애써서 예 그는 **일껏** 마련한 좋은 기회를 놓쳤다.
□	**자근자근**	1. 조금 성가실 정도로 자꾸 은근히 귀찮게 구는 모양 예 외판원은 **자근자근** 나를 따라다니며 책을 권했다. 2. 자꾸 가볍게 누르거나 밟는 모양 예 나는 아버지의 다리를 **자근자근** 주물러 드렸다. 3. 머리가 자꾸 가볍게 쑤시듯 아픈 모양 예 머리가 **자근자근** 쑤시다.
□	**자못**	생각보다 매우 예 여러분에 대한 기대가 **자못** 큽니다.
□	**저미다**	1. 여러 개의 작은 조각으로 얇게 베어 내다. 예 고기를 **저미다**. 2. 마음을 몹시 아프게 하다. 예 애간장을 **저미다**.
□	**적이**	꽤 어지간한 정도로 예 **적이** 놀라다.
□	**조곤조곤**	성질이나 태도가 조금 은근하고 끈덕진 모양 예 **조곤조곤** 설명하다.
□	**주눅**★	1. 기운을 제대로 펴지 못하고 움츠러드는 태도나 성질 예 **주눅**이 들다. 2. 부끄러움이 없이 언죽번죽한 태도나 성질 예 저 녀석은 남들이 욕을 하거나 말거나 **주눅**이 좋게 얼렁뚱땅 넘긴다.
□	**지레**★	어떤 일이 일어나기 전 또는 어떤 기회나 때가 무르익기 전에 미리 예 **지레** 겁을 먹다.
□	**짐짓**★	1. 마음으로는 그렇지 않으나 일부러 그렇게 예 **짐짓** 모른 체하다. 2. 아닌 게 아니라 정말로. 주로 생각과 실제가 같음을 확인할 때에 쓴다. 예 먹어 보니, **짐짓** 기가 막힌 음식이더라.
□	**찌릿찌릿**	뼈마디나 몸의 일부가 매우 또는 자꾸 저린 느낌 예 다친 곳이 **찌릿찌릿** 아파서 못 견디겠다.
□	**차리다**	1. 기운이나 정신 등을 가다듬어 되찾다. 예 기운을 **차리다**. 2. 어떤 조짐을 보고 짐작하여 알다. 예 낌새를 **차리다**. 3. 자기의 이익을 따져 챙기다. 예 너는 너무 실속만 **차려** 친구가 없는 거야.

□ **추레하다★**	1. 겉모양이 깨끗하지 못하고 생기가 없다. 예 옷차림도 영 **추레한** 것이 부잣집 아들처럼 보이지는 않는다. 2. 태도 등이 너절하고 고상하지 못하다.
□ **한들한들**	가볍게 자꾸 이리저리 흔들리거나 흔들리게 하는 모양 예 간간이 부는 가는 바람에도 나무 끝은 **한들한들** 흔들린다.
□ **해찰**	일에는 마음을 두지 않고 쓸데없이 다른 짓을 함
□ **허투루**	아무렇게나 되는대로 예 **허투루** 말하다.
□ **후줄근하다**	1. 옷이나 종이 등이 약간 젖거나 풀기가 빠져 아주 보기 흉하게 축 늘어져 있다. 예 옷이 비에 젖어 **후줄근하다**. 2. 몹시 지치고 고단하여 몸이 축 늘어질 정도로 아주 힘이 없다. 예 장마철에 계속되는 비로 기분이 **후줄근했다**.

어휘 암기 체크

다음 어휘와 뜻풀이를 바르게 연결하시오.

01 싹수 ·
02 주눅 ·
03 숫제 ·
04 일껏 ·
05 자못 ·

· ㉠ 부끄러움이 없이 언죽번죽한 태도와 성질
· ㉡ 생각보다 매우
· ㉢ 모처럼 애써서
· ㉣ 처음부터 차라리. 또는 아예 전적으로
· ㉤ 어떤 일이나 사람이 앞으로 잘될 것 같은 낌새나 징조

정답 01 ㉤ 02 ㉠ 03 ㉣ 04 ㉢ 05 ㉡

빈출 어휘 02 한자어

☑ 잘 외워지지 않는 단어는 박스에 체크하고, 반복하여 암기하세요. ★ 최빈출(3회 이상 출제)

□	**가관(可觀)** 옳을 가, 볼 관	1. 경치 등이 꽤 볼만함 예 내장산의 단풍은 참으로 가관이지. 2. '꼴이 볼만하다'라는 뜻으로, 남의 언행이나 어떤 상태를 비웃는 뜻으로 이르는 말 예 잘난 체하는 꼴이 정말 가관이다.
□	**간과(看過)** 볼 간, 지날 과	큰 관심 없이 대강 보아 넘김
□	**강구(強求)** 강할 강, 구할 구	1. 구하기 힘든 것을 억지로 구함 2. 억지로 또는 강제로 요구함
□	**강구(講求)** 강론할 강, 구할 구	조사하여 구함
□	**강구(講究)** 강론할 강, 궁구할 구	좋은 대책과 방법을 궁리하여 찾아내거나 좋은 대책을 세움 예 대책 강구
□	**갱신(更新)** 다시 갱, 새로울 신	1. 이미 있던 것을 고쳐 새롭게 함 예 환경 갱신 2. 법률관계의 존속 기간이 끝났을 때 그 기간을 연장하는 일 예 비자 갱신
□	**게재(揭載)** ★ 들 게, 실을 재	글이나 그림 등을 신문이나 잡지 등에 실음
□	**결부(結付)** ★ 맺을 결, 줄 부	일정한 사물이나 현상을 서로 연관시킴
□	**결재(決裁)** 결정할 결, 마를 재	결정할 권한이 있는 상관이 부하가 제출한 안건을 검토하여 허가하거나 승인함 예 결재를 올리다.
□	**결제(決濟)** ★ 결정할 결, 건널 제	1. 일을 처리하여 끝을 냄 2. 증권 또는 대금을 주고받아 매매 당사자 사이의 거래 관계를 끝맺는 일 예 어음의 결제
□	**경계(境界)** 지경 경, 경계 계	1. 사물이 어떠한 기준에 의하여 분간되는 한계 2. 지역이 구분되는 한계
□	**경계(警戒)** ★ 경계할 경, 경계할 계	1. 뜻밖의 사고가 생기지 않도록 조심하여 단속함 예 경계를 늦추다. 2. 옳지 않은 일이나 잘못된 일들을 하지 않도록 타일러서 주의하게 함 예 실패한 사람의 이야기를 글로 적어 세상에 대한 경계를 삼다.
□	**경기(景氣)** ★ 경치 경, 기운 기	매매나 거래에 나타나는 호황 · 불황 등의 경제 활동 상태 예 경기 부진
□	**경기(競技)** 다툴 경, 재주 기	일정한 규칙 아래 기량과 기술을 겨룸. 또는 그런 일 예 경기에 이기다.
□	**경기(驚氣)** 놀랄 경, 기운 기	어린아이에게 나타나는 증상의 하나 예 경기를 일으키다.
□	**경주(競走)** 다툴 경, 달릴 주	사람, 동물, 차량 등이 일정한 거리를 달려 빠르기를 겨루는 일. 또는 그런 경기 예 100미터 경주
□	**경지(境地)** 지경 경, 땅 지	1. 일정한 경계 안의 땅 2. 몸이나 마음, 기술 등이 어떤 단계에 도달해 있는 상태 예 그의 음악은 이미 예술적인 경지에 이르렀다.

□	**경질(更迭/更佚)**★ 고칠 **경**, 갈마들 **질** / 고칠 **경**, 방탕할 **질**	어떤 직위에 있는 사람을 다른 사람으로 바꿈 예 비서실장의 경질 사유를 밝히다.
□	**계발(啓發)**★ 열 **계**, 필 **발**	슬기나 재능, 사상 등을 일깨워 줌 예 외국어 능력의 계발
□	**계제(階梯)**★ 섬돌 **계**, 사다리 **제**	1. 사다리라는 뜻으로, 일이 되어 가는 순서나 절차를 비유적으로 이르는 말 예 계제를 밟다. 2. 어떤 일을 할 수 있게 된 형편이나 기회 예 변명할 계제가 없었다.
□	**고수(固守)**★ 굳을 **고**, 지킬 **수**	차지한 물건이나 형세 등을 굳게 지킴 예 강경 노선 고수
□	**고수(高手)**★ 높을 **고**, 손 **수**	1. 바둑이나 장기 등에서 수가 높음. 또는 그런 사람 예 정석을 배우되 정석을 버리지 않고서는 진정한 바둑의 고수가 될 수 없다. 2. 어떤 분야나 집단에서 기술이나 능력이 매우 뛰어난 사람
□	**고수(鼓手)**★ 북 **고**, 손 **수**	북이나 장구 등을 치는 사람 예 북채를 든 고수
□	**고착(固着)**★ 굳을 **고**, 붙을 **착**	1. 물건 같은 것이 굳게 들러붙어 있음 2. 어떤 상황이나 현상이 굳어져 변하지 않음 예 분단의 고착을 막고 통일을 앞당기려는 노력이 필요하다.
□	**공감(共感)** 함께 **공**, 느낄 **감**	남의 감정, 의견, 주장 등에 대하여 자기도 그렇다고 느낌. 또는 그렇게 느끼는 기분 예 공감을 느끼다.
□	**공포(公布)**★ 공변될 **공**, 베 **포**	1. 일반 대중에게 널리 알림 2. 이미 확정된 법률, 조약, 명령 등을 일반 국민에게 널리 알리는 일
□	**관건(關鍵)** 빗장 **관**, 열쇠 **건**	1. 문빗장과 자물쇠를 아울러 이르는 말 2. 어떤 사물이나 문제 해결의 가장 중요한 부분 예 문제 해결의 관건을 쥐다.
□	**교정(校正)** 학교 **교**, 바를 **정**	교정쇄와 원고를 대조하여 오자, 오식, 배열, 색 등을 바르게 고침 예 교정을 안 했는지 책에 오자가 많다.
□	**교정(校訂)** 학교 **교**, 평론할 **정**	남의 문장 또는 출판물의 잘못된 글자나 글귀 등을 바르게 고침
□	**교정(校庭)** 학교 **교**, 뜰 **정**	학교의 마당이나 운동장
□	**교정(矯正)** 바로잡을 **교**, 바를 **정**	1. 틀어지거나 잘못된 것을 바로잡음 예 척추 교정 2. 교도소나 소년원 등에서 재소자의 잘못된 품성이나 행동을 바로잡음 예 갱생을 위한 교정 프로그램

어휘 암기 체크

문맥상 쓰임이 적절한 어휘에 ○ 표시하시오.

01 어음의 [결재(決裁) / 결제(決濟)]
02 [경기(景氣) / 경기(競技)]에 이기다.
03 북채를 든 [고수(固守) / 고수(鼓手)]
04 갱생을 위한 [교정(校正) / 교정(矯正)] 프로그램

정답 01 결제(決濟) 02 경기(競技) 03 고수(鼓手) 04 교정(矯正)

빈출 어휘 02 한자어

☑ 잘 외워지지 않는 단어는 박스에 체크하고, 반복하여 암기하세요. ★ 최빈출(3회 이상 출제)

□	**교착(膠着)** 갖풀 **교**, 붙을 **착**	1. 아주 단단히 달라붙음 2. 어떤 상태가 굳어 조금도 변동이나 진전이 없이 머묾 예 회담이 **교착** 상태에 빠지다.
□	**구명(究明)** 궁구할 **구**, 밝을 **명**	사물의 본질, 원인 등을 깊이 연구하여 밝힘 예 고대 유물에 대한 문제의 **구명**에서 무엇보다도 긴요한 것은 객관적인 자료의 뒷받침이다.
□	**규명(糾明)** 꼴 **규**, 밝을 **명**	어떤 사실을 자세히 따져서 바로 밝힘 예 원인 **규명**
□	**구속(拘束)** 잡을 **구**, 묶을 **속**	행동이나 의사의 자유를 제한하거나 속박함 예 **구속**에서 벗어나다.
□	**구제(救濟)**★ 구원할 **구**, 건널 **제**	자연적인 재해나 사회적인 피해를 당하여 어려운 처지에 있는 사람을 도와줌 예 소비자 피해 **구제**
□	**구제(舊製)** 옛 **구**, 지을 **제**	옛적에 만듦. 또는 그런 물건
□	**구제(驅除)** 몰 **구**, 덜 **제**	해충 등을 몰아내어 없앰 예 송충이 **구제**
□	**구축(構築)** 얽을 **구**, 쌓을 **축**	1. 어떤 시설물을 쌓아 올려 만듦 예 방공호 **구축** 2. 체제, 체계 등의 기초를 닦아 세움 예 안정 기반 **구축**
□	**기고(起稿)** 일어날 **기**, 볏짚 **고**	원고를 쓰기 시작함
□	**난삽(難澁)** 어려울 **난**, 깔깔할 **삽**	글이나 말이 매끄럽지 못하면서 어렵고 까다로움
□	**동기(同氣)** 같을 **동**, 기운 **기**	형제와 자매, 남매를 통틀어 이르는 말 예 **동기**끼리 사이좋게 지내다.
□	**동기(同期)** 같을 **동**, 기약할 **기**	1. 같은 시기. 또는 같은 기간 예 6월 중 수출 실적은 전년 **동기** 대비 32.5%가 증가했다. 2. 같은 시기에 같은 곳에서 교육이나 강습을 함께 받은 사람 예 대학 **동기**인 그와 나는 노년에 접어든 지금까지도 절친한 사이이다.
□	**동기(動機)** 움직일 **동**, 틀 **기**	어떤 일이나 행동을 일으키게 하는 계기 예 작품을 쓰게 된 **동기**
□	**동요(動搖)** 움직일 **동**, 흔들릴 **요**	1. 물체 등이 흔들리고 움직임 2. 어떤 체제나 상황 등이 혼란스럽고 술렁임 예 증권가의 **동요**
□	**동향(動向)** 움직일 **동**, 향할 **향**	사람들의 사고, 사상, 활동이나 일의 형세 등이 움직여 가는 방향 예 학계의 연구 **동향**
□	**망라(網羅)** 그물 **망**, 그물 **라**	물고기나 새를 잡는 그물이라는 뜻으로, 널리 받아들여 모두 포함함을 이르는 말
□	**매수(買收)** 살 **매**, 거둘 **수**	1. 물건을 사들임 예 **매수** 가격 2. 금품이나 그 밖의 수단으로 남의 마음을 사서 자기편으로 만드는 일
□	**묵인(默認)** 잠잠할 **묵**, 알 **인**	모르는 체하고 하려는 대로 내버려둠으로써 슬며시 인정함 예 상급자의 **묵인** 아래 부정을 저지르다.
□	**미증유(未曾有)** 아닐 **미**, 일찍 **증**, 있을 **유**	지금까지 한 번도 있어 본 적이 없음 예 역사 이래 **미증유**의 사건

□	**반추(反芻)** 돌이킬 **반**, 꼴 **추**	어떤 일을 되풀이하여 음미하거나 생각함. 또는 그런 일
□	**발군(拔群)** 뺄 **발**, 무리 **군**	여럿 가운데에서 특별히 뛰어남 예 발군의 실력
□	**발굴(發掘)** 필 **발**, 팔 **굴**	1. 땅속이나 큰 덩치의 흙, 돌 더미 등에 묻혀 있는 것을 찾아서 파냄 예 지하자원의 발굴 2. 세상에 널리 알려지지 않거나 뛰어난 것을 찾아 밝혀냄 예 신인 발굴
□	**발현(發現/發顯)**★ 필 **발**, 나타날 **현**	속에 있거나 숨은 것이 밖으로 나타나거나 그렇게 나타나게 함. 또는 그런 결과 예 자의식의 발현
□	**발효(發效)** 필 **발**, 본받을 **효**	조약, 법, 공문서 등의 효력이 나타남. 또는 그 효력을 나타냄
□	**방만(放漫)** 놓을 **방**, 질펀할 **만**	맺고 끊는 데가 없이 제멋대로 풀어져 있음
□	**방증(傍證)** 곁 **방**, 증거 **증**	사실을 직접 증명할 수 있는 증거가 되지는 않지만, 주변의 상황을 밝힘으로써 간접적으로 증명에 도움을 줌. 또는 그 증거 예 방증 자료
□	**배포(配布)** 짝 **배**, 베 **포**	신문이나 책자 등을 널리 나누어 줌 예 광고 전단 **배포**를 마쳤다.
□	**백미(白眉)** 흰 **백**, 눈썹 **미**	흰 눈썹이라는 뜻으로, 여럿 가운데에서 가장 뛰어난 사람이나 훌륭한 물건을 비유적으로 이르는 말 예 춘향전은 한국 고전 문학의 **백미**이다.
□	**병폐(病弊)** 병들 **병**, 폐단 **폐**	병통과 폐단을 아울러 이르는 말 예 **병폐**를 없애다.
□	**보도(報道)** 갚을 **보**, 길 **도**	대중 전달 매체를 통하여 일반 사람들에게 새로운 소식을 알림. 또는 그 소식 예 신문 **보도**를 읽다.
□	**보류(保留)**★ 보전할 **보**, 머무를 **류**	어떤 일을 당장 처리하지 않고 나중으로 미루어 둠 예 **보류** 결정을 내리다.
□	**보전(補塡)** 기울 **보**, 메울 **전**	부족한 부분을 보태어 채움 예 적자의 **보전**
□	**보충(補充)** 기울 **보**, 가득할 **충**	부족한 것을 보태어 채움 예 학교 공부의 **보충**으로 학원에 다닌다.
□	**복기(復棋/復碁)** 돌아올 **복**, 바둑 **기**	바둑에서, 한 번 두고 난 바둑의 판국을 비평하기 위하여 두었던 대로 다시 처음부터 놓아 봄
□	**부연(敷衍/敷演)** 펼 **부**, 넘칠 **연** / 펼 **부**, 멀리 흐를 **연**	이해하기 쉽도록 설명을 덧붙여 자세히 말함 예 **부연** 설명

어휘 암기 체크

문맥상 쓰임이 적절한 어휘에 O 표시하시오.

01 소비자 피해 [구제(救濟) / 구제(驅除)]
02 자의식의 [발굴(發掘) / 발현(發現)]
03 작품을 쓰게 된 [동기(同期) / 동기(動機)]

정답 01 구제(救濟) 02 발현(發現) 03 동기(動機)

빈출 어휘 02 한자어

☑ 잘 외워지지 않는 단어는 박스에 체크하고, 반복하여 암기하세요. ★ 최빈출(3회 이상 출제)

□	**부정(不正)** 아닌가 부, 바를 정	올바르지 않거나 옳지 못함 예 입시 부정
□	**부정(否定)** 아닐 부, 정할 정	그렇지 않다고 단정하거나 옳지 않다고 반대함 예 그녀는 긍정도 부정도 아닌 미소만 지었다.
□	**비호(庇護)** 덮을 비, 보호할 호	편들어서 감싸 주고 보호함 예 그와 같은 엄청난 사건은 권력의 비호를 받지 않고서는 일어날 수 없다.
□	**사사(師事)**★ 스승 사, 일 사	스승으로 섬김. 또는 스승으로 삼고 가르침을 받음
□	**사족(蛇足)** 뱀 사, 발 족	'뱀을 다 그리고 나서 있지도 않은 발을 덧붙여 그려 넣는다'라는 뜻으로, 쓸데없는 군짓을 하여 도리어 잘못되게 함을 이르는 말 예 사족을 붙이다.
□	**산실(産室)**★ 낳을 산, 집 실	어떤 일을 꾸미거나 이루어 내는 곳. 또는 그런 바탕 예 우리 연구부를 기술 개발의 산실로 키우겠다.
□	**상념(想念)** 생각 상, 생각할 념	마음속에 품고 있는 여러 가지 생각 예 그는 의자에 앉아 한동안 상념에 잠겨 있었다.
□	**상정(上程)** 위 상, 단위 정	토의할 안건을 회의 석상에 내어놓음
□	**상주(常住)** 항상 상, 살 주	늘 일정하게 살고 있음
□	**선풍(旋風)** 돌 선, 바람 풍	돌발적으로 일어나 세상을 뒤흔드는 사건을 비유적으로 이르는 말 예 그의 대하소설이 일대 선풍을 일으켰다.
□	**수려(秀麗)** 빼어날 수, 고울 려	빼어나게 아름다움
□	**수료(修了)** 닦을 수, 마칠 료	일정한 학과를 다 배워 끝냄 예 석사 과정 수료
□	**수리(修理)** 닦을 수, 다스릴 리	고장 나거나 허름한 데를 손보아 고침
□	**수정(修正)** 닦을 수, 바를 정	바로잡아 고침 예 대폭적인 수정
□	**수주(受注)** 받을 수, 물댈 주	주문을 받음 예 수주가 줄다.
□	**수탁(受託)** 받을 수, 부탁할 탁	다른 사람의 의뢰나 부탁을 받음. 또는 그런 일 예 이 연구소는 중소기업의 수탁을 받아 연구 개발 사업을 수행한다.
□	**승복(承服)** 받들 승, 입을 복	1. 납득하여 따름 2. 죄를 스스로 고백함
□	**신수(身手)** 몸 신, 손 수	용모와 풍채를 통틀어 이르는 말 예 신수가 멀끔하다.
□	**야기(惹起)** 이끌 야, 일어날 기	일이나 사건 등을 끌어 일으킴
□	**유기(遺棄)** 남길 유, 버릴 기	내다 버림
□	**유치(誘致)**★ 꾈 유, 이를 치	행사나 사업 등을 이끌어 들임 예 시설 유치

	어휘	뜻
□	**일절(一切)** 하나 일, 끊을 절	아주, 전혀, 절대로의 뜻으로, 흔히 행위를 그치게 하거나 어떤 일을 하지 않을 때에 쓰는 말 예 출입을 일절 금하다.
□	**일체(一切)** 하나 일, 모두 체	1. 모든 것 예 도난에 대한 일체의 책임을 지다. 2. '전부' 또는 '완전히'의 뜻을 나타내는 말 3. 모든 것을 다 예 걱정 근심일랑 일체 털어 버리고 자, 즐겁게 술이나 마시자.
□	**임대(賃貸)**★ 품팔이 임, 빌릴 대	돈을 받고 자기의 물건을 남에게 빌려줌 예 임대 가격이 싸다.
□	**자처(自處)** 스스로 자, 곳 처	자기를 어떤 사람으로 여겨 그렇게 처신함
□	**장래(將來)** 장수 장, 올 래	다가올 앞날 예 장래 계획
□	**재고(再考)** 다시 재, 상고할 고	어떤 일이나 문제 등에 대하여 다시 생각함 예 그 일의 결과는 너무나 뻔하므로 재고의 여지도 없다.
□	**재원(才媛)**★ 재주 재, 미녀 원	재주가 뛰어난 젊은 여자 예 그녀는 미모와 폭넓은 교양을 갖춘 재원이다.
□	**전망(展望)** 펼 전, 바랄 망	1. 넓고 먼 곳을 멀리 바라봄. 또는 멀리 내다보이는 경치 예 탁 트인 전망 2. 앞날을 헤아려 내다봄. 또는 내다보이는 장래의 상황 예 전망이 밝은 사업
□	**전치(全治)** 온전할 전, 다스릴 치	병을 완전히 고침 예 전치 4주의 중상을 입다.
□	**정서(情緖)** 뜻 정, 실마리 서	사람의 마음에 일어나는 여러 가지 감정. 또는 감정을 불러일으키는 기분이나 분위기 예 정서 불안
□	**정정(訂正)** 평론할 정, 바를 정	글자나 글 등의 잘못을 고쳐서 바로잡음
□	**제고(提高)** 끌 제, 높을 고	수준이나 정도 등을 끌어올림 예 생산성의 제고
□	**제재(制裁)**★ 억제할 제, 마를 재	1. 일정한 규칙이나 관습의 위반에 대하여 제한하거나 금지함. 또는 그런 조치 예 제재를 가하다. 2. 법이나 규정을 어겼을 때 국가가 처벌이나 금지 등을 행함. 또는 그런 일 예 유엔 안보리의 도발국 제재 방안
□	**조정(調停)** 고를 조, 머무를 정	분쟁을 중간에서 화해하게 하거나 서로 타협점을 찾아 합의하도록 함 예 의견 조정
□	**주재(主宰)**★ 주인 주, 재상 재	어떤 일을 중심이 되어 맡아 처리함 예 국무총리 주재로 가뭄 대책 회의를 열었다.

어휘 암기 체크

문맥상 쓰임이 적절한 어휘에 ○ 표시하시오.

01 생산성의 [재고(再考) / 제고(提高)]

02 도난에 대한 [일절(一切) / 일체(一切)]의 책임을 지다.

03 그녀는 긍정도 [부정(不正) / 부정(否定)]도 아닌 미소만 지었다.

정답 01 제고(提高) 02 일체(一切) 03 부정(否定)

빈출 어휘 02 한자어

☑ 잘 외워지지 않는 단어는 박스에 체크하고, 반복하여 암기하세요. ★ 최빈출(3회 이상 출제)

□	**주지(周知)** 두루 주, 알 지	여러 사람이 두루 앎 예 주지의 사실
□	**준수(遵守)** 좇을 준, 지킬 수	전례나 규칙, 명령 등을 그대로 좇아서 지킴 예 안전 수칙 **준수**
□	**증편(增便)** 더할 증, 편할 편	정기적인 교통편의 횟수를 늘림 예 **증편** 운행
□	**진수(眞髓)** ★ 참 진, 골수 수	사물이나 현상의 가장 중요하고 본질적인 부분 예 이것이 바로 문학의 **진수**이다.
□	**진척(進陟)** ★ 나아갈 진, 오를 척	일이 목적한 방향대로 진행되어 감 예 **진척** 과정
□	**질곡(桎梏)** 차꼬 질, 수갑 곡	몹시 속박하여 자유를 가질 수 없는 고통의 상태를 비유적으로 이르는 말 예 **질곡**의 세월
□	**차출(差出)** 어그러질 차, 날 출	어떤 일을 시키기 위하여 인원을 선발하여 냄 예 대표 팀 **차출**
□	**착수(着手)** ★ 붙을 착, 손 수	어떤 일에 손을 댐. 또는 어떤 일을 시작함 예 작업 **착수**
□	**창궐(猖獗)** 미쳐 날뛸 창, 날뛸 궐	못된 세력이나 전염병 등이 세차게 일어나 걷잡을 수 없이 퍼짐
□	**창달(暢達)** ★ 화창할 창, 통할 달	1. 의견, 주장, 견해 등을 거리낌이나 막힘이 없이 자유롭게 표현하고 전달함 예 언론 **창달** 2. 거침없이 쑥쑥 뻗어 나감. 또는 그렇게 되게 함 예 민족 문화의 **창달**
□	**천착(穿鑿)** ★ 뚫을 천, 구멍 착	어떤 원인이나 내용 등을 따지고 파고들어 알려고 하거나 연구함 예 세밀한 관찰과 **천착**을 거듭하다.
□	**촉탁(囑託)** 부탁할 촉, 부탁할 탁	일을 부탁하여 맡김 예 **촉탁** 업무는 그때그때 넘겨야지.
□	**추대(推戴)** ★ 옮길 추, 일 대	윗사람으로 떠받듦 예 임원들의 **추대**로 그는 회장이 되었다.
□	**추돌(追突)** ★ 쫓을 추, 부딪칠 돌	자동차나 기차 등이 뒤에서 들이받음 예 **추돌** 사고
□	**추서(追敍)** 쫓을 추, 줄 서	죽은 뒤에 관등을 올리거나 훈장 등을 줌 예 훈장 **추서**
□	**추출(抽出)** 뺄 추, 날 출	전체 속에서 어떤 물건, 생각, 요소 등을 뽑아냄
□	**축출(逐出)** 쫓을 축, 날 출	쫓아내거나 몰아냄 예 당 지도부는 뇌물죄로 사법 처리를 당한 의원들의 **축출**을 결의하였다.
□	**출시(出市)** 날 출, 시장 시	상품이 시중에 나옴. 또는 상품을 시중에 내보냄 예 우리 회사는 새 제품 **출시**를 앞두고 있다.
□	**출현(出現)** 날 출, 나타날 현	나타나거나 또는 나타나서 보임 예 고대 국가의 **출현**
□	**치부(恥部)** ★ 부끄러워할 치, 나눌 부	남에게 드러내고 싶지 않은 부끄러운 부분 예 **치부**를 폭로하다.

□	**칩거(蟄居)** 숨을 칩, 살 거	나가서 활동하지 않고 집 안에만 틀어박혀 있음 예 칩거 생활을 하다.
□	**풍조(風潮)** 바람 풍, 조수 조	1. 바람과 조수(潮水)를 아울러 이르는 말. 또는 바람에 따라 흐르는 조수 2. 시대에 따라 변하는 세태 예 과소비 풍조
□	**피력(披瀝)** 헤칠 피, 물방울 떨어질 력	생각하는 것을 털어놓고 말함 예 수상 소감의 피력
□	**회자(膾炙)**★ 회 회, 구울 자	회와 구운 고기라는 뜻으로, 칭찬을 받으며 사람의 입에 자주 오르내림을 이르는 말

어휘 암기 체크

문맥상 쓰임이 적절한 어휘에 O 표시하시오.

01 고대 국가의 [출시(出市) / 출현(出現)]
02 민족 문화의 [창달(暢達) / 창궐(猖獗)]
03 당 지도부는 뇌물죄로 사법 처리를 당한 의원들의 [추출(抽出) / 축출(逐出)]을 결의하였다.

정답 01 출현(出現) 02 창달(暢達) 03 축출(逐出)

빈출 어휘 03 다의어와 동음이의어

◎ 다의어

☑ 잘 외워지지 않는 단어는 박스에 체크하고, 반복하여 암기하세요. ★ 최빈출(3회 이상 출제)

□ 나가다	1. 일정한 지역이나 공간의 범위와 관련하여 그 안에서 밖으로 이동하다. 예 조용히 있고 싶으니 모두 마당에 나가서 놀아라. 2. 생산되거나 만들어져 사회에 퍼지다. 예 새 제품이 시장에 나간 후의 시장 조사는 필수적이다. 3. 사회적인 활동을 시작하다. 예 그는 이번에 새로 문단에 나가게 되었다. 4. 일정한 직장이나 일터에 다니다. 예 자네 요즘은 어느 회사에 나가나? 5. 모임에 참여하거나, 운동 경기에 출전하거나, 선거 등에 입후보하다. 예 전쟁에 나간 군인
□ 나다★	1. 신체 표면이나 땅 위에 솟아나다. 예 여드름이 나다. 2. 신문, 잡지 등에 어떤 내용이 실리다. 예 기사가 신문에 나다. 3. 흥미, 짜증, 용기 등의 감정이 일어나다. 예 겁이 나다. 4. 앞말이 뜻하는 행동이 끝났음을 나타내는 말 예 일을 마치고 나니 기분이 상쾌해졌다.
□ 남다	1. 다 쓰지 않거나 정해진 수준에 이르지 않아 나머지가 있게 되다. 예 먹다 남은 밥 2. 잊히지 않거나 뒤에까지 전하다. 예 기억에 남다.
□ 내리다	1. 눈, 비, 서리, 이슬 등이 오다. 예 함박눈이 내리다. 2. 타고 있던 물체에서 밖으로 나와 어떤 지점에 이르다. 예 우리는 서울역에 내려 전철을 타고 집에 갔다. 3. 값이나 수치, 온도, 성적 등이 이전보다 떨어지거나 낮아지다. 또는 그렇게 하다. 예 열이 내리다. 4. 윗사람으로부터 아랫사람에게 상이나 벌 등이 주어지다. 또는 그렇게 하다. 예 선행을 한 사람에게 훈장을 내렸다.
□ 놓다★	1. 계속해 오던 일을 그만두고 하지 않다. 예 건강이 좋지 않아 일을 놓고 있다. 2. 논의의 대상으로 삼다. 예 동문회에서 학교 이전 문제를 놓고 의견이 분분했다. 3. 빨리 가도록 힘을 더하다. 예 동구 밖으로 줄달음을 놓다. 4. 일정한 곳에 기계나 장치, 구조물 등을 설치하다. 예 개울에 다리를 놓다. 5. 무늬나 수를 새기다. 예 베갯잇에 오색실로 수를 놓다. 6. 치료를 위하여 주사나 침을 찌르다. 예 팔에 예방 주사를 놓다.
□ 담다	1. 어떤 물건을 그릇 등에 넣다. 예 쌀통에 쌀을 담다. 2. 어떤 내용이나 사상을 그림, 글, 말, 표정 등 속에 포함하거나 반영하다. 예 마음을 담은 편지
□ 돌다	1. 물체가 일정한 축을 중심으로 원을 그리면서 움직이다. 예 바퀴가 돌다. 2. 돈이나 물자 등이 유통되다. 예 불경기로 돈이 안 돈다.
□ 두다	1. 일정한 곳에 놓다. 예 연필을 책상 위에 두다. 2. 앞말이 뜻하는 행동을 끝내고 그 결과를 유지함을 나타내는 말 예 불을 켜 두고 잠이 들었다.

□ 머리	1. 사람이나 동물의 목 위의 부분 예 머리를 긁다. 2. 생각하고 판단하는 능력 예 머리가 나쁘다. 3. 단체의 우두머리 예 그는 우리 모임의 머리 노릇을 하고 있다. 4. 사물의 앞이나 위를 비유적으로 이르는 말 예 장도리 머리 부분 5. 일의 시작이나 처음을 비유적으로 이르는 말 예 머리도 끝도 없이 일이 뒤죽박죽이 되었다.
□ 생기다	1. 없던 것이 새로 있게 되다. 예 제방에 구멍이 **생기다**. 2. 사람이나 사물의 생김새가 어떠한 모양으로 되다. 예 동양적으로 **생긴** 사람
□ 솟다	1. 연기와 같은 물질이나 비행기와 같은 물체가 아래에서 위로, 또는 속에서 겉으로 세차게 움직이다. 예 김이 모락모락 솟고 있는 주전자 2. 사람의 몸이나 마음속에 힘이나 의욕 등이 생겨나다. 예 용기가 솟다.
□ 오르다★	1. 사람이나 동물 등이 아래에서 위쪽으로 움직여 가다. 예 산에 **오르다**. 2. 남의 이야깃거리가 되다. 예 구설에 **오르다**. 3. 실적이나 능률 등이 높아지다. 예 판매 실적이 **오르도록** 연구해 봅시다. 4. 병균이나 독 등이 옮다. 예 옴이 **오르면** 가려워 온몸을 긁게 된다.
□ 줄다	1. 물체의 길이나 넓이, 부피 등이 본디보다 작아지다. 예 소매 길이가 **줄다**. 2. 수나 분량이 본디보다 적어지거나 무게가 덜 나가게 되다. 예 인원이 **줄다**.
□ 찾다	1. 현재 주변에 없는 것을 얻거나 사람을 만나려고 여기저기를 뒤지거나 살피다. 또는 그것을 얻거나 그 사람을 만나다. 예 길을 잃은 아이가 지금 가족을 **찾고** 있습니다. 2. 잃거나 빼앗기거나 맡기거나 빌려주었던 것을 돌려받아 가지게 되다. 예 은행에서 저금했던 돈을 **찾았다**. 3. 원상태를 회복하다. 예 제정신을 **찾다**.
□ 펴다	1. 접히거나 개킨 것을 젖히어 벌리다. 예 날개를 **펴다**. 2. 생각, 감정, 기세 등을 얽매임 없이 자유롭게 표현하거나 주장하다. 예 꿈을 **펴다**. 3. 세력이나 작전, 정책 등을 벌이거나 그 범위를 넓히다. 예 그 지역에 세력을 **펴다**.

어휘 암기 체크

밑줄 친 말의 뜻풀이를 바르게 연결하시오.

01 겁이 나다. •
- ㉠ 신체 표면이나 땅 위에 솟아나다.
- ㉡ 흥미, 짜증, 용기 등의 감정이 일어나다.
- ㉢ 앞말이 뜻하는 행동이 끝났음을 나타내는 말

02 건강이 좋지 않아 일을 놓고 있다. •
- ㉠ 계속해 오던 일을 그만두고 하지 않다.
- ㉡ 논의의 대상으로 삼다.
- ㉢ 빨리 가도록 힘을 더하다.

03 구설에 오르다. •
- ㉠ 남의 이야깃거리가 되다.
- ㉡ 실적이나 능률 등이 높아지다.
- ㉢ 사람이나 동물 등이 아래에서 위쪽으로 움직여 가다.

정답 01 ㉡ 02 ㉠ 03 ㉠

◎ 동음이의어

☑ 잘 외워지지 않는 단어는 박스에 체크하고, 반복하여 암기하세요. ★ 최빈출(3회 이상 출제)

□ 다리★

다리[1]
1. 사람이나 동물의 몸통 아래 붙어 있는 신체의 부분
   예 **다리**가 굵다.
2. 물체의 아래쪽에 붙어서 그 물체를 받치거나 직접 땅에 닿지 않게 하거나 높이 있도록 버티어 놓은 부분
   예 책상 **다리**
3. 안경의 테에 붙어서 귀에 걸게 된 부분
   예 **다리**가 부러진 안경

다리[2]
1. 물을 건너거나 또는 한편의 높은 곳에서 다른 편의 높은 곳으로 건너다닐 수 있도록 만든 시설물
   예 **다리**를 건너다.
2. 둘 사이의 관계를 이어 주는 사람이나 사물을 비유적으로 이르는 말
   예 나는 그 사람을 잘 모르니 자네가 **다리**가 되어 주게나.
3. 중간에 거쳐야 할 단계나 과정
   예 이 물건은 우리에게 오는 데 **다리**를 여럿 거친 것이다.

□ 되다

되다[1]
1. 다른 상태나 성질로 바뀌거나 변하다.
   예 얼음이 물이 **되다**.
2. 일이 이루어지다.
   예 일이 깔끔하게 **되다**.

되다[2]
말, 되, 홉 등으로 가루, 곡식, 액체 등의 분량을 헤아리다.
예 쌀을 되로 **되다**.

되다[4]
1. 반죽이나 밥 등이 물기가 적어 빡빡하다.
   예 밥이 너무 **되다**.
2. 일이 힘에 벅차다.
   예 일이 **되면** 쉬어 가면서 해라.

□ 달다

달다[1]
1. 타지 않는 단단한 물체가 열로 몹시 뜨거워지다.
   예 다리미가 **달다**.
2. 안타깝거나 조마조마하여 마음이 몹시 조급해지다.
   예 마음이 **달다**.

달다[3]
1. 물건을 일정한 곳에 걸거나 매어 놓다.
   예 배에 돛을 **달다**.
2. 물건을 일정한 곳에 붙이다.
   예 옷에 단추를 **달다**.
3. 글이나 말에 설명 등을 덧붙이거나 보태다.
   예 본문에 각주를 **달다**.

달다[4]
저울로 무게를 헤아리다.
예 고기를 저울에 **달다**.

□ 들다★

들다[1]
1. 밖에서 속이나 안으로 향해 가거나 오거나 하다.
   예 사랑에 **들다**.
2. 빛, 볕, 물 등이 안으로 들어오다.
   예 이 방에는 볕이 잘 **든다**.
3. 수면을 취하기 위한 장소에 가거나 오다.
   예 이불 속에 **들다**.
4. 물감, 색깔, 물기, 소금기가 스미거나 배다.
   예 설악산에 단풍이 **들다**.
5. 어떤 범위나 기준, 또는 일정한 기간 안에 속하거나 포함되다.
   예 반에서 5등 안에 **들다**.
6. 안에 담기거나 그 일부를 이루다.
   예 빵 속에 **든** 단팥
7. 어떤 물건이나 사람이 좋게 받아들여지다.
   예 마음에 **드는** 신랑감
8. 과일, 음식의 맛 등이 익어서 알맞게 되다.
   예 김치가 맛이 **들다**.

들다[3]
날이 날카로워 물건이 잘 베어지다.
예 칼이 잘 **들다**.

□ 뚝

뚝[1]
1. 큰 물체나 물방울 등이 아래로 떨어지는 소리. 또는 그 모양
   예 호박이 지붕에서 뚝 떨어졌다.
2. 아주 거침없이 따거나 떼는 모양
   예 떡을 뚝 떼어 주다.

뚝[2]
1. 계속되던 것이 아주 갑자기 그치는 모양
   예 울음을 뚝 그치다.
2. 말이나 행동 등을 매우 단호하게 하는 모양
   예 뚝 잘라 말하다.
3. 거리가 많이 떨어져 있는 모양
   예 학교는 우리 집에서 뚝 떨어져 있다.

□ 마르다

마르다[1]
1. 물기가 다 날아가서 없어지다.
   예 날씨가 맑아 빨래가 잘 마른다.
2. 살이 빠져 야위다.
   예 공부를 하느라 몸이 많이 말랐다.
3. 돈이나 물건 등이 다 쓰여 없어지다.

마르다[2]
옷감이나 재목 등의 재료를 치수에 맞게 자르다.
예 감을 말라 버선을 짓다.

□ 맞다

맞다[1]
1. 문제에 대한 답이 틀리지 않다.
   예 네 답이 맞는다.
2. 말이나 생각 등이 틀리지 않다.
   예 내 육감은 잘 맞는 편이다.

맞다[2]
1. 오는 사람이나 물건을 예의로 받아들이다.
   예 현관에서 방문객을 맞다.
2. 자연 현상에 따라 내리는 눈, 비 등의 닿음을 받다.
   예 눈을 맞다.

□ 맨

맨[1]
더할 수 없을 정도나 경지에 있음을 나타내는 말
예 맨 처음

맨[2]
다른 것은 섞이지 않고 온통
예 이 산에는 맨 소나무뿐이다.

어휘 암기 체크

다음 설명이 맞으면 ○, 틀리면 ×에 표시하시오.

01 '다리가 굵다'와 '다리가 부러진 안경'의 '다리'는 동음이의 관계에 있다. (○, ×)
02 '설악산에 단풍이 들다'와 '김치가 맛이 들다'의 '들다'는 동음이의 관계에 있다. (○, ×)
03 '호박이 지붕에서 뚝 떨어졌다'와 '울음을 뚝 그치다'의 '뚝'은 동음이의 관계에 있다. (○, ×)
04 '일이 깔끔하게 되다'와 '일이 되면 쉬어 가면서 해라'의 '되다'는 동음이의 관계에 있다. (○, ×)
05 '내 육감은 잘 맞는 편이다'와 '현관에서 방문객을 맞다'의 '맞다'는 동음이의 관계에 있다. (○, ×)

정답 01 ×, 다의 관계 02 ×, 다의 관계 03 ○ 04 ○ 05 ○

☑ 잘 외워지지 않는 단어는 박스에 체크하고, 반복하여 암기하세요. ★ 최빈출(3회 이상 출제)

□ 묻다★

묻다[1]

1. 가루, 풀, 물 등이 그보다 큰 다른 물체에 들러붙거나 흔적이 남게 되다.
   예 손에 기름이 묻다.
2. 함께 팔리거나 섞이다.
   예 가는 김에 나도 좀 묻어 타자.

묻다[2]

1. 물건을 흙이나 다른 물건 속에 넣어 보이지 않게 쌓아 덮다.
   예 화단에 거름을 묻어 주다.
2. 일을 드러내지 않고 속 깊이 숨기어 감추다.
   예 가슴속에 비밀을 묻다.
3. 얼굴을 수그려 손으로 감싸거나 다른 물체에 가리듯 기대다.
   예 베개에 얼굴을 묻다.
4. 의자나 이불 같은 데에 몸을 깊이 기대다.
   예 지친 몸을 침대에 묻다.

묻다[3]

1. 무엇을 밝히거나 알아내기 위하여 상대편의 대답이나 설명을 요구하는 내용으로 말하다.
   예 지나가는 사람에게 길을 묻다.
2. 어떠한 일에 대한 책임을 따지다.
   예 관계자에게 책임을 묻다.

□ 쓰다

쓰다[1]

1. 붓, 펜, 연필과 같이 선을 그을 수 있는 도구로 종이 등에 획을 그어서 일정한 글자의 모양이 이루어지게 하다.
   예 연습장에 붓글씨를 쓰다.
2. 머릿속의 생각을 종이 혹은 이와 유사한 대상 등에 글로 나타내다.
   예 그는 조그마한 수첩에 일기를 써 왔다.

쓰다[3]

1. 어떤 일을 하는 데에 재료나 도구, 수단을 이용하다.
   예 빨래하는 데에 합성 세제를 많이 **쓴다고** 빨래가 깨끗하게 되는 것은 아니다.
2. 사람에게 어떤 일을 하게 하다.
   예 하수도 공사에 인부를 **쓴다**.
3. 어떤 일에 마음이나 관심을 기울이다.
   예 나 정말 괜찮으니까 그 일에 신경 **쓰지** 마.
4. 어떤 말이나 언어를 사용하다.
   예 그는 시골에서 온 지 얼마 안 되었는데도 서울말을 유창하게 **쓴다**.

□ 빠지다★

빠지다[1]

1. 어느 정도 이익이 남다.
   예 이번 장사에서는 이잣돈 정도는 **빠질** 것 같다.
2. 원래 있어야 할 것에서 모자라다.
   예 구백 원만 있다면 천 원에서 백 원이 **빠지는** 셈이구나.
3. 속에 있는 액체나 기체 또는 냄새 등이 밖으로 새어 나가거나 흘러 나가다.
   예 방에 냄새가 **빠지다**.
4. 그릇이나 신발 등의 밑바닥이 떨어져 나가다.
   예 구두가 밑창이 **빠지다**.
5. 남이나 다른 것에 비해 뒤떨어지거나 모자라다.
   예 그의 실력은 절대로 다른 경쟁자들에게 **빠지지** 않는다.

빠지다[2]

1. 곤란한 처지에 놓이다.
   예 궁지에 **빠지다**.
2. 무엇에 정신이 아주 쏠리어 헤어나지 못하다.
   예 사랑에 **빠지다**.

□ 짜다★

짜다[1]

1. 실이나 끈 등을 씨와 날로 결어서 천 등을 만들다.
   예 가마니를 **짜다**.
2. 계획이나 일정 등을 세우다.
   예 생활 계획표를 **짜다**.

짜다[2]

1. 누르거나 비틀어서 물기나 기름 등을 빼내다.
   예 여드름을 **짜다**.
2. 어떤 새로운 것을 생각해 내기 위하여 온 힘을 기울이거나, 온 정신을 기울이다.
   예 생각을 **짜다**.

□ 차다

차다[1]

1. 일정한 공간에 사람, 사물, 냄새 등이 더 들어갈 수 없이 가득하게 되다.
   예 독에 물이 가득 차다.
2. 감정이나 기운 등이 가득하게 되다.
   예 실의에 차다.

차다[4]

1. 몸에 닿은 물체나 대기의 온도가 낮다.
   예 찬 음식
2. 인정이 없고 쌀쌀하다.
   예 성격이 차고 매섭다.

□ 치다

치다[1]

1. 바람이 세차게 불거나 비, 눈 등이 세차게 뿌리다.
   예 세찬 눈보라가 치다.
2. 서리가 몹시 차갑게 내리다.
   예 된서리가 치는 바람에 농작물이 다 얼어 버렸다.

치다[5]

1. 막이나 그물, 발 등을 펴서 벌이거나 늘어뜨리다.
   예 천막을 치다.
2. 벽 등을 둘러서 세우거나 쌓다.
   예 싸리나무로 담을 치다.

치다[7]

1. 가축이나 가금 등을 기르다.
   예 양을 치다.
2. 주로 영업을 목적으로 남을 머물러 묵게 하다.
   예 학교 주변에는 하숙을 치는 집이 많다.

치다[10]

1. 셈을 맞추다.
   예 그는 내 땅을 평당 만 원 정도로 쳐서 팔라고 했지만 나는 거절했다.
2. 어떤 것을 기준으로 삼다.

어휘 암기 체크

다음 설명이 맞으면 ○, 틀리면 ×에 표시하시오.

01 '여드름을 짜다'와 '생각을 짜다'의 '짜다'는 동음이의 관계에 있다. (○, ×)
02 '독에 물이 가득 차다'와 '실의에 차다'의 '차다'는 동음이의 관계에 있다. (○, ×)
03 '구두가 밑창이 빠지다'와 '사랑에 빠지다'의 '빠지다'는 동음이의 관계에 있다. (○, ×)
04 '손에 기름이 묻다'와 '가슴속에 비밀을 묻다'의 '묻다'는 동음이의 관계에 있다. (○, ×)
05 '싸리나무로 담을 치다'와 '학교 주변에는 하숙을 치는 집이 많다'의 '치다'는 동음이의 관계에 있다. (○, ×)

정답 01 ×, 다의 관계 02 ×, 다의 관계 03 ○ 04 ○ 05 ○

빈출 어휘 04 헷갈리기 쉬운 어휘

☑ 잘 외워지지 않는 단어는 박스에 체크하고, 반복하여 암기하세요. ★ 최빈출(3회 이상 출제)

□ **걷잡다:겉잡다**

걷잡다

1. 한 방향으로 치우쳐 흘러가는 형세 등을 붙들어 잡다. 예 **걷잡**을 수 없는 사태
2. 마음을 진정하거나 억제하다. 예 **걷잡**을 수 없이 흐르는 눈물

겉잡다

겉으로 보고 대강 짐작하여 헤아리다. 예 예산을 대충 **겉잡아서** 말하지 말고 잘 뽑아 보시오.

□ **늘리다:늘이다**

늘리다

물체의 넓이, 부피 등을 본디보다 커지게 하다. 예 주차장의 규모를 **늘리다**.

늘이다

본디보다 더 길어지게 하다. 예 고무줄을 **늘이다**.

□ **대다:데다**

대다

차, 배 등의 탈것을 멈추어 서게 하다. 예 항구에 배를 **대다**.

데다

불이나 뜨거운 기운으로 말미암아 살이 상하다. 또는 그렇게 하다. 예 팔이 불에 **데다**.

□ **때다:떼다**

때다

아궁이 등에 불을 지피어 타게 하다. 예 아궁이에 장작을 **때다**.

떼다

붙어 있거나 잇닿은 것을 떨어지게 하다. 예 벽에서 벽보를 **떼다**.

□ **매다:메다★**

매다

1. 끈이나 줄 등의 두 끝을 엇걸고 잡아당기어 풀어지지 않게 마디를 만들다. 예 신발 끈을 **매다**.
2. (비유적으로) 어떤 데에서 떠나지 못하고 딸리어 있다. 예 형은 그 일에 목을 **매고** 있다.

메다

1. 어떤 감정이 북받쳐 목소리가 잘 나지 않다. 예 나는 너무 기뻐 목이 **메었다**.
2. 어떤 책임을 지거나 임무를 맡다. 예 젊은이는 나라의 장래를 **메고** 나갈 사람이다.

□ 바치다:받치다

바치다
무엇을 위하여 모든 것을 아낌없이 내놓거나 쓰다. 예 평생을 과학 연구에 몸을 **바치다**.

받치다
비나 햇빛과 같은 것이 통하지 못하도록 우산이나 양산을 펴 들다. 예 아가씨들이 양산을 **받쳐** 들고 거리를 거닐고 있다.

□ 벌리다:벌이다

벌리다
둘 사이를 넓히거나 멀게 하다. 예 줄 간격을 **벌리다**.

벌이다
1. 일을 계획하여 시작하거나 펼쳐 놓다. 예 잔치를 **벌이다**.
2. 놀이판이나 노름판 등을 차려 놓다. 예 장기판을 **벌이다**.

□ 붇다:붓다★

붇다
1. 물에 젖어서 부피가 커지다. 예 콩이 **붇다**.
2. 분량이나 수효가 많아지다. 예 개울물이 **붇다**.

붓다
살가죽이나 어떤 기관이 부풀어 오르다. 예 얼굴이 **붓다**.

□ 좇다:쫓다

좇다
남의 말이나 뜻을 따르다. 예 아버지의 유언을 **좇다**.

쫓다
어떤 대상을 잡거나 만나기 위하여 뒤를 급히 따르다. 예 **쫓고** 쫓기는 숨 막히는 추격전을 벌이다.

어휘 암기 체크

다음 중 문맥에 맞는 어휘에 O 표시하시오.

01 얼굴이 (붇다 / 붓다).
02 장기판을 (벌리다 / 벌이다).
03 아버지의 유언을 (좇다 / 쫓다).
04 아궁이에 장작을 (때다 /떼다).

정답 01 붓다 02 벌이다 03 좇다 04 때다

빈출 어휘 05 반의/상하 관계

◎ 반의 관계: 단어 간의 의미가 서로 정반대되는 관계

① **상보 반의어**: 반의 관계에 있는 두 단어의 의미가 공존할 수 없는, 상호 배타적 영역에 속하는 반의어 예 살다 ↔ 죽다
② **정도 반의어**(등급 반의어): 반의 관계에 있는 두 단어를 동시에 부정할 수 있으며, 두 단어가 정도나 등급을 나타내는 반의어 예 길다 ↔ 짧다
③ **방향 반의어**: 반의 관계에 있는 두 단어가 서로 맞선 방향으로 대립하며 의미상 대칭을 이루는 반의어 예 가다 ↔ 오다

☑ 잘 외워지지 않는 단어는 박스에 체크하고, 반복하여 암기하세요.

□ **감소(減少) ↔ 증가(增加)**

감소(減少)
양이나 수치가 줆. 또는 양이나 수치를 줄임 예 인구 감소

증가(增加)
양이나 수치가 늚 예 인구 증가

□ **덥다 ↔ 춥다**

덥다
대기의 온도가 높다. 예 날씨가 덥다.

춥다
대기의 온도가 낮다. 예 날씨가 춥다.

□ **기쁘다 ↔ 슬프다**

기쁘다
욕구가 충족되어 마음이 흐뭇하고 흡족하다.
예 다시 만나게 되어 정말 기쁘다.

슬프다
원통한 일을 겪거나 불쌍한 일을 보고 마음이 아프고 괴롭다.
예 그는 할머니의 죽음이 한없이 슬펐다.

□ **뜨겁다 ↔ 차갑다**

뜨겁다
손이나 몸에 상당한 자극을 느낄 정도로 온도가 높다.
예 뜨거운 물

차갑다
촉감이 서늘하고 썩 찬 느낌이 있다.
예 차갑게 식은 커피

□ **넓다 ↔ 좁다**

넓다
면이나 바닥 등의 면적이 크다. 예 넓고 기름진 평야

좁다
면이나 바닥 등의 면적이 작다.
예 넓고도 좁은 세상

□ **무겁다 ↔ 가볍다**

무겁다
무게가 나가는 정도가 크다. 예 무거운 짐

가볍다
무게가 일반적이거나 기준이 되는 대상의 것보다 적다.
예 가벼운 이불

□ **달변(達辯) ↔ 눌변(訥辯)**

달변(達辯)
능숙하여 막힘이 없는 말 예 그는 달변으로 나를 설득하였다.

눌변(訥辯)
더듬거리는 서툰 말솜씨
예 그는 비록 눌변이지만 열성적으로 발표했다.

□ **벗다 ↔ 입다**

벗다
사람이 자기 몸 또는 몸의 일부에 착용한 물건을 몸에서 떼어 내다. 예 옷을 벗다.

입다
옷을 몸에 꿰거나 두르다. 예 옷을 입다.

□ 있다 ↔ 없다

있다
사람, 동물, 물체 등이 실제로 존재하는 상태이다.
예 나는 신이 있다고 믿는다.

없다
사람, 동물, 물체 등이 실제로 존재하지 않는 상태이다.
예 각이 진 원은 없다.

□ 좋다 ↔ 나쁘다

좋다
대상의 성질이나 내용 등이 보통 이상의 수준이어서 만족할 만하다. 예 그는 집안이 좋다.

나쁘다
좋지 않다. 예 기분이 나쁘다.

◎ 상하 관계: 한 단어가 의미상 다른 단어를 포함하거나, 다른 단어에 포함되는 관계

☑ 잘 외워지지 않는 단어는 박스에 체크하고, 반복하여 암기하세요.

□ 구름 ⊃ 적란운

적란운 ≒ 소나기구름
적운보다 낮게 뜨는 수직운

□ 국경일 ⊃ 삼일절, 한글날

국경일
나라의 경사를 기념하기 위하여, 국가에서 법률로 정한 경축일. 우리나라에는 삼일절, 제헌절, 광복절, 개천절, 한글날이 있다.

□ 수사법 ⊃ 반어법, 비유법

반어법
참뜻과는 반대되는 말을 하여 문장의 의미를 강화하는 수사법

비유법
표현하고자 하는 대상을 다른 대상에 비유하여 표현하는 수사법

□ 예술 ⊃ 무용, 문학

무용(舞踊)
음악에 맞추어 율동적인 동작으로 감정과 의지를 표현함. 또는 그런 예술

문학(文學)
사상이나 감정을 언어로 표현한 예술

□ 품사 ⊃ 관형사, 조사

품사
단어를 기능, 형태, 의미에 따라 나눈 갈래. 현재 우리나라의 학교 문법에서는 명사, 대명사, 수사, 조사, 동사, 형용사, 관형사, 부사, 감탄사의 아홉 가지로 분류한다.

어휘 암기 체크

다음 설명이 맞으면 ○, 틀리면 ×에 표시하시오.

01 '살다:죽다'는 상보 반의어이다. (○, ×)
02 '길다:짧다'는 방향 반의어이다. (○, ×)
03 '수사법:비유법'은 상하 관계에 있다. (○, ×)
04 '국경일:한글날'은 상하 관계에 있다. (○, ×)
05 '달변(達辯):눌변(訥辯)'은 유의 관계에 있다. (○, ×)

정답 01 ○ 02 ×, 정도 반의어 03 ○ 04 ○ 05 ×, 반의 관계

빈출 어휘 06 의미가 대응하는 고유어와 한자어

☑ 잘 외워지지 않는 단어는 박스에 체크하고, 반복하여 암기하세요.

□ 고치다

개정(改定)하다
이미 정하였던 것을 고쳐 다시 정하다. 예 택시 요금을 10% 인상된 요금으로 **개정하다**.

수리(修理)하다
고장 나거나 허름한 데를 손보아 고치다. 예 자전거를 **수리하다**.

정정(訂正)하다
글자나 글 등의 잘못을 고쳐서 바로잡다. 예 숫자를 **정정하다**.

치료(治療)하다
병이나 상처 등을 잘 다스려 낫게 하다. 예 부상병을 **치료하다**.

□ 마지막

결말(結末)
어떤 일이 마무리되는 끝 예 소설의 **결말** 부분

대미(大尾)
어떤 일의 맨 마지막 예 불꽃놀이가 축제의 **대미**를 장식했다.

말년(末年)
일생의 마지막 무렵 예 **말년**을 편안히 보내다.

종국(終局)
일의 마지막 예 일이 잘되다가 **종국**에 가서는 실패하고 말았다.

□ 오르다

상륙(上陸)하다
배에서 육지로 오르다. 예 왜구들은 서남 해안 지방에 **상륙하여** 약탈을 일삼았다.

승진(昇進/陞進)하다
직위의 등급이나 계급이 오르다. 예 그는 한꺼번에 두 계급이 **승진했다**.

탑승(搭乘)하다
배나 비행기, 차 등에 올라타다. 예 비행기에 **탑승하다**.

□ 잡다

유지(維持)하다
어떤 상태나 상황을 그대로 보존하거나 변함없이 계속하여 지탱하다. 예 균형을 **유지하다**.

정(定)하다
여럿 가운데 선택하거나 판단하여 결정하다. 예 도읍을 서울로 **정하다**.

체포(逮捕)하다
형법에서, 사람의 신체에 대하여 직접적이고 현실적인 구속을 가하여 행동의 자유를 빼앗다. 예 범인을 **체포하다**.

포획(捕獲)하다
짐승이나 물고기를 잡다. 예 산 채로 **포획한** 짐승

□ 찾다

모색(摸索)하다
일이나 사건 등을 해결할 수 있는 방법이나 실마리를 더듬어 찾다. 예 새로운 방법을 **모색하다**.

수색(搜索)하다
구석구석 뒤지어 찾다. 예 사고 비행기의 실종자를 **수색하다**.

탐색(探索)하다
사라지거나 드러나지 않은 사물이나 현상 등을 자세히 살펴 찾다. 예 경찰은 비자금의 행방을 **탐색하고** 있다.

어휘 암기 체크

밑줄 친 고유어와 의미가 대응하는 한자어가 맞으면 ○, 틀리면 ×에 표시하시오.

01 균형을 잡다. - 유지(維持)하다 (○, ×)
02 사고 비행기의 실종자를 찾다. - 모색(摸索)하다 (○, ×)
03 불꽃놀이가 축제의 마지막을 장식했다. - 대미(大尾) (○, ×)
04 택시 요금을 10% 인상된 요금으로 고치다. - 개정(改定)하다 (○, ×)

정답 01 ○ 02 ×, 수색(搜索)하다 03 ○ 04 ○

빈출 어휘 07 속담

☑ 잘 외워지지 않는 단어는 박스에 체크하고, 반복하여 암기하세요. ★ 최빈출(3회 이상 출제)

□ **가는[가던] 날이 장날** ≒ 가는 날이 생일, 오는 날이 장날

일을 보러 가니 공교롭게 장이 서는 날이라는 뜻으로, 어떤 일을 하려고 하는데 뜻하지 않은 일을 공교롭게 당함을 비유적으로 이르는 말

□ **꾸어다 놓은 보릿자루[빗자루]** ≒ 전당 잡은 촛대 (같고 꾸어 온 보릿자루 같다)

여럿이 모여 이야기하는 자리에서 아무 말도 하지 않고 한옆에 가만히 있는 사람을 비유적으로 이르는 말

□ **낫 놓고 기역 자도 모른다**

'기역 자 모양으로 생긴 낫을 보면서도 기역 자를 모른다'라는 뜻으로, 아주 무식함을 비유적으로 이르는 말

□ **누워서 떡 먹기** ≒ 누운 소 타기

하기가 매우 쉬운 것을 비유적으로 이르는 말

□ **눈 가리고 아웅**

1. 얕은수로 남을 속이려 한다는 말
2. 실제로 보람도 없을 일을 공연히 형식적으로 하는 체하며 부질없는 짓을 함을 비유적으로 이르는 말

□ **다 된 농사에 낫 들고 덤빈다**

일이 다 끝난 뒤에 쓸데없이 참견하고 나섬을 비유적으로 이르는 말

□ **땅 짚고 헤엄치기**★ ≒ 주먹으로 물 찧기

일이 매우 쉽다는 말

□ **바늘 가는 데 실 간다** ≒ 구름 갈 제 비가 간다, 봉 가는 데 황 간다

'바늘이 가는 데 실이 항상 뒤따른다'라는 뜻으로, 사람의 긴밀한 관계를 비유적으로 이르는 말

□ **바늘구멍으로 하늘 보기** ≒ 댓구멍으로 하늘을 본다

'조그만 바늘구멍으로 넓디넓은 하늘을 본다'라는 뜻으로, 전체를 포괄적으로 보지 못하는 매우 좁은 소견이나 관찰을 비꼬는 말

□ **비 온 뒤에 땅이 굳어진다**

'비에 젖어 질척거리던 흙도 마르면서 단단하게 굳어진다'라는 뜻으로, 어떤 시련을 겪은 뒤에 더 강해짐을 비유적으로 이르는 말

□ **빈대 잡으려고 초가삼간 태운다** = 빈대 미워 집에 불 놓는다

손해를 크게 볼 것을 생각지 않고 자기에게 마땅치 않은 것을 없애려고 그저 덤비기만 하는 경우를 비유적으로 이르는 말

□ **빛 좋은 개살구**

겉보기에는 먹음직스러운 빛깔을 띠고 있지만 맛은 없는 개살구라는 뜻으로, 겉만 그럴듯하고 실속이 없는 경우를 비유적으로 이르는 말

□ **소 닭 보듯 (닭 소 보듯)** ≒ 개 닭 보듯

서로 무심하게 보는 모양을 비유적으로 이르는 말

□ **소 잃고 외양간 고친다**★ ≒ 도둑맞고 사립[빈지] 고친다, 말 잃고 외양간 고친다

'소를 도둑맞은 다음에서야 빈 외양간의 허물어진 데를 고치느라 수선을 떤다'라는 뜻으로, 일이 이미 잘못된 뒤에는 손을 써도 소용이 없음을 비꼬는 말

□ **손 안 대고 코 풀기**

'손조차 사용하지 않고 코를 푼다'라는 뜻으로, 일을 힘 안 들이고 아주 쉽게 해치움을 비유적으로 이르는 말

□ **언 발에 오줌 누기**

'언 발을 녹이려고 오줌을 누어 봤자 효력이 별로 없다'라는 뜻으로, 임시변통은 될지 모르나 그 효력이 오래가지 못할 뿐만 아니라 결국에는 사태가 더 나빠짐을 비유적으로 이르는 말

□ **우물에 가 숭늉 찾는다**★ ≒ 보리밭에 가 숭늉 찾는다, 싸전에 가서 밥 달라고 한다

모든 일에는 질서와 차례가 있는 법인데 일의 순서도 모르고 성급하게 덤빔을 비유적으로 이르는 말

□ **자기 얼굴[낯]에 침 뱉기** = 누워서 침 뱉기

남을 해치려고 하다가 도리어 자기가 해를 입게 된다는 것을 비유적으로 이르는 말

□ **제 논에 물 대기** ≒ 내 논에 물 대기

자기에게만 이롭도록 일을 하는 경우를 비유적으로 이르는 말

□ **하룻강아지 범 무서운 줄 모른다**

철없이 함부로 덤비는 경우를 비유적으로 이르는 말

어휘 암기 체크

다음 속담과 뜻풀이를 바르게 연결하시오.

01 땅 짚고 헤엄치기 •
02 언 발에 오줌 누기 •
03 우물에 가 숭늉 찾는다 •
04 비 온 뒤에 땅이 굳어진다 •
05 다 된 농사에 낫 들고 덤빈다 •

• ㉠ 일이 매우 쉽다는 말
• ㉡ 일이 다 끝난 뒤에 쓸데없이 참견하고 나섬을 비유적으로 이르는 말
• ㉢ 어떤 시련을 겪은 뒤에 더 강해짐을 비유적으로 이르는 말
• ㉣ 모든 일에는 질서와 차례가 있는 법인데 일의 순서도 모르고 성급하게 덤빔을 비유적으로 이르는 말
• ㉤ 임시변통은 될지 모르나 그 효력이 오래가지 못할 뿐만 아니라 결국에는 사태가 더 나빠짐을 비유적으로 이르는 말

정답 01 ㉠ 02 ㉤ 03 ㉣ 04 ㉢ 05 ㉡

빈출 어휘 08 한자 성어

☑ 잘 외워지지 않는 단어는 박스에 체크하고, 반복하여 암기하세요. ★ 최빈출(3회 이상 출제)

□	감언이설(甘言利說)	귀가 솔깃하도록 남의 비위를 맞추거나 이로운 조건을 내세워 꾀는 말
□	견강부회(牽强附會)	이치에 맞지 않는 말을 억지로 끌어 붙여 자기에게 유리하게 함
□	견마지로(犬馬之勞)	개나 말 정도의 하찮은 힘이라는 뜻으로, 윗사람에게 충성을 다하는 자신의 노력을 낮추어 이르는 말
□	결초보은(結草報恩)	죽은 뒤에라도 은혜를 잊지 않고 갚음을 이르는 말
□	고식지계(姑息之計)	우선 당장 편한 것만을 택하는 꾀나 방법
□	고육지책(苦肉之策)	자기 몸을 상해 가면서까지 꾸며 내는 계책이라는 뜻으로, 어려운 상태를 벗어나기 위해 어쩔 수 없이 꾸며 내는 계책을 이르는 말
□	고장난명(孤掌難鳴)★	1. '외손뼉만으로는 소리가 울리지 않는다'라는 뜻으로, 혼자의 힘만으로 어떤 일을 이루기 어려움을 이르는 말 2. 맞서는 사람이 없으면 싸움이 일어나지 않음을 이르는 말
□	곡학아세(曲學阿世)	바른길에서 벗어난 학문으로 세상 사람에게 아첨함
□	관포지교(管鮑之交)★	관중과 포숙의 사귐이란 뜻으로, 우정이 아주 돈독한 친구 관계를 이르는 말
□	교각살우(矯角殺牛)★	'소의 뿔을 바로잡으려다가 소를 죽인다'라는 뜻으로, 잘못된 점을 고치려다가 그 방법이나 정도가 지나쳐 오히려 일을 그르침을 이르는 말
□	권토중래(捲土重來)	1. '땅을 말아 일으킬 것 같은 기세로 다시 온다'라는 뜻으로, 한 번 실패하였으나 힘을 회복하여 다시 쳐들어옴을 이르는 말 2. 어떤 일에 실패한 뒤에 힘을 가다듬어 다시 그 일에 착수함을 비유하여 이르는 말
□	금란지의(金蘭之誼)	친구 사이의 매우 두터운 정을 이르는 말
□	낭중지추(囊中之錐)★	주머니 속의 송곳이라는 뜻으로, 재능이 뛰어난 사람은 숨어 있어도 저절로 사람들에게 알려짐을 이르는 말
□	누란지위(累卵之危)	층층이 쌓아 놓은 알의 위태로움이라는 뜻으로, 몹시 아슬아슬한 위기를 비유적으로 이르는 말
□	다기망양(多岐亡羊)	'갈림길이 많아 잃어버린 양을 찾지 못한다'라는 뜻으로, 두루 섭렵하기만 하고 전공하는 바가 없어 끝내 성취하지 못함을 이르는 말
□	당랑거철(螳螂拒轍)★	제 역량을 생각하지 않고, 강한 상대나 되지 않을 일에 덤벼드는 무모한 행동거지를 비유적으로 이르는 말
□	망양보뢰(亡羊補牢)	'양을 잃고 우리를 고친다'라는 뜻으로, 이미 어떤 일을 실패한 뒤에 뉘우쳐도 아무 소용이 없음을 이르는 말
□	면종복배(面從腹背)	겉으로는 복종하는 체하면서 내심으로는 배반함
□	목불식정(目不識丁)★	'아주 간단한 글자인 '丁(정)' 자를 보고도 그것이 '고무래'인 줄을 알지 못한다'라는 뜻으로, 아주 까막눈임을 이르는 말
□	문경지교(刎頸之交)	서로를 위해서라면 목이 잘린다 해도 후회하지 않을 정도의 사이라는 뜻으로, 생사를 같이할 수 있는 아주 가까운 사이, 또는 그런 친구를 이르는 말
□	반포지효(反哺之孝)	까마귀 새끼가 자라서 늙은 어미에게 먹이를 물어다 주는 효라는 뜻으로, 자식이 자란 후에 어버이의 은혜를 갚는 효성을 이르는 말
□	방약무인(傍若無人)	곁에 사람이 없는 것처럼 아무 거리낌 없이 함부로 말하고 행동하는 태도가 있음
□	백가쟁명(百家爭鳴)	많은 학자나 문화인 등이 자기의 학설이나 주장을 자유롭게 발표하여, 논쟁하고 토론하는 일
□	부화뇌동(附和雷同)	줏대 없이 남의 의견에 따라 움직임

□	수불석권(手不釋卷)	손에서 책을 놓지 않고 늘 글을 읽음
□	수주대토(守株待兎)	한 가지 일에만 얽매여 발전을 모르는 어리석은 사람을 비유적으로 이르는 말
□	어로불변(魚魯不辨)	'어(魚) 자와 노(魯) 자를 구별하지 못한다'라는 뜻으로, 아주 무식함을 비유적으로 이르는 말
□	오비이락(烏飛梨落)★	'까마귀 날자 배 떨어진다'라는 뜻으로, 아무 관계도 없이 한 일이 공교롭게도 때가 같아 억울하게 의심을 받거나 난처한 위치에 서게 됨을 이르는 말
□	우공이산(愚公移山)★	'우공이 산을 옮긴다'라는 뜻으로, 어떤 일이든 끊임없이 노력하면 반드시 이루어짐을 이르는 말
□	일취월장(日就月將)	나날이 다달이 자라거나 발전함
□	자가당착(自家撞着)	같은 사람의 말이나 행동이 앞뒤가 서로 맞지 않고 모순됨
□	절차탁마(切磋琢磨)★	'옥이나 돌 등을 갈고 닦아서 빛을 낸다'라는 뜻으로, 부지런히 학문과 덕행을 닦음을 이르는 말
□	조족지혈(鳥足之血)	새 발의 피라는 뜻으로, 매우 적은 분량을 비유적으로 이르는 말
□	좌정관천(坐井觀天)	'우물 속에 앉아서 하늘을 본다'라는 뜻으로, 사람의 견문이 매우 좁음을 이르는 말
□	주마가편(走馬加鞭)★	'달리는 말에 채찍질한다'라는 뜻으로, 잘하는 사람을 더욱 장려함을 이르는 말
□	주마간산(走馬看山)	'말을 타고 달리며 산천을 구경한다'라는 뜻으로, 자세히 살피지 않고 대충대충 보고 지나감을 이르는 말
□	촌철살인(寸鐵殺人)★	'한 치의 쇠붙이로도 사람을 죽일 수 있다'라는 뜻으로, 간단한 말로도 남을 감동하게 하거나 남의 약점을 찌를 수 있음을 이르는 말
□	포복절도(抱腹絶倒)	배를 그러안고 넘어질 정도로 몹시 웃음
□	풍수지탄(風樹之嘆)★	효도를 다하지 못한 채 어버이를 여읜 자식의 슬픔을 이르는 말
□	풍전등화((風前燈火)	바람 앞의 등불이라는 뜻으로, 사물이 매우 위태로운 처지에 놓여 있음을 비유적으로 이르는 말
□	하석상대(下石上臺)	'아랫돌 빼서 윗돌 괴고 윗돌 빼서 아랫돌 괸다'라는 뜻으로, 임시변통으로 이리저리 둘러맞춤을 이르는 말
□	형설지공(螢雪之功)	반딧불·눈과 함께 하는 노력이라는 뜻으로, 고생을 하면서 부지런하고 꾸준하게 공부하는 자세를 이르는 말
□	호가호위(狐假虎威)	남의 권세를 빌려 위세를 부림
□	혼정신성(昏定晨省)★	'밤에는 부모의 잠자리를 보아 드리고 이른 아침에는 부모의 밤새 안부를 묻는다'라는 뜻으로, 부모를 잘 섬기고 효성을 다함을 이르는 말

어휘 암기 체크

다음 한자 성어와 뜻풀이를 바르게 연결하시오.

01 고장난명(孤掌難鳴) •
02 낭중지추(囊中之錐) •
03 당랑거철(螳螂拒轍) •
04 우공이산(愚公移山) •
05 주마가편(走馬加鞭) •

• ㉠ 잘하는 사람을 더욱 장려함을 이르는 말
• ㉡ 혼자의 힘만으로 어떤 일을 이루기 어려움을 이르는 말
• ㉢ 어떤 일이든 끊임없이 노력하면 반드시 이루어짐을 이르는 말
• ㉣ 재능이 뛰어난 사람은 숨어 있어도 저절로 사람들에게 알려짐을 이르는 말
• ㉤ 제 역량을 생각하지 않고, 강한 상대나 되지 않을 일에 덤벼드는 무모한 행동거지를 비유적으로 이르는 말

정답 01 ㉡ 02 ㉣ 03 ㉤ 04 ㉢ 05 ㉠

빈출 어휘 09 관용구

☑ 잘 외워지지 않는 단어는 박스에 체크하고, 반복하여 암기하세요. ★ 최빈출(3회 이상 출제)

☐ 경종을 울리다★

잘못이나 위험을 미리 경계하여 주의를 환기시키다.

암기포인트

- **경종(警鐘)**: 1. 위급한 일이나 비상사태를 알리는, 종이나 사이렌 등의 신호 2. 잘못된 일이나 위험한 일에 대하여 경계하여 주는 주의나 충고를 비유적으로 이르는 말

☐ 교편(을) 잡다

학교에서 교사 생활을 하다. 예 그는 한 고등학교에서 **교편을 잡고** 있다.

암기포인트

- **교편(敎鞭)**: 교사가 수업이나 강의를 할 때 필요한 사항을 가리키기 위하여 사용하는 가느다란 막대기
- **교편(을) 놓다**: 학교의 교사 생활을 그만두다.

☐ 귀가 가렵다

남이 제 말을 한다고 느끼다. 예 이렇게 자기 이야기를 하고 있으니 그는 지금 **귀가 가려울** 거야.

암기포인트

- **귀(가) 아프다**: 너무 여러 번 들어서 듣기가 싫다.
- **귀에 딱지가 앉다**: 같은 말을 여러 번 듣다.
- **귀에 못이 박히다**: 같은 말을 여러 번 듣다.
- **귀(에) 익다**: 1. 들은 기억이 있다. 2. 어떤 말이나 소리를 자주 들어 버릇이 되다.

☐ 달(이) 차다

아이를 배어 낳을 달이 되다. 예 **달이 차서** 아이가 나올 때까지는 잘 먹고 잘 쉬어야 한다.

☐ 돌(을) 던지다

1. 남의 잘못을 비난하다. 예 최선을 다한 너에게 **돌을 던질** 사람은 아무도 없을 것이다.
2. 바둑을 두는 도중에 자기가 졌음을 인정하고 그만두다. 예 흑은 20수 정도 더 두다가 **돌을 던졌다**.

암기포인트

- **돌(을) 뜨다**: 바위에서 석재를 만들어 내다.

☐ 머리를 쥐어짜다

몹시 애를 써서 궁리하다. 예 아무리 **머리를 쥐어짜도** 별 뾰족한 수가 나오지 않았다.

암기포인트

- **머리(가) 굳다**: 1. 사고방식이나 사상 등이 완고하다. 2. 기억력 등이 무디다.
- **머리(가) 굵다**: 어른처럼 생각하거나 판단하게 되다.
- **머리(를) 들다**: 눌려 있거나 숨겨 온 생각·세력 등이 겉으로 나타나다.
- **머리(를) 맞대다**: 어떤 일을 의논하거나 결정하기 위하여 서로 마주 대하다.
- **머리(를) 모으다**: 1. 중요한 이야기를 하기 위하여 서로 바투 모이다. 2. 여러 사람의 의견을 종합하다.
- **머리에 서리가 앉다**: 머리가 희끗희끗하게 세다. 또는 늙다.

□ 산통(을) 깨다

다 잘되어 가던 일을 이루지 못하게 뒤틀다.

(암기포인트)

- **산통(算筒/算筩)**: 맹인이 점을 칠 때 쓰는, 산가지를 넣은 통

□ 상투(를) 잡다

(속되게) 가장 높은 시세에 주식을 매입하다. 예 **상투를 잡는** 바람에 손해 봤다.

(암기포인트)

- **상투**: 1. 예전에, 장가든 남자가 머리털을 끌어 올려 정수리 위에 틀어 감아 맨 것 2. 최고로 오른 주식 시세를 속되게 이르는 말

□ 상투(를) 틀다

총각이 장가들어 어른이 되다.

(암기포인트)

- **상투 위에 올라앉다**: 상대를 만만하게 보고 기어오르는 행동을 이르는 말

□ 손(을) 맺다

할 일이 있는데도 아무 일도 안 하고 그냥 있다. 예 할 일이 태산같이 많은데 **손을 맺고** 있으면서 저절로 되기를 바라는 거니?

(암기포인트)

- **손(을) 거치다**: 1. 어떤 사람을 경유하다. 2. 어떤 사람의 노력으로 손질되다.
- **손(을) 끊다**: 교제나 거래 등을 중단하다.
- **손(이) 거칠다**: 도둑질 같은 나쁜 손버릇이 있다.
- **손(이) 떨어지다**: 일이 끝나다.

□ 손(이) 뜨다

일하는 동작이 매우 굼뜨다. 예 그렇게 **손이 떠서야** 제 시간에 끝마칠 수가 있겠니?

□ 침 발라 놓다

자기 소유임을 표시하다. 예 내가 **침 발라 놓은** 고기에 손댈 생각은 하지 마라.

(암기포인트)

- **침이 마르다**: 다른 사람이나 물건에 대하여 거듭해서 말하다.

어휘 암기 체크

다음 관용구에 연결된 뜻풀이가 맞으면 ○, 틀리면 ×에 표시하시오.

01 경종을 울리다 - 잘못이나 위험을 미리 경계하여 주의를 환기시키다. (○, ×)
02 귀가 가렵다 - 남의 말을 엿듣다. (○, ×)
03 돌을 던지다 - 남의 잘못을 비난하다. (○, ×)
04 상투를 잡다 - 총각이 장가들어 어른이 되다. (○, ×)

정답 01 ○ 02 ×, 귀가 가렵다 - 남이 제 말을 한다고 느끼다. 03 ○ 04 ×, (속되게) 가장 높은 시세에 주식을 매입하다.

빈출 어휘 10 순화어

◎ 한자어 순화어

☑ 잘 외워지지 않는 단어는 박스에 체크하고, 반복하여 암기하세요. ★ 최빈출(3회 이상 출제)

□ **가료(加療) → 치료, 고침, 병 고침★**
예 온천수를 이용한 가료(→ 치료)개념을 접목시킨 '종합 보양 온천'이다.

□ **감안(勘案) → 생각, 고려, 참작**
예 치열한 소매 환경을 감안(→ 고려)할 때 선두 업체들의 시장 점유율이 더 넓어질 것으로 기대된다.

□ **고수부지(高水敷地) → 둔치★**
예 한강 고수부지(→ 둔치)의 개발로 시민들은 여러 가지 체육 시설을 이용할 수 있게 되었다.

□ **납득(納得) → 이해★**
예 저명한 박사의 창조론에 관한 반박은 납득(→ 이해)이 가지 않는다.

□ **노견(路肩) → 갓길★**
예 추석 귀경길에 노견(→ 갓길)에 쓰레기를 버리는 자들을 흔히 볼 수 있다.

□ **노변(路邊) → 길가**
예 노변(→ 길가)에 코스모스가 피었다.

□ **대다수(大多數) → 대부분**
예 요즘 대다수(→ 대부분)의 초등학생들은 휴대전화를 가지고 다닌다.

□ **망년회(忘年會) → 송년 모임, 송년회**
예 연말이 되면 망년회(→ 송년회)가 늘어 난다.

□ **매점(買占) → 사재기**
예 국가 비상사태가 선포되자 생필품 매점(→ 사재기) 현상이 일어났다.

□ **미연(未然)에 → 미리**
예 농업 기계 사고를 미연에(→ 미리) 막기 위해 안전 수칙을 배포하였다.

□ **별첨(別添) → 따로 붙임**
예 신청서와 함께 제출할 서류 별첨(→ 따로 붙임)

□ **불입(拂入) → 납부, 치름, 냄**
예 우린 아직 이번 달 세금을 불입(→ 납부)하지 않았다.

□ **불하(拂下) → 매각, 팔아 버림★**
예 주식이 계속 떨어져서 더 떨어지기 전에 불하(→ 매각)했다.

□ **수순(手順) → 차례, 순서★**
예 차곡차곡 수순(→ 차례)을 밟아 가면서 일을 진행해야 합니다.

□ **시건장치(施鍵裝置) → 잠금장치, 자물쇠 장치**
예 집을 비울 때는 시건장치(→ 잠금장치)를 잘 살펴야 한다.

□ **시말서(始末書) → 경위서★**
예 시말서(→ 경위서)를 제출하다.

□ **익월(翌月) → 다음 달**
예 익월(→ 다음 달)에는 새로운 사장이 취임할 것이다.

□ **잔반(殘飯) → 남은 밥, 음식 찌꺼기★**
예 잔반(→ 음식 찌꺼기)이 생기지 않도록 깨끗이 먹은 다음에 식판을 반납해야 한다.

□ **지득하다(知得하다) → 알게 되다, 알다**
예 공무상 지득한(→ 알게 된) 사실을 누설하였다.

□ **착수(着手) → 시작**
예 작업 착수(→ 시작)

□ **해태하다(懈怠하다) → 게을리하다, 제때 하지 않다**
예 법률을 위반하여 공고를 해태하거나(→ 제때 하지 않거나) 거짓 공고를 할 때 과태료가 부과된다.

□ **흑태 → 검정콩**
예 친환경 흑태(→ 검정콩)로 만든 음식이 유행이다.

◎ 외래어 순화어

☑ 잘 외워지지 않는 단어는 박스에 체크하고, 반복하여 암기하세요. ★ 최빈출(3회 이상 출제)

□ 노가다 → (공사판) 노동자
예 토목 현장에 가면 노가다(→ 노동자)를 흔히 볼 수 있다.

□ 뉘앙스(nuance) → 어감, 말맛, 느낌
예 그는 친절한 뉘앙스(→ 어감)로 상품을 소개하였다.

□ 다대기 → 다짐, 다진 양념
예 입맛에 따라 다대기(→ 다진 양념)양을 조절하면 된다.

□ 데드라인(deadline) → 한계선, 마감, 기한
예 서류 제출 데드라인(→ 기한)은 다음 달 10일까지입니다.

□ 데뷔(début) → 등단, 등장, 첫등장, 첫무대
예 그 사람이 문단에 데뷔(→ 등단)를 언제 했는지 확실하지 않다.

□ 디스카운트(discount) → 에누리, 할인
예 이번 주부터 디스카운트(→ 할인) 행사가 열렸다.

□ 램프(ramp) → 연결로
예 램프(→ 연결로) 인근 도로는 복잡한 신호체계 탓에 극심한 교통 혼잡을 빚고 있다.

□ 레시피(recipe) → 조리법★
예 나트륨 함량을 줄인 레시피(→ 조리법)를 선보였다.

□ 리메이크(remake) → 재구성, 원작 재구성
예 인기를 끌었던 작품들의 리메이크(→ 재구성)가 유행이다.

□ 무데뽀(むてっぽう) → 막무가내★
예 무데뽀(→ 막무가내)로 덤비다.

□ 바케쓰(バケツ) → 양동이, 들통
예 우물 안에는 바케쓰(→ 양동이) 하나가 매달려 있었다.

□ 발레파킹(valet parking) → 대리주차★
예 이 식당은 발레파킹(→ 대리주차)만 가능하다.

□ 사시미(さしみ) → 생선회
예 여름에는 사시미(→ 생선회)를 잘 안 먹는다.

□ 센티하다(sentimental) → 감상적이다★
예 센티한(→ 감상적인) 기분

□ 스크린 도어(screen door) → 안전문★
예 지하철 인명 사고를 줄이려면 스크린도어(→ 안전문)를 설치하는 것이 가장 효과적이다.

□ 인센티브(incentive) → 성과급, 유인책, 특전
예 우리 회사는 인센티브(→ 성과급) 방식의 연봉제를 적용하기로 했다.

□ 지라시(ちらし) → 선전지, 낱장 광고
예 하루 종일 직접 만든 지라시(→ 낱장 광고)를 돌렸다.

□ 컨트롤 타워(control tower) → 통제탑, 지휘 본부, 사령탑
예 굵직한 외교 현안이 터질 때마다 컨트롤 타워(→ 지휘 본부)가 없어 허둥지둥해 여론의 십자포화를 받았다.

□ 쿠사리(くさり) → 핀잔★
예 반찬 투정을 부리다가 쿠사리(→ 핀잔)를 들었다.

□ 팁(tip) → 도움말, 봉사료★
예 해외 여행 시, 꼭 필요한 팁(→ 도움말) 15가지

□ 팝업창(pop-up) → 알림창
예 구청 누리집 팝업창(→ 알림창)에서 확인할 수 있습니다.

□ 플래카드(placard) → 펼침막, 현수막★
예 여름 강좌를 알리는 플래카드(→ 현수막)가 걸려 있다.

어휘 암기 체크

밑줄 친 부분의 순화어가 옳으면 ○, 틀리면 ×에 표시하시오.

01 온천수를 이용한 가료(→ 치료)개념을 접목시킨 '종합 보양 온천'이다. (○, ×)
02 한강 고수부지(→ 공원)의 개발로 시민들은 여러 가지 체육 시설을 이용할 수 있게 되었다. (○, ×)
03 반찬 투정을 부리다가 쿠사리(→ 핀잔)를 들었다. (○, ×)
04 지하철 인명 사고를 줄이려면 스크린도어(→ 유리문)를 설치하는 것이 가장 효과적이다. (○, ×)

정답 01 ○ 02 ×, 둔치 03 ○ 04 ×, 안전문

빈출 어법 01 한글 맞춤법 규정

★ 최빈출(3회 이상 출제)

제5항★ 한 단어 안에서 뚜렷한 까닭 없이 나는 된소리는 다음 음절의 첫소리를 된소리로 적는다.

1. 두 모음 사이에서 나는 된소리

소쩍새	어깨	오빠	으뜸	아끼다	기쁘다	깨끗하다
해쓱하다	가끔	거꾸로	부썩	어찌	이따금	어떠하다

2. 'ㄴ, ㄹ, ㅁ, ㅇ' 받침 뒤에서 나는 된소리

산뜻하다	잔뜩	살짝	훨씬	담뿍	움찔	몽땅	엉뚱하다

다만, 'ㄱ, ㅂ' 받침 뒤에서 나는 된소리는, 같은 음절이나 비슷한 음절이 겹쳐 나는 경우가 아니면 된소리로 적지 아니한다.

국수	깍두기	딱지	색시	싹둑(~싹둑)	법석	갑자기	몹시

제6항 'ㄷ, ㅌ' 받침 뒤에 종속적 관계를 가진 '-이(-)'나 '-히-'가 올 적에는 그 'ㄷ, ㅌ'이 'ㅈ, ㅊ'으로 소리 나더라도 'ㄷ, ㅌ'으로 적는다.

맏이	해돋이	굳이	같이	끝이
핥이다	걷히다	닫히다	묻히다	

제7항 'ㄷ' 소리로 나는 받침 중에서 'ㄷ'으로 적을 근거가 없는 것은 'ㅅ'으로 적는다.

덧저고리	돗자리	엇셈	웃어른	핫옷	무릇	사뭇	얼핏
자칫하면	뭇[衆]	옛	첫	헛			

제10항 한자음 '녀, 뇨, 뉴, 니'가 단어 첫머리에 올 적에는, 두음 법칙에 따라 '여, 요, 유, 이'로 적는다.

여자(女子)	연세(年歲)	요소(尿素)	유대(紐帶)	이토(泥土)	익명(匿名)

다만, 다음과 같은 의존 명사에서는 '냐, 녀' 음을 인정한다.

냥(兩)	냥쭝(兩-)	년(年)(몇 년)

(해설)

한자어 음절이 '녀, 뇨, 뉴, 니'를 포함하고 있더라도 의존 명사에는 두음 법칙이 적용되지 않는다. 따라서 '年', '年度'처럼 의존 명사로 쓰이기도 하고 명사로 쓰이기도 하는 한자어의 경우에는 두음 법칙의 적용에서 차이가 난다. '년, 년도'가 의존 명사라면 '연, 연도'는 명사이다.

예 연 강수량(명사) 일 년(의존 명사)
생산 연도(명사) 2018 년도(의존 명사)

제11항★ 한자음 '랴, 려, 례, 료, 류, 리'가 단어의 첫머리에 올 적에는, 두음 법칙에 따라 '야, 여, 예, 요, 유, 이'로 적는다.

양심(良心)	역사(歷史)	예의(禮儀)	용궁(龍宮)	유행(流行)	이발(理髮)

다만, 다음과 같은 의존 명사는 본음대로 적는다.

리(里): 몇 리냐?

리(理): 그럴 리가 없다.

[붙임 1] 단어의 첫머리 이외의 경우에는 본음대로 적는다.

개량(改良)	선량(善良)	수력(水力)	협력(協力)	사례(謝禮)	혼례(婚禮)
와룡(臥龍)	쌍룡(雙龍)	하류(下流)	급류(急流)	도리(道理)	진리(眞理)

다만, 모음이나 'ㄴ' 받침 뒤에 이어지는 '렬, 률'은 '열, 율'로 적는다.

나열(羅列)	치열(齒列)	비열(卑劣)	규율(規律)	비율(比率)	실패율(失敗率)
분열(分裂)	선열(先烈)	진열(陳列)	선율(旋律)	전율(戰慄)	백분율(百分率)

제12항★ 한자음 '라, 래, 로, 뢰, 루, 르'가 단어의 첫머리에 올 적에는, 두음 법칙에 따라 '나, 내, 노, 뇌, 누, 느'로 적는다.

낙원(樂園)	내일(來日)	노인(老人)	뇌성(雷聲)	누각(樓閣)	능묘(陵墓)

[붙임 1] 단어의 첫머리 이외의 경우에는 본음대로 적는다.

쾌락(快樂)	극락(極樂)	거래(去來)	왕래(往來)	부로(父老)	연로(年老)
지뢰(地雷)	낙뢰(落雷)	고루(高樓)	광한루(廣寒樓)	동구릉(東九陵)	가정란(家庭欄)

어법 암기 체크

다음 중 맞춤법에 맞는 표기에 ○ 표시하시오.

01 (낙원 / 락원)을 건설하다.
02 무를 (싹둑 / 싹뚝) 자르다.
03 (백분율 / 백분률)로 계산하다.
04 (깍두기 / 깍뚜기)를 한 입 베어 물다.
05 불교에서는 생전에 선행을 많이 쌓아야 (극낙 / 극락)에 갈 수 있다고 한다.

정답 01 낙원 02 싹둑 03 백분율 04 깍두기 05 극락

제13항 한 단어 안에서 같은 음절이나 비슷한 음절이 겹쳐 나는 부분은 같은 글자로 적는다.

딱딱	쌕쌕	씩씩	똑딱똑딱	쓱싹쓱싹
연연불망(戀戀不忘)	유유상종(類類相從)	누누이(屢屢-)	꼿꼿하다	놀놀하다
눅눅하다	밋밋하다	싹싹하다	쌉쌀하다	씁쓸하다
짭짤하다				

(해설)

한자어는 두음 법칙의 적용 여부에 따라 표기가 달라진다는 점에서 고유어와 성격이 다르다. 예를 들어 '冷'은 '냉수(冷水), 급랭(急冷)'과 같이 두음 법칙의 적용 여부에 따라 두 가지 표기가 나타나므로 '冷冷'은 '냉랭'과 같이 적어야 한다.

예 낭랑(朗朗)하다 냉랭(冷冷)하다 녹록(碌碌)하다 늠름(凜凜)하다
연년생(年年生) 염념불망(念念不忘) 역력(歷歷)하다 인린(燐燐)하다

제20항 명사 뒤에 '-이'가 붙어서 된 말은 그 명사의 원형을 밝히어 적는다.

1. 부사로 된 것
   곳곳이 낱낱이 몫몫이 샅샅이 앞앞이 집집이

2. 명사로 된 것
   곰배팔이 바둑이 삼발이 애꾸눈이 육손이 절뚝발이/절름발이

[붙임] '-이' 이외의 모음으로 시작된 접미사가 붙어서 된 말은 그 명사의 원형을 밝히어 적지 아니한다.

꼬락서니 끄트머리 모가치 바가지 바깥 사타구니
싸라기 이파리 지붕 지푸라기 짜개

제21항★ 명사나 혹은 용언의 어간 뒤에 자음으로 시작된 접미사가 붙어서 된 말은 그 명사나 어간의 원형을 밝히어 적는다.

1. 명사 뒤에 자음으로 시작된 접미사가 붙어서 된 것
   값지다 홑지다 넋두리 빛깔 옆댕이 잎사귀

2. 어간 뒤에 자음으로 시작된 접미사가 붙어서 된 것
   낚시 늙정이 덮개 뜯게질 뜯적거리다 뜯적뜯적하다
   갉작갉작하다 갉작거리다 굵다랗다 굵직하다 깊숙하다 넓적하다
   높다랗다 늙수그레하다 얽죽얽죽하다

다만, 다음과 같은 말은 소리대로 적는다.

(1) 겹받침의 끝소리가 드러나지 아니하는 것
   할짝거리다 널따랗다 널찍하다 말끔하다 말쑥하다 말짱하다
   실쭉하다 실큼하다 얄따랗다 얄팍하다 짤따랗다 짤막하다
   실컷

(2) 어원이 분명하지 아니하거나 본뜻에서 멀어진 것
   넙치 올무 골막하다 납작하다

제23항 '-하다'나 '-거리다'가 붙는 어근에 '-이'가 붙어서 명사가 된 것은 그 원형을 밝히어 적는다.

깔쭉이	꿀꿀이	눈깜짝이	더펄이	배불뚝이	삐죽이
살살이	쌕쌕이	오뚝이	코납작이	푸석이	홀쭉이

[붙임] '-하다'나 '-거리다'가 붙을 수 없는 어근에 '-이'나 또는 다른 모음으로 시작되는 접미사가 붙어서 명사가 된 것은 그 원형을 밝히어 적지 아니한다.

개구리	귀뚜라미	기러기	깍두기	꽹과리	날라리
누더기	동그라미	두드러기	딱따구리	매미	부스러기
뻐꾸기	얼루기	칼싹두기			

제25항★ '-하다'가 붙는 어근에 '-히'나 '-이'가 붙어서 부사가 되거나, 부사에 '-이'가 붙어서 뜻을 더하는 경우에는 그 어근이나 부사의 원형을 밝히어 적는다.

1. '-하다'가 붙는 어근에 '-히'나 '-이'가 붙는 경우

급히	꾸준히★	도저히	딱히	어렴풋이	깨끗이★

[붙임] '-하다'가 붙지 않는 경우에는 소리대로 적는다.

갑자기	반드시(꼭)	슬며시

2. 부사에 '-이'가 붙어서 역시 부사가 되는 경우

곰곰이	더욱이	생긋이	오뚝이	일찍이	해죽이

제29항★ 끝소리가 'ㄹ'인 말과 딴 말이 어울릴 적에 'ㄹ' 소리가 'ㄷ' 소리로 나는 것은 'ㄷ'으로 적는다.

반짇고리(바느질~)★	사흗날(사흘~)★	삼짇날(삼질~)	섣달(설~)	숟가락(술~)
이튿날(이틀~)	잗주름(잘~)	푿소(풀~)	섣부르다(설~)	잗다듬다(잘~)
잗다랗다(잘~)				

어법 암기 체크

다음 중 맞춤법에 맞는 표기에 O 표시하시오.

01 빚을 (깨끗이 / 깨끗히) 청산하다.
02 불을 때지 않아 방바닥이 (냉냉하다 / 냉랭하다).
03 실이 단추를 꿰매기엔 너무 (굴따랗다 / 굵다랗다).
04 우리 집 강아지 중에 (얼루기 / 얼룩이)가 제일 영리하다.
05 그 집 지붕에는 (얄따란 / 얇다란) 함석판들이 이어져 있었다.

정답 01 깨끗이 02 냉랭하다 03 굵다랗다 04 얼루기 05 얄따란

제30항★ 사이시옷은 다음과 같은 경우에 받치어 적는다.

1. 순우리말로 된 합성어로서 앞말이 모음으로 끝난 경우

(1) 뒷말의 첫소리가 된소리로 나는 것

고랫재 귓밥 나룻배 나뭇가지 냇가 댓가지 뒷갈망
맷돌 머릿기름 모깃불 못자리 바닷가 뱃길 볏가리
부싯돌 선짓국 쇳조각 아랫집 우렁잇속 잇자국 잿더미
조갯살 찻집 쳇바퀴 킷값 핏대 햇볕 혓바늘

(2) 뒷말의 첫소리 'ㄴ, ㅁ' 앞에서 'ㄴ' 소리가 덧나는 것

멧나물 아랫니 텃마당 아랫마을 뒷머리 잇몸 깻묵
냇물 빗물

(3) 뒷말의 첫소리 모음 앞에서 'ㄴㄴ' 소리가 덧나는 것

도리깻열 뒷윷 두렛일 뒷일 뒷입맛 베갯잇 욧잇
깻잎 나뭇잎 댓잎

2. 순우리말과 한자어로 된 합성어로서 앞말이 모음으로 끝난 경우

(1) 뒷말의 첫소리가 된소리로 나는 것

귓병 머릿방 뱃병 봇둑 사잣밥 샛강 아랫방 자릿세
전셋집 찻잔 찻종 촛국 콧병 탯줄 텃세 핏기
햇수 횟가루 횟배

(2) 뒷말의 첫소리 'ㄴ, ㅁ' 앞에서 'ㄴ' 소리가 덧나는 것

곗날 제삿날 훗날 툇마루 양칫물

(3) 뒷말의 첫소리 모음 앞에서 'ㄴㄴ' 소리가 덧나는 것

가욋일 사삿일 예삿일 훗일

3. 두 음절로 된 다음 한자어

곳간(庫間) 셋방(貰房) 숫자(數字) 찻간(車間) 툇간(退間) 횟수(回數)

(해설)

아래의 예들은 조항에 따라 사이시옷이 들어가는 예들이다.

예 절댓값 등굣길 장밋빛 혼잣말 만둣국★ 북엇국

제32항 단어의 끝모음이 줄어지고 자음만 남은 것은 그 앞의 음절에 받침으로 적는다.

본말	준말	본말	준말
기러기야	기럭아	가지고, 가지지	갖고, 갖지
어제그저께	엊그저께	디디고, 디디지	딛고, 딛지
어제저녁	엊저녁	-	

제34항 모음 'ㅏ, ㅓ'로 끝난 어간에 '-아/-어, -았-/-었-'이 어울릴 적에는 준 대로 적는다.

본말	준말	본말	준말	본말	준말
나아	나	펴어	펴	서었다	섰다
타아	타	가았다	갔다	켜었다	켰다
서어	서	나았다	났다	펴었다	폈다

[붙임 1] 'ㅐ, ㅔ' 뒤에 '-어, -었-'이 어울려 줄 적에는 준 대로 적는다.

본말	준말	본말	준말
개어	개	개었다	갰다
내어	내	내었다	냈다
베어	베	베었다	벴다

제35항 모음 'ㅗ, ㅜ'로 끝난 어간에 '-아/-어, -았-/-었-'이 어울려 'ㅘ/ㅝ, ㅘㅆ/ㅝㅆ'으로 될 적에는 준 대로 적는다.

본말	준말	본말	준말	본말	준말
꼬아	꽈	쑤어	쒀	쏘았다	쐈다
쏘아	쏴	꼬았다	꽜다	두었다	뒀다
두어	둬	보았다	봤다	쑤었다	쒔다

제38항★ 'ㅏ, ㅗ, ㅜ, ㅡ' 뒤에 '-이어'가 어울려 줄어질 적에는 준 대로 적는다.

본말	준말	본말	준말
보이어	뵈어, 보여	뜨이어	띄어
쏘이어	쐬어, 쏘여	쓰이어	씌어, 쓰여
누이어	뉘어, 누여★	트이어	틔어, 트여★

어법 암기 체크

다음 중 맞춤법에 맞는 표기에 O 표시하시오.

01 (전세집 / 전셋집)을 얻었다.

02 점심으로 (만두국 / 만둣국)을 끓여 먹었다.

03 그건 바로 (엇저녁 / 엊저녁)의 일이었다.

04 일이 하도 많아 밤샘 작업이 (예사일 / 예삿일)로 되어 버렸다.

정답 01 전셋집 02 만둣국 03 엊저녁 04 예삿일

제39항★ 어미 '-지' 뒤에 '않-'이 어울려 '-잖-'이 될 적과 '-하지' 뒤에 '않-'이 어울려 '-찮-'이 될 적에는 준 대로 적는다.

본말	준말	본말	준말
그렇지 않은	그렇잖은	만만하지 않다	만만찮다
적지 않은	적잖은	변변하지 않다	변변찮다

(해설)
'-지 않-'과 '-치 않-'이 줄어든 말은 '잖'과 '찮'으로 적어야 하나, 이미 한 단어로 굳어져 원형을 밝혀야 할 필요가 없는 경우에는 소리 나는 대로 '잖', '찮'으로 적는 것이 합리적이다. 다만, 아래 예들은 한 단어는 아니지만 효율성과 일관성을 위하여 '잖', '찮'으로 적는다.

예 그렇잖다(← 그렇지 않다) 두렵잖다(← 두렵지 않다) 편안찮다(← 편안하지 않다)

제40항★ 어간의 끝음절 '하'의 'ㅏ'가 줄고 'ㅎ'이 다음 음절의 첫소리와 어울려 거센소리로 될 적에는 거센소리로 적는다.

본말	준말	본말	준말
간편하게	간편케	다정하다	다정타
연구하도록	연구토록	정결하다	정결타
가하다	가타	흔하다	흔타

(해설)
어간의 끝음절 '하'가 줄어드는 방식은 두 가지이다.

첫째, '하'가 통째로 줄지 않고 'ㅎ'이 남아 뒤에 오는 말의 첫소리와 어울려 거센소리가 되는 경우다. 이럴 때는 소리 나는 대로 적는다.

예 달성하게 → 달성케 사임하고자 → 사임코자 청하건대 → 청컨대

둘째, '하'가 통째로 줄어드는 경우다. 이때도 소리 나는 대로 적는다.

예 생각하건대 → 생각건대 익숙하지 못하다 → 익숙지 못하다 깨끗하지 않다 → 깨끗지 않다 → 깨끗잖다

제52항 한자어에서 본음으로도 나고 속음으로도 나는 것은 각각 그 소리에 따라 적는다.

본음으로 나는 것	속음으로 나는 것
승낙(承諾)	수락(受諾), 쾌락(快諾), 허락(許諾)
만난(萬難)	곤란(困難), 논란(論難)
오륙십(五六十)	오뉴월, 유월(六月)
십일(十日)	시방정토(十方淨土), 시왕(十王), 시월(十月)
팔일(八日)	초파일(初八日)

제53항 다음과 같은 어미는 예사소리로 적는다.

-(으)ㄹ거나 -(으)ㄹ걸 -(으)ㄹ게 -(으)ㄹ세 -(으)ㄹ세라
-(으)ㄹ수록 -(으)ㄹ시 -(으)ㄹ지 -(으)ㄹ지니라 -(으)ㄹ지라도
-(으)ㄹ지어다 -(으)ㄹ지언정 -(으)ㄹ진대 -(으)ㄹ진저 -올시다

다만, 의문을 나타내는 다음 어미들은 된소리로 적는다.

-(으)ㄹ까? -(으)ㄹ꼬? -(스)ㅂ니까? -(으)리까? -(으)ㄹ쏘냐?

제54항★ 다음과 같은 접미사는 된소리로 적는다.

-꾼	심부름꾼, 익살꾼, 일꾼, 장꾼, 장난꾼, 지게꾼
-깔	때깔, 빛깔, 성깔
-때기	귀때기, 볼때기, 판자때기
-꿈치	뒤꿈치, 팔꿈치
-빼기	이마빼기, 코빼기
-쩍다	객쩍다, 겸연쩍다

(해설)

① '꾼/-군'은 '꾼'으로 통일하여 적는다. 예 농사꾼

② '-배기/-빼기'가 혼동될 수 있는 단어는 [배기]로 발음되는 경우는 '배기'로 적고, 한 형태소 안에서 'ㄱ, ㅂ' 받침 뒤에서 [빼기]로 발음되는 경우는 '배기'로 적으며, 다른 형태소 뒤에서 [빼기]로 발음되는 것은 '빼기'로 적는다. 예 주정배기(酒酊--) 곱빼기

제56항★ '-더라, -던'과 '-든지'는 다음과 같이 적는다.

1. 지난 일을 나타내는 어미는 '-더라, -던'으로 적는다.
   지난겨울은 몹시 춥더라. 깊던 물이 얕아졌다. 그렇게 좋던가?
   그 사람 말 잘하던데! 얼마나 놀랐던지 몰라.

2. 물건이나 일의 내용을 가리지 아니하는 뜻을 나타내는 조사와 어미는 '(-)든지'로 적는다.
   배든지 사과든지 마음대로 먹어라. 가든지 오든지 마음대로 해라.

어법 암기 체크

다음 중 맞춤법에 맞는 표기에 O 표시하시오.

01 방 안이 (깨끗잖다 / 깨끗찮다).
02 우리 가족의 생일은 모두 (오뉴월 / 오륙월)에 몰려 있다.
03 바람이 매서워 (귀대기 / 귀때기)가 떨어져 나가려고 한다.
04 이사 온 지 며칠 안 돼 그 지역 지리에 (익숙지 / 익숙치) 못하다.
05 그는 자기의 실수가 (겸연적은지 / 겸연쩍은지) 씩 멋쩍은 웃음을 보였다.

정답 01 깨끗잖다 02 오뉴월 03 귀때기 04 익숙지 05 겸연쩍은지

빈출 어법 02 띄어쓰기

★ 최빈출(3회 이상 출제)

조사는 그 앞말에 붙여 쓴다.★

웃고**만**	맑군**그래**	마음**대로**	생각**대로**★	저수지**마저도**	나**만큼**★
할 수**밖에**	것**처럼만**	고기는**커녕**★	누구**하고**	나에게**만이라도**	
여기**에서부터입니다**		보이는구먼**그래**★			

의존 명사는 띄어 쓴다.★

간★	되었던∨**간**에, 먹든지∨**간**에 암기포인트 • 서울과 부산 **간**/부모와 자식 **간**에도 → 사이, 관계를 나타내는 의존 명사일 때는 앞말과 띄어쓴다. • 삼십 일**간** → '동안'의 뜻을 더하는 접미사일 경우 앞말에 붙여 쓴다.
거리	마실∨**거리**, 반나절∨**거리**, 세∨**거리**, 한∨입∨**거리**
것	없을∨**것**, 지칠∨**것**이다
겸	쉴∨**겸**
나름	자기∨**나름**의
남짓★	만∨원∨**남짓**
대로	닥치는∨**대로**, 바라는∨**대로**, 생각한∨**대로**, 흘러가는∨**대로** 암기포인트 • 시키는 **대로**/도착하는 **대로** → '어떤 모양이나 상태와 같이', '어떤 상태나 행동이 나타나는 그 즉시'를 뜻하는 의존 명사일 때는 앞말과 띄어 쓴다. • 법**대로** 해라/큰 것은 큰 것**대로** 따로 → 체언 뒤에 붙는 조사일 때는 앞말에 붙여 쓴다.
데	사는∨**데**는 암기포인트 • 의지할 **데** 없는 사람/그 책을 다 읽는 **데** 삼 일이 걸렸다. → '곳', '장소', '일', '것' 등의 뜻을 나타내는 의존 명사일 때는 앞말과 띄어 쓴다. • 그 친구는 아들만 둘이**데**. → 과거 어느 때에 직접 경험하여 알게 된 사실을 현재의 말하는 장면에 그대로 옮겨 와서 말함을 나타내는 종결 어미일 때는 앞말에 붙여 쓴다.
둥★	먹는∨**둥**∨마는∨**둥**
듯이	쏟아질∨**듯이** 암기포인트 • 뛸 **듯이** 기뻐하다/ 답답하다는 **듯이** → 유사하거나 같은 정도의 뜻을 나타내거나 짐작이나 추측의 뜻을 나타내는 의존 명사일 때는 앞말과 띄어 쓴다. • 사람마다 생김새가 다르**듯이** 생각도 다르다 → 뒤 절의 내용이 앞 절의 내용과 거의 같음을 나타내는 연결 어미일 때는 앞말에 붙여 쓴다.
만★	두∨시간∨**만**에, 몇∨년∨**만**에 암기포인트 • 십 년 **만**의 귀국/세 번 **만**에 → 시간이나 거리를 나타내는 말이나 횟수를 나타내는 말 뒤에 쓰이는 의존 명사일 때는 앞말과 띄어 쓴다. • 하루 종일 잠**만** 잤더니/집채**만** 한 파도 → 한정, 강조 등을 나타내는 조사일 때는 앞말에 붙여 쓴다.

만치/만큼★	많은∨**만치**, 노력한∨**만큼**, 들릴∨**만큼**, 못했던∨**만큼** 암기포인트 • 일하는 시간이 많은 **만치** 보수가 많다./주는 **만큼** 받아 오다. → 앞의 내용에 상당한 수량이나 정도를 나타내는 의존 명사일 때는 앞말과 띄어 쓴다. • 나도 너**만치** 먹었다. / 집을 대궐**만큼** 크게 짓다. → 앞말과 비슷한 정도나 한도임을 나타내는 조사일 때는 앞말과 띄어 쓴다.
무렵	저녁∨**무렵**
뿐★	낼∨**뿐**이었다, 먹었다∨**뿐**이지, 보냈다∨**뿐**이지, 예쁠∨**뿐**만 암기포인트 • 모두들 구경만 할 **뿐** → 어찌할 따름이라는 뜻을 나타내는 의존 명사일 때는 앞말과 띄어 쓴다. • 오직 실력**뿐**이다. → '그것만이고 더는 없음' 또는 '오직 그렇게 하거나 그러하다는 것'을 나타내는 조사일 때는 앞말과 붙여 쓴다.
수★	낼∨**수**가, 복습할∨**수**, 할∨**수**
줄★	어쩔∨**줄**, 죽는∨**줄**
지★	도착한∨**지**, 만난∨**지**, 머문∨**지도**, 시작된∨**지**, 한∨**지도**

보조 용언은 띄어 씀을 원칙으로 하되, 경우에 따라 붙여 씀도 허용한다.★

원칙	허용
불이 꺼져 **간다.**	불이 꺼져**간다.**
내 힘으로 막아 **낸다.**	내 힘으로 막아**낸다.**
비가 올 **듯하다.**	비가 올**듯하다.**
그 일은 할 **만하다.**	그 일은 할**만하다.**
일이 될 **법하다.**	일이 될**법하다.**
비가 올 **성싶다.**	비가 올**성싶다.**
잘 아는 **척한다.**	잘 아는**척한다.**
올 듯싶다.	올듯싶다.
떠나 버리네.	떠나버리네.

암기포인트

① 보조 용언 앞에 종결 어미가 있는 경우에는 보조 용언을 그 앞말에 붙여 쓸 수 없다. 예 추운가∨**보다**

② 본용언이 합성어인 경우에는 '덤벼들어보아라, 떠내려가버렸다'처럼 본용언과 보조 용언이 결합한 형태가 너무 길어질 수 있으므로 본용언과 보조 용언을 붙여 쓰지 않는다. 본용언이 파생어인 경우도 마찬가지이다.
예 시도해∨**볼**, 시작해∨**버렸다**, 황량했던∨**듯하다**

어법 암기 체크

다음 중 띄어쓰기가 올바른 것에 O 표시하시오.

01 (될듯이 / 될∨듯이) 기뻐하다.
02 그 책을 다 (읽는데 / 읽는∨데) 삼 일이 걸렸다.
03 (빨리는커녕 / 빨리는∨커녕) 천천히도 못 걷겠다.
04 부모와 (자식간 / 자식∨간)에도 예의를 지켜야 한다.
05 우리가 도착하기도 전에 수업이 (시작해버렸다 / 시작해∨버렸다).

정답 01 될∨듯이 02 읽는∨데 03 빨리는커녕 04 자식∨간 05 시작해∨버렸다

빈출 어법 03 문장 부호

◎ 문장 부호 주요 사용법

★ 최빈출(3회 이상 출제)

마침표(.)★	① 서술, 명령, 청유 등을 나타내는 문장의 끝에 쓴다. 예 제 손을 꼭 잡으세요. / 집으로 돌아갑시다. ② 아라비아 숫자만으로 연월일을 표시할 때 쓴다. 예 1919. 3. 1. ③ 특정한 의미가 있는 날을 표시할 때 월과 일을 나타내는 아라비아 숫자 사이에 쓴다. 예 3.1 운동 8.15 광복 ④ 장, 절, 항 등을 표시하는 문자나 숫자 다음에 쓴다. 예 ㄱ. 머리말 1. 연구 목적 ⑤ '마침표' 대신 '온점'이라는 용어를 쓸 수 있으며, 마침표는 앞말에 붙여 쓴다.
물음표(?)★	① 의문문이나 의문을 나타내는 어구의 끝에 쓴다. 예 점심 먹었어? 지금? ② 특정한 어구의 내용에 대하여 의심, 빈정거림 등을 표시할 때, 또는 적절한 말을 쓰기 어려울 때 소괄호 안에 쓴다. 예 강아지가 가출(?)을 했어요. ③ 모르거나 불확실한 내용임을 나타낼 때 쓴다. 예 최치원(857~?)은 통일 신라 말기에 이름을 떨쳤던 학자이자 문장가이다. ④ 물음표는 앞말에 붙여 쓴다.
느낌표(!)★	① 감탄문이나 감탄사의 끝에 쓴다. 예 이거 정말 큰일이 났구나! 어머! ② 특별히 강한 느낌을 나타내는 어구, 평서문, 명령문, 청유문에 쓴다. 예 청춘! 이는 듣기만 하여도 가슴이 설레는 말이다. ③ 물음의 말로 놀람이나 항의의 뜻을 나타내는 경우에 쓴다. 예 이게 누구야! 내가 왜 나빠! ④ 감정을 넣어 대답하거나 다른 사람을 부를 때 쓴다. 예 네, 선생님! ⑤ 느낌표는 앞말에 붙여 쓴다.
쉼표(,)★	① 같은 자격의 어구를 열거할 때 그 사이에 쓴다. 예 5보다 작은 자연수는 1, 2, 3, 4이다. ② 짝을 지어 구별할 때 쓴다. 예 닭과 지네, 개와 고양이는 상극이다. ③ 이웃하는 수를 개략적으로 나타낼 때 쓴다. 예 5,6세기 6, 7, 8개 ④ 짧게 더듬는 말을 표시할 때 쓴다. 예 내가 그, 그럴 리가 없잖아. ⑤ '쉼표' 대신 '반점'이라는 용어를 쓸 수 있으며, 쉼표는 앞말에 붙여 쓴다.

가운뎃점(·)★	① 열거할 어구들을 일정한 기준으로 묶어서 나타낼 때 쓴다. 예 민수·영희, 선미·준호가 서로 짝이 되어 윷놀이를 하였다. ② 짝을 이루는 어구들 사이에 쓴다. 예 빨강·초록·파랑이 빛의 삼원색이다. ③ 공통 성분을 줄여서 하나의 어구로 묶을 때 쓴다. 예 상·중·하위권 금·은·동메달 ④ 가운뎃점은 앞말과 뒷말에 붙여 쓴다.
쌍점(:)★	① 표제 다음에 해당 항목을 들거나 설명을 붙일 때 쓴다. 예 일시: 2014년 10월 9일 10시 ② 희곡 등에서 대화 내용을 제시할 때 말하는 이와 말한 내용 사이에 쓴다. 예 김 과장: 난 못 참겠다. ③ 시와 분, 장과 절 등을 구별할 때 쓴다. 예 오전 10:20(오전 10시 20분) ④ 의존 명사 '대'가 쓰일 자리에 쓴다. 예 65:60(65 대 60) 청군:백군(청군 대 백군) ⑤ 쌍점의 앞은 붙여 쓰고 뒤는 띄어 쓴다. 다만, ③과 ④에서는 쌍점의 앞뒤를 붙여 쓴다.
빗금(/)★	① 대비되는 두 개 이상의 어구를 묶어 나타낼 때 그 사이에 쓴다. 예 남반구/북반구 먹이다/먹히다 ② 기준 단위당 수량을 표시할 때 해당 수량과 기준 단위 사이에 쓴다. 예 100미터/초 1,000원/개 ③ 시의 행이 바뀌는 부분임을 나타낼 때 쓴다. 예 산에 / 산에 / 피는 꽃은 / 저만치 혼자서 피어 있네 ④ 빗금의 앞뒤는 ①과 ②에서는 붙여 쓰며, ③에서는 띄어 쓰는 것을 원칙으로 하되 붙여 쓰는 것을 허용한다. 단, ①에서 대비되는 어구가 두 어절 이상인 경우에는 빗금의 앞뒤를 띄어 쓸 수 있다.
큰따옴표(" ")★	① 글 가운데에서 직접 대화를 표시할 때 쓴다. 예 "어머니, 제가 가겠어요." ② 말이나 글을 직접 인용할 때 쓴다. 예 나는 "어, 광훈이 아니냐?" 하는 소리에 깜짝 놀랐다. ③ 여는 큰따옴표는 뒷말에 붙여 쓰고, 닫는 큰따옴표는 앞말에 붙여 쓴다.
작은따옴표(' ')★	① 인용한 말 안에 있는 인용한 말을 나타낼 때 쓴다. 예 그는 "여러분! '시작이 반이다.'라는 말 들어 보셨죠?"라고 말하며 강연을 시작했다. ② 마음속으로 한 말을 적을 때 쓴다. 예 나는 '일이 다 틀렸나 보군.' 하고 생각하였다. ③ 여는 작은따옴표는 뒷말에 붙여 쓰고, 닫는 작은따옴표는 앞말에 붙여 쓴다.

어법 암기 체크

다음 설명이 맞으면 ○, 틀리면 ×에 표시하시오.

01 '빨강.초록.파랑'과 같이 짝을 이루는 어구들 사이에는 마침표를 쓴다. (○, ×)
02 '65/60(65 대 60)'과 같이 의존 명사 '대'가 쓰일 자리에는 빗금을 쓴다. (○, ×)
03 '최치원(857~?)'과 같이 모르거나 불확실한 내용임을 나타낼 때 물음표를 쓴다. (○, ×)

정답 01 ×, 가운뎃점, 빨강·초록·파랑 02 ×, 쌍점, 65:60 03 ○

빈출 어법 03 문장 부호

소괄호(( ))★	① 주석이나 보충적인 내용을 덧붙일 때 쓴다. 예 니체(독일의 철학자)의 말을 빌리면 다음과 같다. ② 우리말 표기와 원어 표기를 아울러 보일 때 쓴다. 예 기호(嗜好) 커피(coffee) ③ 생략할 수 있는 요소임을 나타낼 때 쓴다. 예 광개토(대)왕은 고구려의 전성기를 이끌었던 임금이다. ④ 내용이 들어갈 자리임을 나타낼 때 쓴다. 예 우리나라의 수도는 ( )이다.
중괄호({ })★	① 같은 범주에 속하는 여러 요소를 세로로 묶어서 보일 때 쓴다. 예 주격 조사 {이 / 가} ② 열거된 항목 중 어느 하나가 자유롭게 선택될 수 있음을 보일 때 쓴다. 예 아이들이 모두 학교{에, 로, 까지} 갔어요.
대괄호([ ])★	① 괄호 안에 또 괄호를 쓸 필요가 있을 때 바깥쪽의 괄호로 쓴다. 예 이번 회의에는 두 명[이혜정(실장), 박철용(과장)]만 빼고 모두 참석했습니다. ② 고유어에 대응하는 한자어를 함께 보일 때 쓴다. 예 나이[年歲] ③ 원문에 대한 이해를 돕기 위해 설명이나 논평 등을 덧붙일 때 쓴다. 예 그것[한글]은 이처럼 정보화 시대에 알맞은 과학적인 문자이다.
겹낫표(『 』), 겹화살괄호(≪ ≫)	책의 제목이나 신문 이름 등을 나타낼 때 쓴다. 예 『훈민정음』 ≪한성순보≫
홑낫표(「 」), 홑화살괄호(< >)	소제목, 그림이나 노래와 같은 예술 작품의 제목, 상호, 법률, 규정 등을 나타낼 때 쓴다. 예 「국어 기본법」 <국어의 로마자 표기법>
줄표(—)★	① 제목 다음에 표시하는 부제의 앞뒤에 쓴다. 다만, 뒤에 오는 줄표는 생략할 수 있다. 예 '환경 보호 — 숲 가꾸기 —'라는 제목으로 글짓기를 했다. ② 줄표의 앞뒤는 띄어 쓰는 것을 원칙으로 하되, 붙여 쓰는 것을 허용한다.
붙임표(-)★	① 차례대로 이어지는 내용을 하나로 묶어 열거할 때 각 어구 사이에 쓴다. 예 김 과장은 기획-실무-홍보까지 직접 발로 뛰었다. ② 두 개 이상의 어구가 밀접한 관련이 있음을 나타내고자 할 때 쓴다. 예 원-달러 환율 ③ 붙임표는 앞말과 뒷말에 붙여 쓴다.
물결표(~)★	① 기간이나 거리 또는 범위를 나타낼 때 쓴다. 예 이번 시험의 범위는 3~78쪽입니다. ② 물결표는 앞말과 뒷말에 붙여 쓴다.
드러냄표(˙), 밑줄(_)★	문장 내용 중에서 주의가 미쳐야 할 곳이나 중요한 부분을 특별히 드러내 보일 때 쓴다. 예 한글의 본디 이름은 훈민정음이다.
숨김표(○, ×)★	① 금기어나 공공연히 쓰기 어려운 비속어임을 나타낼 때, 그 글자의 수효만큼 쓴다. 예 배운 사람 입에서 어찌 ○○○란 말이 나올 수 있느냐? ② 비밀을 유지해야 하거나 밝힐 수 없는 사항임을 나타낼 때 쓴다. 예 육군 ○○ 부대 ○○○ 명이 작전에 참가하였다.
빠짐표(□)★	① 옛 비문이나 문헌 등에서 글자가 분명하지 않을 때 그 글자의 수효만큼 쓴다. 예 大師爲法主□□賴之大□薦 ② 글자가 들어가야 할 자리를 나타낼 때 쓴다. 예 훈민정음의 초성 중에서 아음(牙音)은 □□□의 석 자다.

줄임표(……)★	① 할 말을 줄였을 때 쓴다. 예 "어디 나하고 한번……." 하고 민수가 나섰다. ② 말이 없음을 나타낼 때 쓴다. 예 "빨리 말해!" / "……." ③ 문장이나 글의 일부를 생략할 때 쓴다. ④ 머뭇거림을 보일 때 쓴다. ⑤ 점은 가운데 찍는 대신 아래쪽에 찍을 수 있고, 여섯 점을 찍는 대신 세 점을 찍을 수 있다.

◎ 서로 바꾸어 쓸 수 있는 문장 부호

쓰임	원칙	허용
특정한 의미가 있는 날을 표시할 때	마침표	가운뎃점
의문문이나 의문을 나타내는 어구의 의문의 정도가 약할 때	물음표	마침표
감탄문이나 감탄사의 감탄의 정도가 약할 때	느낌표	마침표(감탄문, 감탄사), 쉼표(감탄사)
문장 중간에 끼어든 어구의 앞뒤에 쓸 때	쉼표	줄표
• 짝을 이루는 어구들 사이에 쓸 때 • 공통 성분을 줄여서 하나의 어구로 묶을 때	가운뎃점	쉼표
책의 제목이나 신문 이름 등을 나타낼 때	겹낫표, 겹화살괄호	큰따옴표
소제목, 그림이나 노래와 같은 예술 작품의 제목, 상호, 법률, 규정 등을 나타낼 때	홑낫표, 홑화살괄호	작은따옴표
두 개 이상의 어구가 밀접한 관련이 있음을 나타내고자 할 때	붙임표	쉼표, 가운뎃점
기간이나 거리 또는 범위를 나타낼 때	물결표	붙임표
문장 내용 중에서 주의가 미쳐야 할 곳이나 중요한 부분을 특별히 드러내 보일 때	드러냄표, 밑줄	작은따옴표

어법 암기 체크

다음 설명이 맞으면 ○, 틀리면 ×에 표시하시오.

01 금기어나 공공연히 쓰기 어려운 비속어임을 나타낼 때, 빠짐표를 글자의 수효만큼 쓴다. (○, ×)

02 '3 · 1 운동'과 같이 특정한 의미가 있는 날을 표시할 때 마침표 대신 가운뎃점을 쓸 수 있다. (○, ×)

03 '≪한성순보≫'와 같이 신문 이름 등을 나타낼 때는 겹화살괄호 대신 작은따옴표를 쓸 수 있다. (○, ×)

04 '금·은·동메달'과 같이 공통 성분을 줄여서 하나의 어구로 묶을 때 가운뎃점 대신 쉼표를 쓸 수 있다. (○, ×)

정답 01 ×, 숨김표 02 ○ 03 ×, 큰따옴표 04 ○

빈출 어법 04 혼동하기 쉬운 표기

◎ 표기상 틀리기 쉬운 어휘

☑ 잘 외워지지 않는 단어는 박스에 체크하고, 반복하여 암기하세요.

□	끄덕없다(×) → **끄떡없다(○)**	아무런 변동이나 탈이 없이 매우 온전하다. 예 그는 무수한 매를 맞았는데도 끄떡없다.
□	닥달하다(×) → **닦달하다(○)**	남을 단단히 윽박질러서 혼을 내다. 예 당장 주인을 불러오라고 닦달하였다.
□	단촐하다(×) → **단출하다(○)**	1. 식구나 구성원이 많지 않아서 홀가분하다. 예 살림이 단출하다. 2. 일이나 차림차림이 간편하다. 예 식단이 단출하다.
□	뒤치닥거리(×) → **뒤치다꺼리(○)**	1. 뒤에서 일을 보살펴서 도와주는 일 예 애들 뒤치다꺼리에 바쁘다. 2. 일이 끝난 뒤에 뒤끝을 정리하는 일
□	야밤도주(×) → **야반도주(○)**	남의 눈을 피하여 한밤중에 도망함
□	어물적(×) → **어물쩍(○)**	말이나 행동을 일부러 분명하게 하지 않고 적당히 살짝 넘기는 모양 예 이번 일은 어물쩍 넘어갈 일이 아니다.
□	어의없다(×) → **어이없다(○)**	일이 너무 뜻밖이어서 기가 막히는 듯하다.
□	어줍잖다(×) → **어쭙잖다(○)**	1. 비웃음을 살 만큼 언행이 분수에 넘치는 데가 있다. 2. 아주 서투르고 어설프다. 또는 아주 시시하고 보잘것없다.
□	우유곽(×) → **우유갑(○)**	우유를 담아 두는 갑 예 우유갑 재활용
□	창란젓(×) → **창난젓(○)**	명태의 창자에 소금, 고춧가루 등의 양념을 쳐서 담근 젓 예 창난젓과 명란젓
□	파토(×) → **파투(○)**	1. 화투 놀이에서, 잘못되어 판이 무효가 됨. 또는 그렇게 되게 함 예 파투가 나다. 2. 일이 잘못되어 흐지부지됨을 비유적으로 이르는 말
□	하마트면(×) → **하마터면(○)**	조금만 잘못하였더라면. 위험한 상황을 겨우 벗어났을 때에 쓰는 말이다. 예 하마터면 큰일 날 뻔했다.
□	희안하다(×) → **희한하다(○)**	매우 드물거나 신기하다. 예 희한한 일

◎ 표기와 의미가 헷갈리기 쉬운 어휘

☑ 잘 외워지지 않는 단어는 박스에 체크하고, 반복하여 암기하세요.

□ **들이켜다:들이키다**

들이켜다

1. 물이나 술 등의 액체를 단숨에 마구 마시다. 예 그는 목이 마르다며 물을 벌컥벌컥 **들이켰다**.
2. 공기나 숨 등을 몹시 세차게 들이마시다. 예 시원한 공기를 **들이켰다**.

들이키다

안쪽으로 가까이 옮기다. 예 사람이 다닐 수 있도록 발을 **들이켜라**.

□ 떠벌리다:떠벌이다

떠벌리다
이야기를 과장하여 늘어놓다. 예 자신의 이력을 떠벌리다.

떠벌이다
굉장한 규모로 차리다. 예 그는 사업을 떠벌여 놓고 곤욕을 치르고 있다.

□ 부치다:붙이다

부치다
1. 편지나 물건 등을 일정한 수단이나 방법을 써서 상대에게로 보내다. 예 편지를 집으로 부치다.
2. 어떤 문제를 다른 곳이나 다른 기회로 넘기어 맡기다. 예 안건을 회의에 부치다.

붙이다
1. 조건, 이유, 구실 등을 딸리게 하다. 예 계약에 조건을 **붙이다**.
2. 어떤 감정이나 감각을 생기게 하다. 예 공부에 흥미를 **붙이다**.

□ 삭이다:삭히다

삭이다
기침이나 가래 등을 잠잠하게 하거나 가라앉히다. 예 생강차는 기침을 **삭이는** 데 좋다.

삭히다
김치나 젓갈 등의 음식물을 발효시켜 맛이 들게 하다. 예 김치를 삭히다.

□ 조리다:졸이다

조리다
양념을 한 고기나 생선, 채소 등을 국물에 넣고 바짝 끓여서 양념이 배어들게 하다. 예 생선을 조리다.

졸이다
1. 찌개, 국, 한약 등의 물을 증발시켜 분량을 적어지게 하다. 예 찌개를 **졸이다**.
2. 속을 태우다시피 초조해하다. 예 가슴을 **졸이다**.

어법 암기 체크

다음 중 올바른 표기에 O 표시하시오.

01 가슴을 (조리다 / 졸이다).
02 자신의 이력을 (떠벌이다 / 떠벌리다).
03 안건을 회의에 (부치다 / 붙이다).
04 애들 (뒤치다꺼리 / 뒤치닥거리)에 바쁘다.
05 생강차는 기침을 (삭이는 / 삭히는) 데 좋다.

정답 01 졸이다 02 떠벌리다 03 부치다 04 뒤치다꺼리 05 삭이는

빈출 어법 05 표준어와 표준 발음법

◎ 표준어와 비표준어

★ 최빈출(3회 이상 출제)

표준어	비표준어	표준어	비표준어
강퍅하다	강팍하다	수꿩	숫꿩
거의	거진	수캉아지	수강아지, 숫강아지
구레나룻	구렛나루	수탉	수닭, 숫닭
갑갑하다	깝깝하다	수퇘지	수돼지, 숫돼지
깡충깡충★	깡총깡총	수평아리	수병아리, 숫병아리
나팔꽃	나발꽃	아지랑이	아지랭이
되레	되려	여느	여늬
똬리	또아리	아주	영판
벌레/버러지	벌거지, 벌러지	으레	으례
부엌	부억	허우대	허위대
살쾡이	삵괭이	-	

◎ 표준 발음법

★ 최빈출(3회 이상 출제)

겹받침 'ㄳ', 'ㄵ', 'ㄼ, ㄽ, ㄾ', 'ㅄ'은 어말 또는 자음 앞에서 각각 [ㄱ, ㄴ, ㄹ, ㅂ]으로 발음한다.

넋[넉] 넋과[넉꽈] 앉다[안따] 여덟[여덜] 넓다[널따]★
외곬[외골] 핥다[할따]★ 값[갑] 없다[업:따]

다만, '밟-'은 자음 앞에서 [밥]으로 발음하고, '넓-'은 다음과 같은 경우에 [넙]으로 발음한다.
밟다[밥:따] 밟는[밥:는 → 밤:는] 밟고[밥:꼬] 넓-죽하다[넙쭈카다] 넓-둥글다[넙뚱글다]

받침 뒤에 모음 'ㅏ, ㅓ, ㅗ, ㅜ, ㅟ' 들로 시작되는 실질 형태소가 연결되는 경우에는, 대표음으로 바꾸어서 뒤 음절 첫소리로 옮겨 발음한다.

밭 아래[바다래] 늪 앞[느밥] 젖어미[저더미] 맛없다[마덥따]
겉옷[거돋] 헛웃음[허두슴] 꽃 위[꼬뒤]

어간 받침 'ㄴ(ㄵ), ㅁ(ㄻ)' 뒤에 결합되는 어미의 첫소리 'ㄱ, ㄷ, ㅅ, ㅈ'은 된소리로 발음한다.

신고[신:꼬] 껴안다[껴안따] 앉고[안꼬] 얹다[언따]

'ㄴ'은 'ㄹ'의 앞이나 뒤에서 [ㄹ]로 발음한다.

난로[날:로]　신라[실라]　천리[철리]　광한루[광:할루]　대관령[대:괄령]
칼날[칼랄]　물난리[물랄리]　줄넘기[줄럼끼]　할는지[할른지]

다만, 다음과 같은 단어들은 'ㄹ'을 [ㄴ]으로 발음한다.

의견란[의:견난]　임진란[임:진난]　생산량[생산냥]　결단력[결딴녁]
공권력[공꿘녁]　동원령[동:원녕]　상견례[상견녜]　횡단로[횡단노]

표기상으로는 사이시옷이 없더라도, 관형격 기능을 지니는 사이시옷이 있어야 할(휴지가 성립되는) 합성어의 경우에는, 뒤 단어의 첫소리 'ㄱ, ㄷ, ㅂ, ㅅ, ㅈ'을 된소리로 발음한다.

문-고리[문꼬리]★　눈-동자[눈똥자]　그믐-달[그믐딸]　강-줄기[강쭐기]
손-재주[손째주]　길-가[길까]　창-살[창쌀]　발-바닥[발빠닥]

합성어 및 파생어에서, 앞 단어나 접두사의 끝이 자음이고 뒤 단어나 접미사의 첫음절이 '이, 야, 여, 요, 유'인 경우에는, 'ㄴ' 음을 첨가하여 [니, 냐, 녀, 뇨, 뉴]로 발음한다.

솜-이불[솜:니불]　홑-이불[혼니불]　막-일[망닐]　삯-일[상닐]
맨-입[맨닙]　꽃-잎[꼰닙]　내복-약[내:봉냑]　한-여름[한녀름]
영업-용[영엄뇽]　식용-유[시공뉴]　백분-율[백뿐뉼]　직행-열차[지캥녈차]

다음과 같은 말들은 'ㄴ' 음을 첨가하여 발음하되, 표기대로 발음할 수 있다.

이죽-이죽[이중니죽/이주기죽]　야금-야금[야금냐금/야그먀금]　검열[검:녈/거:멸]
욜랑-욜랑[욜랑뇰랑/욜랑욜랑]　금융[금늉/그뮹]

'ㄹ' 받침 뒤에 첨가되는 'ㄴ' 음은 [ㄹ]로 발음한다.

들-일[들:릴]　솔-잎[솔립]　설-익다[설릭따]　물-약[물략]
서울-역[서울력]　물-엿[물련]　유들-유들[유들류들]

다음과 같은 단어에서는 'ㄴ(ㄹ)' 음을 첨가하여 발음하지 않는다.

6·25[유기오]　3·1절[사밀쩔]　송별-연[송:벼련]　등-용문[등용문]

어법 암기 체크

다음 중 올바른 표기 또는 발음에 O 표시하시오.

01 (깡충깡충 / 깡총깡총) 뛰다.
02 (수닭 / 수탉)이 홰를 치다.
03 개가 빈 그릇을 핥다[핟따 / 할따].
04 문고리[문고리 / 문꼬리]를 걸어 잠그다.
05 방이 넓다[널따 / 넙따].

정답 01 깡충깡충　02 수탉　03 할따　04 문꼬리　05 널따

빈출 어법 06 외래어 표기법

◎ 외래어 표기의 기본 원칙

제1항 외래어는 국어의 현용 24 자모만으로 적는다.

제2항 외래어의 1 음운은 원칙적으로 1 기호로 적는다.

제3항 받침에는 'ㄱ, ㄴ, ㄹ, ㅁ, ㅂ, ㅅ, ㅇ'만을 쓴다.

제4항 파열음 표기에는 된소리를 쓰지 않는 것을 원칙으로 한다.

제5항 이미 굳어진 외래어는 관용을 존중하되, 그 범위와 용례는 따로 정한다.

◎ 외래어 표기 일람표

자음			반모음		모음	
국제 음성 기호	한글		국제 음성 기호	한글	국제 음성 기호	한글
	모음 앞	자음 앞 또는 어말				
p	ㅍ	ㅂ, 프	j	이	i	이
b	ㅂ	브	ɥ	위	y	위
t	ㅌ	ㅅ, 트	w	오, 우	e	에
d	ㄷ	드			ø	외
k	ㅋ	ㄱ, 크			ɛ	에
g	ㄱ	그			ɛ̃	앵
f	ㅍ	프			œ	외
v	ㅂ	브			œ̃	욍
θ	ㅅ	스			æ	애
ð	ㄷ	드			a	아
s	ㅅ	스			ɑ	아
z	ㅈ	즈			ɑ̃	앙
ʃ	시	슈, 시			ʌ	어
ʒ	ㅈ	지			ɔ	오
ʦ	ㅊ	츠			ɔ̃	옹
ʣ	ㅈ	즈			o	오
ʧ	ㅊ	치			u	우
ʤ	ㅈ	지			ə	어
m	ㅁ	ㅁ			ɚ	어
n	ㄴ	ㄴ				
ɲ	니	뉴				
ŋ	ㅇ	ㅇ				
l	ㄹ, ㄹㄹ	ㄹ				
r	ㄹ	르				

자음		
국제 음성 기호	한글	
	모음 앞	자음 앞 또는 어말
h	ㅎ	흐
ç	ㅎ	히
x	ㅎ	흐

◎ 빈출 외래어 표기

☑ 잘 외워지지 않는 단어는 박스에 체크하고, 반복하여 암기하세요. ★ 최빈출(3회 이상 출제)

	바른 표기	틀린 표기		바른 표기	틀린 표기
□	규슈/구주 (Kyûshû[九州])	큐슈	□	에티오피아 (Ethiopia)	이디오피아
□	링거(Ringer)	닝겔, 링겔	□	옌볜/연변(Yánbiān)	옌벤
□	말레이시아★ (Malaysia)	말레이시야, 말레이지아	□	커트(cut)[1]	컽
□	베네수엘라★ (Venezuela)	베네주엘라, 베너수엘라	□	컷(cut)[2]	컽
□	스태프(staff)	스탭, 스탶	□	쿠알라룸푸르★ (Kuala Lumpur)	콸라룸푸르
□	심포지엄★ (symposium)	심포지움, 씸포지엄	□	포르투갈(Portugal)★	포르추갈, 폴투갈
□	싱가포르★ (Singapore)	싱가폴, 씽가포르	□	푸껫(Phuket)	푸케트, 푸켓
□	앰뷸런스 (ambulance)	앰뷰런스, 앰블런스	□	호찌민★ (Ho Chi Minh)	호치민, 오치민

1) ① 전체에서 일부를 잘라 내는 일. 또는 진행되던 일을 중간에서 차단하는 일 ② 미용을 목적으로 머리를 자르는 일. 또는 그 머리 모양

2) 한 번의 연속 촬영으로 찍은 장면을 이르는 말

어법 암기 체크

다음 중 올바른 외래어 표기에 O 표시하시오.

01 규슈 / 쿠슈
02 링거 / 링겔
03 베네수엘라 / 베네주엘라
04 스태프 / 스탭
05 심포지엄 / 심포지움
06 싱가포르 / 싱가폴
07 커트 / 컽
08 쿠알라룸푸르 / 콸라룸푸르
09 푸껫 / 푸켓
10 호찌민 / 호치민

정답 01 규슈 02 링거 03 베네수엘라 04 스태프 05 심포지엄 06 싱가포르 07 커트 08 쿠알라룸푸르 09 푸껫 10 호찌민

빈출 어법 07 로마자 표기법

◎ 로마자 표기의 기본 원칙

제1항 국어의 로마자 표기는 국어의 표준 발음법에 따라 적는 것을 원칙으로 한다.
제2항 로마자 이외의 부호는 되도록 사용하지 않는다.

◎ 로마자 표기 일람

모음은 다음 각호와 같이 적는다.

1. 단모음

ㅏ	ㅓ	ㅗ	ㅜ	ㅡ	ㅣ	ㅐ	ㅔ	ㅚ	ㅟ
a	eo	o	u	eu	i	ae	e	oe	wi

2. 이중 모음

ㅑ	ㅕ	ㅛ	ㅠ	ㅒ	ㅖ	ㅘ	ㅙ	ㅝ	ㅞ	ㅢ
ya	yeo	yo	yu	yae	ye	wa	wae	wo	we	ui

[붙임 1] 'ㅢ'는 'ㅣ'로 소리 나더라도 ui로 적는다.
예 광희문 Gwanghuimun

[붙임 2] 장모음의 표기는 따로 하지 않는다.

자음은 다음 각호와 같이 적는다.

1. 파열음

ㄱ	ㄲ	ㅋ	ㄷ	ㄸ	ㅌ	ㅂ	ㅃ	ㅍ
g, k	kk	k	d, t	tt	t	b, p	pp	p

2. 파찰음

ㅈ	ㅉ	ㅊ
j	jj	ch

3. 마찰음

ㅅ	ㅆ	ㅎ
s	ss	h

4. 비음

ㄴ	ㅁ	ㅇ
n	m	ng

5. 유음

ㄹ
r, l

[붙임 1] 'ㄱ, ㄷ, ㅂ'은 모음 앞에서는 'g, d, b'로, 자음 앞이나 어말에서는 'k, t, p'로 적는다.([ ] 안의 발음에 따라 표기함.)
예 합덕 Hapdeok 월곶[월곧] Wolgot

[붙임 2] 'ㄹ'은 모음 앞에서는 'r'로, 자음 앞이나 어말에서는 'l'로 적는다. 단, 'ㄹㄹ'은 'll'로 적는다.
예 울릉 Ulleung 대관령[대괄령] Daegwallyeong

◎ 빈출 로마자 표기

☑ 잘 외워지지 않는 단어는 박스에 체크하고, 반복하여 암기하세요. ★ 최빈출(3회 이상 출제)

□	강강술래	Ganggangsullae	□	비빔밥★	bibimbap
□	경복궁★	Gyeongbokgung	□	속리산	Songnisan
□	광안리(해수욕장)★	Gwangalli	□	숙정문	Sukjeongmun
□	극락전	Geungnakjeon	□	숭례문★	Sungnyemun
□	낙동강	Nakdonggang	□	신선로★	sinseollo
□	낙성대	Nakseongdae	□	집현전	Jiphyeonjeon
□	낙화암	Nakhwaam	□	첨성대	Cheomseongdae
□	남산	Namsan	□	촉석루	Chokseongnu
□	다보탑	Dabotap	□	퇴계로(교통지명)	Toegyero
□	대관령	Daegwallyeong	□	해운대	Haeundae(Hae-undae)
□	떡볶이	tteokbokki	□	훈민정음	Hunminjeongeum
□	묵호★	Mukho	□	흥인지문	Heunginjimun
□	반구대	Bangudea(Ban-gudae)		-	

어법 암기 체크

제시된 로마자 표기가 맞으면 O, 틀리면 ×에 표시하시오.

01 묵호 Muko (O, ×)
02 비빔밥 bibimbbap (O, ×)
03 신선로 sinseonno (O, ×)
04 낙화암 Nakhwaam (O, ×)
05 떡볶이 tteokbokki (O, ×)
06 숭례문 Sungryemun (O, ×)
07 경복궁 Gyeongbokgung (O, ×)
08 낙동강 Nakddonggang (O, ×)
09 첨성대 Cheomseongdae (O, ×)
10 훈민정음 Hunminjeongeum (O, ×)

정답 01 ×, Mukho 02 ×, bibimbap 03 ×, sinseollo 04 O 05 O 06 ×, Sungnyemun 07 O 08 ×, Nakdonggang 09 O 10 O

빈출 어법 08 문법에 맞는 발음 · 단어 · 문장

◎ 음운 변동

음운 변동	음운 변동 현상
음절의 끝소리 규칙	음절의 끝에 'ㄱ, ㄴ, ㄷ, ㄹ, ㅁ, ㅂ, ㅇ' 외의 자음이 올 때, 이 중 하나로 변하여 발음되는 현상 예 밖[박], 간[간], 낱[낟], 말[말], 밤[밤], 무릎[무릅], 방[방]
비음화	비음이 아닌 자음이 비음(ㄴ, ㅁ, ㅇ)을 만나 비음으로 발음되는 현상 예 강릉[강능], 국민[궁민], 맏물[만물], 밥물[밤물]
유음화	'ㄴ'이 'ㄹ'의 앞이나 뒤에서 'ㄹ'로 변하는 현상 예 실내[실래], 칼날[칼랄], 신라[실라], 진리[질리]
구개음화	자음 'ㄷ, ㅌ'이 모음 'ㅣ'나 반모음 'ㅣ[j]'로 시작하는 형식 형태소와 만나 구개음 'ㅈ, ㅊ'으로 바뀌거나, 'ㄷ' 뒤에 형식 형태소 '히'가 올 때 'ㅎ'과 결합하여 이루어진 'ㅌ'이 'ㅊ'이 되는 현상 예 미닫이[미:다지], 해돋이[해도지]
된소리되기(경음화)	예사소리(ㄱ, ㄷ, ㅂ, ㅅ, ㅈ)였던 것이 된소리(ㄲ, ㄸ, ㅃ, ㅆ, ㅉ)로 바뀌는 현상 예 돋보기[돋뽀기], 신다[신:따], 넓고[널꼬], 갈등(葛藤)[갈뜽]
모음 조화	양성 모음(ㅏ, ㅗ)은 양성 모음끼리, 음성 모음(ㅓ, ㅜ)은 음성 모음끼리 어울리는 현상 예 얼룩덜룩, 알록달록, 풍덩풍덩, 퐁당퐁당
자음 축약(거센소리되기)	'ㅂ, ㄷ, ㄱ, ㅈ'과 'ㅎ'이 만나면 이 두 자음이 하나로 줄어들어 거센소리(격음)인 [ㅍ, ㅌ, ㅋ, ㅊ]으로 발음되는 현상 예 끊기어[끈키어/끈키여], 맏형[마텽]
자음군 단순화	음절 끝에 겹받침이 올 때, 둘 중 한 자음이 탈락하는 현상 예 넋[넉], 없다[업:따], 읊다[읍따], 맑다[막따], 흙담[흑땀], 밟다[밥:따], 밟는[밥:는 → 밤:는]
'ㄴ' 첨가	앞말이 자음으로 끝나고 뒷말이 '이, 야, 여, 요, 유'로 시작할 때 'ㄴ'이 그사이에 덧붙는 현상 예 맨입[맨닙], 눈약[눈냑], 색연필[색년필 → 생년필]

◎ 단어의 형성

- 합성어(어근 + 어근)

대등 합성어	어근이 대등하게 결합하여 본래의 뜻을 유지하는 합성어 예 논밭, 앞뒤
종속 합성어	한쪽의 어근이 다른 한쪽의 어근을 수식하는 합성어 예 찹쌀떡, 쇠망치
융합 합성어	어근과 어근이 만나 새로운 의미를 나타내는 합성어 예 연세(年歲)

- 파생어(접사 + 어근)

접두사	
강-	• '다른 것이 섞이지 않고 그것만으로 이루어진'의 뜻을 더하는 접두사 예 강굴, 강술 • '마른' 또는 '물기가 없는'의 뜻을 더하는 접두사 예 강기침, 강더위 • '억지스러운'의 뜻을 더하는 접두사 예 강울음, 강호령 • '몹시'의 뜻을 더하는 접두사 예 강마르다, 강밭다
개-	'야생 상태의' 또는 '질이 떨어지는', '흡사하지만 다른'의 뜻을 더하는 접두사 예 개떡, 개꿀
덧-	• '거듭된' 또는 '겹쳐 신거나 입는'의 뜻을 더하는 접두사 예 덧니, 덧신 • '거듭' 또는 '겹쳐'의 뜻을 더하는 접두사 예 덧대다, 덧붙이다
되-	'도로'의 뜻을 더하는 접두사 예 되찾다, 되팔다
맨-	'다른 것이 없는'의 뜻을 더하는 접두사 예 맨눈, 맨손
엇-	'어긋나게' 또는 '삐뚜로'의 뜻을 더하는 접두사 예 엇걸리다, 엇나가다
올-	'생육 일수가 짧아 빨리 여무는'의 뜻을 더하는 접두사 예 올콩, 올벼
짓-	'마구', '함부로', '몹시'의 뜻을 더하는 접두사 예 짓누르다, 짓밟다
헛-	'이유 없는', '보람 없는'의 뜻을 더하는 접두사 예 헛걸음, 헛수고
호-	'중국에서 들여온'의 뜻을 더하는 접두사 예 호떡, 호주머니
홀-	'짝이 없이 혼자뿐인'의 뜻을 더하는 접두사 예 홀몸, 홀시아버지
접미사	
-남	'남자'의 뜻을 더하는 접미사 예 유부남, 이혼남
-발	'기세' 또는 '힘'의 뜻을 더하는 접미사 예 끗발, 말발
-유	'식용 기름'의 뜻을 더하는 접미사 예 감람유, 올리브유
-족	'민족'의 뜻을 더하는 접미사 예 게르만족, 만주족
-주	'술'의 뜻을 더하는 접미사 예 과실주, 인삼주
-기- -우- -이- -히-	'사동'의 뜻을 더하는 접미사 예 신기다, 돋우다, 붙이다, 묻히다

어법 암기 체크

다음 설명이 맞으면 ○, 틀리면 ×에 표시하시오.

01 '덧신'은 접두사가 결합한 파생어이다. (○, ×)
02 '신라'를 발음할 때 비음화가 일어나 [신나]로 발음한다. (○, ×)
03 음절 끝에서 발음되는 소리는 'ㄱ, ㄴ, ㄷ, ㄹ, ㅁ, ㅂ, ㅇ'이다. (○, ×)
04 '읊다'의 겹받침 중 하나의 자음이 탈락하여 [읍따]로 발음한다. (○, ×)
05 '맏형'을 발음할 때 구개음화가 일어나 [마청]으로 발음한다. (○, ×)

정답 01 ○ 02 ×, 유음화, [실라] 03 ○ 04 ○ 05 ×, 자음 축약, [마텽]

빈출 어법 08 문법에 맞는 발음 · 단어 · 문장

◎ 서술어의 자릿수

구분	필수 성분	예
한 자리 서술어	주어	첫닭이 울었다. 주어 서술어
두 자리 서술어	주어, 목적어	나는 불우 이웃을 도왔다. 주어 목적어 서술어
	주어, 보어	물이 얼음으로 되다. 주어 보어 서술어
	주어, 부사어	아이는 옷장에 숨었다. 주어 부사어 서술어
세 자리 서술어	주어, 목적어, 부사어	그녀는 가방에 거울을 넣었다. 주어 부사어 목적어 서술어

◎ 겹문장(한 문장에 주어와 서술어의 관계가 두 번 이상 성립하는 문장)

안은문장: 한 개의 홑문장이 다른 문장 속에 한 성분으로 들어가 있는 겹문장		
명사절을 안은 문장		한 문장의 서술어가 명사형 어미 '-(으)ㅁ', '-기'와 결합한 명사절을 내포하는 문장 예 경서는 머리가 좋음이 분명하다.
관형절을 안은 문장	동격 관형절	• 관형절의 내용과 관형절의 수식을 받는 체언이 동격 관계인 관형절 • 동격 관형절은 한 문장의 모든 성분을 완벽하게 갖추고 있음 예 나는 내가 주방을 정리한 기억이 없다. → 관형절 '내가 주방을 정리한'과 관형절의 수식을 받는 '기억'이 동격 관계
	관계 관형절	• 관형절의 수식을 받는 체언이 관형절의 한 성분이 되는 관형절 • 관형절의 수식을 받는 체언과 동일 성분이 관형절에서 생략됨 예 동생이 찍은 사진이 멋지다. → '동생이 사진을 찍다'가 관형절로 안겨 있으며, 관형절에서 수식받는 체언과 동일한 요소인 '사진'은 생략되어 있음
부사절을 안은 문장		부사 형성의 접사 '-이'나 어미 '-어서', '-게' 등이 결합한 부사절을 내포하는 문장 예 그는 말도 없이 나를 바라보았다.
서술절을 안은 문장		절 전체가 서술어의 기능을 하는 서술절을 내포하는 문장 예 토끼는 앞발이 짧다.
인용절을 안은 문장		다른 사람의 말을 직접 또는 간접으로 따온 절을 내포하는 문장 예 • 영희는 "무슨 일이지?"라고 말했다.(직접 인용절) • 영희는 무슨 일이냐고 물었다.(간접 인용절)
이어진문장: 홑문장이 서로 나란히 이어져 있는 겹문장		
대등하게 이어진 문장		두 절이 대등한 관계로 이어진 문장 예 여름에는 비가 내리고 겨울에는 눈이 내린다.
종속적으로 이어진 문장		두 절이 대등하지 않고, 하나의 절이 다른 절의 원인이나 조건이 되는 이어진 문장 예 비가 오면 논을 갈자.

◎ 주체 높임법

표현	예
용언 어간 + 선어말 어미 '-(으)시-'	아버님께서 오시었다.
주어가 되는 체언 + 조사 '께서'	선생님께서 숙제를 내 주셨다.

특수 어휘 '계시다', '잡수시다', '주무시다', '편찮다(편찮으시다)', '돌아가다(돌아가시다)' 등	• 안에 누구 안 계시니? • 어디가 어떻게 편찮으신지 말씀해 주세요.

◎ 간접 높임법

표현	예
높여야 할 대상의 신체, 성품, 소유물 등에 '-(으)시-'를 붙여 주체를 간접적으로 높이는 표현법	• 선생님은 키가 크시다. • 아버지의 양복이 멋있으시다.

◎ 객체 높임법

표현	예
조사 '께'	선생님께 인사를 올리고 싶습니다.
특수 어휘 '드리다', '모시다', '여쭙다' 등	• 부모님께 선물을 드리다. • 아버지는 할아버지를 모시러 갔다.

◎ 상대 높임법

구분		평서법	의문법	명령법	청유법	감탄법
아주높임	하십시오체	갑니다, 가십니다 (-ㅂ니다)	갑니까, 가십니까 (-ㅂ니까)	가십시오 (-ㅂ시오)	가십시다 (-십시다)	-
예사높임	하오체	가(시)오 (-오)	가(시)오? (-오)	가(시)오, 가구려 (-오, -구려)	갑시다 (-ㅂ시다)	가는구려 (-는구려)
예사낮춤	하게체	가네 (-네)	가나?, 가는가? (-나, -는나)	가게 (-게)	가세 (-세)	간다네 (-ㄴ다네)
아주낮춤	해라체	간다 (-ㄴ다)	가니?, 가냐 (-니, -냐)	가라, 가렴 (-라, -렴)	가자 (-자)	가는구나 (-는구나)
두루높임	해요체	가요 (-아요)	가요? (-아요)	가요 (-아요)	가요 (-아요)	-
두루낮춤	해체	가, 가지 (-아, -지)	가?, 가지? (-아, -지)	가, 가지 (-아, -지)	가, 가지 (-아, -지)	가는군 (-는군)

어법 암기 체크

다음 설명이 맞으면 ○, 틀리면 ×에 표시하시오.

01 '물이 얼음으로 되다.'에서 '되다'는 한 자리 서술어이다. (○, ×)
02 '비가 오면 논을 갈자.'는 대등하게 이어진 문장이다. (○, ×)
03 '경서는 머리가 좋음이 분명하다.'는 관형절을 안은 문장이다. (○, ×)
04 '부모님께 선물을 드리다.'는 조사 '께'를 사용하여 객체 높임을 실현하고 있다. (○, ×)
05 '선생님께서 숙제를 내 주셨다'는 조사 '께서'를 사용하여 주체 높임을 실현하고 있다. (○, ×)

정답 01 ×, 두 자리 서술어 02 ×, 종속적으로 이어진 문장 03 ×, 명사절을 안은 문장 04 ○ 05 ○

빈출 어법 09 올바른 문장 표현

◎ 문장 성분의 호응

문장 성분	예
주어 - 서술어	**내가 말하고 싶은 것은** 원만한 인간관계를 위해서는 유머 감각이 **필요하다.**(×) → **내가 말하고 싶은 것은** 원만한 인간관계를 위해서는 유머 감각이 **필요하다는 것이다.**(○) ▶ 주어 '말하고 싶은 것은'과 서술어 '필요하다'의 호응이 어색하므로, 주어 '~ 것은'에 맞게 서술어를 '~ 것이다'로 수정해야 한다.
목적어 - 서술어	자기의 **장점과 단점을 보완하는** 사람이 성공할 수 있다.(×) → 자기의 **장점을 살리고 단점을 보완하는** 사람이 성공할 수 있다.(○) ▶ 목적어 '장점을'과 서술어인 '보완하는'의 호응이 어색하므로, 목적어에 맞는 서술어 '살리고'를 추가해야 한다.
부사어 - 서술어	• 말과 행동은 **반드시 일치한다.** → 말과 행동은 **반드시 일치해야 한다.** ▶ 부사어 '반드시, 모름지기, 마땅히, 반드시' 등은 '~해야 한다'와 같은 당위의 서술어와 호응하는 것이 더 자연스럽다. • 아버지와는 **도무지** 말이 **통한다.**(×) → 아버지와는 **도무지** 말이 **안 통한다.**(○) ▶ 부사어 '도무지, 도대체, 도통, 결코, 여간, 절대' 등은 주로 부정의 서술어와 호응한다. • 우리 가족은 **비록 가난해서** 화목하다.(×) → 우리 가족은 **비록 가난하지만** 화목하다.(○) ▶ 부사어 '비록, 아무리' 등은 주로 가정을 나타내는 어미 '-ㄹ지라도', '-지마는', '-아도' 등이 붙은 용언과 호응한다.

◎ 문장 성분의 생략

문장 성분	예
주어 생략	본격적인 공사가 언제 시작되고, **언제 개통될지 모른다.**(×) → 본격적인 공사가 언제 시작되고, **도로가 언제 개통될지 모른다.**(○) ▶ 서술어 '개통될지'에 호응하는 주어가 생략됐으므로, 주어 '도로가'를 추가해야 한다.
목적어 생략	그 작가는 세계적으로 유명하고, **응원하는 사람도 많다.**(×) → 그 작가는 세계적으로 유명하고, **그 작가를 응원하는 사람도 많다.**(○) ▶ 서술어 '응원하는'에 호응하는 목적어가 생략됐으므로, 목적어 '그 작가를'을 추가해야 한다.
부사어 생략	나는 벌레를 잡기 위해 약을 **놓았다.**(×) → 나는 벌레를 잡기 위해 **여기저기에** 약을 **놓았다.**(○) ▶ 서술어 '놓았다'는 주어, 부사어, 목적어를 필수적으로 요구하는 세 자리 서술어이므로, 부사어 '여기저기에'를 추가해야 한다.
서술어 생략	그녀가 백방으로 노력해도, 그 가수의 콘서트 **입장권** 가능성은 적다.(×) → 그녀가 백방으로 노력해도, 그 가수의 콘서트 **입장권을 구할** 가능성은 적다.(○) ▶ 목적어 '입장권(을)'에 호응하는 서술어가 생략됐으므로, 서술어 '구할'을 추가해야 한다.

◎ 중복 표현

중복 표현	의미
가까이 접근	접근(接近): 가까이 다가감
가사 일	가사(家事): 살림살이에 관한 일
거의 대부분	대부분(大部分): 절반이 훨씬 넘어 전체량에 거의 가까운 정도의 수효나 분량
과반수 이상 / 과반수를 넘는	과반수(過半數): 절반이 넘는 수
꾸며 낸 조작	조작(造作): 어떤 일을 사실인 듯이 꾸며 만듦
남은 여생	여생(餘生): 앞으로 남은 인생
먼저 선수/선취점	• 선수(先手): 남이 하기 전에 앞질러 하는 행동 • 선취점(先取點): 운동 경기 등에서, 먼저 딴 점수
미리 예고/예단/예매/예측	• 예고(豫告): 미리 알림 • 예단(豫斷): 미리 판단함. 또는 그 판단 • 예매(豫買): 정하여진 때가 되기 전에 미리 삼 • 예측(豫測): 미리 헤아려 짐작함
분명히 명기/명시	• 명기(明記): 분명히 밝히어 적음 • 명시(明示): 분명하게 드러내 보임
빛나는 각광	각광(脚光: 다리 각, 빛 광): 사회적 관심이나 흥미
앞에서 이끌며 선도하다	선도하다(先導하다): 앞장서서 이끌거나 안내하다.
여러 가지 다양한	다양(多樣)하다: 모양, 빛깔, 형태, 양식 등이 여러 가지로 많다.
오래된(오랜) 숙원	숙원(宿願): 오래전부터 품어 온 염원이나 소망
이미 예고	이미: '앞서(아예 미리)'의 뜻을 나타낸다. 예고(豫告): 미리 알림
통곡하며 울다	통곡하다(痛哭하다): 소리 높여 슬피 울다.
푸른 창공	창공(蒼空): 맑고 푸른 하늘
돌이켜 회고하다	회고하다(懷古하다): 옛 자취를 돌이켜 생각하다.

어법 암기 체크

다음 설명이 맞으면 ○, 틀리면 ×에 표시하시오.

01 '어린 시절을 돌이켜 회고하다.'에서 '돌이켜'의 의미가 중복된다. (○, ×)
02 '나는 벌레를 잡기 위해 약을 놓았다.'는 목적어가 생략된 문장이다. (○, ×)
03 '아버지와는 도무지 말이 통한다.'는 부사어와 서술어가 호응하지 않는다. (○, ×)
04 '과반수 이상을 획득하다.'에서 '과반수'와 '이상'의 의미가 중복된다. (○, ×)
05 '그는 차용증에 돈을 갚겠다고 분명히 명기했다.'는 중복 표현이 사용되지 않은 문장이다. (○, ×)

정답 01 ○ 02 ×, 부사어가 생략된 문장 03 ○ 04 ○ 05 ×, '분명히', '명기'

◎ 중의적 문장

중의적 요소	예
어휘적 중의성	내 동생은 어렸을 때부터 **배**를 좋아했다.(×) → 내 동생은 어렸을 때부터 **선박**을 좋아했다.(○) → 내 동생은 어렸을 때부터 **과일 중에서 배**를 좋아했다.(○) ▶ 동생이 좋아하는 '배'가 선박 '배'인지 과일 '배'인지 분명하지 않으므로 중의적 문장이다.
수식 관계의 중의성	• 어제 행사에서 **빨간색 옷을 입은 유미와 지수**를 만났다.(×) → 어제 행사에서 **지수와 빨간색 옷을 입은 유미**를 만났다.(○) ▶ 관형어 '(빨간색 옷을) 입은'이 수식하는 대상이 '유미'인지 '지수'인지 둘 다인지 분명하지 않으므로 중의적 문장이다. • **선생님**은 **웃으면서 들어오는 아이**를 보았다.(×) → **선생님**은 **웃으면서**, 들어오는 아이를 보았다.(○) → 선생님은, **웃으면서 들어오는 아이**를 보았다.(○) ▶ '웃으면서'와 결합한 용언의 주체가 '선생님'인지 '아이'인지 명료하지 않으므로 중의적 문장이다.
조사에 따른 중의성	• 아버지의 사진을 걸어 놓았다.(×) → 아버지가 찍은 사진/찍힌 사진/소유한 사진을 걸어 놓았다.(○) ▶ '아버지의 사진'이 '아버지가 직접 찍은 사진'인지, '아버지를 찍은 사진'인지, '아버지가 가지고 있는 사진'인지 분명하지 않으므로 중의적 문장이다. • **하나는 지우와** 강동원을 좋아한다.(×) → **하나와 지우는** 강동원을 좋아한다.(○) → **하나는 지우도 좋아하고, 강동원도** 좋아한다.(○) ▶ 주체인 '하나와 지우'가 '강동원'을 좋아하는 것인지, 주체인 '하나'가 '지우와 강동원'을 좋아하는 것인지 분명하지 않으므로 중의적 문장이다. • 나는 **사과와 귤 두 개**를 먹었다.(×) → 나는 **사과와 귤을 두 개씩** 먹었다.(○) → 나는 **사과 하나와 귤 하나**를 먹었다.(○) → 나는 **사과 하나와 귤 두 개**를 먹었다.(○) ▶ '사과와 귤이 각각 2개'인지, '사과 1개와 귤 1개'인지, '사과 1개와 귤 2개'인지 분명하지 않으므로 중의적 문장이다. • 남편은 **나보다** 골프를 더 좋아한다.(×) → 남편은 **나를 좋아하는 것보다** 골프를 더 좋아한다.(○) → 남편은 **내가 골프를 좋아하는 것보다** 더 골프를 좋아한다.(○) ▶ 주체가 '남편'이고 비교 대상이 '나'와 '골프'인지, 주체가 '남편과 나'이고 비교 대상이 '골프'인지 분명하지 않으므로 중의적 문장이다.
부정 표현의 중의성	모든 사람들이 회사에 **출근하지 않았다**.(×) → 사람들이 회사에 **아무도 출근하지 않았다**(한 사람도 출근하지 않았다).(○) → 사람들이 회사에 **다 출근하지는 않았다**(일부는 출근하고, 일부는 출근하지 않았다).(○) ▶ 출근한 사람이 아무도 없는 것인지, 일부만 출근하지 않은 것인지 분명하지 않으므로 중의적 문장이다.
사동 표현의 중의성	어머니가 아이에게 밥을 **먹였다**.(×) → 어머니가 **직접** 아이에게 밥을 **먹였다**(직접 사동).(○) → 어머니가 아이에게 밥을 **먹게 하였다**(간접 사동).(○) ▶ 어머니가 직접 아이의 입에 밥을 떠먹인 것인지, 어머니가 아이가 스스로 밥을 먹게 시킨 것인지 분명하지 않으므로 중의적 문장이다.

동작상의 중의성	아버지는 넥타이를 **매고 있다**.(×) → 아버지는 넥타이를 **매는 중이다**(진행).(○) → 아버지는 넥타이를 **맨 상태이다**(완료).(○) ▶ 넥타이를 매는 행위가 진행되고 있는지 완료된 것인지 분명하지 않으므로 중의적 문장이다.

◎ 번역 투 표현

번역 투 표현 → 수정 표현	예
~로 인해 → ~로	시끄러운 **소리로 인해** 고통받고 있다.(×) → 시끄러운 **소리로** 고통받고 있다.(○)
~에 다름 아니다 → ~와/과 다르지 않다	이 관습은 문화유산**에 다름 아니다**.(×) → 이 관습은 문화유산**과 다르지 않다**.(○)
~에 대하여/대한(about) → ~은/는, ~을/를	그 부분**에 대하여** 잘 알지 못합니다.(×) → 그 부분**은** 잘 알지 못합니다.(○)
~에 의해/의한(by) → ~(으)로	폭격**에 의해** 다리가 무너졌다.(×) → 폭격**으로** 다리가 무너졌다.(○)
~을/를 가지다(have) → ~이/가 있다, ~을/를 하다	어린 아이를 **가진** 양육자는 열심히 일할 수밖에 없다.(×) → 어린 아이**가 있는** 양육자는 열심히 일할 수밖에 없다.(○)
~을/를 통해(through) → ~에	이번 기회를 **통해** 신제품을 선보였다.(×) → 이번 기회**에** 신제품을 선보였다.(○)
~의(of) → (생략, 어순 변경)	선생님은 **열 개의 문제**를 준비했다.(×) → 선생님은 **문제 열 개**를 준비했다.(○)
~이/가 요구되다(be required of) → (능동형)	근본적인 대책**이 요구됐다**.(×) → 근본적인 대책**을 세워야 한다**.(○)
무생물 주어 → 사람 주어	**불꽃은 우리에게 설렘을 주었다**.(×) → **우리는 불꽃으로 설렜다**.(○)
아무리 ~해도 지나치지 않다(It is not too much to) → 대단히 ~한 것이다	건강은 **아무리 강조해도 지나치지 않다**.(×) → 건강은 **대단히 중요하다**.(○)
~을/를 필요로 하다(need) → ~이/가 필요하다	옷을 수선하려면 **실을 필요로 하다**.(×) → 옷을 수선하려면 **실이 필요하다**.(○)

어법 암기 체크

다음 문장 표현이 맞으면 ○, 틀리면 ×에 표시하시오.

01 폭격으로 다리가 무너졌다. (○, ×)
02 나는 사과와 귤 두 개를 먹었다. (○, ×)
03 이 관습은 문화유산에 다름 아니다. (○, ×)
04 옷을 수선하려면 실이 필요로 하다. (○, ×)
05 어제 행사에서 빨간색 옷을 입은 유미와 지수를 만났다. (○, ×)

정답 01 ○ 02 ×, 중의적 문장 03 ×, 번역 투 문장 04 ×, 번역 투 문장 05 ×, 중의적 문장

pass.Hackers.com